外国家庭法及妇女理论研究中心项目

家事法研究学术文库

# 中国婚姻家庭法理论与实践研究

## 陈 苇 等著

中国人民公安大学出版社

2019·北京

# 《家事法研究学术文库》顾问

（以姓氏笔画为序）

# 谨以此书献给导师杨怀英教授

## ———纪念杨怀英教授诞辰95周年

## This book is dedicated to Professor YANG Huaiying, my tutor

### Commemorating the 95th Anniversary of Professor YANG Huaiying's Birthday

杨怀英教授

# 目　录

## 第一部分　婚姻家庭法基础理论研究

## 第二部分　妇女儿童老人权益保护和防治家庭暴力实证调查研究

# 第三部分　夫妻关系、父母子女关系和监护制度研究

# 第四部分　分居制度与离婚制度研究

## 第五部分　中国内地（大陆）与港、澳、台婚姻家庭法比较研究

## 第六部分　家事审判改革研究

## 第七部分　教育教学方法改革研究

## 附　录

# Contents

## Part I   Research on the Basic Theory of Marriage and Family Law

## Part II   Empirical Researches on Women, Children and the Elderly′s Rights Protection and Prevention of Domestic Violence

## Part III  Research on the Legal Systems of the Matrimonial Relationship, Parent-and-Children Relationship, Guardianship

## Part IV  Research on Separation System and Divorce System

## Part V  Comparative Researches on Contemporary Marriage and Family Laws in Chinese Mainland, Hong Kong SAR, Macao SAR and Taiwan District

## Part Ⅵ   Study of Family Justice Reform

## Part Ⅶ   Research on the Reform of Education
## and Teaching Methods

## Appendix

# 前　言

　　自 1978 年西南政法学院复办以来，我国著名的婚姻法专家、中国法学会婚姻法学研究会副总干事杨怀英教授担任我校婚姻法研究方向的学科带头人。1985 年 3 月至 7 月，我校承担了司法部委托的全国法律专业婚姻法师资进修班的教学任务。当时全国著名的婚姻法专家巫昌祯、杨大文、王德意、李忠芳、任国钧等教授应邀前来我校，与我校杨怀英教授及胡平等教师共同为来自全国的婚姻法师资进修班学员上课，传授婚姻法学的理论知识和教学经验。如今，该婚姻法师资进修班学员大部分都成为了各高校婚姻法领域的知名专家学者和骨干教师，他们为国家培养了大批优秀的人才。因此，可以说，我校是我国婚姻法学人才培养的摇篮。在科研方面，杨怀英教授先后主编出版：《滇西南边疆少数民族婚姻家庭与法的研究》（法律出版社 1988 年出版）、《中国婚姻法论》（重庆出版社 1989年出版，1991 年荣获重庆市社科优秀科研成果三等奖）、《凉山彝族奴隶社会法律制度研究》（四川民族出版社 1994 年出版，1996 年荣获四川省社科优秀科研成果二等奖）等专著和教材。1995 年杨怀英教授去世后，由中国法学会婚姻法学研究会常务理事邓宏碧教授担任我校婚姻法研究方向的学科带头人。邓宏碧教授、胡平副教授等老教师带领讲授婚姻法课程的教师，继续努力进行教学和科研工作。尤其值得指出的是，邓宏碧教授主编的《中国少数民族人口政策研究》（国家社会科学"八五"规划重点科研项目，重庆出版社1998 年出版），2001 年荣获重庆市社会科学优秀科研成果一等奖。

　　薪火相传。本人于 1979 年 9 月考入西南政法学院法律系本科学习，1983 年 6 月毕业任教一年后，于 1984 年 9 月考入西南政法学院攻读民法专业硕士研究生，师从杨怀英教授，主要研究方向为婚姻家庭继承法。1987 年 7 月本人硕士研究生毕业后留校任教至今。我自 1979 年 9 月在母校学习法律知识、毕业后主要从事婚姻家庭继承法及妇女儿童老人权益法律保护的教学和科研工作，至今已近 40 年了。这近 40 年里，在母校各级领导和老师们的辛勤培养下，在本人的勤奋工作和刻苦钻研下，我由一名学生逐步成长为助教、讲师、副教授、教授、博士生导师、博士后合作导师；于 1996 年 5 月起担任民法教研室副主任，1999 年 5 月起担任民法教研室主任，2003 年 5 月起至今担任婚姻家庭继承法教研室主任。在婚姻法学界老一辈专家的辛勤培养下，本人于 1996 年 7 月起担任中国法学会婚姻法学研究会理事；于 1999 年 7 月起担任中国法学会婚姻法学研究会常务理事；于 2004 年 7 月起至今，担任中国法学会婚姻法学研究会副会长；于 2011 年 11 月起担任家庭法国际学会执行委员会委员；于 2014 年 8 月起至 2017 年 6 月，担任家庭法国际学会执行委员会委员兼学术委员会委员；于 2017 年 7 月至今，担任家庭法国际学会副主席兼学术委员会委员。必须说明，自 2011 年 11 月我由第十四届家庭法国际学会主席、澳大利亚悉尼大学法学院 Patrick Parkinson 教授①提名，经家庭法国际学会执行委员会研究同意后受聘担任家庭法国际学会执行委员会委员以来，我每年积极撰写论文，"以文参会"，先后到意大利、韩国、法国、英国、巴西、荷兰等国出席家庭法国际学会召开的执委会、地区性会议和世界大会，在会上积极发言，发出中国声音、阐述中国见解，增进了其他国家学者对中国婚姻家庭领域的新问题和最新修改立法的了解，扩大了中国婚姻家庭法学者在家庭法学术研究领域的国际影响力。2014 年 8 月，家庭法国际学会在巴西召开"第十五届家庭法世界大会"，会上我当选为家庭法国际学会执行委员会委员兼学术委员会委员。2017 年 7 月，家庭法国际学会在荷兰召开"第十六届家庭法世界大会"，会上我当选为家庭法国际学会副主席并继续兼任学术委员会委员。作为中国婚姻家庭法专家，在家庭法国际学会中我是第一位来自中国的副主席，为祖国争了光。从此，在这一家庭法国际学术交流的最高平台上，我可以讲述中国故事、提供中国观点、贡献中国智慧。这有利于进一步促进中外婚姻家庭继承法研究领域的国际学术交流，为各国婚姻家庭继承法律制度的改革提供参考，以造福于全人类的婚姻家庭。

在校内学术研究和人才培养平台方面。2003 年 12 月至 2004 年 12 月，本人受国家留学基金资助由教育部公派出国留学，作为访问学者到澳大利亚悉尼大学法学院进修外国家庭法一年。我留学回国后，于 2005 年 1 月向学校提出建立"西南政法大学外国家庭法及妇女理论研究中心"的书面申请。2005 年 4 月 1 日，西南政法大学校长办公会议批准同意该研究中心成立，任命我担任主任。自 2005 年 4 月该研究中心成立以来，本人夙夜忧虑，恐负厚望，带领研究中心的教师和研究生组成科研创新团队，勤奋科研，不敢懈怠。近年来，我担任项目负责人主持、带领团队成员共同完成并公开出版的中文著作和译著有 10 余部，主要有：《外国婚姻家庭法比较研究》（重庆市哲学社会科学"十五"规划项目，2006 年 1 月出版）、《加拿大家庭法汇编》（2006 年 1 月出版）、《中国大陆与港、澳、

---

① Patrick Parkinson 教授是我受中国国家留学基金资助以访问学者身份于 2003 年 12 月~2004 年 12 月在澳大利亚悉尼大学法学院进修外国家庭法的导师。

台继承法比较研究》（重庆市教育委员会人文社科项目，2007 年 1 月出版）、《当代中国民众继承习惯调查实证研究》（国家社科基金项目子课题，2008 年 1 月出版）、《澳大利亚家庭法（2008 年修正）》（重庆市教育委员会人文社科重点项目，2009 年 1 月出版）、《美国家庭法精要（第五版）》（2010 年 3 月出版）、《改革开放三十年（1978~2008）中国婚姻家庭继承法研究之回顾与展望》（西南政法大学重点项目，2010 年 1 月出版）、《中国婚姻家庭法立法研究》（第二版，2010 年 1 月出版）、《外国继承法比较与中国民法典继承编制定研究》（国家社科基金项目结项成果著作，经专家匿名评审后被鉴定为"优秀"等级，2010 年入选首届《国家哲学社会科学成果文库》，全国哲学社会科学办公室在"出版说明"中指出：入选成果代表当前相关领域学术研究的前沿水平，体现我国哲学社会科学界的学术创造力，按照"统一标识、统一封面、统一版式、统一标准"的总体要求组织出版。该著作于 2011 年 3 月出版）、《澳大利亚法律的传统与发展（第三版）》（2011 年 5 月出版）、《当代中国内地与港、澳、台婚姻家庭法比较研究》（中国司法部"法治建设与法学理论研究"课题成果著作，2012 年 5 月出版）、《中国继承法修改热点难点问题研究》（2013 年 10 月出版）、《我国防治家庭暴力情况实证调查研究——以我国六省市被抽样调查地区防治家庭暴力情况为对象》（中国法学会部级法学研究课题，2014 年 5 月出版）、《21 世纪家庭法与家事司法：实践与变革》（2016 年 10 月出版）、《中国妇女儿童权益法律保障情况实证调查研究——以中国五省市被抽样调查地区妇女儿童权益法律保障情况为对象（上、下卷）》（中国法学会部级法学研究课题，2017 年 3 月出版）、《中国家事审判改革暨家事法修改理论与实务研究》（2018 年 4 月出版）等。此外，本人应邀与美国、意大利学者合作撰写美国法学院比较家庭法英文教材 1 部：*Practical Global Family Law——United States，China and Italy*（2009 年 4 月在美国出版）。

在国内学术研究和人才培养平台方面。为促进婚姻家庭继承法领域的学术研究和学术交流，本人于 2005 年起创办《家事法研究》学术论文集刊。自《家事法研究》2006 年首卷面世以来，至 2011 年的六年间，先后出版了 2005 年卷至 2010 年卷共计六卷，推出了一批具有前沿性的学术论文，培养了一批学术新人，受到国内学术界同仁和实务界人士的肯定和好评，产生了良好的社会影响。为进一步扩大《家事法研究》的学术影响，经本人提出申请，中国法学会婚姻法学研究会常务理事会研究同意，《家事法研究》从 2011 年卷起转为"中国法学会婚姻法学研究会"的会刊。可以相信，在该研究会的精心主办下，《家事法研究》将在法学理论研究与司法实务探索相结合的沃土中更加茁壮成长，枝繁叶茂！

长江后浪推前浪。为继续推进我国婚姻家庭继承法学理论与实务研究，培养更多的学术新人，自 2012 年起本人主编出版《家事法研究学术文库》丛书。此文库丛书作为学术研究和学术交流的平台，遴选出版婚姻家庭继承法研究领域具有前沿性、创新性的博士学位论文和学术著作，每年拟出版2~3本。本文库丛书的出版目的，旨在通过婚姻家庭继承法学研究领域最新学术著作的出版，推出一批前沿理论和实务问题研究的新作，促进我国婚姻家庭继承法学研究朝着更深、更广的方向发展，以更多的优秀研究成果为我国民众处理婚姻家庭继承问题提供参考，为国家完善立法、改进司法服务。至2018年年底，本文库已出版著作19部，在2019年拟将出版《中国民法典编纂视野下家事审判改革暨家事法修改研究》、《中国遗产处理制度系统化构建研究》、《当代中国民众财产继承观念与遗产处理习惯实证调查研究》（上、下卷）、《中国婚姻家庭法理论与实践研究》、《中国继承法理论与实践研究》、《我国成年人监护制度立法完善研究》、《未成年人监护制度研究》，以飨读者。

最后，我衷心感谢编辑老师们对本文库丛书出版所付出的辛勤劳动！

陈 苇

《家事法研究学术文库》主编

2019年2月28日

# 卷 首 语

在我国，2014 年 10 月中国共产党的十八届四中全会报告提出，要全面推进依法治国，明确要求制定民法典。2017 年 10 月，中国共产党的十九大报告提出"全面依法治国是中国特色社会主义的本质要求和重要保障"，要完善以宪法为核心的中国特色社会主义法律体系。中国民法典是中国特色社会主义法律体系的重要组成部分。我国《民法总则》已于 2017 年 3 月 15 日公布，于 2017 年 10 月 1 日起施行。我国"民法分则各编草案"已于 2018 年 9 月公开向社会各界征求意见后正在被修订完善之中。我国立法机关将根据新时代婚姻家庭领域的新情况、新问题，从实际出发，将 2001 年修正的《婚姻法》修订后纳入"中国民法典·婚姻家庭编"之中。

"不要人夸好颜色，只留清气满乾坤。"我国一贯重视"科学立法、民主立法"，在深入了解民情民意的基础上，立足中国实际，制定反映当时社会需要并且具有中国特色的婚姻家庭法律制度。早在 20 世纪 90 年代，《婚姻法》被修改期间，我国立法机关就曾广泛听取社会各界的意见。① 在此期间，本人先后独立撰写发表以婚姻家庭法为研究领域的学术论文：《关于建立我国无效婚姻制度的思考》② 《无效婚姻的静态识别与动态监控》③ 《我国结婚制度立法研究——关于我国〈婚姻法〉结婚制度的修改补充建议及其主要理由》④ 《夫妻财产制研究——瑞士夫妻财产制研究及其对完善我国夫妻财产制的启示》⑤ 《完善我国夫妻财产制的立法构想》⑥ 《关于我国夫妻财产制若干问题研究》⑦ 《婚内所得

---

① 在我国，1995 年 10 月第八届全国人大常委会第 16 次会议通过修改《中华人民共和国婚姻法》的决定，将制定一部新的《婚姻家庭法》。1996 年年底开始，由我国民政部牵头会同其他部门，组织专家学者，赴各地调研，并于 1997 年年底完成《婚姻家庭法》初稿（试拟稿），供有关部门拟定正式草案之参考。此次对 1980 年《婚姻法》的修改，在全国引起了许多人的热情关注和激烈争论。当时修改立法的背景以及这场大规模的、牵动亿万人思想的论争之主要学术观点，参见李银河、马忆南主编：《婚姻法修改论争》，光明日报出版社 1999 年版的相关内容。

② 载《法律科学》1996 年第 4 期，被中国人民大学报刊资料中心《民商法学》1996 年第 10 期全文转载。

③ 载《法商研究》1999 年第 4 期，被中国人民大学报刊资料中心《民商法学》1999 年第 10 期全文转载。

④ 载《现代法学》1999 年第 5 期。

⑤ 载梁慧星主编：《民商法论丛》（第 15 卷），法律出版社 2000 年版，第 293-337 页。

⑥ 载《中国法学》2000 年第 1 期，2000 年 6 月被全国人大常委会法工委《法制参考资料》第 30 期摘要转载，报送党中央、全国人大常委会、国务院、最高人民法院、最高人民检察院等国家机关供修改 1980 年《婚姻法》时作为参考，2002 年荣获"中华人民共和国司法部法学优秀成果二等奖"。

⑦ 载张玉敏主编：《西南法学论坛》，法律出版社 2000 年版。

知识产权的财产期待权之归属探讨》①《建立我国离婚损害赔偿制度研究》②《离婚后父母对子女监护权问题研究——兼谈我国〈婚姻法〉相关内容的修改与补充》③ 等，以这些论文的学术研究为基础，我撰写的专著《中国婚姻家庭法立法研究》由群众出版社于2000年5月出版。在此书中，我提出了中国婚姻家庭法基本原则的增补建议，对当代婚姻家庭法变革的趋势进行评析，对我国亲属关系通则、结婚制度、夫妻财产制的立法修改中有分歧意见的难点问题进行研究，对建立我国离婚损害赔偿制度有分歧意见的难点问题进行剖析，进而提出修改和完善我国结婚法、夫妻关系法、离婚法、亲子法、监护法和扶养法的立法建议，对于修订1980年《婚姻法》具有一定参考价值。④ 并且，此书有关夫妻财产制、离婚法、亲子法、监护法的部分立法建议，至今对于"中国民法典·婚姻家庭编"的编纂仍具有一定参考价值。⑤

2001年修正后的《婚姻法》施行后至2009年，本人继续结合我国婚姻家庭领域出现的新情况、新问题，带领与指导自己的硕士研究生和博士研究生共同深入研究我国婚姻家庭法的修改完善问题，独立撰写或者与研究生合作撰写发表了以下学术论文：《婚姻法的修改及其完善》⑥《公共政策中的社会性别——〈婚姻法〉的社会性别分析及其立法完善》⑦《构建和谐的婚姻家庭关系——中国婚姻家庭法六十年》⑧《我国农村家庭暴力研究——以对农村妇女的家庭暴力为主要分析对象》⑨《论我国婚姻无效与撤销制度的完

---

① 载《现代法学》2000年第4期，2000年12月被全国人大常委会法工委《法制参考资料》第55期摘要转载，报送党中央、全国人大常委会、国务院、最高人民法院、最高人民检察院等国家机关供修改1980年《婚姻法》时作为参考。

② 载《现代法学》1998年第6期。

③ 载《中国法学》1998年第3期。

④ 其中，有的立法建议已被2001年修正后的《婚姻法》所吸纳，如该法新增第40条对离婚经济补偿做出的规定。2001年修正后的《婚姻法》第40条规定："夫妻书面约定婚姻关系存续期间所得的财产归各自所有，一方因抚育子女、照料老人、协助另一方工作等付出较多义务的，离婚时有权向另一方请求补偿，另一方应当予以补偿。"此源于我研究瑞士夫妻财产制撰写的学术论文，从夫妻一方从事家务劳动价值需要承认的中国实际出发，借鉴瑞士立法经验，提出我国增补夫妻一方对夫妻他方所做特殊贡献的经济补偿之立法建议。参见陈苇：《完善我国夫妻财产制的立法构想》，载《中国法学》2000年第1期，第89页。

⑤ 例如，（1）对于我国夫妻财产制，关于现代夫妻财产制立法宗旨与立法原则的阐述；关于我国夫妻财产制立法缺陷的分析；在完善我国夫妻财产制的立法构想中，建议增设：通则性夫妻财产关系的一般规定、非常法定财产制、夫妻财产的告知义务、增补夫妻财产的责任及夫妻财产之间的补偿请求权等。（2）对于我国离婚制度，建议增补：登记离婚的考虑期、婚姻登记机关对离婚协议的实质审查职责、分居父母对子女的"会面交往权"等。（3）对于我国父母子女关系法，建议取消"非婚生子女"的称谓，无论父母有无婚姻关系，他们所生的子女均统一称为"子女"，并增设：继父母与继子女形成扶养关系的条件和父母照护权（亲权）制度；（4）对于我国监护制度，建议将监护制度纳入"婚姻家庭法"之中，增补监护的拒绝或辞退的法定事由、设置监护监督人、增设共同监护人的责任分担原则及其连带责任等。参见陈苇：《中国婚姻家庭法立法研究》，群众出版社2000年版，第169-170、191-208、248-249、291-292、306-309、355-361、382-384页。

⑥ 作者陈苇，载《现代法学》2003年第4期。

⑦ 作者陈苇、冉启玉，载梁慧星主编：《民商法论丛》（第33卷），法律出版社2005年版，第145-172页。

⑧ 作者陈苇、冉启玉，载《河北法学》2009年第8期。

⑨ 作者陈苇，载《法商研究》2007年第6期，被《中国社会科学文摘》2008年第4期摘要转载。

善》①《我国事实婚姻制度之重构——澳大利亚的〈事实伴侣关系法〉的启示》②《我国设立非婚同居法的社会基础及制度构想》③《夫妻财产制立法原则及若干问题研究》④《论我国夫妻财产制的新发展及其立法完善》⑤《英国夫妻分割养老金立法研究及完善我国立法的建议》⑥《论婚后所得养老金利益由夫妻共享之法理基础及其分割方法——以澳大利亚离婚夫妻养老金分割的立法与实践为研究视角》⑦《论婚内夫妻一方家务劳动的价值及其补偿之道——与学历文凭及职业资格证书之"无形财产说"商榷》⑧《建立我国亲子关系推定与否认制度研究》⑨《论"儿童最大利益原则"在我国的确立——兼论婚姻法及相关法律的不足及其完善》⑩《离婚扶养制度研究》⑪《我国台湾地区防治家庭暴力立法与司法之研究及其启示》⑫等。我根据以上学术论文的研究成果，对本人2000年出版的专著《中国婚姻家庭法立法研究》进行修改补充后完成了第二版，由群众出版社2010年出版。此书有关我国婚姻家庭法制度的部分修改补充建议，至今对于"中国民法典·婚姻家庭编"的编纂仍具有一定的参考价值。

2018年9月，我国立法机关公布了"民法分则各编草案"公开向社会各界征求意见。在此时代背景下，本人收集自2010年出版《中国婚姻家庭法立法研究》（第二版）以后至今的近10年期间，独立撰写或与研究生合作发表的婚姻家庭法研究领域的主要学术论文，以及部分已发表的具有较大理论创新的省部级课题和校级课题的阶段性成果论文，编辑出版此部《中国婚姻家庭法理论与实践研究》，以期反映本人近10年间带领和指导研

① 作者陈苇，载《甘肃政法学院学报》2003年第4期。

② 作者陈苇、高伟，载《法学杂志》2008年第2期。

③ 作者陈苇、王薇，本文为节选稿，载《甘肃社会科学》2008年第1期，被中国人民大学报刊资料中心《民商法学》2008年第5期全文转载；被《中国社会科学文摘》2008年第5期摘要转载；被上海社会科学院家庭研究中心编：《中国家庭研究》全文转载，上海社会科学院出版社2008年版，第222-233页。本文的英文稿 On the social basis and legislative propositions of establishing non-marital cohabitation law of the PRC, wrote corporately, US-China Law Review, Volume 6·Number1 January 2009（Serial Number 50），David Publishing Company, U.S.A. pp. 1-13. 本文的全文稿《在构建和谐社会视野下设立我国非婚同居法的构想》（约2.4万字），载陈小君主编：《私法研究》（第7卷），法律出版社2009年版，第175-196页。

④ 作者陈苇，载《东南学术》2001年第2期。

⑤ 作者陈苇，载梁慧星主编：《民商法论丛》（第36卷），法律出版社2006年版，第240-259页。

⑥ 作者陈苇、杨璇，载陈苇主编：《家事法研究》（2006年卷），群众出版社2007年版，第113-140页。

⑦ 作者陈苇、陈思琴，载夏吟兰等主编：《呵护与守望——庆祝巫昌祯教授八十华诞暨从教五十周年文集》，中国妇女出版社2008年版，第107-120页。

⑧ 作者陈苇、曹贤信，载《甘肃社会科学》2010年第4期。

⑨ 作者陈苇、靳玉馨，载梁慧星主编：《民商法论丛》（第27卷），金桥文化出版（香港）有限公司2003年版，第245-279页。

⑩ 作者陈苇、谢京杰，本文节选的中文稿载于《法商研究》2005年第5期；本文节选的两篇英文稿分别载 On the Establishment of the Paramunt Principle of the Best Interests of the Child: in Marriage and Family Law of China, 21st Century Law Review（Volume 2·Number2 2006），pp. 72-91; A commentary on the principle of "a child's best interests": the weakness and improvements of marriage and family law, Frontiers of Law in China,（Volume 3·Number1 March 2008），Higher Education Press, China, pp. 51-64.

⑪ 作者陈苇、冉玉启，本文为2004年7月中国政法大学与家庭法国际协会共同主办的"2004年国际家庭法年会暨离婚问题研讨会"交流论文，载《月旦民商法》2004年第6期。

⑫ 作者陈苇、秦志远，载陈苇主编：《家事法研究》（2006年卷），群众出版社2007年版，第37-69页。

究生在婚姻家庭法研究领域的主要学术成果，希望能为21世纪"中国民法典·婚姻家庭编"的编纂贡献我们的智慧和力量。

本书分为七个部分：第一部分是婚姻家庭法基础理论研究，有2篇论文：一篇研究现代婚姻家庭法的立法宗旨与变革趋势及其启示；另一篇从过去、现在到将来，对改革开放三十年（1978—2008）中国婚姻家庭法制建设的历程进行回顾总结和展望。第二部分是对妇女儿童老人权益保护和防治家庭暴力的实证调查研究，共计8篇论文：这些论文都是作者深入基层，"了解百姓生活状况""立足中国现实，植根中国大地"①的实证调查研究。其中，有3篇论文分别对在校女童的法律保护、城镇社区老年人的养老经济状况和农村老年人的医疗保障情况进行实证调查研究；有5篇论文，分别对基层街道社区、区妇联和基层人民法院等机构防治家庭暴力的工作情况进行实证调查研究。第三部分是对夫妻关系、父母子女关系和监护制度的研究，共计12篇论文，各自或研究婚姻家庭住房权的优先保护；或探讨双方父母赠与夫妻的不动产之归属；或考察现代婚姻家庭法的立法价值取向，剖析《婚姻法司法解释（三）》存在的不足；或实证分析家庭因素对未成年人犯罪的影响及对策；或对高校研究生青年群体的生育意愿进行实证研究，探讨有利于贯彻实施"生育二胎"政策的措施；或研究在校留守女童受家庭抚养教育权法律保障情况，探讨未成年人保护制度的改革与完善；或从私法自治、国家义务与社会责任角度，研究现代成年人监护制度的立法趋势及启示；或以法律的价值分析为视角，研究现代成年人监护制度的立法变革及启示；或以我国《民法总则》的监护立法为基础，研究中国民法典之监护制度立法体系的构建；或为对2016年修正后的《瑞士民法典》之瑞士成年人保护制度的译文；或研究瑞士新成年人意定照顾制度及其启示等论文。第四部分是对分居制度与离婚制度的研究，合计有9篇论文：各自或进行我国夫妻分居情况实证调查；或研究设立我国分居制度的社会基础及其制度构想；或探讨我国离婚经济补偿制度的命运：完善抑或废除；或分析论证我国内地离婚损害赔偿制度的存与废；或研究我国离婚救济法律制度的创新思路；或进行我国离婚救济制度司法实践之实证调查研究；或进行我国登记离婚制度实施中儿童权益保障情况的实证调查研究；或研究诉讼离婚中处理儿童抚养问题之司法实践及其改进建议；或针对诉讼离婚财产清算中妇女财产权益法律保护进行实证研究。第五部分是对中国内地（大陆）与港、澳、台婚姻家庭法比较研究，有2篇论文，一篇论文对当代中国内地（大陆）与港、澳、台无效婚姻与可撤销婚姻制度进行比较研究；另一篇论文对当代中国内地（大陆）与港、澳、台法定夫妻财产制进行比较研究。第六部分家事审判改革研究，合计有4篇论文：各自或探讨我国家事纠纷人民调解的新机制；或研究澳大利亚"子女接触令"实施的改进建议对我国之启示；或分析澳大利亚家事纠纷解决机制的新发展及其启示；或研讨家事审判改革视野下祖国大陆家事审判程序的立法完善。第七部分教育教学方法改革研究，合计有4篇论文：各自或以婚姻家庭法学课实践教学环节为例，探讨指导学生进行社

---

① 参见《坚定文化自信把握时代脉搏聆听时代声音 坚持以精品奉献人民用明德引领风尚》，习近平在看望参加政协会议的文艺界社科界委员的讲话，载《法制日报》2019年3月5日第一版和第三版。

会调查之方法；或探讨师生互动式教学法；或针对法学专业硕士生"双导师制"培养模式的改革探索进行总结；或以利用"课程中心"网络教学资源为例，进行婚姻家庭法学课"翻转式"教学方法探索。本书以上七部分内容，在理论上可以丰富和发展中国婚姻家庭法的基本理论，在实践上可以为"中国民法典·婚姻家庭编"的编纂提供立法参考，也可以为我国法律实务界人士解决司法实践的相关问题提供参考，还可以为我国高等院校教师改革婚姻家庭法课程的教育教学方法，提高教学水平和教育质量提供参考。

光阴荏苒，岁月如梭。本人从 1979 年入学开始法律专业的学习至毕业后留校从事民法、婚姻家庭继承法的教学科研工作，至 2019 年已近 40 年。人生 40 年，弹指一挥间。回顾自己近 40 年在婚姻家庭法领域的学习和科研情况，我于 1979 年 9 月考入西南政法学院法律系本科学习（79 级），1984 年 9 月考入西南政法学院攻读民法专业硕士研究生（84 级），师从我国著名婚姻法专家、中国法学会婚姻法学研究会副总干事杨怀英教授研习婚姻家庭继承法。1987 年 7 月我毕业后留校执教，一直得到恩师的点拨和教诲。恩师不幸于 1995 年 2 月去世，我万分悲痛。我永远铭记恩师的教诲："老老实实做人，勤勤恳恳做事。"在繁忙的教学工作之余，我辛勤耕耘、潜心致力于婚姻家庭继承法领域的学术研究。近十余年来，在"中国民法典·婚姻家庭编"编纂的时代背景下，除针对我国《婚姻法》的修改完善先后发表了数十篇学术论文之外，本人担任负责人先后主持完成婚姻家庭法研究领域的多项校级、省部级课题成果，相继主编出版以下著作：《外国婚姻家庭法比较研究》（重庆市哲学社会科学"十五"规划项目成果著作，2006 年 1 月出版）、《改革开放三十年（1978—2008）中国婚姻家庭继承法研究之回顾与展望》（西南政法大学 2008 年度重点项目成果著作，2010 年 1 月出版）、《中国婚姻家庭法立法研究（第二版）》（西南政法大学 2009 年度外国家庭法及妇女理论研究中心重点项目成果著作，2010 年 1 月出版）、《当代中国内地与港、澳、台婚姻家庭法比较研究》（中国司法部 2009 年度国家法治与法学理论研究项目成果著作，2012 年 5 月出版）、《我国防治家庭暴力情况实证调查研究——以我国六省市被抽样调查地区防治家庭暴力情况为对象》（中国法学会 2012 年度部级研究课题成果著作，2014 年 5 月出版）、《中国妇女儿童权益法律保障情况实证调查研究——以中国五省市被抽样调查地区妇女儿童权益法律保障情况为对象（上卷、下卷）》（中国法学会 2014 年度部级研究课题成果著作，2017 年 3 月出版）。在此时期，本人还主持翻译出版了以下译作：《加拿大家庭法汇编》（西南政法大学 2005 年度外国家庭法及妇女理论研究中心翻译项目成果译作，2006 年 1 月出版）、《澳大利亚家庭法（2008 年修正）》（重庆市教育委员会 2008 年度人文社会科学重点项目成果译作，2009 年 1 月出版）、《美国家庭法精要（2007 年，第五版）》（西南政法大学 2008 年度外国家庭法及妇女理论研究中心翻译项目成果译作，2010 年 3 月出版）、《澳大利亚法律的传统与发展（第三版）》（西南政法大学 2008 年度外国家庭法及妇女理论研究中心重点翻译项目和重庆市教育委员会 2008 年度人文社会科学重点项目和子课题成果译作，2011 年 6 月出版）。此外，本人与美国、意大利学者合作撰写的美国法学院比较家庭法英文教材于 2009 年在美国出版：*Practical Global Family Law——United States,*

*China and Italy*, published by Carolina Academic Press, Durham North Carolina, Printed in the United States America, in 2009.

　　鉴于本人在婚姻家庭法研究领域的学术造诣，2016 年 7 月，我应邀参加中国法学会重点课题"民法典编纂项目"之子课题"婚姻家庭编专项课题组"，本人担任监护制度组的组长，负责组织本组四名骨干成员贵州大学法学院刘淑芬教授、海南大学法学院叶英萍教授、西北政法大学张伟教授和华东政法大学李霞教授带领其他成员共同撰写"中国民法典·婚姻家庭编"监护制度的修订问题清单和立法建议条文。从 2016 年 7 月至 2017 年 1 月的近 7 个月，我负责组织课题组成员分工合作撰写稿件，我们广泛收集中外参考资料，认真梳理中外立法例及相关学术观点，夜以继日地写作，还二次参加"婚姻家庭编专项课题组"组织的立法研讨会进行集体讨论，先后向该课题组提交"监护制度修订问题清单""监护制度立法建议条文附理由的初稿""监护制度立法建议条文附理由的第二稿""监护制度立法建议条文附理由的第三稿（定稿）"。因此，可以说，此"监护制度立法建议条文附理由"的定稿，既是本监护制度组全体成员共同的心血浇灌成果，也是"婚姻家庭编专项课题组"全体成员的集体智慧结晶。2017 年 9 月 7 日，全国人大常委会法制工作委员会民法室给我发来"关于就民法典婚姻家庭编夫妻财产关系相关问题进行专题咨询的函"，就民法典婚姻家庭编如何规定夫妻财产关系征求我的意见，并请我对此提出具体修改方案。2017 年 11 月 15 日，本人撰写完成"关于就民法典婚姻家庭编夫妻财产关系相关问题进行专题咨询的函"之回复信，在此回复信中我提出了修改完善我国夫妻财产关系法的具体立法建议，以供我国立法机关参考。2018 年 9 月 5 日，我国立法机关已经将《民法典各分编（草案）》在"中国人大网"公布，向社会公众征求意见。目前，"中国民法典·婚姻家庭编"的编纂仍在紧锣密鼓地进行之中。所以，我收集自 2010 年出版《中国婚姻家庭法立法研究》（第二版）以后至今的最近 10 年间，独立撰写或与研究生合作发表的婚姻家庭法研究领域的主要学术论文，以及部分已发表的具有较大理论创新的省部级课题和校级课题的阶段性成果论文，编辑出版本著作。本著作既是最近 10 年来本人带领研究生潜心婚姻家庭法领域学术研究的成果总结，也是多年来本人悉心指导和培养研究生的成绩展示，希望它的出版能够为祖国新时代"中国民法典·婚姻家庭编"的编纂贡献绵薄之力。

　　"谁言寸草心，报得三春晖。"值此杨怀英教授诞辰 95 周年之际，我深深地怀念杨怀英老师，深切地感谢恩师对我的培养和教诲！特将本书献给杨怀英老师！杨怀英老师永远活在我们心中！

　　最后，我代表全体作者，对我指导的山西大学商务学院进修教师潘淑岩副教授和董思远博士对本书稿件进行的辛勤校对工作，表示衷心的感谢！对中国人民公安大学出版社胡慕陶编辑老师和其他编辑老师们对本书出版的辛勤编辑工作表示衷心的感谢！

陈苇

2019 年 3 月 8 日

# 第一部分
## 婚姻家庭法基础理论研究

# 论现代婚姻家庭法的立法宗旨与变革趋势及其启示①

陈　苇*

## 目　次

现代婚姻家庭法的立法宗旨，对于现代婚姻家庭法的立、改、废，具有重要指导意义。现代婚姻家庭法的变革趋势，对于现代婚姻家庭法的立、改、废，具有重要参考价值。由于各国的国情不同、各民族的婚姻家庭习惯也有不同，因此各国婚姻家庭法的内容也有所不同，各国婚姻家庭法应当具有一定的民族特色。同时，由于各国各民族的婚姻家庭习惯也具有共性，如夫妻之间有相互扶养的义务、父母对子女应当承担抚养义务等，所以各国婚姻家庭法的内容也有相同之处。研究现代婚姻家庭法的立法宗旨和变革趋势，可以为我国"民法典·婚姻家庭编"的编纂提供有益的参考。

## 一、现代婚姻家庭法的立法宗旨

婚姻家庭关系是以两性结合和血缘联系为特征的社会关系。在现代社会，婚姻家庭仍是社会的细胞。婚姻家庭仍担负着性生活职能、人口再生产职能、物质生产职能、教育职能、保障职能和精神生活职能。尽管随着社会的经济发展和文明进步，人们的婚姻家庭观念发生了很大变化，性生活职能和精神生活职能在婚姻家庭中越来越受到重视，夫妻感情对于婚姻家庭关系的维系起着越来越重要的作用，但是，家庭仍然是人口再生产的基本单位，担负着抚育子女的重任；社会化大生产使家庭的物质生产职能在逐渐弱化，但无论是发达国家还是发展中国家仍有相当一部分家庭（尤其是农村家庭）承担着物质生产的职能；社会教育力量的加强使家庭的教育职能在削弱，但父母仍然是子女的第一任教师；社会保障制度的建立和完善使家庭的保障职能在逐渐减少，但家庭仍是大多数人生活最基本

---

①　本文为 2009 年度西南政法大学外国家庭法及妇女理论研究中心之重点项目的阶段性研究成果，载陈苇：《中国婚姻家庭法立法研究》（第 2 版），群众出版社 2010 年版，第 12-40 页。本文在被编入本书时对标题和个别内容进行了适当修改补充。

*　陈苇，女，西南政法大学外国家庭法及妇女理论研究中心主任，民商法学院教授、博士生导师。

的单位,其生老病死都与家庭成员的互相关心、互相扶助息息相关。正如我国著名社会学家费孝通先生在论及婚姻的意义时明确指出的:"婚姻是人为的仪式,用以结合男女为夫妇,在社会公认之下,约定以永久共处的方式来共同担负抚育子女的责任。""我们似乎不应把限制两性关系视作婚姻的基本意义。婚姻之外的两性关系之所以受限制,还是因为要维持和保证对儿女的长期抚育作用,有必要防止发生破坏婚姻关系稳定的因素。"①

在国外,有的学者通过考察前工业化以来的欧洲不同类型的家庭及其变化过程,探索当代家庭的现状及发展趋势,提出:"日益增长的离婚率,日益下降的结婚率,越来越多的独居者和类似婚姻的非法的生活共同体构成一种发展趋势……这种趋势称为合法婚姻重要性的削弱。一方面,在'后工业'社会中,婚姻对成年人两性关系占有的垄断地位大大削弱;另一方面,考虑子女的利益仍是赞同婚姻的最有力的证据。上文概述的与婚姻和家庭不同的别样生活方式还局限在少数人,局限在年轻人身上,大多数人仍然生活在传统的婚姻家庭形式中。""家庭生产着经济制度本身无法'自发'产生的劳动和勤奋工作的动机……不断地通过日复一日劳动力的恢复,通过新的劳动力和消费者的再产生,产生出社会的阶级和阶层特有的结构。"因此,"可以说,在目前的历史阶段中,婚姻和家庭还没有完全失去规定力量,没有完全失去其在实际上别无选择的地位。"② 而美国著名社会学家古德早在 20 世纪 60 年代就指出:"在现代工业社会中,家庭只是整个社会结构的一小部分。不过,家庭在这种社会中也仍处于关键地位,特别是将个人与其他社会机构如教会、国家或经济机构联系起来。假如没有这个看起来原始的社会机构所作出的贡献,现代社会就会崩溃,这是确实无疑的……社会是通过家庭来取得个人对社会的贡献。反之,家庭也只有在广大社会的支持下,才得以继续生存下去。""家庭如何履行其职责,这是与其他社会成员利害攸关的大事……对绝大多数个人来说,都有必要建立家庭,抚养子女,相互支持,相互帮助……即使在我们这个离婚率很高的社会里,成百万人不满意自己的婚姻,或因离婚而受到伤害,但他们却仍然会再婚。这说明,人们在慎重考虑了各种选择之后,认识到家庭……仍然会给个人提供更多的好处,而外界社会也会支持这一举动。"③

总之,在现代社会,婚姻家庭仍然是社会的基础。婚姻家庭关系的稳定不仅涉及婚姻当事人和子女的利益,而且也涉及社会的稳定和发展。正是因为家庭对个人和社会都具有重要意义,为了巩固和维持婚姻生活共同体,保障家庭成员的生存和发展,使人类社会能够不断延续,现代社会的婚姻家庭法必须坚持以保护婚姻家庭为其立法宗旨。也就是说,保护婚姻家庭仍是现代各国婚姻家庭法的重要使命。现代社会许多国家正是通过婚姻家庭法律制度,教育、引导婚姻家庭当事人依法建立婚姻关系,享受婚姻家庭的权利,并自觉履行婚姻家庭的义务,以法律手段保障婚姻家庭当事人的合法权益,预防、制止侵害婚姻家庭当事人合法权益的违法行为,以维护婚姻家庭关系的稳定,促进社会生产和经济发展,推动社会的文明进步。

### 二、现代婚姻家庭法的变革趋势

针对现代婚姻家庭法变革的趋势,笔者根据现代社会外国两大法系具有代表性的国家

---

① 费孝通:《乡土中国 生育制度》,北京大学出版社 1998 年版,第 124、125 页。

② [奥地利] 赖因哈德·西德尔:《家庭的社会演变》,商务印书馆 199 年版,第 240-243 页。

③ [美] 威廉·J. 古德著:《家庭》,魏章玲译,社会科学文献出版社 1986 年版,第 4、5、16、17 页。

之亲属法（婚姻家庭法）的修改情况进行考察。自第二次世界大战结束后，随着社会的发展，现代社会的经济、生活条件和人们的婚姻家庭观念发生了很大变化，许多国家先后多次修改亲属法或家庭法，摒弃原来立法中的封建残余及某些过时的规定，以使其能够适应新形势下调整婚姻家庭关系的需要。值得注意的是，联合国先后制定的一系列有关人权保护的国际文献，1945 年《联合国宪章》重申对基本人权和人格尊严与价值的信念；1948 年《世界人权宣言》宣布："鉴于对人类家庭所有成员的固有尊严及其平等的和不移的权利的承认，乃是世界自由、正义与和平的基础。"① 尤其是在 1924 年《儿童权利宣言》②、1989 年《儿童权利公约》③ 和 1979 年《消除对妇女一切形式歧视公约》④ 等国际人权文献着力倡导加强妇女、儿童之人权保护的背景下，近年来大陆法系和英美法系具有代表性的国家如法国、德国、英国、美国等国进一步修改补充了调整婚姻家庭关系的法律，以期加强对婚姻家庭当事人尤其是对妇女和儿童之权益的保护。现代婚姻家庭法变革的主要趋势如下：

第一，基于对人们自主选择生活方式之基本人权的尊重，调整婚姻家庭关系的法律已经多元化，呈现出亲属法或婚姻家庭法为主而辅以同居伴侣法、同性伴侣法，甚至三者并列的趋势；并且为保障婚姻家庭成员的基本人权，防治家庭暴力的相关立法⑤也将被越来越多的国家制定和实施。

长期以来，非婚同居者、同性结合者都是社会中的少数群体，他们处于相对弱势者的地位，受到人们的歧视，法律对其亦不予承认和保护。⑥ 随着社会发展到现代社会，在许多国家的现实生活中非婚同居现象已经非常普遍。美国学者理查德·A. 波斯纳指出："离婚率急剧上升，与之相伴的是用同居代替婚姻，并且用同居作为婚前准备……1983 年，在瑞典所有出生的孩子中，有 40% 以上都是非婚生的。"⑦ 英国有学者认为，非婚同居在欧洲和北美有发展蔓延的趋势。例如，在英格兰，1960—2000 年，20—50 岁的女性

① 1948 年《世界人权宣言》第 1、8、16 条规定："人人生而自由，在尊严和权利上一律平等"；"任何人当宪法或法律所赋予他的基本权利遭受侵害时，有权由合格的国家法庭对这种侵害行为作有效的补救。""（一）成年男女，不受种族、国籍或宗教的任何限制有权婚嫁和成立家庭。他们在婚姻方面，在结婚期间和在解除婚约时，应有平等的权利。（二）只有经男女双方的自由和完全的同意，才能缔婚。（三）家庭是天然的和基本的社会单元，并应受社会和国家的保护。" http://www.un.org/chinese/work/rights/rights.htm.
② 1924 年《儿童权利宣言》的原则二规定："儿童应受到特别保护……制定法律时，应以儿童的最大利益为首要考虑。"
③ 1989 年《儿童权利公约》在序言中宣布：儿童有权享受特别照料和协助，深信家庭作为社会的基本单元，作为家庭的所有成员、特别是儿童的成长和幸福的自然环境，应获得必要的保护和协助，以充分负起它在社会上的责任；铭记如《儿童权利宣言》所示，"儿童因身心尚未成熟，在其出生以前和以后均需要特殊的保护和照料，包括法律上的适当保护"。确认世界各国都有生活在极端困难下的儿童，对这些儿童需要给予特别的照顾。
④ 1979 年《消除对妇女一切形式歧视公约》第 2 条（f）款规定："采取一切适当措施，包括制定法律，以修改或废除构成对妇女歧视的现行法律、规章、习俗和惯例。"
⑤ 从某种意义上说，"防治家庭暴力法"属于综合性的社会法范畴，其立法背景、意义和部分国家立法概况等，参见陈苇：《中国婚姻家庭法立法研究》（第二版）附论的相关论文，群众出版社 2010 年版，在此从略。
⑥ 关于同性恋者人权保护的历史发展情况，参见孙振栋：《同性恋者人权保护问题研究》，载梁慧星主编：《民商法论丛》（总第 24 卷），金桥文化出版社（香港）有限公司 2002 年版，第 587-710 页。
⑦ ［美］理查德·A. 波斯纳：《性与理性》，苏力译，中国政法大学出版社 2002 年版，第 74-76 页。

中，同居的比例是原来的三倍。[①] 鉴于此种情况，不少国家基于人权理论和"功能主义家庭观"，将家庭法的调整范围扩大到某些非婚同居关系。正如澳大利亚著名家庭法专家Patrick Parkinson 教授所指出的：界定家庭的概念，需要扩展到包括各种类型的家庭，包括双亲家庭、单亲家庭、无子女的配偶家庭……及事实伴侣关系和成年人的同居关系。[②] 自 20 世纪 60 年代起，尤其是 20 世纪 90 年代以来，基于对当事人自主选择生活方式之基本人权的尊重，非婚同居、同性结合等"家庭"在一些国家已经受到法律不同程度的保护。[③] 不少国家基于人权理论和"功能主义家庭观"，将家庭法的调整范围扩大到某些非婚同居关系中。[④] 有些国家则已制定单独调整非婚同居关系或同性结合关系的法律。例如，丹麦 1990 年 5 月通过、1990 年 10 月 1 日正式生效的一项法律明确规定了同性恋者的法律地位。根据这项法律，丹麦的同性恋者可以去婚姻注册处注册结婚，享有法律赋予异性夫妇的地位，同性恋双方和异性恋夫妇一样在房屋、税务、继承遗产、分居、离婚等方面享有同等权利。[⑤] 再如，2001 年 4 月 1 日生效的《荷兰民法典》第 30 条第 1 款规定："婚姻是异性或同性的两人之间所缔结的契约关系。"这表明法律承认异性婚姻与同性婚姻两者处于相同的法律地位。[⑥] 但在有些对同性结合只给予一定程度保护的国家，并没有将其等同于"婚姻"。例如，法国，1999 年 11 月 15 日第 99-944 号法律确定同性之间可以订立"紧密关系民事协议"，形成某种共同生活的关系。受紧密关系民事协议约束的两伙伴应在共同生活中相互帮助，并且在两伙伴订立紧密关系协议后的推定适用有偿取得动产的共有制度。但法国最高行政法院 2002 年 6 月 28 日的解释认为，由紧密关系民事协议约束的双方伙伴不得被视为已经结婚的人。[⑦]

目前，美国、澳大利亚、英国、法国、荷兰等国都有各具特色的调整非婚同居伴侣关系（有的还同时调整同性伴侣关系）的法律制度。总之，基于对非婚同居者自主选择生活方式之基本人权的尊重，基于对同性结合者建立婚姻家庭权的尊重，非婚同居关系和同性结合关系已经被不少国家的法律予以承认，对此类当事人在相互扶养、财产权益等方面给予不同程度的保护。[⑧]

综上所述，在当今世界，过去仅以单一的亲属法或婚姻家庭法调整婚姻家庭关系的现象已经被改变，有不少国家调整婚姻家庭关系的法律已经多元化，呈现出亲属法或婚姻家庭法为主而辅以同居伴侣法、同性伴侣法，甚至三者并列的趋势。并且，为保障婚姻家庭成员的基本人权，防治家庭暴力的相关立法也将被越来越多的国家制定和实施。

---

① Antony W. Dnes & Robert Rowthorn, *The Law and Economics of Marriage & Divorce*, Cambridge University Press, 2002, p. 119.

② Patrick Parkinson & Juliet Behrens, *Australian Family Law In Context Commentary and Materials*, Published in Sydney by Lawbook Co. , 2004, p. 13.

③ 陈苇、王薇：《我国设立非婚同居法的社会基础及制度构想》，载《甘肃社会科学》2008 年第 1 期。

④ 王薇：《论现代社会非婚同居立法的发展趋势》，载陈苇主编：《家事法研究》（2007 年卷），群众出版社 2008 年版，第 240-241 页。

⑤ 冯建妹：《现代医学与法律研究》，南京大学出版社 1994 年版，第 317 页。

⑥ M. 克斯特尔、邓建中：《欧洲同性恋立法动态的比较考察》，载《比较法研究》2004 年第 2 期。

⑦ 《法国民法典》（上册），罗结珍译，法律出版社 2005 年版，第 430-433 页。

⑧ 参见陈苇主编：《外国婚姻家庭法比较研究》，群众出版社 2006 年版，第 28 页；王薇：《非婚同居法律制度比较研究》，人民出版社 2009 年版，第 117-404 页。

第二，基于男女平等理念，修改夫妻关系法，夫妻的法律地位已趋于平等，基于承认家务劳动的价值，注意对夫妻在婚姻期间所得利益实行公平分配。

随着社会经济、文化的发展，家庭结构的变化（核心家庭逐渐占主导地位），人们的婚姻家庭观念，尤其是关于夫妻和父母子女作用的看法均随之发生很大的变化。夫妻已经成为家庭的轴心。为了使婚姻家庭生活圆满幸福，夫妻双方应当在家庭中处于平等的地位。夫妻在承担扶养家庭的责任、对共同财产的权利义务及外出就业等方面，应当享有平等的权利。一些资本主义国家基于男女平等原则，逐步摒弃原来立法中男女不平等的封建残余，修改原夫妻家庭地位不平等的规定，夫妻在家庭中的地位以及夫妻财产权、夫妻就业权和家庭扶养责任等逐渐在法律上趋于平等。

夫妻在家庭中的法律地位被反映在夫妻人身关系和夫妻财产关系两个方面，夫妻人身关系是主要方面，它决定了夫妻财产关系，后者随前者的变化而变化。婚姻家庭担负着养老育幼的重要职能，扶养家庭的责任由谁承担？这主要取决于夫妻人身关系的性质以及与之相适应的夫妻财产制类型。从扶养家庭责任承担者的演变，可以看出夫妻家庭地位由不平等到平等的变迁过程。从历史的角度来看，扶养家庭责任经历了一个由家长单独负担到由夫单独负担，再到由夫妻共同负担的发展演变过程。在古代社会，封建法律规定在家庭中实行家长制，在人身关系方面，父或夫任家长而统率家属，妻及其他家属必须服从家长；在财产关系方面，家庭成员劳动所得归家庭所有，家庭财产权由家长一人掌握，故家庭扶养责任亦由家长负责以家庭财产承担。到近代、现代社会，夫妻的家庭地位以及夫妻财产制类型，仍然是决定由谁承担家庭扶养责任的重要依据。例如，虽然 1804 年《法国民法典》确立了男女平权原则，但据该法典第 213 条规定：夫有保护其妻的义务，妻有服从其夫的义务，[①] 即仍以夫为一家之长，夫妻处于不平等地位。该法第 1421 条还规定：夫单独管理共有财产，无妻之同意亦可将共同财产出卖、转让或抵押。而且关于共同财产之管理无须向妻报告。夫对于妻之特有财产亦有管理权，而且有权收取其所生之果实或收益。[②] 该法第 214 条则相应地规定：夫依其身份及资历，对妻负有提供一切生活必需品之义务。可见，此立法规定具有强烈的家父长制色彩，认为夫是家庭生活共同体的首长，家庭的财产均集于夫之手中。在此立法下，妻根本毫无履行夫妻扶养义务或家庭生活费用负担义务的可能，故只能由夫单方承担扶养家庭生活费用的责任。直至 1938 年法国才废止了 1804 年《法国民法典》关于妻无行为能力的制度，并将夫对妻之保护义务、妻对夫之服从义务予以删除。1907 年法国从英国导入特有财产制度，制定"关于妻之自由薪资及家庭费用分担的法律"，而将妻因职业活动所得之财产视为其保留财产，妻对其有管理、收益、处分等权利。妻之权利的扩大，则妻之义务亦随之增加，故 1938 年对该法第 214 条作了修改。依该法修改后的第 214 条第 1 项规定：夫原则上，仍依其身份对妻负有提供一切生活必需品的义务；第 2 项增设规定妻基于有管理权之财产，按照自己的资历与夫的资历的比例，负担家庭费用及子女的教育费用，[③] 即妻有分担家庭生活费用之义务。到 1942 年，法国正式将妻之保留财产规定于民法中，并对 1938 年之规定加以修正，即将该

---

① 《法国民法典》，李浩培等译，商务印书馆 1981 年版，第 213 条。

② 《法国民法典》，李浩培等译，第 1421 条，第 1428 条第 1 项，第 214 条。

③ 《法国民法典》，罗结珍译，中国法制出版社 1999 年版，第 214 条。

条第 2 项的规定移到第 1 项，第 1 项的规定移至第 2 项，然后对该条条文的内容稍加修改：第 1 项规定，如果未以夫妻财产契约约定夫妻对于家庭费用之负担时，夫妻各依其能力贡献分担之。第 2 项规定，夫以本人之资格承受负担义务，夫依其身份及能力对妻负有提供一切生活必需品之义务。第 3 项规定，妻以其嫁资或共有财产中之自己财产或由保留财产所为之扣除，来分担家庭生活费用，即妻亦以其所有财产分担家庭生活费用。可见，1942 年该法第 214 条对家庭生活费用负担的规定，已由夫单独负担向夫妻共同负担过渡。此反映出在夫妻人身关系方面，夫之家长权已被逐渐弱化。在此还须指出的是，法国关于家庭生活费用负担之规定，与其立法规定夫可干涉妻从事职业活动的规定也有一定关系。1907 年的立法虽设妻可独立管理、处分其职业所得，但当时，妻必须取得夫之同意始可从事职业活动。至 1938 年才将夫之事前同意权改为事后异议权。1942 年《法国民法典》第 214 条关于家庭生活费用负担的规定，于 1965 年随着夫妻财产制的改革而再次被修正。依 1965 年 7 月 13 日该法第 223 条规定：夫已丧失对妻从事职业活动的事后异议权。妻无夫之同意，可以独立从事职业活动。并且，妻对其从事职业所得之收入，有管理、收益及自由处分之权（第 224 条第 2 项）。同时其还规定，关于家庭生活费用之负担，原则上由夫妻协定之，无协定时，按各自之能力分担之（第 214 条），即夫妻在法律上平等地负担家庭生活费用的责任。1965 年的法律废除旧法有关妻的一切财产由夫管理的规定，代之夫妻各方对其个人财产有管理权与使用权，并且可自由处分之（第 1428 条）。然而，直至 1970 年法国亲权法的改革，1942 年第 213 条之规定被修正，夫才不再是家庭之首长，夫妻同时是家庭的精神及物质上的指导者，共同管理家庭。①

　　1900 年《德国民法典》关于夫妻权利和义务的规定，也明显带有夫权残余。在夫妻关系中，夫处于支配者地位，一切决定只能由夫作出。其法定财产制为管理共同制，夫对妻之原有财产有管理、收益等权利，夫妻扶养义务与家庭生活费用之规定，都以夫为主要义务负担者。但与法国略有不同的是，德国家庭生活费用负担之规定存在浓厚的对价关系，即夫对妻之原有财产有管理、收益等权利，从而负担家庭生活费用（虽然表面上夫为家庭生活费用的唯一承担者，实际上妻以其原有财产之收益负有潜在的分担义务。）但夫妻扶养义务则无此对价关系存在。第二次世界大战后，德意志联邦共和国制定新宪法即 1949 年《基本法》明确规定了"男女权利平等"的原则。1957 年 6 月 18 日的《男女平等权利法》的主要目的之一，就是使妻子在家务管理和外出就业等方面取得与丈夫平等的权利。该法宣布妻子对家庭"负有完全的责任"，并有权在不影响婚姻义务和家庭义务的情况下参加工作。② 这一规定仍然将"妻子是家庭主妇"作为准则。依该民法第 1360 条规定，夫妻有互相以其劳动及财产扶养家庭之义务。原则上，妻处理家事以履行扶养家庭之义务。这里将妻之家务劳动视为扶养义务之履行，视为分担家庭生活费用的方式之一，较之旧法漠视妻之家务价值固然是一个进步，但以家务劳动为妻之固有责任，仍可见其带有家长制的残余。而该 1957 年《男女平权法》最重要的改革，就是建立了一种新的夫妻财产制，即关于夫管理和使用妻财产的"法定共同财产制"被"财产增值结算制"

---

　　① 林秀雄：《家族法论集（一）——夫妻财产制研究》，台湾汉兴书局有限公司 1995 年版，第 193-200 页。

　　② 王宠惠译：《德国民法典》（1907），第 1356 条，英国斯蒂芬出版公司 1907 年版，载《王宠惠法学文集》编委会编：《王宠惠法学文集》，法律出版社 2008 年版。

（剩余共同制）所取代，这实质上是一种婚后所得财产归夫妻双方共同享有的制度。① 该制度的目的是在夫妻之间平等地分配婚姻存续期间任何一方所取得的财产，其最主要目的是向作为妻子的一方提供帮助，因为她们在婚姻期间献身于家庭和孩子而无法获得自己的积蓄。到 1976 年德国再次对该法第 1356 条进行了修改，明确规定在管理家庭和外出就业上，由夫妻双方协商决定。夫妻的家庭地位在法律上已趋于平等。②

在日本，第二次世界大战结束后被修改后的新宪法第 24 条规定："婚姻仅以两性的合意为基础而成立，以夫妻平权为根本，以相互协力予以维持。关于选择配偶、财产权、继承、选择住所、离婚以及婚姻和家庭其他有关事项，法律应以尊重个人的尊严与两性实质上的平等为基础而制定之。"据此修订《日本民法典》，追加规定"个人尊严及两性实质平等"为民法典解释基准。对有关婚姻家庭立法中男女不平等的条款作了修改，删除总则编关于把妻子作为限制行为能力人、歧视女性的规定，取消户主身份，删去有关户主权利的规定，删除或修订亲属编中男女不平等、歧视女性的条文，删除关于亲属会议的规定，删除继承编中关于家督继承的规定。经过昭和 22 年（1945 年）的修订，《日本民法典》包括其中的亲属法焕然一新，男女两性包括夫妻的民事权利义务在法律上实现了平等。例如，关于夫妻姓氏，旧法规定女子结婚后即随夫姓，新法改为夫妻可以依结婚时所约定，称夫或妻的姓氏（第 750 条）。③

在瑞士，1907 年的《瑞士民法典》其夫妻财产制虽有家父长制之色彩，但在 20 世纪初期即设有对妻之家务劳动之规定，是其进步之处。随着时代的发展妇女地位提高，妻之原有财产由夫管理、不明财产归夫所有或妻仅有三分之一剩余分配请求权等规定，均违反了男女平等的基本理念，于是瑞士夫妻财产制经 1962 年、1976 年、1979 年提出草案予以修正，1985 年经全民投票表决，通过了 1984 年修订后的联邦法律，该法中夫妻财产制的有关条文已被修订并于 1988 年 1 月 1 日生效。该法以所得分享财产制为通常法定财产制，配偶在婚姻存续期间的收入为所得，配偶的婚前财产及婚后因继承或其他无偿取得的个人财产等为夫妻个人所有的特有财产，夫妻各自对其所得财产及特有财产享有管理、使用、收益、处分的权利，至夫妻财产制终止时，夫妻各方所得财产在清偿各自债务后，就剩余部分由夫妻平均分配。此外，该法还设有夫妻一方有权获得一定的自由支配的财产、夫妻之间特别贡献的补偿请求权等规定，前者指料理家务、照顾子女或协助对方从事其职业的夫妻一方，享有定期从对方获得合理数额的由其自由支配的财产的权利（第 164 条）；后者指在婚后夫妻一方对他方事业或家庭作出的贡献大大超过其应尽义务的，有权请求他方给予适当补偿（第 165 条）。④

在英国，1935 年、1949 年分别通过有关已婚妇女财产的法律规定，赋予已婚妇女在财产上与男子享有同等的权利。例如，已婚妇女享有占有、取得和处分任何财产的能力；

---

① 《德国民法典》（第 2 版），第 1363-1390 条，陈卫佐译注，法律出版社 2006 年版，第 437-439 页。
② ［德］罗伯特·霍恩等著：《德国民商法导论》，中国大百科全书出版社 1996 年版，第 208-210 页。
③ 《日本民法典》（译者序），王书江译，中国人民公安大学出版社 1999 年版，第 5、6 页。
④ 《瑞士民法典》（亲属编），陈苇、杨跃春译，第 181、164、165、196-220 条，载李忠芳主编：《外国婚姻家庭法汇编》，群众出版社 2000 年版，第 280、296、300-311 页。

对任何侵权行为、契约、债务、义务主动地和被动地负担责任之能力等。[1] 1979 年联合国大会正式通过了《消除对妇女一切形式歧视公约》，英国是缔约国之一。该法案强调"缔约各国应给予男女在法律面前平等的地位"。并规定缔约国应采取一切适当措施，消除在有关婚姻和家庭关系的一切事务上对妇女的歧视，并特别应保证她们在男女平等的基础上，享有结婚、离婚、家庭生活、财产方面的自由与权利。[2]

在美国，早期的普通法婚姻效力是以夫妻一体主义为其立法思想的，夫妻结婚后在法律上合为一体，妻之人格被夫吸收，妻即丧失其独立的人身权和财产权。因此，普通法将保护和扶养妻子、儿女的责任及管理财产的权利、义务均赋予丈夫。到 19 世纪后期，夫妻别体主义逐渐取代夫妻一体主义成为普通法各州的立法思想，承认夫妻在婚姻关系中各为独立主体，人格平等。但实际上，美国各州的家庭法规范中仍保留一部分男女不平等的规定。直到 1979 年，美国最高法院才根据联邦宪法第 14 条平等保护的规定，认定一些具有性别歧视的法律规定违宪。例如，在奥（Orr）诉奥（Orr）一案中，最高法院认为佐治亚州家庭法单方面规定夫对妻有扶养义务，而妻则无扶养夫的义务，这是违宪的。而美国历史上采用共同财产制的 8 个州，虽夫妻财产所有权平等，但在传统上，夫仍享有共同财产的管理权和控制权。直到 20 世纪 70 年代才有所变化，现各州均规定对共同财产的管理和控制权由夫妻双方共同行使或一方行使而不问性别。[3]

综上所述，前述国家的亲属法对夫妻人身关系及夫妻财产关系的规定，已趋于平等。必须指出，第二次世界大战结束后，不少国家先后修改夫妻财产制，其目的是承认家务劳动的价值，对夫妻在婚姻期间所得利益实行公平分配，以加强对经济能力较弱的夫妻一方（往往是妻方，尤其是专事家务劳动的妻方）之保护。例如，法国于 1965 年废止原动产及所得共同制改用婚后所得共同制；联邦德国于 1957 年废止管理共同制改用剩余共同制、民主德国于 1965 年改用所得共同制、瑞士自 1962 年推出修改立法的草案以来，经过十多年的讨论，也废止了联合财产制，采用所得分享财产制等。这次立法使婚姻关系存续期间夫妻双方或一方取得的婚姻财产，事实上由夫妻双方平等地享有所有权。并且，即使在实行分别财产制的一些英美法系国家，离婚时对夫妻财产分割，也是考虑夫妻对婚姻家庭的直接贡献和间接贡献等因素，对婚姻期间所得财产实行公平分配。例如，在美国，大部分的州都授予法院更多的自由裁量权，离婚时对夫妻"公平"地分配（分别财产制下的）"婚姻财产"或（共同财产制下的）"共同财产"。前者解决了普通法上传统的、关注产权关系的（分别财产制之分割）方法造成的明显不公平问题。[4] 正如美国学者所指出的：过去，在公平分配婚姻财产问题上存在一个争议，涉及对婚姻的经济贡献和非经济贡献的

---

① D. H. Clark, *Family Relationship Cause Problem*. London, 3nd 1980, p. 19. 转引自何勤华主编：《英国法律发达史》，法律出版社 1999 年版，第 325 页。

② 联合国 1979 年《消除对妇女一切形式歧视公约》，第 15、16 条。

③ 金斯伯格：《性别观念的分类学说》，载《康涅狄格州法学评论》第 10 期，第 813 页，转引自夏吟兰：《美国现代婚姻家庭制度》，中国政法大学出版社 1999 年版，第 63、71 页。

④ 在美国，历史上，由于受法国、西班牙和墨西哥的民法影响，共同财产制被移植到了亚里桑那州、加利福尼亚州、爱达荷州、路易斯安那州、新墨西哥州、内华达州、得克萨斯州及华盛顿地区。近年，《统一婚姻财产法》又将共同财产制引入了威斯康星州。目前，实行共同财产制的 9 个州，对婚姻期间所得共同财产，夫妻各自享有一半权益。See Harry D. Krause and David Meyer, *Family Law of the USA in a Nutshell*, 5th, Thomson business printed in the U.S.A., 2007, pp. 99-100.

价值认识。起初，法院一直非常强调经济贡献，却没有考虑料理家务和抚育子女为主要贡献方式的另一方配偶的"公平"诉求。近年来，美国司法界日益趋向平等地对待这两种贡献，即使一方配偶的收入占了婚姻存续期间收入的全部，该婚姻期间所得财产也应当由夫妻双方公平地分配。① 根据澳大利亚《家庭法》的规定，法官在判决离婚案时，有权根据夫妻对婚姻或对婚姻所生的孩子所做的直接贡献和间接贡献，公平、合理地判决分割夫妻在婚姻期间所得的财产。② 根据英国 1976 年《婚姻诉讼法》的规定，法官有权调整夫妻的财产所有权。离婚时，法官将根据夫妻各自的需要，同时考虑各方面因素，包括双方的年龄、对家庭的贡献、婚姻期间的长短以及照顾子女的需要等，对夫妻双方或一方在婚姻期间所得财产进行公平分配。法官在签发命令时，享有广泛的自由裁量权。③

此外，为承认家务劳动的价值，法国、德国、英国、澳大利亚等国以及美国的大多数州先后修改立法，对夫妻一方在婚姻期间所得养老金利益，或规定由夫妻双方共享，或规定离婚时夫妻对该养老金利益进行公平分配。例如，在德国，根据 1976 年《改革婚姻法和亲属法的第一次法律》对《德国民法典》增订第 1587 条和第 1587a 条，确立了关于离婚夫妻之间实行"供养补偿"的原则，离婚时夫妻双方对一方享有的领取退休金或抚恤金的权利实行对半分割。在澳大利亚，《1975 年家庭法》于 2001 年新增、2002 年生效的第ⅧB 章"养老金利益"对离婚夫妻之养老金的公平分割作出规定。④ 根据该章第 90MA 条规定，其立法的目的是允许婚姻当事人通过协议或法院命令对婚后所得养老金利益进行分配。⑤

最后，值得注意的是，为在夫妻之间公平地分配婚姻期间所得利益，对于婚后夫妻一方所得的职业资格证书、学位文凭或其他未来收入能力的证书等能否作为婚姻财产予以分割或采取其他方式予以补偿？在美国，纽约州是目前唯一承认学位或专业执照是婚姻财产的州，1985 年的奥布润（O'Brien）判例具有典型意义。⑥ 美国学者分析认为，虽然"纽约州率先长期采用婚姻财产制的分割方法"，但却"使之走上了一条充满尴尬的和矛盾的判决的道路。……在财产判决中对配偶一方的未来收入进行现实分割，而且如果在情事变更时该判决还不得变更，这就显得过于严苛了。""有鉴于此，美国几乎所有各州都反对将职业资格证或其他说明未来收入能力的证书作为婚姻财产。"⑦ 在英国，离婚时为平衡夫妻双方在婚姻期间获得的经济利益和补偿夫妻一方的家务劳动贡献及工作机会利益之损失，1973 年《婚姻诉讼法》第 23 条、第 24 条、第 24A 条和第 24B 条分别规定了离

---

① Harry D. Krause and David Meyer, *Family Law of the USA in a Nutshell*, 5th, Thomson business printed in the U. S. A. , 2007, pp. 99-100, 317-320.

② 陈苇主编：《外国婚姻家庭法比较研究》，群众出版社 2006 年版，第 28-29 页。

③ ［英］凯特·斯丹德利著：《家庭法》，屈广清译，中国政法大学出版社 2004 年版，第 65 页。

④ 澳大利亚 1975 年家庭法（Australian Family Law Act 1975），第Ⅷ B 章"养老金利益"，See http://www. comlaw. gov. au/ComLaw/Management. nsf/current/bytitle/64A1347D55B48B3DCA256F710006F1F0?. OpenDocument&VIEW=compilations，访问日期：2008 年 9 月 10 日。并参见陈苇等译：《澳大利亚家庭法（2008 年修正）》，群众出版社 2009 年版，第 281-299 页。

⑤ 陈苇：《澳大利亚现代家庭法简介》，载陈苇主编：《外国婚姻家庭法比较研究》，群众出版社 2006 年版，第 600-601 页。

⑥ 夏吟兰：《美国现代婚姻家庭制度》，中国政法大学出版社 1999 年版，第 254 页。

⑦ Harry D. Krause and David Meyer, *Family Law of the USA in a Nutshell*, 5th, Thomson business printed in the U. S. A. , 2007, pp. 330-331, 329-330.

婚辅助救济程序中的经济救济令、财产调整令、财产出售令和养老金分配令。并且该法强调法官在"分割婚姻财产"时应当对影响夫妻双方财产利益的因素予以充分考虑。但其却不是主张将学历文凭或职业资格证书作为婚姻财产并在离婚时予以折价补偿或分割。这体现了承认夫妻一方家务劳动的价值和对包括职业发展机会在内的利益损失予以经济补偿的立法理念。①

综上所述，基于承认家务劳动价值，公平地分配夫妻在婚姻期间所得的利益，这是现代夫妻财产法的立法理念。

第三，基于婚姻自由原则，以婚姻关系破裂作为离婚法定条件，实行相对自由离婚立法主义。

在20世纪60年代至80年代，英国、法国、意大利、德意志联邦共和国、美国加利福尼亚等州，以及瑞典、奥地利、澳大利亚、加拿大等先后对离婚法进行改革。在离婚立法上由限制离婚主义走向自由离婚主义。

1804年《法国民法典》以许可离婚主义取代了教会法的禁止离婚主义，无疑是一个历史的进步。但其对离婚理由作了严格的限制，采取过错主义原则，并且在离婚法定理由的规定上，夫妻是不平等的。依照原该法第230条之规定，妻只有在夫将姘妇留在夫妻共同住所时才得请求离婚，而按第229条之规定，夫在妻通奸的场合即可要求离婚。1975年修改后的法国离婚法规定了三种离婚方式，把共同生活破裂与双方互相同意离婚、因过错而离婚并列，这是法国离婚立法的一次重大改革，标志着兼采限制离婚主义与自由离婚主义。② 1969年制定，1971年施行的《英国离婚改革法》第1条明确规定："本法生效后，婚姻任何一方可以向法庭请求离婚的唯一理由是婚姻已无可挽回地破裂。"但该法第2条第1款又规定："在法庭审理请求离婚的案件时，如果原告不能证明存在下列一条或一条以上事实，法庭就不能裁定婚姻关系无可挽回的破裂。"紧接着第2款即列举了证明婚姻关系破裂的五项事由，其中第一、三项均为过错行为，包括通奸、遗弃。第二项则是由于配偶一方的表现，使配偶他方按情理已不可能期望与其共同生活，这既可能是配偶一方有过错，也可能是配偶一方并无过错，③ 即其实际上采取的是相对自由离婚主义。

在美国，加利福尼亚州于1969年制定了该国第一部破裂主义的离婚法，"为美国整个家庭法的文明化指明了方向"。到1981年美国除极少数州外，绝大多数州都实行了某种模式的无过错离婚法。与此同时，一些西方国家也先后纷纷转向采取婚姻破裂原则。瑞典于1974年、奥地利和澳大利亚于1975年，均修改立法摒弃过错原则而采用婚姻破裂原则，德意志联邦共和国于1976年关于《改革婚姻法和亲属法的第一次法律》确立以婚姻破裂作为判决离婚的主要理由，即所谓"婚姻解体"原则，加拿大的1984年离婚修正案也确立了婚姻破裂原则。④

必须指出，现代多数国家的离婚立法在实行自由离婚主义的同时，对离婚仍设有一定

---

① 参见陈苇：《中国婚姻家庭法立法研究》（第2版），群众出版社2010年版，第四章第二节"五、论婚内夫妻一方家务劳动的价值及职业机会利益损失的补偿之道"的相关内容。

② 罗结珍译：《法国民法典》，第229-246条，中国法制出版社1999年版。

③ 丁保庆译：《英国离婚改革法》（1969年），载任国均、王瑞华选编：《外国婚姻家庭法资料选编》（上），中国政法大学民法教研室1984年内部刊印，第55-56页。

④ 张贤钰：《当代外国离婚法改革的评介和启示》，载《中国法学》1991年第3期。

限制，实际上采取的是相对自由离婚主义。例如，有的国家在采用破裂原则的同时仍兼采过错原则，有的国家对破裂原则的适用作了须分居达法定期间的限制性规定，还有些国家对适用婚姻关系破裂原则规定了例外的严酷条款等，便是明显的例证。① 其原因何在？我国台湾地区学者林菊枝教授认为"采用完全之破裂主义的国家，如瑞典及荷兰者，但毕竟是少数……主要还是因纯粹且完全之破裂主义，尚不能适应一般国民之意识感情"。② 笔者认为，其主要原因是基于保护离婚中处于弱势方当事人（往往是女方）及子女的利益，国家运用公权力对其进行干预。

第四，基于"儿童最大利益原则"，根据"儿童本位"的理念修改亲子法，注意尊重和保护儿童权利，进一步消除非婚生子女与婚生子女法律地位的差别。

联合国 1959 年《儿童权利宣言》的序言规定："原则一：儿童应享有本宣言中所列举的一切权利。一切儿童毫无任何例外均得享有这些权利，不因其本人的或家族的种族、肤色、性别、语言、宗教、政见或其他意见、国籍或社会成分、财产、出身或其他身份而受到差别对待或歧视。原则二：儿童应受到特别保护，并应通过法律和其他方法而获得各种机会与便利，使其能在健康而正常的状态和自由与尊严的条件下，得到身体、心智、道德、精神和社会等方面的发展。在为此目的而制定法律时，应以儿童的最大利益为首要考虑。"1989 年《儿童权利公约》第 3 条规定："关于儿童的一切行为，不论是由公私社会福利机构、法院、行政当局或立法机构执行，均应以儿童的最大利益为一种首要考虑。缔约国承担确保儿童享有其幸福所必需的保护和照料，考虑到其父母、法定监护人、或任何对其负有法律责任的个人的权利和义务，并为此采取一切适当的立法和行政措施。"这些国际儿童人权文献倡导的"儿童最大利益原则"，以及缔约国负有保护儿童的职责并应当为此采取一切适当的立法及行政措施的规定，是现代国家修改亲子法的基本依据。

在历史上，早期西方一些国家的亲子法，虽然废除了封建社会以父权为本位的立法，代之以父母共同享有亲权，但行使亲权却是以父亲优先，仍保留一定的封建残余。例如，1804 年《法国民法典》规定：父母婚姻存续中，亲权由父单独行使（第 372、373 条）。父对未成年子女的人身和财产行使的权利十分广泛，甚至有权请求将他们拘留（第 375 条以下）。父在夫妻婚姻存续期间对其 18 岁以下子女的财产享有使用收益权（第 384 条）。而母亲对其子女的人身和财产权利只能在父死亡后行使（第 381、384 条）。可见，其带有浓厚的夫权、父权残余。并且，该法典对非婚生子女也持歧视态度，非婚生子女的法律地位大大低于婚生子女，明确规定非婚生子女决不得为继承人（第 756 条以下）。1959 年 11 月联合国大会通过的《儿童权利宣言》之"原则二"明确规定："应以儿童的最大利益为首要考虑。"法国 1970 年 6 月 4 日的法律废除了夫为一家之长的规则，明确规定："父母在婚姻关系期间，共同行使亲权。例如，父母对子女利益之所在未能达成一致意见时，得以他们以往在相似情况曾经采用过的习惯做法代替规定。如无此种习惯做法，或对此种习惯做法或其法律根据存在争议时，夫妻中争议最积极的一方得向监护法官起诉，由监护法官在对双方作出调解努力后进行裁决。"（第 372、372—1 条），即父母已对

---

① 参见陈苇：《中国婚姻家庭法立法研究》（第 2 版），群众出版社 2010 年版，第五章第二节有关"现代离婚法准予离婚的立法原则"的相关内容。

② 林菊枝：《亲属法专题研究》（二），台湾五南图书出版公司 1997 年版，第 204 页。

子女享有平等的亲权。同时，基于尊重和保护儿童利益的意旨，废除了父对子女的拘留权，加强了国家对子女教育的合法干预（第375条以下）。① 现行《法国民法典》有关亲权的行使、撤销和监护的规定都体现了优先考虑"儿童最大利益原则"。② 关于非婚生子女，法国1972年1月3日的法律，原则上规定非婚生子女具有与婚生子女平等的地位（第757条），但仍对非婚生子女的继承权设有限制性规定，如非婚生子女在与婚生子女共同继承时，其应继份仅为婚生子女的一半、且非婚生子女之父或母的健在配偶及其婚生子女享有遗产优先分配权（第760、761条），即仍在一定程度上歧视非婚生子女的继承权。③ 值得注意的是，虽然该《法国民法典》第759、760、761条中仍然保留了前述歧视非婚生子女之继承权的规定。④ 但是，1972年1月3日第72-3号法律对限制遗嘱处分的保留财产中，有关非婚生子女所享有的部分仅为婚生子女"可以分配的财产之一半，以及非婚生子女可分配的财产中依此规定减少的部分加在因父或母通奸而受到危害的婚生子女的应继份之内"等规定，已被2001年12月3日第2001-1135号法律第16条所废止。⑤ 至此，法国的非婚生子女与婚生子女两者之特留份权利完全相同，即非婚生子女与婚生子女两者的继承权已完全相同。

依1900年《德国民法典》规定，亲权也是由丈夫单方行使。1957年修改后的法律对亲权问题的规定亦毫无新意，一方面，亲权是为了子女的利益而由父母双方协商行使；另一方面，该法又将父母无法达成协议时的最终决定权赋予父亲，而且在法律上有权代表子女的也是父亲。⑥ 这些规定显然都是有利于父亲一方。因此，联邦宪法法院宣布这些条款因与《基本法》第3条第2款所确立的原则相抵触而无效。后来法院通过判例确定，亲权和作为子女法定代理人进行活动的权利由配偶双方共同享有，在重大问题上双方无法取得一致意见时，将由法院作出裁决。这种方法取得了很好的效果，并被吸收进关于父母监护责任的新法律之中。值得注意的是，自20世纪70年代以来，德国亲子法进行了一系列修改。为尊重和保护儿童利益，1979年7月18日德国的《亲权照顾权新调整法》用"父母照顾权"的表述代替了似乎有些专断的"亲权"字样（见根据该法律修订后的《德国民法典》第1626条及以下各条）。⑦ 此后，1997年修改《德国民法典》新增的第1697a条明确规定：法官在处理父母照顾权、交往权以及看护等事务方面，"应当考虑实际情况和各种可能性以及利害关系人的正当利益，做出最有利于子女利益的裁判"。此外，关于"父母照顾权"的行使、"对子女幸福危害""父母照顾权"的剥夺、子女"交往权"以

---

① 前述所引法条，参见李浩培等译：《法国民法典》，商务印书馆1981年版。

② 罗结珍译：《法国民法典》，中国法制出版社1999年版，第82、133、145页。并参见陈苇、谢京杰：《论"儿童最大利益优先原则"在我国的确立——兼论婚姻法等相关法律的不足及其完善》，载《法商研究》2005年第5期。

③ 前述所引法条，参见罗结珍译：《法国民法典》，中国法制出版社1999年版。

④ 罗结珍译：《法国民法典》（2004年版）（上册），法律出版社2005年版，第585-586页。

⑤ 罗结珍译：《法国民法典》（2004年版）（上册），法律出版社2005年版，第703页。

⑥ 《德国民法典》第1628、1629条。

⑦ ［德］罗伯特·霍恩著：《德国民商法导论》，中国大百科全书出版社1996年版，第209、210页；陈卫佐译注：《德国民法典》，第1626-1698条，法律出版社2006年版，第509-524页。

及"日常事务决定权"的限制等规定，都体现了优先考虑"子女最大利益原则"。① 关于非婚生子女的法律地位，在1900年《德国民法典》中其并未得到根本改善。非婚生子女在法律上被视为与其生父没有关系，他们只能请求一笔抚养费，抚养费的数额取决于其母亲的社会地位，16岁以后，该抚养费的给付即告终止。第一次世界大战后，私生子女成为严重的社会问题，引起许多国家的重视。1919年德国《魏玛宪法》对此作出了反映，该法第121条明确规定："对于非婚生子女应依据法律规定使其身体的精神的及社会的发育，与婚生子女受到同一之待遇。"在德国，1969年制定的《非婚生子女法律地位法》在生活费请求权和继承权方面提高了非婚生子女的法律地位，使之与婚生子女十分接近。在继承权方面的区别仅在于，如果其生父留有未亡人或婚生子女时，非婚生子女无权请求继承任何实物遗产，只能就其应继份额的价值享有金钱请求权。② 1997年12月16日的《子女身份改革法》《非婚生子女在继承法上的平等法》和1998年4月6日的《未成年子女生活费统一法》是对非婚生子女法律地位的又一次重大修改，在父母照顾权、出身、子女姓氏、监护权以及生活费请求权等方面，彻底消除了非婚生子女与婚生子女的差别。《德国民法典》中从此不再有"非婚生"一词，"非婚生子女与父母"的称谓已被代之以"子女及其未相互结婚的父母"之称谓。③ 此即对父母子女的称谓，是从父母是否结婚的角度立法，对于子女不再进行"婚生"与"非婚生"的区分而统一称为"子女"，这充分地体现了对儿童的尊重和保护。

在英国，亲子法在历史上经历了由忽视儿童利益到儿童中心主义的转变。以联合国1959年《儿童权利宣言》和1989年《儿童权利公约》的规定为依据，英国1989年《儿童法》第1条明确规定，法官在处理涉及子女问题时，应以儿童最大利益为首要的考虑，从而确立了"儿童最大利益原则"。④ 为保护儿童利益，在离婚诉讼中设立了"诉讼监护人"，其专门代表子女利益参加离婚诉讼，就子女抚养和监护问题提出处理意见，以供法官参考。⑤ 对于非婚生子女，英国早期普通法惯例对其称为"无亲之子"，非婚生子女在法律上既无父亲也无母亲，不承认生父母与非婚生子女之间有任何权利义务，其与生父母之间互无继承权，非婚生子女推定的生父对其也没有法定抚养义务。进入资本主义社会后，随着时代发展，对非婚生子女的立法略有松动，父母对非婚生子女的权利义务逐渐被承认，而生母更有优先于生父为非婚生子女监护人的权利，并对子女的婚姻有同意权，生父如使用欺诈或胁迫等方法而占有非婚生子女身体者，法院可发出"人身保护令状"，使生母恢复对子女的占有。由于在普通法上生父与非婚生子女无亲子关系，不负抚养义务，非婚生子女同一般贫民一样依《济贫法》由教区抚养，直至1576年《济贫法》才规定其由生父抚养。1948年《国家救助法》颁布以后，其规定父母对非婚生子女均负有公法上

---

① 郑冲、贾红梅译：《德国民法典》（修订本），第1627、1666、1684、1685、1687（2）、1697a条，法律出版社2001年版。

② 郑冲、贾红梅译：《德国民法典》第1934a条，法律出版社1999年版。

③ 郑冲、贾红梅译：《德国民法典》，第1615条及以下相关各条，法律出版社1999年版。

④ 英国1989年《儿童法》（Child Act 1989）第1条总结以前的立法经验，确立了三个儿童保护原则："儿童福利原则"（Child Welfare Principle）、"非干涉家务事原则"（Non-interventionist Principle）、"非迟延原则"（No Delay Principle）。"儿童福利原则"无论是从内涵上还是在该法的使用上都等同于"儿童最大利益原则"。

⑤ See Section 41（1）、（2），Child Act 1989，UK；Section 4.11，Family Proceedings Rules 1991，UK.

的抚养义务，到子女 16 岁为止。①

在美国，20 世纪 70 至 80 年代，确立了"儿童最大利益原则"。鉴于该原则有很大的解释空间，不便于司法实践上的操作，从 20 世纪 70 年代起，美国出现了细化监护法规定的运动。② 美国《统一结婚离婚法》第 402 条规定了法院在裁定子女监护问题时应考虑的五个相关因素：（1）父母一方或双方对监护问题的愿望；（2）子女对监护问题的愿望；（3）子女与父母一方或双方、兄弟姐妹及其他对其最大利益有重要影响的人之间的相互关系；（4）子女对家庭、学校和社区的适应情况；（5）所有与子女监护问题相关者的身心健康状况。③ 对于非婚生子女，早期的美国法继受英国法衣钵，对非婚生子女同样不承认与其生父母有权利义务。至 19 世纪，美国各州的法律对此作了很大修改，允许非婚生子女与其生母之间可以互相继承遗产。在司法判例中还承认母亲是非婚生子女的当然监护人，负有抚养非婚生子女的义务并享有监护非婚生子女的权利。自 20 世纪 60 年代末以来，美国的立法和司法对非婚生子女的态度进一步发生重大改变，主要表现为：所有的州都规定对非婚生子女的生父推定证据确凿的，生父应承担法定的抚养义务；几乎在所有的州，出生于无效婚姻和可撤销婚姻中的子女都被视为婚生子女；非婚生子女可以继承父母双方的遗产。近年来，美国州法律全国统一委员会，先后制定了《统一子女监护法》《统一父母身份法》《统一互惠扶养费强制执行法》《统一互惠扶养费强制执行法修正案》等法律规范，经各州得到认可后即予以实施，对子女的权利实行全方位保护。④

第五，基于保护弱者的社会法意旨，注重保护婚姻家庭中弱者的利益。

婚姻家庭是人们生活的基本单位，担负着维持家庭成员共同生活的职能。每个家庭成员的生老病死都与婚姻家庭的其他成员息息相关。婚姻家庭成员之间基于亲情，互相帮助、互相照顾，使家庭中的老、弱、病、残者得到温暖和关爱，能够继续生存下去。这在一定程度上减轻了社会的负担。因此，在现代社会，不少国家基于维护家庭生活共同体、保障实现家庭职能的需要，先后修改立法，注意加强对婚姻家庭中弱者利益的保护。保障弱者利益这一社会法意旨，已被不少国家作为婚姻家庭法的一个立法指导思想，婚姻家庭法与现代民法一样，逐渐进入"对弱者加以保护的时代"。⑤ 目前，一些国家婚姻家庭法有关保护弱者权益的立法，主要有以下方面：

其一，确立"保障优先保护家庭成员中未成年子女和无劳动能力人的权利和利益"的原则，调整家庭关系。⑥

其二，在无效婚姻与撤销婚姻制度中，注意保护婚姻家庭中善意当事人及子女的利益。在现代社会，基于婚姻家庭本身是一种客观事实，随着子女的出生和时间的流逝，人们的身份已经不可能恢复到从前，为保护当事人及其子女的利益，无效婚姻与可撤销婚姻

---

① 何勤华主编：《英国法律发达史》，法律出版社 1999 年版，第 326、327 页。

② ANN M. Haralambie. 1 *Handling Child Custody, Abuse and Adoption Cases*, 1993, p. 103.

③ Sanford N. Katz, *Family Law in America*, Oxford University Press, 2003, pp. 199-200. Also see Section 402, The Uniform Marriage and Divorce Act.

④ 夏吟兰：《美国现代婚姻家庭制度》，中国政法大学出版社 1999 年版，第 2 页。

⑤ ［日］星野英一著：《私法中的人——以民法财产法为中心》，王闯译，载梁慧星主编：《民商法论丛》（第 8 卷），法律出版社 1997 年版，第 182-190 页。

⑥ 鄢一美译：《俄罗斯联邦家庭法典》（1995 年），第 1 条第 3 款，载李忠芳主编：《外国婚姻家庭法汇编》，群众出版社 2000 年版。

的后果已相对缓和。① 婚姻无效或被撤销之后果，在财产分割、当事人之间的扶养以及子女抚养、监护等方面的处理已与离婚基本相同。② 尤其值得注意的是，无论是仅采取婚姻无效制度的国家，或是兼采婚姻无效与撤销制度并行的国家，或是仅采取撤销婚姻制度的国家，在婚姻无效或撤销的后果上都十分注重保护善意当事人及其子女的利益，如《法国民法典》第 201、202 条规定："经宣告无效的婚姻，如原本系善意缔结，对夫妻双方仍发生效果。如仅有夫妻一方为善意缔结，该婚姻仅对夫妻一方发生效果。""即使缔结婚姻的双方均无善意，婚姻对子女产生效果。"③ 美国、瑞士、德国及俄罗斯等国立法中均有对善意当事人及子女的保护性规定。④

其三，修改、补充离婚扶养费给付制度，以保护离婚中弱者的利益。在离婚扶养费给付方面，法国、德国、瑞士、俄罗斯等许多国家的立法都明确规定，离婚时无经济收入或经济收入较少的夫妻一方，有权请求有负担能力的他方给付扶养费。尤其是 1995 年《俄罗斯联邦家庭法典》增设"离婚后原配偶获得扶养费的权利"规定，依司法程序向有负担能力的原配偶提出给付扶养费的人包括：怀孕的和自共同的子女出生之日起三年内的原配偶；照顾共同的不满 18 岁的残疾子女，或者照顾自幼为一等残疾人的共同子女的生活困难的原配偶；在离婚前或者自离婚之时起一年内成为无劳动能力人的生活困难的原配偶；如果夫妻婚姻存续时间很长，自离婚之时起不超过五年已达退休年龄的生活困难的原配偶。新立法在离婚扶养费请求权人的范围上，比原立法有较大的放宽，在法定情形上亦增多了请求离婚扶养费的事由。⑤ 在英国，法院以其独特的方式，实现离婚津贴之平衡事务，裁决离婚时除使用苛刻条款外，并审查请求离婚配偶，对他方配偶提供之津贴是否充分，否则即驳回离婚。⑥ 在德国，根据以前的法律，对离婚负有主要责任或全部责任的妇女，不能向其丈夫请求扶养费，但根据 1976 年 6 月 14 日《改革婚姻法和亲属法的第一次法律》修改后增订的立法，现在已不存在此限制。⑦

其四，修改、补充监护制度，更加注意保护未成年被监护人的权益，更加尊重成年被监护人的意愿并发挥其生活自理能力。关于监护制度的修改和补充，可以从以下两个方面考察：

一是修改、补充未成年人监护制度，更加注意保护未成年被监护人的权益。对未成年人监护的国家公权力干预加强，未成年人监护制度之改革呈现私法公法化趋势。自 20 世纪以来，随着儿童的法律地位逐步提高，世界上一些国家先后修改了未成年人监护法律制度，加强对未成年人监护的国家公权力干预。例如，2002 年修订后的《法国民法典》，为

---

① 陈苇主编：《外国婚姻家庭法比较研究》，群众出版社 2006 年版，第 28 页。

② 例如，美国学者哈里·D. 格劳斯教授指出：在美国《统一结婚离婚法》的推动下，"现代立法趋势不仅日益模糊了当然无效婚姻与宣告无效婚姻的界限，而且也模糊了它们与有效婚姻之间的界限。"See Harry D Krause, Family Law, p. 64, 法律出版社 1999 年版。

③ 陈苇：《论我国婚姻无效与撤销制度的完善》，载《甘肃政法学院学报》2003 年第 4 期。

④ 《美国统一结婚离婚法》，第 209 条；《瑞士民法典》，第 133、134 条；《德国民法典》，第 1318 条第 1-4 款；1995 年《俄罗斯联邦家庭法典》，第 30 条。

⑤ 《法国民法典》，第 281 条；《德国民法典》，第 1569-1577、1578a 条；《瑞士民法典》，第 152 条；《苏俄婚姻和家庭法典》（1968 年），第 26 条；1995 年《俄罗斯联邦家庭法典》，第 90 条。

⑥ 林菊枝：《亲属法专题研究》（二），台湾五南图书出版公司 1985 年版，第 205、206 页。

⑦ 郑冲、贾红梅译：《德国民法典》，第 1569 条及以下相关各条，法律出版社 1999 年版。

保护处于父母亲权下的未成年人之权益，对父母的亲权之行使设有专门规定"家事法官的干预"："经授权负责家事的大审法院的法官……特别要求关注保护未成年子女的利益。为保护未成年子女的利益，家事法官可以依法采取相关措施，干预父母亲权之行使"。①同时，为保护不处于父母亲权下的未成年人的权益，还设有监护法官的干预。依该法规定，监护法官对其管辖区内实施的（财产）法定管理与（人身）监护进行一般监督。在人身监护监督方面，如无人监护……在涉及未成年人时，交由社会救助儿童部门。对监护人或监护监督人被排除或撤销监护职务的，如监护法官认为情况紧急，得当场为未成年人之利益采取临时措施；②在财产管理监督方面，如父母双亲中有一人已去世，或被剥夺亲权，或单方行使亲权之情形，法定管理均受监护法官的监督；在法定管理人的利益与未成年人的利益相抵触时，监护法官应依职权为未成年人指定专门管理人。③

二是修改、补充成年人监护制度，基于尊重人格尊严和私人生活自主决定权的国际人权理念，以"保护被监护人利益与尊重被监护人意愿"相结合，作为成年人监护制度的立法原则。20世纪90年代，一些发达资本主义国家逐渐进入老年型社会。在德国，为尊重被监护的老年人之意愿，对成年人监护制度作了重要修改。1990年9月12日通过并于1992年1月1日生效的《关于改革成年人监护和代管法的法律》（以下简称《照管法》）、1997年12月4日的《废除法定官方代管和重新规定辅助法的法律》（以下简称《辅助法》）和1998年6月25日的《修改照管法及其他规定的法律》（以下简称《照管法修改法》），《照管法》修改了《德国民法典》中关于监护和代管的规定，废除传统民法中成年人的监护制度而代之以照管制度。自此，德国民法中有关成年人监护的规定完全被删除。此后，受照管的成年人并不一定一概被视为无行为能力人，其目的是更多地考虑当事人——尤其是其行为能力并非因精神或智力因素而受限制的成年人的意愿。《辅助法》废除了原有的法定官方代管，把原来的强制性措施修改为可由当事人选择的一种自愿帮助措施。《照管法修改法》则进一步完善了对照管的规定，将"照管"改为"法定照管"，并增加修改了关于职业监护人及监护人的报酬等规定。必须指出，尽管此次德国修改立法的出发点是积极的，但有学者认为，德国《照管法》"实际乃同时兼具公法、私法之性质"。"这项法律改革能否落实，除了需要法律人的努力，更需要社会工作人员之介入。"④

在日本，成年人监护制度已经被修改。其主要理由在于，"现行成年人监护制度只注意到保护被监护人利益，而没有考虑到尊重他们自己决定的权利。这种只以保护人为理念的制度已经不适应日本步入高龄化社会的现状。在高龄化社会不仅需要以往的保护本人的理念，而且也要尊重本人决定的权利，利用老年人残存的能力，使他们过正常生活的新理念，因此把这两种理念融合在一起，制定更灵活的成年人监护制度，已迫在眉睫"。其修改立法的基本构想是，根据被监护人的不同情况，设置不同的保护和管理措施，即除与"禁治产人"和"准禁治产人"相对应设立原来的"监护人"和"保佐人"制度外，新

---

① 罗结珍译：《法国民法典》（2004年版），第373-2-6条至第373-2-13条。
② 罗结珍译：《法国民法典》（2004年版），第415、417、427、433、448条。
③ 罗结珍译：《法国民法典》（2004年版），第389-2、389-3（2）条。
④ 郑冲、贾红梅译：《德国民法典》（译者的话），法律出版社1999年版，第4页；陈惠馨：《德国有关成年人监护及保护制度之改革——德国联邦照顾法》，载《亲属法诸问题研究》，台湾月旦出版公司1993年版，第362页。

增设以保护轻度的痴呆、智力障碍、精神障碍为目的的"辅助人"制度。这使日本成年人监护制度由辅助人、保佐人及监护人这三级监护制度构成，以适应不同的监护情况的需要。① 1998 年 4 月 14 日，日本法务省公布了《关于修改成年人监护制度纲要试行方案及补充说明》。1999 年 12 月 1 日，日本国会通过了关于成年人监护制度的四部法案。此次修改的法案自 2000 年 4 月 1 日起开始施行。②

其五，实行离婚分级制，无未成年子女的可登记离婚，有未成年子女的须经司法程序离婚，以便更好地保护未成年子女的利益。③

第六，基于社会利益与个人利益相兼顾原则，注意保护善意第三人的利益，维护交易安全。

保护婚姻家庭当事人权益与维护善意第三人利益相兼顾，是现代婚姻家庭法兼顾个人利益与社会利益的立法原则的必然要求，这反映了"私法公法化的趋势"。④ 现代社会是一个开放性的社会，婚姻家庭成员在社会生活中离不开与他人交往，基于公平正义的基本理念，法律必须在注意保护婚姻家庭当事人权益的同时，也要注意保护善意第三人的利益，以维护交易安全。这主要表现为：在夫妻关系法（尤其是夫妻财产制）中，注意保护善意第三人的利益和维护交易安全。例如，设置夫妻日常家事代理权制度；明定约定财产制的种类或夫妻财产契约的订立程序及形式、公示的方式、对第三人的效力；规定夫妻对共同债务须承担连带责任，等等。⑤

第七，基于保护当事人合法权益的意旨，加强对身份行为的国家监督指导。

随着近代资本主义社会发展，身份关系与财产关系之对立日益明显，社会生产关系日益发达，财产关系由亲属共同生活关系分离，而显示出其独立的存在。资本主义国家先后以法律形式承认私有财产神圣，实行契约自由，允许个人基于自由意志创设财产关系。由此随之承认建立身份关系，亦以个人意思自治为根本原则，逐渐提高了妻及子女的地位，削弱了夫权及尊亲属的特权。第二次世界大战以来，社会发生很大变化，家庭结构及社会组织都发生了重大变迁，身份行为带来的社会问题日益严重。于是，许多国家纷纷修改立法，加强国家对身份行为的监督和指导，以致出现了"身份法公法化的趋势"。许多国家修改法律对结婚、离婚、收养以及亲权的行使，改采国家监督主义，⑥ 即国家运用公权力进行干预，对当事人权利的行使进行指导和监督，以有效地保护当事人合法权益。

### 三、现代婚姻家庭法的变革趋势之启示

"他山之石，可以攻玉。"综上所述，随着社会的发展，尤其是第二次世界大战以来，

---

① 白绿铉：《日本修改成年人监护法律制度的动态》，载《法学杂志》1999 年第 3 期。

② 《关于修改民法的一部分的法律》（平成 11 年法律第 149 号），《关于任意监护契约的法律》（平成 11 年法律第 150 号），《关于监护登记等的法律》（平成 11 年法律第 152 号），《关于伴随施行〈关于修改民法的一部分的法律〉修改完善相关法律的法律》（平成 11 年法律第 151 号）。参见宇田川幸则：《日本成年人监护制度修改刍议》，载徐显明、刘瀚主编：《法治社会之形成与发展》（下），山东人民出版社 2003 年版，第 950 页。

③ 鄢一美译：《俄罗斯联邦家庭法典》（1995 年），第 19、21 条，载李忠芳主编：《外国婚姻家庭法汇编》，群众出版社 2000 年版。

④ 姚辉：《民法的精神》（序言），法律出版社 1999 年版，第 7 页。

⑤ 参见陈苇：《中国婚姻家庭法立法研究》（第 2 版），群众出版社 2010 年版，第四章夫妻关系法立法研究的相关内容。

⑥ 戴炎辉、戴东雄：《中国亲属法》，台湾三文印书馆有限公司 1988 年版，第 2-3 页。

社会经济生活和人们的婚姻家庭观念发生了很大变化，前述大陆法系和英美法系部分具有代表性国家先后对本国的婚姻家庭法进行了修改补充，以适应调整现代社会婚姻家庭关系新情况新问题的需要。现代社会的经济、文化、生活条件和婚姻家庭的职能，决定了现代婚姻家庭法的立法宗旨、立法原则及立法变革趋势。笔者认为，随着社会的发展和进步，为调整现代社会婚姻家庭关系的新情况新问题，许多国家将继续对亲属法或婚姻家庭法进行改革，立法中的封建残余影响将进一步被消除，将继续坚持婚姻自由原则、男女平等原则、儿童最大利益原则、保护家庭弱势成员权益原则以及国家对身份行为的指导和监督原则。从宏观方面来看，基于对人们自主选择生活方式的尊重和保障婚姻家庭成员的基本人权，调整婚姻家庭关系的法律将多元化，同居伴侣法、同性伴侣法以及防治家庭暴力的相关立法将被更多的国家制定和实施。从微观方面来看，基于对已发生的婚姻事实之尊重，无效婚姻和可撤销婚姻的后果将趋于缓和而与离婚相同，无效婚姻和可撤销婚姻制度将被适当调整；基于承认家务劳动的价值，更加注意对夫妻在婚姻期间所得利益的公平分配，夫妻财产制将被适当补充；基于离婚相对自由原则，诉讼离婚条件将被细化，某些暂时阻碍离婚的困难条款可能被制定；基于对离婚后果的平衡和鼓励生活自力，离婚生活困难方的扶养将会继续，但给付期限将以短期的"修复性扶养"为主，请求离婚扶养的考虑因素将被细化；基于"儿童最大利益原则"，更加注意尊重和保护儿童权利，对未成年人的亲权和监护之国家监督将被进一步加强，亲子法之国家干预内容将被增加；基于"尊重成年被监护人的意愿和尽可能利用其自理能力的理念"，更加注意对成年被监护人实行分层次的监护措施，成年监护制度将被细化；基于保护弱者利益原则，更加注重保护婚姻家庭中的弱者（妇女、儿童、老人、残疾人等），对婚姻家庭中弱者权益的相关救济制度将被继续补充完善；基于社会利益与个人利益相兼顾原则，更加注意保护善意当事人和第三人的利益，保护夫妻之债权人利益的相关立法将被补充。上述回应现代社会调整婚姻家庭关系新情况新问题的需要，对于相关婚姻家庭制度或予增补立法，或予修改补充立法，将是现代婚姻家庭法在未来一定时期的发展趋势。这些现代婚姻家庭法的发展趋势，对于"中国民法典·婚姻家庭编"编纂中相关制度的修改完善具有一定启示意义。

# 改革开放三十年（1978—2008）中国婚姻家庭法研究的法制建设背景回顾①

陈苇 康娜*

## 目 次

婚姻法是社会转型的"晴雨表"。透过这个"晴雨表"，可以看到时代的变迁，社会的变革以及民众思想观念的嬗变。婚姻法联系着每个公民的基本人权和千家万户的生存质量，每当婚姻家庭领域出现新的演变时，修订婚姻法往往成为民众最先发出的呼声。在我国，1978 年至 2008 年改革开放三十年来，为适应新形势下调整我国婚姻家庭关系新情况、新变化的需要，我国《婚姻法》历经了两次相对而言较大的修改。② 研究和回顾改革开放三十年来中国婚姻家庭法研究的法制建设背景，有助于我们认识和把握中国婚姻家庭法研究的现实社会基础。

回顾改革开放三十年以来，中国婚姻家庭法之法制建设的概况，其大体可分为以下三个阶段：恢复阶段、发展阶段和逐步完善阶段。

## 一、中国婚姻家庭法之法制建设的恢复阶段

本阶段以修改 1950 年《婚姻法》，制定和施行 1980 年《婚姻法》为标志。

在此阶段，为适应调整改革开放初期我国婚姻家庭新情况的需要，1950 年《婚姻法》

---

① 本文为 2008 年度西南政法大学重点研究项目：《改革开放三十年中国婚姻家庭法研究》的阶段性成果，载于陈苇（项目负责人）：《改革开放三十年（1978—2008）中国婚姻家庭法研究之回顾与展望》，中国政法大学出版社 2010 年版，第 16-28 页。

* 陈苇，女，西南政法大学外国家庭法及妇女理论研究中心主任，民商法学院教授、博士生导师；康娜，女，西南政法大学法学博士、山东大学理论经济学研究中心博士后，山东大学法学院讲师。

② 1981 年 1 月 1 日施行以 1950 年《婚姻法》为基础而修改制定的 1980 年《婚姻法》，1950 年《婚姻法》被废止；此后 1980 年《婚姻法》被修改、补充，于 2001 年 4 月 28 日施行修正后的《婚姻法》。

相关规定被修订、补充，而被反映在 1980 年《婚姻法》之中。在我国文化大革命期间，婚姻家庭领域出现了新的情况和问题，如封建婚姻回潮，道德水平下降，法制观念淡薄等。[1] 并且，在 20 世纪 70 年代末我国实行改革开放政策以来，随着社会经济的迅速发展，人们的婚姻家庭观念发生了很大的变化，离婚案件呈逐年上升趋势。[2] 据有关部门统计，在人民法院受理的离婚案件中，女方为原告的仍居多数，一般占 70% 左右，但她们提出离婚的理由与 1950 年《婚姻法》施行时期已大不相同。在我国实行改革开放政策后，城乡广大妇女成为发展社会主义商品经济的主力军之一，随着广大妇女经济收入的不断增加，其家庭地位和社会地位在不断地提高。"她们不断地克服传统的依附心理，追求男女平等、婚姻自由和文明幸福的家庭生活。多数离婚案件反映了这种现象。这是主要的方面。另一方面，因婚姻道德败坏而引起的离婚案件也逐年有所增加……反映了改革开放以后的新特点。"[3] 在"文化大革命"结束后，我国进入了社会主义法制建设的恢复建立新时期。在此时期，1980 年《婚姻法》以 1950《婚姻法》为基础，根据三十年的实践经验和新形势下我国婚姻家庭关系的新情况、新问题进行修改、补充。通过这部法律的颁布和贯彻执行，使在"文革"中遇到严重破坏的婚姻家庭制度走上了恢复建设的轨道。

1980 年《婚姻法》修订的基本精神是"建立一个幸福家庭十分必要。它不仅有利于一家人的生活、工作、学习，而且有利于国家，有利于社会。夫妻是共同生活的伴侣，在家庭中地位平等。婚姻法规定的夫妻平等的权利和义务，是建立幸福家庭的法律依据，双方都要履行"。[4]

与 1950 年《婚姻法》相比，1980 年《婚姻法》作了下列修改和补充：

1. 对基本原则的补充

将保护妇女和儿童合法利益的原则扩大为保护妇女、儿童和老人的合法权益原则，并增加了实行计划生育的原则。在保障原则实施的禁止性条款中，增加了禁止包办、买卖婚姻和禁止家庭成员间的虐待与遗弃的规定。

2. 对婚姻成立要件的修改

将法定婚龄由原来的男 20 岁、女 18 岁，修改为男 22 周岁、女 20 周岁；将兄弟姊妹以外的其他五代内的旁系血亲间禁止结婚的问题从习惯，修改为三代以内的旁系血亲禁止结婚；取消了禁止有生理缺陷不能发生性行为者结婚的规定。

---

[1] 巫昌祯：《中国婚姻法 50 年的回眸》，载巫昌祯：《我与婚姻法》，法律出版社 2001 年版，第 8 页。

[2] 据统计，在"文化大革命"阶段，1966 年至 1976 年，由于"当时在'以阶级斗争为纲'的'左倾'思想指导下，公民个人的合法权益得不到应有的保护"。这十一年间是自 1949 年中华人民共和国成立后至 1989 年的四十年间，民事案件收案最少的一个时期。在"文化大革命"结束后实行改革开放政策以来，1977 年至 1980 年修订《婚姻法》前，民事案件的收案数逐年上升。就人民法院受理的离婚案件数而言，1975 年为 169903 件，比上年下降 9%；1976 年为 161599 件，比上年下降 4.9%；1977 年受理的离婚案件数为 163835 件，比上年上升 1.4%；1978 年受理的离婚案件数为 163835 件，比上年上升 13.7%；1979 年受理的离婚案件数为 210654 件，比上年上升 13.1%；1980 年受理的离婚案件数为 272311 件，比上年上升 29.3%。转引自《当代中国》丛书编辑部主编：《当代中国的审判工作》（下册），当代中国出版社 1993 年版，第 12—15 页。

[3] 《当代中国》丛书编辑部主编：《当代中国的审判工作》（下册），当代中国出版社 1993 年版，第 16 页。

[4] 《婚姻、家庭生活的准则》，载《人民日报》1980 年 9 月 16 日；转引自西南政法学院民法教研室选编：《〈中华人民共和国婚姻法〉教学参考资料》（第一辑），1984 年 10 月西南政法学院内部印刷，第 328 页。

**3. 扩大了对家庭关系的法律调整**

将祖孙、兄弟姐妹关系纳入了调整范围；在夫妻关系方面，将实行计划生育规定为双方的共同义务；在夫妻财产制、抚养、扶养、赡养、收养和继父母子女关系等问题上，做了更为具体的规定；增加了父母对未成年子女的管教和保护的规定。

**4. 离婚制度的修改和补充**

增设了关于离婚法定理由的实体性规定，将夫妻感情确已破裂、调解无效作为判决准予离婚的法定条件。我国立法机关在对 1980 年《婚姻法》修改草案的说明中指出，"要提倡夫妻互相帮助，建立民主和睦的家庭，大力宣传共产主义道德，反对那种对婚姻关系采取轻率的态度和喜新厌旧的资产阶级思想。但是，我们也不能用法律来强行维护已经破裂的婚姻关系……多年来，法院在处理离婚案件时掌握偏严……草案改为'如感情确已破裂，调解无效，应准予离婚'，增加了'如感情确已破裂'这个条件"。[①] 在离婚程序上，立法规定男女一方要求离婚的，可由有关部门进行调解或直接向人民法律提出离婚诉讼；同时考虑到我国妇女经济地位的变化，在离婚后子女、财产、生活等问题上，也作了适当的有针对性的修改。

**5. 在附则中增加了有关制裁办法和强制执行的条款**

对于违反婚姻法的行为得分别给予行政处分或法律制裁。对于拒不执行人民法院有关抚养费、扶养费、赡养费、夫妻财产分割和遗产继承等具有财产内容的裁定、调解协议或判决者，人民法院得依法强制执行。

此外，为了指导人民法院贯彻执行 1980 年《婚姻法》的规定，我国最高人民法院先后颁发了一系列司法解释，其主要包括：1984 年 8 月《关于贯彻执行民事政策法律若干问题的意见》、1989 年 11 月《关于人民扶养审理离婚案件如何认定夫妻感情确已破裂的若干具体意见》、1989 年 11 月《关于人民法院审理未办理结婚登记而以夫妻名义同居生活案件的若干意见》、1993 年 11 月《关于人民法院审理离婚案件处理子女抚养问题的若干具体意见》、1993 年 11 月《关于人民法院审理离婚案件处理财产分割问题的若干具体意见》，以及 1996 年 2 月《关于审理离婚案件中公房使用、承租若干问题的解答》。

上述 1980 年《婚姻法》新修改和补充的规范以及配合该法施行先后制定的一系列相关司法解释在一定程度上丰富和发展了我国的婚姻家庭立法，对于明确夫妻的权利和义务，维护夫妻、其他家庭成员以及其他公民的合法权益，促进社会主义精神文明建设，发挥了积极的作用。我们应当充分肯定 1980 年《婚姻法》发挥的积极历史作用，但是，它的不足之处也是很明显的。例如，该法存在某些立法空白，对若干应当规定的事项未作规定，这些缺陷是在立法的当时就存在的。[②] 并且，随着社会的发展，1980 年《婚姻法》

---

① 1980 年 9 月 2 日在第五届全国人民代表大会第三次会议上，全国人民代表大会常务委员会法制委员会副主任武新宇："关于《中华人民共和国婚姻法修改（草案）》和《中华人民共和国国籍法（草案）》的说明"，转引自西南政法学院民法教研室选编：《〈中华人民共和国婚姻法〉教学参考资料》（第一辑），1984 年 10 月西南政法学院内部印刷，第 163 页。

② 杨大文：《关于完善婚姻家庭法立法的建议和设想》，载巫昌祯、杨大文主编：《走向 21 世纪的中国婚姻家庭》，吉林人民出版社 1995 年版，第 2 页。

原有的某些规定已经滞后于现实。①

## 二、中国婚姻家庭法之法制建设的发展阶段

本阶段以 1980 年《婚姻法》被修改，至 2001 年修正后的《婚姻法》（以下简称修正后的《婚姻法》或新《婚姻法》）的施行为标志。

在此阶段，为适应改革开放二十年之后尤其是 21 世纪我国婚姻家庭新情况的需要，对 1980 年《婚姻法》进行了修改和补充。1980 年《婚姻法》施行后，"二十年来的实践证明，婚姻法规定的实行婚姻自由、一夫一妻、男女平等的婚姻制度，保护妇女儿童和老人的合法权益，禁止重婚、禁止家庭成员间的虐待和遗弃等原则是基本正确的，有关夫妻、家庭成员间的权利义务的规定是基本可行的，对于建立和维护平等、和睦、文明的婚姻家庭关系，维护社会稳定，促进社会主义精神文明建设和社会进步，发挥了积极的作用"。② 但是，随着我国经济体制改革，"市场经济取代了计划经济之后，经济的多元化带来了观念的多元化。人们对待婚姻家庭有了新的追求，而作为调整婚姻家庭关系的婚姻法已经有很大的局限性和滞后性，不能适应新时期的要求。因此，修改婚姻法势在必行"。③

例如，在结婚制度方面，我国对早婚、近亲婚及事实婚等的处理，尚未设立无效婚姻和可撤销婚姻等制度。④ 在夫妻关系方面也出现了一些新情况、新问题。一些地方重婚现象呈增多趋势，这严重破坏了一夫一妻的婚姻制度，违背了社会主义道德风尚，导致家庭破裂，影响社会安定和计划生育。家庭暴力问题在一些地方比较突出，因家庭暴力导致离婚和人身伤害案件增多。家庭暴力的主要受害者是妇女、儿童和老人。在夫妻财产制方面，随着经济的发展夫妻财产日益多样、丰厚，财产关系日趋复杂⑤，夫妻财产纠纷也日益增多。在亲子关系方面，父母对未成年子女的抚养和教育义务还有待强化。在离婚制度方面，除人民法院判决准予离婚的法律原则可操作性不强外，离婚父母对未成年子女的监护权和探望权也有待补充规定。⑥ 此外，有学者还提出离婚时对婚姻期间夫妻一方尽义务

---

① 我国 1980 年《婚姻法》存在的缺陷主要有七个方面：亲属关系通则立法的不足、结婚制度立法的不足、夫妻关系立法的不足、离婚制度立法的不足、亲子法立法的不足、监护制度立法的不足、扶养制度立法的不足。参见陈苇著：《中国婚姻家庭法立法研究》，群众出版社 2000 年版，第 10-13 页。

② 全国人大法制工作委员会副主任胡康生：《关于〈中华人民共和国婚姻法修正案（草案）〉的说明》（第九届全国人大常委会第十八次会议），载王胜明、孙礼海主编：《〈中华人民共和国婚姻法〉修改立法资料选》，法律出版社 2001 年版，第 5 页。

③ 巫昌祯：《我与婚姻法》，法律出版社 2001 年版，第 11 页。

④ 陈苇：《建立我国婚姻无效制度的思考》，载《法律科学》1996 年第 4 期。

⑤ 全国人大法制工作委员会副主任胡康生：《关于〈中华人民共和国婚姻法修正案（草案）〉的说明》（第九届全国人大常委会第十八次会议），载王胜明、孙礼海主编：《〈中华人民共和国婚姻法〉修改立法资料选》，法律出版社 2001 年版，第 5-7 页。

⑥ 陈苇：《离婚后父母对未成年子女监护权问题研究——兼谈我国〈婚姻法〉相关内容的修改与补充》，载《中国法学》1998 年第 3 期。

较多的应当予经济补偿等。① 针对前述新情况新问题，我国专家学者围绕夫妻忠实义务和配偶权、婚内侵权赔偿和离婚损害赔偿、夫妻财产制、禁止家庭暴力、判决准予离婚的法定事由等进行了深入的研究和激烈的讨论，探讨相关的立法应当如何被修改和完善。②

回顾 1980 年《婚姻法》的修改过程，从 20 世纪 90 年代初期专家学者们研究、呼吁修改立法，到 20 世纪 90 年代中期，该法的修改才被我国立法机关列入立法议程。早在 1990 年年初，中国法学会婚姻家庭法学研究会在纪念 1950 年《婚姻法》颁布 40 周年、1980 年《婚姻法》颁布 10 周年出版的论文集中就提出了比较全面系统的立法建议。③ 在 1990 年中期，经过几年的调研，专家学者又推出了一部有关修改 1980 年《婚姻法》的专题研究论文集。④ 1993 年，全国人大内务司法委员会主持召开了修改婚姻法论证会。在 1994 年、1995 年全国人大和全国政协两会期间，全国人大代表和全国政协委员呼吁修改婚姻法。1995 年年底，全国人大常委会作出了修改婚姻法的决定。从 1995 年 10 月 30 日第八届全国人大常委会第 16 次会议决定将修改《婚姻法》补充列入该届人大的立法规划，到 1996 年成立修改婚姻法领导小组由其起草"婚姻法试拟稿"；从 1999 年全国人大法工委审议"婚姻法试拟稿"，于 2000 年面向社会广泛征求意见且收到四千余件修改建议，到 2001 年 4 月 28 日修改《婚姻法》决定的被通过，整个立法的修改过程历时五年有余。⑤ 2001 年修正后的《婚姻法》，根据改革开放以来的实际情况，又增设了若干新的制度和规定，填补了过去某些立法的空白，为调整婚姻家庭关系提供了新的依据，强化了对公民婚姻家庭权益的保护。⑥

2001 年《婚姻法》修正案共有六章 51 条，比 1980 年《婚姻法》增设了救助措施与法律责任一章，增加了 14 条，修改了十几条。⑦ 按照第九届全国人大常委会第 21 次会议通过的《关于修改〈中华人民共和国婚姻法〉的决定》，修正后的《婚姻法》对原法的补充和修改，主要有以下几个方面：

1. 总则部分的修改和补充

为了更加有效地保障《婚姻法》诸原则的贯彻执行，增设了两项禁止性条款，即"禁止有配偶者与他人同居"和"禁止家庭暴力"，从而加强了维护一夫一妻和保护家庭

---

① 在瑞士，法定财产制是"所得参与制"，在婚姻期间夫妻各方所得的财产依法归自己所有并进行管理、使用和处分，只有在婚姻关系终止时，夫妻一方才可参与分配并取得夫妻他方所得的结余财产。因此，如果夫妻一方在婚姻期间对从事家务、照料子女或协助他方工作做有特殊贡献的，依法有权请求他方给予一定的经济补偿金，即依法享有对家庭特殊贡献的经济补偿请求权。参见陈苇：《夫妻财产制立法研究——瑞士夫妻财产制研究及其对完善我国夫妻财产制的启示》，载梁慧星主编：《民商法论丛》（第 15 卷），法律出版社 2000 年版，第 293-337 页；陈苇：《完善我国夫妻财产制的立法构想》，载《中国法学》2000 年第 1 期。

② 李银河、马忆南主编：《婚姻法修改论争》，光明日报出版社 1999 年版，第 230-258、259-316、317-371、398-409 页。

③ 巫昌祯、王德意、杨大文：《当代婚姻家庭问题》，人民出版社 1990 年版。

④ 巫昌祯、杨大文主编：《走向 21 世纪的中国婚姻家庭》，吉林人民出版社 1995 年版。

⑤ 巫昌祯：《我与婚姻法》，法律出版社 2001 年版，第 11-12 页。

⑥ 巫昌祯：《解读 2001 年新婚姻法》，载巫昌祯：《我与婚姻法》，法律出版社 2001 年版，第 24 页；杨大文：《完善亲属法制 建设和谐家庭》，载杨大文主编：《春华秋实——杨大文教授从教五十周年师生合集》，法律出版社 2007 年版，第 175 页。

⑦ 为了正确贯彻实施该修正案，最高人民法院颁布了《关于适用〈中华人民共和国婚姻法〉若干问题的解释（一）》（2001 年 12 月）和《关于适用〈中华人民共和国婚姻法〉若干问题的解释（二）》（2003 年 12 月）。

成员人身权利的力度。同时，还增设专条倡导性规定："夫妻应当相互忠实，互相尊重；家庭成员间应当敬老爱幼，互相帮助，维护平等、和睦、文明的婚姻家庭关系。"这集中体现了《婚姻法》的立法宗旨和价值取向，具有总体导向性。

2. 结婚制度的修改和补充

（1）删除了"患麻风病未经治愈"的规定，改为"患有医学上认为不应当结婚的疾病"，以适应时代的变化。（2）增设了无效婚姻和可撤销婚姻制度。具体规定包括婚姻无效的原因、婚姻撤销的原因、程序、请求权人和请求权行使的时间、婚姻无效和被撤销的法律后果等。（3）增补规定事实婚姻双方应当补办结婚登记。其补办结婚登记后，婚姻的效力从双方均符合婚姻法规定的结婚的实质要件时起算。这些新增设的规定有利于坚持结婚的法定条件和法定程序，有利于保障当事人的婚姻权益，有利于预防和减少婚姻纠纷，从而使我国的结婚制度较前更为完善。

3. 夫妻财产关系的修改和补充

为保护夫妻双方的财产权益和维护第三人的利益及交易安全，对夫妻财产制进行了修改和补充，一是改进了原有的法定夫妻财产制，分别列举了婚后所得共同制下夫妻共有财产的范围和夫妻个人财产的范围，这为实施法定共同财产制的夫妻之个人财产权利提供了有效的保障。二是初步构建了约定夫妻财产制，规定了夫妻财产约定的内容、形式以及约定的对内和对外效力，这既能保障夫妻的财产权益，也能保障第三人的财产权益和交易安全。

4. 家庭关系的修改和补充

在父母子女关系方面，修改、补充规定："父母有保护和教育未成年子女的权利和义务。在未成年子女对国家、集体或他人造成损害时，父母有承担民事责任的义务。"① 这有利于强化父母对未成年子女的保护和教育义务。并且，还根据过去行之有效的司法解释，对有关其他家庭成员间的抚养、扶养和赡养的权利与义务之规定进行了新的补充："有负担能力的祖父母、外祖父母，对于父母已经死亡或父母无力抚养的孙子女、外孙子女，有抚养的义务。有负担能力的孙子女、外孙子女，对于子女已经死亡或子女无力赡养的祖父母、外祖父母，有赡养的义务。""有负担能力的兄、姐，对于父母已经死亡或父母无力抚养的未成年的弟、妹，有扶养的义务。由兄、姐扶养长大的有负担能力的弟、妹，对于缺乏劳动能力又缺乏生活来源的兄、姐，有扶养的义务。"这有利于充分发挥家庭的养老育幼职能。② 此外，还新增规定："子女应当尊重父母的婚姻权利，不得干涉父母再婚以及婚后的生活。子女对父母的赡养义务，不因父母的婚姻关系变化而终止。"这有助于保障老年人的婚姻自由权利。③

5. 离婚制度的修改和补充

（1）对于判定离婚的法定标准，重申了原1980年《婚姻法》的概括性、原则性规定，即如夫妻感情确已破裂，调解无效，应准予离婚。同时，新增设了若干列举性、例示性的判决准予离婚的具体法定事由规定。符合法定情形之一，调解无效的，应准予离婚，

---

① 新《婚姻法》第23条。
② 新《婚姻法》第28、29条。
③ 新《婚姻法》第30条。

这些情形包括：重婚的或有配偶者与他人同居的；实施家庭暴力或虐待、遗弃家庭成员的；有赌博、吸毒等恶习屡教不改的；因感情不和分居满两年的；以及其他导致夫妻感情破裂的情形。一方被宣告失踪，另一方提出离婚诉讼的，应准予离婚。这些规定增强了法律适用中的可操作性，有利于保障离婚自由、防止轻率离婚。（2）军人的配偶提起离婚的条件有所变动，准许有重大过错的军人的配偶单方提出离婚。（3）在离婚后果方面，明确规定可以用对方"个人房屋"帮助离婚时生活有困难的一方。（4）增设了对子女探望权的规定。（5）确立了离婚损害赔偿制度。因重婚、有配偶者与他人同居、实施家庭暴力或虐待、遗弃家庭成员而导致离婚的，离婚时，无过错方有权请求损害赔偿。① （6）确立了离婚经济补偿制度。为承认夫妻一方从事家务劳动的价值，在离婚章节，增加规定夫妻书面约定婚姻关系存续期间所得财产归各自所有，一方因抚育子女、照料老人、协助另一方工作等付出较多义务的，离婚时有权向另一方请求补偿。

6. 法律责任的修改和补充

2001 年《婚姻法》专设了救济措施和法律责任一章，对因违反行为受到侵害的人如何寻求救助及对违反行为人应当承担的法律责任，针对不同情况作了具体而明确的规定。（1）既规定了对家庭暴力或虐待、遗弃家庭成员的救助措施外，还规定了对重婚的、对实施家庭暴力或虐待家庭成员、遗弃家庭成员构成犯罪的，依法追究刑事责任。受害人可以依照刑事诉讼法的有关规定，向人民法院自诉。公安机关应当依法侦查、人民检察院应当依法提起公诉。（2）增加规定离婚时夫妻一方隐藏、转移、变卖、毁损夫妻共同财产等侵害夫妻他方财产权益的法律后果及法律责任。② （3）增加了对拒不执行有关扶养费、抚养费、赡养费、财产分割、遗产继承、探望子女等判决或裁定的，由人民法院依法强制执行。有关个人和单位应负协助执行的责任。该章的规定为保障受害者行使权利，更好地保护其权益发挥了重要作用。

2001 年《婚姻法》被修正案通过后，我国著名的婚姻法专家巫昌祯教授指出：新婚姻法的颁布，是 21 世纪法制建设的一件大事。在完善婚姻家庭制度方面迈出了可喜的一步，维护了公民特别是妇女儿童和老人的婚姻家庭权益，弘扬了社会主义家庭美德，使依法治国和以德治国相结合。③ 这是我国婚姻家庭法制建设的一个新的里程碑。

诚然，2001 年修正《婚姻法》是我国完善婚姻家庭法制的重要举措，其成果是应当予以充分肯定的。但是，我们也要看到，如果从全面地、系统地完善婚姻家庭法制的高度，对其作理性的审视，这次修法在内容上仍然是没有全面到位的，是有其局限性的。1980 年《婚姻法》经过 2001 年的修改和补充，仍存有某些立法空白，并且某些具体的法律制度不够完备，该法的体系结构和规范的配置也尚待改进，也就是说，婚姻家庭法的规范体系尚未系统、全面地确立。正如我国著名婚姻法专家杨大文教授所言：这次修法既是完善婚姻家庭法制的重要步骤，又是一种过渡性的或阶段性的立法措施。婚姻家庭法制的全面完善，仍须继续努力。④ 1999 年 6 月《中华人民共和国婚姻家庭法（法学专家建议

---

① 新《婚姻法》第 3、4、32、43-46 条。
② 新《婚姻法》第 17-19、40、47 条。
③ 巫昌祯：《解读 2001 年新婚姻法》，载巫昌祯：《我与婚姻法》，法律出版社 2001 年版，第 37-38 页。
④ 杨大文：《完善婚姻家庭法制的重要步骤——纪念〈婚姻法〉修正五周年》，载《金陵法律评论》2006 年春季卷，第 10 页。

稿）》的出台，为我国立法机关进一步修改，完善我国的婚姻家庭法制提出了有益的参考意见。①

### 三、中国婚姻家庭法之法制建设的逐步完善阶段

本阶段以 2002 年 2 月全国人大常委会法制工作委员会民法室在北京召开"制定民法典亲属编研讨会"，我国立法机关拟起草制定《中国民法典·婚姻家庭编》为标志，延续至今。

在此阶段，为适应调整改革开放三十年之后 21 世纪我国婚姻家庭新情况、新问题的需要，我国《婚姻法》的相关规范将被进一步修改、补充。由于 2001 年我国修改《婚姻法》只是进行的局部修改，而不是全面、系统地修改，因此被修正后的《婚姻法》的某些制度仍存在某些缺陷，并存在若干立法上的空白，"婚姻家庭法的规范体系尚未全面确立"。② 所以，我国新《婚姻法》需要进一步进行修改和补充，以期为制定《中国民法典·婚姻家庭编》做好准备。

### 四、结语

党的十五大报告明确提出要"加强立法工作，提高立法质量，到 2010 年形成有中国特色社会主义法律体系"。③ 在 21 世纪，为适应调整我国婚姻家庭关系新情况的需要，"中国民法典·婚姻家庭编"的编纂已被立法机关提上议事日程。这无疑为今后我国婚姻家庭法的研究提供了一个十分难得的机遇。在我国，民法的法典化是完善婚姻家庭法制的大好时机，将较为系统、完备的婚姻家庭法规范体系纳入未来的《中国民法典》作为其中的一编是完善我国婚姻家庭法制的最佳方案，这已成为我国学界多数学者的共识。我们认为，在法典化的民法中完善婚姻家庭法制，不仅是十分必要的，也是可行的。2001 年《婚姻法》修改过程中获得的和近年来获得的诸多研究成果，以及 2001 年《婚姻法修正案》草案全民讨论中提出的各种意见和建议，实际上也为制定 21 世纪的"中国民法典·婚姻家庭编（或亲属编）"做了重要的准备。尤其是近年来，我国专家学者结合中国国情，借鉴外国立法经验，先后拟定出台了数个"中国民法典·婚姻家庭编或亲属编"的学者建议稿，这些都为我国立法机关提供了有益的参考。④ 我们相信，在不久的将来，随着中国特色社会主义法律体系的建立和完善，随着 21 世纪《中国民法典》的问世，我国的婚姻家庭法制度必将更加完善。

---

① 参见 1999 年 6 月婚姻家庭法专家试拟稿起草组、中国法学会婚姻法学研究会立法研究组、中国法学会研究部拟定：《中华人民共和国婚姻家庭法（法学专家建议稿）》，载梁慧星主编：《民商法论丛》（第 14 卷），法律出版社 2000 年版，第 770-799 页。

② 杨大文：《民法的法典化与婚姻家庭法制的全面完善——关于民法婚姻家庭编的总体构想》，载杨大文编著：《春华秋实：杨大文教授从教 50 周年师生合集》，法律出版社 2007 年版，第 219 页。

③ 江泽民：《高举邓小平理论伟大旗帜，把建设有中国特色社会主义事业全面推向二十一世纪》《1997 年 9 月 12 日在中国共产党第十五次全国代表大会上的报告》，载 http://xibu.tjfsu.edu.cn/elearning/lk/15c.htm。

④ 梁慧星主编：《中国民法典草案建议稿》（第六编亲属），法律出版社 2003 年版，第 329-368 页；徐国栋主编：《绿色民法典草案》（第三编婚姻家庭法），社会科学文献出版社 2004 年版，第 185-222 页；王利明主编：《中国民法典学者建议稿及立法理由·人格权编、婚姻家庭编、继承编》（第三编婚姻家庭），法律出版社 2005 年版，第 193-440 页。

# 第二部分
## 妇女儿童老人权益保护和防治家庭暴力实证调查研究

# 在校女童保护实证研究

## ——以中国重庆市某小学为例的调查[①]

陈　苇　李　佳　王新新[*]

## 目　次

在我国全面建设小康社会、落实科学发展观、构建和谐社会的新时期，加强对弱势群体的保护，已经成为全社会的共识。今日的女童是未来的母亲，母亲素质的高低，对未来全民族的素质有着十分重要的影响，同时女童又是社会的弱势群体，她们能否健康成长，既涉及女童权益的保护，又关系到我国和谐社会的构建。关爱女童，保护女童，是我国政府的一项重要职责。[②] 2007 年 3 月，我们在重庆市某区某小学进行了"在校儿童情况调查"。此次调查的目的是了解在校女童的情况，研究在校女童存在的问题并分析其原因，进而提出解决相关问题的对策与建议，以期更好地维护女童的合法权益，促进我国和谐社会的构建。

## 一、被调查在校女童的基本情况

本次调查我们共计发放调查问卷 240 份，回收有效调查问卷 228 份，回收率为 95%。在有效调查问卷的被调查者中，男性 123 人，占被调查者的 51%；女性 105 人，占被调查者的 49%。基于本次调查的目的，以下我们仅对被调查的在校女童（以下简称被调查女童）的情况进行研究分析。

① 本文载于《青少年犯罪问题》2009 年第 1 期，在被编入本书时对部分标题和内容进行了适当修改。

鸣谢：本次问卷调查得到中国重庆市某小学教导处主任刘琴老师的大力支持以及同学们的积极配合，特向他们表示衷心的感谢！

* 陈苇，女，西南政法大学外国家庭法及妇女理论研究中心主任，民商法学院教授、博士生导师；李佳，女，西南政法大学民商法硕士研究生；王新新，女，西南政法大学民商法硕士研究生。

② 陈苇、冉启玉：《论女童权益的法律和政策保障——以出生人口性别比为研究视角》，载重庆市人口研究所、重庆市人口和计划生育委员会编：《关爱女孩行动》，重庆出版社 2006 年版，第 55 页。

（一）被调查女童的基本情况

在被调查女童中，年龄都集中在 11—12 岁，文化程度为小学五、六年级，属于独生女的占六成以上，其中有二成以上女童的父母外出打工，并且有一成以上女童的父母离婚。

（二）父母离婚或父母在外打工的被调查女童的基本情况

针对父母离婚或父母在外打工的这部分被调查女童，我们专门设计了相关调查问卷，其调查统计的结果如下：

1. 关于父母外出打工或离婚后女童的居住情况，不能跟父母一起居住的女童占七成以上。其中，与祖父母、外祖父母一起居住的占 44%；与其他亲戚一起居住的占 19%；尤其值得注意的是，女童自己单独居住的占 7%。（见图 1）

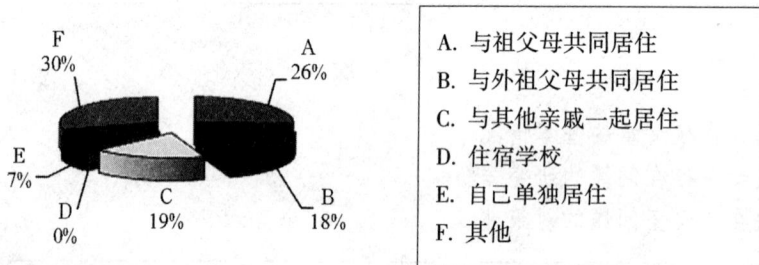

A. 与祖父母共同居住
B. 与外祖父母共同居住
C. 与其他亲戚一起居住
D. 住宿学校
E. 自己单独居住
F. 其他

**图 1　父母外出打工或离婚后，女童与亲戚生活情况**

2. 关于父母外出打工或离婚后对女童心理和行为的影响，感觉孤独或不愉快增多的女童占四成以上。（见图 2）

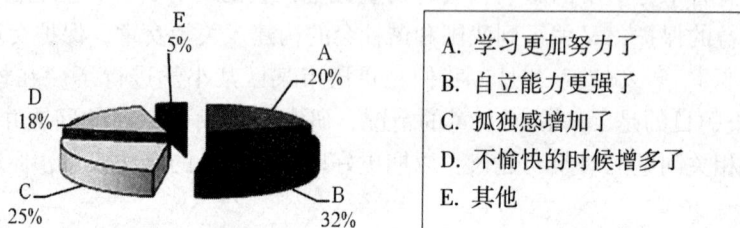

A. 学习更加努力了
B. 自立能力更强了
C. 孤独感增加了
D. 不愉快的时候增多了
E. 其他

**图 2　父母外出打工或离婚后，对女童的心理和行为的影响（多选）**

3. 关于父母外出打工或离婚后与父母或其中一方居住的选择，近八成女童希望与父母或其中一方共同生活。（见图 3）

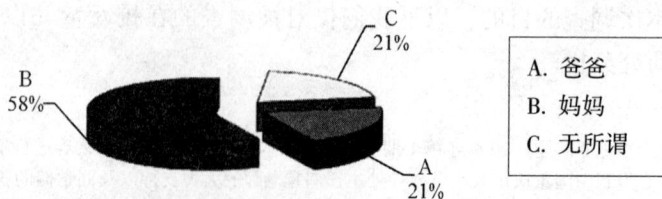

A. 爸爸
B. 妈妈
C. 无所谓

**图 3　父母外出打工或离婚后，女童最想留在谁身边**

4. 关于父母外出打工或离婚后对居住地的选择，有六成女童不愿意离开原居住地，但仍然有两成女童希望与父母一起生活而愿意离开原居住地。（见图 4）

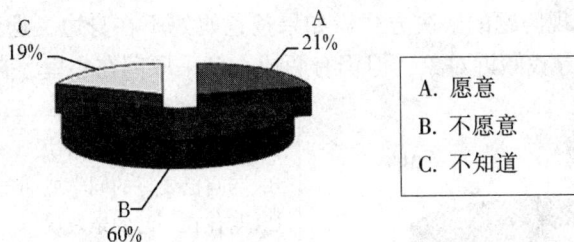

A. 愿意
B. 不愿意
C. 不知道

**图 4　父母外出打工或离婚后，女童是否愿意去另一个地方生活**

5. 关于父母外出打工或离婚后与父母的联系方式，有七成以上的女童与未在一起共同生活的父母的联系方式是打电话，但仍然有少数女童无法与父母取得联系。（见图 5）

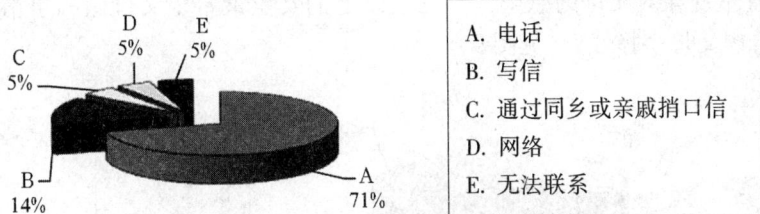

A. 电话
B. 写信
C. 通过同乡或亲戚捎口信
D. 网络
E. 无法联系

**图 5　父母外出打工或离婚后，女童与未在一起生活的父母的联系方式（多选）**

6. 关于父母外出打工或离婚后与父母联系的频率，有五成以上的女童与未在一起生活的父母一周联系一次，但有一成以上的女童三个月以上时间才能与父母联系一次。（见图 6）

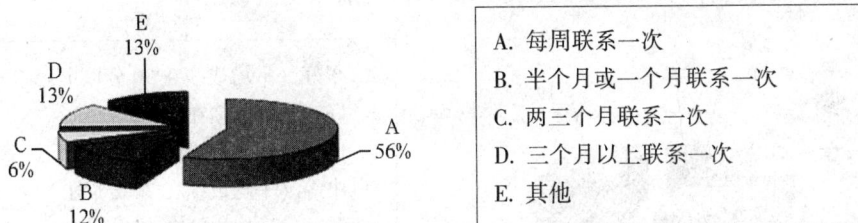

A. 每周联系一次
B. 半个月或一个月联系一次
C. 两三个月联系一次
D. 三个月以上联系一次
E. 其他

**图 6　父母外出打工或离婚后，女童与未在一起生活的父母联系的频率**

7. 关于女童对父母外出打工的态度，不想让父母外出打工的女童占九成以上。其中八成以上的女童虽然不想让父母走但表示能理解父母的行为，只有少数女童不能理解父母。（见图 7）

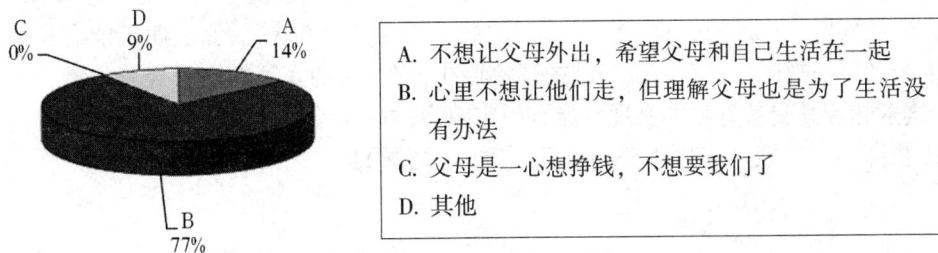

A. 不想让父母外出，希望父母和自己生活在一起
B. 心里不想让他们走，但理解父母也是为了生活没有办法
C. 父母是一心想挣钱，不想要我们了
D. 其他

**图 7　女童对父母打工的想法**

8. 关于女童对出现问题的解决方式，如果爸爸妈妈不在身边，遇到心烦事或困难时，有近八成的女童能够寻找倾诉对象，但仍有两成女童采取闷在心里，自己解决。（见图 8）

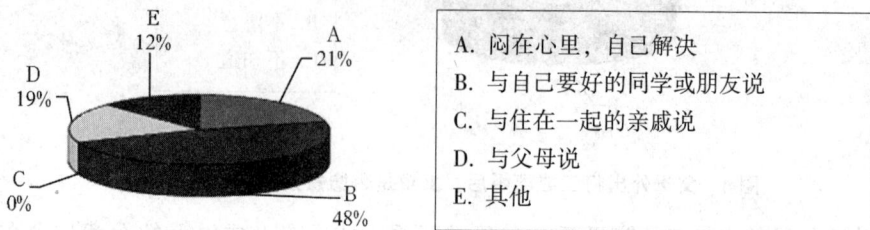

E 12%
A 21%
D 19%
C 0%
B 48%

A. 闷在心里，自己解决
B. 与自己要好的同学或朋友说
C. 与住在一起的亲戚说
D. 与父母说
E. 其他

**图 8　父母不在身边，女童有了心烦事或困难的处理方法**

9. 关于女童现在对父母的愿望，有三成以上的女童最希望父母做的事情是回家，近四成的女童希望父母多挣钱。（见图 9）

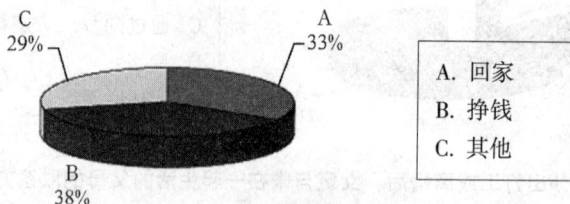

C 29%
A 33%
B 38%

A. 回家
B. 挣钱
C. 其他

**图 9　现在最希望父母做的事情**

（三）被调查女童的学习情况

1. 关于学习成绩，学习成绩比较好的女童占七成以上。（见图 10）

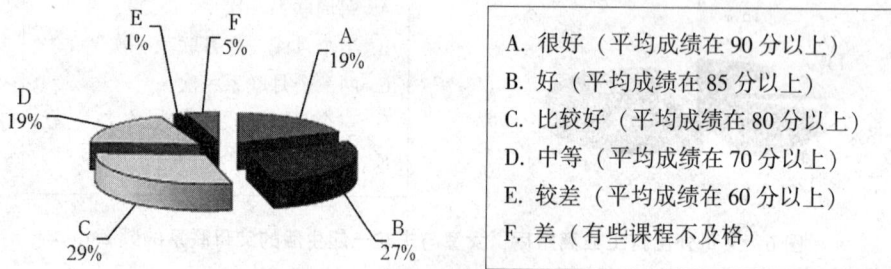

E 1%
F 5%
A 19%
D 19%
C 29%
B 27%

A. 很好（平均成绩在 90 分以上）
B. 好（平均成绩在 85 分以上）
C. 比较好（平均成绩在 80 分以上）
D. 中等（平均成绩在 70 分以上）
E. 较差（平均成绩在 60 分以上）
F. 差（有些课程不及格）

**图 10　女童的学习成绩**

2. 关于在学习中最烦恼的事情，烦恼学习成绩不好的女童占六成以上。在被调查的女童中，选择"学习成绩不好"的占 62%，主要是她们最注重学习，对自己要求很高，希望成绩更好所致。此外，有 12% 的女童烦恼"不受老师喜欢"，其表明可能有少数教师对学生未做到一视同仁，有偏爱和歧视现象存在；有 6% 的女童烦恼"经济困难，上不起学"，这意味着其受教育权的实现可能有一定障碍；在选择"其他"的女童中，有的烦恼自己"智商不高"或"父母不关心自己"等。（见图 11）

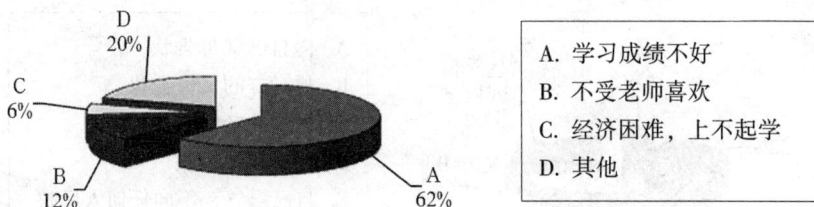

A. 学习成绩不好
B. 不受老师喜欢
C. 经济困难，上不起学
D. 其他

**图 11　女童在学习中最烦恼的事情**

3. 对于未成年人权益保护的相关法律的了解情况，有近九成的女童了解不多。（见图 12、图 13）

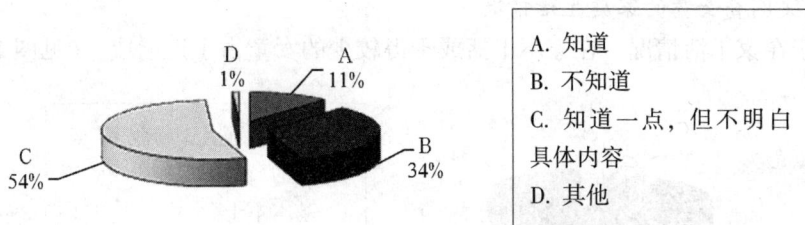

A. 知道
B. 不知道
C. 知道一点，但不明白具体内容
D. 其他

**图 12　女童对未成年人保护法的了解情况**

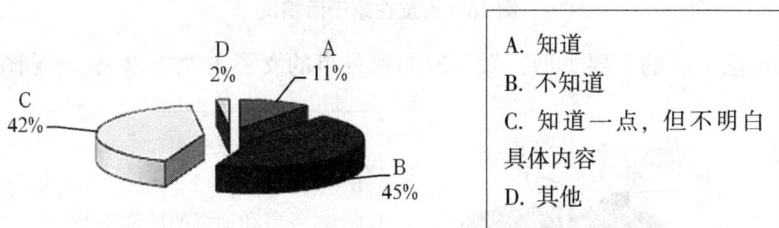

A. 知道
B. 不知道
C. 知道一点，但不明白具体内容
D. 其他

**图 13　女童对义务教育法的了解情况**

4. 关于课外书籍的来源，课外书籍来源于家长购买或向同学借或亲友送的占九成以上，从学校借阅的仅占1%。（见图 14）

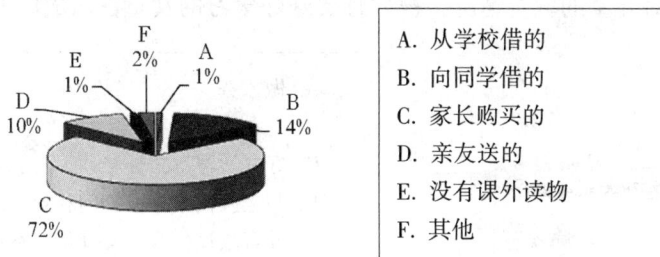

A. 从学校借的
B. 向同学借的
C. 家长购买的
D. 亲友送的
E. 没有课外读物
F. 其他

**图 14　女童课外书籍的主要来源（多选）**

5. 关于被他人伤害或欺负时女童所采取的行动，有近四成的女童自我保护意识不够强。其中，选择"自己找对方说理的"占22%，还有16%为"自己忍气，不向任何人反映"。（见图 15）

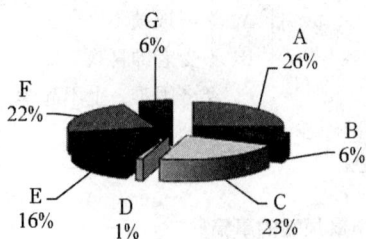

A. 向自己父母告状
B. 找对方的父母告状
C. 向学校老师反映
D. 向村领导反映
E. 自己忍气，不向任何人反映
F. 自己找对方说理
G. 其他

**图15 当受到他人伤害或欺负时，女童采取的行动**

**（四）被调查女童的家庭生活情况**

1. 关于在家干活情况，在家不干活或干得较少的女童占了近七成。（见图16）

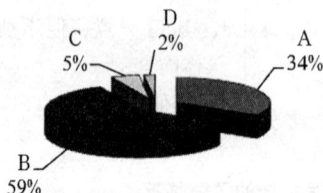

A. 是的，而且干得较多
B. 是的，但干得较少
C. 基本不干
D. 完全不干

**图16 女童在家干活情况**

2. 关于在家干活的主要类型，做一般的家务事的女童占九成以上。（见图17）

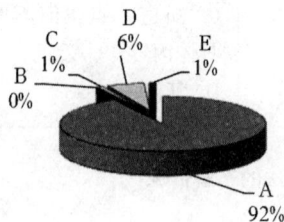

A. 做一般的家务事
B. 干地里的活
C. 家务事和地里的活都要干
D. 基本不干
E. 其他

**图17 女童在家干活的主要类型**

3. 关于家庭对儿童的教育情况，被教育要好好学习的女童占六成以上。（见图18）

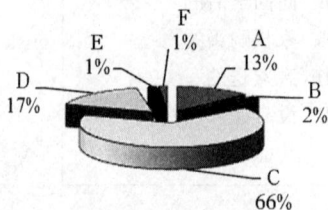

A. 做家务
B. 干农活
C. 好好学习
D. 与老师同学亲友如何相处
E. 没有教过什么，父母基本不管
F. 其他

**图18 家庭对女童的教育情况（多选）**

**（五）家庭对女童和男童的态度**

1. 关于被调查女童的家庭对女童和男童受教育的态度，近七成的被调查女童的家庭

认为女童和男童的教育同样重要，仅有少数家庭忽视女童的受教育权。（见图19）

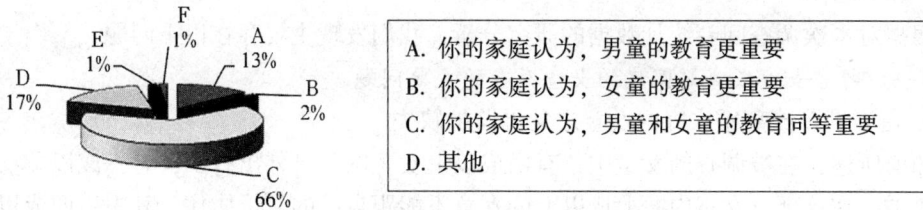

A. 你的家庭认为，男童的教育更重要
B. 你的家庭认为，女童的教育更重要
C. 你的家庭认为，男童和女童的教育同等重要
D. 其他

**图 19　家庭对男童和女童受教育的态度**

2. 关于被调查女童的家庭中女童和男童的地位，七成以上的被调查女童认为在家庭中女童和男童的地位基本平等，有5%的女童家庭认为男童的地位高于女童。（见图20）

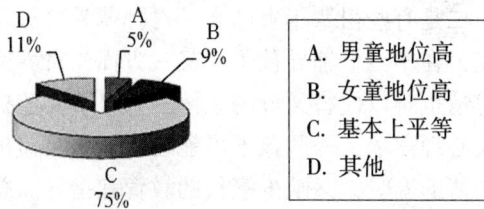

A. 男童地位高
B. 女童地位高
C. 基本上平等
D. 其他

**图 20　家庭中女童和男童的地位**

**（六）被调查女童对未来的憧憬**

1. 关于对学习的希望，有九成以上的女童希望上完大学，还有部分女童选择"其他"主要是因为她们希望读完硕士研究生或博士研究生。（见图21）

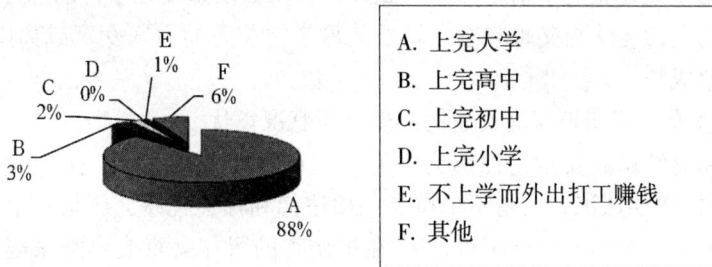

A. 上完大学
B. 上完高中
C. 上完初中
D. 上完小学
E. 不上学而外出打工赚钱
F. 其他

**图 21　女童对学习的希望**

2. 关于对未来的希望，有近九成的女童希望继续读书。（见图22）

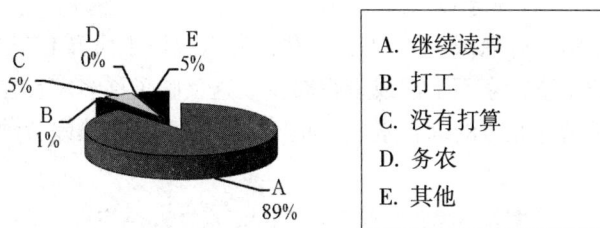

A. 继续读书
B. 打工
C. 没有打算
D. 务农
E. 其他

**图 22　女童对未来的打算**

## 二、在校女童存在问题的研究分析

根据对本次调查问卷统计数据的研究分析，我们发现主要存在以下问题：

（一）留守女童或离婚家庭的女童存在的主要问题

1. 留守女童或离婚家庭的女童之父母监护缺失

如前所述，在被调查的女童中，有两成以上女童的父母外出打工，有一成以上女童的父母离婚。在这部分女童中，七成以上的女童不能跟自己的父母居住，其中，四成以上的女童跟自己的（外）祖父母共同居住，近两成的女童跟亲戚住，还有少数自己住的。关于对父母打工的想法，有九成以上的女童不想让父母走，其中八成以上的女童虽然不想让父母走但表示能理解父母的行为，只有少数女童不能理解父母。我们认为，隔代监护和寄养监护往往存在某些问题。一方面，隔代监护容易发生以下问题：一是不少祖辈往往因对孙辈溺爱而致管教不严；二是有些祖辈年事已高，对孙辈教育管理力不从心；三是有些祖辈文化水平较低，没有能力在学习上辅导孩子。又一方面，寄养监护的事实监护人与孩子之间即使建立起一定的感情也难以代替父母的亲情，并且事实监护人往往更为重视孩子的安全而忽略孩子的学习及心理需求，一些孩子可能还会被事实监护人侵犯权益。无人监护的孩子更是既缺少家庭亲情的温暖，又缺少家长的教育和指导。总之，父母监护的缺失不利于女童的健康成长。

2. 留守女童或离婚家庭的女童缺乏父母的亲情关爱

留守女童或离婚家庭的女童绝大部分无法与父母共同生活，缺乏父母的亲情关爱。父母外出打工或父母离婚后，近八成的女童希望与父母或其中一方共同生活；虽有六成的女童不愿意离开原居住地，但仍然有两成的女童希望离开原居住地与父母一起生活；有三成以上的女童最希望父母做的事情是回家。此外，有少数女童要三个月以上才能与父母联系一次，甚至有的女童无法与父母联系。缺乏父母亲情关爱的留守女童或离婚家庭的女童，往往不能健康地成长。

3. 部分留守女童或离婚家庭女童的心理健康状况堪忧

留守女童和离婚家庭女童往往因为不能与父母双亲共同生活，在心理上产生某些问题。有学者指出："要认识到离婚不单单是一项法律和社会程序，还是一个会在个人生活和心理方面带来深远影响的家庭事件。"① 在被调查的留守女童或离婚家庭的女童中，有四成以上的女童孤独感或不愉快感增多；遇到烦心事或困难时，有两成女童采取"闷在心里，自己解决"的方式。可见，留守女童或离婚家庭的女童缺少父母亲情的爱抚，对亲情的渴望无法满足，"长此以往会形成孤独、自闭的心理，不利于孩子的健康成长"。②

（二）家庭教育过于注重学习

在被调查的女童中，有六成以上是独生女，有六成以上女童仅被家长教育要好好学习，并且有近七成的女童在家不干活或干得较少。这反映了许多家长在家庭教育中过于注重学习。这既不利于培养儿童的综合素质，也不利于培养儿童热爱劳动、吃苦耐劳的好品

---

① 岳云（Howard H. Irving）编著：《家庭调解 适用于华人家庭的理论与实践》，苌英丽、五振福、袁菊花译，中国社会科学出版社 2005 年版，译序第 2 页。

② 高帆：《农村留守儿童期待一张保护网》，载《中国妇女报》2007 年 3 月 4 日第 1 版。

质，妨碍儿童的全面发展。

（三）部分女童的受教育权可能被侵犯

在被调查的女童中，有近九成的女童希望继续读书，能完成大学学业。但是，仍有2%的女童家庭认为男童的教育更重要，还有5%的女童家庭认为男童的地位高于女童，这可能导致忽视女童的受教育权。并且，有6%的女童烦恼因经济困难，读不起书，这意味着其受教育权的实现可能存在一定障碍。

（四）学校法律知识普及教育不够

有近九成的被调查女童对未成年人保护的相关法律了解不多。这意味着，如果她们的权益受到侵犯，就不会运用法律武器来保护自己。并且，部分女童的自我保护意识不够强。当在外被人欺负或伤害时，被调查的女童中有近四成女童采取"自己忍气，不向任何人反映"或"自己找对方说理"的方式解决，这可能导致女童的人身安全受到侵害。

（五）学校为学生提供的课外书籍还不足

在被调查的女童中，只有1%的女童选择"课外书籍的主要来源是在学校借的"。这表明学校提供的课外书籍不够丰富，这不利于扩展学生的知识面，不利于学生的全面发展。

（六）少数老师对待女童不能一视同仁

在被调查的女童中，有一成以上的女童在学习中最烦恼的事情是"不受老师喜欢"。也许学校有少数老师对个别女童有歧视的态度，这不利于对女童的培养教育。

### 三、解决在校女童问题的对策建议

自1959年联合国《儿童权利宣言》最早提出"应以儿童的最大利益为首要考虑"的国际性指导原则以来，1979年联合国《消除对妇女一切形式歧视公约》和1989年联合国《儿童权利公约》都做出了"儿童最大利益优先原则"的倡导性规定。[①] 1989年联合国《儿童权利公约》全面地规定了儿童权利保护的基本原则和儿童权利的基本内容。我国是该公约的参与国和缔约国。我国历来十分重视保护儿童利益。1992年我国参照世界儿童问题首脑会议提出的全球目标和《儿童权利公约》，发布了《中国儿童发展纲要（2001—2010年）》，其"总目标"部分开篇就提出："坚持'儿童优先'原则，保障儿童生存、发展、受保护和参与的权利，提高儿童整体素质，促进儿童身心健康发展。"[②] 我国2006年12月修订通过的《未成年人保护法》第3条规定："未成年人享有生存权、发展权、受保护权、参与权等权利，国家根据未成年人身心发展特点给予特殊、优先保护，保障未成年人的合法权益不受侵犯。"因此，我们建议，我国有关部门应当采取积极措施，切实予以落实。以促进女童发展，构建和谐社会。

（一）对政府、基层组织和妇联等相关部门的建议

1. 建立特殊女童基本情况登记和定期访问制度

对留守女童和离婚家庭女童，我国村委会和居委会作为社区基层组织，应确定专人负

---

① 陈苇、谢京杰：《论"儿童最大利益优先原则"在我国的确立——兼论〈婚姻法〉等相关法律的不足及其完善》，载《法商研究》2005年第5期。

② 《中国儿童发展纲要（2001—2010年）》，http：www.hubce.edu.cn。

责建立本社区留守女童和离婚家庭女童情况的登记档案，并通过定期访问，及时发现问题并帮助解决，对有特殊情况的女童，应作为重点帮助对象。

2. 对监护人、事实监护人进行家庭教育知识培训

针对留守女童和离婚家庭女童的具体情况，各地社区的村委会、居委会及妇联应充分利用家长、学校、流动人口基地以及组织家庭教育志愿者讲解等形式，对这些女童的监护人和事实监护人进行家庭教育知识的专门培训，使他们掌握科学的家庭教育知识，切实履行对女童的家庭教育职能。①

3. 为特殊女童配备代理家长、设置亲情电话

对单独居住的留守女童，我国村委会和居委会及妇联可在本地社区征集自愿者的基础上配备"代理家长"，使她们能够得到代理家长的教育和指导；对长期与父母缺乏联系的留守女童和离婚家庭女童，可开设免费的或费用低廉的"亲情电话"，使她们能够定期与父母打电话，进行情感交流。

4. 为随父母进城打工的女童提供优惠政策

对随打工父母进城的留守女童，我国教育部门应当为其提供平等的教育条件，民政部门应为带儿童进城打工的生活困难的父母提供临时救济措施。例如，制定政策，解决进城打工农民的子女就近入学问题；建立"农民工子弟学校"；为带儿童进城打工的生活困难的父母提供廉价的经济出租房等。我国有关部门应当制定相关政策和措施，使农村进城儿童享受与城市儿童平等的受教育的待遇，并为留守儿童随父母一起生活创造条件，使其实现与父母共同生活的权利。

5. 采取特殊措施保护女童的受教育权

关于被调查女童中，担心因家庭经济困难可能读不起书的问题，早在2003年3月全国政协第十次全国人民代表大会第一次会议上，政协委员徐永光曾发言说，目前城市有700万流动民工子女，大部分没有好的教育条件，其中700万人得不到教育机会。② 对此问题，我国2006年12月修订出台的《未成年人保护法》已增加规定："未成年人享有受教育权，国家、社会、学校和家庭尊重和保障未成年人的受教育权。"对未成年人的受教育权作出了"突出"的规定。③ 我国教育部门应当采取有效的措施保障实现儿童的受教育权，尤其应采取特殊措施保障实现女童的受教育权。例如，在教育经费方面，应对女童有所倾斜，为家庭经济困难的女童设立专门的"女童助学金"；制定具体措施，使那些忽视女童受教育权的父母或其他监护人能够送女童入学，使失学女童或辍学女童能够重返学校学习；对擅自终止女童义务教育的机构及其责任人员给予相应的处罚等。

（二）对学校的建议

1. 适当增加学校教育设施的投入

应适当增加学校教育设施的投入，建立图书馆、阅览室、文化室和体育设施，使在校女童阅读有图书，娱乐有伙伴，锻炼有场地，消除留守女童和离婚家庭女童的孤独感，把她们吸引到集体活动中来，让她们在学校、社会和家庭的共同关爱下健康成长。

---

① 张雪梅：《对农村留守儿童法律保护的探讨》，载《中国律师与未成年人权益保障》2007年第1期。

② 杨继绳著：《中国当代社会各阶层分析》，甘肃人民出版社2007年版，第222页。

③ 廖盛芳：《让未成年人真正成人——写在未成年人保护法（修订）颁布之际》，载《中国人大》2001年第1期。

## 2. 加强对教师的思想素质教育

要加强对教师的思想素质教育，要求每一位教师都要公平、公正地对待每一个学生，不能歧视成绩不好的或顽皮的女童，也不能歧视留守女童或离婚家庭的女童。与此相反，教师更应该关心她们，对她们进行定期家访或召开座谈会，及时了解她们的学习、生活、身体状况，帮助她们排忧解愁。

## 3. 积极开展心理健康教育

留守女童和离婚家庭女童正处于身心发育与性格形成的重要时期，她们特别需要父母的关爱和引导。学校对她们积极开展心理健康知识教育，可以帮助其克服不良心理影响，树立开朗积极的生活态度，避免行动上的偏差。[①]

## 4. 大力开展普法宣传教育

学校应当定期开展对学生的普法教育，开设未成年人保护的相关法律课程，以黑板报或宣传图片等形式宣传相关法律，还可举办《义务教育法》或《未成年人保护法》的知识竞赛等，使女童知法、懂法，以便在其合法权益遭到侵犯时能及时向有关部门和人员反映。

### （三）对家长的建议

## 1. 经常与女童进行情感交流和亲子互动

父母应该关爱女童，倾听女童的心声，询问她们的学习情况，积极鼓励她们的点滴进步，热情地关心女童的成长，使她们能充分感受到父母的关怀，体验到父母的亲情。

## 2. 树立科学的教子观念

积极参加有关家庭教育的培训班或阅读相关杂志，树立科学的教子观念。家长只有了解了科学的家庭教育观念，才能正确的教育和培养女童，才能对女童的消极思想和不良行为进行引导与教育，防止滋生不良习惯和消极思想。

---

① 张华贵、刘泽惠：《农村留守女童问题的现状与对策——以重庆市某镇的调查为例》，载陈苇主编：《家事法研究》（2006年卷），群众出版社2007年版，第191—192页。

# 城镇社区老年人养老经济状况调查及其改进建议①

陈　苇　杨　刚　司艳露*

## 目　次

## 一、基本调查情况简介

本文以中国重庆市某街道社区的原城镇老年人（以下简称城镇老年人）、农转非失地老年人（以下简称农转非老年人）、农村居住的新增城镇老年人（以下简称农村老年人）三个不同老年群体为调查对象，通过对他们经济状况实地调查情况的统计分析，比较研究三个不同老年群体在养老经济方面存在的问题，进而针对不同的老年群体提出相应的解决对策，以期为政府部门改进城镇社区老年人的养老经济保障提供参考。

（一）调查背景与调查目的

根据我国 2010 年第六次人口普查公布的统计数据显示，我国人口已达 1370536875 人，其中，60 岁及以上人口为 177648705，占 13.26%；65 岁及以上人口为 118831709 人，占 8.87%。② 根据联合国关于人口老龄化社会的标准，只要 65 岁及以上的人口达到一地区总人口的 7%，就视为该地区进入老龄化社会。目前，我国已步入人口老龄化国家的

---

① 本文为 2014 年 11 月中国老年学学会学术年会"全国老年权益、尊严与责任高峰论坛"的交流论文，荣获中国老年学学会"全国老年权益、尊严与责任高峰论坛优秀论文奖"，载夏吟兰等主编：《家事法研究》（2015 年卷），社会科学文献出版社 2015 年版，第 159-182 页。本文在被编入本书时对个别标题和内容进行了适当修改。

鸣谢：参加本次社会调查和数据统计的人员有：张鑫、张庆林、杜志红、罗西贝贝、孙双双、侯艳芳、卢秀平、杨云、易丽、吴奇慧、吕珊珊、曾娜。本文作者在此向他们的辛勤工作表示感谢！

* 陈苇，女，西南政法大学外国家庭法及妇女理论研究中心主任，民商法学院教授、博士生导师；杨刚，男，中国重庆市渝北区宝圣湖街道党工委副书记、宝圣湖街道人大工委主任；司艳露，女，西南政法大学硕士研究生。

② 2010 年第六次全国人口普查主要数据公报（第 1 号），载 http://www.chinanews.com/gn/2011/04-28/3004638.shtml，访问日期：2014 年 5 月 27 日。

行列。

然而，由于我国目前仍处于发展中国家阶段，经济发展水平相对较低，人口老龄化呈现"未富先老"的特点。并且，我国仍存在城乡不同的经济发展水平及城乡有别的养老保障制度。随着我国经济的发展和城镇化的推进，许多城市郊区的农民被纳入城市范围，进而产生了两个新兴的城镇人口群体：一个是因土地被征收而转为城镇居民的农转非人员，另一个是已被纳入城镇管理，但因土地尚未开发，仍居住在农村的居民。这两种人口群体中的老年人在进入城镇，成为街道社区居民以后，其经济收入状况和养老保障现状如何？这正是本次调查的目的。

（二）调查对象

1. 调查地区的选取。

本次抽样调查地点，选取重庆市某区所辖的甲、乙、丙三个社区。选取这三个社区的依据为：重庆市是我国的四大直辖市之一，也是我国老龄化人口程度最严重的城市，[①] 其养老问题的解决具有迫切性，对其的探究可以对其他地区产生借鉴意义。重庆市某区是1994 年 12 月 17 日经国务院批准，在撤销原江北县的基础上设立的新区。该区既有原来的城镇居民（以下简称城镇居民），还有因农村土地被征收而转化为城镇居民的农转非人员（以下简称农转非居民），也有由于土地未开发仍居住在农村的城镇居民（以下简称农村居民）。因此，我们选取该区作为被调查地区。

2. 调查对象的确定。

我们通过随机抽样的方式，对甲、乙、丙三个社区的老年人进行问卷调查，其中对以城镇居民为主的甲社区发放 40 份问卷，对以农转非居民为主的乙社区发放 40 份问卷，对以农村居民为主的丙社区发放 23 份问卷。此次共发放调查问卷 103 份，在回收的问卷中有 4 份为无效问卷，99 份为有效问卷。在这 99 份有效问卷中，根据这些老年人或为城镇居民、或为农转非居民、或为农村居民进行分类，其中，属于城镇老年人的有 26 份、属于农转非老年人的有 43 份、属于农村老年人的有 30 份。

（三）调查方法

根据本次调查目的，主要采用个人问卷法、个人访谈法、文献资料查询法三种方法。

1. 个人问卷调查法。本次调查将与老年人经济状况密切相关的收入水平、收入来源等基本信息，通过填写问卷的方式获取，请被调查者本人或其在调查员的协助下对调查问卷进行填写。

2. 个人访谈法。本次调查除采用问卷调查法外，我们还采取了个人访谈法。通过个人访谈，可以对一些需要了解的老年人的具体情况进行深入的了解。

3. 文献资料查询法。本次调查通过互联网，在重庆市相关政府网站、cnki 数据库处查询相关新闻信息、立法文献、年鉴统计数据、专业学术论文等资料，尽可能全面地获取与老年人经济状况及养老保障制度相关的信息。

---

① 根据中国人民大学老年学研究所所长杜鹏提供的调研报告显示：重庆 60 岁及以上人口占总人口的 17%，为中国"最老"的地区。载 http://www.cq.xinhuanet.com/2012 - 10/23/c_ 113457987. htm，访问日期：2014 年 5 月 27 日。

**二、城镇社区老年人经济状况调查统计情况**

(一) 被调查者的基本情况

1. 被调查者的性别情况

此次调查显示，被调查者的性别情况如下：在 26 位城镇老年人中，男性有 15 人，占 57.69%；女性有 11 人，占 42.31%。其中男性比女性多 4 人，占 15.38%。在 43 位农转非老年人中，男性有 11 人，占 25.58%；女性有 32 人，占 74.42%。其中，女性比男性多 21 人，占 48.84%。在 30 位农村老年人中，男性有 9 人，占 30%；女性有 21 人，占 70%。其中，女性比男性多 12 人，占 40%（见图 1-1-1）。从被调查者人数来看，在此次调查中，女性总计有 64 人，占总数的 64.65%；男性总计有 35 人，占总数的 35.35%。其中女性比男性多 29 人，占总数的 29.29%（见图 1-1-2）。

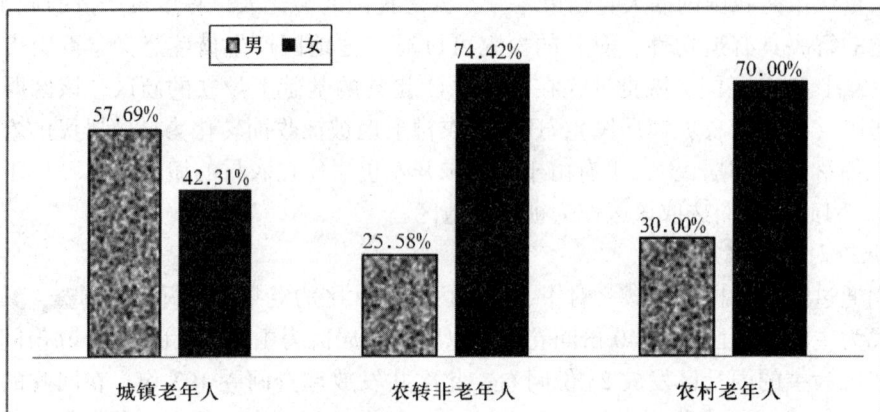

图 1-1-1　被调查者的不同群体老年人性别比例图

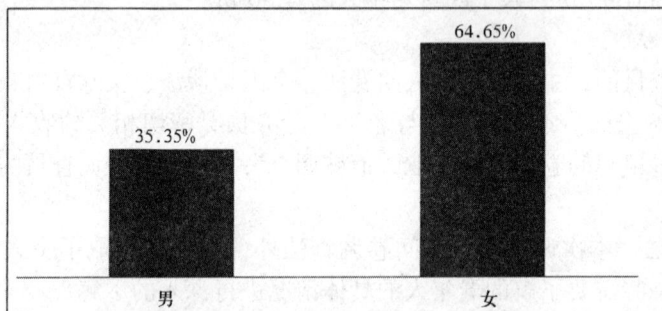

图 1-1-2　被调查者总体性别比例图

2. 被调查者的年龄情况

此次调查显示，被调查者的年龄情况如下：在 26 位城镇老年人中，55—60 岁有 7 人，占 26.92%；61—70 岁的有 16 人，占 61.54%；71—80 岁有 1 人，占 3.85%；81 岁以上有 2 人，占 7.69%。在 43 位农转非老年人中，55—60 岁有 12 人，占 27.91%；61—70 岁有 22 人，占 51.16%；71—80 岁有 9 人，占 20.93%，无 81 岁以上的老年人。在 30 位农村老年人中，55—60 岁有 7 人，占 23.33%；61—70 岁有 17 人，占 56.67%；71—80

岁有 5 人，占 16.67%；81 岁以上有 1 人，占 3.33%。（见图 1-2-1）由此可见，被调查的老年人的年龄以 61—70 岁的最多，有 55 人，占总数的 55.56%；55—60 岁的次之，有 26 人，占总数的 26.26%；81 岁的老年人人数最少，有 3 人，占总数的 3.03%。（见图 1-2-2）

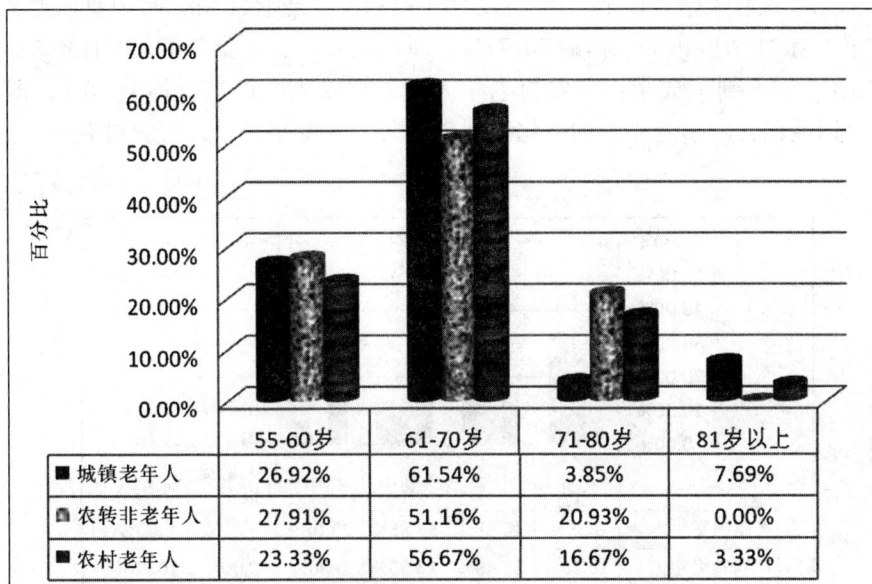

| 百分比 | 55-60岁 | 61-70岁 | 71-80岁 | 81岁以上 |
|---|---|---|---|---|
| ■ 城镇老年人 | 26.92% | 61.54% | 3.85% | 7.69% |
| ▨ 农转非老年人 | 27.91% | 51.16% | 20.93% | 0.00% |
| ■ 农村老年人 | 23.33% | 56.67% | 16.67% | 3.33% |

图 1-2-1  被调查的不同群体老年人年龄段比例图

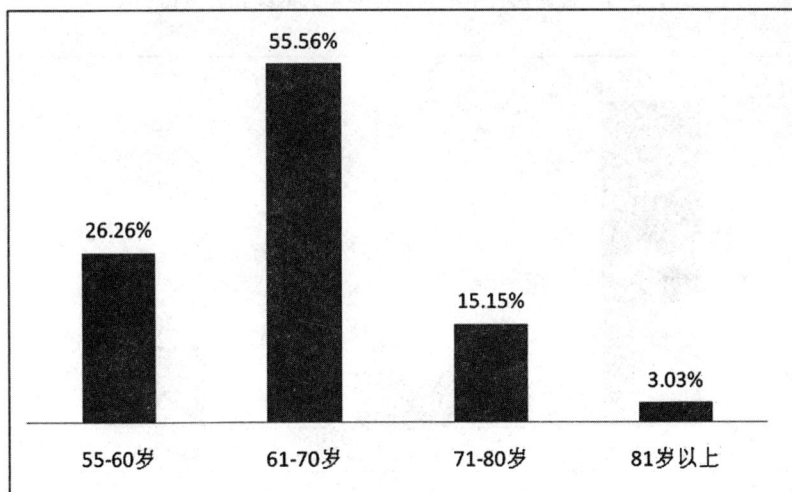

图 1-2-2  被调查总体年龄段比例图

3. 被调查者的文化程度情况

此次调查显示，被调查者的文化程度情况如下：在 26 位城镇老年人中，文盲的有 1 人，占 3.85%；小学文化程度的有 4 人，占 15.38%；初中文化程度的有 14 人，占 53.85%；高中文化程度的有 6 人，占 23.08%；大学及以上文化程度的有 1 人，占

3.85%。在 43 位农转非老年人中，文盲的有 7 人，占 16.28%；小学文化程度的有 23 人，占 53.49%；初中文化程度的有 6 人，占 13.95%；未填写的有 7 人，占 16.28%，无一人有高中及以上学历。在 30 位农村老年人中，文盲的有 10 人，占 33.33%；小学文化程度的有 14 人，占 46.67%；初中文化程度的有 4 人，占 13.33%；高中文化程度的有 2 人，占 6.67%，无一人有大学及以上学历。（见图 1-3-1）从整体上看，初中及以上文化程度的城镇老年人有 21 人，占该群体的 80.77%，即八成多；农转非老年人中有 6 人，占该群体的 13.95%，即不到一成半；在农村老年人中，有 6 人，占该群体的 20%，即仅占二成。由此可以看出，城镇老年人的文化程度普遍高于农转非老年人与农村老年人。（见图 1-3-2）

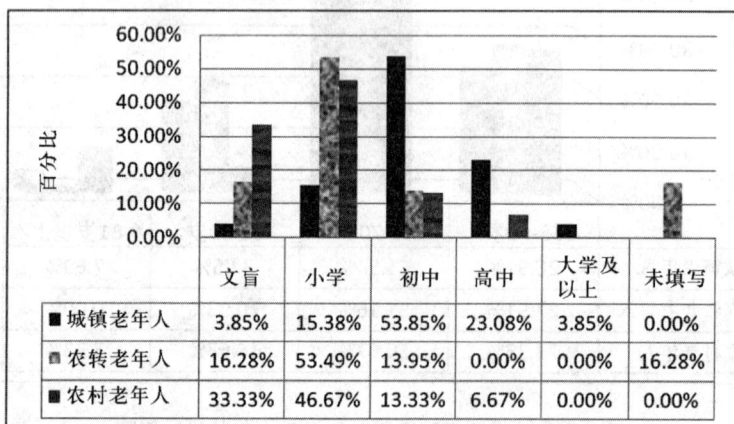

| | 文盲 | 小学 | 初中 | 高中 | 大学及以上 | 未填写 |
|---|---|---|---|---|---|---|
| ■ 城镇老年人 | 3.85% | 15.38% | 53.85% | 23.08% | 3.85% | 0.00% |
| ▦ 农转老年人 | 16.28% | 53.49% | 13.95% | 0.00% | 0.00% | 16.28% |
| ■ 农村老年人 | 33.33% | 46.67% | 13.33% | 6.67% | 0.00% | 0.00% |

图 1-3-1 被调查者中不同群体老年人的文化程度比例图

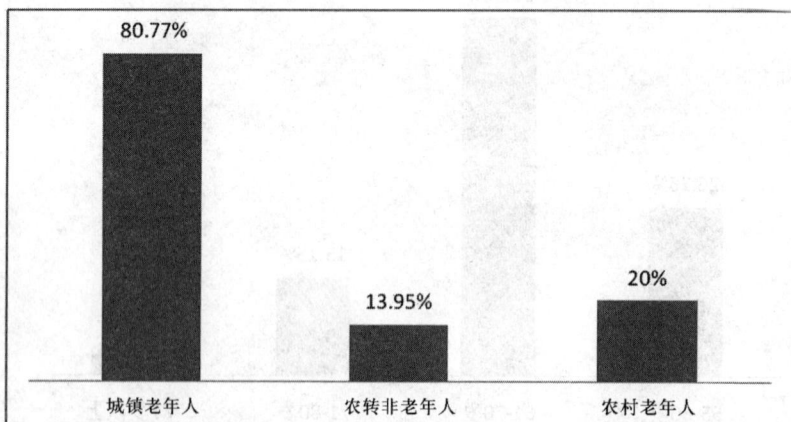

图 1-3-2 被调查者中不同群体老年人初中及以上文化程度比例图

4. 被调查者的婚姻状况

此次调查显示，被调查者婚姻状况如下：26 位城镇老年人均为已婚且配偶健在。在 43 位农转非老年人中，已婚且配偶健在的有 35 人，占 81.4%；丧偶的有 8 人，占 18.6%。在 30 位农村老年人中，已婚且配偶健在的有 26 人，占 86.67%；丧偶的有 3 人，占 10%；离婚的有 1 人，占 3.33%。（见图 1-4-1）总体来看，被调查者为已婚且配偶健在的有 87 人，占 87.88%，即占将近九成；丧偶的有 11 人，占 11.11%；离婚的仅有 1 人，占 1.01%；没有未婚的。（见图 1-4-2）

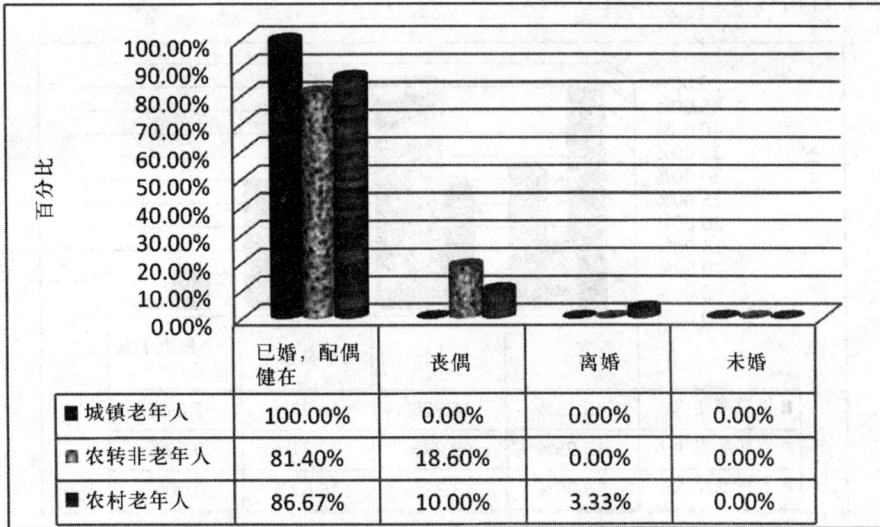

| | 已婚，配偶健在 | 丧偶 | 离婚 | 未婚 |
|---|---|---|---|---|
| ■城镇老年人 | 100.00% | 0.00% | 0.00% | 0.00% |
| ▨农转非老年人 | 81.40% | 18.60% | 0.00% | 0.00% |
| ■农村老年人 | 86.67% | 10.00% | 3.33% | 0.00% |

图 1-4-1　被调查者中不同群体老年人的婚姻状况

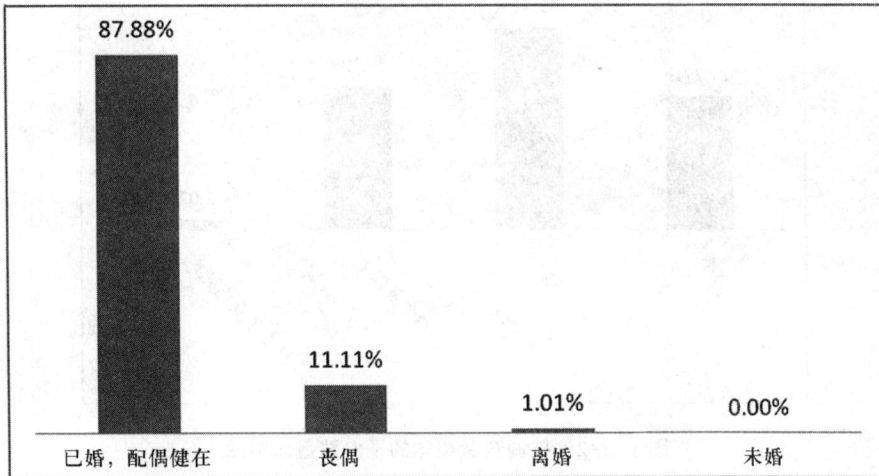

图 1-4-2　被调查者的整体婚姻状况

5. 被调查者的子女数量情况

此次调查显示，被调查者的子女数量情况为：在 26 位城镇老年人中，有 1 个子女的为 12 人，占 46.15%；有 2 个子女的为 7 人，占 26.92%；有 3 个及以上子女的为 5 人，占 19.23%；有 1 个独生子女已死亡的为 2 人，占 7.69%。在 43 位农转非老年人中，有 1 个子女的为 6 人，占 13.95%；有 2 个子女的为 21 人，占 48.84%；有 3 个及以上子女的为 16 人，占 37.21%。在 30 位农村老年人中，有 1 个子女的为 9 人，占 30%；有 2 个子女的为 13 人，占 43.33%，有 3 个及以上子女的为 8 人，占 26.67%。由此可以看出，独生子女所占比例，由城镇老年人到农村老年人，再到农转非老年人依次递减，分别为

46.15%、30%、13.95%。城镇老年人子女数为 1 个的情形较多，而农转非老年人与农村老年人子女数为 2 个的居多。（见图 1-5-1）整体来看，三个老年群体属于有 2 个及以上子女的情形占相对多数。（见图 1-5-2）

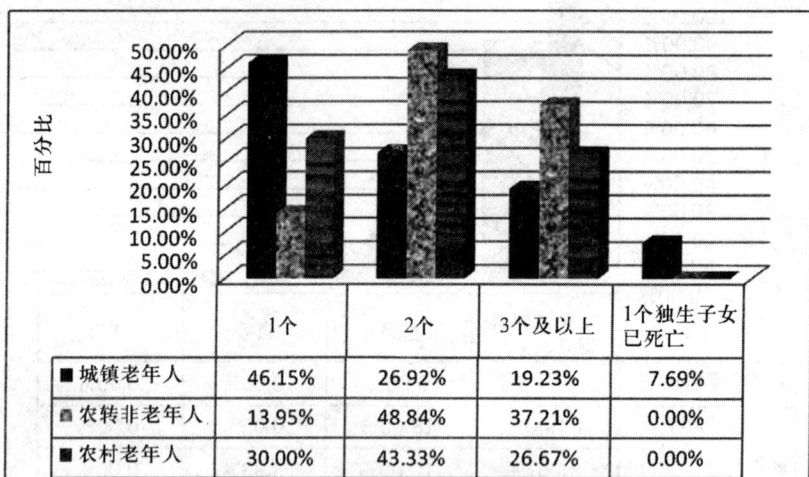

| | 1个 | 2个 | 3个及以上 | 1个独生子女已死亡 |
|---|---|---|---|---|
| ■ 城镇老年人 | 46.15% | 26.92% | 19.23% | 7.69% |
| ▨ 农转非老年人 | 13.95% | 48.84% | 37.21% | 0.00% |
| ■ 农村老年人 | 30.00% | 43.33% | 26.67% | 0.00% |

图 1-5-1　被调查者不同群体的子女数量情况

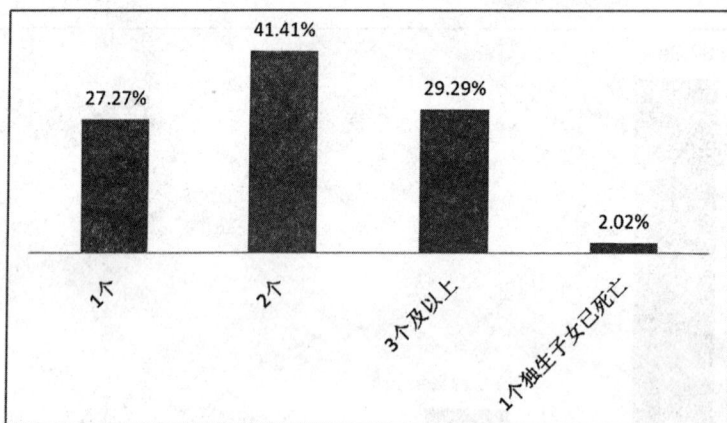

图 1-5-2　被调查者整体的子女数量比例图

（二）被调查的城镇社区不同老年人群体经济状况比较

1. 被调查的不同老年人群体收入来源比较

此次调查显示，在 26 位城镇老年人收入来源中，有离退休金的为 21 人，占 80.77%；有其他养老保险金的为 4 人，占 15.38%；由子女供给的为 2 人，占 7.69%；有劳动自养的为 1 人，占 3.85%。（见图 2-1-1）由此可知，城镇老年人的主要收入来源为离退休金，占八成以上，其与收入来源为其他养老保险金的两者合计为 25 人，占 96.15%，这体现了养老保险在城镇居民的高覆盖率。然而，子女供给和劳动自养在城镇老年人收入的比例很小，两者合计约占 11.54%。

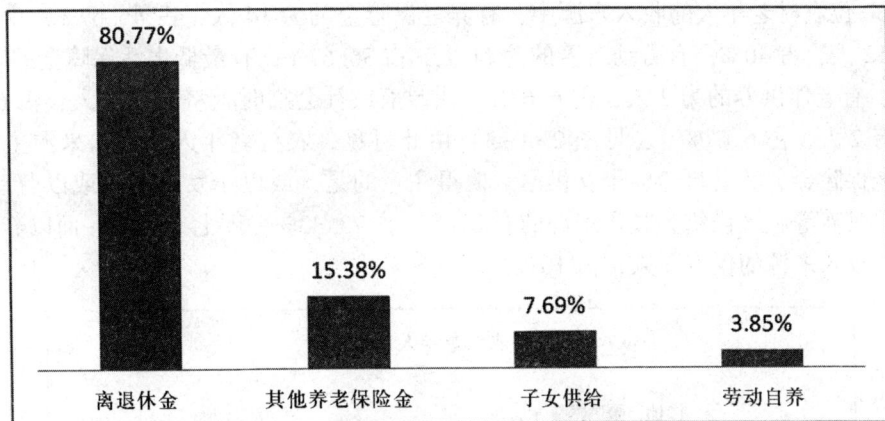

**图 2-1-1　被调查的城镇老年人收入来源情况①**

在 43 位农转非老年人的收入来源中，有专门针对农转非失地人员的养老保险金的为 39 人，占 90.70%；有离退休金的为 2 人，占 4.65%；由子女供给为 4 人，占 9.30%；有劳动自养的为 2 人，占 4.65%。②（见图 2-1-2）由此可以看出，农转非老年人中收入来源于养老保险金的合计为 41 人，占 95.35%，体现了养老保险在农转非老年人中的高覆盖率。这得益于重庆市政府对农转非人员实行了专门的养老保险。③ 因此，农转非老年人以该保险金为其主要收入来源，以子女供给、劳动自养为收入来源的仅有 6 人，占 13.95%，且调查中只有 2 人，以子女供养或劳动自养为唯一收入来源。

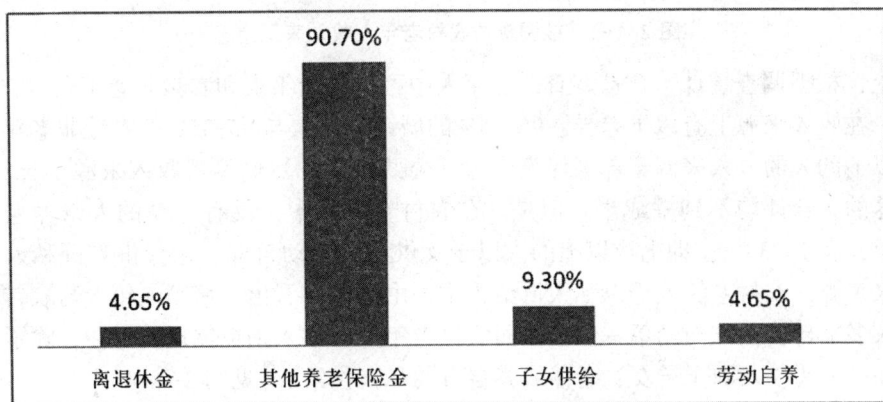

**图 2-1-2　被调查的农转非老年人收入来源情况**

---

① 由于被调查者可以选择多项收入来源，所以图中展现的数据比例总计大于百分之百。图 2-1-2、2-1-3 与此情形相同。

② 由于部分被调查的农转非老年人曾在城镇参加工作，他们退休前办理过城镇职工养老保险，所以，其年老后，可以领取离退休金。

③ 重庆被征地农民养老保险待遇是将重庆城镇企业退休人员最低养老保险与城镇职工基本养老保险待遇整合的产物。它将失地人员的不同年龄采取不同的缴费标准：老龄人员采取一次性缴费标准。新征地农民一次性缴纳的基本养老保险费，由土地行政管理部门统一代缴，资金从土地补偿费和安置补助费中安排，政府补贴和个人承担比例各占 50%，其养老待遇为企业退休人员最低基本养老金；中老年人员根据继续缴费情况来确定养老待遇，但其待遇不会低于企业退休人员最低基本养老金；中青年人员执行城镇企业职工基本养老保险办法。参见杨思捷：《重庆市被征地农民社会养老保险研究》，重庆大学 2012 年硕士学位论文，第 8-14 页。

在 30 位农村老年人的收入来源中，有养老保险金的为 14 人，占 46.67%；由子女供给的为 12 人，占 40%；有劳动自养的为 11 人，占 36.67%；有最低生活保障金的有 3 人，占 10%；有老伴供养的为 2 人，占 6.67%；由政府或社会临时救济的为 2 人，占 6.67%；其他的有 2 人，占 6.67%。（见图 2-1-3）由此可见，农村老年人的收入来源主要有三种：养老保险金、劳动自养、子女供给。值得注意的是，或以子女供给，或以劳动自养，或以老伴供养等私人供给为收入来源的有 22 人，占 73.33%，即七成以上；而以养老保险金为唯一收入来源的仅有 3 人，占 10%，即一成。

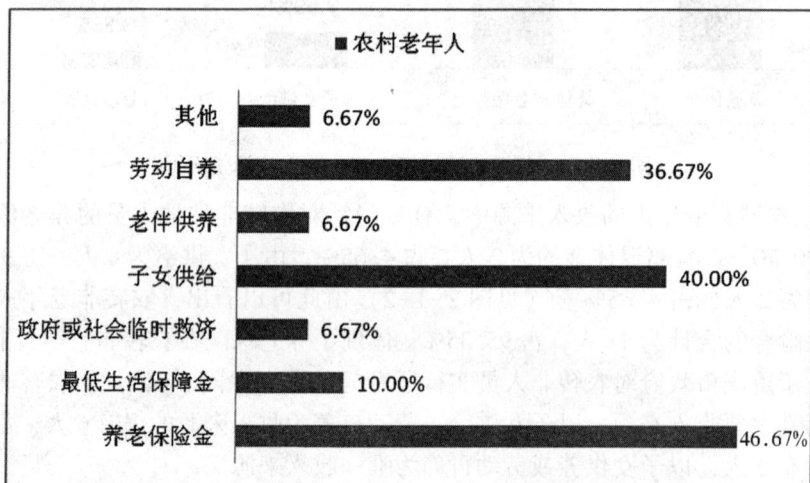

■农村老年人

| 项目 | 百分比 |
|---|---|
| 其他 | 6.67% |
| 劳动自养 | 36.67% |
| 老伴供养 | 6.67% |
| 子女供给 | 40.00% |
| 政府或社会临时救济 | 6.67% |
| 最低生活保障金 | 10.00% |
| 养老保险金 | 46.67% |

图 2-1-3　被调查的农村老年人收入来源情况

综上，根据调查统计，在被调查的老年人中，城镇老年人和农转非老年人与农村老年人相比，在收入来源上有以下差异：96.15% 的城镇老年人与 95.35% 的农转非老年人，即九成半以上的人的收入来源于养老保险金这一公共供给，然而两者收入来源于子女供给、劳动自养的，合计均不到一成半。但是，在农村老年人中，仅有 10% 的人以养老保险为唯一来源，有 73.33%，即七成以上的人以子女供给、劳动自养、老伴供养等私人供给为主要收入来源，农村老年人仍以私人供给为主。由此可以看出，城镇老年人与农转非老年人的收入多来自公共方面的单一供给，而农村老年人的收入则更体现多样性，除了少量公共供给外，主要收入源于子女、老伴或其自身的私人供给。（见图 2-1-4）

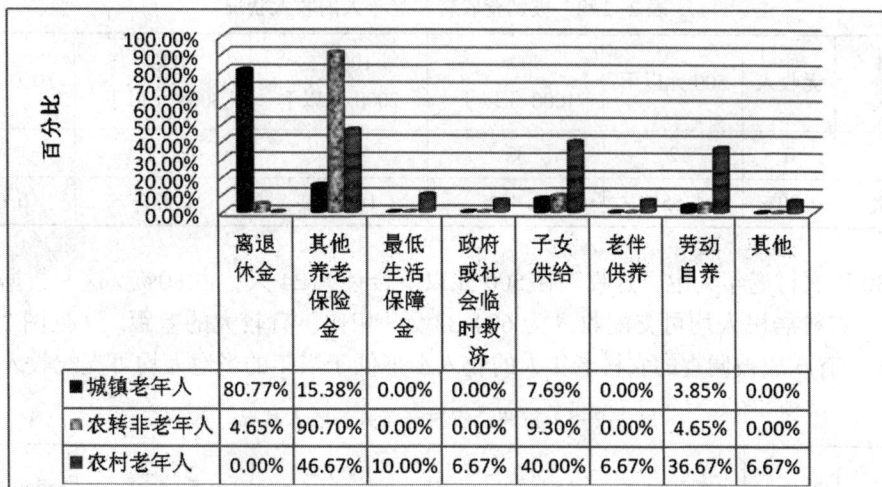

| | 离退休金 | 其他养老保险金 | 最低生活保障金 | 政府或社会临时救济 | 子女供给 | 老伴供养 | 劳动自养 | 其他 |
|---|---|---|---|---|---|---|---|---|
| ■城镇老年人 | 80.77% | 15.38% | 0.00% | 0.00% | 7.69% | 0.00% | 3.85% | 0.00% |
| ▨农转非老年人 | 4.65% | 90.70% | 0.00% | 0.00% | 9.30% | 0.00% | 4.65% | 0.00% |
| ■农村老年人 | 0.00% | 46.67% | 10.00% | 6.67% | 40.00% | 6.67% | 36.67% | 6.67% |

图 2-1-4 被调查的不同群体老年人收入来源情况

2. 被调查的不同老年人群体收入状况比较

第一，被调查的不同老年人群体收入状况概况。

此次调查显示，在 26 位城镇老年人中，月收入在 2000—3000 元以下有 12 人，占 46.15%；月收入在 3000 元以上者有 4 人，占 15.38%，即月收入在 2000 元以上者合计占六成多，为 61.54%。根据重庆市 2013 年城镇居民月人均可支配收入为 2101.33 元①可知，被调查的城镇老年人中的多于六成者收入水平高于一般水平。（见表 2-2-1）

表 2-2-1 被调查城镇老年人的收入状况

| 城镇老年人 | 无收入 | 500 元以下 | 500—1000 元以下 | 1000—2000 元以下 | 2000—3000 元以下 | 3000 元以上 |
|---|---|---|---|---|---|---|
| 人数 | 2 | 1 | 1 | 6 | 12 | 4 |
| 百分比 | 7.69% | 3.85% | 3.85% | 23.08% | 46.15% | 15.38% |

就 43 位农转非老年人而言，由于他们大都有失地养老保险金为养老保障，所以被调查的老年人中不存在无收入情形。但是，他们中收入水平在 500—1000 元以下的有 32 人，约占七成半，为 74.42%。（见表 2-2-2）此外，失地养老保险金具体数额集中在 800 元、1000 元左右。而这一收入介于农村居民与城镇居民平均收入水平之间。然而，农转非人员目前多居住在城镇，他们的收入虽比纯农民高，但远低于城镇居民的平均水平。

---

① 2013 年重庆市国民经济和社会发展统计公报，载 http：//cq.qq.com/a/20140313/010710_ 10.htm，访问日期：2014 年 5 月 27 日。

表 2-2-2  被调查农转非老年人的收入状况

| 农转非老年人 | 无收入 | 500 元以下 | 500—1000 元以下 | 1000—2000 元以下 | 2000—3000 元以下 | 3000 元以上 |
|---|---|---|---|---|---|---|
| 人数 | 0 | 2 | 32 | 8 | 1 | 0 |
| 百分比 | 0.00% | 4.65% | 74.42% | 18.60% | 2.33% | 0.00% |

在 30 位农村老年人中，月收入在 500 元以下合计有 24 人，占 80%。这一数据同重庆市 2013 年农村居民人均可支配收入为 694.33 元[①]相比，有较大的差距。（见图 2-2-3）也就是说，有八成被调查的农村老年人的收入水平低于当年的当地人均可支配收入。[②]

表 2-2-3  被调查农村老年人的收入状况

| 农村老年人 | 无收入 | 500 元以下 | 500—1000 元以下 | 1000—2000 元以下 | 2000—3000 元以下 | 3000 元以上 |
|---|---|---|---|---|---|---|
| 人数 | 10 | 14 | 4 | 1 | 1 | 0 |
| 百分比 | 33.33% | 46.67% | 13.33% | 3.33% | 3.33% | 0.00% |

第二，被调查的不同老年人群体收入状况比较

由上述可知，在被调查者中，城镇老年人的月收入有六成多的人集中在 2000 元以上，农转非老年人有七成半集中在 500—1000 元以下，农村老年人月收入有八成集中在 500 元以下。（见图 2-2-4）

由此可以看出，被调查的城镇社区三个老年人群体在收入水平上存在明显差异：一方面，城镇老年人的月收入水平高于农转非老年人，而农转非老年人又高于农村老年人的月收入水平；另一方面，三个群体分别的集中额度为 500 元以下、500—1000 元以下、2000 元以上。由此可以看出，三者在收入水平上存在较大差异，其中农村老年人与城镇老年人的收入的差异尤为明显。

---

① 2013 年重庆市国民经济和社会发展统计公报，载 http://cq.qq.com/a/20140313/010710_10.htm，访问日期：2014 年 5 月 27 日。

② 同时，我们还可以看出，仅有 6.66% 的农村老年人的收入在 1000 元以上，甚至在被调查者中无一人月收入在 3000 元以上。

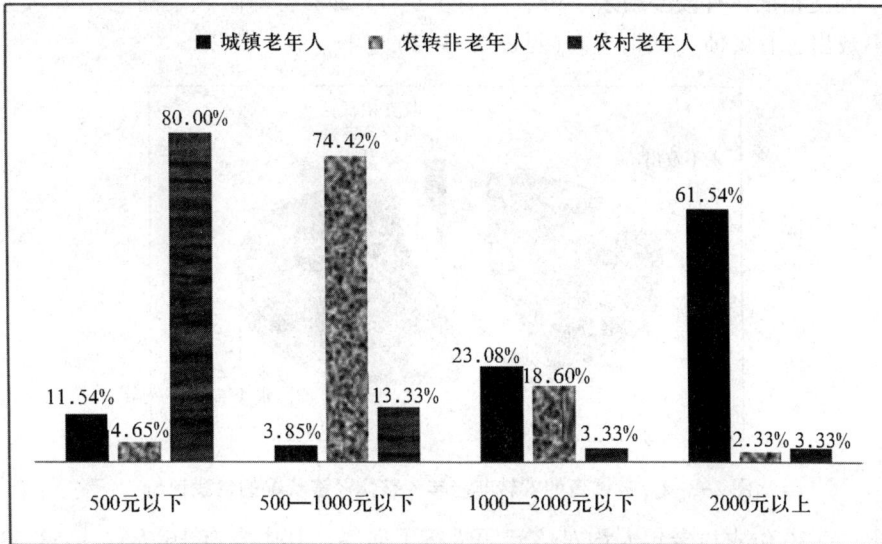

**图 2-2-4　被调查者不同群体的月收入状况比例图**

3. 被调查的老年人群体整体经济状况比较

为了解老年人的整体经济状况，我们在问卷中设计了"您目前的经济状况为以下何种情况？"的问题，26 位城镇老年人中有 22 人对该问题进行了回答，其中，有 6 人（占 27.27%）认为自己"收支相抵，有较多结余"；有 15 人（占 68.18%）认为自己"收支基本一致，很少有结余"；仅有 1 人（占 4.55%）认为自己"入不敷出，有欠债"。总体来看，城镇老年人的整体经济状况良好，占 95.45%，即九成半以上的老年人认为自己的经济收入能够满足其生活需要，仅有 4.55% 的老年人表示自己"入不敷出，有欠债"。（见图 2-3-1）

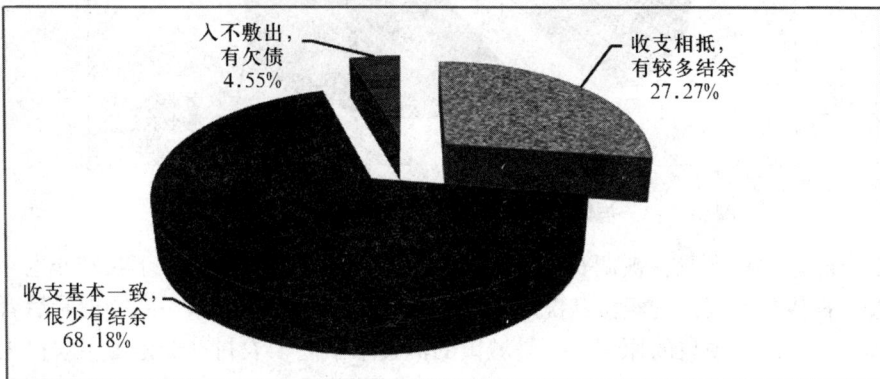

**图 2-3-1　被调查的城镇老年人整体经济状况的自我评价**

在 43 位农转非老年人中，有 42 人对该问题进行了回答。其中，有 22 人（占 52.38%）认为自己"收支基本一致，很少有结余"；有 19 人（占 45.24%）认为自己"入不敷出，有欠债"；仅有 1 人（占 2.38%）认为自己"收支相抵，有较多结余"。由此可以看出，在被调查的农转非老年人中，整体经济状况并不乐观，除有 2.38% 的人认为自己"收支相抵，有较多结余"外，仍有多达 45.24%，即四成半的老年人认为自己处于"入不敷出，有欠债"的情形。（见图 2-3-2）

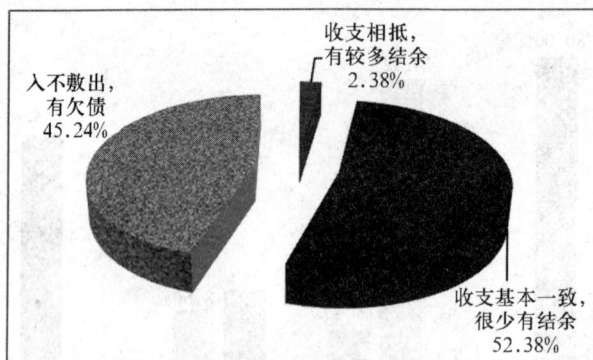

**图 2-3-2　被调查的农转非老年人整体经济状况的自我评价**

就受访的 30 位农村老年人均对该问题进行了回答，其中，有 16 人（占 53.33%）认为自己"收支基本一致，很少有结余"；有 13 人（占 43.33%）认为自己"入不敷出，有欠债"；仅有 1 人（占 3.33%）认为自己"收支相抵，有较多结余"。由此可以看出，被调查的农村老年人的经济状况同农转非老年人一样并不乐观，除仅有 3.33% 的人认为自己"收支相抵，有较多结余"外，却有多达 43.33%，即四成多的老年人认为收入小于支出，处于"入不敷出，有欠债"的情形。（见图 2-3-3）

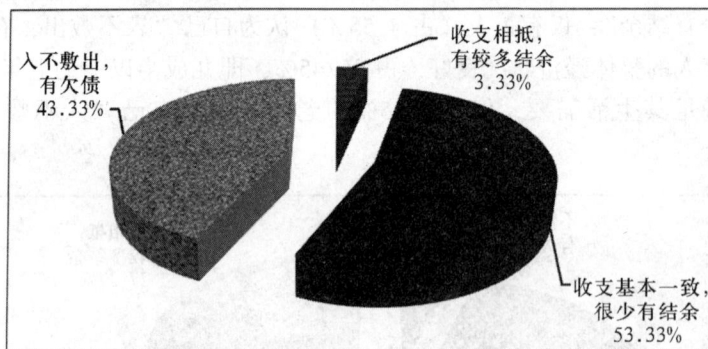

**图 2-3-3　被调查的农村老年人整体经济状况的自我评价**

从三个群体比较来看，被调查的城镇老年人的经济状况要明显好于农转非老年人与农村老年人。农转非老年人的经济状况与农村老年人的经济状况基本一致，但是后者要稍微好于前者，造成这一现象的原因，一是城镇的消费水平高于农村；二是由于农村土地尚未被征地开发，农村老年人仍可通过耕地的方式获得部分收入，这从其经济收入为劳动自养的占 36.67% 可以证明。（见图 2-1-3）基于此二者的原因，收入水平高于农村老人的农转非老年人的经济状况反而稍差于农村老年人。

4. 被调查的老年人群体经济状况满意度比较

对于老年人目前经济状况满意度的问题，在城镇老年人中，有 20 人对该问题有所回答，其中，对经济状况表示满意的有 14 人，占 70%；不满意的有 6 人，占 30%。有 38 位农转非老年人对问题进行了回答，其中，对经济状况表示满意的有27人，占71.05%，不满意的有11人，占28.95%。由此可以看出，城镇老年人与农转非老年人对经济状况的满意度十分相似，他们绝大多数对目前的经济状况表示满意，仅有三成的老年人对目前的经济状况表示不满意。（见图2-4）

然而，被调查的农村老年人对经济状况的满意度极低，26位回答该问题的农村老年人中，仅有4人，占15.38%者表示满意，另外22人，占84.62%者对目前的经济状况表示不满意，这与前两者形成鲜明对比。（见图2-4）

总体来看，被调查的城镇老年人与农转非老年人对经济状况的满意度明显高于农村老年人，农村老年人的经济状况亟待提升。

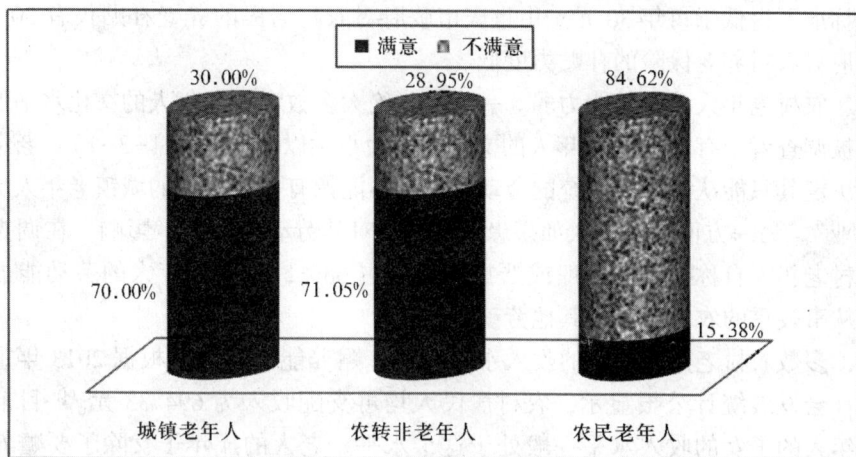

图2-4　被调查的不同群体老年人经济状况满意度

### 三、城镇社区不同群体老年人的经济状况问题及原因

通过对调查统计的数据分析，我们发现在被调查的对象中，城镇老年人无论是在收入水平、整体经济状况还是在对经济状况的满意度上，都高于农转非老年人和农村老年人。因此，对于老年人养老的经济状况问题，我们主要针对农村老年人和农转非老年人进行分析，具体如下：

（一）农村老年人的经济保障水平低

此次调查显示，在被调查的农村老年人中，有80%的人月收入在500元/月以下（见图2-2-4），43.33%的人认为自己"入不敷出，有欠债"（见图2-3-3），有84.62%的人对目前的经济状况表示不满意（见图2-4）。由此可见，农村老年人的经济保障水平低，具体原因如下：

第一，农村养老保险覆盖率低、保障水平低。如前所述，在受访者中，只有46.67%的农村老年人的收入来源为养老保险金，这与城镇老年人的96.15%、农转非老年人的95.35%有很大的差距。（见图2-1-4）另外，与城镇老年人、农转非老年人的养老保险金额度相比，农村老年人的月养老保险金数额约为 86 元，[1] 这一数额低于城镇老年人的养老保险金与农转非老年人的养老保险金。[2]

造成这一现象的原因为：一是村集体对农村养老保险政策的宣传力度不够，许多农村老年人对养老保险的了解较少。在调查中我们发现，一部分农村老年人将其每月领取的 80 多元的养老保险金认为是最低生活保障金。其对养老保险政策的误读或不理解，必然会影响其对养老保险的参与度；二是目前这些受访农村老年人所在的村庄，土地尚未开发，仍以务农为主要经济来源，经济发展水平低，村集体能够用于补贴居民养老保险费的数额有限；三是政府对养老保险的补贴力度低。根据国务院于 2009 年 9 月出台的《关于开展新型农村社会养老保险试点的指导意见》规定：地方政府应当对参保人缴费给予补贴，补贴标准不得低于每年 30 元。由重庆市政府对农村居民的养老补贴仅有 30 元/年。[3] 可见，政府对农村养老保险的补贴力度低。

第二，农村老年人的自养能力弱。一方面，绝大多数农村老年人的文化水平低。如前所述，在被调查者中有 80% 的老年人的文化程度为小学以下（见图 1-3-1）。老年人的低文化水平决定其只能从事一些传统的劳动生产，不能像有一技之长的城镇老年人那样退休后"再就业"。另一方面，老年人如果患病必然会对其劳动能力产生影响。在调查中我们发现，农村老年人自称存在有一般或严重疾病的占 68%，这些老年人的劳动能力往往受限，不能从事较重的农业耕作或其他劳动。

第三，多数农村老年人子女的收入水平不高，赡养能力有限。根据 2013 年重庆市国民经济和社会发展统计公报显示，农村居民人均可支配收入为 694.33 元。[4] 目前，重庆市农村老年人的子女的收入水平一般处于这个水平。老人的成年子女除了要赡养老年人外，还要抚养自己的子女和维持其本人及其他家庭成员的生活，因此，其能提供给老年人的供给十分有限。

（二）部分农转非老年人应对养老风险能力差

如前所述，与农村老年人相比，农转非老年人对目前经济状况的满意度较高，且其收入水平高于农村老年人。然而，在调查中我们发现，仅有 2.38% 的农转非老年人自称其经济状况属于"收支相抵，有较多结余"，52.38% 的农转非老年人自称其处于"收支基本一致，很少有结余"，甚至还有 45.24% 的表示其"入不敷出、有欠债"。（见图 2-3-2）

对"入不敷出，有欠债"的农转非老年人（占 45.24%）而言，从他们填写的问卷中

---

[1]　重庆市财政局统计表明，2013 年 1 月至 6 月，重庆市 347 万城乡居民老龄参保人员月人均养老金待遇为 86 元，载 http://www.cq.xinhuanet.com/2014-01/21/c_119063842.htm，访问日期：2014 年 5 月 29 日。

[2]　由表 2-1-1、2-2-1 城镇老年人的收入来源情况与月收入情况，可以推算出，城镇老年人的月养老保险金在 1000 元以上的约占八成多；由表 2-1-2、2-2-2 农转非老年人的收入来源情况与月收入情况，可以推算出，农转非老年人的月养老保险金在 500—1000 元以下的约占近八成。另外，需要说明的是，由于重庆市目前实行的城乡居民统筹的养老保障制度，可以从城镇老年人中有 15.38% 的老年人的收入来源为离退休金以外的其他养老保险金可知，城镇居民中也有约一成半的老年人与农村老年人一样，面临养老保险水平低的问题。该文主要从农村老年人的角度进行阐述，其关于养老保险的问题与对策也可适用于不享有城镇职工养老保险的其他城镇老年人。

[3]　《重庆市人民政府关于开展城乡居民社会养老保险试点工作的通知》，载 http://www.doc88.com/p-945592016061.html，访问日期：2014 年 5 月 30 日。

[4]　2013 年重庆市国民经济和社会发展统计公报，载 http://cq.qq.com/a/20140313/010710_10.htm，访问日期：2014 年 5 月 27 日。

可以看出，他们认为造成其经济困难的原因主要有如下情形：一是除养老保险金、子女供给、劳动自养外，没有其他收入来源，且收入水平低（见图 2-1-2、图 2-2-2）；二是如果其本人或老伴生病就会造成经济紧张；三是物价高，生活开支大。通过对这部分老年人的主客观情况调查，可以看出，该部分的农转非老年人应对养老风险的能力差。

我们将以上情况的主要原因归纳分析如下：

第一，失地老年人的养老保险水平较低。如前所述，有 95.35% 的农转非老年人的收入来源于养老保险金，9.30% 的为子女供给，4.65% 的为劳动自养，绝大多数的农转非老年人的养老保险为其主要，甚至是唯一收入来源（见图 2-1-2）。如此看来，农转非失地人员的收入水平低，这主要是由于其较低的养老保险金。

根据重庆市相关政策规定，农转非老龄人员的缴费标准为：满 75 岁的一次性缴费 15000 元；不满 75 周岁的一次性缴费 15000+（75—年龄数）×1300 元。该制度针对农转非老年人仅采取了一个缴费标准，而且以 15000 元为标准所推算出的养老金仅为 640 元/月。[①] 这一收入虽然高于重庆市主城居民最低生活标准的 360 元/月，这明显低于重庆市城镇居民一般人均可支配收入水平的 2101.33 元/月。640 元/月的养老金用于城镇较高的生活消费包括医药费后，所剩不多，甚至有可能欠债，这时老年人只能"坐吃山空"（指使用被征地而获得的补偿款或补助金来补贴生活）。当其被征地而获得的款项被用于其他用途或使用完毕时，其应对养老风险的能力就被降低。

第二，农转非老年人与农村老年人一样，也存在文化程度普遍比较低、自养能力不强的问题。另外，农转非老年人还丧失了赖以生存的土地，自我供给能力有限。

第三，许多农转非老年人的子女在进入城市后，面对城市较高的物价水平和多样化的消费渠道，经济压力大，很难顾及对老年人的经济赡养供给。据我们的调查显示，42.86% 的农转非老年人子女供给有限，其填写的原因为：子女生活困难。

### 四、城镇社区老年人养老经济保障的改进建议

我们针对以上农村老年人经济保障水平低、部分农转非老年人应对养老风险能力差等问题，结合实际情况，提出完善社会养老保障制度、发展新型养老物质保障方式的对策建议，以期为政府部门对城镇社区老年人的养老经济保障的改进工作提供参考。

（一）完善社会养老保障制度

第一，针对农村老年人养老保险覆盖率低、养老保险水平低的问题，我们建议，加大农民养老保险的宣传，适当提高政府对农村养老保险的补贴。一方面，政府应加大对农村养老保险的宣传力度，利用广播、电视、宣讲会等途径对农村养老保险政策进行宣传，使更多的农村老年人了解农村养老保险的好处，并积极参保。另一方面，政府或相关组织应当适当增加对农村养老保险的资金支持。一是政府应加大对农村养老保险的补贴力度，将资金向农村老年人倾斜，提高对他们的保险缴费补贴和基础养老金补贴；二是如果今后该地农村居民的土地被有偿使用，农村集体组织应当拿出一部分土地使用费为村民缴纳养老保险费。

第二，针对农转非老年人养老保险水平低的问题，我们建议通过建立多样化保险等级

---

① 杨思捷：《重庆市被征地农民社会养老保险研究》，重庆大学公共管理学院 2012 年硕士学位论文。

及适当提高政府补贴的方式予以解决。一方面，政府可以设立多样化的保险等级，鼓励农转非老年人根据自身的经济状况选择适合自己的养老保险等级，且保险的等级越高，政府的补贴力度相应加大，进而鼓励老年人选择购买更高等级的养老保障。另外，政府可以适当提高对农转非老年人保险费补贴的力度，在现有补贴50%的基础上，随着保险等级的增加，逐级适当增加补贴额度。此外，政府应当设立对农转非老年人特殊困难的补贴基金，以解决部分农转非老人特殊情况下的生活困难。

第三，及时调整各类养老保险的具体额度，以使其与物价水平相一致。自2009年11月以来，我国物价逐渐上涨，尤其是与人们日常生活密切相关的油价、气价、电价、食品等领域。虽然近年我国的养老保险金数额也有所提高，但是其增幅仍比不上物价的快速上涨。因此，政府应当根据物价上涨水平及时调整养老保险额度，从而使养老保险金的增幅与物价的上涨水平大体保持一致。这一举措对于农转非老年人来说尤为重要，因为他们中的绝大多数以养老保险金为主要经济来源，如果养老保险金的增长幅度低于物价上涨水平，就会导致他们陷入经济困难。

（二）发展新型的养老物质保障方式

面对老年人自养能力的下降、子女供养的不足，如何突破现有的养老模式为农村老年人、农转非老年人提供充足的养老物质保障是亟待解决的问题。我们建议，可以通过借鉴国外的养老经验，采取如下两种制度的创新：

1. 建立"以房养老"的养老模式。2014年3月，中国保险监督管理委员会已起草《关于开展老年人住房反向抵押养老保险试点的指导意见》（征求意见稿）。按照该意见，北京、上海、广州和武汉四地将率先试点，但至今，这四个城市目前还没有"以房养老"方案的推出时间表。可见，我国已经开始准备建立"以房养老"模式，但还未出台具体方案。

该"征求意见稿"中对老年人住房反向抵押养老保险的操作方式的描述为：拥有房屋完全产权的老年人，将其房屋抵押给保险公司，继续拥有房屋居住权，并按照约定条件领取养老金直至身故；老人身故后，保险公司获得抵押房屋处置权，处置所得将优先用于偿付养老保险相关费用。通过该模式可以解决农转非老年人"养老储蓄能力弱"这一问题。当然，这一制度也可适用于城镇部分储蓄能力不强的老年人。

在调查中我们发现，绝大多数的农转非失地老年人在被征地时有分配到新的住房。也就是说，他们中的许多人有房产，这就为采用"以房养老"模式创造了前提条件。但我们需要注意的是，鉴于当前社会信用水平不高、社会对住房抵押养老认同度低等因素的制约，在参与试点的保险机构在具体业务拓展中，为保护老年人的合法权益，并维护保险机构的利益和交易安全，对"以房养老"模式的建立与推广，需要完善我国相关法律法规。法律要对"以房养老"的适用条件、当事人之间的以房养老协议以及以房养老的程序进行具体化与规范化。

2. 加大对"以地养老"养老模式的推广

农村老年人与农转非老年人经济状况的差异，主要在于农村土地是否得到开发。如前所述，被调查的农村老年人的自我供养能力较弱，且子女供给有限，我们建议通过"以地养老"制度为其养老提供物质保障。

所谓"以地养老"，是指农村老年人或村民委员会通过行使农村集体土地的流转权，获得老年人养老所需的社会保险费用或养老金。"以地养老"可以有以下两种方式：一是由农村老年人或村委会将土地使用权流转给银行等投资机构，由他们根据土地的具体情况进行价值评估，并拟定一定数额的折合资金，将这一部分资金作为农村老年人的养老金，按照具体的时间段分段支付给老年人或农村村民委员会，由其发给老年人，直接用于养老；二是将土地使用权流转给直接为农村老年人提供养老服务的私营养老院等养老机构，这些机构不用将养老金支付给农村老年人或村委会，而直接为老年人提供养老服务。① 必须说明，在我国重庆、浙江等地区实践过"以地养老"的方式，但因没有明确的法律保障和操作上存在问题而效果不佳。2011 年 12 月《辽宁省老龄事业发展"十二五"规划》提出在建立健全覆盖城乡的老年社会保障制度时，在农村开展以土地养老等新的保障制度试点业务。但是，目前我国还未有统一的规定和方案。因此，我们建议我国政府在总结试点地区实践经验的基础上制定相关规范，以指导对"以地养老"模式的推广。

总之，我们建议通过完善以上两种制度，可以弥补我国农转非老年人与农村老年人在养老过程中存在经济收入水平不高、养老储备能力不足等问题，从而为老年人创造良好的养老经济条件，满足其养老经济保障的需要。

---

① 朱京伟：《山东省农村养老保障问题与法律对策研究》，哈尔滨工程大学人文社会科学学院 2012 年硕士学位论文。

# 农村老年人医疗保障情况调查
# 及制度的完善启示
## ——以中国重庆市三社区老年人医疗保障情况为对象[①]

陈　苇　石　雷　艾正太[*]

---

## 目　次

---

在我国，2012 年全国 60 岁及以上老年人口有 19390 万人，占总人口的 14.3%，其中 65 岁及以上人口为 12714 万人，占总人口的 9.4%。[②] 按照联合国的人口统计标准，某地区 60 岁以上老年人口超过总人口的 10%，或者 65 岁老年人口超过总人口的 7%，该地区就被视为进入老龄化社会。目前，我国已进入老龄化社会。在此背景下，如何解决好老年人的医疗保障问题是我国应对人口老龄化面临的最为棘手的问题之一。妥善处理好老年人的医疗保障问题，实现健康老龄化，是衡量一个国家文明进步的重要标志之一。[③] 2012 年新修订的《中华人民共和国老年人权益保障法》（以下简称新《老年人权益保障法》）对医疗保障制度已做出规定，该法第 4、15、29、31、34 条等规定都涉及老年医疗保障制度。自 2013 年 7 月 1 日该法施行以来，已有近一年时间。为了解新《老年人权益保障法》施行后，老年人的生活和医疗保障状况以及新法的执行情况，我们选取重庆市渝北区的三个社区作为被调查地点，于 2014 年 4 月 11 日对这三个地区的老年人开展了"老年人生活

---

① 本文为 2014 年 11 月中国老年学学会召开的《全国老年权益、尊严与责任高峰论坛》的交流论文，荣获中国老年学学会 2014 年"全国老年权益、尊严与责任高峰论坛"优秀论文奖，载中国老年学学会编：《老年权益　尊严与责任——中国老年学学会 2014 年年会论文集》，光明日报出版社 2014 年版，第 264—273 页。

* 陈苇，女，西南政法大学外国家庭法及妇女理论研究中心主任，民商法学院教授、博士生导师；石雷，男，西南政法大学民商法博士研究生，应用法学院教师；艾正太，男，西南政法大学退休教师。

② 民政部：2012 年社会服务发展统计公报，载 http://cws.mca.gov.cn/article/tjbg/201306/20130600474746.shtml，访问日期：2014 年 4 月 16 日。

③ 曹健、王云斌主编：《老年人权益保障法律制度比较研究》，中国政法大学出版社 2012 年版，第 80 页。

状况"抽样调查。

## 一、调查的基本情况概述

本次调查选择的调查地点为 A、B、C 三个社区。从社区的人口构成情况来看，其中，A 社区以城镇人口居多，B 社区以农转非人口居多，C 社区全部是农村人口。①

我们主要采用问卷调查和个人访谈的调查方法。问卷调查采用自填和代填两种方式。为保证调查问卷尽可能反映受访老人的真实意见，减少调查人员的主观干扰，对于具有较高文化程度，且身体健康，能够阅读书写的老年人，请其自行填写调查问卷，调查人员只负责检查问卷是否填写完整。对于文化程度较低的老年人，我们通过个人访谈的形式，由调查人员在访谈中协助受访老年人完成调查问卷的填写。调查开始前，我们对参与本次社会调查的调查人员进行了统一培训，主要就问卷选项、访谈方法、调查时间安排等对调查人员做了指导，并进行了模拟调查练习。

此次调查，首先由社区居委会、村委会召集所辖地区的老年人参加"老年人权益法律保护"法制宣传会，在讲座结束后开展实地调查工作。根据受访者的不同情况，对于受访老年人选取城市居民 40 人，农转非居民 40 人，农村人口 20 人，共 100 人。但实际调查时，有几位老人自愿参加接受调查，故被调查人数实际为 102 人。根据各调查地点的具体情况，A 社区共收回问卷 41 份，其中有效问卷 40 份；B 社区共收回问卷 37 份，全部有效；C 社区共收回问卷 24 份，其中有效问卷 23 份。总计收回 102 份问卷，其中有效问卷 100 份，剩余两份问卷由于回答问题前后矛盾，无法推知老年人的真实情况，不能使用。回收问卷有效率为 98.04%。

## 二、受访老年人的身体健康、日常照料及医疗保障情况的调查数据统计

我们以下对本次调查取得的 100 份受访老人的有效问卷进行调查数据统计。

（一）受访农村老年人的基本情况

1. 受访老年人的性别情况

在 A 社区受访的 40 位老人中，男性有 19 人，占 47.5%，女性有 21 人，占 52.5%。在 B 社区受访的 37 位老人中，男性有 9 人，占 24.32%，女性有 28 人，占 75.68%。在 C 社区的 23 位受访老人中，男性有 8 人，占 34.78%，女性有 15 人，占 65.22%。三个社区汇总，受访的 100 位老人中，男性有 36 人，占 36%，女性有 64 人，占 64%。（见图 1）

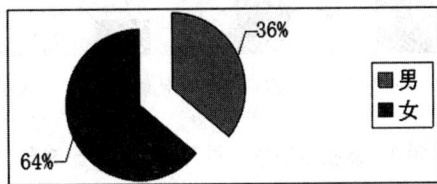

图 1　受访老年人性别比例图

---

① 重庆市渝北区原为重庆市江北县，该县被改为渝北区后，大部分的农村人口已经转变为农转非的城镇人口，但在其远郊地区有少部分人口仍然在务农的还属于农村人口。

2. 受访老年人年龄分布状况①

在 A 社区受访的老人中，受访者的年龄大多在 55—65 岁，共有 28 位，占受访人群的 70%。B 社区受访者在 55—70 岁的老人，共有 30 位，占受访老年人的 81.08%。C 社区占比最大的老年人为 61—65 岁，共有 14 位，占 60.87%。总体来看，在本次调查中，三社区 61—65 岁的老人共有 36 人，占 36%，其次为 55—60 岁的老人，共 29 人，占 29%。(见图2)

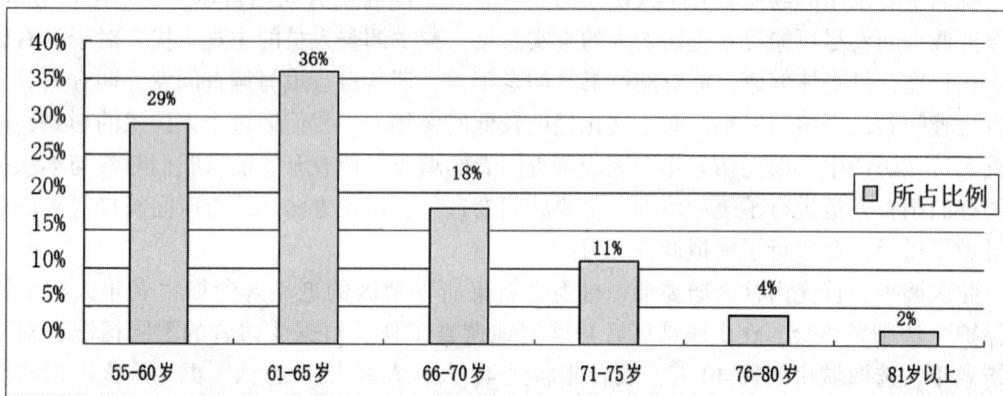

图2　三社区受访老年人年龄人数分布图

3. 受访老年人的文化程度

在受访老年人中，有初中以上文化程度的，A 社区有 27 人，占该社区受访者的 67.5%；B 社区只有 3 人，占该社区受访者的 8.1%；C 社区也只有 3 人，占 13.04%。总体而言，在本次调查中，有 19 人为文盲，占 19%，46 人的文化程度为小学（包括小学肄业的），占 46%，24 人的文化程度为初中（包括初中肄业的），占 24%，初中以下的低学历老年人合计占到受访者总数的 65%。(见图3)

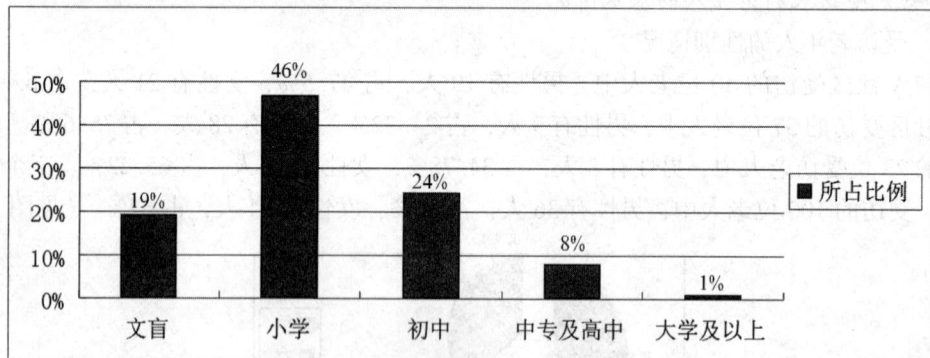

图3　三社区受访老年人文化程度比例图

---

① 劳动和社会保障部 1999 年 3 月 9 日发布了《关于制止和纠正违反国家规定办理企业职工提前退休有关问题的通知》（劳社部发〔1999〕8 号），通知指出：国家法定的企业职工退休年龄是男年满 60 周岁，女工人年满 50 周岁，女干部年满 55 周岁。从事井下、高温、高空、特别繁重体力劳动或其他有害身体健康工作的，退休年龄男年满 55 周岁，女年满 45 周岁，因病或非因工致残，由医院证明并经劳动鉴定委员会确认完全丧失劳动能力的，退休年龄为男年满 50 周岁，女年满 45 周岁。根据这一规定，我们在设计调查问卷时，将最低年龄段设计为 55-60 岁。

4. 受访老年人的职业

在 A 社区的老年人中，农转非失地人员有 10 人，占 25%，除此之外，还有农民 6 人，其余为退休人员，包括国家机关工作人员 3 人、专业技术人员 6 人、企业退休职工 12 人以及个体工商户 1 人等，身份多样（有 2 位受访者未填）。B 社区中，有 32 位农转非失地人员，占 86.49%，农民 4 人，无业 1 人。C 社区受访老年人则全是农民，共 23 人。总体而言，在本次调查中，从职业看，居于第一位的是农转非失地人员，共有 42 人，占 42.86%，其次为农民，共有 33 人，占 33.67%；最后为企业退休人员，共 12 人，占 12.24%。基于重点了解受访老年人的医疗保障情况的需要，我们根据受访者的职业分布情况，将三社区受访的 100 位老年人分为三类，一类为农村居民老年人（以下简称农村老年人），33 人，占 33%；另一类为农转非居民老年人（以下简称农转非老年人），42 人，占 42%；还有一类为城镇居民老年人（以下简称城镇老年人），25 人，占 25%。后文我们将以此展开分析。（见图 4.2）

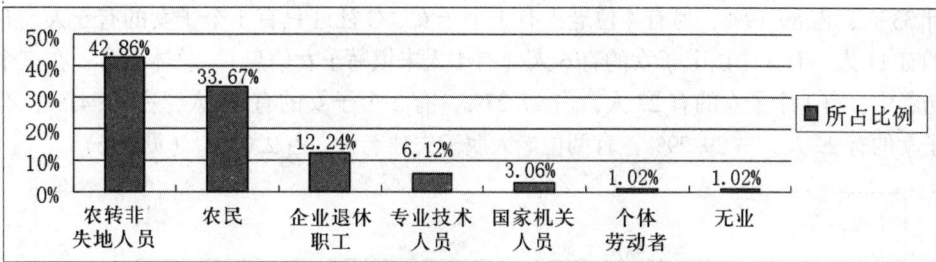

图 4.1　受访老年人职业分布图

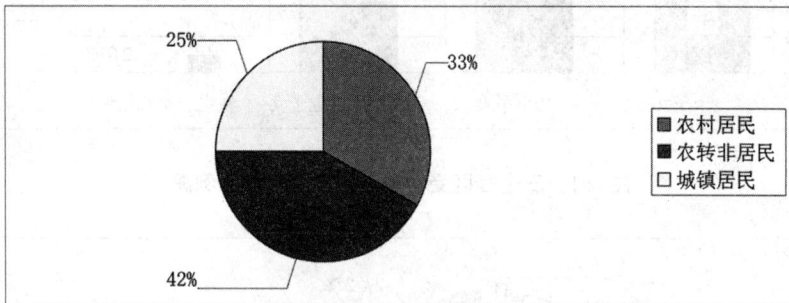

图 4.2　受访老年人分类群体比例图

5. 受访老年人的婚姻状况

调查显示，大多数受访老年人都是已婚，且配偶健在，属此婚姻状况的，在 A 社区有 39 位老人（只有 1 位老人丧偶）；在 B 社区，有 30 位老人（只有 7 位老人丧偶）。在 C 社区有 19 位老人（只有 3 位老人丧偶，此外，还有 1 位老年人与原配偶离婚）。总体而言，在三个社区的受访者中，有 88 位老年人的配偶健在，占 88%，11 位老人丧偶，占 11%，1 位老人离婚，占 1%。（见图 5）

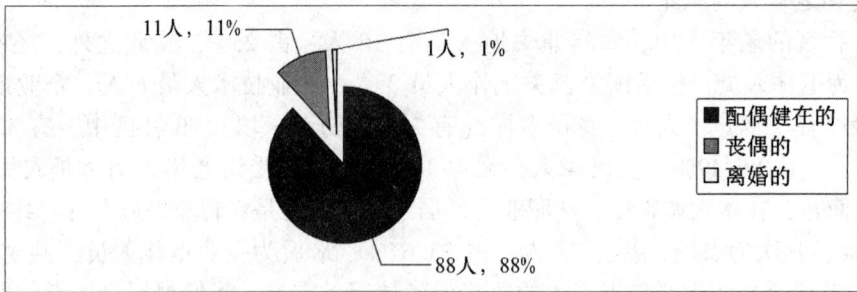

**图 5　三社区受访老年人的婚姻状况比例图**

6. 受访老年人的子女状况

在调查中，大多数受访老年人都有子女。A 社区有 1 个子女的有 18 位，有 2 个子女的有 12 位，有 3 个以上子女的有 8 位，另有 2 位老人的独生子女已死亡。B 社区，有 2 个以上子女的共计 33 人，占 89.19%，另有 4 位老人有 1 个子女。C 社区只有 1 个子女的有 5 人，有 2 个子女的有 11 人，有 3 个以上子女的有 6 人（有 1 人未填写子女信息）。总体而言，在三个社区的受访者中，有 1 个子女的有 27 人，占 27.27%，有 2 个子女的有 41 人，占 41.41%，有 3 个以上子女的有 29 人，占 29.29%，有两位老人属于失独老人，占 2.03%。（见图 6）

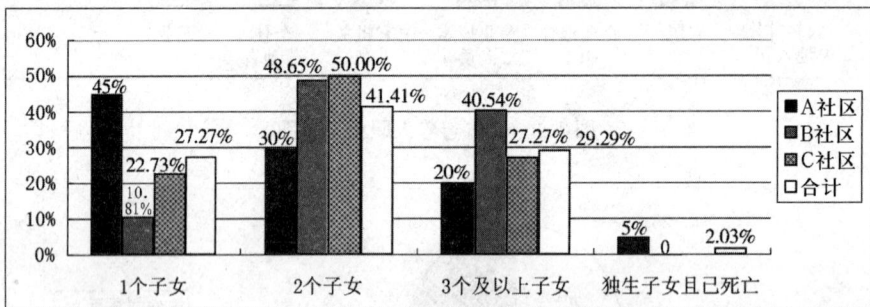

**图 6.1　三个社区受访老年人子女数量比例图**

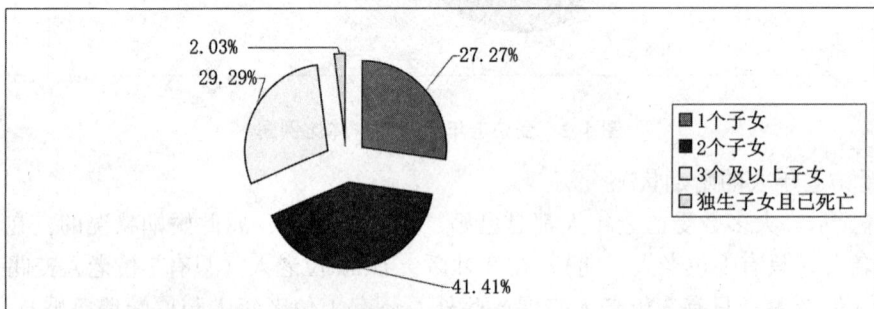

**图 6.2　三个社区合计受访老年人子女数量比例图**

（二）受访老年人的健康、日常照料及医疗情况

1. 三群体对身体健康状况的自我评估

在三个社区的问卷调查显示，在受访的 27 位农村老年人中，自认为身体健康的占

33.33%，自称有较严重疾病的占 33.33%。自认为配偶身体健康的占 18.18%。其余或有一般疾病，或有较严重疾病。因土地被开发住在城区安置房的 42 位农转非老年人中，其调查问卷显示，自认为身体健康的占 35.71%，有一般疾病的占 42.86%。在对配偶健康做出回答的 37 位受访者中，认为配偶身体健康的占 41.18%，认为配偶有一般疾病的占 35.29%，认为配偶有严重疾病的占 23.53%。31 位城镇老年人的调查问卷显示，自认为身体健康的占 61.29%，有一般疾病的占 29.03%，有严重疾病的占 9.68%。27 位受访者回答了配偶的健康问题，其中身体健康的占 40.74%，有一般疾病的占 48.15%，有严重疾病的占 11.11%。（见图 7）

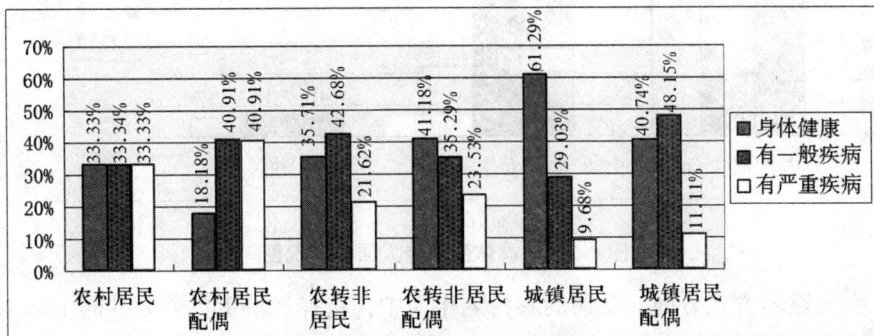

**图 7　三群体身体健康比例图**

2. 三群体生病照料情况

受访者在回答生病时谁来照料的问题时，27 位农村老年人中，选择老伴的占 62.96%，选择自己的占 37.04%，选择子女的只占 33.33%。[①] 在 42 位农转非老年人中，71.43% 的受访者选择子女，选择由自己、配偶照顾的都为 61.90%。31 位城镇老年人中，选择老伴的占 67.74%，选择自己和子女的各占 41.94%，此外，还有 6.45% 的受访者选择保姆等其他人。（见图 8.1）

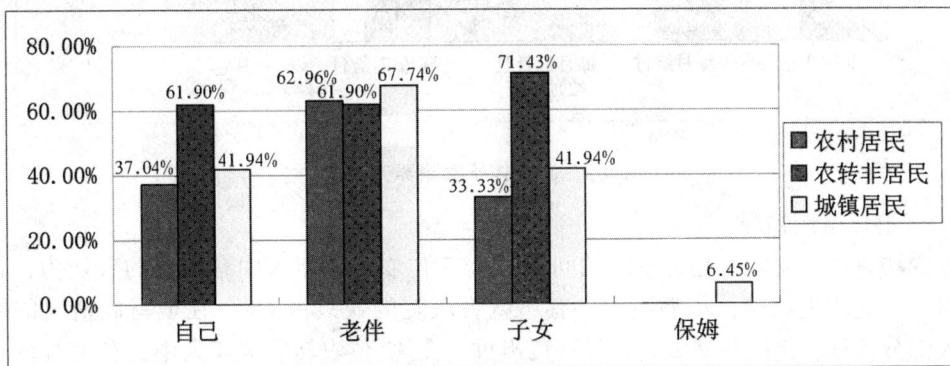

**图 8.1　三群体生病照料者比例图**

---

① 由于此题为多选题，因此各数据的总和超过 100%，但从受访者对各选项的选择率上也能反映出受访者生病时，负责生活照料的主要承担者。以下对其他两类群体的统计数据也存在这一情况。

在日常照料方面，27 位农村老年人中，与配偶住一起的占 48.15%，与子女住一起的占 44.44%，还有两位独居老人；在受访的农转非老年人中，与配偶住一起的占 21.43%，与子女住一起的占 71.43%，独居的占 7.14%；在城镇老年人中，与配偶住一起的占 70.97%，与子女住一起的占 22.58%，独居的占 6.45%。（见图 8.2）

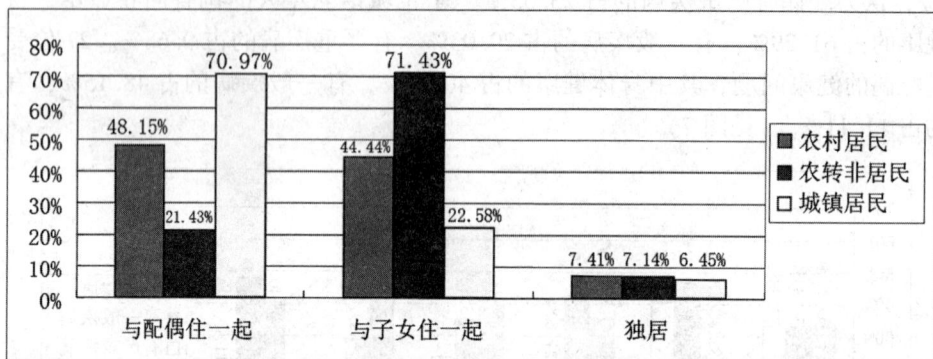

**图 8.2　三群体受访老人居住情况图**

在子女的赡养方式方面，受访的农村老年人中，选择经济上供养并共同生活给予照料的占 25.93%，子女不给付生活费的占 37.04%；在农转非老年人中，选择经济上供养并共同生活给予照料的占 61.90%，子女不给付生活费的占 30.95%；在城镇老年人中，选择经济上供养并共同生活给予照料的占 41.40%，选择子女不给付生活费的占 51.72%。（见图 8.3）

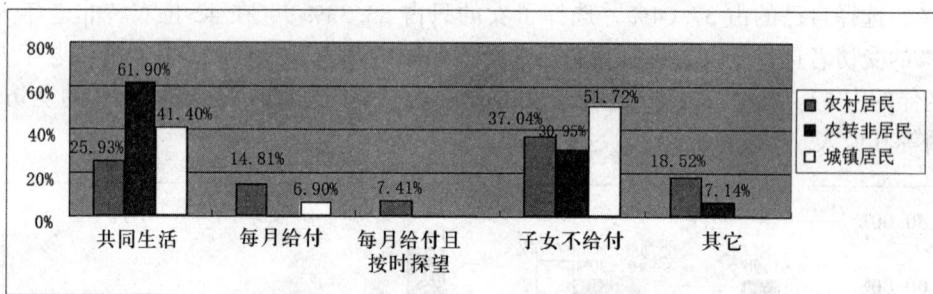

**图 8.3　三群体子女赡养方式图**

3. 三群体就医情况

在受访者回答生病时是否就医的问题时，27 位农村老年人中有 88% 的人认为，自己生病时，大病才去医院，小病不去。有病就去医院的人只占 4%。在填写此情况的原因时，大部分人称，医院收费太高，经济负担重；在 42 位农转非老年人中，有 75% 的人只有疾病严重时才去医院，一般都自己到药店买药，22.5% 的受访者称有病就去医院。在填写此情况的原因时，很多受访者都认为，这是因为到医院看病费用太高；在 31 位城镇老年人中，有病就去医院的占 46.67%，选择大病去医院、小病不去的占 43.33%。（见图 9）

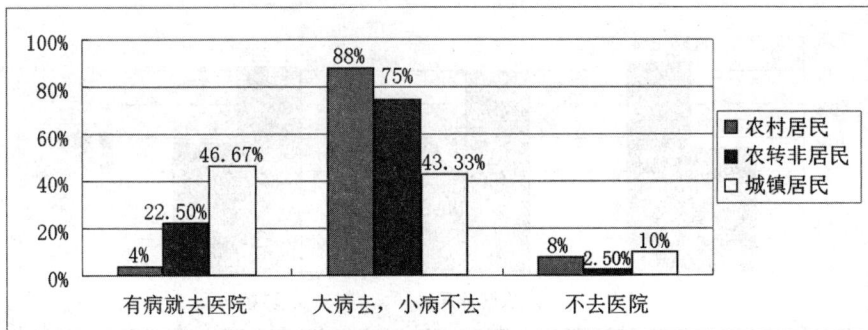

**图 9　三类群体就医情况比例图**

4. 三群体参加医保情况

在受访者中，92%的农村老年人参加了重庆市城乡居民合作医疗保险，8%的人看病就医时自费；在农转非老年人中，76.19%的受访者参加了城镇居民医疗保险，23.81%的受访者参加的是城乡居民合作医疗保险，两者合计表明此部分老年人的参保率为100%；在城镇老年人中，有城镇职工医疗保险的占51.62%，有城乡居民医疗保险占35.48%，两者合计表明此部分老年人的参保率为87.10%。此外，受访者中有一位，就医由财政支付，还有一位是个人自费。（见图10）

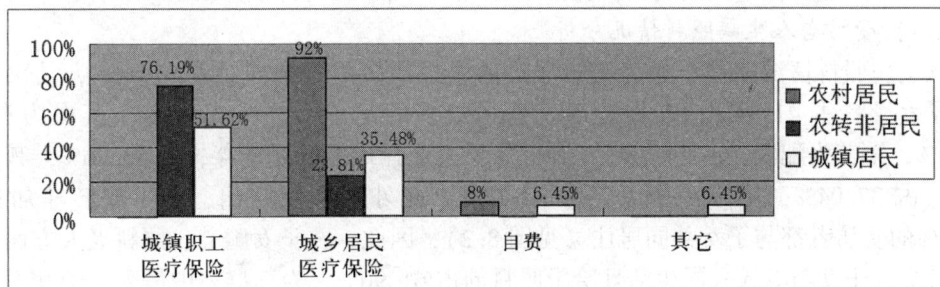

**图 10　三群体参加医保情况比例图**

5. 三群体对现有医疗保障制度的满意程度

在受访者中，对医疗保障制度不满意的农村老年人占62.96%，他们认为医药费太贵，表示希望能够进一步扩大医疗费保险的报销比例，降低自付的医药费比例。有受访老人表示，"以前小病还可以找乡里的赤脚医生，现在赤脚医生也死了，没有新的人（指医生或卫生员）来，有点小病都没得办法。村里又没有公交车，出去要走个把小时，腿脚又不方便，好恼火（困难）哟"。在农转非居民中，59.52%的受访者对目前的医疗保障制度表示满意，他们大多数认为，根据医保制度，能报销一部分医药费，总比以前一点不报好。但对目前医疗保障制度不满意的40.48%的受访者则认为，目前医药费报销的范围太小，报销的比例不高，且在一些诊所看病无法报销，而且药店自行买药以及门诊看病无法报销。在城镇居民中，61.29%的受访者对目前的医疗保障制度表示满意，他们认为，现有制度基本能满足自己的医疗需要，比以往的医疗保障制度要好。

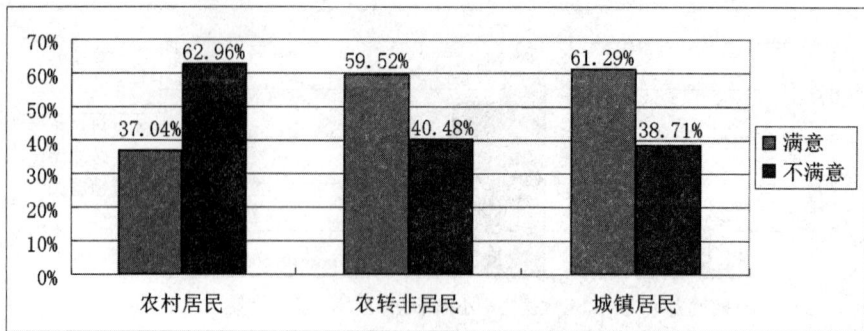

图11 三群体对现有医疗保障制度满意程度图

### 三、受访老年人的身体健康、生病照料和医疗保障情况的调查数据分析

**（一）受访老人本人及配偶的健康状况分析**

在本次调查的问卷中，从健康状况来看，原为城镇居民的受访老人自认为身体健康的比例最高，达61.29%；其次为农转非居民，自认为身体健康的占35.71%；农村老年人自认为身体健康的占33.33%。三类群体认为配偶身体健康的依次为40.74%、41.18%、18.18%。农村老年人对本人及配偶的健康状况评价较低。从配偶身体状况的评价来看，农村老年人的评价低于城镇居民和农转非居民20个以上百分点（见图7）。

**（二）受访老人生病照料情况分析**

从生病照料情况来看，原为城镇居民的选择最多的是老伴，占67.74%，其次为配偶、子女，各占41.94%；农转非居民选择最多的是子女，占71.43%，其次为自己，61.90%，第三为配偶，占54.76%；农村老年人选择最多的是老伴，占62.96%，其次为自己，占37.04%，第三为子女，占33.33%。此外调查反映出，由于农转非居民中71.43%的受访者都与子女共同居住（见图8.2），因此，在子女赡养、照料老人方面的比例也较高，子女与老人共同生活且给予照料的占61.90%，为三群体中最高；子女不给付生活费的占30.95%，为三群体中最低。（见图8.3）由此可见，在农转非居民中，子女参与照料老人的比例更高，而农村老年人则更多依赖自己的老伴。

**（三）受访老人就医情况分析**

在三类群体中，城镇居民选择有病就去医院的，占45.16%，选择大病去医院、小病不去的，占41.94%；农转非居民中，选择有病就去医院的，占21.43%，选择大病去、小病不去的，占71.43%；农村老年人中，选择有病就去医院的，占3.70%，选择大病去、小病不去的，占81.48%。（见图9）也即三类群体在就医意愿上，农转非居民和农村老年人中，各有七成、八成的人选择大病去医院、小病不去，而在城镇居民中，做出同样选择的只占四成。选择有病就去医院的，城镇居民占四成，农转非居民占二成，而农村老年人只占4%，不足一成。

调查问卷反映，之所以农转非居民以及农村老年人大多数只在大病时才选择上医院，一个重要的原因就是医疗费用较高。在填写为何做出以上选择的原因时，受访者提及的原因包括：省钱；医院收费高，住院费高；医院的各种检查费太高；农村医保太少等。部分受访者甚至表现出对医院医疗行为的不信任，"医院不针对病情治病"，"开的药都很贵"。

### （四）受访老人参加医保情况分析

城镇居民的受访者，参加城镇职工医保的占 51.62%，参加城乡居民医保的占 35.48%；在农转非失地人员中，参加第一类医保的占 76.19%，参加第二类的占 23.81%；在农村老年人中，参加第一类的没有，参加第二类的占 92%。这反映了大部分农村居民都参加了城乡居民合作医疗保险。由于农村老人大多在家务农种菜，因此，不能参加城镇职工医疗保险。但失地农民却因为通过其他方式就业，有机会参加城镇职工医疗保险。而城镇职工医疗保险无论是在保障范围还是报销比例上都优于城乡居民医疗保险。可见，现行医疗保险制度对农民的保障力度相对更小。

### （五）受访老人对医保制度的满意程度分析

在受访老人中，城镇居民对现行医保制度感到满意的，占 61.29%；农转非失地人员中表示满意的，占 59.52%；农村居民表示满意的，占 37.04%。（见图 11）这反映了农村居民对现行医保制度不满意的占六成以上。

### 四、受访农村老年人医疗保障现状的原因分析

比较 2009 年至 2014 年五年间渝北区的城乡居民合作医疗保险制度，可以发现，政府在农村医疗保障方面取得了较大进步。首先，尽管个人缴付金额有所提高，但政府加大了补助额度。2009 年，一档每人每年 20 元，政府补助 80 元，二档每人每年 120 元，政府补助 80 元。[①] 到 2014 年，一档每人每年 60 元，政府补助 240 元，二档每人每年 150 元，政府补助 240 元。第二，报销比例逐步增大。2009 年，所有的医疗保险参加者在门诊就医最多只能报销参保金额的 40%，如有住院情形的，以一档为例，在镇级、区级和市级医疗机构的住院报销比例分别为 60%、45%、25%，最高可以报销金额达 25000 元。二档最高可以报销 50000 元。2013 年后，渝北区城乡居民医保的报销比例再次提高。对于普通门诊，报销比例已经达到了 100%，但限于定额报销 60 元/年以内。对于住院报销，购买一档的在镇级、区级和市级医疗机构的报销比例分别为 80%、60%、40%，比 2009 年分别提高 20%、15%、15%。并且，住院保险的最高报销金一档最高达 8 万元，二档最高达 12 万元。[②] 比 2009 年分别提高 220%、71.4%。此外，在慢性病和特殊疾病方面，2013 年后的城乡居民合作医疗保险也有较大完善，相对 2009 年，新囊括了艾滋病机会性传染、唇腭裂、高血压、冠心病、精神分裂症等新的特别疾病、慢性病门诊报销，不设报销起付线，按比例报销，覆盖面更广，保障范围更宽。

但这些政策上的完善在实际生活中反映出，其未能充分满足农村居民老年人的就医需要。第一，在老年人的身体状况的自我评估上，66.67% 的农村老年人认为自己身体有一般疾病或严重疾病，高于其余两类人群。（见图 7）这可能既有居住环境上的原因，包括 C 社区位于机场排水系统的下游，机场污水顺势而下，加之机场噪音污染（平均 2—3 分钟就有飞机起飞的巨大轰鸣声），给 C 社区的生活环境造成较大影响。另外，农村居民的就医情况图（图 9）也反映出，88% 的农村居民在遭遇疾病时，只有严重了，才会上医院

---

① 参见《渝北区城乡居民合作医疗保险主要政策是什么?》，载 http://www.ybsc.gov.cn/html/bmfw/jhsy/09/10/28/2675.html，访问日期：2014 年 5 月 23 日。以下有关 2009 年渝北区的城乡居民医保政策都来自这一文件。

② 《渝北区召开 2014 年城乡居民合作医疗保险参保筹资工作会议》，载《渝北日报》2013 年 10 月 18 日，http://yb.cq.gov.cn/[S(lyf0mq45qsspdv3dgpgofv3r)]/Item.aspx?id=18024，访问日期：2014 年 5 月 23 日。

就诊。不及时就诊会使农村居民的健康状况恶化，同时，加重农村居民的医疗负担。此外，现有医疗保障制度未能制定针对农村老年人的定期健康检查制度，以期帮助老人尽早发现自己身体是否存在疾病，疾病是否严重等。

第二，在生病照料方面，农村居民老年人由于子女外出打工，选择由老伴照料的占62.96%（见图8），而受访者认为配偶身体健康的，只占14.81%（见图7）。这反映出，由于配偶的身体状况，受访的大部分农村老年人生病时对老伴的依赖往往不能完全满足他们的生病护理需要。与此相对，在农转非居民中，子女参与老人照料的情况表现更加突出。（见图8.1、图8.2、图8.3）从原因上分析，这与子女是否与老人共同居住或就近居住有较大关系。农转非居民大都是住在失地后的安置房中，子女往往也就近就业，与老人同住或就近居住。这方便子女照顾、赡养老人。

第三，在就医方面，由于C社区没有社区医院或卫生室，基层卫生医疗服务匮乏。在现行医疗体制下，到医院就诊费用较高。另外，C社区地处农村且交通不便，老年人需要乘车外出就医，但社区内又无就近通往城区的公交车站，健康人步行出去需要20分钟左右，这间接增加了老年人的就医成本，不利于腿脚不便的老年人就医。所以，在受访的农村居民中，有81.48%的人都选择，大病才去医院，小病不去。可见，农村老年人在医疗资源的获得上，存在不足。

第四，在医疗保险制度方面，尽管有92%的农村居民参加了城乡居民合作医疗保险，但在现有制度下，普通门诊的报销金额较低，且报销范围有限。对于普通门诊，实行定额报销，60元/年。由于部分基本药品的价格比较昂贵，这不能满足农村居民治疗无须住院的小病、普通门诊的常见病以及支付部分检查费的实际需要。另外，本次调查问卷反映了农村居民老年人的月收入较低，其中81.48%的受访者月收入在500元以下，他们的收入来源主要是政府发放的最低生活保障金，再加上部分由子女供给及自己劳动所得等。有受访老人说，自己在自留地种点菜，自己吃点，再卖点，但依靠卖菜所得收入很少。在农转非失地人员中，月收入在500—1000元的占83.33%。95.24%的受访者根据重庆市对被征地农转非居民的政策，参加了基本养老保险，这是他们的主要收入来源。在城镇居民中，41.94%的受访者月收入在2000—3000元，月收入在1000—2000元的占16.13%，3000元以上的占12.90%，他们的收入来源更加多样化，除了比较常见的离退休金、基本养老保险金外，个别受访者还有投资收益。可见，在三类群体中，农村居民不但在收入的绝对值方面较低，而且也低于农转非居民和城镇居民。因此，其在医药费的负担能力上远低于城镇居民。相较城镇居民而言，农村居民在收入较低的情况选择城镇医疗资源就诊，自己负担的费用更高，制度不公平的问题较为突出。农转非居民在安置中得益于针对被征地失地人员的专门政策，在收入来源上好于农村居民，此外，在医疗资源的可得性和可及性方面，有较大改善。这也是农转非居民在对现有医疗保障制度的满意度方面高于农村居民的一个重要原因。在医疗保险制度方面，我们的调查反映出，现有覆盖农村老年人的城乡居民医疗保险制度存在筹资制度设计不完善、补偿制度设计不合理的问题。① 对于农村居民而言，一方面，年度普通门诊总的报销额度太低。另一方面，对于住院费用的报销，有的

---

① 刘峰：《我国农村医疗保障制度改革的困境与突围》，载《湖南师范大学社会科学学报》2011年第6期，第99页。

农村居民可能连报销起付线下的费用也无法承担。一旦有大病，农村居民也存在即使能够报销，但报销后自己承担的部分依然太高，个人无力承担的情况。

第五，农村居民老年人对现有医疗保障制度不满意程度较高是因为现有医疗保障制度对农村老年人的保障程度较弱。依照现有医疗保障体制，政府鼓励城乡居民多缴费，这样遭遇大病的报销金额可以更高。但由于农村老人经济负担能力更弱，多缴费就意味着更重的经济负担。因此，这一政策安排尚有不够完善的地方。此外，农村老人对医疗资源的需求度较高。以上几个方面的原因都造成了农村居民对现有医疗保障制度的不满意率占六成以上，高达 62.96%。（见图 11）与此相对，农转非居民在失地后，被安置在城区。因此，在医疗资源方面，较之农村社区有较大提高。以 B 社区为例，社区内已建立起社区卫生服务站。此外，在社区内，还有 3 家私人诊所，9 家药房（9 家药房其中有 4 家可以通过医保卡买药）。从医疗资源的可及性上看，农转非居民在安置后，与城镇居民一同享用更加便利的医疗资源。因此，大部分农转非居民可通过社区卫生服务站或私人诊所治疗常见疾病。这也是七成以上的农转非居民选择"大病去医院，小病不去"的原因。而农村居民居住的 C 社区不但没有社区医院，连药房也没有。农村居民需要外出到城区去看病买药。但又受限于个人经济状况，因此，八成的农村居民只能选择"大病去医院，小病不去"。对农村老人而言，他们可能会选择拖延，最终形成某些慢性疾病；或者自行去城区药房买药或私人诊所看病，他们的时间成本和经济成本都高于城镇居民。这正凸显了农村社区在基层卫生服务方面的短板。

### 五、农村老年人医疗保障制度的完善建议

针对上文分析之不足，我们认为可从以下几个方面着手完善农村老年人的医疗保障制度。

第一，建议设立农村老年人定期免费或部分资助的体检制度。目前，在重庆市有条件的社区，已经开展了针对社区老年人的免费体检制度。[①] 我们认为，应将这一工作延伸到农村地区，为老年人进行免费体检，针对老年人易发、多发的常见病开展专门筛查。一方面，让农村老年人对个人身体健康状况有更准确的认识；另一方面，也可以对农村居民的某些疾病早发现，早治疗，还可以在一定程度上降低农村居民的医疗费负担。设立农村老年人定期免费或部分资助的体检制度，也能在一定程度上缓解农村卫生资源不足与农村老年人医疗需要的矛盾，是改变现有农村老年人医疗保障制度中重治疗轻预防模式的一个有效途径。[②] 同时，利用这一制度，有效开展老年常见疾病的预防与治疗的健康知识讲座和宣传，把农村现有医疗保障制度中以单纯的医疗为主转向以健康管理为主的综合防治模式。

第二，建议为农村家庭养老提供社会支持。完善农村医疗保障制度，不能脱离我国社会发展的历史及现实。以优良的传统为基础的家庭保障和社会互助是可利用的社会资源。[③] 我国现行的养老方式仍是以居家养老为基础、社会养老依托、机构养老为补充。受

---

① 例如，距离我们调查社区较近的另一社区，就有开展针对老年人的免费体检活动。参见《回兴社区卫生服务中心送免费体检到社区》，载 http://cqshlsq.com/1541，访问日期：2014 年 5 月 20 日。

② 杨宏、吴长春：《完善我国老年社会保障体系》，载《东北师大学报》（哲学社会科学版）2010 年第 2 期。

③ 张齐林：《关于农村医疗保障的历史思考与政策建议》，载《卫生经济研究》2002 年第 11 期。

传统观念的影响，由家庭成员对老年人进行患病后或生活不能自理后的照顾是老年人首选的一种照顾方式。家庭照顾还具有成本更低、更人性化的优势。[①] 因此，地方政府应为进城务工人员尽可能提供就近就业的机会，以方便他们回家照顾父母。我们的调查也显示，在对农转非居民的受访者进行访谈时，他们大多提及子女与他们同住或相距不远，因此，农转非居民在赡养父母、父母生病时的照料、父母子女之间的联系方面比其他两个群体表现得更优。此外，对于子女外出打工、传统家庭养老模式存在困难的家庭，应从两方面着手：一是在家庭层面，重新挖掘养老敬老传统文化价值，对农民工进行宣传教育，让他们能够真正履行经济上供养的义务。二是在社会层面，通过建设农村社区养老服务机构帮助实现传统家庭养老的生活照料、精神赡养的部分功能。[②]

第三，针对老年人生病护理需求，建议政府加强农村基本公共卫生服务建设。应结合农村实际，逐步实现基本公共卫生服务均等化。根据《2010—2020 年医药卫生人才发展规划》，政府于 2011 年开始实行为农村定向免费培养医学生项目。[③] 这可以从人力资源方面解决乡村一级基本公共卫生服务的需要，但应注意的是如何在制度上解决这些乡村卫生员的后顾之忧，让他们能扎根基层，扎根农村，如应进一步出台相关制度，完善基层服务津贴等福利、建立健全病人转介方法流程、加强医疗事故的预防，从而降低职业风险、建立和谐有序的乡村基层医患关系等。地方政府应研究落实《深化医药卫生体制改革 2014 年重点工作任务》中有关"稳定乡村医生队伍"的内容。[④] 建立基本药物制度，完善基本药品和医疗服务定价政策。政府应通过增加农村基层公共卫生支出而使政府投资向乡村倾斜。[⑤] 在农村基本卫生服务体系中采用价格相对便宜的草药等基础性药物，对于价格较高的常用药提供一定程度的补贴，让农村老年人看得起病，买得起药。在制度中摸索完善农村基本卫生服务体系，方便农村老年人口的基本医疗需求，真正做到老有所医。

第四，对于有条件的农村地区，可通过开展流动医疗服务队的方式，定期（如一周一次）将城镇的医护人员送到这部分地区，为农村老年人开展医疗服务，有特别需要的，也可以开展医护人员上门服务，以此缓解农村老年人的医疗需求与医疗资源供给不足的矛盾。同时，在流动医疗服务队的药品使用方面，以价格实惠的基本药品为主，减轻农民的医药费负担。

第五，建议进一步完善农村医疗保险的制度设计，提高门诊医药费的年度报销比例。"广覆盖、低水平"的基本医疗保险无法有效降低参保人高昂的自付医疗支出。[⑥] 我们的

---

① 胡琳琳、胡鞍钢：《中国如何构建老年健康保障体系》，载《南京大学学报》（哲社版）2008 年第 6 期。

② 耿庆茹、卢彦军：《西部农村养老保障的现状及模式选择》，载《西安交通大学学报》（社会科学版）2007 年第 2 期。

③ 《2011 年我国将为城乡基层医疗卫生机构培训 1 万名药剂人员》，载新华网，http://news.xinhuanet.com/health/2011-01/07/c_ 12955107.htm，访问日期：2014 年 5 月 20 日。

④ 包括研究制订提高偏远、艰苦以及少数民族等特殊地区执业乡村医生待遇的相关政策措施。落实乡村医生养老政策，采取多种方式、妥善解决好老年乡村医生的养老保障和生活困难问题，同时建立乡村医生退出机制。适时对乡村医生政策、落实情况进行专项检查。充分发挥基层计生工作者在普及健康知识、提高公民健康素养中的积极作用。参见《国务院办公厅关于印发深化医药卫生体制改革 2014 年重点工作任务的通知》，载中国政府网，http://www.gov.cn/zhengce/content/2014-05/28/content_ 8832.htm，访问日期：2014 年 5 月 28 日。

⑤ 朱玲：《政府与农村基本医疗保健保障制度选择》，载《中国社会科学》2000 年第 4 期。

⑥ 温劲君、宋世斌：《医疗保险对我国农村老年人健康需求的影响研究》，载《中国卫生经济》2013 年第 7 期。

调查也证实，现有医疗保险实际并未增加农村老人的医疗卫生需求。这也是为何 88% 的农村居民选择大病去医院、小病不去的原因。（见图 9）针对现有医疗保障制度下，门诊报销总金额较低，报销范围有限的情况，我们建议应进一步完善针对农村居民医疗保险的制度设计。在城乡统筹时，应考虑农村居民收入不高，前往城镇医院承担医药费用，往往超出他们的经济承受能力的实际困难。故应通过完善基层卫生服务，设立乡村卫生室，加强社区卫生服务中心建设，降低农村老年人的医药费用支出，在一定程度上满足他们的基本医药卫生服务需要。对于个别由于疾病需要住院或手术治疗，个人经济能力又无法承受的情况，建议进一步加大社会救助的力度，建立针对农村老年人特种疾病的专项救助基金。在现有城乡居民医疗保险的基础上，加大救助力度和救助范围，减少由于制定社会保障政策时对"二元"结构的路径依赖①给农村居民带来的制度不公平。从而真正实现《老年人权益保障法》设定的"老有所医"的目标。

---

① 顾海：《中国统筹城乡医疗保障制度模式与路径选择》，载《学海》2014 年第 1 期。

# 防治家庭暴力情况调查报告
## ——以中国重庆市某区某街道社区为调查对象①

陈 苇 姜大伟 石 婷*

### 目 次

家庭是社会的细胞,家庭的和睦安定是社会和谐稳定的必要前提。然而,家庭暴力却是破坏婚姻家庭的一颗定时炸弹,它不仅使个人追求幸福美满的家庭生活成为泡影,而且也成为维护社会和谐稳定的一大威胁。为了预防和制止家庭暴力,我国 2001 年修正后的《婚姻法》新增规定:"禁止家庭暴力",并且规定了家庭暴力的救助措施和法律责任。2005 年修正后的《妇女权益保障法》也明确规定"禁止家庭暴力"。2006 年 5 月 19 日,重庆市通过了《重庆市预防和制止家庭暴力条例》,这为防治家庭暴力提供了具体的法律依据,对防治家庭暴力,维护家庭和睦,建设平安社区,发挥了应有的作用。时值我国《重庆市预防和制止家庭暴力条例》颁布施行五周年之际,为考察重庆市防治家庭暴力的情况,我们对重庆市某区某街道②近三年防治家庭暴力的情况进行了调研。

在街道党委的指导和街道干部的配合下,我们组织进行了本次调查。在调查中,我们运用了实地调查、分析案卷与当事人访谈相结合的调查方法。首先,我们分别到街道的办事处、司法所、社区居委会以及人民调解委员会等基层单位实地考察,了解近三年来辖区内家庭暴力的基本状况,并对负责社区调解工作的人民调解员就如何预防和制止家庭暴力

---

① 基金项目:西南政法大学"2010 年度重大科研项目:中国内地与港澳台防治家庭暴力立法与实践研究"(项目编号:2010-XZZD01)的阶段性成果。本文载《海峡法学》2011 年第 3 期,在被编入本书时对部分标题和内容进行了适当修改。

* 陈苇,女,西南政法大学外国家庭法及妇女理论研究中心主任,民商法学院教授、博士生导师;姜大伟,男,西南政法大学民商法硕士研究生;石婷,女,西南政法大学民商法硕士研究生。

② 中国重庆市某区某街道,面积 2.92 平方公里,该街道下辖七个社区,常住人口 34700 人,流动人口 2 万左右。

等相关问题进行了专门访谈。其次，我们选取了部分家庭暴力当事人作为访谈对象，就家庭暴力的成因及其危害诸问题进行深入地沟通与交流。最后，根据调研掌握的第一手资料，我们对重庆市某区某街道近三年来家庭暴力现状进行统计分析，研究剖析其产生的原因及危害，对其在预防和制止家庭暴力方面的有益经验作了总结，并同时指出其存在的困难与不足。最后，就如何更进一步防治家庭暴力，有针对性地提出具体的对策建议。现将本次调研的具体情况报告如下。

### 一、某区某街道家庭暴力的现状

此次调查，我们主要考察被调查地区受理的家庭暴力案件的以下六个方面的情况：一是街道司法所 2008—2010 年受理家庭暴力案件情况，二是家庭暴力的侵害对象，三是引发家庭暴力的因素，四是家庭暴力当事人的年龄、性别、职业等基本情况，五是人民调解对解决家庭暴力案件的作用，六是对是否专门制定《防治家庭暴力法》的认识等。以下我们将介绍这六个方面的调查统计情况。

（一）街道司法所 2008—2010 年受理家庭暴力案件情况

表 1　街道司法所 2008—2010 年受理家庭暴力案件情况

| 时间／类别 | 2008 年 | 2009 年 | 2010 年 | 三年合计（件） |
|---|---|---|---|---|
| 家事案件数 | 21 | 33 | 16 | 70 |
| 家庭暴力案件数 | 2 | 2 | 11 | 15 |
| 家暴案件占当年家事案件的比例 | 9.52% | 6.06% | 68.75% | 21.42% |

统计结果表明，在近三年，该街道部分社区的部分家庭仍然时有发生家庭暴力，且其发生率呈上升趋势。从统计数据看，街道司法所 2008 年、2009 年受理的家庭暴力案件相对较少，分别占当年受理的家事案件的 9.52%、6.06%，但在 2010 年受理的家事案件明显增多，占当年受理的家事案件总数的 68.75%（见表 1）。这表明家庭暴力案件的发生率呈上升趋势。

（二）家庭暴力的侵害对象

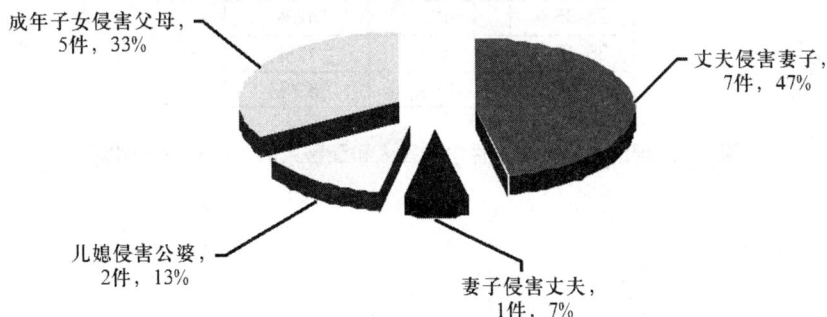

图 1　家庭暴力的侵害对象

注：此处的数字是指该类型案件的数量；百分比代表该数量占总案件数的百分比。

统计结果显示，家庭暴力主要发生在夫妻之间、成年子女和老年父母之间。其中，夫妻间的暴力占54%（丈夫对妻子暴力占47%，妻子对丈夫暴力占7%），成年子女对父母暴力占33%（见图1）。

（三）引发家庭暴力的因素

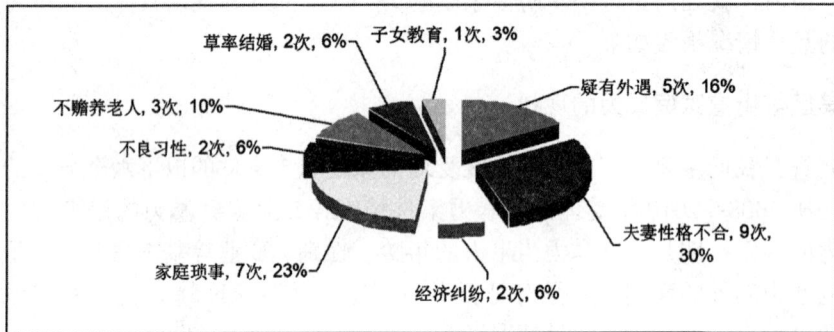

**图2　引发家庭暴力的因素**

注：此处的数字是指家暴案件中出现该原因的次数；百分比代表该家庭暴力原因占总原因的百分比；此处的不良习性是指酗酒、赌博、吸毒、嫖娼等。

统计结果表明，诱发家庭暴力的因素呈多元化状况，具体而言，有夫妻性格不合、家庭琐事、疑有外遇、不赡养老人、草率结婚、经济纠纷、不良习性等。其中，引发夫妻家庭暴力的主要原因，排在前三位的分别是：夫妻性格不合（占30%）、家庭琐事（占23%）、疑有外遇（占16%）（见图2）。

（四）家庭暴力当事人的基本情况

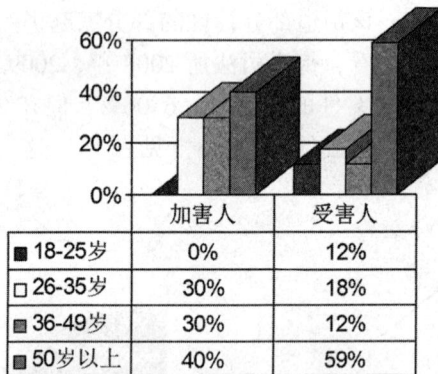

| | 加害人 | 受害人 |
|---|---|---|
| ■ 18-25岁 | 0% | 12% |
| □ 26-35岁 | 30% | 18% |
| ▨ 36-49岁 | 30% | 12% |
| ▦ 50岁以上 | 40% | 59% |

**图3　受理的家庭暴力案件中加害人和受害人的年龄阶段比例图**

统计结果显示，从家庭暴力案件当事人的年龄来看，50 岁以上的加害人占 40%，受害人占 59%（见图 3）。在 18—25 岁的年龄段无家庭暴力加害人，但与加害人不同，家庭暴力受害人则每个年龄段均有。

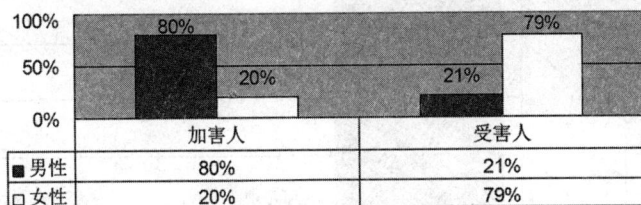

| | 加害人 | 受害人 |
|---|---|---|
| ■男性 | 80% | 21% |
| □女性 | 20% | 79% |

**图 4　受理的家庭暴力案件中加害人和受害人的性别比例图**

从当事人性别来看，在家庭暴力案件的加害人中，有 80% 是男性，只有 20% 是女性；在家庭暴力案件的受害人中，有 21% 是男性，79% 是女性（见图 4）。这表明，现阶段的家庭暴力主要是家庭中男性对女性的暴力。

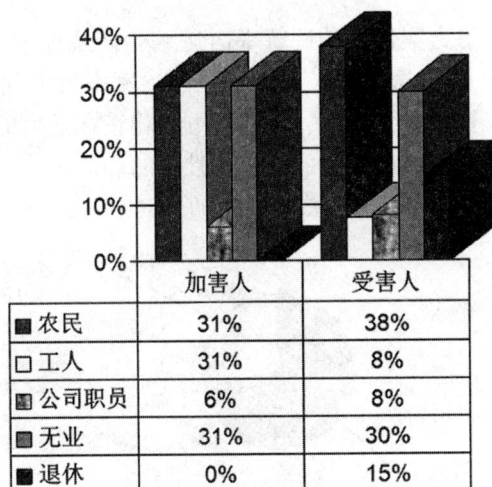

| | 加害人 | 受害人 |
|---|---|---|
| ■农民 | 31% | 38% |
| □工人 | 31% | 8% |
| ▨公司职员 | 6% | 8% |
| ▦无业 | 31% | 30% |
| ■退休 | 0% | 15% |

**图 5　家庭暴力当事人的职业状况比例图**

从当事人的职业来看，农民、工人、无业人员是家庭暴力的高发人群，其中农民是家庭暴力当事人的比例最高（加害人占 31%、受害人占 38%），无业人员次之，工人再次之（见图 5）。目前这三类人群大部分属于低薪阶层，经济实力相对较弱。这表明，家庭暴力的发生与家庭的经济条件有一定联系。

（五）人民调解对解决家庭暴力的作用

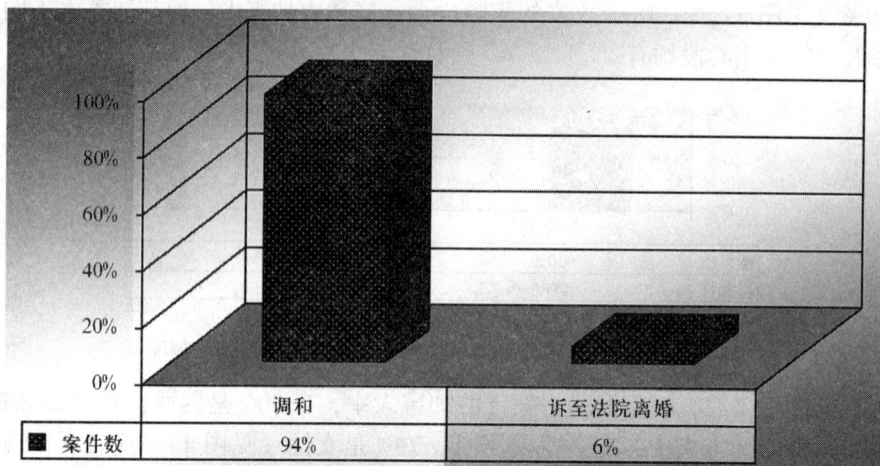

图6　人民调解对解决家庭暴力的作用

统计结果表明，家庭暴力案件成功调解率达到94%，只有6%属于离婚的案件调解不成，最终诉至法院（见图6）。这表明人民调解在防治家庭暴力问题上是不可忽视的一支重要力量。人民调解能以其及时、简便、快捷的方式将正在发生的家庭暴力化解或调解处理已经发生的家庭暴力问题，维护家庭的稳定和社会的和谐。

（六）对是否专门制定《防治家庭暴力法》的认识

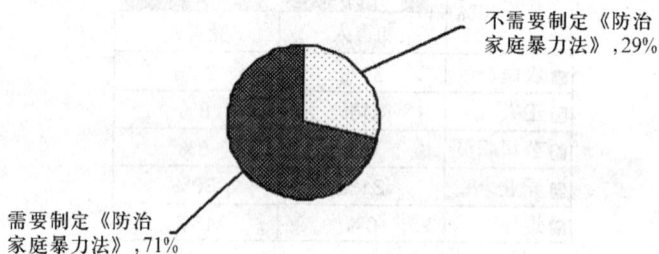

不需要制定《防治
家庭暴力法》，29%

需要制定《防治
家庭暴力法》，71%

图7　人民调解员对是否需要专门制定《防治家庭暴力法》的认识

在与人民调解员个案访谈的过程中，我们了解到，大部分人民调解员认为应当制定全国统一的专门性的《防治家庭暴力法》（认为需要制定《防治家庭暴力法》的人民调解员占71%）（见图7）。他们认为，目前我国防治家庭暴力立法太分散，不便于公民知法、守法。地方立法虽然有专门性的防治家庭暴力条例，但其只是在一定区域内具有法律效力，不具有普遍适用效力。

**二、家庭暴力的成因及其危害**

（一）家庭暴力产生的原因

我们的调查结果表明，目前家庭暴力仍然在某街道部分家庭中存在且近年呈上升趋势。虽然重庆市已经于2006年制定了《预防和制止家庭暴力条例》，然而，家庭暴力却屡禁不止。我们认为，主要有以下几个方面的原因。

第一，有的当事人受传统封建思想的消极影响。家庭暴力之所以屡禁不止，封建传统思想的消极影响是一个重要原因，其主要表现在：第一，封建夫权思想在少数人心中依然存在。现阶段的家庭暴力主要是家庭中男性对女性的暴力（见图4）。长期以来，由于传统的"男尊女卑""男主女从"的封建思想之残余影响，有些男性大男子主义严重。从街道司法所受理的夫妻家庭暴力案件中可以看到，大部分男性施暴者存在严重的夫权思想，其中50岁以上的男性施暴者的夫权思想尤为严重。他们普遍认为自己在家中居于主导地位，妻子应当服从自己，然而，女性受害者却不甘忍受压制而起来抗争，于是家庭暴力随即发生。另外，据有的人民调解员反映，还有部分女性深受"夫为妻纲""三从四德"等封建妇道观念的影响，对丈夫一味迁就。当调解员主动上门进行劝阻时，她们认为这是自己家的事，"家丑不可外扬"，不愿意别人管。这也是部分男性加害人有恃无恐，多次施行家庭暴力的原因。第二，社会对家庭暴力的传统观念尚未根本改变。至今社会上仍有不少人认为，夫妻"床头吵架床尾和"，两口子之间的事应由他们自己解决，"清官难断家务事"，别人管不了，也不好管，于是不闻不问，这纵容了家庭暴力行为的发生。只是在家庭暴力造成严重后果，受害者主动请求解决时，有关部门才予以受理。事实上，这种事后救济的方式难以遏制家庭暴力。在调查过程中我们了解到，有部分居民社区的个别人民调解员就持这种观念。

第二，有的当事人性格偏执，有的当事人法律意识不强。从家庭暴力当事人的基本情况来看，当事人普遍存在两种情况：其一，有的加害人性格偏执。在夫妻暴力中，加害人大多性格偏执，是典型的个人中心主义者。在处理家庭事务上独断专行，不与他人商量，也不考虑他人感受，故常因家庭琐事而大动拳脚。从统计数据中可以看到，在引发家庭暴力的因素中，"家庭琐事"占23%（见图2），居第二位。在成年子女对老年父母的暴力中，成年子女不遵守"尊老爱幼"的传统美德，置父母养育恩于不顾，经常辱骂、殴打年老父母。从统计数据中可以看到，在引发家庭暴力的因素中，"不赡养老人"占10%（见图2）。其二，有的受害人法律意识不强。面对家庭暴力，有的受害人忍气吞声，不懂得用法律武器来维护自己的正当权益，其认为"家丑不可外扬"，最后在忍无可忍的情况下，才去寻求有关部门的帮助。例如，在某社区，我们就遇到一位这样的受害人。受害人李某介绍，她与丈夫林某2008年结婚，婚后两人从事个体经营，婚姻生活其乐融融。但后来她发现，丈夫林某是个性格偏执的人，要求妻子必须对他言听计从。有好几回林某因对李某不满，而对其施暴，李某为顾及面子，忍气吞声。后来因李某生女儿，林某不满意，三天两头殴打妻子李某，吵嘴打架成了家常便饭。李某在忍受长达两年的暴力折磨后，终于在2011年3月第一次来到居委会反映情况。

第三，有的当事人家庭经济条件差，引发家庭暴力。对家庭而言，日常生活开支是一笔不小的数目，一旦由于下岗、失业等原因减少或丧失经济来源，正常的家庭生活将无以为继，一系列的家庭矛盾便会接踵而至，有时家庭成员甚至会因为一点鸡毛蒜皮之事而大打出手。从对家庭暴力当事人的职业统计数据来看，当事人大多属于农民和工人，还有部分处于无业状态（见图5），他们的经济条件相对较差往往容易因经济问题而发生家庭暴力行为。例如，2010年街道司法所调解的一起家庭暴力案件便是此种类型。主要案情是这样的：朱某和梁某婚后经营一家门面，经济上还算过得去，小两口感情非常好，邻居们都十分羡慕。后来，小店的生意渐渐不景气，收入也大为减少，小两口也开始为琐事争吵，闹起矛盾。最后，小店因经营不善关闭，夫妇俩丧失了经济来源，一时又找不到合适的工作，生活日渐拮据，双方看谁都不顺眼，经常因一些小事吵架，有时甚至拳脚相加。家庭暴力成了家常便饭，最终双方感情破裂，闹起了离婚。

第四，防治家庭暴力法律机制不健全。目前，我国防治家庭暴力的相关规定散见于《婚姻法》《民法通则》《刑法》《治安管理处罚法》等部门法律中，不便于公民知法、守法。虽然我市于2006年制定了《预防和制止家庭暴力条例》，但某些规定过于原则，缺乏可操作性。例如，在救助主体上，多个部门都有权予以救助，往往容易出现"都有权管，但都管不到位"的情况。[①] 在此次调查中，大部分人民调解员也反映，应当制定一部全国性的《防治家庭暴力法》（见图7），以增强其可操作性。

（二）家庭暴力的危害

通过前述对近三年来某街道家庭暴力现状的介绍可以发现，家庭暴力仍然在该街道部分社区的居民家庭中时有发生，这既给受害者的身心带来严重创伤，也在一定程度上破坏了婚姻家庭的和睦与稳定，不利于未成年子女的健康成长，并且也影响社区安宁和谐的生活环境。我们认为，家庭暴力主要有以下危害：

第一，侵犯人权，损害受害人的生命权、健康权等人身权利。从对家庭暴力方式的调查统计来看，身体暴力居多，占67%。在身体暴力中，施暴者通过打耳光、拳打脚踢、器具伤害等方式，轻则使妇女鼻青脸肿，重则致伤、致残，严重损害受害人的身体健康。并且家庭暴力在给受害人带来肉体痛苦的同时，也给其精神造成严重创伤。据街道司法所的负责同志介绍，曾有一名不堪忍受家庭暴力的女性受害者前来街道司法所诉说其遭遇。案情大致如下：受害人的丈夫性格偏执，脾气暴躁，喜欢喝酒打牌，在家中稍不如意，就拿妻子出气。每一次事后，丈夫都乞求谅解，保证不再犯，然而好景不长，对妻子大打出手依然如故。由于饱受家庭暴力的折磨，受害人现在经常出现失眠、头晕等症状，一想起挨打的悲惨情形，心中就不寒而栗，充满着恐惧。

第二，破坏婚姻家庭的和睦与稳定。如前所述，某街道近三年发生的家庭暴力案件大多发生在夫妻之间以及成年子女与老年父母之间（见图1）。从统计结果来看，在夫妻之间发生的家庭暴力主要原因是：性格不合、家庭琐事、疑有外遇、（见图2）。这表明，夫妻婚前缺乏了解，草率结婚，婚后又尚未建立感情，感情基础薄弱，双方都缺乏对彼此的宽容以及维护婚姻所必需的信任，结果常因性格不合、生活琐事或疑有外遇而大吵大闹。在成年子女与老年父母之间发生的家庭暴力案件，大多是由赡养纠纷引起的，主要表现为成年子女拒绝赡养父母，对其经常实施辱骂、殴打等暴力行为。父母为子女的成长教育耗费了毕生精力与心血，其在年老时应当受到尊重和关爱。然而，成年子女却对其实施暴力，这不仅使父母身心受到伤害，而且还会因父母子女关系紧张而引起家庭不睦。以上情况均不利于家庭成员幸福指数的提升和婚姻家庭的稳定。

第三，不利于未成年子女的健康成长。据负责社区民事纠纷调解工作的人民调解员介绍，

---

① 2006年《重庆市预防和制止家庭暴力条例》第7条规定：各级社会治安综合治理委员会领导协调本地区预防和制止家庭暴力工作，其办事机构负责预防和制止家庭暴力工作的组织实施、督促检查。公安派出所、司法所、村（居）民委员会、人民调解委员会等基层单位和自治组织应及时做好家庭纠纷的疏导和调处工作。各级妇联、工会、共青团、老龄委、残联等群团组织应配合有关部门共同做好家庭暴力的预防和制止工作，维护特殊群体中家庭暴力受害人的合法权益。

经常发生暴力的家庭不利于未成年子女的健康成长。因为，一方面，在家庭暴力环境下成长的孩子，由于缺乏父母的关爱，心灵易受伤害，易造成发育障碍，形成孤独、自卑、过激的性格，严重影响学习和生活。另一方面，由于经常接触家庭暴力，久而久之，耳濡目染，容易造成其对婚姻和家庭的恐惧和不信任，极有可能会成为新一代的家庭暴力实施者。我国有学者指出，经常性的家庭暴力易形成代际传递，子女往往成为暴力的牺牲品，除了自身遭受家庭暴力，家庭暴力导致家庭残缺或教育不当是影响青少年犯罪最主要的因素之一。[①]

第四，破坏社区安宁稳定的生活环境。家庭暴力的发生，不仅使家庭不睦，而且也破坏了社区安宁稳定的生活环境。一方面，由于大家都是街坊邻居，家庭暴力发生时，吵架打闹的嘈杂声既影响社区其他居民的正常生活，也破坏社区的安宁环境。另一方面，经常发生暴力的家庭易成为反面教材，可能会成为社区内其他有家庭暴力倾向的居民效仿的对象，无形中传播了不良的社区文化，为"平安社区"建设增加了不稳定因素。

### 三、预防和制止家庭暴力的有益经验及其困难与不足

（一）预防和制止家庭暴力的有益经验

在调查过程中，我们了解到，近年来重庆市某区某街道高度重视防治家庭暴力工作，在实践中逐渐形成了一系列行之有效的做法，值得宣传和推广。

第一，干部主动上门，及时化解家庭纠纷。在某社区，我们了解到，居委会干部经常深入社区了解社情民意，主动与群众沟通交谈，在交谈中如果知道哪家有矛盾有纠纷，就会主动上门，及时耐心地做调解工作，将矛盾消灭在萌芽状态。例如，2009 年 5 月的一天，社区干部在知道居民王某经常殴打妻子张某时，主动上门了解情况，通过宣传法律知识，讲事实摆道理，最终王某主动承认错误，保证不再实施暴力。虽然这对夫妻最终因感情破裂而离婚，但在离婚之前，王某没有再对妻子实施家庭暴力，而是好合好散，以和平的方式结束了不幸婚姻。可见，社区干部的主动上门调解发挥了作用。如今，这样的工作方法，业已形成一种日常工作机制。群众反映良好，认为居委会的干部热心为群众排忧解难，大家有什么事情都愿意到居委会与干部们说说心里话。

第二，利用节假日与法律专业大学生一起开展法制宣传活动。防治家庭暴力，增强群众法律意识，法制宣传的作用不可忽视。我们了解到，近年来某街道某社区利用与大学紧邻的便利条件，充分利用法律专业大学生具有法律专业基础知识的优势，在每年的"12·4"法制宣传日都与大学生们一起开展"送法到社区"等法制宣传活动。通过发放宣传单、现场法律咨询等活动，宣传法律知识，增强群众依法维权的意识，提高社区居民的法制观念。据该社区负责同志介绍，近年来，社区家庭暴力防治工作成绩突出，没有出现过家庭暴力现象。

第三，邀请律师到社区办公，开展法律咨询等行动。在调查走访过程中，据某社区的负责同志介绍，在防治家庭暴力等民事纠纷方面，他们除了重视和加强人民调解工作以外，还主动与律师事务所合作，邀请律师到社区办公，现场为社区群众提供免费法律咨询服务，并为困难群众提供法律援助服务。通过律师对现行法律法规的分析讲解，社区群众了解到法律知识，增强了法律意识，知道在人身、财产等合法权益遭到侵害时，应当拿起

---

① 陈雯：《家庭暴力研究：回顾与前瞻》，载《学习与实践》2008 年第 8 期。

法律武器开展维权行动，而不是以暴力方式解决。

第四，做好防治家庭暴力干部培训工作，提升人民调解员的法律专业素养。据街道司法所的负责同志介绍，由于大部分人民调解员都是由社区居委会负责人兼任，他们的法律专业知识相对不足。为此，某街道经常开展基层干部业务培训工作，切实发挥他们在开展防治家庭暴力工作的应有作用。对人民调解员定期开展法律知识培训，规范人民调解工作，要求调解员在开展家庭暴力调解工作时，必须制作调解笔录、调解协议书以及调解回访记录等，最后将这些书面材料整理成卷宗，上报司法所备案。以此来推动调解员调解业务能力的提升，积极发挥他们在防治家庭暴力工作中的作用。

（二）预防和制止家庭暴力的困难与不足

虽然某街道在防治家庭暴力工作中做出了较大成绩，积累了一定经验，但是据有的社区负责同志及人民调解员反映，在防治家庭暴力工作中，他们也存在一些困难与不足。

第一，防治家庭暴力法制宣传没有形成长效机制。目前，法制宣传活动的开展，主要集中在某些具有纪念意义的日子举行，如"三八"妇女节，"11·25"国际反家庭暴力日，"12·4"法制宣传日等，然而在平时的其他大部分时间，很少开展法制宣传活动，这是大部分社区普遍存在的现象。我们认为，在特定的具有纪念意义的日子开展法制宣传，在一定程度上能够起到提高公民法律素质的作用，然而从长远来看，要想使每个公民都知法、守法，使"实施家庭暴力行为是侵犯家庭成员人身权益的违法犯罪行为"的观念深入人心，应当将防治家庭暴力法制宣传形成平时定期举行的长效机制。

第二，部分当事人对人民调解工作不理解、不支持。据人民调解员反映，至今仍有少数人认为，家庭暴力是家务事，应由当事人自己解决，外人不宜管，也管不了。有时候调解员主动上门劝阻时，不明事理的当事人还以为是来看热闹的，很不配合。有的当事人蛮横不讲理，一句话"少管闲事"就把人拒之门外。这时，调解员进退两难，十分尴尬。还有一个问题就是：由于调解协议只对当事人双方有约束力，其在未经双方当事人共同申请司法确认之前没有法律上的强制执行力。[①] 所以，有的当事人事后对调解协议翻悔，拒绝执行协议的内容，人民调解员也只能感到遗憾。

第三，防治家庭暴力工作经费不足。在走访过程中，绝大部分人民调解员反映，防治家庭暴力工作的经费不足。由于人民调解委员会是群众自治组织，办公经费有限，所以用在防治家庭暴力工作上的经费较少。主要表现在：一是宣传经费紧张。每次开展法制宣传活动时，用在印制宣传单、法制小手册等宣传用品上的费用就不是一笔小数目，有时还需要从其他办公经费中节省出来。二是每次外出做调解工作时，有时办公经费还得由调解员自己垫付。三是有时受害人来人民调解委员会反映情况时，身无分文，又饥又渴，也没有多余经费帮助她们解决困难。

---

① 2002年最高人民法院《关于审理涉及人民调解协议的民事案件的若干规定》第1条规定：经人民调解委员会调解达成的、有民事权利义务内容，并由双方当事人签字或盖章的调解协议，具有民事合同性质。当事人应当按照约定履行自己的义务，不得擅自变更或者解除调解协议。2011年《人民调解法》第31、33条分别规定："经人民调解委员会调解达成的协议，具有法律约束力，当事人应当按照约定履行。""经人民调解委员会调解达成协议后，双方当事人认为有必要的，可以自调解协议生效之日起三十日内共同向人民法院申请司法确认，人民法院应当及时对调解协议进行审查，依法确认协议的效力。人民法院依法确认协议有效，一方当事人拒绝履行或者未全部履行的，对方当事人可以向人民法院申请强制执行。"

第四，家庭暴力是否发生难以认定。家庭暴力认定难是目前有效防治家庭暴力的难题之一。从实践中来看，其主要原因在于家庭暴力行为具有隐蔽性。当家庭暴力发生时，往往很少有第三人在场，而且受害人又缺乏收集和保存证据的意识，所以在既无人证又无物证的情况下，家庭暴力行为很难认定。

第五，家庭暴力受害人的生活难以保障。在走访过程中，有的社区负责同志表达了这样的忧虑：如果加害人因其实施暴力行为而受刑事处罚，这当然大快人心，然而不可忽视的是，受害人的生活将难以保障。在现实生活中，有一些受害人没有生活来源，平时依靠加害人扶养，在加害人服刑期间，由于失去经济来源，受害人的生活将何以为继？他们指出，这也是防治家庭暴力工作需要考虑并亟待解决的难题。

### 四、预防和制止家庭暴力的对策建议

当前，党和政府正在领导全国人民着力建设和谐社会。重庆市正在着力建设"平安重庆"。然而，家庭暴力的发生，却不仅破坏家庭的和睦，而且还影响社区乃至社会的和谐与平安，因此，必须采取切实措施预防和制止家庭暴力。为了更好地防治家庭暴力行为，我们根据在某街道的调查情况，针对在开展防治家庭暴力工作中存在的困难与不足，提出以下对策和建议。

其一，加强法制宣传教育，营造防治家庭暴力的良好氛围。为了纠正部分群众认为家庭暴力是家务事，"家丑不可外扬""清官难断家务事"的错误观念，预防和制止家庭暴力，必须贯彻预防为主的方针，把好防治家庭暴力的第一关。[①] 必须加强防治家庭暴力的法制宣传教育，在全社会营造防治家庭暴力的良好氛围。为此，我们必须更新宣传观念，改变宣传思路。一是在宣传形式上，除了利用海报、宣传单、小手册等传统形式外，还可以充分发挥宣传媒体的作用，利用广播、电视、网络等群众喜闻乐见的信息平台来宣传防治家庭暴力的法律知识。另外，居委会也可以组织居民开展"防治家庭暴力知识竞赛"活动，一方面丰富群众的业余生活，另一方面也可以达到普及防治家庭暴力法律知识的目的。二是在宣传时间上，除了继续坚持在具有特定纪念意义的日子开展法制宣传外，还可以充分利用周末、节假日等时间，因为利用这些时间进行宣传，大部分群众没有工作上的压力，心情相对放松，也较易接受宣传，因此宣传目的也较易达到。

其二，完善立法，明确家庭暴力的认定依据。如前所述，目前，我国有关防治家庭暴力的规定散见于各种法律法规中，并且重庆市出台的地方性法规亦较为原则，可操作性不强，因此立法亟待完善。一是应当从完善地方性法规入手，总结立法经验，为制定全国性的防治家庭暴力法做准备。[②] 以 2006 年《重庆市预防和制止家庭暴力条例》（以下简称《条例》）为例。该《条例》颁布施行五年来，实践证明总体施行情况是好的，为重庆市开展家庭暴力防治工作提供了具体的法律依据，但同时也暴露出一些问题，需要完善。具体而言，就是要明确救助主体的职责以及违反职责后应当承担的法律责任。我们建议，对该《条例》内容予以细化补充，明确规定公安机关、社会团体、群众自治组织在具体救

---

① 陈苇：《中国婚姻家庭法立法研究》（第 2 版），群众出版社 2010 年版，第 607 页。

② 陈苇、倪丹：《我国农村家庭暴力调查实证研究》，载陈苇主编：《家事法研究》（2007 年卷），群众出版社 2008 年版，第 148 页。

助过程中承担的职责和义务，以及在各救助主体间如何建立信息联络和共享机制等，明确规定各救助主体在怠于履行职责和义务时应承担的法律责任，做到权责统一。二是明确规定家庭暴力的认定依据。为有效解决家庭暴力"举证难"问题，首先，应当提高家庭暴力受害人的证据意识，明确规定家庭暴力受害人需妥善保存因家庭暴力而导致身体伤害的证据。其次，明确规定对于家庭暴力案件的审理，法院可依职权调取公安机关的110出警记录、医疗机构保存的病历和伤情照片等，作为证明家庭暴力存在的证据。最后，明确规定对于家庭暴力案件，医疗机构应对受害人的伤害情况详细记录检查结果，必要时予以照相以保存证据；公安机关出警后，应对家庭暴力发生情况进行详细记录，必要时制作询问笔录；法院在依职权收集相关证据时，有关单位和个人有协助的义务。

其三，大力宣传《人民调解法》，并且提供婚姻家庭纠纷咨询服务，发挥人民调解的积极作用。首先，针对当前部分群众对人民调解工作不理解不支持的情况，建议大力宣传我国于2011年1月1日施行的《人民调解法》，让群众认识调解书对双方当事人具有约束力，了解经司法确认的人民调解协议书具有强制执行力，受法律保护。同时，为当事人提供婚姻家庭纠纷咨询服务，发挥人民调解员解决婚姻家庭纠纷"第一道防线"的积极作用。其次，在条件具备时，人民调解员实行专人专职，以便其能更好地履行职责。最后，在办公经费上，适当增加人民调解委员会的办公经费，保障人民调解工作的开展。①

其四，促进就业，保障民众家庭的基本生活。如前所述，家庭经济条件差是引发家庭暴力的重要原因之一。因此，提供就业门路，促进就业，提高居民生活水平是减少家庭暴力的重要举措之一。我们建议，政府相关部门和社区都应当想方设法拓宽就业渠道，采取措施促进就业。首先，鼓励自主创业，政府应当加大对自主创业的扶持力度，提供更多的优惠政策和一定的资金扶持。其次，加大为社区下岗失业人员提供免费技能培训的投入，促进再就业。再次，及时提供就业信息，如社区与就业服务中心、人才市场等单位建立合作机制，社区主动将就业信息及时提供给社区的待业人员。最后，政府部门和社区应当教育群众转变就业观念，增强爱岗、敬岗意识，对待工作不挑肥拣瘦，乐于奉献，在平凡的岗位上实现人生价值。

其五，设立家庭暴力救助基金，加强对受害人的保护。我们了解到，有的家庭暴力受害人处于无业状态，没有经济来源，生活上依赖加害人。如果对加害人予以刑事处罚，那么受害人很可能将陷入生活无着落的境地，然而若不对加害人予以刑事处罚，则势必放纵加害人，任由家庭暴力行为肆无忌惮地发生，法律的权威也将荡然无存。因此，为了加大对受害人的保护力度，制裁家庭暴力行为，各级政府应当设立家庭暴力救助基金，用于资助生活困难的受害人。具体而言，在基金的来源上，各级政府应当从财政上拨付一定专项资金，支持家庭暴力的救助工作，同时也积极鼓励企业组织和慈善爱心人士捐赠。在基金的管理上，应当由各级民政部门开设基金专项账户，统一管理，统一支付。在基金的使用上，应当专款专用，有关部门应当设立监督机制。我们认为，只有加强对受害人的保护力度，使其解除生活后顾之忧，才能有效地预防和制止家庭暴力。

---

① 2011年《人民调解法》第6条规定：国家鼓励和支持人民调解工作。县级以上地方政府对人民调解工作所需经费应当给予必要的支持和保障，对有突出贡献的人民调解委员会和人民调解员按照国家规定给予表彰奖励。其第12条规定：村民委员会、居民委员会和企业事业单位应当为人民调解会开展工作提供办公条件和必要的工作经费。

# 妇联在防治家庭暴力中的作用研究
## ——中国重庆市某区妇联防治家庭暴力情况调查报告[①]

陈 苇 唐国秀 石 雷 罗 琼[*]

## 目 次

我国 2001 年修正后的《婚姻法》首次明文规定 "禁止家庭暴力"。然而，在我国的现实生活中，家庭暴力行为时有发生。家庭暴力侵害家庭成员的人身权利和财产权利，影响婚姻家庭关系的稳定和社会秩序的安定。[②] 家庭暴力的存在，是我国构建和谐家庭与和谐社会的一大隐患。为了考察妇联在防治家庭暴力中的作用，2011 年 7 月，在我国重庆市某区妇联的配合下，我们组织西南政法大学民商法学院部分教师和研究生对该区妇联2009—2010 年的家庭暴力防治情况进行了实地调研。

① 本文为西南政法大学 "2010 年度重大科研项目：中国内地（大陆）与港澳台防治家庭暴力立法与实践研究"（项目编号：2010-XZZD01）的阶段性成果，载《中华女子学院学报》2012 年第 4 期，于 2012 年 3 月荣获中国重庆市社会科学联合会颁发的 "重庆市社会科学界第二届学术年优秀论文二等奖"。本文在被编入本书时对部分标题和内容进行了适当修改。

鸣谢：除本文作者外，参加本次调查的西南政法大学民商法专业研究生有 2010 级硕士研究生周超、成蓓丽、段燕、周明利、欧阳中梁，特在此向他们表示衷心的感谢！

* 陈苇，女，西南政法大学外国家庭法及妇女理论研究中心主任，民商法学院教授、博士生导师；唐国秀，女，中国重庆市渝北区妇联主席；石雷，男，西南政法大学民商法博士研究生、应用法学院助理研究员；罗琼，女，西南政法大学民商法硕士研究生。

② 陈苇：《论预防和制止我国家庭暴力的法律对策》，载陈苇：《中国婚姻家庭法立法研究》，群众出版社 2000年版，第 462-463 页。

### 一、2009—2010 年重庆市某区妇联处理家庭暴力纠纷情况的统计

（一）家庭暴力纠纷占家事纠纷总数的比例

表1　2009—2010 年重庆市某区妇联处理的家庭暴力纠纷数量统计情况

| 类型 ＼ 年份 | 2009 年 | 2010 年 | 两年合计 |
|---|---|---|---|
| 家事纠纷数（件） | 546 | 577 | 1123 |
| 家庭暴力纠纷数（件） | 89 | 82 | 171 |
| 家庭暴力纠纷占家事纠纷总数的比例 | 16.3% | 14.2% | 15.2% |

据我们的调查统计数据显示，2009 年该区妇联处理的家事纠纷共 546 件，其中家庭暴力纠纷有 89 件，占当年家事纠纷总数的 16.3%；2010 年该区妇联处理的家事纠纷总数为 577 件，其中家庭暴力纠纷有 82 件，占当年家事纠纷总数的 14.2%，与 2009 年相比，有所下降。综合 2009—2010 年的总体情况来看，该区妇联两年间共处理家事纠纷 1123 件，其中家庭暴力纠纷有 171 件，占妇联处理的家事纠纷总数的 15.2%。也就是说，在每 100 件家事纠纷中，约有 15 件涉及家庭暴力。

（二）施暴者与受暴者的基本情况

1. 当事人的性别情况

在本次调查的家事纠纷中，2009 年家庭暴力纠纷共 89 件，施暴者为男性的为 89 件；2010 年家庭暴力纠纷共 82 件，施暴者为男性的为 82 件。从统计数据可见，该区妇联处理的家庭暴力纠纷中，施暴者均为男性。与此相对应，通过妇联寻求帮助的受害者均为女性，在 2009—2010 年家庭暴力纠纷的 171 件中，受害人为女性的有 171 件，其占受害人总数的比例为 100%。

2. 当事人的年龄情况

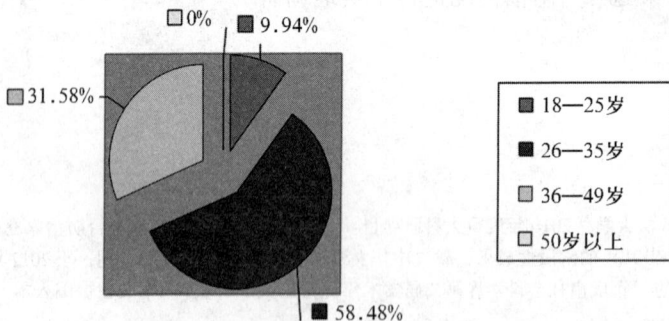

图 1　施暴者的年龄段分布情况

从本次调研统计的结果来看，施暴者年龄主要集中在 26—35 岁，在两年间妇联处理的共 171 件家庭暴力纠纷中，处于该年龄段的施暴者高达 100 人，占施暴者总数的 58.48%，而位居第二的年龄段为 36—49 岁，其比例为 31.58%，再次为 18—25 岁年龄

段，其比例为 9.94%，而 50 岁以上年龄段的没有。从受暴者的情况来看，基本与施暴者的年龄分布相同，也就是说，受暴者的集中年龄段为 26—35 岁，占受暴者总数的 58.48%，其他排序依次为 36—49 岁，其比例为 31.58%；18—25 岁，其比例为 9.94%；50 岁以上的没有。

3. 当事人的职业情况

(单位：人)

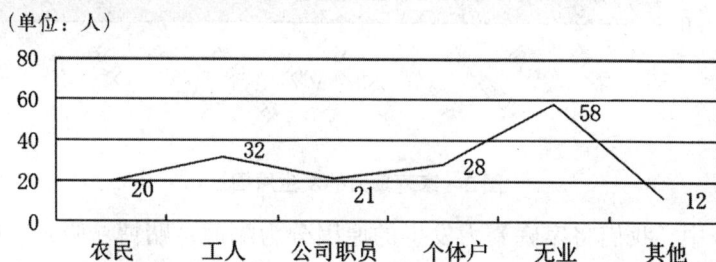

**图 2 施暴者的职业分布**

从此次调查结果的统计来看，在两年间该区妇联处理的家庭暴力纠纷中，实施家庭暴力者的职业包括：农民、工人、公司职员、个体户、无业人员、其他，各自所占的比例分别为 20%、32%、21%、28%、58%、12%。在实施家庭暴力的人中，无业人员所占的比例最高，为 33.92%。在受暴者中，也是以无业者为最多，占 33.92%，其次是个体户（比例为 18.71%），公司职员（比例为 16.37%），工人（比例为 12.28%），农民（比例为 11.70%），其他（比例为 7.02%）。

4. 当事人的文化程度情况

**表 2 施暴者的文化程度**

| 年份<br>职业类别 | 2009 年（人） | 2010 年（人） | 两年合计（人） |
|---|---|---|---|
| 文盲 | 16 | 13 | 29 |
| 小学 | 22 | 31 | 53 |
| 初中 | 34 | 21 | 55 |
| 高中 | 15 | 17 | 32 |
| 大专 | 1 | 0 | 1 |
| 本科 | 1 | 0 | 1 |

从本次统计结果可以看出，施暴者的文化程度属小学、初中的居多，2009—2010 年小学和初中文化水平的施暴者总数分别为 53 人、55 人，各占 30.99%、32.16%，两者占了总数的一半以上。其次分别为高中占 18.71%，文盲占 16.96%，大专与本科各占 0.58%。而受暴者的文化程度与施暴者的文化程度呈现同一分布情况。

5. 家庭暴力的发生原因

（单位：人）

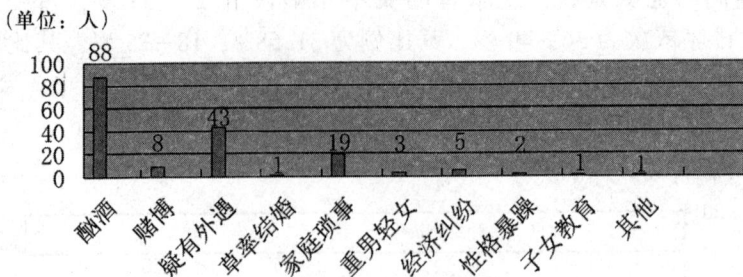

**图 3　家庭暴力的发生原因**

在本次调查中，我们将家庭暴力发生的原因分为酗酒、赌博、吸毒、嫖娼、疑有外遇、草率结婚、家庭琐事、重男轻女、经济纠纷、性格暴躁、女方不孕、婚外性行为、婚前行为不端、性格不合、子女教育、其他共计 16 项。此次调查的统计结果显示，在 2009—2010 年该区妇联受理的家庭暴力纠纷的发生原因中居于前三位的分别是：酗酒（88 件）、疑有外遇（43 件）、家庭琐事（19 件），它们在家庭暴力纠纷的发生原因中所占比例分别为 51.46%、25.15%、11.11%。

### 二、2009—2010 年重庆市某区妇联处理家庭暴力纠纷情况的分析

由于受收集的资料限制，我们本次调研只对 2009—2010 年该区妇联处理的家庭暴力纠纷进行了考察，虽此次调研数据选取面比较窄，但这些数据仍然能够在一定程度上说明一些情况。其具体有以下几个方面：

第一，防治家庭暴力，妇联发挥着重要作用。我们本次调研共收集统计了该区妇联处理的家事纠纷 1123 件，其中属于家庭暴力纠纷的有 171 件，家庭暴力纠纷占家事纠纷总数的 15.2%，这说明家庭暴力纠纷的发生率还是比较高的，家庭暴力已经成为影响家庭和谐与社会和谐的一个重要因素。因此，我们对防治家庭暴力必须高度的重视，要认真研究预防和处理家庭暴力的有效对策。此外，通过该统计数据，我们可以看到，在发生家庭暴力时，受暴人向妇联寻求帮助的数量占一定比例（2009—2010 年其占妇联处理家事纠纷总数的 15% 左右）。这表明妇联是防治家庭暴力的重要力量。

就施暴者而言，该区妇联受理的家庭暴力纠纷的施暴者主要是男性。本次调研数据显示施暴者均为男性，占 100%，这至少反映出两个问题：一是就妇联的性质而言，妇联是全国各族各界妇女在中国共产党领导下，为争取进一步解放而联合起来的社会群众团体，是党和政府联系妇女群众的桥梁和纽带。妇联是妇女的"娘家"。因此，寻求妇联帮助的主要是女性。也许在家庭暴力纠纷中，受暴者如果是男性，其一般不会寻求妇联的帮助，而可能会寻求法院、街道办事处、居委会、派出所等组织的帮助。二是在家庭中，虽然男性也会成为受暴者，但总体来看女性是受暴一方的占绝大多数。因为女性大多数仍然是家庭中的弱势一方，如何保障妇女的人身权利，是社会应当高度重视的问题。① 因此，妇联

---

① 王世园：《论国际人权法之妇女人权——针对妇女的家庭暴力的相关问题》，载《法制与社会》2009 年第 16 期。

作为防治家庭暴力的重要力量，必须继续发挥其重要作用。

第二，处理家庭暴力纠纷，应注重调解技巧。我们调研的结果显示，发生家庭暴力的原因主要为酗酒、疑有外遇，其中酗酒居首位。我们认为，处理家庭暴力纠纷，应针对其发生原因，注重调解技巧。其一，因酗酒施行家庭暴力的人往往脾气比较暴躁，性格较偏执，自我控制能力较弱，这些人往往不会轻易接受妇联的批评教育。在这种情况下，妇联就必须注重调解技巧。其二，除酗酒外，疑有外遇是引起家庭暴力的另一重要原因。通过查阅妇联的来访纪录，我们发现因疑有外遇而发生家庭暴力的情况有两种：一是丈夫怀疑妻子有外遇，觉得自己被背叛，不能忍受这么大的屈辱，进而实施家庭暴力；二是妻子怀疑丈夫有外遇，对丈夫进行质问，与丈夫吵闹，丈夫对妻子的干预表示不满而实施家庭暴力。我们认为，外遇固然是对夫妻感情的最大伤害，但是因外遇而实施家庭暴力则证明男性对女性的控制。这在很大程度上是受到传统"男尊女卑"观念的影响。面对有此观念的施暴者，妇联同志在做调解工作时必须注重技巧。

第三，防治家庭暴力，应大力培养民众的反家庭暴力意识。我们调研的结果显示，从施暴者的职业和文化程度来看，低收入和低学历的人更容易实施家庭暴力，我们的调研数据显示，无业人员实施家庭暴力的比率为 33.92%，初中以下学历的人实施家庭暴力的占80.11%。正如我国学者指出的那样：家庭暴力与家庭的经济水平和文化程度有一定的关系。[①] 低收入家庭因为生活压力较大，夫妻之间容易产生矛盾，家庭暴力发生率也随之上升；文化程度的高低则决定了人对问题处理方式的选择，文化程度较高的人多数倾向于采取说理的方式解决问题，而文化程度低的人往往采取暴力手段解决问题，这就使施暴者主要集中在低文化程度的人群中。因此，防治家庭暴力需要大力培养民众的反家庭暴力意识，并努力提高民众的文化素质。

### 三、重庆市某区妇联防治家庭暴力工作取得的主要成效

本次调研的统计数据显示，家庭暴力的受暴者均为女性。当然，这并不能说明男性就不会成为受暴者，在现实中男性受暴的情况也是有的，但不可否认，家庭暴力的受暴者仍以女性为主。妇联肩负着维护妇女权益的职能。在长期的妇女维权工作实践中，妇联积累了丰富的经验。这一特点使妇女信赖妇联会切实维护其合法权益，妇女在遭受家庭暴力时更愿意寻求妇联的帮助。此外，妇联工作者多为女性，能够从女性的角度来分析问题，知道女性的心理需求，这有利于开导受暴女性，给予其必要帮助，从而使寻求妇联帮助成为受暴妇女维权的首要选择。妇联的特殊性质使妇联在防治家庭暴力中具有特定优势，需要进一步发挥其防治家庭暴力的积极作用。该区妇联在防治家庭暴力工作中采取了一些行之有效的做法，促进了防治家庭暴力工作的开展。其取得的工作成效主要有以下几个方面：

（一）注意采取多级妇联合作的方式，及时处理家庭暴力纠纷

该区妇联下属有各镇妇联、街道妇工委，形成了多级维权的组织结构。各镇妇联、街道妇工委一般来说对家庭暴力者的家庭情况比较了解，参与家庭暴力纠纷的处理，能够对症下药，针对各家庭的具体情况及施暴的原因对施暴者进行说服教育，及时有效地解决家庭暴力纠纷。因此，该区妇联对前来投诉请求帮助的当事人采取与各镇妇联、街道妇工委

---

① 参见蒋月：《中国家庭暴力问题实证研究——以福建省为例》，载《金陵法律评论》2006 年第 1 期。

联系的方式，共同帮受暴者排忧解难。其具体做法是，区妇联在接到家庭暴力纠纷的投诉后，会根据实际情况将其转交给镇妇联或街道妇工委来处理。镇妇联、街道妇工委在处理家庭暴力纠纷的过程中遇到困难也会及时向区妇联反映，并且在对其处理完毕后会将处理结果反馈给区妇联。在各级妇联的相互配合下，防治家庭暴力取得了很好的效果。此外，镇妇联设有"妇女之家"，专门对受暴妇女进行援助，在受暴妇女不敢回家，没有住处时，"妇女之家"会免费提供住处（通常为一周），给受暴妇女一个安全的居住环境。同时，各镇妇联、街道妇工委对施暴者也能起到一定监督作用，防止家庭暴力的再次发生。

（二）注意对家庭暴力纠纷双方当事人进行疏导，以预防和减少家庭暴力

妇联作为社会群众组织，在发生家庭暴力时一方面对施暴者进行调解说服，辅以相关法律知识教育，使施暴者意识到家庭暴力具有违法性。另一方面，妇联注重对受暴者一方进行鼓励，妇联工作者与受暴者进行交谈，听其倾诉，增强受暴妇女的安全感，也通过对家庭暴力发生原因进行分析，使受暴者找出症结所在，从而找出应对方法。例如，该区妇联处理了一起来访家庭暴力纠纷，其主要原因是妻子不顾家，对于孩子也疏于管教，丈夫多次与妻子沟通，妻子仍不改正，最终丈夫对妻子实施了家庭暴力。妇联同志了解这一原因后，对丈夫进行了批评教育，使其认识到实施家庭暴力并不是解决问题的适当方式，暴力只会使问题复杂化，不但不能解决问题，而且会使夫妻感情受到伤害，施暴人自己也触犯了法律；与此同时，妇联同志在安慰受暴妇女后也对她进行了劝说，使她意识到作为一个妻子应该承担的家庭责任。妇联通过对施暴者和受暴者两方做工作，使该家庭暴力纠纷得到了及时处理。

（三）注意给予受暴者法律援助，切实维护其合法权益

该区妇联虽然强调以调解为主解决问题，但如果施暴者屡教不改，或是严重侵犯受暴者的人身权利，妇联就会给予受暴者法律指导，帮助其使用法律武器去维护自己的合法权益。我们对妇联工作人员进行访谈后得知，妇联对来访的家庭暴力纠纷，根据受暴者的意愿进行分类处理。如果受暴者想和解，想继续维持婚姻关系，妇联工作人员就会通知施暴者到妇联来，对施暴者进行批评教育，并劝其珍惜与受暴者的婚姻；如果受暴者想离婚，结束给其身心带来严重创伤的婚姻，妇联则会告知受暴者向法院起诉的流程、如何收集和保存家庭暴力证据等。

（四）注意与其他部门、组织合作，形成多机构联合防治家庭暴力的合力

在开展防治家庭暴力的工作中，该区妇联保持与法院、检察院、司法所、法律诊所的密切联系。例如，在法院设有妇委会，在司法所设有妇女法律援助小组，在"法制宣传日"与检察院、法院等一同开展法制宣传活动。此外，该区妇联还与西南政法大学法律诊所有合作关系，每周五西南政法大学法律诊所会派成员到妇联帮来访者解答相关法律问题。这种多机构合作的机制，对于防治家庭暴力发挥了良好的效用。

**四、重庆市某区妇联在防治家庭暴力中的困难和问题**

在防治家庭暴力的工作中，该区妇联也面临一些困难和问题。其主要有如下几个方面：

（一）家庭暴力具有隐蔽性，不易发现

家庭暴力就其性质而言具有很强的隐蔽性，发生在家庭内部，通常不易为外人知晓，

加上一些受暴者碍于情面，认为被打是很不光彩的事，家丑不可外扬，所以对于家庭暴力，妇联很少能主动发现。据妇联工作人员介绍，家庭暴力纠纷的受暴者多数都会主动来访（亲自来投诉占85%，电话投诉占12%）。但有些时候，即使妇联发现了家庭暴力行为的存在，受暴者也不愿意将自己被打的事实公之于众而极力否认家庭暴力的存在。由于有些受害人不向妇联求助，因此妇联不能及时开展反家庭暴力工作。

（二）反家庭暴力的法制宣传还不够，部分民众反家庭暴力意识不强

目前，反家庭暴力的法制宣传还不够。该区妇联、镇妇联、街道妇工委虽已经组织开展法制宣传，但只是在妇女维权宣传中一并宣传防治家庭暴力，针对防治家庭暴力的专门宣传还不够。由于受传统观念的影响，"夫为妻纲"、"男尊女卑"等封建思想仍然残存于一些人的头脑中，一些遭受家庭暴力的妇女不能运用法律武器来保护自己的合法权益。她们认为"夫妻没有隔夜仇，床头打架床尾和"，没有必要将夫妻感情僵化，能忍则忍。另外，有些单位和部门在处理家庭暴力时也抱着大事化小、小事化了的态度，有的还认为家庭暴力是夫妻间的事，外人不便插手，这使得家庭暴力得不到及时的遏制。例如，在现实中反复投诉的现象时有发生。有的当事人在妇联的调解下双方和好，施暴者承诺不会再实施家庭暴力，但过了不久，受暴者却再次向妇联投诉。并且，部分民众反家庭暴力意识薄弱，也是纵容家庭暴力的一个原因。因此，反家庭暴力的法制宣传还有待加强。

（三）有些妇联工作人员反家庭暴力知识还存在不足

防治家庭暴力需要以专业知识为支撑。有些妇联工作人员反家庭暴力知识还存在不足，这是妇联在防治家庭暴力过程中遇到的另一重要问题。本次调研过程中我们了解到，有些妇联工作人员在反家庭暴力知识方面还有待加强。例如，有时一些妇联工作人员不能给予受暴者应对家庭暴力的具体建议，而只能简单地告知受暴者起诉流程，收集与保存证据。这虽然有利于在诉讼中提交家庭暴力证据，但在很多时候并不能预防家庭暴力的再次发生，也不利于保障受暴妇女免受家庭暴力的再次侵害。

（四）家庭暴力纠纷处理效果的反馈机制尚未建立

在本次调研中，我们发现该区妇联还没有建立起纠纷处理效果的反馈机制。我们认为，对家庭暴力纠纷处理效果的反馈是一项非常重要的工作。其重要意义在于，一方面，可以了解妇联处理家庭暴力的效果如何；另一方面，可以总结和改进调解技巧。有时，没有重复投诉并不表明家庭暴力情况得以改善，也许当事人已改用诉讼方式来解决家庭暴力纠纷。

**五、促进我国妇联防治家庭暴力工作的建议**

如前所述，妇联在防治家庭暴力中起着重要作用。该区妇联在防治家庭暴力的工作中已经取得了较大的成效。但要进一步加强防治家庭暴力的效果，还必须在现有的基础上进一步改进工作。我们针对前述妇联在反家庭暴力工作中所面临的困难和问题，提出以下几点促进我国妇联防治家庭暴力工作的建议。

（一）加大反家庭暴力法制宣传的力度

家庭暴力是家庭和睦的最大破坏者，如果不及时将其清除，家庭、社会和谐都会受其威胁。虽然现在各地都加强了对家庭暴力危害的认识，在宣传上也做了很多工作，但总体上看反家庭暴力宣传仍是不够。很多人仍然对家庭暴力抱着"家务事"的看法，没有意

识到这是一种严重侵害受暴人的人身权利的违法行为。我们建议加大对反家庭暴力的宣传力度，具体包括以下几个方面：

首先，应当对反家庭暴力的相关法律有针对性地进行宣传和讲解，便于群众知法、守法。目前，我国还没有一部专门的反家庭暴力法，禁止家庭暴力的规定散见于《妇女权益保障法》、《婚姻法》、《未成年人保护法》、《老年人权益保障法》、《刑法》等法律法规及部分行政条例中，我国一些省市，如重庆市等虽出台了《预防和制止家庭暴力条例》，但毕竟是地方性立法。我国反家庭暴力法律保障条款的分散性使民众在发生家庭暴力时不能完整掌握法律保障措施，并且对法律规定的精神也可能理解不全面，往往会影响其运用法律武器维护自己的合法权益。所以，在宣传反家庭暴力的同时，应注重对相关法律的宣传和解读。

其次，除在宣传内容上应当注重实效外，在宣传的时间上应当注重反复性。由于封建夫权思想在有些人的心中根深蒂固，反家庭暴力存在很大困难。这就要求我们在宣传力度上多花功夫，要多次宣传、反复宣传。我们认为除了在法定宣传日进行宣传外，还应注重平时宣传，将反家庭暴力宣传作为一种常规性活动，以宣传的密集性提高民众对反家庭暴力的认识。

最后，在宣传形式上也应当注重多样性。[1] 传统的宣传方法是分发宣传手册，这是不够的。应当将宣传手册与其他形式的宣传结合起来，将反家庭暴力渗透到大众的生活中。具体来说，可以采取座谈会、板报、免费播放反家庭暴力电影，以及争创和谐家庭、和谐社区、和谐街道等方式，使全民都参与到反家庭暴力的队伍中来。

我们认为，只有将反家庭暴力法制宣传的内容、时间、形式都加以完善，才有利于解决妇联在工作中遇到的"家庭暴力发现难"、"民众反家庭暴力意识弱"的问题。

（二）加强妇联工作人员反家庭暴力知识的培训

有些妇联工作人员因为没有接受过专门反家庭暴力知识培训，其反家庭暴力专业知识还存在不足，在处理家庭暴力纠纷时显得力不从心。针对此问题，综合考虑到成本与可行性，建议加强妇联工作人员反家庭暴力知识的培训，由参加过专门反家庭暴力培训的人员到妇联开展培训工作。以这种方式，可以扩大具有反家庭暴力知识的队伍，加强妇联工作人员防治家庭暴力的能力。

（三）建立施暴者心理辅导机制

我国台湾地区，在1998年6月施行了"家庭暴力防治法"。其规定了一项以加害人为中心的"处遇计划"。该计划让加害人接受强制治疗或辅导，以改变加害人的施暴行为习惯。在美国，对于家庭暴力的处理，对未构成犯罪的施暴者，采取责令其到"男性制怒训练中心"接受心理辅导的方式。[2] 我们认为，为提高妇联工作人员处理家庭暴力纠纷的能力，结合我国内地实际，针对因酗酒实施家庭暴力的施暴者往往脾气比较暴躁、性格较偏执、自我控制能力较弱的情况，可以先鼓励妇联工作人员考取婚姻家庭心理咨询师资格，再由具有婚姻家庭心理咨询师资格的妇联工作人员对施暴者进行心理辅导，以矫正加

---

① 刘俊、顾昭明：《社会工作者如何介入家庭暴力》，载《法制与社会》2009年第10期。

② 陈苇、秦志远：《我国台湾地区防治家庭暴力立法与司法之研究及启示》，载陈苇主编：《家事法研究》（2006年卷），群众出版社2007年版，第57—58页。

害人的施暴行为习惯。

（四）构建家庭暴力纠纷处理效果的反馈机制

针对目前没有建立家庭暴力纠纷处理效果之反馈机制的现实情况，我们认为，需要构建家庭暴力纠纷处理效果的反馈机制。只有通过纠纷处理效果的反馈，才能实际了解调解的效果。只有在了解调解效果的基础上，才能总结调解技巧，改善调解方法，优化调解策略，最终提高调解成功率，从而达到及时有效地防治家庭暴力之目的。对于家庭暴力纠纷处理效果的反馈，建议采取镇妇联和街道妇工委的工作人员对当事人进行电话询问、上门访问等方式，收集家庭暴力纠纷处理效果的反馈。

综上所述，防治家庭暴力，任重而道远。我们通过对重庆市某区妇联防治家庭暴力情况的实地调查，了解到妇联在家庭暴力防治工作中的积极作用，也看到了妇联面临的一些困难和问题。针对妇联面临的困难和问题及本次调研反映出的家庭暴力情况，本文提出的以上建议只是防治家庭暴力措施的一部分。我们认为，要最终实现构建和谐家庭、构建和谐社会的目标，还需要社会各相关机构和全体民众共同努力，采取综合性的多种措施。

# 法院在防治家庭暴力中的作用实证研究
## ——以中国重庆市某区人民法院审理涉及家庭暴力案件情况为对象[①]

陈　苇　段伟伟[*]

**目　次**

一、家庭暴力案件材料的统计情况
二、家庭暴力案件材料的实证分析
三、法院审理涉家庭暴力案件的经验与困境
四、家庭暴力案件实证调查的启示

　　家庭暴力是国际社会普遍关注的社会问题。联合国很早便在一些相关公约与文件中确定了反家庭暴力的法律框架。[②] 在国内，从立法的层面来看，近十多年来全国人大的法律及部分省、市与地区的地方性法规与规章中已有所涉及；在司法实践方面，最高人民法院颁布的一些指导司法实践的司法解释及通知中也包含了一些针对家庭暴力的规定。[③] 此

---

　　① 本文为西南政法大学 2010 年度重大科研项目"中国内地与港澳台防治家庭暴力立法与实践研究"（项目编号：2010-XZZD01）的子课题成果，载《河北法学》2012 年第 8 期。本文在被编入本书时部分标题和内容有适当修改。

　　鸣谢：2011 年 3 月–2011 年 4 月，本调研小组对重庆市某区人民法院进行了调研。在此衷心地感谢重庆市沙坪坝区人民法院审判委员会委员、民一庭庭长王东友及其档案室人员的大力支持。参加调研的人员有西南政法大学民商法学院博士研究生罗杰、曹贤余、石雷，硕士研究生侯茜、石婷、王玲、罗琼、周超、欧阳中梁、成蓓丽、张文清，在此对他们在调研中的付出一并致谢！

　　* 陈苇，女，西南政法大学外国家庭法及妇女理论研究中心主任，民商法学院教授、博士生导师；段伟伟，男，西南政法大学民商法博士研究生。

　　② 例如，1979 年《消除对妇女一切形式的歧视》、1989 年《儿童权利公约》、1993 年《消除对妇女的暴力行为宣言》、2006 年《加强努力消除一切形式暴力侵害妇女行为》、2007 年《加强努力消除一切形式的暴力侵害妇女行为》、《消除一切表现形式的强奸和其他形式性暴力，包括在冲突和相关局势中发生的强奸和其他形式性暴力》、2008 年《加强努力消除一切形式的暴力侵害妇女行为》等文件与公约中就有相关内容涉及家庭暴力。参见联合国网站：http：//www.un.org/zh/women/endviolence/，访问日期：2011 年 11 月 13 日。

　　③ 全国层面的立法规定主要有：现行《婚姻法》第 3 条、第 32 条、第 43 条、第 45–46 条；《妇女权益保障法》第 46 条、第 58 条；《未成年人保护法》第 10 条。地方性法规与规章主要有：河北省 2004 年 7 月出台的《河北省预防和制止家庭暴力条例》、辽宁省 2005 年 5 月出台的《辽宁省预防和制止家庭暴力规定》、重庆市 2006 年 5 月出台的《重庆市预防和制止家庭暴力条例》、吉林省 2007 年 1 月出台的《吉林省预防和制止家庭暴力条例》、新疆维吾尔自治区 2008 年 11 月出台的《新疆维吾尔自治区预防和制止家庭暴力规定》、浙江省 2010 年 9 月出台的《浙江省预防和制止家庭暴力条例》等。

外，全国的法院系统也在部分地区的法院对"人身安全保护裁定"进行试点。所有这些立法及司法的积极探索均取得了一定的成效，但这对解决家庭暴力这一社会问题所起的作用仍然不够，其防治任务依然任重而道远。2011年9月，全国人大已经将制定我国专门的"反家庭暴力法"纳入首批立法立项论证试点项目，立项论证工作计划于同年10月开始。在此背景下，针对家庭暴力的实证调研成果对于我国立法机关与法律实务部门都具有重要的参考价值。

我们将本次调研的地点选在中国重庆市某区人民法院。① 我们试图通过对法院审理涉家庭暴力案件情况的调研，分析总结该地区家庭暴力的发生规律、涉家庭暴力案件审理经验等情况。本次调研主要采用实证调查分析和个人访谈的方法。第一，通过查阅该区人民法院2008—2010年审理的婚姻家庭类民事案件的全部卷宗，全面收集此类案件中涉及家庭暴力的相关案件信息。第二，对当事人和法官进行个人访谈。调研小组对涉家庭暴力案件抽样选取部分当事人进行了个人访谈；并且还选取了部分法官进行个人访谈，以便深入了解涉家庭暴力案件的发生原因、后果及法院处理等情况，总结审理此类案件的经验等。

## 一、家庭暴力案件材料的统计情况

在此次调研中，我们根据调研获取的一手材料，根据家庭暴力案件发生的数量、案件类型、当事人情况、家庭暴力发生原因、家庭暴力类型、案件审理情况、人身安全保护裁定等方面的信息，分类进行统计如下②：

（一）涉家庭暴力案件数量（见表1）

**表1 涉家庭暴力案件数量**

| 年份 | 调研的婚姻家庭类案件总量（件） | 涉家庭暴力案件（件） | 涉家庭暴力案件百分比 |
| --- | --- | --- | --- |
| 2008年 | 647 | 167 | 25.8% |
| 2009年 | 719 | 137 | 19.05% |
| 2010年 | 568 | 154 | 27.11% |
| 2008—2010年 | 1934 | 458 | 23.68% |

---

① 例如，最高人民法院《关于适用〈中华人民共和国婚姻法〉若干问题的解释（一）》第1条对《婚姻法》中"家庭暴力"所涉及的条文中的"家庭暴力"的内涵进行了界定。[《最高人民法院关于印发〈关于落实23项司法为民具体措施的指导意见〉的通知》（2003年12月发布）第19条、《最高人民法院印发〈最高人民法院关于为构建社会主义和谐社会提供司法保障的若干意见〉的通知》（2007年1月发布）第6条。]此外，特别值得指出的是，最高人民法院中国应用法学研究所于2008年编写了《涉及家庭暴力婚姻案件审理指南》，该指南比较系统地介绍了家庭暴力的特点以及法律实践者在涉及家庭暴力的实践中应注意的问题，但该指南不属于司法解释，仅是为法官提供参考的办案指南。

② 如无特别说明，下文中的所列图表均为被调查的重庆市某区人民法院2008—2010年审理的涉家庭暴力案件的统计信息。

（二）涉家庭暴力案件类型（见表2）

**表2　涉家庭暴力案件类型情况**

| 年份 | 数量及<br>百分比 | 离婚<br>案件 | 继承<br>案件 | 赡养<br>案件 | 抚养费<br>案件 | 抚养权<br>案件 | 离婚后财产<br>纠纷案件 | 其他① |
|---|---|---|---|---|---|---|---|---|
| 2008 年 | 数量（件） | 162 | 0 | 1 | 0 | 0 | 1 | 3 |
| | 当年百分比 | 97% | 0 | 0.59% | 0 | 0 | 0.59% | 1.79% |
| 2009 年 | 数量（件） | 135 | 0 | 0 | 0 | 0 | 2 | 0 |
| | 当年百分比 | 98.54% | 0 | 0 | 0 | 0 | 1.46% | 0 |
| 2010 年 | 数量（件） | 153 | 0 | 0 | 0 | 0 | 1 | 0 |
| | 当年百分比 | 99.35% | 0 | 0 | 0 | 0 | 0.64 | 0 |
| 2008-<br>2010 年 | 数量（件） | 450 | 0 | 1 | 0 | 0 | 4 | 3 |
| | 三年百分比 | 98.25% | 0 | 0.22% | 0 | 0 | 0.87% | 0.66% |

（三）家庭暴力施暴者信息

1. 施暴者性别（见表3）

**表3　家庭暴力案件中施暴者性别比例**

| | 男性 | 女性 |
|---|---|---|
| 数量（人） | 391 | 67 |
| 百分比 | 85.35% | 14.63% |

2. 施暴者年龄（见表4）

**表4　家庭暴力案件中施暴者年龄段情况**

| | 18 岁以下 | 18-25 岁 | 26-35 岁 | 36-49 岁 | 50 岁以上 |
|---|---|---|---|---|---|
| 数量（人） | 0 | 7 | 71 | 258 | 122 |
| 百分比 | 0 | 1.53% | 15.5% | 56.33% | 26.64% |

3. 施暴者职业（见表5）

**表5　家庭暴力案件中施暴者职业情况②**

| 职业 | 公司职员 | 无固定职业者 | 农民 | 无业人员 | 工人 | 退休人员 |
|---|---|---|---|---|---|---|
| 数量（人） | 88 | 69 | 59 | 53 | 51 | 28 |
| 百分比 | 20.13% | 15.78% | 13.50% | 13.12% | 11.67% | 6.40% |

---

① 其他类型的案件包括同居关系析产、分家析产、离婚后财产纠纷等类型。

② 因部分案件卷宗对家庭暴力案件中部分当事人的职业情况没有记载，在涉及家庭暴力的 458 件案件中，仅统计到记载有施暴者职业信息的 437 份卷宗的情况。

| 职业 | 个体户 | 公务员 | 教师 | 医护人员 | 其他① | |
|---|---|---|---|---|---|---|
| 数量（人） | 22 | 18 | 8 | 5 | 36 | |
| 百分比 | 5.03% | 4.11% | 1.83% | 1.14% | 8.24% | |

（四）家庭暴力受害者信息

1. 受害者性别（见表6）

**表6　家庭暴力案件中受害者性别比例**

| | 男性 | 女性 |
|---|---|---|
| 数量（人） | 68 | 390 |
| 百分比 | 14.85% | 85.15% |

2. 受害者年龄（见表7）

**表7　家庭暴力案件中受害者年龄段情况**

| | 18岁以下 | 18-25岁 | 26-35岁 | 36-49岁 | 50岁以上 |
|---|---|---|---|---|---|
| 数量（人） | 1 | 18 | 137 | 222 | 80 |
| 百分比 | 0.22% | 3.93% | 29.91% | 48.47% | 17.47% |

3. 受害者职业（见表8）

**表8　家庭暴力案件中受害者职业情况②**

| 职业 | 无固定职业者 | 公司职员 | 农民 | 无业人员 | 退休人员 | 工人 |
|---|---|---|---|---|---|---|
| 数量（人） | 71 | 67 | 64 | 56 | 41 | 39 |
| 百分比 | 17.57% | 16.58% | 15.84% | 13.86 | 10.15% | 9.65% |
| 职业 | 个体户 | 教师 | 公务员 | 医护人员 | 其他③ | |
| 数量（人） | 17 | 11 | 10 | 10 | 20 | |
| 百分比 | 3.47% | 2.72% | 2.48% | 2.48% | 4.95% | |

---

①　其他职业类型包括军人、学生等未归入表中的职业。

②　因部分案件卷宗对涉家庭暴力案件中当事人的职业情况没有记载，在涉及家庭暴力的458件案件中，仅统计到记载有家庭暴力受害者的职业信息的407件。

③　其他职业类型包括军人、学生等未归入表中的职业。

（五）家庭暴力侵害对象（见表9）

**表9　家庭暴力侵害对象情况**

| 侵害对象 | ①丈夫侵害妻子 | ②妻子侵害丈夫 | ③父母侵害未成年子女 | ④成年子女侵害父母 | ⑤儿媳侵害公婆 | ⑥女婿侵害岳父母 | ⑦其他 |
|---|---|---|---|---|---|---|---|
| 数量（件） | 377 | 55 | 4 | 4 | 1 | 1 | 2 |
| 百分比 | 82.31% | 12.01% | 0.87% | 0.87% | 0.22% | 0.22% | 0.44% |
| 侵害对象 | ①+③ | ①+⑥ | ②+③ | ①+⑦ | ②+⑤ | ②+④ | ①+④ |
| 数量（件） | 5 | 2 | 1 | 1 | 1 | 2 | 2 |
| 百分比 | 1.12% | 0.44% | 0.22% | 0.22% | 0.22% | 0.44% | 0.44% |

（六）涉及未成年人的家庭暴力案件数量

在被调查的涉家庭暴力案件中，有未成年人与家庭暴力当事人共同生活的案件有197件，占被调查涉家庭暴力案件总数的43.01%。

（七）家庭暴力行为方式（见表10）

**表10　家庭暴力行为方式统计表**

| 暴力方式 | ①人身侵害 | ②性侵害 | ③精神伤害 | ④财产侵权 | ⑤经济控制 | ①+③ | ①+②+③ | ①+③+④ |
|---|---|---|---|---|---|---|---|---|
| 数量（件） | 296 | 2 | 27 | 1 | 1 | 104 | 8 | 4 |
| 百分比 | 64.63% | 0.44% | 5.90% | 0.22% | 0.22% | 22.71% | 1.75% | 0.87% |
| 暴力方式 | ①+② | ③+④ | ②+③ | ①+⑤ | ③+⑤ | ①+④ | ①+②+④ | |
| 数量（件） | 5 | 2 | 1 | 2 | 2 | 2 | 1 | |
| 百分比 | 1.09% | 0.44% | 0.22% | 0.44% | 0.44% | 0.44% | 0.22% | |

（八）家庭暴力发生的原因（见表11）

**表11　家庭暴力发生的原因**

| 原因 | 性格不合 | 性格暴躁 | 酗酒 | 家庭琐事 | 疑有外遇 | 草率结婚 | 赌博 |
|---|---|---|---|---|---|---|---|
| 数量（件） | 172 | 147 | 71 | 70 | 64 | 48 | 42 |
| 百分比 | 37.55% | 32.1% | 15.5% | 15.28% | 13.97% | 10.48% | 9.17% |
| 原因 | 婚外性行为 | 经济纠纷 | 嫖娼 | 重男轻女 | 吸毒 | 其他① | |
| 数量（件） | 33 | 21 | 9 | 8 | 3 | 14 | |
| 百分比 | 7.21% | 4.59% | 1.97% | 1.75% | 0.66% | 3.06% | |

---

① 其他原因包括经济拮据、性生活不和谐、受害者患病、子女教育、婚前行为不端、妻子不孕、一方卖淫等。

（九）涉家庭暴力案件审结情况（见表 12）

**表 12　涉家庭暴力案件审结结果①**

| 审结结果 | 撤诉 | 调解离婚 | 驳回起诉 | 判决不离婚 | 判决离婚 | 调解和好 |
|---|---|---|---|---|---|---|
| 数量（件） | 188 | 84 | 68 | 59 | 53 | 5 |
| 百分比 | 41.59% | 18.94% | 14.98% | 13% | 11.67% | 1.1% |

1. 撤诉原因（见表 13）

**表 13　涉家庭暴力案件撤诉原因**

| 撤诉原因 | 自行和解 | 自行登记离婚 | 考虑到未成年子女的利益 | 施暴者自愿改正 | 经法院调解和好 | 其他原因② |
|---|---|---|---|---|---|---|
| 数量（件） | 84 | 23 | 16 | 8 | 5 | 52 |
| 百分比 | 44.68% | 12.23% | 8.51% | 4.26% | 2.66% | 27.66% |

2. 驳回起诉原因

在被驳回起诉的案件中，因不符合法定离婚理由而被驳回起诉的占 70.59%（48 件）；因证据不足而被驳回起诉的占 29.41%（20 件）。

3. 家庭暴力证据

在受调查的涉家庭暴力案件中，从受害者向法院提供的证据来看，主要有四类：被害人的言语陈述（占 56.9%），证人证言（占 28.7%），书证（占 12.1%），物证（仅占 2.3%）。

4. 离婚损害赔偿

在被调研的 458 件涉家庭暴力案件中，仅有 3 个案件的原告因家庭暴力导致离婚而向法院提起诉讼并获得离婚损害赔偿。

5. 人身安全保护裁定

2008 年至 2010 年，某区人民法院共在 2 件离婚案件中核发了 2 份人身安全保护裁定，申请人均为女性。2 件案件均以人身侵害为主，受害者向法院提供了言语陈述、报警记录、病历、照片等与家庭暴力相关的证据。法院在申请人提交保护申请的 48 小时内经审查认定家庭暴力事实成立，签发人身安全保护裁定并送达。这 2 份人身安全保护裁定主要涉及以下几个方面："禁止被告对原告继续实施家庭暴力；禁止被告处分价值较大的共同财产；责令被告向原告支付人身安全保护裁定生效期间的扶养费；禁止被告利用电话或其他手段方式对原告实施骚扰、窥视等行为；禁止被告在距离原告的住所 200 米内活动。"法院在将人身安全保护裁定送达当事人的同时，也抄送至辖区公安机关、当地妇联以及被申请人所在单位、村（居）委会组织等。从法院跟踪反馈的情况来看，这 2 份人身安全保护裁定的执行情况均比较理想，被申请人在人身安全保护裁定签发送达之后，便停止了

---

① 统计的案件共有 457 件，其中有 1 案件在调研时正处于审理阶段，没有结案。

② 鉴于其他原因撤诉的有：当事人失踪的、原告无法提供被告确切住址的、开庭时原告未到庭的、原告认为胜诉的概率不大的、原告希望通过达到分居期限作为离婚理由的、原告考虑到自己身体不好的等。

对申请人继续施暴。最终，该 2 件案件均以离婚结案。

## 二、家庭暴力案件材料的实证分析

### （一）涉家庭暴力案件的特征

从本次调研所获取的材料来看，该法院受理的涉家庭暴力案件呈现出以下特点：

第一，家庭暴力的发生率比较高。该法院辖区三年间的家庭暴力发生率呈 V 型波动：2008 年最高，达 27.11%，2009 年下降到 19.05%，2010 年又上升到 25.8%。三年间涉家庭暴力案件平均量（23.68%）达到婚姻家庭类案件总量的五分之一以上。但据推算，家庭暴力的实际发生率应该比从卷宗中统计出来的数据要高。因为调查小组发现，家庭暴力的发生发展具有一定的过程性与规律性，在诉诸法院之前，一般会经历"内部自行消解"的过程——或通过对话，或亲友劝解，或调解，或忍耐等。之后，如家庭暴力问题仍未消除，受害者才会寻求"外部救济"——求助于社区人民调解委员会、妇联、警察等机构与部门，最后才会向法院提起诉讼。因此，实际家庭暴力的发生率应当比统计结果稍高。

第二，家庭暴力主要是男性对女性的暴力。综合施暴者与受害者的性别数据来看，男性施暴者占 85.35%；而 85.15% 的受害者是女性，是男性受害者的近 6 倍（男性受害者占 14.85%）。[①] 因此，现阶段来说，家庭暴力问题在很大程度上仍然是一个对妇女的肉体、精神和性方面的侵害问题，也是需要解决男女两性地位真正平等的问题。

第三，家庭暴力的施暴者与受害者的职业情况。其一，在施暴者的职业群体中，占比超 10% 的从高到低排序为：公司职员、无固定职业者、农民、无业人员、退休人员，其中施暴者占 15% 以上的为公司职员、无固定职业者，它们分别占 20.13%、15.78%。其二，在受暴者的比例中，其职业群体占 10% 以上的，从高到低排序为：无固定职业者、公司职员、农民、无业人员、退休人员，其中受暴者占 15% 以上的为无固定职业者、公司职员、农民，它们分别占 17.57%、16.58%、15.84%。

从调查统计及个人访谈的情况来看，当事人职业情况与家庭暴力的发生主要有以下两个方面的联系：一是家庭暴力的发生与当事人所处社会经济地位有密切关系。施暴者中以公司职员、无固定职业者为多，受暴者中以无固定职业者、公司职员、农民为多。因为这些人大都正处于当家之年，年龄在 36—49 岁，是家庭经济的支柱。家庭内"上有老，下有小"，家庭外的就业、竞争上岗机制加上近三年中经济形势的变化、物价上涨等带来的职场压力与挫败感，使这类人群同时受到家庭内外的双重压力，而相应的压力缓冲与调节的社会机制还未完善。因此，生活琐碎矛盾往往成为诱发家庭暴力的导火索。二是退休人员中家庭暴力发生率也相对比较高。其部分原因是这类人群从职场回归家庭之后，精神需求逐渐增加，而原生活社交圈被割去了一部分，因此难以适应退休后的生活，与家庭成员间的摩擦逐渐增多。另外，部分丧偶退休人员在重新组织家庭之后或与新伴侣在非婚同居期间，家庭暴力发生率也比较大。

第四，家庭暴力侵害对象多为家庭中的弱者。绝大多数的家庭暴力发生在夫妻之间，

---

① 此外，根据中国妇联、国家统计局 2011 年 10 月 21 日举行的"第三期中国妇女社会地位调查新闻发布会"，在整个婚姻生活中遭受过配偶侮辱谩骂、殴打、限制人身自由、经济控制、强迫性生活等不同形式家庭暴力的女性占 24.7%。参见人民网：http://live.people.com.cn/note.php? id=828111019145347_ ctdzb_ 001，访问日期：2011 年 10 月 23 日。

其占全部涉家庭暴力案件的 94.32%（432 件），其中丈夫侵害妻子的案件有 377 件，妻子侵害丈夫的案件仅有 55 件。其他类型的涉家庭暴力案件合计不到案件总量的 6%。但尤其需要注意的是，有时家庭暴力侵害的对象并不只限于特定一人，而是共同生活的多人。例如，我们在统计中发现，10 件案子中，丈夫对妻子施暴时，也同时存在对其未成年子女、其父母或岳父母等其他人施暴行为；有 4 件案子是妻子对丈夫施暴时，也同时存在对其未成年子女、其父母或其公婆施暴的情形。这些受害者绝大多数都是家庭中的弱者，其在精神上与经济上对施暴者已经形成较强的依附关系，施暴者则经常通过肉体上的暴力或经济控制来达到让受害者顺从的目的。

第五，生活在家庭暴力环境中的未成年人处境堪忧。调查发现，在涉家庭暴力案件中，家庭暴力发生时有未成年人与当事人共同生活的案件 197 件，占涉家庭暴力案件总数的 43.01%。家庭暴力会对未成年人的个人身心成长产生巨大的消极影响，[1] 此外，更值得注意的是，家庭暴力行为的发生，与加害人的原生家庭、社会和文化环境紧密相关，家庭暴力通过这种侵害行为的习得，往往会在代与代之间进行传递。[2] 这就意味着，在这197 个涉家庭暴力家庭的后代中发生家庭暴力的概率将非常高。

第六，暴力行为方式具有多样性。前面表 10 中的数据显示，人身侵害类的案件，占涉家庭暴力案件的 92.14%，是家庭暴力最主要的表现形式。其次依次是精神伤害、性侵害、财产侵权与经济控制。同时，统计结果显示家庭暴力形式是复合型的，在部分涉家庭暴力案件中，同时存在两种或多种形式的家庭暴力行为，此类案件共有 131 件，占涉家庭暴力案件的 28.6%。[3]

（二）涉家庭暴力案件的审理情况分析

第一，九成以上的家庭暴力行为被反映在离婚案件中（见表 2，涉家庭暴力案件共有458 件，其中涉及家庭暴力的离婚案件有 450 件，占 98.25%）。调研小组通过查阅当事人的起诉书以及与部分当事人访谈后发现，主要有两种情况：一是部分受害者起诉离婚是希望法院能对施暴者进行批评、教育与警告，阻止其继续施暴，以维护自己的权益。这类案件一般经法院调解后当事人之间可和解而撤诉。二是有部分受害者将家庭暴力作为诉讼离婚的理由之一，希望借此彻底远离家庭暴力。此类受害者在诉讼前，也尝试过一些方法去解决家庭暴力问题，但大多效果并不明显，亲友内部的劝解以及社区、司法所、妇联、派出所等机构的干预对于施暴者来说并不具有强制性，只能在一定程度上起到缓解作用，对

---

① 此前已有相关的研究资料表明，家庭暴力至少会在心理健康、学习和行为三个方面给未成年子女造成极大的障碍。在家庭暴力中长大的孩子性格消极、孤僻、忧郁，缺乏爱心。这样的儿童有可能没有机会学习适当解决冲突的技能和非暴力行为。这些缺失的机会往往会导致成年施暴者中常见的愤怒情绪控制缺陷。参见欧伟贞、赵雪军：《家庭暴力对青少年的伤害及对策研究》，载《新疆社科论坛》2009 年第 3 期。

② 根据联合国秘书长 2006 年《关于侵害妇女的一切形式的暴力行为的深入研究》，50%~70%的成年加害人是在暴力家庭中成长大的。联合国网站：http://www.un.org/zh/documents/view_doc.asp?symbol = A/61/122/ADD.1&Lang=C，访问日期：2011 年 9 月 15 日。

③ 例如，仅存在人身侵害一种暴力方式的案件有 296 件，占涉家庭暴力案件的 64.63%；但同时伴随其他一种或两种形式的家庭暴力的案件有 126 件，占涉家庭暴力案件的 27.51%；仅存有性侵害一种暴力方式的案件有 2 件，仅占涉家庭暴力案件的 0.44%；同时伴随其他形式的家庭暴力案件有 15 件，占涉家庭暴力案件的 3.28%；仅存有财产侵权一种暴力方式的案件有 1 件，占涉家庭暴力案件的 0.22%，同时伴随其他形式的涉家庭暴力案件有 8 件，占涉家庭暴力案件的 1.75%；仅存有经济控制一种暴力方式的案件有 1 件，占涉家庭暴力案件的 0.22%，同时伴随其他形式的涉家庭暴力案件有 4 件，占涉家庭暴力案件的 0.87%。

于屡教不改的施暴者，批评、教育与劝说的方式作用相当有限，故受害者才向法院提起离婚诉讼。从后一种案件审结的情况来看，共 160 件涉家庭暴力案件的当事人离婚，占涉家庭暴力离婚案件总量的 35.56%，其中经法院调解离婚的有 84 件，判决离婚的有 53 件，自行登记离婚的有 23 件。

第二，六成以上涉及家庭暴力的案件经法院调解后结案。如前所述，被调查的 458 件离婚案件中，有 450 件（占 98.25%）被反映有家庭暴力行为。法院在审理涉及家庭暴力的案件时，并没有将此单独列为一类案件来处理，而是将其作为一般的婚姻家庭案件处理。按照我国现行《婚姻法》第 32 条第 2 款对诉讼离婚程序的规定，即人民法院审理离婚案件，应当进行调解，法官在审理涉及家庭暴力的离婚案件时，应重视依法进行诉讼中的调解，自觉贯彻"调解优先、调判结合"的司法原则。调研小组发现，人民法院的调解在此类案件中的作用非常明显，六成多的涉家庭暴力案件经人民法院调解后结案，其中经调解后撤诉的有 188 件，调解离婚的有 84 件，调解和好的有 5 件，共 277 件，占涉家庭暴力案件总量的 60.61%；仅有不到四成的涉家庭暴力案件是以"驳回起诉与判决"的方式结案的，其中经调解后被驳回起诉的有 68 件，判决不离婚的有 59 件，判决离婚的有 53 件，共 180 件，占涉家庭暴力案件总量的 39.39%。

第三，四成以上涉及家庭暴力的案件以撤诉结案。我们统计离婚案件中涉及家庭暴力案件中的撤诉数量为 188 件，占涉家庭暴力案件总数的 41.59%。当事人撤诉原因主要有两种：一是部分案件的家庭暴力行为并不严重，家庭暴力仅仅是当事人向法院诉请离婚的理由之一，并不是提出离婚的主要原因。因此，当其他的矛盾得以解决后，离婚当事人便自行和解撤诉了。这类案件占涉家庭暴力撤诉类案件总数的 44.68%（84 件）。二是部分案件当事人撤诉的原因值得关注，其是因为维持家庭生存的压力被迫而为。一方面，有些受害人希望摆脱这种无法忍受的困境，请求法院依法对这种违法行为进行处理；另一方面，有些受害者在家庭生活中对施暴者经济依赖性强，有的家庭还有未成年子女。施暴者往往是家庭的经济支柱，有些受害者基于家庭生存的压力，担忧离婚后生活无着落。此种情况下，受害者往往会选择牺牲个人利益以维系家庭的完整性。

第四，人身安全保护裁定签发数量很少。2008 年至 2010 年，某区人民法院受理的 458 件涉及家庭暴力的案件中，仅核发了 2 份人身安全保护裁定。其主要原因在于：一是受害者不太了解人身安全保护裁定的相关规定，对人身安全保护裁定能否给自己带来安全感持怀疑态度；二是部分受害者在诉讼到法院时，已经采取相应的分居等"躲避保护"措施，远离施暴者；三是部分当事人希望达到尽快离婚的目的，不愿提出该申请；四是部分受害者因为不能提供有力的证据而申请不成功。

### 三、法院审理涉家庭暴力案件的经验与困境

被调研的某区人民法院在近年来的婚姻家庭案件审理中，注重对"涉家庭暴力案件"审理经验的总结。特别是最高人民法院应用法学研究所制定的"涉及家庭暴力婚姻案件审理指南"的试点工作于 2010 年 6 月在重庆市部分法院开展以来，该院被确定为试点单位后，一直积极探索涉家庭暴力案件的处理办法，并取得了良好的成效。

1. 法院审理涉家庭暴力案件的经验

（1）法官的培训。我们调研发现，该区法院审理涉家庭暴力案件的法官们对于家庭

暴力相关问题的认识都比较明确，没有认识上的误区与迷思，在审理此类案件时能够依法进行处理。这主要得益于该院经常组织法官参加学习培训。该院的部分法官参加过最高人民法院、西南政法大学外国家庭法与妇女理论研究中心组织的"性别平等与家庭暴力"、"反家庭暴力法官培训国际项目"等相关知识的学习培训，因此，这些法官在处理家庭暴力问题时，具有社会性别平等意识。此外，该院还组织法官们学习与家庭暴力相关的文件，并组织法官们相互之间对审理家庭暴力案件的经验进行交流，这提高了法官对家庭暴力案件的认识水平及审理技巧。

（2）家庭暴力的界定。在家庭暴力的认定上，法官主要根据最高人民法院《关于适用〈中华人民共和国婚姻法〉若干问题的解释（一）》第1条的规定进行处理，注重考察暴力行为发生的频率与情节的严重程度，将家庭暴力行为与一般性家庭纠纷引起的抓扯与轻度打骂区分开来。在司法实践中，有大量当事人诉说的家庭暴力经法院调查后发现，其暴力情节并不严重，并没有较大的人身伤害情形，属偶发性家庭纠纷。且有的原告诉讼动机复杂不明，诉求反反复复，诉讼中甚至替被告求情，撤诉率也非常高。因此，在家庭暴力的界定上，法官持一种相对严格与谨慎的态度，注重考察暴力行为的持续性与具体情节及程度，严防处理家庭暴力的措施成为破坏家庭关系的因素之一。①

（3）举证责任的分配。法官在对家庭暴力事实的证据的认定上采取对受害人有利的推定原则。在涉家庭暴力案件中，很多受害者面临诉讼上的一个最大的问题——很难提供有力的证据。因此，法院在证据的认定上采取了比较灵活的方式：只要受害者能提供一些"家庭暴力"的基础性证据，能够证明当事人之间很可能存在家庭暴力行为，而另一方当事人没有否认或无证据推翻受害者的主张，即可推定家庭暴力事实存在。基础性证据类型比较广泛，包括伤情照片、身体伤痕、证人证言、被告书写的不再施暴的保证书、报警记录、社会团体的相关记录或证明、病历、录音录像、短消息、网络聊天记录，等等。此外，家属提供的证据也是重点考察的范围。这种举证责任分配方式在一定程度上有利于解决一些家庭暴力受害者举证难的问题。

（4）人身安全保护裁定的送达。法官在人身安全保护裁定作出之后，将在48小时内送达被申请人与申请人。在绝大多数情况下，法院都会将裁定同时抄送至被申请人所在辖区的公安机关、当地妇联以及被申请人所在单位、村（居）委会组织等。从实际执行情况来看，人身安全保护裁定被送达之后，会给被申请人形成巨大的心理威慑压力，其压力不仅来源于法院的强制力，也来自公安机关、妇联、所在的单位、村（居）委会组织的干预与监督，同时还来自周围社会舆论的谴责。此种送达方式构成了一个比较完整的事后干预监督网络体系，对于预防家庭暴力的再次发生收到了良好的效果。

（5）灵活多样的调解方式。基于家事类案件主体身份的特殊性，且绝大多数的涉家庭暴力案件为离婚案件，因此，法官在处理涉家庭暴力案件时，十分注重调解的作用，针对不同案件的具体性质与特点采取灵活多样的调解方式进行调解。第一，在调解中认真听取双方当事人的陈述。在面对面调解时，法官对调解中双方的陈述次序、内容、时间进行

---

① 此外，在家庭暴力的类型上，根据我国现行司法解释的规定，只有人身侵害、性暴力、经济控制三种类型，并没有将"冷暴力"纳入家庭暴力的范围。因此，对于属于所谓"冷暴力"的"精神暴力行为"，该法院并不予作为家庭暴力行为认定，但却将其纳入离婚理由的考虑因素之中。

适当的控制，尽量让双方的意愿得以表达，特别是弱势一方的发言权与主张受到尊重与保护。第二，在调解中注重发现与分析家庭暴力产生的原因。在调解中，法官通过当事人与亲友及证人的陈述、提供的证据，尽可能地获取信息，必要时进行实地调查走访，分析总结家庭暴力发生原因，而后采取相应的调解方式消解矛盾。第三，具体考察暴力行为的后果，视暴力程度不同而采取不同的调解策略。对于偶发性的、且暴力行为的后果较轻的涉及家庭暴力案件，施暴者已经有懊悔与改正的意愿、受害者也有愿意谅解意愿的，法官在了解双方的意愿后，尽量劝说调和，化解双方的矛盾。而对于暴力行为的情节、后果较严重、发生频率高、施暴者不知悔改、受害者强烈要求离婚、双方确已感情破裂的案件，则进行离婚调解或调解无效后判决离婚。第四，法官在调解中通常会对家庭暴力行为的违法性予以确认，给施暴者以适当的训诫，并非只限于解决离婚问题。

2. 法院审理涉家庭暴力案件中遇到的困难

（1）立法不完善。目前，我国的家庭暴力发生率仍然较高，却无一部专门的法律来规制家庭暴力，这使法院在审理涉及家庭暴力的案件时，欠缺明确的法律依据，在某种程度上造成我国法院处理涉及家庭暴力案件的作用比较有限。当前，法官审理涉家庭暴力民事案件的主要法律依据是现行的《民法通则》、《婚姻法》、《民事诉讼法》、《婚姻法解释（一）》、《全国妇联、中央宣传部、最高人民检察院、公安部、民政部、卫生部印发〈关于预防和制止家庭暴力的若干意见〉的通知》以及地方出台的条例与规定等。目前，我国对家庭暴力的立法相对比较分散、内容也较简略，原则性的规定较多，可操作性不够强。[①] 而正在试点进行的人身安全保护裁定，其依据也仅是《民法通则》第134条、《最高人民法院关于贯彻执行〈中华人民共和国民法通则〉若干问题的意见（试行）》第162条、现行《民事诉讼法》140条第1款第11项的规定。[②] 然而，我国较为系统全面的专门预防和制止家庭暴力的立法目前还没有出台，这使法官在处理涉及家庭暴力案件时，欠缺统一的执法依据，由于立法不够完善，时常陷入执法无据的困境。并且，立法的不完善，也造成防治家庭暴力案件中的执法、司法及其他各相关部门分工与责任不明确，缺乏联合协作，对受害者的相关保护措施难以落实。

（2）人身安全保护裁定的局限性。家庭暴力是一个社会问题，法院是家庭暴力防治环节中非常重要的一环，但法院毕竟仅是中立的裁判机构，其主要职能是审判，而绝大多数的涉家庭暴力案件均为自诉类型的民事案件，当事人有自治的权利，法院并不能采取主动性的干预与强制措施。就算是目前司法试点阶段中最有成效的人身安全保护裁定，虽试行效果良好，但仍存在一定的局限性：第一，申请数量少。虽在案件受理及审理的过程中，法院会提示受害者申请人身安全保护裁定，但最终申请与否取决于受害者的个人意愿，仅为事后的被动性措施。实践中，有些当事人基于各种考虑而不愿意申请人身安全保护裁定，或基于对人身安全保护裁定执行效果的不信任，或基于害怕施暴者报复，或基于担心婚姻解体，或基于担忧舆论影响等。第二，保护时间不长。从性质上说，人身安全保护裁定仅是一项临时的救济措施，其主要目的在于防止施暴者对受害者继续施暴，为受害

① 陈苇、秦志远：《我国台湾地区防治家庭暴力立法与司法评介》，载龙翼飞、夏吟兰主编：《和谐社会中婚姻家庭关系的法律重构》，中国政法大学出版社2007年版，第381页。
② 我国现行《民事诉讼法》140条第1款第11项规定的"其他需要裁定解决的事项"是一个极其泛性的规定，可操作性不强。

者提供暂时性的人身保护，保障诉讼程序的顺畅进行，其保护期也不长。第三，适用范围较窄。目前来讲，人身安全保护裁定并不适用于解决所有的涉家庭暴力案件纠纷，仅适用于离婚类案件，此外，轻度暴力行为与偶发性的家庭暴力案件也不适用。第四，缺乏临时应急性的救济措施。由于人身安全保护裁定的签发有一个过程，在申请、签到到送达的时间里，受害者无法得到保护。第五，人身安全保护裁定中的部分内容因受客观条件所限并不具实际可操作性。例如，"禁止被申请人暂时搬出双方共同的住处、禁止被申请人在距离申请人的住处等场所一定范围内活动"，如果被申请者与申请人仅有一处共同住处，执行就不太可能。

（3）取证困难。尽管法院在司法过程中对家庭暴力事实认定的举证责任分配上采取对受害人有利的从宽原则，但司法实践中仍有相当一部分的受害者向法院提供的证据仅为个人的言语陈述，此类案件占涉家庭暴力案件的 56.9%。其主要原因在于：一是受害者证据保留意识淡薄。部分受害人有时心存顾忌，在可忍受的范围内不希望将"夫妻吵架的家丑"公开出去；对施暴者心存幻想，轻信施暴者的承诺与保证，有时也害怕再次遭到报复性殴打；也有少部分受害者在诉诸法院之前并不十分清楚夫妻之间的暴力行为属于违法行为。二是部分受害者缺乏诉讼方面的相关知识，对证据的类型以及证据保留的方式并不十分了解。三是因家庭关系的特殊性及家庭暴力的私密性，家庭暴力发生时并不容易被外人所知晓；有些家庭成员与亲友就算知情也会基于各种原因不愿意作证，更希望当事人之间和解。四是由于部分公安派出所的民警对家庭暴力的认识仍旧不够深刻，他们在接警之后对此类案件没有做认真细致的记录与适当处理。从被调查的卷宗中受害者提供的警方记录来看，一些处警记录上对家庭暴力仅做简单的记录，告诫施暴者不要再施暴。因此，种种因素造成法院在审理涉家庭暴力案件过程中，对家庭暴力事实的认定因证据不充分而往往不能予以确认。

（4）联动机制不完善。反家庭暴力工作是一项社会系统工程，单靠一个部门之力难以达到目的，需要全社会的联动干预和努力，构建成多层次的反家庭暴力机制。目前，我国防治家庭暴力的主体虽多，但具体分工与职责并不十分清晰，实践中各部门之间的联动与合作比较少。此外，其他社会相关机构的参与也是不够的，如医疗机构、学校等。在家庭暴力的报告与证据保留上，国外有相关的比较成熟的做法：美国的法律规定，医务部门必须向司法部门报告任何可疑的家庭暴力事件。[①] 因此，我国的家庭暴力防治并没有形成全方位的立体防治体系与协作机制，而作为司法救济的最后一道关卡，法院所能发挥作用的时段仅在案件审理阶段，其许多方面的职能的实现有赖于其他部门的联动配合。

**四、家庭暴力案件实证调查的启示**

通过此次调查，我们在前面总结了家庭暴力的基本情况与法院审理工作的经验，也分析了当前法院审理涉家庭暴力案件中所遇到的困难，以下我们针对这些困难提出对策与建议：

1. 《家庭暴力防治法》的制定
我们认为，我国应当尽快制定一部专门的《家庭暴力防治法》，使法院处理涉及家庭

---

① ［俄］A. B. 雷索娃：《美国家庭暴力研究与社会政策》，载《国外社会科学》2007 年第 1 期。

暴力案件时有明确的法律依据，借此充分发挥法院的司法职能作用，切实保护受害者的权益。与此同时，应当在《家庭暴力防治法》中明确各相关部门的职责与责任，使防治家庭暴力的各项工作与措施都于法有据。此外，立法应当明确规定将"人身安全保护裁定"作为法院处理涉家庭暴力案件的重要措施，细化其具体类型与操作程序及规则，将其扩大适用于所有涉家庭暴力案件，同时处理好人身安全保护裁定签发中各环节的衔接事项，建立起裁定签发之前的应急性救济措施。总之，我国制定《家庭暴力防治法》是防治家庭暴力最基本的一步。

2. 防治家庭暴力的宣传

各相关机构与部门应当加强防治家庭暴力的法制宣传教育工作。一是要提高整个社会对家庭暴力社会问题的重视，提升公民的人权意识、平等意识、性别意识。特别是对于家庭暴力的当事人，应当使其认识到家庭暴力是违法的而非"家庭私事"。二是加强人身安全保护裁定方面的宣传，扩大其在弱势群体中的影响力，增强受害者的信任度。三是要加强家庭暴力证据获取与保留方面知识的宣传，以减少司法实践中受害者因证据不足而无法获得救济的情况发生。

3. 家庭暴力之证据的获取与保留

我们建议，受害者可从以下几种途径去收集与保留证据：首先，家庭暴力的受害者应当提高权利与平等意识，认识到遭遇家庭暴力时可以寻求家庭、社会以及公权力的救助与干预。其次，在证据保留与固定的方法上，家庭暴力发生后，如双方能进行沟通和解，可要求施暴者作出书面悔过或保证，也可录音录像保存。如自行和解不成，受害者要大胆地寻求外力干预，努力通过家庭内部成员（特别是共同居住与生活的家庭成员）、亲友、邻居、双方所在单位、村（居）委会、司法所或妇联等进行调解，这些参与调解的人的证言也可成为家庭暴力事实的证据来源之一。在暴力情节比较严重、情势紧迫的情况下，受害者应当及时报警，公安机关会依据相关法律进行记录与调查处理。警方提供的报警记录与询问笔录以及其他材料也是关键证据之一。受伤者还可以去医疗机构进行诊断医治，也可以将伤情拍照保存。总之，所有与家庭暴力发生有关的伤情照片、身体伤痕、日记、证人证言、被告书写的不再施暴的保证书、报警记录、社会团体的相关记录或证明、专家证词、病历、录音录像、短消息、网络聊天记录等材料均可作为诉讼中重要的证据。受害者在家庭暴力发生的前后要细心留意获取与保存证据。此外，处理家庭暴力问题的一线部门，如公安机关、妇联、司法所等机构在处理涉及家庭暴力案件时应当协助受害者做好家庭暴力的证据固定与保存。

4. 防治家庭暴力社会联动机制的完善

我们认为，防治家庭暴力必须将法院、检察院、公安机关、司法行政部门、福利机构、妇联、村（居）委会、社区、医院、科研机构等相关部门的社会力量进行整合，各部门之间要分工明确、相互配合与协作，做到"发生之前预防，发生之后治理"，能在各阶段为受害者提供多渠道的支持与保护。特别是在受害者将家庭暴力诉诸法院之后，各部门应当配合法院的工作，将相关措施落实到位，守护好最后的正义之门。此外，还可以联合社会其他相关组织，为当事人提供法律咨询、医疗救治、心理辅导、行为矫正、就业培训和推荐就业等服务。

# 防治家庭暴力的地方实践研究
## ——以中国重庆市某区 2009—2010 年防治家庭暴力情况为对象[①]

陈 苇 石 雷[*]

---

**目 次**

---

在我国现实生活中，家庭暴力时有发生。家庭暴力侵害家庭成员的人身权利和财产权利，影响婚姻家庭关系的稳定和社会秩序的安定。尽管家庭暴力受害人并不限于妇女，有些情况下男性和儿童也会成为受害人，但是由于针对妇女的家庭暴力最为普遍、最为严重，所以相关国际公约和其他国际文件对针对妇女的家庭暴力的界定通常只表述为针对妇女的暴力。[②] 联合国《消除对妇女的暴力行为宣言》（1993）第 1 条规定，"对妇女的暴力行为"一词系指对妇女造成或可能造成身心方面或性方面的伤害或痛苦的任何基于性别的暴力行为，包括威胁进行这类行为、强迫或任意剥夺自由，而不论其发生在公共生活还是私人生活中。联合国秘书长《关于侵害妇女的一切形式的暴力行为的深入研究》（2006）指出，基于性别的针对妇女的暴力行为是指"因为是女性而对她施加暴力或者特别影响到妇女的暴力，包括施加于身体、心理或性的伤害或痛苦或威胁施加这类行为，强迫和其他剥夺自由的行为。基于暴力的行为损害或阻碍妇女依照一般国际或人权公约享受人权和基本自由，符合联合国《消除对妇女的暴力行为宣言》第一条的规定。"在我国，

---

① 本文为中国法学会 2012 年度部级研究课题"我国防治家庭暴力情况实证调查研究［课题编号：CLS（2012）D152］"的阶段性成果，载《甘肃社会科学》2013 年第 3 期，本文在被编入本书时部分标题和内容有适当修改。

鸣谢：除本文作者外，参加本次调查的还有西南政法大学民商法专业硕士研究生：王玲、成蓓丽、周超、罗琼、段燕、欧阳中梁、周明利，特在此对他们在调研中所付出的辛勤劳动表示感谢！

* 陈苇，女，西南政法大学外国家庭法及妇女理论研究中心主任，民商法学院教授、博士生导师；石雷，男，西南政法大学民商法专业博士研究生、应用法学院助理研究员。

② 陈苇：《论预防和制止我国家庭暴力的法律对策》，载陈苇：《中国婚姻家庭法立法研究》，群众出版社 2000 年版，第 462-463 页。

最高人民法院《关于适用〈中华人民共和国婚姻法〉若干问题的解释（一）》（2001）第1条规定："'家庭暴力'是指行为人以殴打、捆绑、残害、强行限制人身自由或者其他手段，给其家庭成员的身体、精神等方面造成一定伤害后果的行为。持续性、经常性的家庭暴力，构成虐待。"家庭暴力作为国际领域普遍关注的一个社会问题，联合国《消除对妇女的暴力行为宣言》等国际公约和我国《婚姻法》及其司法解释都对其作了界定。我国2001年修正后的《婚姻法》首次规定了"禁止家庭暴力"。2008年3月我国最高人民法院应用法学研究所发布了《涉及家庭暴力婚姻案件审理指南》（以下简称《审理指南》），并在全国范围内指定了9个试点法院。① 重庆市于2010年7月1日起设立了20个审理涉及家庭暴力婚姻案件的试点法院。② 2011年9月，反家庭暴力法被纳入全国人大法工委的立法立项论证试点项目。③ 为了解近两年来法院、妇联、人民调解委员会④在防治家庭暴力中的工作成效及存在问题，我们于2011年7月对重庆市某区法院、妇联、人民调解委员会防治家庭暴力的情况做了抽样调查。我们调阅了2009年1月1日至2010年12月31日法院、妇联及人民调解委员会处理的家事纠纷以及信访接待的卷宗，同时对法院、妇联及人民调解委员会的部分工作人员、部分家庭暴力案件当事人做了个人访谈。

## 一、2009—2010年重庆市某区各机构处理家庭暴力纠纷案件的统计

（一）家庭暴力在家事纠纷中所占比重上升

从表1和表2中可以看出，总体上，2010年家庭暴力案件在整个家事纠纷的比重较2009年有所增长。在法院受理的家事纠纷案件⑤中，家庭暴力纠纷案件比重的上升尤为明显。而妇联和人民调解委员会受理的这类纠纷在绝对案件数和家庭暴力纠纷所占比重上均略有下降。

表1　2009年重庆市某区各机构处理家庭暴力纠纷案件统计

| 数量＼机构 | 法院 | 妇联 | 人民调解委员会 | 合计 |
|---|---|---|---|---|
| 受理家事纠纷数 | 958 | 546 | 33 | 1537 |
| 受理家庭暴力纠纷数 | 92 | 89 | 9 | 190 |
| 家暴案件所占比重 | 9.6% | 16.3% | 27.2% | 12.36% |

① 2008年最高人民法院在全国范围内指定的9个试点法院中就有重庆市渝中区法院，它是西部唯一的一家试点法院。参见《关注家庭暴力，试点人身安全保护裁定》，载 http://www.cqyzfy.gov.cn/view.php? id = 103025052010362505201048250520105025052010562505 20，访问日期：2011年12月29日。

② 2010年，重庆市20个基层法院在全国率先试点最高人民法院出台的《关于开展涉家庭暴力婚姻案件人身安全保护裁定的程序规定》。在这20个试点法院中，就有本次我们进行调查的该法院。参见《重庆全市试点人身保护裁定破解家暴难题》，载 http://news.xinhuanet.com/legal/2010-08/05/c_ 12413158.htm，访问日期：2011年12月29日。

③ 《反家暴立法立项论证工作将开始》，载 http://www.civillaw.com.cn/article/default.asp? id = 53952，访问日期：2011年9月27日。

④ 防治家庭暴力是一项系统工程，涉及公检法、妇联、街道等多个部门，受时间以及经费的限制，我们将调查范围限定在处理家庭暴力较为集中的法院、妇联和人民调解委员会。

⑤ 根据2011年最高人民法院修订的《民事案件案由规定》，民事案由中并没有家庭暴力纠纷这一类，我们在查阅卷宗的过程中，把婚姻家庭纠纷中涉及家庭暴力的内容纳入了统计范围。

表2　2010年重庆市某区各机构处理家庭暴力纠纷案件统计

| 数量＼机构 | 法院 | 妇联 | 人民调解委员会 | 合计 |
|---|---|---|---|---|
| 受理家事纠纷数 | 1326 | 577 | 13 | 1916 |
| 受理家庭暴力纠纷数 | 307 | 82 | 3 | 392 |
| 家暴案件所占比重 | 23.15% | 14.2% | 23.08% | 20.5% |

（二）施暴者与受暴者的基本情况

1. 当事人的性别情况

在本次调查中，法院于2009年受理的92件家庭暴力纠纷中，施暴者为男性的有86件，占93.47%，另6件纠纷的施暴者为女性，占6.53%，法院于2010年受理的307件家庭暴力案件中，施暴者为男性的有272件，占88.6%，其余35件的施暴者为女性，占11.4%。妇联于2009年和2010年受理的家庭暴力纠纷中，施暴者均为男性。人民调解委员会于2009年到2010年受理的家庭暴力案件中，施暴者为男性的有11件，占受理的家庭暴力纠纷的91.67%。三机构总体上，在2009年受理的190件家庭暴力纠纷中，施暴者为男性的有183件，占所有家庭暴力纠纷的96.32%。2010年受理的392件家庭暴力纠纷中，施暴者为男性的有357件，占91.07%。

2. 家庭暴力当事人的年龄

在各机构受理的此类案件中，施暴者的年龄段分布情况略有不同。但总体上，施暴者主要集中在26—49岁。在人民调解委员会受理的案件中，50岁以上的施暴者虽占很大比重，但由于人民调解委员会受理的此类案件总体不多（共12件），占三机构受理的家庭暴力纠纷案件总量的2%，所以，50岁以上的施暴者所占比重并不大。从各机构观之，在法院受理的案件中，36—49岁的施暴者比重最大，占59.15%；在妇联受理的案件中，26—35岁的施暴者比重最大，占58.48%；在人民调解委员会受理的案件中，50岁以上的施暴者占75%。家庭暴力的受害者总体而言与施暴者的年龄段大体相当。此外，家庭暴力的受害者中有18岁以下的未成年人，仅占0.18%。

3. 当事人的职业情况

从此次调查结果来看，在三机构受理的案件中，大多数施暴者为农民，农民在法院受理的案件中超过了50%，在人民调解委员会受理的案件中占91.6%。这说明此类纠纷中的当事人以农民居多，其次为无业人员。我们的调查问卷结果显示，公务员、教师、医护人员中涉及家庭暴力的施暴者和受暴者只有1—2例。

4. 家庭暴力发生原因

在我们的调查中，我们将家庭暴力发生原因分为酗酒、吸毒、赌博、嫖娼、疑有外遇、草率结婚、家庭琐事、重男轻女、经济纠纷、女方不孕、婚外性行为、婚前行为不端、性格不合、子女教育以及其他共计15项。从统计结果来看，2009—2010年该区各机构受理的家庭暴力纠纷中，居于前五位的分别是性格不合（361件）、家庭琐事（199件）、酗酒（145件）、赌博（106件）及草率结婚（98件）。前五项在家庭暴力纠纷中的比重分别为33.06%、18.22%、13.28%、9.71%、8.97%（见表3）。

表3  2009—2010 年重庆市某区家庭暴力发生原因统计

|  | 酗酒 | 赌博 | 疑有外遇 | 草率结婚 | 家庭琐事 | 重男轻女 | 经济纠纷 | 性格不合 | 其他 |
|---|---|---|---|---|---|---|---|---|---|
| 法院 | 53 | 95 | 32 | 97 | 179 | 3 | 40 | 357 | 54 |
| 妇联 | 88 | 8 | 43 | 1 | 19 | 3 | 5 | 2 | 1 |
| 调委会 | 4 | 3 | 1 |  | 1 |  |  | 2 | 1 |
| 合计 | 145 | 106 | 76 | 98 | 199 | 6 | 45 | 361 | 56 |
| 所占比重 | 13.28% | 9.71% | 6.96% | 8.97% | 18.22% | 0.55% | 4.12% | 33.06% | 5.13% |

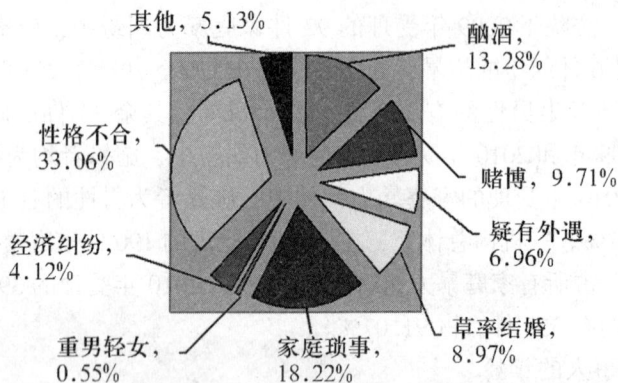

图 1  2009—2010 年重庆市某区家庭暴力纠纷原因比例分布

5. 涉及家庭暴力纠纷案件的审结结果[①]

从涉及家庭暴力纠纷案件的审结结果情况来看，2009—2010 年，总共审结 392 件此类案件，其中，撤诉的最多，共 136 件，占 34.69%；其次为判决不离婚的，共 122 件，占 31.12%；判决离婚的有 66 件，占 16.84%；调解离婚的有 61 件，占 15.56%；调解和好的有 6 件，占 1.53%；驳回起诉的有 1 件，占 0.26%。

**二、2009—2010 年重庆市某区各机构处理家庭暴力纠纷情况的统计分析**

（一）家庭暴力纠纷的呈现趋势

表 1 到表 3 表明，在各机构受理的家事纠纷中，家庭暴力纠纷在 2009—2010 年家事纠纷中所占比重分别为 12.36%、20.50%。根据家庭暴力发生的规律，家庭暴力行为的发生和发展，呈周期性模式。[②] 我们在调查中也发现，受害人往往在经历多次家庭暴力后，才寻求公力救济。此外，由于受调研时间以及资金等限制，调研数据只涵盖了当事人主动到以上机构求助的案件。所以，家庭暴力的实际发生率应远高于我们的调研数据。调查反映出在被调查地区，家庭暴力发生后寻求公力救济的比重在 2009—2010 年有上升的趋势。

---

①  由于在妇联以及人民调解委员会中缺少相关资料的记载，我们这里只统计到法院 2009—2010 年的数据，故以下的数据均来自法院。

②  《涉及家庭暴力婚姻案件审理指南》，载 http://www.court.gov.cn/fxyj/yjcgzs/201003/t20100305_ 2408.html，访问日期：2011 年 11 月 28 日。

这主要是因为随着国家对防治家庭暴力立法的重视、法院对审理家庭暴力案件的实践探索以及媒体的宣传报道，越来越多家庭暴力的受害人能够主动维权。随着重庆市审理家庭暴力案件试点法院工作的推进，法院对于家庭暴力的重视程度明显提高，同时也加大了对婚姻纠纷中家庭暴力问题的认定与处理。由于家庭暴力的大部分受害人都是女性，所以妇联在帮助女性受害人维权方面做了较多的工作。前述的表1到表3的统计数据说明，法院和妇联是防治家庭暴力的主力军，受理案件量占三机构受理案件总量的98%。而在处理涉及家庭暴力的纠纷方面，人民调解委员会的干预工作较弱。这印证了改革开放后中国民事纠纷解决的一个发展趋势，即调解的逐步弱化。① 这一趋势在家庭暴力纠纷领域则表现为家庭暴力纠纷的干预更多依靠法院和妇联。

（二）家庭暴力的施暴者与受暴者的特征

我们的调研数据说明，家庭暴力纠纷中绝大部分受害者为女性，施暴者主要为男性。此外，家庭暴力在婚后各年龄阶段都有出现。但在寻求公力救济的案件中，以26—49岁的中青年施暴者居多，尤其是年龄在36—49岁。调查数据显示，18—25岁的家庭暴力纠纷所占比例较小，这是由于在此年龄段结婚的年轻人较25—36岁年龄段结婚的更少一些，而50岁以上发生家庭暴力纠纷所占比重不大的原因则可能是随着年龄的增长，双方当事人已经习惯了对方的脾气，能够找到较好的办法处理生活中的矛盾。另外，从机构受理的家庭暴力案件当事人的年龄分布可以看出，法院往往成为有离婚诉求的受害人的求助机构。而从家庭暴力的施暴者与受暴者的文化程度来看，家庭暴力的施暴者多数文化程度较低。

（三）家庭暴力发生的原因

有学者认为，家庭暴力的存在与男尊女卑思想关系密切。在男权主导的社会结构中，男性被培养成施暴者，女性则被教化成暴力的承受者、牺牲品。② 我们的调查数据表明，发生家庭暴力的原因多与性格不合有关，占33.06%。然而，重男轻女传统观念，如对生育子女性别不满，所占比重很小，不到1%。③

此外，上述调查数据还表明，家庭暴力在农民或无业人员的家庭中发生概率更大。在施暴者和受暴者的职业分布中，农民和无业人员所占比重较大。我们的调查数据还反映出

---

① 关于改革开放后人民调解的弱化，参见范愉：《纠纷解决的理论与实践》，清华大学出版社2007年版，第476-477页；陆师礼：《邓小平之后的中国纠纷解决：再谈毛泽东和调解》，载强世功主编：《调解、法制与现代化》，中国法制出版社2001年版，第264-309页；付华伶：《后毛泽东时代的人民调解制度》，载强世功主编：《调解、法制与现代化》，中国法制出版社2001年版，第310-345页。虽然我国于2011年1月1日起开始实施新的《人民调解法》，但调解工作在社会群众中的开展，仍受到一系列的限制。比如，在调研中，就有一位居委会工作人员提到，由于这个社区的多数人都是因为买房进入这一社区的，彼此没有亲戚朋友关系，故目前因家庭纠纷找到社区要求调解的很少。

② 郝佳：《论保护令在家庭暴力法律防治中的作用》，载夏吟兰等主编：《婚姻家庭法前沿》，社会科学文献出版社2010年版，第165页。

③ 我市黔江区于2005-2009年对该区妇联所做的调查中，指出家庭暴力的发生原因有：外遇离婚型（31%），生育不满型（19%），下岗失业型（21%），赌博酗酒型（16%），自私多疑型（13%）。值得注意的是，地区经济发展情况在一定程度上对于家庭暴力发生的原因也有影响。参见周海英：《对遏制家庭暴力的调查思考》，载《中国统计》2009年6月期。我市黔江地区是集"老、少、边、山、穷"于一体的地区，它是新一轮国家扶贫开发的重点地区，其经济条件相对较为落后。参见《2010年黔江基本概况》，载 http://cqqx.cqnews.net/qxzt/201010/qjx/qjqqjs/201010/t20101015_4658396.htm，访问日期：2011年12月30日。

学历的高低与家庭暴力纠纷呈反相关，即低学历家庭更容易产生家庭暴力纠纷。正如我国学者所指出的：家庭暴力与家庭的经济水平和文化程度有一定的关系。[①] 这种关系表现为：经济条件越差、文化水平越低的家庭，发生家庭暴力纠纷的可能性越高。[②] 另外，由于女性在就业以及经济收入方面的弱势，能够获得更多经济资源的男方常常主导家庭事务，农村中男女两性的地位差异更加明显。这种男女两性之生产活动领域的不同以及两者经济收入的差异是造成农村男女两性家庭地位不同的根本原因。[③] 在我们的调查中，部分受访者也指出，在"家丑不可外扬"、夫妻"床头吵架床尾和"等传统观念的影响下，家庭暴力发生后，受害者一般不会追究施暴者的法律责任，即使诉至法庭，在家庭暴力举证、认定方面也存在一定困难，在当事人无法举证家庭暴力时，法官则倾向于将这类情况认定为夫妻不合，不会因此追究施暴者的法律责任，少分家庭财产，从而放纵了施暴者的家庭暴力行为。

（四）家庭暴力的处理

在法院审理的家庭暴力案件中，调解以及撤诉占审结结果的比重较大，这说明现有干预手段仍以调解为主。撤诉、调解和好、调解离婚三类加在一起占到了所有案件的50%以上。此外，虽然调解和好的只占到1.53%，但在近1/3的撤诉案件中大部分都能自行和解，占50%以上，其余也是因为子女原因、亲友劝说、施暴方认错悔过等达成和解。这种以调解为主的干预手段反映出公权力在介入家庭暴力纠纷时是适度干预，尽可能维护家庭的和睦。

### 三、重庆市某区防治家庭暴力工作取得的主要成效

从我们调查的结果来看，重庆市某区在防治家庭暴力中主要取得了以下工作成效：

第一，审理涉及家庭暴力婚姻案件试点法院的工作成效较大。

重庆市某区法院作为重庆市高级人民法院确定的20个试点基层法院之一，在审理涉及家庭暴力纠纷案件方面成效明显。2010年受理的涉及家庭暴力的纠纷案件相较2009年受理的涉及家庭暴力案件纠纷增长2倍还多，从不到100件增至超过300件。据调查，该法院在2010年试行《审理指南》后，有1例发出了人身保护令。可以说，《审理指南》

---

① 蒋月：《中国家庭暴力问题实证研究——以福建省为例》，载《金陵法律评论》2006年第1期。

② 究其原因，经济水平较好、文化程度较高的家庭在发生家庭矛盾后，一般能够找到合理的解决方式和办法。而经济状况较差、文化水平低的家庭，由于经济资源的匮乏，容易产生家庭纠纷，正如调查中所反映的，家庭琐事、脾气暴躁以及性格不合这些都能成为家庭暴力发生的原因。而"丈夫是一家之主"、"嫁鸡随鸡嫁狗随狗"等旧的传统观念在一些人尤其是农民的思想中仍有残余影响。

③ 陈苇：《我国农村家庭暴力调查研究——以对农村妇女的家庭暴力为主要分析对象》，载《法商研究》2007年第6期。

的培训及法官性别意识的强化①对家庭暴力案件的审理产生了积极影响。

第二，妇联处理家庭暴力纠纷时多级合作，方式多样。

重庆市某区妇联下属有各镇妇联、街道妇工委，形成了多级维权的组织结构。各镇妇联、街道妇工委一般来说对家庭暴力者的家庭情况更了解，在处理家庭暴力纠纷时，能针对各家庭的具体情况及施暴原因对施暴者进行说服教育，及时有效地解决家庭暴力纠纷。因此，该区妇联对前来投诉的当事人采取了多级合作、共同解困的方式。其具体做法是，区妇联在接到家庭暴力纠纷的投诉后，会根据情况将其转交给镇妇联或街道妇工委来处理。镇妇联、街道妇工委在处理此类纠纷的过程中遇到困难也会及时向区妇联反映，并且会将处理结果反馈给区妇联。此外，镇妇联设有"妇女之家"，专门援助受暴妇女，在受暴妇女不敢回家，无处居住时，"妇女之家"会免费提供住处（通常为一周）。同时，各镇妇联、街道妇工委对施暴者也能起到一定监督作用，防止家庭暴力的再次发生。

第三，人民调解委员会积极处理家庭暴力纠纷。

调查数据显示，人民调解委员会也处理了部分家庭暴力案件。与其他两机构不同，位于街道居委会或村委会的人民调解员离社区居民或农户较近，在调解邻里纠纷以及家庭纠纷方面表现出较大优势，对于防治家庭暴力起到了一定的作用。

第四，处理家庭暴力纠纷注重调解。

婚姻家庭关系作为一种亲属身份关系，当事人之间互有亲情、爱情。因此，配偶父母子女间发生纠纷后，"不仅有调解必要，而且存在调解空间，通过调解消除积怨，疏通感情，有利于双方长期和平相处"②。我们在调查中发现，法院、妇联以及人民调解委员会在处理家庭暴力纠纷中都十分注重调解。比如，法院在审理家庭暴力纠纷案件时，会根据案件具体情况，对于轻微的家庭暴力行为，主要采取说服、批评和教育的方式，注重保护家庭成员的个人利益，维护家庭的团结与和睦。对于家庭暴力造成严重伤害的则会根据法律规定，在离婚案件中少分财产；对于触犯刑律的，则会依法追究刑责。妇联在处理家庭暴力纠纷时，一方面，通过调解进行相关法律知识教育，使施暴者意识到家庭暴力的违法性。另一方面，也注重鼓励受害人积极维权，增强受暴妇女的安全感，通过对家庭暴力原因的分析，使受暴者找出症结所在，从而找出应对方法。就人民调解委员会而言，人民调解委员会的委员来自村民、居民③，其工作机制就是调解人民群众中的各种纠纷，必然注重调解技巧的适用。

第五，注意多部门合作，联合防治家庭暴力。

2010 年重庆市开展试点法院审理涉及家庭暴力案件时，重庆高级人民法院副院长宋

---

① 重庆市法院和妇联多次召开这样的培训及研讨会。参见 2009 年 11 月 25 日，重庆市妇联与市女法官协会联合举办了预防和制止家庭暴力研讨会。《遭遇家庭暴力，可向法院申请"保护令"》，载 http：//cq. qq. com/a/20091126/000123. htm，访问日期：2012 年 1 月 5 日。2010 年 4 月 1 日，重庆市高级人民法院在酉阳法院召开"预防和制止家庭暴力研讨会"。参见《市高院"预防和制止家庭暴力研讨会"在酉阳法院召开》，载 http：//fl. cqnews. net/cqfz/qxxw/201004/t20100413_ 4256772. htm，访问日期：2012 年 1 月 5 日。2010 年 4 月 13 日，重庆市高级人民法院在北碚区组织召开了"预防和制止家庭暴力"调研会。参见《关注家庭暴力，试点人身安全保护裁定》，载 http：//www. cqyzfy. gov. cn/view. php? id =103025052010362505201048250520105025052010562505 20，访问日期：2012 年 1 月 5日。在本次调研中，某区妇联的工作人员也表示，她们参加过相关的培训会。

② 蒋月：《构建婚姻家庭诉讼司法调解制度》，载《甘肃社会科学》2008 年第 1 期。

③ 2011 年实施的《中华人民共和国人民调解法》（以下简称《人民调解法》）第 9 条。

令友提出，反家庭暴力工作是一项社会系统工程，需要全社会的联动干预和努力，形成有效教育、积极管理、严厉谴责的反家庭暴力机制。重庆市妇联维权部部长颜正武建议，妇联可联合法院和公安、司法、民政、卫生、工会、共青团等部门，以及街镇、居委会、人民调解组织，建立集报警、投诉、取证、法律援助、司法保护、民政救助等为一体的联动机制，相互衔接、相互配合、共同协作，在处置突发的家庭暴力事件中发挥积极作用，为受害方寻求庇护，协助司法机关确保裁定的实施，建立全社会多机构共同防治家庭暴力的机制。① 本次调查中，我们发现自试行《审理指南》一年多以来，某区法院很注重与其他部门的合作。比如，该区法院在家庭暴力案件的审理工作中，在妇联、司法所等组织中遴选人民陪审员，同时，也注重听取这些机构组织及居委会、村委会对相关案件的意见。另外，妇联的投诉记录或面谈记录，公安局的出警记录，医院的伤情鉴定，街道居委会和村委会的访谈记录都可作为法院认定家庭暴力的证据。该区妇联也保持了与法院、检察院、司法所、高校的密切合作。例如，在"法制宣传日"，妇联会与检察院、法院、高校等一同开展法制宣传活动。该区妇联还与该区所在的西南政法大学法律诊所有合作关系，每周五西南政法大学法律诊所都会派成员到妇联帮来访者解答相关法律问题。妇联另设有帮助热线，以帮助弱势群体维护他们的权益。此外，人民调解委员会设有妇女法律援助小组。②

## 四、防治家庭暴力工作的困难和问题

重庆市某区在防治家庭暴力工作中所遇到的主要问题，包括以下几个方面：

（一）公权力干预家庭暴力的认识

对于遭遇家庭暴力何时应向公权力求助，相当部分受害人认识不够清楚。其一，家庭暴力发生在家庭内，受害人碍于情面，认为家丑不可外扬，常常一忍再忍。其二，根据家庭暴力的发生周期，受害人一方常常对施暴者心存幻想，认为施暴者会改好，这也使得受害人在维权问题上犹豫不决，不能运用法律维权。其三，受害人大多认为家庭暴力与性格有关，有时抱有宿命论，认为施暴者并无恶意，就是性格不好，脾气暴躁。图1所示就是很好的证明。这也使得受害人不太愿意将家庭纠纷的解决诉诸公权力。所以，有时虽然妇联、人民调解委员会、居委会等工作人员发现了家庭暴力现象，当事人却极力否认，排斥家庭外社会组织的帮助。

（二）公权力干预家庭暴力的队伍建设

家庭暴力案件与一般家庭纠纷不同，对家庭暴力的认知和处理需要专业知识的支撑。我们调查发现，有少数工作人员对家庭暴力的问题意识不强，如有人认为，在城市或者经济条件好的家庭里，已经没有家庭暴力；家庭暴力纠纷在家事纠纷中所占比重并不特别大，强调家庭暴力严重性的人是将问题扩大化等。一些法官在访谈中也谈到了一些疑问，如家庭暴力受害人没有证据证明存在家庭暴力，进而请求人身保护令的，是否应该签发人身保护令，这会不会对家庭中的另一方不公平？如果家庭只有一处房产，要求施暴者不得

---

① 《重庆全市试点人身保护裁定破解家暴难题》，载 http://news.qq.com/a/20100805/000844.htm，访问日期：2011年11月28日。

② 在我们的调查中，人民调解委员会就及时处理过一例涉及家庭暴力的纠纷。在当事人找到人民调解委员会后，委员会及时开展了调解工作，帮助当事人化解矛盾。其便民、省时且经济的特点十分明显。

回家这种人身保护令的执行，是否会使施暴者流浪社会，给社会增加更多不稳定因素？这些疑问往往会影响法官审理家庭暴力纠纷案件，对受害者的保护可能不尽如人意。妇联工作人员在处理此类纠纷时，在一定程度上也存在工作方式简单、方法单一的问题。如有的妇联工作人员，只简单告知遭受家庭暴力的受害人起诉的流程，如何收集与保存证据。实际上，当事人的诉求不同，对家庭暴力问题的态度也迥异。

（三）公权力干预家庭暴力的手段

现有公权力干预家庭暴力的手段有待完善。现有公权力干预家庭暴力的主要手段是劝阻、调解、司法判决，包括人身保护令裁定等。就调解而言，我们的调查表明，对发生家庭暴力的夫妻而言，在很多情况下，调离不能保护受害人的财产权利，调和则不能预防家庭暴力的再次发生。此外，调解手段需要双方配合。在妇联以及人民调解委员会开展调解时，常常由于当事人一方的不合作使调解无法进行。在我们与妇联工作人员以及人民调解委员会工作人员的访谈中，他们提到，有些当事人打电话不接，通知过来参加调解也不来，最终纠纷就不了了之。

（四）公权力干预家庭暴力的联动机制

公权力干预家庭暴力的联动机制不畅。如前所述，家庭暴力的防治是一个综合性的社会问题。虽然某区法院、妇联、人民调解委员会等各部门在开展防治家庭暴力的工作中有部门间的合作，但在部门合作的联动机制上还有待完善。有学者不赞同警察作为防治家庭暴力的"第一道防线"。因为家庭纠纷成员间联系紧密，家庭暴力属于私权调整范围，不应由公权力的警察权介入。① 在调查中我们也发现，其他机构希望公安机关能进一步加大工作力度，建立联动机制。这种认识上的矛盾就给警察介入防治家庭暴力以及各机构联动机制的完善带来障碍。此外，人民调解委员会如何进一步发挥自己的优势，凸显其在防治家庭暴力的基层力量，也需在认识上进一步厘清。

（五）公权力干预家庭暴力的效果评估

目前，我国尚未建立公权力干预家庭暴力的效果评估机制。据我们调查，2009—2010年，随着重庆审理涉及家庭暴力婚姻案件试点法院工作的不断推进，有关家庭暴力的相关报道较以往有了明显增长。但被调查的法院审理判决的涉及家庭暴力案件中无论是撤诉的还是调解离婚的或和好的，是否能够充分保护受害者，由于受人手、经费等限制，回访工作开展较少甚至没有。妇联、人民调解委员会也未开展此工作。

（六）尚无全国性防治家庭暴力的立法

总体上，我国有关家庭暴力的法律规定存在明显不足。虽然防治家庭暴力的立法相对

---

① 中国人民公安大学教授王太元就指出，虽然家庭暴力需要社会干预，但也不能过分迷信警察权甚至以暴制暴。有意思的是，同一所大学的李玫瑾教授则认为："家庭纠纷，警察可以不介入，但一旦发生肢体暴力，作为公权力代表的警察则必须介入，这是宪法对人的人身权和健康权的基本保护，全社会亦应该对'家暴'零容忍。"参见《反家暴，警察该不该冲在第一线》，载法制网，http：//www.legaldaily.com.cn/zmbm/content/2010-06/17/content_2170430.htm？node=7572，访问日期：2012年1月6日。从以上这些论争可以看出，在警察队伍中，部分人对家庭暴力的性质、特点没有一个清晰的认识。尤其是在警察队伍中，男性居多。要让警察队伍树立起性别意识，也是完善联动机制的重点和难点。

其他立法而言，有着较好的地方实践基础。我国大部分省市都有防治家庭暴力的地方性立法。① 但在全国性专门立法层面，尚属空白；目前，我国还没有一部专门的防治家庭暴力法，禁止家庭暴力及处理的相关规定散见于《婚姻法》、《妇女权益保障法》、《未成年人保护法》、《老年人权益保障法》、《刑法》等法律法规及部分行政条例和地方法规中。对家庭暴力概念的界定，只有司法解释，警察、检察官、法官对家庭暴力行为的认定在实践中尚存在分歧；相关的防治家庭暴力立法规定、地方性立法不统一，比较分散，原则性强，对家庭暴力只有制裁施暴者的功能，在预防家庭暴力和救济家庭暴力受害人方面可操作性不强。这些都有待全国性的防治家庭暴力法予以明确规定。

### 五、促进我国防治家庭暴力工作的建议

针对前述困难和问题，我们建议为促进我国防治家庭暴力工作，应当加强以下工作：

第一，加大国家公权力预防和制止家庭暴力的宣传。建议进一步加强法制宣传，让广大民众知道家庭暴力行为的违法性，认识国家公权力预防和制止家庭暴力的必要性。首先，在内容上，应对防治家庭暴力的相关法律做有针对性的宣传和讲解，克服家庭暴力现有法律规定较为分散，不易为群众掌握的弊端。其次，在形式上，应注重多样性。② 将宣传手册与其他形式的宣传结合起来，具体可以采用座谈会、板报、免费播放防治家庭暴力电影，以及争创和谐家庭及和谐社区、和谐街道等方式。最后，在方法上，讲究策略和效果。除了在法定宣传日进行宣传外，应注重平时宣传、重点宣传、分层次宣传，避免盲目性和简单化。

此外，应认清家庭暴力的支配和控制的特点。对家庭暴力要进行适度干预，既要维护家庭稳定，又要保护家庭中弱势方的权利。③ 这对防治家庭暴力提出了两点要求：第一，防治家庭暴力不能不顾当事人的态度，过多干预家庭这一私人领域。第二，防治家庭暴力不能只注重维护家庭稳定，在受害人到各部门求助时，仍以这是家庭私事为由将其推回家庭，让其自己解决。在现阶段，防治家庭暴力的工作重点应放在第二点上。另外，对于屡次实施家庭暴力、情节严重的，公权力的干预必须从适度干预变为主动干预，警察对家庭暴力的现行犯以及有违反保护令状重大嫌疑者，情况紧急的可以进行逮捕。只有这样才能

---

① 在内地，湖南省人大常务委员会于 2000 年 3 月通过的《关于预防和制止家庭暴力的决议》是我国内地第一部反家庭暴力的地方法规。到 2010 年，除北京、上海、西藏和广东以外，已有 27 个省、自治区、直辖市颁布了关于预防和制止家庭暴力的省级地方性法规，有 90 余个地市制定了相关政策文件。参见蒋月：《我国家庭暴力现状及地方反家暴立法的经验》，载 http://www.humanrights-china.org/cn/wqfw/t20101126_676163.htm，访问日期：2012 年 1 月 5 日。

② 刘俊、顾昭明：《社会工作者如何介入家庭暴力》，载《法制与社会》2009 年第 10 期。

③ 这是因为"惩罚是暴力行为的伴侣，很可能会给家庭带来情感上和经济上的灾难性后果，甚至可能导致家庭破裂"。转引自［英］凯特·斯丹德利：《家庭法》，屈广清译，中国政法大学出版社 2003 年版，第 103 页。此外，如果一味尊重受害人的自由，则其所作选择表面看似自由，实际则为施暴者所控制，施暴者不会停止施暴，反而可能变本加厉。

充分保护受害人的权利，避免严重伤害事件的发生。[①]

第二，加强国家公权力预防和制止家庭暴力的队伍建设。家庭暴力的防治离不开一支强有力的工作队伍。我们建议，法官、妇联工作人员以及人民调解委员会的工作人员应通过培训、学习防治家庭暴力知识，树立社会性别意识，充分了解家庭暴力案件的特点。从成本以及可行性方面考虑，可以从参加了培训的法官[②]或是高校专家中选择部分人对其开展再培训。对人民调解员而言，有学者认为，由于现有部分人民调解员是兼职人员，而且业务不精通，缺乏法律知识，[③] 所以，更应注重培养和指导。

第三，完善国家公权力预防和制止家庭暴力的具体措施。中国应用法学研究所陈敏副研究员提出应适当地运用调解的方式。[④] 我们同意此观点。如果调解中出现当事人要求撤诉，要告知当事人维权的方式，或者通过发放联系卡，与受害人建立联系。对于受害人基于害怕等原因意思表示不真实的，要先消除受害人的顾虑或恐惧，再做调解。此外，我们认为，在开展调解工作时，如当事人一方不配合，打电话不接，也不参与调解的，应尽可能联系该当事人所在单位的妇联组织参与，对于单位没有妇联组织的，则应联系人民调解委员会，在征得受害人同意后，登门造访或者通过邮件、信函等方式告知该当事人家庭暴力行为的违法性及其法律责任。此外，对施暴者也应进行行为干预。对于心理有问题的某些施暴者，应送其接受制怒或戒酒的心理治疗。建议在未来的工作中，应加大施暴者心理辅导工作。

第四，完善国家公权力预防和制止家庭暴力的联动机制。防治家庭暴力，应努力完善多部门合作的联动机制。比如，可在街道居委会、村委会设立防治家庭暴力的启动机制，一旦接到家庭暴力的投诉，就可启动干预机制，对于伤情严重的受害者应及时送至医院救治，并告知当事人遭遇家庭暴力的救助机制，医生有义务协助受害者完整记录伤情和出具诊断证明。受害者应妥善保留相关医疗证明。对于情节轻微的，可在征求当事人意见后，开展调解工作。对于情节严重、性质恶劣、违反《治安处罚法》的，可送至公安机关处理。妇联接到投诉后，也可按照这一步骤进行。同时，人民调解委员会可作为法院、妇联防治家庭暴力工作的反馈终端，一方面可对施暴者进行监督和制止其违法行为，另一方面

---

① 2008 年修订的我国台湾地区"家庭暴力防治法"第 29 条专门规定了警察对家庭暴力的现行犯以及有违反保护令罪重大嫌疑者，情况紧急的可以径行逮捕。第 30 条则明确规定了警察在行使这一权力时应该考虑的情形，包括：（1）被告或犯罪嫌疑人的暴力行为已造成被害人身体或精神上的伤害或骚扰，不立即隔离者，被害人或其家庭成员生命、身体或自由有遭受侵害之危险。（2）被告或犯罪嫌疑人有长期连续实施家庭暴力或有违反保护令之行为、酗酒、施用毒品或滥用药物之习惯。（3）被告或犯罪嫌疑人有利用凶器或其他危险物品恐吓或施暴于被害人之记录，被害人有再度遭受侵害之虞者。（4）被害人为儿童、少年、老人、身心障碍或具有其他无法保护自身安全之情形。

② 例如，重庆市高级人民法院于 2011 年 4 月选派部分法官参加了由西南政法大学外国家庭法及妇女理论研究中心和美国律师协会联合主办的"2011 反家庭暴力法官培训国际项目"。参加培训的还有来自北京、山东、安徽、湖南、陕西、广东、福建、四川等地的法官、检察官、律师、心理咨询师等。

③ 重庆市永川区中山路司法所：《中山路司法所调解工作调研报告》，载 http：//www.cqsfj.gov.cn/Show.asp? News_ Id=49141，访问日期：2012 年 1 月 5 日。

④ 陈敏副研究员指出，审理涉及家庭暴力纠纷案件时，应坚持受害人无过错原则。故法院在对此类案件进行调解时也应坚持该原则。按照《审理指南》的规定，该原则是指任何单位或个人都没有权利，在包括家庭在内的任何场合，侵害他人人身权利。法官在办理案件过程中，任何情况下都不得责备受害人，或要求受害人调整行为作为不挨打的交换条件。否则，就有可能无意中强化"做错事就该打"的错误观念。转引自黄斌：《通过司法途径推动反对家庭暴力——中澳合作反对家庭暴力培训研讨会综述》，载《妇女研究论丛》2009 年第 4 期。

也可对人身保护令的效果或者民事调解的效果进行调查反馈。

第五，建立国家公权力预防和制止家庭暴力的评估机制。公权力介入预防和制止家庭暴力行为，需建立防治家庭暴力的评估机制。妇联和人民调解委员会对调解处理的家庭暴力纠纷应建立相应的回访机制，对于调解效果不明显，仍然存在家庭暴力的受害人，应为其提供进一步的法律帮助。对于因家庭暴力到法院起诉离婚，随后又撤诉或经调解和好的，法院应联系居委会或村委会的人员，将这部分人的回访工作交由他们开展。对家庭暴力案件审理的效果，也可采用调查的方式或填写问卷的方式进行收集并统计分析。这既可以为受害人之后的起诉收集证据，同时又可为防治家庭暴力的工作之改进提供参考。

第六，尽快推进全国性防治家庭暴力的专项立法。如前所述，2011 年 9 月，全国人大法工委已经将防治家庭暴力的立法纳入了立项论证试点，我们建议全国人大法工委加快立法进程，早日出台全国性《防治家庭暴力法》，从立法层面完善防治家庭暴力的工作机制，明确界定家庭暴力的认定范围，规定各部门的各自职责及责任追究机制，完善家庭暴力受害人救助的配套机制，增强可操作性。

# 家庭暴力案件之审判实践问题及其对策探讨
## ——以中国重庆市四地区法院审理涉家庭暴力案件情况之实证调查为例①

陈　苇　罗　杰　石　婷*

**目　次**

目前，基于性别的针对妇女的家庭暴力是许多国家和地区广泛存在的社会问题。预防和制止家庭暴力已受到世界上许多国家和地区的重视。联合国在 1979 年《消除对妇女一切形式歧视公约》（以下简称《消歧公约》）等相关国际公约和文件中积极倡导各国政府及相关机构采取法律等措施预防和制止家庭暴力。中国政府是联合国《消歧公约》的签署国，对于消除家庭暴力、保护妇女人权承担着国际义务和国家责任。我国 2001 年修正的《婚姻法》第一次在全国性法律层面规定了"禁止家庭暴力"，并设专章规定了家庭暴力的救助措施及法律责任。此后，最高人民法院 2001 年 12 月颁布的《关于适用〈中华人民共和国婚姻法〉若干问题的解释（一）》［以下简称《婚姻法解释（一）》］、2005年修订后的《妇女权益保障法》、2006 年修订后的《未成年人保护法》、2012 年修订后的《老年人权益保障法》等对禁止家庭暴力都进行了明确规定。② 此外，最高人民法院中国应用法学研究所于 2008 年 3 月编写了《涉及家庭暴力婚姻案件审理指南》（以下简称《审理指南》）来用于指导司法实践。2008 年 7 月 31 日，全国妇联与中宣部、最高人民

① 本文为 2012 年度中国法学会部级法学研究课题"我国防治家庭暴力情况实证调查研究"［课题编号：CLS（2012）D152］的阶段性成果，载《人民司法》2014 年第 7 期，在被编入本书时对部分标题和内容进行了适当修改。

鸣谢：我们对参加此次调查的调查组组长以及调查组成员的辛勤工作表示衷心的感谢！四位调查组组长是杜江涌、罗杰、曹贤余、石雷；调查组成员有段伟伟、姜大伟、石婷、侯函、王玲、罗琼、周超、欧阳中梁、成蓓丽、周明利、段燕、刘露露、范灵、苏丹、程海兵、张文清、田玉康、赵改萍、陈贵铨、杨凯、赵乐、宫晓旭、任艳艳、李震。

* 陈苇，女，西南政法大学外国家庭法及妇女理论研究中心主任，民商法学院教授、博士生导师；罗杰，女，法学博士，燕山大学文法学院讲师；石婷，女，西南政法大学民商法博士研究生。

② 我国现行《婚姻法》第 3 条第 2 款、第 32 条、第 43 条、第 45—46 条。《婚姻法解释（一）》第 1 条。2005年修订后的《妇女权益保障法》第 46 条、第 58 条。2006 年修订后的《未成年人保护法》第 10 条第 2 款。2012 年修订后的《老年人权益保障法》第 25 条、第 75 条。

检察院、公安部、民政部、司法部和卫生部联合发布了《关于预防和制止家庭暴力的若干意见》（以下简称《七部委意见》），对各地各部门开展预防和制止家庭暴力工作做出了统一的规范性指导。近年来，继我国部分专家学者先后提出制定全国性的预防和制止家庭暴力法的建议，并拟定两部"中华人民共和国家庭暴力防治法（专家建议稿）"① 之后，一些全国人大代表也先后提出制定全国性的专门预防和制止家庭暴力法律的议案。2011 年 9 月，"预防和制止家庭暴力法"已被纳入全国人大首批立法立项论证试点项目。在 2012 年 3 月召开的全国人民代表大会和全国政治协商会议期间，"预防和制止家庭暴力法"已被作为提案提交全国人大会议。

我们认为，制定全国性的家庭暴力防治法，必须建立在了解我国防治家庭暴力情况现状的基础上。为此，我们进行抽样调查，以我国重庆市所辖四个地区的四个区级人民法院：A 区法院、B 区法院、C 区法院、D 区法院（以下简称四地区法院）在 2008—2010 年（以下简称该三年期间）审理涉及家庭暴力案件的工作情况作为被调查对象。在对四地区法院审理涉及家庭暴力案件情况调查研究的基础上，简要总结法院审理涉及家庭暴力案件的成效和经验，深入分析法院在审理涉及家庭暴力案件中存在的某些不足和困难。然后针对其存在的不足和困难，提出推进我国防治家庭暴力工作的对策建议。

## 一、重庆市四地区法院审理涉及家庭暴力案件调查统计情况的分析

（一）涉及家庭暴力案件和纠纷的数量和类型

第一，案件的数量。该三年期间四地区法院审理的涉及家事案件总量为 7968 件，其中涉及家庭暴力的案件为 1276 件（以下简称该三年期间涉及家庭暴力案件），占 16%。然而，根据我们的抽样调查，同一期间四地区的妇联和司法所处理的涉及家庭暴力纠纷之比例，分别占 21% 和 31.2%。由此可见，当事人因家庭暴力导致夫妻关系无法维系而要求离婚的，才会到法院提出离婚诉讼。

第二，案件的类型。该三年期间涉及家庭暴力案件中，被归列于离婚案件的最多，为 1230 件，占 96%。然而，根据我们的抽样调查，同一期间四地区的妇联和司法所处理的涉及家庭暴力纠纷中被归列于离婚纠纷的，为 193 件、39 件，分别占 52%、30%。由此可见，在受理的涉及家庭暴力案件和纠纷中，被归列于离婚案件和离婚纠纷的，法院的数量和比例最高，其次为妇联和司法所。

（二）涉及家庭暴力案件和纠纷施暴者和受害者的特征

第一，从性别来看，施暴者绝大多数是男性，受害者绝大多数是女性。在该三年期间涉及家庭暴力的案件中，施暴者绝大多数是男性，占 89%，女性只占 11%；受害者绝大多数为女性，比例高达 89%。由此可见，家庭暴力主要是男性针对女性的暴力。究其原

---

① 巫昌祯：《关于家庭暴力的研究概况》及龙翼飞：《中国反家庭暴力法的现状与走向》，载巫昌祯、杨大文主编：《防治家庭暴力研究》，群众出版社 2000 年版，第 15 页、第 29 页、第 107 页；陈苇：《论预防和制止我国家庭暴力的法律对策》，载陈苇：《中国婚姻家庭法立法研究》，群众出版社 2000 年版，第 490 页；中国法学会"反对针对妇女的防治家庭暴力对策研究与干预"项目建议稿（2003 年）：《中华人民共和国家庭暴力防治法》，载陈明侠、夏吟兰、李明舜、薛宁兰主编：《家庭暴力防治法基础性构建研究》，中国社会科学出版社 2005 年版，第 1-20 页；《中华人民共和国家庭暴力防治法（专家建议稿）》，载夏吟兰主编：《家庭暴力防治法制度性构建研究》，中国社会科学出版社 2011 年版，第 12-32 页。

因，其一，家庭内部性别与权力结构的不平等。其二，"男尊女卑"、"夫为妻纲"、"家丑不可外扬"等封建思想在当事人的意识中依然存在。

第二，从施暴者和受害者的年龄来看，其主要是集中在26—49岁的青年人。法院审理案件的施暴者和受害者的年龄段都主要集中在26—35岁、36—49岁两个年龄段，合计约占80%。究其原因，在很大程度上与该群体的工作压力、经济收入状况和家庭扶养职责等有密切关系。

第三，从施暴者和受害者的职业来看，农民、无固定职业者、无业者等低收入阶层或无稳定收入人员是施暴者和受害者的主要群体。我们由统计数据发现，农民、公司职员、无业者、无固定职业者是施暴者的集中群体，其比例合计占64.5%；受害者以农民、公司职员、退休人员、无业者、无固定职业者占的比重较高，合计占69.5%。由此可见，部分经济收入较低而工作不稳定者，或虽经济收入较高而工作压力较大者，往往会产生情绪焦虑，容易引发家庭暴力行为。

（三）涉及家庭暴力案件和纠纷的发生原因及行为方式

第一，家庭暴力的发生原因。在该三年期间涉及家庭暴力案件的发生原因中，主要包括性格不合、家庭琐事、草率结婚、性格暴躁、疑有外遇、不良嗜好或不法行为。这表明，预防和制止家庭暴力，须针对不同的发生原因采取不同的措施，从根源上解决问题。

第二，家庭暴力的行为方式以人身侵害为主。据调查得知，在该三年期间涉及家庭暴力案件中，家庭暴力的行为方式主要是人身侵害。以A区法院为例，在该三年期间A区法院审理的涉及家庭暴力的422起案件中，人身侵害占92.14%。此外，有17起案件涉及性侵害，占3.71%；有147起案件涉及精神伤害，占32.1%；有9起案件涉及财产侵害，占1.97%，有5起案件涉及经济控制的家庭暴力行为，占1.1%。

（四）涉及家庭暴力案件和纠纷的处理情况

在该三年期间涉及家庭暴力案件中，调解和好的占2.2%，调解离婚的占26.04%，判决离婚的占17.69%，判决不离婚的占17.84%，撤诉的占18.47%，驳回起诉的占17.76%。这表明，法院审理的涉及家庭暴力案件，绝大部分属于家庭矛盾比较激化而提出离婚的，故当事人双方难以被法院调解和好，经法院调解双方当事人同意离婚的占四分之一还多，从而最终和平分手。

**二、重庆市四地区法院防治家庭暴力工作存在的不足与困难**

通过调查统计分析，我们总结认为，该三年期间四地区法院审理涉及家庭暴力案件的成效和经验，主要有五个方面：第一，加强法官业务培训，树立社会性别平等观念和提高审理涉及家庭暴力案件法律知识水平及审理技能。第二，家庭暴力行为的认定依据，主要根据《婚姻法解释（一）》和参考《审理指南》。第三，举证责任的分配规则，酌情采用优势证据规则。第四，人身安全保护裁定的执行，已形成多机构共同监督执行的联动机制。第五，坚持"教育为主、惩罚为辅"的原则，对涉及家庭暴力案件的不同情况确定不同的调解方向。但四地区法院在审理涉及家庭暴力案件时仍存在某些不足与困难，主要有以下四个方面：

第一，反对家庭暴力的社会舆论氛围还没有完成形成。目前，我国多数家庭暴力纠纷都被认为只是一般家庭纠纷，加害人、受害人和很多群众都没有认识到家庭暴力是侵害人权的违法行为。因此，对家庭暴力的及时预防和处理机制尚存不足，被起诉的家庭暴力案件往往是已发展到导致婚姻破裂的程度，难以被法院调解和好。

第二，我国防治家庭暴力的立法还不够全面系统、适用性不强。目前，我国法院审理涉及家庭暴力案件的主要依据，包括现行的《民法通则》、《婚姻法》、《民事诉讼法》、《婚姻法解释（一）》、《婚姻法解释（三）》、《七部委意见》以及防治家庭暴力的地方性条例和规定等，以及正在试点法院被参考的《审理指南》。我们在调查中了解到，大部分法官对我国现行《婚姻法》有关家庭暴力的内容都比较熟悉，但有些法官对其他较为分散的相关法律、法规、规章及规范性文件的了解则较欠缺。而且有些法官表示，就算查阅了相关的法律法规和其他地方性法规，但因其规定的内容较分散、具体性不强、可操作性弱等缺点，加之其位阶较低，他们在涉及家庭暴力的离婚案件审理中依据的主要还是现行《婚姻法》第33条、第34条的规定。还有些法官表示，虽然重庆市在2006年7月颁行了《重庆市预防和制止家庭暴力条例》，但是该条例规定的内容仍有原则性较强、缺乏具体内容等缺点，其可操作性较弱。

第三，部分司法工作人员对家庭暴力的认识有偏差。我们在调研中发现，有些法官认为构成家庭暴力的，必须具有"一定的伤害后果"。但正如我国学者指出的那样，目前我国《婚姻法解释（一）》并没有明确"一定的伤害后果"的界定标准。[1] 因此，在司法实践中家庭暴力"认定难"。此外，有些法官过分"崇尚"调解，认为对施暴者处罚后会对家庭和谐带来负面影响，担心施暴者被处罚后会变本加厉实施侵害，而忽视了法律的教育惩戒作用，这在一定程度上纵容了施暴者的违法犯罪行为。例如，在该三年期间四地区法院审理的涉及家庭暴力案件中，获得离婚损害赔偿的只有3件，仅占0.24%。

第四，人身安全保护裁定适用的局限性。从此次调查的情况来看，重庆市执行《审理指南》的试点法院所发布的人身安全保护裁定的执行效果都比较好。但人身安全保护裁定的适用也存在某些局限性：一是当事人基于害怕报复、担心婚姻解体、担忧舆论影响等考虑，对其申请者不多；二是其适用的范围很窄，只能适用于离婚案件；三是其只属于一种临时性救济措施；四是其在被法院签发前缺少对受害人的临时性救济措施；五是其有些内容因受客观条件所限并不能实行。例如，"禁止被申请人搬出双方共同的住处、禁止被申请人在距离申请人的住处等场所一定范围内活动"。如果被申请者与申请人仅有一处共同住处，而没有其他的住处的，它就不可能被执行。因此，在前述该三年期间的涉及家庭暴力案件中，法院发布人身安全保护裁定的只有5件，仅占0.4%。

### 三、推进我国防治家庭暴力工作的对策建议

针对此次重庆市四地区法院调查中发现的防治家庭暴力工作中存在的不足与困难，基于对我国防治家庭暴力工作的继续推进，我们提出以下对策建议。

（一）加强法制宣传，营造预防和制止家庭暴力的社会舆论氛围

预防和制止家庭暴力，必须贯彻"预防为主、惩罚为辅"的方针，把好防治家庭暴力的第一关。为了让广大群众包括婚姻当事人能够认识到家庭暴力是侵犯人权的违法行为，必须提高民众的法律意识，营造预防和制止家庭暴力的社会舆论氛围。我们建议加强

---

[1] 陈明侠、黄列主编：《性别与法律研究概论》，中国社会科学出版社2009年版，第217页。

法制宣传教育，丰富宣传方式，增加宣传时间。并且，把防治家庭暴力法律知识列为"婚前教育"的内容。① 婚姻登记员在办理结婚登记前，除应当向当事人宣传《婚姻法》中有关夫妻和父母子女在法律上的权利义务之规定外，还应当宣传我国《宪法》规定的男女平等基本国策、《婚姻法》中有关夫妻地位平等和禁止家庭暴力及相关救助措施和法律责任的规定，在新婚夫妻中培养反对家庭暴力的法律意识。

（二）尽快制定全国性防治家庭暴力的专门法律

目前，我国大部分省市都已制定防治家庭暴力的地方性立法，但在全国性专门立法层面，尚呈空白。对家庭暴力概念的界定虽有司法解释，但部分警察、检察官、法官对家庭暴力行为的认定在实践中尚存在分歧。我国相关的防治家庭暴力立法规定比较分散，原则性强，对家庭暴力只有制裁施暴者的功能，在预防家庭暴力和救济家庭暴力受害人方面可操作性不强。② 因此，我们建议尽快制定一部全国性的"家庭暴力防治法"，可借鉴《中华人民共和国家庭暴力防治法（专家建议稿）》③ 的主要内容，构建由总则、行政干预、社会干预、民事干预、刑事干预、证据、法律责任、附则等内容组成的全国性"家庭暴力防治法"。

（三）完善防治家庭暴力的多部门联动工作机制

法院只是防治家庭暴力的最后一道防线，对家庭暴力"必须综合治理"。④ 我们建议将公检法三机关、司法行政部门、社会福利机构、妇联、村（居）委会、社区、医院、学校等相关部门的力量整合起来，分工合作，统一行动。第一，在小学、初中、高中、大学的思想教育课中，应当宣传禁止家庭暴力的法律法规，使学生从小树立反对家庭暴力观念。第二，基层司法所及社区、村（居）委会要做好对家庭暴力纠纷的劝阻、制止及调解纠纷工作。第三，妇联应记录好受害者的投诉信息，固定相关证据，为受害者提供必要的法律、心理等咨询服务及其他援助。第四，社会福利机构要应家庭暴力受害者的申请，向其提供庇护所与生活必需品，并对需要者免费进行职业技能培训。第五，司法行政部门应当积极开展预防和制止家庭暴力的法制宣传活动，并为受害者提供法律咨询与法律援助。第六，医院在接诊疑似家庭暴力受害者时，应当将诊治信息进行记录并将相关信息及时通报给公安机关。第七，公安机关承担接警与处理、收集证据、提供相关案件信息、协助执行人身安全保护裁定等职能，尤其注意做好接警与记录固定证据的工作。第八，法院应当选派审判经验丰富的法官与妇联的人民陪审员组成"妇女儿童审判庭"或"家事审判合议庭"⑤，专门审理涉及家庭暴力的案件。法官应当依法依职权收集证据，并应当事人的申请核发包含人身安全保护令在内的民事保护令裁定；对施暴者情节严重构成犯罪的，检察机关应当依法提起公诉，追究其刑事责任。

---

① 郭建梅主编：《家庭暴力与法律援助——问题·思考·对策》，中国社会科学出版社2003年版，第81页。

② 陈苇、石雷：《防治家庭暴力的地方实践研究——以重庆市某区2009-2010年防治家庭暴力情况为对象》，载《甘肃社会科学》2013年第3期。

③ 《中华人民共和国家庭暴力防治法（专家建议稿）》，载夏吟兰：《家庭暴力防治法制度性构建研究》，中国社会科学出版社2011年版，第12-33页。

④ 陈苇、秦志远：《我国台湾地区防治家庭暴力"立法"与司法之研究及其启示》，载陈苇主编：《家事法研究》（2006年卷），群众出版社2007年版，第37-38页。

⑤ 2010年3月广东省高级人民法院宣布在7个法院试点组建"家事审判合议庭"。参见陈爱武：《家事法院制度研究》，北京大学出版社2010年版，第151页。

此外，妇联、社区还可以联合社会其他相关组织，为家庭暴力受害者提供法律咨询、医疗救治、心理辅导、对施暴者行为矫正、就业培训和推荐就业等服务。

（四）加强法院的内部工作机制建设

我们建议加强司法人员的培训。我国有些学者明确地指出，开展对司法工作人员的社会性别意识和反对家庭暴力的知识培训，提高司法人员的素质是反对家庭暴力工作中的重要一环。[①] 以我们此次调查的重庆市 A 区法院为例，我们发现，该法院审理涉及家庭暴力案件的法官在对家庭暴力的认知上都比较清晰，没有存在认识误区与迷思，其主要与法官经常参加培训与学习有关。该院的审理法官参加过最高人民法院、某高校妇女理论研究中心分别组织的"性别平等与家庭暴力"、"防治家庭暴力法官培训国际项目"等培训，该院也经常组织各部门学习预防和制止家庭暴力的相关文件与法律知识，提高了法官对家庭暴力的认识水平及审理涉及家庭暴力案件的法律知识水平。因此，我们建议加强对审理家事案件法官的业务培训，提高法官对预防和制止家庭暴力的法律意识和依法处理能力。

（五）设立家庭暴力受害人专项救助基金

针对有些家庭暴力受害人没有经济来源，生活上依赖加害人的情况，如果对加害人予以刑事处罚，受害人很可能将陷于生活无着落的境地，然而若不对加害人予以刑事处罚，则势必放纵加害人，法律的权威也将荡然无存。因此，建议我国各级政府设立家庭暴力受害人专项救助基金，用于资助生活困难的受害人。

（六）培养家庭暴力当事人的证据收集意识和设立家庭暴力验伤中心

对于家庭暴力，针对当事人收集和提供证据难、法院认定难的问题，我们建议：一是家庭暴力受害人应加强收集证据的意识。建议受害者可从以下途径去收集与保留证据。其一，当发生家庭暴力时，如双方协商解决的，可要求施暴者写书面悔过与保证或进行录音录像。如当事人之间不能协商解决的，就要请求有关单位调解，也可以向妇联求助。这些参与调解的人的证言是今后认定家庭暴力事实的有效证据之一。其二，如家庭暴力的情节比较严重、情势比较紧迫时，受害者应当马上报警，110 出警公安人员的报警记录与询问笔录以及其他材料都可作为认定家庭暴力的重要证据之一。其三，当遭受家庭暴力后，受害者可以去医疗机构进行诊断医治，也可以将伤情拍照保存，病历等相关医疗材料也是重要的证据。

二是建立"家庭暴力验伤中心"。建议借鉴我国长春市、沈阳市、哈尔滨市设立"家庭暴力验伤中心"的经验，[②] 在全国各省、市、县具备条件的地区因地制宜设立"家庭暴力验伤中心"。

（七）推广法院防治家庭暴力工作的经验

我们建议，对四地区法院审理涉及家庭暴力案件积累的行之有效的工作经验予以推

---

[①] 夏吟兰：《家庭暴力法律干预现状结果分析》（《司法干预状况问卷调查》分项目），载荣维毅、宋美娅主编：《反对针对妇女的家庭暴力——中国的理论与实践》，中国社会科学出版社 2002 年版，第 29—30 页。

[②] 《吉林省立法预防制止家庭暴力，成立家暴验伤中心》，载新文化报：http://news.sohu.com/20060927/n245560624.shtml，访问日期：2013 年 3 月 15 日；《沈阳建立家庭暴力验伤中心，从重处理家庭暴力事件》，载东北新闻网：http://www.nen.com.cn/77971867083735040/20040304/1352479.shtml，访问日期：2013 年 3 月 15 日；《哈尔滨市成立家庭暴力验伤中心和妇女维权法庭》，载 http://www.lawyers.org.cn/info/6e1fe5ac4ca94e8bbb68d4c9bb18865a，访问日期：2013 年 3 月 15 日。

广：一是加强法官的业务培训，培养法官的社会性别平等观念和提高审理涉及家庭暴力案件的法律知识水平及审理技能；二是家庭暴力行为的认定依据，主要根据《婚姻法解释（一）》和参考《审理指南》；三是举证责任的分配规则，酌情采用优势证据规则；四是人身安全保护裁定的执行，已形成多机构共同监督执行的联动机制；五是坚持"教育为主、惩罚为辅"的原则，针对涉及家庭暴力案件的不同情况来确定调解方向，可调解和好或调解离婚。

# 第三部分
# 夫妻关系、父母子女关系和监护制度研究

# 婚姻家庭住房权的优先保护[①]

陈　苇[*]

## 目　次

在我国，为适应调整新时期婚姻家庭新情况、新问题的需要，最高人民法院《关于适用〈中华人民共和国婚姻法〉若干问题的解释（三）（征求意见稿）》（以下简称《婚姻法解释（三）意见稿》正在网上公布，广泛征求各方面的意见。以下，笔者就《婚姻法解释（三）意见稿》第12条对"夫妻一方未经他方同意擅自出售夫妻共有房屋"的效力规定予以评析，对其提出笔者的浅见。

《婚姻法解释（三）意见稿》第12条规定："登记于一方名下的夫妻共同所有的房屋，一方未经另一方同意将该房屋出售，第三人善意购买、支付合理对价并办理登记手续，另一方主张追回该房屋的，人民法院不予支持，但该房屋属于家庭共同生活居住需要的除外。夫妻一方擅自处分共同所有的房屋造成另一方损失的，离婚时另一方有权请求赔偿损失。"笔者认为，对婚姻家庭住房权优先给予法律保护，此规定是有现实的法律依据和符合我国基本国情的，是科学的、合理的。

法国著名的社会法学创始人狄骥教授指出："所有权是用以适配一种经济需要而成立的法律制度。它与其他法律制度一样必须随着经济需要的本身而演进。"为任何学识方面之唯一的科学方法，"应该观察事实，先将它分析，然后再将它归纳起来。……要研究法律，则必须首先为社会的检讨"。[②] 以下，笔者将从法律基础和社会基础两个方面，阐述赞成《婚姻法解释（三）意见稿》第12条之规定的主要理由。

## 一、优先保护婚姻家庭住房权的法律基础

从法律层面来看，优先保护婚姻家庭住房权具有以下法律基础：

---

① 本文载《法学》2010年第12期，在被编入本书时对个别标题和内容进行了适当修改。

* 陈苇，女，西南政法大学外国家庭法及妇女理论研究中心主任，民商法学院教授、博士生导师。

② ［法］莱昂·狄骥：《〈拿破仑法典〉以来私法的普通变迁》，徐砥平译，中国政法大学出版社2003年版，第139页、第163页。

（一）优先保护婚姻家庭住房权的《宪法》依据

根据我国《宪法》有关保护人权、婚姻家庭受国家保护的规定精神，婚姻家庭住房权应当受到法律的优先保护。优先保护婚姻家庭住房权，就是优先保障基本人权。婚姻家庭是社会的细胞，婚姻家庭是人们生活的基本单位。婚姻家庭住房权与人的生存权密切相关。对婚姻家庭权利的法律保护，关系到男女老少、千家万户的切身利益。我国《宪法》第 33 条第 3 款、第 49 条分别明确地规定："国家尊重和保护人权。""婚姻、家庭、母亲和儿童受国家的保护。"婚姻家庭住房是人类维持生存的最基本条件，它是人们居住、生活、遮风挡雨、避寒夜眠之场所。① 正是从这个意义上说，优先保护婚姻家庭住房权，就是优先保障基本人权。因此，《婚姻法解释（三）》第 12 条规定："登记于一方名下的夫妻共同所有的房屋，一方未经另一方同意将该房屋出售，第三人善意购买、支付合理对价并办理登记手续，另一方主张追回该房屋的，人民法院不予支持，但该房屋属于家庭共同生活居住需要的除外。"笔者认为，此"但书"规定，就是对适用《物权法》善意取得制度的特殊限制。因为法律优先保护婚姻家庭住房权，就是保证婚姻家庭成员生存的最基本条件。《婚姻法解释（三）》以但书的形式对优先保护婚姻家庭住房权作出特殊的规定，这符合我国《宪法》之"国家尊重和保护人权"的规定，有利于使我国《宪法》规定的"婚姻、家庭、母亲和儿童受国家的保护"的国家责任落到实处，符合我国广大人民群众的根本利益，彰显了 21 世纪新时期我国政府"以民为本"、"关注民生"、"司法为民"的基本理念。

（二）优先保护婚姻家庭住房权的《婚姻法》依据

首先，从《婚姻法》与《物权法》的调整对象、性质和功能来看，两者有所不同：（1）从调整对象来看，我国现行《婚姻法》第 1 条规定："本法是婚姻家庭关系的基本准则。"即《婚姻法》以婚姻家庭关系为调整对象。而我国《物权法》第 2 条规定："因物的归属和利用而产生的民事关系，适用本法。"即《物权法》以财产关系为调整对象。（2）从性质来看，婚姻家庭关系须以亲属身份关系为基础，故《婚姻法》属于身份法。因物的归属和利用而产生的民事关系须以财产为基础，故《物权法》属于财产法。（3）从功能来看，民法作为私法是权利法，《婚姻法》与《物权法》作为民法的组成部分也都属于权利法。然而，《婚姻法》主要以保护婚姻家庭当事人的权利为目的，《物权法》主要以保护民事关系当事人的财产权利为目的。"在现代社会，婚姻家庭仍然是社会的基础，婚姻家庭关系的稳定不仅涉及婚姻当事人和子女的利益，而且涉及社会的稳定和发展。正因为婚姻家庭对个人和社会都具有重要意义，为了巩固和维持婚姻生活共同体，保障家庭成员的生存和发展，现代社会的婚姻家庭法以保护婚姻家庭为其立法宗旨。"② 因此，基于婚姻家庭关系这一特殊调整对象的需要，为保护婚姻家庭当事人的婚姻家庭居住权，《婚姻法》可以有也应当有与《物权法》不同的特殊规定，从而达到保护婚姻家庭，保护妇女、儿童和老人合法权益的目的。

其次，从法律渊源来看，有关调整婚姻家庭关系的司法解释，属于婚姻法的渊源之

---

① 郑尚元：《居住权保障与住房保障立法之展开——兼谈〈住房保障法〉起草过程中的诸多疑难问题》，载《法治研究》2010 年第 4 期，第 12 页。

② 陈苇：《中国婚姻家庭法立法研究》（第二版），群众出版社 2010 年版，第 13-14 页。

一。为保障婚姻家庭当事人维持生存的基本条件，《婚姻法解释（三）意见稿》第12条规定优先保护婚姻家庭住房权，这是合法、合理的。

最后，从法律适用来看，在婚姻家庭领域，《婚姻法》是特别法，《物权法》是普通法，前者应当优先于后者被适用。因此，《婚姻法解释（三）意见稿》第12条有关优先保护婚姻家庭住房权的规定，应当优先于《物权法》的善意取得制度被适用。

（三）善意当事人的物之所有权受《物权法》保护是有条件的，婚姻家庭住房权应优先受到法律保护

首先，善意当事人对物的受让权是"有条件"地受法律保护的。根据我国《物权法》善意取得制度的规定，善意当事人对受让物的所有权受法律保护。然而，此法律保护是"有条件"的。因为法律保护个人物权"不是绝对的"。① 我国《物权法》第106条规定："无处分权人将不动产或者动产转让给受让人的，所有权人有权追回；除法律另有规定外，符合下列情形的，受让人取得该不动产或者动产的所有权：（一）受让人受让该不动产或者动产时是善意的；（二）以合理的价格转让；（三）转让的不动产或者动产依照法律规定应当登记的已经登记，不需要登记的已经交付给受让人。受让人依照前款规定取得不动产或者动产的所有权的，原所有权人有权向无处分权人请求赔偿损失。当事人善意取得其他物权的，参照前两款规定。"善意取得制度的立法目的，在于维护交易安全。笔者以为，依照我国《物权法》第106条的规定，善意当事人对物的受让权受法律保护是"有条件"的。是否符合善意取得的条件，应当从"法定情形"与"法定限制"两个方面加以考察：（1）必须符合"法定情形"，即受让该不动产或者动产必须同时符合《物权法》第106条明确列举的三种法定情形。（2）必须不存在"法定限制"，即受让该不动产或者动产不存在"法律另有规定的"除外情形。只有这两个方面的条件同时具备的，才符合构成善意取得的条件。而"除法律另有规定外"，实际上就是为某些特殊的需要法律优先保护的权利留下的法律依据。也就是说，构成善意取得是不能仅仅以"同时符合《物权法》第106条明确列举的三种法定情形"作为确定的依据的。这意味着，善意当事人对物的受让权是"有条件"地受法律保护的。

其次，从立法价值取向来看，婚姻家庭住房权应优先受到法律保护。婚姻家庭住房权与善意当事人的物之所有权何者应优先被法律保护？诚然，婚姻家庭住房权与善意当事人的物之所有权同样都属于受法律保护的物权。然而，法律保护这两种权利达到的目的有所不同。法律保护婚姻家庭住房权，是为了保障婚姻家庭当事人有房可居，以维持家庭成员的基本生存需要；法律保护善意当事人的物之所有权，是为了维护交易安全，以保障社会经济的正常发展。从生存权与发展权两者的关系来看，生存权应当优先于发展权。因为人只有首先生存下去，才能有进一步的发展。婚姻家庭是人们生活的基本单位。婚姻家庭住房权与人的生存权密切相关。优先保护婚姻家庭住房权，就是优先保障基本人权。因此，在立法价值取向上，应当优先保护婚姻家庭住房权——这一婚姻家庭当事人赖以维持生存的基本权利。所以，针对夫妻共有的房屋被夫妻一方擅自出让的效力问题，《婚姻法解释（三）意见稿》第12条规定："登记于一方名下的夫妻共同所有的房屋，一方未经另一方同意将该房屋出售，第三人善意购买、支付合理对价并办理登记手续，另一方主张追回该

---

① 杜万华：《物权法适用中的若干问题》，载《民事审判指导与参考》，法律出版社2008年版，第64页。

房屋的，人民法院不予支持，但该房屋属于家庭共同生活居住需要的除外。"笔者认为，《婚姻法解释（三）意见稿》第12条有关优先保护婚姻家庭住房权的规定，是符合我国《物权法》第106条有关善意取得制度的精神的。它既体现了《物权法》对善意当事人的物之所有权有条件地给予保护，以维护交易安全；又体现了我国《宪法》"国家尊重和保护人权"、"婚姻、家庭、母亲和儿童受国家的保护"的精神以及《婚姻法》保护婚姻家庭、保障实现家庭职能的立法意旨。这是合法的，也是科学的、合理的。

（四）优先保护婚姻家庭住房权的国际人权法依据

根据联合国人权保护的相关文献所倡导的精神，家庭和儿童应当受到法律的优先保护。1948年《世界人权宣言》宣布："鉴于对人类家庭所有成员的固有尊严及其平等的和不移的权利的承认，乃是世界自由、正义与和平的基础。"该宣言第16条规定："……家庭是天然的和基本的社会单元，并应受社会和国家的保护。"① 1959年《儿童权利宣言》的原则二规定："儿童应受到特别保护……制定法律时，应以儿童的最大利益为首要考虑。"1989年《儿童权利公约》在序言中宣布："儿童有权享受特别照料和协助，深信家庭作为社会的基本单元，作为家庭的所有成员、特别是儿童的成长和幸福的自然环境，应获得必要的保护和协助，以充分负起它在社会上的责任……"由此可见，联合国人权保护的相关文献都一致地倡导家庭和儿童应当受到法律的优先保护。因此，《婚姻法解释（三）意见稿》对婚姻家庭住房权作出优先保护的特殊规定，符合联合国人权保护相关文献倡导的精神。

## 二、优先保护婚姻家庭住房权的社会基础

从我国社会现实生活的层面来看，自进入21世纪以来，随着我国社会经济的快速发展，我国城乡居民的收入快速增长，住房条件明显改善。住房市场化改革使城镇居民自有住房拥有率大幅提高，2008年自有住房拥有率达87.8%，比1983年提高了78.4个百分点。② 然而，目前我国仍然属于发展中国家，优先保护婚姻家庭住房权具有以下社会基础：

第一，婚姻家庭住房是我国社会绝大多数民众的基本生活场所。目前，与我国社会经济的发展相适应，人们的物质、文化生活水平有很大的提高，人们的生活方式也日益多元化。但"衣、食、住、行"仍是我国绝大多数民众的四大基本生活需求，而婚姻家庭住房仍是我国社会绝大多数民众的基本生活场所。因此，优先保护婚姻家庭住房权，就是优先保障我国绝大多数民众的基本生活需要。

第二，我国绝大多数家庭只有一套婚姻家庭住房。目前，基于房屋的价格原因，我国城镇居民绝大多数家庭购买家庭住房都是采取按揭贷款的方式，一般一个家庭的经济能力只能购买一套家庭住房。因此，优先保护婚姻家庭住房权，就是优先保障我国绝大多数家庭唯一的基本居住条件，可以避免婚姻家庭成员陷入无房居住的困境。

第三，优先保护婚姻家庭住房权，有利于满足家庭成员中妇女、儿童和老人等弱势群

---

① 1948年《世界人权宣言》，载 http://www.un.org/chinese/work/rights/rights.htm.

② 国家统计局：《城乡居民生活从贫困向全面小康迈进》，载 http://www.stats.gov.cn/tjfx/ztfx/qzxzgcl60zn/t20090910_402585849.htm，访问日期：2010年12月2日。

体的生活需要。目前，我国家庭仍然担负着养老育幼的职能，婚姻家庭住房是实现其养老育幼职能的基本场所。如果不对婚姻家庭住房权给予优先保护，就会导致婚姻家庭成员包括妇女、儿童和老人等弱势群体流离失所，无法实现家庭的养老育幼职能。因此，优先保护婚姻家庭住房权，有利于保障家庭实现养老育幼的功能，有利于满足家庭成员中妇女、儿童和老人等弱势群体的生活需要。

### 三、优先保护婚姻家庭住房权具有科学性、合理性

综上所述，基于上述法律基础和社会基础两个方面的理由，所以笔者认为《婚姻法解释（三）意见稿》第12条规定对婚姻家庭住房权优先给予法律保护，既符合我国《宪法》和《婚姻法》有关国家尊重和保护人权、保护婚姻家庭的规定精神，也不违背我国《物权法》善意取得制度的精神，并且符合联合国人权保护的相关文献所倡导的精神，符合当前我国婚姻家庭住房状况和功能的基本国情。因此，此规定具有科学性、合理性。

# 论双方父母赠与夫妻的不动产之归属
## ——对《〈婚姻法〉司法解释（三）（征求意见稿）》第8条第2款之我见①

陈　苇*

**目　次**

在我国，为适应调整新时期婚姻家庭新情况、新问题的需要，最高人民法院《关于适用〈中华人民共和国婚姻法〉若干问题的解释（三）（征求意见稿）》［以下简称《婚姻法解释（三）（征求意见稿）》］正在网上公布，广泛征求各方面的意见。以下，笔者对《婚姻法解释（三）（征求意见稿）》第8条第2款有关"双方父母赠与夫妻的不动产之归属"的规定予以评析，对其提出修改建议。

《婚姻法解释（三）（征求意见稿）》第8条第2款规定："由双方父母出资购买的不动产，产权登记在一方名下的，可以认定该不动产为按照双方父母的出资份额按份共有，但有证据证明赠与一方的除外。"此即对"双方父母赠与夫妻的不动产之归属"实行按份共有的规定。笔者认为，此规定既不符合我国现行《婚姻法》规定的"婚后所得共同制"之精神，也不符合我国的基本国情和《宪法》的基本精神。因此，它是不科学、不合理的，应当对其进行适当的修改。

法国著名的社会法学创始人狄骥教授指出："所有权是用以适配一种经济需要而成立的法律制度。它与其他法律制度一样必须随着经济需要的本身而演进。"为任何学识方面之唯一的科学方法，"应该观察事实，先将它分析，然后再将它归纳起来。……要研究法律，则必须首先为社会的检讨"。② 以下，笔者将从《婚姻法》依据、社会国情基础和

---

① 本文载《西南政法大学学报》2011年第2期，在被编入本书时对个别标题和内容进行了适当修改。
* 陈苇，女，西南政法大学外国家庭法及妇女理论研究中心主任，民商法学院教授、博士生导师。
② ［法］莱昂·狄骥：《〈拿破仑法典〉以来私法的普通变迁》，徐砥平译，中国政法大学出版社2003年版，第139页、第163页。

《宪法》的基本精神三个层面，阐述本人建议对《婚姻法解释（三）（征求意见稿）》第
8 条第 2 款规定进行适当的修改的主要理由。

### 一、确定双方父母赠与夫妻的不动产之归属的《婚姻法》依据

从婚姻家庭法的层面来看，确定双方父母赠与夫妻的不动产之归属，应当以现行
《婚姻法》的规定作为法律依据。

我国现行《婚姻法》第 17 条规定："夫妻在婚姻关系存续期间所得的下列财产，归
夫妻共同所有：（一）工资、奖金；（二）生产、经营的收益；（三）知识产权的收益；
（四）继承或赠与所得的财产，但本法第十八条第三项规定的除外；（五）其他应当归共
同所有的财产。夫妻对共同所有的财产，有平等的处理权。"据此规定，我国的法定财产
制是婚后所得共同制。此婚后所得共同制，我国习惯上称为夫妻共同财产制。它是指在婚
姻关系存续期间，夫妻双方或一方所得的财产，除法律另有规定或当事人另有约定的外，
均归夫妻共同所有，夫妻对共同所有的财产，平等地享有占有、使用、收益和处分的权利
的夫妻财产制度。① 此夫妻财产的共有，是共同共有，而不是按份共有。并且，依我国现
行《婚姻法》第 18 条第 3 项的规定，遗嘱或赠与合同中确定只归夫或妻一方的财产，为
夫妻一方的财产，即依据我国现行《婚姻法》第 17 条第 4 项和第 18 条第 3 项的规定，夫
妻在婚姻关系存续期间因"继承或赠与所得的财产"，应当归夫妻共同所有，但"遗嘱或
赠与合同中确定只归夫或妻一方的财产"除外。也就是说，除遗嘱或赠与合同中确定只
归属于夫或妻一方的财产外，夫妻在婚后因继承或赠与所得的财产，都属于夫妻共同共有
的财产。正因为如此，2003 年 12 月我国最高人民法院颁布的《关于适用〈中华人民共和
国婚姻法〉若干问题的解释（二）》第 22 条第 2 款规定："当事人结婚后，父母为双方
购置房屋出资的，该出资应当认定为对夫妻双方的赠与，但父母明确表示赠与一方的除
外。"此司法解释彰显了现行《婚姻法》规定的婚后所得共同制的精神。

由上所述，笔者认为，确定双方父母赠与夫妻的不动产之归属，除有证据证明赠与一
方的外，依据前述现行《婚姻法》规定的婚后所得共同制的精神，应当认定该不动产为
夫妻双方共同共有的财产，而不能按照双方父母的出资份额认定为夫妻双方按份共有。这
样才符合现行《婚姻法》规定的婚后所得共同制的精神。因此，《婚姻法解释（三）（征
求意见稿）》第 8 条第 2 款"由双方父母出资购买的不动产，产权登记在一方名下的，
可以认定该不动产为按照双方父母的出资份额按份共有……"之规定，显然是不符合现
行《婚姻法》之婚后所得共同制的精神的。

### 二、确定双方父母赠与夫妻的不动产之归属的社会国情基础

从社会国情基础的层面来看，我国现行《婚姻法》以婚后所得共同制作为法定夫妻
财产制，其是有现实社会国情基础的。

在现代社会，人们的婚姻家庭观念发生了很大变化，夫妻感情在维系婚姻关系中起着
越来越重要的作用。但是，家庭仍然负担着生育和经济生活等职能。我国著名社会学家费

---

① 陈苇：《婚姻家庭继承法学》，群众出版社 2005 年版，第 131 页。

孝通先生指出："一个完整的抚育团体必须包括两性的合作。"① 因此，婚姻家庭作为社会的基本生活单位，仍然是社会的基础，保护婚姻家庭仍然是当代婚姻家庭法的重要任务。目前，我国仍处于社会主义初级阶段。作为一个拥有 13 亿人口且以农业人口为主的发展中国家，我国的社会保障制度尚不够完善，养老育幼仍然是婚姻家庭的主要职能。夫妻财产是实现家庭养老育幼职能的物质基础，夫妻财产制是实现家庭养老育幼职能的法律保障。

回顾 21 世纪初期，我国在修订 1980 年《婚姻法》时，对于我国法定财产制应当采取何种财产制类型的问题，当时学界主要有三种主张：一是采取一般共同制；二是仍采取婚后所得共同制，但设立个人财产，适当缩小夫妻共同财产的范围；三是采取劳动所得共同制。② 对此，当时笔者就明确地表示赞同第二种主张。因为，一般共同制的夫妻共同财产范围过宽，不利于保护夫妻个人财产所有权；劳动所得共同制的夫妻共同财产范围过窄，不利于保护夫妻中经济能力较弱的一方（在现实生活中往往是妻方，尤其是专事家务劳动的妻方）的合法权益。而婚后所得共同制则规定，夫妻双方或一方在婚姻存续期间所得的财产，除法律另有规定或当事人另有约定的外，均归夫妻共同所有（此属共同共有）。这反映了婚姻共同体的本质要求，有利于实现男女平等原则，也符合我国传统习惯和现实国情。它保障婚姻家庭共同生活，尤其注重保障夫妻中经济能力较弱一方的合法权益，有利于实现夫妻家庭地位事实上的平等，体现了加强社会主义婚姻家庭精神文明建设的要求，同时也有利于保护夫妻个人财产所有权，反映了兼顾个人利益和社会利益，并注重对夫妻中经济能力较弱一方的保护的立法宗旨。③ 因此，我国 2001 年修正后的《婚姻法》第 17 条对法定夫妻财产制的规定，仍然是采取婚后所得共同制，这是符合我国社会基本国情的。

然而，《婚姻法解释（三）（征求意见稿）》第 8 条第 2 款却规定："由双方父母出资购买的不动产，产权登记在一方名下的，可以认定该不动产为按照双方父母的出资份额按份共有……"此按份共有的规定，往往有可能造成夫妻之间对财产问题斤斤计较、离心离德，不利于实现婚姻家庭的养老育幼职能，显然这是不符合我国现实社会基本国情的。

### 三、确定双方父母赠与夫妻的不动产之归属必须符合《宪法》的基本精神

从《宪法》的基本精神的层面来看，确定双方父母赠与夫妻的不动产之归属，必须符合我国《宪法》有关保护人权、婚姻家庭受国家保护的规定精神。我国《宪法》第 33 条第 3 款、第 49 条分别明确地规定："国家尊重和保护人权。""婚姻、家庭、母亲和儿童受国家的保护。"确定双方父母赠与夫妻的不动产之归属，应当符合我国广大民众婚姻家庭生活的实际需要，而保障实现婚姻家庭的养老育幼职能，就是保障基本人权。婚姻家庭是社会的细胞，婚姻家庭是人们生活的基本单位。婚姻家庭的养老育幼职能与人的生存

---

① 费孝通：《乡土中国 生育制度》，北京大学出版社 1998 年版，第 122 页。
② 吴洪、赵翼韬：《现行夫妻财产制应当重构》，载李银河、马忆南主编：《婚姻法修改论争》，光明日报出版社 1999 年版，第 353 页；马忆南：《略论我国夫妻财产制的完善》，载《中外法学》1998 年第 6 期；王歌雅：《关于完善我国夫妻财产制的建议》，载《中国法学》1997 年第 2 期。
③ 陈苇：《中国婚姻家庭法立法研究》，群众出版社 2000 年版，第 210-211 页。

权和发展权密切相关，关系到男女老少、千家万户的切身利益。夫妻共同财产是人类社会家庭成员维持生存的最基本的条件，它是实现婚姻家庭养老育幼职能的物质基础。正是从这个意义上说，保障婚姻家庭养老育幼职能的实现，就是保障基本人权。因此，确定双方父母赠与夫妻的不动产之归属必须符合《宪法》这一基本精神。然而，《婚姻法解释（三）（征求意见稿）》第8条第2款却规定："由双方父母出资购买的不动产，产权登记在一方名下的，可以认定该不动产为按照双方父母的出资份额按份共有……"此规定，往往会使夫妻过于计较自己个人的财产得失，不利于鼓励夫妻同心同德共同承担婚姻家庭养老育幼的职能，不利于保障我国《宪法》有关"婚姻、家庭、母亲和儿童受国家的保护"的规定落到实处，不符合我国广大人民群众的根本利益。因此，笔者认为，它是不符合我国《宪法》的基本精神的。

### 四、确定双方父母赠与夫妻的不动产之归属的立法建议

综上所述，正是基于我国婚姻家庭担负的养老育幼这一特殊职能的需要，为保障实现婚姻家庭当事人的生存权和发展权，我国《婚姻法》根据《宪法》的基本精神，明确规定以婚后所得共同制为法定夫妻财产制，这反映了我国广大人民群众的根本利益，符合我国现实社会的基本国情，有利于实现婚姻家庭的养老育幼职能。因此，这是科学的、合理的。基于以上《婚姻法》依据、社会国情基础和《宪法》的基本精神三个方面的理由，所以，笔者认为，《婚姻法解释（三）（征求意见稿）》第8条第2款对"双方父母赠与夫妻的不动产之归属"实行按份共有的规定，既不符合我国现行《婚姻法》规定的"婚后所得共同制"之精神，也不符合我国的基本国情和《宪法》的基本精神。因此，它是不科学、不合理的，应当对其进行适当的修改。特建议将其修改为："由双方父母出资购买的不动产，产权登记在一方名下的，可以认定该不动产为夫妻共同所有，但有证据证明赠与夫妻一方的除外。"

# 现代婚姻家庭法的立法价值取向研究
## ——主要以《婚姻法解释（三）》有关夫妻财产关系的规定为对象①

陈　苇　黎乃忠*

## 目　次

法律的价值取向，既是立法的指导思想，也是修改、补充和完善立法的依据。不同的法律部门，由于其调整对象的不同，其立法的价值取向也会有所差异。在现代绝大多数国家中，婚姻家庭法属于民法的组成部分，以婚姻家庭关系为调整对象。现代婚姻家庭法以民法的平等、自由、公平、安全与效率的价值取向为根据，针对调整对象的特殊性，设立某些不同于一般民事法律的特有法律规范，以维护婚姻家庭成员的合法权益，保障婚姻家庭职能的实现。本文根据现代婚姻家庭法的立法价值取向，以我国现代夫妻财产制为研究对象，阐明现代婚姻家庭法以平等、自由、公平、安全与效率为立法的基本价值取向。在此基础上，针对2011年8月13日实施的我国最高人民法院《关于适用〈中华人民共和国婚姻法〉若干问题的解释（三）》[以下简称《婚姻法解释（三）》] 有关夫妻财产关系的规定进行评析，虽然其大部分规定都体现了对现代婚姻家庭法的平等、自由、公平、安全与效率之价值取向的保障，但亦有少部分规定还存在不足。为保障实现现代婚姻家庭法之平等、自由、公平、安全与效率的价值取向，针对《婚姻法解释（三）》之不足，提出修改、完善立法的建议。

① 本文的全文稿，载梁慧星主编：《民商法论丛》（第54卷），法律出版社2014年版，第264-294页；本文的节选稿，载《吉林大学社会科学学报》2013年第1期。本文在被编入本书时对个别标题和内容进行了适当修改。

* 陈苇，女，西南政法大学外国家庭法及妇女理论研究中心主任，民商法学院教授、博士生导师；黎乃忠，男，西南政法大学民商法博士研究生。

**一、婚姻家庭法之平等价值**

对于平等的理解，美国学者博登海默曾指出："所谓平等就是指凡是被法律视为相同的人，都应当以法律所确定的方式对待。"[①] 他所说的这种平等是指法律形式上的平等，蕴含的是机会上的均等。然而，这种机会上的均等只是一种假设，它必须让位于追求实质平等的考虑，如对弱者的利益加以保护等。正如日本学者所指出的那样，现代民法已经进入一个"根据社会的经济地位及职业的差异把握更加具体的人，对弱者加以保护的时代"[②]。我国 2001 年修正后的《婚姻法》新增第 40 条，确认了离婚时的经济补偿请求权。即法律确认在婚姻期间夫妻一方为支持或协助夫妻他方获得学历文凭及职业资格证书所做的非经济贡献和经济贡献，在离婚时接受帮助的夫妻他方应当给予适当的经济补偿。这体现了法律对家务劳动等价值的承认，有利于平衡夫妻双方在婚姻期间所得的经济利益。[③]现代婚姻家庭法在设定婚姻期间的夫妻财产关系规则时，既应当考虑能够实现形式上的平等，更应当考虑能够实现实质上的平等，此乃保障实现法律之平等价值的必然要求。

（一）我国现代夫妻财产制的平等价值之考察

对于我国现代夫妻财产制的平等价值，我们拟从夫妻的财产地位平等和夫妻对共同财产享有平等的权利[④]两个方面进行考察。

1. 夫妻的财产地位平等

夫妻的财产地位平等主要体现在夫妻财产制上，1950 年《婚姻法》第 23 条明确规定："离婚时，除女方婚前财产归女方所有外，其他家庭财产如何处理，由双方协议；协议不成时，由人民法院根据家庭财产具体情况、照顾女方及子女利益和有利发展生产的原则判决。"据此表明当时的法定夫妻财产制为一般共同制。并且，在离婚时，女方的个人婚前财产仍归女方所有，而男方的个人婚前财产则纳入离婚分割的范围。乍看之下，似对妻子权利有相当之保护，然却适应了当时历史的发展，对此应以历史的眼光审视之：新中国成立前妇女处于封建"四权"[⑤] 的重压之下，经济地位低下，为实现夫妻地位的实质平等，将男方个人婚前财产纳入离婚分割的范围，这表面上看似男女不平等，但却体现夫妻财产地位由形式平等向实质平等的过渡，其保障女方处于实质平等的财产地位，具有合理性。而依 1980《婚姻法》第 13 条规定，夫妻在婚姻关系存续期间所得的财产，归夫妻共同所有，双方另有约定的除外，此法定夫妻财产制为婚后所得共同制。依 2001 年修正后

---

① 美国学者博登海默教授认为，法律规则把人、物和事件归于一定的类别，并按照某种共同的标准对它们进行调整。由于所有的社会（成员——笔者注）都遵守规则或一般性标准，所以通过规范性制度本身的运作，就可以在各地实现某种程度的平等。参见［美］E. 博登海默：《法理学：法哲学与法律方法》，邓正来译，中国政法大学出版社 2004 年版，第 308 页。

② ［日］星野英一：《私法中的人——以民法财产法为中心》，王闯译，载梁慧星主编：《民商法论丛》（第 8 卷），法律出版社 1997 年版，第 182-190 页。

③ 陈苇、曹贤信：《论婚内夫妻一方家务劳动价值及职业机会利益损失的补偿之道——与学历文凭及职业资格证书之"无形财产分割说"商榷》，载《甘肃社会科学》2010 年第 4 期。

④ 必须说明，基于"夫妻的财产地位平等"之要求，夫妻对共同财产亦应承担平等的义务，但限于本文的篇幅，对此论述从略。

⑤ 毛泽东同志在《湖南农民运动考察报告》中论述旧中国妇女地位时讲过，中国的妇女不但受封建政权、族权、神权的统治和压迫，而且受夫权的压迫和奴役。

的《婚姻法》第 17 条规定，法定夫妻财产制仍沿用婚后所得共同制。[①]

我们认为，以婚后所得共同制作为我国的法定夫妻财产制，是由我国的历史传统和现代社会夫妻财产地位平等之要求决定的。在历史传统上，我国古代小农经济条件下实行几代同堂的大家庭生活方式，家庭财产归属于家庭全体成员共有，家庭共有财产权则由一家之家长掌握（家长一般由男性尊者担任），以维护家庭财产的完整和统一，满足家庭物质生产和人口生产的需要，即当时的小农经济社会条件是我国古代采取家庭共同财产制的物质基础。到了近现代社会，随着我国小农经济社会的逐渐解体，家庭共有财产制的物质基础逐渐丧失，一对夫妻及其未成年子女组成的核心家庭亦逐渐取代了几代同堂的大家庭，但婚姻家庭财产"共有"的传统思想之影响仍存在。据我国学者调查，目前我国现实生活中的绝大多数家庭，仍然实行法定夫妻财产制即"婚后所得共同制"。[②] 在婚后所得共同制之下，夫妻一方在婚姻期间从事社会生产劳动所得的工资、经营所得的收益等经济收入都属于夫妻共同财产。即使一方（通常是女方）没有外出工作而专事家务劳动，此价值也被认为与外出工作没有差别。受历史传统影响，并综合考虑我国"男主外、女主内"的家庭分工依然存在，以婚后所得共同制为我国的法定财产制，保障了夫妻财产地位的实质平等，符合现代婚姻家庭法的平等价值取向。

值得注意的是，随着社会的发展，自 20 世纪下半期至 21 世纪初期，基于夫妻财产地位平等的理念，世界上有不少国家都对夫妻财产制进行了变革。以婚后所得共同制为法定夫妻财产制的国家，在共同财产制中引入了分别财产制的因素，如我国 2001 年修正后的《婚姻法》确认了个人财产的范围；而以分别财产制为法定夫妻财产制的国家，在分别财产制中引入了共同财产制的因素，如美国、澳大利亚等国在离婚时夫妻双方应当公平地分割婚姻期间夫妻各方所得的财产。而瑞士的所得分享制（所得分配制[③]）、德国的剩余共同制等折中性的财产制，则在一定程度上融合了共同财产制和分别财产制的优点。由此可见，"兼采共同财产制与分别财产制的合理因素，已成为越来越多国家夫妻财产制的改革方向"[④]。它既保证了夫妻双方在共同财产关系终止之时对共有财产的平等权利，也维护了夫妻在财产的共同共有期间的平等支配权。

2. 夫妻对共同财产享有平等的权利

我国 1950 年《婚姻法》第 10 条规定："夫妻双方对于家庭财产有平等的所有权与处理权。"此规定确立了夫妻对共同财产享有平等的权利。但其对夫妻共有财产范围的界定不科学，把家庭财产一律归夫妻所有和处理，这侵害了其他家庭成员的财产权利。1980 年的《婚姻法》和 2001 年修正后的《婚姻法》把夫妻平等的财产处理权的范围，限定在夫妻双方的共同财产范围内，这是科学的、合理的。对于夫妻共同财产，夫妻双方享有平

---

① 目前，国外立法采用较多的有婚后所得共同制、分别财产制和剩余共同制。剩余共同制虽名为共同制，而其实为分别财产制……此制之特色，在于婚姻解销时，就各配偶由婚姻解销时之财产（终末财产），扣除结婚时之财产（当初财产），以计算其剩余额。剩余额较少之配偶，对于剩余额较多之配偶，就剩余差额的 1/2，有债权的请求权。参见史尚宽：《亲属法论》，中国政法大学出版社 2000 年版，第 331 页。

② 巫昌祯：《婚姻法执行状况调查》，中央文献出版社 2004 年版，第 5 页。

③ 此制在婚姻中，以分别的财产制为原则，各别管理及处分其财产，配偶双方于婚姻中所取得之财产，于婚姻解销时形成一共同财团而分配于双方配偶，故亦称为所得分配制。参见史尚宽：《亲属法论》，中国政法大学出版社 2000 年版，第 331 页。

④ 陈苇：《中国婚姻家庭法立法研究》，群众出版社 2000 年版，第 180 页。

等的占有、使用、收益、处分的权利。我国最高人民法院《关于适用〈中华人民共和国婚姻法〉若干问题的解释（一）》［以下简称《婚姻法解释（一）》］第17条进一步解释规定："婚姻法第十七条关于'夫或妻对夫妻共同所有的财产，有平等的处理权'的规定，应当理解为：（一）夫或妻在处理夫妻共同财产上的权利是平等的。因日常生活需要而处理夫妻共同财产的，任何一方均有权决定。（二）夫或妻非因日常生活需要对夫妻共同财产做重要处理决定，夫妻双方应当平等协商，取得一致意见。他人有理由相信其为夫妻双方共同意思表示的，另一方不得以不同意或不知道为由对抗善意第三人。"① 此规定明确了夫妻一方单方对夫妻共同财产处理的权利仅限于家庭日常生活的范围之内。而对婚姻家庭住房等重大夫妻共同财产的处理，必须由夫妻双方平等协商决定，这也是夫妻对共同财产处理时应当承担的义务。否则，如果夫妻一方擅自将婚姻家庭住房等重大的夫妻共同财产出售给第三人，夫妻另一方应当享有撤销权。对此我们将在下文中论述。

（二）《婚姻法解释（三）》有关夫妻财产关系规定的平等价值之评析

1. 平等价值之保障

《婚姻法解释（三）》第4条规定："婚姻关系存续期间，夫妻一方请求分割共同财产的，人民法院不予支持，但有下列重大理由且不损害债权人利益的除外：（一）一方有隐藏、转移、变卖、毁损、挥霍夫妻共同财产或者伪造夫妻共同债务等严重损害夫妻共同财产利益行为的；（二）一方负有法定扶养义务的人患重大疾病需要医治，另一方不同意支付相关医疗费用的。"除"但书"规定的两款特殊原因之外，人民法院不支持在婚姻关系存续期间夫妻一方分割共同财产的请求。我们认为，在实行法定的夫妻财产制之下，夫妻的共同财产是夫妻在共同生活期间的共同劳动收入，是共同购置和积累起来的财产，应当归夫妻双方共有，并且这种共有关系属于共同共有，夫妻双方对共同所有的财产具有平等的权利。其理论基础是民法的共同共有——在共有关系存续期间，共同共有人非依法定理由一般不得请求分割共同财产；在共有关系存续期间，共有人对共有财产的份额是不确定的共同共有关系。只有在共有关系终止时，共有财产分割后，才能确定各共有人的份额。因此，在婚姻关系存续期间，一般情况下，夫妻任一方均不能提出分割夫妻共同财产，当出现法定的事由或者夫妻共同财产制终止时，才能依法分割夫妻共同财产，以保证夫妻对共同财产的平等权利，从而维持夫妻共同财产的稳定，保障实现婚姻家庭的职能。相反，如果允许夫妻一方任意分割夫妻共同财产，很有可能会发生处于经济强势地位的一方任意分割夫妻共同财产，危及另一方配偶对财产的平等权益。综上，《婚姻法解释（三）》第4条有关除"但书"之外不允许分割夫妻共同财产的规定，有利于保障实现夫妻财产地位的平等。

此外，《婚姻法解释（三）》第5条规定："夫妻一方个人财产在婚后产生的收益，除孳息和自然增值外，应认定为夫妻共同财产。"此即把夫妻一方个人婚前财产在婚后产生的收益，除法律规定的"孳息和自然增值"外的都认定为夫妻共同财产。在一般情况下，对个人财产的孳息而言，根据传统民法孳息随原物的原理，原物属夫妻个人婚前财产，孳息也属于夫妻个人婚前财产。而对个人财产的自然增值而言，夫妻一方或双方对该

---

① 由于处分权是所有权的最高形式，因此，此款规定的处理权也就是所有权的另一种表述。参见蒋月：《夫妻的权利与义务》，法律出版社2001年版，第150页。

夫妻一方个人财产并没有进行管理、投入劳动,该孳息和自然增值应当被排除于夫妻共同财产之外,因此,这一规定原则上符合现代婚姻家庭法之平等价值。[1]

2. 平等价值保障之不足

《婚姻法解释(三)》第13条第1款规定:"离婚时夫妻一方尚未退休、不符合领取养老保险金条件,另一方请求按照夫妻共同财产分割养老保险金的,人民法院不予支持。"将夫妻一方在婚姻期间取得的养老金期待利益排除在夫妻共同财产之外。我们认为,这有悖夫妻共同财产权益的平等保护,是不符合现代婚姻家庭法之平等价值理念的。其主要理由如下:

第一,从我国2001年修正后的《婚姻法》之婚后所得共同制的精神上看,婚后一方积累的养老金的期待利益应属于夫妻共同财产。在以婚后所得共同制为法定财产制之下,除夫妻双方另有约定或法律另有规定的外,婚后所得之财产和利益(包括现实利益和期待利益)均属于夫妻共同所有,夫妻双方对婚后所得财产和利益之权利范围,亦应包括婚后一方缴纳养老金及养老金的期待利益。并且,以夫妻共同财产缴纳养老金产生的期待利益,虽然并不是立即可以取得的,但这种期待利益的取得是可以预期的。在经过一定期间、符合一定的条件后,期待利益则转化为现实利益而为夫妻双方实际享有。

第二,从夫妻婚后积累的养老金的来源上看,养老金一般是用夫妻一方的工资缴纳的,依我国的婚后所得共同制,既然工资属于夫妻的共同财产,那么用工资积累的养老金利益包括期待利益理应都属于夫妻的共同财产。

第三,养老金期待利益的分割体现了对家务劳动价值的承认。家庭基于不同的分工而相互协作、共同生活,组成一个生活的共同体。夫妻一方外出工作,另一方从事家务劳动,照顾家庭,双方从事的劳动价值是相同的,所不同的是劳动的表现形式。诚然,进行家务劳动的一方无法获得养老金的积蓄,但另一方在工作时积累的养老金及养老金的期待利益也是双方协作的结果。[2] 因此,如果赋予养老金期待利益的可分性,也包含了将家务劳动纳入婚姻家庭法的价值评判之中。

第四,国外立法有对养老金期待利益的分割规定。例如,《德国民法典》[3] 第1587条第1款规定:"须予均衡的要求供给[4]的权利:在离婚配偶双方之间,发生供给的均衡,但以就离婚双方或其中一方而言在婚姻存续期间对第1587a条第2款[5]所称种类的养老金或从业能力减弱的定期金的期待权或指望权已设立或保持为限。"同时,该条第2款规定,从结婚所在月的月初到离婚申请的诉讼系属[6]发生前的月份终了的期间,视为关于供

---

[1] 但如前所述,此规定亦存在不足,在特殊情况下,如果夫妻一方个人财产在婚后之孳息的取得,是因为夫妻一方或双方对该夫妻一方个人财产进行了管理、投入了劳动,我们认为该孳息就应当被认定为夫妻的共同财产,这将在下文论述。

[2] 陈苇:《婚后积累的养老金期待利益应当由夫妻共享——〈解释(三)〉(征求意见稿)第14条之商榷》,载《中国社会科学报》2010年12月7日第10版。陈苇、陈思琴:《澳大利益夫妻离婚时养老金分割立法及其借鉴》,载《法商研究》2008年第6期,第143页。

[3] 《德国民法典》(第2版),陈卫佐译注,法律出版社2006年版。

[4] 此供给是指养老金、退休金和从业能力减弱者的定期金等。

[5] 第1587a条第1款规定的是夫妻一方有权要求他方给付双方养老金期待利益差额的一半。第2款规定确定了养老金价差额的价额基础。

[6] 即向被告送达诉状时起到法院的判决生效的期间。

给均衡的规定意义上的婚姻存续期间。即德国法将夫妻在婚姻期间的养老金的期待利益纳入可供分割的财产范围。

既然养老金及其期待利益在理论上是可以分割的，但如何对夫妻离婚时养老金的期待利益进行估价与分割却是离婚当事人和离婚诉讼中法官面临的一个难题。在这一方面，澳大利亚的立法经验对我国具有借鉴意义：澳大利亚2001年《家庭法（退休金）修正法》第八B章专门增加了对退休金的分割等问题的规定。澳大利亚1975年《家庭法》第4条第1项和第90MC条规定了退休金被视为一种在婚姻解除时可以进行分割的财产。第90MZD条规定了对负责退休金发放的第三方托管人进行约束。第90MS条规定了夫妻对退休金的分割不能达成协议的，由法院作出"分割命令"和"标记命令"[1]。标记命令旨在约束退休金管理机构，命令管理者不支付退休金，并要求管理者在退休金可以支付时通知法院，以便法院到时对该退休金在离婚配偶之间依法进行分割。[2]

综上所述，我国《婚姻法解释（三）》承认对夫妻在婚姻期间积累的、在离婚时实际取得的养老金进行分割，这有利于维护婚姻当事人对该养老金的财产权利，体现了现代婚姻家庭法的平等价值取向。但其却将夫妻在婚姻期间积累的、在离婚时未实际取得的养老金的期待利益排除在可分割的财产范围之外，这是对平等价值保障之不足。因此，我们建议我国借鉴德国、澳大利亚等国的立法经验，将夫妻一方在婚后积累、在离婚时未实际取得的养老金的期待利益纳入夫妻共同财产范围，并借鉴澳大利亚对养老金的期待利益的分割立法，完善我国夫妻离婚时养老金及其期待利益的分割制度。

### 二、婚姻家庭法之自由价值

现代民法以意思自治为基石构建了契约自由的理念，人的意志可以依其本身的法则去创设自己的权利义务，"每一个人自然是其自己利益的最好评判者，因此应该让他有按他自己的方式行动的自由"[3]。在民事领域，民事法律关系的当事人能够按照自己的意志设立、变更、终止民事关系。在婚姻家庭关系领域，婚姻当事人能够依法自由约定夫妻财产制以及其他财产关系等。法律保障婚姻家庭当事人享有约定财产关系的自由权，以实现其婚姻家庭中的财产权益。

（一）我国现代夫妻财产制的自由价值之考察

婚姻当事人在财产关系上的约定是自由的表现形式，其主要体现在约定夫妻财产制与约定夫妻个人婚前财产和婚后所得财产的归属两个方面。

1. 约定夫妻财产制的自由

（1）约定夫妻财产制的类型。实行什么类型的财产制，关系到夫妻双方重大的财产权利义务，而法律对夫妻财产制类型的规定则影响到夫妻双方自由的实现程度，在确定夫妻财产制类型之始，夫妻双方就非常希望有一个法律作参照以便明了自己的财产制类型的约定是否符合法律的要求以及将有什么样的后果。在我国，从婚姻法的立法进程来看，夫

---

[1] "分割命令"主要针对已经实际取得的养老金由法院根据一定的规则在配偶间进行分割。"标记命令"主要是针对尚未实际取得的退休金进行标记。

[2] 陈苇主编：《外国婚姻家庭法比较研究》，群众出版社2006年版，第600-601页。

[3] ［英］亚当·斯密：《富国论》，转引自李仁玉等：《契约观念与秩序创新》，北京大学出版社1993年版，第100页。

妻财产制从 1950 年《婚姻法》之内容单一的法定共同财产制①，到 1980 年《婚姻法》的法定财产制与约定财产制并立，再到 2001 年修正后的《婚姻法》之约定财产制的完善与夫妻特有财产制的确立，如果把约定夫妻财产制的不断完善看成自由，则"这一变化的进程表现为不断地扩大夫妻个人决定其财产状况的自由权利"。② 但 1950 年《婚姻法》着眼于身份的解放，确立了婚姻中男女平等、婚姻自由的原则，却对法定夫妻财产制的内容规定很简略，并且未规定夫妻双方可以约定夫妻财产的类型。而 1980 年《婚姻法》的夫妻法定财产制为婚后所得共同制，明确地规定夫妻对于双方的财产关系另有约定的除外，即夫妻约定财产制应优先于法定夫妻财产制被适用③，第一次以法律的形式确立了夫妻约定财产制的自由，这与 1950 年《婚姻法》相比是一个进步，满足了婚姻当事人的多样化价值需求。2001 年修正后的《婚姻法》第 19 条对约定财产制作了补充，进一步细化了夫妻约定的财产——婚前财产或婚后财产，约定的形式——书面形式，约定的归属——归各自所有、共同所有或部分各自所有、部分共同所有。其既原则上规定了约定财产的范围和可供选择的财产制内容，又明确规定夫妻实行约定的财产制须为第三人所明知，才对第三人具有法律效力。总之，从夫妻约定财产制之法律规定的脉络来看，2001 年修正后的《婚姻法》对夫妻约定财产制的补充和完善，扩大了夫妻对财产关系的自主决定权的范围。

（2）约定夫妻个人婚前财产和婚后所得财产的归属。如前所述，1950 年《婚姻法》对夫妻个人婚前财产和婚后所得财产的归属已经作了规定，即男方的个人婚前财产在婚后归属双方共同所有，女方的个人婚前财产归属女方个人所有，夫妻婚后所得财产归属双方共同所有。但对夫妻约定个人婚前财产和婚后所得财产没有明文规定。而 1980 年《婚姻法》第 13 条规定，夫妻各自的个人婚前财产均被排除在夫妻共同财产之外，夫妻对财产关系另有约定的，可以排除法定财产制被优先适用。但仍然没有具体规定夫妻双方可以约定财产的范围。2001 年修正后的《婚姻法》第 19 条对约定财产制作了进一步补充，明确规定夫妻可以约定个人婚前财产和婚后所得财产的归属，夫妻双方依法享有约定个人婚前财产和婚后所得财产归属的自由权。在夫妻财产关系的约定上，如果把夫妻双方的婚姻关系看成主契约，那么夫妻对个人婚前财产和婚后所得财产归属的约定则应当居于从契约的地位，从契约的效力取决于主契约的效力，即婚姻当事人对个人婚前财产和婚后所得财产归属约定于婚姻关系成立时发生效力，这与民法传统的主从契约的生效规则相一致。在约定的时间上，从契约一般以主契约成立后订立为通例，但夫妻财产契约的订立时间却有其

---

① 《中央人民政府法制委员会就有关婚姻法施行的若干问题的解答》中虽然明确了"夫妻对于任何种类家庭财产的所有权与处理权，均得由双方自愿约定"，但该问答不是以法律的形式来明确规定夫妻财产制的类型。并且，由于受传统习惯的影响和新中国成立初期具体条件的制约，实际生活中进行财产约定的现象并不普遍。

② 巫昌祯、夏吟兰：《改革开放三十年中国婚姻立法之嬗变》，载陈苇主编：《改革开放三十年（1978-2008）中国婚姻家庭继承法研究之回顾与展望》，中国政法大学出版社 2010 年版，第 8 页。

③ 在约定财产的效力上，我国学术界曾经产生了两种观点：第一种根据 1980 年的《婚姻法》"另有约定除外"的规定，认为我国夫妻财产是以法定为主，约定为辅。参见刘莉：《对我国夫妻财产制的探讨》，载《西北政法学院学报》1985 年第 4 期；张贤钰：《完善我国夫妻约定财产制的立法思考》，载巫昌祯、杨大文主编：《走向 21 世纪的中国婚姻家庭》，吉林人民出版社 1995 年版，第 134-139 页。第二种观点认为约定先于法定。参见陈苇：《完善我国夫妻财产制的立法构想》，载《中国法学》2000 年第 1 期；王洪：《夫妻财产制的修改：法政策之检讨》，载《西南政法大学学报》2000 年第 2 期。

特殊之处——婚姻当事人对个人婚前财产和婚后所得财产归属既可以在婚前约定，也可以在婚后约定，法律赋予婚姻当事人更大的自由，尊重夫妻对财产关系约定的意思自治。

2. 夫妻日常家事代理权之财产处分自由

我国 1950 年《婚姻法》、1980 年《婚姻法》和 2001 年修正后的《婚姻法》均未规定夫妻日常家事代理权，对于夫妻日常家事代理权的概念、权利的范围、权利行使的限制以及权利的效力等立法均呈空白。我国《婚姻法解释（一）》第 17 条规定："因日常生活需要而处理夫妻共同财产的，任何一方均有权决定。"这实际上是对夫妻日常家事代理权的规定。据此规定，夫妻任何一方在行使日常家事代理权的范围内，均有权处分夫妻共同财产。日常家事代理权制度源于古罗马法，在夫妻财产地位不平等之下，其设计的初衷是扩张丈夫行为的能力，丈夫将家事范围内的一部分事务"委任"给妻子，使丈夫无须事必躬亲，而妻子日常家事行为的后果由丈夫承担，其虽是妻子对丈夫的一种权利，但实质是妻子对财产只享有相当有限的权利。此制度发展到今天，基于男女平等的理念，日常家事代理权成为夫妻双方均享有的权利，夫妻任何一方均有因日常家事需要而处分财产的自由。国外诸如法国、瑞士、德国都规定了夫妻一方因日常家事需要而具有处分夫妻共同财产的自由。[1] 这是现代婚姻家庭法之自由的价值取向。但需要指出的是，自由从来都不是绝对的，非因家事需要处分夫妻共有财产，就不能仅仅考虑维护市场交易秩序，而应当考虑兼顾保护夫妻和家庭的财产权益与善意第三人的利益和交易安全。[2]

（二）《婚姻法解释（三）》有关夫妻财产关系规定的自由价值之评析

1. 自由价值之保障

《婚姻法解释（三）》第 7 条第 1 款规定："婚后由一方父母出资为子女购买的不动产，产权登记在出资人子女名下的，可按照婚姻法第十八条第（三）项的规定，视为只对自己子女一方的赠与，该不动产应认定为夫妻一方的个人财产。"本条规定看似与《婚姻法解释（二）》第 22 条第 2 款的规定相矛盾[3]，而实质上它们属两种不同的规定——在民事法律关系中，民事法律行为依意思表示的载体，可分为明示和默示两种形式，《婚姻法解释（二）》第 22 条第 2 款的规定表明，父母在当事人婚后的购房出资，除明示赠与夫妻一方外，其默示的出资行为应当推定为对夫妻双方的赠与；而《婚姻法解释（三）》第 7 条第 1 款的规定则承认出资为子女购买不动产的父母，以自己行为表示的方式（将产权登记在自己子女名下）表明将该不动产仅仅赠与自己的子女，与《婚姻法解释（二）》第 22 条第 2 款未指明赠与的主体不同，出资父母用产权登记在自己子女名下的表示方式，来指明是对自己子女一方的赠与。这尊重了财产赠与人的意愿，是民法的意思自治原则在婚姻家庭法领域的运用，保障了赠与人依法享有的处分其个人不动产的自由权利。

同时，《婚姻法解释（三）》第 14 条规定："当事人达成的以登记离婚或者到人民法院协议离婚为条件的财产分割协议，如果双方协议离婚未成，一方在离婚诉讼中反悔的，人民法院应当认定该财产分割协议没有生效，并根据实际情况依法对夫妻共同财产进行分

---

① 《法国民法典》第 220 条、《瑞士民法典》第 162 条、第 163 条、《德国民法典》第 1357 条。

② 陈苇：《中国婚姻家庭法立法研究》，群众出版社 2000 年版，第 168 页。

③ 《婚姻法解释（二）》第 22 条第 2 款规定："当事人结婚后，父母为双方购置房屋出资的，该出资应当认定为对夫妻双方的赠与，但父母明确表示赠与一方的除外。"

割。"这承认夫妻双方达成的以登记离婚或到人民法院协议离婚为条件的财产分割协议的效力。在此情形下，登记离婚或者到人民法院协议离婚是该财产分割协议生效所附的条件，如果条件成就（夫妻双方登记离婚或到人民法院协议离婚），则夫妻双方达成的财产分割协议生效，双方应当按照协议进行财产分割；如果双方没有进行登记离婚或到人民法院协议离婚，该财产分割协议所附的条件没有成就，则该财产分割协议没有生效。也许有人会提出异议：我国实行的是离婚自由原则，并且离婚是人身权方面的规定，所附条件不能以限制人身权为要件。但本条实质上是规定离婚夫妻共同财产分割问题，只要夫妻双方自愿离婚，在符合法定离婚条件的情况下，对于离婚方式，夫妻双方既可采取登记离婚，也可选择到人民法院协议离婚，如果夫妻双方同意登记离婚或到人民法院诉讼离婚，在这种"友好"的氛围之下，一方可能基于某些考虑而在财产上作出让步，就形成了以登记离婚或到人民法院协议离婚为条件的财产分割协议。但在离婚登记前或法院准许离婚的司法文书下发之前，不产生离婚的后果，也不会产生协议中财产分割的后果，如果一方反悔，则为一方放弃登记离婚或到人民法院协议离婚的离婚方式，而采用另一种——诉讼离婚的方式，法律这样规定并没有限制离婚自由，婚姻当事人在登记离婚或到人民法院协议离婚不成的情况下，仍然可以进行离婚诉讼。所以，此规定其实是对双方登记离婚或到人民法院协议离婚之财产分割自由之约定在法律上的确认，体现了保障现代婚姻家庭法之自由价值的理念。

2. 自由价值保障之不足

依《婚姻法解释（三）》第7条第2款，由双方父母出资购买的不动产，产权登记在一方子女名下的，该不动产认定为夫妻双方按份共有。此规定体现了对自由价值保障的不足。诚然，我国学者指出："十年前修改婚姻法时，房子的问题还不突出，十年后房子已经成了个人或家庭中最重要的财产了。"[①] 目前，由于畸高的房价，结婚买房的问题困扰着许多的年轻人。而结了婚，并在父母资助之下买了房屋的年轻人，离婚时的房屋分割问题也同样困扰着他们和他们的父母。结婚之时，单凭自己的收入，一般的年轻人很少能买得起房，父母出资为子女购房可能倾其一生之积蓄，根据我国现行《婚姻法》及《婚姻法解释（一）》、《婚姻法解释（二）》的规定，父母在婚后为子女购买的房屋未指明归属，则该赠与应为夫妻共同财产。这也成为了某些出资购房父母的"心病"。正是在这种背景之下，我国最高人民法院颁布的《婚姻法解释（三）》第7条第2款规定："由双方父母出资购买的不动产，产权登记在一方子女名下的，该不动产可认定为双方按照各自父母的出资份额按份共有，但当事人另有约定的除外。"我们认为，此规定既不符合我国2001年修正后的《婚姻法》的精神，也违背婚姻家庭法的自由价值取向。

第一，它不符合我国现行《婚姻法》的精神。根据2001年修正后的《婚姻法》第17—18条的规定，继承或赠与所得的财产，除了指明归一方所有的以外，应当为夫妻共同财产。对于夫妻共同财产，双方是不分份额的共同共有。然而，《婚姻法解释（三）》第7条第2款却规定夫妻双方按照各自父母的出资份额按份共有，这显然违反了我国现行《婚姻法》的"婚后所得共同制"之共同共有的精神。

---

① 《法学家杨立新解读〈解释三〉》，载 http://wenku.baidu.com/view/f55f0e0103d8ce2f006623dc.html，访问日期：2011年11月16日。

第二，不符合我国现代婚姻家庭法的自由价值取向。我们认为，虽然《婚姻法解释（三）》第 7 条第 1 款规定婚后父母一方出资购买的不动产登记在自己子女名下视为对自己子女的赠与，体现父母一方行使财产自由处分权，是对自由价值的保障，但《婚姻法解释（三）》第 7 条第 2 款规定由双方父母出资购买的不动产是按各自的出资比例对自己子女的赠与却是对自由价值保障的不足。一方父母出资购买不动产并登记在自己子女名下时，可以以自己的行为推定该不动产赠与自己的子女，但如果双方父母共同出资购买不动产，则不能简单地适用推定规则，也不能简单地按照双方父母的出资比例确定夫妻双方拥有的不动产份额。

事实上，在大多数情况下，双方父母出资时往往并不会约定自己的子女对该不动产占有多大的份额，这有别于民法的合伙关系。在合伙关系中，合伙人可以约定各自在合伙关系中所占的份额，没有约定时，以出资比例确定各自的在合伙关系中的份额。这是因为各合伙人结成合伙的目的一般是获得利润，但双方父母出资为子女购买不动产的目的一般是保障子女的婚姻家庭生活，而不是为了投资、获得利润，这与合伙关系具有本质的区别。从这个意义上说，婚后双方父母出资购买的不动产，除另有约定外，应当属于夫妻共同共有财产。

### 三、婚姻家庭法之公平价值

（一）我国现代夫妻财产制的公平价值之考察

对夫妻财产制而言，所谓"公平"主要是指婚姻当事人双方财产地位平等，财产权利和义务平等，财产权利保护平等。而保证离婚时夫妻一方经济补偿请求权的实现，以及承认家务劳动的价值，是现代婚姻家庭法的公平价值取向之表现形式。

1. 离婚经济补偿请求权

在我国，1950 年《婚姻法》的法定夫妻财产制是一般共同制，这部法律没有关于约定夫妻财产制的规定，所以更不用说在夫妻约定分别财产制之下的离婚经济补偿请求权的规定。1980 年《婚姻法》虽然规定了夫妻可以约定实行分别财产制，但却没有规定在分别财产制下，夫妻一方因照顾家庭而付出较多义务之离婚经济补偿请求权。2001 年修正后的《婚姻法》增补了此规定，其第 40 条规定："夫妻书面约定婚姻关系存续期间所得的财产归各自所有，一方因抚育子女、照料老人、协助另一方工作等付出较多义务的，离婚时有权向另一方请求补偿，另一方应当予以补偿。"夫妻一方享有离婚经济补偿请求权的适用前提条件是夫妻约定实行分别财产制，因为共同财产制本身已经包含了抚育子女、照顾老人等家务劳动的价值评判，只有在夫妻约定分别财产制之下，才因夫妻一方从事家务劳动付出了较多的义务，在离婚时有权主张另一方做出补偿。"离婚经济补偿制度彰显了法律的公平、正义之价值。"[①]

2. 家务劳动贡献之经济补偿请求权

如前所述，我国 1950 年《婚姻法》、1980 年《婚姻法》及 2001 年修正后的《婚姻法》之夫妻法定共同财产制，是婚姻家庭法对家务劳动价值的承认，家务劳动应被视为

---

① 陈苇、于林洋：《论我国离婚经济补偿制度的命运：完善抑或废除》，载《法学》2011 年第 6 期，第 100 页。

与社会生产劳动具有同等价值。"妻之家务劳动①，有用而不可或缺，应无疑问。因有妻之家务劳动，夫之劳动力始得以再生产，因此，夫以其劳动所得之收入，非夫一人劳动之结果，而是夫妻复合劳动之结果。"② 在国外，如在英国，19世纪50年代婚姻及离婚王室委员会的报告书中陈述：妻通过照料家事、养育子女而对共同事业的贡献，与夫维持家计、扶养家族具有同等的价值。但1969年《英国离婚法》生效前，配偶一方不能因为从事家务和照看孩子而受益，显然，这对从事家务劳动的妻子而言是不公平的。此后，英国1973年的法案规定在判决案件时应考虑夫妻哪方对家庭利益包括看家或照顾整个家庭在内的（现在或将来）贡献。③ 在瑞士，《瑞士民法典》第165条规定："在协助配偶他方从事职业或经营事业中，配偶一方的付出显著超过其为扶养家庭应做出的贡献的，其有权请求为此得到合理的补偿金。"从上述国外立法规定可知，将家务劳动的价值与职业劳动的价值进行相同的评价，对夫妻在婚姻期间取得的财产在离婚时依公平原则进行分割，这可补救离婚财产分割时对做出特别贡献的一方"照顾无力"的弊端，可以防止夫妻一方利用夫妻他方的人力、物力达到其目的后即提出离婚，恶意抛弃他方，变相剥夺他方对婚姻共同生活的"投资"和预期利益，造成对他方的"系统性剥夺"。④ 在我国，2001年修正后的《婚姻法》新增第40条规定："夫妻书面约定婚姻关系存续期间所得的财产归各自所有，一方因抚育子女、照料老人、协助另一方工作等付出较多义务的，离婚时有权向另一方请求补偿，另一方应当予以补偿。"由此可见，保障夫妻对婚姻期间所得财产享有公平分配，这是现代婚姻家庭法的立法价值取向之一。

（二）《婚姻法解释（三）》有关夫妻财产关系规定的公平价值之评析

1. 公平价值之保障

在我国，《婚姻法解释（三）》第13条第2款规定："婚后以夫妻共同财产缴付养老保险费，离婚时一方主张将养老金账户中婚姻关系存续期间个人实际缴付部分作为夫妻共同财产分割的，人民法院应予支持。"此即承认在婚姻期间夫妻一方个人实际缴付的养老金属于夫妻的共同财产。这体现了现代婚姻家庭法的公平原则。从联合国有关国际文献的精神来看，1979年联合国《消除对妇女一切形式歧视公约》（以下简称联合国《消歧公约》）第16条规定："缔约各国应采取一切适当措施，消除在有关婚姻和家庭关系的一切事务上对妇女的歧视，并特别保证……配偶双方在财产的所有、取得、经营、管理、享有、处置方面，不论是无偿的或是收取价值酬报的，都具相同的权利。"离婚时，将个人实际缴付的养老金进行分割，体现了联合国《消歧公约》倡导的夫妻双方应平等地共享婚姻期间所得的一切财产权利的精神。⑤ 由于夫妻一方养老金账户中的个人实际缴付部分，一般是工资的组成部分，我国法定的夫妻财产制是婚后所得共同制，夫妻一方在婚姻期间所得的工资属于法定的夫妻共同财产，则夫妻一方养老金账户中的个人实际缴付部分

---

① 在家务劳动领域，绝大多数为妻子的家务劳动，即家庭主妇的家庭内劳动。

② ［日］中尾英俊：《夫妇の平等と夫妇财产制》，载台湾《法制时报》第33卷第9号，第15页。转引自林秀雄：《夫妻财产制之研究》，中国政法大学出版社2001年版，第148页。

③ 陈苇主编：《外国婚姻家庭法比较研究》，群众出版社2006年版，第423页。

④ 陈苇：《完善我国夫妻财产制的立法构想》，载《中国法学》2000年第1期，第92页。

⑤ 陈苇：《婚后积累的养老金期待利益应当由夫妻共享——〈解释（三）〉（征求意见稿）第14条之商榷》，载《中国社会科学报》2010年12月7日第10版。

亦应属于夫妻的共同财产，另一方配偶在离婚时有权请求法院对其进行分割。

另外，值得注意的是，依《婚姻法解释（三）》第 13 条第 2 款的规定，婚姻关系存续期间个人实际缴付的养老保险费可以作为夫妻共同财产进行分割，这体现了公平的价值取向，彰显了立法的进步。但是，该条只将个人缴付的部分作为夫妻共同财产，而未将单位相应的缴付部分纳入夫妻共同财产的分割范围，当属立法的疏漏与不足。

2. 公平价值保障之不足

《婚姻法解释（三）》的公平价值保障之不足，主要表现为对夫妻一方个人婚前财产在婚后所得孳息归属的规定。[①] 该解释第 5 条规定："夫妻一方个人财产在婚后产生的收益，除孳息和自然增值外，应认定为夫妻共同财产。"

我们认为，判断夫妻一方个人婚前财产在婚后所得孳息是否属于夫妻共同财产，应该考察该孳息的产生是否有夫妻一方或双方对该个人婚前财产投入了管理等劳动。因为对于物质生产资料的管理等劳动都会产生经济价值。如果夫妻双方或一方对夫妻一方个人婚前财产没有投入劳动，根据孳息随原物的民法原理，该个人婚前财产所生的孳息应属于夫妻一方的个人财产；如果夫妻双方对一方个人婚前财产或夫妻一方对夫妻他方的个人婚前财产进行了管理、投入了劳动，该个人婚前财产所生的孳息就应当属于夫妻的共同财产。例如，夫妻一方在婚姻期间对个人所有的果林进行浇水、施肥、嫁接等管理而产生的果实，应当被认定为经营管理所得的收益而归属于夫妻共同财产。否则，正如学者所认为，如果将此收益认定为夫妻个人财产则有悖于公平的价值取向，是在赤裸裸地维护着夫妻中的资本一方之利益，等于"在家庭中建立资本主义式的个人财产制"[②]。此外，在婚姻期间，如果夫妻一方对其个人的婚前财产投入了管理等劳动，势必会减少其投入使夫妻共同财产增值的劳动量，在夫妻一方一定时间内劳动量总额一定的情况下，投入使夫妻共同财产增值的劳动量减少，则夫妻共同财产的增加额也会相应地减少。因此，夫妻一方或双方在婚姻期间对个人婚前财产进行了管理等投入劳动所产生的孳息，应当被纳入夫妻共同财产增值的价值之中，归属于夫妻共同财产，这才能体现法定婚后所得共同制之婚姻期间夫妻一方或双方劳动所得均属于共同财产的要求，符合公平的价值理念。

此外，我们认为，有些个人财产所生法定孳息应被认定为投资所得的收益。例如，夫妻一方个人的房屋出租所得的租金，从性质上既可以被认定为法定孳息而属于《婚姻法解释（三）》中的个人财产，其又同时符合 2004 年实施的最高人民法院《关于适用〈中华人民共和国婚姻法〉若干问题的解释（二）》[以下简称《婚姻法解释（二）》] 第 11 条规定的"个人财产的投资收益"，属于夫妻共同财产。由于《婚姻法解释（三）》不区分夫妻一方个人财产的法定孳息中是否包含了劳动的因素，而一律归属于夫妻一方的个人财产，这造成与《婚姻法解释（二）》第 11 条[③]的规定互相矛盾。事实上，如果夫妻一方个人的房屋在婚后出租，则一般会对房屋及其附属设施进行修缮、管理而投入劳动，根据前文所述，这部分的租金孳息应当被认定为个人财产的投资收益而属于夫妻共同

---

① 所谓孳息，在民法上分为天然孳息和法定孳息。天然孳息，是指不需要人力作用就能获得的孳息，如天然牧草等。法定孳息，是指物因某种法律关系所产生的收益，如租金、利息等。

② 赵晓力：《中国家庭资本主义化的号角》，载《文化纵横》2011 年 2 月刊，第 31 页。

③ 依《婚姻法解释（二）》第 11 条规定，夫妻一方以个人财产投资取得的收益，属于"其他应当归共同所有的财产"。

财产。

目前，在采取婚后所得共同制的一些国家或地区，对夫妻一方婚前个人财产在婚后所得孳息的归属，主要有三种立法例：一是一律属于夫妻共同财产，如《意大利民法典》第 177 条之规定①；二是一律属于夫妻个人财产，如《俄罗斯联邦家庭法典》第 36 条之规定②；三是部分共有、部分共同所有，如《法国民法典》第 1401 条、第 1406 条③之规定。我们认为，法国的立法例值得我国借鉴，④ 即对于夫妻一方个人婚前财产在婚姻期间所得孳息，应区别不同情况而确定其归属，即应当考察夫妻是否投入了劳动、管理等人力成本。个人财产婚后所得的孳息，除与有价证券相关的、不含夫妻一方或双方管理等劳动投入的法定孳息归属于个人所有外，其余的孳息应当归属于夫妻共同所有。

综上，我国《婚姻法解释（三）》将夫妻一方个人财产在婚后所得的孳息一律认定为该方的个人财产，这是不合理的。在 21 世纪，基于注重夫妻财产公平的理念，在婚姻期间夫妻一方对其个人婚前财产的管理等劳动都应视为经营行为，由此所生的孳息属于经营所得的收益，应归属于夫妻共同财产。这才符合公平的价值取向。

### 四、婚姻家庭法之安全与效率价值

（一）我国现代夫妻财产制的安全与效率价值之考察

德国学者温德沙伊德认为："所有的私法，要做的事情，有两个目标：（1）财产关系；（2）家庭关系。因此，私法的主要划分是财产法与家庭法的划分。"⑤ 虽然这种说法过于绝对化，带有一定的片面性，但反映出了商品经济中的财产关系与婚姻家庭中的财产关系的不同，因此，其相应的价值取向也应有所侧重。民事规则首先出现在交易领域，其形成于原始社会晚期，随着劳动成果的剩余和私有财产的出现而出现，不同私有主体的交易成为必然，交易也需要有相应的规则。起初的规则是由誓言和习惯保障的。当誓言和习惯不足以充当交易的规则时，就产生了相应的成文法规范。迄今为止，发现最早最完备的成文法典是《汉谟拉比法典》，其交易之规定奉行的是严格的形式主义。重形式轻内容，即使合同的内容违法，但只要合同的形式符合要求，合同仍然有效。⑥ 这导致的后果是合同的效率大大提高，但合同当事人的安全得不到保障。经过了近代的发展，到了现代社会，法律的规则更加完备。随着交易的大量出现，合同已经主宰了我们的生活，促进合同高效、快捷的订立，保障合同适当、安全的履行成为合同法的主要任务。⑦ 至此，安全与

① 《意大利民法典》第 177 条规定："下列物品属于共同财产：……b）在夫妻共有关系终止以前已经分离的、尚未消费的、属于夫妻个人财产的孳息。"参见《意大利民法典》，费安玲等译，中国政法大学出版社 2004 年版，第 53 页。

② 《俄罗斯联邦家庭法典》第 36 条规定："夫妻各方婚前的财产，以及在婚姻期间一方获得赠与、依继承方式或依其他无偿行为获得的财产，为个人特有。"

③ 《法国民法典》第 1401 条、第 1046 条分别规定："共同财产的组成，其资产是指夫妻在婚姻期间共同取得或分别取得的财产以及夫妻凭各自的技艺所得的财产与各自财产之果实与收入所形成的结余。""以自有财产之附属物的名义取得的财产，以及与自有的有价证券相关的新证券及其他增值，属于各自的自有财产，但如有必要，对所有人给予补偿之情形，不在此限。"

④ 陈苇主编：《婚姻家庭继承法学》，法律出版社 2002 年版，第 197-198 页。

⑤ 转引自徐国栋：《再论人身关系》，载《中国法学》2002 年第 4 期，第 3-12 页。

⑥ 韩世远：《合同法总论》，法律出版社 2004 年版，第 25-27 页。

⑦ 王利明：《合同法研究》（第二卷），中国人民大学出版社 2003 年版，第Ⅲ页。

效率成为包括合同法在内的民事立法首要关注的对象。

而婚姻家庭法的价值取向与民事交易立法的价值取向明显不同。1950年《婚姻法》第10条规定："夫妻双方对于家庭财产有平等的所有权和处理权。"这反映了我国的夫妻法定财产制是典型的一般共同制，其共同财产的范围极为广泛。对于约定财产制，该法无明文规定，带有立法解释性质的中央人民政府法制委员会《关于中华人民共和国婚姻法起草经过和起草理由的报告》中"不妨碍夫妻间真正根据男女权利平等和地位平等原则来做出任何种类家庭财产的所有权、处理权与管理权相互自由的约定"的规定，等于承认各种在维护男女平等基础之上的约定夫妻财产制的效力。但这一时期的婚姻家庭财产立法具有明显的家庭本位理念，个人的财产权利没有得到足够的重视。到1980年，随着人们思想的解放和生产力的发展，婚姻家庭剩余财产增加，婚姻当事人对婚姻财产的权利意识觉醒，而婚姻家庭法也适应时代的需要适时地进行了修改，增加了夫妻财产制的约定效力先于法定。此时的婚姻家庭立法已经透露出一些保护个人利益的倾向，但这并不能当然认为，我国婚姻家庭法建立起了平等、自由和公平的价值理念，更没有财产交易上的安全与效率的价值踪迹。例如，最高人民法院在1993年11月发布的《关于人民法院审理离婚案件处理财产分割问题的若干具体意见》，在对夫妻共同财产的认定问题上，作过如下解释：一方婚前个人所有的财产，婚后由双方共同使用、经营、管理的，房屋和其他价值较大的生产资料经过8年，贵重的生活资料经过4年，可视为夫妻共同财产。这一时期的婚姻家庭法的价值取向仍然是家庭本位。2001年修正后的《婚姻法》明确了夫妻共同财产和夫妻一方的个人财产的范围，将夫妻一方个人财产和夫妻共同财产相区分。夫妻一方对个人所有的财产具有处理权；夫妻双方对共同财产有平等的处理权，使夫妻对共同财产平等的价值取向贯穿婚姻家庭法的始末。2001年《婚姻法》修正之前，几乎将所有的婚姻期间所得财产规定为个人财产，甚至个人婚前财产经过一定的年限也将转化为夫妻共同财产，这无疑极大地侵犯了个人财产的所有权，造成了婚姻家庭的财产理念与商品经济的财产理念的严重冲突，而《婚姻法解释（一）》第19条取消了1993年规定的夫妻一方婚前个人财产经过一定年限转化为夫妻共同财产的情况，使夫妻财产关系更加公平。至此，可以说，婚姻家庭法关于夫妻财产制以平等、自由和公平为核心的价值取向正式确立。同时，婚姻家庭法开始对善意第三人也给予同等的保护——2001年修正后的《婚姻法》第19条规定："夫妻对婚姻关系存续期间所得的财产约定归各自所有的，夫或妻一方对外所负的债务，第三人知道该约定的，以夫或妻一方所有的财产清偿。"《婚姻法解释（一）》第18条规定：夫妻一方对"第三人知道该约定的"负有举证责任。《婚姻法解释（一）》第17条规定："夫或妻非因日常生活需要对夫妻共同财产做重要处理决定，夫妻双方应当平等协商，取得一致意见。他人有理由相信其为夫妻双方共同意思表示的，另一方不得以不同意或不知道为由对抗善意第三人。"

在婚姻家庭法中规定保护善意第三人的利益，维护市场的交易秩序，把婚姻家庭中的财产关系分为对内关系和对外关系，对内关系即以夫妻之间的财产关系为主，对外关系即夫妻与第三人之间的财产关系。至此，婚姻家庭法中的财产关系才不再仅仅限于婚姻家庭内部，与市场交易中的财产流转关系形成对接。这反映了学界对婚姻家庭法地位的共识，即婚姻家庭法应遵循民法的一般规则，受民法基本原则的指导，从而确立了婚姻家庭法属于广义民法的立法体例。此外，新中国最早的婚姻家庭立法是1950年《婚姻法》，此时，我国的《宪法》还尚未制定，而先出台了《婚姻法》，由此可见，当时的社会急需《婚姻法》来规范婚姻家庭关系，维护婚姻家庭的稳定和婚姻当事人（特别是女性）的权益。而新中国最早的民事立法是1986年的《民法通则》，以单行法的形式规范民事行为和民事权利义务等，至此，我国学界才逐步对婚姻家庭法应受民法统帅形成共识。随着此后陆续出台的《合同法》《物权法》等民事法律规范，保证物的利用和流转效率，确立了民事领域安全与效率的价值取向。因此，从《婚姻法》和《民法通则》的形成时间和发展脉络上可以看出，我国1950年《婚姻法》制定伊始是独立于民法之外的，在相当长的一段时间里，其并不是以民法的安全与效率作为自己的价值取向的，因为那时我国还未形成体系的民事法律规范。直到1986年《民法通则》出台后，《婚姻法》和民法的思维观念才开始逐渐融合，才开始在夫妻财产上兼顾保护第三人的利益。综上所述，从我国婚姻家庭法整个立法进程上看，夫妻财产制的立法从家庭本位向个人本位的平等、自由与公平的价值取向，以及向第三人利益兼顾的安全与效率的价值取向过渡。

在我国现代夫妻财产制的法律规定中，能够体现安全与效率价值的，除了上文所述的我国2001年修正后的《婚姻法》第19条和《婚姻法解释（一）》第17条、第18条外，还有《婚姻法解释（二）》第23条："债权人就一方婚前所负个人债务向债务人的配偶主张权利的，人民法院不予支持。但债权人能够证明所负债务用于婚后家庭共同生活的除外。"以及《婚姻法解释（二）》第24条："债权人就婚姻关系存续期间夫妻一方以个人名义所负债务主张权利的，应当按夫妻共同债务处理。但夫妻一方能够证明债权人与债务人明确约定为个人债务，或者能够证明属于婚姻法第十九条第三款规定情形的除外。"其实，从以上的法律规定中也不难看出，2001年修正后的《婚姻法》、《婚姻法解释（一）》和《婚姻法解释（二）》关于夫妻财产关系之安全与效率的规定主要是夫妻双方或一方与第三人的债权债务关系，对于这种债权债务关系，婚姻家庭法的立法指导精神主要是倾向于认定在婚姻期间的债务属于夫妻共同债务。其法理无外乎就是夫妻共同财产制度，"这种对共同财产不分份额的共同共有以及平等的处分权，决定了夫妻对共同债务应不分份额地平等地承担义务"。[1] 婚姻法的夫妻财产法制度认定夫妻共同债务的标准，以交易安全为最终价值，但这也造成了对债权人的过度保护和对配偶的不信任。债权人只要借钱给已婚的债务人，不论用途，不论恶意善意，只要没有约定为个人债务或者声明对债务人夫妻的财产制一无所知，法院均奉送法定连带保证人一名。[2]

虽然安全与效率是婚姻家庭法的价值取向之一，但安全与效率毕竟不是婚姻家庭法首要的价值取向。《民法通则》《合同法》《物权法》等主要是反映商品经济的要求，促进物的利用和流转的效率，保护相对人的财产安全，即以安全与效率为首要的价值取向；而婚姻家庭法在财产关系上主要考虑夫妻双方财产权利上的平等、财产上的自由和公平，维护婚姻家庭的稳定，即以平等、自由和公平为首要的价值取向。价值取向位阶的不同，决定了在婚姻家庭领域之财产关系上发生矛盾时优先适用的价值是不同的。

在民事领域，财产的安全保护分为静的安全和动的安全，静的安全是指对公民所拥有

---

① 刘淑芬：《社会转型中夫妻共同债务初探》，载《贵州大学学报（社会科学版）》2000年第3期，第34页。
② 朱凡：《我国夫妻债务制度的缺陷与完善》，载陈苇主编：《家事法研究》（2007年卷），群众出版社2008年版，第69页。

财产的法律保护，防止侵犯合法的财产所有权，动的安全主要是指新财产取得的安全，一般发生在交易领域，所以又叫作交易安全。夫妻双方既是婚姻家庭成员，又是社会成员，因此，夫妻为法律行为处理双方的共同财产时，既应该维护夫妻双方对共同财产的静的安全，也应该保障第三人的财产安全，即动的安全。当静的安全与动的安全两者发生矛盾时，如果交易行为发生在纯市场交易领域，则应以安全和效率价值为指导，但如果交易的发生涉及婚姻家庭的重大财产或婚姻家庭生存权的保障，无论其举证规则如何分配，都应首先考虑公平的价值。因为公平正义原则是分配举证责任的最高法律原则，是分配举证责任最初的起点和检验分配是否适当的最后工具。①

（二）《婚姻法解释（三）》有关夫妻财产关系规定的安全与效率价值之评析

1. 安全与效率价值之保障

《婚姻法解释（三）》第4条规定了特殊情况下，在婚姻关系存续期间，夫妻一方可以请求分割共同财产：（一）一方有隐藏、转移、变卖、毁损、挥霍夫妻共同财产或者伪造夫妻共同债务等严重损害夫妻共同财产利益行为的；（二）一方负有法定扶养义务的人患重大疾病需要医治，另一方不同意支付相关医疗费用的。此即婚姻期间夫妻请求共同财产分割的法定条件。

此在婚姻期间分割共同财产法定条件的规定，在我国尚属首次。在《婚姻法解释（三）》施行前，夫妻一方在婚姻期间要求分割夫妻共同财产，没有法律上的依据，在司法实践中，一般也不会获得人民法院的支持。此属我国现行《婚姻法》规定之缺失，不利于共同财产权利受侵害的一方的财产安全，特别是夫妻一方染上吸毒、赌博等恶习，或者夫妻一方为将要提起的离婚诉讼做准备而转移夫妻共同财产，以达到多占有共同财产的目的。如果法律此时还固守只有离婚才能分割共同财产的理念，将会使夫妻他方的财产利益受到极大的损害。同时，对于一方负有法定扶养义务的人患重大疾病需要医治，另一方不同意支付相关医疗费用的，如果不能分割共同财产，则负有法定扶养义务的一方不能以夫妻共同财产承担相应的义务，婚姻家庭的养老育幼功能无从发挥，这显然有悖于婚姻家庭法关于财产利用效率的价值取向。在现实生活中可能存在这些情况：夫妻一方的财产权利受到夫妻他方的侵害，或其患重大疾病需要医疗费用而对方不同意支付，此时夫妻感情尚未破裂。如果只有离婚才允许分割夫妻共同财产，则等于变相支持夫妻一方以离婚作为代价维护自己的财产权利，不离婚，则其享有的财产权利不能受到法律的保护，这显然不利于夫妻一方的财产安全与效率。

综上，《婚姻法解释（三）》有关婚姻期间夫妻共同财产分割法定条件的规定是对现行《婚姻法》夫妻财产制内容的补充。这反映了夫妻财产安全和夫妻财产利用效率的要求，有利于保护夫妻一方的合法财产权益，符合现代婚姻家庭法的安全与效率价值取向。

在此需要指出的是，在婚姻期间分割共同财产的前提是实行夫妻共同财产制，或实行具有分别财产制性质的剩余共同财产制、所得分享制。② 国外的一些国家，实行共同财产制或具有分别财产制性质的共同财产制时，也有关于在婚姻期间共同财产分割的规定，例

---

① 丁巧仁：《民商事案件裁判方法》，人民法院出版社2006年，第97-99页。

② 如德国的"剩余共同制"、瑞士的"所得分享制"。

如，《法国民法典》① 第 1443 条第 1 款规定："如因夫妻一方理事混乱、管理不善或行为不正，继续维持共同财产制将使另一方配偶的利益受到危害时，该另一方配偶得向法院诉请分别财产。"《俄罗斯联邦家庭法典》② 第 38 条规定："夫妻共同财产的分割既可以在婚姻期间进行，也可以在婚姻解除后按照夫妻任何一方的请求进行……"《越南民法典》③ 第 18 条规定："婚姻关系存续期间，若一方要求分割共同财产并有正当理由，则可以依照本法第 40 条（离婚时财产分割）的规定予以分割。"依《瑞士民法典》④ 第 185 条的规定，如配偶他方危害到申请人或婚姻共同生活的利益，可以申请法院命令宣告采取特别夫妻财产制——夫妻分别财产制。通过这些国外立法例可见，我国《婚姻法解释（三）》对婚姻期间分割夫妻共同财产法定条件的规定，与上述国家婚姻期间分割夫妻共同财产的立法内容有相似之处，但尚未规定一套系统、完整的"非常法定财产制"，这是其不足之处。⑤ 目前，世界上有些国家设有较为完善的"非常法定财产制"。在婚姻期间，当出现法定事由时，直接依据法律的规定或经夫妻一方申请，由共同财产制当然改为分别财产制或由法院宣告改为分别财产制，从而保护夫妻另一方的财产利益。

2. 安全与效率价值保障之不足

我国《婚姻法解释（三）》对安全与效率价值保障的不足，主要表现为其未对夫妻一方擅自处分夫妻共有的婚姻家庭住房的行为给予限制。该解释第 11 条规定："一方未经另一方同意出售夫妻共同共有的房屋，第三人善意购买、支付合理对价并办理产权登记手续，另一方主张追回该房屋的，人民法院不予支持。"该条解释确立了保护善意第三人，以维护交易的安全、提高物的流转效率的价值取向。诚然，随着商品经济的发展，夫妻对外交往逐渐增多，夫妻一方与第三人的交易随时随地都有可能发生，法律不能要求与夫妻一方进行交易的第三人，在交易之前必须查清交易相对人（夫妻一方）有无配偶，查清交易相对人（夫妻一方）的配偶是否同意此交易。但法律也不应该顾此失彼以忽视夫妻他方财产安全与效率为代价，换取对第三人财产安全与效率的强有力的保护。

一般来说，夫妻一方未经他方同意，擅自处分夫妻重大共同财产，此属于滥用财产处分自由的权利，侵害了夫妻他方的财产权利。但从保护善意第三人和维护交易安全与效率的理念出发，法律一般承认这种擅自处分共同财产的行为具有法律效力。然而，在特殊情况下，如果此被夫妻一方擅自处分的重大共同财产属于婚姻家庭的住房，仍承认夫妻一方擅自处分行为的效力，虽然优先保护了善意第三人的利益，但却损害了婚姻家庭成员的居住权这一生存权。在现实生活中，婚姻家庭成员一般是生活在家庭之中，而家庭又依托于房屋才使各个成员取得了安身立命之所。正因如此，有学者指出：住房不是可有可无的消费品，它是生存的基本条件之一，属于完全的刚性需求。婚姻家庭住房是人类维持生存的

---

① 《法国民法典》，罗结珍译，法律出版社 2005 年版，以下亦同。

② 《俄罗斯联邦家庭法典》（1995），鄢一美译，载中国法学会婚姻法学研究会编：《外国婚姻家庭法汇编》，群众出版社 2000 年版，以下亦同。

③ 《越南民法典》（2005），吴远富译，厦门大学出版社 2007 年版。

④ 《瑞士民法典》，殷生根、王燕译，中国政法大学出版社 1999 年版，以下亦同。

⑤ 所谓"非常法定财产制"，是指婚姻期间在特殊情况下，当出现法定事由时，经夫妻一方申请由法院宣告或依据法律的直接规定，解除原依法定或约定设立的共同财产制，改设为分别财产制。瑞士、意大利等国设有较为系统、完善的"非常法定财产制"。法国、德国等则设有共同财产制的解除或撤销制度，以满足夫妻在特殊情况下实行分别财产制的需要。参见陈苇：《完善我国夫妻财产制的立法构想》，载《中国法学》2000 年第 1 期。

最基本条件，它是人们居住生活、遮风挡雨、避寒夜眠之场所。[①]

虽然我国《婚姻法解释（三）》第11条的规定符合我国《物权法》善意取得制度之优先保护善意第三人利益的价值取向。但我们认为，从生存权与发展权上说，婚姻家庭是人们生活的基本单位，法律保护婚姻家庭住房权，是为了保障婚姻家庭成员有房可居，以维持家庭成员的基本生存需要，婚姻家庭住房权与人的生存权密切相关，此属生存权的内容；法律保护善意当事人的受让物之所有权，是为了维护交易安全，以保障社会经济的正常发展，此属发展权的内容。从生存权与发展权两者的关系来看，生存权应当优先于发展权。人只有首先是生存着的，才能有进一步的发展，当居无定所时，发展也就无从谈起。所以，在立法价值取向上，婚姻家庭法应当优先保护婚姻家庭住房权这一婚姻家庭当事人赖以维持生存的基本人权。[②]

在世界上，目前已有不少国家和地区基于保障婚姻家庭成员的基本人权之居住权，或对婚姻家庭住房的居住权有保护性规定，或对夫妻一方擅自处分婚姻家庭住房之滥用财产处分自由权的行为给予否定的评价。例如，在英国，为保障夫妻对婚姻家庭住房的居住权以满足家庭生活之需要，离婚时法院有权签发居住权命令，判决婚姻家庭住房由不享有所有权的夫妻一方居住[③]，直到特定事件发生（如居住在该住房内的配偶再婚、与他人同居[④]、主动搬迁或者死亡）时为止。在法国，《法国民法典》第215条第3款规定："夫妻各方，未经他方同意，不得擅自处分家庭住宅据以得到保障的权利，也不得处分住宅内配置的家具。对处分行为未予同意的一方配偶，得请求撤销处分。"并且，该法第1427条规定："如夫妻一方对共同财产有越权行为，另一方得诉请撤销此种行为。"我国澳门地区的《民法典》第1548条规定："一、仅在夫妻双方同意下，方可将共同拥有之不动产或商业企业转让、在其上设定负担、将其出租或在其上设定其他享益债券，但不影响商法规定之适用。二、仅在夫妻双方同意下，方可将家庭居所转让、在其上设定负担、将其出租或在其上设定其他享益债券。"[⑤]

综上，我们认为，《婚姻法解释（三）》不区分被夫妻一方擅自处分的房屋是否属于婚姻家庭住房，而一律适用《物权法》的规则，是不合理的。对夫妻一方擅自处分婚姻家庭住房这一基本生活所需的共同财产之行为，法律没有给予任何限制，这对夫妻他方的财产权之安全与效率保障明显存在不足。

### 五、婚姻家庭法之立法价值取向的位阶

法的价值是一个多元、多维、多层次的庞大体系，因此，法的价值冲突是法的价值产生以来就不可避免的。[⑥]一般在每部法律中都包含了数种价值取向，但考虑到立法背景、

---

① 郑尚元：《居住权保障与住房保障立法之展开——兼谈〈住房保障法〉起草过程中的诸多疑难问题》，载《法治研究》2010年第4期，第12页。

② 陈苇：《婚姻家庭住房权的优先保护》，载《法学》2010年第12期，第22页。

③ ［英］凯特·斯丹德利：《家庭法》，屈广清译，中国政法大学出版社2004年，第67~68页。

④ 在英国，同居者不享有"法定居住权"。参见［英］凯特·斯丹德利：《家庭法》，屈广清译，中国政法大学出版社2004年，第68页。

⑤ 赵秉志总编：《澳门民法典》，中国人民大学出版社1999年版，第389页。

⑥ 卓泽渊：《法的价值论》（第二版），法律出版社2006年版，第908页、第935页。

立法目的等，其数种价值取向中也必然存在不同的位阶，不同的位阶决定了每部法律的数种价值取向发生冲突的优先适用性，婚姻家庭法的立法也不例外。如前所述，平等、自由、公平、安全与效率都属于婚姻家庭法的立法价值取向，当这多个立法价值取向发生冲突时，何者的适用位阶优先是一个值得思考的问题。

首先，我们认为，平等价值是婚姻家庭法的首要立法价值取向。资产阶级革命家卢梭在论述自由与平等的关系时，认为一切立法体系最终目的的全体最大幸福可以归结为自由和平等，但其中平等更为重要，因为没有它自由便不能存在。① 平等是整个婚姻家庭法立法的基石，是婚姻家庭法立法首要的价值取向。从历史沿革上看，在奴隶社会和封建社会，私有制经济决定了男子掌握家庭权力，实行公开的男尊女卑，夫权统治，男女两性在家庭中无任何平等可言。② 在婚姻家庭领域，财产关系依附于人身关系而存在，在奴隶社会和封建社会中，男女的家庭人身地位不平等的存在，造就了夫妻之间的财产地位的不平等，家庭中的丈夫拥有对财产的所有权包括自由处分权，而妻子则无这种财产所有权包括自由处分权，此对夫妻中的妻子一方而言是不公平的，也正是夫妻人身和财产地位的不平等，妨碍了妻子在夫妻财产关系上的自由、公平、安全与效率，因此，可以说，平等价值是自由、公平、安全与效率价值的前提与基础。自中华人民共和国成立后，根据《宪法》规定的男女平等原则，《婚姻法》也将男女平等原则确立为我国《婚姻法》的基本原则，使夫妻及其他不同性别的家庭成员之男女平等有了法律保障。这为实现婚姻家庭领域的自由、公平、安全与效率奠定了基础。另外，从婚姻家庭法与民法的关系上看，近年来，我国多数学者主张婚姻家庭法回归民法而将其作为民法典的亲属编，并起草了多部民法典草案。而婚姻家庭法回归民法的前提条件是两者具有某些共性，这就是主体地位的平等。因此，须在承认主体地位平等的前提条件下，探讨自由、公平、安全与效率价值以解决婚姻家庭法回归民法的诸多问题。因此，从这个意义上说，平等是婚姻家庭法的首要价值取向。

其次，相较于公平价值取向而言，在婚姻家庭法的财产法领域，自由应是婚姻家庭法的第二位阶的价值取向。综观中华人民共和国成立后的婚姻家庭立法的进程，无论是从约定夫妻财产制的发展，还是从个人财产权利的产生都可以看出，《婚姻法》及相关司法解释都在不断地扩大夫妻在财产关系上约定的自由，自由价值是平等价值的延续和必然结果。虽然法律有时会对自由进行适当的限制，但这种限制并不是在剥夺自由，而是为了既保护婚姻当事人在约定财产上的自由，又保护第三人的利益和交易安全。

最后，相较于安全与效率的价值取向，公平价值应处于婚姻家庭法立法价值取向的第三位阶。理由如下：其一，每部法律总是都有最先关注的价值取向性，这样的价值取向性在法律制定伊始就成为指导法律制定、修改、补充法律的依据，这样的价值取向在位阶上也具有优先性。从此意义上说，婚姻家庭法自从重视婚姻当事人的平等、自由以来，公平的价值取向就天然地存在于婚姻家庭法领域，其与平等、自由价值一起构成了婚姻家庭法核心的价值取向，是在婚姻家庭法制定之初就存在的价值取向。而安全与效率价值是在商品经济发展之后，夫妻作为社会经济活动的主体之一，广泛参与社会经济活动，为了解决

---

① 韩明德、石茂生主编：《法理学》，郑州大学出版社 2004 年版，第 85 页。
② 陈苇主编：《婚姻家庭继承法学》，法律出版社 2005 年版，第 52 页。

交易安全与婚姻家庭法的平等、自由、公平价值取向之冲突而被引入婚姻家庭法领域的。其二，每部法律都有自己的目的性。"在生产领域，应当以安全与效率为先，只有这样才能促进社会生产率的提高，增加社会财富，而社会财富总量的增加，又是达到较为公平分配的前提。在生产领域之外，则应当把公平优先原则贯彻下去。"① 对民法而言，其主要目的是促进商品的流转和利用，通过维护财产安全与提高财产使用效率，达到社会财富的增加，民法主要反映了物质生产领域的社会关系，所以其首先注重安全与效率价值；而对婚姻家庭法而言，其主要目的是维护家庭的和谐，保障婚姻家庭的稳定，强烈的伦理性与紧密的人身关系使其财产关系主要反映物质生产领域之外的社会关系，所以其更加注重公平的价值。综上，在婚姻家庭法的立法价值取向中，公平价值应当优先于安全与效率价值。

---

① 谢鹏程：《基本法律价值》，山东人民出版社 2000 年版，第 206 页。

# 论婚姻家庭住房权的优先保护[①]

陈 苇 姜大伟[*]

## 目 次

婚姻家庭住房权,是指婚姻家庭成员根据生活实际需要,对用于共同生活的住房享有居住和使用的权利。未经共同居住的全体家庭成员之同意,房屋所有权人不得擅自处分该住房,若其擅自将该住房出售给善意第三人,则其他家庭成员得根据婚姻家庭住房权,对抗善意第三人。目前,我国法律尚无优先保护婚姻家庭住房权之规定,法学理论界对此亦存有"肯定说"与"否定说"之分歧。本文以婚姻家庭住房权为研究对象,在对"否定说"商榷与评析的基础上,从制度功能、理论基础、社会基础以及立法价值的角度进行研究分析,证成在当下优先保护婚姻家庭住房权之合理性,以期为我国制定保护婚姻家庭住房权的立法提供参考。

### 一、婚姻家庭住房权应否优先保护之论争

目前,我国理论界和实务界,对婚姻家庭住房权应否优先保护,主要有两种观点:一是"肯定说",即基于优先保护婚姻家庭成员基本生存权的价值取向,主张婚姻家庭住房权应优先保护;二是"否定说",即基于维护交易安全、促进发挥物之效用的价值取向,主张优先保护善意第三人利益。

"肯定说"认为,应当优先保护婚姻家庭住房权。其主要基于以下三点理由:[②]

第一,优先保护婚姻家庭住房权,既有联合国 1948 年《世界人权宣言》保护基本人

---

① 本文载《法律科学》(西北政法大学学报)2013 年第 4 期,在被编入本书时对个别标题和内容进行了适当修改。

* 陈苇,女,西南政法大学外国家庭法及妇女理论研究中心主任,民商法学院教授、博士生导师;姜大伟,男,西南政法大学民商法博士生。

② 陈苇:《婚姻家庭住房权的优先保护》,载《法学》2010 年第 12 期。

权的倡导，也有我国《宪法》、《婚姻法》之规定等法律依据，保护婚姻家庭住房权，就是保护人的基本人权。

第二，优先保护婚姻家庭住房权，有现实的社会基础，符合我国基本国情，符合绝大多数民众的切身利益。

第三，优先保护婚姻家庭住房权，目的在于使婚姻家庭当事人有房可居，以维持家庭成员的基本生存需要，而法律保护善意第三人的利益，目的在于保护交易安全，以保障社会经济的正常发展。从生存权与发展权的关系来看，生存权应当优先于发展权。婚姻家庭住房权与人的生存权密切相关，因此，对其应予优先保护。

"否定说"认为，善意第三人的利益应优先保护。其主要基于以下四点理由：

第一，家庭成员的"居住需要"，未区分"普通型"及"豪华型"居住需要。每个家庭的生活水平不同，因此，"居住需要"的内涵和层次在实践中难以统一标准认定和操作，婚姻家庭住房难以界定。①

第二，如果法律对擅自处分婚姻家庭住房的行为，不适用善意取得制度，一方面，有违物权法之本意，因为善意取得之设立旨在保护交易安全，促进物的效用；另一方面，婚姻法是民法的基本组成部分，应当与民法的基本规则保持一致。夫妻共同财产是共有财产，应当适用物权法规定的共有规则，否则必然破坏民法规则的统一性，破坏市民社会的正常秩序。②

第三，在我国现有制度保障下，婚姻家庭养老育幼职能已然能够实现。一方面，我国婚姻法已经规定，赡养老人是子女的义务，同样，抚养教育未成年子女亦是父母的义务。另一方面，我国社会保障工作正在逐步完善，家庭成员"居有其所"的权利应当由国家和社会进行保障。③

第四，保障家庭成员的居住权利"无疑会限制房屋所有权人对房屋的有效利用"，"与物权法保障充分发挥物之效用的功能相违背"。④ 并且，如果法律规定婚姻家庭住房不得处分，那么在房价畸高的情况下，可能会存在唯利是图的卖房者借机反悔的投机情形，反而不利于保护交易安全和善意第三人的权益。⑤

### 二、对"否定说"之评析

如前所述，"否定说"认为，善意第三人的利益应当优先于婚姻家庭住房权受法律保护以维护交易安全。然而，我们认为，"否定说"的主要理由值得商榷。

第一，"否定说"以家庭成员的居住需要难以认定和婚姻家庭住房难以界定，作为否定优先保护婚姻家庭住房权的依据之一，其理由是不够合理的。因为婚姻家庭住房具有区别于一般住房的明显特征：首先，从居住成员来看，居住成员间具有婚姻、血缘或法律拟

---

① 杜万华、程新文、吴晓芳：《〈关于适用婚姻法若干问题的解释（三）〉的理解与适用》，载《人民司法》2011 年第 17 期。

② 杨立新：《〈关于适用婚姻法若干问题的解释（三）〉的民法基础》，载《法律适用》2011 年第 10 期。

③ 陈信勇、蓝邓骏：《居住权的源流及其立法的理性思考》，载《法律科学》2003 年第 3 期。

④ 房绍坤：《居住权立法不具有可行性》，载《中州学刊》2005 年第 4 期。

⑤ 杜万华、程新文、吴晓芳：《〈关于适用婚姻法若干问题的解释（三）〉的理解与适用》，载《人民司法》2011 年第 17 期。

制所形成的身份关系，彼此互有法定的扶养义务。其次，从住房数量来看，一个家庭一般只有一套住房用以满足全体家庭成员共同生活的居住需要。如果家庭成员拥有多套房屋，处分房屋时只需保留其中一套经常共同居住的房屋，以保障家庭成员满足实际的基本居住生活需要。再次，从住房权属来看，该住房可由家庭成员共同所有；也可由家庭成员中一个人所有或数人共同所有，而其他家庭成员对该房享有居住和使用的权利。最后，从住房职能来看，该住房主要用于满足夫妻生活、赡养老人和抚育未成年子女等基本生活需要，不具有如转让、抵押、租赁等含经济效益的投资职能。实践中，只要把握好认定的尺度和标准，婚姻家庭住房是可以界定的。因此，"否定说"将家庭成员的居住需要难以认定和婚姻家庭住房难以界定作为否定其优先保护之理由，难以成立。

第二，"否定说"认为善意取得制度应适用于一切交易领域，婚姻家庭领域亦不例外。我们认为，此说不符合身份法的特殊性要求。诚然，婚姻法、物权法同属民法的重要组成部分，民法的基本原则、价值理念乃至基本规则，一般情况下亦适用婚姻家庭领域。然而，婚姻家庭关系有不同于其他社会关系的特性，其自然属性为其他社会关系所不具备，[①] 婚姻法与物权法在调整对象、性质和功能等方面都有所不同，因此，婚姻法应当有、也可以有不同于物权法的特殊规定。并且，在婚姻家庭领域的法律适用中，婚姻法是特别法，物权法是一般法，当两者之规定相冲突时，应首先适用婚姻法。[②] 诚然，在一般情况下，当夫妻一方擅自处分共同所有的房屋时，为维护交易安全，对善意第三人的信赖利益应适用善意取得予以保护。但是，若该房屋为家庭成员共同生活需要的唯一住房时，因涉及保护家庭成员的住房权，为保障其基本生存权，使其住有所居，就不能一概适用善意取得制度，这是由婚姻家庭法保护婚姻家庭特有的立法宗旨所决定的，即善意取得在婚姻家庭领域的适用应受必要限制。事实上，我国物权法对善意取得的适用条件及适用范围已有限制性的除外规定，[③] 因此，在婚姻家庭领域，婚姻法对善意取得的适用作出必要限制，并不引起现行法律间的适用冲突，亦不构成对民法规则统一性的破坏。

第三，"否定说"认为我国现有制度已然能够保障家庭成员的住房权，并列出前述两点理由予以论证。[④] 诚然，我国婚姻法规定父母子女间互有扶养义务，住房权的保障已是扶养义务的应有之义，但是，若住房所有人罔顾扶养义务之存在，擅自将承载扶老育幼职能的住房出售给第三人，则父母抑或子女的住房权何以保障？同时，现阶段将家庭成员的住房保障全部由社会保障承担，还缺乏现实的社会财政基础（详见后述）。因此，法律必须在制度上予以确认优先保护婚姻家庭住房权，否则法律规定父母子女间互有扶养义务也将因事实上无法履行而沦落为倡导式规定。这是保障父母子女间履行扶养义务的现实需要。

第四，"否定说"认为如果规定婚姻家庭住房权受优先保护，一是不利于发挥物之效

① 刘宏渭、赵军蒙：《论我国婚姻家庭立法的价值取向——兼议夫妻财产约定》，载《法学杂志》2012年第7期，第80页。

② 陈苇：《婚姻家庭住房权的优先保护》，载《法学》2010年第12期，第21页。

③ 依2007年《物权法》第106条第1款规定，无处分权人将不动产或者动产转让给受让人的，所有权人有权追回；除法律另有规定外，符合下列情形的，受让人取得该不动产或动产所有权。此即对善意取得的规定，但对其适用情形作了一定限制，即法律另有规定的除外。此除外规定为其他法律在特殊情形下作出限制性规定提供了法律依据。

④ 一是父母子女间的法定扶养义务包含了对住房权的保障；二是日益完善的社会保障可以保障家庭成员的住房权。

用，二是担心存在唯利是图、借机反悔的投机卖房者，不利于保护交易安全和善意第三人的权益。我们认为，这是价值观念错位的非理性做法。发挥物之效用，不能以牺牲家庭成员的基本生存权为代价。并且，实践中，唯利是图的投机卖房者借机反悔，损害善意第三人利益的情形之发生，并不在于是否承认擅自处分婚姻家庭住房的效力。如果建立了系统的房屋登记制度，不给擅自卖房者可乘之机，并且社会建立完善的个人诚信档案等，则可从根本上杜绝此类现象。所以，否认优先保护婚姻家庭住房权，而主张优先保护善意第三人利益，这实际上涉及生存权与发展权孰优先保护的问题。我们认为，如果承认婚姻家庭住房擅自处分的效力而保护善意第三人利益，就有悖我国宪法保障基本人权的立法理念。因为，维护交易安全，促进社会经济发展，应当建立在优先保护人的基本生存权之上，所以应当优先保护婚姻家庭住房权。

综上所述，"否定说"的四点理由是不科学、不合理的。

### 三、对"肯定说"之主要理由证成

对于婚姻家庭住房权应否优先保护，我们持"肯定说"。以下我们从婚姻家庭住房权的功能、法理基础、社会基础以及所体现的法律价值四个方面，证成在当下中国优先保护婚姻家庭住房权之合理性。

（一）婚姻家庭住房权之功能

婚姻家庭住房权的优先保护，就微观而言，一方面为家庭成员自由全面发展提供基本生活保障，另一方面为实现婚姻家庭之扶老育幼职能提供物质基础。就宏观而言，有利于促进家庭和睦，为社会稳定、经济发展提供坚实后盾。

第一，从个人来看，婚姻家庭住房系家庭成员居住权之实现的物质基础，是家庭成员实现个人自由全面发展的前提条件。马克思指出："人们首先必须吃、喝、住、穿，然后才能从事政治、科学、艺术、宗教等；所以，直接的物质的生活资料的生产，从而一个民族或一个时代的一定的经济发展阶段，便构成基础。人们的国家设施、法的观点、艺术以至宗教观念，就是从这个基础上发展起来的。"[①] 美国社会心理学家马斯洛著名的"人类需求层次理论"认为，[②] 人的需求按由低到高排序，包含五个层次：生理需要；安全需要；社交需要；受到尊敬的需要；自我实现的需要。这五类需要的满足是分层次的，人们首先满足最低层次的需要后，才会追求更高层次的需要，由此上升，从而实现自我价值。显然，个人若想得到自由全面的发展，首要前提则是解决衣食住行等基本生存问题，因此，人只有是生存着的，才能有进一步发展之可能。对婚姻家庭住房权给予优先保护，将在制度层面保障家庭成员稳定的居住权，使其能够心无旁骛地投入自己所追求的理想和事业中去，实现个人自由全面的发展。

第二，从家庭来看，有利于实现婚姻家庭之养老育幼职能。家庭是社会的基本单位，家庭养老育幼职能的实现必须依赖一定的物质基础，而在诸物质基础中，住房则因其特殊用途而构成基础之基础，因为它不仅是家庭成员遮风挡雨、驱寒避暑的场所，而且是家庭

---

① 《马克思恩格斯选集》（第3卷），人民出版社1995年版，第776页。
② 苏勇主编：《当代西方管理学流派》，复旦大学出版社2007年版，第304–307页。

成员交流情感、慰藉心灵的温馨港湾。① 如果没有住房，家庭的意义将无所附丽。如果没有婚姻家庭住房权，家庭之养老育幼职能的实现就无以保障。目前，在我国，由于社会保障功能尚未完善，抚育子女、赡养老人仍是大多数家庭的一项重要职能，也是我国法律明确规定的义务。因此，对婚姻家庭住房权予以优先保护，将为抚育子女、赡养老人所必需的居住环境提供可靠的制度保障。

第三，从社会来看，有利于促进社会的稳定和发展。"天下之本在国，国之本在家"，家庭是社会的基石，家庭的和睦稳定是社会和谐安定的基础，而拥有稳定的居所则是婚姻家庭和睦稳定的前提，因为这与我国安居乐业的传统生活习惯息息相关。千百年来，国人都为能拥有家庭住房而奔波，大凡儿女婚配，父母必以准备婚姻家庭住房为头等大事，且不管付出多大代价。即便在目前我国房价畸高的情形下，父母仍为子女结婚购房，而不惜倾注毕生积蓄。住房之于国人，已视为家的象征，有了共同居住的"家"，才能"安居"，而后"乐业"，进而为社会创造财富，促进社会稳步发展。因此，对婚姻家庭住房权给予优先保护，将是尊重我国传统生活习惯的表现，也将有利于促进我国和谐社会的构建。

（二）优先保护婚姻家庭住房权之法理基础

在我国，婚姻家庭住房权优先保护，不仅是保障家庭成员基本生存权利的要求，而且符合我国法律保护妇女、老人以及儿童权益的立法精神。

第一，保障家庭成员的基本生存权利。生存权利是最基本最重要的人权，是其他人权的基础，它不仅包括人的生命不受非法剥夺的权利，也包括维持人的生命存在所必需的生活保障的权利。② 联合国1948年《世界人权宣言》明确规定：家庭是天然的和基本的社会单元，并应受社会和国家的保护，人人有权享受为维持他本人和家属的健康和福利所需的生活水准，包括食物、衣着、住房、医疗和必要的社会服务，任何人的私生活、家庭、住宅和通信不得任意干涉。③ 从此意义上讲，优先保护婚姻家庭住房权是保护基本人权之生存权的基本要求。优先保护婚姻家庭住房权，就是优先保障基本人权。

第二，符合我国法律保护妇女、老人以及儿童权益的原则。在实际生活中，妇女、儿童和老人属于弱势群体。为了保护他们的合法权益，我国法律对保护妇女、儿童和老人的合法权益有明确的规定，如我国《宪法》第49条明确规定，婚姻、家庭、母亲和儿童受国家保护。我国现行《妇女权益保障法》、《老年人权益保障法》以及《未成年人保护法》亦分别从各自所保护的主体出发，对他们权益的保护作出专门规定。④ 依据上述各法规定之意旨，婚姻家庭住房权应当是他们享有的基本权利之一，应当受到法律的特殊保护。如果这些弱势群体当事人所居住房成为与善意第三人交易之标的，婚姻家庭住房权与善意第三人利益两者孰应优先受到保护？如果优先保护善意第三人之利益，妇女、老人以及儿童将因无房可居，陷入生活无着的悲惨境地，这显然违背了上述各法规定的原则。因此，为了贯彻落实上述各法之保护妇女、儿童和老人合法权益的原则，切实保障他们的合法权益，对婚姻家庭住房权应当予以优先保护。

（三）优先保护婚姻家庭住房权之社会基础

在我国，随着社会经济的发展，我国居民生活条件包括住房条件得到明显改善，但现阶段我国仍属于发展中国家，优先保护婚姻家庭住房权，存在现实的社会基础。

第一，我国居民拥有住房的现实状况。改革开放以来，国家注重改善城镇居民的生活条件，采取系列措施使城镇居民逐渐从无房、租房向有房、住好房转变。2008 年我国城镇居民自有房屋拥有率达 87.8%，比 1983 年提高了 78.4 个百分点，极大地提高了我国城镇居民的居住水平。[①] 然而，我国是一个人口众多、物质资源相对匮乏的国家，目前我国绝大多数家庭只拥有一套住房。为更进一步解决我国民众的住房问题，近年来，我国政府大力推进实施保障性安居工程建设，以切实保障民众的基本居住权利。[②] 我们认为，在国家千方百计保障民众基本住房需求、改善民生的今天，对于社会民众的基本居住权利，法律应当给予保障，对于家庭成员的婚姻家庭住房权法律亦应当给予优先保护。

第二，目前，养老育幼仍是我国婚姻家庭的重要职能。在我国社会主义初级阶段，家庭除继续是婚姻家庭成员的情感交流场所外，大部分家庭仍然发挥着养老育幼、物质生产、家庭成员间的扶助和保护等基本职能。[③] 虽然近年来，我国社会保障事业不断发展，社会保障体系日臻完善，但基于我国人口多、底子薄的基本国情，婚姻家庭承担的养老育幼职能不可能在短期内改变，家庭住房仍是养老育幼的基本场所。目前，我国人口老龄化日益加重，老龄事业发展任重而道远。[④] 同时，现阶段我国未成年人的监护仍以家庭监护为主，家庭仍是未成年人成长的重要场所。因此，为使老人能够颐养天年，子女能够健康成长，稳定的居住环境必须得到保证。对婚姻家庭住房权给予优先保护，是保障我国婚姻家庭履行养老育幼职能，维护老年人、未成年人合法权益的必然要求。

（四）优先保护婚姻家庭住房权之法的价值

就制度价值的角度而言，优先保护婚姻家庭住房权，体现和彰显了法律对公平、效益、秩序等价值理念的追求。

---

① 《新中国 60 年：城乡居民生活从贫困向全面小康迈进》，载中国政府网，http：//www.gov.cn/gzdt/2009-09/10/content_ 1413985_ 4.htm，访问日期：2012 年 6 月 27 日。

② 2011 年《我国国民经济和社会发展"十二五"规划纲要》指出：要加快完善符合国情的住房体制机制和政策体系，逐步形成总量基本平衡、结构基本合理、房价与消费能力基本相适应的住房供需格局，实现广大群众住有所居。这要求各级政府加大保障性安居工程建设力度，重点发展公共租赁住房，加快棚户区改造，规范发展经济适用住房，增加中低收入居民住房供给，提高住房保障水平。参见 http：//news.sina.com.cn/c/2011 - 03 - 17/055622129864.shtml，访问日期：2012 年 6 月 27 日。

③ 陈苇、冉启玉：《构建和谐的婚姻家庭关系——中国婚姻家庭法六十年》，载《河北法学》2009 年第 8 期。

④ 2011 年《中国老龄事业发展"十二五"规划》中指出：从 2011 年到 2015 年，全国 60 岁以上老年人将由 1.78 亿人增加到 2.21 亿人，平均每年增加老年人 860 万人；老年人口比重将由 13.3% 增加到 16%，平均每年递增 0.54 个百分点。该规划明确，要坚持家庭养老与社会养老相结合，充分发挥家庭和社区功能，着力巩固家庭养老地位，构建居家为基础、社区为依托、机构为支撑的社会养老服务体系。该规划进一步要求，要着力建设老年家庭，其中一项举措就是提高老年人居住条件。参见 http：//www.gov.cn/zwgk/2011-09/23/content_ 1954782.htm，访问日期：2012 年 6 月 27 日。

## 1. 追求实质公平

公平是法的基本价值之一，其意在强调：人在法律地位上无差别，都有同等机会参与社会活动。然而，机会平等并不意味着实质公平，人与人之间事实上往往存在经验、智力、机遇等各种差别，这将导致在某些方面存在弱势的人在社会活动中处于不利境地，沦为经济弱者，其往往可能会丧失自由发展的空间，甚至直接威胁到基本生存。为追求实质的公平，保障弱者的基本人权，法律应当在制度上给予弱者的权益优先保护，以保障其满足生存的最基本需求。对婚姻家庭住房权给予优先保护，将为家庭成员中如妇女、儿童和老人等经济弱者的居住权益提供制度保障，这是法律追求实质公平的价值理念的体现。当然，现实生活中可能存在善意第三人购买的房屋也为婚姻家庭居住用房的情况，此时若专门保护住房原所有权人的家庭成员的居住权益，对善意第三人的家庭成员而言，是否有失公平？我们认为，在市场经济条件下，善意第三人在以合理的市场价格购房时，拥有很多的选择空间，完全可以选择其他房源。而对住房原所有权人的家庭成员而言，若其弃现居住用房而再寻找其他可供居住房源时，则会产生不必要的成本和资源的耗费。因此，从机会选择和成本耗费的角度来说，优先保护原权利人的婚姻家庭住房权，并非有失公平，而将彰显法追求实质公平价值的理念。

## 2. 彰显法之效益价值

法律对于效益的追求，一方面，表现为法律通过对各种行为模式的规定，指引着人们的行为，为争取最优化的实际效果提高程序保障。另一方面，表现为法律的效益价值要求人们以较小的投入，减少不必要的资源耗费。[①] 从立法活动的产出和收益角度来说，优先保护婚姻家庭住房权，可以增强立法效益，在一定程度上减轻人民法院的诉累，体现法的效益价值。我国《物权法》颁行后，审判实践中出现了一种新类型案件，即婚内夫妻一方要求确认财产共有权并在房屋产权证书上加名的诉讼。其原因是该法确立了一种优先保护社会交易安全的善意取得制度。据此制度，只要符合善意取得的构成要件，房屋的所有权当然发生移转，而家庭成员的居住权则可能因此丧失。因此，该法颁行后，出现大量房屋产权加名的诉讼案件不是偶然的，而是反映了婚姻家庭成员要求住房权得到法律优先保护的现实需求，这对人民法院而言，无疑加重了工作负担。即从效益角度考量，如果仅仅保护善意第三人交易安全，而罔顾家庭成员的婚姻家庭住房权，其立法效益是低下的。因此，对婚姻家庭住房权给予优先保护，对善意取得的适用作出必要限制，将彰显法律对效益价值的追求。

## 3. 实现法之秩序价值

秩序是通过法律的调整而力图达致社会的有序化状态，它是法的重要价值之一。法的秩序价值，是通过法的社会控制实现的，一方面通过划定、分配和调整利益，另一方面通过创设规范，实现法对秩序价值的预期追求。[②] 现代社会是文明社会，一般通过预先创设某种行为规范，为人们的行为提供指引、教育、预测和评价，以实现社会有序之状态。从此种意义上讲，创设婚姻家庭住房权优先保护制度是必要的，是实现法之秩序价值的应然要求。家庭是社会的基本单位，家庭的稳定是社会和谐有序的重要保证，婚姻家庭成员的

---

① 卓泽渊：《法理学》（第四版），法律出版社 2004 年版，第 144-147 页。
② 卓泽渊：《法的价值论》，法律出版社 2006 年版，第 400 页。

居住权益能够得到制度上的优先保障，则是家庭稳定的重要物质性条件。如果婚姻家庭住房权得不到优先保障，家庭之维系则丧失物质基础，家庭成员因此可能陷入居无定所、朝不保夕之命运，遑论家庭乃至社会之和谐有序。这里须注意的是，婚姻家庭住房权的优先保护，是否妨碍交易安全及秩序？我们认为，这并非妨碍交易安全及秩序，因为此制度之设立，旨在为保护家庭成员的居住权提供制度保障。对买卖房屋的当事人而言，只是须对交易房屋的权属、用途等基本情况尽审慎审查义务而已。因此，对婚姻家庭住房权给予优先保护，将有力地维护家庭及社会秩序的稳定，凸显法对秩序价值的追求。

### 四、婚姻家庭住房权之域外立法例的考察与评析

从国外立法来看，一些国家已经设立优先保护家庭成员住房权的法律规定。"他山之石，可以攻玉。"下文拟考察法国、瑞士、意大利、英国四国在婚姻家庭住房权优先保护方面的立法，以资参酌。

（一）域外立法例之考察

1. 法国立法

《法国民法典》第215条明确规定，婚姻家庭住房是夫妻共同选定的家庭处所，未经他方同意，任何一方不得擅自处分据以保障家庭住宅的权利，也不得处分住宅内配备的动产家具。依据该法，擅自处分婚姻家庭住房的行为在性质上属效力待定行为，没有表示同意处分的配偶一方有权在知道擅自处分行为之日起1年内予以撤销。其第220条规定，若夫妻一方擅自处分婚姻家庭住房，严重违反其养老育幼义务，危害到家庭利益时，家事法官得命令采取家庭利益所要求的各项紧急措施，包括禁止该配偶一方在未经另一方同意的情况下处分其个人财产或夫妻共同财产，不论是动产还是不动产。另外，该法通过设立居住权，以保障家庭成员的居住权利。其第633条明确规定，居住权仅以为其利益设定此种权利的人及其家庭成员满足居住需要为限，以限制住房所有人的权利。[①]

2. 瑞士立法

《瑞士民法典》第162条规定，婚姻住所由夫妻双方共同决定，只有取得夫妻他方的同意，夫妻一方才能终止租约、出售家庭的房屋或公寓，或者通过其他合法交易限制家庭对住房的使用权。同时，对婚姻家庭住房（家宅）的设立采登记主义，依第354条规定，设立用于家庭成员居住生活的家宅必须满足供养家庭生活或居住的实际需要，但基于重要原因，经主管官厅批准，也可暂时用于其他目的。家宅设立后，不得对家宅设立抵押权或质权，所有权人亦不能转让、出租，也不能为清偿债务而强制执行，但强制管理除外。家宅在所有权人死亡时终止，但若按其遗嘱将家宅转移至继承人的，家宅仍继续存在，所有权人也可在生前终止设立家宅，但如果终止设立家宅使家庭成员稳定居住生活受到影响的，家宅不得终止。另外，在"物权"编通过设定居住权制度以保障家庭成员的住房权，即家庭成员对所有权人住房的一部或全部享有居住和使用住房内公共设施的权利，所有权人不得干涉。[②]

---

① 《法国民法典》，罗结珍译，北京大学出版社2010年版。

② 《瑞士民法典》第162条、第169条、第350条、第354条、第357-358条、第776-777条，参见《瑞士民法典》，殷生根、王燕译，中国政法大学出版社1999年版。

### 3. 意大利立法

《意大利民法典》第184条规定，如果婚姻家庭住房属于夫妻共同财产，未经夫妻他方必要的同意或者追认，夫妻一方擅自处分婚姻家庭住房的行为属效力待定行为，有权表示同意的夫妻他方在知道该处分行为后1年内可以提起撤销之诉，在任何情况下，撤销之诉均应当自登记之日起1年内提起，未进行登记并且在共有关系解除前夫妻他方一直不知道该处分行为的，应当在共有关系解除1年后提起。同时，夫妻一方或双方可以根据需要以公证或遗嘱方式将登记的住房（特定的不动产）设立为家庭财产基金，由夫妻双方所有，未经共同同意，不得转让。有未成年子女的，还须由法院议事室决定和得到法官的许可。另外，该法亦对在他人住房之上设立居住权作出一般规定，以保护家庭成员的住房权，即对房屋享有居住权的人可以在自己和家庭需要的限度内享用房屋。①

### 4. 英国立法

《英国家庭法》（1996年）在"家庭住宅与家庭暴力"一章中对婚姻家庭住房权作出专门规定。该法第30条规定，夫妻一方在另一方基于使用权、所有权、契约或者依法继续占有住房，而自己却不享有此项占有权利时，对该住房享有"婚姻住所权益"。该"婚姻住所权益"包括：如果夫妻一方正占有住房，另一方不得将其逐出该住房，除非法院作出指令予以许可；如果未占有住房，经法院许可有权进入并占有该住房。上述"婚姻住所权益"适用于夫妻双方已经占有使用的房屋或经法院许可后尚未占有使用的打算作为婚姻家庭住房的房屋。在婚姻关系存续期间，夫妻一方的"婚姻住所权益"视为对另一方住房的所有权或收益权上的负担，若另一方将其住房进行托管，则夫妻一方的"婚姻住所权益"同样是另一方的受托人所有权或收益权上的负担。另外，当住房所有权人对住房进行抵押时，夫妻一方的"婚姻住所权益"对第三人的抵押权有对抗效力。②

### （二）域外立法例之评析

前述各国立法对保护家庭成员的居住权的规定，内容虽不尽一致，但立法目的却是相同的，无论是在立法体例之编排上还是在规则设计上都充分体现了优先保护婚姻家庭住房权，同时兼顾保护社会交易安全及善意第三人利益的基本理念。

从立法体例来看，前述四国立法一方面根据住房的用益性特征，法国、瑞士、意大利三国皆在民法典"物权"部分设立居住权，以保障公民住有所居的权利；另一方面，根据婚姻家庭住房承载的养老育幼职能，均通过调整婚姻的一般义务和夫妻财产关系的法律规范，对保护婚姻家庭住房权作出特殊规定。但在立法体例的编排上，法国、意大利均通过规范夫妻财产制，以达到保护婚姻家庭住房权的目的。瑞士则将保护婚姻家庭住房权作为夫妻的义务，在"婚姻的效力"和"家庭财产"中予以规定。英国则通过单行法对婚姻家庭住房权作出专门规定。

从立法内容来看，前述四国既有相同之处，亦存在区别。其相同之处在于：四国立法都对夫妻一方擅自处分住房作出禁止性规定。其区别在于：第一，擅自处分住房的法律后果不同。英国法规定婚姻家庭住房权在婚姻关系存续期间是所有权或收益权的负担，对善

---

① 《意大利民法典》第184条、第167条、第169条、第1022条，参见《意大利民法典》，费安玲等译，中国政法大学出版社2004年版。

② 1996年《英国家庭法》第30-31条、第34条、第54条，参见《英国婚姻家庭制定法选集》，蒋月等译，法律出版社2008年版，第242-245条、第253页。

意第三人具有对抗效力。其他国家对夫妻一方擅自处分住房的行为规定为效力待定行为，夫妻他方有追认或撤销的权利。另外，为敦促权利人尽快行使追认或撤销权，法国、意大利还对作出追认或撤销权的期间进行限制性规定，以兼顾保护婚姻家庭住房权和善意第三人的交易安全。第二，在程序上，有的国家对婚姻家庭住房权的保护作出特殊规定，如瑞士法规定家宅的设立必须登记，采登记生效主义；有的国家将婚姻家庭住房作为特殊财产，如意大利法准许将住房设定为家庭财产基金，予以保护。

### 五、我国婚姻家庭住房权立法之反思与重构

（一）立法反思：以《婚姻法解释（三）》第11条规定为中心

我国2001年修正后的《婚姻法》对于婚姻家庭住房权尚无规定。2011年8月13日起施行的《最高人民法院关于适用〈中华人民共和国婚姻法〉若干问题的解释（三）》［以下简称《婚姻法解释（三）》］第11条规定："一方未经另一方同意出售夫妻共同共有的房屋，第三人善意购买、支付合理对价并办理产权登记手续，另一方主张追回该房屋的，人民法院不予支持。因擅自处分该房屋造成另一方的损失，离婚时另一方可以请求赔偿，人民法院应予支持。"

从该司法解释规定的意旨来看，我们认为，有以下两点值得反思。

第一，对婚姻家庭住房权无优先保护的特别规则设计。依据该条规定，若夫妻共有住房为婚姻家庭的居住用房，且成为交易之标的时，法院仍将支持优先保护善意第三人利益，而对婚姻家庭住房权却无特别保护的规定。从其规则内容来看，其与我国现行司法解释有关处理夫妻财产管理与善意第三人关系的规则设计一脉相承，均优先保护善意第三人之交易安全。[①] 我们认为，市场交易安全固然需要维护，但婚姻家庭住房权之优先保障更不能忽视。因为家庭的稳定是社会稳定的基础，若家庭成员之住房权得不到优先保护，其可能陷入无家可归的境地，遑论家庭乃至社会之稳定。因此，在规则设计上，立法应对婚姻家庭住房权作出优先保护的特殊规定。

第二，对婚姻家庭住房权欠缺优先保护的立法理念。依该条规定之精神，当夫妻一方擅自处分属于为维持婚姻家庭共同生活所必需的房屋，家庭成员因生存而享有的住房权益与市场因发展而需要维护交易安全发生冲突时，其优先保护的是市场交易安全，遵循的是民法规则，与民法规则保持一致。这却有悖身份法需要优先保护婚姻家庭成员利益的立法宗旨，故此立法理念是不科学、不合理的。如前所述，目前在我国，婚姻家庭住房仍是家庭成员日常生活的重要场所，是婚姻家庭养老育幼职能得以履行的重要载体，因此婚姻家庭住房应当而且必须受到法律的优先保护，以彰显法律尊重和保护人权的基本理念。

（二）我国婚姻家庭住房权优先保护之立法设计

婚姻家庭住房是一种特殊的财产，从静态属性来看，它是家庭成员最基本的生活场所，可满足其生存之需要；从动态属性来看，它是一般的物，自可成为交易之标的。因此，立法应当考虑此种住房的特殊性，一方面确立婚姻家庭住房权优先保护，另一方面要兼顾保护交易安全和善意第三人的利益。基于此，在考察我国基本国情，并借鉴国外立法经验的基础上，我们对优先保护婚姻家庭住房权拟定以下立法构想。

---

① 2001年《最高人民法院关于适用〈中华人民共和国婚姻法〉若干问题的解释（一）》第17条第2款。

第一，建议在《婚姻法》中增加优先保护婚姻家庭住房权的规定。我们建议，可借鉴国外立法经验，区分婚姻家庭住房属夫妻一方所有或双方所有的情况，分别立法。如果该住房属于夫妻双方共同财产，借鉴法国、瑞士、意大利之立法，规定夫妻一方在一定期间对未经其同意的处分行为享有请求撤销的权利；如果该住房属于夫妻一方个人财产，借鉴英国立法，规定夫妻另一方享有的居住权具有对抗善意第三人的效力。其具体条文设计如下：

"婚姻家庭住房受法律保护。婚姻家庭住房属于夫妻共同所有的，夫妻一方未经另一方同意，擅自处分婚姻家庭住房的，夫妻另一方可以在知道该处分行为后 1 年内依法提请法院撤销。"

"婚姻家庭住房属于夫妻一方所有的，夫妻另一方在婚姻关系存续期间有居住使用的权利。夫妻一方擅自处分该住房的，夫妻另一方可以未经其同意为由，对抗善意第三人。"

"因生活需要，居住在婚姻家庭住房内的其他近亲属，得以婚姻家庭住房权对抗善意第三人。"

第二，根据物权的公示公信原则，在坚持不动产权属以登记为表征的前提下，为保护婚姻家庭成员的住房权益，我们建议，可借鉴重庆、成都两地在办理房屋权属登记（买卖）实践中的做法。上述两地不动产登记部门规定：出卖人除出具一般的权属证明和材料外，尚须出具婚姻证明、配偶同意该房屋出售的书面证明等书面材料。① 这种做法不仅坚持物权公示公信原则，而且保护了夫妻的财产权益和住房权。但不应忽视的是，现实生活中，婚姻家庭住房居住的成员除夫妻外，可能还包括子女和老人。对于他们的居住权益亦须保护，因此，为保护其他家庭成员的住房权益，出卖人除出具上述书面材料外，尚须出具居住在该房屋内其他近亲属同意出售的书面证明（未成年人由其监护人代为出具书面证明）。具体条文设计为：

"出卖人除出具一般的权属证明和材料外，还须出具婚姻状况证明、已婚者须出具配偶同意该房屋出售的证明等书面材料。"

"有其他近亲属居住的，出卖人还须出具其他近亲属同意该房屋出售的证明等书面材料（未成年人由其监护人代为出具书面证明）。"

---

① 重庆市《房屋权属转移登记（买卖）》第 3 条，载重庆市国土资源与房屋管理局公众信息网：http://www.cqgtfw.gov.cn/zwgkml/xzxkjsp/xzxkjspfwgl/fwfxzxkl/200912/t20091217_52756.html；成都市《私房（含政策性住房）买卖过户登记》之"提交要件"部分，载成都市房屋管理局网：http://www.cdfgj.gov.cn/BSZN/ShowInfo.aspx?WorkGuideID=f01cc34e-7d28-4fae-89ed-47b747，访问日期：2012 年 8 月 1 日。

# 家庭因素对未成年人犯罪的影响及对策实证研究
## ——以中国重庆市某区人民法院未成年人犯罪案件为对象①

陈　苇　石　婷*

## 目　次

　　近年来，在我国社会生活中未成年人犯罪时有发生。据有关部门统计，2011 年我国未成年犯的人数已达 6 万多人②。未成年人是国家的未来，民族的希望，如何保障处于生长发育阶段、生理和心理都不成熟的未成年人健康成长，有效地预防和减少其犯罪，值得我们关注和思考。虽然未成年人犯罪行为的产生是诸多因素影响的结果，但由于未成年犯这类犯罪主体的特殊性，其人生观、价值观形成和行为规范习得的基础环境是家庭，家庭是其社会化的最主要场所。父母是未成年人的法定监护人，家庭对未成年人承担着抚养和教育的职能，对未成年人的健康成长具有重要的作用。本文在统计分析中国重庆市某区③人民法院（以下简称法院）2010—2012 年未成年人犯罪案件的基本情况和特征的基础上，从家庭的视角出发，分析各种不良家庭因素对未成年人犯罪的影响，进而提出减少不良家庭因素对未成年人成长影响的对策建议，以期对预防和减少我国的未成人犯罪行为有所裨益。

---

　　① 本文载《青少年犯罪问题》2013 年第 5 期，在被编入本书时对个别标题和内容进行了适当修改。
　　* 陈苇，女，西南政法大学外国家庭法及妇女理论研究中心主任，民商法学院教授、博士生导师；石婷，女，西南政法大学民商法博士研究生。
　　② 胥晓璇、孟丽静：《我国未成年人犯罪人数 4 年来下降 32%》，载 http://www.law-lib.com/fzdt/newshtml/shjw/20121104202233.htm，访问日期：2013 年 3 月 22 日。
　　③ 此次被调查的重庆市某区，全区面积为 1452 平方公里，常住人口 134.54 万人，城市居民的平均年收入为 21954 元，农村居民的平均年收入是 8319 元，与重庆市九个主城区的经济相比，其经济发展程度处于中等水平。

**一、重庆市某区法院 2010—2012 年未成年人犯罪案件统计情况**

此次，我们以重庆市某区法院 2010—2012 年的未成年人犯罪案件情况为调查对象，主要调查以下六个方面的内容：一是未成年人犯罪案件的数量和类型情况；二是未成年人犯罪案件的性质，包括有无预谋、是单独犯罪还是共同犯罪；三是未成年犯的基本情况，包括未成年犯的性别、年龄、职业、文化程度和户籍情况；四是未成年犯的犯罪原因；五是未成年犯的家庭环境，包括家庭成长的环境、父母的职业和文化程度；六是未成年犯的不良表现情况。以下是这六个方面的调查统计情况。

（一）未成年人犯罪案件的数量和类型

表 1-1　案件数量（件）

| 项目 / 百分比 | 未成年人犯罪案件的总量 | 侵犯人身类案 | 侵犯财产类案 | 其他犯罪案 |
|---|---|---|---|---|
| 2010 年 | 68 | 12 | 47 | 9 |
| | | 17.7% | 69.1% | 13.2% |
| 2011 年 | 86 | 12 | 61 | 13 |
| | | 14% | 70.9% | 15.1% |
| 2012 年 | 91 | 8 | 64 | 19 |
| | | 8.8% | 70.3% | 20.9% |
| 2010-2012 年 | 245 | 32 | 172 | 41 |
| | | 13.1% | 70.2% | 16.7% |

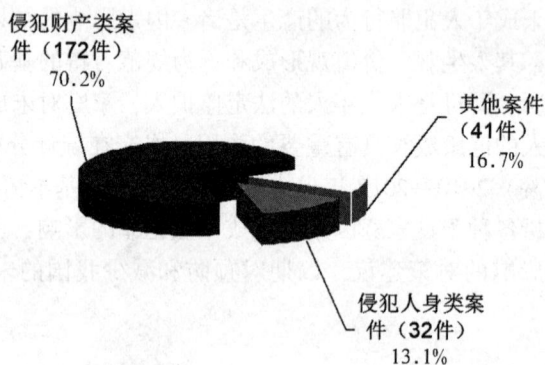

侵犯财产类案件（172件）70.2%

其他案件（41件）16.7%

侵犯人身类案件（32件）13.1%

图 1-1　案件数量

表 1-2 案件类型（件）

| 数量（件）／百分比 | 盗窃 | 抢劫 | 贩毒 | 故意伤害 | 聚众斗殴 | 强奸 | 抢夺 | 诈骗 | 其他① |
|---|---|---|---|---|---|---|---|---|---|
| 2010 年 | 26 | 20 | 1 | 8 | 3 | 2 | | 1 | 7 |
| | 38.2% | 29.5% | 1.5% | 11.8% | 4.5% | 3% | | 1.5% | 10% |
| 2011 年 | 42 | 15 | 10 | 7 | 1 | 3 | | 3 | 5 |
| | 48.8% | 17.4% | 11.6% | 8.1% | 1.2% | 3.5% | | 3.5% | 5.9% |
| 2012 年 | 54 | 7 | 14 | 7 | 2 | 1 | 3 | | 3 |
| | 59.3% | 7.7% | 15.4% | 7.7% | 2.2% | 1.1% | 3.3% | | 3.3% |
| 2010－2012 年 | 122 | 42 | 25 | 22 | 6 | 6 | 3 | 4 | 15 |
| | 49.8% | 17.1% | 10.2% | 9% | 2.4% | 2.4% | 1.2% | 1.6% | 6.1% |

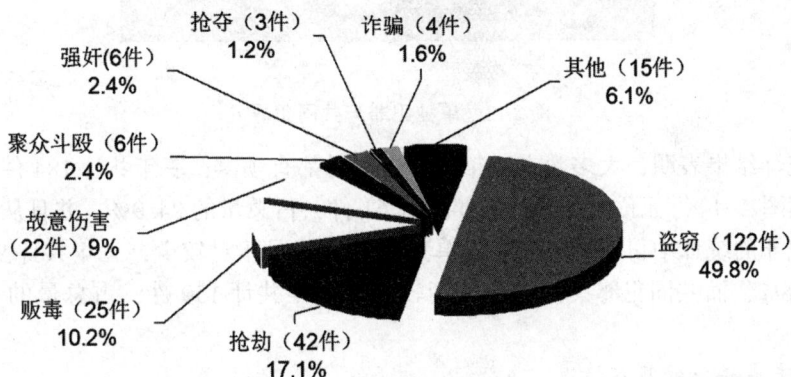

图 1-2 案件类型

以上统计结果表明，2010—2012 年未成年人犯罪案件共计 245 件，其中 2010 年有 68 件，2011 年有 86 件，2012 年有 91 件，在这三年的未成年人犯罪案件总量中，侵犯财产类的犯罪案件最多，三年共计 172 件，占总量的 70.2%（见表 1-1、图 1-1）。在具体的案件类型中，总数排前四名的分别是盗窃（占 49.8%）、抢劫（占 17.1）、贩毒（占 10.2%）、故意伤害（占 9%）。值得注意的是，盗窃和贩毒案件的增长趋势较为明显，盗窃案件从 2010 年的 26 件增至 2012 年的 54 件，贩毒案件从 2010 年的 1 件增至 2012 年的 14 件（见表 1-2、图 1-2）。

---

① 通过对被调查的未成年人犯罪案件卷宗进行统计归类，由于故意杀人、绑架、寻衅滋事、妨害公务、容留他人吸毒、伪造居民身份证、伪造国家机关证件、卖淫等案件的数量相对较少，每类案件只有 1 件或 2 件，因此归入其他类型中。

（二）未成年人犯罪案件的性质

图 2-1　有无预谋

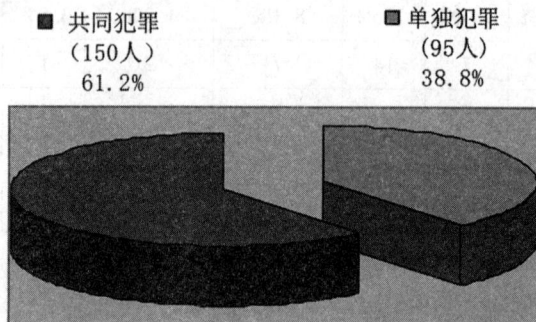

■ 无预谋
（61人）
24.9%

■ 有预谋
（184人）
75.1%

图 2-2　单独犯罪与共同犯罪①

■ 共同犯罪
（150人）
61.2%

■ 单独犯罪
（95人）
38.8%

以上统计结果表明，大多数未成年人在犯罪时都有预谋，三年共计 184 件，占总量的 75.1%（见图 2-1），无预谋的案件三年共计 61 件，占总量的 24.9%。并且从是共同犯罪或者单独犯罪的统计中得知，未成年人单独犯罪的情况相对较少，三年共计 95 件，只占总量的 38.8%，而共同犯罪案件的比例则较高，三年共计 150 件，占总量的 61.2%（见图 2-2）。

（三）未成年犯的基本情况

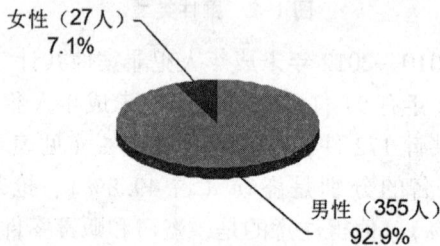

图 3-1　性别情况

女性（27人）
7.1%

男性（355人）
92.9%

① 此共同犯罪包含未成年人与未成年人共同犯罪以及未成年人和成年人共同犯罪的情况。

14岁以下
(13人)
3.4%

14-15岁
(108人)
28.3%

16-18岁
(261人)
68.3%

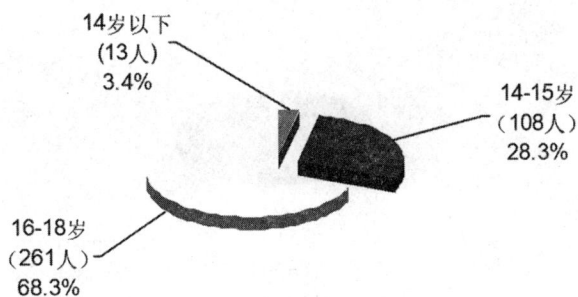

图 3-2 年龄情况

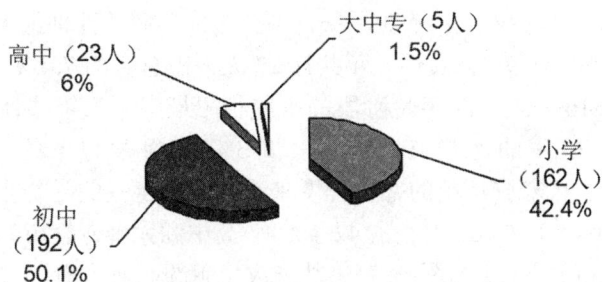

高中（23人）
6%

大中专（5人）
1.5%

初中
(192人)
50.1%

小学
（162人）
42.4%

图 3-3 文化程度情况

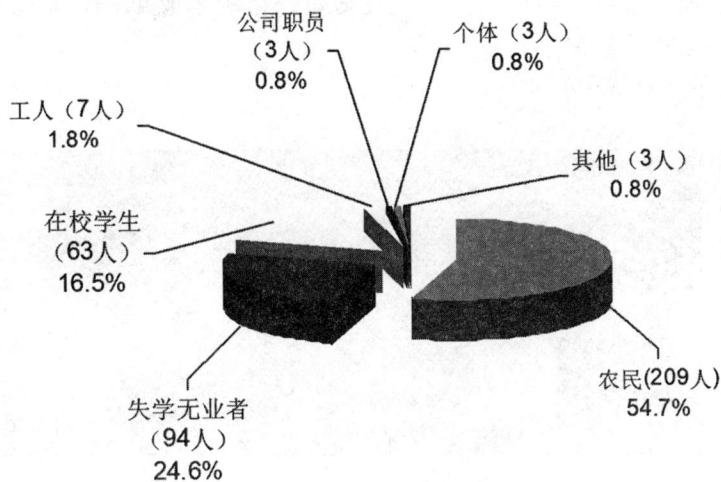

公司职员
(3人)
0.8%

个体（3人）
0.8%

工人（7人）
1.8%

其他（3人）
0.8%

在校学生
(63人)
16.5%

农民(209人)
54.7%

失学无业者
(94人)
24.6%

图 3-4 职业情况①

① 在调查统计中发现，起诉书和判决书中对未成年犯的职业记录的是农民，但是在询问笔录等卷宗中发现绝大部分的未成年农民都是失学者和无业者。

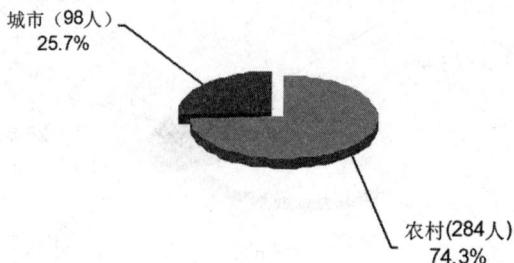

城市（98人）
25.7%

农村(284人)
74.3%

图 3-5　户籍情况

以上统计结果表明，在未成年人犯罪案件中，未成年犯的性别绝大多数是男性，三年共计 355 人，占总量的 92.9%，女性三年共计 27 人，占总量的 7.1%（见图 3-1）。从未成年犯的年龄来看，16—18 岁高年龄阶段的未成年犯最多，三年共计 261 人，占总量的 68.3%，其次是 14—15 岁的（共 108 人，占 28.3%），14 岁以下的最少（共 13 人，占 3.4%）（见图 3-2）。从未成年犯的文化程度来看，未成年犯的学历主要是初中（共 192 人，占 50.1%）和小学（共 162 人，占 42.4%），高中和大中专学历的未成年犯只占很小的比例，分别占 6% 和 1.5%（见图 3-3）。从未成年犯的职业来看，农民、失学无业者和学生是未成年人犯罪的高发人群，其中农民三年共计 209 人，占 54.7%；失学无业者三年共计 94 人，占 24.6%；在校学生三年共计 63 人，占 16.5%（见图 3-4）。此外，户籍情况的统计结果表明，农村户籍的未成年人比城市户籍的未成年人犯罪比例高，分别占 74.3% 和 25.7%（见图 3-5）。

（四）未成年犯的犯罪原因

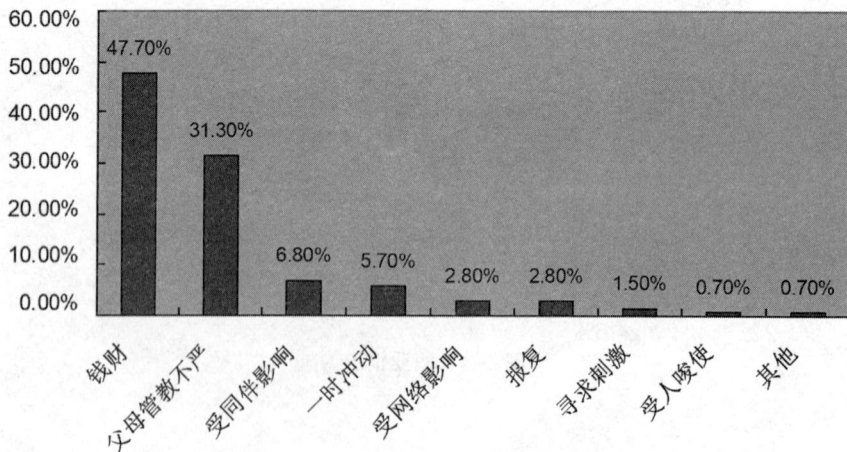

图 4　未成年犯的犯罪原因

以上统计结果表明，未成年犯犯罪的原因呈多样性，其中首要原因是为钱财（占 47.7%），其次是父母管教不严（占 31.3%），排在第三位的是受同伴影响（占 6.8%），一时冲动排在第四位（占 5.7%）（见图 4）。

（五）未成年犯的家庭环境

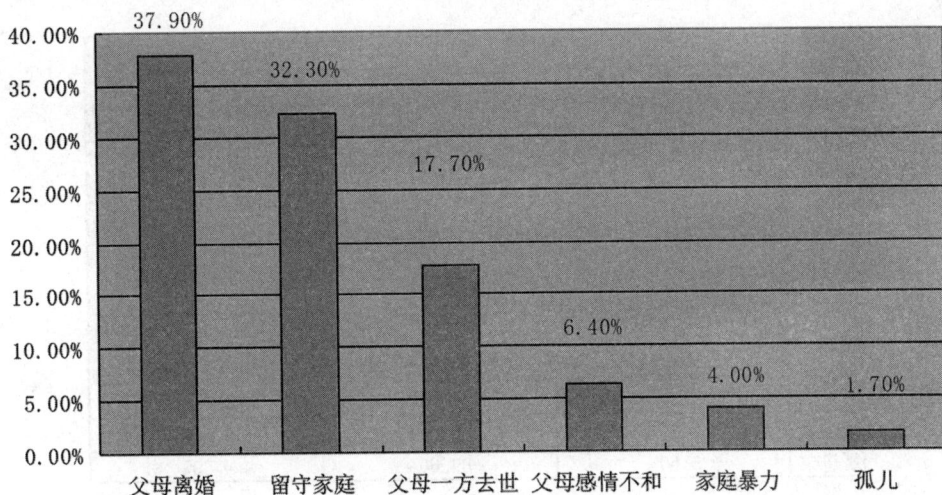

图 5-1　家庭成长环境①

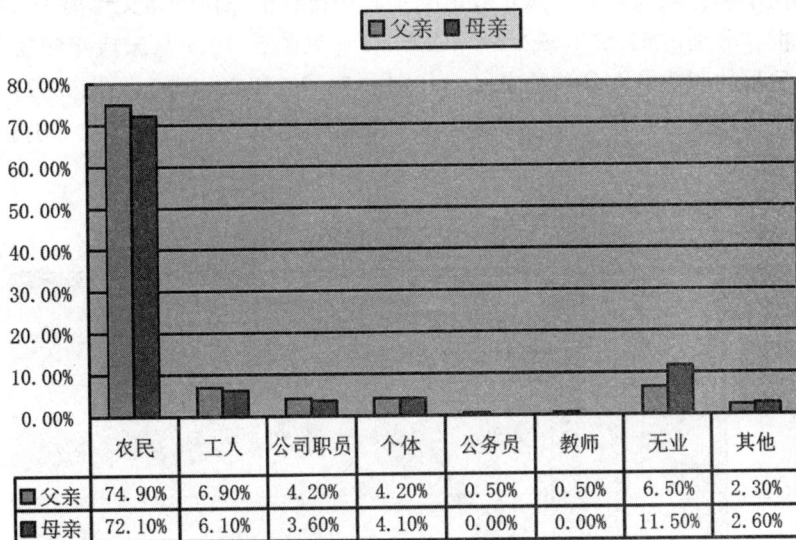

| | 农民 | 工人 | 公司职员 | 个体 | 公务员 | 教师 | 无业 | 其他 |
|---|---|---|---|---|---|---|---|---|
| ■父亲 | 74.90% | 6.90% | 4.20% | 4.20% | 0.50% | 0.50% | 6.50% | 2.30% |
| ■母亲 | 72.10% | 6.10% | 3.60% | 4.10% | 0.00% | 0.00% | 11.50% | 2.60% |

图 5-2　父母的职业

---

①　留守家庭，是指由于未成年人的父母双方或单方外出工作或其他原因，使得未成年人不能与父母双方或一方共同生活的家庭。此处的家庭暴力，是指家庭成员对未成年人实施的家庭暴力。

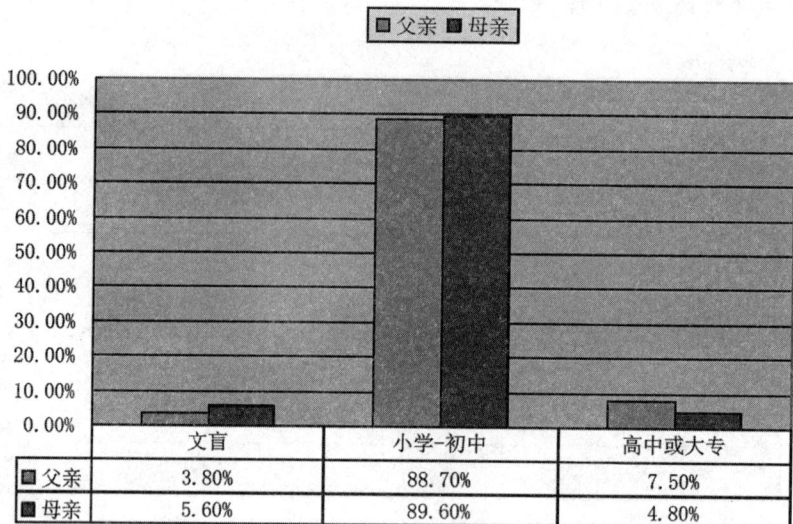

| | 文盲 | 小学-初中 | 高中或大专 |
|---|---|---|---|
| 父亲 | 3.80% | 88.70% | 7.50% |
| 母亲 | 5.60% | 89.60% | 4.80% |

图 5-3　父母的文化程度

以上统计结果表明，未成年犯的家庭环境主要有父母离婚、留守家庭、父母一方去世、父母感情不和、家庭暴力、孤儿等情况，其中排在前三位的是父母离婚、留守家庭和父母一方去世，分别占 37.9%、32.3% 和 17.7%（见图 5-1）。从未成年犯父母的职业情况来看，其父母的职业绝大多数是农民，分别占 74.9% 和 72.1%（见图 5-2）。从未成年犯父母的文化程度来看，其父母的文化程度主要集中在小学—初中阶段，约占九成，分别是 88.7% 和 89.6%（见图 5-3）。

（六）未成年犯的不良表现情况

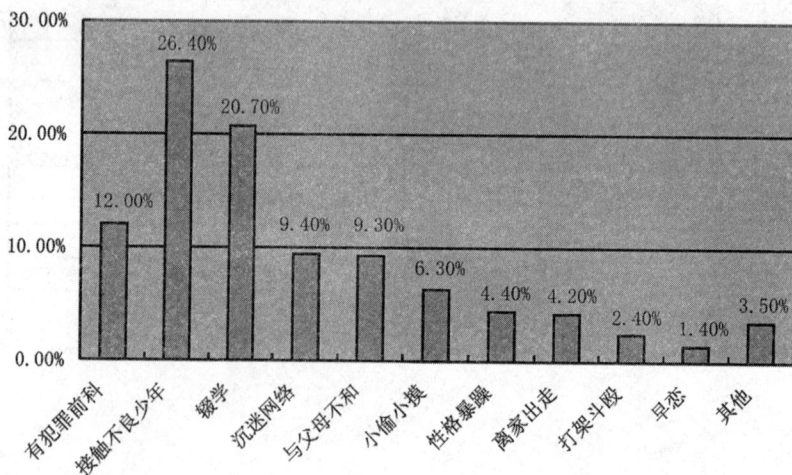

图 6　未成年犯的不良表现

以上统计结果表明，未成年犯在犯罪前的不良表现有多种情况，包括有犯罪前科、接触不良少年、辍学、沉迷网络、与父母不和、小偷小摸、性格暴躁、离家出走、打架斗殴、早恋等，其中接触不良少年占的比例最高（占 26.4%），排在第二位的是辍学（占

20.7%），有犯罪前科和沉迷网络分别排在第三位和第四位，并分别占总量的 12% 和 9.4%（见图 6）。

## 二、未成年人犯罪现状之特征分析

通过对该区法院 2010—2012 年未成年人犯罪案件情况的调查统计，我们总结分析出该区这三年来未成年人犯罪现象主要呈现出以下三个方面的特征：

（一）犯罪案件数量逐年增长且侵犯财产类犯罪案件占七成

对该区法院的调查统计结果显示，未成年人犯罪案件 2010—2012 年三年总计 245 件，其中 2010 年有 68 件，2011 年有 86 件，2012 年有 91 件，总量呈逐年上升趋势，并且侵犯财产类的犯罪案件最多，占三年期间未成年人犯罪案件总量的七成，为 70.2%（见表 1-1、图 1-1）。在具体的犯罪类型中，排在前四名的分别是盗窃（占 49.8%）、抢劫（占 17.2%）、贩毒（占 10.2%）、故意伤害（占 9%）；其中，盗窃和贩毒案件的数量逐年上升的趋势较为明显，盗窃案件从 2010 年的 26 件上升到 2012 年的 54 件，贩毒案件从 2010 年的 1 件增至 2012 年的 14 件（见表 1-2、图 1-2）。从以上数据可知，这三年该区未成年人犯罪案件数量逐年增加，并且侵犯财产类的犯罪案件占七成，其中盗窃类案件的比例约为五成，且其逐年增长的趋势明显。

（二）犯罪预谋化、团伙化方式明显

通过对未成人犯罪案件的调查统计得知，未成年人犯罪有预谋的占七成以上，团伙犯罪的占六成以上。大多数未成年犯在犯罪前都有预谋，其占总量的 75.1%，没有预谋的情况则只占 24.9%（见图 2-1）。这表明大多数未成年人在犯罪前会就如何实施犯罪进行安排与布局，对有利于犯罪的机会和阻碍犯罪实施的因素进行衡量。并且，未成年人共同犯罪案件的比例较高，占 61.2%（见图 2-2）。这表明，未成年人共同犯罪的团伙犯罪案件比重大，其原因可能在于未成年人的年龄较小，身体和心理素质都尚待发育，缺乏作案经验，结伙作案能在一定程度上减轻孤独和恐惧感，借助团伙的力量能提高作案成功率。由此可见，未成人犯罪预谋化、团伙化是当前未成年人犯罪的特征之一。

（三）低文化、高龄段、失学无业的农村未成年男性成为犯罪的主要群体

对未成年犯性别、年龄、文化程度、职业、户籍等基本情况的调查统计显示以下情况：第一，未成年男性较女性犯罪比重大。如该区这三年的未成年犯绝大多数是男性未成年人，占未成年犯总人数的 92.9%（见图 3-1）。第二，高年龄段未成年人犯罪率高。如高年龄段（16—18 岁）的未成年犯所占比重最大，占总人数的 68.3%（见图 3-2）。第三，未成年犯文化程度较低。如未成年犯的文化程度主要集中在初中和小学阶段，合计占 92.3%（见图 3-3）。第四，失学未成年人是犯罪高发人群。未成年犯的职业是农民和失学无业者的合计占 79.3%，其中农民占 54.7%，失学无业者占 24.6%（见图 3-4）。如前所述被统计的未成年农民大多数是失学无业者，因此失学无业未成年人是未成年人犯罪案件的高发人群。第五，农村户籍未成年犯较城市户籍未成年犯所占比例大。农村户籍的未成年犯占 74.3%（见图 3-5），这表明农村未成年人犯罪率比城市未成年人犯罪率高。综合以上可知，低文化、高龄段、失学的农村无业未成年男性已经成为未成年人犯罪的主要群体。

### 三、家庭因素对未成年人犯罪的影响

父母是未成年人的法定监护人，家庭承担着抚养和教育的职能，对未成年人的健康发展具有重要的作用。根据心理学中的"社会控制理论"可知，父母的管教和约束是未成年人与家庭、社会建立正常关系不可或缺的纽带，如果其被削弱或缺失，未成年人犯罪的可能性就会增大；"亲子依恋理论"则认为，家庭对未成年人犯罪起预防和控制的作用，未成年人与父母的关系越密切，越有可能认同和依恋父母，越不可能出现犯罪行为。① 以下我们从三项家庭因素对未成年人产生犯罪行为的影响进行分析。

（一）家庭经济贫困对未成年人犯罪的影响

家庭经济贫困并不一定导致未成年人犯罪，但是如果家庭贫困与其他负面因素相结合，往往会导致未成年人犯罪行为的发生。通过前述调查可知，农村户籍的未成年犯占总量的 74.3%，城市户籍的只占 25.7%（见图 3-5）；并且未成年犯父母的职业绝大多数是农民（分别占 74.9% 和 72.1%）（见图 5-2）。由于目前我国农村家庭经济收入相对城市家庭经济收入比较低，这样的家庭经济状况，对未成年人产生犯罪行为的影响，主要表现在如下两个方面：

第一，贫困家庭的生活和学习环境往往较差，犯罪诱因增多。由于未成年人的家庭经济状况窘迫，其生活和学习的环境会相应较差，因此未成年人接触不良文化、不良同伴的概率相应增加，犯罪的诱因也增多。通过对未成年犯的犯罪原因调查统计发现，因受外界不良因素影响而犯罪的就有钱财、受同伴影响、受网络影响、受人唆使等，分别占47.7%、6.8%、2.8%、0.7%（见图 4）。而在未成年犯的不良表现中，有接触不良少年、辍学、沉迷网络、小偷小摸、打架斗殴等能直接或间接表现出未成年犯受外界不良诱惑的负面结果，其中接触不良少年的比例最大（占 26.4%），其次是辍学（占 20.7%）（见图6）。通过前述调查发现，由于大部分未成年犯的家庭经济状况较差，加之居住的环境属于城乡结合部，住户成分比较复杂，周边往往有各种低俗文娱活动和黑网吧，未成年人容易接触到不良人群，以及沉迷在网络游戏中，这对正处于成长阶段、控制和认知能力都较弱的未成年人往往会产生负面影响。目前，农村大量劳动力外出务工，留守家庭越来越多，再加上部分农村学校对学生监管不严，部分未成年人因缺乏父母的监护和学校的监管，容易接触外界不良因素，增加犯罪的概率。例如，在一起故意伤害案件中，居住在城乡结合部的未成年犯小钟（化名）17 岁，父母长期在外打工，平时由年迈的爷爷和奶奶照料生活。小钟在高中一年级辍学后，大部分的时间里都在其家附近的网吧打游戏，最后因与他人争抢网吧的座位，用网吧的铁凳子将对方打成重伤。根据小钟爷爷讲述，小钟在辍学后常常与不良社会青年来往，经常沉迷于网络游戏中，性格也变得暴躁，在家会对他们大吼大叫。他们（小钟爷爷和奶奶）年纪大了，没有精力管教小钟，最后导致小钟故意伤害他人。

第二，家庭经济贫困是导致未成年人财产类犯罪发生的原因之一。在家庭经济较为贫困的情况下，未成年人的物质消费要求往往无法得到满足，在高消费与低收入的矛盾下，未成年人往往在家庭之外寻求经济来源，从而发生财产性犯罪。根据前述未成年人犯罪案

---

① ［美］特拉维斯·赫希：《少年犯罪原因探讨》，吴宗宪等译，中国国际广播出版社 1997 年版，第 14—25 页。

件调查统计显示，绝大多数的未成年犯都是农民和失学无业者，占总量的79.3%（见图3-4）；"钱财"是未成年人犯罪的首要原因，占总原因的47.7%（见图4），并且财产类犯罪案件占总案件量的七成，为70.2%（见图1-1）。因为家庭经济条件差，不少人生观、世界观尚未成熟的未成年人在辍学之后，不得不进入社会谋生，但由于文化素质低、谋生技能缺乏，他们往往陷入失业的境遇，面对繁华城市中高额奢华的物质和精神消费，一些意志薄弱的未成年人会因此引起强烈的心理冲击，抵挡不住诱惑，最终走向财产型犯罪的道路。

（二）家庭监护缺失对未成年人犯罪的影响

家庭监护对未成年人的健康成长具有重要的保障作用，如果家庭监护缺位，往往容易使未成人走上犯罪的道路。通过对未成年犯家庭环境的调查统计，我们将未成年犯的家庭环境主要分为父母离婚、留守家庭、父母一方去世、父母感情不和、孤儿等情况，其中父母离婚、留守家庭排在前两位，分别占37.9%和32.3%，父母一方去世排第三位（占17.7%）（见图5-1）。在这样结构不全的家庭中成长的未成年人，往往缺乏来自父母双亲的关爱和监护，这对未成年人成长产生不良影响。其主要表现在如下两个方面：

第一，家庭监护缺失，往往对未成年人身心发展产生负面影响，为其发生犯罪行为埋下诱因。有学者的研究表明，"孩子生活在残缺家庭或寄养家庭中往往得不到父母的爱，很可能对人格的早期发展产生许多负面的影响"[①]，为今后的犯罪埋下诱因。通过对未成年人犯罪案件的调查研究，我们发现，许多未成年犯因为家庭结构的缺陷，缺乏来自双亲的亲情温暖和父母双方的良好教育，会表现出一定的性格缺陷。在对未成年犯的不良表现统计中，性格暴躁与父母不和等能在一定程度上反映未成年犯性格的数据占总量的13.7%（见图6）。而且在案件调查中，我们发现，一些在父母离婚或者父母一方去世家庭中成长的未成年犯性格孤僻内向，不喜欢与人沟通交流，最后在社会不良因素的诱惑下走向了犯罪道路。例如，在一起连续四次的盗窃案件中，未成年犯小明（化名）在其刚出生不久父母就离婚，小明与养父长期一起生活，母亲则长年离家在外。由于缺乏母爱，小明性格较为孤僻，初中辍学后就在社会上混生活，回家时间极少，养父表示小明几乎没有和自己交流过，他根本不知道小明在想什么，在外面干什么。总之，由于家庭结构的缺陷，未成年人往往得不到来自父母双亲的关爱与监护，导致养成其不良生活习惯，心理与性格产生缺陷，最后部分未成年人在社会不良因素的诱惑下走向了犯罪道路。

第二，家庭监护缺失，对未成年人行为约束力下降，致使未成年人犯罪可能性增大。在家庭结构不全、家庭监护缺失的环境中，许多处于成长发育关键时期的未成年人因缺乏来自父母双方的监护，往往不能得到良好的家庭教育，在正确的人生观和世界观尚未完全形成的情况下很容易受到一些不良文化、腐朽观念的影响，养成不良生活习惯，抵挡不住犯罪的诱惑。通过对未成年犯的不良表现统计可知，大部分未成年人在犯罪前都有不同程度的不良生活习性，如接触不良少年（占26.4%）、辍学（占20.7%）、沉迷网络（占9.4%）、小偷小摸（占6.3%）、离家出走（占4.2%）、打架斗殴（占2.4%）等（见图6）。此外，单亲家庭等结构不全家庭中成长的未成年人，其父母一方或者监护人虽然对其履行抚养义务，满足其基本生存现状的需求，但是对未成年人的监护职责通常难以全面

---

① 梅传强：《犯罪心理生成机制研究》，中国检察出版社2004年版，第49页。

实现，当未成年人出现诸如旷课、夜不归宿等不良行为时，其父母往往不能及时地察觉和有效制止，造成事实上的监护缺失①。这使部分未成年人成为放任自流的社会群体，最终在社会负面因素的影响下走向犯罪道路。例如，在一起未成年人和成年人共同抢劫的案件中，未成年犯小彭（化名）自父母离婚后，与母亲生活在一起。母亲因忙于生计，平时很少有时间管教小彭。小彭不喜欢学习，大部分课余时间都在网吧度过，并且经常和社会青年混在一起，最后在社会青年的诱惑下，实施了共同抢劫行为。总之，家庭双亲结构的不健全，对未成年人监护的缺失，往往会使未成年人犯罪的可能性增大。

（三）家庭教育方式失当对未成年人犯罪的影响

家庭的教育方式直接影响着未成年子女的成长，良好的家庭教育方式能促进未成年人的健康成长，家庭教育方式失当则往往会对未成年人的成长产生负面影响，甚至成为未成年人走向犯罪深渊的诱因。如前所述，大部分未成年犯都来自农村（占74.3%）（见图3-5），而且其父母的文化水平通常较低，主要是小学和初中文化程度，分别占88.7%和89.6%（见图5-3）。在这样的家庭环境中成长的未成年人，由于父母文化水平不高，父母往往只注意对其履行抚养义务，却忽视了对其履行教育义务，此外有些父母家庭教育方式失当，成为未成年人犯罪的原因之一。通过对未成年人犯罪案件的调查研究发现，家庭对未成年人教育方式失当，主要表现在以下两个方面：

第一，粗暴型的教育方式。在实施粗暴型监管方式的家庭中，父母在教育孩子时轻则斥责谩骂，重则拳打脚踢，教育方式粗暴。根据"社会学习理论"，父母的攻击行为和言语表情，会对未成年人的犯罪心理和行为产生直接影响，未成年人透过观察与模仿父母的暴力语言和行为，久而久之会形成一种用暴力来处理问题的思维定势。从对未成年犯家庭环境的统计中就可知，未成年犯遭受家庭暴力的情况占总量的4%（见图5），由于家庭暴力具有一定的隐私性，加之部分卷宗没有记录家庭暴力的情况，现实中的数据可能远远大于此。此外，在查阅卷宗过程中，我们发现在低收入的家庭环境中，父母由于文化水平较低，对子女的教养方式通常较为粗鲁，怒骂吼叫、拳打脚踢的教育方式无形中纵容和培养了未成年人的暴力意识，进而增加了未成年人发生暴力行为的可能性，这就是在被调查的故意伤害类案件中，大部分未成年犯性格粗暴的原因之一。由此可见，未成年人父母暴力性的不当监管方式会对其产生负面的心理和性格影响，成为他们日后走向犯罪道路的诱因之一。

第二，溺爱型的监管方式。在溺爱型监管方式的家庭中，父母对子女过于娇纵宠爱，任由子女的个人意志行事。例如，在一起贩毒案件中，未成年犯的父母就表示，家里因为做生意，经济收入还不错，但是因为他们的文化水平都不高，不知道怎么教育女儿，平时非常宠爱女儿，只要女儿提出任何要求，都最大限度地满足她，对其言听计从。最终因为教育不当，女儿与社会不良青年早恋，并染上毒瘾，走向了犯罪的道路。由此可见，如果父母或者其他法定监护人对未成年人的教育方式失当，也会对未成年人产生负面影响，成为诱发他们犯罪的原因之一。

---

① 胡江、杜伟：《留守未成年人犯罪预防的症结所在与根本出路》，载《青少年犯罪问题》2012年第1期。

#### 四、减少家庭因素对未成年人犯罪影响的对策建议

针对上述家庭经济贫困、家庭监护缺失、家庭教育方式失当三个方面的因素对我国未成年人犯罪行为所产生的影响，以下分别从改进家庭经济状况、改进家庭监护情况和改进家庭教育方式三个方面提出对策建议。

（一）改进家庭经济状况的对策建议

减少家庭经济状况对未成年人犯罪的影响，最根本的路径就是要提高社会的经济发展水平，缩小城乡家庭的贫富差距，切实改善贫困家庭的经济状况。

2012 年 11 月召开的党的第十八次全国代表大会提出，到 2020 年实现全面建成小康社会的目标，实现国内生产总值和城乡居民收入翻番的量化指标，并提出五点加快和完善经济发展的方式，其中之一就是推动城乡发展一体化。因此，我们认为，要解决未成年人的家庭经济贫困问题，当地政府应响应党的十八大的号召，采取各种经济发展措施，大力发展地方经济，拓宽城乡居民家庭经济收入来源。尤其应注意为当地的农民提供更多的就业机会，使农民能够在家乡就近务工。这样能够使农民在保持家庭经济收入稳定的同时，能有效地履行其监护职责，投入更多的时间和精力对未成年子女进行监管和教育，预防和制止未成年人养成各种不良生活习惯，保证未成年子女接受九年制义务教育，保障未成年子女的健康成长。对于城市的贫困家庭，一方面，要采取相应的措施提高贫困家庭的经济收入；另一方面，应健全社会保障制度，提高城市居民的最低生活保障标准，改善贫困家庭的生活状况，以利于未成年人的健康成长。

（二）改进家庭监护情况的对策建议

针对部分未成年人监护缺失的现状，建议采取以下三个方面的措施予以补救，以保障未成年人的健康成长。

第一，加强普法教育，增强监护人抚养教育未成年人的责任感。依据 2001 年修正的《婚姻法》第 21 条、23 条规定，父母有保护和教育未成年子女的义务，并对子女负有抚养义务；2006 年修正的《未成年人保护法》第 10 条、11 条和 12 条规定，父母或者其他监护人应当为未成年人的成长创造良好的家庭环境，应当学习家庭教育知识，以健康的思想、良好的品行和适当的方法教育和影响未成年人，预防和制止未成年人的各种不良行为，依法并正确地履行对未成年人的监护职责和抚养义务；2012 年修正的《预防未成年人犯罪法》第 10 条规定，未成年人的父母或者其他监护人对未成年人的法制教育负有直接责任。由此可见，正确的教育和抚养未成年人是父母或其他监护人的法定职责。因此，针对父母离婚、父母感情不和以及父母一方去世、留守家庭出现的监护缺失问题，必须加强对监护人的普法教育。社区、学校或者其他组织应定期开展各种法制宣传活动，强化监护人的责任感，让监护人明确自身的监护责任，积极履行对未成年人的监护职责。

第二，完善监护监督制度，保障未成年人健康成长。我国现行《民法通则》和《婚

姻法》都未确立监护监督制度，仅《民法通则》第16条①原则性地规定未成年人的父母的所在单位或者未成年人住所地的居民委员会、村民委员会或者民政部门在法定条件下具有监护人资格，但并未赋予其监护监督的职责和权力。因此，为保障未成年人的健康成长，建议我国建立监护监督制度。对于监护监督主体，可以在民政部门设立未成年人保护机构行使对未成年人的监护监督权，配备专职工作人员，政府提供专项资金支援该机构工作的展开。对于监护监督手段，可以借鉴德国和法国的立法经验，采取"公力监督与私立监督"相结合的双轨制，②让未成年人所在地的村委会或居委会以及未成年人的近亲属配合未成年人保护机构对未成人的监护情况进行监督。对于监护监督职责的履行，该保护机构应该派专职人员定期走访、调查与了解被监护人的监护情况，未成人所在地的村委会或居委会以及未成年人的近亲属应积极配合其工作。监督人员在发现监护人有不积极履行监护职责的情况时，情节较轻的，可以训诫监护人，并对监护人的监护行为给予教育和指导；情节严重的，可以向公安机关报案，要求对其予以行政处罚；如情节严重且未成年人权益受到严重威胁（如严重的家庭暴力或虐待）或者与监护人关系恶劣到不适宜共同居住时，可以向当地法院申请剥夺其监护资格，触犯法律的还应给予相应的处罚。

第三，设立未成年人救助部门，解决未成年人的监护缺失问题。为保障未成年人的合法权益，有必要在民政部门设立的未成年人保护机构中成立专门的未成年人救助部门，政府负责为该部门配备专职人员、提供经费支持和兴建福利设施。未成年人救助部门的主要职能是对基于各种原因缺失家庭监护的未成年人进行教育和监护，保障其健康成长。如对于未成年人的监护人被剥夺监护资格的，未成年人救助部门应接管对未成年人的监护和教育，但抚养、教育等费用应由监护人承担，如经济困难无力负担的，可以向救助部门申请经济帮助。此外，对于留守家庭或者无法履行未成年人监护职责的家庭，监护人可以通过申请将未成年子女委托给未成年人救助部门临时监护，但子女的抚养、教育费用应由监护人承担，经济困难无力支付的，可以向救助部门申请经济帮助。

（三）改进家庭教育方式的对策建议

第一，家长应该努力提高道德修养和文化知识水平。一方面，家长应注重提升自身道德素质和公德意识，树立正确的人生观和是非标准，待人处事文明礼貌，以身作则，鼓励和引导未成年人子女健全人格的形成。另一方面，家长应重视文化知识的学习。通过学习家庭教育方法和经验，提高家庭教育质量和水平。另外，家长应该学习《未成年人保护法》和《预防未成年人犯罪法》等有关保护未成年人健康成长的法律法规，了解监护人的家庭教育职责，以及不履行职责的法律责任。同时，家长应该让子女学习《未成年人保护法》和《预防未成年人犯罪法》等法律法规，有意识地结合社会发生的典型案例，教育子女养成遵纪守法的意识，使子女能够利用法律保护自己的权利和预防犯罪行为的发

---

① 《民法通则》第16条规定，未成年人的父母是未成年人的监护人。未成年人的父母已经死亡或者没有监护能力的，由下列人员中有监护能力的人担任监护人：（一）祖父母、外祖父母；（二）兄、姐；（三）关系密切的其他亲属、朋友愿意承担监护责任，经未成年人的父、母的所在单位或者未成年人住所地的居民委员会、村民委员会同意的。对担任监护人有争议的，由未成年人的父、母的所在单位或者未成年人住所地的居民委员会、村民委员会在近亲属中指定。对指定不服提起诉讼的，由人民法院裁决。没有第一款、第二款规定的监护人的，由未成年人的父、母的所在单位或者未成年人住所地的居民委员会、村民委员会或者民政部门担任监护人。

② 陈苇：《中国婚姻家庭法立法研究》（第二版），群众出版社2010年版，第550页。

生，如此也能减少未成年人故意犯罪的概率和预防未成年人团伙犯罪的发生。

第二，建立家长学校，让家长学会教育未成年子女的方式和技巧。由于家庭资源的有限性，我们建议，在城市社区或者农村所在的乡镇建立家长学校，定期开展对家长的教育咨询和培训活动，解答家长有关家庭教育方面的疑难问题，提高家庭教育水平；定期开展法律宣传活动，让家长知晓与未成年人相关的法律法规，增强家长的法律意识；还可以典型未成年人犯罪个案为宣传重点，让家长意识到家庭监护和正确的教育方式对未成年人健康成长的重要性和预防未成年人犯罪的必要性。此外，在"6月26日国际禁毒日"或其他时间定期开展禁毒宣传活动，呼吁群众远离毒品，认识到毒品的危害性，同时让家长教育和引导未成年子女远离毒品。

第三，学校加强与家长的交流与沟通，共同做好未成年人的教育工作。未成年人所在的学校应该加强与家庭的合作，充分利用学校的教育资源，定期举行学生家长的家庭教育经验交流会，让学生家长之间互相交流教育心得。学校还可以组织展开家庭教育的讲座或者课程，让学校的教师或者聘请的法律或教育专家教导学生家长如何与学校共同、有效地教育子女，促进子女的健康成长。家长应积极地参与学校开设的家庭教育与法律知识课程，最大限度地利用这些资源来提高家庭教育水平，对子女进行家庭教育，保障子女健康成长，预防未成年子女犯罪。

# 高校研究生青年群体的生育意愿情况
# 实证调查研究①

陈　苇　董思远*

## 目　次

2013 年 11 月，中共十八届三中全会通过了《中共中央关于全面深化改革若干重大问题的决定》（以下简称《决定》）。《决定》提出，若夫妻一方为独生子女，则可以生育两个孩子，此即"单独二孩"政策。自此，"单独二孩"政策在全国范围内实施。但是，2015 年 1 月 12 日，国家卫生和计划生育委员会在新闻发布会上公布：截至 2014 年 12 月，全国有近 100 万对已生育一孩的夫妇提出再生育的申请，其中，有 92 万对夫妇获得了批复，而基于种种原因，这些获批的夫妇真正落实生育意愿的可能更少，这离政策开始执行前学者估计每年新增 200 万名出生婴儿的预计相去甚远。② 2015 年 10 月，中国共产党第十八届中央委员会第五次全体会议决定，坚持计划生育的基本国策，完善人口发展战略，不论夫妻一方或双方是否为独生子女，都可以生育两个孩子。此即"全面二孩"政策。至此，"全面二孩"政策在全国范围内实施。为了解高校研究生的生育意愿，我们选取重庆市某高校的 2015 级博士研究生班学生为研究对象进行问卷调查，通过对调查数据的统计分析，研究部分被调查者不愿生育二孩的原因，进而针对这些原因提出建设性意见，以期为我国"全面二孩"政策的实施提供参考，促进妇女儿童权益的保障。

---

① 本文为 2014 年度中国法学会部级研究课题"我国妇女儿童权益保障情况实证调查研究"［课题编号：CLS（2014）D045］；西南政法大学 2014 年度重大专项项目"我国妇女儿童权益法律保障情况实证调查研究"（项目编号：2014XZZD-002）的阶段性成果，载夏吟兰等主编：《家事法研究》（2017 年卷），科学文献出版社 2017 年版，第 243-266 页。

* 陈苇，女，西南政法大学外国家庭法及妇女理论研究中心主任，民商法学院教授、博士生导师；董思远，男，西南政法大学民商法博士研究生。

② 乔晓春：《从韩国取消生育政策看中国加快生育政策调整的必要性》，载《东南大学学报（哲学社会科学版）》2015 年第 4 期。

## 一、我国生育政策的历史变迁

在 1949 年新中国成立之初，毛泽东曾在《唯心历史观的破产》一文中指出"中国人口众多是一件极大的好事"，"人多力量大"的观念深入人心。直到 1953 年第一次全国人口普查，政府认识到人口生产无计划的弊端。有学者指出，此时中央开始关注人口问题，国家在"反动的"马尔萨斯观点与我国"人口多、力量大"的主流舆论之间，积极探索适合中国国情且为时人所接受的政策理念。① 1957 年，人口学家马寅初先生提出了以"节制生育、提高质量"为核心理念的"新人口论"，其主张当时中国人口增殖太快，从工业原料、促进科学研究和粮食方面考虑，国家应当控制人口，该"新人口论"具有翔实的数据支持，观点先进科学。但后来，"新人口论"被认为是"右派"反动的言论而受到打压，马寅初先生本人也遭受到了批判和斗争。节制生育的观点在人们高涨的"反右"情绪中偃旗息鼓，鼓励生育的观点重新成为了主流。1961 年之后，全国性的生育高峰唤起了被政治运动耽搁的"节育"的观念。从 1963 年开始，全国范围内陆续成立地区性的计划生育机构。1964 年，国务院计划生育委员会成立。1970 年，我国的计划生育政策起步。1971 年，国务院在研究制定的"四五"计划中，提出了"一个不少，两个正好，三个多了"的宣传口号。1973 年 12 月，全国第一次计划生育汇报会提出了计划生育要实行"晚、稀、少"的政策。② 1978 年 3 月，《中华人民共和国宪法》第 53 条规定："国家提倡和推行计划生育。"计划生育在我国第一次以法律的形式被固定了下来。1979 年后，国务院提出了"鼓励一对夫妇只生育一个孩子"的口号。1982 年 9 月，党的十二大报告将实行计划生育政策列入我国的基本国策。1984 年，国家计生委党组《关于计划生育工作情况的汇报》提出了"开小口、堵大口"政策，此政策规定：在农村，除非经过批准，否则严禁生育超计划的二胎和多胎。③ 1991 年 5 月，中共中央国务院发布的《中共中央国务院关于加强计划生育工作严格控制人口增长的决定》提倡一对夫妇只生育一个孩子的计划生育政策，并提出应当依法管理计划生育。根据 2002 年 9 月施行的我国《人口与计划生育法》第 18 条规定，提倡一对夫妻生育一个子女，鼓励公民晚婚晚育；符合法律、法规规定条件的夫妻可以生育第二个子女。随后，各省陆续根据该法制定"双独二孩"政策。④ 2013 年 11 月，中共十八届三中全会通过了《中共中央关于全面深化改革若干重大问题的决定》。该《决定》提出，应当坚持计划生育的基本国策，一方为独生子女的夫妻可以生育两个孩子。2014 年年初开始，全国除新疆、西藏以外的 29 个省市自治区纷纷响应中央的号召，陆续实施了"单独二孩"的生育政策。⑤ 2015 年 10 月，中共十八届五中全会制定了《中共中央关于制定国民经济和社会发展第十三个五年规划的建议》，其提

---

① 参见宋健：《中国生育政策的完善与"善后"》，载《中国人民大学学报》2015 年第 4 期。

② "晚"是指结婚年龄应当"晚"，鼓励男性 25 周岁、女性 23 周岁以后再结婚；"稀"是指生育间隔应当"稀"，两胎之间的生育间隔应隔至少 4 年；"少"是指生育数量应当少，以两个孩子为宜。

③ 国家计生委党组《关于计划生育工作情况的汇报》，http：//szb. qianhuaweb. com/shtml/qswb/20151030/63274. shtml。访问日期：2016 年 5 月 14 日。

④ 2011 年 11 月 25 日河南省第十一届人民代表大会常务委员会第二十四次会议修正了《关于修改〈河南省人口与计划生育条例〉的决定》，随着此我国最后一个省份的此决定出台，全国全面放开了"双独家庭"生二孩的政策。

⑤ 参见风笑天：《"单独二孩"生育政策对年轻家庭亲子社会化的影响》，载《东南大学学报》（哲学社会科学版）2015 年第 4 期。

出全面实施一对夫妇可生育两个孩子的政策。此后，2015 年 12 月修正、2016 年 1 月施行的我国《人口与计划生育法》第 18 条规定，国家提倡一对夫妻生育两个子女。自此，"全面二孩"政策在我国被以法律的形式固定下来。

### 二、高校研究生青年群体之生育意愿调查的统计分析

自我国实施"全面二孩"政策以来，不同年龄群体的反响可能并不一样。为了解高校研究生青年群体的生育意愿，我们开展此次实证调查。在本次调查中，我们主要运用了调查统计分析法与文献资料研究法。针对重庆市某高校 2015 级博士生班的学生，采取课堂发放调查问卷、被调查者匿名填写，然后当场回收的方式，考察高校研究生青年群体的生育意愿。本次调查的对象为高校博士研究生青年群体，其具有较高的文化程度和社会地位，能够代表高级知识分子群体的生育意愿。本次调查共发放问卷 94 份，回收 90 份，有效问卷 90 份，有效率为 95.74%。我们主要从被调查者的基本情况、被调查者的生育现状和被调查者的生育意愿三个方面统计分析相关情况。

（一）被调查者的基本情况

1. 被调查者的性别情况（见表 1-1）

**表 1-1　被调查者的性别情况**

| 性别 | 男性 | 女性 | 合计 |
|---|---|---|---|
| 人数 | 50 | 40 | 90 |
| 百分比 | 55.56% | 44.44% | 100.00% |

在 90 名被调查者中，男性被调查者有 50 人，占 55.56%；女性被调查者有 40 人，占 44.44%。

2. 被调查者的年龄情况（见表 1-2）

**表 1-2　被调查者的年龄情况**

| 年龄 | 20-25 岁 | 26-30 岁 | 31-35 岁 | 36-40 岁 | 41-50 岁 | 其他 | 合计 |
|---|---|---|---|---|---|---|---|
| 人数 | 5 | 59 | 21 | 5 | 0 | 0 | 90 |
| 百分比 | 5.56% | 65.56% | 23.32% | 5.56% | 0 | 0 | 100% |

在 90 名被调查者中，排在第一位的为 26—30 岁年龄段，有 59 人，占 65.56%；排在第二位的为 31—35 岁年龄段，有 21 人，占 23.32%。两者合计占 88.88%，即 26—35 岁年龄段的人群占近九成。根据 2013 年联合国世界卫生组织确定的新的年龄分段可知，44 岁以下的人群为青年人。[①] 本次被调查者中，41 岁到 50 岁的占比为零。由此可见，此次被调查者全部为青年人，他们一般都具有生育能力，但有特殊情况者除外。

---

① 《世卫组织确定新年龄分段：44 岁以下为青年人》，载央视网：http://world.huanqiu.com/regions/2013-05/3930101.html，访问日期：2016 年 3 月 7 日。

3. 被调查者的职业情况（有 20 份问卷未填职业情况）（见表 1-3）

表 1-3　被调查者的职业情况

| 职业 | 公务员 | 非在职学生 | 教师 | 律师 | 其他 | 合计 |
|------|--------|-----------|------|------|------|------|
| 人数 | 15 | 40 | 10 | 3 | 2 | 70 |
| 百分比 | 21.42% | 57.14% | 14.29% | 4.29% | 2.86% | 100% |

在 70 名已填写职业情况的被调查者中，非在职学生有 40 人，占 57.14%；公务员有 15 人，占 21.42%；教师有 10 人，占 14.29%；律师有 3 人，占 4.29%，其他职业（包括编辑、公司职员）有 2 人，占 2.86%。由此可见，此次被调查者中，非在职学生占近六成；在职学生占四成左右。

4. 被调查者的婚姻与结婚年限情况

（1）被调查者的婚姻状况（见表 1-4a）

表 1-4a　被调查者的婚姻状况

| 婚姻状况 | 未婚 | 初婚 | 离婚 | 再婚 | 丧偶 | 合计 |
|---------|------|------|------|------|------|------|
| 人数 | 52 | 37 | 0 | 1 | 0 | 90 |
| 百分比 | 57.78% | 41.11% | 0 | 1.11% | 0 | 100% |

在 90 名被调查者中，未婚的有 52 人，占 57.78%；初婚的有 37 人，占 41.11%；再婚的有 1 人，占 1.11%，没有离婚与丧偶的。由此可见，在被调查者中未婚的约占六成，初婚的约占四成。

（2）被调查者中初婚者的结婚年限情况（见表 1-4b）

表 1-4b　被调查者中初婚者的结婚年限情况

| 结婚年限 | 1 年以下的 | 1 年到 5 年的 | 6 年到 10 年的 | 10 年以上的 | 合计 |
|---------|-----------|--------------|---------------|-------------|------|
| 人数 | 1 | 17 | 15 | 4 | 37 |
| 百分比 | 2.7% | 45.95% | 40.54% | 10.81% | 100% |

在 37 名初婚的被调查者中，结婚年限排在第一位的是 1 年到 5 年的，有 17 人，占 45.95%；排在第二位的是 6 年到 10 年的，有 15 人，占 40.54%。由此可见，在 37 名初婚的被调查者中，婚龄为 1 年到 5 年的约占四成半；婚龄为 6 年到 10 年的约占四成。

（二）被调查者的生育现状

1. 被调查者已生育孩子的情况（见表 2-1）

表 2-1　被调查者已生育孩子的情况

| 生育孩子情况 | 已生育孩子 | 未生育孩子 | 合计 |
|-------------|-----------|-----------|------|
| 人数 | 25 | 13 | 38 |
| 百分比 | 65.79% | 34.21% | 100% |

在 38 名已婚（包括初婚与再婚）的被调查者中，已生育孩子的有 25 人，占 65.79%；未生育孩子的有 13 人，占 34.21%，即前者约占六成半。

2. 被调查者现有孩子的数量和性别情况（有一位已生育被调查者未填写此题）（见表 2-2）

表 2-2　被调查者现有孩子的数量和性别情况

| 孩子的数量和性别 | 一个男孩 | 一个女孩 | 一个男孩与一个女孩 | 两个男孩 | 两个女孩 | 三个及三个以上孩子 | 合计 |
|---|---|---|---|---|---|---|---|
| 人数 | 13 | 11 | 0 | 0 | 0 | 0 | 24 |
| 百分比 | 54.17% | 45.83% | 0 | 0 | 0 | 0 | 100% |

在已生育孩子的 24 名被调查者（除去一名未填写此题的已生育男性被调查者）中，生育一个男孩的有 13 人，占 54.17%；生育一个女孩的有 11 人，占 45.83%；没有一位被调查者生育两个及以上孩子。

（三）被调查者的生育意愿情况

1. 被调查者希望生育孩子的数量情况

（1）被调查者希望生育孩子数量的总体情况（见表 3-1-1）

表 3-1-1　被调查者希望生育孩子数量的总体情况

| 数量 | 0 个 | 1 个 | 2 个 | 3 个及以上 | 合计 |
|---|---|---|---|---|---|
| 人数 | 3 | 24 | 55 | 8 | 90 |
| 百分比 | 3.33% | 26.67% | 61.11% | 8.89% | 100% |

在 90 名被调查者中，希望生育 2 个孩子的有 55 人，占 61.11%；希望生育 1 个孩子的有 24 人，占 26.67%；希望生育 3 个及以上孩子的有 8 人，占 8.89%；希望生育 0 个孩子的有 3 人，占 3.33%。在被调查者中，希望生育 2 个孩子的占六成以上。

（2）男性被调查者希望生育孩子的数量情况（见表 3-1-2）

表 3-1-2　男性被调查者希望生育孩子的数量情况

| 数量 | 0 个 | 1 个 | 2 个 | 3 个及以上 | 合计 |
|---|---|---|---|---|---|
| 人数 | 1 | 9 | 34 | 6 | 50 |
| 百分比 | 2% | 18% | 68% | 12% | 100% |

在 50 名男性被调查者中，希望生育 2 个孩子的有 34 人，占 68%；希望生育 1 个孩子的有 9 人，占 18%；希望生育 3 个及以上孩子的有 6 人，占 12%；希望生育 0 个孩子的有 1 人，占 2%。在男性被调查者中，希望生育 2 个孩子的占近七成。

（3）女性被调查者希望生育孩子的数量情况（见表3-1-3）

表3-1-3　女性被调查者希望生育孩子的数量情况

| 数量 | 0个 | 1个 | 2个 | 3个及以上 | 合计 |
|------|-----|-----|-----|-----------|------|
| 人数 | 2 | 15 | 21 | 2 | 40 |
| 百分比 | 5% | 37.5% | 52.5% | 5% | 100% |

在40名女性被调查者中，希望生育2个孩子的有21人，占52.5%；希望生育1个孩子的有15人，占37.5%；希望生育3个及以上孩子的有2人，占5%；希望生育0个孩子的有2人，占5%。在女性被调查者中，希望生育2个孩子的占五成以上。

2. 被调查者希望生育孩子的性别情况

（1）被调查者希望生育孩子性别的总体情况（见表3-2-1）

表3-2-1　被调查者希望生育孩子性别的总体情况

| 性别 | 男孩 | 女孩 | 都想要 | 无所谓 | 合计 |
|------|------|------|--------|--------|------|
| 人数 | 20 | 11 | 41 | 15 | 87 |
| 百分比 | 22.99% | 12.64% | 47.13% | 17.24% | 100% |

在希望生育孩子的87名被调查者中，男孩和女孩都想要的有41人，占47.13%；对生育孩子的性别没有要求的有15人，占17.24%；希望生育男孩的有20人，占22.99%；希望生育女孩的有11人，占12.64%；前两项合计占64.37%。由此可见，近六成半的被调查者能够平等地看待孩子的性别，但仍有两成以上的表现出对生育男孩的性别偏好，有一成以上的表现出对生育女孩的性别偏好。

（2）男性被调查者希望生育孩子的性别情况（见表3-2-2）

表3-2-2　男性被调查者希望生育孩子的性别情况

| 性别 | 男孩 | 女孩 | 都想要 | 无所谓 | 合计 |
|------|------|------|--------|--------|------|
| 人数 | 9 | 6 | 25 | 9 | 49 |
| 百分比 | 18.37% | 12.24% | 51.04% | 18.37% | 100% |

在希望生育孩子的49名男性被调查者中，男孩和女孩都想要的有25人，占51.04%；对生育孩子的性别没有要求的有9人，占18.37%；希望生育男孩的有9人，占18.37%；希望生育女孩的有6人，占12.24%；前两项合计占69.41%。由此可见，近七成男性被调查者能够平等地看待孩子的性别，但仍有近两成的表现出对生育男孩的性别偏好，有一成以上的表现出对生育女孩的性别偏好。

（3）女性被调查者希望生育孩子的性别情况（见表3-2-3）

表3-2-3　女性被调查者希望生育孩子的性别情况

| 性别 | 男孩 | 女孩 | 都想要 | 无所谓 | 合计 |
|------|------|------|--------|--------|------|
| 人数 | 11 | 5 | 16 | 6 | 38 |
| 百分比 | 28.95% | 13.15% | 42.11% | 15.79% | 100% |

在希望生育孩子的 38 名女性被调查者中，男孩和女孩都想要的有 16 人，占 42.11%；对生育孩子的性别没有要求的有 6 人，占 15.79%；希望生育男孩的有 11 人，占 28.95%；希望生育女孩的有 5 人，占 13.15%；前两项合计占 57.9%。由此可见，近六成女性被调查者能够平等地看待孩子的性别，但仍有近三成的表现出对生育男孩的性别偏好，有一成以上的表现出对生育女孩的性别偏好。

3. 被调查者希望每个孩子出生时间间隔的情况

（1）被调查者希望每个孩子出生时间间隔的总体情况（见表 3-3-1）

表 3-3-1　被调查者希望每个孩子出生时间间隔的总体情况

| 时间间隔 | 一年到两年 | 三年到五年 | 六年以上 | 合计 |
|---|---|---|---|---|
| 人数 | 25 | 31 | 7 | 63 |
| 百分比 | 39.68% | 49.21% | 11.11% | 100% |

在 63 名希望生育 2 个及以上孩子的被调查者中，希望每个孩子出生时间间隔排在前两位的是：三年到五年的，有 31 人，占 49.21%；一年到两年的，有 25 人，占 39.68%。由此可见，希望每个孩子出生时间间隔为三年到五年的最多，占近五成。

（2）男性被调查者希望每个孩子出生时间间隔的情况（见表 3-3-2）

表 3-3-2　男性被调查者希望每个孩子出生时间间隔的情况

| 时间间隔 | 一年到两年 | 三年到五年 | 六年以上 | 合计 |
|---|---|---|---|---|
| 人数 | 18 | 18 | 4 | 40 |
| 百分比 | 45% | 45% | 10% | 100% |

在 40 名希望生育 2 个及以上孩子的男性被调查者中，希望每个孩子出生时间间隔排在前两位的是：一年到两年的，有 18 人，占 45%；三年到五年的，有 18 人，占 45%。由此可见，希望每个孩子出生时间间隔为一年到两年和三年到五年的占比最多，各占四成半。

（3）女性被调查者希望每个孩子出生时间间隔的情况（见表 3-3-3）

表 3-3-3　女性被调查者希望每个孩子出生时间间隔的情况

| 时间间隔 | 一年到两年 | 三年到五年 | 六年以上 | 合计 |
|---|---|---|---|---|
| 人数 | 7 | 13 | 3 | 23 |
| 百分比 | 30.43% | 56.52% | 13.04% | 100% |

在 23 名希望生育 2 个及以上孩子的女性被调查者中，希望每个孩子出生时间间隔排在前两位的是：三年到五年的，有 13 人，占 56.52%；一年到两年的，有 7 人，占 30.43%。由此可见，希望每个孩子出生时间间隔为三年到五年的最多，占五成半以上。而在男性被调查者中，希望生育时间间隔在一年到两年和三年到五年的占比相同，各占四成半，相比于女性被调查者，男性被调查者希望生育孩子的时间间隔更短，他们期望尽早生育第二个孩子。

### 三、高校研究生青年群体之生育意愿的原因分析

在本次调查中，我们就"被调查者是否有孩子"、"生育孩子的数量及性别"、"希望生育孩子的数量"、"希望生育孩子的性别"、"希望每个孩子出生时间的间隔"这几个问题要求被调查者说明如此作答的原因，我们分男女被调查者分别统计高校研究生青年群体之生育意愿的原因（见表4-1、表4-2）。

表4-1 男性被调查者之生育意愿的原因

| | | |
|---|---|---|
| 男性被调查者是否有孩子的原因 | 男性被调查者有了孩子的原因 | 到了生育孩子的年龄，顺其自然 |
| | | 喜欢孩子，想尽早生孩子 |
| | | 妻子意外怀孕，没有堕胎 |
| | | 传统观念，希望尽早构建圆满家庭 |
| | 男性被调查者还没有孩子的原因 | 刚结婚，还没有这个心理准备 |
| | | 工作忙，没有时间带孩子 |
| | | 经济条件尚不允许，还没有赚够奶粉钱 |
| | | 准备生 |
| 男性被调查已婚者生育孩子的数量及性别的原因 | 男性被调查已婚者目前生育一个孩子的原因 | 一个孩子刚刚好，不想再生了 |
| | | 在"一孩"的计划生育政策时代生的，当时政策不允许生育二孩 |
| | | 生育一个孩子对家庭的负担较轻 |
| 男性被调查者希望生育孩子数量的原因 | 男性被调查者希望生育0个或1个孩子的原因 | 养孩子的成本过高、负担重 |
| | | 照顾小孩的时间、精力不够 |
| | | 少生优生，注重追求自己的人生价值 |
| | | 一孩对二孩可能产生抵触心理 |
| | 男性被调查者希望生育2个及以上孩子的原因 | 两个孩子可以相互扶持、陪伴，有利于他们自身的成长 |
| | | 大家庭观念，家里多些人热闹些 |
| | | 受传统的龙凤胎、好事成双等思想影响 |
| | | 国家发展需要人力资源 |
| 男性被调查者希望生育孩子性别的原因 | 男性被调查者希望生育男孩的原因 | 女生比较娇气，性格没有男生好 |
| | | 喜欢男孩 |
| | | 男孩社会竞争力强，未来发展前景好 |
| | | 生男孩可以传宗接代 |
| | 男性被调查者希望生育女孩的原因 | 喜欢女孩 |
| | | 女孩比较好养育 |
| | | 养女孩嫁娶压力小 |

| | | |
|---|---|---|
| | 男性被调查者希望生育一男一女的原因 | 中国人的传统愿望，儿女双全 |
| | | 男孩女孩各有各的好 |
| | | 性别平衡 |
| | | 有利于子女成长 |
| | 男性被调查者对生育子女的性别没有要求的原因 | 男女平等 |
| | | 生男生女由天注定 |
| | | 男孩女孩各有优缺点，总的来说一样好 |
| 男性被调查者希望每个孩子出生时间间隔的原因 | 男性被调查者希望每个孩子出生的时间间隔为1-2年的原因 | 孩子们可以同时成长，相互照顾，并且代沟不大 |
| | | 趁女性还有体力的时候一鼓作气，女性年龄偏大，对生育孩子不利 |
| | | 趁年轻生孩子有利于妻子的健康，降低妊娠风险 |
| | 男性被调查者希望每个孩子出生的时间间隔为3-5年的原因 | 女性年龄偏大，对生育孩子不利 |
| | | 生孩子时间间隔太小会让自己经济压力大，无法同时应付两个孩子，隔久一些可以做到工作与家庭的平衡 |
| | | 减轻老人带小孩的压力，可以不用同时带两个小孩 |
| | 男性被调查者希望每个孩子出生的时间间隔为6年以上的原因 | 生孩子时间间隔太小会让自己经济压力大，无法同时应付两个孩子，隔久一些可以做到工作与家庭的平衡 |
| | | 孩子年龄差距太小容易起冲突，如生育间隔较大，大孩子可以照顾小孩子 |

表4-2 女性被调查者之生育意愿的原因

| | | |
|---|---|---|
| 女性被调查已婚者是否有孩子的原因 | 女性被调查已婚者有了孩子的原因 | 到了生育孩子的年龄，顺其自然 |
| | | 等年纪大了再生育孩子会影响事业发展，并且生理衰退 |
| | | 喜欢孩子，想尽早生孩子 |
| | | 传统观念，希望尽早构建圆满家庭 |
| | 女性被调查已婚者还没有孩子的原因 | 刚结婚，还没有这个心理准备 |
| | | 工作忙，没有时间带孩子 |
| | | 经济条件尚不允许，还没有赚够奶粉钱 |
| 女性被调查已婚者生育孩子的数量及性别的原因 | 女性被调查已婚者目前生育一个孩子的原因 | 一个孩子刚刚好，不想再生了 |
| | | 在"一孩"的计划生育政策时代生的，当时政策不允许生育二孩 |
| | | 生育一个孩子对家庭的负担较轻 |

续表

| | | |
|---|---|---|
| 女性被调查者希望生育孩子数量的原因 | 女性被调查者希望生育 0 个或 1 个孩子的原因 | 养孩子的成本过高、负担重 |
| | | 照顾小孩的时间、精力不够 |
| | | 生育二孩可能遭受企业的性别歧视 |
| | | 少生优生，注重追求自己的人生价值 |
| | | 一孩对二孩可能产生抵触心理 |
| | 女性被调查者希望生育 2 个及以上孩子的原因 | 两个孩子可以相互扶持、陪伴，有利于他们自身的成长 |
| | | 大家庭观念，家里多些人热闹些 |
| | | 受传统的龙凤胎、好事成双等思想影响 |
| 女性被调查者希望生育孩子性别的原因 | 女性被调查者希望生育男孩的原因 | 喜欢男孩 |
| | | 男孩比较好养 |
| | | 男孩社会竞争力强，未来发展前景好 |
| | 女性被调查者希望生育女孩的原因 | 女孩细心体贴 |
| | | 喜欢女孩 |
| | | 女孩比较好养育 |
| | | 养女孩嫁娶压力小 |
| | 女性被调查者希望生育一男一女的原因 | 中国人的传统愿望，儿女双全 |
| | | 男孩女孩各有各的好 |
| | | 性别平衡 |
| | | 有利于子女成长 |
| | 女性被调查者对生育子女的性别没有要求的原因 | 男女平等 |
| | | 生男生女由天注定 |
| | | 男孩女孩各有优缺点，总的来说一样好 |
| 女性被调查者希望每个孩子出生时间间隔的原因 | 女性被调查者希望每个孩子出生的时间间隔为 1-2 年的原因 | 孩子们可以同时成长，相互照顾，并且代沟不大 |
| | | 趁年轻生孩子有利于自己的健康，降低妊娠风险 |
| | 女性被调查者希望每个孩子出生的时间间隔为 3-5 年的原因 | 便于自己养育小孩，无法同时应付两个孩子 |
| | | 生孩子时间间隔太小会让自己经济压力大，无法同时应付两个孩子，隔久一些可以做到工作与家庭的平衡 |
| | | 减轻老人带小孩的压力，可以不用同时带两个小孩 |
| | | 时间间隔长有利于身体的恢复、休养与健康 |

续表

| | |
|---|---|
| 女性被调查者希望每个孩子出生的时间间隔为6年以上的原因 | 生孩子时间间隔太小会让自己经济压力大，无法同时应付两个孩子，隔久一些可以做到工作与家庭的平衡 |
| | 孩子年龄差距太小容易起冲突，如生育间隔较大，大孩子可以照顾小孩子 |
| | 时间间隔长有利于身体的恢复、休养与健康 |

一般认为，只有人们的生育意愿等于或高于生育政策允许一对夫妇可以生育的孩子数量时，促进生育的政策才会对提高生育率产生影响。本次调查数据显示，在全体男女被调查者中，希望生育2个孩子的占61.11%（见表3-1-1）；在男性被调查者中，希望生育2个孩子的占68%（见表3-1-2）；在女性被调查者中，希望生育2个孩子的占52.5%（见表3-1-3）。由此可见，一半以上的被调查者希望生育2个孩子，说明被调查者生育二孩的意愿较高。但是，生育意愿不等于生育行为。有学者指出，社会生活和经济约束下的生育行为决策往往显著低于生育意愿。① 本次调查结果显示，男女被调查者不愿生育二孩的主要原因包括：（1）养孩子的成本过高、负担重；（2）照顾小孩的时间、精力不够；（3）生育二孩可能遭受企业的性别歧视；（4）少生优生，注重追求自己的人生价值；（5）一孩对二孩可能产生抵触心理（见表4-1、表4-2）。为了促进"全面二孩"政策的实施，必须提高人们的生育意愿和鼓励人们的生育行为。以下我们主要归纳分析部分被调查者不打算生育两个孩子的五种原因：

（一）养孩子的成本过高、负担重

根据《企业职工生育保险试行办法》第5条、第6条和第7条的规定可知②，我国生育保险待遇主要包括生育医疗待遇和生育津贴两个方面，生育医疗待遇主要用于保障女职工怀孕、分娩以及流产时的基本医疗保健需要，而生育津贴则意在保障女职工产假期间的基本生活需要。由此可见，我国现行生育保险制度在保障生育家庭的物质生活方面发挥了重要的作用。但是，一方面，我国目前生育保险的覆盖面比较窄，只限于施行生育保险社会统筹地区的城镇女职工，城镇非正规就业妇女和农村妇女无法享受目前生育保险的福利政策；另一方面，只在产假期间发放的生育津贴，只能满足女职工产假期间的生活需要。随着我国社会经济的发展，养育孩子的成本也越来越高。孩子在成长过程中衣食住行所需的一切费用，接受教育和补习的费用甚至孩子结婚的花费，都随着人们收入水平的上升而水涨船高。在本次调查中，部分男女被调查者表示不愿生育二孩的原因在于养孩子的成本过高、负担重；部分男女被调查者希望生育孩子的时间间隔在3—5年的原因是：如果生

---

① 任远：《"单独二孩"实施效果与改革策略》，载《探索与争鸣》2015年第4期。
② 《企业职工生育保险试行办法》第5条："女职工生育按照法律、法规的规定享受产假。产假期间的生育津贴按照本企业上年度职工月平均工资计发，由生育保险基金支付。"第6条："女职工生育的检查费、接生费、手术费、住院费和药费由生育保险基金支付。超出规定的医疗服务费和药费（含自费药品和营养药品的药费）由职工个人负担。女职工生育出院后，因生育引起疾病的医疗费，由生育保险基金支付；其他疾病的医疗费，按照医疗保险待遇的规定办理。女职工产假期满后，因病需要休息治疗的，按照有关病假待遇和医疗保险待遇规定办理。"第7条："女职工生育或流产后，由本人或所在企业持当地计划生育部门签发的计划生育证明，婴儿出生、死亡或流产证明，到当地社会保险经办机构办理手续，领取生育津贴和报销生育医疗费。"

孩子时间间隔太小会让自己经济压力大，无法同时应付两个孩子，隔久一些可以做到工作与家庭的平衡；部分已经结婚的男女被调查者表示其还未生育孩子的原因在于经济条件尚不允许，还没有赚够奶粉钱；部分男女被调查者表示目前暂时只生育一个孩子的原因在于生育一个孩子对家庭的负担较轻（见表4-1、表4-2）。有学者指出，在社会统计领域，有无数权威统计资料证明受教育水平和收入水平、健康水平、预期寿命、心理健康水平、道德水平、社会责任感水平等几乎所有的人类社会指标都呈无可争议的正相关。[①] 通常情况下，某一群体的受教育水平越高，收入水平也会越高，但是通过以上分析，本次作为高级知识分子群体的部分被调查对象都有生育二孩的经济压力，更何况那些处于较低受教育水平的人群。由此可见，养孩子成本过高，负担重，是我国实施"全面二孩"政策，提高生育率，落实夫妻生育行为不容忽视的问题。

（二）照顾小孩的时间、精力不够

职场竞争的日趋激烈，就业观念的日渐革新使很多职场女性不愿意在产假后放弃自己的工作而在家照料孩子，家庭结构的核心化和亲属关系的单一化让祖父母、外祖父母成为了抚养孩子近乎唯一的人选，隔代抚养的情况非常普遍。本次调查中，部分男女被调查者不愿意生育二孩的原因之一，在于照顾小孩的时间、精力不够；部分已婚男女被调查者表示其尚未生育孩子的原因在于工作忙，没有时间带孩子。在部分希望生育两个孩子的男女被调查者中，希望生育孩子时间间隔为3—5年的理由之一是，希望第一个孩子上了幼儿园之后，再生育下一个孩子，在隔代抚养的情况下，老人可以不用同时带两个小孩，减轻了其带小孩的压力（见表4-1、表4-2）。但是，连续带两个孩子却延长了老人为子女带孩子的时间，给年迈的老人带来了沉重的负担。此外，在延迟退休年龄呼声高涨的当下，若国家今后出台推迟男女职工退休年龄的政策，那么，对于祖父母、外祖父母尚未退休的家庭，隔代抚养将难以实现。

从性别视角进行分析，男女被调查者对于生育间隔的不同态度，也表明了女性承担了主要的育儿责任，故在女性被调查者中，希望出生时间间隔为3—5年的最多，占56.52%（见表3-3-2）；而在男性被调查者中，希望孩子出生时间间隔在1—2年和3—5年的比例相同，皆为45%（见表3-3-3）。此外，部分女性被调查者希望生育孩子时间间隔在3年到5年的原因包括"便于自己养育小孩，无法同时应付两个孩子"与"时间间隔长有利于身体的恢复、休养与健康"（见表4-2）。而男性被调查者在回答生育间隔的问题时便没有考虑"抚养孩子"的因素（见表4-1）。由此可见，承担抚养孩子主要义务的仍然是女性，而我国产假制度是女性职工能否承担育儿责任的关键。

2012年《女职工劳动保护特别规定》第7条规定，企业女职工生育，可享受98天产假。但是，婴幼儿的哺乳期在1年左右[②]，我国产假对于母亲哺乳和照料新生儿来说远远不足。虽然在全国各省的《人口与计划生育条例》中都有相应的延长产假的福利政策，如2016年4月修订后施行的《重庆市人口与计划生育条例》第26条规定，符合法律法规生育的女职工，可以在国家法定产假期限之外另延长30日，并且对于符合法律法规生育

---

① Falcon Leo：《低学历者逆袭成功的概率是多少》，载 http：//www.360doc.com/content/16/0414/20/16534268_550644273.shtml，访问日期：2016年5月8日。

② 2012年5月《女职工劳动保护特别规定》第9条规定："对哺乳未满1周岁婴儿的女职工，用人单位不得延长劳动时间或者安排夜班劳动。"可以推断，妇女的哺乳期为1年左右。

的女职工，经本人申请，单位批准，可以将产假延长至子女满 1 周岁止，延长产假期间的工资由用人单位发放，并且工资待遇不得低于女职工休产假前基本工资的 75% 发放。就上述重庆市的条例规定而言，一方面，晚婚的妇女享受延长的产假只有 30 天，加上国家法定产假 98 天共计 128 天。相比之下，2016 年 2 月修订的《福建省人口与计划生育条例》就规定了符合法律规定生育子女的夫妻，女方产假延长为 158 日至 180 日，比北京、重庆等大部分省市延长的产假都长①。另一方面，《重庆市人口与计划生育条例》第 26 条中可以申请延长产假至 1 年的规定似乎缓解了生育妇女哺育与工作的冲突。但是，若要连续休假至 1 年，需要符合政策生育的女职工本人申请，由单位批准。然而，需要注意的是，此延长产假期间的月工资由用人单位承担，而某些追求利润最大化的企业，可能寻找各种理由拒绝生育女职工延长产假的申请，这将使女职工的申请延长产假权难以实现。综上所述，第一，北京市、重庆市等地的地方性条例规定的延长产假期限为 30 日，加上法定产假 98 天约共计 4 个月，此与福建省延长到 6 个月的规定相比有 2 个月的差距，地方性立法的差距较大。第二，由于申请延长产假为 1 年的工资由用人单位承担，这可能导致生育女职工申请延长产假权不能实现。

（三）生育二孩可能遭受企业的性别歧视

在本次调查中，部分女性被调查者希望生育 0 个或 1 个孩子的原因是，生育二孩可能遭受企业的性别歧视。从性别视角进行分析，男性被调查者在考虑生育孩子的数量时就不存在遭受企业性别歧视的担忧（见表 4-1、表 4-2）。在本次调查中，希望生育二孩的男性被调查者占 68%，女性被调查者占 52.5%（见表 3-1-2、表 3-1-3），由此可见，希望生育二孩的男性被调查者比例高于女性被调查者比例，而在男女被调查者不打算生育两个孩子的以上五种原因中，只有遭受企业的性别歧视这个原因是女性被调查者独有的（见表 4-1、表 4-2），所以我们推测，男性被调查者希望生育二孩的比例高于女性被调查者的主要原因之一可能是"生育二孩可能使女性被调查者遭受企业的性别歧视"。

对于女性被调查者生育二孩可能遭受企业性别歧视的原因分析，我们认为，第一，根据 1995 年实施的《企业职工生育保险试行办法》第 4 条规定可知，企业按照全体职工（而非全体女职工）工资总额的一定比例向社会保险经办机构缴纳生育保险费，职工个人无须缴纳生育保险费。所以，企业缴纳生育保险费的数额与企业职工的总数有关，与企业职工的性别结构无关，这有利于降低企业对女职工的性别歧视。但是，一旦作为熟练劳动力的女职工因休产假而离岗，企业必须寻找另一名职工来填补生育女职工的空位，替补职工作为生疏劳动力，其在单位时间内为企业创造的利润必然较原职工更少。若企业为了尽快提升替补职工的劳动生产率而对其进行培训，那么便会产生额外的培训成本。此外，长时间休假会让生育女职工对自己的业务内容渐渐生疏，当重新回到原来工作岗位上时，其劳动熟练程度可能会降低，劳动生产率可能也会下降，这些情形都会给企业带来潜在的损失。正因为上述潜在的损失，有些企业倾向于招收男性职工，并且在劳动报酬与职业晋升方面也可能歧视女职工。第二，不少省市《人口与计划生育条例》中规定，延长产假期

---

① 2016 年 3 月修订后施行的《北京市人口与计划生育条例》第 18 条规定："机关、企业事业单位、社会团体和其他组织的女职工，按规定生育的，除享受国家规定的产假外，享受生育奖励假三十天。"

间的工资及福利待遇与在岗职工相同，即这些待遇及工资均由用人单位承担。① 这会给企业带来额外的负担，多一名女职工休产假，给企业带来的损失就会越大。为了尽可能减少损失，企业就会倾向于招收男性求职者或者已生育孩子的女性求职者，而尚未生育的女性求职者的就业权将会因此受到损害。

（四）少生优生，注重追求自己的人生价值

在传统农耕社会，人们多生育在很大程度上是因为养儿防老，增加家庭中劳动力资源等功利性的目的。随着社会经济的发展，科学技术的提高，人们更倾向于通过提高职业竞争力、谋求更高的社会地位，而不是通过多生子女来改善家庭生活的质量。同时，个人主义观念的普及，促使人们的生育观念发生了变化，一部分人开始不再追求"多子多福"、"儿孙满堂"的大家庭，他们习惯了核心家庭的成员关系（夫妻关系、父子/女关系和母子/女关系），乐于享受三口之家的结构给生活带来的简单舒适，对孩子单纯的数量要求转向了对其质量的关注。有学者认为，文化水平越高的人口，越趋向于少育和优育，而文化水平低的人口越趋向于早育和多育。② 从本次的调查对象来看，其属于高级知识分子群体，对于不想生育两个孩子的被调查者来说，如果有更多的财力，他们注重少生优生，倾向于用这些财力让第一个孩子过得更好而不是用来抚养第二个孩子。同时，在养育子女的过程中，有些父母开始注重追求自己的人生价值，试图在抚养教育孩子与追求自己的人生价值二者间寻找平衡，在已经生育一孩之后，他们希望将剩下的时间与精力留给自己，打拼自己的事业，享受夫妻的时光，丰富自己的爱好，拓展日常的交际，促进自身的发展。

（五）一孩对二孩可能产生抵触心理

在本次调查中，有些被调查者表示，其未生育二孩的原因在于家中的一孩不愿意父母生育二孩。自从国家放开"单独二孩"政策以来，媒体陆续报道了一些一孩不愿意父母生二孩的相关新闻。③ 关于一孩对父母生育二孩的抵触情绪，舆论甚嚣尘上，有人指责这些案例中的孩子太过自私，剥夺了父母生育的权利；也有人认为这不能全怪孩子，孩子从小就被父母惯坏了，没有学会如何换位思考，他们以自我为中心的性格，是父母教育失败的结果。我们认为，孩子不愿意父母生育二孩，是自卑和缺乏安全感的表现，他们担心弟弟妹妹会瓜分父母的爱，威胁他们在家中的地位，为了不让自己"失宠"，他们往往极力阻挠父母生二孩。根据心理学的"依恋理论"，害怕因二孩而"失宠"的孩子对父母的情感可以被归为"非安全依恋"范畴。这类儿童"在认知加工早期就对潜在的威胁和拒绝

① 如2015年12月修订的《广东省人口与计划生育条例》第31条规定："符合法律、法规规定生育子女的夫妻，女方享受三十日的奖励假……在规定假期内照发工资，不影响福利待遇和全勤评奖。"又如，2016年2月修订的《福建省人口与计划生育条例》第41条规定："符合本条例生育子女的夫妻，女方产假延长为一百五十八日至一百八十日。婚假、产假、照顾假期间，工资照发，不影响晋升。"

② 陈岱云、武卫华：《人口生育观念嬗变与社会发展》，载《求索》2008年第11期。

③ 例如，2015年1月19日，新华日报报道了一则新闻：44岁的肖女士与丈夫经过一年的努力终于怀上了二孩，女儿雯雯（化名）对此极为不满，以逃学、出走、割腕等方式要挟父母将孩子打掉，父母多次安慰和劝说无果，因害怕女儿出事，无奈之下，已经怀孕13周的肖女士只好去医院终止妊娠。载 http://js.qq.com/a/20150119/011471.htm，访问日期：2016年5月15日。2015年12月12日，新浪网报道了另一则新闻：新闻视频中小男孩极力反对妈妈生二孩，并说道："妈，我今儿就把话撂这儿了，你要是敢生二胎，我就敢死！"载 http://news.sina.com.cn/s/wh/2015-12-13/doc-ifxmpxnx5037500.shtml，访问日期：2016年5月15日。

性信息表现出高度的警觉，因而会更早觉察到即将可能会经历的痛苦或威胁"①。具体到害怕因二孩而"失宠"的孩子，他们最为担心的就是"妈妈生了弟弟妹妹以后就不爱我了"。他们没有发展出足够的自信，在人格上依附于父母，对父母的爱患得患失。对于父母的宠爱存在很强的占有欲，他们害怕未来的弟弟妹妹"夺走"父母的爱。

### 四、促进我国"全面二孩"政策实施的对策与建议

通过前文对部分男女被调查者不愿生育二孩主要原因的分析，我们提出以下对策与建议：

#### （一）增加儿童福利待遇，缓解家庭经济压力

针对养育孩子的成本过高、负担重的原因，我们建议增加儿童福利待遇，缓解家庭经济压力。我国《宪法》第 49 条规定："婚姻、家庭、母亲和儿童受国家的保护。"国家应该适当资助家庭抚养孩子，以减轻家庭育儿的负担。正如有学者指出的那样，一方面，夫妇双方选择生育几个孩子在一定程度上可以说是在执行国家的意愿；另一方面，人口的再生产是在执行和维护社会完整和延续的责任，是生物性和社会性相结合且以社会性为本质的社会行为。② 所以，我们建议，在生育保险之外，国家应当建立专门基金，可以借鉴儿童福利制度发达国家的做法，适当资助需要经济帮助的生育二孩的家庭。例如，根据2012 年丹麦政府对"儿童及青少年津贴"的最新规定，0—2 岁的儿童每人每年可获津贴17064 克朗，3—6 岁的可获 13500 克朗，7—17 岁的获得 10632 克朗。该津贴通常发放给儿童的母亲，如果父亲是其唯一的监护人，该津贴将由父亲领取。③ 再如，在法国，政府出台了推动工作和家庭平衡的家庭政策，首先体现在政府发给的现金福利上，包括"家庭津贴"（"儿童津贴""定额津贴""家庭收入补充津贴""家庭支持津贴"）、"幼儿津贴"（"生育/收养津贴""基本津贴""自由选择工作时间补充津贴""可选择补充津贴"）和"特殊家庭津贴"（"单亲家庭津贴""患儿父母津贴""残疾儿童父母特别津贴"等）。④ 考虑到我国有 13 亿人口的基数，并且我国目前的人均收入水平和上述欧洲国家还存在差距，我国对生育二孩家庭资助的制度应当与我国的人均收入水平相适应。为此，建议在家庭的第二个孩子出生后，政府针对中等收入水平以下的"二孩家庭"⑤，发放抚养与教育津贴。此外，建议国家增加义务教育的年限，将高中的教育列入义务教育范围之中，以期减轻家庭承担孩子教育费的压力，保障儿童的健康成长。

#### （二）延长女职工产假时间，采用灵活的工作方式

针对"照顾小孩的时间、精力不够"的原因，我们建议应当延长产假时间或有条件的用人单位为生育员工提供灵活的工作时间安排。瑞典在这方面的制度较为先进，在瑞

---

① 马原啸、冉光明、陈旭：《不安全依恋者注意偏向的形成机制及神经基础》，载《心理科学进展》2016 年第 3期。

② 褚湜婧：《"单独二孩"政策与青年生育》，载《中国青年研究》2015 年第 2 期。

③ 杨敬忠、吴波：《丹麦：生育福利制度让人民"很幸福"》，载《经济参考报》2013 年第 2 期。

④ 马春华：《瑞典和法国家庭政策的启示》，载《妇女研究论丛》2016 年第 3 期。

⑤ 中国劳动学会副会长苏海南认为，在市场经济发达国家，等于、稍低于或略高于平均水平的收入，均可视为中等收入水平。近年来，我国中等收入标准界定在年收入 6 万—12 万元（相当于近 1 万—1.8 万美元），家庭恩格尔系数为 30% 至 34%。载 http://mt.sohu.com/20160519/n450437348.shtml，访问日期：2016 年 5 月 18 日。

典，假期政策主要包括孕期假期、带薪育儿假、临时育儿假……带薪育儿假为 480 天，育儿假的计算以天为单位，使用非常灵活，可以是一天、半天、1/4 天甚至 1/8 天，假期相应延长。12 岁以下儿童的父母，每年有 120 天的临时育儿假。[①] 瑞典的法律在产假方面规定了较长且多样的育儿假，有利于满足生育女职工哺育和照料新生儿的需求。我国可从本国实际出发，予以适当借鉴。我们建议，在全国性的《人口与计划生育法》中，统一延长产假的期间：符合政策生育的女职工，应当将产假延长至 6 个月，并且产假期间的工资由生育保险基金承担，以减轻用人单位的经济负担。另外，在本次调查中，在职男女被调查对象的职业包括公务员、教师、律师、公司职员等（见表 1-3），与工作时间自由度较大（如个体工商户）等群体相比，本次男女被调查对象的职业具有固定性的特征，若未得到批准，其很难自由变更工作方式与时间。为了平衡生育女职工工作与婴幼儿照料的问题，建议有条件的用人单位可以为生育职工（包括有照料儿童需求的男职工）设置灵活的工作时间，如允许职工在家中使用互联网或电话远程工作，让职工根据家庭的实际情况，在保证完成工作任务的前提下自由安排上班时间，以满足生育女职工育儿的实际需要。

（三）改革现行生育保险制度，改变产假待遇的支付经费来源

针对"生育二孩将受企业的性别歧视"的原因，我们建议改革现行生育保险制度，改变产假待遇的支付经费来源。如前所述，在国家放开"全面二孩"政策之后，女职工若多生育一个孩子，企业的潜在损失就会增大。对于企业因生育女职工休产假，寻找替补职工负责其工作而给企业造成的损失，我们建议，在国家实施"全面二孩"政策之后，生育保险制度也应当作相应调整。《企业职工生育保险试行办法》中应增加规定：当企业女性职工在全体职工中达到一定比例时，可以对企业应当缴纳的生育保险费进行一定比例的减免，减免的部分由国家财政进行补贴；或者国家可以对女职工达到一定比例的企业提供相应的税收优惠，以弥补企业因女职工休产假而寻找替补职工给企业造成的潜在损失。对于目前一些省份在其《人口与计划生育条例》中规定的延长产假的工资待遇由用人单位承担，而可能是导致用人单位歧视生育女职工的原因，我们建议在全国性的《人口与计划生育法》中增补规定"符合政策生育的女职工，应当将产假延长至 6 个月"之后，还应当同时规定：延长产假期间的工资待遇应当由生育保险基金承担。这有利于减轻女职工生育对企业造成的损失，缓解企业对女职工的歧视。女职工受企业歧视的原因解决了，她们才能放心地生育二孩，从而有利于保障生育女职工就业权与生育权的实现。

（四）充分权衡生育二孩的利弊，缓解我国人口老龄化问题

针对"打算少生优生，注重追求自己的人生价值"的原因，应当让夫妻了解生育二孩的优越性，提高其生育二孩的意愿。本次调查显示，部分男性被调查者与女性被调查者希望生育两个孩子的原因有：（1）两个孩子可以相互扶持、陪伴，有利于他们自身的成长；（2）大家庭观念，家里多些人热闹些；（3）受传统的龙凤胎、好事成双等思想影响（见表 4-1、表 4-2）。除了上述原因外，我们认为，在当今的高风险社会，生育一孩的父母"失独"[②] 的风险仍然存在。在我国，家庭养老模式仍然居于主导地位，因为疾病或意

---

[①]　马春华：《瑞典和法国家庭政策的启示》，载《妇女研究论丛》2016 年第 3 期。

[②]　"失独"是指生育一个孩子的父母失去独生子女。

外等原因，中老年父母如果失去独生子女，其晚年就可能面临无后人赡养的困境。为了防止成为失独家庭，使自己在晚年时能老有所养，建议符合生育政策的夫妻应当提高养老的风险意识，充分权衡生育二孩的利与弊，在自己尚具备生育能力时尽早做出是否生育二孩的选择。

同时，建议我国人口与计划生育委员会应当积极宣传公民在生育方面的责任意识，以期缓解我国人口老龄化问题。从前文可知，从 2002 年 9 月开始，我国花了 9 年时间在全国范围内陆续放开"双独二孩"政策，但是从 2013 年 11 月中共十八届三中全会通过《中共中央关于全面深化改革若干重大问题的决定》、启动"单独二孩"政策到 2015 年十八届五中全会制定《中共中央关于制定国民经济和社会发展第十三个五年规划的建议》、通过"全面二孩"政策仅花了两年时间。由此可见，国家意识到了提高生育率的重要性与紧迫性。在本次调查中，部分男性被调查者选择生育两个及以上孩子的原因就包括：国家发展需要人力资源（见表 4-1）。提高我国人口的生育率，这不仅可以在人口红利逐步消退的当下，平衡我国人口性别比例，还可以减轻人口老龄化程度，为国家的延续与经济的发展做出重要的贡献。

（五）提高儿童抚养的质量，形成良好的家庭氛围

针对"一孩对二孩可能产生抵触心理"的原因，对于"非安全依恋型"的孩子，我们建议父母应当提高儿童抚养的质量，营造良好的家庭氛围。一方面，在抚养孩子的过程中，父母不仅应当满足孩子的温饱需求，而且应当积极关注孩子的精神需求。当孩子发出哭喊、乐于分享、躯体依偎或紧紧跟随的时候，父母要明白，这是孩子在寻求情感慰藉的信号，这时父母应该给予其充分的关注、及时恰当的回应和尽可能多的陪伴。另一方面，父母应当注意营造良好的家庭氛围，家庭成员在沟通与互动的过程中，应当尽量避免情绪性的言语表达，以防止形成紧张的家庭氛围，影响孩子健康人格的培养。只有父母提高家庭抚养的质量，形成良好的家庭氛围，孩子才能获得长久的安全感，形成积极健康的心理状态，以利于其接纳未来诞生的弟弟或妹妹。此外，大人们平时在与亲戚朋友的孩子接触的过程当中，要尊重孩子，不要与其开"你妈妈生了弟弟妹妹以后就不要你了"之类的玩笑，因为对于这样的玩笑，大人可以一笑了之，但是孩子却会当真，这会给他们带来失去父母之爱的焦虑，在潜意识上对未来弟弟妹妹的到来产生抵触心理，不利于其对新的家庭成员的接纳，更不利于儿童健康人格的塑造。

# 论未成年人保护制度的改革与完善
## ——以中国重庆市某镇在校留守女童受家庭抚养教育权法律保障情况为对象①

陈　苇　王　巍*

## 目　次

农村留守女童，是指因父母双方从农村流动到其他地区，不能和父母双方共同生活在一起的农村地区女童。② 据统计，目前农村留守女童规模已经高达 2802. 29 万人，并且随着农村青壮年劳动力外出数量的增加，农村留守女童规模将保持继续增长的趋势③，如何保障处于生长发育阶段、生理和心理都不成熟的留守女童健康成长，值得我们关注和思

---

①　本文为中国法学会部级课题"我国妇女儿童权益保障情况实证调查研究"（课题编号：CLS2014D045）和西南政法大学重大专项项目"我国妇女儿童权益保障情况实证调查研究"（项目编号：2014XZZD-002）的阶段性成果，原名为《未成年人保护制度的改革与完善——以预防和惩治虐童行为为中心》，载《新疆社会科学》2018 年第 6 期，在被编入本书时对部分标题和内容进行了适当修改。

*　陈苇，女，西南政法大学外国家庭法及妇女理论研究中心主任，民商法学院教授、博士生导师；王巍，男，西南政法大学民商法博士研究生。

②　部分研究者将留守女童定义为父母双方或一方外出打工而由祖辈、亲戚、老师或朋友等其他的监护人照顾的女童。但笔者认为，留守女童问题的产生是因为她们无法享受到父母双方在思想认识及价值观念上的引导和帮助，成长中缺少了父母双方情感上的关注和呵护。所以，本文研究的留守女童仅指父母双方外出打工而由祖辈、亲戚、老师或朋友等其他监护人照顾的女童。

③　根据《中国 2010 年第六次人口普查资料》样本数据推算，全国有农村留守儿童 6102. 55 万人，占农村儿童的 37.7%，占全国儿童的 21.88%。与 2005 年全国 1%抽样调查估算数据相比，五年间全国农村留守儿童增加约 242 万人，在全部农村留守儿童中，男孩占 54.08%，女孩占 45.92%，性别比为 117∶77。参见全国妇联：《中国农村留守儿童数量超 6000 万》，载新华网：http：//news. xinhuanet. com/politics/2013-05/10/c_ 115720450. htm，访问日期：2016 年 7 月 6 日。

考。1991 年 9 月 4 日，我国《未成年人保护法》正式公布施行，标志着我国未成年人保护制度的正式确立。未成年人保护制度作为保护未成年人的一项重要法律制度，是推行未成年人保护法制化、注重未成年人保护的司法参与、贯彻儿童最大利益原则、强化未成年人保护实践效果的体现。《未成年人保护法》把未成年人保护制度纳入我国法律体系之中，为未成年人保护的法律实践点亮了前进的明灯，使未成年人保护工作进入了有法可依的新阶段，极大地提高了未成年人保护的实际效果。但随着时代的发展，未成年人保护领域出现了一些新情况、新问题，在未成年人保护制度的现实价值已经得到实践证明的前提下，如何改进我国未成年人保护制度之不足，在实践层面发挥未成年人保护制度对预防和惩治虐童行为的作用，已然成为理论学者与实务工作者共同努力的方向。

本文在统计分析中国重庆市 A 县 S 镇①某小学、某中学部分留守儿童基本情况的基础上，研究总结我国农村留守女童受家庭抚养教育权法律保障情况取得的成效和经验，探讨其中出现的障碍和问题，分析其原因，进而提出解决的对策建议，以期对我国农村留守女童受家庭抚养教育权法律保障的理论研究和司法实务有所裨益。

**一、事实前提：留守女童受家庭抚养教育权需要未成年人保护制度的法律保障**

自未成年人保护制度进入法律实践环节以来，其对于保护未成年人的身心健康，保障未成年人的合法权益，促进未成年人在品德、智力、体质等方面全面发展起到了不可替代的作用。作为未成年人保护法律体系下的制度构建，未成年人保护制度不可能是立法者脱离中国整体社会环境而凭空设想出来的产物，其诞生和运行是多种因素相互作用的结果。在预防和惩治虐童行为方面，由于家庭保护的缺位、学校保护的局限和社会保护的虚弱，需要未成年人保护制度对虐童行为作出及时回应。在虐童事件频发的现实背景下，重新审视未成年人保护制度在防治虐童行为方面的制度价值可谓明智之举，其现实意义有以下几个方面：

其一，家庭保护的缺位需要未成年人保护制度的适当补位。从传统"男主外、女主内"到现代"双职工"家庭模式的转变，不可避免地会出现父母对儿童家庭保护的弱化。当父母"朝九晚五"的工作时间和孩子接触社会的时间重叠时，一个尴尬的情况就出现了，即孩子游离在父母的保护范围之外，单独地或者在老人、保姆的看护下面对社会的各种风险。但由于老人或者保姆在体力或者信息上的不足，他们对孩子的保护效果并不理想。此外，我国离婚率不断攀升导致的家庭分裂化也使得儿童的安全得不到保障。家庭保护是防止虐童行为出现的首要环节，但我国当前"双职工"主导的家庭模式以及离婚率高企等因素使得儿童家庭保护存在一定程度的缺位。因此，要真正实现防治虐童行为，除了要依赖儿童的家庭保护以外，还需要外部力量的参与，于是防治虐童行为离不开未成年人保护制度的有力保障。

其二，学校保护的局限需要未成年人保护制度的及时跟进。鉴于学校在未成年人成长过程中扮演着十分重要的角色，《未成年人保护法》对学校、幼儿园、托儿所等提出了建立安全制度的强制性要求，强调学校、幼儿园、托儿所等要加强对未成年人的安全教育，

---

① A 县位于重庆市东北部，距重庆主城区 120 公里，为劳动力输出的大县。其面积为 1518 平方公里，常住人口 97.09 万人，农业人口 74.48 万人，S 镇距县城 7 公里，面积 51.13 平方公里，2013 年 A 县农民人均年纯收入 9234 元。

完善未成年人的安全保障措施，预防发生安全事故。把学校保护写入《未成年人保护法》，是基于未成年人保护规范化目标的制度安排，也是提高未成年人保护工作科学化水平必须落实的重要举措。然而，学校的教育性质以及功能定位决定了，无论学校采取何种保护措施都无法完全保护未成年人。"虽然我国有教育法、未成年人保护法、中小学幼儿园安全管理办法等一系列法律法规，但还不足于应对当前校园安全的严峻形势。"① 要克服学校保护的局限，必须引入国家公权力的力量，形成统一的校园安全防范机制。

其三，社会保护的虚弱需要未成年人保护制度的强力保障。未成年人的社会保护主要是指各级人民政府、未成年人保护委员会、未成年人救助机构、居民委员会、村民委员会等社会力量，参与未成年人的身心健康和合法权益的保护。但参与未成年人保护的各种社会力量往往都是各自为战，资源分散，相互之间职能交叉，责任不清。由于缺乏合作和沟通机制，各种社会力量难以形成保护未成年人的合力，出现了"人人有看法，人人没办法"的局面，使得未成年人社会保护工作陷入了呼声高、实效差、雷声大、雨点小的尴尬境地。② 在未成年人社会保护的实践中，其最大的弊病在于各种社会保护工作形式化过于严重，没有真正贯彻《未成年人保护法》调动社会力量参与未成年人保护的价值理念，导致未成年人社会保护力量的虚弱。要改变这一现状，需要加强未成年人保护制度法律监督职能，为推进未成年人保护工作提供强力保障。

其四，来自家庭、学校、社会的侵害需要未成年人保护制度的制裁。联合国《儿童权利公约》对儿童的家庭保护提出了义务性要求，指出父母对儿童的养育和发展负有首要责任。我国《未成年人保护法》也特别强调父母须依法履行对未成年人的监护职责和抚养义务，并严厉禁止父母对未成年人实施家庭暴力、虐待、遗弃、溺婴、歧视等行为。然而，在当今中国，几乎没有人否认家庭暴力已经成为普遍存在的社会问题。③ 就防治虐童行为来说，家庭既是保护儿童人身安全的基本场所，也是虐童行为发生的重灾区，发挥未成年人保护制度的作用，首要任务是对家庭暴力行为进行严厉制裁。另外，近来曝光的幼儿园虐童事件屡屡刺激着社会民众的神经，但幼儿园虐童事件多以民事赔偿、行政处罚等形式结束，鲜有对相关责任人员进行刑事处罚的情况。刑法不对虐童事件进行及时跟进，必然无法对社会成员产生震慑效果，不利于防止虐童行为的再次发生。有学者观察到这个现象，提出"如果前置性法律、措施对虐童行为均无法起到防治效果时，那么就应当上升至刑法评价体系"。④

**二、现实困境：留守女童受家庭抚养教育权保障不力揭示现有未成年人保护制度存在不足**

通过本次调研我们发现，农村留守女童受家庭抚养教育权实现中存在一些问题与不足，以下我们将指出问题的所在并分析其产生的原因。

---

① 吕斌：《如何遏制校园安全事故发生》，载《人民日报》2013年6月19日。
② 刘向宁、黄淘涛：《论未成年人保护机构的设置》，载《中国青年研究》2007年第10期。
③ 赵秉志、郭雅婷：《中国内地家暴犯罪的罪与罚——以最高人民法院公布的四起家暴刑事典型案件为主要视角》，载《法学杂志》2015年第4期。
④ 姚献军、张静敏：《规制虐童行为之我见》，载《人民检察》2013年第23期。

（一）家庭对留守女童的教育内容不全面

我国现行《未成年人保护法》第 11 条规定："父母或者其他监护人应当关注未成年人的生理、心理状况和行为习惯，以健康的思想、良好的品行和适当的方法教育和影响未成年人……"本次调查数据显示，留守女童父母教育女童要好好学习的占八成以上（83.14%），而教育如何与老师同学和睦相处的只占了不到一成半（13.37%）。而留守女童委托监护人承担的事务排在前三位的分别是：照顾日常生活占近八成半（83.14%）；照顾人身安全占近六成（57.56%）；督促辅导学习占四成多（41.86%），而对留守女童进行思想品德教育的只有不到三成（29.07%），由此可见，家庭对留守女童的教育是有所偏差的。另外，我们通过对教师的个人访谈得知，留守女童喜欢聚在一起玩耍，一起迟到、旷课，甚至夜不归宿。有学者指出，"父母角色的缺失或弱化极易导致留守儿童出现社会适应性障碍，同时加大同辈群体对留守儿童价值观、行为、内心情感等产生的影响"[1]。如果父母一味地强调学习，对留守女童行为规范引导、自理能力锻炼、心理健康等方面关注不够，将不利于培养女童的综合素质，妨碍女童的德、智、体全面发展。正如有学者分析的那样："留守女童父母或者监护人虽然对其履行了抚养义务，满足其基本生存现状的需求，但是对未成年人的监护职责通常难以全面实现，当未成年人出现诸如旷课、夜不归宿等不良行为时，往往不能及时地察觉和有效制止，造成事实上的监护缺失。"[2]

至于产生以上情况的主要原因，我们认为可能是留守女童的父母文化程度较低，就业低层次，工作很辛苦而且收入较少。一部分父母在城市中耳濡目染，促使他们形成对子女接受教育的新的认识。他们真实地感受到，知识技术对于个体生存意义的重要性。有技能、有知识的人才能在社会上生活得更好。在这种认识之下，为了使后代摆脱父辈的命运，不让子女沦为社会的弱势人群，他们往往会对子女的学习成绩抱有更多期望。因此，在教育上出现了偏差，重学习而轻品德教育。另外，我们在调研中发现，留守女童同龄群体彼此之间有很强的吸引力，留守女童的群体规范和价值往往被个人当作社会化过程中的重要参照系，留守女童往往会将同龄群体的行为方式作为评价自己和他人的标准，作为自己的人生观和价值观的依据。然而，"留守儿童由于缺乏父母的监管和引导，导致他们在选择同辈群体成员时，失去辨别的方向，容易加入不良群体，致使其在社会化过程中偏离正确的生活目标，从而导致失范行为甚至违法犯罪的发生"[3]。

（二）家庭对留守女童的抚养职责尚未全面实现

我国现行《未成年人保护法》第 12 条规定："父母或者其他监护人应当学习家庭教育知识，正确履行监护职责，抚养教育未成年人。"亲情的抚慰与关怀对孩子的成长起着至关重要的作用。如前所述，留守女童受家庭抚养权的内容不仅享有包括家庭对其日常生活的照料，也涵盖父母及其委托监护人对其情感上关怀的权利。我们本次的调查统计数据显示，留守女童的父母有五成以上（54.07%）在留守女童本人 1—6 岁时就离开了女童，外出打工，而且他们每年回家只有 1 次的占了五成（50%）。在问及是否想去父母打工的

---

① 杨国才、朱金磊：《国内外留守儿童问题研究述评与展望》，载《云南师范大学学报（哲学社会科学版）》2013 年第 5 期。

② 胡江、杜伟：《留守未成年人犯罪预防的症结所在与根本出路》，载《青少年犯罪问题》2012 年第 1 期。

③ 陆继霞、叶敬忠：《我国农村地区同辈群体对留守儿童的影响研究》，载《农村经济》2009 年第 12 期。

地方读书时，留守女童想跟父母在一起，但父母不允许和担心经济压力的合计占 56.4%，即超过五成半的留守女童是很想跟父母在一起的。以上统计数据表明，超过一半的留守女童父母很早就离开了女童，并且很难与女童团聚。留守女童则很希望父母能在自己的身边，但基于多方面的原因，这部分女童不得不与父母分开，这对某些留守女童的成长可能产生负面影响，需要父母进行及时的疏导。另外，在问及如果与其委托监护人产生矛盾后的处理方式时，留守女童选择自己闷在心里和选择其他方式发泄的占 72.67%，即占七成以上；此外，留守女童生活遇到困难时，父母也不是他们的首选求助对象。在我们对留守女童进行个人访谈时问及为何与委托监护人产生矛盾和生活有困难时不首先选择向父母求助，留守女童回答因为体谅父母平时早出晚归，很忙很累，不想他们再因为她而烦心。这固然说明了部分留守女童的懂事和善解人意，但同时，问题的堆积也会产生心理的压抑。我们在调研时发现，留守女童的心理问题常表现为两种倾向，一种是由于亲情缺失，长期积压内心造成性格内向，行为孤僻，自卑懦弱，不合群，缺乏爱心，不善与人交流；另一种是具有较强的逆反心理，脾气暴躁、易冲动、情绪不稳定、自律能力差。这些不健康心理容易扭曲，一旦受到刺激，容易走极端自伤，也容易受社会不良因素诱导，常常将无端小事升级为打架斗殴，多为故意伤害。

产生以上情况的主要原因，我们认为主要有两个方面：一方面，由于距离的阻隔，父母与留守女童长期处于分离状态，外出务工的父母无论是在生活上还是在精神上都不能给予女童太多的关照，加之相聚的时日有限，日常亲情互动缺失与不足，限制了他们与子女的情感交流而无法给予孩子足够的关怀，也导致了女童与父母情感上的隔膜和疏远。另一方面，如前所述，留守女童的委托监护人大多为其祖父母、外祖父母。根据我们的调研结果显示，留守女童的委托监护人有近六成（57.56%）年龄在 60 岁以上，小学及小学文化程度以下的合计超过了七成（73.26%）。他们不仅年事已高，而且文化程度较低，年龄和文化程度的限制使祖父母在抚养和教育留守女童时面临诸多的困难和挑战。况且，我们调研发现，有部分留守女童的祖父母、外祖父母承担了整个大家庭的孙子女抚养职责，人数众多，事务繁忙。他们在家务农并照顾一家老小，沉重的农活让他们无力关照女童的心理健康，只简单地停留在吃饱穿暖的物质层面。

（三）家庭无法有效配合学校教育

学校是留守女童学习和生活的重要场所，加之如前所述，由于父母角色的或缺，家庭教育的不完整，学校对留守女童教育的重要作用就越发凸显。根据我们的调研结果显示，在留守女童的学习方面，委托监护人对留守女童的学习没有督促，完全靠留守女童自学的占了近五成（46.51%）；每天有督促，但无力辅导作业的占近三成半（34.88%）。由此可见，家庭需要多与学校联系，让教师的鼓励和肯定，以及有针对性的学习辅导来增强留守女童对生活、学习的自信心。然而，根据我们此次的调研结果，留守女童的委托监护人中，与学校教师偶尔联系与从不联系的合计占八成（80.23%）。虽然留守女童的委托监护人每次能够出席家长会的比例较高，为近八成（77.91%），但通过我们与教师的个人访谈得知，有些留守女童的委托监护人参加家长会就直接在家长会上睡着了，教师们与留守女童的委托监护人沟通效果差，作用不明显。留守女童父母选择背井离乡外出打工是希望通过自己的努力，让家人的生活越来越好，让孩子能有条件上好学，接受好的教育，日后有出息。但由于留守女童缺乏良好的学习辅导，往往事与愿违。我们通过本次调查统计数据发现，留守女童各科平均成绩为 80 分以上的合计只有不到三成（29.96%），而 79 分以下的合计占七成（70.05%），学习成绩普遍不乐观。另外，通过与教师的个人访谈，我们了解到留守女童父母也很少主动与教师就留守女童的学习生活情况进行交流，甚至教师如果遇到明显严重的问题，想主动与留守女童父母联系都很困难，因为有些父母工作变换，手机号码也经常变换，不一定能联系得上。家长对于学校和教师的态度直接影响着教师教育的积极性，而如果家庭不能有效配合学校的教育，教师在"不求无功，但求无过"的心理下，自然会放松对留守女童的管理和有针对性的辅导，自然会导致留守女童学业成绩的下降。另外，家长与学校的关系也影响留守女童对待教师与学校的态度，学校的神圣感和教师的权威在女童心中也会逐渐减弱。

产生以上情况的主要原因，我们认为主要是部分留守女童家长以为把孩子送进学校就可以万事大吉，家长只要给孩子吃饱穿暖没病没灾就行了，而教育则是学校教师的事，因此很少主动与教师联系，相互配合，共同担负起教育的责任。另外，部分留守女童家长在外地打工时遇见与自己孩子同龄的人，认为他们不仅为家庭减轻了经济负担，而且有的甚至创造了比父母还多的财富，进而认为自己的孩子早晚也是要打工的，在学校里只要安全，不出什么大事就可以。这些认识都带来了对学校工作的消极应对甚至不配合。

（四）家庭保障留守女童权益存在不足

我国现行《未成年人保护法》第 16 条规定："父母因外出务工或者其他原因不能履行对未成年人监护职责的，应当委托有监护能力的其他成年人代为监护。"《重庆市未成年人保护条例》第 4 条规定："国家、社会、学校和家庭应当引导、教育和帮助未成年人增强自我保护的意识和能力，掌握基本的生存和应对意外事件的常识，了解与自身权益相关的法律、法规，抵制不良行为、违法犯罪行为的引诱。"根据我们此次的调查统计数据显示，留守女童的委托监护人承担的事务中，照顾女童人身安全的占近六成（57.56%），由此可见，留守女童在生活安排方面一般由她们的爷爷奶奶、外公外婆或者其他人来照顾。但是，他们精力有限，年老体弱，或者自己生活尚有困难，留守女童作为一个弱势群体，缺乏自我保护意识和自我保护能力，很可能会成为不法分子的侵害对象。近年来，女童遭受性侵害案件呈多发趋势。[1] 而根据我们此次对留守女童委托监护人的个人访谈得知，一旦发生留守女童遭受性侵害的案件，其委托监护人往往会认为很丢脸，羞于启齿，不愿意报案。

产生以上情况的主要原因，我们认为主要是留守女童的父母长期在外地打工，无法履行对子女的安全保护职责，留守女童因没有父母的庇护而易遭侵害。由于留守女童年幼，其认知、判断能力有限，加之身心发育尚未完全成熟，其对邻居、熟人及朋友缺乏警惕性，在物质利益和花言巧语的引诱下，往往容易在非自觉的状态下受到性侵害。而在留守女童遭受性侵害后，女童家长由于观念的落后，认为"家丑不能外扬"，不少家长选择忍气吞声。这也直接导致相关证据灭失，公安机关取证困难，无法及时有效地打击犯罪分子，让其逍遥法外，使留守女童的合法权益无法得到法律的保护。

---

① 广东省检察院的一份《调研报告》显示，在女童受侵害的刑事案件中，女童遭到性犯罪侵害的现象最为突出，占案件总数的 75.34%。过去三年，逾 2500 名女童被性侵害，其中近半在 14 岁以下。载中国网：http://news.china.com.cn/txt/2012-04/26/content_25245771.htm，访问日期：2016 年 8 月 15 日。

**三、症结查探：现有未成年人保护制度无法有效保障留守女童受家庭抚养教育权的原因分析**

有学者就《未成年人保护法》的司法适用问题提出过质疑，认为《未成年人保护法》仅有宣示性的意义而毫无实践上的价值，其理由在于人民法院根本没有单独根据《未成年人保护法》来裁决案件的案例。① 这样极端的观点我们不敢苟同，但从公安机关、人民检察院、人民法院以及司法行政部门在防治虐童行为的工作现状来看，其的确存在不少问题，究其原因，主要有以下几个方面：

（一）法律依据供应不足

就当下关于防治虐童行为的法规配套来看，我国的相关法律法规在数量上并没有明显不足。其中，《未成年人保护法》第3条指出，未成年人享有受保护的权利，国家有义务对未成年人进行特殊、优先保护。第6条更是对国家机关、武装力量、政党、社会团体、企业事业组织、城乡基层群众性自治组织、未成年人的监护人和其他成年公民提出了保护未成年人的义务性要求。随后，还在第五章专门规定了未成年人的司法保护，指出根据《未成年人保护法》的要求，公安机关、人民检察院、人民法院以及司法行政部门，应当依法履行职责，在司法活动中保护未成年人的合法权益。《预防未成年人犯罪法》中也有关于防治虐童行为的规定，赋予未成年人受保护权，防治其被父母或者其他监护人遗弃、虐待。此外，最高人民法院和最高人民检察院的相关司法解释中也有关于防治虐童行为的相关规定，2014年12月18日最高人民法院、最高人民检察院、公安部以及民政部联合发布《关于依法处理监护人侵害未成年人权益行为若干问题的意见》规定，要切实维护未成年人合法权益，加强未成年人行政保护和司法保护工作，确保未成年人得到妥善监护照料。

但在质量上，关于防治虐童行为的法规配套却存在现实缺陷。首先，在防治未成年人家庭虐待行为方面，《未成年人保护法》对父母或者其他监护人作出了禁止实施家庭暴力，禁止虐待、遗弃未成年人的规定，但是对监护权的产生、变更及消灭等方面却缺乏相应的具体实施细则。根据《未成年人保护法》第五章对未成年人司法保护制度的规定，人民法院有权撤销监护人资格，可是人民法院行使该权力的条件、程序、法律后果等仍有待法律以及相关司法解释予以具体安排。有学者指出，这一条款是一个未被激活的规定，从未见适用此规定的判例。② 其次，《人民检察院组织法》第1条规定，人民检察院是国家的法律监督机关；最高人民检察院制定《检察机关加强未成年人司法保护八项措施》，也突出强调充分发挥法律监督职能优势，坚决监督纠正执法不严、司法不公等问题，促进有关部门严格执法、公正司法。可是，从上述"上海携程亲子园虐童案"可以看出，人民检察院对于教育行政管理部门的相关行政执法、监管工作的检察监督是缺乏相关的常态工作机制的。最后，在防治虐童行为的刑事法律规范方面，一者按照我国现行刑法的规定，无法对幼儿园、学校、托儿所等机构适用从业禁止的非刑罚处罚措施，二者对于实施

---

① 王仰光：《我国未成年人保护法的不足与完善——基于实证数据的研究》，载《中国青年社会科学》2016年第1期。

② 姚建龙：《防治儿童虐待的立法不足与完善》，载《中国青年政治学院学报》2014年第1期。

家庭暴力、虐待儿童的监护人，我国现行刑法也缺乏类似于西方国家禁止接触儿童禁止令那样的配套制度。

（二）制度理念存在偏差

未成年人保护制度在实践中无法起到有效防止虐童行为发生的另一个原因，在于其制度理念存在偏差。第一个理念偏差体现为"重惩治而轻预防"的落后理念依然占据主导地位。从国际社会防治虐童行为的经验来看，制度理念已从"重惩治而轻预防"的旧理念，转向了"惩治与预防兼施，以预防为主"的新理念。针对虐童行为，美国基于"预防为主"的先进理念，构建了主动先发的前瞻性预防机制。实践证明，美国的前瞻性预防机制对于虐童行为具有良好的防控效果。① 虐童行为具有特殊性，儿童是身体上、心理上都尚未发育成熟的特殊群体，对儿童实施虐待行为，不但给儿童身体造成伤害，而且容易给儿童造成心理阴影，身体上的伤害可以短时间内康复，但心理上的伤害可能持续较长一段时间甚至一生。考虑到虐童行为这种特殊性，必须树立"惩治与预防兼施，以预防为主"的新理念。

第二个理念偏差体现为忽视对收养关系的法律监督。在"南京养母虐童案"中，养母李某琴在不符合收养条件的情况下违规将受害儿童施某某带至南京的家中进行抚养达两年之久，揭示了我国在收养关系的法律监督方面存在制度缺失的问题。从某种程度上说，收养关系法律监督机制的缺失源于我们当前根本认识不到对收养关系进行法律监督的重要性。收养制度作为拟制血亲关系的重要制度安排，其具体运行情况直接影响着养父母子女关系的顺利确立和双方当事人合法权益的保障。② 由于收养关系涉及儿童利益保护问题，因此收养关系比一般的民事法律关系更需法律监督机关来保驾护航。为了更好地贯彻儿童利益最大化原则，有的地区甚至探索创制了"试收养"期间制度，只有"试收养"通过相关机关的审批，正式的收养关系才成立。③ 建立合理的法律监督机制，是决定收养关系健康发展、防止家庭虐待行为出现的关键所在。

（三）保护措施缺乏安排

《未成年人保护法》虽然赋予了公安机关、人民检察院、人民法院以及司法行政部门保护未成年人的权力，但实际上缺乏具体的措施安排。并且对于防治虐童行为来说，《未成年人保护法》这种宽泛的规定，更不可能达到有效防治的效果。根据《未成年人保护法》的规定，司法行政部门在防治虐童行为过程中能够采用的方式是给予未成年人法律援助或者司法救助，司法行政部门的这些措施对于未成年犯罪人来说或许能够发挥重大作用，但对未成年被害人而言，这些措施能够起到的作用微乎其微。在美国，法院对于受到虐待的儿童具有丰富的保护措施，如紧急安置措施、防止接触措施、收养审查措施等。④ 反观我国人民法院的保护措施，则粗疏得多。《未成年人保护法》第51条规定，未成年人的合法权益受到侵害，有权向人民法院提起诉讼。另外，第53条赋予了人民法院撤销监护资格的权力。

---

① 崔海英：《美国虐童防控对策研究》，载《政法学刊》2013年第3期。

② 李俊：《略论民法典中收养制度的设计》，载《甘肃政法学院学报》2006年第1期。

③ 吴国平、魏敏：《人民法院对收养关系的审查权探析》，载《辽宁公安司法管理干部学院学报》2007年第1期。

④ 鞠青：《美国保护未成年人的法律与实践》，载《中国青年研究》2002年第1期。

针对近年来虐童案件频发的紧迫现实，最高人民检察院发布了《检察机关加强未成年人司法保护八项措施》，提出努力保护救助未成年被害人，充分发挥法律监督职能优势，建立检察机关内部保护未成年人联动机制，推动完善政法机关衔接配合以及与政府部门、未成年人保护组织等跨部门合作机制，推动建立未成年人司法借助社会专业力量的长效机制等。经过分析发现，检察机关关于加强未成年人司法保护的八项措施全部都是宏观指导性的保护措施，其对于防治虐童行为的发生具有重要的指导意义。但在具体案件的适用过程中，我们依然难以从《检察机关加强未成年人司法保护八项措施》中找到保护受虐待儿童的具体措施。相较而言，得益于公安机关的治安管理职权，公安机关对受虐待儿童的保护更加及时、有效，这是因为，根据《治安管理处罚法》第43条的规定，对于虐待儿童的行为人，公安机关有权对其处以拘留、罚款等行政处罚。

（四）公共资源投入有限

公共资源是保障未成年人保护制度能够正常运行的物质基础，我国未成年人保护制度对公共资源的需求与公共资源有限投入之间的矛盾，是导致未成年人司法保护制度无法有效防治虐童行为发生的又一重要原因。虽然公共资源的投入与正义的产出之间不具有必然关系，但公共资源的投入程度必然会对某项法律制度的实施效果构成直接影响。[①] 受制于公共资源的有限性，我国现今尚未成立未成年人保护的专门机构。众所周知，我国的未成年人保护以《未成年人保护法》和《预防未成年人犯罪法》为基本框架，依托于国家机构的层级分工和部门职能形成保护体系。这样的保护体系具有分工明确、政令畅通的优势，但由于职能分散，要统筹规划、统一行动进行未成年人保护工作却存在较大难度。在这样的背景下，迫于虐童案件频发的巨大压力，建立专门的未成年人保护机构就显得尤其重要。

应当承认，我国在惩治虐童行为方面的资源投入是巨大而及时的，《刑法修正案（九）》新增虐待被监护、被看护人罪就是最好的例子。但在预防虐童行为方面的资源投入则有待提高。例如，收养关系法律监督机制的探索建立有赖于公共资源的支持。又如，我国应当尽快建立儿童健康强制报告制度，要求幼儿园、托儿所、学校等机构定期报告所看护儿童的健康状况，否则须承担相应法律后果。再如，加大防止虐童行为法制教育的投入力度，既要加强家长的防范意识，又要加强未成年人自身防范虐待行为的安全教育。复如，我国应当尽快建立虐童救济制度，对遭受虐待行为的儿童实施救济，将其移交其他符合条件的家属或者公立福利机构看护，防止其受到二次伤害。无论是法律监督机制、强制报告制度、法制教育还是救济制度，无一不需要公共资源的支持。

#### 四、出路探寻：保障儿童受家庭抚养教育权的未成年人保护相关制度的完善对策

2017年5月25日，最高人民法院院长周强同志发表《加强少年司法，保护未成年人健康成长》的重要讲话，强调"未成年人司法保护水平是衡量一个国家法治进步和司法文明程度的重要标志。要求加强教育预防、依法惩戒和综合治理，切实防止学生欺凌和暴力事件发生"。最高人民检察院曹建明检察长也强调司法行政部门、公安机关、人民检察院和人民法院作为未成年人保护制度实施部门，加强未成年人司法保护责无旁贷，既要惩

---

① 范愉：《司法资源供求失衡的悖论与对策——以小额诉讼为切入点》，载《法律适用》2011年第3期。

治又要预防，将司法保护的触角延伸到民事、行政等领域，充分调动家庭、学校、社会等力量参与到未成年人保护之中。① 基于此，未成年人保护制度作为保护未成年人身心健康和保障未成年人合法权益的基本制度，需要根据社会的发展变化及时作出适应性调整，以满足现阶段未成年人保护的社会需求。

（一）推进立法工作，完善未成年人保护法律体系

尽快制定预防儿童虐待的专门法律。自1991年《未成年人保护法》施行以来，人民法院从未直接援引过其中的条文来裁决案件，这是意料之中的事情，因为《未成年人保护法》从诞生之日起就扮演着未成年人保护"小宪法"的角色。要真正发挥未成年人保护制度的价值和功能，必须制定更具可操作性的专门性法律。制定预防儿童虐待的专门法律有着多方面的好处，其中最直接的好处是借助立法力量，形成预防儿童虐待的长效机制，提前防范来自社会、学校、家庭等虐待儿童的风险。早在21世纪初，美国、日本等发达国家就已经制定了预防儿童虐待的专门性法律，如美国的预防虐待儿童及处理法案、日本的预防儿童虐待等的法律。在实践中，这些专门性法律对预防儿童虐待行为发挥了重要作用，国外这些先进的经验值得我们学习和借鉴。

完善收养、监护立法，建立健全收养监督制度、监护监督制度。防止家庭暴力和家庭虐待是预防儿童虐待工作的重点和难点。家庭是社会的基本单位，也是儿童最重要的生活场所之一，发生在家庭内部的儿童虐待行为既防不胜防又不得不防。可行的做法是，加强对家事法律关系的法律监督，以实现预防儿童虐待的目的。当下，与家庭虐待最密切相关的是收养关系和监护关系。一方面，通过修改完善《收养法》，赋予相关部门对收养关系的法律监督职权或者建立专门的未成年人保护机构，由未成年人保护机构对收养关系进行监督。形成对收养家庭的探访机制，由相关部门或者未成年人保护机构不定期派遣工作人员到收养家庭进行探访，及时掌握被收养儿童的身体健康、心理发展等基本生活情况，制作相关汇报材料。另一方面，通过修改完善《民法总则》、《人民检察院组织法》等，赋予检察机关对监护关系的检察监督职权，把未成年人监护关系的检察监督工作纳入未成年人检察的工作范畴当中。

加快推进学前教育立法，严格学前教育机构准入机制，加强学前教育监管。学前教育、初等教育、中等教育和高等教育是我国《教育法》所规定的教育的四个阶段，其中初等教育、中等教育和高等教育都有专门立法，唯独学前教育缺乏法律层面的规制。考虑到近年来幼儿园频发的虐童事件，当下我们应当加快推进学前教育立法，严格学前教育机构准入机制，把一些不符合办学条件的幼儿教育机构淘汰出去，实现幼儿教育工作队伍的专业化和规范化，防止上海携程亲子园清洁工充当幼儿教师等不良情况的再次出现。其中，尤其需要通过学前教育立法明确学期教育机构的行政监管责任，配置专门管理机构和专职管理人员，强化学前教育机构的事前审批和事后监督。

（二）转变制度理念，提高未成年人保护工作品质

工作理念需要从"惩罚主义"向"预防主义"转变。长期以来，我们的未成年人保护工作给刑事法律规范寄予了过多的期望，一厢情愿地认为只要对虐待儿童的行为人苛以

---

① 曹建明：《把握未成年人司法规律全面履行检察职能，为未成年人健康成长营造良好法治环境》，载《人民检察》2016年第11期。

重刑，虐待儿童的情况自然就减少了。[1] "惩罚主义"理念泛滥而"预防主义"不受重视反映在实践环节就是，对于儿童虐待的反应方式表现为被动反应式而不是主动应对式。有学者认为，防治虐童行为的关键是在虐童行为发生前就阻止其发生，事后的惩罚并不能取得良好的防治效果。[2] 刑法理论界也认为，刑罚是社会治理的最后手段，不得已才用之。[3] 在"惩罚主义"理念的指导下，国家公权力依照"以罚代管"的惯性思维应对儿童虐待问题，导致家庭虐待得不到提前介入、学校虐待得不到提早预警。"预防主义"理念正是在社会对儿童安全保障需求高涨的情况下受到了人们的重视。"预防主义"理念着重风险预防，强调未成年人保护工作的提前规划，主张通过形成防治儿童虐待的长效工作机制来实现儿童虐待的风险防控，有利于提高未成年人保护工作品质。

树立"儿童利益最大化"理念。"儿童利益最大化"是联合国《儿童权利宣言》中提出的保护儿童权利的工作宗旨，其为世界各国关于儿童权利保障的立法以及司法工作提供了工作纲领，如美国、英国、澳大利亚在其本国关于儿童权利保障的立法文件中都明确规定了"儿童利益最大化"。虽然我国《未成年人保护法》没有规定"儿童利益最大化"，但其对未成年人给予"特殊、优先保护"的规定体现了"儿童利益最大化"的精神。在防治虐童行为中树立"儿童利益最大化"理念，一方面，要尊重未成年人的个人意愿。例如，在南京养母虐童案中，虽然养母李某琴对受害儿童施某某有虐待行为，但最后养母李某琴认罪悔过取得施某某的原谅，在施某某依然有意愿与养母李某琴一起生活的情况下，应当尊重施某某的个人意愿。另一方面，在办理虐童案件过程中要防止儿童受到"二次伤害"，在案件报道时应当隐匿儿童真实身份，在相关司法程序中要确保儿童的成年家属在场等。另外，"儿童利益最大化"还要求，既要保护儿童的身体权益，又要保护儿童的心理健康。

（三）丰富保护措施，健全未成年人保护运作机制

扩大人身安全保护令的适用范围。根据《反家庭暴力法》第四章的规定，当事人因遭受家庭暴力或者面临家庭暴力的现实危险时，有权通过书面或者口头的形式向人民法院申请人身安全保护令。由此可知，当儿童遭遇家庭虐待行为时，儿童有权向人民法院申请人身安全保护令。当然，由于儿童是无民事行为能力人或限制民事行为能力人，依照法律规定，受害儿童的近亲属、公安机关、妇女联合会、居民委员会、村民委员会、救助管理机构可以代为申请人身安全保护令。遗憾的是，对于家庭虐待以外的受虐待儿童无法依据《反家庭暴力法》向人民法院申请人身安全保护令，这正是需要《未成年人保护法》或者预防儿童虐待专门性法律予以解决的问题。

引入强制报告制度。强制报告制度是域外关于防治虐童行为的宝贵经验。例如，澳大利亚《儿童和青少年法案》规定，医生、教师、儿童照顾机构工作人员等基于职业原因获知的儿童曾经遭遇或者正在遭遇虐待信息的，负有强制报告义务。又如，加拿大《儿童与家庭服务法》规定，任何人发现儿童遭受侵害时均负有向警察部门报告的义务。[4] 由

---

① 李环：《建立儿童虐待的预防和干预机制——从法律和社会福利的角度》，载《青年研究》2007 年第 4 期。

② 刘宪权：《美国：防范虐童依靠建立儿童保护体系》，载《法制日报》2012 年 11 月 27 日。

③ 何荣功：《预防刑法的扩张及其限度》，载《法学研究》2017 年第 4 期。

④ 杨志超：《比较法视角下儿童保护强制报告制度特征探析》，载《法律科学（西北政法大学学报）》2017 年第 1 期。

于虐童行为具有隐蔽性的特征，因此虐童信息的发现是其防治的关键环节。强制报告制度以法律责任为后盾，驱使人们主动发现、及时报告虐童信息，有利于防治虐童工作变被动应对为主动干预，从而起到较好的预防效果。有学者甚至夸奖强制报告制度是目前发现和防治儿童虐待问题最有效和最直接的做法。① 世界各国已经构建起来的强制报告制度有诸多值得我国借鉴之处，为了促进我国未成年人保护制度的改革与完善，我国有必要引入在国外已经得到成功实践的强制报告制度。

（四）优化资源配置，完善未成年人保护的工作制度

探索建立未成年人保护的专门机构。在宏观层面，我国专门保护未成年人的机构主要有两个：一个是妇女儿童工作委员会，另一个是未成年人保护委员会。但两个委员会的主要工作是对涉及未成年人事务进行参政议事、法制教育等，而且两个委员会只在省级以上政府设置，其一般不直接参与未成年保护的具体工作。所以，严格来讲，我国没有一个专门保护未成年人的机构。在实践中，关于未成年人保护的各种具体工作通常是由各个政府职权部门各自负责的，相互之间并没有一个统一的权威机构来领导和协调未成年人保护的各项工作，这使得未成年人保护工作呈现呼声高、实效差、雷声大、雨点小的现实局面。考虑到我国当前防治虐童工作的迫切现实，我国应当探索建立未成年人保护的专门机构，通过整合分散的部门资源，明确部门之间的权限划分，厘清未成年人保护的工作机制，实现防治虐童工作的信息化、统一化和规范化，克服以往预防不到位、保护不及时、处置不合理等情况。

推动完善司法机关、政府部门、未成年人保护机构等跨部门合作机制。未成年人保护机构在日常运行过程中发现有虐待儿童犯罪线索时，应当及时向政府部门以及司法机关报告，让虐待儿童案件得到及时、快速处理，同时还应当协作做好受虐待儿童的善后工作。政府部门应当大力支持社会力量参与到未成年人保护工作中来。同时，可以政府购买服务的方式将预防虐待儿童、不定期家访、心理辅导、信息报告等工作交由社会力量进行。司法机关应当积极与政府部门、未成年人保护机构等加强联系，在监护权诉讼、社会调查、法律援助、侵害未成年人权益等案件办理过程中，坚持零容忍原则，充分发挥法律威慑和震慑作用，促进司法保护与家庭保护、学校保护、社会保护的紧密衔接，形成保护未成年人长效工作机制。

---

① 陈月娥：《社会福利服务》，台湾千华数位文化股份公司 2014 年版，第 132 页。

# 论私法自治、国家义务与社会责任
## ——成年监护制度的立法趋势与对中国的启示①

陈 苇 李 欣*

## 目 次

### 一、以私法自治为中心的国家义务与社会责任

西方法律文化中的"公"与"私"是在对抗中成长与形成的,"在与习俗权威与国家权力的对抗中,由于社会内部私的因素自主性成长并获得了制度化的基础,最终形成了抗衡国家权力的市民社会,由此成就了我们今天的民主与现代生活"②。公私二者在对抗成长过程中,"公"的因素会不自觉地增长,将私的观念纳入自己的隶属和下位概念,由此造成了今天私法公法化呼声的日益高涨。但我们必须明确,公私法最初的划分是以公权介入自由竞争秩序从而使弱者做出真实自愿意思表示为要旨,是以私人利益的关注为核心的。明确这一点意味着对私法公法化趋向的保留态度,对"私法逻辑一体性的完全丧失"③ 观点的否认。在现代法律制度中,我们不应当将私法自治的精髓"意思自治"放在微不足道的地位,我们需要将私法作为一个整体进行研究,进一步明确私法自治、意思自由的重要意义,寻找私权"快要失落的家园"。我们需要从对个体感受的忽视和人的被奴役化中逃离出来,弘扬以人本主义和自由精神为基石的私法自治理念,需要坚持私法自治理念所弘扬的个人自身是首当其冲的法的评价主体。同时,必须看到公权干预私法的目的

---

① 本文为西南政法大学研究生创新项目"成年人监护制度的立法趋势"(项目编号:2010XZYJS187)的阶段性成果,载《学术界》2012年第1期,在被编入本书时对部分标题和内容进行了适当修改。

* 陈苇,女,西南政法大学外国家庭法及妇女理论研究中心主任,民商法学院教授、博士生导师;李欣,女,西南政法大学民商法学院博士生。

② 易继明:《将私法作为一个整体的学问》,载《私法》(第1辑第2卷),北京大学出版社2002年版,第14页。

③ [日]喜多了佑:《外观优越的法理》,千仓书房1976年版,第57页。

即维护私人自由、平等、真实之意思表示，建立在此种价值取向上的公权干预，看似是基于公共安全，实则是私法自治原则的一种现代体现。公权干预并不意味着我们必须将"道德的内部性"作为唯一尺度，个人之间的自由意志没有孰优孰劣，而应当在平等基础上兼顾个人的价值观等因素进行选择。总之，私法领域中的法制完备，不能忽视私法自治的基本理念，不能忽视自然理性和权利思想，这是亘古不变的基本信念。在这种基本理念的引导下，我们需要将私法看成一个整体，认识到公权干预的终极目的是实现个人自治。当然，鉴于个人自由里包含了对他者自由的威胁，因此在保障自由方面，国家干预是不可放弃的，这既是国家义务之所在，也是社会责任之归属。而无论是国家义务还是社会责任都应当最大限度地保护平等主体的意思自治。

### 二、成年监护制度的立法趋势

在明确这一趋势的基础上，笔者认为，成年监护制度作为私法中的重要制度，更是顺应了这一趋势，贯彻了这一理念。传统的成年监护制度属于长期和持续性监护，其基于成年人的无能力判决，废止了被监护人的遗嘱能力、结婚能力、缔结合同能力、驾驶能力、决定能力等，此种成年监护制度的本质是禁锢被监护人的自我决定权从而达到维护社会安全的目的，传统成年监护制度的公权介入同自我决定权之间的矛盾一触即发。而成年监护制度的发展趋势即为成年人意思自治逐渐增强的历程，即为强调私法自治理念，国家义务与社会责任为私法自治服务的历程。

（一）以私法自治理念为核心，区分当事人需求，尊重当事人意愿，保护当事人权利，维护当事人平等

1. 意定监护制度的兴起与发展

意定监护制度是在本人有完全的判断能力时，依照自己的意愿选择监护人，由本人将有关自己监护事务的全部或部分代理权授予监护人，在本人发生年老、精神障碍或其他丧失判断能力的事由之后，由委托监护人接手约定事务，并由公权力直接或间接地对意定监护人进行监督的制度。意定监护制度是人口老龄化等社会问题巨大冲击力下的产物，它的兴起是意思自治理念在成年人监护制度中的最大贯彻。英美两国的持续性代理权授予模式是意定代理制度的主要模式。在20世纪60年代前，美国成年监护制度一直秉承普通法上代理原则，即一旦被代理人丧失行为能力，代理权当然失效。这种普通法上的代理原则使得一旦监护设立，被监护人的意志将被完全忽略，对其进行强制保护，不再考虑被监护人残存的意思能力，被监护人进行的所有事务皆由监护人代理。这会对被监护人的意志自由及人格尊严造成极大的伤害。随着尊重本人自我决定权理念的兴起，美国设立意定监护制度即持续性代理权授予制度。该制度规定在本人意思能力尚未丧失时，有权指定意定监护人在其意思能力丧失或减弱时帮助其处理财产事务及人身保护事务。当然，秉承英美法系传统的加拿大也于20世纪70年代制定了新的代理权法案。意定监护制度的另一种模式是日本模式。日本将瑞典的特别监护进行延伸，创设了由公共机关进行监督的任意监护制度。它要求本人与选任的监护人订立代理合同，并要求公证人制作公证书，之后由公证人委托登记机关进行登记。由于本人对自身情况的了解远胜于他人，本人对监护人的选任，往往最有利于本人生存的需要以及为自己创造更好的生活。即使是意定监护适用较少的以色列或没有创设意定监护制度的德国，也在变革进程中强调了当事人个人意愿、自我决定

的重要性。相较于法定监护来说，意定监护制度平衡了个体的特殊性和监护的僵化性，尊重被监护人个人意愿，使本人在契约自由的框架下，自主选任监护人，充分尊重了当事人意思自治，更有利于保护被监护人权益。意定监护制度是对私法自治理念的全面贯彻。

2. 禁治产制度或相关能力宣告制度的废除或修正

禁治产制度曾是大陆法系国家监护法律制度中一项重要的内容，它主要是指对于有精神障碍、不能处理自己事务的人，经申请，由法院以裁定方式宣告，使其成为无行为能力或限制行为能力人，并禁止其对财产进行管理、处分。它的立法本意是维护精神不健全及意思能力薄弱者的财产安全，同时也维护善意第三人和社会交易秩序。但是，由于禁治产制度设计的僵化性，被宣告为禁治产人后，无论何种具体情形，均禁止当事人对其财产行使权利，包括禁止日常生活中一些简单的、数额很小的财产支配。这使得当事人连最简单的意思自治权也不能得到尊重，特别是对于那些被宣告为禁治产人但又有一定民事行为能力的人来说，连最基本的自主权也不能保证。同时，禁治产制度的关键在于财产，制度宗旨为维护交易安全，忽视了对当事人人身的照料和保护，也粗暴地排斥行为能力欠缺者的一切行为，违背了公平正义的法理。因此，自20世纪中叶以来，一些大陆法系国家纷纷废除该制度。旧《德国民法典》中的成年监护制度，即以第1896—1908条规定的精神耗弱者得禁治产宣告制度为基石，规定成年人因不能处理自己事务、浪费成习而使自己或家属有可能陷于贫困时，将受到禁治产宣告。在受到禁治产宣告后，成年人监护即开始。20世纪90年代，德国通过1992年《关于改革成年人监护和代管法的法律》和1998年《修改照管法及其他规定的法律》，废除了禁治产宣告制度，以照管和代管制度替代了旧法中的监护和辅佐，从而确立了世界上较为先进的成年人照管制度。日本也于1995年废除了旧日本民法规定禁治产和准禁治产宣告，将法定监护制度按不同程度分为监护、保佐和辅助制度。同样废除禁治产制度的还有奥地利、瑞典及我国台湾地区等。也有一些国家没有彻底废除禁治产制度，如瑞士、埃塞俄比亚、我国澳门地区，纷纷对禁治产制度进行了改良，为其注入新的理念，尊重当事人意思自治，保护当事人平等享有权利和承担义务。而原先没有禁治产宣告制度的英美法系等国，如美国、加拿大等，也对类似的精神能力界定概念进行了修正。精神能力的法律定义源自普通法系对能力的假设，在该假设中，除非按法定程序和要求进行认定，所有的成年人都被认定为具有完全能力的人。而老年人因为年龄的增长被认为是能力不充分的人。在成年监护的变革中，人们逐渐将医学上的精神障碍同成年监护中的能力界定区分开来，认为精神疾病不能自动构成精神上的无能力，而个人法律无能力并不意味着个人的精神健康。医学上的精神疾病患者并不一定不会自动丧失他们的法律地位和自主决定权。成年监护法律逐渐将精神无能力的界定从广义的精神上无能力之定义慢慢限缩到重视个人认知和自治能力的狭义解释。美国法中古老的无能力宣告程序在20世纪70年代末变革为确立能力认知标准就深刻体现了这一点，而此点在加拿大变革中更为显著。从加拿大安大略省1887年出台的《尊重精神失常者法案》中以法律规定的"疯子包括白痴或其他不具备理智的人"到1911年安大略省《精神失常法案》规定的"精神耗弱人"除包括发疯人之外，也包括"疾病、年龄、酗酒、滥用毒品或其他原因无法管理自身事务"的人到1937年《精神失常法案》（修订）所规定的精神上不健全者，即"因固有原因或疾病、伤害导致的心智发育不健全，且需要对其人身和财产照顾、监督和控制的人"再到1979年后《替代决定法案》、《同意治疗法案》及《倡导法案》中的对无能力进行的"不能理解同他财产管理决定相关的信息",或"不能评估此决定的预见性后果"的重在"决定能力"的定义,无不反映了对精神能力重新界定的坚信历程。禁治产宣告制度或相关能力宣告制度的废除及修订,是基于私法自治理念这一立法趋势,是基于尊重当事人意思自治,保护成年个体权利这一立法导向。

3. 尊重自主决定权,人性化区分监护的不同类型

自主决定权,系指"就与他人无关的事情,自己有决定权,仅仅对自己有害的行为,由自己承担责任"的权利。① 自主决定权是为了满足人的自主需要,此种需要导致人们的幸福感和社会发展,是人内在的生活目标。20世纪以来,尊重自主决定权理念成为多数国家重构成年监护制度的基本理念。依据该理念,大多数国家针对被监护人行为能力丧失的不同情形,人性化地为其设定不同的监护类型,力求实现不同监护类型下的被监护人意思自治的最大化。美国法中的限制和全权监护的区分,加拿大法中监护与帮助共同决定的区分,日本法中监护、保佐与辅助的区分,无不体现了依据被监护人情形和需求,设立不同监护类型的立法趋势。即使是在成年监护中意思自治尚不发达的以色列,也要求尽量减少全权监护,保护成年人个人意志。② 此外,德国新成年人照管制度,虽未区分监护类型,但确立了必要性原则和有限照管原则,这两项原则对监护的范围和程度进行了限制,最大限度地给予被监护人自主决定权,限制监护在德国法中的重要性可见一斑。摒弃传统成年监护制度中的大包大揽现象,代之以个案审查,重视法院在考察成年人从事具体事务中的能力,根据当事人不同的处理事务能力,包括各自不同的价值观等因素人性化地设立不同程度的监护。这是尊重本人的自主需求,尊重其自我决定权的最大限度之体现。

4. 成年监护之替代性解决机制及正当程序的合理运用

随着经济、文化、思想的发展,在意识到成年监护制度对当事人意思自治不可避免冒犯的同时,各国于变革过程中纷纷强调将此类冒犯度降为最低。以保护个人意思自治为基石,从程序上严格限定该制度的适用前提,将成年监护制度作为救济的最后手段,当替代性解决机制解决不了现存问题时,才适用成年监护制度。在此种背景下,各国积极发展成年监护制度的替代性解决机制,包括以色列的国家长远社区护理,日本的社会保险计划,美国的养老信托,等等。法院在判令是否适用成年监护制度时,也在穷尽其他替代性解决机制的前提下,作出适当判决,而此种穷尽主要是以正当程序的应用为保障手段的。以色列法于1962年增加了"当没有授权或留有遗嘱管理财产事务时,才能指定监护人"的规定,德国法中也规定了相应的信托制度、银行账户制度、联合租赁制度等成年监护的替代性措施,并由国家对包括白天夜间照料、短期照料、对残疾人的照料在内的家庭照料提供相应的资金支持。此外,在成年监护制度运行过程中,各国逐渐意识到正当程序的运用对于保护成年被监护人的重要意义,将原本较为烦琐和面面俱到的成年监护体制变革为较为简便易行的程序,在法律条文中明确规定被监护人的权利、行使权利的方式、法院作出成年监护判决时应当履行的正当程序等,被监护人运用正当程序有效保护自我决定权。以色列立法采用了诸多正当程序保护措施,如法院在作出决定前听从个人意见及在审判前接受申请书的强制性规定。1977年,美国佛罗里达州成年监护法律变革的重点即成年人的人

① [日]长谷部恭男主编:《现代宪法》,日本评论社1995年版,第58页。
② Legal Capacity and Guardianship Law 1962, Israel.

权和正当程序，规定"个人可以委派律师，对成年监护制度进程进行监督，诉讼主体必须出席庭审，除非他明确知道和自愿放弃他的权利"；而德国新照管法也强调了法院对照管人的选任的正当程序，要求法院"尽量遵从被照管人愿望，只有在特殊情形下，法院才能对被照管人的意思作出同意保留"。

### 5. 年龄中立主义立法的回归

在面临人口老龄化时代及后人口转变时期①到来的今天，各主要国家都从早期的年龄歧视主义②立法回归到年龄中立主义③立法，将老年人监护作为成年人监护的重中之重。日本的新民法革新了传统的将老年人监护视为家庭内部事务的法律文化，并废除了高龄老人的准禁治产宣告制度，代之以任意后见和法定后见制度，充分保护老年人监护制度的正当行使。而加拿大从发疯人时代的法院拒绝仅基于年老因素认定该老年人为精神耗弱者而为其指定成年监护人的立法到精神不健全年代的越来越多的医学专家将年老界定为疾病而不是生命的自然过程，直至新成年监护法律制度中规定的在注重保护老年人自我决定权，防止老年虐待的基础上为老年人的身体照顾、财产管理等设立适当监护措施这一历程，更深刻地反映了从年龄歧视到年龄中立主义立法的变革。

### （二）强调政治国家履行满足和保护私人自由平等生活的义务

自由是私法的出发点，而实现平等则是私法追求的重大目标之一，平等在某种程度上构成对自由的制约。私法自治肯定意思自由，尊崇权利至上，因为其体现了民法的文明价值和终极关怀，但私法自治弘扬的形式上的人的自由，却没有顾忌到现实中并非人人平等的事实。在自由和平等间寻求最佳平衡，需要强调国家义务。国家的终极目的是实现个人自由，鉴于个人自由里包含了对其他人自由的威胁，因此在保障自由方面，国家干预是不可放弃的，这即公民社会权④和国家责任之所在。但是，国家在承担相应的责任时，必须掌握必要的度。从国家确定家父权、国家强调国家权力以法律手段限制被监护人的权利、维护交易安全发展到国家重视个人自由，强调以适当的度介入成年监护制度从而维护人人生而平等宣言的国家义务的履行，这经历了漫长的过程。

### 1. 明确公权力介入成年监护领域的度

### （1）意定监护制度中公权力的渗透

意定监护制度设置的原始目的虽然是排除法院的干预，以纯粹的私法形式贯穿监护制度。但在意定监护制度中，由于本人欠缺民事行为能力，无法实现对监护人的监护监督，缺乏强有力的监护监督机制的意定监护制度是不完整的，因此多数国家均以公权力方式对意定监护制度设立监督机制。加拿大各州立法普遍规定在本人欠缺意思能力时，法院可以

---

① 相对于"前人口转变时代"而言的"后人口转变时代"主要是指人口转变完成以后的人口发展时期。后人口转变时代的人口结构的典型特征是低生育、负增长和高龄化。

② 年龄歧视主义将年轻人与老年人区别对待，甚至不将老年人作为普通人看待。一般来说，年龄歧视有不同的表现形式，如对老年人的特殊身体健康需要持冷漠态度，同老年人身体健康相关的医学等学科也发展缓慢，在法律体制中，法律很少侧重和偏向性地保护老年人尤其是高龄老人的利益。

③ 老年是人生的必经阶段，人口老龄化是部分社会发展到一定阶段的产物，年龄只是一个中立的概念，它与物质生活、精神能力无明显关联，立法无须界定年龄这一客观而中立的概念。See：*For an overview of negative Canadian views on the elderl*, Ageing and Society, supra note 9 at 5.

④ 社会权，在宪法学上通常是指个人要求国家提供直接的、实体性最低限度的积极作为的权利，从而与传统的要求国家不作为的自由权相区别开来。

指示持续性代理人作出某种决定。在本人丧失意思能力后，法院监督持续性代理人的代理行为，可以命令其提交代理报告、账目记录、提交信息、出示证件、其他作为代理人所拥有的资料、文书或物品等；对于持续性代理人的酬劳或者开支提供建议；全部或者部分解除代理人因不履行其职责而产生的法律责任。日本的任意监护制度，内容由当事人以合约约定，而该监护制度受公权力机关基于本人利益的干涉。此干涉体现为，可以由家庭法院选任任意监护的监督人，同时，家庭法院对监护监督人有领导力，监护监督人须定期或不定期地提供相关报告。当然，公权力对成年意定监护的渗透有极大程度的度的限制，各国法在意定监护制度中皆着重强调被监护人的意思自治。

（2）法定监护制度中公权力的介入

公权力对法定监护制度的设立、变更、终止进行有效干预，如德国的法定监护制度，无论照管的设立、职责、免除和终止，为了保障被照管人的利益，代表公权力的监护法院始终对照管事宜进行了有效监督。照管的选任在无被照管人申请时，由法院进行选任。当照管人处理被照管人事务不再合适时或存在免职的重大原因时，监护法院必须免去照管人的职务。国家对监护人监护职责的履行也进行必要介入，德国法规定特定情形下的涉及被照管人的重大事务，如照管人对健康状况检查、治疗或医疗手术的允许，对被照管人做出的剥夺自由的安置，对于发生和终止使用租赁关系、用益租赁关系等，必须得到监护法院的批准。加拿大萨省法律规定当成年人或利害关系人提出监护申请时，法院应给予一个驳回申请的异议期，然后由法院根据评估报告决定是否展开庭审和发出监护令。当然，较之意定监护制度，在法定监护制度中，由于公权力介入的空间更广，因此更要明确其介入的度。德国法从古老的无能力宣告制度中脱离，无论是实体上还是程序上都极大程度地尊重了当事人的意思自治，确立了必要性和补充性原则为基石，将法律家长主义干预缩小到最小限度，而加拿大萨省新法中设立的帮助共同决定制度，其初衷即使法院逃离固有"能力"定义，为国家的家父主义保护设置一个门槛性测试，而该项测试显著提高了个人的自治权。

2. 强调国家在成年监护制度的替代性解决机制中的应尽责任

受父权主义影响，传统的成年监护一直被视为家庭内部事务，随着社会经济的发展，福利国家的出现，各国逐渐转向实行和完善一套社会福利政策与制度，以国家福利满足当事人的需求，尽量减少法律对私人生活的干预。各国政府越来越倾向于以公共政策实施各项福利，它们成为成年监护制度最有利的替代性解决机制。这点在家长主义色彩浓厚的以色列体现得较为明显，以色列的成年监护制度的适用并不显著，这同其良好的老年人福利政策有莫大关系。1988 年，以色列颁布了《社区长期照顾法案》，宣布任何 ADL 老人无论其是否有正常的家庭组织形式，都有资格接受居家照顾，劳动和社会事务部还为少部分残疾老人每天提供热牛奶等家政服务。而德国在 1995 年成年监护制度的变革进程中，就一直将公共政策作为成年监护制度的辅助性措施予以发展，规定老年人可以选择支付给照顾者（如他的家人）一定数额的费用，此笔费用由国家承担。国家对潜在的成年被监护人提供各项福利措施，减轻了成年监护制度的负担，并削弱了采取成年监护手段对当事人私人领域意思自治可能产生的侵犯。

（三）重视成年监护领域内一定程度的社会责任

一直以来，成年监护制度一直是家庭法的重要内容，它与亲属有着密切的关系，担任监护人的通常为被监护人之近亲属。但是，随着人口形态的高龄化，家庭形态的核心化，以家庭及近亲属为主的传统监护模式越来越力不从心，各国纷纷扩大成年监护人的范围，不再局限于亲属监护人，以社会之力保护被监护人的自由生活。成年监护制度的社会化趋势愈加明显。

德国法旗帜鲜明地提出了"社会对精神病人负责"的目标。[①] 其规定了成年人不能由一个或一个以上的自然人充分照管的，监护法院选任经认准的照管社团为照管人。而当成年人不能由一个或一个以上的自然人或社团充分地照管的，法院选任有管辖权的机关为照管人。同时，法律对照管社团的认准资格作出统一规定，如有足够数目的合适的工作人员，工作人员间必须有交流等。这些社团监护人的资格认证明确了承担监护职责的监护社团的标准，使社团监护规范化。日本新民法第 843 条也规定了法人的事业种类和内容及法人、法人代表与成年被监护人之间无利害关系时，法人可以充当成年监护人角色。同样规定可以由法人承担监护职责的还有俄罗斯、法国等。由专业的监护法人充当监护人，可以应对监护人选任日渐困难的局面，同时，法人监护的专业性更利于保障被监护人的权益。在各国的成年监护制度社会化进程中，美国的公共监护制度发展得最为迅速。政府机构或者公共资助实体接受法院的指定而承担监护人职责，目前，美国大部分州的法律都对公共监护人作出了明确的法律规定，许多州也已经制定了适用于全州范围的公共监护方案，其中社会机构的监护分为营利性和非营利性两种类型。无论是否为营利，社会机构的监护在美国已经有了明确的实践标准。同时，2000 年美国通过了指导社会机构监护人的执业标准，华盛顿特区、加利福尼亚州等也通过了社会机构监护人的法律和条例，社会机构监护既使无力承担监护责任的亲属获得解放，又使欠缺行为能力成年人的利益得到了周全而又细致的维护，社会尽其应有之力，弥补成年监护中家庭亲属监护的不足，承担监护责任。

从"发疯人"到"精神不健全"概念的反复界定，从全权监护到限制监护，从国家大包大揽到尊重自我决定权；从家长主义体制转变为尊重个人自治体制，从医学模式转变为同意权模式，从年龄歧视主义体制转变为年龄中立主义体制，成年监护制度发生了巨大的变革。此种变革其实反映了它背后的社会整体价值观念的变化趋势，即以尊重私法自治为核心，强调国家义务和社会责任之履行当以个人作为首当其冲的法之评价主体。

### 三、启示与策略

在私法文化缺失的当代中国，我们尤其需要重塑私法领域中以权利、自治为中心的研究范式，在法律制度尤其是私法制度完善的过程中，确立以私法自治为核心的基础价值趋向，将国家和社会干预以义务与责任的形式同私法自治有机结合起来，强调个人本位与意思自由，尊重自我决定权理念之贯彻。

"理念是任何一门学问的理性"[②]，作为立法制度设计和立法活动的理论基础和主导价值观的科学立法理念能够有效地指导立法条文、立法程序和立法实践。我国成年监护制度现有的立法理念旨在消极保护行为能力欠缺者，积极保护交易安全。此种立法理念贯彻下的立法采取大包大揽的监护方式，将被监护人的全部生活纳入监护人的监护之下，以限制

---

① ［日］田山辉明：《关于成年监护制度的调查报告·德国编》，东京社会福利协会 1994 年版，第 41 页。
② ［德］黑格尔：《法哲学原理》，商务印书馆 1961 年版，第 17 页。

甚至剥夺被监护人的意思自由为代价。而"以权利主体平等的权利能力和行为能力为基础，以当事人意思自治及契约自由为原则，建立以权利义务观念及过失责任为中心的民法体制"①，促使各国成年监护制度以尊重当事人意思自治为发展趋势。我国现行的成年监护立法应当尊重此立法发展趋势，更新立法理念，借鉴国外成年监护制度中的尊重自主决定权和适当限制监护的理念，承认并保护被监护人以自主意志最大限度参与民事活动的权利。贯彻尊重自主决定权理念，即在成年监护制度的设立、变更和终止进程中，在成年监护制度的运作过程中，在涉及被监护人人身、财产事务安排时，应当最大限度尊重被监护人的自我意愿。尊重被监护人自主决定权理念，要求成年监护法律明确规定，无论是监护人、监护监督人还是公权力机关等在成年监护过程中均起辅助作用，而不是全权的大包大揽。尊重自主决定权理念，强调监护性质由权利转向义务，强调无论是监护人的选任、监护内容的制定还是监护监督的成立，均将被监护人意愿放在第一位。总之，以尊重被监护人自主决定权为理念的现代成年人监护法，对于行为能力不足的被监护人来说，是保护法，而不是管理法。尊重自我决定权理念，强调对残障者生活正常化的保护。作为社会弱势群体的残障者，他们的产生是个人的偶然和社会的必然，传统法律通常将其排斥在主流社会之外的孤立、无助而封闭的环境之中，作为涉及残障者基本生活需求的成年人监护法律，尊重残障者自主决定权意味着强调残障者人权保护，重视残障者平等参与社会生活及享有人格尊严不被侵犯的权利，享有维持其生活正常化的权利。我们认为，在现代成年人监护制度中，需要鼓励、尊重并保护残障者的正常生活方式，对于他们所进行的对自身及周边无害的行为，尤其是个人意思自由，予以确认，实现作为弱势群体的残障者的平等保护。适当限制监护的理念，即对监护的过程、内容，监护人的权利等方面进行程序和实体上的适当限制。适当限制监护理念是尊重自主决定权理念在立法实践中的延伸，它强调将每例成年监护案件视为特别案件进行特别和专门化处理，要求法院等公权力机关细化成年监护人的权利及权利限制，包括细化监护人对被监护人权利的保留。尊重自主决定权理念及由此展开的适当限制监护理念的贯彻，在实际立法过程中的实施与贯彻要经历艰难而漫长的过程，但必须在立法条文的完善中予以指明。当然，在强调"私法自治"、"私权自由"引领下的"尊重自主决定权"理念的同时，我们应当意识到绝对的自由将带来私法秩序的无序和紊乱，而这种无序和紊乱反过来会影响到私法自治的行使。在成年人监护制度中，强调尊重自主决定权并不是一味反对和限制公权力介入，相反，我们需要适度的国家干预和社会监督，通过国家和社会以义务和责任的形式，来有效引导和限制过度自治而导致的负面效应，尤其需要平衡监护人与被监护人的利益冲突，维护弱势群体尤其是被监护人的意思自治。国家公权力介入的理念，即公权力强制介入成年人监护，其实是以相对公正的第三方身份更有利地维护私法自治理念的权威性。

（一）意定成年监护制度之设立

从英美法系的可持续性代理制度发展而来的意定成年监护制度允许成年人在具备完全民事行为能力时预先选择监护人并与之订立意定监护合同，确定有关自己将来的监护事务并将此事务代理权授予该特定监护人。成年意定监护合同在本人因年老、精神障碍或其他丧失判断能力的事实发生后生效，其设立主旨即在尊重自然人意思自治的基础上更好地解

---

① 官玉琴：《亲属身份权理论与实务》，厦门大学出版社 2007 年版，第 294 页。

决成年被监护人尤其是老年人的人身照顾和财产保护问题。相比于法定成年监护模式，它将合同法中的契约自由原则纳入监护领域，最大限度地尊重当事人意思自治，具有显著的优越性。设立意定成年监护制度，明确规定意定监护合同成立之要件为真实意思表示、书面合同、证人签名。规定意定监护合同可因当事人本人需求分为部分事务的意定监护和全部事务的意定监护。同时，对于意定监护人的任职资格及职责作出原则性规定，对部分不适格意定监护人如破产人、宣告失踪人、分居或进行离婚诉讼的配偶等作出除外规定，规定意定监护人履行监护职责的五个原则：尊重自我决定原则、帮助原则、最佳利益原则、具体分析原则、最小限制原则。此外，基于对丧失意思能力的本人合法权益之保护，设立适格的包括自然人和法人在内的意定监护监督人，以法院等公权力机关为对意定监护监督人的监督是意定监护制度的最后防线。

（二）私立监护、公共监护、社会监护合力的构建

对于监护人来说，监护是一项职责，对于国家和社会来说，监护是一项义务和责任。法院在选任法定成年监护人时，应当最大限度听取成年人意愿，成年人对可被选任为照管人的人选提出建议，且依从这一建议不违背该成年人的利益的，必须依从之。在挑选监护人时，必须考虑与成年人的血统关系或其他个人联系，特别是与父母、子女、配偶的联系，以及利益冲突的危险。通常情形下，法院可在配偶，父母，成年子女，其他近亲属，愿意承担监护责任关系密切的其他亲属、朋友中选任监护人。设立近亲属外的自然人充当监护人，必须经过该人同意。由于社会发展和个人需求的多样化，职业监护人能够以专业化的态度更好地适应个人意思自治，因此，法院可以根据当事人意愿选任在法院进行登记注册执业证并公开信息的职业监护人为监护人。但如果成年人不能由一个或一个以上的自然人充分地监护的，法院可选任该成年人住所地的居民委员会、村民委员会或者民政部门及社会福利院等公职部门或社会福利部门担任监护人，它们可将监护职责的履行托付给具体人员。这便是国家与社会承担的补充监护义务。

（三）加强国家与社会的监护监督义务

缺乏监督的机制是缺乏生命力的。因此，一旦监护关系确立，作为监护监督人的国家公权力机关如法院等，应当密切关注监护关系，在适当的时候，履行监护监督职责。对监护人监护范围的大小、监护手段的合适与否都需要包括公权力机关在内的全社会进行有效监督。

《民法通则》第18条规定：监护人不履行监护职责或者侵害被监护人的合法权益的，应当承担责任；给被监护人造成财产损失的，应当赔偿损失。人民法院可以根据有关人员或者有关单位的申请，撤销监护人的资格。由此可知，我国的成年人监护监督是由法院进行的事后监督，但由于该条内容模糊，没有具体的实施细则，且若无相关人员和单位申请，则监护无法得到监督。故需要对成年监护监督制度适当完善，建立事前、事中、事后一体监督机制。在成年监护制度中，设立专门的监督人或监督机关是各国立法的通例，依我国国情，建立司法监督、居（村）委会监督、自然人监督并存的三重监督机制为最佳选择。首先，明确人民法院是执行监护监督事务的唯一司法机关，从设立监护人、约束和批准监护行为、解除监护、审查监护监督人和监护行政监督机构履行职责情况等方面全面介入监护关系。其次，考虑到我国社会重亲属伦理道德的传统，在没有本人指定和遗嘱的情形下，由法院根据被监护人的实际情形从被监护人的近亲属、朋友中选任监护监督人，

为保证监护监督人监督行为的独立性，规定监护人的配偶、父母、成年子女、其他近亲属以及其他利害关系人不得被选任为监护监督人。再次，如无合适监护监督人人选，在监护人为自然人的情形下，人民法院可以选任被监护人住所地的民政部门或居（村）民委员会为监护监督人。可以由人民法院在民政部门或居（村）委会指定专人负责本辖区内的监护监督情况，且定期向人民法院作出汇报。居（村）委会了解被监护人及监护进程的实际情况，最方便对监护进程进行监督，且能迅速及时有效地根据实际情况保护被监护人的利益。最后，明确规定监护监督事务。包括监督监护人对被监护人的人身控制是否合理与必要，有无侵犯被监护人人身权益；监护人处分被监护人的财产等重大事项有无报告并经过同意，管理财产行为和财产处分结果是否符合被监护人的利益；在监护人缺位时，请求重新选任监护人并担任临时监护人；发现监护人违反监护义务时，及时向有关机构报告情况或者举报，申请撤换监护人等。

# 论现代成年人监护制度的立法变革及启示
## ——以法律价值分析为视角[①]

陈　苇　姜大伟[*]

## 目　次

自第二次世界大战结束以来，随着社会经济的不断进步和发展，联合国文献倡导的基本人权保护观念日益深入人心，许多国家社会情势发生了显著变化，原有法律已滞后于社会的实际需要，许多国家遂相继对立法予以修正和调整。在成年人监护法领域，自法国于1968年颁布第68-5号法律废除禁治产及准禁治产制度，将传统成年人监护及辅助制度细化为法院保护、财产管理及监护三种类型始，大陆法系许多国家和地区相继对本国成年人监护法进行改革和修正，如德国于1992年废除禁治产制度，将成年人监护及辅佐制度一元化为成年人照管制度；日本于2000年废除禁治产及准禁治产制度，代之以法定监护（监护、保佐、辅助）及意定监护制度；我国台湾地区亦于2008年废除禁治产制度，改以监护宣告和辅助宣告取代之。[②] 在21世纪，我国正值制定民法典之际，成年人监护制度是民法典的重要组成部分，如何使其体现现代成年人监护立法的先进理念，满足我国当前身心障碍者[③]的实际需求，是亟待解决的课题。本文以成年人监护立法的价值取向为研究视角，考察其立法变革的社会背景及理论基础，论证制度蕴含的价值理念，进而检视我国现行成年人监护制度，提出完善立法之建议，以供立法机关参考。

---

① 本文为中国司法部级研究项目（项目编号：09SFB5019）的阶段性成果。载《中华女子学院学报》2014年第1期，在被编入本书时对个别标题和内容进行了适当修改。

* 陈苇，女，西南政法大学外国家庭法及妇女理论研究中心主任，民商法学院教授、博士生导师；姜大伟，男，西南政法大学民商法博士生。

② 林秀雄：《论我国新修正之成年人监护制度》，载《月旦法学杂志》2009年第1期。

③ 本文所指身心障碍者，谓因精神、智力或身体因素导致丧失或部分丧失意思能力的成年人。

## 一、现代成年人监护立法变革的社会背景及理论基础

（一）社会背景

1. 现代精神医学的发展与实践

成年精神障碍者是成年人监护的重要对象之一，对于罹患精神障碍的成年人，其是否需要设立监护的依据在于该成年人的意思能力状况，而判断成年人意思能力之有无，则需要满足医学要件及法学要件。医学要件即确定成年人精神障碍的性质、内容及预后的精神医学诊断，法学要件即在明确成年人的医学诊断后，分析其对行为的性质及后果的辨认程度。医学要件是法学要件成立的前提，法学要件是对医学要件的确认，二者缺一不可。①

随着精神医学理论的发展和临床精神医学的实践，人们逐渐发现，心神丧失或精神耗弱者并非任何时候皆不能认识、理解和处理事务，即使是某些经常处于心神丧失状态的成年人，对一些简单日常生活行为（如购置日用品）有时仍存在一定的辨识能力。因此，科学评定精神障碍者行为能力的总体原则在于，结合其精神疾病的不同发病阶段及考量其程度轻重，评估其是否具有独立判断是非和理智处理私人事务的能力。在现代精神障碍鉴定的司法实践中，行为能力评定一般包含两种情形，即一般民事行为能力评定及特定民事行为能力评定，前者是对精神障碍者是否具备进行所有民事活动的能力予以评价，但实践中这一类型的鉴定并不多见，后者则是对精神障碍者是否具备进行某一特定民事活动的能力做出评估，实践中大部分属于此类鉴定。②

从现代精神医学的理论和实践观之，传统成年人监护法以禁治产宣告直接剥夺精神障碍者全部或部分行为能力的制度设计，与精神医学实践发现的精神障碍者的现实情况相违背，确有改革的必要，而精神医学的理论和实践则为改革成年人监护法提供了医学依据。

2. 老龄化社会的现实呼求

据联合国近期发布的《全球人口展望：2012》统计，第二次世界大战以后，随着许多国家社会经济的发展和人民生活水平、医疗水平的不断提高和改善，全球人口出现了低自然增长率、人口结构趋于老化的局面。当前，全球老年人口有 8.41 亿人，到 2100 年时将增长 3 倍，高达 30 亿人。目前，发达国家 23% 的人口为 60 岁以上的老年人，预计到 2050 年比例将达到 1/3。发展中国家也开始出现老龄化趋势，预计到 2050 年发展中国家老年人口将比现在多 1/2。目前，在世界 190 多个国家和地区中，已约有 60 个国家进入老龄化社会。③ 从国别来看，法国是世界上最早出现人口老龄化现象的国家，1865 年其65 岁以上的老人已占总人口的 7%，而 1990 年已达总人口的 14%；日本是世界上人口平均寿命最长的国家（2000 年女性平均寿命为 84.6 岁，男性为 77.72 岁），从 1996 年起就已经进入老龄化社会，预计到 2025 年，65 岁以上老人将占 27%。在我国，据全国老龄委办公室公布数据显示，截至 2011 年年底，中国 60 岁及以上老年人口已达 1.85 亿人，占总人口的 13.7%。预计到 2013 年年底，中国老年人口总数将超过 2 亿人，到 2025 年，老

---

① 闵银龙主编：《司法精神医学》，法律出版社 2012 年版，第 75 页。
② 季晓莉：《全球面临老龄化与人口激增挑战》，载中国经济导报网：http://www.ceh.com.cn/jryw/2013/215825.shtml，访问日期：2013 年 7 月 10 日。
③ 王妍：《日本养老有法可依》，载新华网：http://www.xinhuanet.com/，访问日期：2013 年 1 月 26 日。

年人口总数将超过 3 亿人，到 2033 年将超过 4 亿人，平均每年增加 1000 万老年人口。[①]人口日益老龄化问题将使许多国家政府重新审视原有法律和政策，以因应时势之发展。

在成年人监护法领域，高龄者因年龄因素可能会在精神或智力上有所耗弱，对私人事务的处理会出现辨别能力不足的情况，但不同高龄者其辨别能力不足之程度亦不相同，而传统禁治产宣告整齐划一地剥夺或限制当事人的行为能力，一旦高龄者被宣告为禁治产人，则意味着其不能参加所有被禁止的民事活动，这显然与其剩余意志相悖，与其有相应辨别能力的事实不符。为保护高龄且意思能力不足者的切身利益，尤其是尊重其处理私人事务的自决权利，传统成年人监护法应当被适当修正。

（二）法理基础

1. 法律家长主义的检讨与反思

法律家长主义，又称"父爱主义"，[②] 其理论预设的前提是，社会人皆理性人、经济人，趋利避害是其本质特征，但受种种客观情势之影响，社会人并非在任何时候都能预见其最大利益，为保护其利益不致损失，或社会亦不因其行为而蒙害，法律上的必要干预即成可能。法律家长主义在学理上有硬家长主义与软家长主义之分：前者认为，为使当事人免受伤害以及可能的利益损失，即便是当事人充分选择并予认可，法律亦得违背其意志，限制和干预其害及自身的活动，即所谓"强制爱"；后者认为，法律应对当事人在认知和意志上无欠缺并充分掌握了信息的基础上做出的自愿决定予以尊重，而对在认知和意志上欠缺且掌握信息残缺不全或根本错误的情势下做出的决定，应予限制和干预，因为这种决定并非真正自愿且存在损及利益的风险。此即在事实上帮助当事人提升自治和自决的能力。

在成年人监护法领域，早期在法律硬家长主义"强制爱"理念的指引下，传统立法成为禁锢和剥夺身心障碍者自由的工具。从古罗马《十二表法》到法国《拿破仑法典》，对身心障碍之成年人均置监护人或辅助人。被监护人或被辅助人从事法律行为尤其是财产行为的能力全部或部分被剥夺，如其实施被限制的民事行为，必须由监护人或辅助人代理或经其同意。由是，在处于监护人的他治状态下，被监护人自治几无可能。法律以保护被监护人利益为名，漠视其可能在具体事务中尚存的部分意思能力，使其人格尊严未受到应有的尊重。

在现代社会，随着尊重和保护身心障碍者基本人权意识的觉醒，许多国家逐渐认识到，身心障碍者的个人感受和主观意愿必须得到尊重，在监护人他治的场域里，应有受监护人自治之空间，传统成年人监护之法律硬家长主义式的"强制爱"理念应予检讨。许多国家遂摒弃法律硬家长主义理念，而以法律软家长主义"尊重自治"理念为指导，在立法中引入尊重身心障碍者主观意愿之因素，仅在必要时国家得采取措施以保护其个人利益和第三人利益，使现代成年人监护法更具人性化色彩。

2. 新理念的提出

20 世纪中叶以来，随着国际人权运动的发展以及人权意识的日益深入人心，个体人

---

① 《老龄委：2013 年底中国老年人口总数将超过 2 亿》，载中国新闻网：http://news.daynews.com.cn/gnxw/1607656.html，访问日期：2013 年 7 月 3 日。

② 张文显：《二十世纪西方法哲学思潮研究》，法律出版社 1996 年版，第 464 页。

格尊严越来越受到尊重和保护，社会弱者利益亦得到政府的关注和保障。在此背景下，身心障碍者的人权保障问题亦随之受到国际社会的关注和思考，为此，联合国还专门制定了一系列旨在保护身心障碍者基本权利和反歧视的人权公约及宣言，① 如 1982 年联合国《关于身心障碍者的世界行动纲领》第一章开宗明义地规定，关心身心障碍者的世界行动的目标是，促使身心障碍者得以充分参与社会生活与发展，并享有平等地位。此蕴含着尊重残障者"自我决定权"，维持其"生活正常化"的新理念，为现代成年人监护法的改革铺垫了坚实的理论基础。

尊重身心障碍者"自我决定权"，即在其剩余意思能力的范围内，以不损害个人利益和第三人利益为限，承认和尊重其对私人事务的处理能力。维持身心障碍者"生活正常化"，即社会应承认在其意思能力范围内可以参与和行使相关民事活动的权利，以体现社会对身心障碍者的尊重。在传统成年人监护法领域，对于心神丧失及精神耗弱之成年人，其所实施的法律行为全部或部分无效，剥夺其参与社会事务的全部或部分权利，无形中将其与社会阻隔。身心障碍者只能接受"被保护"的事实，无法参与正常的生活之中。而尊重"自我决定权"及维持"生活正常化"理念的提出，为现代成年人监护法改革明确了方向。尊重和保护人格尊严的人权观，是现代成年人监护立法的指导思想。20 世纪 90 年代以来，基于"保护被监护人利益与尊重被监护人意愿相结合"的立法原则，② 德国于 1990 年、1997 年及 1998 年先后三次修改成年人监护制度，日本也紧随其后于 1999 年修改立法，通过了成年人监护的四部法案，③ 以期彰显以人为本、私法自治的精神，更好地维护被监护成年人的权益。

综上所述，法律软家长主义"尊重自治"理论以及尊重身心障碍者"自我决定权"、维持"生活正常化"理念，共同构成了现代成年人监护立法改革的理论基础。尊重"自我决定权"及维持"生活正常化"理念是成年人监护立法改革中任意监护制度之设立及行为能力制度之修正的正当性前提，而法律软家长主义在充分尊重障碍者"自治"的基础上又主张一定程度的"干预"理论，则为公权力介入成年人监护制度提供了理论依据，两者相得益彰，共同为保护身心障碍者权益提供法理支撑。

## 二、现代成年人监护立法变革的主要内容

### （一）传统成年人监护立法之考察
传统成年人监护立法主要体现在禁治产及监护宣告制度的设计中。

从禁治产之体例来看，立法大致有三类④：其一为依宣告对象之不同，有禁治产与准禁治产宣告之区分，对心神丧失者宣告为禁治产人；对精神耗弱、浪费人等则宣告为准禁

---

① 1982 年联合国《关于身心障碍者的世界行动纲领》，载 http://disable.yam.org.tw/book/export/html/554，访问日期：2013 年 6 月 10 日。

② 陈苇：《中国婚姻家庭法立法研究》，群众出版社 2000 年版，第 51-52 页。

③ 《关于修改民法的一部分的法律》（平成 11 年法律第 149 号），《关于任意监护契约的法律》（平成 11 年第 150 号），《关于监护登记等的法律》（平成 11 年法律第 152 号），《关于伴随施行〈关于修改民法的一部分的法律〉修改完善相关法律的法律》（平成 11 年法律第 151 号）。参见［日］宇田川幸则：《日本成年人监护制度修改刍议》，载徐显明、刘瀚主编：《法治社会之形成与发展》（下），山东人民出版社 2003 年版，第 950 页。

④ 史尚宽：《民法总论》，中国政法大学出版社 2000 年版，第 119 页。

治产人，如日本变革前之立法。① 其二为对有障碍之成年人一律宣告为禁治产人，但对其行为能力作出界分，即因心神丧失而被宣告之人，无行为能力；因精神耗弱、浪费或酗酒而被宣告之人，有限制行为能力，如德国变革前之立法。② 其三为对心神丧失或精神耗弱之成年人一律宣告为禁治产人，无行为能力，而对有浪费或酗酒等恶习之成年人并无规定，如我国民国时期立法。③

从禁治产之内容来看，许多国家立法对禁治产宣告的条件、事由、程序及后果予以明确规定，以较具代表性的法、德两国立法为例。

1804 年法国民法典采《法学阶梯》之三编制体例，将成年监护制度主要规定在"人法编"中。对经常处于心神丧失状态之成年人，经利害关系人向法院提出申请并经公示后，则宣告为禁治产人，并置监护人，即使此种状态偶有间歇，亦不例外。对精神耗弱及浪费人则宣告为准禁治产人，并置辅助人。禁治产人所为法律行为无效，其身体及财产均受监护人之监督和保护，本人完全丧失决定权。准禁治产人因并非完全丧失意思能力，法律并未全部剥夺其行为能力，但在进行诉讼、和解、借款、受领动产原本及交付受领凭证、让与及就财产设立抵押权等重要法律行为时，得经辅助人协助或同意，否则无效。④

1900 年德国民法典采《学说汇纂》之五编制体例，将成年监护制度主要规定在"民法总则"及"亲属编"中。精神障碍之成年人经利害关系人向法院申请并经公示，对心神丧失之精神病人则授禁治产宣告而成为无行为能力人，对精神耗弱、有浪费及酗酒恶习者或因药物中毒而致判断能力受损者，则授准禁治产宣告而成为限制行为能力人。对无行为能力人及限制行为能力人，法律均置监护人对其身体和财产予以保护。无行为能力人所实施的法律行为，除纯获利益外，应视为无效，其参加民事活动应由监护人代理进行；限制行为能力人实施的法律行为，除纯获利益外，未经监护人事前允许或追认，应视为无效。对因存在聋、盲、哑等身体障碍，不能亲自处置特殊事务之成年人，法律并未剥夺其行为能力，而是置辅佐人以协助进行，且须经尚有判断能力的身体障碍成年人同意。⑤

（二）变革后的成年人监护立法之考察

自 20 世纪 70 年代以来，许多国家变革后的成年人监护立法均废除禁治产制度，并以能更加体现人性化的制度设计取代之，规则趋于细化，能够满足不同程度的精神、智力及身体障碍成年人参与民事活动的基本需求。以下仍以法、德两国立法为例。

变革后的法国现代成年监护法，废除禁治产及准禁治产制度，将原有成年监护及辅助

---

① 如 1896 年《日本民法典》第 7 条规定，因心神丧失为常态之人，家庭法院得应本人、配偶、四亲等内的亲属监护人、保护人或检察官之请求，为禁治产宣告。其第 11 条规定，对精神耗弱及浪费人，得为准禁治产宣告，而设置保护人。

② 如 1900 年《德国民法典》第 6 条规定，精神病而为禁治产宣告者，无行为能力。其第 104 条规定，因心神耗弱、浪费及酗酒而为宣告者，有限制行为能力。

③ 如 1930 年《中华民国民法》第 14 条第 1 项规定，对于心神丧失或精神耗弱致不能处理自己事务者，法院得因本人、配偶、最近亲属二人或检察官之声请，宣告为禁治产。

④ 1804 年《拿破仑法典》第 489 条、第 501 条、第 502 条、第 509 条、第 513 条之规定，参见《拿破仑法典》，李浩培等译，商务印书馆 1979 年版。

⑤ 1900 年《德国民法典》第 6 条、第 104 条、第 107 条、第 1896 条、第 1909 条、第 1910 条之规定。

制度细化为法院保护、财产管理及监护三种类型。[①] 第一，法院保护。对因精神或身体官能损坏需要受到暂时法律保护或需要他人代理完成特定行为的成年人，法院得决定对其实行法院保护。受法院保护的成年人保留行使其权利，但不得实施专由其指定代理人实施的行为，其订立的契约与缔结的义务，得因显失公平而撤销。代理人得向法院或受法院保护的成年人报告代理情况。第二，财产管理。对于并非完全不能自行实施的行为，但因精神或身体官能损坏，在重大民事活动中需要持续得到他人指导与监督的人，且经认定实行法院保护仍不能给予充分保护时，可以宣告实行财产管理。法院指定财产管理人，并置财产管理监督人。第三，基于精神或身体官能损坏之原因，如法院保护及财产管理措施均不能有效保障身心障碍成年人的利益，则由法院设立监护人，并置监护监督人。除法律或习惯准许被监护人自行完成行为之外，所有民事行为均由监护人代理，法官在判决书中可以逐一写明被监护人有能力单独完成的行为，或需要监护人协助完成的行为。另外，变革后的法国成年人监护法还新设"将来实行保护的委托"制度，即允许成年人在精神或身体官能正常的情况下，可以对将来因精神或身体官能损害而无法保护自己利益时，事先委托一人或数人为其代理人。委托书应以公证文书或私署文书为之。

变革后的德国现代成年监护法，创设成年照管制度，取代原有的禁治产宣告制度。根据规定，[②] 照管之设立，须满足如下条件：第一，成年人存在因精神、智力或身体障碍而不能处理事务的客观事实。第二，尊重成年人的自由意愿。在成年人有意思能力时，法院不能违反其自由意愿而依职权设立，成年人不同意设立照管的，唯依医院鉴定书确认其属精神错乱而无法准确表达意思时，方可设立，且身体障碍成年人的照管人只能依其申请而选任。第三，符合必要性原则。成年人在健康状态下已授权他人为自己行为能力不健全时之代理人，该授权有效，唯在该意定代理人不能以被照管人最佳利益为原则处理事务时，仍须设立照管。照管设立后，如被照管人仍有行为能力，在做出属照管人职责范围外的事务时，无须得到照管人允许，在做出纯获利益、日常生活细微事务及具有人身性质的意思表示（如结婚、订立遗嘱）时，亦无须得到允许。另外，在照管人选上，法律规定包括自然人照管人、社团照管人及机关照管人三类，并置照管监督人，照管人有获取报酬的权利。照管的时间限制，最长为 7 年，从做出照管选任时起算。[③]

（三）变革前后的成年人监护立法之比较

1. 立法目的之比较

传统禁治产及行为能力宣告制度虽亦以保障身心障碍者权益为初衷，注重维护社会交易安全，为社会发展亟须积累资本提供安全高效的交易环境，为早期资本主义的经济发展创造强有力的制度条件，但如前所述，在被监护人尚存某些意思能力情况下，对尊重被监护人的意思自治不足，漠视身心障碍者的内心感受和人格尊严。诚如有学者指出，禁治产及行为能力宣告制度，过分限缩身心障碍者自我决定的机会，忽略其剩余行为能力的存

---

① 《法国民法典》第 425 条、第 433 条、第 435 条、第 440 条、第 447 条、第 454 条、第 473 条、第 477 条之规定，参见《法国民法典》，罗结珍译，北京大学出版社 2010 年版。

② 《德国民法典》第 104 条、第 105 条、第 1896 条、第 1897 条、第 1899 条、第 1900 条、第 1901 条、第 1903 条、第 1908 条之规定，参见《德国民法典》，陈卫佐译，法律出版社 2006 年版。

③ ［德］迪特尔·施瓦布：《德国家庭法》，王葆莳译，法律出版社 2010 年版，第 463 页。

在，不利于对其利益的最佳保护。① 唯其如此，禁治产制度实应废除，成年人监护立法改革势在必行。而现代成年人监护立法更注重对身心障碍者权益之维护，尊重其尚存的意思能力，赋予其在力所能及的范围内参与民事活动的自由，尽可能使其生活达致平常化状态。

2. 立法内容之比较

从立法内容来看，现代成年人监护制度与传统禁治产制度存在如下区别。

第一，适用对象范围的区别。传统禁治产制度适用对象大致分为两种，即精神障碍者以及生活有一定不良癖好者。前者主要包括心神丧失和精神耗弱，后者包括浪费者、酗酒者及其他行为不端导致家庭生活困难者。② 而改革后的现代成年人监护制度的适用对象则相应扩大，立法将因身体障碍、智力或精神障碍者、身体功能失常或个人官能衰退等不能保护自己利益、欠缺意思能力的人纳入保护范围。改革后的成年人监护标准降低，特别是将因身体残障而不能依其意志独立处理自己事务的人纳入保护范围，使得更多弱势群体获得有效保护。③

第二，宣告后法律效力的区别。在传统禁治产制度中，一旦成年人受禁治产宣告，则意味着其将丧失行为能力，其民事活动中的一切事务均委诸监护人，即便是购买日用品等日常生活行为亦被归为无效。对于受准禁治产宣告的成年人，则意味着将丧失部分行为能力，对于民事活动中的特殊事务悉由辅助人代理。改革后的成年人监护法废除了禁治产及无民事行为能力制度，根据成年人精神、智力及身体障碍程度之不同，将原有监护类型细化，以求符合成年被监护人的实际情况，身心障碍者实施的如购置生活用品等日常生活行为，具有法律效力。

第三，是否允许当事人意思自治的区别。在传统禁治产制度中，禁治产由与本人有利益关系的人或公权力机关提起，一旦成年人受禁治产宣告，其行为能力将被剥夺或限制，其人身或财产利益将会受到监护人或辅助人的支配，完全处于一种被动的状态。改革后的成年人监护制度，允许成年人在身心正常的状态下预先对将来可能发生身心障碍而无法保障自己利益时设置委托，由其选任的受托人代为履行监护职责。这充分尊重了当事人的意思自由，有利于保护本人利益。

3. 立法理念之比较

现代成年人监护的立法设计彰显了以人为本，尊重和保护人权的基本理念。身心障碍之成年人作为社会主体之一员，同样享有根据自己意愿决定参与某项民事活动之自由，奈因精神、智力或身体障碍等因素，其参与民事活动之效果可能与理想预期相去甚远，甚至还存在损害自己利益和第三人利益之虞。禁治产制度的设计初衷在于保护成年被监护人利益以及社会交易安全。但传统成年人监护制度将身心障碍者简单机械化地宣告为禁治产或准禁治产人并相应剥夺其行为能力，使其丧失或部分丧失参与民事活动的可能机会，违背了私法意思自治的精神和保护人权的现代理念。现代成年人监护立法改革废除了禁治产宣告制度，允许身心障碍者根据自己意愿选任监护人，并根据其意思能力的不同情况，更加

---

① 龙卫球：《民法总论》，中国法制出版社 2001 年版，第 263 页。
② 李宜琛：《民法总则》，胡骏勘校，中国方正出版社 2004 年版，第 64 页。
③ 叶欣：《现代成年人保护制度的民法研究》，武汉大学出版社 2011 年版，第 60 页。

细化监护类型，允许其参与某些日常生活范围内的民事活动等，体现了尊重和维护身心障碍者人格尊严及自我决定权等保护人权的现代理念。

### 三、现代成年人监护立法变革的价值取向

法的价值是任何法律在创制时必须被考量的因素，人类对法的价值追求，是法律发展的动力，人类的法律实践和法律认知无不以一定的价值理念作为基础和动因，[①] 德国学者拉德布鲁赫认为，法律是人的创造物，只能根据蕴含其中的人的理念，即创造目的或价值来理解。[②] 成年人监护立法自不待言。成年人监护自罗马《十二表法》之创设始，经过以设立禁治产宣告制为标志的近代成年人监护法的发展，再到现代成年人监护废禁治产宣告制而采取的系列变革，皆体现着立法者的价值判断，均蕴含着法以追求平等、自由、公平、秩序为目标的价值理念。

（一）平等：现代成年人监护立法价值追求的逻辑基点

平等是法所追求的重要价值目标之一，要求尊重人的同等主体地位，尊重人的人格独立和尊严，反对特权，反对歧视。成年人监护立法的变革进程，即反映出法对平等价值的孜孜以求。

在传统成年人监护法领域，虽法律确认人之人格独立，受法律平等保护，但对心神丧失及精神耗弱者而言，因禁治产宣告制度的设立，这几乎成为奢望。成年人一旦被宣告为禁治产人，则相应地被剥夺其全部或部分行为能力，其参与民事活动的机会可能丧失殆尽，只能委任于监护人，由其代为管理和处理财产事务，无形之中将其隔绝于社会之外，成为"透明人"。例如，法国《拿破仑法典》第489条规定，成年人经常或偶有间歇处于智愚、心神丧失或疯癫状态者，得宣告为禁治产人，其所为一切行为，如无监护人协助，依法均归无效。日本旧《民法》第7条亦规定，禁治产人无行为能力，其任何法律行为均为无效，即使日常生活行为亦不被认可。同时，传统成年人监护法还设立禁治产宣告公示制度，置身心障碍者隐私利益于不顾，严重漠视其人格尊严。例如，法国《拿破仑法典》第501条有将禁治产宣告的判决揭贴于法庭及公证处悬挂的揭示牌之规定，日本旧《民法》亦有将禁治产宣告登记于户口簿之规定。由此可见，传统成年人监护法禁治产宣告之规定，使身心障碍者丧失参与社会活动的可能机会，并使其人格变相减等，成为社会歧视的对象，因此，传统成年人监护法是不平等的，充满着歧视色彩。

现代成年人监护法废除了禁治产宣告制度，对身心障碍者允许其从事与精神智力程度相适应的民事活动，仅在个案审查时发现其于行为时并无相应的意思能力，该行为应予撤销。例如，改革后的《法国民法典》第425条规定，凡经医疗认定因精神或身体官能损坏致其意思能力全部或部分丧失的成年人，应受法律保护，但设立保护措施时应尊重其基本权利和尊严，以精神原因主张其实施的行为无效时，应证明其实施行为当时存在精神紊乱。日本新《民法》第9条规定，成年被监护人的法律行为可以撤销，但其购置日用品等日常生活行为除外。同时，现代成年人监护法亦改革禁治产宣告公示制度，以尊重身心障碍者的人格尊严，使其在社会交往中不被歧视。如日本新《民法》废除被监护人户口

---

① 卓泽渊：《法的价值论》（第二版），法律出版社2006年版，第36页。
② 沈宗灵：《现代西方法理学》，北京大学出版社1992年版，第41页。

簿登记制度，并通过《关于监护登记等的法律》新设成年人监护登记制度，为受监护人设立监护登记档案，以尊重其隐私利益。现代成年人监护法的种种改革举措，其趣旨即在于赋予身心障碍者参与社会事务的均等机会，使其在某种程度上融入社会之中，在力所能及的范围内实现一定的生活自治。现代成年人监护法深深蕴含着平等理念，正是基于对这一理念的执着追求，身心障碍者人格及其利益得到平等保护的价值目标才得以逐步实现。

（二）自由：现代成年人监护立法制度设计的本旨依归

哈耶克认为，自由是一种状态，即在社会中，一些人对另一些人的强制被减少到最低限度，人们免受他人专断意志的控制，或独立于他人的专断意志。自由意义的法一方面确认和保障人的自由，反对肆意干预，专权暴政；另一方面，又对自由予以必要限制，防止恣意妄为，极端任性。成年人监护的立法变革生动展现了法以自由理念为指导，尊重成年被监护人的自我决定权，逐步推动实现成年被监护人生存发展权利从不自由到一定程度上自由的实践进程。

根据传统成年人监护法，一旦身心障碍者被宣告为禁治产或准禁治产人，则意味着其将会陷入极度不自由的状态中。一方面，该身心障碍者将被剥夺全部或部分行为能力，其实施法律行为得经监护人或辅助人代理、同意或追认，其财产上全部或部分事务概由他人处理决断，其人身亦处在被照顾之中。例如，法国《拿破仑法典》第509条、第510条规定禁治产人在法律上视为幼儿，禁止其处理任何财产，同时按其疾病性质及资力，亲属会议得决定禁治产人留居家中或送精神病院、医院治疗。这意味着身心障碍者参与民事活动的自由被剥夺殆尽。另一方面，国家通过立法已将监护人选及其顺序确定。例如，法国《拿破仑法典》第506—507条规定，夫当然为被宣告禁治产之妻的监护人。妻可以被亲属会议任命为夫的监护人，但此任命若损害妻之利益时，可以请求法院救济。除配偶、直系尊血亲和卑血亲外，任何人在履行监护职务届满十年时，应由他人更替职务。由此可见，传统成年人监护法对于被监护人可能尚存的意思能力尊重不够，未保护实现其根据尚存的意思能力参与和处理民事活动的权利。

与传统成年人监护法相比，改革后的成年人监护法则以充分尊重身心障碍者自决权并保障其行动自由为目标，在制度设计上进行革新。首先，废除禁治产宣告并修正行为能力制度，赋予身心障碍者在意思能力范围内有从事相应民事活动的自由。例如，法国于1968年颁布第68-5号法律废除禁治产及准禁治产制度，将旧有成年监护及辅助制度细化为法院保护、财产管理及监护三种类型。1992年改革后的《德国民法典》第105a条规定，身心障碍者实施的给付金额小的日常生活交易行为，在不损害其利益的前提下有法律效力。日本法则废除无行为能力的类型划分，规定成年被监护人实施的法律行为除购置日用品等日常生活行为外可以撤销，并非当然无效。其次，身心障碍者在有相应意思能力的情况下，对选任监护人有选择和同意权，并可以在身心健康时为日后身心出现障碍时委任监护人，德国法称之为授权防老规则，日本法则称之为任意监护，与法定监护相佐。最后，设立监护以必要性和补充性为原则，以尊重身心障碍者对私人事务的决定权利。例如，《德国民法典》第1896条规定，监护人在履行监护职责时，须尊重成年被监护人的意思，并须照顾其身心状态和生活状况。现代成年人监护法的改革措施，使身心障碍者自主决定生存和发展权利的愿望获得满足，在一定程度上实现了身心障碍者的"自治"之自由。

（三）公平：实现成年被监护人最佳利益的有力保障

公平是法律所追求的重要价值目标，其趣旨在于实现权利、义务与责任的合理分配。现代成年人监护的立法变革亦须以公平为理念，以平衡监护人与被监护人、被监护人与第三人的利益，成为实现成年被监护人最佳利益有力之保障。

在成年人监护法领域，公平价值主要蕴含在如何保证监护人以保护成年被监护人最佳利益为目的进行财产监护的制度设计中。传统成年人监护法虽剥夺成年被监护人全部或部分行为能力，使其丧失或部分丧失自主处理财产之权，同时设置监护人或辅助人以监护或辅佐之，且为保全其财产利益，并规定监护人或辅助人管理财产时应尽义务和相应责任，同时置监护监督人以监督监护人的行为，这有利于对成年被监护人利益的公平保护。例如，法国《拿破仑法典》第 509 条规定，监护人管理财产应尽善良管理人之注意义务，并对因管理失当所致损害负赔偿责任。亲属会议须指定监护监督人，于成年被监护人利益与监护人利益相冲突的情形下，代表成年被监护人的利益进行活动。另外，还对财产管理费用作出规定，以消除监护人不仅履行监护义务还承担因日常管理需要支出的费用之疑虑，更有利于保护成年被监护人的利益。这虽在一定程度上体现了对公平价值目标的追求，但其在某些方面并未完全实现公平价值，如缺乏对辅助人设置辅助监督人的设计，若辅助人实施损害准禁治产人利益行为之情形，对准禁治产人而言是不公平的。同时，还欠缺对监护人给予报酬的规定，监护人的监护行为是一种劳动和付出，但却无相应之回报，对其是不公平的，不利于监护人积极主动地提供监护服务，继而影响被监护人利益之维护。

改革后的成年人监护法为实现公平保护的目标，对传统立法存在的制度缺陷进行弥补和修正。首先，允许身心障碍者实施与其剩余意思能力相适应的民事行为，但为公平保护被监护人以及第三人利益，监护人可以撤销身心障碍者实施的民事行为。其次，根据监护类型设置相应监护监督人。例如，1968 年修正后的《法国民法典》即根据监护类型设置了财产管理监督人及监护监督人。1999 年日本新民法同样依其监护类型分别设置了成年人监护监督人、保佐监督人及辅助监督人。最后，设立监护人报酬制度，给予监护人适当经济补偿，以激励其积极地履行监护义务。例如，修正后的《法国民法典》设立给予司法委托代理人经济补贴制度，1999 年日本新民法规定家庭法院得视监护人及被监护人资力等状况，从被监护人财产中给予监护人相当报酬。德国法同样有给予照管人费用补偿及报酬的规定。改革后的成年人监护法在制度设计上更趋完善，使公平保护成年被监护人利益的价值目标获得制度上之保障。

（四）秩序：寻求个人与社会利益的有机统一

秩序本质上表现为不同利益主体在相互角逐与较量的过程中，形成的具有连续性、反复性及可预测性的状态。法对秩序价值的追求，主要通过划定、分配和调整不同主体间的利益分配格局并以暴力或规范的方式作用于利益主体来实现。[1] 成年人监护法的制度设计即体现出法律在身心障碍者与社会之间划定利益空间，并设立相应规范以实现立法者对当时社会所需秩序的追求。然从不同时期成年人监护立法设计来看，在传统与现代之间，其

---

① 陈璐、吕一凡：《失能老年人口长期护理需求巨大》，载全国老龄委网：http://www.cncaprc.gov.cn/tongji/ 19228.jhtml，访问日期：2013 年 3 月 1 日。

所追求的秩序内涵在本质上亦有迥异。

传统成年人监护法所追求的秩序注重对社会交易秩序的维护，以保证交易安全快捷，推动社会经济发展所需积累大量原始资本的进程。禁治产宣告制度的确为社会经济发展需要的安全快捷的交易秩序提供了法律保障，但它过分维护社会交易利益，而将身心障碍者的个人利益限缩在狭小的利益空间内，阻碍和抹煞其自由生存和发展之权，严重割裂个人利益与社会利益的有机统一。同时，传统禁治产宣告制并不能适应老龄化社会的现实需求。高龄者精神或智力障碍是随着年龄的增长而不断出现的，而且障碍程度因人而异，显然不能完全为整齐划一的禁治产宣告制所调整。

现代成年人监护法尊重身心障碍者对自我生活的决定权利，赋予其参与民事活动的机会和空间，依其精神、智力及身体障碍程度分别设置不同的更加细化的监护类型，满足不同身心障碍者尤其是高龄者的现实需求，以使其个人利益得到最大限度之维护。由此可见，改革后的成年人监护法所追求的秩序价值，不仅注重维护社会交易秩序的稳定和安全，而且将这种秩序的稳定性及安全性建立在尊重和保护个人利益的基础之上，重新在社会利益和个人利益之间划定、分配和调整利益格局，使二者达至均衡和谐的统一状态。

### 四、完善我国成年人监护立法的启示

（一）我国成年人监护立法之检视

我国现行成年人监护制度主要被规定在 1986 年《民法通则》及其适用的司法解释中。从其制度设计来看，主要规定了成年人监护对象①、监护人选任及其资格②、监护顺序及其职责③、监护类型及监护监督④等内容。以现代成年人监护法所蕴含的价值理念考量，我国成年人监护法尚存不足，亟须修正以适应我国社会发展之需要。

第一，从现代成年人监护的平等价值上看，我国成年人监护制度存在如下不足。一方面，没有将监护类型细化，不能使部分尚存意思能力的身心障碍者行使"自决权"，不能彰显法律平等地保护民事主体行使权利的精神。当前，我国正面临老龄人口日益增多的社会情势，据 2010 年人口普查统计，60 岁以上老年人口为 1.78 亿人，占 13.26%，比 2000

---

① 根据我国《民法通则》第 17 条及最高人民法院《关于贯彻执行〈中华人民共和国民法通则〉若干问题的意见（试行）》第 5 条规定，我国成年人监护对象为精神病人（含痴呆症人）。

② 最高人民法院《关于贯彻执行〈中华人民共和国民法通则〉若干问题的意见（试行）》第 11 条规定，监护人的监护能力应根据监护人的身体健康状况、经济条件及与被监护人在生活上的联系状况等因素确定。

③ 根据我国《民法通则》第 17 条及最高人民法院《关于贯彻执行〈中华人民共和国民法通则〉若干问题的意见（试行）》第 14 条规定，我国成年监护人的监护顺序依次为：配偶、父母、成年子女、其他近亲属、关系密切的其他亲属朋友、精神病人的所在单位或住所地的村（居）委会或民政部门担任。根据《民法通则》第 18 条及最高人民法院《关于贯彻执行〈中华人民共和国民法通则〉若干问题的意见（试行）》第 10 条规定，监护人的职责包括：保护被监护人的人身、财产及其他合法权益，代理被监护人进行民事活动，对被监护人进行管理教育，担任被监护人的诉讼代理人。监护人除为被监护人利益外，不得处理其财产。在怠于履行或不当履行监护职责时，应承担责任，给被监护人财产造成损失的，应予赔偿。

④ 根据我国《民法通则》第 17 条及最高人民法院《关于贯彻执行〈中华人民共和国民法通则〉若干问题的意见（试行）》第 15—17 条及第 22 条规定，我国成年人监护类型为：法定监护、指定监护、约定监护及委托监护。根据我国《民法通则》第 18 条及最高人民法院《关于贯彻执行〈中华人民共和国民法通则〉若干问题的意见（试行）》第 20 条规定，在监护人怠于履行或不当履行监护职责时，其他有监护资格的人或单位均可向法院提起要求变更监护人之诉或要求监护人承担民事责任之诉。

年上升2.93个百分点，而全国城乡失能老年人（包含部分失能和完全失能）约为3300万人，其中完全失能老年人为1054万人，占总体老年人口的6.31%，到2015年，我国老年人口将突破2亿人，是世界上老年人口最多的国家。老龄者因年老而引起智力减退、精神耗弱等精神或智力障碍，以致判断能力不足，无法正常处理部分事务，而亟须他人予以辅助。我国现行成年人监护制度尚未细化监护类型，不能平等保护身心障碍者行使民事权利。另一方面，行为能力宣告制限制身心障碍者全部或部分行为能力，剥夺或部分剥夺其参与民事活动的可能机会。身心障碍者一旦被宣告为无民事行为能力人，即使简单的日常生活交易行为亦须由他人代理，陷入机会不平等之中。

第二，从现代成年人监护的自由价值上看，我国成年人监护制度存在如下不足。一方面，我国民事行为能力整齐划一的三元化划分，使精神障碍者陷入行为能力全部或部分被剥夺之不利境地，这意味着其自由处理私人事务的权利被限制，民事活动将由法定代理人代理或征得其同意。无行为能力之精神病人将不能参加一切民事活动，其所为法律行为无效，这显然与精神障碍者可以从事日常生活行为的事实相悖。另一方面，监护类型单一，缺乏任意监护制度。我国现行法规定了法定监护及指定监护两种类型，对体现受监护人意志的任意监护类型并无规定。在监护开始后，只能依法定监护顺序，选任监护人，即使被监护人尚存意思能力对此也无选择余地。值得思考的是，我国法将配偶作为第一顺位监护人，但当配偶已为高龄者，且其自身尚需保护时，如何履行监护职责不无疑问。

第三，从现代成年人监护的公平价值上看，我国成年人监护制度存在如下不足。一方面，监护人职责规定过于简单抽象，不利于被监护人利益的公平保护。我国现行法虽规定监护人应以被监护人利益为目的，保护其人身、财产及其他合法权益，但对监护人的职责权限及具体方式则语焉不详。在监护人疏于管理或滥用职权的情势下，被监护人利益存在被损害的风险。另一方面，监护监督机制不健全。我国现行法虽规定法院可根据有监护资格的人或单位的申请，撤销监护人资格，但对如何行使监督权并无规定，实际上形成"人人都有权管，人人却都不管"的现象。没有健全的监护监督机制，被监护人利益难谓公平保护。另外，缺乏监护人报酬的规定，不利于激励监护人履行监护职责，对监护人亦难谓公平。

第四，从现代成年人监护的秩序价值上看，我国现行成年人监护制度同传统禁治产宣告制相似，存在未合理划定、分配和调整个人利益同社会利益之间的利益格局之不足。我国行为能力宣告制将精神病人依其精神障碍程度类型划分为无行为能力人及限制行为能力人，不能使其利用尚存的一定意思能力行使自决权，未经监护人代理、事前同意或事后追认，其所实施的法律行为无效。此种制度设计的理念在于过分追求社会交易秩序的稳定及安全，以牺牲身心障碍者个人利益为代价，将社会利益最大化目标发挥至极致。曾有新闻报道，某村镇政府制作铁笼将患有精神障碍的男子裸身囚禁两年余，其目的在于谋求安全稳定的社会秩序。① 从现代成年人监护法蕴含的秩序价值理念审视，我国现行成年人监护法有待矫正。

（二）我国成年人监护立法之完善

综上所述，我国成年人监护立法亟待完善。笔者认为，完善我国成年人监护法应当以

---

① 《村镇政府做铁笼，将精神病男子裸身关两年多》，载 http://gongyi.163.com/13/0704/10/92UE9IT1009363EC.html，访问日期：2013年7月4日。

现代成年人监护的价值理念为指导，并参酌国外先进立法，拟定因应我国社会情势的制度设计。

第一，修正民事行为能力制度，适度扩大监护范围。我国民事行为能力三分法的制度设计并不符合成年人行为能力的客观事实，身心障碍者在一定范围内仍可以实施与其精神智力相适应的行为，如购置日用品等日常生活行为。鉴于尊重客观事实，应借鉴国外立法经验，废除成年人无行为能力宣告制度，赋予其限制行为能力，许可其参加与精神智力程度相适应的民事活动，其所实施的法律行为可以依法撤销。同时，对成年人监护对象应予扩大，不同程度的智力障碍者及因身体障碍导致意思能力不足者应予囊括，在必要时可以监护法予以救济，以保障其合法权益。

第二，细化监护类型，引入任意监护制度。为保障身心障碍者的最佳利益，现有监护类型应予细化，在立法体例上可以借鉴日本法之规定，对心神丧失、经常性缺乏意思能力的成年障碍人，置监护；对精神或智力耗弱，意思能力显然不足者，置保佐；对非精神或智力耗弱但意思能力不足者，置辅助。根据身心障碍者障碍程度的轻重缓急及意思能力的剩余状况，在必要性及补充性原则的限度内，设置保护措施，以弥补其意思能力之不足。同时，增设任意监护制度，一方面，在成年障碍人意思能力剩余的限度内，允许其自行选任监护人，并不拘泥于监护顺序。另一方面，认可成年人为预防日后出现身心障碍需他人照顾的情事，在身心健康状态下提前作出委任他人作为监护人的安排决定。在出现身心障碍事由时，受托监护人应履行监护职责。

第三，明确监护职责，完善监护监督制度。鉴于将我国现行成年人监护类型细化为监护、保佐及辅助的构想，应同时明确监护人、保佐人及辅助人的各自职责范围，以公平保护身心障碍者及第三人的合法权益。同时，监护人应以保护被监护人的人身、财产及其他合法权益为宗旨，在料理被监护人的生活及财产事务时，应尊重其意思，并须考虑到其身心状态及生活状况。被监护人可以实施与其意思能力相适应的民事行为，如日常生活行为，但监护人为其利益考虑，可以撤销。保佐人在特定范围内对被保佐人实施的特定法律行为有代理权及同意权，如金钱行为、物权行为、债务行为、赠与行为及继承行为等，对未经其同意的法律行为可以撤销，但并不损害受保佐人利益的除外。辅助人的职责范围可以和受辅助人协商确定，仅根据受辅助人需要，在特定民事活动中有代理权及同意权。另外，完善我国监护监督制度，建议由村（居）委会及民政部门担任监护监督人。废除现行法有关在精神病人无监护人时，由其所在单位或住所地村（居）委会及民政部门担任监护人之规定，改为在精神病人无监护人时，由其住所地福利机构（如敬老院、养老院及福利院）担任监护人，[①] 村（居）委会及民政部门专司监护监督人职责。在村（居）委会及民政部门各设置专职人员负责履行监护监督职能，民政部门专职监督人员负责指导村（居）委会的专职监督人员的日常工作。

第四，增订监护人报酬制度，明确监护变更的实体及程序要件。建议规定监护人享有获取报酬的权利，其报酬来源可以从被监护人财产中支付，在被监护人无财产时也可以由

---

① 据媒体报道，目前全国城乡共有各类社会福利机构 42057 家，社区服务机构 9319 家，星光老年之家 2.5 万个，便民利民网点 93.7 万个，城镇老年人福利机构和社会力量举办的社会福利机构已呈现日益上升和蓬勃发展的局面。因此，笔者认为，目前让社会福利机构担任监护人已具备现实基础。参见《中国城乡已有各类社会福利机构四万余家》，载 http://news.sohu.com/20081104/n260437452.shtml，访问日期：2013 年 7 月 4 日。

当地民政部门支付。另外，应明确监护变更的实体及程序要件。法律应对因监护人辞任、解任及失格等能引起监护变更的事由予以明确规定。建议规定监护人应依法履行监护职责，不得辞职，但有正当理由的除外，如监护人因年老、疾病、残疾等身体因素不能履行职责，或监护人居所变动以致不便履行监护职责，或基于经济生活原因不能履行监护职责等。建议规定监护人在怠于履行监护职责，或其监护行为损害被监护人正当权益时，即丧失监护资格，由其他监护人或监护监督人向法院提出变更监护之诉。在程序上，建立监护监督人定期走访制度。监护监督人应于每月定期到被监护人住所地了解、察访监护人履职情况。如发现监护人怠于履行或不当履行职责，应立即将上述事由报告给法院，并提出新的监护人选，在没有确定新监护人时，监护监督人应暂为履行监护职责。

# 中国民法典之监护制度立法体系构建研究①

陈苇 李艳*

## 目　次

党的十八届四中全会提出建设社会主义法治国家的治国方略，并明确要求编纂民法典。监护制度作为我国民法体系的重要组成部分，在社会生活中发挥着不容忽视的作用。目前，随着我国社会经济的发展，民众生活水平和生活要求的提高，我国现行监护制度的缺陷日渐显现。为更好地保护未成年人与成年障碍者的利益，有必要补充完善我国监护制度并将其纳入正在编纂的民法典之中。

我们认为，构建我国监护制度的立法体系，应当从两个方面进行考量：一是监护制度的外部体系，即监护制度在民法典中的立法体系，其在民法典的结构中应居于何位置？二是监护制度的内部体系，即监护制度本身的立法体系，其应当由哪些具体制度构成？为补充完善我国监护制度并将其纳入正在编纂的民法典之中，需要对我国现行监护制度立法体系进行研究，就外部体系而言，只有合理地、科学地确定监护制度在民法典中的具体位置，才能更好地发挥其功能作用；就内部体系而言，只有合理地、科学地确定监护制度本身各项具体制度的构成，才能相互衔接，相辅相成，更好地共同发挥监护制度的功能作用。

## 一、我国监护制度的立法体系之诸种观点的考察与评析

2017 年 3 月 15 日通过的《民法通则》第二章"自然人"第二节"监护"中已对我

---

① 本文为 2014 年度中国法学会部级研究课题"我国妇女儿童权益保障情况实证调查研究"（课题编号：CLS2014D045）的阶段性成果；西南政法大学 2014 年度重大专项项目"我国妇女儿童权益法律保障情况实证调查研究"（项目编号：2014XZZD_002）的阶段性成果，载《西南政法大学学报》2017 年第 2 期，在被编入本书时对个别标题和内容进行了适当修改。
* 陈苇，女，西南政法大学外国家庭法及妇女理论研究中心主任，民商法学院教授、博士生导师；李艳，女，西南政法大学民商法博士研究生，大理大学讲师。

国监护制度作了较为详尽的规定，有利于 2020 年前出台的《民法典·婚姻家庭编》的立法，但限于时间和篇幅，对于该节规定的内容的分析研究，留待另文进行。

为推进我国民法典的制定，我国学者已经先后撰写和发表了我国民法典的多份建议稿。对于如何构建我国民法典之监护制度立法体系，从我国学者的诸份民法典建议稿，到我国学者论文中关于民法典监护制度立法体系的论述，可谓众说纷纭，诸学者的观点仍存在较大分歧。以下我们选取梁慧星教授主持编纂的《中国民法典草案建议稿》①、王利明教授主持编纂的《中国民法典学者建议稿》②、徐国栋教授主持编纂的《绿色民法典草案》③ 以及部分学者的论文，对其中监护制度的立法体系进行考察与评析。

（一）我国监护制度的立法体系之诸种观点的考察

1. 梁慧星等学者建议稿的监护制度立法体系

从该建议稿之监护制度的外部立法体系来看，监护制度被集中规定在第六编"亲属"的第七十六章"监护与照顾"中，共计 49 条。

从该建议稿之监护制度的内部立法体系来看，包括未成年人监护与成年人照顾。该建议稿监护制度的内部立法体系采用的是"两分法"的立法模式，即将监护制度分为未成年人监护和成年人照顾制度。其没有设立专章或专节规定监护制度通则性一般规定，而是将通则性一般规定与具体制度合并在一起规定；该建议稿将未成年人监护分为意定的与法定的两种类型，虽然在第六编"亲属"的第七十三章"父母子女"中设置了"父母照顾权"的内容，但使用的仍然是广义的监护概念，其未成年人监护制度仍然包括父母对未成年子女的监护和非父母对未成年人的监护；其将成年人监护的名称已修改为成年人的照顾和辅助，分为意定的与法定的两种类型，并根据被监护的成年人行为能力的不同，其措施有照顾和辅助两个层级的划分。

2. 王利明等学者建议稿的监护制度立法体系

从该建议稿之监护制度的外部立法体系来看，监护制度被集中规定在第一编"总则"的第二章"自然人"之第二节"监护"中，共计 15 条。

从该建议稿之监护制度的内部立法体系来看，包括未成年人监护和精神病人的监护制度。其监护制度的内部立法体系采用的是"一分法"的立法模式，即将监护制度通则性一般规定、未成年人监护和精神病人监护的内容合并在一起加以规定，既没有设立专门的章节对上述三部分的内容分别加以规定，也没有设立专门的章节对监护制度通则性一般规定加以规定，而是将通则性一般规定与具体制度内容合并在一起加以规定；其将未成年人监护分为意定的与法定的两种类型，包括父母对未成年子女的监护和非父母对未成年人的监护，即使用的亦是广义的监护概念；其将成年人监护分为意定的与法定的两种类型，是对无行为能力或限制行为能力的精神病人的监护，即仍然沿用我国现行《民法通则》的立法体系模式，对成年人监护的名称未作修改，对成年人监护制度的措施亦未进行层级

---

① 梁慧星：《中国民法典草案建议稿附理由——亲属编》，法律出版社 2006 年版，以下简称"梁稿"，下文引用该建议稿中监护制度之条文均来自此书。

② 王利明：《中国民法典学者建议稿及立法理由（总则编）》，法律出版社 2005 年版，以下简称"王稿"，下文引用该建议稿中监护制度之条文均来自此书。

③ 徐国栋：《绿色民法典草案》，社会科学文献出版社 2004 年版，以下简称"徐稿"，下文引用该建议稿中监护制度之条文均来自此书。

划分。

**3. 徐国栋等学者建议稿的监护制度立法体系**

从该建议稿之监护制度的外部立法体系来看，监护制度被规定于第一编"人身关系法"第一分编"自然人法"的第二题"市民社会的自维护"之第一章"对无行为能力人的保护"，以及第一编"人身关系法"第三分编"婚姻家庭法"的第三题"亲属法"之第二章"亲子关系"的第六节"亲权"中，共计296条。

从该建议稿之监护制度的内部立法体系来看，包括通则性一般规定，父母对未成年人的亲权和非父母对未成年人的监护，成年人的监护和保佐。其内部立法体系采用的是"三分法"的立法模式，在未成年人监护和成年人监护之前，首先规定通则性一般规定，该一般规定被置于"保护"一节的开篇；其将未成年人监护分为意定的与法定的两种类型，包括父母对未成年人的亲权和非父母对未成年人的监护，即其使用的是狭义的监护概念；其将成年人监护分为意定的与法定的两种类型，名称修改为成年人的监护和保佐，监护的措施分为监护和保佐两个层级。

**4. 其他学者论文中的监护制度立法体系**

除上述诸份学者建议稿构建的监护制度立法体系外，我国一些学者在论文中也发表了对监护制度立法体系之构建的观点。比较有代表性的有：李洪祥教授等认为，监护制度既是一项重要的民事法律制度，也是婚姻家庭法的一项重要制度。由民法典作总体规定、亲属法作具体规定更为合适。对亲权与监护，应分别立法，由亲属法对其各自的内容和两者如何衔接作出规定[①]。杨立新教授认为，应当将监护制度作为主体法在民法总则中予以一并规定，在民法总则之中建立亲权、监护和照管三位一体的监护制度[②]。夏吟兰教授认为，监护作为一项具体的法律制度，不应当被规定在民法的总则当中，而应当被规定在婚姻家庭法中，这符合未来民法典的总分体例，符合监护制度的双重法律属性，也符合大陆法系国家民法典的体系化传统，且有利于监护制度的完善与发展[③]。

**（二）我国监护制度的立法体系之诸种观点的评析**

通过对上述我国诸学者建议稿以及部分学者论文中观点的考察，我们发现，对于如何构建我国监护制度的立法体系，我国学者有着多种不同的观点。

第一，从我国监护制度的外部立法体系上看，目前我国学者主要有两种立法模式之主张，第一种主张采取"总—分"的立法模式，即在民法典"总则编"中作出监护的通则性一般规定，在民法典"婚姻家庭编"中作出未成年人监护和成年人监护的具体规定，如李洪祥等学者的观点。第二种主张采取"集中立法"的模式，如上述三部学者建议稿及杨立新、夏吟兰等学者的观点，但此种立法模式又可分为三种体例，第一种为在民法典"总则编"进行集中立法，如"王稿"以及杨立新学者的观点；第二种为在民法典"婚姻家庭编"进行集中立法，如"梁稿"和夏吟兰学者的观点；第三种为在民法典"人身关系法编"进行集中立法，如"徐稿"的观点。

第二，从监护制度的内部立法体系上看，上述三部学者建议稿的监护制度内部立法体

---

① 李洪祥、王春莹：《婚姻法律存在的问题及对策研究——以亲属法体系的完善为视角》，载《当代法学》2012年第2期。

② 杨立新：《〈民法总则〉制定与监护制度之完善》，载《法学家》2016年第1期。

③ 夏吟兰：《民法典体系下婚姻家庭法之基本架构与逻辑体例》，载《政法论坛》2014年第5期。

系，归纳起来有三种模式，第一种为"一分法"的立法模式，即将监护制度集中统一规定于民法典的"总则编"的"监护"之下，将监护制度的通则性一般规定、未成年人监护、老年人监护的内容合并在一起作出规定，如"王稿"；第二种模式为"二分法"的立法模式，即将监护制度划分为未成年人监护和成年人监护分别加以规定，但不设专门的章节规定统领监护制度的通则性一般规定，如"梁稿"；第三种模式为"三分法"的立法模式，即在未成年人监护与成年人监护之前，设立通则性的"一般规定"，如"徐稿"。

第三，从监护制度的名称、类型和监护措施的层级上看，一方面，对于未成年人监护，上述三部学者建议稿中只有"徐稿"区分了父母对未成年子女的亲权和非父母对未成年人的监护，即采用狭义的监护概念，其他两部学者建议稿均未区分父母对未成年子女的亲权和非父母对未成年人的监护，即采用广义的监护概念。同时，上述三部学者建议稿均将未成年人监护分为意定的与法定的两种类型。另一方面，对于成年人监护，上述三部学者建议稿均分为意定的与法定的两种类型，但各稿所使用的名称和划分的层级有所不同，其中"梁稿"和"徐稿"对成年人监护的名称进行了修改，分别改为"成年人照顾"和"成年人监护和保佐"，此外，"徐稿"还对监护的措施层级进行了划分，划分为监护和保佐两个层级。而"王稿"除仍继续沿用我国现行《民法通则》的立法体例外，亦没有对成年人监护的名称进行修改，虽然对不同行为能力人的监护职责之规定内容确有不同，但并没有对监护措施在名称上进行层级的划分。

综上所述，我国诸学者建议稿及学者论文中各自构建的监护制度立法体系仍存在较大差异，也就是说，对于如何设计我国监护制度的立法体系，学者们的认识尚不统一。究竟应当如何构建较为科学、合理的民法典之监护制度立法体系，更好地保护未成年人、无行为能力和限制行为能力的成年人的权益，值得我们进一步深入研究。鉴于此，以下我们将选取部分外国监护制度的立法体系进行考察，评析和汲取外国监护制度立法体系的经验，并考察我国现行监护制度立法体系，反思剖析我国监护制度的立法体系之不足，从而提出构建中国民法典之监护制度立法体系的建议，以期为我国立法机关提供参考。

**二、外国监护制度立法体系的现状与评析**

我们选取大陆法系的德国、瑞士、日本、俄罗斯、法国五个国家的监护制度的立法体系进行考察与评析，以期从中汲取可资借鉴的立法经验。

（一）外国监护制度立法体系的现状

1. 德国监护制度立法体系的现状

从德国监护制度的外部立法体系来看，德国的监护制度被集中规定在《德国民法典》① 第四编"亲属法"之中，包括第二章"亲属"之第五节"父母照顾"、第六节"辅佐"，第三章"监护、法律上的照管、保佐"，排除被废除的部分后，共计193条。

从德国监护制度的内部立法体系来看，包括未成年人的父母照顾、辅佐，不处于父母照顾未成年人的监护制度以及成年人的法律上的照管、保佐制度。德国监护制度的内部立法体系采取"两分法"的立法模式，将监护制度分为未成年人监护和成年人监护两部分，但没有专门的章节设立监护制度的通则性一般规定，其监护制度的通则性一般规定被置于

---

① 《德国民法典》，陈卫佐译注，法律出版社2015年版，本文以下引用德国监护制度之条文均来自此法典。

未成年人监护和成年人监护的具体内容当中。德国的未成年人监护，可分为未成年人的父母照顾、辅佐与不处于父母照顾下的未成年人监护，即对父母对未成年子女的照顾与非父母对未成年人的监护做了区分，其使用的是狭义的监护概念，但并没有使用"亲权"一词，而是代之以"父母照顾"一词。并且，非父母对未成年人的监护可分为意定的与法定的两种类型。德国的成年人监护制度，虽未确立意定的监护类型，但其规定为成年人选任监护人应尊重被监护人的意见尤其是书面意见。其名称已被修改为"成年人的法律上的照管、保佐"，并根据被监护的成年人行为能力的不同，将成年人监护的措施区分为法律上的照管与保佐两个层级。

2. 法国监护制度立法体系的现状

从法国监护制度的外部立法体系来看，法国的监护制度被集中规定在《法国民法典》① 第一卷"人法"中，包括第九编"亲权"、第十编"未成年、监护及解除亲权"、第十一编"成年及受法律保护的成年人"以及第十二编"受监护的未成年人与成年人的概括财产的管理"，共计228条。

从法国监护制度的内部立法体系来看，包括父母对未成年子女的亲权和非父母对未成年人的监护，成年人的司法保护和监护制度。此外，法国监护制度中还专门制定了"受监护的未成年人与成年人的概括财产的管理"一编，对同时适用于受监护的未成年人和成年人的财产管理制度作出统一的规定。其内部立法体系采用的也是"两分法"的立法模式，将监护制度分为未成年人监护和成年人监护两个部分的内容，没有以专门的章节设立监护制度的通则性一般规定。然而，与德国监护制度不同的是，法国的监护制度通则性一般规定虽然也被规定在具体内容当中，而其通常在每章的开始及每节的开始就规定该章节的"一般规定"。法国的未成年人监护，可分为亲权与监护，即包括父母对未成年子女的亲权与非父母对未成年人的监护，其使用的是狭义的监护概念。并且，非父母对未成年人的监护，可分为意定的与法定的两种类型。法国成年人监护制度可分为意定的与法定的两种类型。其名称已被修改为"成年人的保护"，包括成年人的司法保护、监护和财产管理制度，即根据被监护的成年人行为能力的不同，对成年人监护的措施划分为司法保护、监护和财产管理三个层级。此外，被监护人的财产管理被单列一编，同时适用于被监护的未成年人和成年人。

3. 瑞士监护制度立法体系的现状

从瑞士监护制度的外部立法体系来看，瑞士的监护制度被集中规定在《瑞士民法典》② 第二编"家庭法"之中，包括第二分编"父母"的第八章"亲子关系的效力"之第三节"亲权"、第四节"子女的财产"、第五节"受监护的未成年人"以及第三分编"成年人的保护"，共计148条。

从瑞士监护制度的内部立法体系来看，包括父母对未成年人的亲权和非父母对未成年人的监护，成年人保护制度。其内部立法体系采用的也是"两分法"的立法模式，将监护制度分为未成年人监护和成年人监护两部分的内容，但没有专门的章节设立监护制度的

① 《法国民法典》，罗结珍译，北京大学出版社2010年版，本文以下引用法国监护制度之条文均来此法典。

② 《瑞士民法典》，于海涌、赵希璇译，法律出版社2016年版，本文以下引用瑞士监护制度之条文均来此法典。

通则性一般规定，而是将通则性一般规定置于具体制度当中，即在每章的开始及每节的开始就设有该章节的"一般规定"。瑞士的未成年人监护，对亲权与监护做了区分，包括父母对未成年子女的亲权与非父母对未成年人的监护，即使用的是狭义的监护概念。并且，将非父母对未成年人的监护分为意定的与法定的两种类型。瑞士法将成年人监护分为意定的与法定的两种类型。其名称已被修改为"成年人保护"。其成年人保护的措施，包括自己预定的措施、依法应采取的措施和主管机构采取的措施三种。并且，其对成年人保护措施依据不同的监护执行主体进行了代理、医疗事务的代理、辅助、监护等层级划分。

4. 日本监护制度立法体系的现状

从日本监护制度的外部立法体系来看，日本的监护制度被分别规定在《日本民法典》[①] 第一编"总则"与第四编"亲属"中，使用了"总—分"的立法模式，内容包括第一编"总则"的第二章"人"之第二节"行为能力"中第 7 条至第 20 条的规定，以及第四编"亲属"之第四章"亲权"、第五章"监护"、第六章"保佐及辅助"，共计 84 条。此外，日本《关于任意后见契约之法律》[②] 中规定了成年人的意定监护制度。

从日本监护制度的内部立法体系来看，包括通则性一般规定、父母对未成年子女的亲权和非父母对未成年人的监护，成年人的监护、保佐及辅助。其内部立法体系采用"三分法"的模式，监护制度由监护的通则性一般规定、未成年人监护和成年人监护三个部分组成，通则性一般规定（主要是成年人监护的通则性一般规定）被置于《日本民法典》"总则编"中，未成年人监护和成年人监护制度则被置于《日本民法典》"亲属编"及《意定监护法》中。《日本民法典》第一编"总则"的第二章"人"，设置了成年人监护制度的通则性一般规定。其主要内容包括：成年人监护的通则性一般规定（开始监护的裁定、成年被监护人及其监护人、成年被监护人的法律行为、开始监护裁定的撤销）、成年人保佐的通则性一般规定（开始保佐的裁定、被保佐人和保佐人、需要保佐人同意的行为、开始保佐裁定的撤销）、成年人辅助的通则性一般规定（开始辅助的裁定、被辅助人和辅助人、被辅助人的行为能力、开始辅助裁定的撤销），以及关于各裁定的相互关系、限制行为能力人的相对人的催告权等。日本法将未成年人监护，区分为亲权与未成年人的监护，包括父母对未成年子女的亲权与非父母对未成年人的监护，即使用的是狭义的监护概念。并且，将非父母对未成年人的监护分为意定的与法定的两种类型。日本的成年人监护分为意定的与法定的两种类型。其对成年人监护的名称并未修改，但根据被监护的成年人行为能力的不同，将监护措施分为监护、保佐和辅助三个层级。

5. 俄罗斯监护制度立法体系的现状

从俄罗斯监护制度的外部立法体系来看，俄罗斯的监护制度被分别规定在《俄罗斯联邦民法典》[③] 第一编"总则"与《俄罗斯联邦家庭法典》中，使用的是"总—分"的立法模式。《俄罗斯联邦民法典》对监护制度通则性一般规定和成年人监护制度作了规定，包括第一编"总则"的第二分编"人"之第三章"公民（自然人）"之中第 31 条

---

① 《日本民法典》，王爱群译，法律出版社 2014 年版，本文以下引用日本监护制度之条文均来自此法典。

② 日本于平成十一年（1999 年）十二月八日通过第 150 号法律，即《关于任意后见契约之法律》，本文简称为《意定监护法》，该法规定了公共机关进行监督的成年人意定监护制度。

③ 《俄罗斯联邦民法典》，黄道秀译，北京大学出版社 2007 年版，本文以下引用俄罗斯民法典中监护制度之条文均来自此法典。

至第 41 条，共计 11 条；《俄罗斯联邦家庭法典》对未成年人监护的具体内容作了规定，包括第四编"父母和子女的权利和义务"之第十一章"未成年子女的权利"、第十二章"父母的权利和义务"以及第六编"无父母照管的子女的教育方式"之第十八章"无父母照管的子女的发现和安置"，共计 40 条。

从俄罗斯监护制度的内部立法体系来看，包括父母对未成年子女的亲权和非父母对未成年人的监护和保护，成年人的监护和保护。俄罗斯监护制度的内部立法体系采用的是"三分法"的立法模式，监护制度由监护的通则性一般规定、未成年人监护、成年人监护三部分组成。俄罗斯监护制度的通则性一般规定被置于《俄罗斯联邦民法典》第一编"总则"中，包括监护的通则性一般规定（监护设立的原因、监护机关、监护人、监护人职责的履行、被监护人财产的处分、被监护人财产的委托管理、免除和撤销监护人履行其职责、监护的终止），保护的通则性一般规定（保护设立的原因、保护机关、保护人、保护人职责的履行、被保护人财产的处分、被保护人财产的委托管理、免除和撤销保护人履行其职责、保护的终止）。俄罗斯的未成年人监护制度被规定在《俄罗斯联邦家庭法典》中，仅规定有法定监护，未规定意定监护。其对亲权和监护做了区分，包括父母对未成年子女的亲权和非父母对未成年人的监护和保护，即使用的是狭义的监护概念。并且，非父母对未成年人的监护之名称已经被修改为"监护和保护"。俄罗斯的成年人监护，未规定意定的监护类型，其制度的名称被修改为"监护和保护"，并根据被监护的成年人行为能力的不同，其监护措施可分为监护和保护两个层级。

（二）外国监护制度立法体系的评析

通过对上述国家监护制度立法体系的考察，可以总结出各国的监护制度立法体系既有相同之处，亦有各自不同的特色。

1. 外国监护制度立法体系的相同之处

（1）外国监护制度的外部立法体系，呈现监护制度的主要内容被规定在"亲属编"或"家庭编"中的特点

上述各国监护制度的外部立法体系，虽然立法模式有所不同，但除个别国家将一般性规定和成年人监护制度规定在"总则编"外，其余国家的监护制度的主要内容均被规定在"亲属编"或"家庭编"中，反映了监护制度之"以亲属监护为主，机构监护为辅"的特点。其中，德国、瑞士的监护制度被集中规定在民法典的"亲属编"（德国）或"家庭编"（瑞士）中；日本、俄罗斯的监护制度虽然有部分被规定在民法典"总则编"中，但被规定在"总则编"中的主要是监护制度的通则性一般规定（但俄罗斯的成年人监护制度是被规定在"总则编"），监护制度的具体内容主要被规定在民法典的"亲属编"（如日本）或"家庭法典"（如俄罗斯的未成年人监护制度被规定在《俄罗斯联邦家庭法典》中）之中。法国的监护制度被集中规定于民法典的"人"法中，这是因为《法国民法典》的立法体例承继了《法学阶梯》的立法模式而稍加调整，分为人法、物法和债法，其婚姻家庭制度亦被规定在民法典的"人"法中，监护制度被置于第一卷"人"的第九编"亲权"之后。从这个角度来看，《法国民法典》中的监护制度仍然是被规定在婚姻家庭法之中，反映了"以亲属监护为主，机构监护为辅"的特点。

（2）外国监护制度内部结构体系，一般都包括通则性一般规定、未成年人监护和成年人监护三种制度，并且对于未成年人监护制度和成年人监护制度，前述多数国家设立专

门的章节分别予以规定

上述大陆法系国家的监护制度，从内部结构来看，对于通则性一般规定除少数国家无专门的规定外，多数国家的立法均包括未成年人监护制度和成年人监护制度。第一，监护制度的通则性一般规定。前述国家除德国外的其他四个国家均专门设有监护制度的通则性一般规定，其中日本和俄罗斯采取设立专门章节规定的立法模式，法国和瑞士采取不设专门的章节而在具体制度的每章或每节的开始部分对其予以规定的立法模式。第二，未成年人监护制度的内部立法体系。上述各国均区分父母对未成年子女的亲权和非父母对未成年人的监护，使用的是狭义监护概念；除俄罗斯外，其他四国均将非父母对未成年人的监护分为意定的和法定的两种类型；同时，部分国家对未成年人监护的名称和制度内容有所修改，如德国将未成年人监护的名称修改为父母对未成年子女的照顾和非父母对未成年人的亲权；俄罗斯对于非父母对未成年人的监护设有监护和保护两个层次。第三，成年人监护制度的内部立法体系。上述国家多分为意定的和法定的两种类型；对成年人监护的名称进行了修改，并根据被监护对象的行为能力不同，对监护措施的层级进行了划分。例如，将成年人监护措施分为两个层级的，有德国的"成年人的法律上的照管、保佐"制度、俄罗斯的"监护和保护"制度；将成年人监护措施分为三个层级的，有法国的"成年人的司法保护、监护和财产管理"、日本的"成年人的监护、保佐及辅助"。这种多层次的监护措施，能够更好地适应被监护人的不同需求，体现了对被监护人的意思能力的尊重，有利于尽可能利用被监护人的自主行为能力，能够更好地保护被监护人的合法权益。第四，前述各国的监护制度的外部立法体系，无论是采取"总—分"立法模式还是采取"集中"立法模式，其内部立法体系中，对于未成年人监护和成年人监护均采取"二分法"，均设立专门的章节分别予以规定。

2. 外国监护制度立法体系的不同之处

（1）外国监护制度外部体系的立法模式不同

上述大陆法系国家监护制度的外部立法体系，可以归纳为两种立法模式：第一种为"总—分"立法模式，即对监护制度在民法典"总则编"作出通则性的一般规定，在"亲属编"集中规定具体制度，如日本、俄罗斯的监护制度立法。第二种为集中立法的模式。该模式又分为两种立法体例，其一为民法典的"人法"集中立法模式，如法国的监护制度全部被集中规定在民法典的"人法"之中。其二为民法典的"亲属编"或"家庭编"集中立法的模式，如德国、瑞士的监护制度被集中规定在民法典的"亲属编"或"家庭编"中。

（2）外国监护制度内部体系的立法模式不同

上述大陆法系国家监护制度内部体系的立法模式，可以归纳为以下模式：第一种为"三分法"立法模式，即将监护制度分为通则性一般规定、未成年人监护和成年人监护三个部分，在未成年人监护与成年人监护制度之前，有专门的章节设立通则性一般规定，如日本、俄罗斯的立法。《日本民法典》在第一编"总则"中对成年人监护制度作了通则性一般规定，在第四编"亲属"中对未成年人监护和成年人监护制度作出规定；《俄罗斯联邦民法典》在第一编"总则"中对未成年人监护的通则性一般规定以及成年人监护制度分别进行规定，《俄罗斯联邦家庭法典》就父母对未成年子女的亲权和不处在父母亲权下未成年人的监护和保护，分别作出具体的规定。第二种为"二分法"的模式，即将监护制度分为未成年人监护和成年人监护两部分分别加以规定，没有设立专门的章节作出监护制度的通则性一般规定。该模式又可分为两种立法体例，一种为虽然没有设立专门的章节作出通则性一般规定，但是仍将通则性的一般规定设置于各项具体制度之前，如法国和瑞士的立法；另一种为德国的立法模式，既没有设立专门的章节作出通则性一般规定，也没有将通则性一般规定置于各具体制度之前，而是置于具体制度之中予以规定。

（3）外国监护制度的立法用语及制度的层次不同

上述各国民法典中的监护制度，对未成年人监护制度、成年人监护制度的名称及具体制度的层次划分略有不同。首先，关于父母对未成年人的监护，德国称为"父母照顾或称父母照护"，瑞士、法国、日本、俄罗斯均称为"亲权"；而对于非父母对未成年人的监护，这五国立法称为"监护"或"监护和保护"。其次，对成年人监护的称谓及制度层次划分，主要有三种立法模式，第一种是成年人监护包含两个层次措施的制度，如德国有"成年人的法律上的照管、保佐"、俄罗斯有"监护和保护"；第二种是成年人监护包含三个层次措施的制度，如法国有"成年人的司法保护、监护和财产管理"、日本有"成年人的监护、保佐及辅助"；第三种是《瑞士民法典》的模式，虽然从名称上看只有"保护"一个层次的制度，但根据行为的性质，该法将保护措施具体划分为代理、医疗事务的代理、扶助、监护等不同内容。

综上，上述国家监护制度的立法体系，既有共同点，也存在差异。我们认为，设计我国民法典的监护制度体系，应当从我国实际出发，对外国监护制度中的有益经验加以借鉴，以构建符合中国国情、具有中国特色的监护制度。首先，在外部立法体系上，可借鉴日本立法采取"总—分"的立法模式，即在外部体系上采取在民法典的"总则"中设置监护的通则性一般规定，在民法典的"婚姻家庭编"中集中分别规定未成年人监护、成年人监护的具体制度。其次，在内部立法体系上，可借鉴日本、俄罗斯的"三分法"立法模式，将监护制度分为通则性一般规定、未成年人监护和成年人监护三种制度，并设立专节分别加以规定。再次，从监护制度的分类、用语及措施的层次上看，对于未成年人的监护，宜借鉴上述国家区分为父母对未成年子女的照护权或亲权与不处在父母照护权或亲权下的未成年人的监护和保护；在立法用语上，父母对未成年人的监护，可借鉴德国立法称为"父母照顾或父母照护"，这体现了父母对于未成年子女的照顾和保护职责。对于非父母对未成年人的监护，可借鉴俄罗斯立法，称为"监护和保护"，以便针对不同年龄的未成年人采取不同的措施层次。对于成年人的监护，其名称可借鉴瑞士立法，称为"成年人的保护"，而在其措施层次上，可借鉴日本立法，称为"成年人的保护、保佐及辅助"，以便针对不同行为能力的成年人采取不同的措施层次。也就是说，前述德国、瑞士、俄罗斯等国监护制度具有时代性的用语，日本的监护制度的立法体系层次，对于我国立法具有较大的借鉴意义。

**三、我国监护制度立法体系的现状及不足**

2017年3月15日公布、10月1日起实施的《民法总则》在第二章以专节规定了

"监护"，由于《民法总则》中没有规定的仍可以适用《民法通则》及其司法解释①，以下我们对以《民法总则》为主体的我国现行监护制度为对象进行考察。

（一）我国监护制度立法体系的现状

目前，我国监护制度的基本内容被规定于我国《民法总则》、《民法通则》和1988年最高人民法院《关于贯彻执行〈中华人民共和国民法通则〉若干问题的意见（试行）》（以下简称《民通意见》）之中，并散见于现行的《婚姻法》、《收养法》、《未成年人保护法》、《妇女权益保障法》、《老年人权益保障法》、《预防未成年人犯罪法》和相关司法解释以及有关部门的意见等，共计十多个法律、法规及司法解释和部门意见之中。上述各项文件中有关监护的规定共计114条。

我国《民法总则》对监护制度的基本规定，共计14条。我国《民法通则》和《民通意见》对监护制度的基本规定，共计21条。其他法律法规、司法解释和部门意见等对监护制度的规定共计79条，内容涉及监护制度的许多方面。例如，现行《婚姻法》第23条规定了父母对子女的保护和教育的权利和义务，2013年修订的《老年人权益保障法》第26条规定了老年人的委任监护，2012年修订的《未成年人保护法》第10条至第16条规定了未成年人的监护人的义务（职责）、第43条规定了国家及相关机构对未成年人的救助义务，2014年最高人民法院、最高人民检察院、公安部、民政部《关于依法处理监护人侵害未成年人权益行为若干问题的意见》（下称2014年四部门《意见》）规定了涉及未成年人监护的报告和处置、临时安置、人身安全保护裁定等内容。

从法律适用对象的角度，考察我国以《民法总则》②为主体的监护制度的立法结构：第一，属于通则性一般规定的条款，即可以同时适用于未成年人监护和成年人监护的条款，共计29条。其主要内容包括：协议确定监护、机构指定监护、临时监护、机构监护、监护人的职责和权利及法律责任、监护职责的履行原则、监护的撤销与恢复（包括撤销请求权人、法定事由和程序、临时监护措施及法院指定新监护人的原则、恢复请求权人及其条件和程序）、监护的变更与终止等。第二，属于只适用于未成年人监护的条款共计79条，其主要内容包括：未成年人监护的开始原因、父母的遗嘱指定监护与委托监护、法定监护人的范围与顺序、未成年人的监护人履行监护职责的原则、监护监督机关、监护的撤销与恢复、国家公权力对监护的介入等。值得注意的是，2014年四部门《意见》第35条，对于未成年人的监护人之撤销监护资格的法定情形，除列举了六项具体情形外，还有

---

① 全国人民代表大会常务委员会副委员长李建国指出："民法总则草案通过后暂不废止民法通则。民法总则与民法通则的规定不一致的，根据新法优于旧法的原则，适用民法总则的规定。"转引自李建国：《关于〈中华人民共和国民法总则（草案）的说明〉——2017年3月8日在第十二届全国人民代表大会第五次会议上》，载《中华人民共和国民法总则》，法律出版社2017年版，第59页。

② 我国《民法总则》的内部立法体系，主要有三部分内容，分为监护的一般规定、未成年人监护与成年人监护。关于监护的一般规定，即同时适用于未成年人监护与成年人监护的规定，主要内容有协议确定监护、机构指定监护、临时监护、机构监护、监护人的职责和权利及法律责任、履行监护职责的原则、监护资格的撤销与恢复（包括撤销请求权人、法定事由和程序、临时监护措施及法院指定新监护人的原则、恢复请求权人及其条件和程序），以及撤销监护资格人的抚养费、扶养费、赡养费负担义务，监护终止的法定情形。关于未成年人监护的主要内容，包括未成年人监护的开始原因与类型，有意定监护（父母以遗嘱指定监护）与法定监护（法定监护人的范围、顺序、未成年人的监护人履行监护职责的原则）。关于成年人监护的主要内容，包括成年人监护的开始原因与类型，有意定监护（成年人本人协议委托监护）与法定监护（法定监护人的范围、顺序、成年人的监护人履行监护职责的原则）。

一项兜底条款"有其他严重侵害未成年人合法权益的"。第三，属于只适用于成年人监护的条款共计6条，其主要内容包括：成年人监护的开始原因与类型、成年人的意定监护（协议委托监护）、成年人的监护人履行监护职责的原则、成年人的法定监护人的范围和顺序、成年人监护争议的裁决机关、老年人的委任监护等。

（二）我国监护制度立法体系之不足

目前，随着我国经济社会的发展，城镇化的推进，人口流动的加快，我国核心家庭日益增多。我国家庭总数量已居于世界之首，现约有家庭户4.3亿户。家庭呈现出规模小型化、类型多样化的特点。二人家庭、三人家庭是主体，由两代人组成的核心家庭占六成以上①。在我国，老龄化程度日益加重，至2015年年底，我国60岁以上老年人口已经达到2.2亿人，占总人口比例达16.1%，并且未来一段时期老龄人口将持续快速增长；残疾人总数约为8500万人，其中失能、半失能老年人和不同程度的残疾人，他们各自需要有不同的监护措施，以满足帮助其维持正常化生活的需要。

我国现行监护制度的立法体系尚存在以下几个方面的不足，已不能满足我国这些特殊群体民众的现实生活需要。

1. 我国监护制度的外部立法体系分散，在婚姻法中欠缺具体监护制度的专门章节规定

如前所述，我的监护制度除基本内容被规定在《民法总则》《民法通则》与《民通意见》之外，其余内容散见于十多个相关的法律、法规及2014年四部门《意见》之中，呈现立法分散的特点。

我们从前述一些国家监护制度在民法典中的体例位置，考察其立法结构体系，发现德国、法国、瑞士、日本、俄罗斯五国监护制度的立法体系，均体现了集中立法或相对集中立法的模式，这体现了监护制度"以亲属监护为主，机构监护为辅"的特点。例如，对于监护制度的外部立法体系，除法国将监护制度集中规定于"人法"之中，其他四个国家均将监护制度的全部或大部分内容集中规定在本国民法典的"亲属编"或"家庭编"或"家庭法典"之中。

然而，反观我国监护制度的外部立法体系，其却是采取分散立法的模式，即在《民法总则》《民法通则》和《民通意见》中规定基本内容，并在其他法律法规及部门意见中分散规定其他部分内容，而在《婚姻法》中却欠缺监护制度的专门章节，即2017年10月1日起实施《民法总则》后仍然沿用《民法通则》之分散式立法体系。我们认为，这种分散式立法模式，可能会导致承担监护职责的父母或其他近亲属往往难以全面认识和掌握立法的内容，既不便于民众知法、守法、用法，也不便于司法机关执法。同时，我国在《婚姻法》中没有专门的章节对监护制度加以规定，不利于监护制度立法体系的系统性完善，不能适应调整监护关系之"以亲属监护为主，机构监护为辅"的社会现实需要。

2. 我国监护制度的内部立法体系采取"一分法"的立法模式，除通则性一般规定存在遗漏外，未成年人监护和成年人监护制度的立法体系也均不完善

我国监护制度的内部立法体系采取"一分法"的立法模式，监护的通则性一般规定、未成年人监护和成年人监护三部分内容目前是合并在一起的，主要由《民法总则》加以

---

① 国家卫生和计划生育委员会：《中国家庭发展报告》，中国人口出版社2015年版，第3-6页。

规定。从前文所述外国监护制度的内部立法体系进行考察，日本、俄罗斯采取的是"三分法"的立法模式，法国、德国和瑞士采取的是"二分法"的立法模式，即没有一个国家采取"一分法"的立法模式。对于未成年人监护，前述五个国家均采取狭义的监护概念，区分父母对未成年子女的监护与非父母对未成年人的监护；对于成年人监护，前述五个国家均根据被监护对象行为能力的不同划分了成年人监护措施的不同层级，为两个层级或三个层级。

反观我国现行的监护制度内部立法体系，主要存在以下不足：

首先，我国监护制度的通则性一般规定存在遗漏，如监护的拒绝与辞任、非近亲属监护人的报酬请求权、监护监督人的资格、设立及职责、监护终止的财产清算等在立法中均无规定。这些监护的通则性规则的缺失，不利于对具体制度内容立法的指导，有可能导致立法重复，不利于节约立法成本。

其次，我国未成年人监护和成年人监护制度的立法体系均不完善。我国未成年人监护制度的立法体系有缺失主要体现在以下几个方面：

一是未区分父母对未成年子女的监护与非父母对未成年人的监护，这不利于区分不同监护主体的监护职责；

二是未成年人的监护人的监护职责与监护监督的具体制度存在缺失，这不利于更好地保护被监护的未成年人的利益。

我国成年人监护制度的立法体系亦存在缺失主要体现在以下几个方面：

一是未根据被监护对象行为能力的不同划分监护、保佐和辅助等保护措施的层级，这不能满足失能、半失能老年人，不同程度的残疾人，各自的不同需要；

二是成年人的监护人的监护职责与监护监督的具体制度存在缺失，这不便于监护人、监护监督人各尽其职，不利于更好地保护被监护的成年人的利益。

### 四、中国民法典之监护制度立法体系的构建设想

我们认为，对中国民法典之监护制度立法体系的科学构建，有利于制定出结构完整、逻辑清晰、内容完备的监护制度，才能更好地保护未成年人、成年障碍者的人身和财产权益，以彰显现代监护制度之尊重和保障被监护人的人权，尊重被监护人的意愿，尽可能利用其本人的自主行为能力的立法理念。

值此中国民法典编纂之际，如何构建符合中国国情的、科学的监护制度之立法体系，对于实现中国民法典之监护制度的体系化及其内部结构的完整性和逻辑性，具有十分重要的意义。

（一）我国监护制度立法体系之构建设想

根据监护制度的调整对象分为未成年人与成年人，应当根据被监护人的不同行为能力设置不同监护措施的实际情况，通过对我国民法典的诸学者建议稿的监护制度之立法体系的观点分歧之考察，在对外国监护制度之立法体系进行考察和评析的基础上，针对我国监护制度立法体系存在的不足，从我国实际出发，借鉴国外立法经验，结合 21 世纪现代外国监护制度的变革趋势，我们建议对我国监护制度从名称上和立法体系上都予以适当修改补充和完善，特提出以下构建我国监护制度立法体系的设想。

首先，我国监护制度的外部立法体系之构建，建议采取"总—分"的立法模式，即

在民法典的"总则编"中设专节规定监护与保护的通则性一般规定。我国于 2017 年 10 月 1 日起实施的《民法总则》对监护制度作出了规定,将其置于自然人民事权利能力与民事行为能力专节之后,这是合理的;还应当在民法典的"婚姻家庭编"中设立"监护与保护"专章下设专节,分别对"未成年人的监护与保护"和"成年人的保护"制度作出具体规定。

其次,我国监护制度的内部立法体系之构建,建议采用"三分法"的立法模式,即除在民法典的"总则编"中设置监护与保护的通则性一般规定外,在"婚姻家庭编"中设立"未成年人的监护与保护"和"成年人的保护"两项制度,前者的结构体系可分为父母对未成年子女的照护与非父母对未成年人的监护与保护,后者的结构体系可分为成年人的保护、保佐和辅助,三者共同构成完整的监护制度内部立法体系。

最后,在"婚姻家庭编"的"父母子女"章中之"父母抚养"节之后设"父母照护"节,设置父母对未成年子女照顾和保护的职责。然后,在"父母子女"章之后另设"监护与保护"专章,其下设置"未成年人的监护和保护"、"成年人的保护"两节,前者规定非父母对未成年人的监护和保护,其又可分为"意定的未成年人监护和保护"与"法定的未成年人监护和保护"两种类型;后者规定成年人的保护措施,其又可分为"意定的成年人保护措施"与"法定的成年人保护、保佐、辅助"两种类型。我国监护制度立法体系的结构表如下图所示。

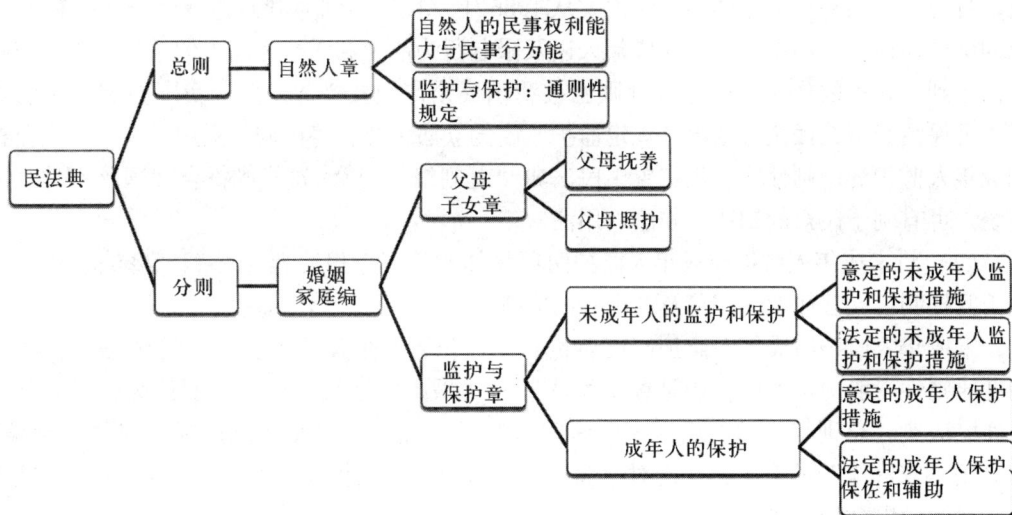

**图　我国监护制度立法体系的结构**

(二)我国监护制度立法体系之构建的理由分析

1. 我国监护制度外部立法体系采取"总—分"立法模式的理由分析

对于构建我国民法典之监护制度的外部立法体系,建议借鉴《日本民法典》的"总—分"立法模式,将监护与保护的通则性一般规定置于民法典的"总则编"中,将未成年人的监护与成年人的保护两种具体制度置于民法典的"婚姻家庭编"中。其主要理由如下:

(1)将监护与保护的通则性一般规定置于民法典"总则编"中,有利于避免重复立

法，且符合我国现有的立法传统

第一，监护与保护的通则性一般规定是对未成年人的监护和保护、成年人的保护之具体制度内容的高度概括，而未成年人的监护和保护、成年人的保护的具体制度则是对通则性一般规定内容的具体展开细化。监护与保护的通则性一般规定之制定，可通过"提取公因式"的方式，将可以共同适用于未成年人的监护和保护、成年人的保护之规则抽象出来予以规定。这样一来，一方面，通则性一般规定可以统帅监护制度整体，指导未成年人的监护和保护、成年人的保护之具体制度的立法；另一方面，通则性一般规定中已经作出规定的内容，便无须再在未成年人的监护和保护、成年人的保护之具体制度中进行重复规定。比如，对于监护开始的原因、监护的类型、亲属监护人的范围和顺序、监护人的资格条件和主要职责等基本规范，可以在通则性一般规定中作出统一的规定，而无须再在未成年人监护和成年人监护中分别规定。

第二，将监护与保护的通则性一般规定置于民法典"总则编"中，符合我国现有立法传统。正如我国学者指出的，中国的法治之路必须注重利用中国的本土资源，注重中国法律文化的传统和实际。① 在制定我国民法典时，应以现有的规则和制度为基础，对现有法律进行充分总结和反思，对于其中那些经过实践检验为可行的立法模式、立法原则、法律规范可继续采用并加以完善。目前，我国现行的监护制度主要被规定在《民法通则》和《民通意见》中，其基本内容被置于民事主体制度的民事行为能力之后，作为对公民民事行为能力的补充。这样的立法模式从 1986 年《民法通则》开始施行至今，已有近 30 年的历史。该监护制度在保护未成年人以及限制行为能力和无行为能力的精神病人的权益方面起到了积极的作用，其相关规则已被我国民众广泛接受。因此，我国在制定民法典时，可保留我国在民法总则部分规定监护制度的立法传统，将可同时适用于未成年人监护和成年人监护的通则性一般规定置于民法典"总则编"中②。这样既符合我国既有的立法传统，也有利于民众的知法、守法、用法。

（2）将未成年人监护与成年人监护两项具体制度置于民法典"婚姻家庭编"中，有利于监护制度立法体系的完善及其内容的完备

未成年人监护与成年人监护制度应被置于何位置？是置于民法典"总则编"的监护制度通则性一般规定之后，还是置于民法典的"婚姻家庭编"中？我们认为，只有首先明确民法典"总则编"和"婚姻家庭编"各自的功能，同时厘清监护制度与"总则编"和"婚姻家庭编"的关系，才能对"将未成年人监护与成年人监护置于民法典的何位置"这一问题做出合理的选择。

第一，监护制度与调整亲属关系的"婚姻家庭编"有着密切的联系。《民法总则》是适用于民法各个部分的基本规则，它统领整个民事立法，并为民法各个部分共同适用的基本规则，也是民法中最抽象的部分。《民法总则》的各项制度规范乃是对民法各个具体领域中的制度、规范的高度逻辑抽象与概括③。民法典的"婚姻家庭编"作为调整婚姻家庭关系的民事法律规范，是调整人们在婚姻家庭领域行为的基本准则。基于婚姻、血缘而产

---

① 苏力：《法治及其本土资源》，北京大学出版社 2015 年版，第 6—9 页。
② 《民法总则》已作相关规定。
③ 王利明：《民法总则研究》，中国人民大学出版社 2012 年版，第 76 页。

生的亲属关系，需要受到"婚姻家庭编"的调整。而监护制度，是对无民事行为能力人和限制民事行为能力人的人身、财产及其他合法权益进行监督、保护的一项法律制度。从监护制度的功能来看，虽然监护制度具有弥补民事主体行为能力不足的功能，但其更大的价值在于对民事主体人身、财产及其他合法权益的保护。从监护的主体来看，无论是对未成年人的监护，还是对精神病人的监护，均是以亲属监护为主，第三人监护只是对前者的补充和延伸①。也就是说，监护制度具有"以亲属监护为主，机构监护为辅"的特点。监护制度中的法定亲属监护人的范围和顺序、监护人的职责等许多具体内容都是在亲属身份的基础上建立起来的，与调整亲属关系的"婚姻家庭编"有着密切的联系。而前述大陆法系五个国家的立法，除俄罗斯的立法将通则性一般规定和成年人监护置于"总则编"中外，其他四个国家的立法均是将监护制度的基本内容包括未成年人监护和成年人监护置于民法典的"亲属编"或"家庭编"中加以规定，均反映了监护制度"以亲属监护为主，机构监护为辅"的特点。

第二，将未成年人监护和成年人监护两项具体制度置于民法典"婚姻家庭编"中，有利于监护制度立法体系的完善及其内容的完备。《民法总则》作为统帅民法典其他制度的原则性规定，其内容应当具有概括性和抽象性。而监护制度涉及未成年人监护和成年人监护，且由于监护对象的不同特点，在制定具体规定时，势必需要针对不同的对象制定与之相符的规则，这就需要在监护制度的具体内容中作出细致、具体的规定，如此才能够更好地引导监护人履行职责、指导司法实践，规范社会生活。如果将未成年人监护与成年人监护的具体制度置于《民法总则》中，则与《民法总则》的概括性、抽象性的立法要求不相符；相反，将未成年人监护和成年人监护的具体制度置于"婚姻家庭编"中，则一方面能够体现监护制度"以亲属监护为主，机构监护为辅"的特点，另一方面有利于对监护制度作出具体、细致的规定，有利于监护制度立法体系的完善及其内容的完备。

综上，我们认为，我国监护制度的外部立法体系宜采用"总—分"的立法模式，将监护与保护的通则性一般规定置于《民法总则》中，而将未成年人的监护和保护、成年人的保护之两种具体制度置于"婚姻家庭编"中，这样才符合监护制度"以亲属监护为主，机构监护为辅"的特点，也有利于监护制度立法体系的完善及其内容的完备。

2. 我国监护制度内部立法体系采取"三分法"的理由分析

德国学者指出，各种不同的法律秩序的法律形式，只要具有类似的功能并且执行类似的任务，大概就有可能进行有意义的比较。功能是一切比较法的出发点和基础②。我们认为，只有首先明确了监护制度内部各项具体制度的功能及相互关系，才能科学地构建合理的监护制度的内部立法体系。

监护制度的内部立法体系，根据调整对象的不同，可以分为监护制度的通则性一般规定、未成年人监护制度、成年人监护制度三个部分。

第一，监护制度通则性一般规定是同时适用于未成年人监护和成年人监护的抽象、概括的原则性规定，其具有统领监护制度整体的作用。在通则性一般规定的指导下，对未成年人监护和成年人监护进行分别立法，形成监护制度的两项重要具体制度，两者与通则性

---

① 陈苇：《中国婚姻家庭法立法研究》（第二版），群众出版社 2010 年版，第 470 页。
② ［德］K. 茨威格特、H. 克茨：《比较法总论》，潘汉典等译，法律出版社 2004 年版，第 63 页。

一般规定密切结合、前后呼应，可以形成完整的监护制度的内部立法体系。

第二，未成年人监护制度是对未成年人的人身和财产权益进行保护的制度。未成年人的成长关系着国家的未来，未成年人监护制度的设立，即是为了对未成年人设立监护人，以照顾和保护其人身和财产、代理其从事民事行为、代表其参与民事诉讼，最大限度地保护未成年人的权益、保障其得以健康成长。根据联合国《儿童权利公约》第 3 条第 1 款的规定，即"关于儿童的一切行动，不论是由公私社会福利机构、法院、行政当局或立法机构执行，均应以儿童的最大利益为一种首要考虑"。① 在处理与儿童相关的问题时，应以儿童利益为首要的考虑，将儿童利益置于最优先的位置。目前，世界上许多国家都在婚姻家庭立法或司法实践中确立了儿童最大利益原则。② 监护制度作为针对未成年人的人身和财产权益进行保护的制度，尤应确立起儿童最大利益的原则。这表明我们在设立未成年人监护制度时，必须针对未成年人的特点，以儿童最大利益为考量，制定出最有利于未成年人的监护制度。

第三，成年人监护制度是对限制行为能力和无行为能力的成年人的人身和财产权益进行保护的制度。有学者指出，传统的成年人监护是通过禁锢被监护人的自我决定权从而达到维护社会安全的目的。然而，随着社会的发展，人权保护运动的兴起，从 20 世纪中期开始，许多国家相继对成年人监护制度进行修改和完善，现代成年人监护制度的发展趋势即成年人意思自治逐渐加强的过程③。基于尊重人格尊严和私人生活的自主决定权的人权保护理念，在设立成年人监护制度时，应当尊重成年人的意思自治和尽可能利用其自主行为能力，需要制定一部符合成年人特点的，既能保障其实现自主决定权，又能充分保护其人身及财产权益的成年人监护制度。

监护制度的通则性一般规定、未成年人监护和成年人监护，各自具有不同的功能。通则性一般规定是对未成年人监护和成年人监护共同适用规则的概括，而未成年人监护和成年人监护由于被监护对象的不同，两者在立法原则和理念上亦有不同，这势必会带来两者在具体制度设计上的差异，如两者在监护的设立、监护的主体、监护的拒绝、监护的变动以及监护的公权力介入等方面都存在诸多的差异。设立专门的章节对两者分别立法，可以更好地针对各自不同的监护对象，制定出更科学、更完备的监护制度具体内容。

综上，我们建议对我国监护制度的内部立法体系采用"三分法"的立法模式，即在《民法总则》中设置专节作出"监护与保护的通则性一般规定"；在"婚姻家庭编"中设立"监护与保护"专章，在该章内设立"未成年人的监护与保护"和"成年人的保护"两个专节，分别规定未成年人监护和成年人监护制度，三者前后呼应，形成"通则性一般规定+未成年人监护+成年人监护"的"三分法"的监护制度内部结构体系。

3. 未成年人监护制度更名及采取意定的与法定的两种类型、监护与保护两个层次制度的理由分析

关于未成年人监护制度的内部立法体系，如前所述，有关父母对未成年子女的监护，

---

① 《儿童权利公约》（1989-12-2），载 http：//www.un.org/chinese/children/issue/crc.shtml，访问日期：2017 年 1 月 20 日。

② 陈苇、谢京杰：《论"儿童最大利益优先原则"在我国的确立——兼论〈婚姻法〉等相关法律的不足及其完善》，载《法商研究》2005 年第 5 期。

③ 陈苇、李欣：《私法自治、国家义务与社会责任》，载《学术界》2012 年第 1 期。

前述大陆法系国家设立有"父母照顾或父母照护权"或"亲权"，而针对非父母对未成年人的监护，则设立有"监护"或"监护和保护"制度，且多可分为意定的与法定的两种监护类型。由此可见，父母对未成年子女的照护或亲权，与非父母对未成年人的监护，两者是各自独立而又相互衔接的。正如我国学者指出的那样，该分类的实质在于"如何理解和把握未成年人监护与亲权的历史渊源和内在联系，如何认清两者的价值和功能的统一及制度的连接"①。我们认为，在未成年人监护制度中，应当区分父母对未成年子女的监护与非父母对未成年人的监护，对于父母对未成年子女的监护，可借鉴德国立法称为"父母照顾或父母照护"；对于非父母对未成年人的监护，可借鉴俄罗斯立法称为"监护和保护"，同时，应将未成年人的"监护和保护"分为意定的与法定的两种类型，既能体现尊重父母对子女监护事务处理的意愿，又能彰显联合国《儿童权利公约》倡导的儿童最大利益原则的精神。②

第一，区分父母对未成年子女的监护和非父母对未成年人的监护，有助于根据监护人的不同，设置不同的法律规则。由于父母与未成年子女之间有特殊的人身关系，父母作为未成年子女的监护人与非父母作为未成年人的监护人，在监护人的任命、监护人的职责、监护人是否可以获取报酬、监护人是否可以辞任、监护人需承担的责任等方面均应有所不同。我国现行立法，未区分父母对未成年子女的监护和非父母对未成年人的监护，统一规定为"监护"，这样的立法模式，不能科学地分类指导监护人履行其职责。而如果在未成年人监护制度中，区分父母对未成年子女的监护和非父母对未成年人的监护，则在设置监护制度的具体规则时，可以针对父母对未成年子女的监护和非父母对未成年人的监护（包括亲属监护和机构监护），制定不同的规则，以体现两者的区别，这有利于使未成年人在不同监护人之监护的状况下均能得到最大限度的保护。

第二，区分父母对未成年子女的监护和非父母对未成年人的监护，并将父母对未成年子女的监护称为"父母照护"，这体现了强调父母对未成年子女的照顾和保护的职责。在传统的大陆法系国家民事立法中，将父母对未成年子女的监督保护的权利义务称为"亲权"，此沿袭于古罗马法，具有较为浓厚的家长制色彩。在我国，1930 年民法"亲属编"及我国台湾地区的现行相关规定中，均已摒弃"亲权"的概念③。而德国将父母对未成年子女的监护和保护的权利义务称为"父母照顾或父母照护"，以之取代传统的"亲权"，这体现了现代亲子关系立法从家长本位向子女本位的立法理念之转变，彰显了现代亲子法和监护法的进步。同时，改"亲权"为"父母照护"，强调父母对子女的照顾和保护是一种职责，而非可以放弃的权利，有助于促进父母更好地履行其对未成年子女的人身和财产的照管义务。

第三，区分父母对未成年子女的监护和非父母对未成年人的监护，并将非父母对未成年人的监护称为"监护和保护"，这体现了对发挥未成年人意思能力的关注，更有利于未成年人权益的保护。我国可借鉴《俄罗斯联邦民法典》的做法，将未成年人监护制度根据被监护对象的年龄不同，区分为监护和保护，对 14 周岁以下的未成年人设立监护制度，

---

① 曹诗权：《未成年人监护制度研究》，中国政法大学出版社 2004 年版，第 68 页。

② 陈苇、谢京杰：《论"儿童最大利益优先原则"在我国的确立——兼论〈婚姻法〉等相关法律的不足及其完善》，载《法商研究》2005 年第 5 期。

③ 我国台湾地区现行的"民法"第三章为"父母子女"，而非"亲权"。

对年满 14 周岁不满 18 周岁的未成年人设立保护制度①。这尊重了未成年人在一定范围内运用自己的意思能力为民事行为，体现了对未成年人的尊重与关怀，更有利于未成年人权益的保护。

第四，将"非父母对未成年人的监护和保护"，区分为意定的与法定的两种类型，即"意定的未成年人的监护和保护措施"与"法定的未成年人的监护和保护措施"，前者体现了法律对父母自愿选择委托其子女监护人的尊重，以彰显私法的意思自治原则；后者体现了国家公权力对未成年人的监护和保护之帮助，以彰显保护儿童合法权益的宪法原则之要求。

4. 成年人监护制度更名及采取意定的与法定的两种类型，保护、保佐和辅助三个层次制度的理由分析

关于成年人监护，基于尊重人格尊严和私人生活的自主决定权的国际人权理念，应当以"保护被监护人的利益与尊重被监护人的意愿相结合"作为成年人监护制度的立法原则，将成年人监护更名为"成年人的保护"，并将"成年人的保护"之具体措施，区分为意定的与法定的两种类型，同时根据被保护人意思能力的不同，对法定的保护措施加以细化，可借鉴日本立法，设置"成年人的保护、保佐和辅助"三个层次的措施。②

第一，将我国成年人监护制度更名为"成年人的保护"制度，并将法定的保护措施区分为"保护、保佐和辅助"三个层次，有利于体现尊重人格尊严和私人生活的自主决定权的人权理念。20 世纪以来，尊重自主决定权理念成为现代国家重构成年监护制度的基本理念。③ 基于对民事主体基本人权的尊重和保护，"凡有可能，决策应当交于个人自己"④。因此，将成年人监护制度更名为"成年人的保护"，可以彰显对成年人意思能力的尊重，并根据成年人意思能力的不同，在法定的保护措施中分别设定"保护、保佐和辅助"不同层次保护措施，有利于实现不同层次的保护措施下被保护人意思自治的最大化。

第二，将我国"成年人的保护"之具体措施，区分为意定的与法定的两种类型，即"意定的成年人的保护措施"与"法定的成年人的保护、保佐和辅助措施"，前者由成年人根据本人的实际需要自愿设置不同的保护措施，以体现法律对成年人自愿委托本人保护人的意愿之尊重，彰显私法的意思自治原则；后者分为三个层级的保护措施以适应当事人的不同需要，从而体现国家公权力对成年人的保护之帮助，彰显对需要设置成年人保护的残障人士履行国家保障职责之要求。

第三，将"法定的成年人的保护"之具体措施，区分为保护、保佐及辅助三个层次，可以就不同的监护措施制定不同的法律规则，如对监护人的选任、监护人的职责、被监护人的意思能力、监护监督、监护人的责任等方面都可作出不同的规定，有利于成年人监护制度内部体系的完整、内容的完善。

---

① 根据我国现行《收养法》第 4 条的规定，只有不满 14 周岁的未成年人可以被收养，但法律另有规定的特殊收养除外。如《收养法》第 7 条、第 14 条之特殊收养被收养人不受不满 14 周岁的限制。由此可见，我国现行立法对未成年人的收养，原则上是以 14 周岁为界划分，区别对待的。

② 陈苇：《中国婚姻家庭法立法研究》（第二版），群众出版社 2010 年版，第 37 页。

③ 陈苇、李欣：《私法自治、国家义务与社会责任》，载《学术界》2012 年第 1 期。

④ ［美］理查德·A. 波斯纳：《法律的经济分析（上）》，蒋兆康译，中国大百科全书出版社 1997 年版，第 31 页。

综上所述，我们认为，我国民法典之监护制度立法体系的构建，应当"注重利用中国的本土资源，注重中国法律文化的传统和实际"①。我国现行监护制度的基本内容被规定在 1986 年通过的现行《民法通则》和《民通意见》之中，并且，2017 年 3 月 15 日通过的我国《民法总则》也设专节规定了监护的基本内容。再从我国民众的实际生活来看，监护制度主要是保护民事行为能力不足者的人身和财产权益，弥补其民事行为能力之不足。因此，中国民法典之监护制度的立法体系构建，应当保持和利用我国现有的法律本土资源，应当结合我国《民法总则》有关监护的基本规定，其外部立法体系宜采用"总—分"立法模式，将未成年人监护与成年人监护制度置于民法典"婚姻家庭编"中。其内部立法体系宜采取"三分法"（监护和保护的通则性一般规定+未成年人的监护+成年人的保护）的立法模式，对未成年人的监护根据监护人的不同加以区分并改称为"父母的照护"与"未成年人的监护和保护"，后者又分为意定的与法定的两种类型，即"意定的未成年人的监护"和"保护"、"法定的未成年人的监护和保护"；将成年人的监护改称为"成年人的保护"，并分为意定的与法定的两种类型，即"意定的成年人的保护措施"、"法定的成年人的保护、保佐与辅助"三个层级的措施，这可能为较适当的选择。

---

① 苏力：《法治及其本土资源》，北京大学出版社 2015 年版，第 7 页。

# 瑞士成年人保护制度
## ——译自 2016 年修正后的《瑞士民法典》①

陈 苇 陈 钊*

## 目　次

---

①　本文译自《瑞士民法典》（2016 年修正）英文版，*Swiss Civil Code* amended in 2016，载瑞士联邦政府官方网站：http：//www. admin. ch/opc/en/classified-compilation/19070042/201604010000/210. pdf，访问日期：2016 年 3 月 1 日。本译文载梁慧星主编：《民商法论丛》（第 65 卷），法律出版社 2018 年版，第 719-746 页。

*　陈苇，女，西南政法大学外国家庭法及妇女理论研究中心主任，民商法学院教授、博士生导师；陈钊，西南政法大学民商法博士研究生。

# 《瑞士民法典》[①]

## 第二编　家庭法

## 第三分编　成年人保护[②]

## 第十章　自我照顾安排和法定措施

### 第一节　自我照顾安排

#### 第一目　预先照顾指令

**第 360 条**

A. 原则

1. 任何具有民事行为能力的人可以委托一名自然人或法人，承担其不再有判断能力时的个人照顾或是管理其财产，抑或是在与他人的法律关系中作为其代理人。

2. 委托人必须准确地解释被指定的事务，并可以对如何履行该事务作出指示。

3. 委托人可以在受托人不适合某项事务或不接受委任或是终止委任时提供一名替代者。

**第 361 条**

B. 委托的设立和撤销

I. 设立

1. 预先照顾指令必须以自书或是公证的方式设立。

---

① 《瑞士民法典》（2016 年修正）英文版，*Swiss Civil Code* amended in 2016，载瑞士联邦政府官方网站：https：//www. admin. ch/opc/en/classified-compilation/19070042/201604010000/210. pdf，访问日期：2016 年 3 月 1 日。

② 该制度英文全称：The protection of adults，转引自瑞士联邦政府官方网站：https：//www. admin. ch/opc/en/classified-compilation/19070042/201604010000/210. pdf，访问日期：2016 年 3 月 1 日。

2. 自书的预先照顾指令必须是经过委托人从头至尾手写的、有日期的且签字的。

3. 根据委托人的申请书，户籍登记部门应当在中央数据库中登记这一事实，即委托人已经设立预先照顾指令以及委托备案的地点。联邦委员会应当颁布必要的规定，尤其是如何访问这个数据库。

**第 362 条**

II. 撤销

1. 委托人可以随时以法定设立委托的任一方式撤销预先照顾指令。

2. 委托人也可以通过销毁委托文书来撤销预先照顾指令。

3. 如果委托人没有明确撤销前一指令而设立一个新的预先照顾指令，除新指令确实只是对前一指令进行补充外，后一指令将取代前一指令。

**第 363 条**

C. 委托效力的确认和委托的接受

1. 成年人保护机构得知某人已经不再具有判断能力，但是不确定其是否已经设立预先照顾指令，成年人保护机构应当在户籍登记部门查询。

2. 如果该人已经有预先照顾指令，那么成年人保护机构应当审核下列事项：

（1）指令的设立是否有效；

（2）指令生效的必要条件是否都已具备；

（3）受托人是否具备履行任务的能力；

（4）是否需要其他成年人保护措施。

3. 如果受托人接受委托，成年人保护机构应当告知其《瑞士债法典》有关委托合同中规定的义务并且发布规定其权限的正式文件。

**第 364 条**

D. 委托的解释和补充说明

受托人可以请求成年人保护机构解释预先照顾指令并且补充说明非实质性问题。

**第 365 条**

E. 委托的执行

1. 受托人应当依照预先照顾指令代表委托人，并根据《瑞士债法典》中有关委托合同的规定谨慎地完成委托事宜。

2. 当预先照顾指令未涵盖的事宜必须要执行，或受托人与委托人之间有利益冲突时，受托人必须及时告知成年人保护机构。

3. 如果受托人与委托人之间有利益冲突，则受托人的权利依法终止。

**第 366 条**

F. 酬金和开销

1. 如果预先照顾指令中没有受托人酬金的内容，成年人保护机构应当根据委托事宜的具体情况，或对受托人的付出按照通常的标准来确定适当的酬金。

2. 酬金及所需开销，均向委托人收取。

**第 367 条**

G. 受托人的终止

1. 受托人可以提前两个月以书面形式通知成年人保护机构，随时终止预先照顾指令。

2. 出于正当理由，受托人可以立即终止指令而无须通知。

**第 368 条**

H. 成年人保护机构的介入

1. 如果委托人的利益受到威胁或不处于被保护之下，成年人保护机构依职权或经其密切关系人的请求，可以采取必要的措施。

2. 成年人保护机构可以向受托人发出特别指令，命令受托人制作财产清单、定期提交财产账目和报告，或是废除其全部或部分权利。

**第 369 条**

I. 恢复判断能力

1. 如果委托人恢复判断能力，预先照顾指令应依法终止其效力。

2. 如果委托人的利益因此受到威胁，受托人应当继续执行指定给他或她的任务，直到委托人可以自行保障自己的利益。

3. 受托人在知晓措施已终止适用前，仍要受制于该指令所规定的事务。

## 第二目　患者指令

**第 370 条**

A. 原则

1. 凡具有判断能力的人（委托人）可以在患者指令中指出在其丧失判断能力的情况下，同意或者不同意的医疗方案。

2. 委托人也可以指定一名自然人（受托人），在其丧失判断能力的情况下，该受托人应与主治医生商量医疗方案，并根据委托人的利益作出决定。委托人可以向该名受托人发出指示。

3. 委托人也可以就被指定的受托人不适合这项工作、不接受委任或者终止委任时，作出替代的指示。

**第 371 条**

B. 患者指令的设立和撤销

1. 患者指令必须以书面形式设立，注明日期并由委托人签字。

2. 任何设立患者指令的人可以在其健康保险卡中记录设立患者指令之事实以及其保存的地点。联邦委员会应为此颁布必要的规定，特别是对数据的准入事宜。

3. 此规定可比照适用预先照顾指令撤销的规定。

**第 372 条**

C. 判断能力丧失

1. 如果患者缺乏判断能力，而且主治医生不知道是否存在患者指令，主治医生须从其健康保险卡查询其状态。上述规定不适用于紧急情况。

2. 医生必须遵从患者指令，除非该指令违反法律规定或是基于对患者自由意志的合理怀疑或是根据已经知道的情况可以推断出该指令不符合患者的意愿。

3. 医生应在患者的病例中记录没有遵从患者指令的全部原因。

**第 373 条**

D. 成年人保护机构的介入

1. 当出现如下情形时，所有与患者关系密切的人都可以以书面形式请求成年人保护机构介入：

（1）患者指令没有被遵从；

（2）患者的利益受到威胁或不处于被保护之下；

（3）患者指令不是基于患者的自由意志。

2. 涉及成年人保护机构介入的规定可比照适用预先照顾指令中的相关规定。

## 第二节　针对无判断能力的人的法定措施

### 第一目　配偶或登记伴侣作为法定代理人

**第 374 条**

A. 成为法定代理人的必要条件及其权利范围

1. 在没有预先照顾指令并且没有被任命的代理人的情况下，与其共同居住或经常对其扶助的配偶或登记伴侣享有法定代理权。

2. 法定代理人的权利包含：

（1）满足被代理人需要的，通常应进行的所有法律行为；

（2）日常管理被代理人的收入和其他财产；

（3）在需要时，打开和处理被代理人的通信信息。

3. 对特殊资产管理的法律行为，其配偶或是登记伴侣必须获得成年人保护机构的同意。

**第 375 条**

B. 法定代理权的行使

法定代理权的行使类推适用于《瑞士债法典》中关于委托合同的相关规定。

**第 376 条**

C. 成年人保护机构的介入

1. 对是否符合法定代理条件存在异议，由成年人保护机构对代理权予以决定；如有必要，成年人保护机构应向配偶或登记伴侣出具证明其代理权的文件。

2. 如果丧失判断能力人利益受到威胁或不处于被保护之下，成年人保护机构经关系密切人的请求或依职权，应当撤销配偶或登记伴侣作为法定代理人的部分或全部权利，或是指定一名官方代理人。

### 第二目　与医疗事务相关的法定代理

**第 377 条**

A. 治疗方案

1. 如果某人丧失判断能力，且在患者指令中没有给出治疗指示，主治医生应将所需的治疗计划与具有资格的医疗事务法定代理人进行协商确定。

2. 医生应向医疗事务法定代理人告知其预期治疗的所有相关事项，特别是关于其目的、形式、方法、风险、副作用和费用、不进行治疗的后果及其他治疗方案。

3. 应当尽可能地让丧失判断能力人参与决策。

4. 治疗方案应当与医学发展水平以及当事人的患病状况相适应。

**第 378 条**

B. 医疗事务法定代理人

1. 下列人员有权按照以下顺序代表丧失判断能力人，同意或拒绝同意计划的门诊或住院的措施：

（1）在患者指令或预先照顾指令中指定的受托人；

（2）具有医疗事务代理权的官方代理人；

（3）与其共同居住或经常对其扶助的配偶或登记伴侣；

（4）与其共同居住或经常对其扶助的人；

（5）经常和亲自对其扶助的子女；

（6）经常和亲自对其扶助的父母；

（7）经常和亲自对其扶助的兄弟姐妹。

2. 如果有两个或两个以上的人有权作为医疗事务法定代理人，医生出于善意可以推定其每个行为都已经过他们的同意。

3. 如果患者指令不包含任何指示，医疗事务法定代理人应当代表丧失判断能力人，就是否同意医生提出的治疗方案作出决定。

**第 379 条**

C. 紧急情况

在紧急情况下，医生可以根据推定丧失判断能力人的意愿和其利益，对其进行治疗。

**第 380 条**

D. 精神病的治疗

在精神病医院，丧失判断能力的精神障碍者的治疗应依照"与住院治疗相关的照顾"的规定。

**第 381 条**

E. 成年人保护机构的介入

1. 当没有医疗事务法定代理人或该代理人不愿意履行其职责时，成年人保护机构应设立一个保佐型代理关系[①]。

2. 当有如下情形时，成年人保护机构应当指定一名医疗事务法定代理人或者设立保佐型代理关系：

（1）有权作为医疗事务法定代理人不明的；

（2）全体医疗事务法定代理人无法达成一致意见的；或

（3）丧失判断能力人的利益受到威胁或不处于被保护之下的。

3. 成年人保护机构的介入须经医生、其他关系密切人的请求或依职权进行。

---

① 关于保佐型代理关系，参见本译文第 394 条。

## 第三目　寄宿或护理机构

**第 382 条**

A. 照顾协议

1. 如果丧失判断能力人较长时期内在寄宿或护理机构被照顾之下，必须制定一份书面协议，以规范该机构提供的服务及其费用。

2. 在确定该机构提供的服务时，必须尽可能地考虑丧失判断能力人的意愿。

3. 代表丧失判断能力人缔结、修改或终止服务协议的责任，比照适用涉及医疗代理的法定措施的相关规定。

**第 383 条**

B. 自由活动的限制

I. 必要条件

1. 当一般措施已经明显不足以适用，或证明将不足以适用时，寄宿或护理机构可以制定限制丧失判断能力人的活动自由的措施，该措施的目的如下：

（1）防止其严重威胁自身或第三方的生命或身体健康；或

（2）预防对护理机构内和周围生活造成严重破坏的救济措施。

2. 在限制被保护人自由活动之前，寄宿或护理机构应当向被保护人解释发生了何情况、为何安排此措施，可能会持续多久，这个时期谁将对被保护人负责。上述规定不适用于紧急情况。

3. 该限制行动自由的措施应当及时被撤销，应当对每种情况定期审查，以确定该命令是否仍然被需要。

**第 384 条**

II. 记录和信息

1. 任何限制行动自由的措施都应记录在案。记录应尤其包含决定采取措施者的姓名、目的、性质和措施持续的时间。

2. 该限制行动自由的措施，应当被通知给医疗事务法定代理人，并且其可以随时查阅记录。

3. 寄宿或护理机构的监督人员同样有权检查记录。

**第 385 条**

III. 成年人保护机构的介入

1. 被限制行动自由的人或关系密切人可随时向该机构所在地的成年人保护机构提交书面申请，以干预有关限制行动自由的措施。

2. 成年人保护机构查实该措施不符合法定条件时，应当对该措施进行修改、撤销或制定官方成人保护措施。如有必要，应通知该机构的监督机关。

3. 成年人保护机构对患者作出鉴定的要求，均须立即传达给该机构的监督机关。

**第 386 条**

C. 隐私权保护

1. 寄宿或护理机构应当保护丧失判断能力人的隐私，并在可能的情况下鼓励其与该机构以外的人员接触。

2. 如果该机构以外没有人对当事人表示愿意接触的，寄宿或护理机构应通知成年人保护机构。

3. 应当尊重其选择医生的自由，有正当理由除外。

**第 387 条**

D. 寄宿和护理机构的监督

各州应当对照顾丧失判断能力人的寄宿机构和护理机构进行监督，但联邦法规已经能够保证监督管理的除外。

# 第十一章　官方措施

## 第一节　一般原则

**第 388 条**

A. 目的

1. 官方成年人保护措施应当保障有保护需要的人的福祉和提供保护。

2. 在可能的情况下，应当保护和支持有保护需要的人之独立性。

**第 389 条**

B. 辅助性原则和比例原则

1. 成年人保护机构在出现以下情形时应制定措施，情形如下：

（1）为有保护需要的人提供保护的家庭、其他关系密切人、私立或公共服务存在不足或证明其将要存在不足；

（2）有保护需要的人丧失判断能力，其已不能作出为其自身照顾的任何或充足的安排，并且现有的法定措施存在不足。

2. 任何官方措施必须是必要且适当的。

## 第二节　官方代理关系

### 第一目　总则

**第 390 条**

A. 必要条件

1. 成年人保护机构应当建立官方代理关系，当一个成年人：

（1）由于智力障碍、精神障碍或类似于天生的衰弱致使其不能全部管理或部分管理自己事务；

（2）由于暂时丧失判断能力或暂时下落不明，导致其不能处理事项，并且也没有指定法定代理人。

2. 必须考虑到对家庭成员和第三人带来的负担及对他们的保护。

3. 代理关系应当经当事人或关系密切人的请求或依职权设立。

**第 391 条**

B. 职责范围

1. 成年人保护机构应当根据当事人的需要确定代理人的职责范围。

2. 职责范围应当涉及个人护理、资产管理或法律事务。

3. 未经当事人的同意，但成年人保护机构已明确授予代理人权利的，代理人可以打开当事人的通信信息，或者进入其住所。

**第 392 条**

C. 撤销代理关系

如果基于所涉工作的范围，建立代理关系是明显不相称的措施，成年人保护机构可以撤销现有的代理关系，然后实施以下措施：

1. 进行该工作本身要求的事务，特别是同意一个交易；

2. 指示第三方执行个别任务；或

3. 另行指定一个合适的人或机构，且在特定事项上必须咨询和通知成年人保护机构。

## 第二目　官方代理关系的类型

**第 393 条**

A. 辅助型代理关系

1. 辅助型代理关系是在当事人需要帮助来处理特定事务时，经过其同意而建立的。

2. 辅助型代理关系被设立的，当事人的行为能力不受限制。

**第 394 条**

B. 保佐型代理关系

I. 一般情况

1. 保佐型代理关系，是在需要保护的人没能力处理特定事务，而必须被保佐时设立的。

2. 成年人保护机构可以依情况限制当事人采取相应行为的能力。

3. 即使当事人的行为能力不受限制，其仍应为代理人行为的后果承担责任。

**第 395 条**

II. 资产管理

1. 如果成年人保护机构设立保佐型代理关系用于管理财产，应当明确指定由代理人管理的财产范围。由代理人管理的财产范围可以是全部或部分收入、全部或部分资产，或全部或部分的收入和资产。

2. 除成年人保护机构提供其他管理范围外，管理权还涉及所管理收入产生的储蓄金或所管理资本产生的收益。

3. 在当事人行为能力不受限制的情形下，成年人保护机构可以禁止其查阅（或使用）个人资产。

4. 如果成年人保护机构禁止当事人处理可继承的地产，则其必须在土地登记中注明这一事项。

**第 396 条**

C. 顾问型代理关系

1. 顾问型代理关系是在当事人基于保护自身利益的需要，要求作出特定行为需经代理人同意时设立的。

2. 当事人的行为能力因此依据法律被限制。

**第 397 条**

D. 结合型代理关系

辅助型、保佐型和顾问型代理关系可以相互结合设立。

**第 398 条**

E. 一般型代理关系

1. 一般型代理关系是当某人，特别是其由于永久性丧失判断能力而尤其需要时建立。

2. 它涵盖了个人护理、资产管理和法律事务的所有方面。

3. 该当事人的行为能力被法律所撤销。

## 第三目 官方代理关系的终止

**第 399 条**

1. 依据法律规定，当事人死亡时代理关系终止。

2. 在没有继续代理的理由时，成年人保护机构经当事人或关系密切人的申请或依职权，及时终止代理关系。

## 第四目 代理人

**第 400 条**

A. 指定

I. 一般要求

1. 成年人保护机构应当指定具有个人能力和相关知识处理计划事项的、有必要时间的、可以亲自执行任务的自然人作为代理人。在情况需要时，可以指定两名以上代理人。

2. 除有正当理由外，被指定的人必须接受代理关系。

3. 成年人保护机构须确保代理人得到指令、通知和其需要的帮助。

**第 401 条**

II. 当事人或其密切相关的人的意愿

1. 如果当事人推荐某人作为其代理人，如果被推荐的人是合适的并准备接受代理关系，成年人保护机构应当同意。

2. 应当尽可能考虑到家庭成员或其他关系密切人的意愿。

3. 如果当事人拒绝某一特定人作为其代理人，若该意愿是合理的，成年人保护机构应尊重其意愿。

**第 402 条**

III. 任命两名以上代理人

1. 如果成年人保护机构任命两名以上代理人，其应当指定何项事务应当共同执行，或何项事务应当由特定代理人执行。

2. 有两名以上代理人的，只有经他们同意，才能共同执行某项任务。

**第 403 条**

B. 无行为能力或者利益冲突

1. 如果代理人无行为能力或者代理人的利益与当事人的利益相冲突，成年人保护机构应当另行任命一位替代者或者由该机构处理这项事务。

2. 在利益冲突的情况下，根据相关的法律规定，代理人的权利被停止。

**第 404 条**

C. 报酬和开销

1. 代理人有权获得报酬并且可以从当事人的财产中就必要的开销获得补偿。如果是职业代理人，应当由雇主给付报酬、补偿开销。

2. 成年人保护机构决定报酬的等级，在决定报酬时尤其要考虑分配给代理人任务的内容和复杂程度。

3. 如果报酬和补偿金不能通过当事人的财产获得补偿的，各州应当颁布有关报酬和补偿金的规定和规则。

## 第五目 代理职务的内容

**第 405 条**

A. 履职

1. 代理人应当获得完成其任务所需的资料，并须与当事人保持联系。

2. 如果代理职务包含财产管理，代理人应当及时与成年人保护机构共同编制财产清单。

3. 如有正当情形，成年人保护机构可以要求其制作一个公示的财产清单，该清单对债权人有与《继承法》中遗产继承之财产清册相同的效力。

4. 第三人必须为制作财产清单提供所需的所有信息。

**第 406 条**

B. 与当事人的关系

1. 代理人应当依据维护当事人利益的原则执行其职务，应当考虑当事人的意见，尽可能根据被代理人的能力和意愿来规划其人生。

2. 代理人应当尝试建立与被代理人相互信任的关系，同时预防被代理人的不良情况恶化或是降低由此带来的影响。

**第 407 条**

C. 当事人的自治权

虽然当事人的行为能力已经被撤销[①]，但具有判断能力的当事人仍应在人法范围内对自身行为承担责任，自主行使与其自身密切相关的权利。

**第 408 条**

D. 财产管理

I. 任务

1. 代理人管理财产时应当尽到合理的注意义务，并且执行与管理相关的所有法律行为。

2. 在特别的情况下，代理人可以：

（1）接受第三方偿付给当事人的欠款；

（2）适时偿还债务；

（3）在必要的情况下代表当事人处理其日常需要。

3. 联邦委员会应当就财产的投资和安全监管发布条例。

**第 409 条**

II. 日常生活零用钱

代理人应当从被代理人的财产中支付零用钱，以供被代理人自由花费使用。

**第 410 条**

III. 账目

1. 代理人应当记录账目，并在成年人保护机构指定的周期内（或者至少每两年）将其提交给机构审批。

2. 代理人应当向当事人解释账目，并在其要求的情况下向其提交一份账目复印本。

**第 411 条**

E. 报告

1. 代理人应当在必要时或者至少每两年向成年人保护机构汇报当事人的情况以及代理关系。

2. 代理人在准备报告的时候，如果有可能，应咨询当事人，并应当事人的请求提供给其一份报告的复印件。

**第 412 条**

F. 特别的交易

1. 代理人不应当以当事人的名义作出任何财政担保、设立任何基金会或者作出赠与，但特殊场合的按照惯例的赠与除外。

2. 对当事人或其家人有特别价值的财产，应尽可能不予以处分。

**第 413 条**

G. 谨慎与保密义务

1. 代理人在履行其任务时，应该与《瑞士债法典》中受托人履行同样的谨慎义务。

---

① 根据《瑞士民法典》第 19C 条规定：有判断能力但无民事行为能力的人，可以独立行使与其自身密切相关的权利；但法律要求须经法定代理人同意的情形除外。

2. 代理关系应当遵守保密义务，但保守秘密将会危害最重要的利益时除外。

3. 考虑到让代理人按要求及时履行其任务，必须告知第三人该代理关系的存在。

**第 414 条**

H. 情况的变更

代理人应当及时通知成年人保护机构任何情况，包括可能需要修改代理措施的情况或者可能终止代理关系的情况。

### 第六目　成年人保护机构的职责

**第 415 条**

A. 账目与报告的审查

1. 成年人保护机构应当审查账目，并予以批准或拒绝批准；必要时，应当要求对账目予以修正。

2. 成年人保护机构应审查报告，如有必要，要求予以修正。

3. 在必要时，应当采取适当措施以保障当事人的利益。

**第 416 条**

B. 需要同意的交易

I. 依据法律规定

1. 代理人在代表当事人进行以下交易前，应当征得成年人保护机构的同意：

（1）家庭财产清算，终止当事人住所的租约；

（2）为当事人订立长期居住合同；

（3）当事人表达或声明自己的意愿后，代理人按照其意愿接受或放弃继承、订立继承合同和分割财产协议；

（4）在常规的管理活动之外，收购、变卖、抵押不动产、在不动产上设置负担或者建造建筑；

（5）在通常行政和管理行为之外获得、变卖抵押其他财产或者建立用益物权；

（6）接受或发放大量的贷款，承担与汇票相关的义务；

（7）养老金和与人身保险相关的相似利益，只要这些利益并不是与雇用合同相关的职业养老金的组成部分；

（8）对于生意的接管和清算，以个人责任加入公司或者对其投入大量资金；

（9）宣告无力偿债、法律诉讼行为、财产的转让决定、订立仲裁协议或和解协议以及在紧急情况下代理人保留临时性措施。

2. 如果有判断能力的当事人给予同意或者其行为能力没有被代理关系所限制，则不需要成年人保护机构的同意。

3. 代理人与当事人的合同必须获得成年人保护机构的同意，但合同中并没有涉及报酬给付的除外。

**第 417 条**

II. 依据命令

成年人保护机构基于正当理由可以发布命令，即其他的交易行为应当获得它的同意。

**第 418 条**

III. 缺乏同意

如果进行一项交易，未经法律要求的成年人保护机构的同意，则其对当事人的后果，与人法中缺乏法定代理人同意的后果相同。

## 第七目　成年人保护机构的介入

**第 419 条**

当事人、关系密切人或者任何具有合法利害关系的人可以请求成年人保护机构，干预代理人、第三人或成年人保护机构委托部门的作为与不作为。

## 第八目　家庭成员的特殊条款

**第 420 条**

如果当事人的配偶、登记伴侣、父母、兄弟姐妹或者事实上的生活伴侣被任命为代理人，成年人保护机构可以全部或者部分免除代理人准备财产清单、提交常规报告和账目，并且在正当情形下对特殊交易获得其同意的义务。

## 第九目　代理职位的终止

**第 421 条**

A. 法律规定

代理职位按照以下法定情形终止：

1. 成年人保护机构设置的任期已经届满，但代理人再次被确认此职位的除外；

2. 代理关系的结束；

3. 职业代理人雇用关系的终止；

4. 代理人需要被代理、丧失判断能力或死亡。

**第 422 条**

B. 解聘

I. 在代理人的请求之下

1. 在至少服务四年后，代理人可以请求解聘。

2. 代理届满之前，如果有适当的理由，代理人可以请求解聘。

**第 423 条**

II. 其他情形

1. 成年人保护机构应该解除代理人的职务，包括：

（1）代理人不再适合实施这项任务；

（2）解除代理人职务的其他正当理由。

2. 代理人或者关系亲密人可以请求代理人卸任。

**第 424 条**

C. 职务的继续

除成年人保护机构另有命令外，代理人应当继续执行不能被延期的事务直到有接替者接替这项职务。职业代理人不适用此项规定。

**第 425 条**

D. 总结报告和决算账目

1. 当任期结束时，代理人应当向成年人保护机构提交总结报告，适当时应当提交决算账目。对于职业代理人，成年人保护机构可以在雇用关系解除时免除这项要求。

2. 成年人保护机构适用审核和批准常规报告和账目一样的方式，对待总结报告和决算账目。

3. 应当将总结报告和决算账目转交给当事人或者其子嗣，或者给新的代理人，并且同时应当提醒上述人员注意相关法律义务。

4. 应当通知上述人员是否免除代理人职务、拒绝批准总结报告或决算账目。

## 第三节　与照顾相关的住院治疗

**第 426 条**

A. 措施

I. 为治疗或者照顾进入医院

1. 如果其他方式无法提供所需的治疗和照顾，精神障碍者或者精神残疾者或者被严重疏于照顾（的患者）应当被托付给合适的医疗机构。

2. 必须考虑患者对其家属和第三方带来的负担，以及对他们的保护。

3. 如果住院治疗的要求不再被满足，患者就应当出院。

4. 患者或其关系密切人可以随时要求患者出院，且这个决定必须在提出请求后立即作出。

**第 427 条**

II. 对自愿出院患者的扣留

1. 自愿进入医疗机构的精神障碍患者，如果其提出离开医疗机构，其将被医疗机构的主治医生扣留并给予最长三天的医学治疗，如果患者有以下情况：

（1）对于自己的生命和健康来说来说是一种危险；

（2）对于他人的生命或者身体健康来说是一种危险。

2. 在三天的医疗结束后，患者可以离开医疗机构，但被强制住院治疗决定的除外。

3. 患者应该被书面通知其可以向法院申诉。

**第 428 条**

B. 住院和出院的职责

I. 成年人保护机构

1. 成年人保护机构应当负责决定住院和出院。

2. 在特定的情况下，成年人保护机构可以将决定出院的权利授权给医疗机构。

**第 429 条**

II. 医生

1. 职责

（1）州可以指定成年人保护机构之外的医生，该医生有权按州法律规定的期限（不得超过六周）决定医疗救治。

（2）超过规定的期限，住院治疗便不能再继续，但经成年人保护机构采取强制性住院治疗决定的除外。

（3）对于医生作出的住院治疗决定，医疗机构就出院作出决定。

**第 430 条**

2. 常规程序

（1）医生应当亲自检查和会见患者；

（2）住院治疗决定应当包含至少以下几个信息：①检查的地点和日期；②医生的姓名；③诊断结论及原因和住院治疗的目的；④申诉权利的说明。

（3）申诉不具有中止的效力，医生和主管法院另有要求的除外。

（4）住院治疗决定的副本，一份应该给患者，另一份应该给患者的住院机构。

（5）医生应当尽可能将患者被送入医院和申诉的权利以书面的形式告知与患者关系密切的人。

**第 431 条**

C. 定期检查

1. 成年人保护机构应当住院治疗之后最迟六个月时进行检查，查看住院治疗的需求是否被满足以及这个医疗机构是否适合患者。

2. 该机构应当在第一次检查后的六个月之内进行第二次检查。此检查越频繁越好，且至少每年一次。

**第 432 条**

D. 被授权的法定代理人

被送入医疗机构的任何人可以在其住院期间指定其信任的人作为代理人来帮助自己，直到相关医疗措施全部结束。

**第 433 条**

E. 针对精神障碍的医疗措施

I. 治疗计划

1. 如果某人因精神障碍而被送入医疗机构治疗，其主治医生应当在与患者协商（如有必要，应当与其授权的法定代理人）确定书面的治疗方案。

2. 医生应当将所有计划的医疗措施通知患者和其授权的法定代理人，特别是该治疗措施的原因、目的、药性、治疗方式、风险和副作用、如果不进行此项治疗的后果和其他替代的治疗选择。

3. 治疗方案应当提供给患者以便其同意。患者无判断能力时，必须采用患者指令。

4. 治疗方案应当根据病情的发展而做不断调整。

**第 434 条**

II. 未经同意的治疗

1. 在未经患者同意下，主任医师可以在出现下述情形时以书面的形式决定采取治疗计划中的医疗措施：

（1）不进行此项治疗将会对患者或者第三人的生命或者身体健康造成严重的损害或者极大的威胁；

（2）患者无法作出与其治疗相关的决定；

（3）已经没有侵害性更小且合适的其他治疗方法。

2. 决定的书面通知连同申诉权的详细说明，应当被提供给患者及其授权的代理人。

**第 435 条**

III. 紧急情况

1. 在紧急的情况下，应该立即实施必要的医疗措施来保护患者和第三人。

2. 如果医疗机构意识到患者希望被治疗，其应该将这些意愿考虑在内。

**第 436 条**

IV. 出院前的检查

1. 如果医疗情况有将再次发生的风险，主治医生应尝试在患者出院前就其在再次被托付给医疗机构时的治疗原则上，达成一致意见。

2. 出院前的访谈应当被记录。

**第 437 条**

V. 州法律

1. 州应当规定后续的照料；

2. 州有权对门诊措施作出规定。

**第 438 条**

F. 限制行动自由的措施

限制患者在医疗机构行动自由的措施，应当准用限制患者在寄宿或者护理机构自由行动的规定，并且应当保留患者申诉的权利。

**第 439 条**

G. 向法院申诉

1. 有以下的情形时，患者或者关系密切人可以书面向有决定权的法院申诉：

（1）在医生决定住院治疗的情形下；

（2）在机构扣留患者的情形下；

（3）在出院请求被机构拒绝的情形下；

（4）在没有征得同意就对精神障碍患者进行治疗的情况下；

（5）在采取限制行为自由措施的情形下。

2. 向法院申诉的截止日期是从决定的通知发布之后的十天内，而在采取限制行动自由措施的情形下，可以随时向法院申诉。

3. 在法院受理案件之前，司法程序应当按照相关诉讼条款进行。

4. 司法鉴定的申诉应当立即转移给有权受理的法院。

# 第十二章 机构组织

## 第一节 官方机构与地方司法管辖权

**第 440 条**

A. 成年人保护机构

1. 成年人保护机构是一个专门的机构,其由州任命。

2. 此机构作出决议的法定人数是三个人,但是在特殊的情形下,州可以作出例外规定。

3. 该机构也开展儿童保护机构的工作。

**第 441 条**

B. 监督管理机构

1. 州应当指定监督管理机构;

2. 联邦委员会应当发布有关监督方面的规定。

**第 442 条**

C. 地方司法管辖权

1. 当事人住所地的成年人保护机构有管辖权,在正在进行的诉讼中,同一权力机构应当保留司法管辖权直到结案。

2. 在紧急的案件中,当事人实际居住地的机构具有司法管辖权,如果这个机构采取措施,那么其应当通知当事人经常住所地的机构。

3. 在无官方代理关系的情形下,被管理的或者被转移大部分财产的所在地机构有管辖权。

4. 各州有权宣布当事人的原籍地而不是居住地,对居住在该州的公民拥有司法管辖权,规定原籍地全部或部分负责支持有需要的人。

5. 如果此项措施涉及的当事人改变住所地,除有正当理由外,新住所地的机构应当立即承担责任。

## 第二节 程序

### 第一目 成年人保护机构

**第 443 条**

A. 通知的权利和义务

1. 任何人知悉他人需要设置保护措施的,均可以通知成年人保护机构,但涉及职业保密条款的情形除外。

2. 任何公职人员在执行公务期间发现他人需要设置保护措施的,均被要求应当通知成年人保护机构，州可以对此规定更进一步的通知义务。

**第 444 条**

B. 管辖权核实

1. 成年人保护机构应当依职权核实其管辖权。

2. 如果成年人保护机构确定其没有管辖权，其应当将案件立即移交给被认为有管辖权的机构。

3. 如果此成年人管辖机构不确定其是否有管辖权，那么应当咨询其认为可能有管辖权的机构。

4. 如果在咨询之后没有达成合意，则原先涉案的机构应当就此问题询问受理上诉的机构。

**第 445 条**

C. 预防措施

1. 应诉讼当事人的请求或者依职权，成年人保护机构应当采取诉讼持续所需的全部预防措施，尤其是可以将成年人保护措施作为预防措施。

2. 在特别紧急的情形下，机构可以在没有诉讼当事人申请的情况下，立即采取预防措施。同时，它应当允许诉讼当事人表达其观点，据此审查自己的决定。

3. 对预防措施提出的申诉应当在通知被发出的十天内提交。

**第 446 条**

D. 调查程序规则

1. 成年人保护机构依职权调查案件的情况。

2. 该机构应当进行必须的调查、搜集必要的证据。该机构可以委托合适第三人或机构进行调查。如有必要，其应征求专家意见。

3. 调查程序的开始并不限于由诉讼当事人提出申请。

4. 该机构应当依职权适用法律的规定。

**第 447 条**

E. 听证

1. 当事人应当亲自参与听证，但不适宜的除外。

2. 与照顾相关的住院医疗的案件中，成年人保护机构应当像陪审团一样按惯例听取当事人的意见。

**第 448 条**

F. 合作义务和行政帮助

1. 为认定事实，诉讼当事人和第三方有义务在调查中进行合作，成年人保护机构应当就此要求作出安排，以保障合法权益。如有必要，它应当命令强制履行合作义务。

2. 依照成年人保护机构的要求，有保密权的人已经授权他们这样做，或如果他们的上级已经解除了他们的专业保密义务，医生、牙科医生、药剂师、助产士和他们的辅助人员必须合作。

3. 在案件中委任的神职人员、律师、辩护代理人、调解员和前福利代理人不受合作义务的约束。

4 行政机关和法院应当移交所需的档案、制定报告并提供资料，但为了保护合法利益的除外。

**第 449 条**

G. 在评估机构鉴定

1. 如果精神病鉴定是必要的，不能在基础门诊进行，成年人保护机构应当准许当事人到合适的评估机构进行鉴定。

2. 比照适用与护理相关的住院治疗措施上的规定。

**第 449a 条**

H. 法定代理人的指定

如有必要，成年人保护机构应当为当事人指定法定代理人，并指定一名在护理与法律事务方面富有经验的人担任其官方代理人。

**第 449b 条**

I. 档案的查阅

1. 诉讼当事人有权查阅案件档案，但为了保护合法利益的除外。

2. 如果成年人保护机构拒绝诉讼当事人查阅案件档案，而以口头或者书面形式向诉讼当事人告知案件的相关资料，则该资料仅可在诉讼程序中使用。

**第 449c 条**

J. 通知义务

成年人保护机构应该通知民事户籍登记部门，如果：

1. 为永久性失去判断能力人，设立一般型代理关系；

2. 当某人永久性丧失判断能力，其预先照顾指令开始生效。

## 第二目　申诉机构

**第 450 条**

A. 申诉的对象和权利

1. 对成年人保护机构的决定不服的有权向管辖法院申诉。

2. 下列人员有申诉权：（1）参与成年人保护机构程序的人；（2）与当事人关系密切的人；（3）在有争议的决定中合法权益被否认或者修改的人。

3. 申诉的诉求必须书面提交法院并且说明申诉的理由。

**第 450a 条**

B. 申诉的理由

1. 申诉被驳斥的情形：（1）违反法律；（2）法律相关事实的裁决不正确或者不完整；（3）一个不恰当的决定。

2. 申诉有权以被不公正对待或被不合理延误为理由。

**第 450b 条**

C. 提交申诉的截止日期

1. 申诉必须在决定通知之日起三十日内提出，截止日期同样适用于那些不被要求通知这个决定但是有申诉权的人。

2. 在住院治疗措施中，申诉必须在决定通知之日起十日内提出。

3. 基于被不公正对待或被不合理延误为理由的申诉，可以随时被提出。

**第 450c 条**

D. 中止的效力

申诉将会发生中止的效力，成年人保护机构或者法院另有规定的除外。

**第 450d 条**

E. 与下级协商和重新考虑

1. 司法申诉机构应该给成年人保护机构表达其立场的机会。

2. 成年人保护机构也可以不提出意见，而重新考虑其决定。

**第 450e 条**

F. 与照顾相关的住院医疗案件的特别规定

1. 当针对一个涉及照顾相关的住院医疗的决定提起申诉时，不需要陈述任何理由。

2. 除成年人保护机构或法院另有规定外，申诉不发生中止的效力。

3. 涉及精神障碍患者的案件，这个决定必须被建立在专家意见的基础上。

4. 法院通常应当作为陪审法官听取当事人的陈述。在必要的情况下，应当为当事人指定法定代理人，并且指定一名在照顾方面与法律事务方面富有经验的人作为官方代理人。

5. 在通常情况下，在申诉被提出之后的五个工作日内应当作出决定。

### 第三目　共同条款

**第 450f 条**

除此之外，比照适用民事诉讼条例，但州另有规定的除外。

### 第四目　执行

**第 450g 条**

1. 成年人保护机构应当经请求或者依职权，执行其决定。

2. 如果成年人保护机构或法院在决定中已经下令采取强制执行措施，则这些措施将被直接执行。

3. 负责执行的人员在必要时应当争取警察的帮助，通常在采用直接的强制措施前需要给予当事人警告。

### 第三节　与第三方的关系及合作义务

**第 451 条**

A. 保密义务和提供信息义务

1. 成年人保护机构在不涉及优先保护利益的情形下，应当履行保密义务。

2. 具有信赖利益的任何人可以要求成年人保护机构提供某人的成年人保护措施存在及其效力的信息。

**第 452 条**

B. 措施对第三方的效力

1. 成年人保护措施可以被用于对抗善意第三人。

2. 如果官方代理关系限制了当事人的行为能力，且合同是由被代理人订立的，就必须通知债务人。债务人必须对代理人清偿债务后，才能解除其给付义务。在代理情况通知被发出之前，官方代理关系并不能被用来对抗善意债务人。

3. 如果受到成年人保护措施的人诱导第三人错误地相信其具有行为能力，则其应当对由此造成的损失或损害承担责任。

**第 453 条**

C. 合作的义务

1. 如果有严重的风险，即有需要的人会危及自己，或者犯重罪或者轻罪对其他人的生理或心理造成严重的损害或者造成物质损失，则成年人保护机构应该与相关机构及警方合作。

2. 在此情况下，负有保密职务或者职业秘密要求的人有权通知成年人保护机构。

## 第四节 法律责任

**第 454 条**

A. 原则

1. 针对官方措施，因非法行为或不履行法律责任而遭受损害的人，均有权请求损害赔偿；如有证据证明其遭受严重损害的，还可以请求精神损害赔偿。

2. 如果成年人保护机构或者监管机构在保护成年人的其他方面有非法行为，受害人也享有上述权利。

3. 州负有责任的情况下，受害方没有权利向造成损害的人提出损害赔偿请求权。

4. 州对造成损害的人的追索权应当由州法律所规定。

**第 455 条**

B. 诉讼时效期间

1. 行使损害赔偿请求权受时效限制，从受损害的人知悉其受侵害时开始计算，但是在任何情况下，该权利自致害行为发生起十年后消灭。

2. 如果该索赔是基于刑事犯罪，而刑法明确规定了一个更长的时效，则应当适用此时效。

3. 如果损害是由决定或实施长期的措施造成的，则针对州的起诉，其诉讼时效从该长期措施结束或者从移交到另一个州时起算。

**第 456 条**

C. 代理法律责任

因某人丧失判断能力而委托的受托人、丧失判断能力人的配偶或者登记伴侣、医疗事务法定代理人，在他们不是官方代理人的情况下，其责任适用《瑞士债法典》中委托代理的规定。

# 瑞士新成年人意定照顾制度研究及其启示①

陈 苇 陈 钊*

---

**目 次**

---

　　自第二次世界大战结束以来，随着 1945 年《联合国宪章》的诞生和 1948 年联合国《世界人权宣言》的颁布，促进人权保护思想逐步发展，推进了现代成年人监护制度立法理念的革新。进入 21 世纪后，基于"尊重本人自我决定权"、"重视人身照顾"、"活用剩余能力"和"公力的适当介入"等最新成年人监护制度的立法理念，许多国家对本国的成年人意定监护制度进行了改革。② 在这一改革潮流下，瑞士对《瑞士民法典》中未成年人监护和成年人监护制度进行了修订。尤其值得注意的是，该法将成年人监护制度设立专门的第三分编，并更名为成年人保护制度③，该部分已于 2013 年 1 月 1 日生效。除对名称进行更改外，其自我照顾安排制度④的具体措施尤具特色，值得深入研究。笔者认为，在我国《民法典》正在编纂的过程中，最需要改革抑或完善的制度就包括成年人意定监护制度。究其原因，一是我国《民法通则》对成年人的意定监护规定存在立法空白；二是 2015 年《老年人权益保障法》之老年人意定监护制度不能满足现实需要；三是 2017 年 3 月 15 日公布的《民法总则》的规定仍需增补细化。由此，我们拟根据现代成年人监护制度的立法新理念，对《瑞士民法典》修订后的新成年人意定照顾制度进行研究，汲取其立法改革经验，从我国实际出发，提出我国"民法典·婚姻家庭编"之增补细化成年人

---

　　① 本文载《私法研究》（第 22 卷），法律出版社 2018 年版，第 57–81 页。本文在被编入本书时对个别标题和内容进行了适当的修改。

　　* 陈苇，女，西南政法大学外国家庭法及妇女理论研究中心主任，民商法学院教授、博士生导师；陈钊，西南政法大学民商法学院博士研究生。

　　② 由此产生了 1999 年日本颁布的《关于任意监护制度的法律》、2005 年英国公布的《意思能力法》、2006 年美国起草的《统一代理权法》、2011 年韩国通过的任意监护制度等。

　　③ 本文主要内容源于《瑞士民法典》2016 年 1 月 1 日的最新一次修订的英文版（*Swiss Civil Code*），载瑞士联邦政府官方网站：https：//www.admin.ch/opc/en/classified–compilation/19070042/201604010000/210.pdf，访问日期：2016 年 3 月 1 日。

　　④ 瑞士成年人保护制度的自我照顾安排制度，即通常意义上的意定监护制度，以下简称成年人意定照顾制度。

意定监护制度的立法构想。

**一、瑞士新成年人意定照顾制度之立法现状考察**

在《瑞士民法典》中，其"意定监护"被称为"自我照顾安排"，其制度内容包括预先照顾指令和患者指令两种类型，以下从立法体例和立法内容两个方面进行考察。

（一）瑞士新成年人意定照顾制度的立法体例

从瑞士成年人意定照顾制度的外部立法体例（其在《瑞士民法典》中的位置）来看，瑞士成年人意定照顾制度被置于《瑞士民法典》第二编"亲属法"的第三部分"成年人保护制度"的第十章"自我照顾安排与法定措施"的第一节"自我照顾安排"（第360条至第373条，共计14个条文）之中。除意定照顾制度外，瑞士成年人保护制度还包括两个主要制度：一是法定措施；二是官方措施。意定照顾制度处于三个制度的首位，其外部体例如图1所示。

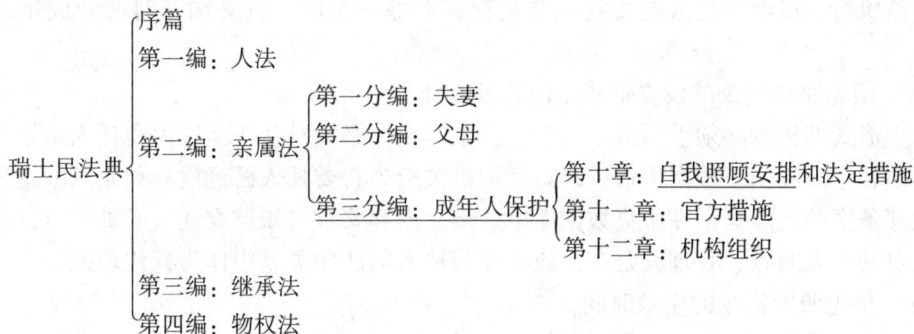

**图1　瑞士新成年人意定照顾制度的外部立法体例**

从瑞士成年人意定照顾制度的内部立法体例来看，成年人意定照顾制度分为两种类型，即预先照顾指令和患者指令，每个指令之中包括主体及权利义务、设立形式、生效时间、变动和公力介入等规定。其内部体例如图2所示。

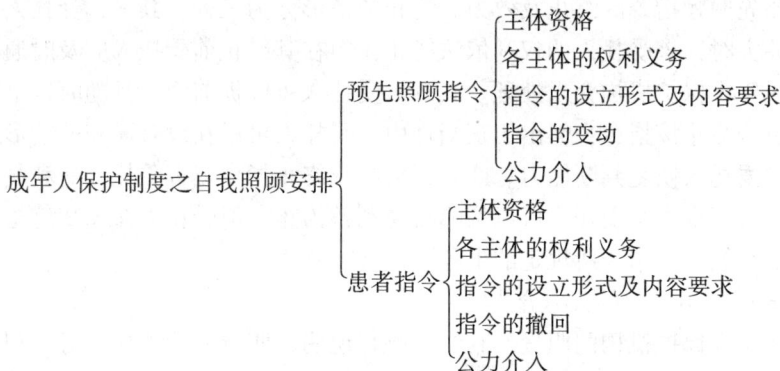

**图2　瑞士新成年人意定照顾制度的内部立法体例**

（二）瑞士新成年人意定照顾制度的立法内容

瑞士将成年人意定照顾制度单独设节规定，并分目规定了预先照顾指令与患者指令，以下分别考察这两项措施的具体内容。

1. 预先照顾指令（一般措施）①

预先照顾指令是指凡具有民事行为能力的人，可以书面或公证形式设立委托，委托一名自然人或法人承担其不再具有判断能力时的个人照顾或管理其财产，或在与他人的法律关系中作为其代理人。

（1）预先照顾指令的主体

委托人为具有民事行为能力的人；受托人为委托人选定的自然人或法人。

（2）预先照顾指令中各主体的权利义务

第一，委托人的权利。委托人有设定预先照顾指令的权利，可以对未来的照顾安排设置符合其意愿的内容，并可以预先指定在受托人不适合某项工作或不能接受委托或委托结束时的替代人。

第二，受托人的权利义务。受托人的权利，包括领取适当报酬和对托管事务费用支出报销的权利。受托人的义务是依照指令完成被委托的事务；当出现超出委托范围的事务而又必须被执行，或者受托人与委托人之间存在利益冲突时，其必须及时通知成年人保护机构。

（3）预先照顾指令的设立形式、内容及其要求

设立形式即指令必须手写或经过公证，手写指令必须是从头至尾由委托人亲笔书写并注明日期和本人签名。根据申请，户籍登记机关应当将委托人已经设立预先照顾指令的事实以及其备案的地点登记在中央数据库中。设立内容要求必须被委托人准确指出，其范围可以是对其个人照顾、管理其财产，或是在与他人的法律关系中作为其代理人。

（4）预先照顾指令的生效时间

当某人丧失判断能力时，指令开始生效。

（5）预先照顾指令的变动

第一，委托的撤回和变更。对于预先照顾指令，委托人可随时以任一法定方式撤回；或通过销毁公文来撤回。如果委托人没有明确撤销前一指令而设立一个新的预先照顾指令，除新指令确实只是对前一指令进行补充外，后一指令将取代前一指令。

第二，预先照顾指令的终止及效力。终止的情形分为三种：其一，受托人与委托人之间存在利益冲突时，该受托人的权利依法终止，但在其终止前受托人应及时通知成年人保护机构，由成年人保护机构介入处理。其二，受托人可以提前两个月随时以书面形式通知成年人保护机构终止该指令；但出于正当理由，受托人可以在没有通知的情形下，终止该指令。其三，委托人恢复判断能力。此时，为防止终止指令损害委托人的利益，要求受托人必须继续执行指令直至委托人可以保障自身利益为止。但受托人在知晓该指令已终止适用前，其仍要受制于该指令所规定的事务。

（6）预先照顾指令中的公力介入

第一，成年人保护机构的职责。其一，解释说明的职责，即受托人对权利义务不明确时，其可以请求成年人保护机构予以解释。其二，对报酬标准的补充制定，即如果指令中没有报酬的内容，成年人保护机构应当根据委托事宜的具体情况，或对受托人的付出按照通常的标准来确定适当的报酬；且所有支出的报酬和管理费用的报销均由委托人承担。其

---

① 《瑞士民法典》（英文版）第360-369条。

三，核实和审核的职责，即成年人保护机构得知某人已经不再具有判断能力，但是不确定该人是否有预先照顾指令时，其应当在户籍登记机关查询。如果存在预先照顾指令，其应当核实该指令是否符合下述内容：指令是否已经被妥善执行；指令的生效条件是否都已具备；受托人是否适合其工作；成年人保护的其他措施是否被需要。同时，成年人保护机构应当告知受托人其法定义务，[①] 并且发布确认其权利的正式文件。

第二，成年人保护机关的介入。如果委托人利益受到威胁或不处于被保护下，成年人保护机构可以依职权或应某关系密切人（a closely associated person）的请求后采取必要的措施。成年人保护机构可以向受托人公布特别命令，指定受托人将财产清单、定期财产账目和报告归档或是撤销其全部或部分权利。

2. 患者指令（医疗措施）[②]

患者指令是指凡具有判断能力的人可以预先为本人的医疗事项设定的措施，即在患者指令中指出同意或者不同意在其丧失判断能力下的各项医疗事项，抑或指定一名自然人，在其不具有判断能力时，该自然人应与医生讨论医疗事项并根据委托人的利益作出决定。

（1）患者指令的主体

委托人须为具有判断能力的人；受托人为委托人指定的自然人。必须注意的是，这里的设立人也可以不指定受托人。

（2）患者指令中各主体的权利义务

第一，委托人的权利。其有设定患者指令的权利；可以向受托人作出指示，也可以就受托人不适合履职、不接受委任或者终止委任的事由作出替代指示。

第二，受托人的权利义务。委托人在指定受托人的情况下，受托人应在委托人不再具有判断能力时与主治医生讨论医疗事项，并根据委托人的利益作出决定。其享有的获取报酬等权利参照适用预先照顾指令的规定。

第三，医生的权利义务。如果患者丧失判断能力，且不知道其是否有患者指令时，主治医生须从其健康保险卡中查询（此规定不适用于紧急情况）。医生必须遵从患者指令，除非该指令违反法律规定或是基于对患者自由意志的合理怀疑或是根据已经知道的情况可以推断出该指令不符合患者的意愿。医生应在诊疗记录中记录没有遵从指令的原因。

（3）患者指令的设立形式及内容要求

设立形式即患者指令委托人应当书面签署，并注明日期和签字。委托人可以将患者指令及其保存地点输入其健康保险卡里。

内容要求即在未指定受托人的情况下，设立人须明确指出同意或者不同意在其丧失判断能力下的医疗事项。

（4）患者指令的撤回

参照预先照顾指令的相关规定。

（5）患者指令中的公力介入

所有与患者关系密切的人都可因下述理由以书面形式请求成年人保护机构介入：该指令没有被遵从；患者的利益受到威胁或不处于被保护之下；该指令不是基于患者的自由意

---

① 如果受托人接受委托，成年人保护机构应当告知其《瑞士债法典》有关委托合同中规定的义务。

② 《瑞士民法典》（英文版）第370-373条。

志。其他涉及成年人保护机构介入的规定可比照适用预先照顾指令的相关规定。

## 二、瑞士新成年人意定照顾制度之立法评析

我国有学者指出，现代国外成年人监护制度改革的三大最新理念是"尊重本人的自我决定权"、"重视人身照顾"和"活用剩余能力"，其目的是达到"维持本人生活正常化"。[①] 我们从前面对瑞士成年人意定照顾制度的考察中可知，其具体制度内容都彰显了这些理念。此外，它还体现了一个重要的立法理念，即"国家公力的适当介入"或者说是"成年人监护的国家责任"理念，形成以"自治为主，国家辅助"的新型成年人意定照顾制度。以下，我们从立法体例和立法内容两个方面对瑞士成年人意定照顾制度进行评析。[②]

（一）立法体例之评析——从外部体例分析

1. 外部立法体例——瑞士新成年人意定照顾制度被置于《瑞士民法典》之亲属编

被改革后的瑞士成年人意定照顾制度，其外部立法体例属于《瑞士民法典》第二编"亲属法"的第三部分成年人保护制度，是该民法典亲属编的重要组成部分。[③] 分析其如此安排的主要理由是：一是从监护人的选任来看，监护人多是从近亲属中选择，近亲属往往被作为首选；二是从民众的意愿来看，一般是愿意优先选择关系亲近的人作为其监护人；三是从结构体例的完整性来看，监护应当分为未成年人监护与成年人监护，而未成年人监护是在父母的亲权无法履行后由非父母担任监护人才产生的。所以，瑞士将父母对未成年子女的"亲权"规定在"亲属法"的"父母"这一分编之中，内容包括亲权和未成年人监护制度；同时，在下一分编专门规定"成年人保护制度"，即监护。由此可见，其未成年人监护和成年人监护制度（包括意定监护制度）被规定在《民法典》亲属编是具有合理性的。

2. 内部立法体例——瑞士的成年人意定照顾措施与成年人法定监护措施，两者并列予以规定，前者优先于后者适用，该意定照顾措施包括一般措施和医疗措施

一方面，从瑞士成年人保护制度的内部体例上看，包含意定照顾（自我照顾安排）和法定监护（针对无判断能力人的法定措施和官方措施），且意定照顾的适用具有优先性。这种优先性体现在以下几个方面：第一，其被规定在成年人保护制度的首位；第二，

---

[①] 李霞：《意定监护制度论纲》，载《法学》2011 年第 4 期，第 119 页；马忆南：《成年监护制度与残障人士权益保护——以民法视角观察》，载《残疾人研究》2012 年第 4 期，第 11 页；陈苇、李欣：《私法自治、国家义务与社会责任——成年监护制度的立法趋势与中国启示》，载《学术界》2012 年第 1 期，第 185 页、第 187 页；焦富民：《民法总则编纂视野中的成年监护制度》，载《政法论丛》2015 年第 6 期，第 22 页。

[②] 在下面的部分制度评析中，我们将以日本任意监护制度为例与瑞士成年人意定照顾制度的规定进行比较，主要原因是：我国部分学者曾对日本的任意监护制度进行介绍，并建议我国立法应当对其进行借鉴。所以，将瑞士的部分制度与日本的相关制度进行比较评析具有一定的参考价值。对日本任意监护制度考察并评析，参见刘金霞：《德国、日本成年监护改革的借鉴意义》，载《中国青年政治学院学报》2012 年第 5 期；李昊：《大陆法系国家（地区）成年人监护制度改革简论》，载《环球法律评论》2013 年第 1 期；李霞：《成年监护制度的现代转向》，载《中国法学》2015 年第 2 期。

[③] 1996 年的《瑞士民法典》中监护制度同样被规定于此，但是在内容上，并没有专门规定成年人意定监护措施，仅在第 372 条规定：成年人经证明因年老体衰或其他疾病，或无经验不能处理自己的事务时，经自己申请后可为其安排监护。第 392 条规定：成年人因疾病、缺席或类似紧急情况的发生，既不能由本人行为，亦不能指定代理人时，可申请监护官厅选任辅佐人。但这两条都不属于意定监护制度。

根据成年人保护制度中"法定措施"和"官方措施"的适用条件①可以推出只有在意定照顾措施不足时才得以适用。这充分反映了对现代成年人监护理念之"尊重当事人意思自治"的遵循以及私法自治原则的贯彻。同时，瑞士还将意定照顾与法定监护并列且各自独立规定，因为两者措施的内容各有不同，这样分别规定更具针对性和可操作性。

另一方面，根据照顾内容的不同，瑞士法将成年人意定照顾划分为一般措施与医疗措施。两者是一般与特殊的关系。一般措施可以涵盖委托人日常生活的所有事项，其功能是解决成年人日常的照顾需要和财产管理等问题；而医疗措施仅涵盖委托人对本人医疗事项的指定事项，其功能主要是解决成年人对其未来的医疗事项的安排问题。目前，瑞士将医疗事项单列为一个措施，这种分类独树一帜，凸显了现代成年人监护制度"重视人身照顾"之监护理念，充分考虑了成年人，特别是老年人最为重视的医疗事务的自我决定和自我保障，也为受托人和医生提供操作指引，更便于实际操作运用。

（二）立法内容之评析——从一般措施与医疗措施的比较切入

1. 一般措施与医疗措施在设立主体和设立内容上的比较评析

（1）一般措施与医疗措施在设立主体与内容上的共性

在设立主体资格上，两者均可以由具有行为能力的成年人设立。因为具有行为能力的成年人所做出的指令是可以确信其符合本人的真实意愿且符合自身利益的安排，应当予以尊重和遵从。

在委托内容上，两者有两点共性。一是两者都可以在协议中同时指定先位受托人与后位受托人（替代受托人），当受托人出现法定事由无法继续履职时，由替代受托人接替受托人继续履职。如此授权性的规定有利于实现委托人意愿，体现了对委托人意思自治的尊重，使其指令的安排可以不因先位受托人的履行不能而无法继续执行。二是在医疗措施未设定受托人时，其委托内容与一般措施一样，均要求委托人要指出同意他人为或不为的事项范围。我们认为此项要求很有必要，主要理由是：其一，便于受托人在委托人丧失判断能力后能够准确地按照其意愿履行职责，实现委托人指定的照顾事项；其二，法律的重要作用之一即指引作用，做此要求有利于引导委托人明确委托内容，提高意定照顾制度的实现率；其三，委托人指定其本人可为哪些行为及由受托人代为哪些行为（医疗措施中是指定同意或不同意各项医疗措施），其中可为的行为就是为其自己保留一定的权利由其自由支配，这充分体现了"尊重本人意愿"、"活用剩余能力"以实现"维持本人生活正常化"的立法理念。

（2）一般措施与医疗措施在设立主体与内容上的区别

一方面，两者设立主体的资格不同。一般措施的设立主体仅限具有民事行为能力的人；而医疗措施的设立主体除具有行为能力人外，还包括具有判断能力而无行为能力人。② 医疗事务涉及自身的生命权、健康权，属于与自身密切相关的权利，所以赋予有判

---

① 根据《瑞士民法典》第 374 条、第 377 条、第 389 条的规定，法定代理措施与法定医疗代理措施、官方代理措施均是在意定照顾措施不足时才能被适用。

② 在瑞士，具有判断能力人与具有行为能力人的范围有所不同，该国规定中有一种特殊的情形，即有判断能力但被禁止行使民事权利的人。根据《瑞士民法典》第 17 条的一般规定，无判断能力人、一般型代理关系中被禁止本人行使权利的被代理人为无民事行为能力人。同时，第 19c 条规定，除法律要求须经法定代理人同意的情况外，有判断能力但被禁止行使权利的人可以自主行使与自身密切相关的权利。

断能力但被禁止行使权利的人享有对自己医疗事务的设立权，这符合"重视人身照顾"的理念。

另一方面，若需要指定受托人，则两者对委托内容的要求不同。一般措施在委托内容上，要求委托人必须准确地指定受托人的工作内容。但医疗措施的委托人则是可以对受托人作出指示而非必须，如此区别主要是由医疗事务的特殊性决定的，由于疾病的复杂性可能导致医疗措施的内容较难指明，所以委托人有作出指示的，按其指示履行；没有指示的则由受托人根据委托人的利益与医生协商确定医疗措施。此种细节的设计值得我国参考借鉴。

2. 一般措施与医疗措施在执行主体范围及其权利义务上的比较评析

（1）一般措施与医疗措施在执行主体的范围、权利与职责上的共性

一般措施与医疗措施的共性之处在于，一是两者的受托人都可以为自然人。二是两者的受托人都可享有获得报酬和对履职中相关费用支出报销等权利，这是权利义务相对应的体现。三是两者的执行主体都是根据委托人的安排和利益履职，体现了以"保护被监护人利益与尊重被监护人意愿"相结合的21世纪成年人监护制度的立法基本理念。[1] 受托人须最大限度地尊重委托人的真实意愿，按照最有利于委托人利益的原则履行职责；同时，对委托人仍有能力独立处理的事务，其不得干涉。

（2）一般措施与医疗措施在执行主体的范围、职责与权利上的区别

一方面，在执行主体的范围上，两者有两点区别。其一，对法人组织是否能够担任受托人的规定不同，一般措施中受托人除自然人可以担任外，还包括法人组织；而医疗措施中受托人不能由法人组织担任，因为医疗人身事务的复杂性，在没有委托人指示时对受托人的自主性要求较高，受托人需要根据委托人的意愿及其利益与医生协商；且医疗事项涉及委托人的生命权、健康权，委托人一般会选择委托自己最为信任的人而非组织。所以，医疗措施未将法人组织纳入医疗措施受托人的范围是合理的。其二，在医疗措施中除受托人外，医生实际上是履行措施的主体之一。究其原因，一是委托人设立医疗措施可以不指定受托人，而直接指明本人同意或不同意实施的医疗措施，在其丧失判断能力后，由医生作为执行主体履行医疗措施即可；二是在已指定受托人的情况下，受托人在为委托人作出医疗措施决定前须与医生协商，医生实际上是医疗措施中的执行主体。如此规定是合理的，有利于避免医生对委托人真实医疗意愿的违背，从而保障委托人涉及医疗事项的措施的实现。

另一方面，在执行主体的职责上，一般措施与医疗措施也有两点区别。其一，受托人的职责不同。一般措施的受托人职责的主要内容是人身保护、财产管理，以及民事行为代理、诉讼代理等日常生活中的一般事项；医疗措施的受托人职责的主要内容仅针对委托人的医疗事项，即根据委托人本人指示和利益与医生协商治疗措施。其二，医疗措施除对受托人的职责规定外，还对医生的职责进行详细的规定，即要求其严格遵从患者指令，以及未遵从时的处置等内容。因人身事务尤其是医疗事务对于委托人自身十分重要，故在此对医生的治疗行为进行约束，要求其必须按照患者意愿进行治疗，这是"尊重其自我安排决定权"理念之体现。

3. 一般措施与医疗措施在监督主体范围及其职责上的比较评析

在瑞士意定照顾制度中，"国家公力介入"的理念主要体现在两个方面，一是在当事

---

① 陈苇：《中国婚姻家庭法立法研究》（第二版），群众出版社2010年版，第37页。

人有意定措施的情况下，成年人保护机构应当充分尊重当事人的自我照顾安排并起辅助其实现的作用；二是如委托人已经丧失判断能力，当其意定措施存在不足时，成年人保护机构应当介入对其进行保护，即国家公力介入的目的就是保障意定照顾委托人的意思自治，实现其真实之意思表示，因为保障实现成年人保护即监护也是一项国家责任。①

（1）一般措施与医疗措施在监督主体范围及其职责上的共性

一方面，在监督主体的范围上，两者的公力和私力监督主体范围均相同，即两者的公力介入机关均为成年人保护机构②；两者的私力监督人为关系密切人。此外，《瑞士民法典》第443条规定执行公务的人也有通知的义务，即在发现有需要设立保护措施的成年人时，应当通知成年人保护机构；同时，除执行公务的人外，第三人也有通知义务，但其是可以通知而不是必须性的。由此可见，瑞士的监督主体是非常广泛的，包括一个专门的公力机关即成年人保护机构、所有执行公务的公力机构人员、关系密切的私力监督人以及其他可能发现当事人需要设立保护措施的第三人，这基本上包括了所有可以进行监督的主体。从其他国家的立法来看，有学者认为日本的任意监护制度在日本的实际利用率并不高，其最重要的理由是缺少国家公权力直接监督的规定，其任意监护监督人也是个人，所以任意监护人与监护监督人可能暗中通谋侵害被监护人利益的危险性使得日本民众对此种监护方式的利用率始终不高。③ 还有学者指出，美国持续性代理权的基础是委托人丧失行为能力，而代理权的基础却是委托人具有监督代理人的能力，这就意味着持续性代理权让老人处于被人操纵和欺诈的弱势地位，所以美国最近的有关立法都在加强改进监督机制，但仍不尽如人意。④ 所以，瑞士此种公力与私力的结合监督模式，可以尽可能避免意定监护的委托人利益受损，此种在尊重当事人意愿的前提下必要的加强公力介入是现代成年人监护制度的发展趋势。

另一方面，在监督主体的职责上，两者私力监督人的职责相同，均可以因被照顾人利益受威胁或不处于被保护之下而请求成年人保护机构采取必要措施。因为私力监督人与被照顾人关系密切，比较容易了解其被照顾情况，当发生侵害被照顾委托人权益的法定情形时，私力监督人可以请求公力救济以保障被照顾人的利益。

（2）一般措施与医疗措施在监督主体范围及其职责上的区别

第一，查询指令的责任主体有所不同。一般措施承担查询指令的责任主体是成年人保护机构；医疗措施查询指令的责任主体为医生。我们认为，一般措施如需要开始的情形已发生且已被他人知晓，为保护当事人的利益，该知晓者首先应当将该信息通知给主管机构（成年人保护机构），所以由成年人保护机构承担查询指令是否存在的责任，方可决定是否设立法定监护，这是其作为主管公力机关要保障丧失判断能力人得到照顾的职责所在，

---

① 陈苇、李欣：《私法自治、国家义务与社会责任——成年监护制度的立法趋势与中国启示》，载《学术界》2012年第1期，第179页、第187页。

② 成年人保护机构在《瑞士民法典》第440条中有所规定，其为由州任命专门从事成年人和儿童保护工作的机构。

③ 方勇男：《日本成年监护制度研究》，吉林大学法学院2012年博士学位论文，第59页。

④ ［美］Jennifer L. Rhein：《无人负责：持续性代理权及对丧失行为能力人保护的失败》，张虹译，载王竹青主编：《美国持续性代理权和成年人监护制度立法及法律适用》，知识产权出版社2016年版，第132页。

体现了国家公力介入的辅助原则与比例原则。① 而患者指令的查询责任主体是医生，这主要是考虑到医生作为贯彻执行指令和最先会接触医疗措施的主体，其需要确定是否存在医疗措施，以便根据被照顾人的意愿对其进行相应治疗，由其承担查询的职责更经济、更便捷，体现了效率原则。所以，此种查询责任主体的区别规定是合理的。

第二，成年人保护机构的职责不同。一般措施中较为详细地规定了成年人保护机构的职责；而在医疗措施规定中，除成年人保护机构的介入外，其他都未作规定。② 我们分析有两种可能：一是从该法有关措施的变动、成年人保护机构的介入的规定中可以看出，在医疗措施规定不明时可以参照一般措施的规定，这里成年人保护机构的职责亦如此；二是比照一般措施，医疗措施涉及委托人的人身，其隐私性更强，推测委托人不希望其疾病或者人身上的缺陷等隐私被他人知晓，所以仅在其权利受损时才让公力机关得知并介入，即事后介入。

第三，成年人保护机构的介入情形和方式不同。其一，对于介入的情形，一般措施仅概括式规定在被照顾人权利将要或已受损时该公力机构介入；医疗措施采用的是列举加概括的方式，列举了三种法定情形，一是措施未被遵从，二是措施不是基于患者的意愿，三是被照顾人利益受到威胁。其二，在介入的方式上，一般措施中发生法定情形时，成年人保护机构可依职权介入；而医疗措施中只能依申请介入。分析这两点区别规定的原因可能是，成年人保护机构在医疗措施中仅有发生问题时的介入职责，所以区别规定以强调对医疗措施当事人的保护以及弥补成年人保护机构未有事中介入的空白。此种具体的细节规定凸显了瑞士立法对成年人的人身保护，尤其是医疗保护上的重视。

4. 一般措施与医疗措施的设立形式及生效时间的比较评析

（1）一般措施与医疗措施的设立形式及生效时间的共性

第一，两者的设立形式都由当事人自行决定是否登记或保存。有外国学者认为这种规定不妥，应当必须登记或保存。③ 我们认为，一般措施的登记确实有利于公力机关查询并对其监督，但是从尊重当事人意思自治的原则出发，同时也是出于对委托人隐私权的保护，是否登记可以由委托人进行选择。但是，因医疗措施中涉及当事人的人身重大利益，如有些人选择不使用呼吸机或不进行抢救或安乐死等涉及生命权的指示，其被准确认定是否出于真实意愿就尤为重要，所以应当登记，以便登记机关确认其医疗措施是出于真实意愿。因此，瑞士一般措施采取自愿选择登记较为合理，但我们认为医疗措施采取强制性登记更为妥当。

其中，瑞士成年人意定照顾措施中在一般措施和医疗措施中都规定，联邦委员会应当对登记或保存的措施信息的查询条件进行规定，以防止信息泄露。这样的规定在重视人权保护的当今社会，对于丧失判断能力人隐私权的保护，尊重其人格以及避免被他人歧视均

---

① 《瑞士民法典》第389条规定了成年人保护机构介入的辅助性原则和比例原则，即在意定照顾措施存在不足的情况下介入；所设立的照顾措施必须是必要的且适当的。

② 在成年人保护机构的职责上，一般措施中成年人保护机构的职责包括：查询并审核、解释说明、发布证明文件、补充设定报酬标准、被保护人利益受损时的介入等。而对于医疗措施中成年人保护机构，仅规定为被保护人利益受损时的介入职责，其他涉及成年人保护机构介入的规定可比照适用预先照顾指令的相关规定。

③ Ingeborg Schwenzer and Tomie Keller, "Switzerland: A New Law For The Protection of Adults", in Int'l Surv. Fam. L, 2013.

有积极意义。所以，此种意定照顾措施的查询条件规定对我国具有一定的立法参考价值。

第二，一般措施和医疗措施的生效时间相同。两者的生效时间都是始于当事人丧失判断能力之时。而从我国有学者论及日本任意监护制度的生效规定来看，日本目前的任意监护以任意监护监督人的选任作为任意监护合同生效的要件。[①] 比较这两种生效时间，我们认为，瑞士的丧失判断能力即生效的规定较为合理。一是瑞士此种规定可以使照顾措施在委托人丧失判断能力之时立即得以适用，及时保障其生存权益，这是"重视人身照顾"理念的体现；二是是否选任监护监督人、选谁担任是当事人自己的权利。首先应当由委托人决定，以体现意思自治原则，如果有些被监护人确需设立监护监督人而其自己已不能表达意思的，可由近亲属或利害关系人申请法院指定。也就是说，如果委托人没有设立专门的监护监督人，抑或利害关系人认为，意定监护尚未发生损害被监护人利益的情况，也没有设立监护监督人之必要，就可以不设立监护监督人。这也反映了国家公力的介入应当是有条件的。由此我们认为瑞士法的规定相较于日本法的规定合理。

（2）一般措施与医疗措施的设立形式与生效时间的区别

两者的设立形式不同，主要体现在是否需要从头至尾手写、是否可以适用公证方式。瑞士成年人意定照顾制度对一般措施的设立要求较高，需要委托人从头至尾亲笔手写，并可以公证方式设立；而对医疗措施设立要求较低，未有上述两项规定。

由这样的规定可以得出：一是医疗措施必须被单独设立，以凸显对人身照顾的重视；二是医疗措施没有规定公证的方式，这可能是出于对被照顾人隐私权保护的考虑。从世界上其他国家的立法来看，日本的任意监护无论内容如何，都要求必须以公证书的形式作出；法国则采取双轨制，要求委托书应以公证文书或私署文书为之。[②] 我们认为，日本立法虽有利于保证是出于本人的真实意愿，同时有利于公力机关查询并监督。但是，根据我国《继承法》规定的遗嘱的订立方式，同样是出于本人的真实意愿，设立遗嘱可以采用自书、代书、公证的方式，未经公证的遗嘱并不影响其效力，在发生争议时亦可向公力机关寻求救济，也同样能起到公力介入监督之效。我们认为意定监护相关措施的设立形式可以包括自书、公证等多种方式，所以瑞士的医疗措施仅规定采用自书一种方式设立存在局限性。

5. 瑞士新成年人意定照顾措施的变动之评析

从两类措施的变动来看，一般措施根据行使的主体及发生时间的不同，分为三种情形，即生效前委托人对指令的撤回和变更、生效后的相对终止与绝对终止。由于医疗措施中仅明确规定措施的撤回参照一般措施的规定，对其他变动未予规定。因此，以下我们主要评析一般措施的变动规定。

（1）措施的撤回和变更方式之评析

对一般措施的撤销，委托人可以任一法定方式予以撤销，即可以采用自书方式撤销公证方式已设立的措施。我们认为这一规定较合理，因为公证的方式虽然能够更好地确保是出于当事人的真实意愿，但是此方式程序比较烦琐且可能需要花费一定的费用，所以我们认为只要是出于真实意愿的自书，尤其是瑞士法对于自书的方式要求较高，需要从头至尾

---

① 日本的任意监护合同需经本人、配偶、四亲等以内的亲属或者被委托任意监护的人的请求，由家庭法院选任监护监督人后，才能发生合同的效力。转引自刘金霞：《德国、日本成年监护改革的借鉴意义》，载《中国青年政治学院学报》2012 年第 5 期，第 112 页。

② 《法国民法典》第 477 条。转引自《法国民法典》，罗结珍译，北京大学出版社 2010 年版，第 153 页。

亲笔手写，这就可以保障是出于真实意愿，其当然可以撤销或变更公证方式设立的一般措施。这体现了对委托人意思自治的尊重，彰显了"尊重人格尊严和私人生活自主决定权"的现代成年人监护制度的新理念。①

（2）措施的相对终止情形之评析

一般措施的规定中对相对终止规定了三种情形：一是受托人的辞任；二是受托人与委托人之间存在利益冲突；三是受托人的全部职权被成年人保护机构撤销。且除第一种情形外，当其他情形发生时都规定了后续处理规定，即由成年人保护机构介入处理，以便及时保障被照顾人的权益。

我们认为，上述规定存在两个问题：一是观之其他国家的规定，日本任意监护合同终止的情形包括任意监护人的死亡；任意监护人因故丧失履职能力。而《法国民法典》对于执行中的委托，其相对终止情形除监护法官依请求解除委托外，还包括委托代理人死亡的情形。② 所以，瑞士法未明确规定监护人死亡或丧失履职能力是否属于这种意定照顾的相对终止情形。二是在第一种情形中受托人有正当理由时不通知成年人保护机构即可辞任，我们认为这种单方面的解除有可能造成被照顾人无法得到应有的照顾而利益受损。观之其他国家，法国和日本均要求受托人的辞任需要通过法院的许可后方可，以保障委托人的权益。所以，我们主张受托人的辞任应当经过公力机构的审查同意方可。

（3）措施的绝对终止情形之评析

一般措施的绝对终止仅规定了委托人恢复判断能力这一种情形，反观日本和法国，日本法规定本人死亡，任意监护合同终止。而《法国民法典》中委托的绝对终止情形包括受保护人恢复判断能力、受保护人死亡的情形。所以，我们认为瑞士法此处规定的绝对终止情形有所缺漏，缺少委托人死亡的情形。但一般措施规定了因委托人恢复判断能力而终止时产生的效力，③ 此种对受托人的限制性规定可以很好地保障委托人的权益，值得我国参考。

综上，2013年1月1日生效的修订后的《瑞士民法典》的新成年人保护制度之意定照顾制度，各项措施内容十分详细，且补足了1996年《瑞士民法典》未涉及成年人意定监护的缺漏。其一般措施和医疗措施的依意定设立，体现了"尊重本人的自我决定权"的理念；一般措施和医疗措施的划分及其具体内容体现了"重视人身照顾"与"活用当事人剩余能力"的理念；国家公力对意定措施履行的辅助并适当介入体现了"国家公力适当介入"的理念，有利于实现维持本人生活正常化的目的。这既符合现代社会人权保护理念的要求，也体现了保护成年人利益的国家责任，值得我国参考和借鉴。

**三、我国成年人意定监护制度的立法现状及瑞士法对我国的启示**

在我国，1986年《民法通则》及1988年《最高人民法院关于贯彻执行〈中华人民共和国民法通则〉若干问题的意见（试行）》④ 对成年人意定监护制度尚无规定，2015年修订的《老年人权益保障法》于第26条新增规定了老年人协议委托监护，填补了我国成

---

① 陈苇：《中国婚姻家庭法立法研究》（第二版），群众出版社2010年版，第37页。

② 《法国民法典》第483条。转引自《法国民法典》，罗结珍译，北京大学出版社2010年版，第154-155页。

③ 除措施依法终止外，受托人应当继续执行指定的任务，直到委托人可以自行保障自己的利益；受托人在知晓措施已终止适用前，其仍要受制于该指令所规定的事务。

④ 以下简称《民通意见》。

年人意定监护制度的立法空白。2017 年 3 月 15 日通过的《民法总则》① 在前述老年人协议委托监护立法的基础上，补充完善了成年人意定监护制度，体现了"尊重成年人本人自我决定权"这一现代成年人监护制度改革的最新立法理念，践行了我国作为联合国人权公约缔约国尊重和保护人权的承诺。但因《民法总则》在民法典中统领全局的地位，其对成年人意定监护制度的规定较为抽象和原则，所以仍需在"民法典婚姻家庭编"中对该制度予以细化补充，以增加可操作性。前述瑞士成年人意定监护制度的改革值得我国借鉴与参考，主要理由有二：一是其对本国成年人意定监护制度改革具有创新性；二是其改革的理念，即"自治为主，国家辅助"与我国"以家庭监护为基础、社会监护为补充、国家监护为兜底"② 的立法精神相符。以下，我们借鉴前述瑞士立法经验，对我国目前意定监护制度的立法体例和立法内容进行考察与评析。

（一）我国成年人意定监护制度的立法现状

1. 我国成年人意定监护制度的立法体例

2017 年 3 月我国《民法总则》公布前，我国成年人监护包括"精神病人的法定监护"和"老年人的意定监护"两部分，前者被分散规定于 1986 年《民法通则》第二章自然人第二节及 1988 年《民通意见》、2012 年《精神卫生法》等法律法规及司法解释之中；后者被规定于 2015 年修正后的《老年人权益保障法》之中。③ 我国《民法总则》公布后，成年人监护制度被规定在其"第二章自然人"的"第二节监护"之中，即以专节设立监护制度，将"成年人法定监护"和"成年人意定监护"整合在一起加以规定，改变了原来分散规定的立法结构。如图 3 所示。

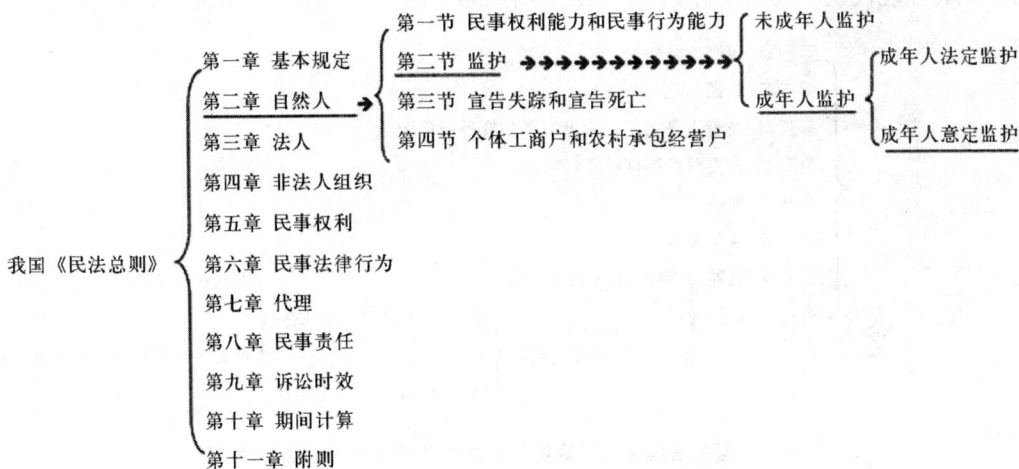

图 3 我国《民法总则》之成年人监护制度立法体例

---

① 以下简称我国《民法总则》。

② 这是此次《民法总则》细化监护制度的立法基础，同时也是《国家人权行动计划（2016—2020 年）》中的要求。参见吴海波：《构建我国民事法律制度的基本框架》，载中央人民广播电台：http://news.cnr.cn/native/gd/20170301/t20170301_523627451.shtml，访问日期：2017 年 4 月 12 日。

③ 1986 年通过的《民法通则》第 14-19 条、1988 年颁布的《民通意见》第 10-23 条、2012 年颁布的《精神卫生法》、2015 年修正的《老年人权益保障法》第 26 条。

值得注意的是，目前我国成年人意定监护制度被置于民法典的何位置在学术界仍存在争议，主要存在三种观点：第一种观点是我国多数学者认为监护制度（包括成年人意定监护制度），应当被规定在民法典的亲属编之中；[①] 第二种观点是有学者认为监护制度应当被规定在民法典的总则之中；[②] 第三种观点是有学者提出应当将监护的一般规则规定在总则之中，将监护制度中的具体规则置于婚姻家庭法之中。[③] 我们赞同第三种观点，主要理由有三：其一，监护制度被作为补足民事行为能力的制度于 1986 年被规定在我国《民法通则》中，至今已有 30 多年，并被广大民众所接受。其二，民法总则中的主体制度体现的是民法规范的一般性、原则性、体系性，而处于民法分则的亲属法规定的是以上一般性权利如何实现、如何保护的具体法律规则。所以，民法总则不宜对监护制度作细化规定，加之监护制度与亲属关系制度是密不可分的关系，故将监护制度的具体内容规定于婚姻家庭编之中是合理的[④]。其三，此次我国《民法总则》已经将成年人监护制度规定其中，且其内容多属一般性、抽象性规则，所以在"民法典·婚姻家庭编"的编纂中，应当补充细化成年人监护制度的具体规定，以增加可操作性。故我们认为，我国《民法总则》继续沿用《民法通则》的立法体例是合理的，而不应照搬瑞士成年人意定照顾制度的立法体例。[⑤]

综上，我们建议：一方面，坚持我国《民法总则》现有的成年人意定监护制度的立法体例及原则性规定；另一方面，将其具体的、细化的内容规定于民法分则之"婚姻家庭编"之中。同时，吸收《瑞士民法典》成年人保护制度之意定照顾措施的内部立法结构，分别规定成年人意定监护和成年人法定监护，并将我国成年人意定监护制度分为委托照顾措施（一般措施）和意定医疗措施（医疗措施）两部分，且每部分中依据总则规定予以细化内容，以彰显现代成年人照顾制度之"重视人身照顾"的立法理念。其体例如图 4 所示。

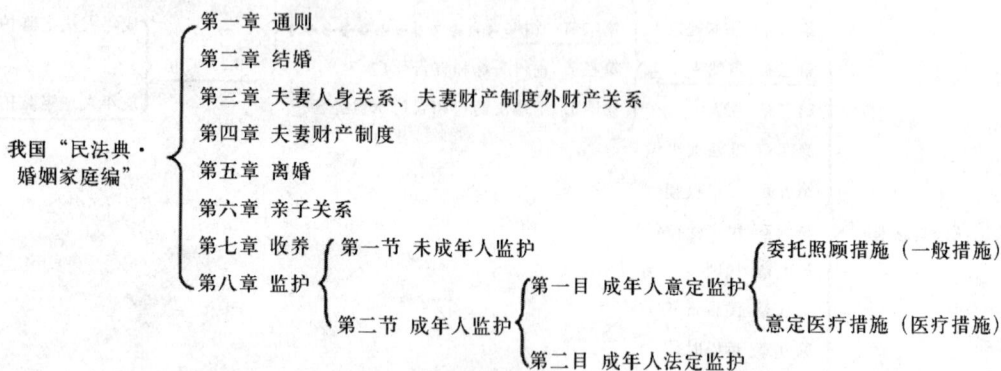

图 4　我国民法典之婚姻家庭编中成年人意定监护体例示意图

---

① 参见李洪祥：《我国民法典立法之亲属法体系研究》，中国法制出版社 2014 年版，第 274 页；陶源：《浅论现代民法的发展趋势》，载《商业研究》2004 年第 14 期；赵虎、张继承：《成年人监护制度之反思》，载《武汉大学学报》2011 年第 2 期，第 24 页。

② 李永军主编：《中国民法典总则编草案建议稿及理由（中国政法大学版）》，中国政法大学出版社 2016 年版。

③ 王利明：《民法典体系研究》（第二版），中国人民大学出版社 2012 年版，第 489 页。

④ 陈苇、李艳：《中国民法典之监护制度立法体系构建研究》，载《西南政法大学学报》2017 年第 2 期，第 87 页。

⑤ 瑞士成年人照顾制度的立法体例是将成年人照顾制度规定在《瑞士民法典》的"亲属编"之中。

2. 我国成年人意定监护制度的立法内容

我国现行《老年人权益保障法》中"老年人意定监护制度"内容仅包括委托人与受托人的范围及生效时间。为了实现内容的完整性，增强可操作性，2017 年通过的我国《民法总则》中成年人意定监护制度的主要内容包括：主体范围、生效时间、监护人的履职原则、监督主体范围及职责、人民法院的撤销、意定监护终止等内容。

（1）成年人意定委托人的主体范围

在我国，依据现行《老年人权益保障法》第 26 条的规定，委托人的范围为具有完全民事行为能力的老年人，但对于具有完全行为能力的其他成年人是否享有此项权利无规定。为了弥补这一缺憾，2017 年 3 月通过的我国《民法总则》第 33 条已经将其主体范围加以扩充，即凡具有完全行为能力的成年人均享有设立意定监护措施的权利，这与瑞士对于意定照顾设立主体资格要求是基本一致的。然而，瑞士针对不同的意定监护措施，规定其设立的主体范围有所不同。① 我们认为，此区别规定不适宜我国，因为我国并不存在瑞士所规定的有判断能力但无行为能力的此类成年人的特殊情形。

（2）成年人意定监护人的范围及履职原则

关于意定监护人的范围，我国《民法总则》第 33 条规定，意定监护人可以是委托人的近亲属、其他愿意担任监护人的个人或组织。我们认为其理由是：一是实际上我国《民法总则》第 18 条的规定已经对监护人的资格作出了规定，即监护人应当为完全行为能力人；二是意定监护制度的首要立法理念就是"尊重其本人的自主决定权"，意定监护人的范围较广，则委托人可以自主决定受托人为何人；三是意定监护开始实施后，如监护人出现履职不能或损害被监护人利益的情形，我国《民法总则》第 36 条第 2 款规定的监督主体即可向法院申请撤销监护人资格，为被监护人另行指定新的监护人，这可以保障被监护人的利益；四是瑞士也是仅概括式地规定受托人可以为自然人或法人。因此，我国《民法总则》采取概括式规定受托人的范围而未设定具体的监护人资格。

关于意定监护人的履职原则，我国《民法总则》第 35 条第 3 款明确规定，监护人的履职原则是要最大限度地尊重被监护人的真实意愿，保障并协助被监护人独立实施与其智力、精神健康状况相适应的民事法律行为。这体现了"尊重本人自我决定权"、"活用当事人的剩余能力"等现代成年人监护立法的新理念。

（3）成年人意定监护的生效时间

根据我国《民法总则》第 33 条规定，意定监护的委托人可以与受托人协商确定生效时间，即由当事人自己选择意定监护是在本人部分丧失民事行为能力或完全丧失时适用。而瑞士法规定当事人需完全丧失才可以适用意定监护。那么意定监护究竟是必须在完全丧失能力后才可适用还是部分丧失即可适用呢？

我们认为，我国《民法总则》的规定较为合理，如患有阿尔茨海默病（AD）或称老年痴呆症的老年人，此种疾病是一种起病隐匿的进行性发展的神经系统退行性疾病。其主要表现为认知功能下降、精神症状和行为障碍、日常生活能力的逐渐下降。患者并不是在发病时即完全丧失行为能力，而是一个逐渐发展的过程。如果意定监护仅在完全丧失行为能力时才能适用，那么在其发病的初期，老年人又如何维护自身的权益呢？所以，我们认

---

① 如前所述，其一般措施要求设立主体为完全行为能力人；医疗措施要求设立主体为具有判断能力的人。

为《民法总则》规定由当事人自己可选择意定监护在其部分丧失行为能力时即可适用是合理的。

（4）成年人意定监护的监督机制

我国有学者指出，由于无人监督、公力救济措施欠缺，公权力的缺席导致了监护人的失职推诿，各种障碍者流浪乞讨或露宿街头的现象随处可见，这与监护监督人的缺失不无关联。[1] 从我国《民法总则》在第 36 条第 2—3 款规定的监护监督机制来看，我国采用公力监督（我国的民政部门、居委会、村委会等机构监督）与私力监督（其他具有监护资格的自然人监督）相结合的方式，与瑞士成年人意定照顾制度规定相同。其立法理由是，若仅设立专门的自然人或机构作为监护监督主体，可能会有监督不到位的情况发生。而两者同时设立，可以相辅相成，共同保护被监护人的利益。

（5）成年人意定监护的私力监督主体范围及其权利的行使

关于意定私力监督主体的范围，根据我国《民法总则》第 36 条第 2 款规定，为有关个人，即其他具有监护资格的人，其有向法院申请撤销监护人的权利。瑞士将私力监督主体规定为关系密切人，在出现法定情形时，私力监督人可向有管辖权的成年人保护机构寻求救济。由此可见，我国和瑞士在私力监督主体的监督权利行使上的规定基本相同，但是在私力监督主体的范围上，瑞士的私力监督主体范围较我国更广，值得我国借鉴。

（6）成年人意定监护的公力监督主体及其权利义务的范围

我国公力监督主体，为民政部门、居委会、村委会，被监护人住所地的学校、医疗卫生机构、妇女联合会、残疾人联合会、依法设立的老年人组织等，而未像瑞士专门设置一个成年人保护机构。其主要原因是，第一，专门设置成年人保护机构在我国并不现实，容易造成不同机关的职责重叠。第二，这些公力主体与民众生活联系密切，更容易考察和得知被监护人的被照顾情况。所以，它们足以承担监督与其他公力介入的职责。第三，采用列举式的方式规定上述主体均有监督权，与《瑞士民法典》第 443 条规定[2]类似，基本涵盖了所有可以接触到被监护人的公力主体，且又不局限于所被列举的公力机构，以形成全社会的监督，保障被监护人权益。第四，目前，我国仅将部分监督职责交给法院履行，即依申请审理监护人选任、监护撤销等纠纷，其余监护监督职责，则由前述监护监督人或机构承担，这是符合我国目前的司法实际情况的。[3]

上述公力机关作为公力监督主体有权向人民法院申请撤销监护人的资格，同时为了防止民政部门以外的监督人不履职，我国《民法总则》第 36 条第 3 款还专门规定了民政部门申请撤销监护人资格的法定义务。[4] 此外，民政部门、居委会、村委会还承担担任临时

---

① 杨立新：《民法总则重大疑难问题研究》，中国法制出版社 2011 年版，第 58 页。

② 执行公务的人也有通知的义务，即在发现有需要保护措施的成年人时，应当通知成年人保护机构；同时，除执行公务的人外，第三人也有通知义务，但其是可以通知而不是必须的。

③ 据统计，2015 年我国法院新收民商事案件上升明显。新收民商事一审、二审、再审案件 11044739 件，上升 21.8%。参见周斌：《最高法发布 2015 年全国法院审理执行案件统计数据》，载法律资讯网：http://www.dyzxw.org/html/article/201603/18/213756.shtml，访问日期：2016 年 12 月 25 日。

④ 我国《民法总则》第 36 条第 3 款规定：个人和民政部门以外的组织未及时向人民法院申请撤销监护人资格的，民政部门应当向人民法院申请。

监护人的职责。① 此规定填补了当监护人资格存在争议或监护被撤销时被监护人无人照管的漏洞，充分体现了监护中的"国家责任"理念。

（7）成年人意定监护撤销与终止的法定情形

一方面，关于公力机关对意定监护的撤销，根据我国《民法总则》第 36 条的规定，法院撤销监护人有三种法定情形。② 我国将严重损害被监护人身心健康的行为作为监护撤销的法定情形之一，这体现了对于被监护人人身照顾的重视，且相比于瑞士的概括式规定（仅规定被照顾人利益受到威胁或不处于被保护之下），我国列举加概括式的规定可操作性更强。

另一方面，对于意定监护的终止，我国《民法总则》第 39 条规定为四种情形。③ 其基本涵盖了监护关系的绝对终止和相对终止的全部情形，且相比较于瑞士成年人一般措施中关于措施终止的规定，我国的规定更为全面。

（二）我国"民法典·婚姻家庭编"中增补细化成年人意定监护制度的构想

我国《民法总则》的成年人监护制度包括法定监护和意定监护，但未将两者以单独的结构单位即单独分"目"予以规定。从我国《民法总则》成年人意定监护制度现有的立法内容来看，包括主体、生效时间，其余关于监护人的职责范围及履职原则和法律责任、私力监督与公力监督的主体及职责、人民法院的撤销、终止等内容都是与法定监护共同适用的通则性规定。相比之下，瑞士成年人意定照顾制度的规定更为全面系统，其体现在：一是瑞士将意定监护设专目单独规定，更有针对性和可操作性；二是其制度的类型包括意定一般措施与意定医疗措施，专门设立医疗措施，反映对人身照顾的重视；三是其制度内容较为全面。以下，我们从我国实际出发，汲取瑞士成年人意定照顾制度的立法经验，提出我国"民法典·婚姻家庭编"之成年人意定监护制度之增补细化的立法构想。

1. 立法体例——成年人意定监护分为一般措施和医疗措施

在意定监护措施类型上，我国《民法总则》已经规定了成年人的委托监护，其与瑞士的一般意定照顾措施相似，并且成年人的委托监护内容当然也可以包括医疗事项的措施。但我们认为，瑞士法将医疗事务作为特殊措施单列出来，可以更加彰显"重视人身上的照顾"这一理念。所以，建议在编纂我国"婚姻家庭编"时应当细化成年人委托监护措施的内容，增补医疗措施这一类型，以凸显对成年人生命权、健康权的重视，指引成年人可以根据自己的意愿指出自身丧失或部分丧失行为能力后同意或不同意的医疗事项，以保障实现成年人自身未来医疗措施上的个人意愿。具体内容可部分参照瑞士意定医疗措施的规定制定。

---

① 我国《民法总则》第 32 条规定：没有依法具有监护资格的人的，监护人由民政部门担任，也可以由具备履行监护职责条件的被监护人住所地的居民委员会、村民委员会担任。

② 我国《民法总则》第 36 条规定，法院撤销监护人的三种法定情形，包括监护人实施严重损害被监护人身心健康行为的；监护人怠于履行监护职责，或者无法履行监护职责并且拒绝将监护职责部分或者全部委托给他人，导致被监护人处于危困状态的；监护人实施严重侵害被监护人合法权益的其他行为的。

③ 被监护人取得或者恢复完全民事行为能力；监护人丧失监护能力；被监护人或者监护人死亡；人民法院认定监护关系终止的其他情形时，监护关系终止。

2. 立法内容——分别对一般措施和医疗措施的内容进行增补细化规定

（1）一般措施之增补细化构想

第一，补充一般措施设立内容的指引规定。关于法定监护与意定监护的职责范围，因前者是依法律规定确定其职责范围，后者是依委托人的授权确定其职责范围，所以两者的范围可能存在不同。目前，我国《民法总则》仅在第34条对法定监护人的职责范围进行规定，只有当委托监护概括性授权时才可推定适用，即包括被监护人的人身权利、财产权利以及其他合法权益等全部范围。例如，要求委托监护协议明确授权职责，则有待我国在成年人意定监护制度中增加设定意定监护内容的指引性规定。如前所述，瑞士成年人意定照顾制度中的此种规定，一是委托人应当具体指明受托人职责内容；二是委托人可以指定受托人履行不能时的替代人。前者有利于指引委托人设立具体可行的意定照顾措施，以便于委托人丧失判断能力后受托人可以据此实际执行；后者可以引导委托人对受托人履行不能时做出预先安排，在前位受托人不能履行时可由替代人继续履行其意定安排而不适用法定监护。所以，建议我国予以借鉴，补充一般措施内容的指引规定。

第二，补充一般措施的设立形式要件。我国《民法总则》第33条中规定意定监护协议须以"书面形式"设立，书面形式包括自书、代书、打印等方式，但对于代书和打印的方式是否需要无利害关系的见证人在场、是否可以适用公证的方式均未规定。瑞士成年人意定照顾制度规定委托人可以以自书或公证的方式设立一般措施，对于自书的方式又做了详细要求，但其没有规定代书、打印等方式。我们认为，可以为委托人提供多种方式设立意定监护协议，明确书面形式包括自书（必须由委托人亲笔书写、签名，注明年、月、日）、有条件的代书或打印方式（需有两名无利害关系人担任见证人），同时增加公证的设立方式。

第三，确立意定监护人享有报酬权的条件。我国《民法总则》第34条第2款规定监护人依法履行监护职责享有的权利，受法律保护。我们建议应当增补规定意定监护人有条件地享有报酬权。瑞士成年人意定照顾制度中明确规定受托人的报酬权，若指令中没有规定报酬，则可由成年人保护机构根据委托事宜的具体情况或受托人的付出按照通常的标准来确定适当的报酬。我们认为，应当依据委托监护协议，监护人的身份是否为负有法定扶养义务的近亲属，以及监护事务的多少、履行等情况，确定监护人是否享有报酬请求权。首先应当按照委托照顾协议的内容确定；若协议中未涉及报酬的内容，则应当根据受托人的身份而区别对待，如果受托人本身是对被监护人具有扶养义务的配偶或赡养义务的子女或其他近亲属，其就不应享有报酬权；如果受托人是对被监护人不具有扶养义务或赡养义务的第三人，可由法院根据受托人的职责范围和其他情况确定给予报酬的标准。

第四，明确意定监护人对费用支出的报销权。我国目前未明确规定监护人是否享有为监护事务履行而支出费用的报销权。瑞士成年人意定照顾制度中规定受托人可享有对费用报销的权利，即使指令中没有委托人对报销的指示，受托人也应当然享有，而无须成年人保护机构的设定。这主要是考虑到受托人作为承担意定照顾职责的主体，为履行委托人所要求的事项而支出费用，其应当享有对所支出费用的报销权。所以，在我国立法中，应当明确监护人是否享有此项权利，以符合权利义务相一致的原则。我们认为，不论何种监护人，应一律享有此报销权，此类管理监护事务产生的费用，应从被监护人财产中报销，正如遗产管理所生共益费用应从遗产中首先支付一样。

第五，增补意定监护的变动情形。其一，对意定监护生效前的变动，我国《民法总则》未规定委托人对意定监护协议的撤回权和变更权，即在被监护人仍具有完全行为能力时，其应当有权以法定方式变更或撤销意定监护协议。根据"尊重被监护人自主决定权"的理念，我们建议可借鉴瑞士法的规定，明确规定委托人有以任意法定方式变更意定监护措施的权利，即可以自书方式撤回或更改由公证方式设立的措施。其二，对意定监护生效后的相对终止，意定监护人在具备法定事由时可向法院提出辞任的情形可以包含在我国《民法总则》规定的人民法院认定监护关系终止的其他情形之中，但是将此种情形指明更利于提高可操作性。所以，建议对此在"婚姻家庭编"中予以增补。此处不宜借鉴瑞士法关于受托人在有正当理由时可不通知成年人保护机构而直接辞任的规定，不利于保障委托人的利益。我们建议当受托人出现无法履职或其他正当理由的情况时，赋予其可经诉讼程序向人民法院请求辞任的权利，由人民法院审查批准同意。此外，瑞士成年人意定照顾措施的终止情形中，对于被照顾人恢复行为能力的情形详细规定了发生此情形时受托人的义务，即受托人应当继续执行指定的任务，直到委托人可以自行保障自己的利益。若欠缺此规定，当委托人恢复行为能力但仍无法保障自身权益时，可能会因终止意定监护关系而造成其利益受损，所以我国可借鉴此立法内容予以增补。

第六，扩大私力监督主体的范围。针对我国目前私力监督主体的范围仅限于其他具有监护资格的人，我们建议借鉴瑞士立法，将其范围扩大至所有关系密切的人，即包括其他具有监护资格的人、利害关系人等，以更全面地保护被监护人的权益。

第七，补充公力介入监护监督的措施。我国《民法总则》的成年人意定监护对设立形式、设立要求等属于事前的公力介入；民政部门、居委会、村委会对监护人履职情况的监督则属于事中的公力介入；法院根据有关个人或机构的申请对意定监护措施的撤销则属于事后的公力介入，从而形成了一个较为完整的公力介入体系。但根据瑞士法对我国的启示，我们认为仍须在"民法典·婚姻家庭编"增加以下内容：

其一，增加强制登记程序。我国《民法总则》中未规定意定监护措施是否需要登记，观之瑞士是选择性登记；日本则是强制性登记。我们认为，结合我国社会实际，即人口基数大而容易造成监督不能，且意定照顾的内容涉及被监护人的人身、财产之重大利益，不能随意处置。所以，我们建议意定监护措施都应当进行登记，"合意加登记"的方式体现了尊重本人自我决定权与国家公力适当介入的有机结合，能更好地实现成年人的自我安排并保障其利益受损的可能性降至最低。例如，委托人的意定监护措施不登记，可能会出现公权力无从知晓当事人的意定监护措施而使其无法得到公力保护，从而造成其利益受损的情况发生。而且强制登记有利于审查和确认委托人对于其个人安排是出于自己的真实意愿。我们建议，由户籍部门担任委托照顾措施负责登记的主体，因为户籍行政管理是户籍部门的重要职责，而委托照顾措施之设立涉及当事人的人身、财产保护之重要信息且其信息管理全国联网便于查询。由户籍部门根据当事人的申请，将这一信息登记在公民身份证的电子信息中，委托人的近亲属及利害关系人及公力监督机关便于及时查询委托协议的有无，有利于保护委托人的合法权益。同时借鉴瑞士的规定，为保护当事人的隐私权，对该信息应当专门予以保护并对信息的查询设定准入条件的规定。

其二，增加意定监护开始的审查。例如，对于成年人监护开始后，公力机关的审查职责包括委托人、受托人的资格审查，委托照顾书的真伪及授权范围等在我国《民法总则》

中未体现。反观瑞士成年人意定照顾制度的规定，其规定成年人保护机构在得知某人丧失判断能力且查询其存在一般措施时，对该措施有审核职责，并具体规定审核的事项，审核通过且受托人接受委托后，告知其有关义务并发布规定其权限的正式文件，这些都体现国家公权力对被照顾人的保护和对被照顾人自我安排实现的辅助作用，所以我国应当予以借鉴。我们建议，应赋予被监护人所在地的村委会、居委会或民政部门此项权利。并借鉴瑞士法的规定，在得知某人可能丧失或部分丧失行为能力时由上述机关在户籍部门全国联网的系统中查询该人是否存在意定监护措施，若存在该措施则对如下内容进行审核：（1）措施的设立是否符合法律规定；（2）被监护人是否确已丧失或部分丧失行为能力；（3）监护人是否具备履行能力；（4）措施内容是否能够保障被监护人利益等。其主要理由为，一是这些机关与群众联系较为密切，易得知所管辖范围公民的情况；二是如将审查一律诉诸法院，会增加法院的工作压力；三是如有利害关系人对该审查的结果不服，可请求法院介入处理。此处对于监护人能力的认定，可将 1988 年《民通意见》第 11 条①上升为法律规定于此，以便于公力机关实际操作。

其三，增加强制申请撤销意定监护人的义务主体。针对目前我国《民法总则》仅规定民政部门是承担强制申请撤销义务的义务主体，我们建议，为了更好地防止监护人的不适格或不履职而造成被监护人利益受损，应当在"婚姻家庭编"中新增加居委会和村委会作为此义务的主体，因为他们与群众生活关系较为密切，更易得知所在地居民的情况，适合承担此项职责。

其四，补充监护撤销后意定监护人的相关义务。目前，我国《民法总则》第 36 条第 1 款规定法院依申请可以撤销监护人资格，安排必要的临时监护措施，并按照最有利于被监护人的原则依法指定监护人。其中，临时监护措施是为了及时保障被监护人的人身和财产方面权益，但是对于监护人被撤销资格后的财产报告及移交义务等未予规定。观之瑞士成年人意定照顾制度的规定，成年人保护机构在介入时可以指定受托人将财产清单、定期财产账目和报告归档。这样便于审查原监护人是否有损害被监护人的财产权益的行为，并有利于新监护人接替原监护人对被监护人财产进行保管，有利于充分保障被监护人的财产权益。所以，应当在"婚姻家庭编"予以细化规定，人民法院在撤销监护人资格时可以指定监护人提交被监护人的财产清单；在委托照顾终止时向被监护人提交定期财产账目、财产清单和财产管理报告。

（2）意定医疗措施之设立构想

第一，确立医疗措施的主体及内容。凡具有民事行为能力的成年人可以根据本人意愿设立医疗措施，并指出在其丧失或部分丧失行为能力时，同意或者不同意的医疗事项；也可以指定一名自然人作为受托人，在委托人丧失或部分丧失行为能力的情况下，由该受托人与医生协商，根据委托人的利益决定相关医疗措施。因为医疗措施的特殊性而有的很难指明，所以建议借鉴瑞士医疗措施中的规定，即规定委托人可以指明同意或不同意的医疗事项，而非像一般措施那样应当指明。

第二，明确医疗措施的设立形式。我们建议意定医疗安排除可以自书外，也可以通过

---

① 认定监护人的监护能力，应当根据监护人的身体健康状况、经济条件以及与被监护人在生活上的联系状况等因素确定。

公证、代书的方式设立，而不宜借鉴瑞士仅允许自书设立的规定。这主要是出于意定医疗安排的特殊性，一般情况下设立医疗安排的当事人，多数应该是已经身患疾病或是有身患疾病的风险的人，若只规定自书一种设立方式，可能当事人难以实际执行，所以我国不宜借鉴。

第三，医疗措施的强制登记。主要理由是出于医疗事项对生命权的影响之大，要求当事人登记有利于审查确认委托人对于其健康权生命权的处分是否是出于自己真实的意愿，也便于医生在治疗时查询其是否具有意定医疗措施安排，并根据该安排选择符合患者自身意愿的医疗救治措施。为便于医疗机关查询和医生实际执行，我们建议，由当地的医保管理机关担任登记机关，负责登记并储存至当事人的医疗保险卡中。

第四，医生查询和履行医疗措施的职责。如果患者丧失或部分丧失行为能力，医生须从其医疗保险卡查询是否存在意定医疗安排，紧急情况时除外。除意定医疗安排违反法律规定或医生对该安排有合理的怀疑外，医生必须按照意定医疗安排的内容进行医疗救治。如果医生未遵从意定医疗安排的，应在患者病例中记录其原因。

第五，医疗措施的其他规定。凡医疗措施中没有规定的，参照一般措施的规定；如一般措施没有规定的，则适用法定监护的相关规定。

# 第四部分
# 分居制度与离婚制度研究

# 我国夫妻分居情况实证调查及其立法建议[①]

陈　苇　罗晓玲[*]

## 目　次

目前，我国政府大力倡导落实科学发展观，构建和谐社会。家庭是社会的细胞，家庭的和谐是构建社会和谐的基础，也是构建和谐社会的保证。夫妻是家庭的核心成员，夫妻间的法律关系是婚姻法调整的重要内容之一。夫妻在婚姻关系存续期间的分居状态影响家庭的和谐。对我国夫妻分居情况进行调查研究，分析其原因，采取适当的立法对策，有利于及时化解夫妻矛盾、帮助夫妻和好，有利于促进和谐家庭与和谐社会的构建。笔者在调查了解被调查者对我国夫妻分居相关情况认识的基础上，研究夫妻分居的原因，分析分居制度的功能，考察我国有关立法存在的不足，结合我国实际，提出建立我国夫妻分居制度的构想，以供我国立法机关参考。

## 一、我国夫妻分居情况调查

### （一）本次调查的基本情况概述

1. 调查的目的、方法与地区

关于本次夫妻分居情况调查的目的，在离婚率日益增高的现代社会，为了更好地保护

---

① 本文载于陈苇主编：《家事法研究》（2010 年卷），群众出版社 2011 年版，第 209-245 页。

鸣谢：本次"我国夫妻分居情况调查"，由西南政法大学外国家庭法及妇女理论研究中心主任陈苇教授主持。2009 年 6 月，为指导学生进行社会调查，陈苇教授在指导设计调查问卷后，专门为该校民商法学院 2007 级本科生举办了"社会调查知识讲座"，杜江涌副教授和李俊副教授在讲座现场对如何进行问卷调查进行了模拟演示说明。然后，学生们在 2009 年 7 月暑期采取发放调查问卷的方式进行调查，共计发放调查问卷 2000 份，共计回收 1973 份，其中有效问卷 1913 份，无效问卷 60 份，有效率为 96.96%。本次调查的地区包括四川、北京、江苏、重庆、浙江、辽宁、湖南、福建、广东、新疆、宁夏、安徽、山西、吉林、西藏、河南、山东、上海、黑龙江、云南、海南、广西、湖北、天津、内蒙古等省、直辖市、自治区。在此，我们特向参加此次社会调查的师生们和协助进行调查问卷统计的姜胜强、管燕燕、唐玉梅、姜万姿、葛慧超、张娇东等同学和朋友们表示衷心的感谢！

* 陈苇，女，西南政法大学外国家庭法及妇女理论研究中心主任，民商法学院教授、博士生导师；罗晓玲，女，西南政法大学民商法硕士研究生。

分居期间夫妻、子女及其他的家庭成员的合法权益，对现实生活中有关夫妻分居的情况进行调查，以便为我国《婚姻法》设立分居制度提供参考。

本次"我国夫妻分居情况调查"采取发放调查问卷的方式。共计发放调查问卷 2000 份，共计回收 1973 份，其中有效问卷 1913 份，无效问卷 60 份，有效率为 96.96%。本次调查的地区包括四川、北京、江苏、重庆、浙江、辽宁、湖南、福建、广东、新疆、宁夏、安徽、山西、吉林、西藏、河南、山东、上海、黑龙江、云南、海南、广西、湖北、天津、内蒙古等省份。

2. 被调查者的基本情况

经过对有效调查问卷进行统计分析，1913 位被调查者的年龄、性别、文化程度、婚姻状况、家庭人口人数、职业及居住地区等基本情况如下：

（1）被调查者的年龄在 20—45 岁的占七成以上。本次调查对象主要针对 20 岁以上的人群①，20—45 岁的占被调查者总数的 74.8%。因为我们考虑到，这些人一般都达到了法定结婚年龄，并已具备一定的社会阅历或经历结婚等，对爱情婚姻、夫妻分居等都有一定的社会认知，这将有利于本次调查目的的实现。

（2）被调查者中男女两性的比例，约各占一半。在被调查者总数中，男性有 957 人，占 50.02%；女性有 956 人，占 49.98%。

（3）被调查者中以大学专科、本科文化程度者居多。本次被调查者的文化程度涵盖了低、中、高不同程度的文化水平，其中以大学专科、本科文化程度者居多。在被调查者总数中，从文化程度来看，为文盲的有 37 人，占 1.9%；为小学的有 146 人，占 7.6%；为初中的有 330 人，占 17.3%；为高中或中专的有 533 人，占 27.9%；为大学专科、本科的有 815 人，占 42.6%；为研究生及以上的有 52 人，占 2.7%。

（4）被调查者中已婚人士占六成以上。在被调查者总数中，未婚人士为 491 人，占 25.7%；初婚人士为 1102 人，占 57.6%；再婚人士为 142 人，占 7.4%；离婚人士为 99 人，占 5.2%；丧偶人士为 79 人，占 4.1%。

本次被调查者中有未婚的、已婚的（初婚、再婚）、离婚的、丧偶的，他们不同的人生经历，对婚姻的不同认识和经历，可以从不同角度反映出各类型人群对夫妻分居的认知情况。

（5）被调查者的家庭结构以核心家庭居多，3—4 口人的约占七成。在被调查者总数中，从家庭人口总数来看，为 1 人的有 40 人，占 2.1%；为 2 人的有 177 人，占 9.3%；为 3 人的有 787 人，占 41.1%；为 4 人的有 516 人，占 27%；为 5 人的有 277 人，占 14.5%；为 6 人的有 102 人，占 5.3%；其他人数的有 14 人，占 0.7%。

（6）被调查者中家庭月总收入 2000—3000 元的占五成以上。在被调查者总数中，从家庭月总收入看，500—1000 元的有 119 人，占 6.2%；1000 元以上—1500 元的有 253 人，占 13.2%；1500 元以上—2000 元的有 296 人，占 15.5%；2000 元以上—2500 元的有 322 人，占 16.8%；2500 元以上—3000 元的有 692 人，占 36.2%；为其他的有 231 人，占 12.1%。

---

① 在 1913 位被调查者总数中，20—25 岁的有 467 人，占 24.4%；26—30 岁的有 326 人，占 17%；31—45 岁的有 638 人，占 33.4%；46—60 岁的有 354 人，占 18.6%；61 岁以上的有 128 人，占 6.6%。

（7）被调查者的职业涵盖面广。在被调查者总数中，妇联干部有197人，占10.3%；村委会干部有187人，占9.8%；工人有418人，占21.8%；农民有310人，占16.2%；从事其他职业的有801人，占41.9%；从事其他职业的人员包括经商的、学生、公务员、医生、护士、技工、教师、书记员、金融业人员、公司职员、家庭主妇、下岗工人等。本次调查结果反映了从事不同职业的人对夫妻分居问题的看法，具有一定的代表性。

（8）被调查者中的居住地在市、区、县、镇、农村的人口均占一定比例。在被调查者总数中，居住在市的有494人，占25.8%；居住在区的有385人，占20.2%；居住在县的有398人，占20.8%；居住在镇的有295人，占15.4%；居住在农村的有341人，占17.8%。

综上所述，本次调查对被调查者的选取具有一定的代表性，这有利于了解他们对夫妻分居相关情况的认识，为笔者进一步研究我国夫妻分居的原因具有一定的参考价值。

（二）被调查者对我国夫妻分居基本情况的认识

1. 被调查者对法定离婚理由之一——分居的认识

关于被调查者对法定离婚理由之一的夫妻分居的认识，从调查的统计结果来看，按所占比例高低依次为：因夫妻感情不和、无法共同生活而导致分居满二年的选择率为57.60%；因夫妻感情不和、无法共同生活而导致分居满一年的选择率为19.15%；因工作、学习等客观原因短期或长期外出而导致的夫妻分居满二年的选择率为9.95%；因工作、学习等客观原因短期或长期外出而导致的夫妻分居满一年的选择率为5.41%；因夫妻间的矛盾或纠纷，一方闹情绪而导致夫妻分居几周至12个月以下的选择率大约为4.90%；其他为1.92%；为调和婚后生活，保持夫妻间亲密感觉（保鲜）而分居几周至12个月以下的选择率为1.06%。可见，被调查者们对作为法定离婚理由之一的夫妻分居的认识并不统一，其中认为因夫妻感情不和、无法共同生活而导致分居满二年的占近六成。这说明大部分被调查者对夫妻分居作为法定离婚理由原因之认识与现行法的规定是一致的。（见图1）

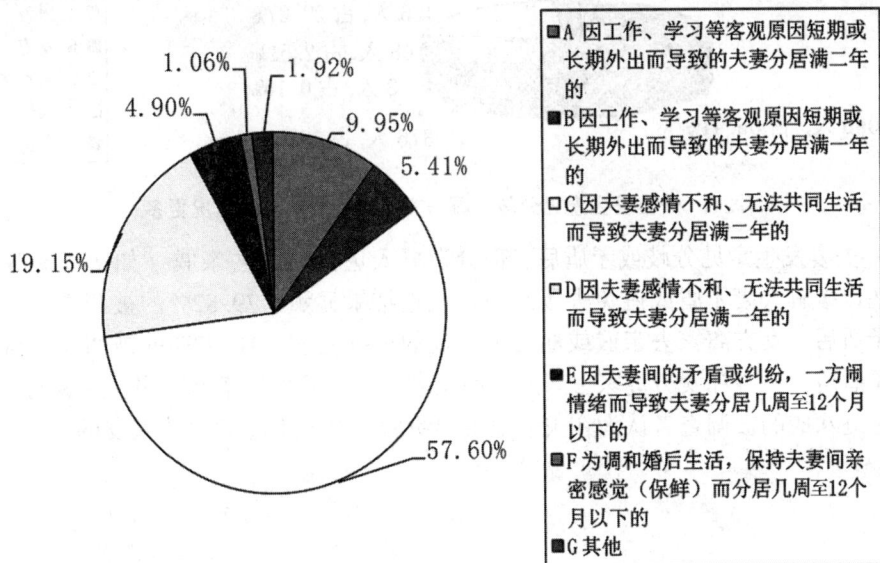

图1　被调查者对《婚姻法》中分居原因的认识

2. 被调查者所了解的因感情不和而分居的夫妻所占的比例

据被调查者的了解，与正常夫妻关系相比，因感情不和而分居的夫妻所占的比例选择 50%以下的有 218 人，占 11.4%；选择 40%以下的有 222 人，占 11.60%；选择 30%以下的有 294 人，占 15.37%；选择 20%以下的有 370 人，占 19.34%；选择 10%以下的有 614 人，占 32.10%；选择 0（没听说过）的有 177 人，占 9.25%；选择其他的有 18 人，占 0.94%。这 18 人中部分被调查者表示在其身边，因感情不和而分居的夫妻所占比例高于 50%。这表明，在被调查者中，五成以上（合计为 51.44%）的被调查者认为因感情不和而分居的夫妻所占的比例为 20%以下。（见图 2）

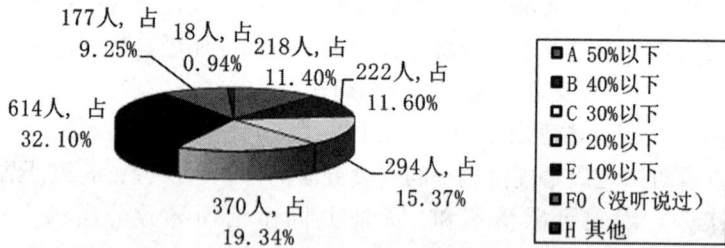

图 2  与正常夫妻关系相比，因感情不和而分居的夫妻所占的比例

3. 夫妻因意见分歧提出分居要求的主体情况

（1）夫妻之间发生意见分歧或矛盾后，哪一方提出分居要求的情况多一些呢？据调查结果显示，选择女方的有 1060 人，占被调查者总数的 55.41%；选择差不多的，有 426 人，占被调查者总数的 22.27%；选择男方的，有 376 人，占被调查者总数的 19.65%。这说明，在被调查者中，五成以上的被调查者认为在夫妻发生矛盾后，女性提出分居要求的更为多见。（见图 3）

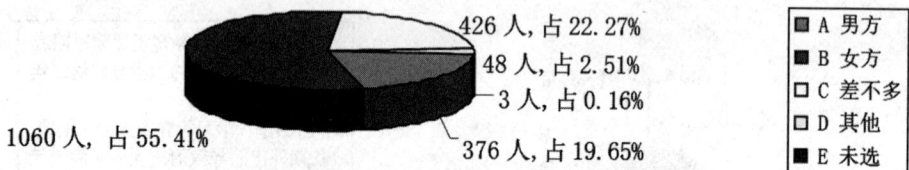

图 3  夫妻发生意见分歧，哪一方提出分居要求的情况更多

（2）夫妻发生意见分歧或矛盾后，部分当事人选择离家去亲戚（如父母家等）或朋友家居住以缓解夫妻矛盾或避免夫妻纷争。调查结果显示，79.82%的被调查者认为，夫妻发生矛盾后，女方离家去亲戚或朋友家居住的情况更多；10.93%的被调查者认为，夫妻发生矛盾后，男方和女方离家去亲戚或朋友家居住的发生概率差不多。这表明，在被调查者中，近八成的被调查者认为在夫妻发生纠纷后，女方更愿意寻找亲友的支持。（见图 4）

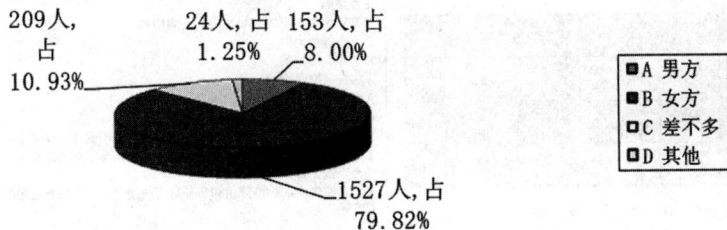

**图4　夫妻发生意见分歧，哪一方离家去亲戚或朋友家居住的情况多**

（三）被调查者对认定夫妻分居相关因素的认识

1. 夫妻分居的居所情况

夫妻在分居后，他们的居住及相互关系情况如何？据调查的统计结果显示，在被调查者总数中，选择夫妻一方外出另外找住所的为57.55%。选择夫妻双方同在一个家庭住所里分室而居，互不理睬，且不履行夫妻义务的为35.91%。这表明，有三成以上的被调查者认为我国夫妻分居中存在"同室分居"的情况。（见图5）

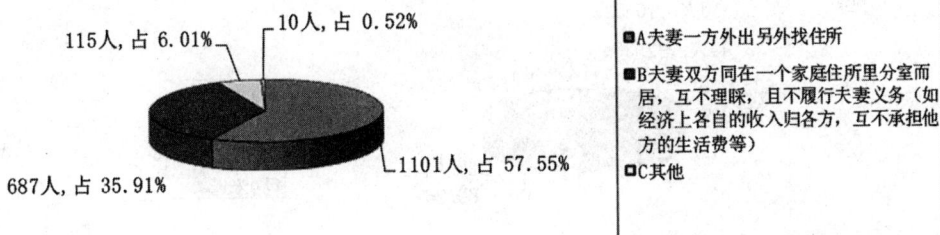

**图5　夫妻在分居后，他们的居住及相互关系情况**

2. 夫妻分居的主要原因

从供多选的各选项之统计数据来看，被调查者认为导致夫妻分居的主要原因按所占被调查者总数的比例由高低依次为：有妇之夫或有夫之妇与同他人同居的，占73.5%；实施家庭暴力的，占70.47%；有通奸行为的，占62.73%；有赌博、吸毒、酗酒等恶习屡教不改的，占61.21%；虐待、遗弃家庭成员的，占49.03%；重婚的，占43.81%；卖淫、嫖娼的，占43.81%；有负担能力而不履行家庭义务，如不供给配偶或子女的生活费、教育费等的，占40.72%；一方的生命、身体健康和名誉等可能遭受另一方严重侵害的，占29.06%；患有严重传染病、精神病，在医学上被认为不应当共同生活的，占26.66%；一方被宣告失踪的，占21.96%。这表明，导致夫妻分居的主要原因排在前五位的分别是：（1）有妇之夫或有夫之妇与同他人同居的；（2）实施家庭暴力的；（3）有通奸行为的；（4）有赌博、吸毒、酗酒等恶习屡教不改的；（5）虐待、遗弃家庭成员的。（见图6）

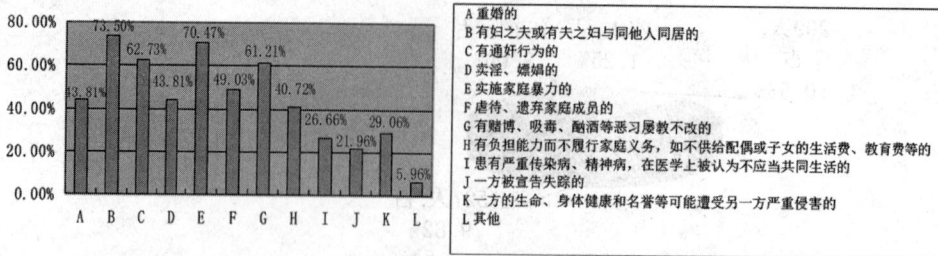

图6　被调查者对夫妻分居主要原因的认识（可多选）

3. 夫妻分居的认定

（1）离婚时，夫妻对是否已经分居时常发生分歧，此时法院是否有必要依职权进行调查？统计数据显示，69.26%的被调查者认为夫妻离婚时对是否已经分居发生争议的法院有必要依职权进行调查；27.91%的被调查者则认为法院没有必要依职权调查。可见，对于夫妻是否已经分居的争议，近八成的被调查者认为应当由法院依职权进行调查。（见图7）

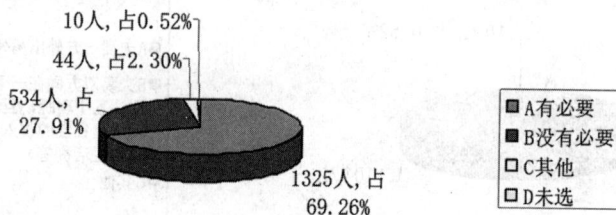

图7　离婚时，夫妻对是否已经分居发生争议时，法院有无必要依职权调查

（2）离婚时，夫妻对在同一个家庭居所内居住是否构成分居发生争议的，法院有无必要依职权进行调查？据调查统计结果，离婚时，夫妻对在同一家庭住所内居住是否构成分居发生争议时，43.39%的被调查者认为，法院在此时有必要依职权进行调查，53.69%的被调查者则认为法院没有必要依职权进行调查。可见，对在同一个家庭居所内居住的分居，五成以上的被调查者认为法院无必要依职权进行调查，持否定观点的略高于持肯定观点的。（见图8）

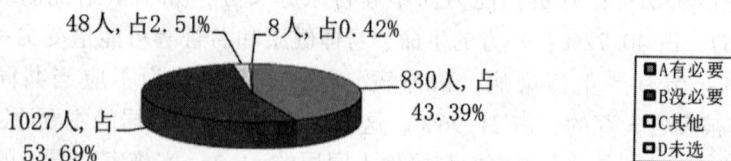

图8　离婚时，夫妻对在同一家庭居所内居住是否构成分居发生争议时，法院有无必要依职权调查

（四）被调查者对分居期间权利义务的认知

1. 夫妻分居期间的忠实义务

夫妻分居后，夫妻是否仍应互相忠实而不与他人发生婚外性行为？此次调查统计结果显示，72.09%的被调查者认为夫妻分居期间并没有真正的离婚，双方仍负有忠实义务。

只有 22.43% 的被调查者认为既然夫妻都已分居，就不再负有忠实的义务。可见，七成以上的被调查者认为夫妻在分居期间仍负有忠实义务。（见图 9）

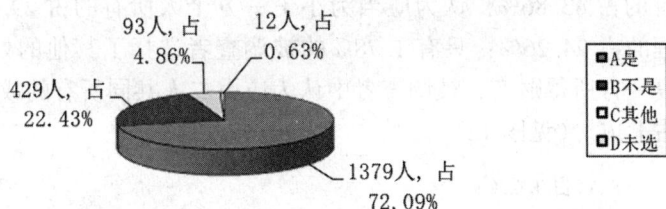

**图9　分居后，夫妻是否应当互相忠实而不与他人发生婚外性行为**

2. 在分居期间夫妻违反忠实义务的离婚损害赔偿请求权

分居后，如果夫妻一方与他人通奸或与他人公开共同生活，另一方在离婚时是否可以要求赔偿？本次调查结果显示，32.26% 的被调查者直接认为可以要求赔偿；30.15% 的被调查者认为分居期间，如果夫妻一方与他人通奸，无过错方可以要求赔偿。28.48% 的被调查者认为分居期间，如果夫妻一方与他人公开共同生活，无过错方可以要求赔偿。只有 8.31% 的被调查者认为不可以要求赔偿。可见，有九成以上的被调查者认为，在分居期间夫妻一方违反忠实义务的，无过错方可以要求赔偿。（见图 10）

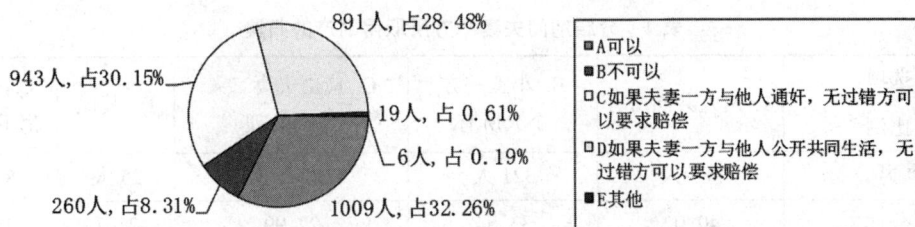

**图10　分居后，如果夫妻一方与他人通奸或与他人公开共同生活，**
**另一方是否可以在离婚时要求赔偿（可多选）**

3. 分居夫妻间的日常家事代理权

分居后，夫妻是否还可以互相行使日常家事代理权？从统计数据来看，在被调查者中，认为可以行使的占 35.39%；认为需要经对方委托才可以行使的占 32.31%；认为分居后夫妻间不可以再行使日常家事代理权的占 29.06%。可见，对于分居期间的日常家事代理权，被调查者中认为不可以再行使的和经授权才可行使的合计占六成以上。（见图 11）

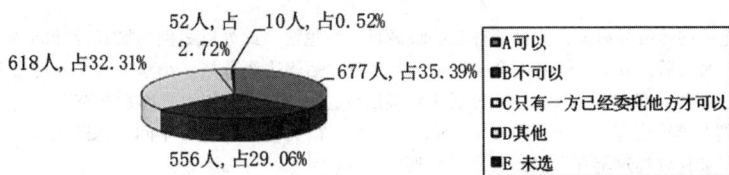

**图11　分居后，夫妻一方是否可以代替对方处理一些与日常生活有关的经济事务**

4. 分居期间夫妻一方取得财产的归属

（1）关于分居期间夫妻一方所得财产之归属。① 从统计数据来看，在被调查者中认为应由双方共同所有的占 43.86%；认为应当为小王一方个人所有的占 29.69%；认为应由夫妻二人协商处理的占 24.26%；只有 1.78% 的被调查者选择了其他的处理方式。可见，对于分居期间夫妻一方所得财产，被调查者中认为应由二人共同所有的或应由夫妻二人协商处理的合计约占七成。（见图 12）

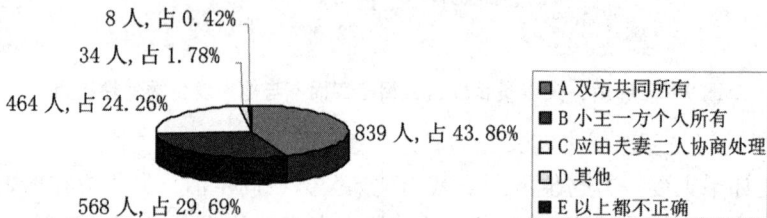

8 人，占 0.42%
34 人，占 1.78%
464 人，占 24.26%
839 人，占 43.86%
568 人，占 29.69%

A 双方共同所有
B 小王一方个人所有
C 应由夫妻二人协商处理
D 其他
E 以上都不正确

图 12　分居期间夫妻一方所取得财产的归属

再从分性别的统计数据来看，男女两性对在分居期间一方取得财产归属的认识上差别不是很大。两人共同所有、应由夫妻二人协商处理两项的选择率合计为男性占 63.01%，女性占 73.22%，即女性高于男性 10 个百分点。（见表 1）

表 1　分居期间夫妻一方所取得财产的归属

| 选项<br>人数及比例 | A. 两人共同所有 | B. 小王一方个人所有 | C. 应由夫妻二人协商处理 | D. 其他 | E. 以上都不正确 |
|---|---|---|---|---|---|
| 男 | 383 人 | 321 人 | 220 人 | 25 人 | 8 人 |
| 百分比% | 40.02 | 33.54 | 22.99 | 2.61 | 0.84 |
| 女 | 456 人 | 247 人 | 244 人 | 9 人 | 0 人 |
| 百分比% | 47.70 | 25.84 | 25.52 | 0.94 | 0.00 |
| 合计 | 839 人 | 568 人 | 464 人 | 34 人 | 8 人 |
| 百分比% | 43.86 | 29.69 | 24.26 | 1.78 | 0.42 |

（2）关于分居期间，夫妻各自的存款或者一方中大奖而用此款购置的房屋等归属。② 从统计数据来看，在被调查者中，认为上述存款或一方购买的房屋应当由夫妻双方共同所

---

① 为了让调查的问题浅显易懂，让被调查者反映最真实的想法，此处以案例的形式设计问卷。其具体为：小王（男）和小李（女）结婚后，双方因性格不合，经常发生争吵，后来夫妻分居。小李带着 3 岁的女儿回娘家居住。在小王与小李夫妻分居期间，双方互不往来。在分居 2 年多以后，小李向法院提出了离婚诉讼。

分居后，小王到一家饭店打工，每月有工资 1500 元左右。在夫妻分居的 2 年间，他除去生活费用后存了 15000元。您认为，离婚时如何处理这笔存款的归属比较合理？

A. 双方共同所有；B. 小王一方个人所有；C. 应由夫妻二人协商处理；D. 其他；E. 以上都不正确。

② 在分居期间，如果夫妻各方都有工作且收入都能满足其生活所需，两人各自都有部分存款或者一方在此期间中了大奖而用此款购置有房屋等，您认为，离婚时各自的存款或一方购买的房屋应当归谁所有比较合理？A. 夫妻双方共同所有；B. 一方各自所有分居期间自己所取得全部财产；C. 上述财产中，部分共有（如一方购买的房屋归共同所有），部分归各自所有（如各自的存款归各所有）；D. 对上述财产，由双方协商财产归谁所有；E. 其他。

有的，占 43.34%；认为一方各自所有分居期间自己所取得的全部财产的，占 24.62%；认为上述财产中，部分共有（如一方购买的房屋归共同所有），部分归各自所有的（如各自的存款归各自所有），占 17.20%；认为对上述财产，由双方协商财产归谁所有的，占 13.75%。可见，对分居期间夫妻各自的存款，仅四成以上的被调查者认为归双方共同所有，而超过半数的人认为并非当然归双方共同所有。（见图 13）

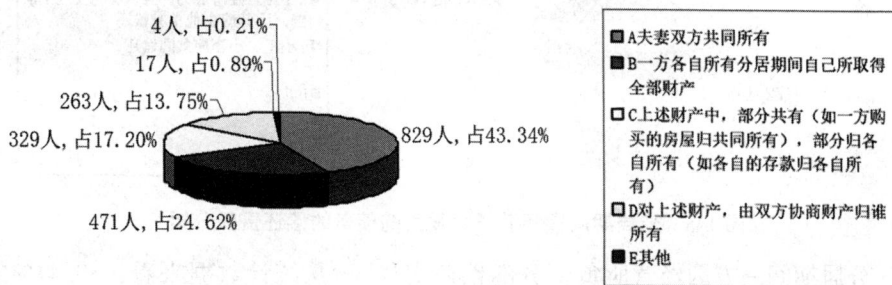

**图 13　分居期间夫妻各自所取得财产的归属**

再从分性别统计的数据来看，总体上男女两性对分居期间各自取得财产的归属的认识上比较一致。只是在一方各自所有分居期间所取得的全部财产这一项上的选择比例女性略低于男性，其他项上选择比例都高于男性。（见表 2）

**表 2　分居期间夫妻各自所取得财产的归属**

| 选项<br>人数<br>及比例 | A. 夫妻双方共同所有 | B. 一方各自所有分居期间自己所取得的全部财产 | C. 上述财产中，部分共有（如一方购买的房屋归共同所有），部分归各自所有（如各自的存款归各自所有） | D. 对上述财产，由双方协商财产归谁所有 | E. 其他 | F. 未选 |
|---|---|---|---|---|---|---|
| 男 | 407 人 | 264 人 | 159 人 | 116 人 | 7 人 | 4 人 |
| 百分比% | 43.53 | 27.59 | 16.61 | 12.12 | 0.73 | 0.42 |
| 女 | 422 人 | 207 人 | 170 人 | 147 人 | 10 人 | 0 人 |
| 百分比% | 44.14 | 21.65 | 17.78 | 15.38 | 1.05 | 0.00 |
| 合计 | 829 人 | 471 人 | 329 人 | 263 人 | 17 人 | 4 人 |
| 百分比% | 43.34 | 24.62 | 17.20 | 13.75 | 0.89 | 0.21 |

5. 分居期间债务的承担

（1）分居期间因抚养子女所生之债的偿还责任。[①] 从统计数据来看，对分居期间因抚养子女所生之债的偿还责任认识比较统一。在被调查者中，认为应当由小王、小李共同偿还的，占 72.19%；认为小李自己借的应由其自己偿还的，占 8.83%；认为小王有经济能

① 在分居期间小李因女儿生病住院向亲戚借款 2000 元，您认为，这个债务由谁偿还呢？A. 小李自己借的应由其自己偿还；B. 小王有经济能力，且未支付女儿生活费，因此应由他单独偿还；C. 小王、小李应共同偿还；D. 其他。

力且未支付女儿生活费应由他单独偿还的，占 16.31%。可见，七成以上的被调查者认为，夫妻对子女的抚养责任不因分居而变化。即使夫妻分居，抚养子女所生之债务也应由夫妻共同偿还。（见图 14a）

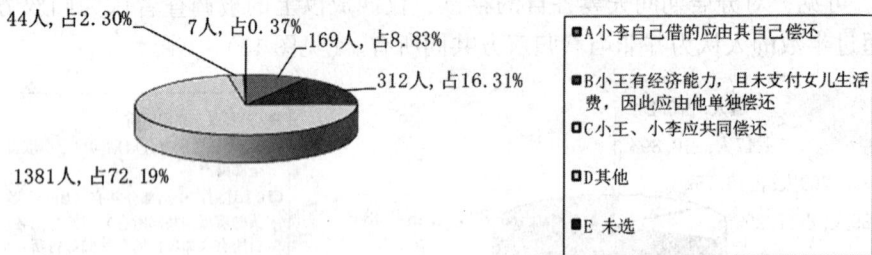

图 14a 分居期间因抚养子女发生的债务的偿还责任分担

（2）分居期间一方因经营所负债务的偿还责任。① 从统计数据来看，59.44% 的被调查者认为应当由小王自己本人偿还；34.08% 的被调查者认为还是应当由小王、小李共同偿还。可见，对分居期间一方因经营所负债务，近六成的被调查者认为应当由其本人偿还。（见图 14b）

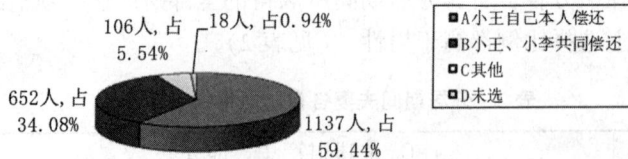

图 14b 分居期间一方经营所负债务的承担

（3）分居后，夫妻一方处理与日常家庭生活有关的经济事务所生之债的偿还责任。从统计数据来看，在被调查者中，认为应当由夫妻双方共同偿还的，占 45.43%；认为只有一方已委托他方的，才可由双方偿还的，占 28.54%；认为由借钱一方偿还的，占 23.47%。也就是说，对分居期间夫妻一方因日常家务所欠债务，近一半的被调查者认为应由夫妻共同偿还。（见图 15）

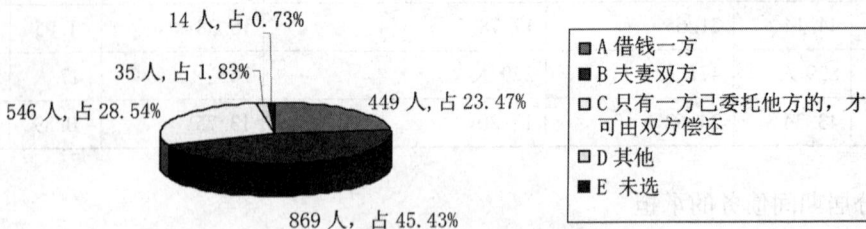

图 15 分居后，夫妻一方处理与日常家庭生活有关的经济事务所发生的债务，应由哪方偿还

6. 分居夫妻间的继承权

从统计数据来看，在被调查者中，认为夫妻分居期间，如果夫妻一方死亡，另一方可

---

① 在分居期间，如果小王将其在此期间的存款用来做生意，并向小张借款 3 万元，但是不料生意亏损，血本无归。您认为应当由谁负责偿还该借款？A. 小王自己本人偿还；B. 小王、小李共同偿还；C. 其他。

以继承对方的遗产的占 59.62%；认为分居期间的夫妻关系不同于正常夫妻关系，另一方不可以继承对方的遗产的占 14.86%；认为只有无过错方，才可以继承对方的遗产的，占 23.25%。可见，对于分居夫妻间的继承权，有近六成的被调查者认为不应当受到分居的影响。（见图 16）

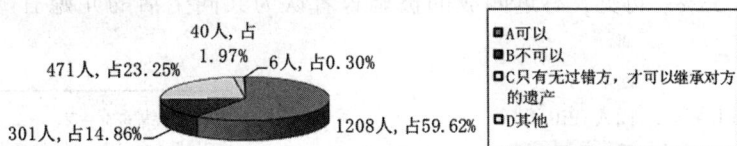

40人，占 1.97%　471人，占23.25%　6人，占0.30%　301人，占14.86%　1208人，占59.62%

- A可以
- B不可以
- C只有无过错方，才可以继承对方的遗产
- D其他

**图 16　分居期间，如果夫妻一方死亡，另一方是否可以继承对方的遗产**

### 7. 分居夫妻间的扶养义务

关于分居期间夫妻间是否应当继续履行扶养义务？[①] 在被调查者中，认为仍负有扶养义务的，占 82.44%；认为没有扶养义务的，占 7.16%，且其中 9.46% 的被调查者表示虽然没有此义务，但可出于道义适当给点钱。可见，有八成以上的被调查者认为分居期间夫妻仍互负扶养义务。（见图 17）

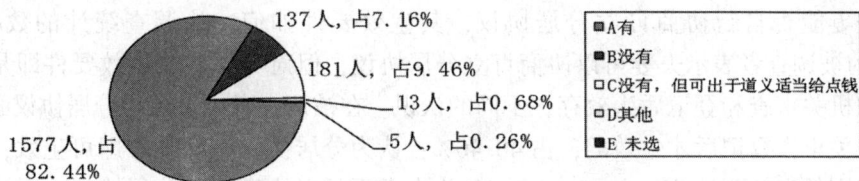

137人，占7.16%　181人，占9.46%　13人，占0.68%　5人，占0.26%　1577人，占82.44%

- A有
- B没有
- C没有，但可出于道义适当给点钱
- D其他
- E 未选

**图 17　分居期间，夫妻间的扶养义务**

### 8. 分居期间父母对子女的抚养义务

在分居期间，母方是否有权向父方请求支付子女抚养费？[②] 在被调查者中，持赞同态度的，占 89.23%；持否定态度的，仅占 8.68% 的。可见，近九成的被调查者对分居期间父母对子女抚养义务的认识比较一致，都认为分居的夫妻仍要承担子女的抚养费。（见图 18）

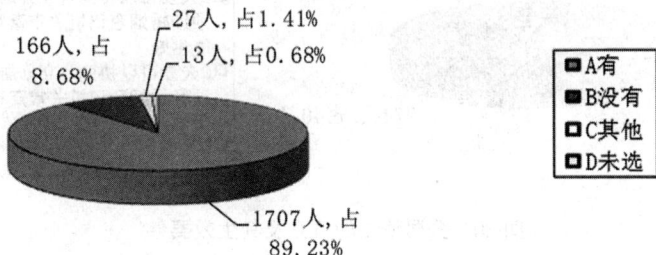

27人，占1.41%　166人，占8.68%　13人，占0.68%　1707人，占89.23%

- A有
- B没有
- C其他
- D未选

**图 18　分居期间，父母对子女的抚养义务**

---

① 在分居期间，如果妻子小李因抚养年幼的女儿不能参加工作，生活比较困难，您认为，丈夫小王对妻子小李有扶养（给付生活费）义务吗？A. 有；B. 没有；C. 没有，但出于道义适当给点钱；D. 其他。

② 在分居期间，小李向小王要求给付女儿的抚养费。小王认为，小李是自己回的娘家，故其应当独自抚养女儿，她无权向其讨要女儿的抚养费？您认为？A. 有 B. 没有 C. 其他。

### 9. 分居期间子女对老人的赡养义务

在夫妻分居期间，儿媳对共同生活的公婆是否有赡养义务？[①] 在被调查者中，被认为如果夫妻没有分居，小李有此义务的，占 38.32%；认为如果夫妻已经分居，小李没有此义务的，占 17.35%；认为无论夫妻是否分居，小李都没有此义务的，占 29.17%；选择其他的，占 14.53%。可见，有近四成的被调查者认为共同生活的儿媳有赡养公婆的义务。（见图 19）

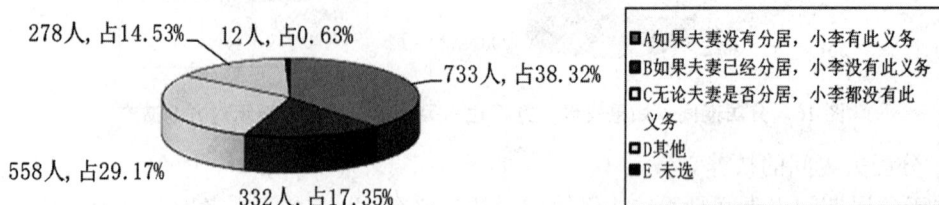

278人，占14.53%　12人，占0.63%

733人，占38.32%

- ■A如果夫妻没有分居，小李有此义务
- ■B如果夫妻已经分居，小李没有此义务
- □C无论夫妻是否分居，小李都没有此义务
- □D其他
- ■E 未选

558人，占29.17%

332人，占17.35%

**图 19　分居期间，子女对老人的赡养义务**

### （五）被调查者对夫妻分居纠纷处理方式的认知

### 1. 分居协议的订立及其生效要件

对夫妻能否自行协商订立分居协议，其生效要件如何？从调查统计的数据来看，82.38%的被调查者表示夫妻可以协商订立分居协议，但对分居协议生效要件即是否需要婚姻登记机关审查和登记后生效存在不同的认识。在被调查者中，认为分居协议必须经婚姻登记机关审查登记后才生效的，占 40.46%；认为分居协议一经签订即可生效，不需要另规定特别的生效要件的，占 41.92%；认为夫妻不可以协商订立分居协议，因为这需要很强的专业知识的，占 14.06%。（见图 20）可见，有八成以上的被调查者表示夫妻可以协商订立分居协议，且其中认为夫妻分居协议，不需要有关部门审批即可生效的占有四成以上。

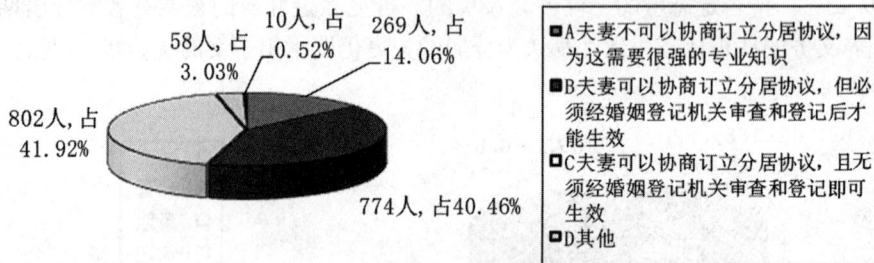

58人，占3.03%　10人，占0.52%　269人，占14.06%

802人，占41.92%

- ■A夫妻不可以协商订立分居协议，因为这需要很强的专业知识
- ■B夫妻可以协商订立分居协议，但必须经婚姻登记机关审查和登记后才能生效
- □C夫妻可以协商订立分居协议，且无须经婚姻登记机关审查和登记即可生效
- □D其他

774人，占40.46%

**图 20　分居协议的订立及其生效要件**

---

[①] 在结婚后，小王的父母来到小王家与他们一起共同生活，帮助照料他们的女儿。你认为，小李对小王的父母有赡养（如给付一定的生活费）的义务吗？A. 如果夫妻没有分居，小李有此义务；B. 如果夫妻已经分居，小李没有此义务；C. 无论夫妻是否分居，小李都没有此义务；D. 其他。在本案例中，小李是儿媳，与小王父母之间的赡养关系不同于小王与其父母之间的法定赡养关系。

2. 分居协议中子女抚养和财产分割条款之效力

离婚时是否可按夫妻协商达成的分居协议处理子女抚养和财产分割等问题，公众如何认识？在被调查者中，认为离婚时可以按照夫妻分居时达成的分居协议处理子女抚养和财产分割等问题的，占84.89%，但其中43.65%的被调查者认为这种许可是有条件的，即只有在不损害子女和第三人利益的前提下才可以按照分居协议的相关内容来处理；认为夫妻离婚时不能按照分居协议来处理子女抚养和财产分割等问题的，占13.59%。可见，有八成以上的被调查者认为夫妻可在分居时达成协议处理子女抚养和财产分割问题，且对双方具有约束力。（见图21）

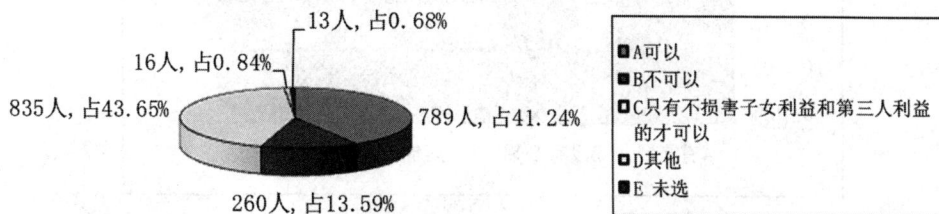

13人，占0.68%
16人，占0.84%
835人，占43.65%
789人，占41.24%
260人，占13.59%

■A可以
■B不可以
□C只有不损害子女利益和第三人利益的才可以
□D其他
■E 未选

**图21　离婚时是否可按夫妻协商达成的分居协议处理子女抚养和财产分割等问题**

（六）被调查者对夫妻分居立法的认知

是否需要对夫妻分居进行立法？[①] 从统计数据来看，在被调查者中，认为对夫妻分居有必要用法律进行规制的，占65.81%；认为没有必要的，占32.51%；选择其他选项的占1.25%。可见，有六成以上的被调查者认为对夫妻分居需要用法律进行规制。（见图22a）

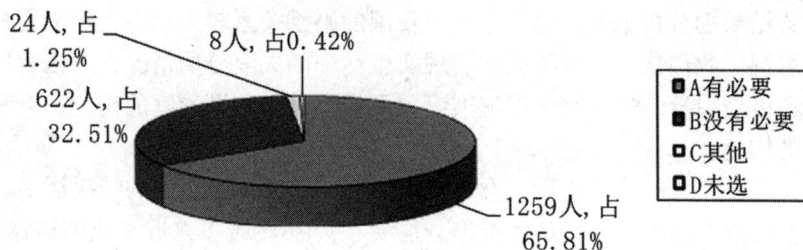

24人，占1.25%
8人，占0.42%
622人，占32.51%
1259人，占65.81%

■A有必要
■B没有必要
□C其他
□D未选

**图22a　被调查者对分居立法的认知表**

再从分性别统计的数据来看，在被调查者中，70.11%的男性和61.51%的女性认为法律应当对分居期间夫妻之间的人身关系和财产关系等给予具体的规定；而认为夫妻分居没有必要用法律进行规制的男性占28.53%，女性占36.51%。（见图22b）

---

　　① 问卷设计的题目是：您认为，法律有必要对分居期间夫妻之间的人身关系（如夫妻忠实义务、家事代理权等）和财产等关系（如夫妻扶养义务、子女抚养义务及财产制）等给予具体的规定吗？A. 有必要；B. 没有必要；C. 其他。

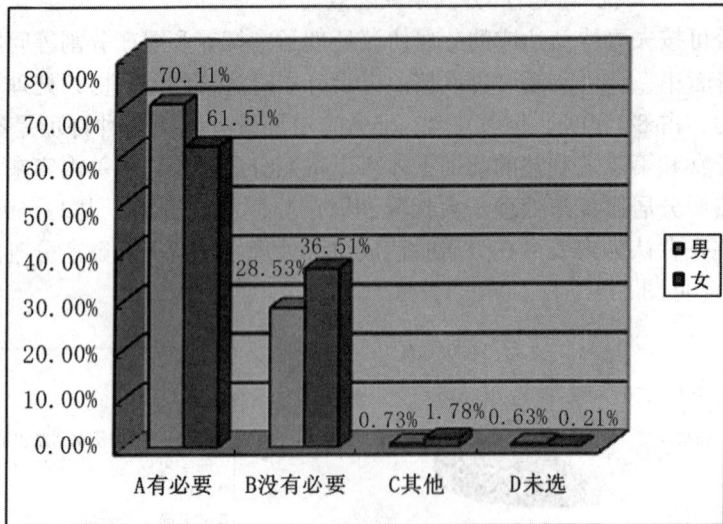

图 22b　男女两性被调查者对分居立法的认知

（七）总结与评析

通过上述对夫妻分居情况调查的统计分析，我们了解到被调查者对我国夫妻分居的基本概况及相关问题的看法。总体来说，可概括为以下几个主要方面：

第一，据被调查者了解的情况，一般因感情不和而分居的夫妻所占比例在 20% 左右。由于夫妻分居涉及当事人的隐私，具有隐蔽性的特点，被调查者不可能详细知悉生活周围夫妻分居的情况。因此，此调查统计结果对我们认识我国夫妻分居情况仅具有一定的参考价值。从调查结果的分析来看，总体上说，我国的婚姻关系较为稳定，但夫妻分居现象的存在也不容忽视。我们认为，对我国社会现实生活中的夫妻分居情况，立法者应当予以重视，并给予积极地引导。这有利于促进夫妻关系的改善与和谐家庭的构建，有利于促进我国和谐社会的构建。

第二，夫妻发生分歧或矛盾后，女性提出分居要求并离家出走的情况居多。从调查中可以看出，五成以上的被调查者认为提出分居要求以女性居多；近八成的被调查者认为，女性离家去亲戚或朋友家居住以缓解夫妻矛盾的居多。

第三，"分室分居"与"同室分居"并存。近六成的被调查者认为夫妻分居一方会选择另找住所，但是也有三成以上被调查者认为存在"同室分居"。因此在制定分居立法时，必须包括"同室分居"，不能将其排除在分居范畴之外。

第四，对夫妻分居原因的认识具有多样性。七成以上的被调查者认为"有妇之夫或有夫之妇与他人同居的""实施家庭暴力的"是夫妻分居的原因；六成以上的被调查者认为有"通奸行为的""有赌博、吸毒、酗酒等恶习屡教不改的"是夫妻分居的原因；四成以上的被调查者认为"虐待遗弃家庭成员的、重婚的、卖淫嫖娼的、有负担能力而不履行家庭义务的"亦是夫妻分居的原因；二成以上的被调查者认为"一方的生命、身体健康和名誉等可能遭受另一方严重侵害的、患有严重传染病、精神病，在医学上被认为不应当共同生活的"以及"一方被宣告失踪的"也是夫妻分居的原因。可见，大多数被调查者认为"有配偶者与他人同居"和"实施家庭暴力的"是分居的最主要原因。

第五，对分居期间的忠实义务及一方违反忠实义务离婚时另一方的离婚损害赔偿请求权的认识比较一致。七成以上的被调查者认为分居期间夫妻应当互负忠实义务。并且，九成以上的被调查者认为，分居期间如果夫妻一方违反忠实义务的，离婚时另一方可以请求离婚损害赔偿。

第六，对分居期间夫妻间的扶养义务、父母对子女的抚养义务的认识比较一致。八成以上的被调查者认为分居期间夫妻仍互负扶养义务。近九成的被调查者认为夫妻分居期间对未成年子女仍负有抚养义务。

第七，关于分居夫妻间的继承权，近六成的被调查者认为分居期间夫妻仍互有继承权；有约二成的被调查者认为只有无过错方才可以继承对方的遗产；约一成的被调查者认为分居期间夫妻不能互相继承对方的遗产。

第八，对分居期间夫妻间有无日常家事代理权存在不同的认识。在被调查者中，持肯定见解的占三成半，而认为不可以行使以及必须经对方委托才可以行使家事代理权的，即持否定见解或有条件肯定的合计占六成以上。由于分居期间，夫妻间的婚姻生活发生了转变，共同生活的信任基础缺失，被调查者不同的意见正反映了现实的需求，需要对分居期间夫妻间的日常家事代理权如何立法进行反思。

第九，对分居期间夫妻一方所取得财产的归属的认识存在分歧。对分居期间，一方或双方各自所取得的财产，近六成的被调查者认为应当为"夫妻共同所有"或双方协商处理，近三成的被调查者认为取得的财产归各自所有。

第十，对分居期间债务承担，因债务性质不同而区分不同的偿还责任。对于因抚养子女等而产生的法定债务，七成以上的被调查者认为属于夫妻共同债务，应当共同偿还。对于分居期间，一方用于经营等其他未用于共同生活所发生的债务，近六成的被调查者认为应当由行为人自己单独偿还。对分居期间，一方处理与家庭生活有关的经济事务所生之债的偿还责任亦存在不同的认识，四成以上的被调查者认为应该共同偿还，近三成的被调查者认为只有在委托的情况下才共同偿还，二成左右的被调查者认为应该由行为人自己偿还。由此可知，夫妻一方在分居期间所为日常家事代理行为关系到偿还责任的分配及第三人利益保护，因此有必要对其加以明确。

第十一，认同分居协议的订立，但对分居协议的生效要件存在不同的认识。在被调查者总数中，近八成的都表示夫妻可以自行协商订立分居协议，但是对分居协议是否需要婚姻登记机关审查和登记后才能生效存在不同的看法。认为需要审查登记和不需要审查登记的被调查者约各占一半。这反映了有些被调查者强调对夫妻自身主体权利的尊重，而有些被调查者基于公众利益考虑，表示对权利的行使婚姻登记机关应予以一定的限制。

第十二，离婚时，对于分居协议处理子女抚养和财产分割等问题，八成以上的被调查者持肯定态度。这表明公众的权利主体意识增强，要求法院对分居当事人的意思自治给予尊重。对离婚时，夫妻对是否分居发生争议时，近七成的被调查者认为法院有必要依职权进行调查，以查明事实，正确进行裁判；而对离婚时，夫妻对是否构成"同室分居"发生争议的，五成左右的被调查者认为法院没有必要依职权进行调查。因为后一种情况涉及当事人的隐私，法院并不是万能的。

第十三，对分居是否应当立法，大部分被调查者持肯定态度。近七成的被调查者认为对分居期间夫妻间的人身和财产等关系给予具体的规定是有必要的，期待着通过法律的完善，来有效规制分居期间夫妻间特殊的婚姻关系。

综上，由于人力、物力所限，本次调查虽不能全面地反映我国夫妻分居的现状，但是通过部分地区的调查，了解被调查者们对我国夫妻分居情况及分居原因等的基本认识，可以在一定程度上反映目前我国现实生活中夫妻分居的状况。此次调查的统计分析数据，所显示的被调查者们对分居期间夫妻间的抚养义务以及债务清偿责任等认识，既反映了他们对现实生活中夫妻分居后权利义务的认识情况，也在一定程度上反映了现行法对相关问题的规制存在不足，这对构建我国夫妻分居制度具有一定的参考价值。并且，大部分被调查者对夫妻分居立法持肯定态度，这表明被调查者们认为我国分居立法是必要的。

## 二、分居制度的功能分析

分居制度或称"别居"制度，它作为一种法律制度产生于中世纪的欧洲。在当时教会法对婚姻的立法采取禁止离婚主义的情况下，分居制度是对不堪共同生活的夫妻的一种补救手段，其主要的法律效力是夫妻双方暂时或永久地解除同居义务。①② 深受教会法影响的一些国家如意大利早期的法律不准离婚而只许别居，后来才发展为离婚制度与别居制度两者并存。必须注意，近代、现代国家的别居（或分居）制度不同于中世纪教会法的别居制度，它不是对禁止离婚立法的补充，而是为婚姻关系恶化的夫妻提供的一种"缓和夫妻矛盾"的救济措施。在国外，分居制度作为离婚制度的组成部分，它主要具有以下三方面的功能：

（一）为夫妻提供缓和矛盾与修复裂痕的期间

一方面，分居制度为婚姻关系恶化的夫妻提供了一个冷静考虑的缓冲期，可以缓和夫妻矛盾，防止矛盾激化。它为介于完整婚姻与破裂婚姻之间婚姻状态的婚姻当事人提供一种分居的选择方式。在现代社会，分居制度是离婚制度的补充，它体现了婚姻自由原则的要求，反映了法律对婚姻当事人自主自愿决定其婚姻未来的尊重。正如我国学者所言，自由离婚主义的发展趋势……应当是逐渐从追求离婚自由发展到在保障离婚自由的前提下支持婚姻制度的回归。③ 另一方面，分居制度为婚姻关系恶化的夫妻提供了一个修复期。婚姻当事人在分居期时可以实际行为努力争取夫妻关系的修复和好，有利于化解婚姻矛盾、稳定家庭关系，防止轻率离婚。例如，《瑞士民法典》第 146 条规定，离婚原因一经证实，法官须或宣告离婚或宣告分居。仅诉请分居的，不得宣告离婚。诉请离婚的，仅在尚有和解可能时，始宣告分居。④

（二）确定分居夫妻间的权利和义务

夫妻在婚姻关系恶化而难以共同生活时，可以选择实行分居。但对婚姻家庭，夫妻在分居期间仍依法享有某些权利和应当履行某些义务。分居制度为婚姻当事人在分居期间行使权利和履行义务提供了行为规范，并且具有法律约束力。这有利于减少婚姻家庭纠纷，维护婚姻当事人和其子女以及第三人的合法权益。例如，依《法国民法典》第 299—303

---

① 杨大文主编：《亲属法》（第 4 版），法律出版社 2004 年版，第 148 页。
② 陈苇主编：《婚姻家庭继承法学》，群众出版社 2005 年版，第 228 页。
③ 夏吟兰：《离婚自由与限制论》，中国政法大学出版社 2007 年版，第 32 页。
④ 殷生根、王燕译：《瑞士民法典》，中国政法大学出版社 1999 年版，第 40-41 页。

条的规定①，分居的法律效力包括：分居不解除婚姻关系，但终止同居义务；分居夫妻有条件地享有配偶继承权；分居引起分别财产制；夫妻分居后仍然互负救助、扶养的义务。②

（三）提供法院裁判的司法依据

分居制度为法院确认分居与裁判婚姻关系是否确已破裂，提供了一个客观的标准。分居制度允许夫妻在关系恶化而不能共同生活但尚未到婚姻破裂程度时，依法定的条件和程序，可以在一定期间内中止夫妻间的同居生活。按照法律对分居法定要件的规定，法院可以依法确认双方当事人的行为是否已构成分居。并且，有些国家把夫妻的事实分居或法院的裁判分居达到一定期间，作为法定的离婚理由之一。如果分居的夫妻一方起诉离婚，法院经调解和好无效，依据婚姻当事人的分居是否达到法定期间，可以确认是否"婚姻关系确已破裂"、或"婚姻已经无可挽回地破裂"、或"夫妻感情确已破裂"。分居制度为确认分居与裁判婚姻关系是否确已破裂提供了一个客观标准，有利于实现司法公正。例如，依《德国民法典》有关婚姻破裂的规定，如果婚姻双方已分居一年且双方均申请离婚或被申请人同意离婚的，即不可辩驳地推定婚姻已经破裂。如果婚姻双方分居已逾三年的，虽然双方没有离婚合意或被申请人反对离婚，即不可辩驳地推定婚姻已经破裂。③

### 三、我国夫妻分居立法的不足及完善立法的建议

我国 1950 年的《婚姻法》和 1980 年的《婚姻法》对分居未予规定。最早规定夫妻分居的是 1989 年《最高人民法院关于人民法院审理离婚案件如何认定夫妻感情确已破裂的若干具体意见》第 7 条，其规定"因感情不和分居满三年，确无和好可能的，或者经人民法院判决不准离婚后又分居满一年，互不履行夫妻义务的可准予离婚"。2001 年修正后的《婚姻法》第 32 条第 3 款规定"因感情不和分居满二年的，调解无效的，应准予离婚"。在国外，不少国家规定有分居制度。例如，法国、德国的民法典均对分居的法定事由、分居期间及程序、分居效力、分居的终止等做了具体规定。④ 虽然我国现行《婚姻法》将符合法定条件的分居作为调解无效，准予离婚的法定理由之一，但这只是对分居的事后确认，而对分居的构成要件、程序、效力及终止等都无规定。

（一）我国夫妻分居立法之不足

在我国，现行《婚姻法》未确立分居制度。这不利于调整分居期间的婚姻家庭关系，也给司法审判实践中离婚案件的审理带来了不便。其主要体现在以下几个方面：

1. 分居的构成要件不明确

由于我国现行法律对分居的构成要件无规定，因此被调查者们对我国《婚姻法》规定的分居期间、夫妻分居原因等认识不一。如前所述，约有四成被调查者对法定离婚理由之一的分居存在不同的认识。有的认为分居期间为一年，甚至几个月等，有的还认为因工作、学习等客观原因短期或长期外出而导致的分居也在法定分居的范围之内。

---

① 《法国民法典》，罗结珍译，法律出版社 2005 年版，第 265 页。

② 陈苇主编：《外国婚姻家庭法比较研究》，群众出版社 2006 年版，第 398-399 页。

③ 《德国民法典》第 1566 条，陈卫佐译注，法律出版社 2004 年版，第 413 页。

④ 《法国民法典》第 296-309 条，罗洁珍译，法律出版社 2005 年版，第 264-267 页；《德国民法典》第 1353 条、第 1361 条、第 1385 条、第 1565 条、第 1566 条、第 1671 条、第 1672 条，陈卫佐译，法律出版社 2006 年版。

在有些离婚诉讼中，当事人和法官对分居的认识也有分歧。这主要表现为：（1）大多数当事人和法官都认为，夫妻分开居住是构成分居的必要条件；而有的当事人却认为只要双方没有夫妻性生活即可构成分居。（2）对分居期间的同居行为是否构成分居期间的中断等也存在不同的理解。有的认为分居期间只要有同居行为即构成分居期间的中断；有的则认为分居期间为和好而短暂同居后又分居的，只要不超过一定期限（如6个月）就不构成中断。

2. 对分居当事人的权利义务缺乏规制

（1）我国法律未规定分居的法律程序，法院往往难以对当事人分居的请求进行裁决。即使夫妻双方曾自行达成分居协议，但由于有的无书面协议，发生争议时其口头协议的效力往往难以认定。

（2）夫妻分居期间的人身关系、财产关系、子女抚养以及继承等事项如未作特别约定，则按正常夫妻婚姻关系存续期间的规则处理。然而，分居期间的夫妻关系既区别于夫妻离婚后的法律关系，也不同于正常婚姻生活的夫妻关系。忽视这一区别而采取"一刀切"的办法，无疑在现实生活中容易产生纠纷，不利于婚姻家庭纠纷的解决。例如，对于分居期间取得财产的归属，许多被调查者并不完全认同现行法的处理方式。事实上，很多夫妻分居后互不往来，客观上是两个独立的生活和经济主体，所得财产事实上处于分离状态，因此对分居期间所取得财产的归属有必要确立不同于正常夫妻关系下的财产制形式。再如，在分居期间，子女的直接抚养而往往由夫妻一方承担。由于我国《婚姻法》并未对分居期间子女的直接抚养、抚养费等问题作出规定，现实生活中分居的夫妻对子女随何方生活或子女抚养费等问题易发生争执。如果分居的父母对子女的抚养处于一种争执状态，对未成年子女的健康成长极为不利。另外，按照现有规定，分居期间夫妻仍互有家事代理权，这明显不符合夫妻现实生活的需要。因为这缺乏基本的法理基础——信任。在此次被调查者中，约有64%的人明确表示不认同分居夫妻互有日常家事代理权。在实际生活中，分居期间夫妻一方滥用家事代理权而擅自处理共同财产或恶意举债而损害夫妻另一方的合法权益情况时有发生。

3. 现行夫妻分居立法规定可操作性差

由于《婚姻法》对分居的构成要件等无规定，在司法实践中对《婚姻法》第32条第3款第4项的适用带来了困难。（1）当事人举证难。在以分居为由请求离婚的案件中，一方应就是否有分居的事实向法院举证，但由于分居涉及双方的隐私，一般外人难以知晓，当事人往往难以举证。（2）分居的时间难以确定。在认定分居的事实时，当事人往往以租房合同、村委会或居委会开具的证明等来证明。但是在进一步确认分居的具体期间时，对分居时间从何时开始、有无中止、中断等往往难以确定，分居期间的具体计算也就成了问题。（3）是否构成分居缺乏具体认定标准。由于现行法无分居的认定标准，这使法官就认定是否构成分居缺乏法律依据。而对于"同室分居"等其他具有争议的情况是否构成法定分居，民众也存在不同的认识。因此，这次被调查者中有65.8%的人认为应当对何为分居确立法定的标准。

（二）完善我国分居立法的建议

以下，我们根据对我国分居情况调查了解的实际情况出发，借鉴外国及我国香港等地区的立法经验，对建立我国分居制度提出以下立法建议。

1. 分居制度的立法体例

在构建分居制度的立法指导思想上，应本着符合中国实际国情，高效便民，维护家庭稳定的宗旨。[1] 建议采取以分居制度与离婚制度并行的双轨制，并且分居的法定标准应当适度宽于离婚。在立法的原则上，可借鉴美国的立法经验，突出体现当事人意思优先，司法干预为辅。根据分居制度的立法目的及其所处婚姻阶段，并结合我国《婚姻法》的篇章结构[2]，宜借鉴法国的立法经验，将分居制度独立成章设立在"家庭关系"章与"离婚"章之间。从整体上确立立法体例后，下面将设计分居制度的具体内容。

2. 法定分居的构成要件

为了与生活中民众认识的分居相区分，建议将我国分居制度调整的分居界定为"法定分居"即在婚姻关系存续期间，夫妻双方依据法定的条件和程序，在一定期间内依法免除同居义务，停止家庭共同生活的法律行为。具体来说，构成法定分居的要件如下：（1）在主体上，分居的双方当事人须有合法的夫妻身份关系。（2）在主观上，分居的双方当事人须具有分居的意愿，即一方或双方具有拒绝同居生活的真实意思表示。由于客观原因如因工作、学习、生病住院、出国等原因而分居的，没有分居的主观意愿，则不属于法定分居。[3]（3）在客观上，分居的双方当事人须有停止共同生活的事实，即人为地中断夫妻之间的共同经济生活、性生活、相互扶助和精神抚慰。夫妻分居事实的判断以夫妻共同生活全面停止为标准，而非必须以住所分离来衡量。法定分居包括夫妻双方在不同住所居住的分居状态，同时也应结合我国现实住房情况并借鉴德国的立法经验[4]，将夫妻双方虽处于同一婚姻住所，但相互间并未履行同居义务且停止共同生活的"同室分居"纳入法定分居的范围内。

综上，对分居的内涵，我们建议界定为：分居是指夫妻在婚姻期间基于双方当事人或一方当事人拒绝同居生活的真实意思表示，在事实上互不履行同居义务并且全部停止夫妻间的共同经济生活、相互扶助和精神抚慰等其他共同生活的行为。

3. 分居的类型

分居制度作为婚姻家庭制度之一，也应当秉承意思自治的原则，鼓励当事人就分居的问题以协议的方式解决。对于分居的类型，可采取以协议分居和司法分居两种分居并行的立法模式。以下，我们提出我国分居制度的具体内容设想。

（1）协议分居。协议分居，是指仅由夫妻双方自愿依法订立分居协议而实行的分居。

第一，分居协议的程序要件。我国的协议分居制度无须规定协议分居的理由，只要夫妻双方都同意分居且对分居协议的内容没有争议，履行相应的法定手续即可。分居协议生效，除需要具备一般法律行为的生效要件之外，还需满足一定的特殊要件。分居协议的订立、变更应当采用书面形式。双方当事人须亲自到婚姻登记机关申请审查登记后方可生效。这既可避免日后产生纠纷时难以调查取证；又使婚姻登记机关对分居协议在登记前对

[1] 田海：《我国〈婚姻法〉设立别居制度的法律思考》，载《西安石油大学学报》2008 年第 9 期。

[2] 我国现行《婚姻法》的篇章结构分为六章，依次为总则、结婚、家庭关系、离婚、救助与法律责任、附则。

[3] 王礼仁：《婚姻诉讼前沿理论与审判实务》，人民法院出版社 2009 年版，第 376 页。

[4] 参见《德国民法典》1567 条："在配偶双方之间，已不存在家庭的共同生活且可以看出一方拒绝过夫妻的婚姻生活而不欲恢复家庭的共同生活的，配偶双方即为分居。即使配偶双方在婚姻住宅内分居，家庭的共同生活也不复存在。"

其内容进行形式审查，对当事人的分居行为公权力予以适当的监督。

第二，分居协议的内容。分居协议的内容须经双方协商一致，其内容只要不违反国家强制性法律法规的规定及公序良俗，一般不予限制。由于分居协议涉及分居期间夫妻的权利义务等，如有未成年子女的，还涉及未成年子女的抚养问题，所以协议分居制度应就分居协议所涉及的一般性条款予以列举，并对其中必备条款予以明确规定。如果分居时，夫妻双方有未成年子女需要抚养的，对子女的直接抚养方、子女抚养费的数额、支付方式，以及他方对子女的探望权之行使方式必须明确约定，否则，登记机关不予登记。对于其他条款，当事人未约定的，按照法律的规定处理。当事人约定的内容不得排除法定的强制性义务，不得损害第三人利益或社会公共利益。

第三，分居协议的变更、履行与终止。如果情况发生变化，夫妻经协商一致可以对分居协议的内容进行变更。对于分居协议，当事人应当自觉履行。如果夫妻一方不履行协议的财产性义务，夫妻他方可以向法院申请强制执行。在分居期间，如果双方当事人和好而达成终止分居以恢复共同生活书面协议的，可以共同到婚姻登记机关申请办理终止分居的登记，该协议经登记后立即生效。

（2）判决分居。

第一，判决分居的理由。分居不同于离婚，其适用标准应适当放宽，以便更充分地发挥分居制度的功能。当事人申请分居时，无须证明婚姻已经达到无可挽回的破裂，只要证明具有分居的法定理由之一即可。具有下列情形之一，一方认为无法共同生活，向法院申请分居的，应当准予分居：①重婚或有配偶者与他人同居的；②一方有通奸、卖淫、嫖娼等婚姻不正当性关系且另一方不堪与之共同生活的；③实施家庭暴力或虐待、遗弃家庭成员的；④有赌博、吸毒、酗酒等恶习屡教不改的；⑤夫妻双方同意分居，但就分居协议的内容未能达成合意的；⑥夫妻双方正处于离婚诉讼期间的；⑦一方已失踪6个月以上的；⑧一方实施其他不法行为或犯罪行为，严重伤害夫妻感情的；⑨法院判决不准离婚，但夫妻双方确实不能共同生活的；或其他导致夫妻不能共同生活的情形。

为了防止夫妻一方滥用分居权利而遗弃对方和子女等，应参考我国离婚制度的相关规定，对申请分居的行为作出限制性规定。有下列情形之一的，不得申请分居：①一方患有重大疾病，如果分居可能对其疾病造成严重后果的，但患病一方提出分居的除外；②女方怀孕期间、终止妊娠后六个月内和分娩后一年内，男方不得提出分居，但女方提出的或法院认为确有必要受理男方分居请求的除外。

第二，判决分居的程序。对于分居诉讼，法院可采取简易程序处理。① 首先，当事人诉请分居的，法院不得判决离婚；当事人一方要求分居，另一方要求离婚的，法院应按照离婚程序审理；当事人诉请离婚的，如有和好可能，法院可以判决分居。其次，对分居诉讼，实行一审终审制和独任审判制的特别程序，应当在30日内审结。分居判决一经送达双方当事人立即生效，当事人不得上诉，如有新情况可另行起诉。最后，为保证人民法院分居判决的严肃性，判决分居的效力不能因夫妻的自行和解而终止，可借鉴美国的判决分

---

① 依我国现行《民事诉讼法》第142条的规定，基层人民法院和它派出的法庭审理事实清楚、权利义务关系明确、争议不大的简单民事案件，可以适用简易程序。

居必须由双方当事人申请经法院判决后才能终止分居效力的立法例。① 并且，可借鉴澳大利亚对分居夫妻的实质和解以双方恢复同居的期间持续达三个月以上作为认定标准的立法例。② 对此建议我国规定为：分居的夫妻如果双方已经和解且恢复共同生活已持续达三个月以上的，可以共同向人民法院提出终止分居的申请。人民法院批准终止分居的判决，一经送达双方当事人立即生效。

4. 分居的法律效力

（1）分居的时间效力。对于分居期限，我国宜规定采取定期分居的立法模式，以使夫妻谋求尽快和解。建议我国规定协议分居和判决分居的最长期限都不能超过二年。③

（2）分居对人的效力。

①分居期间夫妻的人身关系。第一，免除夫妻同居的义务。第二，夫妻互负忠实义务。第三，夫妻的家事代理权中止。

②分居期间夫妻的财产关系。第一，对分居期间的夫妻财产制，首先由双方协商约定；协商不成的，则实行法定的分别财产制。并且对分居前的共同财产，应予登记财产清册，确定共有财产的管理人，以作为今后离婚时分割共同财产的依据。④ 第二，分居期间夫妻仍互负扶养义务，但被扶养人有严重危害婚姻关系的过错，致使另一方对其进行扶养或救助有违公平、正义原则的，法院可判决免除另一方给付义务的全部或部分。也就是说，"行为人必须对自己故意实施的重大过错行为承担责任。"⑤ 扶养费的具体数额应根据双方收入和生活状况以及扶养方的实际给付能力，由双方协商确定，协商不成的，由法院根据具体情况判决。第三，分居前后的债权、债务。分居前的共同债权、债务，由双方协商处理；协商不成，由法院判决。分居期间的债务，一般推定为个人债务。但为履行抚养、扶养法定义务所生之债以及确有证据证明为共同债务的除外。第四，夫妻分居期间一方死亡，另一方有以配偶身份继承遗产的权利。但如果生存一方具有法定过错情形的，可以剥夺其继承权或减少其继承遗产的份额。第五，对因夫妻一方有法定过错行为致使夫妻分居并最终导致离婚的，仍可适用离婚损害赔偿制度，对无过错方予以救济。

③分居期间的父母子女关系。夫妻分居后，对子女的抚养和监护义务依然存在。分居期间，夫妻双方可以就未成年人子女的抚养方式、抚养费的数额及另一方的探视权行使方式等进行协商，达成一致的处理意见写入分居协议书，提交婚姻登记机关登记；协商不成的，由法院适用《婚姻法》关于子女抚养的规定，根据父母及子女的具体情况，并征求10周岁以上未成年子女的意见，依据子女最大利益为原则进行判决。

5. 分居的终止

分居终止的法定情形，包括：因一方死亡而终止；因婚姻的无效或被撤销而终止；因双方当事人和好而终止；因离婚而终止；因分居期限届满而终止。

---

① ［美］哈里·D. 格劳斯、［美］大卫·D. 梅耶：《美国家庭法精要》（第5版，2007年），陈苇（项目负责人）主持翻译，中国政法大学出版社2010年版，第234页。

② 参见澳大利亚《1975年家庭法》（2008年修正），第50条，载陈苇（项目负责人）主持翻译：《澳大利亚家庭法》（2008年修正），群众出版社2009年版，第111页。

③ 王秋荣、王涛：《关于我国建立分居制度的立法构想》，载《延安大学学报》2007第5期。

④ 罗思荣、马齐林：《分居制度研究》，载《中国政法大学学报》2002年第2期。

⑤ 陈苇、冉启玉：《离婚扶养制度研究——中国大陆法与俄罗斯法之比较》，载《月旦民商法》2004年第6期。

# 设立我国分居制度的社会基础及其制度构想[①]

陈 苇 罗晓玲[*]

## 目 次

别居又称分居，其作为一种主要调整分居夫妻的人身关系和财产关系的特殊法律制度，产生于欧洲中世纪的教会法，系基督教禁止离婚主义的产物。在现代社会，世界上一些国家设立有分居制度（或称别居制度），以其调整分居期间非正常的夫妻关系；不少国家的离婚法把分居达到法定期间作为证明"婚姻无可挽回地破裂"的事实，是判决准予离婚的法定理由之一。分居制度是现代一些国家离婚制度的组成部分，具有其独有的功能和立法目的。现代分居制度具有以下主要功能：一是夫妻先各尝试一段单身生活，期以体会和考虑是否能够回心转意而破镜重圆；二是以分居一定期间作为婚姻破裂的推定，既可免除法院实际调查婚姻细节的劳苦，又可免除婚姻当事人为离婚而需全盘吐出私生活的不便；三是可为当事人提供一段期间，以建立新的社会关系或让家庭主妇经短期培训而获得某种独立谋生的技能；[②]四是可以为分居期间夫妻的权利和义务关系提供行为规则。由此可见，现代分居制度的立法目的是保障离婚自由、防止轻率离婚，调整和保护分居期间夫妻及其子女和第三人的合法权益，以维护社会秩序的稳定。

在我国，面对我国离婚率、复婚率逐年上升以及草率离婚现象仍然存在的社会现实情况，根据我国婚姻法"保障离婚自由，防止轻率离婚"的立法指导思想，设立符合我国国情的分居制度，可以为婚姻当事人提供一个离婚的缓冲期间，为双方提供一个冷静思考的机会，使其慎重地处理面临的婚姻家庭纠纷，从而理性地决定是否离婚。这既有利于保

---

① 本文分为上、下两部分《设立我国分居制度的社会基础及其制度构想（上）》和《设立我国分居制度的社会基础及其制度构想（下）》，分别载于《政法论丛》2011 年第 1 期和《政法论丛》2011 年第 2 期。

* 陈苇，女，西南政法大学外国家庭法及妇女理论研究中心主任，民商法学院教授、博士生导师；罗晓玲，女，法学硕士，重庆市巴南区人民检察院民行科民警。

② 戴东雄：《德国新亲属法上之别居制度与我国民法需要别居制度之规定》，载戴东雄：《亲属法论文集》，三民书局 1993 年再版，第 281 页。

护婚姻当事人及其子女的利益，也有利于维护社会的和谐与稳定。本文拟分析我国设立分居制度的社会基础，考察和评析外国分居制度的立法例，研究我国分居立法的现状与不足，借鉴外国立法经验，结合我国实际，提出设立我国夫妻分居制度的立法构想，以期为我国立法机关提供参考。

## 一、设立我国分居制度的社会基础

在我国，是否应当在《婚姻法》中设立分居制度，在理论界有"否定说"与"肯定说"。① 我们认为，目前在我国政府大力建设平安家庭、构建和谐社会的时代背景下，我国已经具备设立分居制度的社会基础，这主要表现在以下三个方面：

（一）我国婚姻家庭新情况的需要

1. 离婚率、复婚率不断上升且存在草率离婚的现象

在我国，自 20 世纪 80 年代末实行改革开放政策以来，随着社会生产力水平的提高，人们物质文化生活条件的改善，人们的婚姻家庭观念发生了巨大的变化，传统婚姻家庭观念受到了强烈的冲击。人们对离婚的态度从坚决否定到逐步认同和理解。婚姻当事人可以针对自己的婚姻状况作出是否离婚的选择。据我国民政部统计，自 2003 年以来，我国离婚率再次呈逐年上升的趋势。② 2003 年，离婚的夫妻有 133.1 万对，比上年增加 15.4 万对，粗离婚率为 1.05‰，比上年上升了 0.15 个千分点，离婚率又再次突破了 1‰。③ 到 2009 年，离婚的夫妻有 246.8 万对，比上年增加 19.9 万对，增长 8.8%，粗离婚率为 1.85‰，比上年增加 0.14 个千分点。其中，民政部门登记离婚 180.2 万对，比上年增长 12.0%，法院办理离婚 66.6 万对，比上年增长 1.1%。④ 此外，据近日民政部最新公布的 2010 年第二季度全国民政事业统计数据显示，2010 年前两个季度，全国办理离婚登记的夫妻达到 84.8 万对。几乎每天有近 5000 对夫妻办理离婚登记。⑤ 有学者指出，一些已婚人士借着对自己婚姻质量的反省，或为摆脱"死亡婚姻"，或为追求"理想婚姻"，掀起史无前例的新的离婚潮。⑥ 但与此同时，我国一些地区复婚登记的人数也在不断上升。例如，据杭州市民政局社会事务处 2006 年 2 月 6 日公布的数据，2005 年杭州市有 682 对男女办理复婚登记，占婚姻登记总人数的 1.27%，比前年上升 42%，是 2000 年 165 对的 4

---

① "否定说"认为：我国历史上自古奉行许可离婚主义，没有别居的传统，当代法律更全面确立了离婚自由原则，无须设定别居制度；别居先置制和别居与离婚转换制，实质上都是限制离婚自由，别居制度缺乏效益价值等。参见杨大文主编：《亲属法》（第 4 版），法律出版社 2004 年版，第 149 页；鲍家志、梁庆秋：《质疑"别居制度"》，载《前沿》2006 年第 5 期。"肯定说"认为：在《婚姻法》中设立别居制度，有利于贯彻婚姻自由原则，充分体现了当事人的意思自治，可使其有充足的时间和空间考虑自己对社会、家庭尤其是对子女的责任；为当事人提供了一个反省、冷静地处理矛盾的期间，可避免草率离婚；为识别感情是否确已破裂提供了一个客观的标准；有利于当事人暂时摆脱家庭暴力；有利于调整在别居期间夫妻的权利义务关系；有利于一国两制下的婚姻关系的调整，等等。转引自余延满：《亲属法原论》，法律出版社 2007 年版，第 301-303 页。

② 陈苇：《中国婚姻家庭法立法研究》（第 2 版），群众出版社 2010 年版，第 297 页。

③ 《我国民政部发布 2003 年民政事业发展统计报告》，载 http://cws.mca.gov.cn/article/tjbg/200801/20080100009381.shtml，访问日期：2008 年 1 月 18 日。

④ 《我国民政部发布 2009 年民政事业发展统计报告》，http://cws.mca.gov.cn/article/tjbg/201006/20100600081422.shtml? 2，访问日期：2010 年 10 月 5 日。

⑤ 转引自《法制晚报》，2010 年 10 月 3 日。

⑥ 王勤芳：《别居法律制度研究》，知识产权出版社 2009 年版，第 101 页。

倍多，创造了杭州市婚姻登记史上复婚人数的最高纪录。① 也就是说，在我国逐年递增的离婚和复婚人员中，存在一些草率离婚的夫妻。针对此情况，2008 年 9 月，杭州市部分婚姻登记处率先设立婚姻家庭指导室，开展婚姻家庭指导工作。一年多来，这项工作成效显著，受到了婚姻当事人欢迎。经婚姻家庭指导师辅导，一些想要离婚的婚姻当事人暂缓办理或不再办理离婚登记。②

我们认为，面对我国离婚率、复婚率逐年上升且仍然存在草率离婚现象的社会现实情况，根据我国《婚姻法》"保障离婚自由，防止轻率离婚"的立法指导思想，设立分居制度，可以为婚姻当事人提供一个离婚的缓冲期间，为双方提供一个冷静思考的机会，使其慎重地处理面临的婚姻家庭纠纷，从而理性地决定是否离婚。这既有利于保护婚姻当事人及其子女的利益，也有利于维护社会的和谐与稳定。

2. 现实生活中的夫妻分居行为亟须法律调整

根据 2009 年 7 月我们组织进行的"我国夫妻分居情况调查"。③ 此次调查问卷的统计数据显示，大多数被调查者认为因感情不和而分居的夫妻所占比例一般在 20% 左右。基于我国夫妻总对数的基数较大，估计分居的夫妻对数的数目也较大。根据被调查者了解的情况，夫妻发生矛盾或分歧后，一般女性提出分居要求的居多；至于夫妻分居的方式，大部分人是另找住所，但也有少部分人实行"同室分居"；造成分居的原因具有多样性，导致夫妻分居的原因排在前五位的分别是：(1) 有妇之夫或有夫之妇与他人同居的；(2) 实施家庭暴力的；(3) 有通奸行为的；(4) 有赌博、吸毒、酗酒等恶习屡教不改的；(5) 虐待、遗弃家庭成员的。从对夫妻分居期间权利义务的认知来看，大部分被调查者对分居期间夫妻的忠实义务、扶养义务及对未成年子女的抚养义务等的认识都比较一致。而对分居期间夫妻是否享有配偶继承权、家事代理权，以及对分居期间一方所取得财产的归属及债务承担等的认识还存在分歧意见。对前述问题分别有三至六成的被调查者并不认同应当依照《婚姻法》有关正常情况下夫妻权利义务的规定来处理。此次调查的统计数据显示：(1) 对分居夫妻是否有配偶继承权的看法，在被调查者中，认为夫妻分居期间，如果夫妻一方死亡，另一方可以继承对方的遗产的占 59.62%；认为分居期间的夫妻关系不同于正常夫妻关系，另一方不可以继承对方的遗产的占 14.86%；认为只有无过错方，才可以继承对方的遗产的占 23.25%。由此可见，对于分居夫妻间的配偶继承权，有近四成的被调查者认为应当受到分居情况的影响。(2) 对分居夫妻是否可行使日常家事代理权的看法，在被调查者中，认为可以行使的占 35.39%；认为需要经对方委托才可以行使的占 32.31%；认为不可以再行使的占 29.06%。可见，对于分居期间的日常家事

① 王礼仁：《婚姻诉讼前沿理论与审判实务》，人民法院出版社 2009 年版，第 190 页。

② http://www.hzmz.gov.cn/，访问日期：2010 年 10 月 5 日。

③ 本次"我国夫妻分居情况调查"，由西南政法大学外国家庭法及妇女理论研究中心主任陈苇教授主持。为指导学生进行社会调查，陈苇教授在指导设计调查问卷后，专门为该校民商法学院 2007 级本科生举办了"社会调查知识讲座"，杜江涌副教授和李俊副教授在讲座现场对如何进行问卷调查进行了模拟演示说明。然后，学生们在 2009 年 7 月暑期采取发放调查问卷的方式进行调查，共计发放调查问卷 2000 份，共计回收 1973 份，其中有效问卷 1913 份，无效问卷 60 份，有效率为 96.96%。本次调查的地区包括四川、北京、江苏、重庆、浙江、辽宁、湖南、福建、广东、新疆、宁夏、安徽、山西、吉林、西藏、河南、山东、上海、黑龙江、云南、海南、广西、湖北、天津、内蒙古等省、直辖市、自治区。在此，我们特向参加此次社会调查的师生们和协助进行调查问卷统计的姜胜强、管燕燕、唐玉梅、姜万姿、葛慧超、张娇东等同学和朋友们表示衷心的感谢！

代理权，被调查者中认为不可以继续行使的和经授权才可行使的合计占六成以上。
（3）对分居期间夫妻一方所得财产之归属的看法，被调查者中认为应由两人共同所有的或应由夫妻两人协商处理的合计约占七成。（4）对分居期间一方因经营所负债务的看法，近六成的被调查者认为应当由其本人偿还。

我们认为，对于我国现实生活中的夫妻分居行为，需要确立分居制度予以专门调整。在我国现实社会条件下，婚姻家庭仍是人们最基本的生活方式，它为人们提供最基本的生活保障。目前我国社会保障制度尚不完善，弱势群体特别是老人、未成年人的生活仍然主要依靠家庭来提供保障。婚姻的稳定意味着家庭结构的稳定，意味着社会的稳定。① 在《婚姻法》中增设分居制度，可以明确分居期间夫妻之间以及夫妻对其他家庭成员的权利和义务，依法调整分居期间的婚姻家庭关系，可以避免在分居期间隐藏或转移共同财产、伪造债务或恶意遗弃家庭成员等违法行为的发生。

（二）我国司法实践中的探索

目前，我国有些地方较为流行"试离婚"，如河南、天津、广东、厦门等地。这种"试离婚"实质上就是当事人于离婚前自行分居，即"问题婚姻"的当事人，对自己的婚姻关系状况如何尚无准确把握，对夫妻感情是否破裂尚存疑虑，为慎重地对待婚姻，双方同意在一段时间内分居或虽然同居一室但互不履行夫妻义务，彼此处于尝试"离婚"状态的一种行为。这种夫妻在双方自愿的基础上达成的暂时互不履行夫妻义务的协议，目的是让夫妻双方体验离婚后生活的情景，让当事人从理性的高度认识婚姻生活，再决定是否离婚的一种非法律行为。② 有的"试离婚"是由婚姻登记机关引导的。如有的夫妻在申请办理登记离婚的过程中，在申请书上签字时表现出犹豫不决而难以下笔。此时，婚姻登记员可劝导双方冷静对待婚姻问题，可暂时分开居住一段时间，让婚姻危机中的矛盾冷却一段时间后再决定是否离婚。而最为典型的"试离婚"还是由法院来主持实施的。2004年5月河南省濮阳市前台县法院孙口法庭开始尝试"试离婚"，③ 即夫妻双方在法官确认夫妻感情尚未破裂，但调解不能和好的情况下，经双方同意后在法官的主持下达成一种承诺，夫妻双方在三至五个月内暂时互不履行夫妻的同居义务，让夫妻双方体验离婚后的生活情境，从理性的高度审视婚姻，然后再决定是否离婚。④

前述"试离婚"的做法，实际上就是分居制度在我国的一种实践，它可以为分居的当事人提供一定的行为规则，但由于其缺乏法律依据和系统性的规定，"试离婚"的实践招来了某些质疑的声音。我们认为，这种"试离婚"作为一种分居制度的实践，是在保障离婚自由的前提下，给予夫妻一定的分居期间，使双方能够冷静地考虑、慎重地处理是否离婚的问题，有利于缓解家庭矛盾和正确解决婚姻危机，有利于维护婚姻当事人及其子女和第三人的合法权益，应当得到法律的承认和保障。"试离婚"的实践和探索表明，设立符合我国实际的分居制度是我国社会现实的需要。

---

① 蒋月：《婚姻家庭法前沿导论》，科学出版社2007年版，第163页。

② 武秀英：《法理学视野中的权利——关于性·婚姻·生育·家庭的研究》，山东大学出版社2005年版，第123页。

③ 此处的"试离婚"，也被称为"试验离婚"或"冬眠离婚"。

④ 王勤芳：《从离婚障碍机制谈我国婚姻法应增设别居制度》，载《政法论坛》2008年第6期。

（三）我国民众对分居立法的期待与认可

根据我们 2009 年 7 月的调查，从对我国夫妻分居纠纷处理方式的调查统计结果看，近八成的被调查者认为夫妻可以自行协商订立分居协议，近五成的被调查者认为分居协议需要婚姻登记机关审查并登记生效；八成以上的被调查者认为，离婚时可以根据分居协议处理有关子女抚养和财产分割等问题；在离婚诉讼中夫妻对是否分居发生争议时，近七成的被调查者认为法院有必要依职权进行调查，并且对分居期间夫妻的人身关系和财产关系等予以具体规定是有必要的，期望通过立法来有效规制分居期间夫妻之特殊的人身关系和财产关系。可见，大多数被调查者对夫妻分居纠纷处理方式的认识较为一致，对我国设立夫妻分居制度的立法表示期待与认可。

## 二、外国分居制度立法例之考察与比较评析

（一）外国分居制度立法例之考察

1. 大陆法系国家的立法例

（1）法国的分居立法。1804 年《法国民法典》是大陆法系国家立法的代表，它首开先河地赋予现代分居制度新的含义和法律地位。[①] 现行《法国民法典》[②] 第一卷第六编第四章第 296—309 条分别就分居的各种情形及程序、分居的后果、分居的终止作了较为详细的规定。

第一，立法体例。法国采取"分居与离婚并行制"。《法国民法典》在第一卷第六编"离婚"中设立第四章，以专章规定了"分居"制度。[③]

第二，分居的类型、理由及抗辩理由。关于分居的类型，依据程序的不同，可分为协议分居和司法分居。该法典仅规定有经诉讼程序的司法分居，而对当事人合意的协议分居未予规定。依该法第 298 条的规定，该法第二章对离婚程序规定的各项规则，适用于分居程序。也就是说，夫妻申请司法分居的程序与申请离婚的程序完全相同，司法分居的获准须由法院判决予以宣告。

关于诉请司法分居的理由，该法第 296 条规定："应夫妻一方在与离婚相同的情况下并依相同条件提出的请求，得宣告夫妻分居。"诉请司法分居的理由与诉请离婚的理由两

---

[①] 1804 年《法国民法典》将分居制度规定于第六章"离婚"之中，该法主要将夫妻分居作为离婚的考验期间，除明确地规定以一定期间的分居作为因重大暴行、虐待与侮辱原因提出离婚的考验期（须暂时停止同居义务一年）和诉讼离婚的临时措施以及协议离婚的考验期间（须分居 15 个月）之外（第 259、260 条；第 268、269 条；第 280 条第 2 款、第 285 条），还专门设立第五节"分居"系统地规定了司法分居制度的内容，包括请求分居的理由、程序及法律效力（第 306-311 条）。参见李浩培、吴传颐、孙鸣岗译：《拿破仑法典》（法国民法典），商务印书馆 1979 年版，第 33-34、35-37、40 页。但必须注意的是，史尚宽先生指出，该法有关须暂时停止同居义务作为因重大暴行、虐待与侮辱原因提出离婚的考验期和诉讼离婚的临时措施的，均不同于法律上判决的分居。参见史尚宽：《亲属法论》，中国政法大学出版社 2000 年版，第 524 页。

[②] 《法国民法典》，罗结珍译，中国法制出版社 2005 年版，第 264-267 页。

[③] 《法国民法典》第六编"离婚"共计五章，第一章为"离婚的各种情形"；第二章为"离婚的程序"；第三章为"离婚的后果"；第四章为"分居"；第五章为"有关离婚与分居的法律冲突"。

者完全相同。该法第 229 条规定的三项离婚理由为：一是夫妻双方互相同意离婚。[①] 二是婚姻共同生活破裂。[②] 三是因夫妻一方的过错[③]而致使共同生活难以忍受。[④] 这三项法定的离婚理由也为诉请司法分居的理由。并且，根据该法第 230 条的规定，双方共同请求离婚的无须说明离婚的原因。因此，如果夫妻双方共同请求司法分居的，无须说明分居的原因，仅须向法官提交确定分居后果的协议草案，诉请法院判决宣告批准。但该法第 297 条规定："受到离婚之诉的一方配偶，得提出请求分居的反诉；受到分居之诉的一方配偶，得提出请求离婚的反诉。法官如同时受理离婚之诉与分居之诉，得以夫妻双方均有过错而作出离婚判决。"

关于对诉请司法分居的抗辩理由，其与对诉请离婚的抗辩理由完全相同。依该法规定，对诉请离婚的抗辩理由主要包括：一是夫妻双方结婚未满 6 个月的，不能申请相互同意离婚的请求。二是对于夫妻一方列举的共同生活难以容忍的事实，对方不承认的，法官不得宣告离婚。三是因夫妻一方的精神官能严重受损，夫妻之间无任何共同生活已达 6 年，并且按照最合于情理的预计，此种损害在将来也不可能康复的，如果离婚有可能对该配偶方的疾病造成严重的后果，法官得依职权驳回离婚申请，第 240 条[⑤]的规定保留适用。四是在夫妻一方实施严重违反或者反复违反婚姻义务破坏夫妻共同生活的事实后，如果夫妻双方达成和解，此后不得再行援用相同的事实作为分居的理由。[⑥] 根据该法的前述规定，司法分居必须"在与离婚相同的情况下并依相同条件"提出，故上述对诉请离婚的抗辩理由，同样也是对诉请司法分居的抗辩理由。

第三，分居的法律效力。根据该法第 299—304 条的规定，分居产生以下两个方面的法律效力：

一是分居对夫妻的效力。一方面，在身份关系上，分居不解除婚姻关系，但停止夫妻之间的同居义务。已经与丈夫分居的妻子，可保留适用夫姓，但是分居判决或此后作出的判决可禁止其使用夫姓，妻也可诉请禁止夫继续使用其姓[⑦]；另一方面，在财产关系上，关于配偶继承权，在已经分居的夫妻一方死亡的情况下，另一方保留法律赋予生存配偶的权利；但如果分居是因生存配偶一方的过错而作出的，则可剥夺其享有的权利。在依夫妻双方共同申请而宣告分居的情况下，夫妻双方可在协议中订明放弃法律赋予的继承权。关于夫妻财产制，在各种分居的情形下，均引起分别财产。该分别财产的效力，对内采取当

---

① 依《法国民法典》第 230 条规定，夫妻双方共同请求离婚，无须说明离婚的原因，仅应向法官提交确定离婚后果的协议草案，诉请批准……在结婚后 6 个月内，夫妻双方不得提出相互同意离婚的请求。该法第 232 条规定，如法官确信夫妻双方的离婚意愿是真实的……得宣判离婚……认可夫妻双方处理离婚后果的协议。法官如确认该协议对子女的利益或者对一方配偶的子女的利益保护不够，得拒绝予以认可，并且不宣判离婚。

② 依《法国民法典》第 237、238 条规定，认定夫妻生活破裂的主要情形包括：夫妻事实分居已达 6 年，一方配偶可以共同生活持续中断而请求分居；夫妻一方的精神官能严重受损，夫妻之间无任何共同生活已达 6 年，并且按照最合于情理的预计，此种损害在将来也不可能康复的。

③ 这里的过错主要是指夫妻一方严重违反或者一再违反婚姻权利和义务的事实。

④ 《法国民法典》第 242 条。

⑤ 《法国民法典》第 240 条规定，如夫妻一方能证明，鉴于其本人的年龄与结婚时间，离婚对其本人与子女均会引起极为严重的后果，法官得驳回离婚申请。在第 238 条所指情况下，法官甚至得依职权驳回申请。

⑥ 《法国民法典》第 230、235、238、244 条。

⑦ 《法国民法典》第 299、300 条。

然生效，对外采取登记生效。① 关于夫妻扶养义务，分居后夫妻之间仍然互负救助义务。宣告分居的判决或者此后作出的判决应确定需要给予配偶一方的生活费数额。生活费的给付不考虑过错在哪一方，但如作为生活费债权人一方严重地违反对生活费债务人一方的义务，法官可解除生活费债务人的部分或者全部的给付义务。②

二是分居对父母子女的效力。依该法规定，亲子间的权利义务关系，不受父母分居的影响。③ 在法院作出分居判决的情况下，或者在提出分居请求的情况下，允许夫妻分居的判决作出后300天才出生的子女以及在最终驳回分居申请后不到100天出生的子女，不适用有关父亲与子女关系的推定，即为非婚生子女。④ 但如对子女夫妻双方均实际占有婚生子女之身份的，关于亲子关系的推定当然恢复其效力。⑤

第四，分居的终止。分居除因夫妻一方或双方死亡而当然终止外，该法规定，分居可因下列情形之一而终止：

一是和好。夫妻双方自愿恢复共同生活，即终止分居。为了使夫妻双方恢复共同生活能对抗第三人，自愿恢复共同生活的事实应当以公证书确认或者向户籍官员作出声明确认，并且须将此项情况记载在夫妻双方的结婚证书的备注栏内及其出生证书的备注栏内（第305条）。

二是离婚。在夫妻分居的时间已持续达3年的，应夫妻一方的请求，分居判决可依法申请转为离婚判决；在各种分居的情形下，应夫妻双方共同申请，分居判决可依法申请转为离婚判决（第306、307条）。

（2）德国的分居立法。德国的分居制度主要被规定于《德国民法典》⑥ 亲属编第四章第五节"婚姻的一般效力"与第七节"离婚"之中。

第一，立法体例。德国实行"分居与离婚并行制"。离婚须依夫妻一方或双方的申请由法院判决宣告。而分居则由当事人双方或一方依其意愿在事实上实行，无须申请法院判决宣告。⑦ 夫妻分居达到法定的期限，可以不可驳回地推定"婚姻已经破裂"，⑧ 即夫妻分居达法定的期限是认定"婚姻已经破裂"的法定标准之一。

第二，分居的界定、类型与理由。德国法界定的分居，是指夫妻双方之间，家庭的共

---

① 依《法国民法典》第302条第2款规定，分居对财产发生效果的日期，按照第262、262-2条之规定确定。该法第262条规定，离婚判决，自完成有关户籍、身份的规定在身份证书的备注栏内进行登记的手续起，就夫妻财产而言，即对第三人具有对抗效力。该法第262-2条规定，夫妻一方缔结的由共同财产负担的一切债务，以及由夫妻一方在离婚诉讼提起之后，虽然在其权限范围内进行的任何财产转让，如经证明对夫妻另一方的权利的欺诈行为，均属无效。

② 《法国民法典》第301、302、303条。

③ 依《法国民法典》第310-1条规定，凡依法确定了亲子关系的所有子女，其与父母的关系中均享有相同的权利，承担相同的义务，每一个子女均属于其家庭的成员。

④ 依《法国民法典》第334、334-1、340-6、340-7条的规定，非婚生子女在同其父与母的关系中，一般享有与婚生子女相同的权利，承担相同的义务。其包括：非婚生子女成为生父或生母家庭的成员、可以随生父姓或生母姓、接受生父或生母的亲权照顾和受领抚养费的权利等。

⑤ 《法国民法典》第313条。

⑥ 《德国民法典》，陈卫佐译，法律出版社2004年版，第377-381、413-426页。

⑦ 参见《德国民法典》第1564、1567条。

⑧ 参见《德国民法典》第1565、1566条。

同生活已不存在，并且可看出一方因拒绝过婚姻的共同生活[①]而不愿恢复家庭的共同生活的，夫妻双方即为分居。即使夫妻双方在婚姻住宅内分居，家庭的共同生活也不复存在。只要夫妻双方之间事实上不存在家庭的共同生活，不论双方是分开住所居住，还是在同一住所内居住，均构成分居。夫妻双方为了和解而短暂地共同生活，并不构成对推定婚姻破裂的分居期间的中断或停止。[②]

关于分居的类型，德国法对分居的类型无规定。如前所述，该法仅规定了认定分居事实的标准，分居可以根据夫妻双方事实上无家庭的共同生活或夫妻一方拒绝过家庭的共同生活且不愿恢复家庭共同生活的行为，予以认定。该法允许因夫妻双方的同意或夫妻一方的意愿而实行事实分居，但却没有规定司法分居。

关于分居的理由，该法仅概括性地规定分居的理由为：一方滥用其权利或者婚姻确已破裂的情形下，夫妻一方可以与其分居生活。[③]

第三，分居的法律效力。根据该法规定，分居产生以下两个方面的法律效力：

一是分居对夫妻的效力，分为对夫妻人身关系的效力与夫妻财产关系的效力：分居对夫妻人身关系的效力，首先是免除夫妻的同居义务。[④] 其次是分居期间双方不得行使日常家事代理权。[⑤] 分居对夫妻财产关系的效力，包括对分居期间的扶养费、家庭生活用品的分配、住房的使用、财产的增值的归属[⑥]，以及配偶继承权等。其具体内容如下：其一，分居期间的扶养费。如果夫妻双方分居的，一方可以根据双方的生活情况和职业与财产情况向另一方索要适当的扶养费。一方因身体损害或健康损害而发生的费用，另一方给付的扶养费不得低于社会保障所给付的数额。扶养费必须通过支付定期金的方式来给予，且定期金必须按月预付，即使权利人在 1 个月当中死亡，义务人也负担完全的月金额。但是，出于公平原因义务人可准用第 1579 条第 2 项至第 7 项的规定请求限制扶养请求权。[⑦] 其二，分居期间的家庭用具分配。基于方便当事人双方生活和公平原则，对家庭用具的分配上首先由双方自行达成合意，不能达成合意的由有管辖权的法院裁决。在裁决中可以确定使用家庭用具的适当报酬。对于属于一方所有的家庭用具，任何一方均可向另一方要求返还属于自己的，但以公平合理为限，一方有义务将它们交给另一方使用。对共同所有的家庭用具，则按照公平原则分配。除双方另有约定外，所有权不受影响。其三，分居时的婚姻住房使用。夫妻双方分居或者一方欲分居时，一方可要求另一方将婚姻住宅或者住宅的

---

①　此处的"一方拒绝过婚姻的共同生活"被解释为一方拒绝与另一方过夫妻生活。

②　参见《德国民法典》第 1564、1567 条。

③　《德国民法典》第 1353 条第 2 款。

④　《德国民法典》第 1353 条第 2 款。

⑤　《德国民法典》第 1357 条第 3 款规定："配偶双方分居的，不适用第 1 款"。排除适用该条第 1 款有关家事代理权的规定。

⑥　参见《德国民法典》第 1361、1385 条。

⑦　《德国民法典》第 1579 条规定："在维护托付给权利人照料或教育的共同子女的利益的情况下向义务人提出请求也会显失公平的，有下列原因之一时，必须拒绝、减少或在时间上限制扶养请求权：1. 婚姻存续期间较为短暂的，权利人因照料或教育共同子女而可依照第 1570 条请求扶养的期间，视同婚姻存续期间；2. 权利人对义务人或义务人的近亲属之一实施犯罪行为或严重的故意违法行为的；3. 权利人有意地造成自己贫困的；4. 权利人有意地漠视义务人的重大财产利益的；5. 权利人在离异前长期严重地违反其协助扶养家庭的义务的；6. 显然重大且原因明显在权利人方面的、对义务人而犯的错误行为，可归责于权利人的；7. 有与第 1 项至第 6 项所列举的原因同样严重的其他原因的。"

一部分交给其单独使用，但必须考虑另一方利益、子女的最佳利益以及第三人的合法利益以免显失公平。如果被申请的一方对另一方不法地或故意地实施身体、健康或自由上的侵害等或以此侵害或生命的侵害相威胁，原则上将共同住宅交付给另一方单独使用。仅在无继续侵害或威胁时，则不能请求交付住宅，但由于行为的严重性，不能合理预期双方能继续共同生活的除外。夫妻分居后，一方搬出住宅 6 个月后不向另一方表示认真的返回意图的，则不可辩驳地推定，留在住宅的配偶享有单独的用益物权。在住房全部或部分交给一方时，另一方不得实施侵害其用益物权的行为，但向有用益物权的一方请求支付一定的报酬。其四，分居期间财产增值的归属。夫妻分居期间如果没有特别规定或者约定，婚姻财产的增值仍属于双方的共同财产。但第 1385 条规定，夫妻双方分居 3 年以上的，其中任何一方均可提起提前均衡财产增加额的诉讼。根据第 1387 条的规定计算财产增加额的截止时间为提前均衡财产增加额诉讼之时。第 1388 条规定在宣判提前均衡财产增加额的判决发生既判力时，夫妻间开始实行分别财产制。此条规定主要是赋予分居时间较长的夫妻一方，对增值财产的提前分割权，以保护其未保管财产一方的合法利益。其五，关于配偶继承权，夫妻分居不影响配偶的法定继承权。只有离婚才会影响配偶的法定继承权。[①]

二是分居对父母子女的效力。关于分居夫妻对子女的抚养义务，其主要内容包括[②]：其一，有权共同进行照顾的父母非暂时分居时，父母任何一方均可向家事法院申请将父母照顾的全部或一部分托付给该方，但此时需要父母另一方的同意，符合子女最大利益原则并要征求已满 14 周岁子女的意见。其二，如果父母不是暂时分居且父母照顾权依法归母亲享有，父亲可经母亲同意向家事法院申请将全部或部分的照顾权托付给父亲一方。在此种托付已经发生后，一方经另一方同意同样也可向家事法院申请进行共同的父母照顾。但变换父母照顾权主体时都不得违反子女的最大利益。

第四，分居的终止。因德国采取事实分居，除夫妻一方或双方死亡自然终止分居外，夫妻和好而继续共同生活的，当然引起分居的终止。此外，分居可因离婚而终止。德国以达到法定期限的分居作为认定"婚姻已经破裂"的客观标准，是获准离婚的法定理由之一。

这里必须注意的是，依该法典规定，以分居为由而提出离婚的，在不同的情形下所要求的分居期间不同：（1）分居未满 1 年的。配偶双方分居未满 1 年的，仅在婚姻的延续由于另一方自身原因而对于申请的一方会意味着苦不堪言的苛刻时，才能离婚（第 1565 条第 2 款）。（2）可被推定为"婚姻已经破裂"的法定分居期间，主要有以下两种情况：一是配偶双方分居已满 1 年，并且双方均申请离婚或被申请一方同意离婚，则法院能够不可辩驳地推定婚姻已经破裂，判决离婚（第 1566 条第 1、2 款）；二是配偶双方分居已满 3 年，不可辩驳地推定婚姻已破裂。但是配偶双方在分居期间为了和好而短暂地共同生活，并不使上述的期间中断或停止（第 1567 条第 2 款）。

2. 英美法系国家的立法例

（1）英国的分居立法。英国除了判例法中体现的分居制度外，制定法中的分居制度

---

① 依《德国民法典》第 1933 条规定，被继承人死亡时已具备离婚的要件，且被继承人已经申请离婚或者已经同意离婚的，生存配偶的继承权及其遗产先取份即被排除。

② 参见《德国民法典》第 1671、1672 条。

主要被规定在 1973 年《婚姻诉讼法》、1978 年《家事诉讼和治安法院法》① 等之中。

第一，立法体例。英国采用"分居与离婚并行制"。英国现行离婚法主要被整合在 1973 年《婚姻诉讼法》之中。② 1973 年《婚姻诉讼法》第 17 条第 1 款规定，婚姻当事人任何一方均可以具有本法第 1 条第 2 款所述事实为由，向法院提出司法分居请求。1973 年《婚姻诉讼法》第 1 条第 1 款规定，婚姻当事人任何一方均有权以婚姻已经不可挽回地破裂为由，向法院提出离婚申请。该条第 2 款规定："审理离婚案件时，法院确信存在下列一项或多项事实的，始得认为婚姻已经不可挽回地破裂：（a）被告有通奸行为，且原告方无法忍受与之共同生活的；（b）被告的行为使得期望原告与被告继续共同生活显得不合理的；（c）在提起离婚诉讼之前，被告遗弃原告已持续两年以上的；（d）在提起离婚之诉前，当事人已持续分居二年以上，且被告同意判决离婚的；（e）在提起离婚之诉前，当事人双方已分居连续五年以上的。"此即法院审理离婚案件认定"婚姻已经不可挽回地破裂"的五项法定事实，也是当事人诉请离婚的五项法定理由。

第二，分居的类型、理由及抗辩理由。在英国，分居的类型分为协议分居与司法分居两种。英国的制定法中只规定有司法分居，而对协议分居无规定。

关于协议分居的理由，英国制定法对此无规定。而在英国的司法判例中，法庭对夫妻自愿订立的分居协议，有的承认其效力，有的不承认其效力。法庭一般认为当事人在有合理的法律建议下正当、公平达成的协议不能被改变，除非有好的和实际的原因说明让双方当事人履行其协议是不公平的。但这往往造成法庭认定"一项协议是否有法律约束力缺乏确定性"。③

关于司法分居的理由，如前所述，依 1973 年《婚姻诉讼法》第 17 条第 1 款的规定，婚姻当事人请求司法分居，须以具有法定的五项申请离婚的事实之一为由，通过诉讼程序请求法院判决宣告。同时第 17 条第 2 款规定："对司法分居请求，法庭有义务在合理时间调查请求人主张的事实和被告主张的任何事实，但法庭无须考虑婚姻关系是否不可挽回地破裂，法庭确信该法第 1 条第 2 款所述任何事实证据的，应当作出司法分居判决，但第 41 条另有规定的，从其规定。"该法第 41 条（对影响儿童之婚姻解除、无效和分居判决的限制）作出规定："（1）凡在离婚或婚姻无效判决或司法分居判决的诉讼中，法庭均应考虑下列事项：（a）该家庭是否有儿童适用本条规定；（b）有儿童适用本条规定的，法庭是否对其中任一儿童行使《1989 年儿童法》规定的权力（根据已经或即将作出的有关儿童的抚养和福利）。（2）凡适用本条规定的案件，法庭认为具有下列情形的，可以指示在法庭作出不同的指令之前，离婚判决或婚姻无效判决或司法分居判决不得转为绝对判决：（a）案件情形要求或可能要求法庭对儿童行使《1989 年儿童法》规定的权力；（b）在进一步考量案件之前，法庭不宜行使该权力或这些权力的行使（视情形而定）；（c）因有例外情形，法庭需要下达本条规定的指示以维护该儿童之利益的。（3）本条规定适用于下列儿童：（a）在法庭根据本条要求考虑案件之日，该家庭中不满 16 周岁的儿童；

---

① 《英国婚姻家庭法选集》，蒋月等译，法律出版社 2008 年版，第 56-78、98-106、88 页。

② Jonathan Herring, Family Law (2nd edition), Pearson Education Ltd. , printed in Great Britain by Henry Ling Ltd. , at the Dorset Press, Dorcester, Dorset , 2004, p. 86, 转引自陈苇主编：《外国家庭比较研究》，群众出版社 2006 年版，第 419 页。

③ ［英］凯特·斯丹德利：《家庭法》，屈广清译，中国政法大学出版社 2004 年版，第 200-201 页。

（b）法庭指示适用本条规定的，该家庭中任何在该日已满 16 周岁的儿童。"可见，申请司法分居的理由与申请离婚的理由两者是完全相同的，但对两者的适用均设有维护儿童利益的限制性规定。

关于对诉请司法分居的抗辩理由，其与对诉请离婚的抗辩理由完全相同。1973 年《婚姻诉讼法》第 2 条对诉请离婚的抗辩理由的规定，主要有：一是夫妻一方在知悉另一方通奸的事实后，继续共同生活 6 个月以上或累计共同生活 6 个月以上的①；二是在离婚诉讼中，原告声称被告的行为使得期望原告与被告继续共同生活不合理，但自原告用以支持其诉讼请求的最后事件，即法庭所支持原告之主张发生后，双方当事人仍在一起共同生活 6 个月以上的。② 该法第 17 条第 1 款规定："为司法分居目的而指称本法第 2 条所述任何事实的，相应地适用第 2 条，适用方式与请求离婚时主张该事实之情形相同。"也就是说，该法第 2 条对诉请离婚的抗辩理由，也同样适用于抗辩诉请司法分居。

第三，分居的法律效力。关于司法分居的效力，根据 1973 年《婚姻诉讼法》的规定，主要有以下法律效力：一是解除夫妻的同居义务（第 18 条第 1 款）。二是分居的夫妻可以订立财产分配的协议（第 34 条）。③ 但在分居诉讼中当事人必须告知法庭其已经达成或将要达成的相关协议或安排，以征求法庭对该协议或安排的意见（第 17 条第 3 款）。在情况发生变化和在协议中没有为子女抚养提供财产的条款时，法院有权改变协议中的条款。④ 法院还可能插入新的条款，或改变、撤销法令。三是夫妻间的扶养义务及其对子女的抚养义务仍然存在。当事人可提出申请，要求法院作出经济救济令和财产调整令、扶养费令等予以救济（第 21 条）。四是司法分居判决生效且分居持续期间，婚姻当事人任何一方死亡，死者生前未对其动产或不动产立下遗嘱的，视同婚姻当事人另一方先于其死亡进行相关财产的转移（第 18 条第 2 款）。分居夫妻的生存一方仍享有配偶继承权。但必须注意的是，分居夫妻的生存一方对遗产不享有请求经济供养的受扶养权。依据《1975 年继承法（家庭和被扶养人的供养）》第 15 条第 4 款的规定，分居判决生效后且分居仍处于持续期间的，如分居的夫妻一方死亡，法院不得批准当事人依据该法第 2 条提出的有关合理的经济供养的任何申请。⑤

第四，分居的终止。分居终止的原因主要有：婚姻当事人一方或双方死亡，或双方和解，或由分居判决转为获得离婚判决。依 1973 年《婚姻诉讼法》第 1 条的规定，在提起离婚诉讼之前，婚姻当事人双方已经分居持续 2 年以上且被告同意离婚判决的，或婚姻当

---

① 1973 年《婚姻诉讼法》第 2 条第 2 款规定，夫妻一方在知悉另一方通奸的事实后仍一起共同生活的，在原告基于该通奸事实提起的任何离婚诉讼中，决定第 1 条（a）所述原告是否能够忍受与被告一起共同生活时，不应当考虑此后当事人一起共同生活的事实。

② 1973 年《婚姻诉讼法》第 2 条第 3 款还规定，如果该共同生活为 6 个月或少于 6 个月，则法庭在决定第 1 条（b）所述原告是否能够忍受与被告一起共同生活时，不应当考虑此后当事人一起共同生活的事实。

③ 依 1973 年《婚姻诉讼法》第 34 条第 2 款（b）规定，"财产分配的协议"是指婚姻当事人双方分居时（包括婚姻已解除或无效婚姻），有关双方为定期支付或保证定期支付或财产的处置或使用之权利和义务的规定，包括关于子女抚养和教育的权利和义务，而不论该子女是否为其亲生子女。

④ 1973 年《婚姻诉讼法》第 35 条第 2 款 a 项、b 项。

⑤ 《1975 年继承法（家庭和被扶养人的供养）》第 2 条规定，如果被继承人的遗产被处分后不足以向分居夫妻的生存一方提供合理的经济供养的，法院可以发布一个或多个命令，从被继承人的净遗产履行向申请人提供定期支付或支付一个总额的命令等。参见《英国婚姻家庭法选集》，蒋月等译，法律出版社 2008 年版，第 81-82、88 页。

事人双方已经分居持续 5 年以上的，婚姻当事人任何一方均有权向法院提起离婚诉讼的申请，即达到法定期间的分居是当事人向法院提出离婚申请的法定理由之一，并且依该法第 2 条第 5 款的规定，考虑婚姻当事人分居的期间是否持续时，不应考虑当事人任何 6 个月以下或累计 6 个月以下的任何恢复同居之期间，该恢复同居期间不得计入分居的期间。

（2）美国的分居立法。美国的分居立法与离婚立法一样，深受英国法的影响。其分居立法的概况如下：

第一，立法体例。在美国绝大部分州采取"分居前置制"，少部分州采取"分居与离婚并行制"。目前，美国只有约三分之一的州完全采用了无过错离婚，其余大多数州仍然保留了它们各自的过错离婚制度，只是将无过错离婚作为一种补充，供婚姻当事人选择。而无过错离婚的一个基本前提是离婚的真正标准应该是婚姻关系的破裂已达到了"无可挽回"或"无可救药"的程度。由于双方合意要求离婚与单方要求离婚在实质上都不能作为证明婚姻无可挽回地破裂的"客观标准"，所以最有力的证明方式就是"在一段具体的时间里存在夫妻分居的事实"。对于法定的分居时间，目前各州立法不一，从 2 个月到 3 年不等。例如，伊利诺伊州规定，如果夫妻双方同意离婚，只须分居 6 个月时间，就可以获准无过错为由的离婚。但如一方反对，双方则须等待达 2 年的分居时间。美国《统一结婚离婚法》支持至少为 6 个月的分居时间。① 但"如果存在严重的夫妻不和，致使一方或双方想要放弃婚姻"，甚至无须分居即可离婚。美国有学者指出，直到 2007 年为止，"绝大多数州未采用《统一结婚离婚法》的规定，坚持在获准无过错为由的离婚之前须符合法定的分居时间"。②

第二，分居的类型和理由。对于分居的类型，美国与英国一样，分为协议分居与司法分居两种。两者在适用条件和程序上均不相同。

关于协议分居的理由，美国几乎所有的州都承认分居协议的效力。协议分居的理由是夫妻双方的合意。根据 1970 年《统一结婚离婚法》第 306 条注释的规定，当"婚姻已无可挽回地破裂时，允许双方通过协商达成财产分配和扶养、子女抚养、监护和探视的协议对未来加以安排"。③

关于司法分居的理由，其包括双方同意或符合法定条件下的一方要求或符合申请离婚的理由。依 1970 年《统一结婚离婚法》第 302 条 b 款及其注释的规定，如果一方要求司法分居而不是离婚，而另一方不反对的，法庭应作出同意分居的判决。也就是说，如果双

---

① 依美国《统一结婚离婚法》第 314 条第 2 款的规定，司法判决分居已满 6 个月后，夫妻任何一方均可申请法院改判离婚。

② ［美］哈里·D. 格劳斯等著：《美国家庭法精要》（第 5 版，2007 年），陈苇（项目负责人）主持翻译，中国政法大学出版社 2010 年版，第 195-196、233-234 页。

③ 该法对"分居协议"规定的主要内容包括：一是为了促使夫妻的分居或离婚纠纷得到妥善的解决，夫妻双方可以达成分居协议，包括下列项目：双方所有财产的分配、对夫妻一方的扶养、对子女的抚养、监护和探视等内容的协议；二是在司法分居的诉讼中，除有关子女的抚养、监护和探视事宜之外，法庭一般不对分居协议的条款提出异议，除非考虑到夫妻双方的经济状况及其自己提出或在法庭的要求下提出的任何其他证据后，法庭认为该协议极不合理的除外。三是如果法庭发现分居协议极不合理，它可以要求双方另行提交修改过的协议或根据第 307 至 309 条规定的标准判决决定财产分配、扶养和子女抚养的事宜。四是分居协议只要不具有欺骗、胁迫、隐瞒、侵占对方财产、乘人之危或无意识等情况时，对夫妻双方具有约束力。夫妻一方不履行协议时，夫妻他方可以申请法院强制执行。参见美国《统一结婚离婚法》第 306 条及注释。

方当事人均出庭的，法庭不能在一方反对的情况下作出司法分居的判决；如果只有一方出庭，而法庭对另一方无裁判管辖权的，法庭可以根据原告的请求作出司法分居的判决。该法第 303 条 b 款规定："附有举证的离婚或司法分居的诉状上应写明婚姻已无可挽回地破裂，并提出……监护、抚养、探视子女及扶养配偶的安排及所要求的救助。"此诉请司法分居的理由与申请离婚的理由完全相同。

此外，该法第 303 条 E 款规定，废除以前实行的对离婚和司法分居的抗辩理由，其中包括但不限于宽恕、默许、同谋、反控、精神病和时间的失效。

第三，分居的法律效力。根据 1970 年《统一结婚离婚法》的规定，分居的法律后果主要有两个方面：一是分居对夫妻的效力。在人身关系方面，在分居期间解除夫妻的同居义务。在财产关系方面，法庭在判决分居时，将对夫妻在婚姻期间所得的婚姻财产按夫妻双方的协议或依法进行公平分割。在分居期间，夫妻各方所得财产归各自所有，但夫妻的扶养义务和配偶继承权仍然存在[①]；二是分居对父母子女的效力。夫妻在分居期间，与子女共同生活的一方，承担直接监护、抚养子女的权利和义务；不与子女共同生活的一方，应当根据分居协议或司法分居的判决，承担给付子女抚养费的义务，享有探视子女的权利。[②] 在分居协议涉及对子女的监护及抚养条款时，法院有广泛的独立调查权，以确定当事人的协议是否与有关儿童的公共政策相符。但在实践中，夫妻在分居协议中对子女的监护所作的安排通常具有决定性的作用，除非有其他反常的事实需要法院进行进一步的司法审查。对于子女的抚养，有关子女抚养的立法指导原则是限制父母通过协议随意地削减自己的抚养义务。但如果协议中支付的抚养费数额比指导原则所要求得更多，此协议通常都被承认有效。[③]

第四，分居的终止。分居终止的原因主要有：婚姻当事人一方或双方死亡，或双方和解，或由分居判决转为离婚判决。如《美国统一结婚离婚法》第 314 条规定，在作出司法分居的判决 6 个月后，法庭可根据任何一方的诉请改判离婚。

（二）外国分居制度之比较评析

以下我们对前述外国的分居立法进行比较评析，观其利弊，以总结其有益的立法经验。

1. 立法体例之评析

关于分居制度的立法体例，依据分居制度与离婚制度的关系，前述国家有两种立法例："分居前置制"与"分居与离婚并行制"。我们认为，"分居前置制"，即将分居作为离婚前置程序的制度，这可以防止轻率离婚而损害婚姻当事人、子女及相关第三人的利益，可以降低离婚率。但一律将分居作为离婚的前置程序，可能使某些婚姻关系确已破裂的当事人必须届满法定的分居期间才能解除婚姻，这不利于离婚自由权的实现。在现代社会，基于对婚姻本质的尊重，维护婚姻当事人和社会的根本利益的需要，绝大多数国家实行自由离婚主义，即自由离婚主义代表着现代离婚法的发展趋势。[④] 而"分居前置制"不

---

① 参见美国《统一结婚离婚法》第 307 条 b 款、第 306、308 条以及第 506 条第 3 款。

② 参见美国《统一结婚离婚法》第 306、309、407 条。

③ ［美］哈里·D. 格劳斯等著：《美国家庭法精要》（第 5 版，2007 年），陈苇（项目负责人）主持翻译，中国政法大学出版社 2010 年版，第 195-196、233-234 页。

④ 陈苇：《中国婚姻家庭法立法研究》，群众出版社 2000 年版，第 236 页。

能适应这一趋势。"分居与离婚并行制"，即将分居制度与离婚制度两者并行，供婚姻当事人自由选择分居或离婚。如果婚姻关系确已破裂，婚姻当事人可以选择申请离婚，通过离婚程序使其从已"死亡"的婚姻中解脱出来。如果婚姻关系出现危机，但尚不至于完全破裂，婚姻当事人可以选择分居，经过一段时间的冷静思考，权衡利弊，并努力对婚姻关系进行修复，最后可作出维持或解除婚姻的理性选择。这体现了私法之意思自治原则的要求，法律应当尊重婚姻当事人的意愿，应当鼓励夫妻"在婚姻中通力合作"①，应当赋予夫妻选择权，使其根据自身的婚姻状况更妥善地处理婚姻家庭纠纷。所以，前述法国、德国、英国和美国部分州所采取的"分居与离婚并行制"的立法例，值得我国借鉴。

此外，世界上有关分居的立法，还有"单行分居制"与"单行离婚制"。"单行分居制"，即只允许分居而不允许离婚的制度。在现代社会只有极少数国家因宗教的原因而实行禁止离婚主义。② 我国自古以来就许可离婚，此立法在我国是行不通的。"单行离婚制"，即只有离婚制度而不设立分居制度。例如，依《俄罗斯联邦家庭法典》③ 第18—25条的规定和我国现行《婚姻法》第31—42条的规定，均采取"单行离婚制"。此立法既没有给婚姻当事人提供对婚姻的冷静考虑期和修复期，也没有给法院提供确认婚姻关系确已破裂的"客观标准"，所以不能满足婚姻当事人和司法实践的需要。

2. 分居的类型、理由及抗辩理由

（1）分居的类型。在前述国家的立法中，法国仅有司法分居制度，英国和美国均实行协议分居与司法分居并行的双轨制，而德国则采取事实分居，对协议分居制度和司法分居制度均无规定。因此，就分居的程序而言，如果属于夫妻双方同意的分居，在允许协议分居的国家可采取双方达成分居协议的方式，在仅有司法分居制度的国家则须经诉讼程序取得法院的分居判决，在既无协议分居制度又无司法分居制度的国家则是采取事实分居的方式。如果属于夫妻一方要求的分居，在仅有司法分居制度的国家须经诉讼程序获得法院的分居判决，而在无司法分居制度的国家则可采取事实分居的方式。

我们认为，如果仅设立司法分居制度，即使夫妻双方达成分居协议的也须经诉讼程序获得法院的分居判决，这既不符合私法的意思自治原则，还会增加法院的审判工作量，故不可取。如果对协议分居制度和司法分居制度均不规定而采取事实分居，在夫妻一方要求而实行分居的情况下，如夫妻他方对分居的事实予以否认，法院对此则难以认定，故也不可取。所以，根据私法的意思自治原则和节约司法资源的理念，英国和美国采取协议分居与司法分居并行的双轨制的立法例，值得我国借鉴。

（2）分居的理由，前述外国立法例大体可分为两种情况：

第一，对协议分居或事实分居的理由，可分为两种立法例：一是不予作出任何具体的规定，如前述英国和美国的立法例；二是仅概括性地规定而不予列举性规定。如前述德国的立法例规定为：一方滥用其权利或者婚姻确已破裂的情形下，夫妻一方可以与其分居生活。

---

① ［英］安东尼·W. 丹尼斯、罗伯特·罗森编：《结婚与离婚的法经济学分析》，王世贤译，法律出版社 2005 年版，第 45 页。

② 杨大文主编：《亲属法》（第 4 版），法律出版社 2004 年版，第 152 页。

③ 解志国译：《俄罗斯联邦家庭法典》，载梁慧星主编：《民商法论丛》（总第 17 卷），金桥文化出版（香港）有限公司 2000 年版，第 679-681 页。

第二，对司法分居的理由，可分为两种立法例：一是以列举性地规定的申请离婚的理由作为申请司法分居的理由，即请求司法分居的理由与请求离婚的理由完全相同。如前述法国、英国和美国的立法例。《瑞士民法典》[①] 有关司法分居理由规定亦采此立法例。[②] 此外，英国法还对诉请司法分居时，专门设立有法官有权依据《1989 年儿童法》的规定，维护儿童利益的限制性规定。这是其独有的立法特色；二是仅概括性地规定司法分居的理由，而不予具体地列举性规定。如前述美国《统一结婚离婚法》第 303 条 b 款有关婚姻已无可挽回地破裂的概括性规定。并且，该法第 302 条 b 款还以双方同意分居或符合法定条件的一方要求分居作为司法判决分居的理由之一。

我们认为，一方面，对于协议分居或事实分居的理由，英国和美国不予作出任何具体规定，德国仅有概括性地规定而不予列举性规定，前者的立法体现了私法的意思自治原则之精神，因具有灵活性而能适应婚姻家庭纠纷复杂情况的需要；后者的立法可以给夫妻确定是否其分居一个法律上的指引，并尊重当事人的选择，故德国的立法值得我国借鉴。对于分居协议的内容，英国和美国均原则上尊重当事人自愿达成的分居协议。英国在分居协议订立后如情况发生变化或协议中没有为子女抚养提供财产的条款时，法院可改变协议中的条款。美国除分居协议极为不合理的外，法院对协议的内容一般不予干涉。我们认为，这些体现了国家公权力对分居协议的适度干预，有利于维护当事人及其未成年子女的权益，值得我国立法借鉴。另一方面，对于司法分居的理由，法国、英国和瑞士的申请司法分居的理由与申请离婚的理由两者完全相同，这可节约立法资源。美国《统一结婚离婚法》除规定申请司法分居的理由与申请离婚的理由相同之外，并且还以夫妻双方同意分居或符合法定条件的一方要求分居也作为司法判决分居的理由之一，这既节约立法资源，也更具有灵活性，更能适应复杂情况的需要，体现了私法的意思自治原则之精神。由于分居不同于离婚，因此，申请司法分居的理由应当可以与申请离婚的理由并不完全相同。根据私法的意思自治原则，从节约立法资源、更具有灵活性、更能满足婚姻当事人的需要出发，采取美国的立法例更为合理。并且，英国法针对申请司法分居案件的审理，专门设立了法官依法审查分居协议以维护儿童利益的限制性规定。这体现了"儿童最大利益原则"的要求，也值得我国借鉴。

（3）分居的抗辩理由。在前述国家中，法国、英国的立法还规定了对诉请司法分居和离婚的抗辩理由，而美国《统一结婚离婚法》则废除了对诉请司法分居和离婚的抗辩理由。我们认为，结合我国实际情况，现行《婚姻法》并无对申请离婚的抗辩理由之规定，从立法简明的要求出发，我国不必规定对诉请司法分居的抗辩事由。人民法院在审理申请司法分居的具体案件中，可以结合案件的实际情况，依据法定的分居理由裁判决定是否准予夫妻分居。

3. 分居的法律效力

在前述国家中，无论是采取协议分居、司法分居或者事实分居，都将在法律上产生对

---

① 殷《瑞士民法典》，生根、王燕译，中国政法大学出版社 1999 年版，第 39-41 页。

② 对于离婚原因，《瑞士民法典》第 137-142 条规定：夫妻一方通奸、夫妻一方的生命受到危害，或严重受虐待或名誉受到严重的损害，或有不名誉的犯罪或道德败坏、恶意遗弃、有重要理由离家分居至少两年以上，以及精神病、严重家庭纠纷等导致无法维持婚姻共同生活。同时，该法典第 146 条规定：离婚原因一经证实，法官须宣告离婚或宣告分居。仅诉请分居的，不得宣告离婚。诉请离婚的，尚有和解可能时，始宣告分居。

夫妻关系的效力和对父母子女关系的效力。

（1）分居对夫妻关系的效力，主要有以下两个方面：

第一，分居对夫妻人身关系的效力。一方面，前述四国立法的共同点是，对于夫妻同居义务，夫妻在分居期间不解除婚姻关系，仅解除同居义务，且仍互负贞操义务。这是分居与离婚的重要区别之一。另一方面，前述四国立法的不同点是，法国对夫妻姓氏权有规定，分居后妻得继续使用夫的姓氏，但夫可依分居判决禁止妻使用夫的姓氏、妻亦可诉请判决禁止夫使用妻的姓氏。德国对夫妻家事代理权有规定，夫妻分居的，则其相互间的家事代理权中止。

我们认为，一方面，关于分居夫妻的姓氏变更，法国的立法不足取。因为夫妻在分居期间并不解除婚姻关系，并且从有利于促进夫妻关系和好的目的出发，故对分居期间夫妻的姓氏，应由夫妻双方协商确定是否改变为妥，协商不成的则仍然沿用原姓氏。另一方面，关于分居夫妻的家事代理权，德国的立法值得我国借鉴。因为在分居期间，夫妻已无共同的生活关系，此时如仍然相互行使家事代理权，往往不利于保护夫妻和第三人的合法权益。

第二，分居对夫妻财产关系的效力。首先，关于夫妻财产制，前述四国立法的共同点是，夫妻分居均会导致共同财产关系的中止。前述四国立法的不同点是，夫妻分居导致共同财产关系中止的时间不同。法国、英国和美国在司法判决分居时就对共同财产予以分割，从而中止共同财产关系；而德国则在分居期间未达3年的不解除原夫妻财产制，如果无特别规定或者约定，婚姻财产的增值仍属于夫妻的共同财产；必须达到分居满3年的才可提起诉讼，要求对共同财产进行分割，在判决生效时始实行分别财产制，从而中止共同财产关系。此外，法国判决夫妻分居后之分别财产的效力，对内部即分居的夫妻是当然生效，对外部的第三人则须经分居的登记后才能生效。其次，关于夫妻扶养义务，前述四国立法的共同点是，夫妻分居不影响夫妻的扶养义务，即分居夫妻间仍互负扶养义务。前述四国立法的不同点是，依法国法和德国法的规定，给付扶养费的义务可因具有法定的原因而予以减免或对扶养请求权在时间上予以限制。而英国和美国则无此限制性规定。此外，德国法还对分居期间的家庭用具、婚姻住房的分配有具体的规定。最后，关于夫妻继承权，前述德国、英国和美国的立法均规定，夫妻分居不影响配偶的继承权。但不同点在于，英国法规定限于只有在配偶一方无遗嘱死亡时，另一方才享有配偶继承权。分居的夫妻一方有权以遗嘱取消他方的配偶继承权。即使被继承人的遗产被处分后不足以向分居夫妻的生存一方提供合理的经济供养，法院也不得批准当事人提出的有关合理的经济供养的任何申请。而法国立法则将婚姻当事人对于发生分居有无过错，作为分居期间配偶一方死亡，另一方有无配偶继承权的判定标准。

我们认为，由于分居不同于离婚，夫妻虽然分居，但婚姻关系仍然存在。并且从中国家庭的历史传统看，夫妻分居一般不分家。夫妻双方仍随时有和好而恢复共同生活的可能性。因此，对于分居后夫妻财产关系的立法，应当考虑有利于恢复共同生活、减少纠纷，从而促进夫妻和好。首先，从前述对分居夫妻的财产制的立法看，法国、英国和美国对分居夫妻采取分别财产制的立法，有利于减少分居夫妻的财产纠纷，但可能有时不利于维护经济收入较少的夫妻一方的利益。而德国先维持3年原夫妻财产制的立法，有利于维护经济收入较少的夫妻一方的利益，但可能引发分居夫妻的财产纠纷。因此，基于意思自治原则，分居的夫妻可以双方协商变更共同财产制；如果协商不成，一方要求实行分别财产制的，法国、英国和美国的立法，值得我国借鉴。至于经济收入较少的夫妻一方，如果生活有困难的，可以通过夫妻的扶养义务予以救济。此外，法国对夫妻分居之分别财产的效力，对第三人是采取的登记生效主义。这体现了国家公权力的适度干预，有利于维护第三人的利益。结合我国实际，根据现行《婚姻法》第 19 条和《最高人民法院关于适用〈中华人民共和国婚姻法〉若干问题的解释（一）》第 18 条的规定，可以规定分居夫妻如果实行分别财产制的，对相关第三人负有"告知义务"并对此告知承担"举证责任"。其次，关于夫妻扶养义务，夫妻分居不影响夫妻的扶养义务，这是合理的。但基于公平原则，给付扶养费的义务可因具有法定的原因而予以适当减免或对扶养请求权在时间上予以限制，故法国和德国的立法，值得我国借鉴。最后，关于夫妻的配偶继承权，夫妻分居不影响配偶继承权，这是合理的。而英国法却允许分居的夫妻一方有权以遗嘱取消他方的配偶继承权，而不受该法有关须为生存配偶一方提供合理的经济供养费的限制，这没有维护配偶继承人的利益，不利于促进夫妻和好。而法国却将夫妻对分居有无过错作为确定是否享有配偶继承权的标准，这种过错主义立法不可取。从我国实际来看，根据我国《婚姻法》的无过错离婚主义的立法精神，并且从尽可能促进夫妻和好的立法意旨出发，我国宜借鉴德国和美国之分居不影响配偶继承权的立法例。至于婚姻当事人双方协商放弃相互的配偶继承权，或夫妻一方立遗嘱取消他方的配偶继承权，或夫妻一方因法定事由而丧失配偶继承权的，则应按照我国《继承法》的相关规定执行。

（2）分居对父母子女关系的效力，主要涉及父母对未成年子女的抚养、监护及探望权。前述四国立法都规定，父母子女间的权利义务关系，不受父母分居的影响。夫妻分居后，对子女的抚养、监护义务仍然存在。在分居期间，夫妻一方承担直接抚养、监护子女的义务，不直接抚养子女的夫妻另一方承担给付子女抚养费的义务并享有探望子女的权利。并且，英国对夫妻分居协议还有限制性规定，法官有权依据《1989 年儿童法》的规定维护儿童利益。在确定子女的直接抚养、监护人或决定有关子女的教育以及行使探望权的方式等问题时，应当符合子女最大利益原则。我们认为，我国宜借鉴英国的立法例，在现行《婚姻法》中应当确立子女最大利益原则[①]，以此为指导制定分居夫妻对子女的抚养、监护及探望权的立法。

4. 分居的终止

关于分居终止的原因，分居除因夫妻一方或双方死亡而自然终止外，前述国家立法承认的分居终止的原因有：一是夫妻和好；二是分居转为离婚。

关于分居转为离婚的法定期限，前述四个国家的规定，从 6 个月至 5 年不等。其中，法国规定，夫妻分居已达 3 年的，应夫妻一方的请求，分居判决可依法申请转为离婚判决。但在各种分居的情形下，应夫妻双方共同申请，分居判决可依法申请转为离婚判决。也就是说，分居夫妻双方共同申请转为离婚的，不受法定的 3 年分居期限的限制。德国则规定了三种准予离婚的分居情况：夫妻分居未满 1 年且一方不堪与他方共同生活的；夫妻双方分居已满 1 年且双方同意离婚的；夫妻双方分居已满 3 年的（即使一方不同意离

---

① 陈苇、谢京杰：《论"儿童最大利益优先原则"在我国的确立——兼论婚姻法等相关法律的不足及其完善》，载《法商研究》2005 年第 5 期。

婚）。英国规定为婚姻双方已分居 2 年以上且被告同意离婚的，或婚姻双方已分居 5 年以上的（即使一方不同意离婚）。美国《统一结婚离婚法》第 314 条规定，在作出司法分居的判决 6 个月后，法庭可根据任何一方的诉请改判离婚。

我们认为，由于分居期间夫妻之间过着非正常的夫妻生活，过长的分居期间易滋生诸多问题，不利于家庭的和睦和社会的稳定。因此，确定分居申请转为离婚的法定期限，既不能过长也不能过短。我国在设立分居制度时，需要从我国实际出发，依现行《婚姻法》第 32 条规定，"因感情不和分居满二年的"，调解无效，应准予离婚。因此，我国设立分居制度时，对于分居申请转为离婚的法定期限，确定为 2 年较为妥当。

关于分居期限的中止事由，一般是双方为了和解而暂时同居生活。对于为了和好而短暂共同生活是否中断分居期间，前述国家的规定略有差异。例如，依德国法规定，夫妻为了和好而短暂的共同生活，并不中断或停止分居的期间；依英国法规定，分居当事人 6 个月以下或累计 6 个月以下的恢复同居之期间，不计入分居的期间，且该恢复同居期间不得计入分居的期间。可见，夫妻为了和好而短暂的同居可构成分居的中止，且该短暂的中止期间一般都不计算在法定的分居期限内，对此立法我国可予以借鉴。

### 三、我国夫妻分居立法的现状与不足

#### （一）我国夫妻分居立法的现状

我国 1950 年《婚姻法》和 1980 年《婚姻法》对分居均未予规定。1989 年我国《最高人民法院关于人民法院审理离婚案件如何认定夫妻感情确已破裂的若干具体意见》第 7 条最早对分居作出了规定："因感情不和分居满三年，确无和好可能的，或者经人民法院判决不准离婚后又分居满一年，互不履行夫妻义务的可准予离婚。"2001 年修正后的《婚姻法》第 32 条第 3 款规定："因感情不和分居满二年的，调解无效的，应准予离婚。"虽然我国现行《婚姻法》将符合法定期限的分居且调解无效的，作为准予离婚的法定理由之一，但这只是对分居的事后确认。对于分居的构成要件、分居的类型、分居的效力及终止等，我国现行《婚姻法》及司法解释都没有作出规定。

#### （二）我国夫妻分居立法之不足

我国现行《婚姻法》未确立分居制度，对夫妻处于分居期间的行为缺乏明确的、具有可操作性的规范，这既不利于调整分居期间特殊的夫妻间的人身关系和财产关系以及子女的抚养、监护、探视等关系，也给司法审判实践中对以分居为由提出离婚案件的审理带来了不便。其主要体现在以下几个方面：

第一，分居的构成要件不明确。由于我国现行《婚姻法》对分居的构成要件无规定，目前在有些离婚诉讼中，诉讼当事人和法官对分居的认识有分歧，如住房的分开居住是否是构成夫妻分居的必要条件？分居期间为和好而短暂同居的行为是否可以构成分居期间的中断？

第二，对分居当事人的权利义务关系缺乏规制。根据现行《婚姻法》的规定，如果夫妻没有对分居期间的人身关系、财产关系、子女抚养以及继承等事项作特别约定的，应当按法律对正常夫妻关系的规定来处理。然而，分居期间的夫妻关系既区别于夫妻离婚后的法律关系，也不同于正常婚姻生活的夫妻关系，忽视这一区别的做法，在现实生活中往往容易产生纠纷，不利于维护婚姻当事人及其子女和第三人的合法权益。

第三，现行夫妻分居的规定可操作性差。由于《婚姻法》对夫妻分居的构成要件等

无规定，在司法审判实践中对《婚姻法》第 32 条第 3 款第 4 项的适用带来了困难。其主要表现有三点：一是对于是否构成分居缺乏具体认定标准。由于现行《婚姻法》第 32 条第 3 款第 4 项只是笼统地规定因感情不和分居满二年且经调解无效的，准予离婚，而并未明确规定分居的认定标准，这使法官就认定是否构成分居缺乏法律依据。二是分居的时间难以确定。在涉及分居的离婚案件中，夫妻一方往往需要通过租房合同、村委会或居委会的证明等来证明夫妻双方分居的事实。但是在进一步确认分居期间时，对分居时间的计算又是一个难题。何时开始、何时终止、有无中止、中断等情形通常只有婚姻当事人自己清楚，往往缺乏证据来确认分居开始的时间。分居的时间难以确定，分居期间的计算也就存在问题。三是当事人举证难。在以分居为由请求离婚的案件中，起诉的夫妻一方需要就是否存在分居的事实向法院举证，但是由于分居涉及婚姻当事人的隐私，一般外人难以知晓，分居的事实在很大程度上是依赖于夫妻双方的承认，如果夫妻另一方否认的，则起诉的夫妻一方往往难以举证。

### 四、我国分居制度的立法构想

（一）我国分居制度的立法构想

笔者从我国实际情况出发，借鉴前述外国有益的立法经验，对设立我国分居制度提出以下立法构想。

第一，设立我国分居制度的立法目的与立法原则。根据民法是权利法的理念，设立我国分居制度的立法目的是，根据婚姻自由原则给予婚姻纠纷当事人冷静思考和修复婚姻的一定期间，促使其慎重地处理离婚问题，规范分居期间夫妻的权利和义务，以保障婚姻当事人及其子女和第三人的合法权益。

根据私法的意思自治原则、诚实信用原则、公序良俗原则和儿童最大利益原则的要求，分居制度应当体现尊重当事人的意愿为主，国家公权力适度干预为辅的立法原则。

第二，我国分居制度的立法体例。根据前述分居制度的立法目的与立法原则，建议我国采取分居制度与离婚制度并行的双轨制，以供婚姻当事人根据其实际情况进行选择。根据分居制度的功能和申请分居的当事人处于离婚前阶段，汲取法国的立法经验，结合我国《婚姻法》的篇章结构①以及分居期间适用离婚法相关规定的实际需要，建议将分居制度独立作为专节，将其作为第四章"离婚"的第一节。

第三，分居内涵的界定。关于分居的内涵，分居也称"床桌离异"，即意味着"夫妻床桌的分离"。② 分居之要素，可分为体素和心素。前者须客观上有共同生活的废止事实；后者须主观上有拒绝婚姻共同生活而分居的意思，两者如缺一，则非法律上之分居。③ 因此，建议我国立法对分居的界定，应当考虑同时具备体素和心素。

第四，分居的类型、理由和程序。关于分居的类型，基于尊重当事人的意愿为主，国家公权力适度干预为辅的立法原则，以及尽量节约司法资源的立法理念，建议汲取英国和

---

① 我国现行《婚姻法》的篇章结构分为六章，依次为总则、结婚、家庭关系、离婚、救助与法律责任、附则。

② 史尚宽：《亲属法论》，中国政法大学出版社 2000 年版，第 522 页；巫昌祯主编：《婚姻家庭法新论——比较研究与展望》，中国政法大学出版社 2002 年版，第 297 页。

③ 戴东雄：《德国新亲属法上之别居制度与我国民法需要别居制度之规定》，载戴东雄：《亲属法论文集》，三民书局 1993 年再版，第 266 页。

美国的立法经验，并且结合前述我们对夫妻分居情况调查中了解的我国民众对于各种分居类型的认可①，可以采取"协议分居""登记分居"和"司法分居"三种制度并行的立法，供婚姻当事人根据自己的实际情况进行选择。

关于协议分居和登记分居的理由和程序，首先，建议不具体规定协议分居和登记分居的理由。根据私法的意思自治原则，夫妻双方自愿实行协议分居或登记分居的，无须提出具体的分居理由。其次，建议分别规定协议分居和登记分居的程序。其一，协议分居的程序。考虑到我国人口众多，基于司法便民的理念和意思自治原则及诚实信用原则，婚姻当事人双方可以依法自愿订立分居协议，而无须进行分居登记。夫妻订立分居协议，应当自愿、合法，应当采取书面形式。分居协议，对夫妻双方具有法律约束力。利害关系第三人知道该分居协议的，该协议的相关事项对其具有法律约束力。夫妻对利害关系第三人知道其分居协议，负有告知义务和举证责任。其二，登记分居的程序。为避免协议分居因无国家公权力机关审查而可能发生侵害婚姻当事人一方或未成年子女利益的弊端，在尊重当事人的意愿前提下，国家公权力可以适度干预，基于节约司法资源的理念，建议我国比照现行《婚姻登记条例》第10、11、13、14条的规定，设立分居登记制度，供婚姻当事人自愿申请办理，由婚姻登记机关依法审查后，准予分居登记。

关于司法分居的理由和程序，根据尽量促使分居当事人和好的立法宗旨，结合我国实际和司法实践经验，建议将我国现行《婚姻法》第32条第2款"人民法院审理离婚案件，应当进行调解"的规定，适用于分居诉讼程序。由于分居的原因是复杂的，逐一列举难免会有遗漏，对于分居的理由，建议采取例示式立法模式，即以现行离婚法定理由为基础，再加一个概括性条款。并且分居不同于离婚，前者主要目的在于给当事人一个冷静的考虑期和婚姻的修复期，因此对于诉请分居的理由应当比诉请离婚的理由宽松。建议诉请分居理由的概括性条款规定为"不堪共同生活"，而不是"感情确已破裂"。

第五，分居的法律效力。分居的法律效力主要有以下两个方面：

一是分居的时间效力，基于分居制度的立法目的是为婚姻当事人提供一个冷静思考和修复婚姻的期间，因此对分居须设一定期限的限制性规定。根据现行《婚姻法》第32条第3款第4项有关"因感情不和分居满二年的"规定，建议我国分居的最长期限与其相一致。

二是分居对人的效力，其主要有以下两点：

关于分居对夫妻的效力，建议在夫妻人身关系方面规定，在分居期间，夫妻之间免除同居义务但仍互负忠实义务，并且家事代理权中止。建议在夫妻财产关系方面规定，其一，分居期间的夫妻财产制，首先由双方当事人协商约定；协商不成的，则实行法定的分别财产制。分居夫妻如实行分别财产制的，对利害关系第三人负有告知义务。其二，分居期间夫妻仍互负扶养义务，但被扶养人有严重危害婚姻关系的过错使扶养有违公平、正义原则的该扶养义务可酌情减免。也就是说，"行为人必须对自己故意实施的重大过错行为承担责任。"② 其三，分居前后的债权和债务。分居前的共同债权和共同债务，由双方协商处理；协商不成，由法院判决。分居期间夫妻各方所欠债务，推定为个人债务，但法律

① 近八成的被调查者认为夫妻可协商订立分居协议；近五成的被调查者认为分居协议需要婚姻登记机关审查并登记生效；近七成的被调查者认为在夫妻对是否分居发生争议时法院有必要依职权进行调查。

② 陈苇、冉启玉：《离婚扶养制度研究——中国大陆法与俄罗斯法之比较》，载《月旦民商法》2004年第6期。

规定属于共同债务的除外。其四，分居期间一方死亡，另一方仍有配偶继承权，但法律规定丧失继承权的除外。

关于分居对父母子女的效力，建议规定分居不影响父母与子女的权利义务关系。夫妻应当依据子女最大利益原则对分居期间子女的抚养、监护和探视权等事项进行协商；协商不成，由人民法院判决。

第五，分居终止的法定情形，建议包括：当事人死亡；当事人和好；当事人离婚；分居期限届满。

（二）我国分居制度的立法建议稿

对立法目的与立法原则的说明：为实现婚姻自由，给予婚姻当事人冷静思考和修复婚姻的一定期间，促使双方慎重地处理离婚问题，规范分居期间夫妻的权利和义务，保障当事人及其子女和第三人的合法权益，设立分居制度。制定分居制度，应当坚持尊重婚姻当事人的意愿，保护妇女、儿童和老人的合法权益，诚实信用，尊重社会公德，不得侵害第三人利益和社会公共利益的原则。

我国分居制度的立法建议稿内容如下：

## 第四章 离婚

### 第一节 分居

**第 X 条 ［分居的类型、理由及期限］**

［分居的类型］

分居可依其成立的依据不同，分为协议分居、登记分居和司法分居。

协议分居，是指婚姻当事人双方自愿依法订立分居协议后实行的分居。

登记分居，是指婚姻当事人双方自愿共同申请分居登记而取得分居证后实行的分居。

司法分居，是指夫妻一方以不堪共同生活等为由提出分居诉讼而取得分居的调解书或判决书后实行的分居。

［分居的理由与内涵］

在婚姻关系存续期间，夫妻可以依据双方自愿订立的分居协议，或双方自愿共同申请办理分居登记后取得的分居证，或夫妻一方以不堪共同生活等为由提出分居诉讼而取得的分居调解书或判决书，停止婚姻共同生活，包括停止夫妻的性生活、相互的生活照料与精神慰藉以及共同的经济生活。

［分居的期限］

协议分居、或者登记分居、或者司法分居，分居的期限均不得超过二年。

**第 X 条 ［协议分居］**

夫妻双方自愿协议分居的，应当依法订立书面的分居协议。

夫妻订立分居协议，应当双方自愿，遵守法律、法规，符合子女最大利益原则，尊重社会公德，不得侵害第三人利益或社会公共利益。

分居协议书，经夫妻签名后，即对双方产生法律约束力。利害关系第三人知道该分居协议的，该协议约定的相关事项对其有法律约束力。夫妻对利害关系第三人知道该分居协议，负有告知义务和举证责任。

分居协议书有下列情形之一的，无效：

（一）受欺诈、胁迫订立的；

（二）违反子女最大利益原则的；

（三）恶意串通、侵害第三人利益或社会公共利益的；

（四）违反法律、法规的其他强制性规定的。

### 第 X 条　[登记分居]

夫妻双方自愿登记分居的，双方应当携带本人的户口簿、身份证和结婚证，共同到一方当事人常住户口所在地的婚姻登记机关办理分居登记。

在申请办理分居登记时，应当提交双方当事人共同签署的分居协议书。分居协议书应当载明双方当事人自愿分居的意思表示以及对分居期间的子女抚养、财产及债务处理等事项协商一致的意见。

分居协议书有关分居期间的子女抚养、监护和探视等事项的安排，应当符合子女的最大利益；对财产及债务的处理，应当遵守法律、法规，尊重社会公德，不得侵害第三人利益和社会公共利益。

分居协议书有本法第 X 条第四款规定的无效情形之一的，婚姻登记机关不予登记。

婚姻登记机关经审查并询问相关情况，对当事人确属自愿分居，并已对子女抚养、财产及债务处理等事项达成一致的处理意见且符合本法有关规定的，应当当场予以登记，发给分居证。

取得分居证，分居即生效。

### 第 X 条　[司法分居]

夫妻一方要求分居的，或夫妻双方同意分居但对分居期间的子女抚养、财产及债务处理等事项不能达成一致意见的，可以由有关部门进行调解或直接向人民法院提出分居诉讼。

人民法院审理分居案件应当进行调解。如夫妻双方确实不堪共同生活，人民法院调解无效的，应准予分居。

凡具有《婚姻法》第三十二条第三款规定的调解无效应准予离婚的情形之一，或者具有其他严重影响夫妻感情的情形，导致夫妻确实不堪婚姻共同生活，人民法院调解无效的，应准予分居。

人民法院的分居调解书或判决书，被送达双方当事人经签收后即生效。

### 第 X 条　[分居的时间效力]

协议分居为二年期限的，如果不满二年期间夫妻双方自愿恢复共同生活持续达六个月以上的，分居即终止。

登记分居为二年期限的，如果不满二年期间夫妻双方自愿恢复共同生活的，应当共同到婚姻登记机关申请办理分居终止登记。婚姻登记机关办理分居终止登记，收回并注销

《分居证》后，分居即终止。

人民法院调解或判决分居为二年期限的，如果不满二年期间夫妻双方自愿恢复共同生活的，应当到人民法院申请宣告撤销分居。人民法院依法宣告撤销分居后，分居即终止。

### 第 X 条 ［分居对夫妻的效力］

在分居期间，夫妻之间免除同居义务，但双方仍应当相互忠实；夫妻之间的家事代理权中止。

在分居期间，夫妻仍有相互扶养的义务，准用本法第二十条的规定。但是，如果一方有严重危害婚姻关系的过错，致使另一方对其进行扶养有违公平原则的，经扶养义务方提出申请，人民法院可以酌情免除其给付扶养费义务的全部或部分。

在分居期间，夫妻实行的财产制，首先由双方协商后书面约定；协商不成的，实行分别财产制。

依约定在分居期间实行婚后所得共同制的，适用本法第十七条、第十八条的规定。

依约定或法定在分居期间实行分别财产制的，适用本法第十九条的相关规定。对分居前的共同财产分割、共同债务清偿以及对分居时生活困难一方的经济帮助等，由双方协商处理；协商不成，由人民法院适用本法第三十九条、第四十一条、第四十二条的规定判决。夫妻对利害关系第三人知道其在分居期间实行分别财产制，负有告知义务和举证责任。

分居期间一方所欠的债务，除另有约定外，一般应推定为个人债务。但如为履行抚养、扶养法定义务所生之债以及确有证据证明为共同债务的除外。

在分居期间，一方死亡，另一方有以配偶身份继承遗产的权利。但如果生存一方具有本法第三十二条第三款第一项、第二项、第三项规定的情形而导致分居的、或具有《继承法》第七条规定的丧失继承权行为的，应当减少继承遗产的份额或丧失继承权。

### 第 X 条 ［分居对父母子女的效力］

父母与子女的关系，不因父母分居而消除。父母分居后，子女无论由父或母直接抚养，仍是父母双方的子女。

分居期间父母对子女的抚养、监护和探望等，应当依据子女最大利益原则，准用本法第三十六条、第三十七条、第三十八条的规定处理。

### 第 X 条 ［分居的终止］

有下列情形之一，分居即终止：

（一）分居期限已届满的；

（二）当事人一方或双方已死亡的；

（三）协议分居的当事人已共同生活六个月以上的，登记分居的当事人经分居终止登记已注销分居证的，司法分居的当事人已获得人民法院的撤销分居宣告的；

（四）当事人双方已离婚的。

# 论我国离婚经济补偿制度的命运：
# 完善抑或废除[①]

陈　苇　于林洋[*]

---

**目　次**

---

我国 2001 年修正后的《婚姻法》（以下简称现行《婚姻法》）增设了离婚经济补偿制度[②]。该制度自施行以来，理论界和实务界对其认识一直褒贬不一。我们拟分析我国设立离婚经济补偿制度的社会基础，阐明其功能作用，进而考察评析中外相关立法，对我国离婚经济补偿制度的"存与废"进行辨析，最后针对我国离婚经济补偿制度存在的不足提出完善立法的建议，以期为我国今后修改、完善《婚姻法》和制定《民法典·婚姻家庭编》的相关立法提供参考。

## 一、我国设立离婚经济补偿制度的社会基础及其功能作用

**（一）我国设立离婚经济补偿制度的社会基础**

社会基础是一个社会赖以生存与发展的物质与精神支撑力量，包括社会的经济基础与政治、文化、法律、道德等上层建筑基础。作为上层建筑的重要组成部分，离婚经济补偿制度的设立离不开相应的社会基础。

**1. 社会经济发展与夫妻财产积累**

1980 年《婚姻法》施行后的 20 年间，我国经济发展迅速，国民收入逐年提高，家庭

---

①　本文载《法学》2011 年第 6 期。

*　陈苇，女，西南政法大学外国家庭法及妇女理论研究中心主任，民商法学院教授、博士生导师；于林洋，男，法学博士，玉溪师范学院副教授。

②　现行《婚姻法》第 40 条规定："夫妻书面约定婚姻关系存续期间所得的财产归各自所有，一方因抚育子女、照料老人、协助另一方工作等付出较多义务的，离婚时有权向另一方请求补偿，另一方应当予以补偿。"此种补偿基于家务劳动或协作劳动发生并于离婚时实现，学界称其为离婚经济补偿，也称家务劳动补偿。

财富也在迅速积累。数据显示，我国的国内生产总值（GDP）由 1980 年的 4517.8 亿元增加到 2000 年的 89403.6 亿元，增长近 19 倍①；城乡居民储蓄存款由 1980 年的 399.5 亿元增加到 2000 年的 64332.4 亿元，增长了 160 倍②。离婚经济补偿本质上是一种物质补偿，通过特定的夫妻财产转移得以实现。我国经济的迅速发展、夫妻家庭财富的快速积累奠定了我国设立离婚经济补偿制度的经济基础。而从 2001 年至今，我国经济持续快速增长，国民收入进一步提高，这又为我国离婚经济补偿制度的实践提供了坚实的经济基础。

2. 法律知识普及与夫妻财产权利意识增强

随着我国市场经济的迅速发展，夫妻的财产关系日趋复杂，人们的价值观也发生了很大的变化，个人权利意识明显增强。我国至今已经在全国范围内开展了"五五"普法教育，对法律知识的普及发挥了重要作用，夫妻的权利义务观念尤其是财产权利意识普遍增强，人们越来越习惯于从权利角度来理解、思考和解决社会问题。离婚经济补偿就是这个时代的产物，其在权利层面上表现为离婚时的经济补偿请求权：一种基于特定身份发生的具有财产权属性的新型人权。我国 2004 年修正后的《宪法》第 33 条增加规定："国家尊重和保障人权。"在这个走向权利的时代，离婚经济补偿制度契合了我国人权尊重和保护的宪政要求而具有了生存与发展的空间。

3. 夫妻关系从身份到契约的转变与夫妻地位平等

英国法学家梅因说过："所有进步社会的运动，到此处为止，是一个'从身份到契约'的运动。"③ "从身份到契约"意味着从等级、特权走向平等、自由，此种转变对于中国家庭与夫妻关系而言尤具现实意义。传统的中国社会是典型的男权"身份"社会，家庭也具有典型的父权"身份"特征。"身份"意味着一种对女性不平等的社会秩序，"夫为妻纲"是"身份"。"从身份到契约"，要求消除夫妻关系中的不平等、不自由等"身份"因素，取而代之的是基于平等主体的身份契约所要求的夫妻地位平等、意志自由、权利平等的理念。我国夫妻关系"从身份到契约"的转变，为设立以体现夫妻地位平等、承认家务劳动价值为宗旨的离婚经济补偿制度奠定了坚实的社会基础。

（二）我国离婚经济补偿制度的功能作用

离婚经济补偿制度的功能作用，就是对夫妻各方婚姻期间所做间接经济贡献（家务劳动）的价值确认与直接经济贡献（职业劳动所得利益）的公平分配。

1. 承认夫妻一方在婚姻期间从事家务劳动的价值

关于夫妻一方在婚姻期间所做间接经济贡献——家务劳动的价值，传统经济学认为家务劳动只是家庭内部所为之"私"的劳动，不具有交换价值，因此不具有经济价值。诚然，在传统的自然经济社会中，家务劳动没有进入市场的机会，自然没有与第三人的市场交换价值。然而，在近现代社会，随着商品经济的出现、市场经济的发展以及家务劳动的社会化进步，此种观点已失去"经济基础"。按照马克思主义的价值观，经济关系是交换价值的载体，现代家政服务公司的出现已经表明市场经济关系下家务劳动的交换价值属

---

① 国家统计局：《国内生产总值》，载 http：//www.stats.gov.cn/tjsj/ndsj/2001c/c0301c.htm，访问日期：2010 年 2 月 20 日。

② 国家统计局：《全国城乡居民储蓄存款年底余额和年增加额》，载 http：//www.stats.gov.cn/tjsj/ndsj/2001c/j1002c.htm，访问日期：2010 年 2 月 20 日。

③ ［英］梅因：《古代法》，沈景一译，商务印书馆 1984 年版，第 97 页。

性。而在广义劳动价值论视野内，一切有效又有益的劳动，都是提供产品、创造经济价值的劳动①。花费在家务劳动上的大量时间表明，家庭生产在国内生产总值中占有可观的比例②。如果我们沿着这一逻辑推导下去，就会产生统计国内生产总值时应该把家务劳动贡献也计算在内的结论③。可见，家务劳动是一种具有交换价值与经济价值的劳动，这为其在法律层面获得肯定的评价以及在经济层面获得合理的补偿奠定了"价值"基础。并且，在现代社会，基于夫妻地位平等原则，夫妻各方在婚姻期间对家庭所做的间接经济贡献与直接经济贡献，两者应当具有平等的价值。因此，我国离婚经济补偿制度的功能作用之一，就是承认夫妻一方在婚姻期间从事家务劳动的价值，并且承认夫妻从事家务劳动的价值与从事职业劳动的价值是完全相同的。

2. 公平分配夫妻他方在婚姻期间职业劳动所得的经济利益

关于夫妻他方在婚姻期间所做的直接经济贡献——职业劳动所得的经济利益，日本学者认为，因为有妻子的家务劳动，丈夫的劳动力才得以再生产，故丈夫的劳动所得收入并非其一人劳动的结果，而是夫妻复合劳动的结果④。德国学者认为，一方配偶在婚姻存续期间所取得的财产，都是双方共同努力的结果⑤。在英国，人们越来越意识到对家庭非直接经济贡献的价值。对于在家长期从事家务劳动的妻子，有学者认为，配偶一方事业的成功，其工作成就的取得及职务的提升都离不开另一方的支持，而妻子因要生育并在家里照料孩子，可能永远地失去了获得自己挣钱、学习技术以及职业发展的机会⑥。所以，婚姻期间夫妻一方从事职业劳动所得经济利益除另有约定外，应当归夫妻共同所有。在美国，司法界日益平等地对待家务劳动的非直接经济贡献和职业劳动的直接经济贡献。基于婚姻是夫妻双方"共享的事业"这一理念，离婚时必须公平地分配夫妻在婚姻期间所得的财产⑦，即在婚姻期间，夫妻一方从事家务劳动的价值，凝结于夫妻他方职业劳动所得经济利益之中，他方职业劳动所得的经济利益是夫妻双方协力的结果。因此，离婚时，应当对婚姻期间夫妻一方职业劳动所得经济利益进行公平分配，或应当对主要从事家务劳动夫妻一方的家务劳动贡献进行合理补偿。我国的离婚经济补偿制度，赋予离婚时符合法定条件的主要从事家务劳动的夫妻一方享有经济补偿请求权。这就使婚姻期间夫妻一方职业劳动取得的经济利益，"事实上由夫妻双方平等地享有所有权"。⑧ 由此可见，我国离婚经济补偿制度的功能作用之二，就是公平分配夫妻他方在婚姻期间职业劳动所得的经济利益。这体现了法律对家务劳动价值的承认与尊重，彰显了法律公平、正义的理念。

---

① 朱妙宽：《劳动价值论的基本范畴及发展思路——劳动价值论从狭义到广义的发展》，载《经济评论》2003年第5期。

② Becker, G. S. Human Capital, *Effort and the Sexual Division of Labor*, Journal of Labor Economics, 1985,（3）.

③ ［美］加里·贝克、吉蒂·贝克：《生活中的经济学》，薛迪安译，华夏出版社2000年版，第140页。

④ ［日］中尾英俊：《夫妇の平等と与夫妇财产制》，转引自林秀雄：《夫妻财产制之研究》，中国政法大学出版社2001年版，第148页。

⑤ 参见［德］罗伯特·霍恩等：《德国民商法导论》，楚健译，中国大百科全书出版社1996年版，第210-211页。

⑥ 参见［英］凯特·斯丹利：《家庭法》，屈广清译，中国政法大学出版社2004年版，第183页。

⑦ ［美］哈里·D. 格劳斯、大卫·D. 梅耶：《美国家庭法精要》（第5版），陈苇等译，中国政法大学出版社2010年版，第215、219页。

⑧ 陈苇：《中国婚姻家庭法立法研究》，群众出版社2000年版，第172页。

### 二、中外法定夫妻财产制立法之考察与评析

家务劳动与夫妻法定财产制有着密切联系。我们拟对瑞士、德国、美国、澳大利亚以及我国的法定财产制进行研究，从而探寻我国设立离婚经济补偿制度的合理性。

（一）中外法定夫妻财产制立法之考察

1. 瑞士——所得参与制

依《瑞士民法典》① 第 181 条规定，瑞士的法定夫妻财产制为所得参与制。所得参与制，是指夫妻在婚后对于自己的婚前财产及婚后所得财产，各自保留所有权、管理权、使用收益权及有限制的处分权，当夫妻财产制终止时，在夫妻财产清偿各自债务后，婚姻财产的盈余归夫妻双方分享的财产制。所得参与制在分别财产制中引入了共同财产制的因素，使婚姻期间夫妻双方或一方取得的婚姻财产，离婚时事实上由夫妻双方平等地享有所有权。此外，由于在婚姻期间实行分别财产制，对于专事家务劳动的夫妻一方而言，往往难以实现夫妻家庭地位事实上的平等，故《瑞士民法典》第 164、165 条又专门规定了针对家务劳动的经济补偿制度。②

2. 德国——剩余共同制

依《德国民法典》③ 第 1363 条规定，德国的法定夫妻财产制为净益共同制。净益共同制，又称剩余共同制，指夫妻对于自己的婚前财产及婚后所得财产，各自保留其所有权、管理权、使用收益权及有限制的处分权，夫妻财产制终止时，以夫妻双方增值财产（夫妻各自最终财产多于原有财产的增值部分）的差额为剩余财产，归夫妻双方共享。由此可见，剩余共同制以分别财产制为基础而引进了共同财产制的因素，使婚姻期间夫妻一方所得财产在离婚时由夫妻双方平均分配。此外，《德国民法典》第 1360、1570 条还规定了配偶的家务劳动义务和离婚时抚养子女一方的扶养问题，体现了对家务劳动价值的充分肯定。

3. 美国——分别财产制与共同财产制

在美国，多数州的立法受英国普通法的影响，以分别财产制为法定财产制。分别财产制虽然保证了妇女独立的财产权，却因忽视了家务劳动的价值往往造成事实上夫妻地位的不平等。因此，近年来许多州已在分别财产制中引入共同财产制的因素，以补救其缺陷。大部分州赋予法院更多的自由裁量权，以公平地分配"婚姻财产"④。此外，华盛顿州、

---

① 殷生根、王燕译：《瑞士民法典》，中国政法大学出版社 1999 年版。

② 瑞士夫妻财产制针对家务劳动的经济补偿制度包括：（1）明确规定从事家务劳动的夫妻一方有权定期从夫妻他方取得一定的自由支配财产。这体现了对从事家务劳动的无经济收入或经济收入较少的夫妻一方（多数是妻方）的特殊保护。这意味着承认夫妻一方从事家务劳动、照料子女及协助对方从事其职业等具有经济价值，故有权获得一定的自由支配的财产作为补偿。在现代社会，对家务劳动予以经济评价，尤具现实意义。（2）明确规定夫妻一方为夫妻他方所做特别贡献，有权获得一定的经济补偿。这体现了民法公平原则的要求。我们认为，立法赋予夫妻一方所做特别贡献的补偿请求权，由其自愿决定是否行使。这有利于保护夫妻的合法财产权益，防止夫妻一方利用夫妻他方的人力、物力达到其目的后即提出离婚，恶意抛弃他方，变相剥夺他方对婚姻共同生活的"投资"和预期利益，造成对他方的"系统性剥夺"。参见陈苇：《中国婚姻家庭法立法研究》，群众出版社 2000 年版，第 444—445 页。

③ 陈卫佐译注：《德国民法典》（第 2 版），法律出版社 2006 年版。

④ ［美］哈里·D. 格劳斯、大卫·D. 梅耶：《美国家庭法精要》（第 5 版），陈苇等译，中国政法大学出版社 2010 年版，第 218 页。

内华达州等 9 个州的立法受罗马法影响较大，以共同财产制为法定的夫妻财产制。共同财产制以婚姻是分享或合伙关系的理论为基础，推定配偶对家庭财富积累的贡献是相等的，婚姻期间一方所得的财产应当在夫妻之间公平地分配。而在决定何种分割是公平分配时，各州通常都将"配偶双方对获得婚姻财产所做的贡献包括作为家庭主妇所做的贡献"作为法院考虑的重要因素之一①。《美国统一结婚离婚法》第 307 条第 1 款也规定离婚时财产分配要考虑"一方以操持家务的方式所做的贡献"。

4. 澳大利亚——分别财产制

澳大利亚因袭英国的普通法传统，其法定夫妻财产制采取分别财产制。但离婚时，依《澳大利亚家庭法》第 79 条的规定，法院在认为适当时，基于平等和公平原则，可以作出变更婚姻当事人双方财产权益的命令，从而公平地分配婚姻期间所得的财产。法院在作出对财产权益变更的命令时，应当考虑夫妻一方当事人直接或间接为获得、保管或增加夫妻双方或一方的财产所做的经济贡献和非经济贡献，以及为夫妻双方以及该婚姻所生子女组成幸福家庭所做的贡献等因素②。

5. 中国——婚后所得共同制

在我国，现行《婚姻法》第 17、18 条规定的法定夫妻财产制为婚后所得共同制，其又被称为夫妻共同财产制。此制意味着夫妻之家务劳动方对职业劳动方婚后所得财产享有共有权，即承认家务劳动与社会劳动具有同等价值，这反映了婚姻共同体的本质要求。同时，为弥补分别财产制的缺陷，对主要从事家务劳动在经济上处于弱势的夫妻一方给予保护，现行《婚姻法》第 40 条增设了离婚经济补偿制度，对家务劳动的价值给予法律上的承认③。

（二）中外法定夫妻财产制立法之评析

1. 承认家务劳动价值、公平分配婚姻期间所得财产是现代夫妻财产制的发展趋势

如上所述，不论是实行分别财产制还是共同财产制的国家，均承认家务劳动的价值，对夫妻在婚内所得财产利益离婚时原则上由双方公平分配，从而实现夫妻对婚姻财产平等地享有所有权。这对专门从事家务劳动的夫妻一方而言，其实质就是一种经济补偿。中外关于对家务劳动价值经济补偿的法律规定主要有两种立法模式：一种是将经济补偿制度与夫妻财产制度相结合，通过夫妻财产制体现对家务劳动价值经济补偿的精神，如德国之剩余共同制，美国和澳大利亚规定夫妻在离婚时公平分配婚姻财产，我国之婚后所得共同制等；另一种是在夫妻财产制之外同时设立夫妻一方特别贡献的经济补偿制度或离婚经济补偿制度，前者如瑞士之立法，后者如我国现行《婚姻法》之立法。我们认为，承认家务劳动价值、公平分配婚姻财产不仅是现代文明社会进步的基本要求，也是"从身份到契约"的夫妻地位平等的理念在夫妻财产关系领域的反映，这对保护弱者利益、实现家庭职能、巩固婚姻关系等尤具现实意义。

2. 离婚经济补偿是家务劳动的价值诉求

对夫妻之家务劳动方而言，离婚时，无论是共同财产制中对共有财产的分割，还是分

---

① Harry D. Krause and David Meyer, *Family Law of the USA in a Nutshell*, 5th, Thomson business printed in the USA, 2007, pp. 311-324.

② 陈苇（项目负责人）等译：《澳大利亚家庭法》（2008 年修正），群众出版社 2009 年版，第 244-245 页。

③ 陈苇：《婚姻法修改及其完善》，载《现代法学》2003 年第 4 期。

别财产制中对婚姻期间一方所得财产的公平分配，其本质均是对家务劳动价值的经济补偿，即离婚经济补偿是家务劳动的价值诉求。我们认为，专设离婚经济补偿制度具有积极意义。首先，这可以直接确认家务劳动的价值，使家务劳动与职业劳动在法律上具有同等地位。其次，这可以对可能会"不当得利"方形成一定的制约，以防止夫妻一方利用夫妻他方的人力、物力达到其目的后即提出离婚，恶意抛弃他方，变相剥夺他方对婚姻共同生活的"投资"和预期利益，造成对他方的"系统性剥夺"①。最后，这可以弥补分别财产制的不足，实现对弱者利益的保护，从而保证婚姻家庭职能的实现，是婚姻家庭立法的正义所在②。

### 三、我国离婚经济补偿制度的"存与废"之辨析

对于我国设立离婚经济补偿制度，目前我国大部分学者持赞同态度，但因为该制度本身还存在某些不足，近年来有学者提出应当废除该制度③。针对该制度的"存与废"问题，有学者已撰文初步阐述了质疑"废除论"的四点理由④。在此基础上，我们拟对此问题作进一步的探讨。

（一）离婚经济补偿制度"设立论"

我国大部分学者主张设立离婚经济补偿制度，其主要理由如下：

第一，设立离婚经济补偿制度，是对家务劳动价值的承认；是对夫妻一方从事家务劳动或协助工作予以正确评价、夫妻对隐形共同财产享有分割请求权的必然要求；是尊重家务劳动价值、平衡夫妻经济利益的必然要求⑤。

第二，离婚经济补偿体现了夫妻在家庭中地位平等、权利义务一致，符合民法公平原则的要求；设立离婚经济补偿制度是维护婚姻关系公平与社会公平的需要，是实现法律公平正义的重要保障；体现了法律的公平、公正、补偿与保护功能；为家庭付出较多义务的一方如果不能得到相应补偿，就是权利与义务不对等，等于一方无偿侵占了另一方因家务劳动而创造的价值⑥。

第三，离婚经济补偿有助于维护经济上处于弱势一方（主要是女性）的离婚自由，使付出较多义务的一方在离婚时得到精神上的抚慰与财产上的救济，其对于完善我国的离婚制度、保障离婚自由具有重要意义⑦。离婚经济补偿使经济上处于劣势的一方（主要是

---

① 陈苇：《完善我国夫妻财产制的立法构想》，载《中国法学》2000年第1期。

② 夏吟兰：《在国际人权框架下审视中国离婚财产分割方法》，载《环球法律评论》2005年第1期。

③ 宋豫：《试论我国离婚经济补偿制度的存废》，载《现代法学》2008年第5期。

④ 陈苇、陈思琴：《改革开放三十年中国夫妻关系法研究之回顾与展望》，载陈苇主编：《家事法研究》（2008年卷），群众出版社2009年版，第120-124页。

⑤ 巫昌祯：《我与婚姻法》，法律出版社2001年版，第34-35页；杨大文、龙翼飞、张学军：《新婚姻法释义》，中国人民大学出版社2001年版，第274页；陈苇主编：《婚姻家庭继承法学》，群众出版社2005年版，第262页。

⑥ 陈苇：《完善我国夫妻财产制的立法构想》，载《中国法学》2000年第1期；蒋月：《夫妻的权利与义务》，法律出版社2001年版，第268-269页；巫昌祯、杨大文、王德义：《中华人民共和国婚姻法释义与实证研究》，中国法制出版社2001年版，第177-178页；夏吟兰、蒋月、薛宁兰：《21世纪婚姻家庭关系新规制》，中国检察出版社2001年版，第158-160页；蒋月：《夫妻的权利与义务》，法律出版社2001年版，第268-269页。

⑦ 巫昌祯、杨大文、王德义：《中华人民共和国婚姻法释义与实证研究》，中国法制出版社2001年版，第177-178页。

女方）可以在离婚时得到经济上的补偿，以实现夫妻实质上的平等①。

第四，1980 年《婚姻法》仅规定夫妻可以采用约定财产制，未规定经济补偿请求权，新《婚姻法》作出了经济补偿的规定，在一定程度上填补了法律的漏洞，具有重要意义②。因为分别财产制中形式上的平等容易造成事实上的不公平，赋予付出较多义务的一方享有补偿请求权，其立法旨在以强行法平衡夫妻双方的利益关系，弥补分别财产制的缺陷③。

现在，虽然离婚经济补偿制度因存在某些不足而受到学者的批评，但这并不影响学界对其价值和功能的充分肯定。正如有学者指出的：赋予对家务劳动付出较多的配偶一方补偿请求权，是法律进步的一种表现，是法律所寻求的个人权利与社会公平间取得平衡的结果④。

（二）离婚经济补偿制度"废除论"

近年来我国有学者主张废除离婚经济补偿制度，其主要理由如下：

第一，实践中，我国约定采取分别财产制的夫妻极少，离婚时几乎没有要求适用离婚经济补偿的情况，从经济分析法学的视角观察，《婚姻法》第 40 条的立法成本远远大于收益，立法收益甚微，投入产出比很低，资源配置低效。

第二，运用实证分析的方法考量，在采用分别财产制的婚姻关系中，难以存在配偶一方在家务劳动方面付出较多义务的情况，《婚姻法》第 40 条的规定不符合婚姻共同体的特殊性。

第三，国外的相关立法表明，家务劳动补偿并非被限定适用于夫妻分别财产制的场合，家务劳动补偿与夫妻财产制的类型之间并无必然联系。

第四，对《婚姻法》第 40 条不应当修修补补加以完善，而应该将其删除，将离婚经济补偿制度的价值和功能交由完善后的夫妻共同财产制予以彰显和实现⑤。

（三）离婚经济补偿制度"废除论"之评析

如前所述，对于离婚经济补偿制度，笔者持"设立论"。对于"废除论"的四点理由，笔者将在有学者已指出其存在不足的基础上⑥进一步予以评析。

第一，"废除论"将我国离婚经济补偿制度被适用的多少作为认定其资源配置是否有效及决定其存废的一个依据，这是不科学、不合理的。一方面，就资源配置而言，婚姻家庭法作为调整婚姻家庭关系的一种行为规范，只有其体系完备且内容科学化、系统化，才能更好地指导和规范人们的婚姻家庭行为，预防和减少婚姻家庭纠纷，并使司法部门处理各种婚姻家庭纠纷"有法可依"，才能提高司法效率。因此，婚姻家庭法律制度的体系完备及其内容的科学化、系统化，才应当是评价其资源配置合理且具有效率的重要依据之一。另一方面，就法律的适用情况而言，不同的法律制度有不同的功能并调整不同的社会

---

① 陈苇：《婚姻家庭继承法学》，法律出版社 2002 年版，第 366-367 页。
② 杨大文、龙翼飞、张学军：《新婚姻法释义》，中国人民大学出版社 2001 年版，第 274 页。
③ 陈苇：《婚姻家庭继承法学》，法律出版社 2002 年版，第 366 页。
④ 巫昌祯、夏吟兰：《婚姻家庭法学》，中国政法大学出版社 2007 年版，第 227 页。
⑤ 宋豫：《试论我国离婚经济补偿制度的存废》，载《现代法学》2008 年第 5 期。
⑥ 陈苇、陈思琴：《改革开放三十年中国夫妻关系法研究回顾与展望》，载陈苇主编：《家事法研究》（2008 年卷），群众出版社 2009 年版，第 120-124 页。

关系。在人们的思想观念和生活方式呈多元化的现代社会，多数人群体的合法权益与少数人群体的合法权益都应当受到法律的尊重和保护，故不同的法律被适用的数量有多少之别，这正表明法律能够适应调整不同社会关系的需要。因此，不能认为适用量较少的法律就"无用武之地"而应当被废除，当然已经过时而不能被适用的除外。例如，目前我国夫妻约定财产制的适用少于法定财产制，但这不能成为废除约定财产制的理由。因为约定财产制给夫妻提供了一个自愿选择决定双方财产关系的途径，体现了《婚姻法》对夫妻自由意愿的尊重。同样，离婚经济补偿制度作为公平分配夫妻在婚姻期间所得财产的一种制度，即使其被适用较少，也不能作为认定其资源配置低效并决定将其废除的理由。同时，我们认为，离婚经济补偿制度彰显的法律公平、正义之价值也远非所谓的《婚姻法》第40条的"立法成本"所能涵盖、考量与评价的，何况，对于具有浓厚伦理道德属性以及婚姻特征的家务劳动补偿问题，能否完全采用法经济学理论进行解读，这本身就是一个值得商榷的问题。

第二，"废除论"认为采用分别财产制的婚姻关系中难以存在配偶一方在家务劳动方面付出较多义务的情况，故认为《婚姻法》第40条的规定不符合婚姻共同体的特殊性，此观点既不符合我国现实生活中夫妻的实际情况，也忽视了外国立法状况及国外夫妻关系的实际情况。一方面，在我国的现实生活中，在个人财产权利意识逐渐增强和婚姻家庭观念多元化的影响下，近年来有些夫妻尤其是中老年再婚夫妻自愿约定实行分别财产制，但这并不意味着在家务劳动分配方面双方完全"均等"，也往往存在夫妻一方（大多数是女方）在家务劳动方面实际上承担了较多义务的情况。另一方面，婚姻共同体与分别财产制并非是"水火不容"的对立关系。目前在我国，有些再婚夫妻，因为约定实行分别财产制，减少了夫妻之间、夫妻各自与对方子女之间的财产纠纷，使夫妻感情更加融洽。在国外，由于历史传统和具体国情等原因，许多国家的法定财产制就是分别财产制，如日本、英国①以及前述的澳大利亚和美国的大部分州；而有些国家的法定财产制也是以分别财产制为主引入共同制的因素，如前述的瑞士、德国，但这并不意味着这些国家的夫妻都在财产上斤斤计较，在家务劳动上互相推诿，在感情上不和睦。

第三，"废除论"认为国外的家务劳动补偿并非被限定适用于夫妻分别财产制的场合，家务劳动补偿与夫妻财产制的类型之间并无必然联系的观点缺乏论证依据。首先，其所列举的德国、瑞士、日本、英国和美国，这五个国家中前四个国家和美国的大部分州的法定财产制都是实行"引入共同财产制因素"的分别财产制。虽然这些国家的分别财产制有一定的差异，但在婚姻期间，夫妻双方各自所得的财产是保持独立的。只有在离婚时基于承认夫妻在婚姻期间的协力和从事家务劳动的价值，才对婚姻期间夫妻各自所得的财产由双方公平、合理地分配，而不是平均分割。可见，家务劳动补偿与夫妻财产制的类型之间是有必然联系的。在实行分别财产制的情况下，由于婚姻期间夫妻一方所得的财产归个人所有，因此，对从事家务劳动的夫妻一方进行适当的经济补偿是必要的；在实行共同财产制的情况下，由于婚姻期间夫妻一方所得的财产归夫妻双方共同所有，所以一般不对从事家务劳动的夫妻一方给予经济补偿。只有在可供分割的共同财产数量较少且不足以补偿夫妻一方家务劳动的价值或期待经济利益损失等特殊情况下才能给予该方适当经济补

---

① 陈苇主编：《外国婚姻家庭法比较研究》，群众出版社2006年版，第210、218页。

偿，即家务劳动补偿适用于共同财产制是有条件的，否则可能会导致该方"双重"获益。

第四，"废除论"提出以完善后的夫妻共同财产制来"彰显和实现"离婚经济补偿制度的价值和功能，这实际上是不能实现的。因为夫妻共同财产制规范并不能够被适用于实行分别财产制的夫妻，即使是在该制度被完善之后也不例外，二者本身就是两种截然不同的夫妻财产制度。诚然，"废除论"主张完善夫妻共同财产制的观点具有进步意义，但其却忽略了分别财产制下的离婚经济补偿问题。目前，我国现行的夫妻共同财产制确实还存在某些不足需要完善，如其未规定离婚时无共同财产可供分割或共同财产较少，不足以补偿夫妻一方家务劳动的价值或期待经济利益损失时的救济措施等。但是，这并不意味着离婚经济补偿制度应当被取消。因为即使是完善后的夫妻共同财产制也不能被适用于实行分别财产制的夫妻，不能实现离婚经济补偿制度的功能。因此，我们既不能以夫妻共同财产制取代离婚经济补偿制度，更不能以离婚经济补偿制度需要完善而作为废除该制度的理由。否则，就会造成我国夫妻财产制的结构残缺不全，不利于保护实行分别财产制夫妻的合法权益。

综上所述，我国的离婚经济补偿制度具有独特的经济补偿功能，虽然其还存在某些不足，但不能将其废除，夫妻共同财产制的完善并不能代替离婚经济补偿制度的完善，更不能以前者来废除、取代后者。

### 四、完善我国离婚经济补偿制度之我见

如前所述，在我国，离婚经济补偿制度具有其存在的社会基础和功能作用，其独特的经济补偿功能是其他制度不能替代的。当然，我国的离婚经济补偿制度还存在某些不足。从批判考察的视角，有必要从应然层面对该制度进行理性审视。

（一）我国离婚经济补偿制度之不足

1. 适用范围过于狭窄，不符合我国现实国情

依现行《婚姻法》第40条规定，离婚经济补偿仅适用于实行分别财产制的夫妻。如果夫妻适用共同财产制，即使一方因抚育子女、照料老人、协助另一方工作等付出较多义务的，也不能得到离婚经济补偿，此规定大大限制了离婚经济补偿制度的适用范围。

关于分别财产制在我国的适用情况，根据我国学者对北京和厦门2001年4月至2002年12月离婚案件的调查情况统计：厦门适用分别财产制的仅2%，北京则不足2.6%[1]。重庆市南岸区法院2005年受理的590件离婚案件中实行分别财产制的只有3件；2006年受理的732件中只有2件；2007年受理的610件中则没有实行的[2]。上述数据表明，分别财产制在我国的适用极少，而共同财产制仍然符合我国国情。然而，现行《婚姻法》却以实行分别财产制作为适用离婚经济补偿制度的前提，这忽视了我国夫妻财产制的现实情况，将家务劳动补偿从主流的共同财产制中排除出去，使该制度目前难以达到其设定的目标，其产生的一个直接后果就是极大地限制了这一救济制度的适用[3]。

---

① 夏吟兰：《离婚救济制度之实证研究》，载《政法论坛》2003年第6期。

② 宋豫：《试论我国离婚经济补偿制度的存废》，载《现代法学》2008年第5期。

③ 巫昌祯、夏吟兰：《〈民法典·婚姻家庭编〉之我见》，载《政法论坛》2003年第1期。

2. 适用时间存在限制，有悖于婚姻共同体的本质和民法的公平原则

依现行《婚姻法》第 40 条规定，家务劳动方的经济补偿请求权只能在离婚时提出，我们认为，此种规定存在如下不足：第一，只允许离婚时的经济补偿，会削弱家务劳动方在婚姻期间从事家务劳动的"投资"积极性。因为在分别财产制情况下，除非这样的"投资"回报得到了承诺，否则人们是不愿进行这样的"投资"的①。这样一来，既不利于家庭生活的稳定，也与婚姻共同体的本质不相符。第二，对于适用分别财产制的家庭，如果一方为家庭付出较多义务而在婚姻期间不能获得经济补偿，容易造成另一方对该方家务劳动的系统性剥夺：家务劳动方实际上成为婚姻关系存续期间另一方免费的家务劳动工具，有悖于民法的公平原则。

3. 补偿标准较为抽象，不便于实际操作

现行《婚姻法》及相关司法解释没有对离婚经济补偿的具体标准或方法作出明确规定，也没有对如何评估夫妻家务劳动的价值作出具体的细化规定，这使该制度在具体适用上不便于操作。所以有学者指出，离婚经济补偿缺乏明确的标准是离婚经济补偿理论不清和司法实践困难的主要原因②。

（二）我国离婚经济补偿制度之完善

基于离婚经济补偿制度的价值取向及其功能，针对我国立法之不足，结合现实国情，汲取前人的研究成果③，借鉴外国立法经验，我们提出以下建议完善我国立法。

1. 有条件地扩大离婚经济补偿的适用范围

如前所述，我国离婚经济补偿制度设立的主要目的在于弥补分别财产制的缺陷。因此，对离婚经济补偿制度的适用范围，我们主张仍然以实行分别财产制的夫妻为主，并且以有条件地适用于实行共同财产制的夫妻为辅。后者的适用条件，是指实行共同财产制的夫妻离婚时无共同财产可分或可分的共同财产较少，从而不足以补偿夫妻一方家务劳动价值的特殊情况。

2. 有条件地扩大经济补偿请求权的行使时间

对于适用分别财产制的家庭而言，《瑞士民法典》第 164 条的规定值得我们借鉴：负责料理家务、照料子女或扶助配偶他方从事职业或经营事业的配偶一方，有权请求他方支付一笔合理的款项，供其自由处分。我们主张在保留离婚经济补偿请求权的同时，有条件地扩大经济补偿请求权的行使时间，赋予实行分别财产制的专职从事家务劳动的夫妻一方在婚姻期间的经济补偿请求权。而对于适用共同财产制的情形，考虑到共同财产制本身对于家务劳动价值的承认功能，我们主张仍然只适用离婚经济补偿。

3. 明确规定确定经济补偿数额时应考虑的因素

对于经济补偿的具体数额，首先应由夫妻双方协商确定，协商不成时，法院应当结合当地的经济生活水平并参考家务劳动方为家庭做出的贡献和职业劳动方获得的利益等相关因素进行判决。

综上所述，我们建议对新《婚姻法》第 40 条修改、补充如下：

---

① E. Landes, *Economics of Alimony*, Journal of Legal Studies, 1978, (7).
② 郁光华：《从经济学视角看中国的婚姻法改革》，载《北大法律评论》2007 年第 2 期。
③ 陈苇：《夫妻财产制研究——瑞士夫妻财产制研究及其对完善我国夫妻财产制的启示》，载陈苇：《中国婚姻家庭法立法研究》（附论），群众出版社 2000 年版，第 426-427、433-434、444-445、455 页。

　　夫妻书面约定婚姻关系存续期间所得的财产归各自所有，一方因抚育子女、照料老人、支持或协助另一方学习或工作等付出较多义务的，在婚姻关系存续期间或者离婚时，有权向另一方请求经济补偿，另一方应当予以补偿。

　　实行共同财产制包括全部或者部分共同财产制的夫妻，一方因抚育子女、照料老人、支持或协助另一方学习或工作等付出较多义务的，如果离婚时可供分割的共同财产数额较少或无共同财产的，有权向另一方请求经济补偿，另一方应当予以补偿。

　　经济补偿的数额由夫妻双方协商确定，协商不成时，由法院根据当地的经济生活水平并参考以下因素进行判决：第一，夫妻一方在婚姻期间投入家务劳动的时间、强度、数量、为家庭做出的贡献、因照顾家庭而放弃的个人发展机会、因家务劳动而受到的其他不利影响等；第二，夫妻另一方在婚姻期间所获利益的大小、获益的期限及其个人收入能力与财产状况等；第三，婚姻关系持续的时间；第四，夫妻双方的年龄及身体状况；第五，夫妻双方各自的就业能力；第六，夫妻双方各自的生活状况；第七，其他应当考虑的因素。

# 我国大陆离婚损害赔偿制度存废论
## ——以我国大陆司法实践及与台湾地区制度比较为视角[①]

陈 苇 张 鑫[*]

## 目 次

我国大陆 2001 年修正后的《婚姻法》（以下简称内地《婚姻法》）新增了离婚损害赔偿制度。该制度自实施以来，其司法适用状况一直差强人意，引发理论界与实务界对这一制度存废的持续性争论。如今，为适应法治国家的建设需要，我国大陆将制定民法典，在今后修订完善婚姻家庭法时，离婚损害赔偿制度是被保留，抑或用其他制度取代之，需要进一步深入研究。笔者拟通过对大陆学者关于离婚损害赔偿制度之存废理由论争的考察，对该制度在大陆司法适用状况的实证调查，对该制度在大陆存在的社会基础和法理基础的分析，进而在对我国大陆与台湾地区离婚损害赔偿制度比较研究的基础上，结合大陆实际，提出对大陆立法改进之建议。

### 一、我国大陆学者对离婚损害赔偿制度存废的论争

#### （一）"否定说"及其理由

我国大陆部分学者持"否定说"，其主张废除离婚损害赔偿制度的主要理由如下：

第一，"有违无过错离婚原则说"。该说认为，离婚损害赔偿惩罚离婚时一方的过错，与破裂主义的无过错离婚原则注重婚姻破裂结果而不强调过错的精神相矛盾，其给中国无

---

① 本文载《河北法学》2015 年第 6 期。基金项目：西南政法大学家事法律制度改革与创新团队 2012 年度科研项目"我国妇女儿童权益法律保障实践与制度完善研究"（项目编号：XNZFJSF201204）的阶段性成果。

* 陈苇，女，西南政法大学外国家庭法及妇女理论研究中心主任，民商法学院教授、博士生导师；张鑫，女，西南政法大学民商法博士研究生，西南科技大学法学院讲师。

过错离婚原则罩上强调"过错"的阴影，客观上不利于个人离婚自由权的行使。① 而在过错离婚主义向破裂离婚主义发展的今天，有的国家已不再承认离婚损害赔偿。例如，曾经作为离婚损害赔偿制度立法代表之一的瑞士民法，2000 年被修订时取消了这一制度。②

第二，"可能促使婚姻商品化说"。该说认为，设立离婚损害赔偿，是用金钱来衡量婚姻的精神利益的价值，会导致婚姻的商品化、财产化。③

第三，"司法适用的成本过高说"。该说的学者考察离婚损害赔偿制度的司法适用现状认为，该制度在适用中存在当事人申请少、法院支持少、受害人获赔少的现象，其追究"过错"的社会成本太高，故应代之以加强离婚经济帮助等其他离婚救济制度的建设。④

第四，"一般侵权法可以救济说"。该说认为，夫妻一方与他人重婚或者同居，造成另一方名誉损失的，另一方可以提起名誉权损害赔偿之诉等。实施家庭暴力或虐待、遗弃家庭成员的，过错方侵犯了受害方的身体权、健康权，以民法上对身体权和健康权的保护为依据提起一般侵权损害赔偿即可，并不需要有一个特别的离婚损害赔偿制度来提供救济。⑤

第五，"婚内侵权制度可取代说"。该说认为，婚内侵权制度更有利于保护受害人、制裁侵权人及预防侵权，应当废除离婚损害赔偿制度，建立起统一的婚内侵权责任规则，建议婚内侵权责任成立的要件以一般侵权责任为基础，在责任承担方式上灵活设计。⑥

（二）"肯定说"及其理由

我国大陆部分学者持"肯定说"，主张应当设立离婚损害赔偿制度的主要理由如下：

第一，"应当追究离婚过错者责任说"。该说认为，无过错离婚主义虽然使离婚更为宽松与容易，但并不意味着对离婚进程中的过错行为的放纵，过错行为依然要承担相应的法律后果。只有追究过错方的损害赔偿责任才符合法律的正义。⑦⑧

第二，"离婚损害赔偿的制度功能说"。该说认为，离婚损害赔偿制度具有填补损害、慰抚精神、制裁和预防违法行为的功能。设立离婚损害赔偿是完善大陆婚姻法的需要，是保护离婚当事人的合法权益的需要，是司法部门有法可依、违法必究的需要。⑨

第三，"金钱赔偿不会导致婚姻商品化说"。该说主张既然民法中其他人格权受到侵害要求赔偿没有导致人格商品化，离婚损害赔偿当然也就不会导致商品化。相反建立离婚损害赔偿制度有利于防止或减少婚姻关系存续期间的过错行为，保障婚姻关系的稳定，进一步提高当事人的人格独立、民主、平等的意识。⑩

---

① 薛宁兰：《论我国离婚损害赔偿制度的完善》，载《法律适用》2004 年第 10 期。

② 林秀雄：《亲属法讲义》（第 2 版），台湾元照出版公司 2012 年版，第 211-213 页。

③ 罗满景：《论婚姻家庭法与侵权责任法的关系》，载夏吟兰、龙翼飞：《家事法研究》（2011 年卷），社会科学文献出版社 2011 年版，第 313 页。

④ 王琪：《经济学视野里的离婚损害赔偿制度》，载《湖南社会科学》2006 年版第 2 期；黄宇：《婚姻家庭法之女性主义分析》，西南政法大学博士学位论文 2007 年，第 4-5 页。

⑤ 马忆南：《离婚救济制度的评价与选择》，载《中外法学》2005 年第 2 期。

⑥ 郗伟明：《论婚内一般侵权责任制度的建立——兼评离婚损害赔偿制度》，载《南京大学学报》（哲学·人文科学·社会科学）2010 年第 3 期。

⑦ 夏吟兰：《离婚衡平机制研究》，载《中华女子学院学报》2004 第 5 期。

⑧ 王歌雅：《关于离婚损害赔偿的若干思考》，载《求是学刊》2004 年第 4 期。

⑨ 陈苇：《建立我国离婚损害赔偿制度研究》，载《现代法学》1998 年第 6 期。

⑩ 马继辉：《试论建立离婚之损害赔偿制度》，载《妇女研究论丛》1997 年第 4 期。

第四，"婚内损害赔偿难以实现说"。该说认为，实行夫妻财产婚后共同制是我国大陆婚姻家庭的主要形态，如果配偶一方除共有财产外别无其他可用于负担损害赔偿的个人财产的，婚内损害赔偿往往难以实现。也正因如此，2001 年的《婚姻法》修正案规定了离婚后的损害赔偿制度。①

第五，"婚姻关系的特殊性说"。该说认为，婚姻关系具有特定的亲属身份关系，不具有民法等价有偿的性质，不是民法的债权债务关系。在司法实践中，《民法通则》有关侵权或违约责任的规定对婚姻案件并不直接适用，因此，在《婚姻法》中设立离婚损害赔偿制度是十分必要的。②

第六，"离婚经济帮助不能替代说"。该说认为，对生活困难方的经济帮助不能代替离婚损害赔偿制度。因为对生活困难一方的经济帮助不是过错赔偿，不是基于对无过错方的照顾，更不是对有过错方的惩罚。其不考虑当事人主观上的过错，只要一方生活确有困难，另一方在有负担能力的情况下就应提供经济帮助。③

综上，我国大陆学者对离婚损害赔偿制度存废的争论焦点主要被集中在以下四个方面：一是性质上，离婚损害赔偿是否违背无过错离婚主义原则；二是作用上，离婚损害赔偿制度是否具有独立功能；三是实践中，离婚损害赔偿制度的适用状况分析是否科学合理；四是后果上，离婚损害赔偿是否会导致婚姻的商品化。以下，笔者将实证考察离婚损害赔偿制度在我国大陆的司法实践现状，研究分析该制度存在的社会现实基础和法理基础，进而辨析"否定说"之正误，以期证成我国大陆离婚损害赔偿制度之不可替代的独立地位。

### 二、我国大陆离婚损害赔偿制度之司法实践考察

为了解离婚损害赔偿制度在司法实践中的运行状况，2014 年 1 月笔者在重庆某县法院进行抽样调查。在某县法院调取 2011—2013 年审结的离婚案件，以每年度抽取 120 件，三年共计抽取 360 件作为调查样本进行统计分析，其具体情况如下。

第一，当事人起诉离婚的理由情况。在被抽取的 360 件离婚案件中，以《婚姻法》第 46 条列举的法定离婚过错事由诉请离婚的案件共 101 件，占 28.1%；因感情不和、感情不和分居满两年等其他理由诉请离婚的案件共 259 件，占 71.9%（见表 1、表 2）。

第二，当事人请求离婚损害赔偿的情况。在 101 件以《婚姻法》第 46 条列举的四项法定过错事由起诉离婚的案件中，提出离婚损害赔偿请求的案件有 8 件，占 7.9%，未提出离婚损害赔偿请求的案件有 93 件，占 92.1%（见表 3）。

第三，提出请求的当事人实际获得赔偿的情况。在 8 件提出离婚损害赔偿请求的案件中，调解或判决获得赔偿的案件有 5 件，占 62.5%，其中获得赔偿的法定理由：重婚的有 1 件，有配偶者与他人同居的有 3 件，实施家庭暴力的有 1 件。法院判决不予支持的案件有 3 件，占 37.5%（见表 4）。

第四，法院不予支持赔偿的理由分析。如前所述，法院判决不予支持的案件有 3 件，

---

① 余延满：《亲属法原论》，法律出版社 2007 年版，第 356-366 页。
② 于东辉：《离婚损害赔偿制度研究》，人民法院出版社 2006 年版，第 8 页。
③ 余延满：《亲属法原论》，法律出版社 2007 年版，第 356-366 页。

占 37.5%（见表 4）。据查阅离婚案件的卷宗信息显示，法院不予支持的理由均是未在法定举证期限内提交证据证明其主张，故法院不予支持。可见，"举证难"是影响大陆离婚损害赔偿司法适用的主要障碍。①

笔者认为，导致"举证难"的原因主要在于：一是当事人的证据意识与收集证据的能力不足。前述调查数据显示，在调阅的离婚案件中，当事人请求离婚损害赔偿的案件共 8 件，仅占以法定过错事由诉请离婚案件总数 101 件的 7.9%，比例非常低。其中有的当事人因为不了解法律的相关规定，或不知道离婚损害赔偿请求权的存在，或缺乏诉讼证据的收集与保存的相关知识，对证据的收集或保存不到位，故无法请求或实现离婚损害赔偿。如前述调查数据显示，以实施家庭暴力为由诉请离婚的案件 83 件，占以第 46 条列举法定过错为由诉请离婚案件总数 101 件的 82.2%（见表 1、表 2），所占的比例最高，但实际获得赔偿的仅有 1 件。在离婚诉讼中，家庭暴力案件的举证非常困难，因其具有一定的隐蔽性，当暴力发生时，很少有第三人在场，证人极少，而受害人普遍缺乏收集和保存证据的意识，所以在既无人证又无物证的情况下，很难得到法院的认定。二是法院认定事实的证明规则不符合离婚损害赔偿案件的特殊性。大陆法院在审理离婚损害赔偿案件时，法官在很大程度上运用的是客观真实认定标准，追求确凿无疑的认定家庭暴力等事实的证据。但由于这类案件自身的特殊性，要确凿无疑地证明是很困难的，法官据此不予支持受害当事人的请求，这影响了离婚损害赔偿制度的适用。

表 1　当事人诉请离婚案件理由的情况统计（件）②

| 离婚理由<br>案件数<br>比例 | 重婚 | 有配偶者与他人同居 | 实施家庭暴力 | 虐待、遗弃家庭成员 | 感情不和 | 因感情不和分居满两年 | 有恶习屡教不改 | 生育上不能达成一致意见 | 其他 |
|---|---|---|---|---|---|---|---|---|---|
| 某县法院 | 2 | 14 | 83 | 2 | 225 | 90 | 45 | 0 | 84 |
| 比例 | 0.6% | 3.9% | 23.1% | 0.6% | 62.5% | 25.0% | 12.5% | 0 | 23.3% |

表 2　以离婚损害赔偿法定事由起诉离婚的案件情况统计（件）③

| | 有法定过错事由的案件 | 非法定过错事由的案件 | 合计 |
|---|---|---|---|
| 案件数 | 101 | 259 | 360 |
| 比例 | 28.1% | 71.9% | |

---

① 2002、2008 年我国大陆学者的相关司法实践调查结论，也与我们此次调查结论相一致。参见巫昌祯：《婚姻法执行状况调查》，中央文献出版社 2004 年版，第 88—89、171—172 页；王歌雅：《离婚救济制度：实践与反思》，载《法学论坛》2011 第 3 期。

② 当事人起诉离婚的理由一般为多项，本调查按项分别统计，计算比例时以调阅案件总数 360 为基数，故此比例之和超过百分之百。

③ 由于我们主要考察具有现行《婚姻法》规定的四项法定过错离婚事由的案件，其总数为 101 件，对具有其他离婚事由的案件，其总数我们计算为 360－101＝259 件，对具有多项离婚事由的，不进行重复计算。

**表 3  提出离婚损害赔偿请求的案件的情况统计（件）**

| | 提出离婚损害赔偿请求的案件 | 未提出离婚损害赔偿请求的案件 | 合计 |
|---|---|---|---|
| 案件数 | 8 | 93 | 101 |
| 比例 | 7.9% | 92.1% | |

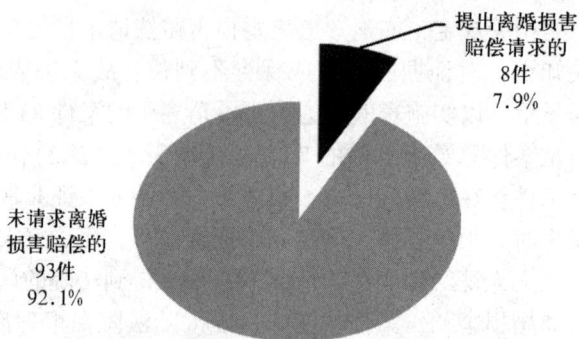

提出离婚损害
赔偿请求的
8件
7.9%

未请求离婚
损害赔偿的
93件
92.1%

**表 4  获得离婚损害赔偿的案件情况统计（件）**

| | 调解或判决获得赔偿的案件 | 法院判决不予支持的案件 | 合计 |
|---|---|---|---|
| 案件数 | 5 | 3 | 8 |
| 比例 | 62.5% | 37.5% | |

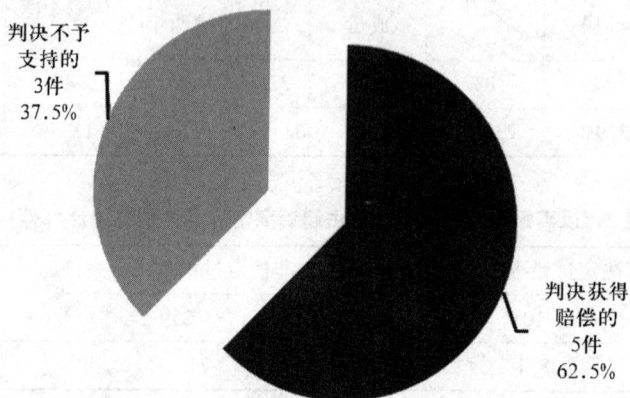

判决不予
支持的
3件
37.5%

判决获得
赔偿的
5件
62.5%

第五，具有法定过错的配偶一方对无过错的他方配偶，以其他方式给予经济补偿的问题。值得注意的是，在此次调研中，笔者通过与该县法院的法官交谈以及对抽取的离婚案件卷宗的查阅与分析，发现无过错离婚当事人的离婚损害赔偿请求的实现，在司法实践中并非仅为离婚损害赔偿金，还表现为获得补偿性经济给付，这样实际上使无过错一方配偶获得了救济。例如，该县法院 2013 年审理的"古某诉张某离婚案"中，被告以原告外出务工期间与他人长期同居为由提出对方支付离婚损害赔偿金 1 万元的请求，虽然法院以被告提供证据不足，不予支持。但是在法院的调解中，离婚当事人双方达成协议，由原告古某给付被告张某补偿金 0.5 万元。办案法官反映，该案中的夫妻双方并未实行分别财产制，被告也没有提出离婚经济帮助的请求，虽然被告举证不足，但是原告当事人基于对其过错行为的内疚，故在调解中达成了向无过错方配偶支付补偿金的协议，该补偿金具有一定的精神慰抚性质。并且，从该县法院抽调的离婚案件之统计数据的分析中，笔者发现离婚时具有法定过错事由而当事人未请求离婚损害赔偿的案件有 93 件与提出离婚损害赔偿请求而法院判决不予支持的案件有 3 件，两者合计为 96 件（见表 5）。在这 96 件案件中，经法院调解由当事人双方自愿协商达成补偿性经济给付的案件有 17 件，占 17.7%（见表6）。由此，该县法院审理的具有离婚损害赔偿法定事由的 101 件离婚案件中，获得离婚损害赔偿的案件有 5 件，经法院调解双方达成协议获得补偿性经济给付的案件有 17 件，两者合计则离婚时无过错方配偶实际获得赔偿的案件共 22 件，占 21.8%（见表 7、图 7-1）。

表5 某县法院审结的具有离婚法定过错的当事人未请求或请求后未获得
离婚损害赔偿的案件情况统计（件）

| 未请求离婚损害赔偿的案件 | 提出离婚损害赔偿请求的 8 个案件 | | 合计 |
| --- | --- | --- | --- |
| | 法院判决不予支持的案件 | 获得离婚损害赔偿的案件 | |
| 93 | 3 | 5 | 101 |
| 96 | | | |

表6 双方达成补偿性经济给付协议的案件情况统计（件）

| | 协议经济给付的案件 | 未协议经济给付的案件 | 合计 |
| --- | --- | --- | --- |
| 案件数量 | 17 | 76 | 96 |
| 比例 | 17.7% | 82.3% | |

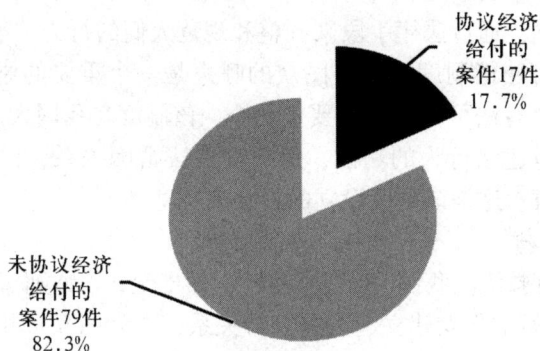

表7 获得离婚损害赔偿与协议获得补偿性经济给付的案件情况统计（件）

| | 实际获得赔偿的案件 | | 未获得赔偿的案件 | 合计 |
| --- | --- | --- | --- | --- |
| | 获得离婚损害赔偿的案件 | 获得经济给付的案件 | | |
| 案件数量 | 5 | 17 | 79 | 101 |
| 比例 | 5.0% | 16.8% | 78.2% | |

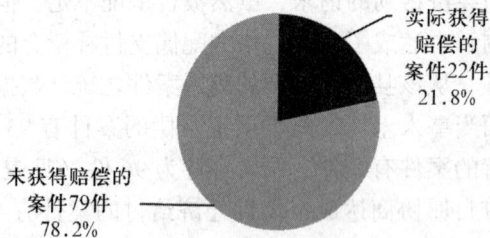

图 7-1　实际获得赔偿的案件情况统计

综上所述，根据对我国大陆离婚损害赔偿之司法实践的抽样调查，从对当事人起诉离婚的理由，请求离婚损害赔偿的情况，实际获得赔偿的情况，法院不予支持赔偿的原因分析，以及当事人以其他名义获得补偿性经济给付的情况等分析中，我们可以看出，现实生活中确实存在配偶一方以严重过错行为，破坏婚姻关系，侵害配偶他方合法权益的情况。我国大陆离婚损害赔偿制度在司法实践中已经被相当一部分离婚当事人采用，而且已实际获得赔偿。同时，该制度在司法实践中存在的问题是，当事人主动依法请求适用的少，法院实际予以支持赔偿的也少，其主要原因是当事人举证困难，导致其适用范围极其有限。

### 三、我国大陆离婚损害赔偿制度存在的基础分析

（一）社会现实基础分析

在我国大陆，自 20 世纪 80 年代以来，离婚率在不断上升，因夫妻一方与他人同居、重婚、实施家庭暴力等导致婚姻破裂的离婚案件在增多，许多无过错离婚当事人因过错配偶的侵权违法行为，身心受到严重摧残，也严重影响着婚姻家庭的稳定。面对婚姻家庭领域中出现的这些现实问题，仅仅用道德去教化，用社会舆论去约束，已难以奏效，受害配偶们发出了制裁过错者，要求过错方"给予一定经济补偿"的强烈呼声，社会多方力量积极呼吁填补法律漏洞，通过法律手段来调整和规范人们的行为。[1] 2001 年修正大陆《婚姻法》时增设离婚损害赔偿制度，回应民众的呼声是一个重要的原因，另一个重要原因则是回应司法实践之"有法可依"的需要。如今，该制度在我国大陆正发挥着填补损害、慰抚精神、制裁和预防违法行为的功能，保护着合法婚姻关系，保障无过错方的合法权益，维护社会公序良俗。这是该制度设立的社会现实基础。

（二）权利救济基础

有权利，就必须有救济。我国《宪法》第 49 条规定，"婚姻家庭、母亲和儿童受国家保护"。依法缔结婚姻的男女建立起夫妻身份关系，夫妻间互负相互忠实、相互扶养等法定的权利和义务。重婚、与他人同居是对夫妻忠实义务的违反，遗弃家庭成员是对法定扶养义务的违反，实施家庭暴力、虐待家庭成员，是对家庭成员作为独立个体的基本健康权或生命权的侵害。当无过错配偶一方的婚姻家庭权利受到他方配偶的侵害导致离婚的，法律应当予以救济。建立离婚损害赔偿制度，这使司法部门追究过错配偶的责任有法可依，使破坏婚姻家庭的违法者承担责任，有利于保护无过错离婚当事人的合法权益。

---

[1] 陈苇：《建立我国离婚损害赔偿制度研究》，载《现代法学》1998 年第 6 期。

（三）立法价值基础

第一，离婚损害赔偿符合法律的公平正义价值。公平和正义是法律的立身之本。例如，前"应当追究离婚过错者责任说"所述，在具有较高离婚自由度的当今社会，只有追究过错方的损害赔偿责任才符合法律的公平与正义。婚姻当事人一方因另一方的过错行为致使权利受到了侵害和损失，而婚姻另一方却因此获得了利益或保持原有的权利不变，这导致婚姻当事人之间权利义务的失衡。正如学者指出的那样，离婚损害赔偿制度责令婚姻当事人过错一方对受害一方进行补偿、承担责任，从而使双方的权利义务趋于平衡，使受害方的权利得以恢复或保障，实现社会公平。在婚姻家庭中，发生家庭暴力、虐待、遗弃等侵权行为，大多是配偶一方利用生理优势或经济优势侵害配偶他方的权利，是婚姻中强者专权的体现，法律要贯彻保护弱者的精神，采取有效措施对受害弱者进行保护，实现社会正义。[①]

第二，离婚损害赔偿符合法律的秩序价值。秩序是家庭和社会有效运行的保障。在当今社会，许多国家都通过法律手段对婚姻家庭关系进行适度干预，呈现私法公法化的发展趋势，以期保障实现家庭的职能，维护社会发展的良性秩序。一夫一妻制是人类走向文明的标志。有配偶者与他人同居或重婚是公然挑战一夫一妻婚姻制度的行为，严重违背婚姻法的基本原则、影响社会的文明进步。实施家庭暴力，虐待、遗弃家庭成员是严重侵犯基本人权的行为，既是对独立人格的践踏，也是对家庭基本义务的违反。[②] 离婚损害赔偿制度可以预防和制裁严重违反婚姻家庭法的过错行为，填补受害方的损害、慰抚其精神，体现了国家公权力的适度干预，从而维护婚姻当事人的基本人权，维护社会秩序与公序良俗。

（四）制度体系基础

目前，我国大陆的离婚救济制度包括离婚帮助制度、离婚经济补偿制度和离婚损害赔偿制度，这三种制度各以其特殊的救济功能和专门的制度设计，共同构成离婚救济制度的完整体系。离婚经济帮助制度旨在给予离婚时生活困难一方的经济帮助，以解决其离婚后的经济困难，以期保障婚姻当事人行使离婚自由的权利。离婚经济补偿制度旨在实现对夫妻各方婚姻期间所做间接经济贡献（家务劳动）的价值确认与直接经济贡献（职业劳动所得利益）的公平分配，即对于实行约定分别财产制的夫妻，夫妻一方在婚姻存续期间抚养子女、赡养老人以及协助另一方工作等尽了较多家庭义务的，离婚时由夫妻另一方给予经济补偿，以平衡夫妻在婚姻期间取得的经济利益，从而体现对家务劳动的价值的承认，实现对家庭中处于相对弱势方利益的保护。离婚损害赔偿制度旨在离婚时，基于无过错配偶之请求，法院责令有配偶者对其违法侵害合法婚姻关系和配偶合法权益造成的损害后果，承担赔偿损失、给付慰抚金等民事责任，以期填补损害、慰抚受害方之精神，制裁加害方的违法行为，达到保护合法婚姻关系，保障无过错配偶合法权益之目的。[③] 总之，我国大陆的三种离婚救济制度在保障离婚自由的同时，救济离婚当事人的生活困难，承认家务劳动的价值，惩戒违法行为，保护无过错配偶的合法权益。三者的法律功能与制度设

---

① 钱叶卫：《婚内侵权损害赔偿问题新探》，载《中华女子学院学报》2009 年第 4 期。

② 宋豫：《国家干预与家庭自治：现代家庭立法发展方向研究》，河南人民出版社 2011 年版，第 11-21 页。

③ 陈苇：《中国婚姻家庭立法研究》，群众出版社 2010 年版，第 63-71 页。

计的差异，使三者独立存在而不宜相互替代。

### 四、离婚损害赔偿制度"否定说"正误之辨析

以下针对我国大陆学者对离婚损害赔偿制度存废的争论焦点主要集中的四个方面问题，笔者对"否定说"之诸学说进行正误之辨析。

第一，离婚损害赔偿并不违背无过错离婚主义原则。离婚破裂主义原则坚持无论当事人是否有过错，只要婚姻关系破裂，均应允许离婚。至于过错方是否应承担损害赔偿的责任，则并非破裂主义要解决的问题。有学者指出，无过错离婚主义给予过错方提起离婚的权利，也不以过错作为准予离婚的法定条件，但是并不是法律对确因一方过错所引起的离婚不应无所作为，只有追究过错方的损害赔偿责任才符合法律的正义。① 离婚损害赔偿制度具有填补损害、慰抚精神、预防和制裁违法行为的功能，对维护合法婚姻关系和无过错方配偶的合法权益具有重要意义。在实行无过错主义离婚的今天，这一制度仍然具有存在的价值。

第二，离婚损害赔偿的制度具有特殊的功能和不可替代的独立地位。如前所述，我国大陆有些学者提出了替代离婚损害赔偿制度的方案，主要有：或适用一般侵权责任制度，或设立婚内损害赔偿制度，或适用离婚经济帮助制度。但我们认为，离婚损害赔偿制度的特殊功能决定其具有不可替代的独立地位。

在我国大陆，如前所述，离婚损害赔偿制度具有不同于与离婚经济帮助制度的功能，它是离婚救济制度体系的重要组成部分，不能以离婚经济帮助制度取代。而离婚损害赔偿制度与一般侵权损害赔偿制度、婚内损害赔偿制度三者虽然在法律功能上相近，但在制度设计上差异明显。离婚损害赔偿与一般侵权损害赔偿的差异：其一，请求权行使的主体不同，前者是特定的民事主体，须为无过错的配偶一方，如当事人有法定过错即无请求资格；后者则包括一切自然人和法人，行为人主观上可能存在混合过错、共同过错等过错形式，可以适用过错相抵原则。其二，请求权行使的时效不同，前者是以离婚为条件，且只能在提起离婚时或者离婚后一年内，才能行使请求赔偿的权利。后者则不以离婚为条件，且在法定诉讼时效内可以随时提出。② 其三，请求赔偿的法定条件不同，前者限定为婚姻期间发生四类严重过错行为导致离婚所产生的损害，即是以法定过错行为导致离婚这一法定特殊结果为条件，仅有法定严重过错行为而未导致离婚的或仅有离婚请求却无法定过错行为的均不能提起离婚损害赔偿；后者则只要存在一般侵权的过错行为及一般的损害结果，即可请求侵权损害赔偿。例如，我国《婚姻法》第46条规定的实施家庭暴力、虐待、遗弃家庭成员的行为，属于亲属间的特殊侵权行为，必须基于以上过错行为导致夫妻感情破裂而离婚的，无过错方才能提出离婚损害赔偿，这不同于一般侵权责任损害赔偿。离婚损害赔偿将过错行为与导致离婚的结果作为请求赔偿的法定条件，这是与一般侵权行为的根本区别之处。另外，正如前述"婚姻关系的特殊性说"，婚姻家庭的身份性、伦理性决定一般侵权责任制度不宜直接适用于解决离婚损害赔偿问题。③

---

① 夏吟兰：《离婚衡平机制研究》，载《中华女子学院学报》2004年第5期。
② 吴晓芳：《被告作为无过错方提出离婚损害赔偿的请求不构成反诉》，载《人民司法》2005年第1期。
③ 雷春红：《新中国六十周年离婚法学论争纪实与评述》，载《河北法学》2010年第3期。

那么，是否增设婚内损害赔偿制度即可取代离婚损害赔偿制度呢？主张建立婚内损害赔偿制度的学者仍然是基于一般侵权损害赔偿的制度设计，要求或是在一般侵权法中，或是在婚姻法中明确规定婚内损害行为。除前述理由以及"肯定说"中"婚内损害赔偿难以实现说"之理由外，二者的差异还在于离婚损害赔偿是以法定严重过错行为导致离婚为要件，而婚内损害赔偿不以导致离婚为要件，所以婚内侵权损害赔偿是在保持婚姻关系存续下请求赔偿，其不能涵盖法定严重过错行为导致婚姻破裂的离婚损害赔偿。也就是说，婚内侵权赔偿制度与离婚损害赔偿制度各有其不同的构成要件和功能，各有其存在的法理基础。

第三，离婚损害赔偿被适用少，这亦不能成为否定其存在的理由。就法律的适用情况而言，不同的法律制度有不同的功能并调整不同的社会关系。在人们的思想观念和生活方式呈现多元化的现代社会，多数人群体的合法权益与少数人群体的合法权益都应当受到法律的尊重和保护，故不同的法律被适用的数量有多少之别，这正表明法律能够适应调整不同社会关系的需要。① 因此，不能认为被适用量较少的法律就"无用武之地"而应当被废除。例如，刑罚中的死刑制度，其目前在刑罚中适用最少却不能因此而被废除，如前所述，根据我们的实证调查，离婚损害赔偿在司法实践中适用少的主要原因是"举证难"问题，其与当事人缺乏权利意识和保存证据知识，以及举证证明标准不尽合理等关联较大，需要采取相关措施促进这一制度的适用。离婚损害赔偿制度作为一项填补损害与惩罚过错相结合的离婚救济制度，以其特殊的功能和专门的制度设计，彰显的法律公平、正义、秩序之价值，不能以其被适用的多少而作出否定性评价。

第四，离婚损害赔偿不会导致婚姻的商品化。正如我国台湾学者王泽鉴先生所言："……所谓损害赔偿将使婚姻关系成为商业化，也属似是而非，现行法规定，人格权遭侵害者，被害人得以法律规定，请求损害赔偿或慰抚金，损害赔偿不足使人格权成为商业化，毫无疑问，婚姻关系也依然。"② 如前所述，从我国现实生活来看，离婚当事人要求离婚过错方给予一定经济赔偿的呼声很高。有人担心这会出现"爱情转化为金钱"的现象，是只见表面，未见实质。离婚损害赔偿制度实质上是用赔偿之财产，填补损害、慰抚受害人精神，并有利于制裁违法行为。既然损害赔偿不会使人格权转化为金钱，毫无疑问，离婚损害赔偿也不会使爱情转化为金钱。③

### 五、我国大陆与台湾地区离婚损害赔偿制度的比较与评析

离婚损害赔偿制度，在我国大陆与台湾地区均已经设立。大陆该制度的内容主要由《婚姻法》第46条和相关司法解释构成，台湾地区该制度的内容主要体现在台湾地区"民法"（以下简称台湾"民法"）第1056条之中。以下，笔者对我国大陆和台湾地区的制度进行对比研究与评析，以期考察大陆离婚损害赔偿制度的合理与不足之处，探讨分析其有无改进的余地。

第一，适用范围。我国大陆与台湾地区的离婚损害赔偿均可适用于判决离婚，但在协

---

① 陈苇、于林洋：《论我国离婚经济补偿制度的命运：完善抑或废除》，载《法学》2011年第6期。

② 王泽鉴：《民法学说与判例研究》（第1册），中国政法大学出版社2005年版，第328页。

③ 陈苇：《应建立离婚损害赔偿制度》，载李银河、马忆南：《婚姻法修改论争》，光明日报出版社1999年版，第234-235页。

议离婚的适用上有一定的差异。根据大陆 2001 年《最高人民法院关于适用〈中华人民共和国婚姻法〉若干问题的解释（一）》，在诉讼离婚案件中，无过错方作为原告提起损害赔偿请求，必须在离婚诉讼的同时提出。对于协议离婚，当事人可以在办理离婚登记手续后一年内提出离婚损害赔偿，但当事人在协议离婚时已经明确表示抛弃该项请求的除外。① 台湾"民法"第 1056 条第 1 款规定："夫妻之一方，因判决离婚而受有损害者，得向有过失之他方，请求赔偿。"据此，我国台湾地区离婚损害赔偿主要适用于判决离婚。对于协议离婚，我国台湾地区有学者认为，若当事人两愿离婚时就损害赔偿没有协商的，则不得请求。②③ 可见，对于离婚损害赔偿的适用范围，我国大陆与台湾地区都采用的是裁判离婚与协议离婚均可适用的"双轨制"，然而，其差异在于，台湾地区须在协议离婚的同时提出，而不能像大陆可以在协议离婚后一年内提出。笔者认为，协议离婚与判决离婚仅仅是终止夫妻关系的不同的法律程序，不应当有效力上的差异。只要因婚姻当事人一方的法定严重过错行为而导致离婚的，即使协议离婚时无过错方当事人没有提出离婚损害赔偿请求的（且未表示放弃此请求的），也不应当剥夺其权利，应当允许其在法定期限内提出该请求。因此，我国大陆的现行规定更为合理。

第二，法定原因。对于离婚损害赔偿的法定原因，我国大陆严格限定为四项法定事由，而我国台湾地区的法定事由则较为宽泛。大陆《婚姻法》第 46 条规定："有下列情形之一，导致离婚的，无过错方有权请求损害赔偿：（一）重婚的；（二）有配偶者与他人同居的；（三）实施家庭暴力的；（四）虐待、遗弃家庭成员的。"只有出现这四项法定事由且导致离婚的，才能请求离婚损害赔偿。我国台湾地区对离婚损害赔偿的法定事由，采用概括性的规定，即在裁判离婚的情形下，只要因一方的有责原因引起离婚的，另一方就可以请求离婚损害赔偿。台湾"民法"第 1052 条列举了裁判离婚的 10 个法定原因，其中有 7 个属于有责的离婚原因，包括：重婚、与配偶以外之人合意性交，夫妻之一方对他方为不堪同居之虐待，夫妻之一方以恶意遗弃他方在继续状态中，夫妻之一方意图杀他方，夫妻之一方对他方之直系亲属为虐待，或夫妻一方之直系亲属对他方为虐待，致不堪为共同生活……因故意犯罪经判处有期徒刑逾 6 个月的……④ 凡因这些有责原因而导致离婚的，均可以提起离婚损害赔偿。⑤⑥ 可见，我国台湾地区离婚损害赔偿的法定事由与法定过错的离婚事由是完全相同的，所以其比我国大陆地区的规定宽泛。

关于离婚损害赔偿的法定事由，从比较来看，我国台湾地区列举的离婚损害赔偿的有责事由基本包括了大陆规定的法定事由，此外还有通奸、卖淫嫖娼等与配偶以外之人合意

---

① 参见《婚姻法解释一》第 27、29、30 条。

② 戴炎辉、戴东雄等著：《亲属法》，顺清文化事业有限公司 2010 年版，第 286 页。

③ 林秀雄：《亲属法讲义》（第 2 版），台湾元照出版公司 2012 年版，第 211—213 页。

④ 台湾"民法"第 1052 条规定："夫妻之一方，有下列情形之一者，他方得向法院请求离婚：一、重婚。二、与配偶以外之人合意性交。三、夫妻之一方对他方为不堪同居之虐待。四、夫妻之一方对他方之直系亲属为虐待，或夫妻一方之直系亲属对他方为虐待，致不堪为共同生活。五、夫妻之一方以恶意遗弃他方在继续状态中。六、夫妻之一方意图杀害他方。七、有不治之恶疾。八、有重大不治之精神病。九、生死不明已逾三年。十、因故意犯罪，经判处有期徒刑逾六个月。有前项以外之重大事由，难以维持婚姻者，夫妻之一方得请求离婚。但其事由应由夫妻之一方负责者，仅他方得请求离婚。"

⑤ 戴炎辉、戴东雄等著：《亲属法》，顺清文化事业有限公司 2010 年版，第 286 页。

⑥ 林秀雄：《亲属法讲义》（第 2 版），台湾元照出版公司 2012 年版，第 211—213 页。

性交，夫妻一方之直系亲属对他方为虐待致不堪为共同生活的，夫妻一方意图杀害他方，因故意犯罪判处有期徒刑逾 6 个月等情形。我国大陆地区有些学者提出了对现有法定事由"扩大说"，建议借鉴台湾地区相关规定，增加大陆地区离婚损害赔偿的法定事由。① 对于我国台湾地区的这些规定，我国大陆地区是否应予借鉴？笔者认为，其一，通奸、卖淫嫖娼的行为是否应列入我国大陆地区离婚损害赔偿法定事由的问题。在现代社会，通奸是一种不道德行为，其与重婚、有配偶者与他人同居这些公然违反一夫一妻制的违法或犯罪行为的性质不同。婚姻家庭关系既是重要的伦理关系，又是重要的法律关系，既要导之以德，又要约之依法。以道德规范通奸行为，更符合社会之现实情况。而对于卖淫嫖娼行为，我国大陆主要通过行政规章或构成刑事犯罪的由刑法予以处理，其惩治手段强于民事制裁，因此以上两类行为不宜列入大陆离婚损害赔偿的法定事由。其二，故意犯罪判处有期徒刑以及故意杀害配偶他方导致婚姻关系破裂的，是否应列入我国大陆离婚损害赔偿法定事由的问题。目前，我国大陆的刑事政策是立足于对服刑罪犯的教育和改造，需要配偶和近亲属的积极配合，如若再追究服刑罪犯的民事赔偿责任，无异于雪上加霜，故此在我国大陆不宜将此两类行为纳入离婚损害赔偿的法定事由。其三，夫妻一方之直系亲属对他方为虐待致不堪为共同生活导致离婚行为，是否应列入大陆离婚损害赔偿法定事由。在我国大陆的部分农村地区，仍然存在公婆以暴力"管教"儿媳的旧俗，这属于近亲属间的家庭暴力行为，其严重侵犯配偶一方的人身权益，往往导致受害方配偶不堪与之共同生活。故此，我国大陆可以考虑借鉴台湾地区做法，增设类似规定。其四，我国大陆有学者还提出了"设立兜底条款说"，建议借鉴台湾地区做法，对离婚赔偿的法定事由增加概括性兜底条款。② 笔者认为，我国大陆《婚姻法》列举的四项法定事由，主要为严重违反一夫一妻制婚姻义务或严重侵害他人人身权益，并由此造成离婚的违法行为。对这些行为导致离婚的，无过错配偶有权请求赔偿，这体现了法律对无过错配偶的基本人权之保护，对实现家庭职能的保障，对社会公序良俗秩序的维护，是国家公权力对婚姻家庭领域的适度干预。因此，我国大陆现有离婚损害赔偿的法定事由范围是合理的，不宜作扩大化解释。如果设立兜底条款，可能会增加司法实践的随意性。

综上，笔者认为我国大陆应当从实际出发，将离婚损害赔偿的法定事由严格限定在严重违反一夫一妻制婚姻义务或严重侵害他方配偶人身权益的范围内。

第三，请求权主体。我国大陆和台湾地区立法都规定离婚损害赔偿请求权的权利主体限于无过错方，但是在财产损害赔偿的请求权主体上，存在显著差异。具体而言，我国大陆《最高人民法院关于适用〈中华人民共和国婚姻法〉若干问题的解释（三）》第 17 条规定："夫妻双方均有婚姻法第四十六条规定的过错情形，一方或者双方向对方提出离婚损害赔偿请求的，人民法院不予支持。"其请求权人必须限于没有实施《婚姻法》第 46 条列举的四项严重法定过错行为的；依据台湾地区"民法"第 1056 条第 2 款规定，对于非财产上的损害赔偿，要求请求人必须无过失，才能请求。但对于财产上的损害赔偿，请求人不论是否有过失，均得请求。如果请求人也有过失的，可适用过失相抵原则处理。③

---

① 刘琳：《试论我国离婚救济制度的重构》，载《湖南社会科学》2006 年第 4 期。

② 夏吟兰：《离婚救济制度之实证研究》，载《政法论坛》2003 年第 6 期。

③ 高凤仙：《亲属法理论与实务》，台湾五南图书出版有限公司 2012 年版，第 180 页。

由上可见，离婚损害赔偿请求权的主体是否应当限于无过错方配偶，并且是否实行过错相抵原则，我国大陆与台湾地区的规定有所不同。笔者认为，如果配偶双方均故意实施了法定违法行为而导致离婚的，其违法行为性质相同，只是在数量上可能有"五十步与一百步"之差别。大陆《婚姻法》将请求权主体限于无过错配偶，而不采用过错相抵原则，这有利于促使公民严肃认真地对待婚姻关系，预防侵害夫妻合法权益的违法行为的发生，也可以避免为证明离婚配偶双方过错大小举证困难，这是合理的。①

第四，义务主体。有过错的配偶一方是离婚损害赔偿的义务主体，这为我国大陆与台湾地区规定的共性。但是对于第三者能否成为损害赔偿的义务主体，我国大陆与台湾地区的规定和司法实践是不相同的。我国台湾学者认为，台湾早期以"民法"第184条第1项后段为依据，1999年台湾"民法"修订时增补第195条第3项之规定，明确了在特定身份法益受侵害而情节重大时，赋予被害人请求慰抚金的权利，成为台湾地区追究侵害婚姻家庭的"第三者"责任的法律依据。而对过错一方配偶，或者适用台湾"民法"第185条第1款追求过错配偶的连带责任，或者在裁判离婚的情况下适用台湾"民法"第1056条追究过错配偶责任。② 可见，我国台湾地区是以一般侵权责任的方式追究"第三者"责任，而非以第1056条离婚损害赔偿之规定为依据的。而大陆《婚姻法》第46条规定的离婚损害赔偿的义务主体仅限于婚姻关系的过错方，并不涉及破坏婚姻关系的"第三者"，并且《侵权责任法》，对此也无规定。

笔者认为，"第三者"是一个社会学概念，通常是指介入他人婚姻，与夫妻一方有婚外性关系的人，第三者介入他人婚姻家庭的行为包括第三者与有配偶者重婚、同居、通奸等，这些行为的性质不同，不宜用法律一概加以惩罚，而应分层规范。在我国大陆，根据《刑法》第258、259条规定，"第三者"如果主观上恶意，明知他人有配偶而与之结婚的，明知是现役军人的配偶而与之同居或者结婚的，均构成犯罪，应依法追究刑事责任；如果主观上善意，不知道对方有配偶的，不构成犯罪，不予追究刑事责任。通奸属于道德约束范畴，对过错方配偶尚不追究其离婚损害赔偿责任，对与之有共同过错的"第三者"也不应追究此责任。正如有学者指出的那样，"第三者"现象不仅涉及社会现象、社会心理，也涉及人的行为、情感，这一现象的大量出现绝不是一个单纯的法律问题，它同时是一个极为复杂的社会问题，其社会现实的复杂程度，是法律难以用统一的尺度建立衡量标准的。③ 所以，对于破坏他人婚姻关系的"第三者"由道德调整是更为现实的选择。

### 六、完善我国大陆离婚损害赔偿制度的思考

综上所述，在我国大陆，完善离婚损害赔偿制度既有社会现实需要的基础，也有包括权利救济、立法价值及制度体系的坚实法理基础，其独特的功能与专门制度设计，为其他制度所无法替代；与我国台湾地区的制度比较研究也表明，我国大陆的离婚损害赔偿制度符合大陆的国情与民需，立法内容具有合理性。当然，我国大陆离婚损害赔偿制度在司法实践中也显不足，其主要症结在于"举证难"问题，这需要我们认真检视这一制度，采

---

① 陈苇：《离婚损害赔偿法律适用若干问题探讨》，载《法商研究》2002年第2期。
② 叶启洲：《身份法益侵害之损害赔偿的实务发展及其检讨》，载《政大法学评论》2012年第8期。
③ 周安平：《性爱与婚姻的困惑——"第三者"民事责任的理论与现实之探讨》，载《现代法学》2001年第2期。

取切实措施加以完善。

第一，适用范围的思考。对离婚损害赔偿适用范围之协议离婚时权利行使的时效，我国大陆是坚持现行的可在协议离婚后一年内提出，还是借鉴我国台湾地区的须在协议离婚的同时提出？笔者认为，基于同样的法定严重过错行为导致离婚后果而受到的损害，应当给予同样保护之理由，协议离婚与判决离婚仅仅是终止夫妻关系的不同的法律程序，不应当有效力上的差异，我国大陆应当坚持现行规定即协议离婚的无过错方，可以在登记离婚后一年的法定期限内提出离婚损害赔偿请求，但协议离婚时明示放弃的除外。

第二，法定原因的思考。对离婚损害赔偿的法定原因，我国大陆是坚持现行的严格"限定主义"，还是借鉴我国台湾地区采取"扩大主义"？笔者认为，基于现代国家对婚姻家庭这一自治领域之公力干预应当适度和谨慎，以维护基本人权、基本社会秩序为核心之理由。笔者认为，应当坚持严格限定的列举主义，仅对破坏一夫一妻制之婚姻家庭秩序以及侵害基本人权的严重过错行为者，予以承担民事责任，以禁止司法实践的随意扩张适用。此外，建议我国大陆可借鉴我国台湾地区的规定，增设离婚损害赔偿的法定情形：夫妻一方之直系亲属对他方为家庭暴力、虐待，致不堪为共同生活而导致离婚的，可以提出损害赔偿。

第三，请求权主体的思考。对离婚损害赔偿的请求权主体，我国大陆是坚持必须为无过错方标准，还是借鉴我国台湾地区采取过错相抵原则？笔者认为，基于大陆婚姻家庭关系的伦理属性以及离婚损害赔偿制度的法定过错行为的限定性之理由，应当继续坚持请求权主体为无过错方的标准，以期更好地发挥离婚损害赔偿制度的预防功能，维护家庭与社会良性秩序。

第四，义务主体的思考。对破坏他人婚姻关系的"第三者"能否成为离婚损害赔偿的义务主体，我国大陆是坚持现行的排除规定，还是借鉴我国台湾地区立法将其纳入损害赔偿之义务主体的范围？笔者认为，基于破坏婚姻家庭的行为的性质不同，应当分层规范的理由，大陆应坚持对于破坏他人婚姻家庭的第三者，如果其行为构成犯罪的，应依法追究其刑事责任，但不追究其民事责任；对于未构成犯罪的，不纳入义务主体范围。

第五，证明标准的思考。"举证难"问题是我国大陆离婚损害赔偿制度在司法适用中的主要障碍。基于最高人民法院司法解释确立的民事诉讼"优势证据规则"的规定，笔者认为在离婚损害赔偿案件的事实认定中，法院应当从离婚案件的具体情况出发，适用优势证据规则，以盖然性法律事实的证成支持受害当事人的请求，保护其合法权益，以发挥离婚损害赔偿制度之功能。[①] 例如，在家庭暴力事实的认定上，只要受害者能提供一些家庭暴力的基础性证据，能够证明当事人之间很可能存在家庭暴力行为，而另一方当事人没有否认或无证据推翻受害者的主张，即可推定家庭暴力事实存在。此外，建议加强法制宣传，我国大陆法院可从司法实务角度提供四项违法行为的证据保存与提交的指导性资料，培养当事人的举证意识和收集、保存证据的能力。

---

① 张榕、陈朝阳：《论作为司法能动性之核心的法官自由裁量权——以最高人民法院民事证据规定为中心》，载《河北法学》2005 年第 4 期。

# 中国离婚救济法律制度的创新思路[①]

陈　苇　石　雷[*]

## 目　次

进入 21 世纪以来，在中国[②]，离婚救济法律制度[③]有新的重要发展，新增了离婚经济补偿和离婚损害赔偿制度。本文试图考察进入 21 世纪以来中国离婚救济制度新发展的历史背景，阐述中国离婚救济制度新发展的内容，分析其存在的不足，进而提出其立法完善建议。

## 一、中国离婚救济法律制度新发展的历史背景

进入 21 世纪以来，中国经济依然保持较快发展。国人在收入逐步增长的同时，也更关注个人的情感及生活的幸福。目前，我国民众普遍接受了这一事实，即离婚不再是一件有损面子的事。据中国民政部的统计，1996 年离婚的有 113.2 万对，比上年增长 7.7 万对，离婚率为 1.85‰，1997 年离婚的有 119.8 万对，比上年增长 6.6 万对，离婚率为 1.94‰，1998 年离婚的有 119.1 万对，离婚率为 1.91‰，1999 年离婚的有 120.1 万对，比上年增长 1 万对，离婚率为 1.91‰，2000 年离婚的有 121.2 万对，比上年增长 1.1 万

---

[①]　本文为中国司法部"法治建设与法学理论研究部级科研项目"（项目编号：09SFB5019）的子课题研究成果，载《社会科学辑刊》2013 年第 1 期。本文在被编入本书时论文的标题和部分内容被进行了适当的修改和补充。

[*]　陈苇，女，西南政法大学外国家庭法及妇女理论研究中心主任，民商法学院教授、博士生导师；石雷，男，西南政法大学民商法博士研究生，应用法学院教师。

[②]　本文研究的中国离婚救济制度指中国内地的离婚救济制度。以下除特别说明外，中国均指中国内地。

[③]　必须说明，关于离婚救济制度的内容，我国学者马忆南教授认为，离婚救济制度主要包括离婚财产分割、离婚扶养给付（含离婚经济帮助和离婚经济补偿）、离婚损害赔偿三种形式。参见马忆南：《离婚救济制度的评价与选择》，载《中外法学》2005 年第 2 期。本文作者依据中国现行法律的规定，将离婚救济制度分为离婚经济补偿、离婚经济帮助和离婚损害赔偿三部分进行讨论。

对，离婚率为 1.91‰。从这五年情况来看，离婚人数表现出明显的上升趋势。[1]

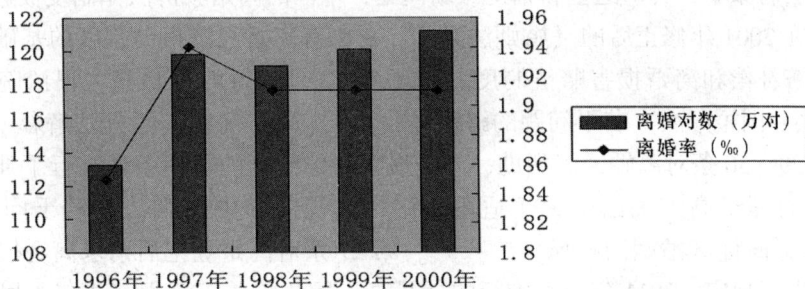

**图 (1) 1996—2000 年中国离婚对数和离婚率统计表**

离婚涉及双方当事人及未成年子女等利害关系人的利益，轻率离婚往往可能给当事人双方尤其是夫妻中的弱势方及其未成年子女带来重大影响。首先，对当事人而言，离婚可能会对夫妻双方的身心健康产生不利影响。社会心理学家的研究表明：离婚后有些夫妻双方的生活标准下滑，心理压力增加，抑郁表现明显，并伴随有其他的心理健康问题：(1) 离婚或分居的个体在精神病患者中占有较高比重，其中，男性患者是完整家庭病人的 9 倍，女性患者是完整家庭病人的 3 倍。(2) 在离婚过程中和紧接离婚后的一段时间内，离婚产生的抑郁症状呈上升态势。(3) 与没有婚姻危机或未婚者相比，高龄的分居和离异男性更易出现自残行为，高龄的分居或离异女性更易出现心脏病等疾患。此外，由离婚者酗酒导致的车祸事故也较频繁，离婚者和分居者的自杀比例是未经历离婚者的 2 倍。[2] 其次，离婚家庭的子女往往对生活的幸福感降低。稳定和谐的婚姻能为未成年子女带来更大利益。[3] 父母离婚后，父母一方照顾未成年子女的情况较之完整家庭，明显会给照料子女一方带来更大的经济压力和家务负担。如若父母一方再婚，继父或继母加入家庭会给未成年子女带来很大的心理压力，继父母对继子女的抚养也会出现许多初婚家庭中预料不到的困难，总之，离婚的单亲家庭或有继父母的家庭其子女往往对生活的主观幸福感较低。[4] 最后，离婚往往会对女方带来较多不利影响。相对男性而言，有部分女性往往更愿意把家庭放在生活的首位。选择辞职在家相夫教子的女方一旦离婚，往往陷入没有生活来源的经济困境。有不少已婚女性因为家务事的拖累在职场晋升中处于劣势。在我国现实生活中，第三者插足破坏婚姻家庭的"包二奶"现象时有发生，因为"包二奶"离婚的给家庭中的妻方和未成年子女带来了严重伤害。家庭暴力也呈上升趋势，由此引发了女性

---

① 中华人民共和国民政部：《1996—2000 年社会服务发展统计报告》，载 http：//cws. mca. gov. cn/article/tjbg/，访问日期：2012 年 9 月 13 日。

② See B. L. Bloom, S. J. Asher & S. W. White, *Marital disruption as a stressor: A review and analysis*, Psychological Bulletin, 85, 1978, pp. 867–894. 转引自李维：《社会心理学新发展》，上海教育出版社 2006 年版，第 392–393 页。

③ Marsha Garrison, Reviving Marriage: *Could we? Should We?* Journal of Law & Family Studies, Vol 10, 2008, p. 313.

④ 在孩子的整体主观幸福感方面，第一次结婚的家庭子女的主观幸福指数最高，其次是长期单身家庭中的子女，幸福指数最低的是继父母子女家庭和离异家庭的子女。See A. C. Acock & D. H. Demo, *Family Diversity and Well-being*, Thousand Oaks, CA: Sage Publication, 1994. 转引自李维：《社会心理学新发展》，上海教育出版社 2006 年版，第 405–406 页。

犯罪率上升。①

在此社会背景下，针对这些新情况、新问题，中国的离婚救济法律制度被进行了新的补充发展，在2001年修正后的《婚姻法》中，在原有离婚经济帮助制度的基础上，新增加了离婚经济补偿和离婚损害赔偿制度。2001年12月施行的《最高人民法院关于适用〈中华人民共和国婚姻法〉若干问题的解释（一）》［以下简称《婚姻法解释（一）》］第27、28、29、30条对离婚经济帮助、离婚损害赔偿制度的适用条件进行了补充。2004年4月施行的《最高人民法院关于适用〈中华人民共和国婚姻法〉若干问题的解释（二）》［以下简称《婚姻法解释（二）》］第27条对离婚登记后请求离婚损害赔偿的适用条件作出了规定。2011年8月施行的《最高人民法院关于适用〈中华人民共和国婚姻法〉若干问题的解释（三）》［以下简称《婚姻法解释（三）》］第17条对离婚损害赔偿请求权的主体条件作出了进一步规定。这些都是对中国离婚救济制度的新发展。

## 二、中国离婚救济法律制度新发展的内容

在中国，进入21世纪以来，离婚救济制度新发展的内容主要有以下两个部分。第一部分为离婚救济制度立法内容的补充发展。2001年4月28日起施行的我国修正后的《婚姻法》对有关离婚救济的法律规定进行了新补充。1980年《婚姻法》的原有规定较为原则，涉及离婚救济的只有第33条。该条规定："离婚时，如一方生活困难，另一方应给予适当的经济帮助。具体办法由双方协议；协议不成时，由人民法院判决。"2001年4月修正后的《婚姻法》第42条仍沿用原离婚经济帮助制度，并增加规定经济帮助的财产包括另一方的住房等个人财产。此外，新增第40、46条，分别确立了离婚经济补偿制度和离婚损害赔偿制度。该第40条规定："夫妻书面约定婚姻关系存续期间所得的财产归各自所有，一方因抚育子女、照料老人、协助另一方工作等付出较多义务的，离婚时有权向另一方请求补偿，另一方应当予以补偿。"该第46条规定："有下列情形之一，导致离婚的，无过错方有权请求损害赔偿：（一）重婚的；（二）有配偶者与他人同居的；（三）实施家庭暴力的；（四）虐待、遗弃家庭成员的。"

第二部分为离婚救济制度之适用的司法解释内容的补充发展。最高人民法院于2001年12月27日施行的《婚姻法解释（一）》②用四个条文对离婚经济帮助，离婚损害赔偿的赔偿范围、赔偿责任主体、请求权行使的时间作了解释。第27条规定，一方生活困难，是指依靠个人财产和离婚时分得的财产无法维持当地基本生活水平。一方离婚后没有住处的，属于生活困难。第28条规定，离婚损害赔偿包括物质损害赔偿和精神损害赔偿。第29条规定，离婚损害赔偿的主体为离婚诉讼当事人中无过错方的配偶。第30条规定，离婚诉讼中的符合《婚姻法》第46条规定的无过错方作为原告只能在离婚诉讼时提起离婚损害赔偿。无过错方作为被告最迟可以在离婚后一年内单独提起诉讼。无过错方作为被告一审未提出离婚损害赔偿的，二审期间提出的，人民法院应当进行调解，调解不成的，告

① 陈苇：《婚姻法修改及其完善》，载《现代法学》2003年第4期。
② 《婚姻法解释（一）》第1、2条还对2001年新修正《婚姻法》中出现的术语，如"家庭暴力""有配偶者与他人同居"等概念作了界定。根据《婚姻法解释（一）》第1条，在中国，家庭暴力主要包括身体暴力，不包括精神暴力和冷暴力。

知当事人在离婚后一年内另行起诉。2004 年 4 月 1 日施行的《婚姻法解释（二）》第 27 条规定："当事人在婚姻登记机关办理离婚登记手续后，以《婚姻法》第 46 条规定为由向人民法院提出损害赔偿请求的，人民法院应当受理。但当事人在协议离婚时已经明确放弃该项请求，或者在办理离婚登记手续一年后提出的，不予支持。"2011 年 8 月 13 日施行的《婚姻法解释（三）》第 17 条规定："夫妻双方均有《婚姻法》第 46 条规定的过错情形，一方或者双方向对方提出离婚损害赔偿请求的，人民法院不予支持。"

综观 2001 年以来，中国离婚救济法律制度的新发展主要有以下三个特点：

一是层次更丰富，体系更完善。在 2001 年修正后的《婚姻法》中，离婚救济制度较之 1980 年《婚姻法》，由原来的只有离婚经济帮助一种制度，到现在包括离婚经济补偿、离婚经济帮助、离婚损害赔偿三种制度，离婚救济的范围不仅是离婚时生活困难一方，还包括离婚的无过错方，以及实行分别财产制的对家务劳动承担了较多义务的离婚夫妻一方。在保障离婚自由、反对轻率离婚的同时，强化离婚救济，实现保护弱者利益的社会正义与法律公平。[①]

二是家务有补偿，无房有保护。新增的离婚经济补偿制度，明文规定了夫妻书面约定婚姻关系存续期间所得的财产归各自所有，一方因抚育子女、照料老人、协助另一方工作等付出较多义务的，离婚时有权向另一方请求补偿。此增设的经济补偿请求权，体现了公平原则的要求[②]，可以弥补分别财产制的缺陷，保障妇女的合法权益，实现夫妻实质上的平等，这是对家务劳动价值的承认。[③] 且这一请求权系一种独立的权利，而非分割夫妻共同财产时考虑的因素。[④] 在 1980 年《婚姻法》被修正前，我国离婚救济制度只有离婚经济帮助，其只关注离婚的结果。如果离婚时当事人一方生活困难，则有支付能力的另一方应给予经济帮助。该法被修正后，不光只关注离婚后果，同时也关注婚姻生活中的行为。离婚时如果夫妻实行分别财产制，因不存在夫妻共同财产的分割，根据民法的公平原则，法律必须赋予尽义务较多的一方享有经济补偿请求权。[⑤] 这样，该离婚当事人就可依据此新制度的规定请求另一方补偿。这种从只关注结果到过程和结果都予以关注的转变，对婚姻中付出家务劳动较多的弱势一方提供了更全面的保护。此外，修正后的《婚姻法》对离婚经济帮助制度明文补充"住房"这一项财产来源，主要是因为我国过去在计划经济体制下，很多企事业单位及机关在分配住房时一般以夫妻一方为主，且大多是以男方为主，这就导致了离婚后一方往往是女方没有住房。[⑥] 所以，新修正的《婚姻法》增补了经济帮助的财产来源范围包括住房的规定，体现了法律对弱者的人文关怀，具有明显的时代特征，适应了社会日趋文明的发展趋势。[⑦]

三是忠诚要提倡，过错应赔偿。2001 年修正后的《婚姻法》新增第 4 条规定："夫妻应当相互忠实，互相尊重……"；并在前述新增的离婚损害赔偿制度中规定，凡因重婚、

---

① 夏吟兰：《民法亲属编离婚制度之探讨》，载《中华女子学院学报》2002 年第 4 期。

② 陈苇：《完善我国夫妻财产制的立法构想》，载《中国法学》2000 年第 1 期。

③ 余延满：《亲属法原论》，法律出版社 2007 年版，第 352 页。

④ 陈苇：《婚姻法修改及其完善》，载《现代法学》2003 年第 4 期。

⑤ 陈苇：《完善我国夫妻财产制的立法构想》，载《中国法学》2000 年第 1 期。

⑥ 陈苇：《婚姻法修改及其完善》，载《现代法学》2003 年第 4 期。

⑦ 马云驰：《婚姻法的变迁与社会价值观念的演变》，载《当代法学》2003 年第 8 期。

有配偶者与他人同居、实施家庭暴力、虐待遗弃家庭成员这四种法定过错而离婚的，婚姻中无过错方有权要求损害赔偿。设立此制度符合我国《婚姻法》实行一夫一妻、男女平等的基本原则，有利于维护婚姻当事人的合法权益，同时也解决了司法实践中的困境，人民法院在处理此类婚内侵权的离婚案件时不再无法可依。① 对实施重婚、有配偶者与他人同居以及实施家庭暴力、虐待遗弃家庭成员等严重违反《婚姻法》的禁止性规定而导致离婚的行为，无过错方有权请求过错方承担赔偿责任。这符合民法的过错责任原则。正如学者所言，家庭伦理的价值目标决定了亲属法的伦理价值取向，并为亲属法的正当性提供了伦理精神和价值支撑。② 从这一层面讲，离婚损害赔偿制度充分彰显了《婚姻法》的伦理性。

### 三、中国离婚救济法律制度存在的不足

目前，据民政部的统计，2011 年共依法办理离婚手续的有 287.4 万对，比上年增加 19.6 万对，增长 7.3%，粗离婚率为 2.13‰，比上年增加 0.13 个千分点。从近五年情况来看，离婚对数仍呈增长趋势。③

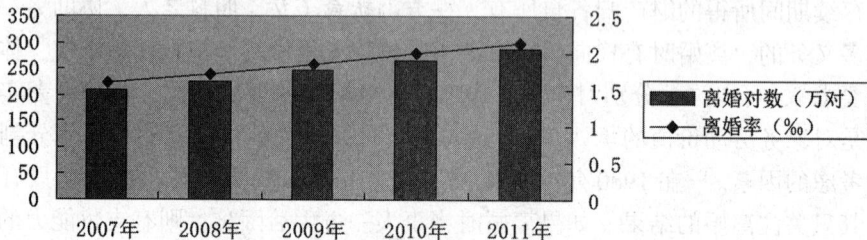

**图（2）　2007—2011 年中国离婚对数和离婚率统计表**

在此情况下，现行离婚救济制度是否能充分保护离婚配偶的合法权益更应值得我们关注。虽然，自 21 世纪以来，离婚救济法律制度经过不断地补充，取得了一定进步，但笔者认为，我国现行离婚救济制度仍存在以下不足：

在司法实践中，我国现行离婚救济制度适用面窄，实施效果不够理想。有关离婚救济制度的适用，国内先后有多位学者对此做过实证研究④，这些实证研究表明：一是获得离婚经济帮助的当事人较少，一般只占到当年受理的离婚案件的 5% 左右；二是由于我国的

---

① 陈苇主编：《婚姻家庭继承法学》，群众出版社 2005 年版，第 267-268 页。
② 曹贤信：《亲属法的伦理性及其限度研究》，群众出版社 2012 年版，第 74 页。
③ 民政部：《民政部发布 2011 年社会服务发展统计公报》，载新浪网，http://news.sina.com.cn/c/2012-06-21/124024634206.shtml，访问日期：2012 年 9 月 21 日。其他年份的数据来自中华人民共和国民政部的网站，http://www.mca.gov.cn/article/zwgk/mzyw/201106/20110600161364.shtml，访问日期：2012 年 6 月 11 日。
④ 参见夏吟兰：《离婚救济制度之实证研究》，载《政法论坛》2003 年第 6 期；马忆南：《离婚救济制度的评价与选择》，载《中外法学》2005 年第 2 期；前两篇文章引用的数据都来自 2001 年 4 月—2002 年 12 月，对北京、厦门、哈尔滨三市的有关情况做的调查。王歌雅：《离婚救济制度：实践与反思》，载《法学论坛》2011 年第 2 期。这篇文章引用的数据来自对北京市海淀区、上海市闵行区、哈尔滨市南岗区 2008 年审结的离婚案件所做的调研。虽然这些实证研究存在统计时间较短，地域有一定的局限性等不足，但鉴于国内目前新的较为全面的实证研究尚无，故我们采用了这些实证研究的部分数据。

法定财产制实行的是婚后所得共同制，采用分别财产制的家庭不多，①所以，在实践中对家务劳动补偿制度的适用非常鲜见②；三是获得离婚损害赔偿的当事人很少。例如，据我们近年开展的"重庆市防治家庭暴力情况实证调查"的统计数据，在重庆市沙坪坝区、南岸区、江北区和渝北区四个地区的人民法院，2008年1月到2010年10月共受理涉及家庭暴力案件为1276件，其中离婚的案件有1230件，从审理结果来看，获得离婚损害赔偿的仅3件。获得离婚经济补偿的仅3件，即不到1%。③总之，能够适用三种离婚救济制度予以救济离婚当事人的案件比例非常小。导致离婚救济制度适用较少的原因是符合法定救济条件的人较少。

（一）我国离婚经济补偿制度之不足

根据我国2001年修正后的《婚姻法》之规定，我国适用离婚经济补偿制度的条件是：夫妻约定实行分别财产制，一方尽家庭义务较多；只能在离婚时提出。此法定条件过于苛刻。

在中国，长期以来，"男主外、女主内"的社会性别分工确定了女性在家庭中承担较多家务劳动的责任。虽然随着妇女就业率的上升，这种分工的基础和前提条件发生了变化，但现实生活中家务劳动主要由妇女承担的状况并没有发生实质改变④。尤其在有些家庭中，女方承担家务劳动较多，支持丈夫攻读学位或者进行技术创新，如果夫妻在丈夫获得学位即将领到丰厚的薪酬前或技术成果即将取得经济效益前离婚，在我国目前绝大多数家庭采取的法定婚后所得共同制的情况下，如果离婚时夫妻共同财产较少或没有，这些承担了较多家务劳动的夫妻一方将无法适用离婚经济补偿制度获得救济。

从域外法考察，承担家务劳动的夫妻一方在婚姻期间可以请求夫妻他方给予一定的经济补偿，行使此请求权并不以离婚为前提。例如，依《瑞士民法典》⑤第181条之规定，瑞士的法定财产制是所得参与制。所得参与制指夫妻对于自己的婚前财产及婚后所得，各自保留所有权、管理权、使用收益权以及有限制的处分权，当夫妻财产制终止时，在夫妻财产清偿各自债务后，婚姻财产的盈余归夫妻双方分享的财产制。在此基础上，《瑞士民法典》第164条规定，负责料理家务、照料子女或扶助配偶他方从事职业或经营事业的配偶一方，有权请求他方支付一笔合理的款项，供其自由处分。第165条规定，在协助配偶他方从事职业或经营事业中，配偶一方的付出显著超过其为扶养家庭应作出的贡献的，其有权请求为此得到合理的补偿金。可见，前述规定属于配偶之家务劳动或家庭特别贡献

---

① 北京市第二中级人民法院2001年5月到2002年12月审结的离婚上诉案件共1032件，涉及离婚经济帮助的案件有76件，其中实行分别财产制的只有2件，而且这2件是双方处于分居或半分居状态时由原来的共同财产制转为分别财产制的。参见中国法学会婚姻家庭法学研究会：《〈婚姻法执行中的问题〉结项报告》，2003年，第62页。转引自马忆南：《离婚救济制度的评价与选择》，载《中外法学》2005年第2期。

② 夏吟兰：《民法亲属编离婚制度之探讨》，载《中华女子学院学报》2002年第4期。

③ 本调查数据来自陈苇担任项目负责人主持进行的："西南政法大学2010年度重大科研项目：中国内地（大陆）与港澳台防治家庭暴力立法与实践研究（项目编号：2010-XZZD01）"的阶段性研究成果"重庆市防治家庭暴力情况实证调查报告"。

④ 龚文娟：关于职业女性工作与家庭冲突分析研究，载中国妇女网，http：//www.women.org.cn/allnews/02/3746.html，访问日期：2012年8月24日。

⑤ 参见殷生根、王燕译：《瑞士民法典》，中国政法大学出版社1999年版。

的经济补偿请求权。① 并且瑞士法的家务劳动的经济补偿请求权之行使不以离婚为前提，此有利于保障及时实现夫妻一方所做家务劳动贡献的经济补偿，值得我国立法借鉴。

对于实行夫妻共同财产制的家庭，离婚财产分割时是否可以请求经济补偿呢？从域外立法看，为承认家务劳动的价值，在国外，除实行分别财产制的英美法系国家，如英国、美国，夫妻离婚时，法官对于婚姻期间各方所得财产实行公平分配外，在实行共同财产制的大陆法系一些国家，夫妻在离婚时应当公平分割婚姻期间所得的共同财产。此外，为救济离婚时无财产可分而导致夫妻一方因对家庭的贡献而自身谋生能力受损却无法补偿的情况，美国、澳大利亚、法国等国还设立了"恢复性扶养制度"。② 例如，美国《统一结婚离婚法》第 308 条规定，法官在考虑配偶扶养费数额的重要参考因素之一就是"要求被扶养一方寻找合适的职业、所需要的教育或培训的必要的时间"。③ 依澳大利亚《1975 年家庭法》第 75 条规定，离婚时法院判定配偶扶养费时需考虑的事项中包括：考虑接受扶养费的一方能通过教育、培训、从事商业活动或其他谋生手段获得足够金钱而提高谋生能力的程度；该方对他方的收入、谋生能力、财产及经济来源的贡献程度。该法第 79 条第 4 款规定，在财产处分之诉讼中，考虑根据本条作出何种命令时，法院应考虑的部分事项包括：婚姻一方当事人为婚姻双方当事人及该婚姻所生子女组成幸福的家庭所做的贡献，包括主妇或父母在能力范围内所做的任何贡献；以及拟作的命令对婚姻任一方当事人的谋生能力的效果。④《法国民法典》第 270 条规定，配偶一方可能有义务向另一方配偶进行补偿性给付。补偿性给付的目的是尽可能补偿因婚姻关系中断而造成的双方各自生活条件上的差异。该法第 272 条规定，法官在判定补偿性给付时，应考虑的因素之一就是夫妻一方在共同生活期间为子女教育所花费的时间及仍需负担子女教育的时间，或者为了配偶的事业而牺牲自己的事业作出职业选择而产生的后果。⑤

笔者认为，我国的婚后所得共同财产制，不论夫妻一方是否在外从事职业活动或在家从事家务劳动，夫妻一方所得为夫妻双方共同所有，这实际上承认了家务劳动的价值。但离婚时，如夫妻双方共同财产较少或没有，无法补偿从事家务劳动较多的一方的贡献，这就是不公平的。因为其在婚姻存续期间损失了其职业上的技能发展，故相对于夫妻他方而言，其在离婚后的生活中会有更多困难。所以，在我国目前还没有建立"恢复性扶养"制度的情况下，有学者已经提出，对实行婚后所得共同财产制的夫妻，如离婚时可供分割的共同财产数额较少或没有，承担家务劳动较多的一方应当有权请求另一方给予经济补偿。⑥

---

① 参见陈苇：《夫妻财产制研究——瑞士夫妻财产制研究及其对完善我国立法的启示》，载梁慧星主编：《民商法论丛》（第 15 卷），法律出版社 2000 年版，第 313—316、325 页；陈苇：《中国婚姻家庭法立法研究》，群众出版社 2000 年版，第 444—446、455 页。

② "恢复性"扶养，是指以恢复贡献方配偶在婚姻期间削弱了的独立谋生能力为目的的扶养。参见陈苇、曹贤信：《论婚内夫妻一方家务劳动价值及职业机会利益损失的补偿之道》，载《甘肃社会科学》2010 年第 4 期。

③ 参见 [美] 哈里·D.格劳斯、大卫·D.梅耶著：《美国家庭法精要》（第 5 版），陈苇、石雷等译，中国政法大学出版社 2010 年版，第 205 页。

④ 陈苇等译：《澳大利亚家庭法》（2008 年修正），群众出版社 2009 年版，第 242、245 页。

⑤《法国民法典》，罗结珍译，北京大学出版社 2010 年版，第 84 页。

⑥ 参见陈苇、曹贤信：《论婚内夫妻一方家务劳动价值及职业机会利益损失的补偿之道》，载《甘肃社会科学》2010 年第 4 期。

关于给付方式，笔者认为，在对于实行分别财产制的夫妻，对家务劳动的补偿原则上应当一次性给付。因为离婚对夫妻双方而言意味着新生活的开始。所以，在离婚时就处理好有关财产、子女等所有问题，这将有利于双方重新开始新生活。但是，如果一次性解决这些问题的条件不足，如夫妻采用共同财产制下，离婚时可供分割的共同财产较少甚至没有，那么这种经济补偿可采取分期给付，从而实现法律的实质平等。例如，《法国民法典》第275-1条规定，（扶养义务）债务人无力按照第275条规定的条件（一次性）支付本金时，法官确定债务人在8年期限内采用"定期"支付款项的方式支付本金的条件，并规定按照扶养费适用的规则计算指数。① 此法国立法例值得我国借鉴。

（二）我国离婚经济帮助制度之不足

关于我国离婚经济帮助制度之不足，主要有两点：一是离婚经济帮助适用的主体条件严格；二是没有规定确定离婚经济帮助时应当考虑的相关因素。在我国，适用离婚经济帮助的法定情形只有两种：一是依靠个人财产和离婚时分得的财产无法维持当地基本生活水平的；二是离婚后没有住处的。在司法实践中，法官对此的认识并不完全一致。有法官将女方因抚养未满2岁不能入托的子女，不能工作，且分得夫妻共同财产较少的情况视为无法维持当地基本生活。② 有法官考虑了婚姻当事人的身体疾病、残疾和精神健康状况。③ 有法官将无房居住作为适用离婚经济帮助的条件。④ 这些司法实践情况表明，我国的离婚经济帮助制度适用的主体范围较窄，已不能适应现实的需要。因此，在司法实践中，一些法官实际上已扩展了其适用对象的范围。

关于离婚经济帮助（国外有的国家称为离婚扶养）请求权主体的范围，与其他国家相比，我国相对较小。

在德国，依《修改扶养费的法律》第1573条第1款的规定，离婚一方在离婚后不能谋得适当职业的，可以此为限请求扶养费。第1575条规定了离婚配偶一方对接受学校教育、进修或培训的扶养请求权，以补偿因婚姻产生的不利。⑤《德国民法典》第1575条第1、2款分别规定："在对婚姻的期待中或在婚姻存续期间未接受或已中途停止学校教育或职业教育的离婚配偶一方，为取得持续确保生计的适当职业而尽快接受该教育或相当的教育，且成功的教育文凭可予期待的，可以向离婚配偶另一方请求扶养。该项请求权最长为此种教育的毕业大体所需时间而存在；在此情形下，离婚对教育的耽误必须予以考虑。""离婚配偶该方为补偿因婚姻而发生的不利益（损失）而接受进修或培训的，准用前款的

① 《法国民法典》，罗结珍译，北京大学出版社2010年版，第85页。
② 王斯、李立勋、周微：《前妻照顾幼女有困难，法院判前夫向前妻支付4500元》，载《当代生活报》2012年8月7日。
③ 郑菊、卢增吉、胡凤、张凌飞：《女子与残疾丈夫离婚被判支付经济帮助费》，载《扬子晚报》2010年7月30日；马云帅、关宏刚：《离婚时，一方困难另一方得帮》，载《半岛都市报》2012年7月18日；俞文娴：《丈夫要离婚精神病妻获15万经济帮助》，载中国网，http://news.china.com.cn/txt/2012-07/10/content_25866877.htm，访问日期：2012年8月22日。
④ 江跃中：《无房离异女获判经济帮助9万元》，载《新民晚报》2012年7月16日。
⑤ 参见迪特尔·施瓦布著：《德国家庭法》，王葆莳译，法律出版社2010年版，第199-200页。

规定。"① 此即"修复性扶养"。② 此扶养请求权实质上是对配偶一方由于"对婚姻的预期或在婚姻存续期间……没有接受或中断"的学校教育或职业教育的"修复性"经济补偿。

在英国，依《1973 年婚姻诉讼法》第 25 条的规定，法院在作出有关离婚后经济后果的判令时，需考虑的因素除了配偶对家庭的贡献外，还包括以下内容：儿童福利；配偶双方的经济来源；配偶双方的需要以及债务；婚姻破裂前家庭的生活水平；婚姻当事人的年龄以及婚姻存续期间；婚姻当事人中任一方的身体残疾或精神残疾等。此外，英国法院在最近几年又发展了一些新的原则调整法院的自由裁量权。在 2006 年的 Miller 和 McFarlane 案中，法院认为有三个重要的原则：需要原则、公平原则和补偿原则。Hale 男爵在 Miller 诉 Miller 案中指出，法院不仅考虑离婚时的公平，同时也考虑可预见的将来的公平。当一方配偶因为抚养未成年子女而放弃职业机会，同时帮助另一方在事业上取得巨大的优势，具有更强的赚钱能力时，这种未来的不平等会更加明显。③

在俄罗斯，1996 年施行的《俄罗斯联邦家庭法典》第 90 条的规定，符合下列条件之一的，可以向有经济负担能力的原配偶请求离婚后的扶养费：（1）怀孕的和自双方共同的子女出生之日起三年内的原配偶；（2）照顾双方共同的不满 18 岁的残疾子女，或者照顾自幼为一等残疾人的双方共同的子女且生活困难的原配偶；（3）在离婚前或自离婚之日起一年内成为无劳动能力的原配偶；（4）如果夫妻婚姻存续时间长，自离婚之时起不超过五年已达退休年龄的生活困难的原配偶。④

综上所述，从上述德国、英国、俄罗斯的相关规定看，国外的离婚经济帮助或离婚后扶养都强调对离婚配偶一方因婚姻而中断或放弃自己职业等所生损失的补偿，并且俄罗斯在离婚后的法定期限内若经济困难亦可提出扶养，其确定扶养的因素，除考虑本人的劳动能力和经济收入状况外，还要求考虑"家庭状况"及受扶养方"抚养年幼子女或照顾残疾子女"而影响就业能力及经济收入的情况。⑤ 笔者认为，在目前我国处于社会主义初级阶段，社会保障制度尚不健全的条件下，我国的离婚经济帮助可以在一定程度上弥补社会保障之不足，为离婚当事人（不限于无过错方）的基本生活提供一定的保障。但我国的离婚经济帮助制度，不仅只是解决配偶一方离婚当时的生活困难，它应当具有以下三个方面的功能：一是具有及时经济帮助的功能，解决配偶一方离婚当时的短期生活困难；二是具有较长时期经济帮助的功能，解决配偶一方离婚后因抚养年幼的或残疾的子女在较长的时期内的生活困难或提供结婚多年的离婚后无劳力且无经济收入的年老配偶之扶养费；三是具有"恢复性扶养"的功能，对于离婚配偶一方接受学校教育或职业教育的一定期间给予扶养费，以恢复配偶一方因婚姻而下降的就业、谋生能力。也就是说，我国可借鉴前述国外立法经验，增补"向有利于自立的经济保障方向转变"的立法理念⑥，对于离婚后

① 《德国民法典》，陈卫佐译注，法律出版社 2015 年版，第 481 页。
② 参见陈苇、曹贤信：《论婚内夫妻一方家务劳动价值及职业机会利益损失的补偿之道》，载《甘肃社会科学》2010 年第 4 期。
③ See Herring Jonathan, *Family Law* (5th Edition), Edinburgh: Pearson Education Limited, 2011, pp. 232, 238.
④ 中国法学会婚姻法学研究会编：《外国婚姻家庭法汇编》，群众出版社 2000 年版，第 498-499 页。
⑤ 参见陈苇、冉启玉：《离婚扶养制度研究——中国大陆法与俄罗斯法之比较》，载《月旦民商法》2004 年第 6 期。
⑥ 参见陈苇、冉启玉：《离婚扶养制度研究——中国大陆法与俄罗斯法之比较》，载《月旦民商法》2004 年第 6 期。

需要在一定期间内接受"学校教育或职业教育的"离婚配偶一方也应当纳入救济的范围。①

此外，对于减免离婚经济帮助义务的法定事由，我国亦无规定。而德国、英国、俄罗斯的立法均规定，请求离婚经济帮助或扶养的夫妻一方如有过错，则可减少或免除义务人的义务，如《德国民法典》第1579条规定，权利人单方存在严重错误行为，包括婚姻中的错误行为时，则可根据公平原则拒绝、减少扶养费或设立时间限制②。英国法院还会考虑婚姻当事人的行为［《1973年婚姻诉讼法》第25条（2）（g）项］。如果权利人存在过错，法院可能减少甚至取消扶养费。③ 关于扶养义务的解除及限制，《俄罗斯联邦家庭法典》第92条规定，在婚姻存续期间或离婚后，出现以下情况时，法院可解除义务人的扶养义务：如果需要帮助的夫妻一方劳动能力的丧失是因滥用酒精饮品、麻醉品或故意实施犯罪；如果婚姻存续时间不长；如果请求权人在家庭中行为不端。上述域外立法规定符合法律的正义要求，也是"任何人不能从自己的过错中获益"这一古老法谚的体现，值得我国立法借鉴。

（三）我国离婚损害赔偿制度之不足

在我国，1980年《婚姻法》以"夫妻感情确已破裂"作为离婚标准，确立了破裂主义，即无过错离婚制度。2001年修正后的《婚姻法》在此基础上，对无过错离婚作了补充，兼采无过错主义与过错主义，即在诉讼离婚的判决标准上实行无过错离婚主义；在离婚的法律后果上实行过错主义，主要表现为夫妻一方的法定过错行为将作为分割夫妻共同财产的考量因素，并且因法定过错导致离婚的须承担损害赔偿责任。

笔者认为，我国设立离婚损害赔偿制度有重要的现实基础和理论意义。从社会现实来看，近年来，因夫妻一方与他人通奸、姘居、重婚或虐待、遗弃对方而导致婚姻破裂的离婚案件数量增多。不少离婚无过错方当事人因过错方的违法行为离婚，身心受到严重打击，且得不到任何补偿，期盼法律对过错方的行为予以制裁，对无过错方予以损害赔偿。④ 设立离婚损害赔偿制度可有效抑制诸如家庭暴力等婚内侵权行为。这对保护婚姻家庭中弱势一方，主要是妇女和儿童的合法权益具有重要意义。所以，设立离婚损害赔偿，用法律明文规定婚姻中的过错及其法律责任，对无过错方填补损害、慰抚精神，并制裁过错方破坏婚姻关系的严重违法行为，有利于彰显法律的公平与正义⑤，符合中国国情。

值得注意的是，关于我国离婚损害赔偿制度之存废，至今我国法学界仍然争议较大。最近，我国有学者仍然建议"废除离婚损害赔偿制度"。其主要理由有三：一是从司法大

---

① 参见陈苇、曹贤信：《论婚内夫妻一方家务劳动价值及职业机会利益损失的补偿之道》，载《甘肃社会科学》2010年第4期。

② 陈卫佐译注：《德国民法典》（第3版），法律出版社2010年版，第468页。

③ 例如，在K v. L［2010］EWCA Civ 125案中，丈夫与妻子的孙子女乱伦，尽管妻子有超过400万英镑的资产，上诉法院也支持初审法官判决丈夫不能取得任何扶养费。在Vaughan v. Vaughan［2007］3 FCR 532案中，一方的挥霍行为让法院在划定扶养费时，将挥霍的金额再重新划给挥霍一方，即在其应分得的份额上减去挥霍的金额。但在英国法上，对于家庭暴力行为，法官却不太愿意考虑，除非家庭暴力造成了严重后果。对此，英国学者也提出了批评。See Herring Jonathan, *Family Law*（5th Edition），Edinburgh：Pearson Education Limited，2011, pp. 231-232.

④ 参见陈苇：《应建立离婚损害赔偿制度》，载李银河、马忆南主编：《婚姻法修改论争》，光明日报出版社1999年版，第230-235页。

⑤ 参见陈苇：《建立我国离婚损害赔偿制度研究》，载《现代法学》1998年第6期。

数据来看，除家庭暴力外，主张离婚损害赔偿的比例并不大。二是十多年的司法实践也已经证明了，该制度对"婚外情"起不到学者期望的"填补损害、抚慰受害方、制裁过错方"的作用。三是举证难，因为知情权与隐私权的冲突难以解决。① 笔者认为，关于离婚损害赔偿制度之存废，第一，不能从离婚损害赔偿制度的适用量之多少来确定其存与废。因为任何法律的适用都是有特定对象范围的。我国离婚损害赔偿制度之适用范围，仅限于现行《婚姻法》第 46 条规定的四种严重侵害婚姻家庭的违法行为，虽然其被适用的数量不大，但其对于预防和制止这四种严重侵害婚姻家庭违法行为的威慑力是不可忽视的。因此，不能因其被适用的数量不大而将它废除。正如，目前我国刑罚中的死刑制度其适用量最少，但现阶段我国仍然不能废除死刑一样。② 第二，不能从离婚损害赔偿制度能否制裁"婚外情"来确定其存与废。我国离婚损害赔偿制度之适用范围，仅限于现行《婚姻法》规定的四种严重侵害婚姻家庭的违法行为，并不适用于规制通奸、婚外恋等"婚外情"。这些行为属于道德规制的对象，法律并不是"万能"的调整一切行为的规范，故不能因该制度能否制裁"婚外情"来确定其存与废。第三，不能以"举证难"或知情权与隐私权的冲突来确定其存与废。目前，我国现行《婚姻法》第 46 条规定适用于离婚损害赔偿的，只有四种严重侵害婚姻家庭的违法行为，包括（1）重婚的；（2）有配偶者与他人同居的；（3）实施家庭暴力的；（4）虐待、遗弃家庭成员的。在这四种法定行为中，一是重婚的举证，不存在"举证难"和侵犯隐私权的问题。因为，自 2013 年 1 月 18 日起，我国的重婚仅指法律上的重婚③，即重婚的两个婚姻都必须是办理了结婚登记的，故它们在婚姻登记机关是可以被查询到的，所以对于此类法律上的重婚，不存在"举证难"和侵犯隐私权的问题。二是有配偶者与他人同居的举证，一般不存在"举证难"和侵犯隐私权的问题。因为同居与通奸的主要区别在于，前者是双方当事人"公开地"共同生活；后者是双方当事人"秘密地"发生两性关系。2001 年我国最高人民法院颁行的《婚姻法解释（一）》明确规定："有配偶者与他人同居是指有配偶者与婚外异性，不以夫妻名义持续、稳定地共同居住。"既然双方当事人是"公开"的共同生活且具有持续性和稳定性，所以一般不会存在"举证难"和侵犯隐私权的问题。但如有配偶者与他人同居的期间，配偶另一方没有去获取证据或保存证据的，则以后就有可能存在"举证难"的问题。另外，我国民间有的婚姻当事人雇用私人侦探"捉奸"，但这是属于对通奸行为的取证，而不是对具有公开性的"有配偶者与他人同居"的取证。三是实施家庭暴力的举证，现在一般不存在"举证难"和侵犯隐私权的问题。自 2016 年 3 月 1 日起施行的我国《反家

① 参见孙若军：《离婚救济制度立法研究》，载《法学家》2018 年第 6 期。

② 参见陈苇、张鑫：《我国内地离婚损害赔偿制度存废论——以我国内地司法实践实证调查及与台湾地区制度比较为视角》，载《河北法学》2015 年第 6 期。

③ 必须说明，我国最高人民法院 1994 年的法复〔1994〕10 号批复中明确规定，1994 年 2 月 1 日民政部《婚姻登记管理条例》发布施行后，有配偶的人与他人以夫妻名义同居生活的，或者明知他人有配偶而与之以夫妻名义同居生活的，仍应按重婚罪定罪处罚"。根据该批复，司法实践中一直将重婚分为法律上的重婚和事实上的重婚。但是，2013 年 1 月 14 日最高人民法院发布《关于废止 1980 年 1 月 1 日至 1997 年 6 月 30 日期间发布的部分司法解释和司法解释性质文件（第九批）的决定》（法释〔2013〕2 号，2012 年 11 月 19 日最高人民法院审判委员会第 1560 次会议通过，2013 年 1 月 18 日起施行），将上述批复废止。其废除的理由是《婚姻登记管理条例》已经被废止，《刑法》对重婚罪已有明确规定。由于该 1994 年批复的废止，现在处理事实重婚罪已经于法无据，即自 2013 年 1 月 18 日起，在我国对于形成事实上重婚的认定，已经没有法律依据。

庭暴力法》第 2 条明确规定："本法所称家庭暴力，是指家庭成员之间以殴打、捆绑、残害、限制人身自由以及经常性谩骂、恐吓等方式实施的身体、精神等侵害行为。"也就是说，只要能够证明实施了前述的侵害行为，而不需要证明已经"造成一定伤害后果"。[①] 一方面减轻了受害人的举证责任，另一方面"殴打、捆绑、残害、限制人身自由以及经常性谩骂、恐吓等行为"均属于积极作为的行为，具有举证的可能性。根据我国《反家庭暴力法》第 7、8、15 条的规定，医疗机构应当做好家庭暴力受害人的诊疗记录。基层组织应当组织开展家庭暴力预防工作，村委会和居委会等组织机构应当予以配合协助。公安机关接到家庭暴力报案后应当及时出警，制止家庭暴力，按照有关规定调查取证，协助受害人就医、鉴定伤情。以上规定在一定程度上提高了家庭暴力受害人的举证能力。既然有关单位和公安机关是根据家庭暴力受害人的投诉、反映、求助或报警之后而开展的救助和制止，所以一般不存在"举证难"和侵犯隐私权的问题。但如当事人在遭受家庭暴力后或当时没有投诉、反映、求助或报警的，则今后就可能存在"举证难"的问题。四是虐待、遗弃家庭成员的举证，一般不存在"举证难"和侵犯隐私权的问题。因为虐待是指行为人经常以打骂、冻饿、禁闭、强迫过度劳动、有病不给治疗或其他方式，折磨、摧残家庭成员，对其身体、精神等方面造成伤害后果的行为。虐待行为在时间上具有经常性。虐待行为人对受害人进行虐待，不是偶然的行为，而是经常性、持续性的侵害，日积月累才会造成一定的损害后果。该侵害行为的损害后果是能够以医院的诊疗证明予以举证证明的。遗弃是指负有扶养义务的人，故意对年老、年幼、患病或其他没有独立生活能力的家庭成员，拒绝履行扶养义务的行为，即其故意实施了对受扶养人进行人身遗弃、经济上拒绝供养、生活上拒绝照料的行为。这些行为也是能够举证证明的。但如当事人当时没有获取或保存证据的，则今后就有可能存在"举证难"的问题。

此外，我国还有学者认为，目前导致我国离婚损害赔偿制度适用范围太窄的原因是，法定过错事由的范围太窄，所以应扩大法定过错事由，如通奸、卖淫嫖娼等。[②] 笔者认为，离婚损害赔偿的过错应当限定于法定的前述四项严重过错，不应当把法律已规定了处罚措施的行为再次纳入处罚，如对于卖淫嫖娼行为，我国法律已规定有处罚[③]，也不应当把应由道德调整的某些行为如通奸、婚外恋等行为纳入处罚。在国外，英国的上议院在 Miller 和 McFarlane 案中指出，如果某种行为并不特别严重，不符合《1973 年婚姻诉讼法》第 25 条（2）（g）项所指的在作出有关离婚后的经济方面的判令时应考虑的行为因素，那么就不应考虑该行为。在 Miller 案中，法官在作出有关经济判令时，就没有考虑丈夫的通奸行为。[④] 笔者认为，目前在我国司法实践中，离婚损害赔偿制度被适用较少，确实存在受害当事人"举证难"的问题，而其"举证难"的主要原因是其获取证据或保存证据的意识或能力欠缺。所以，宜从提高受害当事人的获取证据或保存证据的意识和能

---

① 2001 年《婚姻法解释（一）》第 1 条对家庭暴力的界定为："婚姻法第三条、第三十二条、第四十三条、第四十五条、第四十六条所称的'家庭暴力'，是指行为人以殴打、捆绑、残害、强行限制人身自由或者其他手段，给其家庭成员的身体、精神等方面造成一定伤害后果的行为。持续性、经常性的家庭暴力，构成虐待。"由于此规定需要证明"造成一定伤害后果"，受害人因没有保留证据的意识或能力而往往难以证明。

② 参见王歌雅：《离婚救济的实践隐忧与功能建构》，载《法学杂志》2014 年第 10 期。

③ 根据我国《治安管理处罚法》第 66 条规定："卖淫、嫖娼的，处十日以上十五日以下拘留，可以并处五千元以下罚款；情节较轻的，处五日以下拘留或者五百元以下罚款……"

④ See Herring Jonathan, *Family Law*（5th Edition），Edinburgh：Pearson Education Limited，2011，p. 231.

力，并改革举证规则的角度入手，保障离婚损害赔偿制度的适用。

### 四、中国离婚救济法律制度的补充完善建议

#### （一）离婚经济补偿制度的补充完善建议

笔者建议，在保留我国现行《婚姻法》有关离婚经济补偿制度适用于实行分别财产制的夫妻基础上，有条件地扩大离婚经济补偿制度的适用范围，增补以下规定：实行分别财产制的夫妻，从事家务劳动较多的一方，除可在离婚时提出家务劳动的经济补偿费外，在婚姻存续期间必要时也可提出家务劳动补偿费。实行共同财产制的夫妻，一方因抚育子女、照料老人、支持或协助另一方学习或工作等付出较多义务的，如果离婚时可供分割的共同财产数额较少或无共同财产的，有权向另一方请求经济补偿，另一方应当予以补偿。[1] 经济补偿费可以一次性给付，也可以分期给付。

#### （二）离婚经济帮助制度的补充完善建议

笔者认为，对经济困难的认定，除现行法律规定的两个绝对标准外，还应从离婚后的生活水平的相对困难着手，对比婚姻存续期间的生活水平，并补充"恢复性"扶养条件，建立法官确定离婚扶养费时应当考虑的因素，对我国司法实践中的部分有效的做法可在立法中作出明确规定。

有下列情形之一的，可以认定为生活困难：（1）离婚时无劳动能力或无经济来源或其经济收入不能维持生活的原配偶；（2）怀孕的或因抚养未满 3 周岁的子女或残疾子女，不能就业或影响经济收入的原配偶；（3）离婚后 1 年内丧失劳动能力的，或因其他原因生活困难且有正当理由需要扶养的原配偶；（4）结婚 20 年以上在离婚后 3 年内丧失劳动能力的原配偶。

法院判决离婚经济帮助的考虑因素应包括：（1）双方的年龄、健康状况（包括有身体残疾或心理疾病）；（2）双方的经济来源、住房状况、劳动能力和职业技能；（3）双方生活的实际需要；（4）婚姻存续期间的长短；（5）一方离婚后为重新就业需要接受学校教育或职业技能培训的；（6）抚育年幼子女或残疾子女须花费的时间、精力以及对就业的影响；（7）婚姻期间的家庭生活状况；（8）当地的一般生活水平。

有下列情形之一的，可以酌情减少、免除或以一定期限限制经济帮助义务：（1）法定过错方因履行离婚损害赔偿责任后，导致生活困难的；（2）受帮助人因吸毒、酗酒、故意犯罪等导致丧失劳动能力的或者再婚的；（3）因其他重大理由，导致义务人履行义务严重不公平的。[2]

#### （三）离婚损害赔偿制度的完善建议

针对离婚损害赔偿当事人"举证难"的主要原因是获取证据或保存证据的意识或能力欠缺的问题，笔者建议，一方面，要加大普法宣传的力度，有关机构应当加强履行法定职责，以提高受害配偶获取证据或保存证据的意识或能力。以提高家庭暴力之受害配偶的举证能力为例，除应当广泛宣传我国现行《婚姻法》和《反家庭暴力法》有关预防和制

---

① 参见陈苇、曹贤信：《论婚内夫妻一方家务劳动价值及职业机会利益损失的补偿之道》，载《甘肃社会科学》2010 年第 4 期。

② 参见陈苇、冉启玉：《离婚扶养制度研究——中国法与俄罗斯法之比较》，载《月旦民商法》2004 年第 6 期。

止家庭暴力的规定外，医院、村委会和居委会、单位、公安机关等机构应当加强履行法定职责，以帮助家庭暴力受害人获取和保存证据。医疗机构应当做好家庭暴力受害人的诊疗记录，乡镇人民政府、街道办事处应当组织开展家庭暴力预防工作，居民委员会、村民委员会、社会工作服务机构应当予以配合协助。家庭暴力受害人及其法定代理人、近亲属可以向加害人或者受害人所在单位、居民委员会、村民委员会、妇女联合会等单位投诉、反映或者求助。有关单位接到家庭暴力投诉、反映或者求助后，应当给予帮助、处理（并且做好处理记录）。家庭暴力受害人及其法定代理人、近亲属也可以向公安机关报案或者依法向人民法院起诉。公安机关接到家庭暴力报案后应当及时出警，制止家庭暴力，按照有关规定调查取证（并且做好出警处理记录），协助受害人就医、鉴定伤情等，从而提高受害当事人的获取证据或保存证据的意识和能力。[①] 另一方面，在传统的民事诉讼中，举证责任的分配采用的是"谁主张、谁举证"的原则。有学者认为，对涉及隐私权的过错认定应实行过错推定原则。[②] 笔者认为，对于离婚损害赔偿的权利主张，采用过错推定原则过于保护请求权人，在司法实践中，也有较大障碍。然而，与过错推定原则不同，优势证据规则[③]要求法院根据"明显优势"来判断双方当事人对同一事实提出的相互矛盾的证据，这一证据规则的运用在一定程度上克服了当事人的举证困难，不失为一种更优的解决办法。故笔者建议，在离婚损害赔偿案件中，对举证责任的分配，原则上应采用"谁主张、谁举证"的原则，并以优势证据规则作为补充。

---

① 参见我国《反家庭暴力法》第 6-11、13-15 条。

② 参见夏吟兰：《离婚救济制度之实证研究》，载《政法论坛》2003 年第 6 期。

③ 2002 年 4 月 1 日施行的《最高人民法院关于民事诉讼证据的若干规定》第 73 条规定："双方当事人对同一事实分别举出相反的证据，但都没有足够的依据否定对方证据的，人民法院应当结合案件情况，判断一方提供证据的证明力是否明显大于另一方提供证据的证明力，并对证明力较大的证据予以确认……"

# 我国离婚救济制度司法实践之实证调查研究

## ——以中国重庆市某基层人民法院 2010—2012 年被抽样调查的离婚案件为对象①

陈　苇　何文骏*

## 目　次

### 一、我国离婚救济制度的司法实践调查概述

关于离婚救济制度司法实践调查概述，主要从调查背景、调查对象、调查方法三个方面进行介绍。

（一）调查背景

在我国，随着社会经济的不断发展，人们生活水平的不断提高和婚姻家庭观念的变化，以及法定离婚条件的放宽，从经济、观念和法律上便利了感情确已破裂的"死亡婚姻"的当事人通过离婚走出不幸婚姻。我国 1980 年《婚姻法》将"夫妻感情确已破裂"作为准予离婚的法律原则，2001 年修正后的《婚姻法》增加规定了认定"夫妻感情确已破裂"的法定情形，增强了法律的可操作性。据我国民政部发布的统计数据显示，我国离婚率连续 8 年递增，2012 年全国有 238.8 万对夫妻离婚。② 重庆市民政局公布 2012 年

---

① 本文为西南政法大学家事法律制度改革与创新团队 2012 年度重点科研项目（项目编号：XNZFJSF201204）："人权保护视野下我国妇女儿童权益法律保障实践与制度完善研究"的阶段性成果，载于《河北法学》2014 年第 7 期，在被编入本书时对个别标题和内容进行了适当修改。

鸣谢：参加本次调查的人员除本文作者外，有西南政法大学民商法学院 2011 级硕士研究生：郭逢兵、李子瑾、刘蓓蓓、钱纱茹，我们在此对他们所付出的辛勤劳动表示感谢！

* 陈苇，女，西南政法大学外国家庭法及妇女理论研究中心主任，民商法学院教授、博士生导师；何文骏，男，西南政法大学民商法硕士研究生。

② 王比学、陈晓婉：《我国离婚率连续 8 年递增，仅去年全国就有 238.8 万对夫妻离婚——离婚分房产，房子该归谁》，载 http://finance.people.com.cn/n/2013/0515/c1004-21482791.html，访问日期：2014 年 1 月 8 日。

结婚和离婚数据，截至 2012 年 12 月底，共办理国内结婚登记 29.3 万对，离婚登记 10.5 万对，当年的离婚人数与结婚人数的比率为 35.8%。相比 2011 年，离婚对数在增加，离婚率在上升。此前，从 2003 年到 2011 年，8 年间，离婚率也一直处于上升阶段。[①] 婚姻当事人的离婚自由得到了充分的法律保障，但仍不能忽视离婚给当事人和社会带来的负面影响，尤其是离婚救济制度之不足带来的问题值得研究。此次调查的目的，主要是考察我国离婚救济制度司法实践情况，总结司法保障的成效，分析司法保障的不足，为立法机关修改相关法律制度提供第一手国情资料，为政府的相关决策提供参考，以期进一步完善我国离婚救济制度。

（二）调查对象

本次调查选取的地点为重庆市所辖主城区的某基层人民法院。由于此次调查主要是针对近三年离婚救济制度的司法实践情况考察，因此，我们在该法院 2010—2012 年审结的离婚案件中，每年各抽取 120 件，包括调解离婚及判决离婚的案件，三年共计抽取 360 件作为被调查对象。

（三）调查方法

本次调查的方法，主要包括查阅案件卷宗、分类统计分析和个人访谈。

首先，我们对近三年被抽样调查的 360 件案件卷宗进行查阅和数据记录。

其次，将被调查的离婚案件的信息进行分类统计，主要包括离婚案件当事人的性别、年龄、结婚年限、职业，请求离婚的理由，离婚案件的结案方式，离婚损害赔偿、离婚经济帮助以及离婚经济补偿的处理。

最后，对审理离婚案件的法官进行个人访谈，获取审理离婚案件的经验，总结和分析法院在审判实践中存在的不足和困难，寻求解决的对策和建议。访谈的内容主要有：离婚案件中家庭暴力等案件事实的认定，离婚损害赔偿、离婚经济帮助、离婚经济补偿制度的适用以及离婚诉讼程序的相关问题。

**二、我国离婚救济制度的司法实践调查统计情况**

在实地调查中，对该基层法院被抽样调查的 360 件调解及判决结案的离婚案件从以下六个方面进行考察：一是离婚案件当事人的性别、年龄、职业等基本情况；二是离婚案件当事人请求离婚的理由；三是离婚案件结案方式；四是离婚损害赔偿的处理；五是离婚经济帮助的处理；六是离婚经济补偿的处理。以下对这六个方面的调查统计情况进行介绍。

---

① 陶昆：《重庆去年离婚率高达 35.8% 30－50 岁是婚姻高危期》，载 http://cq.qq.com/a/20130822/002648.htm，访问日期：2014 年 1 月 8 日。

（一）离婚案件当事人基本情况

1. 离婚案件当事人的性别

表 1-1　2010—2012 年被调查的离婚案件当事人性别

| 性别 ＼ 项目 | 男 | 女 |
|---|---|---|
| 原告 | 117 | 243 |
| 所占比例 | 32% | 68% |
| 被告 | 243 | 117 |
| 所占比例 | 68% | 32% |

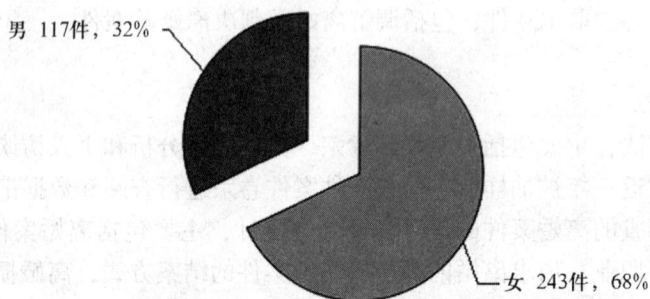

男 117件，32%

女 243件，68%

图 1-1a　2010—2012 年被调查的离婚案件原告性别比例

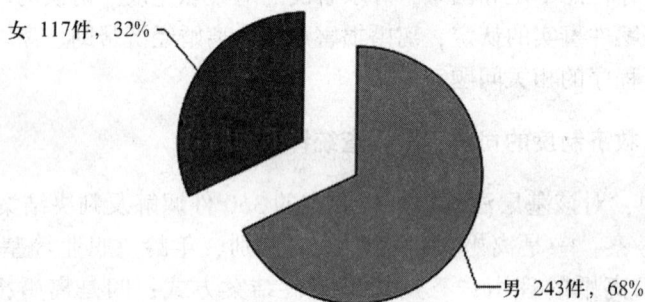

女 117件，32%

男 243件，68%

图 1-1b　2010—2012 年被调查的离婚案件被告性别比例

从统计数据可见，近三年向该法院起诉请求离婚的案件中，女性作为原告的有 243 件，占 68%，男性作为原告的有 117 件，占 32%（见图 1-1a）；被告为女性的有 117 件，占 32%，被告为男性的有 243 件，占 68%（见图 1-1b）。由此可见，女性作为原告起诉离婚的案件约占七成，其是离婚案件原告的主要群体。

## 2. 离婚案件当事人年龄

表 1-2 2010—2012 年被调查的离婚案件当事人年龄

| 项目 | 年龄段（岁） | | | | |
|------|------|------|------|------|------|
| | 20-30 | 31-40 | 41-50 | 51-60 | 61 以上 |
| 原告 | 100 | 138 | 76 | 28 | 18 |
| 所占比例 | 27.8% | 38.3% | 21.1% | 7.8% | 5% |
| 被告 | 73 | 127 | 109 | 35 | 16 |
| 所占比例 | 20.2% | 35.3% | 30.3% | 9.7% | 4.4% |

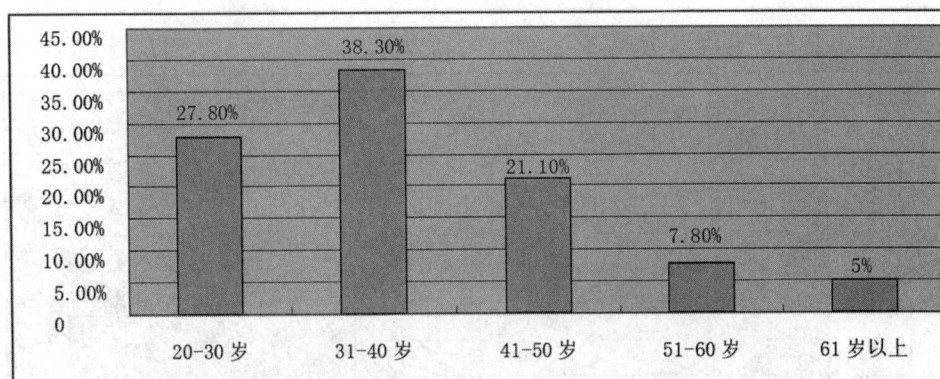

图 1-2a 2010—2012 年被调查的离婚案件原告年龄

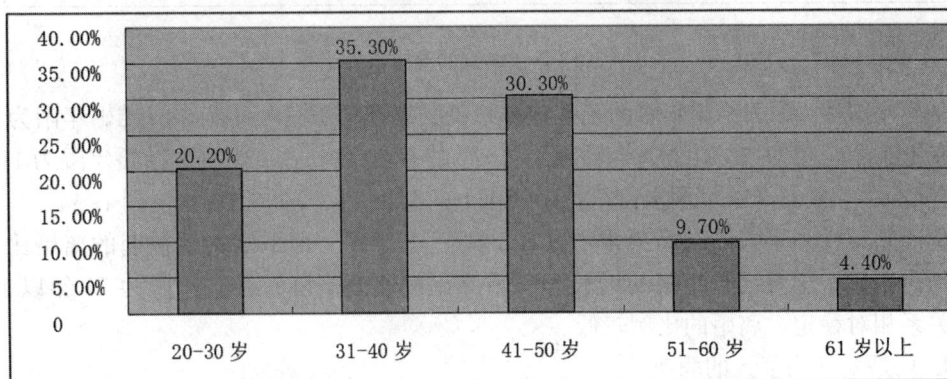

图 1-2b 2010—2012 年被调查的离婚案件被告年龄

在本次被调查的案件中，离婚案件中原告的年龄跨度较大，年龄最小的为 20 岁，年龄最大的为 78 岁。从原告的年龄分布来看，排在前三位的依次是 31—40 岁，20—30 岁，41—50 岁，各占 38.3%、27.80%、21.10%；其余的依次是 51—60 岁及 61 岁以上，分别占 7.8%、5%（见图 1-2a）。从被告的年龄分布来看，排在前三位的依次是 31—40 岁，41—50 岁，20—30 岁，各占 35.3%、30.3%、20.2%；其余的依次是 51—60 岁及 61 岁以上，分别占 9.7%、4.4%（见图 1-2b）。

由此统计数据可知，原告的年龄主要分布在 20—50 岁的三个年龄段，合计有 314 件，占总数的 87.2%（见图 1-2a）；被告的年龄也主要分布在 20—50 岁的三个年龄段，合计有 309 件，占总数的 85.8%（见图 1-2b）。其中，值得我们注意的是，原告和被告为 31—40 岁的中青年人占三成半至四成，是离婚的主要群体。

3. 离婚案件当事人结婚年限

表 1-3  2010—2012 年被调查的离婚案件当事人结婚年限

| 结婚年限 | 1-5 年 | 6-10 年 | 11-20 年 | 21 年以上 |
|---|---|---|---|---|
| 案件数量（件） | 143 | 83 | 85 | 49 |
| 所占比例 | 39.7% | 23.1% | 23.6% | 13.6% |

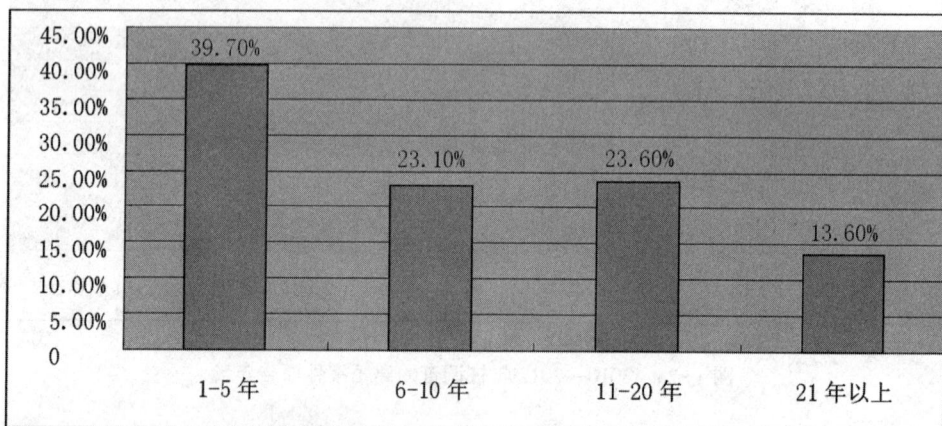

图 1-3a  2010—2012 年被调查的离婚案件当事人结婚年限

从离婚案件当事人结婚年限的统计数据可见，在离婚案件当事人中，结婚年限为 1—5 年的有 143 件，占 39.7%；结婚年限为 6—10 年的有 83 件，占 23.1%；结婚年限为 11—20 年的有 85 件，占 23.6%，结婚年限为 21 年以上的有 49 件，占 13.6%（见图 1-3a）。

从离婚案件当事人的结婚年限看，在结婚后五年内，即婚姻关系初期的离婚比例最高，约占四成；随着结婚年限的增长，离婚的比例逐渐下降；结婚年限为 21 年以上的，婚姻关系相对稳定，离婚的比例较低。

4. 离婚案件当事人的职业

表 1-4  2010—2012 年被调查的离婚案件当事人职业

| 项目 | 职业 | | | | | | |
|---|---|---|---|---|---|---|---|
| | 无业人员 | 公务员 | 公司职员 | 农民 | 个体户 | 退休 | 其他 |
| 原告 | 83 | 17 | 93 | 33 | 29 | 19 | 19 |
| 所占比例 | 28.3% | 5.8% | 31.7% | 11.3% | 10% | 6.5% | 6.5% |
| 被告 | 75 | 11 | 80 | 19 | 21 | 13 | 11 |
| 所占比例 | 32.6% | 4.5% | 34.5% | 8.3% | 9.1% | 5.7% | 4.5% |

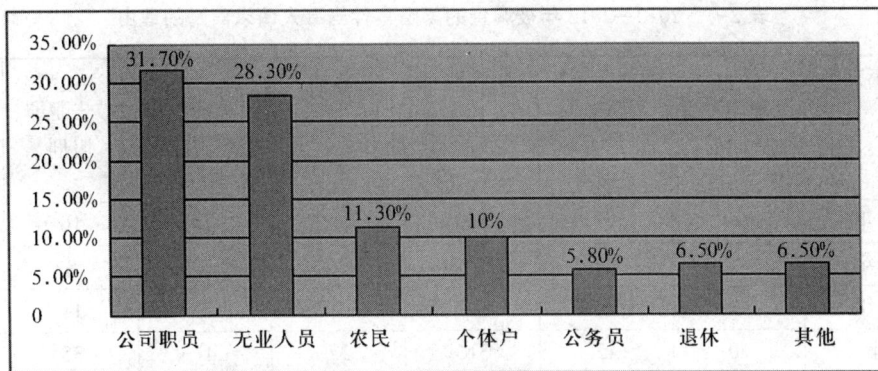

图 1-4a 2010—2012 年被调查的离婚案件原告职业

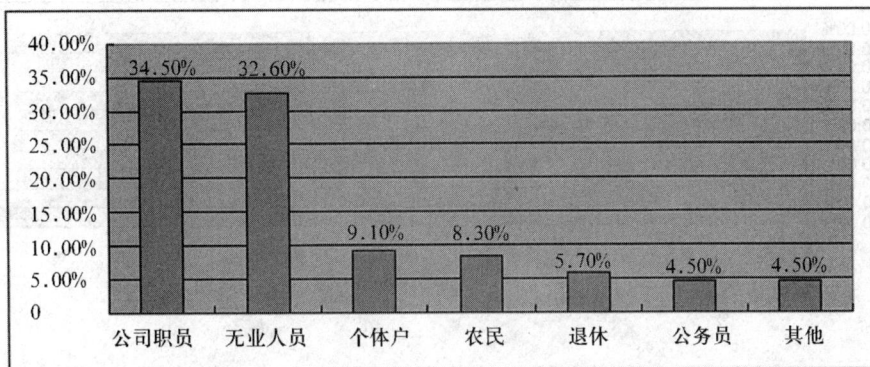

图 1-4b 2010—2012 年被调查的离婚案件被告职业

我们在调查阅卷中发现，被调查的民事起诉状、民事判决书、民事调解书中有一部分未填写当事人的职业情况，只有293件案卷记录有原告的职业情况，230件记录有被告的职业情况。在这些案件的原告职业分布中，排在前三位的依次是公司职员、无业人员和农民，其所占比例分别为31.7%、28.3%、11.3%（见图1-4a）。从这些案件的被告职业看，排在前三位的依次是公司职员、无业人员和个体户，其所占比例分别为34.5%、32.6%、9.1%（见图1-4b）。

由这些离婚案件当事人职业统计情况可知，在这些离婚案件中，原告和被告的职业排在前两位的都是公司职员和无业人员，两者合计约占五成，其是离婚的主要群体。

另外，在被调查的离婚案件中，原告的婚姻状况为初婚的有303件，占84.2%；为再婚的有47件，占15.8%。被告的婚姻状况为初婚的有276件，占76.7%；为再婚的有58件，占16.1%。从请求离婚的次数看，第一次请求离婚的有278件，占77.2%；第二次或者多次提出请求离婚的有82件，占22.8%。由此可见，在被调查离婚案件的当事人中，为初婚的，合计约占八成半，第一次请求离婚的约占八成。

（二）离婚案件当事人请求离婚的理由

**表 2-1 2010—2012 年被调查的离婚案件当事人请求离婚的理由**

| 离婚理由<br>时间 | 有配偶者与他人同居的 | 实施家庭暴力 | 感情不和 | 有赌博、吸毒等恶习屡教不改 | 因感情不和分居满两年 | 被告犯罪服刑 | 其他 |
|---|---|---|---|---|---|---|---|
| 2010 年 | 14 | 17 | 109 | 4 | 19 | 16 | 2 |
| 2011 年 | 4 | 22 | 97 | 26 | 17 | 8 | 1 |
| 2012 年 | 2 | 6 | 110 | 7 | 5 | 11 | 1 |
| 合计 | 20 | 45 | 316 | 37 | 41 | 35 | 4 |
| 所占比例 | 5.6% | 12.5% | 87.8% | 10.3% | 11.4% | 9.7% | 1.1% |

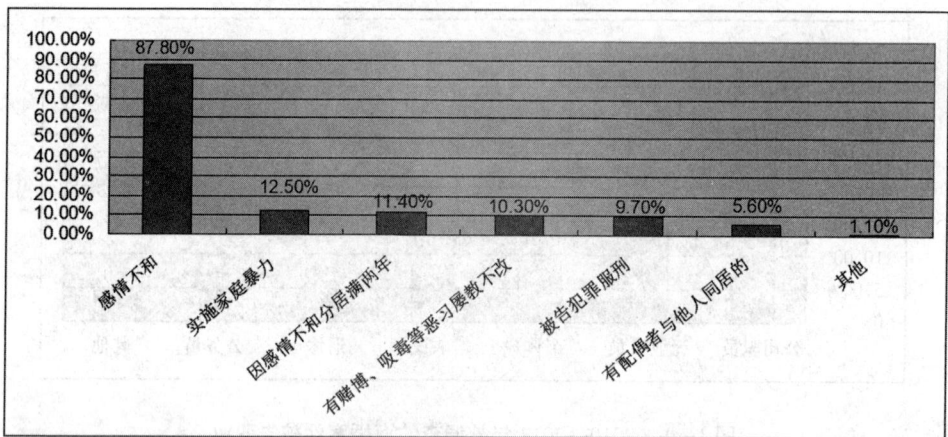

图 2-1a 2010—2012 年被调查的离婚案件当事人请求离婚的理由

以上统计数据显示，在近三年的离婚案件中，从离婚理由看，排在前三位的分别是感情不和、家庭暴力、因感情不和分居满两年，其所占比例分别为 87.8%、12.5%、11.4%（见图 2-1a）。（必须说明，在被调查的离婚案件中，有些当事人请求离婚的理由不止一个，往往有两个或两个以上，因此，统计所得的百分比之总和大于百分之百）

从当事人请求离婚的理由看，当事人请求离婚的原因主要是感情不和，约占九成。此外，一方存在过错，如家庭暴力、因犯罪服刑、有配偶者与他人同居、有赌博、吸毒等恶习屡教不改，也是导致离婚的主要原因，其合计约占五成。

（三）离婚案件结案方式

判决结案的
147件，41%

调解结案的
213件，59%

图 3-1 2010—2012 年该法院离婚案件结案方式比例

在被调查的离婚案件中，从法院审理后的结案方式看，通过调解方式离婚的有 213 件，占 59%；通过判决方式离婚的有 147 件，占 41%（其中，第一次请求离婚的有 70 件，第二次或多次请求离婚的有 77 件）。由此可见，调解是法院处理离婚案件的主要方式，被调解离婚的约占六成，此外，法院对第一次请求离婚的当事人较少判决予以支持。

（四）离婚损害赔偿的处理

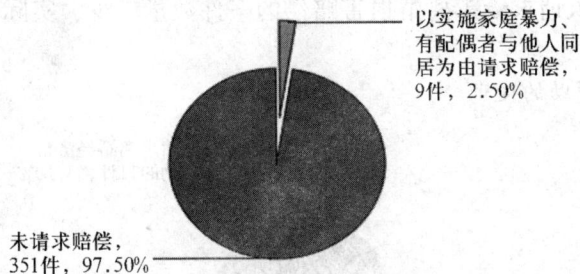

以实施家庭暴力、有配偶者与他人同居为由请求赔偿，9件，2.50%

未请求赔偿，351件，97.50%

**图 4-1a　2010—2012 年被调查的离婚案件请求离婚损害赔偿的情况**

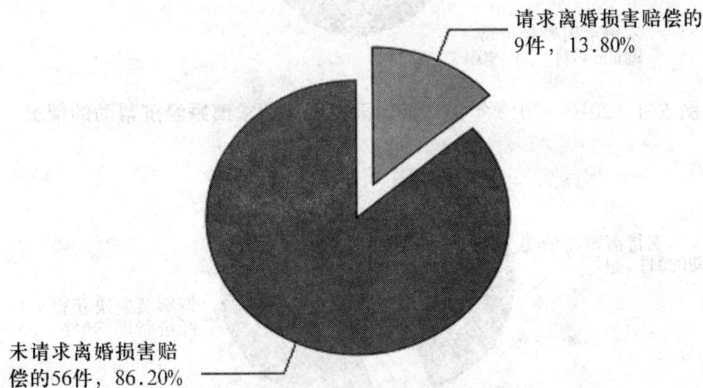

请求离婚损害赔偿的 9件，13.80%

未请求离婚损害赔偿的56件，86.20%

**图 4-1b　2010—2012 年被调查的离婚案件请求离婚损害赔偿的情况**

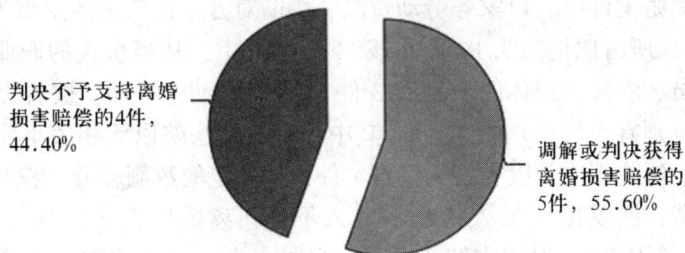

判决不予支持离婚损害赔偿的4件，44.40%

调解或判决获得离婚损害赔偿的5件，55.60%

**图 4-2　2010—2012 年被调查的离婚案件法院对离婚损害赔偿的处理情况**

在所调查的 360 件离婚案件中，以实施家庭暴力、有配偶者与他人同居为由提出离婚损害赔偿的只有 9 件，占所调查案件的 2.5%（见图 4-1a）。然而，在被调查的 360 件离婚案件中，从当事人请求离婚的理由的情况可知，以家庭暴力、有配偶者与他人同居为由起诉离婚的合计 65 件，占 18.1%（见图 2-1a），其中仅有 9 件请求给予离婚损害赔偿，占具有法定过错案件的比例为 13.8%（见图 4-1b）。并且，在 9 件请求离婚损害赔偿的案件中，有 4 件法院均以证据不足、请求方有过错、不具有法定理由等为由而不予支持，实际上只有 5 件获得离婚损害赔偿。在获得离婚损害赔偿的 5 个案件中，有 2 件是通过法院判决结案，当事人请求的离婚损害赔偿数额分别为 20 万元、3 万元，法院基于对侵权人的过错程度、侵权行为造成的后果、实际损失等考虑，判决赔偿的数额分别为 3 万元、5 千元；另外 3 件是通过当事人协商调解结案，分别赔偿 6 千元、1 万元、8 千元。

由此可见，当事人请求给予离婚损害赔偿的案件数量较少、实际获得赔偿的少且数额低。

（五）离婚经济帮助的处理

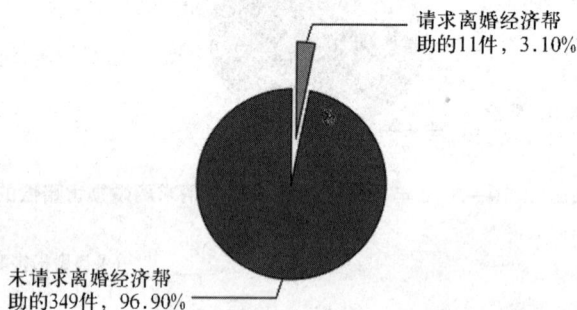

请求离婚经济帮助的11件，3.10%

未请求离婚经济帮助的349件，96.90%

**图 5-1　2010—2012 年被调查的离婚案件请求离婚经济帮助的情况**

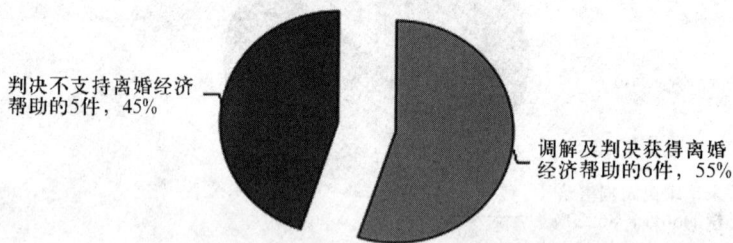

判决不支持离婚经济帮助的5件，45%

调解及判决获得离婚经济帮助的6件，55%

**图 5-2　2010—2012 年被调查的离婚案件离婚经济帮助的处理**

在所调查的离婚案件中，以家务劳动贡献、协助对方工作、生活困难为由请求离婚经济帮助的有 11 件，所占比例为 3.1%。在该 11 件案件中，从当事人的职业看，原告为公司职员、无业人员、农民、退休的分别有 3 件、4 件、3 件、1 件，被告为公司职员、无业人员、农民的分别有 5 件、4 件、2 件。其中，有 5 件法院以无相关事实依据、法律依据为由不予支持；法院判决予以支持的仅有 1 件，但确定的数额较低，权利人请求 5.3 万元离婚经济帮助费，法院因义务人"经济收入不高，离婚后无房屋居住等生活困难"，"参考双方的收入等因素"，酌情支持 6 千元。另外，有 5 件请求离婚经济帮助的案件均通过调解方式协议解决，分别赔偿 4.8 万元、10 万元、1 千元/月、6 千元、5 千元。

由此可见，请求离婚经济帮助的案件数量较少，仅占 3.1%（见图 5-1）；在请求离婚经济帮助的 11 件案件中，支持离婚经济帮助的仅占五成半（见图 5-2）。

（六）离婚经济补偿的处理

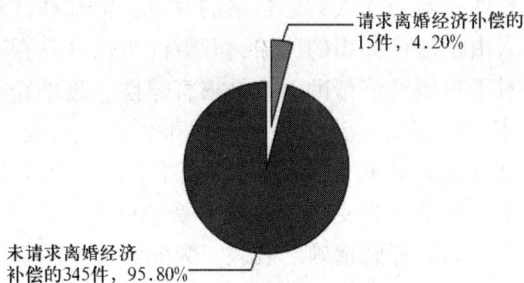

图 6-1　2010—2012 年被调查的离婚案件请求离婚经济补偿的情况

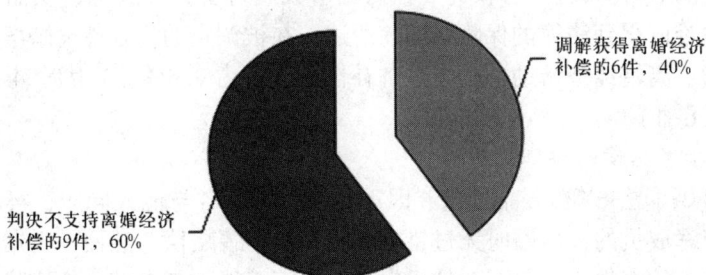

图 6-2　2010—2012 年被调查的离婚案件法院对离婚经济补偿的处理情况

在所调查的离婚案件中，有 15 件以抚养子女、照料老人、协助另一方工作等付出较多义务为由请求离婚经济补偿，占 4.2%。但因在请求离婚经济补偿的案件当中，无一例属于约定适用分别财产制的，因此法院在判决中对其均未予以支持；仅有 6 件通过当事人达成协议的方式对贡献方予以适当的补偿，分别补偿 500 元/月（支付两年）、3 千元、1.2 万元、5 万元、7200 元、2 万元。由此可见，当事人请求离婚经济补偿的案件数量较少，仅占 4.2%（见图 6-1）；在请求给予离婚经济补偿的 15 件案件中，经调解获得离婚经济补偿的仅占四成（见图 6-2）。

### 三、我国离婚救济制度及其司法实践的不足

如前所述，在被抽样调查的离婚案件中，起诉请求离婚的在原告中女方占多数，约占七成（占 68%）（见图 1-1a）。从本次调查的情况来看，我国现行离婚救济制度的规定及其司法实践仍然存在某些不足之处。其主要表现在以下四个方面：部分审判人员的社会性别意识欠缺、离婚损害赔偿的举证困难、离婚经济帮助的适用条件苛刻、离婚经济补偿的适用范围过窄。这样导致离婚救济制度被适用的很少，离婚妇女的婚姻家庭权益保障不足，离婚救济制度的功能未能得到充分发挥。

（一）部分审判人员的社会性别意识欠缺

在 21 世纪的现代社会，"基于保护弱者的社会法意旨，注重保护婚姻家庭中弱者的利益""基于保护当事人合法权益的意旨，加强对身份行为的国家监督指导"均是现代婚

姻家庭法的变革趋势。[①] 然而，笔者在调查中发现，部分法官由于欠缺社会性别意识，在离婚诉讼的调解中，比较注重对当事人意思自治的尊重，但却往往忽视了对离婚调解的适当干预。有些离婚当事人由于法律知识的欠缺，双方通常仅就是否离婚、财产分割、子女抚养问题进行协商，而对于离婚经济帮助、离婚损害赔偿、离婚经济补偿等即使符合法定条件也没有考虑提出请求。甚至有的当事人急于离婚，放弃对财产、子女抚养费等的主张。例如，在原告张某某（女）因被告有赌博、酗酒等恶习屡教不改并实施家庭暴力而起诉离婚的案件中，张某某请求被告支付子女抚养费 500 元/月，因被告不同意离婚，而其又不能提出充分的证据证明夫妻感情确已破裂，为能够达成调解离婚协议，其最终放弃了请求未成年子女抚养费的主张。有的法官有时为避免当事人之间争议过大而不能调解结案，未根据《婚姻法司法解释（二）》第 30 条[②]的规定履行告知义务。在我们查阅的涉及离婚损害赔偿的 65 件案件中，仅有 3 件向当事人履行了告知义务，从而导致离婚妇女的婚姻家庭权益难以得到法律的保障。如前所述，在被调查的 360 件离婚案件中，支持给予离婚损害赔偿、离婚经济帮助、离婚经济补偿的仅各占 2.5%、3.1%、4.2%（见图 4-1a、图 5-1、图 6-1）。

（二）离婚损害赔偿的举证困难

我国现行《婚姻法》第 46 条规定，因重婚、有配偶者与他人同居、实施家庭暴力或者虐待、遗弃家庭成员的，离婚时无过错方有权请求损害赔偿。然而，根据前述调查数据显示，在笔者调查的案件中，仅有 9 件提出离婚损害赔偿，其中有 4 件法院均以不具有法定理由为由而不予支持。在起诉离婚的理由中，以家庭暴力为由起诉离婚的案件有 45 件，占被调查离婚案件的 12.5%；以有配偶者与他人同居为由起诉离婚的案件有 20 件，占5.6%（见图 2-1a）。可见，当事人在离婚案件中提出离婚损害赔偿的案件数量较少，仅有 9 件，占具有法定过错案件的比例为 13.8%，并且实际获得赔偿的更少，在请求离婚损害赔偿的 9 件案件中仅有 5 件获得赔偿（图 4-2）。

究其原因，主要在于当事人举证困难。在法院没有给予支持的 4 件案件中，均将"证据不足"作为不予支持的理由。关于家庭暴力的举证，因其具有一定的隐蔽性，难以被第三人发现，因而证人极少；且因当事人收集、保存证据意识的缺乏，在离婚诉讼中主要表现为口头陈述，因而很难得到法院的认定。关于有配偶者与他人同居的举证，因受"熟人"社会观念的影响，多数知情的人不愿出庭作证；离婚当事人在案件中通常将第三人的生活用品等在法庭出示，作为配偶另一方与第三人同居的证据材料，但因欠缺与案件的关联性而不能被法院采信。

综上可见，在离婚损害赔偿中，当事人举证困难，导致离婚损害赔偿制度被适用的比例低、获赔率低，从而使离婚损害赔偿制度填补损害、精神慰抚及制裁、预防违法行为的功能没有得到充分发挥。

---

① 陈苇：《中国婚姻家庭法立法研究》（第 2 版），群众出版社 2010 年版，第 34、39 页。

② 《婚姻法司法解释（二）》第 30 条规定："人民法院受理离婚案件时，应当将婚姻法第四十六条等规定中当事人的有关权利义务，书面告知当事人。在适用婚姻法第四十六条时，应当区分以下不同情况……（三）无过错方作为被告的离婚诉讼案件，一审时被告未基于婚姻法第四十六条规定提出损害赔偿请求，二审期间提出的，人民法院应当进行调解，调解不成的，告知当事人在离婚后一年内另行起诉。"

（三）离婚经济帮助的适用条件苛刻

我国现行《婚姻法》第42条①补充规定了离婚经济帮助制度，离婚后一方生活困难的，另一方予以适当帮助。《婚姻法司法解释（一）》第27条②对离婚经济帮助的适用条件进行了具体规定，即依靠个人财产和离婚时分得的财产无法维持当地基本生活水平，以及离婚后没有住处为"生活困难"。如前所述，在被调查的360件离婚案件中，原告和被告中无业人员所占比重仅次于公司职员，约占二成（见图1-4a、图1-4b）。然而，其中仅有11件请求离婚经济帮助，占3.1%（见图5-1）。在6件以判决方式结案的案件中，有5件均以无相关事实依据、法律依据为由不予支持。例如，在郭某与王某离婚纠纷一案中，原告郭某（无业）请求被告王某（公司职员）支付10万元生活困难补助金，法院以"被告不认可，原告也无充分的证据证明其条件符合相关法律规定"而不予支持。

可见，离婚经济帮助制度在司法实践中被适用较少，在法院判决中难以得到支持。究其原因，笔者认为主要是对离婚经济帮助适度的适用条件规定的过于苛刻，对"生活困难"采绝对主义的标准。绝对困难的认定标准仅适合于改革开放初期计划经济和生活水平普遍较低的情况，在我国社会经济不断发展、市场经济相对发达及社会保障制度不断健全的情况下，极大地限制了离婚经济帮助制度在司法实践中的适用。家庭制度的核心是弱势家庭成员的特别保护原则③，采取以生存为前提的绝对困难标准，这相对于现实而言不够理性，④"这意味着法律保护的着眼点是保证一方配偶的生活不低于当地基本生活水平，而不是接近或同于离婚前的生活水平"。⑤ 有学者指出，其将该制度的价值功能仅局限于对当事人生存权的保护，而缺乏对双方婚姻关系存续期间生活水平的考虑，没有考虑到女方在婚姻关系存续期间为丈夫或家庭所做的贡献或职业晋升上的损失。⑥ 这显然不利于保护离婚妇女的合法权益。正如有学者指出的那样，无论离婚如何自由，也不允许把离婚后果全部转嫁成为社会的负担。⑦ 不能因社会救济制度的日趋完善而放弃离婚后原配偶之间的对弱势一方的经济帮助。

（四）离婚经济补偿的适用范围过窄

根据我国现行《婚姻法》第40条规定，只有在"夫妻书面约定婚姻关系存续期间所得的财产归各自所有"的情况下才能适用离婚经济补偿，即将实行共同财产制的夫妻排除在外。然而，如前所述，在调查的案件当中，当事人请求离婚经济补偿的仅有15件，仅占四成（占4.2%）（见图6-1），但因尚未实行分别财产制而导致法院不予支持。在我国实际生活中，目前仍然主要由女性承担家务劳动，这主要是由于"男主外，女主内"中国传统的男女两性家庭角色定位。虽然越来越多的妇女走出家门投身职场，在很大程度

---

① 我国现行《婚姻法》第42条规定："离婚时，如一方生活困难，另一方应从其住房等个人财产中给予适当帮助。具体办法由双方协议；协议不成时，由人民法院判决。"

② 《婚姻法司法解释（一）》第27条规定："婚姻法第四十二条所称'一方生活困难'，是指依靠个人财产和离婚时分得的财产无法维持当地基本生活水平。一方离婚后没有住处的，属于生活困难。离婚时，一方以个人财产中的住房对生活困难者进行帮助的形式，可以是房屋的居住权或者房屋的所有权。"

③ 王锴：《婚姻、家庭的宪法保障——以我国宪法第49条为中心》，载《法学评论》2013年第2期。

④ 汪迪波：《关于离婚后原配偶间扶养费给付问题研究》，载《甘肃社会科学》2004年第6期。

⑤ 金眉：《中国亲属法的近现代转型》，法律出版社2010年版，第191页。

⑥ 夏吟兰：《离婚自由与限制论》，中国政法大学出版社2007年版，第250页。

⑦ ［日］利谷信义等：《离婚法社会学》，陈明侠、许继华译，北京大学出版社1991年版，第149页。

上弱化了这一传统角色定位的影响，但在不少家庭中还没有根本改变这一格局。① 据 2010 年第三期中国妇女社会地位调查显示，女性家务劳动负担较重，在被调查的对象当中，有 "72.7%的已婚者认为，与丈夫相比，妻子承担的家务劳动更多；女性承担家庭中'大部分'和'全部'做饭、洗碗、洗衣服、做卫生、照料孩子生活等家务的比例均高于 72.0%，而男性均低于 16.0%。女性承担'辅导孩子功课'和'照料老人'主要责任的占 45.2%和 39.7%，分别比男性高 28.2 和 22.9 个百分点"。② 然而，女性家务劳动角色的刻板传承，导致"男主外，女主内"的传统分工模式习惯化、道德化，使社会中人淡忘了婚姻家庭领域的权益保障。③ 从前述调查统计数据分析可知，在法院的判决中，财产分割多为平均分割，约占五成（见图 4-2a），因未实行分别财产制，法院的判决对当事人的离婚经济补偿请求均不予支持（见图 6-2）。

我国有学者指出，基于传统习惯和法律制度，夫妻共同财产制在我国的适用比较普遍。④ 将离婚经济补偿限于分别财产制当中，导致离婚经济补偿适用范围过窄，从而使该制度不能实现其预设的价值目标，在离婚时无共同财产可分或者可以分割的共同财产的情况下，不能体现承认已婚妇女家务劳动的价值。还有学者指出，在因婚姻破裂而离婚时，女性长期所付出的大量家务劳动因无法表现成具体的物质财富而被实质性忽视。⑤ 由此，我们认为在离婚时，夫妻共同财产较少或者无夫妻共同财产，为家庭付出较多义务的家务劳动方就不能得到相应补偿，这导致夫妻双方之间权利义务关系的失衡，一方只承担或多承担义务，另一方却只享受权利或多享受权利。这对承担家务劳动较多的女方是不公平的。⑥

### 四、我国离婚救济制度及其司法实践的完善建议

通过此次对该基层人民法院近三年审理的离婚案件的抽样调查，我们根据调查统计数据，考察研究被调查离婚案件中当事人的基本情况、当事人请求离婚的理由、离婚案件结案方式以及离婚损害赔偿、离婚经济帮助、离婚经济补偿的处理情况，进而总结分析我国离婚救济制度在该法院司法实践中存在的不足及原因。笔者对我国离婚救济制度及其司法实践提出以下建议。

（一）加强对审判人员的社会性别理论培训

针对前述离婚救济制度司法实践中存在的不足，笔者建议，应当加强对法院审判人员的社会性别理论培训。国务院 2011 年发布的《中国妇女发展纲要（2011—2020 年）》要求"加强社会性别理论培训。将社会性别理论纳入立法、司法和执法部门常规培训课程，提高立法、司法和执法人员的社会性别意识"。我国有学者指出，在中国 13 亿人口中妇女人数近半。司法人员具有性别平等意识，将社会性别分析方法纳入司法实践，对于保障

---

① 重庆市妇联、重庆市社科院：《重庆妇女社会地位研究（2000—2010 年）》，中国妇女出版社 2013 年版，第 8 页。

② 第三期中国妇女社会地位调查课题组：《第三期中国妇女社会地位调查主要数据报告》，载《妇女研究论丛》2011 年第 6 期。

③ 王歌雅：《离婚救济制度：实践与反思》，载《法学论坛》2011 年第 3 期。

④ 何俊萍：《论我国离婚补偿制度应适用夫妻共同财产制》，载陈苇主编：《家事法研究》（2007 年卷），群众出版社 2008 年版，第 79 页。

⑤ 黄宇：《婚姻家庭法之女性主义分析》，群众出版社 2012 年版，第 255 页。

⑥ 陈苇：《完善我国夫妻财产制的立法构想》，载《中国法学》2000 年版第 1 期。

妇女和其他弱势群体的权益，公正执法具有重要意义。[①] 在审判人员中树立社会性别平等意识，可使其在离婚案件的审理中运用社会性别理论考虑和处理问题，以切实维护离婚妇女的婚姻家庭权益。比如，在当事人对法律规定的认识存在偏差或者不了解的法律规定进行释明，告知当事人有请求离婚损害赔偿、离婚经济帮助以及离婚经济补偿等权利，以体现在离婚诉讼中的公权干预，保障家庭中的弱势方（在绝大多数情况下是妇女）的利益，从而充分发挥离婚救济制度的功能。

（二）设立家事审判庭

笔者建议，借鉴《澳大利亚家庭法》[②] 和我国香港地区婚姻家庭法的立法经验，结合我国实际，设立家事审判庭。在推广现有法院离婚案件审判人员专门化的基础上，借鉴江苏省徐州市贾汪区法院[③]、广东省家事法院的经验[④]，设立专门的家事审判庭，从制度上为离婚案件的审判提供保障，以便更好地保护离婚妇女的婚姻家庭权益。对起诉到法院要求离婚的案件，坚持调解前置原则、不公开审理原则、促进家庭成员关系改善与和好原则、保护家庭弱势成员利益原则，建立诉前家庭财产申报制度，最大限度地达到"案结事了"的目的。

此外，笔者还建议借鉴《澳大利亚家庭法》中的诉讼家庭服务制度，即家庭顾问制度，为离婚当事人提供诉讼中的家庭咨询服务和家事纠纷调解服务，[⑤] 通过设立家事审判庭，保障离婚案件审理的专业化，能够更好地满足离婚当事人及未成年子女的利益和需求，维护其合法权益。

（三）完善离婚损害赔偿的举证责任制度

针对前述离婚损害赔偿中举证困难的问题，笔者建议在离婚损害赔偿制度中，补充适用"优势证据"规则。一方面，在离婚损害赔偿的举证责任分配中，对于家庭暴力的举证，采用"优势证据"规则[⑥]，要求法院根据"明显优势"来判断双方当事人对同一事实提出的相互矛盾的证据，在一定程度上可以克服当事人的举证困难，弥补"谁主张，谁举证"原则在离婚损害赔偿制度中适用的不足。对于有配偶者与他人同居的举证，可将在外租房居住、共同外出旅游且同吃同住等作为认定依据。有一定识别能力的未成年子女的证言以及居民委员会、村民委员会、妇女联合会等组织和社会团体的投诉记录等均可以作为认定过错方存在过错的证据之一。

另一方面，为实现"发现客观真实、追求实质公正"的审判目标，将家事案件涉及

---

① 陈明侠：《司法人员执法实践与社会性别》，载黄列：《性别平等与法律改革——性别平等与法律改革国际研讨会论文集》，中国社会科学出版社 2009 年版，第 164、169 页。

② 陈苇（项目负责人）：《澳大利亚家庭法》（2008 年修正），群众出版社 2009 年版，第 72 页。

③ 2012 年，江苏省徐州市贾汪区法院在总结家事案件特点的基础上，成立了专门的具有独立编制的家事法庭，首创"亲情弥合八步法"，对婚姻家庭纠纷不简单地以权威性裁判来"分清是非"，而是将弥合感情、消除对立作为纠纷处理的出发点和落脚点，使当事人理顺、气顺、心顺，最大限度地达到"案结事了"。（茹希佳：《家事法庭：法官"巧"断家务事》，载 http：//acwf. people. com. cn/n/2012/0829/c99013-18866483. html，访问日期：2014 年 2 月 25 日。）

④ 谭玲、谢文ază、杨慧怡等：《创新审判模式 促进家庭和谐——广东高院关于家事审判合议庭试点工作的调研报告》，载《人民法院报》2011 年 6 月 16 日。

⑤ 陈苇、曹贤信：《澳大利亚家事纠纷解决机制的新发展及其启示》，载《河北法学》2011 年第 8 期。

⑥ 《最高人民法院关于民事诉讼证据的若干规定》第 73 条规定："双方当事人对同一事实分别举出相反的证据，但都没有足够的依据否定对方证据的，人民法院应当结合案件情况，判断一方提供证据的证明力是否明显大于另一方提供证据的证明力，并对证明力较大的证据予以确认。"

家庭暴力、有配偶者与他人同居事实的证据纳入法院依职权调查取证的范围。依据我国现行《民事诉讼法》① 及最高人民法院《民事诉讼证据》② 的规定，关于家庭暴力以及有配偶者与他人同居的证明应由主张一方当事人举证，不属于法院依职权收集的范围。有学者指出，家事诉讼的特殊性，使家事诉讼的程序有着不同于一般民事诉讼程序的价值取向。在家事诉讼案件的审理中，更应该注重客观真实的发现，需要法官发挥自由裁量权去探明事实真相。③ 婚姻案件作为家事诉讼程序的一部分，法院应当依职权调查收集相关证据，在案件审理当中体现家事诉讼程序的实体真实主义。

（四）重构离婚经济帮助之"生活困难"的标准

针对前述离婚经济帮助适用条件苛刻的问题，笔者建议适当放宽离婚经济帮助的适用条件，摒弃以当地基本生活水平作为判断标准的绝对困难主义，采用相对困难的标准。对于"生活困难"的认定标准，宜将"合理生活需要"作为判断标准，参考婚姻持续期间的生活水平确定。对"生活困难"的认定不限于离婚时，对离婚后一定期限内生活困难的原配偶也应当适用，以体现离婚经济帮助制度救济离婚后弱势方利益的功能。此外，综合考虑年老、疾病、无业人员、抚养未成年子女、婚姻关系存续时间、婚姻关系存续期间的生活水平以及对婚姻家庭的贡献等情形确定扶养费数额。需要说明的是，将婚姻关系存续期间的生活水平作为参考因素，并不是需要维持原婚姻关系存续期间的生活水平，而是法官作为自由裁量的考虑因素之一。

（五）扩大离婚经济补偿的适用范围

我国国务院 2011 年发布的《中国妇女发展纲要（2011—2020 年）》要求"维护婚姻家庭关系中的妇女财产权益。在离婚案件审理中，考虑婚姻关系存续期间妇女在照顾家庭上投入的劳动、妇女离婚后的生存发展以及抚养未成年子女的需要，实现公平补偿"。针对前述离婚经济补偿适用范围过窄的问题，笔者建议将离婚经济补偿制度的适用范围有条件地扩展到实行法定共同财产制的夫妻中，即在坚持离婚经济补偿主要适用于分别财产制的同时，在实行共同财产制的夫妻离婚时如无可供分割的共同财产或者可分割的共同财产较少时，对婚姻关系存续期间承担家务劳动较多等尽了主要义务的夫妻一方适用离婚经济补偿，为其提供补偿性扶养，以平衡夫妻双方在婚姻期间所得的经济利益。这样，既实事求是地承认了贡献方从事家务劳动的价值，又考虑了受助方自身的不同实际情况，从而达到公平合理地实现对贡献方家务劳动价值的经济补偿。④

对于补偿费具体数额的确定，即如何确定家务劳动的价值，建议参考家务劳动存在方的机会成本、婚姻关系存续时间、家务劳动方所做的贡献、机会利益的丧失以及配偶另一方因此获得的利益等因素进行综合衡量。

---

① 《民事诉讼法》第 64 条规定："当事人对自己提出的主张，有责任提供证据。"

② 《最高人民法院关于民事诉讼证据的若干规定》第 15 条规定："《民事诉讼法》第六十四条规定的‘人民法院认为审理案件需要的证据’，是指以下情形：（一）涉及可能有损国家利益、社会公共利益或者他人合法权益的事实……"

③ 卓冬青：《民事诉讼中家庭暴力之证明》，载夏吟兰、龙翼飞主编：《家事法研究》（2012 年卷），社会科学文献出版社，2012 年版，第 267 页。

④ 陈苇、曹贤信：《论婚内夫妻一方家务劳动价值及职业机会利益损失的补偿之道——与学历文凭及职业资格证书之"无形财产分割说"商榷》，载《甘肃社会科学》2010 年版第 4 期。

# 中国登记离婚制度实施中儿童权益保障情况实证调查研究[①]

陈　苇　石　雷　张维仑[*]

## 目　次

目前，我国正在大力进行法治国家建设，中国民法典的制定已经被提上了议事日程。婚姻家庭法是中国民法典的重要组成部分。我们开展我国登记离婚制度的实施中儿童权益保障情况之实证调查，旨在总结我国登记离婚制度实施取得的成效，分析其不足，剖析产生这些不足的原因，进而提出改进建议。这有利于我国登记离婚制度的修改完善，有利于《中国民法典·婚姻家庭编》的制定，有利于维护儿童的合法权益，保障未成年人的健康成长。

## 一、调查背景

1989 年联合国《儿童权利公约》第 3 条第 1 款明确规定，"关于儿童的一切行为，不论是由公私社会福利机构、法院、行政当局或立法机构执行，均应以儿童的最大利益为一种首要考虑"，倡导各缔约国履行国家职责，贯彻儿童最大利益原则，保障儿童的生存权、发展权等，促进儿童健康成长。我国是该公约的签署国，我国政府一贯重视保护儿童合法利益。在儿童权益保障方面，我国现行《宪法》第 49 条规定，儿童受国家的保护，

① 本文载《西南政法大学学报》2016 年第 1 期，为 2014 年度中国法学会部级研究课题《我国妇女儿童权益保障情况实证调查研究》〔CLS（2014）D045〕的阶段性成果；西南政法大学 2014 年度重大专项项目"我国妇女儿童权益法律保障情况实证调查研究"（项目编号：2014XZZD-002）的阶段性成果。

鸣谢：西南政法大学民商法学院的硕士研究生陈钊、吕珊珊、吴奇慧、司艳露、杨云、曾娜、林英、强米米、赵孟亚、泽绒拥珍参加了本次调查和统计工作，我们在此向他们表示衷心的感谢！感谢重庆市婚姻收养登记管理中心的陈泓熹主任为本次调查提供的支持。

* 陈苇，女，西南政法大学外国家庭法及妇女理论研究中心主任，民商法学院教授、博士生导师；石雷，男，法学博士，西南政法大学民商法学院讲师；张维仑，男，重庆市民政局副局长。

父母有抚养教育未成年子女的义务，禁止虐待儿童。我国1950年、1980年以及2001年修正后的现行《婚姻法》均明确规定了保护儿童合法权益这一基本原则。① 我国2012年修正后的《未成年人保护法》第3条规定，"国家根据未成年人身心发展特点给予特殊、优先保护，保障未成年人的合法权益不受侵犯"。我国国务院2011年8月8日发布《中国儿童发展纲要（2011—2020）》，其指导原则部分再次重申"坚持儿童优先原则，保障儿童生存、发展、受保护和参与的权利"，"促进儿童健康、全面发展"。②

在未成年人保护工作中，家庭对未成年人的保护是最基础的工作。而目前中国的离婚率却持续走高。2011年，离婚夫妻有287.4万对，粗离婚率为2.13‰，其中民政部门登记离婚220.7万对，占当年离婚总对数的76.8%。③ 2012年，离婚夫妻有310.4万对，比上年增长8.0%，粗离婚率为2.3‰，其中民政部门登记离婚242.3万对，占当年离婚总对数的78.1%。④ 2013年，离婚夫妻有350.0万对，比上年增长12.8%，粗离婚率为2.6‰，其中民政部门登记离婚281.5万对，占当年离婚总对数的80.4%。⑤ 2014年，离婚夫妻有363.7万对，比上年增长3.9%，粗离婚率为2.7‰，比上年增加0.1个千分点。其中民政部门登记离婚295.7万对，占当年离婚总对数的81.3%，⑥ 即2013年以后，我国登记离婚夫妻对数已经占到离婚总对数的八成以上。

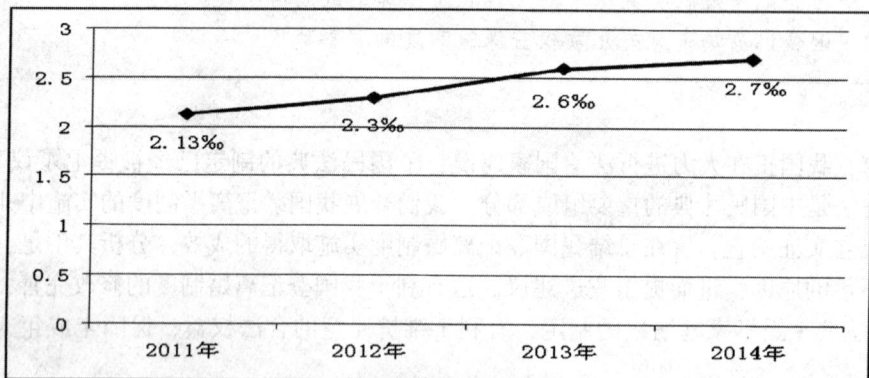

图1.01　2011年到2014年中国粗离婚率变化

---

① 2001年修正后的《中华人民共和国婚姻法》第2条。

② 《中国儿童发展纲要（2011—2020）》，人民出版社2011年版，第3页。

③ 民政部：《民政部发布2011年社会服务发展统计公报》（2012-06-21），载http://www.mca.gov.cn/article/zwgk/mzyw/201206/20120600324725.shtml，访问日期：2015年2第1期。

④ 民政部：《2012年民政事业发展统计报告》（2013-06-19），载http://cws.mca.gov.cn/article/tjbg/201306/20130600474746.shtml，访问日期：2015年2月1日。

⑤ 民政部：《民政部发布2013年社会服务发展统计公报》（2014-06-17），载http://www.mca.gov.cn/article/zwgk/mzyw/201406/20140600654488.shtml，访问日期：2015年2月1日。

⑥ 民政部：《民政部发布2014年社会服务发展统计公报》（2015-06-10），载http://news.xinhuanet.com/politics/2015-06/10/c_127901431.htm，访问日期：2015年7月17日。

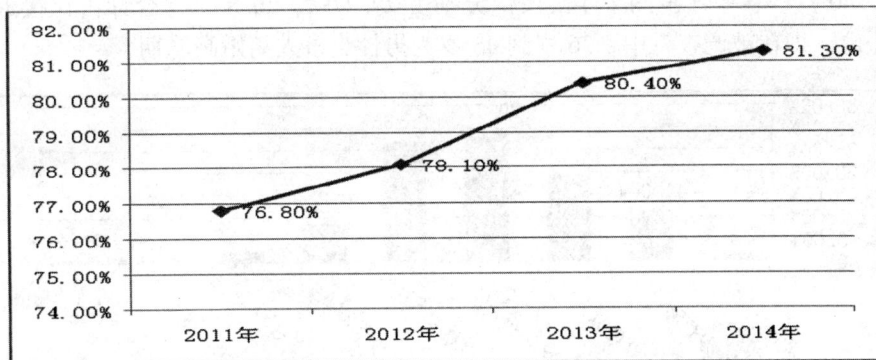

图 1.02　2011—2014 年中国登记离婚对数占离婚总对数的比例

如前所述，自 2013 年以来登记离婚夫妻已占我国离婚夫妻总对数的八成以上，而有未成年子女的夫妻离婚必然涉及未成年子女的利益。我国现行《婚姻登记条例》第 11 条规定，办理离婚登记须出具双方当事人共同签署的离婚协议书。协议书中须明确的事项之一就是，对子女抚养事项达成一致意见。为了解我国登记离婚制度对儿童权益保护立法之实施情况，笔者对重庆市三个地区的婚姻登记处进行了抽样调查，以期总结成效、分析不足及原因，进而提出改进立法和执法的对策建议。

### 二、中国登记离婚制度实施中儿童权益保障情况调查之统计分析

（一）调查基本情况概述

本次被调查对象选取重庆市甲、乙、丙三个区的婚姻登记处，甲、乙、丙三个区均位于重庆市的主城区。2013 年，甲区城镇居民人均可支配收入为 27079 元，乙区和丙区的这一数字分别为 27003 元、27053 元，在重庆市各区县分别排名第 5、7、6 名（重庆市共38 个区县），[①] 在重庆市内属于经济较为发达的地区。为了尽可能了解这三个区婚姻登记机关对有关儿童权益保障制度的实施情况，我们对三个区 2013 年和 2014 年两年的登记离婚卷宗进行了抽样调查，每月随机抽取 10 份档案，每年 120 份档案，两年合计 240 份档案，三个区总共抽取了 720 份档案，根据这些档案资料，进行调查问卷填写。在这 720 份档案填写的调查问卷中，不涉及子女抚养的问卷共有 38 份（包含无子女的问卷 27 份，有子女但子女已成年的问卷 11 份）[②]。因此，涉及子女抚养的调查问卷总共有 682 份（以下简称 682 份被调查问卷）。以下我们对这 682 份被调查问卷进行统计分析。

（二）登记离婚当事人基本信息

1. 登记离婚双方当事人的年龄

在 682 份被调查问卷中，男方当事人的年龄主要分布在 26 岁到 45 岁，共有 592 人，人数最多的四个年龄段合计占到被调查的登记离婚男性当事人的 86.80%。其中比例最高

---

① 参见重庆市统计局、国家统计局重庆调查总队编：《2014 年重庆统计年鉴》（2015-02-09），载 http://www.cqtj.gov.cn/tjnj/2014/indexch.htm，访问日期：2015 年 6 月 30 日。

② 我们发现，在部分调查问卷中，虽然子女已成年，但由于子女尚在大学或职业教育学校等接受教育，离婚当事人双方依然就子女抚养问题作了约定，因此我们也将这部分问卷的情况统计在内。

的为36—40岁、41—45岁两个年龄段，分别占29.77%、26.83%，合计占比接近五成半（见图1.1），即在被调查者中，36岁到45岁为男性当事人离婚高峰期。

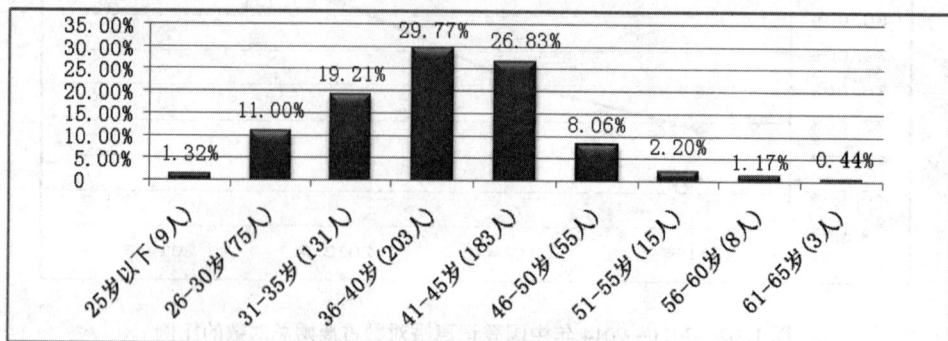

图1.1　登记离婚当事人男方年龄情况

在682份被调查问卷中，女方当事人的年龄主要分布在31—50岁，共有620人，人数最多的四个年龄段合计占到被调查的登记离婚女性当事人的90.91%。其中比例最高的为31—35岁和36—40岁两个年龄段，分别占27.42%、27.42%，合计占近五成半（见图1.2），即在被调查者中，31岁到40岁为女性当事人离婚高峰期。

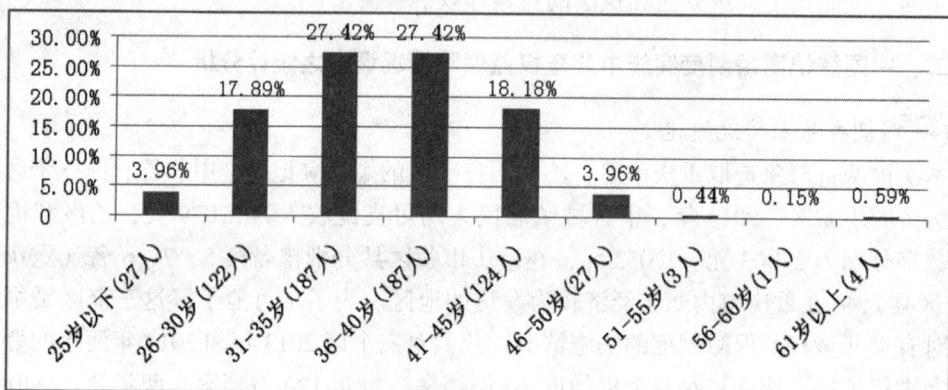

图1.2　登记离婚当事人女方年龄情况

这表明，近两年来，在被调查的登记离婚当事人中，男性当事人的离婚高峰期为36—45岁，女性当事人的离婚高峰期为31—40岁，各自占大约五成半，即31—45岁的中青年群体为离婚登记的主要群体。

2. 登记离婚双方当事人的文化程度

在离婚当事人的文化程度方面，男方当事人以大学或大专学历的居多，共有248人，占36.36%，即占三成半以上。其次，为初中文化程度的，共有209人，占30.65%。再次，为高中（中专）文化程度的，共有154人，占22.58%。（见图1.3）

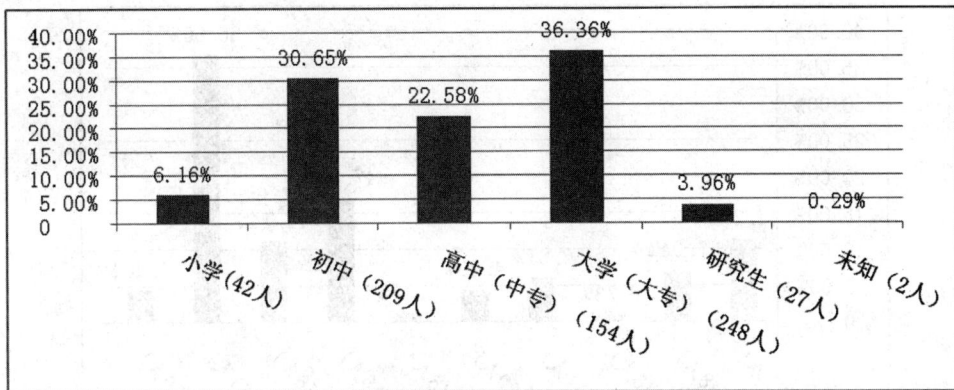

**图 1.3　登记离婚男方当事人的文化程度情况**

女方离婚当事人也以大学（大专）学历的居多，共有 252 人，占 36.95%，即也占三成半以上。其次，为初中文化程度的，共有 206 人，也超过了三成。再次，为高中（中专）文化程度的，共有 163 人，占 23.90%。（见图 1.4）

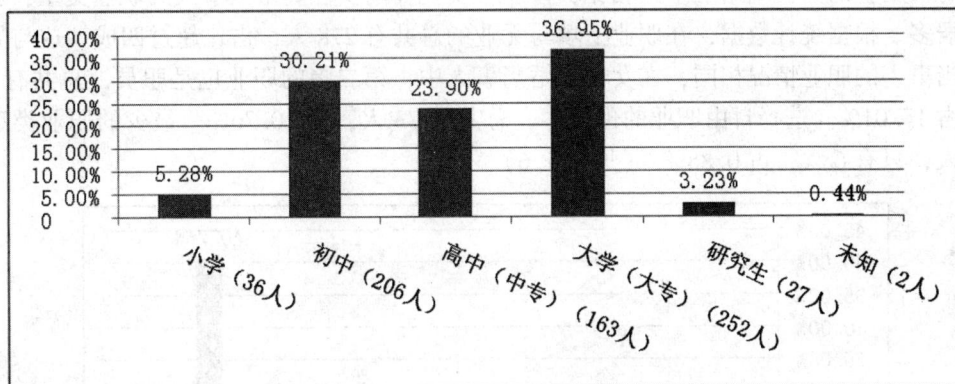

**图 1.4　登记离婚女方当事人的文化程度情况**

从被调查登记离婚当事人的文化程度来看，取得大学学历的人群排在第一位，离婚双方当事人都占 36% 以上，而有初中和高中文化程度的合计占 54.11%。以上三个群体的当事人人数合计占八成以上。这反映出，目前我国文化程度较高和有初中至高中文化程度的离婚当事人对于爱情和婚姻的认识，均比较理智。如果双方夫妻感情不和致确实不能共同生活的，他们都倾向于选择通过登记离婚的方式和平分手。

3. 登记离婚双方当事人的职业

在 682 份被调查问卷中，根据当事人自己填写的职业，我们发现，更多的涉及子女抚养的男性离婚当事人选择填写无业，这种情况的当事人三个区总共有 251 人，占 36.80%。在男性离婚当事人中，第二多的职业类型为职员，三个区总共有 116 人，占 17.01%。选择自由职业的也较多，总共有 76 人，占 11.14%。在各职业类型中，最少的为军人，总共有 5 人，只占 0.73%。（见图 1.5）

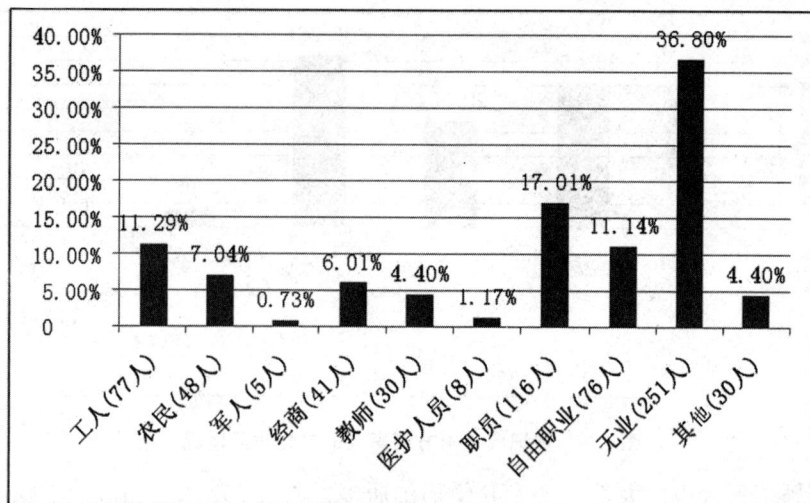

**图 1.5　登记离婚男性当事人的职业情况**

　　与被调查的男性离婚当事人相比，涉及子女抚养的女性离婚当事人的职业类型，也以无业居多。根据统计数据，在职业上填写无业的总共有 278 人，占比超过四成。这与男性离婚当事人的职业情况相同，在女性离婚当事人中，第二多的职业也是职员，总共有 116 人，占 17.01%。选择自由职业的也较多，总共有 73 人，占 10.70%。最少的职业类型也是军人，只有 6 人，占 0.88%。（见图 1.6）

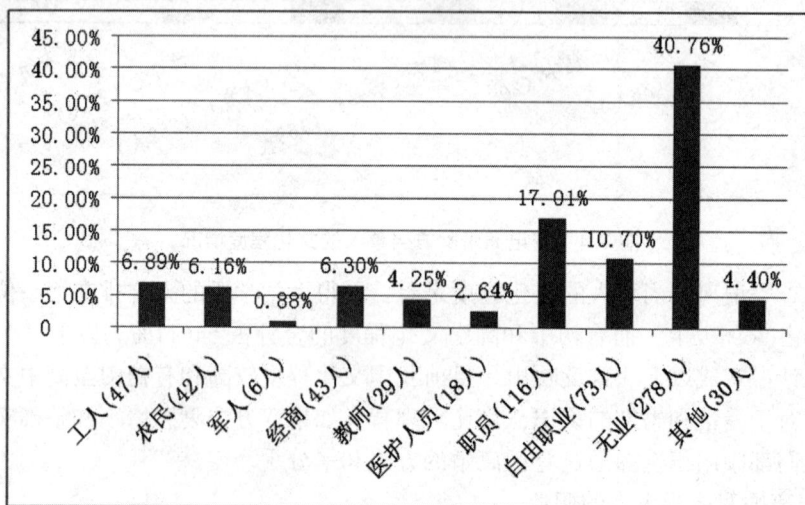

**图 1.6　登记离婚女性当事人的职业情况**

　　值得注意的是，较大比例的被抽样调查的登记离婚当事人在填写职业时，选择无业。如在男性当事人中，选择无业的占 36.80%，在女性当事人中，选择无业占四成以上。这一数据说明，有三到四成离婚当事人在填写离婚协议书时（在我们调查的某婚姻登记处采取制作一定模式的表格供登记离婚当事人参考填写），不愿意透露自己的职业信息，这在一定程度上对我们了解双方当事人的经济状况造成了困难。[①]

4. 登记离婚当事人的婚姻存续时间

从被调查登记离婚当事人的婚姻存续时间看，被调查者的婚姻存续时间1年及1年以下最少，只有28件，占4.11%。（见图1.7）

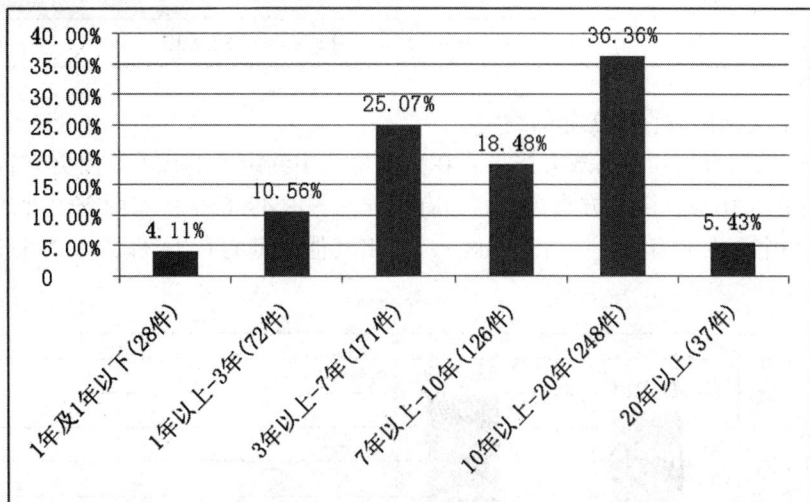

图1.7 涉子女抚养案件婚姻存续时间情况

从婚姻存续时间考察，结婚3年内办理登记离婚的，占14.67%；结婚3年到7年内离婚的，占25.07%；结婚7年到10年离婚的，占18.48%；结婚10年以上到20年内离婚的，为36.36%。图1.7的调查数据显示，婚姻存续时间在3年以内的，办理登记离婚的人相对较少，占14.67%，不到被调查人群的两成。（在这部分家庭中，子女往往较年幼，通常不到3岁）这可能是因为，在子女年幼时，需要父母投入较多的精力抚养。从各项指标分析，在婚姻第2—3年登记离婚的，每年平均有36件；在婚姻超过3年，不满7年时登记离婚的，每年平均有42.75件，为第一个离婚高峰期；在婚姻超过7年，不满10年时登记离婚的，每年平均有42件，为第二个离婚高峰期；在婚姻超过10年，不满20年登记离婚的，每年平均有24.8件。这说明，婚姻存续时间越长，婚姻越趋稳定。离婚更多出现在婚姻存续时间为3年以上到7年，7年以上到10年这两个时间段，两者合计占此次被调查登记离婚当事人四成以上（43.55%）。

（三）子女抚养的书面协议

在720份被调查问卷中，无子女的有27件，有子女但子女已成年的共有50件，有子女但子女未成年的共有640件，此外，还有3件，女方怀孕但尚未生育。（见表2.1）在有子女但子女已成年的50件中，其中有39件都对成年子女的抚养问题进行了约定，占78%。这39件登记离婚涉子女抚养的书面协议有一个共同特点，即子女虽成年，但仍在接受普通高等教育或高职教育。其父母双方都认为，父母离婚后仍有责任继续抚养自己的

---

① 此外，登记离婚当事人为军人的最少。这可能是因为，按照《军队贯彻实施〈婚姻法〉若干问题的规定》（政组字第84号，2001年11月9日）第11条之规定，军人及配偶办理登记离婚的，需要部队政治机关开具证明，即持有《军人婚姻登记证明》的，才能办理登记离婚手续。

子女。

表 2.1　登记离婚当事人的子女情况表

|  | 无子女 | 有子女但子女已成年 | 有子女但子女未成年 | 怀孕 |
|---|---|---|---|---|
| 件数 | 27 | 50 | 640 | 3 |
| 比例 | 3.75% | 6.94% | 88.89% | 0.42% |

1. 子女由父母何方直接抚养的约定

在 682 份被调查问卷中，双方当事人在离婚协议中约定子女抚养，由男方直接抚养的有 307 件，占 45.01%；由女方直接抚养的有 340 件，占 49.85%；有两个子女，约定双方各直接抚养一个子女的有 21 件，占 3.08%；作出其他约定的有 14 件，占 2.05%。（见图 2.2）

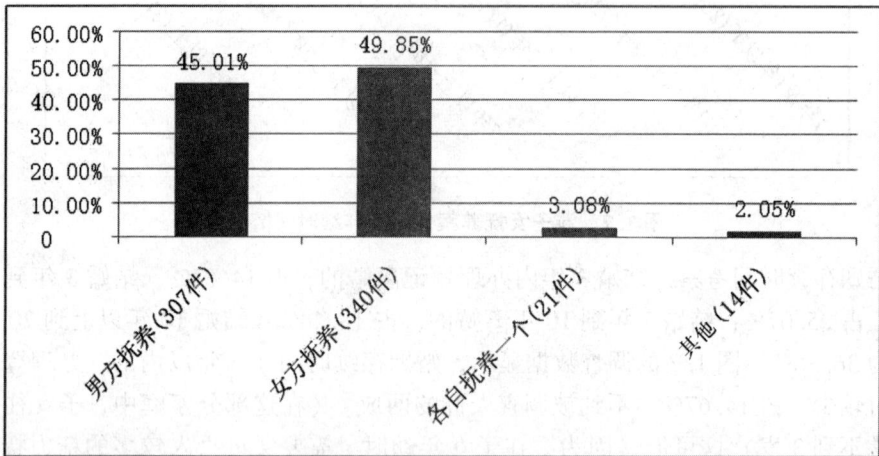

图 2.2　协议约定子女由父母何方直接抚养的情况

在前三种情形中（总计 668 对离婚当事人），在约定子女由父母何方直接抚养时，约定儿子由父亲直接抚养，女儿由母亲直接抚养的共有 321 件，占 48.05%，相反情况的共有 311 件，占 46.56%。另有 36 份登记离婚档案中有的子女的性别信息不全，有的父母分别直接抚养的两个子女都是同一性别，因此不能检验性别因素是否是离婚当事人在决定子女由父母何方直接抚养的决定因素。从我们抽样调查的人群看，性别因素作为影响因子，在离婚当事人决定子女由何方直接抚养时，所占比重并不大。这表明，在重庆市主城被调查的三个区办理登记离婚的人群中，"传宗接代、重男轻女"等传统思想的影响并不明显。这是因为，一方面，自 1949 年中华人民共和国成立以来，国家一贯坚持男女平等原则，这使男女平等的观念已经深入人心；另一方面，自 20 世纪 70 年代末我国推行计划生育政策以来，我国政府大力倡导"一对夫妻只生一个孩子"政策，这使子女的性别因素弱化。

在被调查的 682 对登记离婚当事人中，有两个以上子女的有 53 对，占 7.77%，其中有两个子女的有 52 对，占 7.62%，有三个子女的有 1 对，占 0.15%。（不包括另外 2 对再婚重组家庭中的非同胞兄妹情形）这 53 对涉及两个以上子女的登记离婚当事人中，父母双方协议由一方独自直接抚养全部子女的有29件，占54.72%。父母双方各自直接抚养一个或两个子女的有22件（在涉及3个子女的案件中，双方约定男方直接抚养大女儿，女方直接抚养小女儿和儿子），占41.51%。另有2件，双方约定共同轮流抚养。（见图2.3）

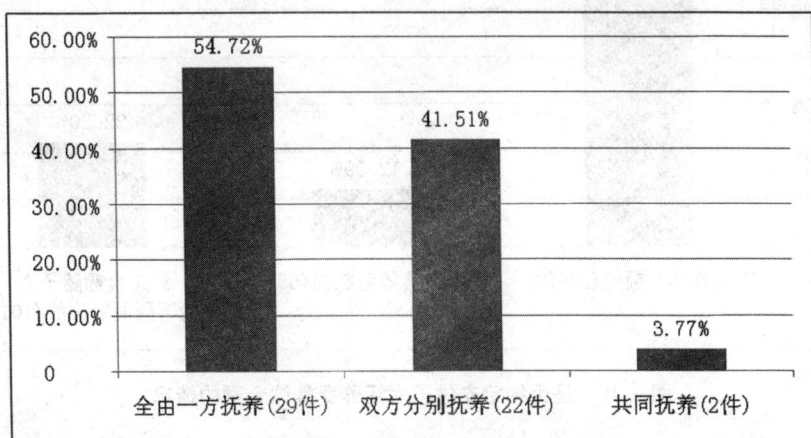

图2.3　涉及两个以上子女抚养的约定情况

### 2. 子女抚养费的约定

在约定子女抚养费金额方面，682份被调查问卷中，约定不支付子女抚养费的共有215件，占31.52%。有12件登记离婚当事人只简单约定了子女由父母何方抚养，对子女抚养费则未作约定，占1.76%。（见图2.4a）

在约定支付子女抚养费的455件子女抚养协议中，有55件未明确子女抚养费或生活费的具体金额，双方仅约定子女抚养费或生活费由一方父母自行承担，或者约定子女抚养费或生活费由双方根据生活情况自行协商，占12.09%。（见图2.4b）在299件明确约定子女抚养费具体金额的子女抚养协议中，有108件约定支付的子女抚养费在501—1000元/月，占36.12%，占比最高。（见图2.4c）

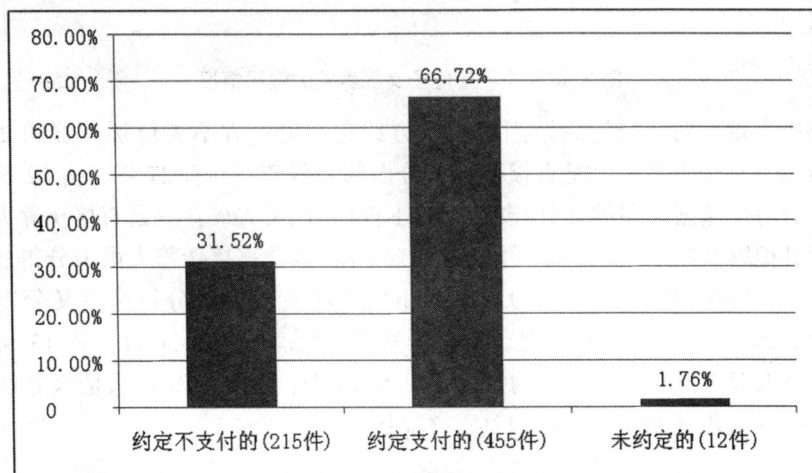

图2.4a　约定是否支付子女抚养费的情形

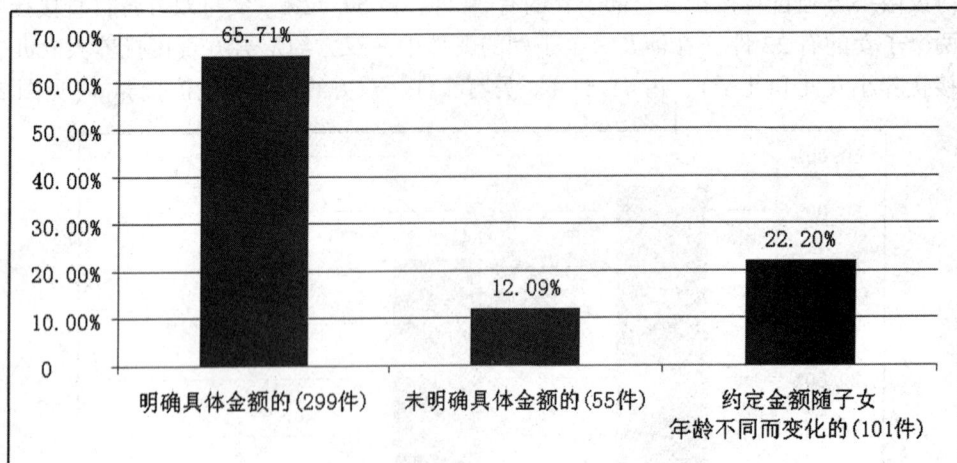

图 2.4b　是否约定支付子女抚养费具体金额的情况

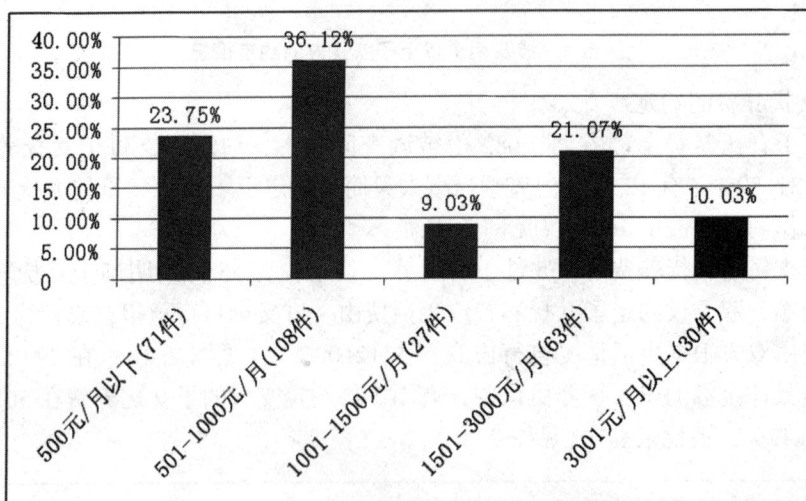

图 2.4c　约定支付子女抚养费的数额情况

　　此次调查发现，对于登记离婚当事人双方约定，另一方不支付抚养费的 215 件档案中，大体有以下几种类型：一是直接抚养人分得部分财产，共有 27 件，占 12.56%；二是直接抚养人分得房屋或房屋的部分产权，有 51 件，占 23.72%；三是直接抚养人未分得房屋，但又无其他财产约定，共有 25 件，占 11.63%；四是直接抚养人虽未分得房屋，但享有居住权，这类情况共有 2 件，占 0.93%；五是直接抚养人既分得房屋又分得财产，有 57 件，比例最高，占 26.51%；六是子女分得房屋或财产，共有 30 件，占 13.95%；七是登记离婚当事人双方没有财产方面约定的，共有 10 件，占 4.65%；八是双方约定共同财产归另一方所有，共有 11 件，占 5.12%。（见图 2.5）

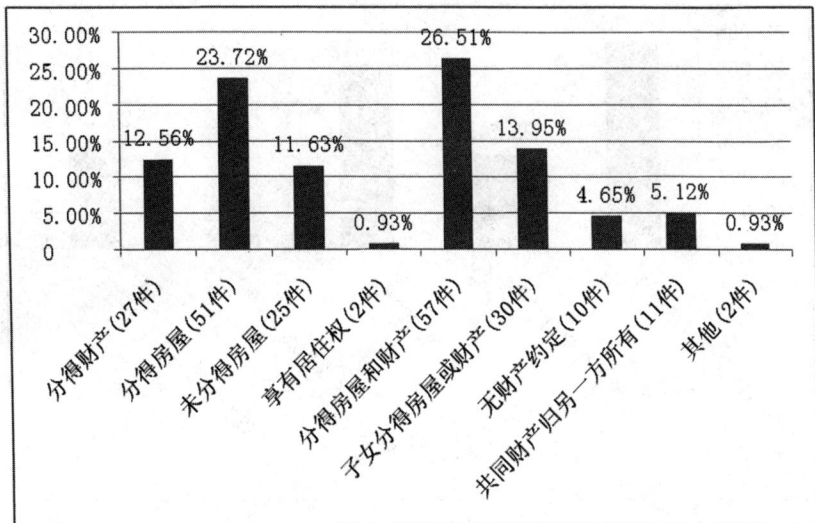

图2.5 约定另一方不支付子女抚养费时一方分得财产情形

可见，虽然离婚双方当事人中直接抚养方不要求另一方支付子女抚养费，但直接抚养方已经通过分得房产或财产等方式，或者子女直接分得房产或财产等方式，使直接抚养方及子女在经济上能获得一定程度的保障。这种情况在不支付抚养费的情形中共有165件，占所有不支付抚养费情形的76.74%。

3. 子女抚养费的内容

按照我国2001年《最高人民法院关于适用〈中华人民共和国婚姻法〉若干问题的解释（一）》（以下简称《婚姻法解释一》）第21条规定，子女抚养费包括子女生活费、教育费、医疗费等费用。此次调查发现，登记离婚当事人在约定子女抚养费时，对抚养费的认识并不一致。部分离婚当事人在离婚协议中，只简单约定了婚生子女由何方抚养，对于不与子女共同生活一方是否支付子女抚养费、支付多少未作约定。部分离婚当事人在离婚协议中，将抚养费等同于生活费，在约定了子女抚养费后，又另外约定了教育费和医疗费。也有部分人只约定了抚养费或生活费，对教育费和医疗费没有约定。在约定支付子女抚养费的455件子女抚养协议中，对子女抚养的约定包含了教育费（18岁前）的有258件，占56.70%；包含了大学教育的学费的有117件，占25.71%，其中包括了39件子女已成年的情形；包含了医疗费的有223件，占49.01%；未明确抚养费内容的有135件，占29.67%。可见，在约定支付子女抚养费的子女抚养协议中，有五成左右的当事人都具体约定了子女的教育费和医疗费，且超过四分之一的当事人对子女大学教育的费用也作了明确约定。这表明大部分离婚当事人对子女教育和医疗的费用已约定承担给付义务。（见图2.6）

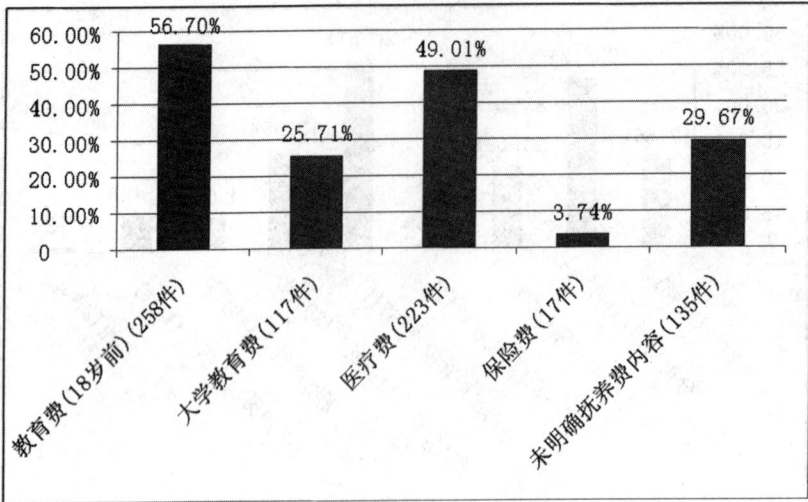

图2.6　子女抚养费内容情况图

　　三个区的调查统计数据显示，在甲区被调查的登记离婚协议中，明确提及教育费和医疗费的件数更多，约定承担教育费（18岁前）的有106件，占61.99%，约定承担医疗费的案件有99件，占57.89%（见表2.7）。并且，由于甲区在办理离婚登记的大厅中设置了离婚协议书的三份样本，其中一份样本中有"教育费、医疗费双方各负担一半"的文字，这样的离婚协议样本在乙、丙两个区的离婚登记大厅里，我们却没有看到。我们认为，这种离婚协议样本给办理登记离婚、涉及子女抚养的当事人提供了一个参考。对于没有提前拟定离婚协议书，到婚姻登记机关才拟定离婚协议的部分当事人而言（在我们调查中看到的这类当事人并不少），这种离婚协议样本有较大的参考价值，对最终双方当事人拟定的离婚协议的影响的权重也较高。这可以解释，为何在甲区的调查数据中，离婚双方当事人对子女抚养协议约定了教育费和医疗费这两项内容的件数相对较多。同时，由于甲区的三份离婚协议样本中都没有提及大学教育费，所以甲区的登记离婚当事人对子女大学教育费承担的约定在三个区所占比例也最低，仅占16.96%。与甲区不同，乙区提供了离婚协议书代写服务，因此，乙区的子女抚养约定中对大学教育费进行了约定的比例最高，占76.99%，高出甲区六成，高出丙区近五成。

表2.7　三个地区子女抚养费内容情况统计表

| 类别<br>区 | 教育费（18岁前）（件） | 大学教育费（件） | 医疗费（件） | 保险费（件） | 未明确抚养费具体内容（件） | 有子女抚养约定的档案数（件） |
|---|---|---|---|---|---|---|
| 甲区 | 106 | 29 | 99 | 7 | 45 | 171 |
| 乙区 | 72 | 81 | 52 | 3 | 29 | 113 |
| 丙区 | 80 | 51 | 72 | 7 | 61 | 183 |

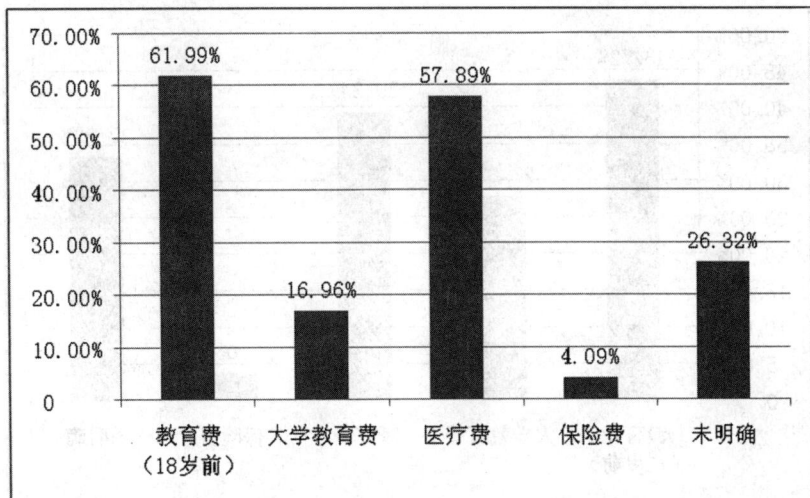

图 2.8a 甲区约定子女抚养费内容情况（多选）①

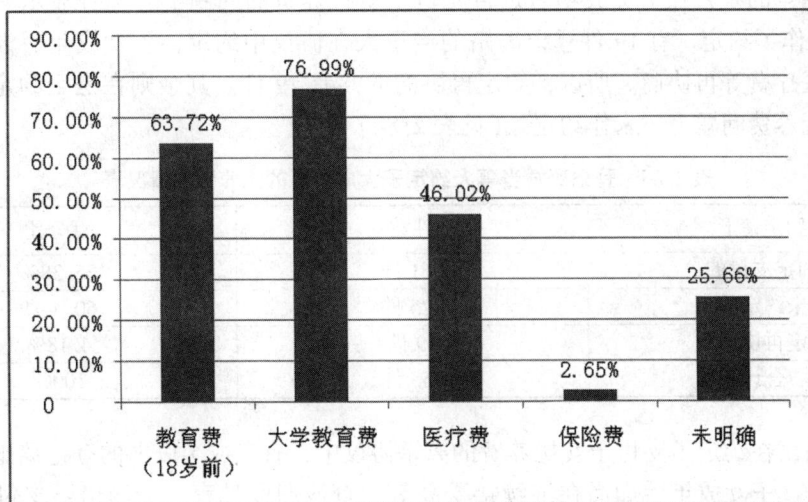

图 2.8b 乙区约定子女抚养费内容情况（多选）

_____

① 此题为多选题，所以图 2.8a、图 2.8b、图 2.8c 的数据之和都超过了 100%。

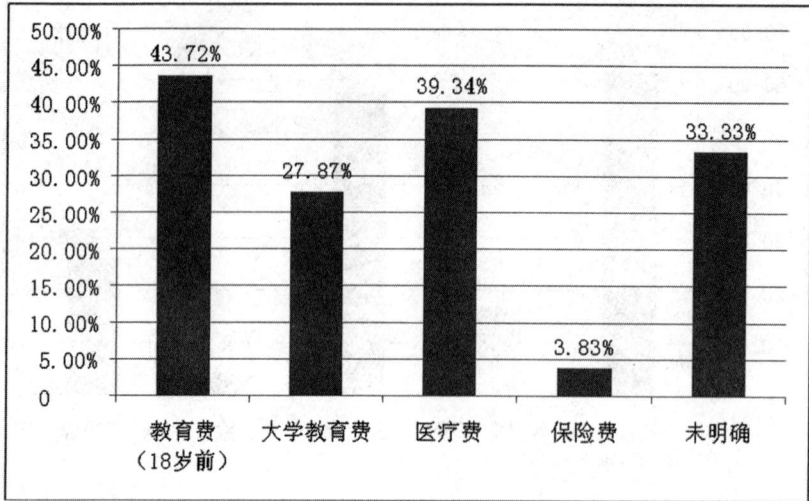

**图 2.8c  丙区约定子女抚养费内容情况（多选）**

值得注意的是，在子女成年后是否支付子女抚养费的问题上，调查显示三个区共有161件对此作了约定。有19件登记离婚的当事人在协议中约定，子女成年后涉及的生活费、教育医疗费等再协商。所以，约定再协商的共有19件。其余则在是否约定支付子女成年后的抚养费问题上，未作约定。（见表2.8d）

**表 2.8d  登记离婚当事人约定子女成年后的抚养费的情况表**

| 约定情形 | 件数 | 百分比 |
|---|---|---|
| 约定支付的 | 161件 | 35.38% |
| 未约定的 | 275件 | 60.44% |
| 约定再协商的 | 19件 | 4.18% |
| 合计 | 455件 | 100% |

这说明，在约定了支付子女抚养费的离婚协议中，有三成半以上的登记离婚当事人支持以下观点：子女成年后如尚在继续接受高等教育或职业教育，父母仍要支付子女抚养费。他们已经在他们的离婚协议中对此作了约定。比较三个区的调查数据和乙区的数据，可以发现，乙区中对子女成年后的大学教育费进行明确约定的占76.99%，在三个区中占比最高。这说明，乙区婚姻登记机关开展的婚姻协议书代写服务在保障子女利益方面起到了较好的促进作用，明确约定未成年子女成年后的大学教育费用，有利于登记离婚当事人减少争议，同时也保障了未成年子女成年后的受教育权。

4. 子女探望权的约定

在受调查的643件涉及探望权的登记离婚案件中（不含子女成年和无子女的77件），未对探望权进行约定的共有283件，占到四成以上（44.01%），约定随时可以探望的案件有244件，占37.95%。有2件双方当事人约定一方放弃探望权（占0.31%），其余都约定了未与子女共同生活的离婚父母一方有探望权且明确了探望的方式与时间（见图2.9）。也就是说，被调查的离婚当事人有一半以上约定了子女探望权，并且其中三成以上约定可以随时探望，这有利于未成年子女的健康成长。

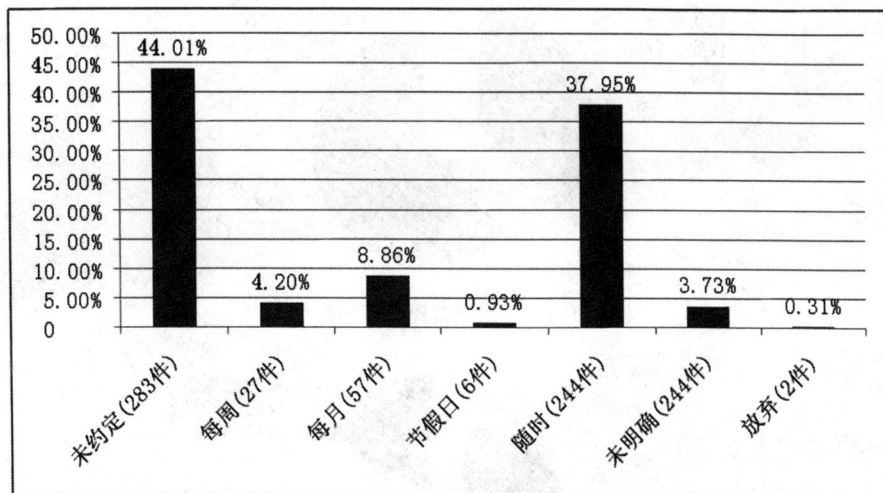

图 2.9 子女探望频度的约定情况①

比较三个区的统计数据，我们发现，在乙区，约定在不影响子女学习生活的前提下，随时可以探望的案件数较之其他两区，明显更多。我们在调查中发现其主要原因是，乙区婚姻登记处为办理离婚登记、又没有自带离婚协议书的当事人提供了代写离婚协议书的服务。这就是为何在这一地区，离婚当事人在子女探望权的约定方面，相较其他两区，未约定的件数较少（乙区对探望权未约定的协议仅占 17.87%，这类协议在甲区与丙区分别占62.15%、50.90%），约定随时可以探望的案件较多，分别为甲区的三倍以上，为乙区的两倍以上。（见表 2.10）

表 2.10 子女探望权的约定情况

| 探望<br>频度<br>区 | 未约定<br>（件） | 每周<br>（件） | 每月<br>（件） | 节假日<br>（件） | 随时<br>（件） | 未明确<br>（件） | 放弃<br>（件） | 不涉及<br>（件） | 合计<br>（件） |
|---|---|---|---|---|---|---|---|---|---|
| 甲区 | 133 | 8 | 22 | 2 | 42 | 7 | 0 | 26 | 240 |
| 乙区 | 37 | 2 | 17 | 1 | 148 | 2 | 0 | 33 | 240 |
| 丙区 | 113 | 17 | 18 | 3 | 54 | 15 | 2 | 18 | 240 |
| 合计 | 283 | 27 | 57 | 6 | 244 | 24 | 2 | 77 | 720 |

---

① 为统计方便，对于离婚协议中既约定了每月探望次数，又约定了节假日探望方式等符合多个选项内容的，我们按最有利于探望权行使的方式统计，也即如果双方约定了随时探望，又约定了节假日探望的，按随时探望计算。

图 2.11a　甲区子女探望权约定情况

约定探望权的，81件，占37.85%

未约定探望权的，133件，占62.15%

图 2.11b　乙区子女探望权约定情况

未约定探望权的，37件，占17.87%

约定探望权的，170件，占82.13%

图 2.11c　丙区子女探望权约定情况

约定探望权的，109件，占49.10%

未约定探望权的，113件，占50.90%

　　调查还发现，在尊重儿童意愿方面，有 32 件双方约定探望权的行使应尊重未成年子女的意见，占约定了探望权协议的 8.89%。

　　但是部分登记离婚当事人在约定探望权时，附加了一些限制条件。比如，有 2 件协议，双方约定探望权须等到子女满 5 岁后才能行使；另有 27 件双方约定探望权的行使须征得直接抚养方的同意。

### 三、中国登记离婚制度实施中对儿童权益保障的成效与不足

（一）中国登记离婚制度实施中对儿童权益保障的成效

1. 登记离婚便于离婚当事人就子女抚养协商后达成协议

　　登记离婚与诉讼离婚最大的不同是办理登记离婚的双方当事人大多已经就离婚达成了一致，双方没有激烈的矛盾冲突。因此，在登记离婚时，离婚双方当事人能够平心静气地就子女抚养、财产分割等事宜达成协议。与诉讼离婚比较，在登记离婚中，双方达成的子

女抚养费往往比诉讼离婚的当事人中判决或调解结案中确定给付的抚养费更高。[1] 即便是不支付抚养费的情形，在我们调查的登记离婚卷宗中，直接抚养方往往也能通过分得房产或财产等方式，或者子女直接分得房产或财产等方式，使直接抚养方及子女在经济上得到一定程度的保障。这种情况在不支付抚养费的总件数中共计 165 件，占所有不支付抚养费的 76.74%。（见图 2.5）在探望权的约定中，有一半以上的登记离婚协议中都约定了探望权，并有 32 件约定探望权的行使应尊重儿童意愿。

此外，由于登记离婚较之诉讼离婚而言，另一个突出的特点是，离婚当事人在个人财产等敏感信息方面，往往不愿公开，在登记离婚中，能不说的财产就不说，这导致我们在调查中发现也有部分不支付抚养费的离婚当事人，在离婚协议中分割了房屋、汽车等财产后，就不再详细列出其他财产。因此，不能排除在有些个案中，不要求另一方支付抚养费的直接抚养方，自身经济条件较好，对于独自负担子女的抚养费游刃有余。比如，在丙区的某离婚协议的调查问卷中，我们发现离婚当事人双方在财产约定中，只简单写了各自婚前财产归各自所有，私人用品各自归各自所有。如果该直接抚养方的个人财产较多，那么离婚后其个人单方负担子女的抚养费可能也就不存在困难。这在一定程度上也反映了直接抚养方对自己经济生活的自信：他们认为，这样的财产分割不会对自己及子女的生活造成太大影响。

2. 婚姻登记机关的服务措施有利于保护儿童权益

如前所述，我们在调查中发现，甲区在登记离婚大厅内提供有离婚协议书样本，乙区则为没有自带离婚协议、办理离婚登记的当事人提供有代写离婚协议书服务，这些服务在保护未成年子女利益方面发挥了积极作用。我们的调查数据表明，甲区的登记离婚当事人在子女抚养费中对教育费、医疗费等明确约定的占六成左右（见图 2.8a），这与甲区提供的离婚协议书样本的示范作用分不开。乙区提供的代写离婚协议书帮助更多的离婚当事人对探望权进行了约定，占 81.16%，为三个区最高（见表 2.10）。且有的明确约定抚养费的具体内容、探望权等，为未来相关当事人减少争议，离婚父母履行探望协议等打下了一个较好的基础。如果双方对这些内容没有约定，那么未来双方当事人可能就会因为这些问题产生新的矛盾，甚至可能因子女探望发生纠纷，走上法庭。

此外，我国有学者指出，在草率离婚中，儿童付出了更大的代价。[2] 我们在调查中了解到，重庆市婚姻登记机关为应对冲动型离婚等不理智情形，自 2013 年 7 月实施了"区县婚姻家庭社会工作服务整体推进品牌项目"（以下简称整体推进品牌项目），现全市已经有 16 个区县婚姻登记机关实施了该项目。该项目主要通过社工服务、心理干预、热线咨询、社区活动、大型公益讲座等方式为相关人群提供服务。这种服务的重点是帮助社区民众学习如何经营婚姻家庭，化解家庭矛盾，争取减少冲动型离婚或帮助当事人和平离婚。在调查中我们发现，部分当事人到了婚姻登记机关仍然情绪激动，相互争吵。在这种情形下，社工人员进行的心理辅导，适当的心理干预可以减缓离婚当事人的矛盾，便于双方当事人冷静下来沟通而和平分手，这为达成合理的有关子女抚养的离婚协议创设了条

---

[1]　陈苇、张庆林：《离婚诉讼中处理儿童抚养问题之司法实践调查及其改进建议》，载《河北法学》2015 年第 1 期。

[2]　夏吟兰：《对中国登记离婚制度的评价与反思》，载《法学杂志》2008 年第 2 期。

件，同时也有利于子女抚养协议的执行。

3. 登记离婚便于离婚当事人就子女成年后的大学教育等费用进行约定

如前所述，从调查问卷所反映的情况来看，有四成被调查的登记离婚当事人都认为应将子女抚养至所有学业完成或独立生活时止，并在离婚协议中作了约定。此与我国现行《婚姻法》及相关司法解释的规定有所不同，如我国现行《婚姻法》第 21 条规定："父母对子女有抚养教育的义务……父母不履行抚养义务时，未成年或不能独立生活的子女，有要求父母给付抚养费的权利。"《婚姻法解释一》中第 20 条规定："婚姻法第二十一条规定的'不能独立生活的子女'，是指尚在校接受高中及其以下学历教育，或者丧失或未完全丧失劳动能力等非因主观原因而无法维持正常生活的成年子女。"显然，这部分离婚登记当事人的约定，已经超出了法律规定的法定抚养义务的范围。我们认为，在登记离婚中，双方当事人作这种约定更有利于子女的成长和发展。

（二）中国登记离婚制度实施中对儿童权益保障之不足

按照 1989 年《儿童权利公约》、我国现行《婚姻法》《未成年人保护法》之规定，检视中国登记离婚制度实施中对儿童权益的保护工作，仍有部分不足之处。这主要体现在以下几方面：

1. 立法理念对儿童权益保障关照不足

我国登记离婚制度除《婚姻法》的相关规定外，最主要被规定在我国现行《婚姻登记条例》中。《婚姻登记条例》第 1 条明确规定其立法是为了规范婚姻登记工作，保障婚姻自由、一夫一妻、男女平等的婚姻制度的实施，保护婚姻当事人的合法权益。从本次调查可以看出，婚姻登记机关推行的部分服务措施以及改革举措都是紧密围绕如何为登记离婚当事人做好服务工作展开，对于登记离婚中涉及的子女抚养协议，只是作为登记离婚审查的部分内容，对于这类协议之约定，是否足以保障未成年子女的利益则未予进行实质审查。可见，登记离婚制度的立法理念仍停留在家庭自治的层面上，没有充分体现国家为保护儿童利益应履行的国家监督、干预职责。

2. 登记离婚程序存在不足

在我国，与诉讼离婚的程序不同，登记离婚程序中未设置调解程序。如前所述，在我国的现实生活中有相当一部分当事人属于冲突、草率型的离婚。目前，婚姻登记机关开展的整体推进品牌项目正是为了推进调解服务在登记离婚过程中的积极作用。考察国外立法例，许多国家都在离婚程序中规定了调解程序，如《澳大利亚家庭法》第二章专门规定了"非讼家庭服务"，对家庭咨询员、家庭纠纷调解员的委任、家庭纠纷的调解等作出了明确的规定。[①]《韩国民法典》第 836 条之二第 1 款规定，协议离婚者须接受家事法院提供的有关离婚的服务。家事法院认为有必要时，可以向当事人劝告接受具有专业知识和经验的专业人士的咨询。[②]《葡萄牙民法典》第 1774 条第 1 款规定，在离婚程序中，必须试行调解。[③] 从我国婚姻登记工作的实践也可以看出，在登记离婚程序设置调解服务，确实

---

① 《澳大利亚家庭法》（2008 年修正），陈苇等译，群众出版社 2009 年版，第 53—59 页。
② 《韩国最新民法典》，崔吉子译，北京大学出版社 2010 年版，第 237 页。
③ 《葡萄牙民法典》，唐晓晴等译，北京大学出版社 2009 年版，第 311 页。

起到了防止轻率离婚的作用。① 因此，有必要在登记离婚程序中设置调解程序。

3. 登记离婚当事人的个人经济状况信息欠缺

根据调查统计数据，在不支付抚养费的几种情形中，既未分得房屋，又无其他财产约定的有 25 件；无财产约定的有 10 件；婚姻存续期间的共同财产归另一方所有的有 11 件（见图 2.5），这三类情况共计 46 件，占 21.40%。在这三类情况中，由于双方当事人登记离婚时，未提供个人的财产信息，因此，我们无法确定离婚后直接抚养子女的一方有足够的经济抚养能力，其是否能够单方为未成年子女提供充分的学习生活条件，也无法判断子女的受抚养教育权是否得到了充分保障。

4. 法制宣传工作不够深入

此次调查发现，尽管甲区、丙区的服务大厅内都有有关登记离婚的相关宣传资料，但这些宣传资料的利用情况并不太好，且宣传资料的内容多属于婚姻登记服务，对于儿童权利保障的相关内容较少，仅说明离婚协议书须对子女抚养问题协商一致。法制宣传内容上的不足，致使离婚当事人在办理离婚登记时，对于子女扶养协议是否符合法律规定，是否能够充分保障未成年子女的利益，往往不知道。

例如，个别离婚协议约定不支付抚养费的依据不合法。我们在调查中发现，在离婚当事人约定不支付抚养费的几种情形中，其他情形中的个别约定值得研究。其中有一件离婚协议中约定：由于男方有外遇，所以子女由男方抚养，且女方不支付子女的抚养费。在这样的约定中，将男方的过错作为无过错女方不支付子女抚养费的理由，既欠缺法律依据，也侵害子女受父母抚养的权利。

又如，部分离婚协议中未成年子女抚养及探望的约定尚不完善。我们在调查中发现，有未成年子女需要抚养，但只简单约定了直接抚养方离婚父母，没有约定不与子女共同生活的离婚父母一方是否支付抚养费以及支付多少等内容的情况仍然存在。如前所述，此次调查显示，未明确约定抚养费的有 12 件。未明确抚养费金额的有 55 件，占比接近一成（见图 2.4b）。此外，尚有 215 件约定不与子女共同生活一方不支付抚养费，占 31.52%（见图 2.4a）。这一问题在探望权的问题上更加突出，未约定探望权问题的有 283 件，占44.01%（见图 2.9）。此外，还有个别案件对子女探望权约定了须子女满 5 岁后才能行使的限制条件，或探望权的行使须征得直接抚养方的同意。这些约定可能在未来未成年子女的生活中因探望产生纠纷，不利于儿童的健康成长。这凸显出登记离婚制度实施中在保障离婚后子女权益方面，仍然缺乏制度保障。

我国现实生活中以放弃全部财产，或不要对方承担子女抚养费为条件而达到登记离婚目的，在办理登记离婚后又提出要求对方承担抚养费的案件在基层人民法院时有出现。我们认为，未成年子女依法享有的受抚养教育等费用的财产权利是一种独立的法律关系。按照《婚姻登记条例》的第 11 条第 3 款之规定，登记离婚时，双方当事人应对子女抚养、财产及债务处理等事项达成书面协议，即对夫妻共同财产分割和子女抚养的处理，应一并

---

① 其他地方的婚姻登记机关也开展类似探索，江西省南昌市青云谱区民政局 2009 年设立了婚姻家庭指导工作室，从设立伊始到 2012 年 11 月，共受理离婚咨询 1136 对，调解成功 209 对，通过婚姻家庭指导服务暂缓离婚决定的有 374 对。李星：《江西首家 "婚姻调解室"，五年挽救了 209 个家庭》（2012－11－14），载 http://news.jxgdw.com/jszg/1942794.html。

处理。有些当事人却认为多分了财产或房屋给直接抚养方，就相当于支付了抚养费。虽然，这种观点在法院审理抚养费纠纷时，不一定能得到法院的支持①，但在登记离婚时，却被部分当事人实际施行（见图2.5）。按照离婚当事人的协议约定，虽然直接抚养方可用离婚时所分财产抚养子女，但子女依法享有的受抚养、教育费的权利却没有实现。并且，今后一旦直接抚养方抚养子女的经济能力不足时，就会出现不利于子女健康成长的情况。虽然按照我国现行《婚姻法》第37条第2款规定，关于子女生活费和教育费的协议或判决，不妨碍子女在必要时向父母任何一方提出超过协议原定数额的合理要求。但在处理拖延支付抚养费问题时，这种救济手段相对滞后，且现实生活中，离婚夫妻一方拖延支付抚养费导致诉讼纠纷也非常普遍，② 这就加大了争取子女抚养教育费的成本。

5. 婚姻登记机关对离婚登记协议的审查不足

我们在调查中了解到，婚姻登记机关在开展离婚登记中面临一些具体困难。比如，人员编制紧张，大多数婚姻登记机关都要采用临时聘用人员解决工作任务重与工作人员少的矛盾。目前，婚姻登记机关工作人员的编制问题仍然对婚姻登记工作有较大影响。③ 由于资金短缺及培训工作的时间限制（一年只举办一次），对于临时增加的聘用人员无法完全做到培训后上岗。因此，这些临时聘用人员大多通过"手把手的教"的传统方式学习婚姻登记工作中必备的知识。临时聘用人员存在的另一问题是流动性大。其工作性质决定了这类工作人员极易流动到其他工作岗位上。这也给婚姻登记工作的进一步完善带来困难。总之，婚姻登记机关人员数量不足的问题在一定程度上限制了婚姻登记机关在办理离婚登记时对离婚登记协议的审查工作，不利于保障离婚当事人未成年子女的合法权利。例如，前述子女抚养协议未对另一方是否支付抚养费进行约定（见图2.4a），由于登记人员未进行实质审查，侵害了未成年人受抚养教育的法定权利。

**四、中国登记离婚中有关儿童权益保障制度的完善建议**

为进一步落实联合国1989年《儿童权利公约》倡导的儿童最大利益原则，贯彻落实我国《宪法》《婚姻法》《未成年人保护法》有关保护儿童受抚养权、受教育权及探望权等规定，应当加大对我国登记离婚制度实施中未成年子女权利的保护力度。我们建议，针对我国登记离婚实施中存在的不足，从以下几个方面补充完善我国登记离婚涉及儿童权益保护制度，并推广重庆市登记离婚实施中的有益经验。

（一）设立"家庭自治为主，国家监督为辅"的立法原则

儿童人权需要国家承担给付义务。④ 当家庭自治、父母离婚协商子女抚养的权利被滥用，未成年人不能维护其权益的情况下，国家应以公权力进行适当干预。这是落实《婚姻法》保护儿童合法权利基本原则，履行《儿童权利公约》所规定的国家职责的应有之

---

① 有法院支持，也有法院不予支持，相关案例参见国家法官学院案例开发研究中心编：《中国法院2013年度案例（婚姻家庭与继承纠纷）》，中国法制出版社2013年版，第104-106页；国家法官学院案例开发研究中心编：《中国法院2015年度案例（婚姻家庭与继承纠纷）》，中国法制出版社2015年版，第136-138页。

② 国家法官学院案例开发研究中心编：《中国法院2015年度案例（婚姻家庭与继承纠纷）》，中国法制出版社2015年版，第132页。

③ 王云斌主编：《婚姻与收养登记》，中国社会出版社2011版，第28页。

④ 陈苇：《中国婚姻家庭法立法研究》，群众出版社2010年版，第488页。

义。针对《婚姻登记条例》中立法理念的不足，建议设立"家庭自治为主，国家监督为辅"的原则，同时建议修订《婚姻登记条例》第 1 条之规定，在立法目的中增加保护未成年子女的合法权益，具体表述为"为了规范婚姻登记工作，保障婚姻自由、一夫一妻、男女平等的婚姻制度的实施，保护婚姻当事人及未成年子女的合法权益"。并在该条例中增补规定：婚姻登记机关办理离婚登记，审查离婚当事人双方协商达成的子女抚养协议时，应坚持"儿童最大利益原则"。[①]

（二）增设调解作为登记离婚的前置程序

如前所述，设置登记离婚之调解程序，可以给冲动离婚的夫妻一次挽救婚姻的机会。同时，调解程序可以对登记离婚当事人依法达成离婚协议发挥积极作用。因此，笔者建议将调解设置为办理离婚登记的必经程序，通过调解前置程序，调解人员可以向离婚当事人宣传登记离婚的法律知识，提高申请登记离婚当事人的知法守法意识，增强其父母责任感，这不但可以帮助冲动离婚的当事人冷静下来认真审视思考自己是否离婚，同时也可以促进离婚当事人冷静协商，依法达成子女抚养协议，这有利于保护未成年人合法权益。

（三）丰富法制宣传内容以提高登记离婚当事人的法律意识

建议在婚姻登记大厅，进一步加大法制宣传力度，不仅为当事人提供婚姻法、婚姻登记条例等法律资料，而且制作登记离婚常见知识问答宣传单。在宣传资料中，不仅要告知当事人办理离婚登记所需提交的材料，还可以进一步扩展服务内容，由服务人员讲解登记离婚在订立子女抚养及探望方面应注意的事项，让婚姻离婚当事人知法守法，依法达成子女抚养协议。在宣传父母对子女的抚养责任同时，教育父母离婚后遇事多商量，为子女抚养协议及探望权约定的执行铺平道路，减少纷争。

（四）完善婚姻登记机关的离婚协议样本或代写服务

如前所述，此次调查发现，婚姻登记机关的样本或离婚协议代写服务在未成年子女权益保障方面有很大促进作用。但也有部分登记离婚当事人的子女抚养协议不合法，不利于保护未成年子女利益。因此，我们建议婚姻登记机关依据我国《宪法》《婚姻法》《未成年人保护法》的相关规定，拟定一个更加完善的离婚协议样本，并且在提供代写离婚协议书服务时，应当提醒离婚当事人依法对未成年子女抚养费和探望等问题进行明确约定。这可减少离婚当事人未来就这些问题产生争议，也有利于未成年子女权益的保障。

（五）增加婚姻登记机关对登记离婚协议的实质审查职能

针对此次调查中发现的部分离婚协议中个别当事人财产不明、对抚养费和探望的约定尚不完善、个别登记离婚协议中对不支付抚养费的依据约定不合法等情况，笔者建议，增加婚姻登记机关对离婚协议的实质审查职能。

我国 1993 年发布的《最高人民法院关于人民法院审理离婚案件处理子女抚养问题的若干具体意见》第 7 条规定，父母有固定收入的，子女抚养费一般可按其月总收入的20%—30%的比例给付。负担两个以上子女的，比例可适当提高，但一般不得超过月总收入的50%。所以，我们建议婚姻登记机关依法加大对离婚协议的实质审查力度。[②] 建议在

---

① 陈苇、谢京杰：《论"儿童最大利益优先原则"在我国的确立》，载《法商研究》2005 年第 5 期。

② 实践中，如何加大对登记离婚协议的审查力度，可以通过培训婚姻登记人员等方面着手。参见 Chen Wei and Shi Lei. *Divorce Procedure in China*. John Eekelaar & Rob George ed.. Routeledge Handbook of Family Law and Policy, *in* 2014, pp. 111-121.

《婚姻登记条例》中补充规定，登记离婚当事人应在离婚协议书中填写自己的经济收入及家庭主要财产情况，以便婚姻登记人员进行实质审查，审查当事人对未成年子女抚养费的约定数额是否有利于子女健康成长。对于子女抚养、探望约定不完善的，应依法监督当事人修改补充。对于审查发现子女抚养协议之约定不合法的，婚姻登记人员应要求离婚当事人进行修改。对于离婚协议中有损害未成年子女利益，且又拒绝修改完善的，可借鉴《法国民法典》第232条规定，① 赋予婚姻登记机关拒绝对离婚进行登记的权力。

（六）加大对婚姻登记机关的人员保障

针对婚姻登记机关人手不足的问题，笔者建议，进一步加大对婚姻登记机关的投入和人员保障。只有在源头上解决婚姻登记机关工作人员的编制不足问题，才能从加强教育培训人员素质入手，进一步提升婚姻登记机关的工作质量，从而进一步完善登记离婚中儿童权利的保护工作。

（七）推广整体推进品牌项目，营造有利于儿童权益保障的社会环境

如前所述，重庆市民政局婚姻登记处2013年开展的整体推进品牌项目提供全面的婚姻家庭指导服务，这改变了以往婚姻登记机关服务的局限。通过开展主题小组活动、社区活动、大型公益讲座等丰富多彩的活动，对于营造和谐家庭，创建有利于儿童权益保障的社会环境，有较大助益。因此，笔者建议，在我国有条件的地区推广重庆市民政局婚姻登记工作的整体推进品牌项目，通过积极举办有关儿童权益保障的社区活动和公益讲座，帮助涉及登记离婚的当事人双方协商订立有利于儿童抚养和健康成长的离婚协议等方式，保障离婚家庭之儿童受父母抚养、教育、探望等权利的实现。

---

① 《法国民法典》第232条规定，如果合意离婚当事人的协议不能对未成年子女利益提供充分保护，法官可以拒绝批准离婚。Code civil,（2015-07-04），载 http://www.legifrance.gouv.fr/affichCode.do;jsessionid=484577F9ECC07A5 43A1F9BCE13B4E148.tpdila21v_3? idSectionTA=LEGISCTA000006149977&cidTexte=LEGITEXT000006070721&dateTexte= 20150704,访问日期：2015年7月11日。

# 诉讼离婚中处理儿童抚养问题之司法实践及其改进建议

## ——以中国重庆市某县人民法院 2011—2013 年审结的离婚案件为调查对象①

陈　苇　张庆林*

---

**目　次**

---

目前我国的离婚率逐年上升，如 2009—2013 年的粗离婚率分别为 1.85‰、2‰、2.13‰、2‰、2.9‰、2.58‰。② 父母的离婚改变了儿童③原来的抚养方式和生活环境，对其日后的成长和发展会产生重要影响。因此，在诉讼离婚中依法妥善处理儿童抚养问题，对于保障儿童的身心健康成长具有重要意义。我国现行《婚姻法》及相关司法解释历来重视保护儿童的合法权益，为了考察诉讼离婚中处理儿童抚养问题的司法实践状况，

① 本文为西南政法大学家事法律制度改革与创新团队 2012 年度科研项目（XNZFJSF201204）：《人权保护视野下我国妇女儿童权益法律保障实践与制度完善研究》的阶段性成果，2015 年 7 月荣获中国法学会颁发的第十届"中国法学家论坛征文奖"优秀奖。本文载《河北法学》2015 年第 1 期，在被编入本书时对部分标题和内容进行了适当修改。

鸣谢：我们对负责联系本次调研活动的西南政法大学民商法学院杜丹副院长，参加此次调研工作的研究生同学：张鑫、张志嫒、罗西贝贝、陈钊、卢秀平、侯艳芳、孙双双和调查数据统计工作的研究生同学：任丁、李子瑾、司艳露、杨云、吴奇慧、吕珊珊、曾娜、易丽，在此表示衷心的感谢！

* 陈苇，女，西南政法大学外国家庭法及妇女理论研究中心主任，民商法学院教授、博士生导师；张庆林，男，西南政法大学民商法博士生，中央司法警官学院讲师。

② 民政部：《2013 年社会服务发展统计公报》，载 http://www.mca.gov.cn/article/zwgk/mzyw/201406/20140600654488.shtml，访问日期：2014 年 8 月 5 日。

③ 对于"儿童"的年龄界限，国际上通常是指 0-18 周岁，如联合国 1989 年《儿童权利公约》将"儿童"界定为"18 岁以下的任何人"；而我国对此并没有明确的界定，如《现代汉语词典》（第 5 版）将"儿童"定义为"年纪小于少年的幼孩"，医学界以 0-14 周岁的儿童为儿科的研究对象，我国《未成年人保护法》（2006 年修正）将未满 18 周岁的公民称为"未成年人"。为了与我国《未成年人保护法》保持一致，强调对未成年人的保护，并遵从国际惯例，本文中的"儿童"是指 18 周岁以下的人。

我们对重庆市某县基层法院 2011—2013 年审结的离婚案件进行抽样调查，以该法院被调查案件的统计数据为基础，总结司法实践处理儿童抚养问题的有益经验和成效，并分析其存在的问题和不足，最后对我国司法实践处理儿童抚养问题提出改进建议。

### 一、诉讼离婚中处理儿童抚养问题之司法实践调查概述

对于诉讼离婚中处理儿童抚养问题的司法实践调查情况，笔者从以下三个方面简要阐述：（一）调查背景；（二）调查对象；（三）调查方法。

（一）调查背景

儿童是父母双方爱情的结晶和生命的延续，不仅是家庭的重要成员，更是国家发展的希望和社会未来的主人。在当今社会，关注儿童健康成长，保护儿童最大利益，已经成为社会的共识。

随着人权保护观念的加强和对弱势群体利益的关注，"儿童最大利益原则"已经成为世界上许多国家处理儿童事务所共同遵循的首要原则。联合国 1959 年《儿童权利宣言》指出："儿童应受到特别保护……在为此目的而制定法律时，应以儿童的最大利益为首要考虑。""儿童在一切情况下均应属于首先受到保护和救济之列。"为了更加有效地保护儿童权益，联合国大会于 1989 年通过的《儿童权利公约》第 3 条第 1 款规定："关于儿童的一切行为，不论是由公私社会福利机构、法院、行政当局或立法机构执行，均应以儿童的最大利益为一种首要考虑。"该公约倡导处理涉及儿童的所有行为均应以"儿童的最大利益"为首要考虑，强调把儿童作为个体权利主体而不是作为一个家庭或群体的成员来加以保护。①

如今，随着《儿童权利公约》已获得 193 个国家的批准和加入，"儿童最大利益原则"已在世界范围内得到多数国家和地区的承认，成为指导其立法和司法实践的最高指导原则和审酌标准。例如，1973 年《美国统一结婚离婚法》第 402 条规定，法院应使有关监护权的决定符合子女的最大利益。1995 年《澳大利亚家庭法改革法》第十部分明文规定"子女最大利益是父母和法院的首要考虑因素"。德国 1997 年修改《德国民法典》时新增第 1697a 条规定，法官在处理父母照顾权、交往权以及看护等事务方面，"应当考虑实际情况和各种可能性以及利害关系人的正当利益，作出最有利于儿童利益的裁判"。②

我国于 1991 年 12 月 29 日被批准加入《儿童权利公约》。作为成员国，我国非常重视儿童事业，积极承担保护儿童的义务和责任，逐步确立和落实"儿童最大利益原则"。2001 年国务院公布的《中国儿童发展纲要（2001—2010）》中规定"坚持儿童优先原则，保障儿童生存发展受保护和参与的权利"，应"逐步完善保护儿童的法律法规体系，依法保障儿童权益"。

为了保护儿童的合法权益，针对诉讼离婚中儿童的抚养问题，我国现行《婚姻法》及相关司法解释对此作出了详细规定。例如，现行《婚姻法》第 36、37、38 条，2001 年《最高人民法院关于适用〈中华人民共和国婚姻法〉若干问题的解释（一）》[以下简称《婚姻法解释（一）》] 第 21、26 条及 1993 年《最高人民法院关于人民法院审理离婚案

---

① 王雪梅：《儿童权利保护的"最大利益原则"研究》，载《环球法律评论》2002 年第 4 期。
② 参见陈苇：《中国婚姻家庭法立法研究》（第 2 版），群众出版社 2010 年版，第 447、449、452 页。

件处理子女抚养问题的若干具体意见》（以下简称 1993 年《离婚子女抚养意见》）明确规定，离婚不影响父母子女之间的关系，在诉讼离婚中儿童直接抚养人的确定、抚养费的给付和探望权的行使都应当注意保护儿童的合法权益。

在我国离婚率不断攀升的今天，为了解我国现行《婚姻法》及相关司法解释有关离婚家庭儿童抚养、探望等规定在司法实践中的执行情况，我们进行本次"诉讼离婚中儿童抚养问题处理之司法实践"的调查。

（二）调查对象

本次调查选取的地点为重庆市所辖的某县，该县位于重庆市东北部，距重庆主城区100 多公里，约 100 万人口，在重庆所辖县中处于中等经济发展水平。2013 年度，该县城镇居民人均可支配收入 2 万余元，农民人均纯收入近 1 万元。调查对象为该县人民法院2011—2013 年审结的涉及儿童抚养问题的离婚案件，以期了解司法实践处理儿童抚养问题的状况。

（三）调查方法

本次调查的方法，主要包括抽样调查案件、分类统计分析和召开座谈会。

首先，抽样调查案件。2011—2013 年，该县人民法院共受理民事案件 10785 件，其中，离婚案件 2732 件，比例占 25.3%。在离婚案件中，判决结案 665 件、调解结案 1259件、撤诉 749 件、其他 59 件，比例分别占 24.3%、46.1%、27.4%、2.2%。由于人力、时间的限制，我们采取抽样调查的方法，从该法院 2011—2013 年审结的离婚案件①中，每年抽取 120 件，三年共计 360 件案件，作为被调查的样本。

其次，分类统计分析。我们对被抽样调查的 360 件案件卷宗进行了详细、认真地查阅和数据记录，并将记录的离婚案件信息进行分类统计，主要包括被抽样调查案件的基本情况（包括儿童抚养案件的数量、儿童的性别、年龄及结案方式）、父或母直接抚养儿童的情况、父或母给付抚养费的情况（包括是否给付、数额、给付方式）以及离婚父或母行使探望权的情况（包括父母是否请求行使探望权、父母探望子女的时间和方式、确定探望权案件的结案方式）。

最后，召开座谈会。通过与审理离婚案件的法官进行座谈，了解司法实践处理儿童抚养问题的情况。在座谈中，主要讨论的问题包括：诉讼离婚中儿童直接抚养人的确定依据，给付抚养费的数额、方式和执行，探望权的行使等问题。通过与办案法官的座谈和交流，总结其有益经验和成效，分析存在的不足和困难，共同探讨相应的对策和建议。

**二、诉讼离婚中处理儿童抚养问题之司法实践考察**

针对涉及儿童抚养的离婚案件，我们主要进行以下四个方面的考察：一是被调查离婚案件的基本情况；二是父或母直接抚养儿童的情况；三是父或母给付抚养费的情况；四是父或母行使探望权的情况。以下我们将对这四个方面的调查统计情况进行简介。

---

① 为考察离婚家庭儿童权益保护情况，我们对调解结案和判决结案的离婚案件进行了抽样统计。而调解和好撤诉的案件、判决驳回起诉的案件，因不涉及儿童抚养问题，故不在抽样调查的范围之内。

（一）被调查离婚案件的基本情况

被调查离婚案件的基本情况，主要包括以下四个方面：一是儿童抚养案件的数量；二是儿童的年龄；三是儿童的性别；四是儿童抚养案件的结案方式。

1. 儿童抚养案件的数量

（1）儿童抚养案件的总数量

从儿童抚养案件的总数量来看，在被调查的 360 件离婚案件中，涉及儿童抚养的案件为 292 件，占 81%（见图 1-1-1a）。可见，在诉讼离婚中涉及儿童抚养的案件所占比例较高，妥善处理儿童抚养问题具有重要的现实意义。

表 1-1-1　儿童抚养案件的总数量比例表

|  | 涉及儿童抚养 | 未涉及儿童抚养 |
| --- | --- | --- |
| 案件数 | 292 | 68 |
| 所占比例 | 81% | 19% |

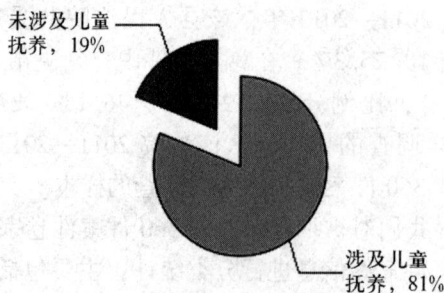

图 1-1-1a　儿童抚养案件的总数量比例图

（2）儿童人数不同的案件数量

从涉及儿童人数不同的案件数量来看，涉及 1 个儿童的有 177 件，占 61%；涉及 2 个儿童的有 104 件，占 36%；涉及 3 个儿童的有 9 件，占 3%；涉及 4 个儿童的有 2 件，占 1%。可见，在涉及儿童抚养的 292 件离婚案件中，涉及 1 个儿童的案件占六成以上（见图 1-1-2a）。

表 1-1-2　涉及儿童不同个数的案件数量比例表

| 儿童人数 | 1 个儿童 | 2 个儿童 | 3 个儿童 | 4 个儿童 |
| --- | --- | --- | --- | --- |
| 案件数 | 177 | 104 | 9 | 2 |
| 所占比例 | 61% | 36% | 3% | 1% |

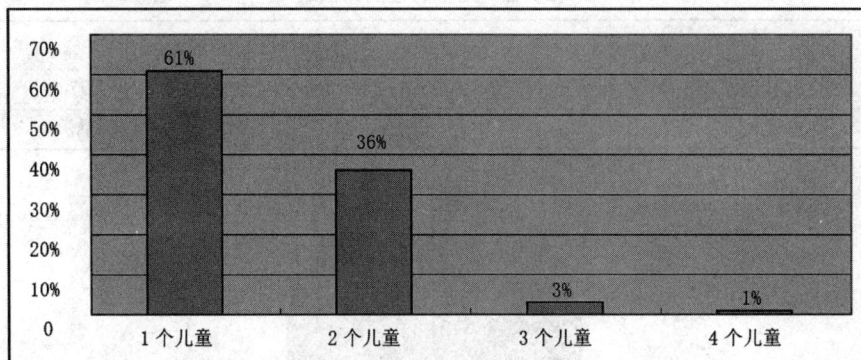

图 1-1-2a 儿童人数不同的案件数量比例图

## 2. 儿童的年龄

从被调查案件中儿童的年龄来看，2 周岁以下的儿童有 10 人，占 2%；3—9 周岁的儿童有 212 人，占 50%；10—18 周岁以下的儿童有 202 人，占 48%。由此可见，10 周岁以下的儿童合计占 52%，而 3—9 周岁和 10—18 周岁以下的儿童人数大体相当，所占比例较高；而涉及 2 周岁以下儿童的离婚案件最少（见图 1-2a）。

表 1-2 儿童的年龄比例表

| 年龄 | 2 周岁以下 | 3-9 周岁 | 10-18 周岁以下 |
|---|---|---|---|
| 儿童（人数） | 10 | 212 | 202 |
| 所占比例 | 2% | 50% | 48% |

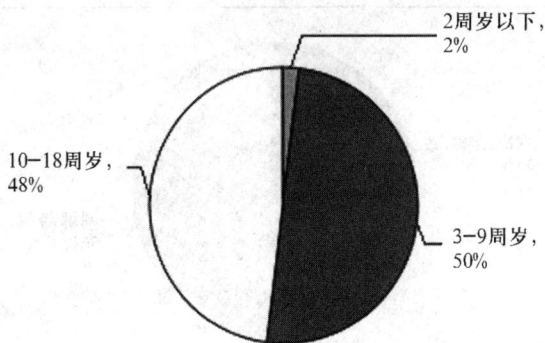

图 1-2a 儿童的年龄比例图

## 3. 儿童的性别

从被调查案件中儿童的性别来看，男童有 227 人，占 54%；女童有 197 人，占 46%。可见，男童与女童数量大体持平，男童比女童只多 8 个百分点（见图 1-3a）。

表 1-3　儿童的性别比例表

|  | 男童 | 女童 |
| --- | --- | --- |
| 人数 | 227 | 197 |
| 所占比例 | 54% | 46% |

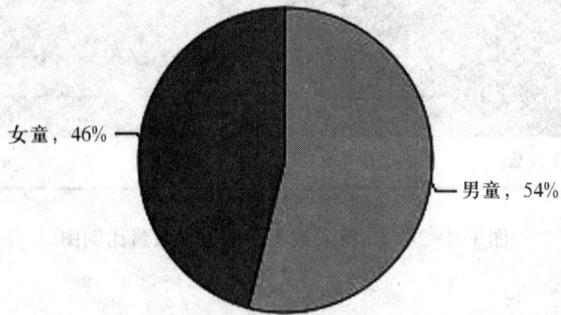

图 1-3a　儿童的性别比例图

### 4. 儿童抚养案件的结案方式

从儿童抚养案件的结案方式来看，在涉及儿童抚养的 292 件离婚案件中，判决结案的有 128 件，占 44%；调解结案的有 164 件，占 56%。可见，近六成的儿童抚养案件是通过调解结案的（见图 1-4a）。

表 1-4　儿童抚养案件的结案方式比例表

|  | 判决结案 | 调解结案 |
| --- | --- | --- |
| 案件数 | 128 | 164 |
| 所占比例 | 44% | 56% |

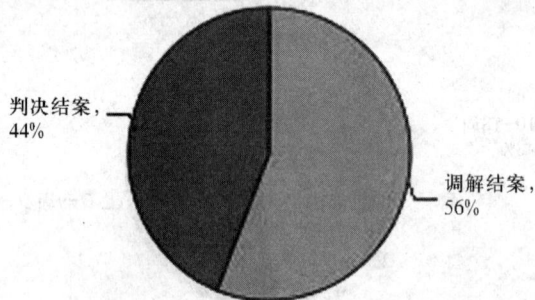

图 1-4a　儿童抚养案件的结案方式比例图

（二）被调查案件中父或母直接抚养儿童的情况

被调查案件中父或母直接抚养儿童的情况，主要包括以下四个方面：一是父或母直接抚养的儿童年龄；二是父或母直接抚养的儿童性别；三是父或母直接抚养的儿童人数；四是确定父或母为直接抚养人的理由。

### 1. 父或母直接抚养的儿童年龄

第一个年龄段：2 周岁以下哺乳期内的儿童。父亲直接抚养的儿童有 3 人，占 30%，同时要说明，这 3 人都是通过法院调解的方式确定的。母亲直接抚养的儿童有 7 人，占 70%。可见，对于哺乳期内的儿童，主要由母亲直接抚养。（见图 2-1a）

第二个年龄段：3—9 周岁哺乳期以外的儿童。父亲直接抚养的儿童有 140 人，占 34%。母亲直接抚养的儿童有 72 人，占 66%。（见图 2-1b）

第三个年龄段：10—18 周岁以下哺乳期以外的儿童。父亲直接抚养的儿童有 128 人，占 63%。母亲直接抚养的儿童有 74 人，占 37%。（见图 2-1c）

可见，2 周岁以下哺乳期内的儿童，主要由母亲来直接抚养（见图 2-1a）；而对哺乳期外的 3—9 周岁和 10—18 周岁以下的儿童，父亲直接抚养的人数分别比母亲多 16% 和 12%（见表 2-1）。

表 2-1　父或母直接抚养的儿童年龄比例表

|  |  | 2 周岁以下 |  | 3-9 周岁 |  | 10-18 周岁以下 |  |
|---|---|---|---|---|---|---|---|
| 父亲 | 判决确定 | 0 | 0 | 60 | 14% | 64 | 15% |
|  | 调解确定 | 3 | 0.7% | 80 | 19% | 64 | 15% |
|  | 合计 | 3 | 0.7% | 140 | 33% | 128 | 30% |
| 母亲 | 判决确定 | 3 | 0.7% | 34 | 8% | 33 | 8% |
|  | 调解确定 | 4 | 0.9% | 38 | 9% | 41 | 10% |
|  | 合计 | 7 | 1.7% | 72 | 17% | 74 | 18% |

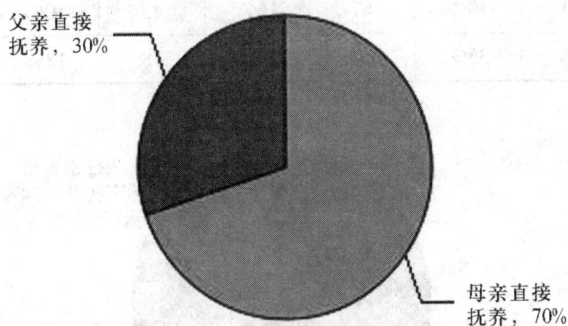

图 2-1a　2 周岁以下儿童的直接抚养人比例图

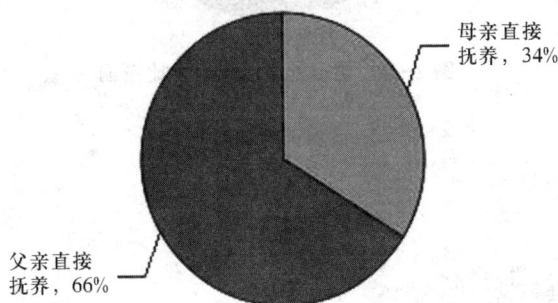

图 2-1b　3-9 周岁儿童的直接抚养人比例图

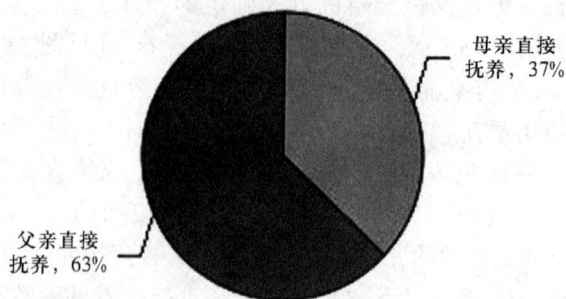

图 2-1c　10~18 周岁以下儿童的直接抚养人比例图

### 2. 父或母直接抚养的儿童性别

从父或母抚养的儿童性别来看，男童的直接抚养人，为父亲的有 149 人，占 35%；为母亲的有 78 人，占 18%。女童的直接抚养人，为父亲的有 122 人，占 29%；为母亲的有 75 人，占 18%。可见，父亲直接抚养男童、女童的人数都多于母亲，尤其是父亲抚养男童的人数约是母亲的两倍（见表 2-2）。

表 2-2　父或母直接抚养的儿童性别比例表

| | 父亲直接抚养 | | | | 母亲直接抚养 | | | |
| --- | --- | --- | --- | --- | --- | --- | --- | --- |
| | 男童 | | 女童 | | 男童 | | 女童 | |
| 判决 | 69 | 16% | 55 | 13% | 35 | 8% | 35 | 8% |
| 调解 | 80 | 19% | 67 | 16% | 43 | 10% | 40 | 10% |
| 合计 | 149 | 35% | 122 | 29% | 78 | 18% | 75 | 18% |

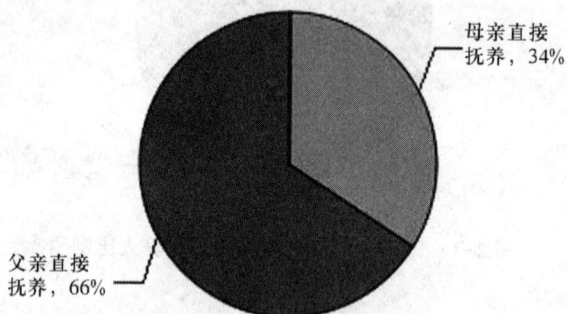

图 2-2a　男童的直接抚养人比例图

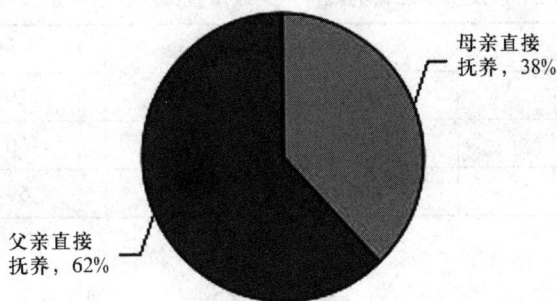

图 2-2b　女童的直接抚养人比例图

3. 父或母直接抚养的儿童人数

（1）父或母直接抚养的儿童总人数

从父或母直接抚养的儿童总人数来看，父亲直接抚养的儿童共271人，占64%；母亲直接抚养的儿童共153人，占36%。在判决离婚案件中，父亲直接抚养的儿童为124人，占29%；母亲直接抚养的儿童为70人，占17%。在调解离婚案件中，父亲直接抚养的儿童人数为147人，占35%；母亲直接抚养的儿童为83人，占19%。可见，父亲直接抚养的儿童人数超过六成（见表2-3-1），而且无论是判决或调解确定的案件，均是父亲多于母亲。

表 2-3-1　父或母直接抚养的儿童总人数比例表

|  | 父亲直接抚养儿童 |  | 母亲直接抚养儿童 |  |
|---|---|---|---|---|
| 判决确定（人） | 124 | 29% | 70 | 17% |
| 调解确定（人） | 147 | 35% | 83 | 19% |
| 合计 | 271 | 64% | 153 | 36% |

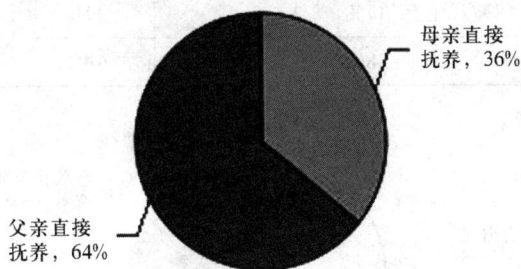

图 2-3-1a　父或母直接抚养的儿童总人数比例图

（2）涉及1个儿童的案件中父或母直接抚养的儿童人数

如上所述，在被调查的涉及儿童抚养的292件离婚案件中，涉及1个儿童的案件有177件。在这177个儿童中，父亲直接抚养的儿童为118人，占67%；母亲直接抚养的儿童为59人，占33%。可见，在涉及1个儿童的案件中，父亲直接抚养的儿童人数是母亲的两倍（见图2-3-2a）。

表 2-3-2　涉及 1 个儿童的案件中父或母直接抚养的儿童人数比例表

| | 父亲直接抚养儿童 | | 母亲直接抚养儿童 | |
|---|---|---|---|---|
| 判决确定（人） | 42 | 24% | 29 | 16% |
| 调解确定（人） | 76 | 43% | 30 | 17% |
| 合计 | 118 | 67% | 59 | 33% |

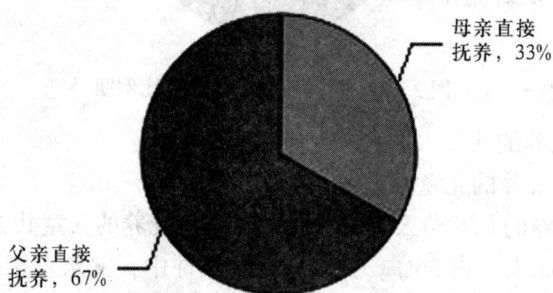

图 2-3-2a　涉及 1 个儿童的案件中父或母直接抚养的儿童人数比例图

（3）涉及 2 个儿童的案件中父或母直接抚养的儿童人数

如上所述，在涉及 2 个儿童的 104 件离婚案件中，由父母一方全部抚养的有 40 件，占 38%；由父亲、母亲各抚养 1 名儿童的有 45 件，占 43%（见图 2-3-3a）。进一步统计，在 2 个儿童由父亲、母亲分别抚养的 45 件离婚案件中，2 个儿童均小于 10 周岁的案件有 20 件，占 44%，所占比例最高（见图 2-3-3b）。

表 2-3-3　涉及 2 个儿童的案件中父或母直接抚养的儿童人数比例表

| | 全部由父亲抚养 | | 全部由母亲抚养 | | 分别由父亲、母亲抚养 | |
|---|---|---|---|---|---|---|
| 判决确定 | 22 | 21% | 8 | 8% | 18 | 17% |
| 调解确定 | 18 | 17% | 11 | 11% | 27 | 26% |
| 合计 | 40 | 38% | 19 | 19% | 45 | 43% |

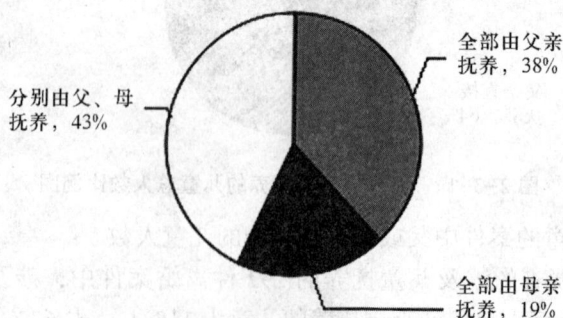

图 2-3-3a　涉及 2 个儿童的案件中父或母
直接抚养的儿童人数比例图

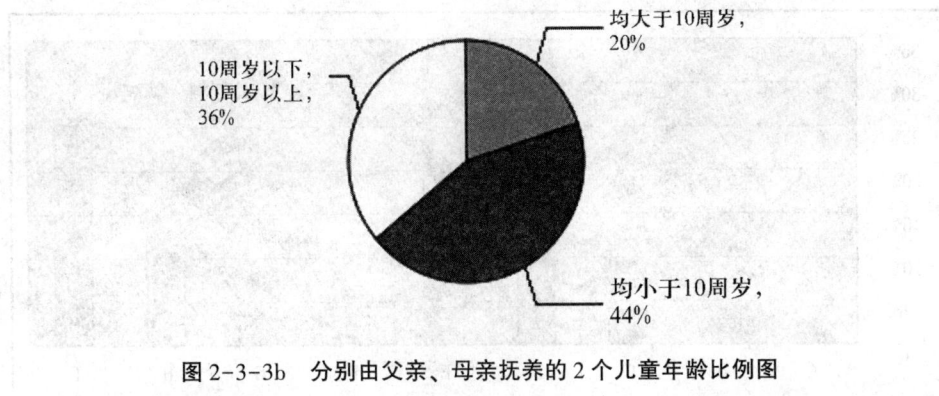

**图 2-3-3b 分别由父亲、母亲抚养的 2 个儿童年龄比例图**

4. 确定父或母为儿童直接抚养人的理由

（1）法院调解的离婚案件

在法院调解离婚的案件中，子女直接抚养人的确定，是在法官主持调解下，双方父母自愿协商、达成一致意见的结果。由于离婚协议书未写明父母协商确定儿童直接抚养人的理由，所以对此我们无法进行统计。

（2）法院判决的离婚案件

在调查过程中，我们根据 1993 年《离婚子女抚养意见》，将确定儿童直接抚养人的理由设计为：A. 儿童未满 2 周岁；B. 父或母患有久治不愈的传染性疾病或其他严重疾病，不利于儿童成长；C. 父或母经济条件对孩子成长不利；D. 父或母有其他不利于儿童身心健康的情形，不宜与儿童共同生活的；E. 儿童随该方生活时间较长，改变生活环境对儿童健康成长明显不利的；F. 抚养方无其他儿童，而另一方有其他儿童的；G. 儿童单独随祖父母或外祖父母共同生活多年，且祖父母或外祖父母要求并且有能力帮助照顾孙子女或外孙子女的；H. 儿童年满 10 周岁，且愿意与该方父母生活；I. 其他原因。

在涉及儿童抚养问题的 128 件判决离婚的案件中，说明确定儿童直接抚养人理由的案件有 96 件，占 75%。其中，以 A 为由的 1 件，占 1%；以 B 为由的 4 件，占 4%；以 C 为由的 4 件，占 4%；以 D 为由的 12 件，占 13%；以 E 为由的 32 件，占 33%；以 F 为由的 1 件，占 1%；以 G 为由的 5 件，占 5%；以 H 为由的 12 件，占 13%；以 I 为由的 25 件，占 26%。可见，以 E（儿童随该方生活时间较长，改变生活环境对儿童健康成长明显不利）为由判决的案件最多，超过三成（见图 2-4a）。这说明法官在确定儿童直接抚养人时，较多考虑儿童长期生活的成长环境。

**表 2-4 确定父或母为儿童直接抚养人的理由比例表**

| | A | B | C | D | E | F | G | H | I |
|---|---|---|---|---|---|---|---|---|---|
| 案件数 | 1 | 4 | 4 | 12 | 32 | 1 | 5 | 12 | 25 |
| 比例 | 1% | 4% | 4% | 13% | 33% | 1% | 5% | 13% | 26% |

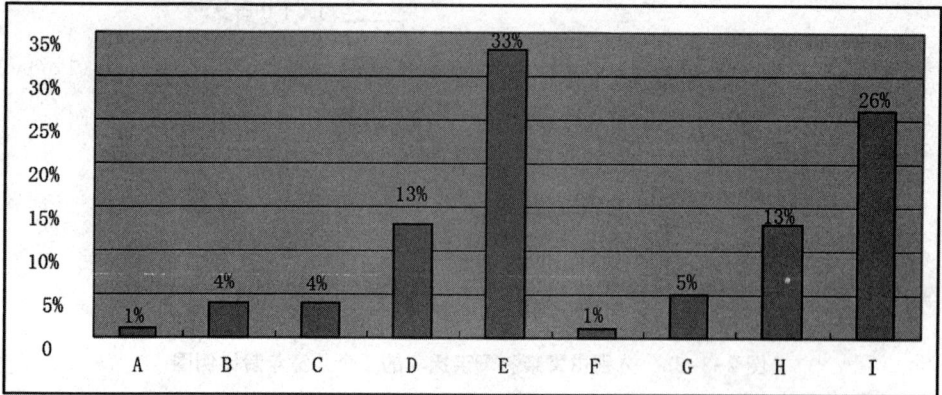

图 2-4a  确定父或母为儿童直接抚养人的理由比例图

（三）被调查案件中父或母给付抚养费的情况

父或母给付抚养费的情况，主要包括以下三个方面：一是抚养费是否被确定给付；二是抚养费的给付方式；三是抚养费的给付数额。

1. 抚养费是否被确定给付

从儿童抚养费是否被确定给付的情况来看，184 名儿童获得父母一方给付的抚养费，占 43%；240 名儿童没有获得父母一方给付的抚养费，占 57%。在获得抚养费的 184 名儿童中，判决确定的有 107 人，占 58%；调解确定的有 77 人，占 42%。在没有获得抚养费的 240 名儿童中，判决确定的有 87 人，占 37%；调解确定的有 153 人，占 63%。可见，近六成的儿童没有获得抚养费，比获得抚养费的儿童多 14%（见图 3-1a）；在获得抚养费的儿童中，判决确定的比调解确定的多 16%（见图 3-1b）；在没有获得抚养费的儿童中，调解确定的比判决确定的多 26%（见图 3-1c）。

表 3-1  抚养费是否被确定给付比例表

|  | 给付抚养费 |  | 不给付抚养费 |  |
|---|---|---|---|---|
| 判决确定 | 107 | 25% | 87 | 21% |
| 调解确定 | 77 | 18% | 153 | 36% |
| 合计 | 184 | 43% | 240 | 57% |

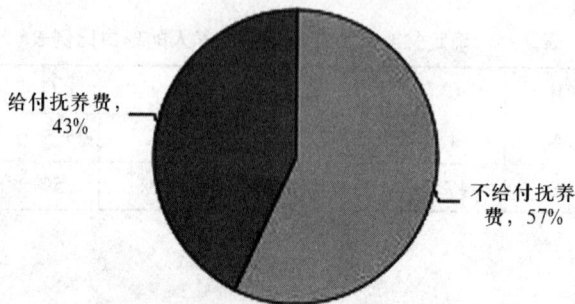

图 3-1a  抚养费是否被确定给付比例图

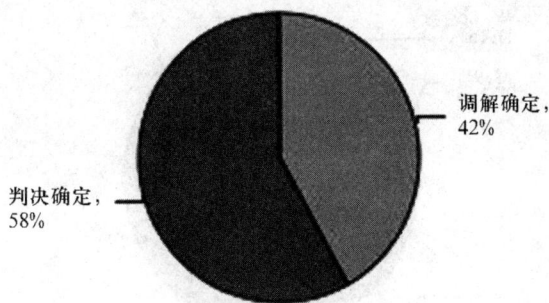

图 3-1b　判决或调解确定给付抚养费比例图

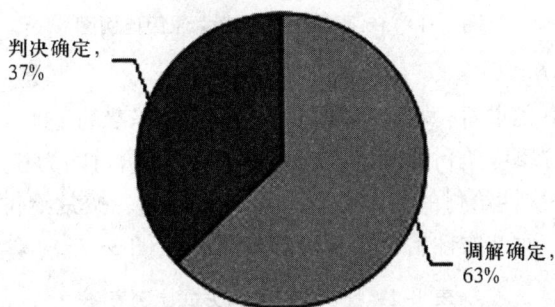

图 3-1c　判决或调解确定不给付抚养费比例图

下面，我们进一步分析儿童没有获得抚养费的原因。其原因有以下几种情况：A. 因父母双方分别有抚养的儿童；B. 因直接抚养人父亲自愿承担子女的全部抚养费；C. 因直接抚养人母亲自愿承担子女的全部抚养费；D. 不直接抚养子女的父或母一方由于特殊原因（疾病、下落不明、服刑等）而无力给付。

在涉及儿童抚养的 292 件离婚案件中，148 件没有确定给付抚养费。从不给付抚养费之原因来看，作为直接抚养方，父亲、母亲自愿承担全部抚养费的案件分别为 75 件、13 件，所占比例分别为 51%、9%。而不直接抚养人缺乏给付能力的案件仅有 23 件，比例占 15%。可见，作为直接抚养人的父或母自愿承担子女全部抚养费的案件占到六成（见图 3-1-1a）。[①]

表 3-1-1　不给付抚养费之原因比例表

|  | A | B | C | D |
|---|---|---|---|---|
| 案件数 | 37 | 75 | 13 | 23 |
| 所占比例 | 25% | 51% | 9% | 15% |

---

　　①　在被抽样调查的离婚案件卷宗中，由于对直接抚养人父、母的职业及收入状况都没有记录，故我们无法进一步统计和分析。

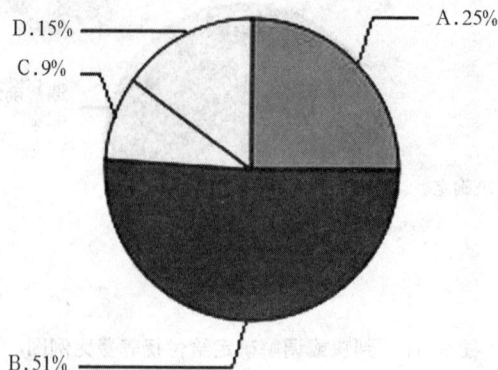

图 3-1-1a　不给付抚养费之原因比例图

2. 抚养费的给付方式

从抚养费的给付方式来看，在获得父母一方给付抚养费的 184 名儿童中，按月给付的为 155 人，占 84%；按季度给付的为 3 人，占 2%；半年给付的为 6 人，占 3%；按年给付的为 8 人，占 4%；一次性给付的为 12 人，占 7%。可见，按月给付抚养费的方式为绝大多数，占到八成以上，而一次性给付抚养费的较少（见图 3-2a）。

表 3-2　抚养费的给付方式比例表

|  | 按月给付 | | 按季度给付 | | 半年给付 | | 按年给付 | | 一次性给付 | |
|---|---|---|---|---|---|---|---|---|---|---|
| 判决确定 | 99 | | 0 | | 3 | | 4 | | 1 | |
| 调解确定 | 56 | | 3 | | 3 | | 4 | | 11 | |
| 合计 | 155 | 84% | 3 | 2% | 6 | 3% | 8 | 4% | 12 | 7% |

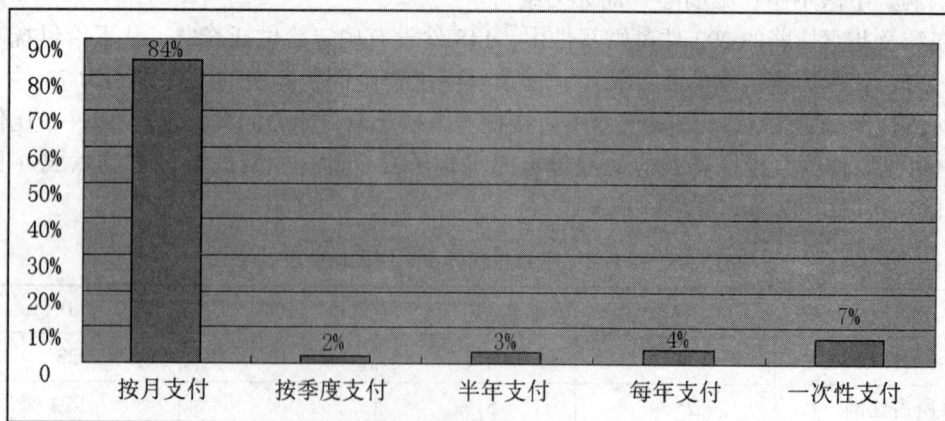

图 3-2a　抚养费的给付方式比例图

3. 抚养费的给付数额

从抚养费的给付数额来看，在获得抚养费的 184 名儿童中，获得 1—200 元的有 40 人，占 22%；获得 201—300 元的有 88 人，占 48%；获得 301—600 元的有 39 人，占

21%；获得601—1000元的有8人，占4%；获得1000元以上的有9人，占5%。可见，获得抚养费的数额在300元以下的高达七成（见图3-3a）。

表3-3　抚养费的给付数额比例表

| | 1-200元 | | 201-300元 | | 301-600元 | | 601-1000元 | | 1000元以上 | |
|---|---|---|---|---|---|---|---|---|---|---|
| 判决确定 | 25 | | 75 | | 16 | | 1 | | 1 | |
| 调解确定 | 15 | | 13 | | 23 | | 7 | | 8 | |
| 合计 | 40 | 22% | 88 | 48% | 39 | 21% | 8 | 4% | 9 | 5% |

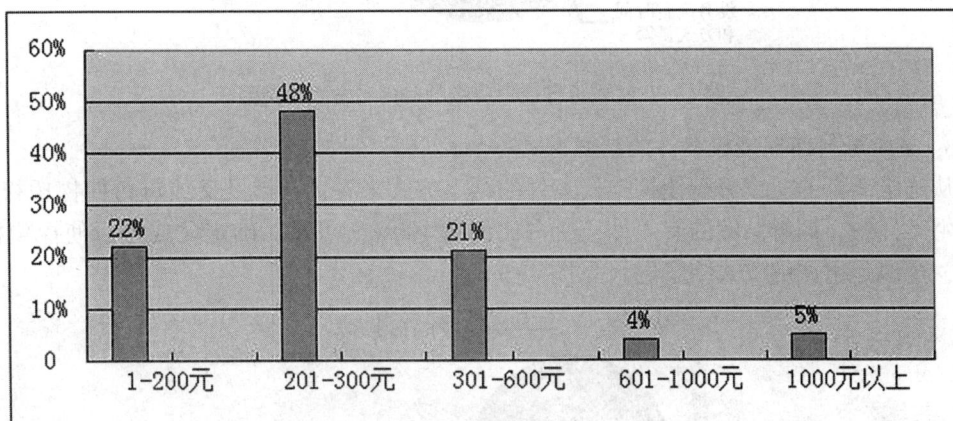

图3-3a　抚养费的给付数额比例图

（四）被调查案件中父或母行使探望权的情况

1. 父或母是否请求行使探望权

从父或母是否请求行使探望权来看，在被抽样调查的涉及儿童抚养的292件离婚案件中，父或母在离婚时请求行使探望权的案件仅有3件，占1%；其他289件离婚案件中均未请求行使探望权，占99%。可见，在诉讼离婚案件中，父、母请求确定行使探望权的极少（见图4-1）。

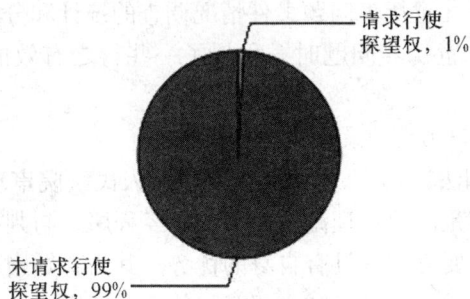

图4-1　父或母是否请求行使探望权比例图

2. 父或母行使探望权的时间和方式

从父或母行使探望权的时间和方式来看，在确定行使探望权的4件离婚案件中，仅有

1 件明确了探望儿童的方式，即寒暑假接孩子回家，占 25%；而其他 3 件都没有明确探望儿童的方式和时间，占 75%。在已确定行使探望权的案件中，没有确定父或母探望子女的时间和方式的占近八成（见图 4-2）。

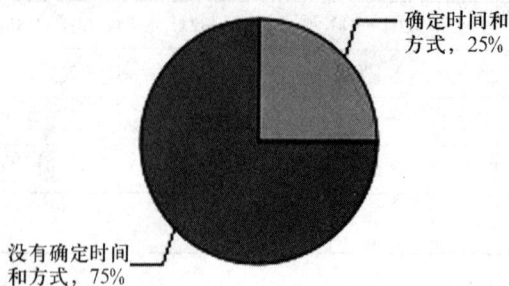

确定时间和
方式，25%

没有确定时间
和方式，75%

图 4-2　父或母行使探望权的时间和方式比例图

3. 父或母行使探望权案件的结案方式

从确定离婚的父或母行使探望权案件的结案方式来看，在涉及父或母行使探望权的 4 件离婚案件中，调解结案的有 4 件，所占比例达 100%。可见，确定父或母行使探望权的案件，全部是由调解方式结案的（见图 4-3）。

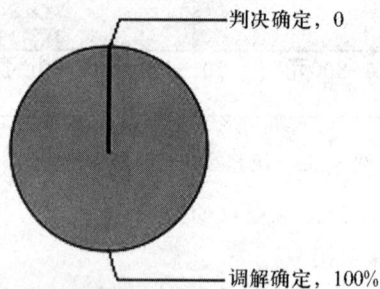

判决确定，0

调解确定，100%

图 4-3　父或母行使探望权案件的审结方式比例图

### 三、司法实践处理儿童抚养问题之成效

通过对上述涉及处理儿童抚养问题案件情况调查的统计和分析可以看出，该基层法院在诉讼离婚案件中处理儿童抚养问题时，积累了一些行之有效的成功经验和做法，值得推广。

（一）注重调解，维护儿童的最大利益

根据我国现行《婚姻法》第 32 条第 2 款规定，人民法院审理离婚案件，应当进行调解。可见，诉讼中的调解是法院审理离婚案件的必经程序。与判决相比，调解作为解决离婚子女抚养问题的一种重要方式，具有自身的优势。其为离婚当事人提供了一种不伤感情的、低成本的纠纷处理方式，有利于减少相互间的敌对冲突。尤其针对涉及儿童抚养问题的离婚案件，调解更是发挥着非常重要的作用。

该法院在诉讼离婚案件中处理儿童抚养问题时，非常注重调解。如上所述，有 56% 的离婚案件通过调解方式结案（见图 1-4a），调解结案率明显高于判决结案率，这说明

《婚姻法》规定审理离婚案件的调解必经程序在司法实践中已被很好地落实。关于涉及儿童抚养问题的离婚案件处理，多数被访谈的法官认为，调解符合家事纠纷案件伦理性、亲情性的特点。基于父母与子女间天然的血缘亲情，通过对父母双方的法制教育、说理、劝说和协商，可以缓和父母双方的对立情绪，容易达成有利于儿童利益的协议，减少父母离婚对儿童的不利影响。与判决结案方式相比，调解的优势是能够更好地保护儿童的最大利益，具体表现如下：

1. 调解确定的抚养费数额相对较高

如上所述，在获得300元以下抚养费的儿童中，调解确定的仅占22%；而在获得301元以上抚养费的儿童中，调解确定的占68%，其中，在获得1000元以上抚养费的9名儿童中，通过调解确定的为8名，所占比例高达89%（见图3-3a）。这说明在调解程序中，父母双方关系比较缓和，容易在子女抚养费问题上达成共识，确定的抚养费数额相对较高，有利于满足儿童的生活、学习所需。

2. 调解中父母赠与儿童较多的财产

在调解离婚案件中，我们可以看到部分父母将共同财产或个人财产的部分或全部赠与儿童。如上所述，在被抽样调查的360件离婚案件中，调解离婚案件有197件。其中，财产分割协议将财产全部或部分赠与子女的案件有31件，所占比例为15.7%。这些财产（包括房屋）为儿童成长提供了良好的物质保障和生活条件。

3. 调解更有利于探望权的履行

在我们调查的涉及儿童抚养的292件离婚案件中，虽只有4件明确了离婚父母一方对儿童行使探望权，但这4件案件全部是经过法院调解确定的（见图4-3）。这有利于满足儿童在成长过程中亲子双方的感情交流、相互了解等需要。

（二）确定儿童直接抚养人之成效

1. 对需要抚养的儿童，确定父母的抚养职责

我国现行《婚姻法》第36条规定，"父母与子女间的关系，不因父母离婚而消除。离婚后，子女无论由父或母直接抚养，仍是父母双方的子女。离婚后，父母对于子女仍有抚养和教育的权利和义务"。此次调查数据显示，对于需要抚养的424名儿童，法院通过判决或调解确定父亲直接抚养的儿童占64%，母亲直接抚养的儿童占36%（见图2-3-1a）。这保障了子女的受抚养权，可以避免父母离婚后而子女无人抚养情况的发生。

2. 对哺乳期内的儿童，以母亲直接抚养为原则

哺乳期内的子女系婴幼儿，因其处于发育初期，身体娇弱，需主要依靠母乳和其他食物精心喂养，才能健康成长。[1] 现行《婚姻法》第36条第3款规定："离婚后，哺乳期内的子女，以随哺乳的母亲抚养为原则。"1993年《离婚子女抚养意见》第1条规定："两周岁以下的子女，一般随母方生活……"在被调查的案件中，对两周岁以下的儿童，由母亲直接抚养的儿童比例占70%，由父亲直接抚养的儿童比例占30%[2]（见图2-1a）。这样的处理结果符合我国现行《婚姻法》及其司法解释的规定，即两周岁以下的儿童原则

---

[1]　陈苇：《中国婚姻家庭法立法研究》（第2版），群众出版社2010年版，第447-449页。

[2]　需要说明的是，父亲直接抚养的3名2周岁以下的儿童，都是在法院调解下，由父母双方协商确定的，而不是由法院判决确定的。

上由母亲直接抚养，这有利于幼年子女的成长。正如有学者指出的那样，认为确定年幼儿童的直接抚养人应体现"幼年原则"。该原则认为，由于母亲的天性和本能，在子女年幼时，母亲对子女的监护比父亲更重要。①

3. 对哺乳期后的儿童，注重维护儿童生活的稳定性

对于哺乳期后的儿童抚养问题，依我国现行《婚姻法》规定，应当由父母双方协商确定，如父母双方协商不成，由人民法院根据子女的权益和父母双方的具体情况作出判决。笔者认为，将子女的权益作为确定子女直接抚养人的首要考量因素，才符合"儿童最大利益原则"。

该院法官在确定儿童直接抚养人时，在一定程度上考虑到儿童生活环境的稳定性，其直接表现为确定儿童直接抚养人的理由。在被调查的说明确定儿童直接抚养人理由的96件案件中，以"儿童随该方生活时间较长，改变环境对儿童健康成长明显不利"为由的案件占33%（见图2-4a），所占比例最高，这符合我国现行《婚姻法》和司法解释②的要求。该法院将离婚前儿童的生活状况和生活环境作为确定儿童直接抚养方的重要考量因素，这有利于保证儿童生活、学习的稳定性、连贯性和延续性，可以避免父母离婚给儿童带来环境的较大变化。正如有学者指出的那样，确定儿童的直接抚养人应体现"主要抚养人原则"。该原则认为，在家庭里承担抚养子女主要责任的一方父母，在以后的监护权之争中将优先考虑。其目的只是保持子女的主要依附关系的延续性。③"抚养的连贯性是儿童，特别是在儿童的早期，安全感是最重要的一部分，并且有可能是应当避免中断已经形成的纽带。"④

（三）确定儿童抚养费之成效

1. 增强抚养费给付的前瞻性和灵活性

根据现行《婚姻法》第37条第1款的规定，离婚后，一方抚养的子女，另一方应负担必要的生活费和教育费的一部或全部。《婚姻法解释（一）》第21条规定，抚养费包括子女生活费、教育费、医疗费等费用。在现实生活中，面对日益增加的子女教育费和医疗费，多数离婚的父母一方无力独自承担。在调查中，我们发现一些案件在处理子女抚养问题时，对抚养费进行细化，除不直接抚养儿童的父母一方给付子女生活费外，对于子女的教育费和医疗费，则由父母双方分担。⑤我们认为，这种由离婚父母双方分担教育费和医疗费的做法，具有前瞻性，既可以减轻直接抚养子女的离婚父母一方的经济负担，又可以避免离婚父母因子女医疗费、教育费等问题发生二次纠纷和对儿童造成二次伤害。同时，在部分案件中，有些不直接抚养子女的外出打工的父母一方因无稳定的经济收入，有

---

① 冉启玉：《英美法"儿童最大利益原则"及其启示——以离婚后子女监护为视角》，载《河北法学》2009年第9期。

② 1993年《最高人民法院关于人民法院审理离婚案件处理子女抚养问题的若干具体意见》第3条规定："对两周岁以上未成年的子女，父方和母方均要求随其生活，一方有下列情形之一的，可予优先考虑：……

（2）子女随其生活时间较长，改变生活环境对子女健康成长明显不利的……"

③ 参见［美］哈里·D. 格劳斯、［美］大卫·D. 梅耶著：《美国家庭法精要》（第五版），陈苇等译，中国政法大学出版社2010年版，第141页。

④ ［英］凯特·斯丹德利：《家庭法》，屈广清译，中国政法大学出版社2004年版，第297页。

⑤ 据统计，在法院的调解中，对于儿童的医疗费，父母双方各给付一半的案件有14件；对于儿童的教育费，父母双方协议各给付一半的案件有16件。

可能不能按期给付抚养费。该法院在调解中，为保障子女生活所需和学习费用，经当事人双方协商同意，将离婚父母一方分得的部分或全部财产作为抚养费来给付，使其更具有灵活性。

2. 按月给付为主要给付方式

依据 1993 年《离婚子女抚养意见》第 8 条规定，抚育费应定期给付，有条件的可以一次性给付。可见，抚养费的给付方式原则上是以定期给付为主，以一次性给付为补充。此次调查数据显示，抚养费按月给付的比例占 84%，一次性给付的比例仅占 7%（见图 3-2a）。由此可见，抚养费的给付方式大部分是按月给付，只有很少部分是一次性给付，这符合我国司法解释的精神。按月给付抚养费，不仅可以保障儿童的生活稳定性，防止抚养费被挥霍或挪作他用，而且在发生重大事由时还可以变更抚养费，是一种合理的给付方式。

综上所述，该法院在处理诉讼离婚案件中儿童抚养问题时，已取得一定的经验和成效，主要包括：一是注重调解，维护儿童的最大利益。二是在确定儿童的直接抚养人时，对需要抚养的儿童，确定父母的抚养职责；对哺乳期内的儿童，以母亲直接抚养为原则；对哺乳期后的儿童，注重维护儿童生活的稳定性。三是在确定儿童抚养费时，增强抚养费给付的前瞻性和灵活性；将按月给付作为主要方式。这些有益经验和做法值得在我国其他法院进行推广。

### 四、司法实践处理儿童抚养问题之不足

如前所述，该法院在处理儿童抚养案件中已取得一定成效和有益经验，但仍存在某些不足之处。这些不足主要表现如下：

（一）缺乏"儿童最大利益原则"的立法指导

目前，1989 年联合国《儿童权利公约》确立的"儿童最大利益原则"已经被世界上许多国家和地区的立法所确认，成为指导处理儿童问题的一项首要原则。诚然，对于诉讼离婚中处理儿童抚养问题，我国的《婚姻法》《收养法》及相关司法解释的许多规定都体现了"儿童最大利益原则"。例如，依现行《婚姻法》第 34 条规定，女方在分娩后一年内，男方不得提出离婚。依该法第 36 条规定，哺乳期内的子女，以随哺乳的母亲抚养为原则；对哺乳期后的子女，如双方因抚养问题发生争执不能达成协议，由人民法院根据子女的权益和双方的具体情况判决。依该法第 39 条规定，在处理夫妻共同财产时，法院要照顾子女和女方权益。依《收养法》（1998 年修正）第 2 条规定，收养应当有利于被收养的未成年人的抚养和成长。依 1993 年《离婚子女抚养意见》规定，应当从有利于子女身心健康和保障子女的合法权益出发，结合父母双方的抚养能力和抚养条件等具体情况，妥善解决离婚案件中的子女抚养问题。

但是，我国现行《婚姻法》还没有明确确立"儿童最大利益原则"。这一原则的缺位，使我国涉及儿童权益的立法、执法和司法缺乏统一的指导思想和行为准则，往往可能带来一些弊端。例如，由于缺乏"儿童最大利益原则"的指导，我国某些法律规定仍以父母的利益或意愿为优先考虑的因素，带有明显的"父母本位"思想。例如，现行《婚姻法》第 38 条仅规定不直接抚养子女的离婚父或母享有探望的权利，而没有确认子女探望未共同生活一方父或母的权利，也就是说，尚未在法律上确立儿童享有探望权的主体地

位。又如，依 1993 年《离婚子女抚养意见》第 3 条第（1）、（3）项规定，根据离婚时父母的某些情况（是否丧失生育能力、是否有其他子女）可作为确定子女直接抚养人优先考虑的情形，这没有把儿童的最大利益作为首要考虑的情形，而有"父母本位思想"的倾向。

可见，由于"子女最大利益原则"的缺位，不仅导致立法有缺陷，而且在实践中"不利于指导父母正确处理涉及子女利益的问题，也不利于指导法官依据统一的指导原则处理涉及子女利益的案件，从而难以优先保护子女的最大利益"。[①] 例如，此次调查显示，给付的抚养费数额大部分较低，获得 300 元以下抚养费的儿童占到七成（见图 3-3a）。再有，在涉及儿童抚养的 292 件离婚案件中，仅有 4 件案件明确了离婚的父或母行使探望权，其比例仅占 1% 左右（见图 4-3）。

（二）欠缺法院的公力监督和适当干预

根据我国现行《婚姻法》第 36、37、38 条的规定，离婚时处理子女抚养问题（直接抚养人的确定、抚养费的给付和探望权的行使），首先由父母双方协商确定。在司法实践中，我们的调查发现，离婚父母双方协议的内容往往完全取决于父母本人的意愿，而对此欠缺法院的公权力监督和适当的干预。例如，在被涉及的 424 名儿童中，近六成的儿童没有获得父母一方给付的抚养费（见图 3-1a），其中调解确定的比例高达 63%（见图 3-1c），而直接抚养儿童的父母一方的职业及经济收入状况如何，是否能保障儿童正常的生活和学习需要，在被查阅的案件卷宗中没有看到法官对此进行审查的记录。又如，在涉及 2 个子女的 104 件离婚案件中，全部由父或母一方抚养的案件占 57%（见图 2-3-3a），在这些案卷中也没有法官对直接抚养人的抚养能力、健康状况等进行审查的记录。

从国外司法实践看，"国家通过司法选择性地介入家庭关系领域，以维护弱势者的权益"，[②] 家事法呈现出私法公法化的趋势。例如，在美国，父母在离婚时就子女抚养费达成的协议，必须符合法律规定，不可自行约定，否则法院不予认可。[③] 这体现了法官对子女抚养协议的公权力审查和适当干预的职能。但在我国司法实践中，我们的调查显示，如前所述，不给付抚养费的情况较多（见图 3-1a），多数离婚父母一方给付抚养费的数额较低（见图 3-3a），确定离婚的父或母行使探望权的极少（见图 4-3）。这可能与对于离婚父母的子女抚养协议，欠缺法官的公权力监督和适当干预有关。

（三）确定儿童直接抚养人之不足

1. "子留夫家"、传宗接代观念的影响尚存

根据我国《婚姻法》和司法解释的规定，儿童直接抚养人的确定依据主要是子女的利益和父母双方的具体情况。根据我们的调查数据，从父或母直接抚养的儿童性别来看，父亲直接抚养男性儿童的人数是母亲的近两倍（见图 2-2a）。从父或母直接抚养的儿童数量来看，父亲直接抚养的儿童总人数超过六成，明显多于母亲（见图 2-3-1a）；对于涉及 1 个儿童的案件，父亲直接抚养的儿童人数是母亲的两倍多（见图 2-3-2a）；对于涉及 2 个儿童的案件，全部由父亲抚养的案件占 38%，全部由母亲抚养的案件仅占 19%

---

[①] 陈苇、谢京杰：《论"儿童最大利益优先原则"在我国的确立——兼论〈婚姻法〉等相关法律的不足及其完善》，载《法商研究》2005 年第 5 期。

[②] 宋豫主编：《国家干预与家庭自治：现代家庭立法发展方向研究》，河南人民出版社 2011 年版，第 3 页。

[③] 夏吟兰：《美国现代婚姻家庭制度》，中国政法大学出版社 1999 年版，第 193 页。

（见图 2-3-3a），前者是后者的两倍。我们认为，造成这种结果的因素是多方面的，除父亲的经济能力大多强于母亲外，另一个很重要的原因就是人们深受传统家族观念和"子留夫家"传宗接代思想的影响。

在我国，这种思想观念具有深刻的历史渊源和文化传统。《昏义》曰："婚姻者合二姓之好，上以事宗庙，下以继后世。"可以看出，婚姻的目的完全是以家族为中心，实现宗族的延续。我国古代家国一体，宗法制、父权家长制色彩浓重。中国的家族是父系的，亲属关系只从父亲方面来计算，母亲方面的亲属是被忽略的，她的亲属我们称为外亲，以别于本宗。① 随着我国历史的发展和社会的进步，现代社会更加强调男女平等和保护儿童权益，但是父权思想、传宗接代等传统观念的残余影响仍在一定程度上存在，如前所述，这表现为离婚当事人处理子女抚养问题时，父亲直接抚养男性儿童的人数约是母亲的两倍（见图 2-2a）。我们认为，这实际上反映了传统的"子留夫家"观念的影响。

2. "父母本位"思想的影响尚存

如前所述，在被调查的涉及 2 个儿童抚养的 104 件离婚案件中，由父母分别抚养 1 个儿童的有 45 件，占 43%，接近一半（见图 2-3-3a）。在父母离婚后，儿童只能随父母一方生活，其生活环境发生改变。如果又让一起生活长大的 2 个儿童分开，很有可能不利于儿童的健康成长。他们不仅要经历离开父亲或母亲的痛苦，同时还要经历与自己的亲密伙伴——兄弟或姐妹分离的痛苦，心理上会受到更大的伤害，这种处理方式是值得商榷的。② 同时，在这 45 件案件中，2 个儿童的年龄均小于 10 周岁的案件占 44%（见图 2-3-3b）。我们认为，这也就意味着将近半数的年龄较小、一起长大的兄弟姐妹由父母分别抚养，这忽视了子女的情感需要，不利于子女的身心健康和亲情培养。例如，《美国统一结婚离婚法》第 402 条规定了确定子女监护人要求考虑的事实，包括子女与其兄弟姐妹的关系。再如，《澳大利亚家庭法改革法》第 68F 条第 2 款明确规定，法院认定"子女最大利益"应当考虑的因素之一，就是子女与其他子女分开对其产生的影响。所以，对于离婚后子女直接抚养人的确定，应当将子女与其兄弟姐妹的关系作为考虑因素。

3. 征求儿童本人的意见较少

联合国 1989 年《儿童权利公约》第 12 条规定："1. 缔约国应确保有主见能力的儿童有权对影响到其本人的一切事项自由发表自己的意见，对儿童的意见应按照其年龄和成熟程度给以适当的看待。2. 为此目的，儿童特别应有机会在影响到儿童的任何司法和行政诉讼中，以符合国家法律的诉讼规则的方式，直接或通过代表或适当机构陈述意见。"1993 年《离婚儿童抚养意见》第 5 条规定："父母双方对十周岁以上的未成年子女随父或随母生活发生争执的，应该考虑该子女的意见。"因此，离婚父母和法官在确定儿童直接抚养人这一重要事项时，应该征求 10 周岁以上具有一定认识能力和判断能力的儿童的意见。

而据我们的调查统计，一方面，从父母达成的离婚调解协议中，没有看到一例记录有征求儿童意见的。另一方面，在通过法院判决确定儿童抚养人的离婚案件中，涉及 10 周岁以上的儿童共有 97 人，而以"儿童年满 10 周岁，其愿意与该方父母生活"为由判决

---

① 瞿同祖：《中国法律与中国社会》，中华书局 2003 年版，第 1 页。
② 刘莉：《试论父母离婚后的未成年子女问题》，载《宁夏社会科学》2005 年第 6 期。

的案件只有 12 件，比例仅占 13%（见图 2-4a）。这就说明离婚父母和法官在处理子女抚养问题时，大部分没有依法征求 10 周岁以上儿童的意见。这样，确定子女直接抚养人的调解协议或法院的判决有可能与该儿童内心真实意愿相违背，这往往可能导致儿童对环境的不适应，甚至产生抵触情绪，不利于儿童今后的身心健康成长。

（四）确定儿童抚养费之不足

在本次调查和访谈中，针对儿童抚养费问题，我们发现存在以下两个问题：一是不给付抚养费的比例较大；二是给付抚养费的数额相对较低。司法实务部门过去的调查中也发现存在这样的问题。[①]

1. 不给付抚养费的比例较大

根据我国现行《婚姻法》第 37 条规定，不直接抚养子女的父母一方应该负担子女生活费和教育费的一部或全部。可见，不直接抚养儿童的父母一方给付抚养费，是其应承担的法定义务和职责。离婚后，父母一方给付的抚养费，可以满足儿童的生活、学习需要，对儿童的成长、发展具有重要作用。

此次调查显示，有近六成的儿童竟未获得父母一方给付的抚养费（见图 3-1a）。在进一步对不给付抚养费的原因统计分析后，笔者发现，这种情况是由多种原因导致的。其中，父母一方自愿放弃对方应当给付抚养费的情况占到六成（见图 3-1-1a）。1993 年《离婚子女抚养意见》第 10 条规定："父母双方可以协议子女随一方生活并由抚养方负担子女全部抚育费。但经查实，抚养方的抚养能力明显不能保障子女所需费用，影响子女健康成长的，不予准许。"也就是说，法院有职责审查抚养方是否真正具有独立的抚养能力。但在我们抽样查阅的这些案件卷宗中，没有一例记录父母双方的职业和经济收入情况的。由此我们不能排除这种情况的存在，即有些父母一方可能为了争得儿童的直接抚养权，自愿自己单方承担抚养儿童的全部费用。如前所述，根据我们的调查，10 周岁以下的儿童占 52%（见图 1-2a），这些儿童本人不能表达自己的意愿。如果有些父母只考虑自己的愿望和需求，就会出现忽视或侵害子女合法权益的情况。例如，如果父母一方收入不高，由其单独抚养子女，就往往可能难以满足儿童的实际需要，不利于儿童的健康成长。

2. 给付抚养费的数额相对较低

根据 1993 年《离婚子女抚养意见》第 7 条规定，子女抚育费的数额，可根据子女的实际需要、父母双方的负担能力和当地的实际生活水平确定。有固定收入的，抚育费一般可按其月总收入的 20%—30% 的比例给付。负担两个以上子女抚育费的，比例可适当提高，但一般不得超过月总收入的 50%。无固定收入的，抚育费的数额可依据当年总收入或同行业平均收入，参照上述比例确定。有特殊情况的，可适当提高或降低上述比例。

在此次被调查的涉及儿童抚养的案件中，如前所述，获得 300 元以下抚养费的儿童近七成，而获得 301—600 元抚养费的儿童仅两成（见图 3-3a）。这说明大部分儿童获得的抚养费低于 300 元。在此需要说明的是，由于被抽样调查的大部分离婚案件卷宗中没有对

---

① 根据 2009 年苏州中院少年庭课题组对苏州法院 2006 年至 2008 年上半年审理的一审抚养费纠纷案件的统计，在抽样统计的 94 件抚养费纠纷案件中，未直接抚养方不给付抚养费的占 27%，仅付 200 元以下抚养费的占 40%，合计不给付或给付较少抚养费的达 67%。苏州中院少年庭课题组：《离婚父母抚养监护未成年子女问题研究及实践对策》，载《青少年犯罪问题》2009 年第 5 期。

双方当事人的职业、经济收入情况的记录，这导致我们无法确定调解或判决的抚养费数额是否已达到司法解释规定的比例。因此，我们只能根据当地居民人均生活消费水平和最低生活保障金作为衡量的标准。① 2011—2013 年，该县农村居民年人均生活消费水平分别为4900 元、5600 元、6200 元，平均每月为 408 元、467 元、517 元。② 自 2011 年 10 月 1 日起，重庆市确定该县的城市最低生活保障线标准每人每月 290 元，农村居民最低生活保障线标准每人每月 150 元。③

我国现行《婚姻法》第 36、37 条规定，离婚后，父母对子女仍有抚养和教育的权利和义务；如一方抚养子女，则另一方应负担必要的生活费和教育费的一部或全部。可见，父母离婚后子女生活和学习等费用仍是由父母双方共同承担的，即一般情况是父母每人各负担一半。根据此种计算方法，如果父母一方每月给付 300 元的抚养费，那子女每月就能获得大约 600 元的抚养费，参照当地的居民人均消费水平和最低生活保障金，这似乎可以满足子女的生活和学习需要。但是，我们认为，上述抚养费的计算方法，表面上看似合理，实质上却是不公平的。其主要理由如下：

其一，忽视直接抚养人照顾、教育子女的家务劳动价值。我们认为，直接抚养子女的父母一方照顾、教育子女的家务劳动付出，不仅具有社会价值，还具有经济价值，即承认夫妻各自从事的社会生产劳动和家务劳动，具有相同的价值，这是确立离婚经济补偿制度的前提。目前我国《婚姻法》确立的离婚经济补偿制度④已经承认了家务劳动的经济价值。在国外，德国联邦法院认为，照顾子女通常意味着完全履行了抚养义务，照顾子女的父母一方不必从财产收入和劳动收入中另外进行金钱给付，即使其收入高于自己的生活需要。照顾子女的父母一方只有在特殊情况下才额外地承担金钱给付义务。⑤ 因此，我们认为，如果直接抚养子女的父母一方既要照顾、教育子女，又要给付抚养费，并且是与另一方承担相同份额的抚养费，这显然在实质上是不公平的。

其二，可能导致离婚家庭成员生活的贫困化。离婚后，直接抚养子女的离婚父母一方因抚养、照顾年幼的子女，尤其是 3 周岁以下的婴幼儿，有可能会导致其减少或丧失外出工作的机会，致其经济收入减少甚至没有，使其本人及家庭成员包括子女的生活陷入贫困。如果子女由母亲来直接抚养，情况有可能会更糟。因为与男性相比，女性的就业机会和经济收入相对更低。同时，随着社会经济的发展，物价水平不断上涨，教育、就医的费用不断增加，数额较低的抚养费无法保障儿童基本的生活和学习需要，使离婚家庭儿童生

① 通过与法官们的座谈，我们了解到，该法院受理的离婚案件当事人多数是农民，他们没有固定的收入，无法按照法定比例来计算抚养费。法官在计算抚养费数额时，通常是按照当地居民消费水平的一半来计算。

② 《某县政府工作报告》，载重庆市某县人民政府网，http://dj.cq.gov.cn/Index.html，访问日期：2014 年 7 月 5 日。

③ 《重庆市低保调整》，载新华网，http://www.cq.xinhuanet.com/2011-10/19/content_ 23923182.htm，访问日期：2014 年 7 月 5 日。

④ 现行《婚姻法》第 40 条规定："夫妻书面约定婚姻关系存续期间所得的财产归各自所有，一方因抚育子女、照料老人、协助另一方工作等付出较多义务的，离婚时有权向另一方请求补偿，另一方应当予以补偿。"

⑤ ［德］迪特尔·施瓦布著：《德国家庭法》，王葆莳译，法律出版社 2010 年版，第 430 页。

活陷入贫困。①

在国外，为了避免离婚妇女因照顾子女而导致生活陷入贫困，有些国家将直接抚养子女作为确定离婚配偶之间给付扶养费考虑的因素。例如，2008 年修正的《澳大利亚家庭法》第 75 条（2）（C）规定，如果一方正在照顾、管束未满 18 周岁的子女，法院就可以根据其申请，作出由他方给付扶养费的协议。② 1995 年《俄罗斯联邦家庭法典》规定，照顾共同的不满 18 周岁的残废子女，或者照顾自幼为一等残废人的共同子女的生活困难的原配偶，可以向对方请求给付扶养费。美国《统一结婚离婚法》规定，在诉讼离婚中，如果发现因子女的状况和环境不允许监护人离家外出工作的，法庭就会裁定对方给付扶养费。③

我们认为，上述国家的法律规定使离婚扶养费的给付标准更加客观化，有利于保证满足离婚扶养费权利人及其共同生活的子女之生活需要。而我国现行的离婚经济帮助制度④是以离婚当事人离婚时本人生活有困难为条件的，并没有考虑离婚的父母一方因直接照顾子女而影响其工作或经济收入的情况，因此，我国法院确定未与子女共同生活的父母一方给付抚养费的具体数额时，应当将直接抚养子女的父母一方因抚养子女影响其经济收入，作为一个重要的考虑因素。

（五）确定父母行使探望权之不足

我国现行《婚姻法》第 38 条规定："离婚后，不直接抚养子女的父或母，有探望子女的权利，另一方有协助的义务。行使探望权利的方式、时间由当事人协议；协议不成时，由人民法院判决。父或母探望子女，不利于子女身心健康的，由人民法院依法中止探望的权利；中止的事由消失后，应当恢复探望的权利。" 2003 年《最高人民法院关于适用〈中华人民共和国婚姻法〉若干问题的解释（二）》第 24、25、26 条明确规定了行使探望权之提起程序以及探望权的中止和恢复。虽然我国《婚姻法》和司法解释对探望权进行了规定，但我们在调查中发现，探望权制度并没有得到真正落实，这表现为调解书或判决书中确定父母一方行使探望权的极少。

我们的调查数据显示，在涉及儿童抚养的 292 件离婚案件中，仅仅有 4 件确定父母一方对儿童的探望权，其比例仅占案件总数的 1% 左右，而且这 4 起案件全部是经过调解由父母双方协商确定的（见图 4-3），其中，只有 1 件明确探望儿童的时间与方式（见图 4-2），即寒暑假接孩子回家。而在判决离婚的 128 件案件中，没有一份判决书中确定父母一方对子女探望权的行使。这说明，这些被调查案件中绝大多数的离婚父母以及办案法官忽视了确定未与子女共同生活的离婚父母一方对子女的探望权之行使问题，这使我国的探望权制度成为一纸空文。

---

① 如有学者指出："父母离婚后未成年子女经济生活水平下降这一事实确实存在，但其所造成影响的并非决定性的，事实上，对父母离婚后未成年子女福利产生最明显消极影响的因素，是离婚后监护人能否给予未成年子女尽职尽责的照顾。" 参见徐安琪、叶文振：《父母离婚对子女的影响及其制约因素——来自上海的调查》，载《中国社会科学》2001 年第 6 期。

② 陈苇等译：《澳大利亚家庭法》（2008 年修正），群众出版社 2009 年版，第 241 页。

③ 参见陈苇主编：《外国婚姻家庭法比较研究》，群众出版社 2006 年版，第 437、530、545 页。

④ 《婚姻法》第 42 条规定："离婚时，如一方生活困难，另一方应从其住房等个人财产中给予适当帮助。具体办法由双方协议；协议不成时，由人民法院判决。"

我们分析认为，造成这种局面的主要原因有三：其一，多数离婚父母可能不了解探望权法律制度。我们的调查数据显示，在涉及儿童抚养的292件离婚案件中，父或母提出行使探望权请求的案件仅占1%（见图4-1）。这就说明，多数离婚父母可能不了解我国现行《婚姻法》规定的探望权制度。根据"不告不理"原则，法官不会主动确定父母一方对子女探望权的行使。其二，法律没有明确探望权的义务属性。根据我国《婚姻法》第38条规定，探望权是一种权利，因此不直接抚养儿童的父或母享有选择是否行使的权利，而没有明确规定行使探望权亦是父母应履行的义务和职责。其三，对于探望权，我国《婚姻法》没有规定必须与子女抚养等问题一并处理。根据我国法律规定，法官在处理离婚案件的过程中，除了要判断双方感情是否确已破裂，还要解决夫妻财产和子女抚养问题，而没有明确规定探望权必须要同时解决。

综上所述，该法院在诉讼离婚案件中儿童抚养问题时，仍存在一些不足之处，主要包括：一是缺乏"儿童最大利益原则"的指导。二是欠缺法院的公力监督和适当干预。三是"子留夫家"、传宗接代观念和"父母本位"思想的影响尚存，征求儿童本人的意见较少。四是不给付抚养费的比例较大，给付抚养费的数额相对较低。五是确定父母一方行使探望权的极少。这些不足之处需要在日后的司法实践中加以改进。

**五、司法实践处理儿童抚养问题之改进建议**

针对上述我国司法实践处理儿童抚养问题存在的不足，为保障儿童的合法权益，结合我国实际情况，借鉴国外立法的有益经验，我们提出以下改进建议。

（一）确立"儿童最大利益原则"

一方面，我们建议立法机关汲取我国学者的建议，从我国实际出发，借鉴国外立法经验，在立法上确立"儿童最大利益原则"。[①] 在我国《婚姻法》总则中明确规定：凡处理一切与儿童相关的问题，都应以有利于儿童的生存、保护和发展为首要考虑。并在离婚部分增加规定：离婚时，父母或法官处理有关儿童抚养、监护等问题，应当以儿童的最大利益为首要考虑。为了便于操作和统一标准，建议增补父母、法官在处理一切涉及儿童的问题时，应考虑的具体因素：（1）儿童的意愿及情感（应考虑其年龄与认知能力）；（2）儿童的物质、精神以及教育需要；（3）儿童的年龄、性别、背景以及相关的其他情况；（4）儿童的生活环境改变可能造成的影响；（5）父母一方以及与此相关的其他人的意愿、对儿童的情感及其满足儿童需要的能力；（6）法官认为与维护儿童最大利益相关的其他因素。

另一方面，在诉讼离婚中处理儿童抚养问题时，父母、法官在确定直接抚养人、抚养费以及探望权时，都应以"儿童最大利益原则"作为指导思想和审酌标准，同时需要考虑父母和儿童的具体情况，确保实现儿童的最大利益。当父母需求与子女利益发生冲突时，需要优先考虑子女利益。正如有的学者所指出的，将"儿童最大利益"置于"父母法律权利"之上，使确保儿童权益的实现真正成为父母的责任和义务。[②]

---

① 参见陈苇、谢京杰：《论"儿童最大利益优先原则"在我国的确立——兼论〈婚姻法〉等相关法律的不足及其完善》，载《法商研究》2005年第5期；陈苇、王鹍：《澳大利亚儿童权益保护立法评介及其对我国立法的启示——以家庭法和子女抚养（评估）法为研究对象》，载《甘肃政法学院学报》2007年第3期。

② 龙翼飞：《完善婚姻家庭法律制度的新探索》，载《法学家》2007年第1期。

（二）加强法院的公力监督和适当干预

针对离婚时处理子女抚养问题欠缺法院的公力监督和适当干预，我们建议，法官必须依法对诉讼离婚中儿童抚养问题的处理进行监督和实质审查。法官应该在详细了解整个案件事实的基础上，以"儿童最大利益原则"为最终衡量标准，指导离婚父母协商解决儿童抚养问题。在确定儿童的直接抚养人时，法官应当指导离婚当事人考虑儿童、父母的意愿和具体情况，首先满足儿童的精神、物质生活需要，确保儿童生活、学习环境的稳定。在确定儿童抚养费时，法官要指导确定不直接抚养儿童的父母一方原则上应当承担全部或大部分抚养费。在确定对子女行使探望权时，法官要指导双方协商确定离婚父母一方探望权的行使及其行使的方式和时间。在发现离婚父母的协议内容不利于子女健康成长时，如直接抚养人父亲有实施家庭暴力或吸毒、赌博等行为不宜抚养子女的，协议确定的儿童抚养费数额较低的，没有确定不直接抚养子女的父母一方行使探望权的等，法官都应该依法进行适当干预，对当事人双方协商达不成协议的，依法进行判决，以期保障实现儿童的最大利益。

（三）增设"儿童诉讼代表人"制度

针对 10 周岁以下的儿童本人不能表达自己的意愿，有些离婚父母有时将子女作为双方博弈的筹码和工具，可能损害子女利益的问题，笔者建议在借鉴国外立法经验的基础上，我国应建立"儿童诉讼代表人"制度。根据《澳大利亚家庭法》（2008 年修正）第68L 条的规定，如果法院认为夫妻双方并非其子女最大利益的保护者，子女的合法权益有可能得不到保障时，法院可主动或经有关儿童福利组织、其他相关人员的申请，为该儿童设立诉讼代表人，以保障该子女的合法权益。[1] 因此，为维护离婚家庭儿童的合法权益，笔者建议，我国现行《婚姻法》应增设规定"儿童诉讼代表人"制度。这样，我国法院在审理离婚案件时，可以依法为儿童指定"诉讼代表人"，由其代表儿童参加诉讼。诉讼代表人具有独立的诉讼主体地位，其主要职责就是，为维护儿童的合法权益，在全面了解案情和收集证据的基础上，充分听取儿童的意见，在直接抚养人的确定、抚养费数额的确定以及探望权的行使等方面向法院提出报告和建议，以供参考。

（四）征求 10 周岁以上儿童的意见

针对在诉讼离婚中处理子女抚养问题时征求儿童本人的意见较少，笔者建议，在确定10 周岁以上儿童的直接抚养人时，离婚父母双方、主审法官都应当征求儿童本人的意见。关于儿童的事务，父母不能有家长制思想，将自己的利益凌驾于儿童的利益之上，而应该尊重儿童的意愿和自我决定权，以儿童的利益作为首要考虑因素。因此，对于年满 10 周岁以上的儿童，离婚父母或法官在确定子女抚养权问题时，应依法征求、考虑儿童的意愿。

（五）提高抚养费的给付额度

针对子女抚养费给付数额较低的问题，笔者建议适当提高抚养费的给付额度。鉴于离婚父母一方作为直接抚养人，其照顾、抚养儿童可能对工作或经济收入造成一定影响，可以根据其抚养不同年龄的子女，对离婚父母另一方给付抚养费的数额进行相应的调整，但直接抚养人有能力独立维持家庭正常生活水平的除外。对于 3 周岁以下的儿童（直接抚养人一方要付出较多的劳动，并且往往会丧失更多的工作机会和时间，可能导致其经济收

---

① 陈苇等译：《澳大利亚家庭法》（2008 年修正），群众出版社 2009 年版，第 188 页。

入较低)，不直接抚养儿童的父或母原则上应给付全部的抚养费。而对于 3 周岁以上的儿童，不直接抚养儿童的父或母一方原则上应给付三分之二的抚养费。

(六) 保障探望权的行使

1. 明确探望权的性质

针对探望权的性质，在审理案件时，建议法官应明确告知父母双方，探望权不只是未直接抚养儿童的父母一方享有的权利，更是其履行抚养责任的一种应尽义务，[①] 即源自父母的天然权利以及与此相关的责任，是一种职责性的权利。探望权不是由于离婚而产生的新权利，而是亲权或监护权的权能延伸。离婚后的父母探望儿童只是父母双方继续齐心协力抚养儿童的一种共同监护的形式。[②] 因此，在离婚案件中处理儿童抚养问题时，探望权的行使并不是可有可无的，子女和父母双方的交往一般属于子女的最佳利益。[③]

2. 明确法官的告知和审查义务

针对前述调查发现离婚调解书或判决书对确定父母一方行使探望权极少的情况，笔者建议，我国立法应明确规定：法官应当履行告知和审查义务。一方面，就探望权制度的相关规定，法官应当在审理离婚案件时向离婚当事人双方履行告知义务，使将要离婚的父母双方均了解探望权制度对于加强父母与儿童的情感交流，培养儿童健康的人格和良好的心理素质，减小离婚对儿童心灵上的伤害，具有重要作用。另一方面，法官对离婚父母双方达成的子女抚养协议负有审查义务。通过法官的审查，离婚调解书或离婚判决书都应该包括探望权 (行使时间、地点和方式) 的内容，以保障探望权制度的实施，促进儿童的健康成长。

---

① 《德国民法典》第 1684 条第 (1) 规定，父母任何一方有义务并有权与子女交往。该规定将"义务"置于"权利"之前，说明父母仅在对子女承担义务的前提下，才会享有的权利。由此看出，交往权对于父母而言，首先是一种应尽的义务，其次才是一种享有的权利。见陈卫佐译注：《德国民法典》，法律出版社 2010 年版，第 498 页。

② 王丽萍：《中日探望权制度研究》，载《山东大学学报》(哲学社会科学版) 2004 年第 6 期。

③ ［德］迪特尔·施瓦布著：《德国家庭法》，王葆莳译，法律出版社 2010 年版，第 386 页。

# 诉讼离婚财产清算中妇女财产权益法律保护实证研究
## ——以我国重庆市某基层人民法院 2011—2013 年审结的离婚案件为对象[①]

陈　苇　张　鑫[*]

## 目　次

离婚财产清算包括离婚时对夫妻共同财产的分割与夫妻共同债务的清偿。离婚财产清算结果关系着离婚妇女开始新生活的物质基础，关系着离婚妇女生存与发展的基本人权保障，根据男女平等基本国策的精神，应当以社会性别视角检视我国现行离婚财产清算的制度设计与司法实践能否实现实质正义和性别平等。基于此目的，2014 年 1 月笔者在重庆市某县基层人民法院（以下简称某县法院）[②] 开展实证调查。调研组从该法院 2011—2013 年审结的 1064 件调解或判决离婚的案件中[③]，每年抽取 120 件，共计抽取 360 件作为调查

　　① 本文载《河北法学》2016 年第 8 期，为 2014 年度中国法学会部级研究课题"我国妇女儿童权益保障情况实证调查研究"［项目批准号：CLS（2014）D045］的阶段性成果；西南政法大学 2014 年度重大专项项目"我国妇女儿童权益法律保障情况实证调查研究"［项目批准号：2014XZZD002］的阶段性成果，2016 年 8 月荣获中国法学会颁发的第十一届"中国法学家论坛征文奖"优秀奖。

　　鸣谢：除本文两位作者外，参加本次实地调查的还有西南政法大学的民商法学院研究生：张庆林、张志媛、孙双双、卢秀萍、罗西贝贝、陈钊，参加调查数据统计的研究生有任丁、杨云、司燕露、曾娜、易丽、吕珊珊、吴奇慧，在此对他们表示衷心的感谢！

　　* 陈苇，女，西南政法大学外国家庭法及妇女理论研究中心主任，民商法学院教授、博士生导师；张鑫，女，西南政法大学民商法博士研究生，西南科技大学法学院讲师。

　　② 该法院所在县，以农业为主要支柱产业，2014 年度地区生产总值近 100 亿元，人口约 52 万，其中农业人口约 46 万，农民人均收入约 0.67 万元，城镇居民人均可支配收入 1.8 万余元。

　　③ 被调研县法院 2011—2013 年审结离婚纠纷案件 1816 件，其中调解离婚、判决离婚的有 1064 件，调解和好的有 34 件，判决不准离婚的有 250 件，原告撤诉的有 441 件，驳回起诉的有 5 件，按撤诉处理的有 19 件，其他有 3 件。由于此次实证调查的目的是考察离婚财产清算中妇女财产权益保护的司法实践状况，所以笔者仅在调解离婚与判决离婚的 1064 件案件中抽取调查样本。

样本，并走访办案法官获取案件审判信息。通过收集法院审理的离婚财产清算案件的第一手实证调查资料，了解现行《婚姻法》及司法解释的执行情况，检视我国立法与司法实践中存在的问题与原因，提出相应的对策建议，供立法与司法机关参考，为我国正在制定的"中国民法典"之"婚姻家庭编"的完善尽绵薄之力。

## 一、被调研法院审结的离婚案件抽样调查基本情况概述

在随机抽取的 360 件离婚案件中，判决结案的 128 件，占 35.6%；调解结案的 232 件，占 64.4%。调研组提取被抽样案件的诉讼当事人基本情况、离婚财产分割和债务处理情况等进行数据统计分析。

（一）离婚案件原告当事人的基本情况

原告当事人的基本情况主要从性别、年龄、职业①、婚姻年限四个方面进行统计。

表 1-1　被调查离婚案件原告当事人的基本情况

| 项目 | | | 案件数 | 比例 |
|---|---|---|---|---|
| 性别<br>（360 件） | 男 | | 147 | 40.8% |
| | 女 | | 213 | 59.2% |
| 年龄<br>（360 件） | 20-30 岁 | | 81 | 22.5% |
| | 31-40 岁 | | 174 | 48.3% |
| | 41-50 岁 | | 93 | 25.8% |
| | 51-60 岁 | | 7 | 1.9% |
| | 61 岁以上 | | 5 | 1.4% |
| 职业<br>（186 件） | 女性<br>（186 件） | 农民 | 177 | 95.2% |
| | | 公务员与事业单位工作人员 | 7 | 3.8% |
| | | 企业职工 | 2 | 1.1% |
| | 男性<br>（186 件） | 农民 | 169 | 90.9% |
| | | 公务员与事业单位工作人员 | 11 | 5.9% |
| | | 企业职工 | 6 | 3.2% |
| 婚姻年限<br>（360 件） | 1-5 年 | | 105 | 29.2% |
| | 6-10 年 | | 63 | 17.5% |
| | 11-15 年 | | 97 | 26.9% |
| | 16-20 年 | | 62 | 17.2% |
| | 21 年以上 | | 33 | 9.2% |

在被调查案件中，从原告当事人的性别来看，女性作为原告诉请离婚的约占六成

---

① 目前，离婚案件当事人的职业信息不是民事诉状中的必填项目，我们抽样案件中记录了当事人的职业信息的为 186 件，我们按照男女性别进行分别统计。

（59.2%），是离婚案件原告的主要群体。从原告当事人的年龄来看，诉讼离婚当事人的年龄主要集中在 20 岁至 50 岁，而 31 岁至 40 岁年龄段离婚的约占五成（48.3%）。从原告当事人的职业来看，从事农业生产的，女性占 95.2%，男性占 90.9%，均占九成以上；从原告当事人的婚姻年限来看，结婚 1—20 年的均是离婚高峰期，而结婚 1—5 年（占 29.2%）与结婚 11—15 年（占 26.9%）的比例较高，均超过两成半。

（二）离婚时夫妻共同财产与个人财产的处理

此次被抽样调查的离婚案件中，离婚夫妻双方均实行法定的婚后所得共同制，无一例约定适用分别财产制，这符合目前我国民众特别是广大农民的生活习惯。这种夫妻共同财产制形式决定应当适用《婚姻法》规定的离婚时夫妻共同财产分割的原则和方法。

1. 被调查离婚案件中夫妻财产关系的基本情况

表 2-1　被调查离婚案件中夫妻财产关系的基本情况

| 项目 | 仅涉及夫妻共同财产处理的 | 同时处理个人财产与共同财产的 | 仅涉及个人财产处理的 | 合计 |
|---|---|---|---|---|
| 案件数 | 160 | 15 | 74 | 249 |
| 比例 | 64.3% | 6.0% | 29.7% | 100% |

在 360 件被调查离婚案件中，法院调解或判决处理夫妻共同财产或个人财产的案件共 249 件（因为对财产性质认定存在较大争议或者财产涉及第三人利益，法院采用另案处理的案件除外）。其中，仅涉及夫妻共同财产处理的有 160 件，同时处理个人财产与共同财产的有 15 件，仅涉及夫妻个人财产处理的有 74 件。调研组将前两者合并，共 175 件，作为法院具体处理夫妻共同财产分割案件的研究样本；将后两者合并，共 89 件，作为涉及夫妻个人财产处理案件的研究样本（见表 2-1）。

2. 被调查离婚案件中夫妻共同财产的分割情况

表 2-2　夫妻共同财产的分割情况

| 项目 | 男方多分得财产的 | 女方多分得财产的 | 双方均分共同财产的 | 全部共同财产赠与子女的 | 其他 | 合计 | 比例 |
|---|---|---|---|---|---|---|---|
| 调解 | 54 | 25 | 25 | 35 | 15 | 154 | 88.0% |
| 判决 | 7 | 3 | 11 | 0 | 0 | 21 | 12.0% |
| 合计 | 61 | 28 | 36 | 35 | 15 | 175 | |
| 比例 | 34.8% | 16.0% | 20.6% | 20.0% | 8.6% | 100% | |

在 175 件涉及夫妻共同财产分割的案件中，判决分割的有 21 件，占 12.0%，调解分割的有 154 件，占 88.0%。具体分割结果为：男方多分得财产的（61 件）占 34.8%；女方多分得财产的（28 件）占 16.0%；双方均分共同财产的（36 件）占 20.6%；全部共同财产赠与子女的（35 件）占 20.0%；比例不清的其他案件（15 件）占 8.6%①（见表 2-

---

① 因为有些实物财产价值不明，故无法计算其所占比例。

2）。调研组将离婚时夫妻共同财产分割与夫妻共同债务清偿、子女抚养义务履行相结合，作出进一步的数据分类统计。

（1）对一方多分得夫妻共同财产案件的分析

表 2-2-1　一方多分得夫妻共同财产案件分析表

| 项目 | 男方多分得夫妻共同财产 | | | 女方多分得夫妻共同财产 | | |
|---|---|---|---|---|---|---|
| | 男方多分财产也多承担义务 | 男方多分财产，但未多承担义务 | 合计 | 女方多分财产也多承担义务 | 女方多分财产，但未多承担义务 | 合计 |
| 调解 | 25 | 29 | 54 | 9 | 16 | 25 |
| 判决 | 1 | 6 | 7 | 0 | 3 | 3 |
| 案件数 | 26 | 35 | 61 | 9 | 19 | 28 |
| 百分比 | 42.6% | 57.4% | 100% | 32.1% | 67.9% | 100% |

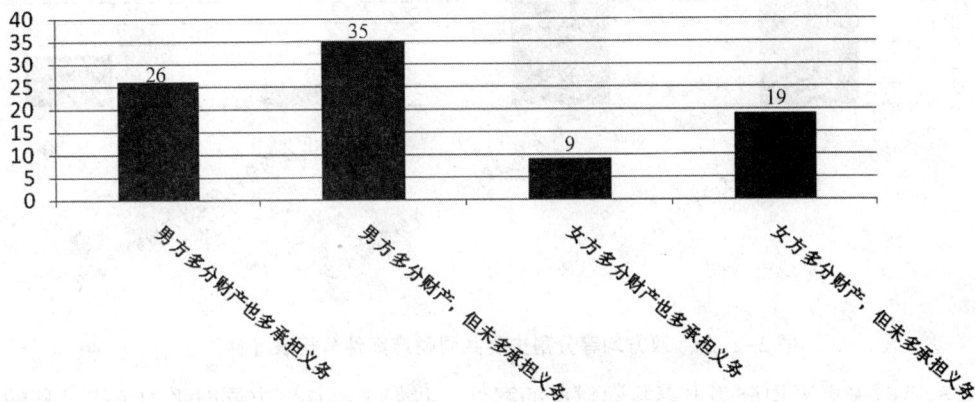

图 2-2-1a　一方多分得夫妻共同财产案件对比图（件）

对于一方多分得夫妻共同财产的案件，笔者主要从一方多分得财产也多承担义务、一方多分得财产，但未多承担义务两个方面[①]来考察。一方多分财产多承担义务，在一定程度上体现了权利义务的一致性；而一方多分财产，但未多承担义务，则在一定程度上表明该方处于优势地位。统计数据显示，在61件男方多分得夫妻共同财产的案件中，男方也多承担义务的有26件，占42.6%；男方未多承担义务的有35件，占57.4%。在28件女方多分得夫妻共同财产的案件中，女方也多承担义务的有9件，占32.1%；女方未多承担义务的有19件，占67.9%（见表2-2-1、图2-2-1a），则男方或女方多分得夫妻共同财产也多承担义务的案件数合计35件；男方多分财产，但未多承担义务的案件数（35件）是女方多分得夫妻共同财产，但未多承担义务案件数（19件）的近2倍。可见，部分女性在离婚财产分割中处于相对劣势地位。

---

① 说明：多分得夫妻共同财产，是指超过平均份额获得夫妻共同财产；多承担义务包括超过平均数额承担夫妻共同债务清偿义务或抚养共同未成年子女并自担抚养费，反之为未多承担义务。

（2）对双方均等分割夫妻共同财产案件的分析

表 2-2-2　双方均等分割夫妻共同财产案件分析表

| 项目 | 双方均分财产也均担义务的（包含无义务） | 双方均分财产，女方份额赠与子女 | 双方均分财产，男方份额赠与子女 | 其他 | 合计 |
|------|------|------|------|------|------|
| 调解 | 9 | 10 | 2 | 4 | 25 |
| 判决 | 10 | 0 | 0 | 1 | 11 |
| 案件数 | 19 | 10 | 2 | 5 | 36 |
| 比例 | 52.8% | 27.8% | 5.5% | 13.9% | 100% |

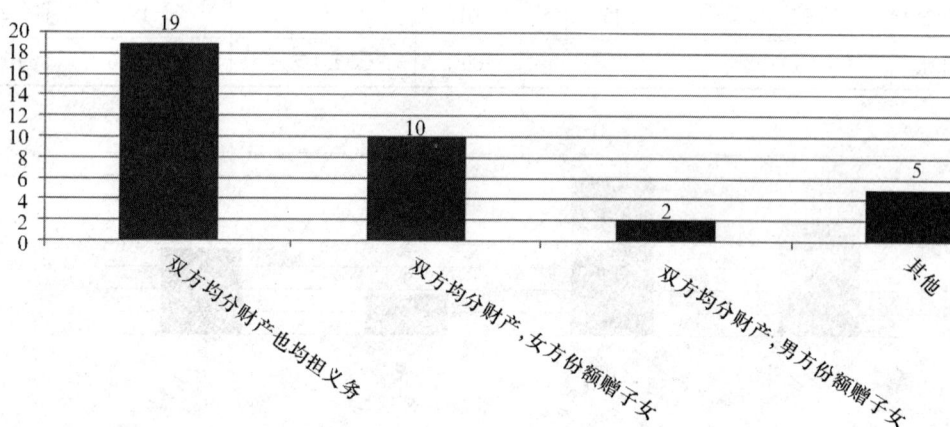

图 2-2-2a　双方均等分割夫妻共同财产案件分析表（件）

对离婚时夫妻平均分割夫妻共同财产的案件，我们主要从双方同时平均承担义务的角度来考察。在离婚时平均分割夫妻共同财产的 36 件案件中，一方面，属于双方均分财产同时也均承担义务（或无义务）的①有 19 件，占 52.8%；另一方面，被调研法院还存在双方虽然均分夫妻共同财产，但是协议一方将份额赠与子女的情况，其中女方将其份额赠与子女的有 10 件，男方将其份额赠与子女的有 2 件（见表 2-2-2、图 2-2-2a），在女方将份额赠与子女的案件 10 件中，有 6 件是男方抚养子女的，有 2 件是女方直接抚养子女仍将份额赠与子女的。可见，一方面，在双方均分财产的情况下，女方一般与男方均等承担义务（或无义务）。另一方面，即使双方平均分割夫妻共同财产，有相对更多的女方选择将其份额赠与子女，所以，这些女方在离婚时实际也没有获得财产。

---

① 均担义务包括平均承担夫妻共同财产清偿义务或共同承担抚养未成年子女义务。无义务，是指仅有夫妻共同财产，无夫妻共同债务清偿义务，也无共同未成年子女抚养义务。

（3）对判决分割夫妻共同财产案件适用原则的分析

**表2-2-3　判决分割夫妻共同财产案件适用原则分析表**

| 项目 | 照顾女方权益原则 | 兼具照顾子女、女方和无过错方原则 | 均等分割原则 | 照顾子女权益原则 | 照顾无过错方原则 | 有利于生产原则 | 照顾生病男方 | 其他 | 合计 |
|---|---|---|---|---|---|---|---|---|---|
| 案件数 | 1 | 1 | 11 | 2 | 1 | 2 | 1 | 2 | 21 |
| 比例 | 适用照顾女方权益原则合计2件，占9.5% | | 52.4% | 9.5% | 4.8% | 9.5% | 4.8% | 9.5% | 100% |

在21件判决分割夫妻共同财产的案件中，笔者考察法院判决分割夫妻共同财产适用的法律原则发现，适用照顾女方权益原则的有2件，占9.5%；适用均等分割原则的有11件，占52.4%（见表2-2-3）。可见，在被调研法院判决分割夫妻共同财产的案件中，主要采用均等分割原则，适用照顾女方权益原则的很少。

3. 被调查离婚案件中夫妻婚前个人财产的处理情况

统计数据显示，在89件涉及夫妻婚前个人财产处理的案件中，85件为对女方嫁妆或女方的其他婚前个人财产的处理，4件为对男方婚前个人财产的处理。其中，这4件男方个人婚前财产案件的处理结果均为归属男方。

**表2-3-1　女方嫁妆或婚前其他个人财产处理情况**

| 项目 | 女方保留 | 赠与子女 | 赠与男方 | 其他 | 合计 |
|---|---|---|---|---|---|
| 案件数 | 26 | 28 | 28 | 3 | 85 |
| 比例 | 30.6% | 32.9% | 32.9% | 3.6% | 99.9% |

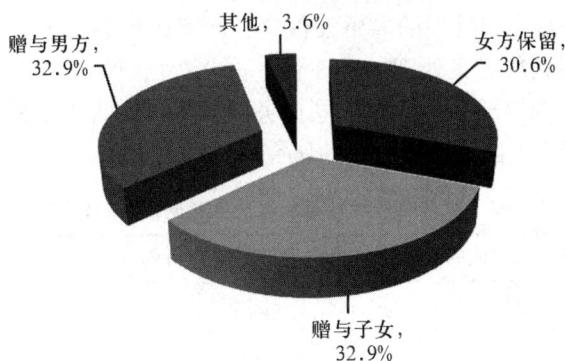

**图2-3-1a　女方嫁妆或婚前其他个人财产处理情况**

而在85件女方嫁妆或婚前其他个人财产处理的案件中，女方保留其财产的有26件，占30.6%；女方将其全部财产赠与子女的有28件，占32.9%；赠与男方的有28件，占32.9%，其他情况的有3件，占3.5%（见表2-3-1、图2-3-1a）。可见，女方将嫁妆或者婚前其他个人财产赠与子女及男方的合计有56件，占65.8%，是女方保留该类财产案件比例的 2 倍多（见图 2-3-2a）。

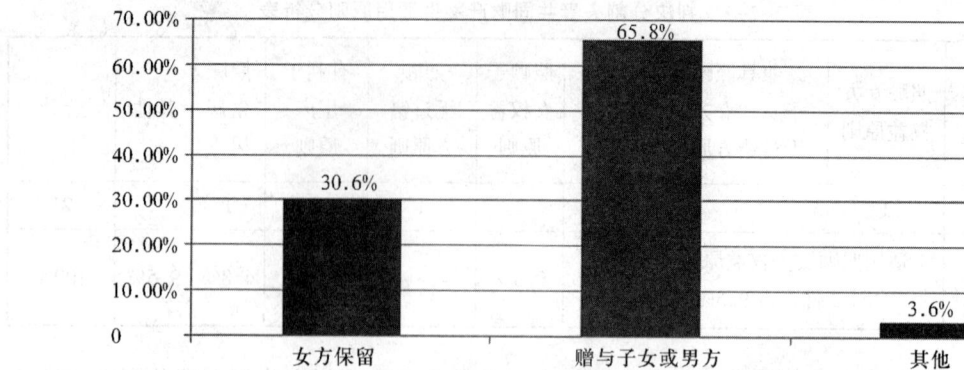

图 2-3-2a　女方嫁妆或婚前其他个人财产处理情况对比

（三）离婚时的债务认定与处理

统计数据显示，在 360 件被调查离婚案件中，涉及债务认定与处理的案件共 87 件。

1. 债务性质的认定

表 3-1　涉及债务认定与明确债务责任主体案件的处理情况

| 项目 | 认定为共同债务的 | 部分认定为共同债务的 | 不予认定为共同债务的 | 另案处理 | 合计 |
|---|---|---|---|---|---|
| 调解 | 55 | 1 | 3 | 3 | 62 |
| 判决 | 19 | 0 | 1 | 5 | 25 |
| 合计 | 74 | 1 | 4 | 8 | 87 |
| 比例 | 85.1% | 1.1% | 4.6% | 9.2% | 100% |

在 87 件涉及债务认定与处理的离婚案件中，调解或判决不予认定为共同债务的有 4 件，占 4.6%；调解或判决另案处理的有 8 件，占 9.2%；调解或判决认定为共同债务的有 74 件，占 85.1%；调解部分认定为共同债务的有 1 件，占 1.1%；后两者合计 75 件。将这 75 件作为笔者对夫妻共同债务清偿的研究样本（见表 3-1）。

表 3-1-1　被调研法院判决认定夫妻共同债务的认定依据

| 项目 | 夫妻有共同举债的合意 | 夫妻共同生活目的 | 其他 | 合计 |
|---|---|---|---|---|
| 案件数 | 11 | 8 | 1 | 20 |
| 比例 | 55.0% | 40.0% | 5.0% | 100% |

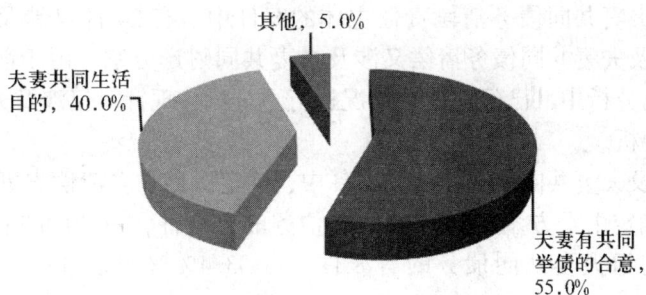

**图 3-1-1a 被调研法院判决夫妻共同债务的认定依据**

由于调解结案的案件，对债务性质的认定主要反映的是当事人的意思自治，是当事人对自己民事权利的处分，因此，笔者重点考察判决结案的案件对于夫妻共同债务认定的依据。在 87 件涉及债务认定与处理的离婚案件中，有 20 件判决认定或不予认定为夫妻共同债务的离婚案件，其中以夫妻是否有共同举债的合意判定，即适用合意标准的有 11 件，占 55.0%，以举债是否用于夫妻共同生活目的的判定，即适用目的标准的有 8 件，占 40.0%（见表 3-1-1、图 3-1-1a）。需要说明的是，由于所有案件中的债务均产生在婚姻关系存续期间，所以均考量了时间因素，为了便于统计清晰，笔者未单独列明。可见，被调研法院在债务认定方面，主要采用了合意标准、目的标准和时间标准。

2. 对夫妻共同债务的处理

**表 3-2 对夫妻共同债务的处理**

| 项目 | 双方均担夫妻共同债务 | 男方多清偿夫妻共同债务 | 女方多清偿夫妻共同债务 | 合计 |
|---|---|---|---|---|
| 调解 | 2 | 8 | 4 | 14 |
| 判决 | 6 | 3 | 1 | 10 |
| 案件数 | 8 | 11 | 5 | 24 |
| 百分比 | 33.4% | 45.8% | 20.8% | 99.9% |

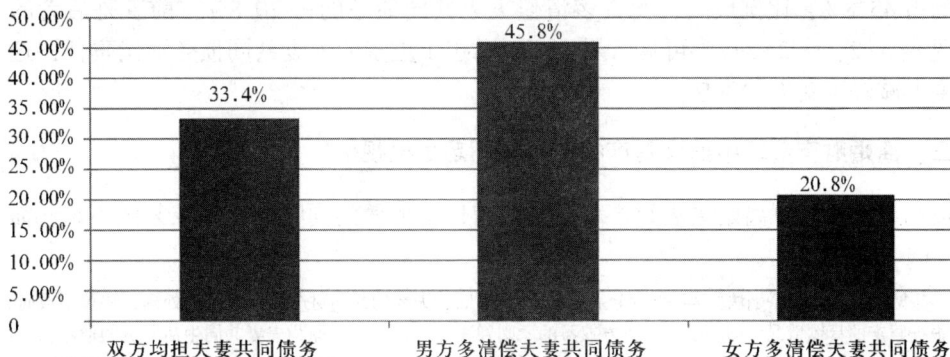

**图 3-2a 对夫妻共同债务的处理**

在75件确定夫妻共同债务清偿责任主体的案件中，有24件仅涉及夫妻共同债务清偿，有51件既涉及夫妻共同债务清偿又涉及夫妻共同财产分割，由于前述在夫妻共同财产分割案件的数据分析中，已经对此类情况进行了分析，现针对仅涉及夫妻共同债务清偿的案件进行数据分析。

在24件仅涉及夫妻共同债务清偿的案件中，确定由男方多清偿夫妻共同债务的有11件，占45.8%；确定由女方多清偿夫妻共同债务的有5件，占20.8%；前者是后者的2倍；而确定双方均担夫妻共同债务的有8件，占33.4%（见表3-2、图3-2a），超过三成。

### 二、离婚财产清算中妇女财产权益保护的司法经验总结

#### （一）坚持男女平等原则审理离婚财产清算案件

男女平等是我国的基本国策，是现行《婚姻法》的基本原则。男女两性平等地享有婚姻自由，夫妻双方在婚姻家庭中平等地享有权利和承担义务是实现妇女婚姻家庭权利的基本保障。在离婚时，夫妻双方亦应平等协商处理夫妻共同财产，共同偿还夫妻共同生活所负债务。[①] 被调研法院审理离婚财产清算案件，在男女双方当事人之间平等地分享权利、分担义务，主要表现在：（1）将离婚时的财产分割、债务清偿、子女抚养相结合，按照多分得财产的同时也多承担义务，均等分割财产的也均等分担义务的方式进行离婚财产清算。如前所述，在被调查的175件法院具体处理夫妻共同财产分割的案件中，男方多分财产也多承担义务的有26件，女方多分财产也多承担义务的有9件（见表2-2-1、图2-2-1a），双方均分财产也均担义务的有19件（见表2-2-2、图2-2-2a），则三者合计54件，占30.9%，即超过三成案件的处理采用了男女权利义务相一致方式，平等地在男女双方中分割财产、分担义务。（2）法院判决分割夫妻共同财产案件主要采用均等分割原则。在判决分割夫妻共同财产案件中，采用均等分割原则的超过五成（52.4%）（见表2-2-3）。可见，被调研法院在审理离婚案件时，对离婚财产清算依据现行《婚姻法》的男女平等原则，在离婚夫妻双方之间均等分割夫妻共同财产、平等分担共同债务清偿责任，维护了夫妻在家庭中平等的法律地位，保障了离婚妇女的基本财产权利。

#### （二）减轻女方清偿夫妻共同债务责任

此次统计数据还显示，在仅涉及夫妻共同债务清偿案件的处理中，男方清偿夫妻共同债务的占45.8%，比例最高，女方多清偿夫妻共同债务的占20.8%，前者是后者的2倍多（见表3-2、图3-2a）。可见，男方相对承担了更多的夫妻共同债务清偿责任，这在一定程度上减轻了女方的责任。

### 三、离婚财产清算中妇女财产权益保护不足之检视

被调研法院清算离婚夫妻财产和债务取得以上成效的同时，也存在某些不足，需要对

---

① 参见我国现行《婚姻法》第39、41条规定，"离婚时，夫妻的共同财产由双方协议处理；协议不成时，由人民法院根据财产的具体情况，照顾子女和女方权益的原则判决。" "离婚时，原为夫妻共同生活所负的债务，应当共同偿还。" 1993年《最高人民法院关于人民法院审理离婚案件处理财产分割问题的若干具体意见》（正文中均简称1993年《离婚财产分割意见》）指出，人民法院审理离婚案件对夫妻共同财产的处理，应当依照《婚姻法》《妇女权益保障法》及有关法律规定，坚持男女平等，保护妇女、儿童的合法权益，照顾无过错方，尊重当事人意愿，有利生产、方便生活的原则，合情合理地予以解决。并且该意见第8条规定，"夫妻共同财产，原则上均等分割"。

我国现行立法与司法实践进行检视。

（一）夫妻共同财产分割中较少适用照顾女方权益原则

我国现行《婚姻法》第39条规定，人民法院判决分割夫妻共同财产时，应当适用照顾子女和女方权益原则。1993年《离婚财产分割意见》指出，人民法院审理离婚案件对夫妻共同财产的处理，应当依法保护妇女权益。但是实证调查数据显示，被调研法院判决分割夫妻共同财产时较少适用照顾女方权益原则，离婚时女方在夫妻共同财产分割中实际获得财产的数量较少。具体表现为：（1）被调研法院判决分割夫妻共同财产的案件，适用照顾女方权益原则的不到一成（9.5%）（见表2-2-3）。（2）男方多分财产，但未多承担义务的有35件；女方多分财产，但未多承担义务的有19件，前者是后者的约2倍（见表2-2-1、图2-2-1a），可见，部分离婚夫妻共同财产分割案件中男方比女方获得的财产多。（3）当事人双方协商将全部共同财产赠与子女的有35件（见表2-2）；以及虽然双方当事人平均分割夫妻共同财产，但女方选择将其份额赠与子女的有10件（见表2-2-2、图2-2-2a），则两者合计45件，在175件涉及夫妻共同财产分割的案件总数中占25.7%，约两成半；这虽然体现了对未成年子女的照顾，但是也导致这部分妇女离婚时实际没有获得财产，可能会使其离婚后生活陷入困境。

关于司法实践中被调研法院较少适用照顾女方权益原则的原因分析，笔者认为，虽然我国现行司法解释就适用男女平等原则给出离婚夫妻共同财产原则上均等分割的意见，[①]但对适用照顾女方原则的司法指导尚不完善，[②]没有明确夫妻共同财产分割中适用照顾女方原则的综合性考量因素，这既不利于法院直接适用该原则进行判决，也不利于法院依据该原则对当事人进行调解。而且某些法官欠缺社会性别意识，没有充分认识到照顾女方原则之立法价值。

离婚财产分割时，对女方予以照顾是强化离婚公平机制的表现，[③]是现代社会保护弱者的社会法意旨所在。应当将适用照顾女方权益原则作为法院调解或判决分割离婚夫妻共同财产的基本原则，明确规定适用该原则的综合考量因素，且应当对法官进行社会性别意识培训。具体理由如下：其一，基于离婚时妇女往往处的弱势地位，应当在离婚财产分割中照顾女方。2011年公布的第三期中国妇女社会地位调查数据显示，我国男女两性的劳动收入差距仍然较大，虽然女性平均受教育年限、社会保障状况等方面有所改善，但仍与男性存在差距。由于我国传统的"男主外、女主内"观念的影响，在家庭中，与丈夫相比，妻子承担更多的家务劳动，其平衡工作和家庭存在困难，[④]导致妇女在社会和家庭生活中依然处于弱势地位，所以应当在离婚财产分割中照顾女方权益。其二，基于对家务

---

① 参见1993年《离婚财产分割意见》第8条。

② 虽然1993年《离婚财产分割意见》第13条规定了"对不宜分割使用的夫妻共有的房屋，应根据双方住房情况和照顾抚养子女方或无过错方等原则分给一方所有。分得房屋的一方对另一方应给予相当于该房屋一半价值的补偿。在双方条件等同的情况下，应照顾女方。"其仅是对夫妻共有房屋的分割适用照顾女方原则的指导，对其他类型的夫妻共同财产分割则如何适用照顾女方原则尚未明确，司法解释应当建立一个在夫妻共同财产分割中适用照顾女方原则的综合性考量因素。

③ 薛宁兰、邵阳：《中国夫妻财产制的社会性别分析——以离婚夫妻财产分割为侧重》，载《妇女研究论丛》2006年第12期。

④ 参见第三期中国妇女社会地位调查课题组：《第三期中国妇女社会地位调查主要数据报告》，载《妇女研究论丛》2001年第6期；参见陈苇：《中国婚姻家庭法立法研究》（第2版），群众出版社2010年版，第34—39页。

劳动价值的补偿，应当在离婚财产分割中照顾女方。夫妻在家庭与社会劳动分工中，一方在家庭从事主要或全部家务劳动的价值，被转化为另一方现在和未来所获得的社会劳动收入。离婚时对现有夫妻共同财产的平均分割，仅是对现在家务劳动价值转化的财产进行分割，却忽略了对未来可期待的财产利益之分配，这有失公平，应当通过离婚时照顾主要或全部从事家务劳动的夫妻一方获得更多的财产给予适当补偿。

（二）女方放弃嫁妆或个人财产的数量多

根据我国现行《婚姻法》第18条之规定，一方的婚前财产归夫妻一方所有，则女方婚前嫁妆和其他个人财产归女方所有。但被调研法院审结的离婚案件中，女方放弃嫁妆或其他个人财产案件较多。如前所述，在85件涉及女方嫁妆或婚前其他个人财产处理的案件中，超过六成半（65.8%）的女方在离婚时放弃了自己的嫁妆或婚前其他个人财产（见表2-3-1、图2-3-1a、图2-3-2a）。笔者在与法官的访谈交流中，法官们对此现象解释的原因之一是，女方的嫁妆主要是带入男方家的家具、家电等生活用品，离婚时这些物品的价值损耗较大，女方也不便带走，所以就将这些财产直接赠与男方或子女。可见，我国未建立婚前个人财产婚后自然损耗补偿制度，这不利于对女性财产权益的保护。

1993年《离婚财产分割意见》第16条规定：婚前个人财产在婚后共同生活中自然毁损、消耗、灭失，离婚时一方要求以夫妻共同财产抵偿的，不予支持。该司法解释对个人财产损耗不予补偿的规定看似"中立"无性别差异，但是在我国普遍盛行男娶女嫁的习俗中，其适用结果对女方较为不利。因为女方的嫁妆大多为家具、家电等生活用品，在共同生活中一般损耗较快；而男方为结婚准备的多为房屋，其能保值增值。所以，此对夫妻的婚前个人财产的损耗不予补偿的规定，明显对女方不利。其实，这条司法解释在制定之初并无明显不当，因为同一司法解释第6条规定，一方婚前财产在婚后共同使用、管理一定年限后可以转化为共同财产。① 这样损耗财产较多的一方可以从被规定转化为共同财产的另一方之婚前个人财产中获得补偿。但是2001年《婚姻法解释（一）》第19条废止了这一转化规则，明确了除当事人另有约定外，夫妻婚前或婚后个人财产均"不因婚姻关系的延续而转化为共同财产"，即原来可以在一定程度上弥补不公平的规则被废除了，这导致该第16条司法解释之适用的弊端显现。

（三）适用夫妻共同债务认定标准存在差异

离婚时，对于女方因为生活需要的单方借款能否被认定为夫妻共同债务，关系着离婚妇女财产权益之维护。本次调研数据显示，对20件判决认定或不认定为夫妻共同债务的案件，适用合意标准的占55.0%，适用目的标准的占40.0%（见表3-1-1、图3-1-1a）。

适用不同的债务认定标准，将产生不同的审理结果。笔者以该县法院审结的两个案件为例分析：案例一，该县法院2012年审理的段某（男）诉张某（女）离婚案，对于女方张某提出的债务，法院审理认为：被告张某于2011年向刘某借款0.6万元，虽然原告段某予以否认，但在双方感情不和后原告段某就外出打工不归，被告张某独自一人带着两个孩子，生活艰难，在无相反证据的情况下，法院推定该款系为抚养儿女和家庭生活之

① 参见1993年《最高人民法院关于人民法院审理离婚案件处理财产分割问题的若干具体意见》第6条规定："一方婚前个人所有的财产，婚后由双方共同使用、经营、管理的，房屋和其他价值较大的生产资料经过8年，贵重的生活资料经过4年，可视为夫妻共同财产。"

用，视为共同债务，原、被告应各自承担 0.3 万元债务清偿责任。案例二，2012 年审理的成某（女）诉董某（男）离婚案件，法院认定被告董某与他人保持不正当关系，外出打工不归且拒绝与原告成某及子女联系，导致夫妻感情完全破裂，判决离婚。对于女方成某因生病住院从朋友处所借债务 1 万元，被告董某辩称不知，法院判决由成某承担全部清偿责任。两个案件均为男方外出离家后女方因为生活需要借债，第一个案件采用目的标准，对女方婚姻期间抚养子女所欠债务认定为共同债务，而第二个案件采用合意标准，对女方因个人生病住院所借债务，男方不认同的，判定女方自行清偿全部债务。两个案件均为婚姻期间夫妻一方借债用于家庭日常生活，但是两案的判决结果却大相径庭。

目前，我国现行《婚姻法》及其司法解释对认定夫妻共同债务确立了数种规则，由于法官适用的认定夫妻共同债务的标准不同，导致其判决的结果迥异。具体包括：（1）采用时间标准。主张应当适用 2003 年《婚姻法解释（二）》第 24 条规定，"债权人就婚姻关系存续期间夫妻一方以个人名义所负债务主张权利的，应当按夫妻共同债务处理"。依此司法解释，对婚姻关系存续期间所借债务原则上认定为夫妻共同债务。（2）采用目的标准。主要适用现行《婚姻法》第 41 条的规定，"离婚时，原为夫妻共同生活所负的债务，应当共同偿还"；2003 年《婚姻法解释（二）》第 23 条规定："债权人就一方婚前所负个人债务向债务人的配偶主张权利的，人民法院不予支持。但债权人能够证明所负债务用于婚后家庭共同生活的除外。"依此法律及司法解释，夫妻一方单方举债无论发生在婚前还是婚后，只要该债务被用于婚后家庭共同生活，都应当被推定为夫妻共同债务。（3）采用合意标准。主要适用 1993 年《离婚财产分割意见》第 17 条关于未经双方约定或未经对方同意，不能认定夫妻共同债务之规定，① 在婚姻关系存续期间，夫妻一方非用于夫妻共同生活所负债务，经夫妻另一方同意的，可以认定为夫妻共同债务。在司法实践中，有些法官依据合意标准，对于夫妻一方提出的债务，如果不能得到对方认同的，就认定为个人债务，如前述案例二即属于此类情况。可见，如果法院认定夫妻共同债务的适用标准不同，就会导致对同一类型案件的判决结果不同，这严重影响着离婚当事人财产权益的保障。

（四）部分法官对诉讼离婚调解协议内容的实质审查不足

在离婚财产清算的调解中，法官应当尊重当事人的意思自治，但对当事人自愿达成的离婚协议亦应依法审查，以保护妇女、儿童等弱者利益。

在我国农村传统婚嫁习俗环境下，农村妇女往往处于经济劣势地位，在分割共同财产时应予以照顾，使其离婚后有一定的经济保障。但如前所述，被调研法院审结的离婚财产清算案件中，女方离婚时实际获得财产较少。在调研中笔者还发现，在离婚当事人达成的调解协议中存在对女方不利的情况。例如，该县法院 2011 年的一起判决离婚案件，离婚双方当事人自愿达成财产分割和子女抚养协议：女方负责抚养 15 岁女儿并自担抚养费，双方的共同财产是住房，全部归男方所有。又如，2012 年的一起调解离婚案件，离婚双方当事人达成协议：住房和家用电器等财产全部归男方所有，女方负责抚养 14 岁女儿并

---

① 1993 年《离婚财产分割意见》第 17 条第二款规定："下列债务不能认定为夫妻共同债务，应由一方以个人财产清偿：（1）夫妻双方约定由个人负担的债务，但以逃避债务为目的的除外。（2）一方未经对方同意，擅自资助与其没有抚养义务的亲朋所负的债务。（3）一方未经对方同意，独自筹资从事经营活动，其收入确未用于共同生活所负的债务。（4）其他应由个人承担的债务。"

独自担抚养费。笔者根据两个卷宗记载的信息，分析认为，以上两个离婚案件的女方当事人均为农民，其放弃财产并独自抚养子女的协议，有可能造成离婚后单身母亲家庭的生活困难，影响妇女的生存权、发展权之实现。

笔者在与该县法院法官的交流中了解到，该地仍然有"子留夫家"的旧例，女方是以主动放弃共同财产的方式争取子女的直接抚养权。而有的法官对依据这样陋俗达成的离婚协议采取放任态度，没有依法进行实质审查，并予以纠正。此外，在笔者与法官的座谈会上，法官们也反映民事案件数量大，这制约了法官对诉讼离婚纠纷调解的精力投入，调解能够促成当事人自愿达成调解协议已属不易，法官往往不再对调解协议进行实质性审查。

据调查访谈了解，近年来，该基层法院受理的离婚纠纷案件多，其他民事诉讼案件数量也增长较快，有些法官一天安排几个案件的开庭或调解任务已经成为一种常态。而家事纠纷不同于其他的普通民事纠纷，其与身份相关，杂糅着情感、伦理和道德，解决婚姻家庭争议的要旨也不仅是做到利益平衡，更需要顾及当事人之间的长期关系，如婚姻关系的继续维系，以及婚姻解除后当事人之间在子女抚养方面的持续合作等。所以家事纠纷的处理需要法官融合情、理、法，综合运用婚姻指导、家庭治疗与法律教育来推进，是一件费时费力的工作。而由于案件多，家事案件调解耗时耗力，所以不少法官越来越无法确保对离婚案件投入充分的时间和精力进行调解，有些调解协议的内容未注意保护往往处于弱势地位的女方和子女权益，法官也未进行实质性审查予以干预纠正，① 故应对我国家事纠纷案件的调解机制进行改革。②

（五）部分法官的社会性别意识欠缺

如前所述，笔者在调查中发现被调研法院存在以下问题：部分法官对当事人达成的离婚调解协议实质审查监督不足；在判决分割夫妻共同财产中照顾女方利益原则被适用较少；离婚女性财产权益保障较弱等，这都与被调研法院部分法官欠缺社会性别意识，欠缺弱者权利保护意识有关。

**四、离婚诉讼财产清算之妇女财产权益保障状况实证调查的启示**

我国国务院 2011 年发布的《中国妇女发展纲要（2011—2020 年）》要求"维护婚姻家庭关系中的妇女财产权益。在离婚案件审理中，考虑婚姻关系存续期间妇女在照顾家庭上投入的劳动、妇女离婚后的生存发展以及抚养未成年子女的需要，实现公平补偿"。综上所述，笔者调查发现，被调研法院审理离婚案件时在保护妇女财产权益方面，既取得了成效也存在某些不足，这些对我国完善立法与改进司法实践具有一定的启示意义。

---

① 2014 年中国法学会研究课题《我国妇女儿童权益保障情况实证调查研究》的课题组针对诉讼离婚案件中儿童权益保护方面的调查数据也显示，在司法实践中，被调查法院审理儿童抚养纠纷，缺乏公力监督和适当干预。参见陈苇、张庆林：《离婚诉讼中儿童抚养问题之司法实践及其改进建议——以某县法院 2011—2013 年审结离婚案件为调查对象》，载《河北法学》2015 年第 1 期。

② 例如，在座谈会上有的受访法官提出，在离婚纠纷案件的处理中，每年经法院调解和好而原告主动撤诉的案件都占据了相当比例，如被调研法院在 2011—2013 年受理的 1816 件离婚案件中，有 441 件经法院调解和好原告撤回起诉，约占两成半。这一方面说明法院调解效果显著，另一方面也说明部分离婚案件争议不大，是可以通过多元化纠纷调解机制分流，让法官将精力投入争议大、案情复杂的离婚纠纷案件的审理中，提升离婚纠纷案件的审判效果和社会效果。

（一）　制定离婚时夫妻共同财产分割之照顾女方权益原则的考量因素

针对部分法官审理离婚案件适用照顾女方权益原则较少之不足，笔者建议借鉴英国判例经验，[①] 以满足"合理生活需要"为基础，以公平补偿家务劳动方为指导，在我国司法解释中明确规定适用照顾女方原则的考量因素，包括：（1）婚姻存续期间的长短，对结婚年限越长，从事家务劳动而影响其经济能力越大的妇女，应当照顾多分财产；（2）双方的身体健康状况，离婚时年老体弱、健康状况较差的妇女，应当适当多分财产；（3）考虑双方对财产积累的贡献，承担主要家务劳动，协助丈夫工作较多的妇女，应当适当多分财产；（4）离婚时直接抚养双方共同的未成年子女或病残子女而影响其经济收入的妇女，应当适当多分财产；（5）其他需要照顾的情形。

（二）　确立婚前个人财产婚后自然损耗的补偿制度

针对前述对婚前个人财产婚后自然损耗不予补偿对离婚妇女财产权益保护不力之不足，笔者建议借鉴法国夫妻共同财产与夫妻个人财产之间的补偿制度。《法国民法典》第1433条规定："只要共同财产从夫妻一方的特有财产中获得利益，均应用共同财产对作为特有财产所有人的该配偶一方给予补偿。"[②] 法国规定的共同财产与个人财产之间的补偿是相互的、对等的，均衡夫妻保留财产、特有财产与夫妻共同财产之间的利益，这有利于对夫妻双方利益的公平保护。笔者建议我国现行《婚姻法》增补规定，夫妻一方婚前个人财产在婚后共同生活中消耗、使用而价值明显减少，如离婚时不予补偿显失公平的，该方可以要求以夫妻共同财产予以补偿，或由夫妻另一方以其个人财产予以补偿。

（三）　设立日常家事代理权制度厘清夫妻共同债务认定与处理规则

自2015年9月1日起实施的《最高人民法院关于审理民间借贷案件适用法律若干问题的规定》第19条明确了人民法院审理民间借贷纠纷案件时应当严格审查的事实，包括借贷发生的原因、时间、地点、款项来源、交付方式、款项流向以及借贷双方的关系、经济状况等，以综合判断是否存在虚假民事诉讼。结合该规定之精神，法院在离婚诉讼中对夫妻共同债务的认定应当重点审查三个方面的因素：一是时间因素，所负债务一般应当发生在婚姻关系存续期间，这是认定夫妻共同债务的基础因素。二是债务是否用于夫妻共同生活，即目的因素。夫妻一方之借债无论发生在婚前或婚后，只要是用于夫妻共同生活的，即认定为夫妻共同债务，这符合我国法定夫妻财产制的立法意旨，是认定夫妻共同债务的根本因素。三是夫妻有无共同举债的意思表示，即合意因素。如果夫妻一方举债系双方共同意思表示，该债务视为夫妻共同债务，夫妻合意体现了民法上的意思自治原则。合意因素强调即使该债务不发生在婚姻存续期间，也不为夫妻共同生活目的而产生，只要是夫妻双方存在共同债务的合意，也被排除认定为个人债务，即被认定为共同债务。

用于夫妻共同生活之目的是认定夫妻共同债务的根本所在，则夫妻共同生活事项的确定至关重要，建议我国设立家事代理权制度，规定夫妻共同生活之日常家事之范围，明确家事代理之权限，从而厘清夫妻债务清偿责任、合理分配举证责任。建议借鉴《法国民

---

[①]　英国上议院明确了审理离婚案件必须谨守的三大原则：第一点，最后的财务分配要反映出满足当事人双方的需求；第二点，要遵守平等衡量标准，以不歧视家务操持者之方式适当之财产分配，以达成最终目的——公平性的要求；第三点，在分配过程中，对于家务劳动操持者因为婚姻关系而受到的不利益必须给予补偿。参见陈重阳：《英国法有关家务劳动价值之研究》，载《东吴法律学报》2013年第4期。

[②]　罗结珍译：《法国民法典》，北京大学出版社2010年版，第368页。

法典》第 220 条之规定①，结合我国民众生活之习惯，将日常家事界定为维持家庭成员日常生活、子女教育需要的事项。对于不动产的处分，借贷购买价值较大财产，投资经营性的借贷，其他超越适当生活需要的事项均不属于日常家事代理范围。

在日常家事代理范围内，夫妻一方所欠之债，应认定为夫妻共同之债，应当由夫妻共同财产清偿，并由夫妻承担连带清偿责任；反之，超越日常家事代理范围，夫妻一方所欠之债，应当认定为个人债务，由欠债一方个人承担清偿责任，但是夫妻双方合意认同为夫妻共同债务的除外。此外，对于所负债务虽然发生于婚前，但是有证据证明其债务是用于婚后夫妻共同生活的，仍认定为夫妻共同债务。

此外，法院确定夫妻共同债务清偿责任时，应当考虑以下因素：离婚时的财产分割、子女抚养状况；离婚当事人各方的经济状况、清偿能力，对经济能力弱势方给予适当照顾；需要考虑债务产生的原因，对于从共同债务中获益较多的一方，应当承担较大比例的清偿责任。

（四）法院增设家事调解顾问，实现家事案件调解业务专门化

针对我国法院离婚诉讼调解面临困难的问题，建议借鉴澳大利亚法院家事案件调解设立家事顾问制度的立法经验。根据澳大利亚《1975 年家庭法》（2008 年修正）规定，家事法院或联邦法院的首席执行官有家庭顾问的职责，并且根据工作需要任命的法院官员、工作人员，或聘请专业从事儿童及家庭事务的心理学家或社区工作人员担任家事顾问，提供诉讼中的家庭咨询服务和家事纠纷调解服务。在家事诉讼中，一旦存在和解可能，法院有权立即中止诉讼，指令当事人参与调解等服务，无正当理由不参与或违反协议的，将要受到承担诉讼费用以及罚款等形式的处罚。② 可见，澳大利亚法院家庭顾问制度实现了法院的家事案件调解业务专门化。笔者建议，我国人民法院亦可委任专门家事调解从业机构或人员担任家事调解顾问，为离婚案件当事人提供咨询和家事纠纷调解服务。对经家事顾问调解达成的离婚协议，法官须依法进行实质审查，在尊重当事人意思自治的基础上，促进调解协议结果的实质公平，关注弱者权益维护。

（五）加强对立法与司法人员的社会性别意识常规培训

1995 年，联合国第四次世界妇女大会通过的《北京宣言》和《行动纲领》，确定了"社会性别主流化"的全球性战略。③ 我国政府作为该联合国文献的签署国，明确承诺将社会性别意识纳入国家决策管理之中。国务院 2011 年发布的《中国妇女发展纲要

---

① 《法国民法典》第 220 条规定："夫妻每一方均有权单独订立旨在维持家庭日常生活和教育子女的合同。夫妻一方因此缔结的任何债务均对另一方产生连带拘束力。但视家庭生活状况，所进行的活动是否有益以及缔结合同的第三人是善意还是恶意，对于明显过分的开支，不发生此连带效力。以分期付款的方式购买和借贷，如未经夫妻双方的同意，不引起夫妻之间的连带义务，但属于家庭日常生活必须的小数额借贷，不在此限。"参见罗结珍译：《法国民法典》，北京大学出版社 2010 年版，第 68-69 页。

② 参见澳大利亚《1975 年家庭法》第三章"家庭顾问"、第四 A 章"法院的管理"的相关内容，参见陈苇等译：《澳大利亚家庭法》（2008 年修正），群众出版社 2009 年版，第 61-72、92-99 页。

③ 1985 年，联合国第三次世界妇女大会通过《内罗毕战略》，最早提出"社会性别主流化"；1995 年，第四次世界妇女大会通过《北京宣言》和《行动纲领》，进一步作出更为全面和成熟的表述，确定了"社会性别主流化"的全球性战略；1997 年，联合国经济与社会理事会对"社会性别主流化"作出一致性定义，其内容如下："所谓社会性别主流化是指在各个领域和各个层面上评估所有有计划的行动（包括立法、政策、方案）对男女双方的不同含义。作为一种策略方法，它使男女双方的关注和经验成为设计、实施、监督和评判政治、经济和社会领域所有政策方案的有机组成部分，从而使男女双方受益均等，不再有不平等发生。纳入主流的最终目标是实现男女平等。"

（2011—2020 年）》要求"加强社会性别理论培训。将社会性别理论纳入立法、司法和执法部门常规培训课程，提高立法、司法和执法人员的社会性别意识"。笔者建议借鉴重庆市某区法院对法官社会性别意识业务培训的经验，该区法院法官通过参加西南政法大学外国家庭法与妇女理论研究中心等组织的"性别平等与家庭暴力""反家庭暴力法官培训国际项目"等相关知识的学习培训，增强了社会性别平等观念，提高了审理涉及家庭暴力案件的法律知识水平及审理技能。[①] 笔者建议，各级法院均应当认真执行国家相关文件，严格落实将社会性别理论纳入法官常规培训课程工作，切实提升法官的社会性别意识，以期依法保障离婚财产清算中妇女的合法财产权益。

---

[①] 陈苇、段伟伟：《法院在防止家庭暴力中的作用实证研究——以重庆市某区人民法院审理涉及家庭暴力案件情况为对象》，载《河北法学》2012 年第 8 期。

# 第五部分　中国内地（大陆）与港、澳、台婚姻家庭法比较研究

# 当代中国内地（大陆）与港、澳、台无效婚姻与可撤销婚姻制度比较研究①

陈　苇　　陈思琴*

## 目　次

在中国内地，2001 年修正后的《婚姻法》新增规定了无效婚姻与可撤销婚姻制度。十年来，该制度在司法实践中被发现还存在某些不足。例如，在婚姻登记有瑕疵的情况下，当事人或利害关系人是否有权向人民法院申请宣告该婚姻无效，或向婚姻登记机关申请撤销该婚姻？对此问题，我国内地的立法尚属空白，且法学理论界和司法实务界的意见不一。在我国内地的现实生活中，婚姻登记有瑕疵的情况时有发生，婚姻当事人的行为需要法律来规范，婚姻当事人的权益需要法律来保护，因此我国内地的无效婚姻与可撤销婚姻制度迫切需要尽快修改、完善。与我国内地（大陆）比较而言，我国港、澳、台地区的婚姻无效与可撤销制度立法的历史更为久远。时值"中国民法典"以及内地《最高人民法院关于适用〈中华人民共和国婚姻法〉若干问题的解释（三）》［以下简称内地《婚姻法解释（三）》］正在起草之际，考察与研究我国内地（大陆）与港、澳、台地区的婚姻无效与可撤销制度，通过对立法的比较与评析，揭示我国内地立法的不足，借鉴港、澳、台三地区有益的立法经验，结合正在起草中的内地《婚姻法解释（三）（草案）》第 1 条的规定，提出完善我国内地立法的建议，以供我国内地立法机关与司法机关参考，以期对完善我国内地的婚姻无效与可撤销制度尽绵薄之力。

## 一、当代中国内地（大陆）与港、澳、台无效婚姻与可撤销婚姻制度之立法概况

（一）中国内地无效婚姻与可撤销婚姻制度之立法概况

在我国内地，关于无效婚姻与可撤销婚姻，1950 年《婚姻法》及 1980 年《婚姻法》

① 本文系司法部"2009 年度国家法治与法学理论研究项目"之专项任务项目："当代中国内地（大陆）与港、澳、台婚姻家庭法比较研究"（09SFB5019）的阶段性成果，载陈苇主编：《家事法研究》（2010 年卷），群众出版社 2011 年版，第 37-69 页。本文在被编入本书时对个别内容进行了修改补充。

* 陈苇，女，西南政法大学外国家庭法及妇女理论研究中心主任，民商法学院教授、博士生导师；陈思琴，女，法学博士，南昌航空大学文法学院讲师。

尚无规定，至 2001 年被修正后的《婚姻法》（以下简称内地《婚姻法》）新增第 10—12 条对无效婚姻与可撤销婚姻作出规定，填补了此立法空白。此后，2001 年《最高人民法院关于适用〈中华人民共和国婚姻法〉若干问题的解释（一）》[以下简称内地《婚姻法解释（一）》]第 7—16 条、2003 年《婚姻登记条例》第 9 条以及 2003 年《最高人民法院关于适用〈中华人民共和国婚姻法〉若干问题的解释（二）》[以下简称内地《婚姻法解释（二）》]第 2—7 条，对无效婚姻和可撤销婚姻进一步作出了补充规定。

1. 无效婚姻与可撤销婚姻的法定事由

（1）无效婚姻的法定事由。有下列情形之一的，婚姻无效：重婚的；有禁止结婚的亲属关系的；婚前患有医学上认为不应当结婚的疾病，婚后尚未治愈的；未到法定婚龄的。①

（2）可撤销婚姻的法定事由。因胁迫结婚的，受胁迫的一方可以向婚姻登记机关或人民法院请求撤销该婚姻。②

2. 无效婚姻与可撤销婚姻的请求权

（1）无效婚姻的请求权。关于无效婚姻请求权的主体，有权申请宣告婚姻无效的主体，包括婚姻当事人及利害关系人。利害关系人包括以重婚为由申请宣告婚姻无效的，为当事人的近亲属及基层组织；以未到法定婚龄为由申请宣告婚姻无效的，为未到法定婚龄者的近亲属；以有禁止结婚的亲属关系为由申请宣告婚姻无效的，为当事人的近亲属；以婚前患有医学上认为不应当结婚的疾病，婚后尚未治愈为由申请宣告婚姻无效的，为与患病者共同生活的近亲属。关于无效婚姻请求权行使的期间，只能是无效婚姻的法定事由存在的期间。在当事人向人民法院申请宣告婚姻无效的，申请时，法定的无效婚姻情形已经消失的，人民法院不予支持。③

（2）可撤销婚姻的请求权。关于可撤销婚姻的请求权主体，因受胁迫而请求撤销婚姻的，只能是受胁迫一方的婚姻关系当事人本人。④ 关于可撤销婚姻的请求权行使的期间，受胁迫的一方撤销婚姻的请求，应当自结婚登记之日起一年内提出。被非法限制人身自由的当事人请求撤销婚姻的，应当自恢复人身自由之日起一年内提出。

3. 无效婚姻与可撤销婚姻的程序

内地有关申请宣告婚姻无效和请求撤销婚姻的程序如下：⑤

（1）无效婚姻的程序。对于无效婚姻，一律采取单一的由法院宣告无效的程序。人民法院受理申请宣告婚姻无效的案件后，经审查确属无效婚姻的，应当依法作出宣告婚姻无效的判决。原告申请撤诉的，不予准许。涉及财产分割和子女抚养的，应当对婚姻的效力和其他纠纷的处理分别制作裁决书。⑥

（2）可撤销婚姻的程序。可撤销婚姻的程序，实行双轨制。凡因胁迫结婚的，受胁

---

① 内地《婚姻法》第 10 条。
② 内地《婚姻法》第 11 条。
③ 内地《婚姻法解释（一）》第 8 条。
④ 内地《婚姻法解释（一）》第 7、10 条。
⑤ 内地《婚姻法》第 11 条、内地《婚姻法解释（一）》第 9、11 条以及内地《婚姻法解释（二）》第 2、4 条。
⑥ 在内地，人民法院审理宣告婚姻无效的案件，对婚姻效力的审理不适用调解，应当依法作出判决；有关婚姻效力的判决一经作出，即发生法律效力。但涉及财产分割和子女抚养的，可以调解。调解达成协议的，另行制作调解书。对财产分割和子女抚养问题的判决不服的，当事人可以上诉。

迫的一方可以向婚姻登记机关或人民法院请求撤销该婚姻。

4. 婚姻无效或被撤销的法律后果①

无效或被撤销的婚姻，自始无效，即无效或者可撤销婚姻在依法被宣告无效或撤销时，才确定该婚姻自始不受法律保护。② 也就是说，内地采取单一的宣告无效程序。

（1）对当事人的后果。被人民法院宣告无效或撤销的婚姻，自始无效。当事人不具有夫妻的权利和义务。在财产方面，同居期间所得的财产，按共同共有处理，但有证据证明为当事人一方所有的除外。③ 也就是说，婚姻无效或被撤销后，对共同财产认定的规则与离婚有所不同。同居期间一方所得的财产为个人所有，双方共同所得的财产为共同所有。

婚姻被宣告无效或被撤销时，同居期间所得的财产，由当事人协议处理；协议不成时，由人民法院根据照顾无过错方的原则判决。对重婚导致的婚姻无效的财产处理，不得侵害合法婚姻当事人的财产权益。

（2）对父母子女的后果。无效婚姻或可撤销婚姻当事人所生子女，适用本法有关父母子女的规定，即婚姻无效或被撤销后，对父母子女的后果与离婚相同。

（二）中国香港地区无效婚姻与可使无效婚姻制度之立法概况

在我国香港地区，《婚姻诉讼条例》第19—23条、《婚姻条例》第27条及其附表5对无效婚姻与可使无效的婚姻（可撤销婚姻）作出了具体规定。无效婚姻，是指法律不承认其效力的婚姻，婚姻双方当事人毫无选择，即此类婚姻是否无效，不是取决于当事人的意愿，而是依据法律的规定，因此属于绝对无效的婚姻。可使无效的婚姻，是指有某些瑕疵的婚姻，婚姻双方可选择宣布婚姻无效或继续婚姻生活，如选择婚姻无效，须向法庭申请婚姻无效的判令，④ 即此类婚姻是否无效，可以取决于当事人的意愿，因此属于相对无效的婚姻。

1. 无效婚姻与可使无效婚姻的法定事由

（1）无效婚姻的法定事由。凡属1972年6月30日之后缔结的婚姻，该婚姻仅能基于下列任何理由而无效⑤：（1）婚姻双方当事人在《婚姻条例》所规定的血亲或姻亲关系限制内，即为禁止结婚近亲属的；（2）男女任何一方在结婚时年龄不足16岁，即为未到法定婚龄的；（3）双方的结合不符合婚姻成立形式要件的，包括未按《婚姻条例》第20、21、22条及第39条的规定举行婚礼的；婚姻某方使用假姓名结婚的；在没有正式获得登记官的证明书或行政长官的特别许可证的情况下，结婚双方明知及故意默许婚礼在该情况下举行的⑥；（4）男女任何一方在结婚时已经合法结婚，即为有配偶的；（5）结婚

---

① 内地《婚姻法》第12条。
② 内地《婚姻法解释（一）》第13条。
③ 内地《婚姻法解释（一）》第15条。
④ 赵文宗、李秀华、林满馨：《中国内地、香港婚姻法实务》，人民法院出版社2005年版，第6页。
⑤ 中国香港地区《婚姻诉讼条例》第20条1款。
⑥ 中国香港地区《婚姻条例》第27条。

当事人双方并非一男一女，即为同性的。①

（2）可使无效婚姻的法定事由。凡属 1972 年 6 月 30 日之后缔结的婚姻，该婚姻仅能基于下列任何理由申请法院宣告而可使之无效②：①婚姻当事人的任何一方无能力圆房；②答辩人故意拒绝圆房；③出于胁迫、错误、心智不健全或其他原因，以致婚姻的任何一方并非有效地同意结婚；④婚姻当事人在结婚当时，正连续或间歇地患有《精神健康条例》所指的精神紊乱，而其所患的精神紊乱类别或程度是使其不适宜结婚者；⑤答辩人在结婚时患有可传染的性病；⑥答辩人在结婚时已经怀孕，而使其怀孕者并非呈请人（申请结婚的人）。在以上情形中，①属于客观上不能人道的，②属于主观上不愿意同居的，③属于非自愿的，④、⑤属于患有不宜结婚疾病的，⑥属于有不忠实对方的行为且婚前已怀孕的。

2. 婚姻无效与可使无效婚姻的请求权

根据婚姻无效或可使无效的法定事由，丈夫或妻子均可向法院提出呈请，请求宣布其婚姻无效。③

依据《婚姻诉讼条例》第 20 条第 3、4、5 款的规定，在《婚姻诉讼条例》第 20 条 2 款规定的可使无效婚姻的法定事由中，以第（3）、（4）、（5）项或第（6）项为理由提请婚姻无效（撤销）的，必须在结婚后 3 年内提出；以第（5）、（6）项为理由提请婚姻无效的，须申请人在结婚时对其指称的事实毫不知情，否则该请求将被驳回。凡在 1972 年 6 月 30 日之后提请婚姻无效的，如果申请人虽然明知自己可申请废止有关的婚姻，但其对答辩人的行为足以使答辩人合理相信其不会提出此项申请的，以及作出婚姻无效的判令对答辩人并不公平的，法院不得作出婚姻无效的判令。④

3. 婚姻无效与可使无效婚姻的程序

在丈夫或妻子向法院提出呈请后，法院如信纳其无效或可使无效的理由存在，即可批出婚姻无效的判令。每项判令最初批出时均属暂准判令，未满 3 个月不得将判令转为绝对判令，但如高等法院首席法官借一般命令，或法院在任何个案中订定较短的期间，不在此限。3 个月届满后的任何时间，可由呈请人申请转为绝对判令。⑤

---

① 必须说明，上述关于可使婚姻无效原因的规定只是针对 1972 年 6 月 30 日之后缔结的婚姻而言，判定 1972 年 7 月 1 日之前所缔结的婚姻是否有效，适用已被废除的香港《婚姻诉讼条例》第 20 条的规定。该已被废除的第 20 条第 1 款规定，婚姻无效的理由包括：婚姻双方的血亲或姻亲关系是在《婚姻条例》所规定的亲等限制以内；婚姻任何一方在结婚时，其前夫或前妻仍然生存，而该婚姻一方与其前夫或前妻的婚姻当时仍然有效；婚姻任何一方是因武力或诈骗而同意结婚；根据香港法律该宗婚姻是无效的。

② 中国香港地区《婚姻诉讼条例》第 20 条 2 款。

③ 中国香港地区《婚姻诉讼条例》第 19 条。

④ 必须说明，上述关于可使婚姻无效的规定只是针对 1972 年 6 月 30 日之后缔结的婚姻而言，判定 1972 年 7 月 1 日之前所缔结的婚姻是否可使无效，适用已被废除的香港《婚姻诉讼条例》第 20 条的规定。该已被废除的第 20 条第 2 款规定，1972 年 7 月 1 日之前缔结的婚姻，该婚姻仅能基于下列任何理由可使无效：（1）由于答辩人故意拒绝圆房；（2）婚姻任何一方在结婚时心智不健全；属《精神健康条例》所指的精神紊乱的人，而其所患的精神紊乱类别或程度是使其不适宜结婚及生育子女者；患有复发性精神错乱或复发性癫痫症；（3）答辩人在结婚时患有可传染的性病；（4）答辩人在结婚时已怀孕，而使其怀孕者并非呈请人；（5）婚姻的任何一方在结婚时是性无能或无能力圆房。但是，针对上述第（2）、（3）、（4）项情形提出的申请，除非法院采信下列事实，否则不得批出婚姻无效的判令：申请人在结婚时对其指称的事实不知晓；诉讼是在结婚当日后一年内提出的；自呈请人发现有批出判令的理由后，双方即再无在呈请人同意下行房。

⑤ 中国香港地区《婚姻诉讼条例》第 20B 条。

**4. 婚姻无效或可使无效的法律后果**

（1）对当事人的后果。无效婚姻，为自始无效。可使无效的婚姻，在被宣告无效的判令转为绝对判令之前有效，即不具有溯及既往。① 在人身方面，婚姻无效或可使无效后，当事人不具有夫妻的身份。在财产方面，在呈请婚姻无效的诉讼程序中，法庭可命令婚姻的任何一方，在法庭认为合理的期间内，向另一方提供法庭认为合理的临时赡养费，该期间开始之日不得早于提交呈请书或提出申请的日期，并须于该讼案裁定的当日结束。在无效婚姻和可使无效婚姻被判令无效后，法庭可作出命令要求婚姻一方对婚姻另一方提供经济给养（其命令直至另一方再婚时停止生效），也可以作出财产转让、授产安排、更改授产安排等命令，② 即无效婚姻和可使无效婚姻被判令无效后，给付扶养费、财产处理的后果与离婚相同。

（2）对父母子女的后果。虽无效婚姻为自始无效，但如婚姻双方或其中一方在受孕时有合理理由相信该婚姻是有效的，则该无效婚姻的子女须被视为其父母的婚生子女。③ 可使无效婚姻的子女为该婚姻当事人双方的婚生子女。④ 此外，法庭可作出命令要求父母一方为子女提供经济供养费，即对无效婚姻的善意当事人及可使无效婚姻（不具有溯及）的双方当事人而言，婚姻被判决宣告无效后对父母子女的后果与离婚相同。

（三）中国澳门地区非有效婚姻制度之立法概况

在我国澳门地区，依澳门地区《民法典》第 1500 条规定，凡是不存在任何导致婚姻在法律上不成立或使其可撤销的法定原因时，婚姻即为有效。在澳门地区，与有效婚姻相对应的概念是非有效婚姻，非有效婚姻包括不成立之婚姻与可撤销之婚姻。

**1. 不成立之婚姻**

（1）不成立之婚姻的法定事由。下列情况下缔结的婚姻，在法律上不能成立：第一，在无职权主持结婚行为的人面前缔结婚姻，但紧急结婚者除外。并且在虽无职权主持结婚行为但一直公开从事相当于负责民事登记公务员职务的人面前缔结的婚姻，法律上不视为不成立，但双方结婚人在结婚时明知该人无职权者除外；第二，未被认可的紧急结婚；第三，结婚时，欠缺一方或双方结婚人之结婚意思表示；又或欠缺其中一方之受权人的结婚意思表示；第四，在授权效力终止后，或在授权书并非由授权人签立的情况下，又或授权因授权书未赋予受权人做出结婚行为之特别权力或未指出另一结婚人之姓名而属无效情况下，透过受权人所缔结的婚姻，即无法定受权人同意的⑤；第五，相同性别之两人结婚。⑥ 在以上情形中，第一、二、四种属于形式要件不合法的，第三种属于非自愿的，第五种属

---

① 依《婚姻诉讼条例》第 20B 条的规定，凡在 1972 年 6 月 30 日之后以婚姻属可使无效为理由而批出的婚姻无效判令，具有将该婚姻废止的效力，但只限于在该判令转为绝对判令之后时才具有该效力。尽管有该判令，在该判令转为绝对判令之前，该婚姻必须被视为一直存在且有效。并参见中国香港地区《婚姻诉讼条例》第 15（5）、16、17、21、22 条。

② 中国香港地区《婚姻法律程序与财产条例》第 3-6 条。

③ 中国香港地区《婚生地位条例》第 11 条。

④ 中国香港地区《婚生地位条例》第 12 条。

⑤ 根据中国澳门地区《民法典》第 1495-1496 条的规定，结婚人中之一人可以书面形式授权第三人即受权人代其做出结婚行为。但授权书应载明作出结婚行为的特别权力，并明确指出另一结婚人的姓名。授权人得随时废止授权。授权废止、授权人死亡或受权人死亡或因精神失常而成为禁治产人或准禁治产人时，授权之一切效力即告终止。

⑥ 中国澳门地区《民法典》第 1501-1502 条。

于非异性的。

（2）不成立之婚姻的请求权。不成立之婚姻，不论法院是否宣告，任何人均得随时主张婚姻不成立，① 即在程序上是采取当然无效。

（3）不成立之婚姻的效力。不成立之婚姻，自始不产生任何法律效力，亦不被视为误想的婚姻。②

2. 可撤销之婚姻

可撤销婚姻，须经诉讼程序方可撤销。中国澳门地区《民法典》第 1504—1520 条对可撤销婚姻的法定事由、可撤销婚姻的请求权人、请求权行使的期间、可撤销婚姻的补正以及婚姻被撤销的后果作了详细规定。

（1）婚姻可撤销的法定事由。在下列任一情况下，缔结之婚姻可予撤销：

第一，存在任何禁止性障碍。其包括以下三大类：一是绝对禁止性障碍：未达法定婚龄的、有禁止结婚疾病的、重婚的；二是相对禁止性障碍：有禁止结婚近亲属关系的；三是妨碍性障碍。未成年人之结婚未经父母或监护人之许可，亦未获法院批准的，或与未成年人、禁治产人或准禁治产人有监护、保佐或法定财产管理之关系且无法定免除情形的。③

第二，一方或双方结婚人欠缺结婚意思，或结婚意思因错误或受胁迫而属有瑕疵，即非自愿的。

第三，无证人在场，但仅以法律要求证人在场者为限，即程序上不符合法定形式要件。④

（2）可撤销婚姻的请求权人及请求权行使的期间。第一，对存在任何禁止性障碍的婚姻，夫妻任一方、其血亲、直系姻亲或继承人，以及检察院均可提起撤销之诉，或继续进行该诉讼。在结婚者为未成年人、因精神失常而导致禁治产或准禁治产的情况下，其监护人或保佐人以及重婚人之前配偶，亦得提起或继续该诉讼。属未成年人、因精神失常而导致为禁治产人或准禁治产人，或明显精神错乱之禁止性障碍者，如撤销之诉由无行为能力人或精神错乱者本人提起，则其应于成年后或禁治产或准禁治产终止后或精神错乱终止后 6 个月内提起。如撤销之诉由他人提起，则应于结婚后 3 年内提起，但不得在未成年人成年后、无行为能力人或精神错乱终止后提起。属其他禁止性障碍者，应于婚姻解销后 6

---

① 中国澳门地区《民法典》第 1503 条第 2 款。

② 中国澳门地区《民法典》第 1503 条第 1 款。此外，根据澳门《民法典》第 1519–1520 条关于被撤销婚姻的效力规定，所谓误想婚姻，是指一方或双方当事人基于善意缔结婚姻，尽管该婚姻由于种种原因被撤销，但是对于善意者来说，该被撤销的婚姻为误想婚姻。

③ 依中国澳门地区《民法典》第 1479、1480、1482 条规定，结婚的障碍分为三类：1. 绝对禁止性障碍。下列者为绝对禁止性障碍，有该等障碍之人不能与他人结婚：（1）未满十六岁；（2）明显精神错乱，即使在神志清醒期亦然，以及因精神失常而导致之禁治产或准禁治产；（3）先前婚姻尚未解销，即使该结婚记录未载于有关婚姻状况之登记中亦然。2. 相对禁止性障碍。直系血亲关系及二亲等内之旁系血亲关系亦为禁止性障碍，存有该等关系之人彼此不能结婚。3. 妨碍性障碍。除特别法律所规定之其他事实外，下列事实亦为妨碍性障碍：（1）未成年人之结婚未经父母或监护人之许可，亦未获法院批准以取代上述许可者；（2）与未成年人、禁治产人或准禁治产人有监护、保佐或法定财产管理之关系。但妨碍性障碍的免除事由为：（1）如有关监护、保佐或法定财产管理之报告已被核准或有关婚姻系与上条所指之血亲或姻亲缔结，且存在可予考虑之理由显示婚姻之缔结为合理，则上条所指之障碍可由法院免除。（2）一方结婚人为未成年人时，法院须尽可能听取其父母或监护人之意见。

④ 中国澳门地区《民法典》第 1504 条。

个月内提起。检察院只能在婚姻解销前提起诉讼。此外，在撤销重婚人前婚之诉待决期间，不得提起或继续进行以存在前婚为依据的后婚撤销之诉。

第二，对一方或双方结婚人欠缺结婚意思①，或结婚意思因错误或受胁迫而有瑕疵②所缔结的婚姻，假装结婚的夫妻任一方或任何因该假装结婚而遭受损失的人，均可申请撤销所缔结的婚姻。在其他欠缺结婚意思之情况下，撤销之诉只能由欠缺结婚意思的一方提起，如原告在案件待决期间死亡，则其血亲、直系姻亲或继承人可以继续进行该诉讼。以结婚人一方或双方欠缺结婚意思为依据的撤销之诉，只能在结婚后 3 年内提起，如申请人不知悉已结婚，则仅得在其知悉后 6 个月内提起。以结婚意思有瑕疵为依据提起的撤销之诉，仅得由有关错误或胁迫的受害人一方提起，如原告在案件待决期间死亡，则其血亲、直系姻亲或继承人可以继续该诉讼。以结婚意思有瑕疵为依据提起的撤销之诉，如在瑕疵消除后 6 个月内不提起，其诉权即告失效。

第三，对无法定证人在场缔结的婚姻，以欠缺证人为依据提起的撤销之诉，只能由检察院提起。检察院提起撤销之诉的时间，仅得在当事人结婚后 1 年内提起。

（3）可撤销婚姻的补正。在撤销婚姻的判决确定前发生下列任一事实，婚姻之可撤销性视为被补正，自结婚时起视为有效：第一，未到结婚年龄而结婚的未成年人在成年后确认所缔结的婚姻；第二，因精神失常而成为禁治产人或准禁治产人，在禁治产或准禁治产终止后，确认在终止前所缔结的婚姻；属明显精神错乱之人，在其要求法院证实其处于精神健康之状况后，确认在证实前所缔结的婚姻；第三，重婚人之前婚被撤销；第四，结婚欠缺证人在场系由可予考虑的情况导致，且法官承认该情况者，但结婚的行为必须属无可置疑。

可撤销婚姻补正的确认，须在负责民事登记的公务员面前作出，或须在两名证人面前作出。③

（4）婚姻被撤销的法律后果。在婚姻被判决撤销后，该婚姻自判决作出之日起无效，即可撤销婚姻的效力不溯及既往。

关于对善意当事人的保护，如果可撤销的婚姻是夫妻双方善意缔结的，该婚姻在被判决撤销前对夫妻双方及第三人均有效力；如果只有夫妻一方是善意缔结的，则仅该方得主张由此婚姻而产生的利益，并得以该利益对抗第三人。结婚时并不知悉导致婚姻可撤销的瑕疵存在，而此情况属可原谅者，或结婚的意思表示系因受人身胁迫或精神胁迫而作出者，均视为善意。

---

① 中国澳门地区《民法典》第 1508 条规定：在下列任一情况下，可因欠缺结婚意思而将婚姻撤销：（1）在结婚时，结婚人因偶然无能力或其他原因而在无意识下同意的结婚；（2）结婚人对另一结婚人之个人身份存有错误；（3）结婚意思表示系在人身胁迫下作出；（4）假装结婚。

② 中国澳门地区《民法典》第 1509 条规定：仅当导致结婚人一方之结婚意思有瑕疵之错误系涉及对方之个人基本特质及属可宥恕之错误，且显示出在无该错误下按理不会缔结婚姻时，方可因该错误而将婚姻撤销。第 1510 条规定：在精神胁迫下缔结的婚姻可撤销，只要结婚人遭受重大恶害之不法威胁，且其理由恐惧该威胁估成为事实；一人籍承诺使结婚人不会遭受某种意外之恶害或不会遭受他人施加之恶害，而有意识及不法迫使他人作出结婚意思表示者，等同于不法威胁。

③ 中国澳门地区《民法典》第 1506 条。

关于婚姻被撤销的法律制裁，中国澳门地区《民法典》规定了以下两种特别制裁。

第一，对未成年人之结婚的 2 项特别制裁：一是未经父母或监护人之许可，或未获得法院之批准以取代上述之人之许可而结婚之未成年人，在管理其带给夫妻双方之财产上，或在管理其于结婚后至成年前以无偿方式获得之财产上，继续视为未成年人；但在该等财产之收益中，须按该未成年人之状况，留给其必需之生活费。二是未成年人无权管理之财产，由其父母、监护人或法定管理人管理，且在该未成年人成年前，绝对不能交予其配偶管理；此外，不论在婚姻解销前后，均不得以该等财产承担在该未成年人成年前由夫妻一方或双方所设定之债务。①

第二，对存在妨碍性障碍之婚姻的特别制裁：凡违反第 1482 条 b 项之规定者，即导致作为监护人、保佐人、管理人之一方或作为该等人之直系血亲或直系姻亲、兄弟姊妹、其兄弟姊妹之配偶、其配偶之兄弟姊妹或侄甥之一方，于障碍成因仍存在之期间内，不能借他方之赠与或遗嘱处分收取任何利益。②

（四）中国台湾地区无效婚姻与可撤销婚姻制度之相关规定概况

在我国台湾地区，"民法亲属编"第二章"婚姻"第二节"结婚"第 988—999 条，对无效婚姻与可撤销婚姻作出了具体规定。

1. 无效婚姻与可撤销婚姻的法定事由

（1）无效婚姻的法定事由。③

凡在下列情形之一的，该婚姻为无效：

①不符合结婚形式要件的。结婚未以书面为之，未有二人以上证人之签名，双方当事人未向户政机关为结婚之登记。

②婚姻当事人有禁止结婚的近亲属关系的。直系血亲及直系姻亲；旁系血亲在六亲等以内者。但因收养而成立之四亲等及六亲等旁系血亲，辈份相同者，不在此限。旁系姻亲在五亲等以内，辈份不相同者。

③重婚的。有配偶者又与他人缔结的婚姻或一人同时与两个以上的人缔结的婚姻，但重婚之双方当事人因善意且无过失信赖一方前婚姻消灭之两愿离婚登记或离婚确定判决而结婚者，不在此限。

（2）可撤销婚姻的法定事由。④

凡在下列情形之一的，该婚姻可请求法院宣告撤销：

①男女双方结婚时一方或双方未达法定婚龄的。

②未成年人未征得其法定代理人同意缔结的婚姻。

③结婚双方当事人之间存在监护关系的。但经被监护人父母之同意的，不在此限。

④当事人一方于结婚时不能人道⑤而不能治的。

⑤当事人一方于结婚时处于无意识或精神错乱中的。

① 中国澳门地区《民法典》第 1521 条。
② 中国澳门地区《民法典》第 1522 条。
③ 中国台湾地区"民法亲属编"第 988 条。
④ 中国台湾地区"民法亲属编"第 989-991、995-997 条。
⑤ 所谓不能人道，系指不能与配偶性交而言，至于与他人是否可性交，则非所问。参见高凤仙：《亲属法——理论与实务》（增订五版），五南图书出版股份有限公司 2005 年版，第 61 页。

⑥因被诈欺或被胁迫而结婚的。

2. 无效婚姻和可撤销婚姻的请求权①

（1）无效婚姻的程序与请求权。

无效婚姻为当然无效，不须经法院判决，但对于是否无效有争议时，可提起确认婚姻无效之诉。无效婚姻为绝对无效，不限于婚姻当事人，任何人均得主张婚姻无效。②

（2）可撤销婚姻的程序与请求权。

可撤销婚姻须由婚姻当事人或利害关系人提出撤销婚姻的请求，由法院判决宣告撤销。

①对未到法定婚龄的，当事人或其法定代理人可以向法院请求撤销婚姻。但如果当事人已达法定婚龄或女方已怀孕的，不得请求撤销。

②未成年人结婚未征得其法定代理人同意的。法定代理人可以向法院请求撤销婚姻。但自法定代理人知悉该结婚事实之日起已逾6个月，或结婚已逾1年，或女方已怀孕的，不得请求撤销。

③结婚双方当事人有监护关系的。受监护人或其最近亲属可以向法院请求撤销婚姻。但结婚已逾1年者，不得请求撤销。

④当事人一于结婚时不能人道而又不能治愈的。他方当事人可以向法院请求撤销婚姻。但自知悉其不能治之时起已逾3年者，不得请求撤销。

⑤当事人一于结婚时处于无意识或精神错乱中的。该当事人可于常态恢复后6个月向法院请求撤销婚姻。

⑥因被诈欺或被胁迫而结婚的，得于发现诈欺或胁迫终止后，6个月内向法院请求撤销婚姻。

3. 婚姻无效与被撤销的法律后果

无效婚姻，为当然无效，且自始无效。可撤销婚姻，自被法院宣告撤销之时起无效。即撤销之效力不溯及既往。③婚姻无效与被撤销对当事人及子女的法律后果如下：

（1）对当事人的后果。

①损害赔偿。当事人之一方，因结婚无效或被撤销而受有损害者，得向他方请求赔偿。但他方无过失者，不在此限。如受害人所受的损害系非财产上之损害，受害人亦得请求赔偿相当之金额，但以受害人无过失者为限。损害赔偿的请求权，不得让与或继承。但已依契约承诺或已起诉者，不在此限。

②赡养费与财产处理。婚姻无效或被撤销后，该法第1057—1058条关于夫妻离婚时赡养费的给付及财产处理的规定，准用于该无效或被撤销的婚姻当事人。④其内容包括：第一，夫妻无过失之一方，因婚姻无效或被撤销而陷入生活困难者，他方纵无过失，亦应给予相当之赡养费。第二，婚姻无效或被撤销时，除采用分别财产制外，各取回其结婚或变更夫妻财产制时的固有财产。如有剩余，各依其夫妻财产制之规定分割，即婚姻无效或被撤销后，对赡养费与财产处理的后果与离婚相同。

---

① 中国台湾地区"民法亲属编"第989-991、995-997条。

② 高凤仙：《亲属法——理论与实务》（增订五版），五南图书出版股份有限公司2005年版，第73-74页。

③ 中国台湾地区"民法亲属编"第998条。

④ 中国台湾地区"民法亲属编"第999-1条第一款。

（2）对父母子女的后果。

婚姻被撤销后，该法第 1055、1055-1、1055-2 条关于夫妻离婚时父母对未成年子女权利和义务的行使或负担的规定，准用于该被撤销婚姻的父母子女，[①] 即婚姻被撤销后，对父母子女的后果与离婚相同。

## 二、当代中国内地（大陆）与港、澳、台无效婚姻与可撤销婚姻制度之立法评析

综上可见，中国内地（大陆）与港、澳、台无效婚姻与可撤销婚姻的立法，既有共性，也有差异。下面笔者就无效婚姻与可撤销婚姻制度分别从立法结构和内容、无效婚姻与可撤销婚姻的法定事由、无效婚姻与可撤销婚姻的请求权及行使、无效婚姻与可撤销婚姻的效力四个方面进行比较评析。

（一）立法结构之评析

从无效婚姻与可撤销婚姻的立法结构来看，它们立法的共性是都实行"双轨制"。立法的差异是内地（大陆）与港、台地区同时设有无效婚姻制度与可撤销婚姻制度，而澳门则同时设有不成立的婚姻和可撤销的婚姻。我们认为，由于对婚姻不成立的要件与婚姻无效的要件之认识有所不同，所以出现了以上差异。目前有不少国家都采取无效婚姻与可撤销婚姻并行的"双轨制"。虽然各国有关无效婚姻与可撤销婚姻的原因亦不尽统一，但根据违法婚姻的不同情况予以"不同的处理和制裁"，这一基本精神则是一致的。[②] 无效婚姻制度与可撤销婚姻制度是处理违法婚姻的两种法律措施。两者相辅相成，针对违法婚姻欠缺结婚要件的不同情况，予以区别处理，体现了"兼顾个人利益和社会利益的立法原则，有利于保障结婚条件和程序的实施，有利于保护当事人尤其是善意当事人及子女的利益"。[③] 因此，内地采取无效婚姻制度与可撤销婚姻制度并行的"双轨制"，是合理的。

（二）立法内容之评析

从立法内容来看，婚姻无效或不成立（以下两者统一简称无效婚姻）与婚姻可撤销或可使无效（以下两者统一简称可撤销婚姻）制度主要涉及四个方面的内容：法定事由；请求权；程序；法律后果。以下，笔者从这四个方面对立法的共性与差异进行评析。

1. 无效婚姻与可撤销婚姻的法定事由之评析

关于无效婚姻与可撤销婚姻的法定事由，立法的共同点和不同点如下：

（1）无效婚姻的法定事由。立法的共同点：第一，以重婚、禁婚的近亲属结婚作为婚姻无效事由的，有内地（大陆）、香港和台湾地区；第二，以未达法定婚龄作为婚姻无效事由的，有内地和香港地区；第三，以不符合结婚法定形式要件作为婚姻无效或不成立事由的，有香港、澳门和台湾地区。[④]

---

① 中国台湾地区"民法亲属编"第 999-1 条第二款。

② 陈苇：《建立我国婚姻无效制度的思考》，载《法律科学》1996 年第 4 期。

③ 陈苇主编：《结婚与婚姻无效纠纷的处置》，法律出版社 2001 年版，第 47-48 页。

④ 关于不符合结婚法定形式要件的情况，如前所述，香港地区包括未按法律规定举行婚礼的；婚姻某方使用假姓名结婚的；在没有正式获得登记官的证明书或行政长官的特别许可证的；澳门地区包括在无职权主持结婚行为的人面前缔结结婚，但紧急结婚者除外。无法定授权人的同意或授权同意书对结婚人未指明等；台湾地区则指结婚未以书面为之，未有二人以上证人之签名，双方当事人未向户政机关为结婚之登记。

笔者认为，其一，以重婚、禁婚的近亲属结婚作为婚姻无效的法定事由，这体现了保障结婚实质要件之禁止重婚、禁止近亲属结婚的实施，以维护社会公共秩序和公共利益的立法意旨，是合理的。其二，以未到法定婚龄的作为婚姻无效的事由，这体现了保障结婚实质要件之法定婚龄的实施。但由于婚姻当事人的年龄在结婚后会随着岁月的流逝而增长，因此，从注重维护婚姻当事人的利益出发，以未达法定婚龄作为可撤销婚姻的事由，更为妥当。依据内地《婚姻法解释（一）》第7条规定，请求宣告婚姻无效的请求权主体，以未到法定婚龄为由申请宣告婚姻无效的，为婚姻当事人及未到法定婚龄者的近亲属。并且依该司法解释第8条规定，当事人向人民法院申请宣告婚姻无效的，申请时，法定的无效婚姻情形已经消失的，人民法院不予支持。就此而言，这实际上已使未到法定婚龄的婚姻成为相对无效的可撤销婚姻。因此，内地以后修改立法时宜将未到法定婚龄作为可撤销婚姻的法定事由，更为科学、合理。其三，港、澳、台三地区均以不符合结婚法定形式要件作为婚姻无效或不成立的事由，这体现了保障结婚法定形式要件贯彻实施的精神。目前，内地《婚姻法》此方面呈空白，并没有将此规定为无效婚姻的事由。但根据内地《婚姻法解释（一）》第5条规定："未按婚姻法第八条规定办理结婚登记而以夫妻名义共同生活的男女，起诉到人民法院要求离婚的，应当区别对待：（一）1994年2月1日民政部《婚姻登记管理条例》公布实施以前，男女双方已经符合结婚实质要件的，按事实婚姻处理。（二）1994年2月1日民政部《婚姻登记管理条例》公布实施以后，男女双方符合结婚实质要件的，人民法院应当告知其在案件受理前补办结婚登记；未补办结婚登记的，按解除同居关系处理。"该司法解释对男女结婚不符合结婚法定形式要件的，是采取区别认定和处理的办法，即以1994年2月1日内地民政部《婚姻登记管理条例》实施之日为界，对在此之前的按事实婚姻处理；对在此以后的则视为婚姻不成立①，故按同居关系予以处理。可见，从立法精神来看，内地（大陆）司法解释与港、澳、台三地区的立法精神是一致的。因为结婚的法定形式要件是国家对婚姻依法成立的一个重要监督手段，可以保障结婚实质要件的实施。所以，目前中国内地（大陆）的司法解释与港、澳、台三地区立法对欠缺结婚法定形式要件的婚姻，或不承认该婚姻的效力或不承认该婚姻的成立。

此外，关于结婚法定形式要件在内地还有一个问题值得注意，如果结婚登记有瑕疵的，应如何处理？目前内地的《婚姻法》及司法解释对此尚无规定。结婚登记的瑕疵，主要有婚姻当事人未能亲自去办理结婚登记而由他人代办，或冒用他人身份证或以伪造的虚假身份证办理结婚登记等情况。在内地，1986年《婚姻登记办法》第9条规定，婚姻登记机关发现婚姻当事人有违反婚姻法的行为，或在登记时弄虚作假、骗取《结婚证》的，应宣布该项婚姻无效。1994年《婚姻登记管理条例》第25条规定，申请婚姻登记的当事人弄虚作假、骗取婚姻登记的，婚姻登记管理机关应当撤销婚姻登记。2001年修正后的现行《婚姻法》及相关司法解释对此却都无规定。而民政部办公厅2002年就此类案件的答复中指出："一方当事人对于对方当事人利用伪造的身份证件等材料进行结婚登记后，要求撤销婚姻登记的请求，登记机关不予支持。"② 2010年6月，最高人民法院正在

---

① 内地《婚姻法》第8条规定，"未办理结婚登记的，应当补办登记"。

② 内地民政部办公厅《关于能否撤销黄××与叶××结婚登记的答复》（民办函〔2002〕129号）。

制定中的《婚姻法解释（三）（草案）》第1条涉及结婚登记瑕疵的处理。该草案第1条规定："当事人未向婚姻登记机关或者人民法院请求撤销结婚登记，仅就结婚登记中的瑕疵问题申请宣告婚姻无效，人民法院经审查不属婚姻法第十条规定的无效婚姻情形的，应当判决驳回当事人的申请。结婚证上登记的当事人非实际同居生活的当事人，结婚证上登记的当事人对结婚证的效力提出异议，人民法院可以依照民事诉讼法第一百一十一条第（三）项之规定，告知原告向原婚姻登记机关申请解决；对于实际同居生活的当事人请求离婚的，人民法院应当根据当事人共同生活状况，以是否符合事实婚姻关系或同居关系作出相应处理。"可见，依该草案规定，对结婚登记有瑕疵的，除属于无效情形的外，人民法院不予处理。对于非结婚证书上的当事人，但为实际同居生活的当事人请求离婚的，由人民法院根据当事人的具体情况，确认为事实婚姻关系或同居关系，予以区别处理。然而，如前所述，香港法则将婚姻某方使用假姓名结婚，认定为无效婚姻事由。中国澳门地区《民法典》和中国台湾地区"民法亲属编"对此均无规定。但根据中国澳门地区《民事登记法典》第66—67、69条的规定，参与人之签名并非由登记所指之签名成人本人作出或存在导致对被登记事实或当事人身份产生错误之瑕疵的，因其登记虚假而无效，其无效应由法院宣告。笔者认为，婚姻登记有瑕疵的情况，在内地现实生活中其时有发生。[①]对此问题处理的立法缺失，使婚姻登记有瑕疵的当事人不能获得法律的适当救济，往往会导致矛盾激化，这是不合理的。而中国香港地区将假姓名的结婚认定为无效，中国澳门地区对登记虚假的婚姻由法院宣告无效，其立法理念均侧重于保障结婚登记形式要件的实施，但却忽视了结婚登记后相关当事人往往已开始婚姻生活的客观事实，所以一律无效的立法有失妥当。笔者主张，对于双方当事人均符合结婚实质要件而仅仅在结婚登记形式要件上有瑕疵的，应当根据登记后相关当事人的具体情况，采取区别对待不同处理的做法，这样更为合理。[②]

关于无效婚姻的法定事由，除以上立法的共同点外，立法的不同点是第一，以婚前患有医学上认为不应当结婚的疾病且婚后尚未治愈的作为婚姻无效事由的，有内地；第二，以婚姻当事人非为异性的或为相同性别的作为婚姻无效或不成立事由的，有香港和澳门地区。

笔者认为，其一，根据内地《婚姻法解释（一）》第7条规定，以患有禁止结婚的疾病为由申请宣告婚姻无效的请求权主体，仅限于婚姻当事人以及与患病者共同生活的近亲属。[③]就此而言，这实际上已使此类无效婚姻变成相对无效的可撤销婚姻。因为内地实行宣告无效制，如果婚姻当事人以及与患病者共同生活的近亲属不请求宣告该婚姻无效，

---

① 例如，在内地，宁波江东区人民法院受理的一起以虚假身份登记结婚的案件，被告在结婚10年后因家庭纠纷离家出走，原告向法院起诉离婚后，诉讼过程中被告以身份证明被证实为虚假，法院以"被告身份不明确"而驳回原告的诉讼请求。有关该案的介绍，详见郭敬波、郑秋妍：《以虚假身份登记结婚案件的诉由选择》，载《人民法院报》2010年1月6日。现行《婚姻法》以及司法解释都未有关于以虚假身份进行结婚登记的规定，依前述民政部发布的民办函〔2002〕129号，如该案原告向婚姻登记机关申请撤销婚姻，登记机关不予支持。由此导致当事人陷入既不能从法院获得救济，也不能从婚姻登记机关获得救济的困境。

② 陈苇：《论我国婚姻无效与撤销制度的完善》，载《甘肃政法学院学报》2003年第4期。

③ 内地《婚姻法解释（一）》第7条规定："有权依据婚姻法第十条向人民法院就已办理结婚登记的婚姻申请宣告婚姻无效的主体，包括婚姻当事人以及利害关系人……（四）以婚前患有医学上认为不应当结婚的疾病，婚后尚未治愈为由申请宣告婚姻无效的，为与患病者共同生活的近亲属。"

则该婚姻是有效的。其二，缔结婚姻的当事人非为男女异性的或为相同性别的，其是否无效？大陆和台湾地区对此无规定，但依大陆和台湾地区相关立法的精神，均不承认同性者的结合能够成立婚姻。① 但必须指出，随着同性恋的非病理化和非罪化的突破性进展，以及国际人权公约倡导应消除基于"性倾向"的歧视，根据保护少数人弱势群体权益的立法理念，内地在将来适时制定一部专门调整非婚同居关系包括同性结合关系的法规，给非婚同居当事人和同性结合者一定程度的法律保护，是社会现实的需要。② 目前，世界上有不少国家已经制定法律或法规，对非婚同居关系和同性结合关系给予一定的法律保护。③

（2）可撤销婚姻的法定事由。对可撤销婚姻的法定事由，立法的共同点：第一，以因胁迫而结婚作为可撤销事由的，有内地（大陆）、香港、澳门和台湾地区；第二，以因误解、心智不健全、欠缺结婚意思、诈欺等非自愿结婚为可撤销事由的，有香港、澳门和台湾地区；第三、以未到法定婚龄为可撤销事由的，有香港和台湾地区；第四，以结婚时患有禁止结婚的疾病为可撤销事由的，有香港和澳门地区；第五，对结婚时"不能人道"为可撤销事由的，有香港和台湾地区（后者须为结婚时不能人道而不能治的）；第六，因未成年人结婚未征得法定代理人同意和结婚当事人有禁止结婚的监护关系为可撤销事由的，有澳门和台湾地区。

笔者认为，其一，关于非自愿的结婚作为可撤销事由，因为结婚必须双方当事人完全自愿，这体现了婚姻自由原则的要求。因此，除心智不健全的精神病者可以列入患有禁止结婚的疾病者外，其他如胁迫、误解、欠缺结婚意思，诈欺等均可作为非自愿的可撤销婚姻的法定事由。在国外，有些国家立法对可撤销婚姻的法定事由除胁迫外还包括诈欺、误解、欠缺结婚意思、虚假的结婚等。例如，德国、瑞士以及意大利的相关立法。④ 所以港、澳、台三地区以误解、欠缺结婚意思、诈欺等作为可撤销婚姻的法定事由之立法，值得内地借鉴。内地宜增补意思表示不真实的误解、诈欺等其他情形作为可撤销婚姻的法定事由。⑤ 其二，关于以结婚时患有禁止结婚的疾病作为可撤销事由，这主要涉及婚姻当事

① 参见内地《婚姻法》第5条规定，结婚必须男女双方自愿；台湾"民法亲属编"第980条规定："男未满十八岁者，女未满十六岁者，不得结婚。"

② 陈苇主编：《外国婚姻家庭法比较研究》，群众出版社2006年版，第164-165、170-173页。

③ 王薇：《非婚同居法律制度比较研究》，人民出版社2009年版，第117-332页。

④ 参见《瑞士民法典》第123-126条，殷根生、王燕译：《瑞士民法典》，中国政法大学出版社1999年版，第36-37页；《德国民法典》第1314条，陈卫佐译注：《德国民法典》，法律出版社2004年版，第373-374页；《意大利民法典》第119、120、122、123条，费安玲、丁玖译：《意大利民法典》，中国政法大学出版社1997年版，第45-47页。

⑤ 陈苇：《论我国婚姻无效与撤销制度的完善》，载《甘肃政法学院学报》2003年第4期。此外，近年我国内地专家学者起草的《中国民法典》"学者建议稿"中，也提出了相关的立法建议。例如，徐国栋教授主持起草的《绿色民法典草案》第40、42条规定，将意思表示不真实的婚姻和虚假婚姻作为可撤销婚姻，其主要类型包括：配偶一方因对他方的人身辨认或其个人基本情况产生重大误解而结婚的；因本人或亲人的生命、健康或名誉遭受严重威胁而被迫同意结婚的；配偶一方因他方或他方串通第三人隐瞒他方恶劣品行，致其受重大欺骗同意结婚的；当事人一方在结婚时处在无意识或精神错乱中的；双方商定不履行婚姻义务，也不行使婚姻权利而缔结的婚姻。参见徐国栋主编：《绿色民法典草案》，社会科学文献出版社2004年版，第190页；王利明教授主持起草的《中国民法典学者建议稿》第409条规定，受胁迫或欺诈结婚，受害人可请求撤销婚姻。参见王利明（项目主持人）：《中国民法典学者建议稿及立法理由（人格权编·婚姻家庭编·继承编）》，法律出版社2005年版，第233页；梁慧星教授主持起草的《中国民法典草案建议稿》第1664条也规定，因欺诈、胁迫而缔结的婚姻属可撤销婚姻。参见梁慧星（课题组负责人）：《中国民法典草案建议稿附理由（亲属编）》，法律出版社2006年版，第40页。

人的私人利益，该婚姻是否应当被请求撤销，由当事人自行决定为妥。因此，港、澳地区将结婚时患有禁止结婚的疾病作为可撤销婚姻的法定事由，具有合理性。然而，如前所述，依内地《婚姻法解释（一）》第7条规定，以患有禁止结婚的疾病为由申请宣告婚姻无效的请求权主体，仅限于婚姻当事人以及与患病者共同生活的近亲属。就此而言，在内地此类婚姻实际上已相当于可撤销婚姻。其三，以未到法定婚龄作为可撤销事由，这侧重于保护婚姻当事人的利益。而内地从防止早婚以贯彻计划生育政策出发，将以未到法定婚龄作为婚姻无效的法定事由。但根据所述内地《婚姻法解释（一）》第7条规定，以未到法定婚龄为由申请宣告婚姻无效的请求权主体，仅限于婚姻当事人以及未到法定婚龄者的近亲属。就此而言，在内地此类婚姻实际上已相当于可撤销婚姻。其四，对于婚姻当事人"不能人道"且不能治愈的，是否作为婚姻可撤销的法定事由？笔者认为，由于性生活仅仅是婚姻生活的一个方面，在承认个人生活方式多元化的现代社会，可以不将"不能人道"作为婚姻可撤销的法定事由。但因"不能人道"而导致婚姻关系难以维持的，婚姻当事人可以请求离婚。其五，未成年人结婚未征得法定代理人同意的或结婚当事人有禁止结婚的监护关系的，是否作为婚姻可撤销的法定事由？由于内地实行计划生育政策而提倡晚婚，因此内地的未成年人不允许结婚，这是符合内地实际的。至于有禁止结婚的监护关系的，从保护被监护人的权益出发，不应当允许有禁止结婚监护关系的当事人结婚为妥。因此，结婚当事人有禁止结婚的监护关系的，澳门和台湾地区均作为可撤销婚姻的法定事由，此立法值得内地（大陆）借鉴。

关于可撤销婚姻的法定事由除上述部分地区立法的共同点之外，不同点是：中国香港地区还以故意拒绝同房、有不忠实对方的行为且婚前已怀孕的，作为可使婚姻无效的事由。中国澳门地区还以重婚、有禁止结婚近亲属关系，作为婚姻可撤销的法定事由。笔者认为，其一，婚姻当事人故意拒绝同房或有不忠实对方的行为且婚前已怀孕的，这些都不属于违反结婚法定要件的行为，因此不宜作为可撤销婚姻的原因。如果因为有这些行为导致婚后夫妻难以共同生活的，可以提出离婚。其二，重婚的、有禁止结婚近亲属关系的，由于这些行为涉及社会公共利益，所以作为婚姻无效的法定事由为妥。

（三）无效婚姻与可撤销婚姻的请求权之评析

无效婚姻与可撤销婚姻的请求权，主要包括请求权的主体范围与行使期间这两个方面的内容，立法的共同点和不同点如下：

1. 无效婚姻的请求权

（1）关于无效婚姻请求权的主体范围，立法的共同点是：内地（大陆）与港、澳、台地区均包括婚姻当事人。立法的不同点主要有二：第一，无效婚姻请求权主体范围之宽窄不同。无效婚姻请求权的主体范围，香港地区仅为婚姻当事人；内地还包括相关利害关系人（当事人的近亲属及基层组织）；澳门和台湾地区则包括其他任何人。可见，关于无效婚姻请求权的主体范围，澳门和台湾地区最宽，内地（大陆）次之，香港最窄。第二，无效婚姻请求权主体的分类不同。关于无效婚姻请求权主体的分类，澳门和香港地区对此未作细分，而大陆和台湾地区则各自针对不同的无效婚姻，分别规定了不同的无效婚姻请求权主体。笔者认为，婚姻家庭法属于私法，私法具有权利法的性质，法律应当尽可能赋予婚姻当事人权利和保护其私人权益；同时由于婚姻家庭关系涉及第三人和社会的利益，因此法律要兼顾保护第三人利益和社会公共利益。所以，大陆和台湾地区针对无效婚姻的不同原因而规定不同的请求权主体，这样使原则性与灵活性相结合，既体现了对婚姻当事人及其近亲属意愿的尊重和保护婚姻当事人权益的立法精神，也能兼顾保护第三人利益和社会公共利益，是科学、合理的。

（2）关于无效婚姻请求权的行使期间，我国内地（大陆）与港、澳、台立法的共同点是宣告婚姻无效的请求权，均只能在无效婚姻的法定事由存在的期间行使。如果无效婚姻的法定事由已经消除的，不得再行使无效婚姻的请求权。这体现了法律对于双方当事人已经事实上存在的婚姻关系给予一定程度的保护。

2. 可撤销婚姻的请求权

（1）关于可撤销婚姻请求权的主体范围，立法的共同点是：内地（大陆）与港、澳、台地区都包括婚姻当事人。立法的不同点在于：第一，可撤销婚姻请求权的主体范围宽窄不同。关于可撤销婚姻请求权的主体，内地只能是受胁迫一方的婚姻关系当事人本人。香港为丈夫或妻子。而澳门和台湾地区则针对不同的撤销原因，分别规定了不同的撤销请求权主体。澳门和台湾地区可撤销婚姻请求权的主体，除有夫妻之外，澳门地区还包括其他血亲、直系姻亲或继承人以及检察院。台湾地区还包括法定代理人、受监护人或其近亲属等。笔者认为，对于可撤销婚姻请求权主体的立法，实际上都是针对不同的撤销原因而区别规定不同的请求权主体。凡涉及当事人私益的可撤销婚姻，其请求权主体为当事人一方或双方或其近亲属或其他利害关系人；凡涉及社会公共利益的可撤销婚姻，其请求权主体除当事人一方或双方外还包括检察院等国家公权力机关。这兼顾体现了尊重婚姻当事人及其近亲属意愿，并维护第三人利益和社会公共利益的意旨。由于各自可撤销婚姻的原因之多少不同，所以可撤销婚姻请求权人的范围宽窄有所不同。

（2）可撤销婚姻请求权的行使期间，立法的共同点是：对于可撤销婚姻请求权的行使，均规定了一定的行使期间。立法的不同点是：内地撤销婚姻的请求，只能在结婚登记之日起或自恢复人身自由之日起一年内提出。香港地区在《婚姻诉讼条例》第 20 条第 2 款规定的可使无效婚姻的法定事由中，以第（3）、（4）、（5）项或第（6）项（结婚非自愿的、患有不宜结婚疾病的以及有不忠实对方的行为且婚前已怀孕的）为理由提请婚姻无效（撤销）的，必须在结婚后 3 年内提出；并且以第（5）、（6）项为理由提请婚姻无效的，须申请人为善意当事人。① 并且，凡在 1972 年 6 月 30 日之后提请婚姻无效的，如果申请人虽然明知自己可申请废止有关的婚姻，但其对答辩人的行为足以使答辩人合理相信其不会提出此项申请的，以及作出婚姻无效的判令对答辩人并不公平的，法院不得作出婚姻无效的判令。澳门和台湾地区则针对不同的撤销原因分别规定不同的撤销婚姻请求权之行使时间。这些都体现了针对不同的撤销婚姻的原因，予以区别处理的立法精神。

（四）无效婚姻与可撤销婚姻的程序之评析

关于无效婚姻与可撤销婚姻的程序，规定的程序主要可分为当然无效制与宣告无效制两种。

1. 对无效婚姻与可撤销婚姻的程序，立法的共同点：对无效婚姻与可撤销婚姻，内地和香港地区均实行宣告制；澳门和台湾地区采取区别对待：对无效婚姻采取当然无效

---

① 其在结婚时对其指称的事实毫不知情，否则该请求将被驳回。

制，不须经法院判决宣告；对可撤销婚姻则采取宣告制，必须经法院判决宣告。笔者认为，对无效婚姻与可撤销婚姻，内地、香港地区在程序上一律采取宣告制，有利于使当事人明确其婚姻是否具有法律效力，但这增加了法院的工作量是其不足；而澳门和台湾地区采取区别对待：对无效婚姻采取当然无效制，对可撤销婚姻则采取宣告撤销制，这样可以减轻法院的工作负担，但其不足是有些无效婚姻可能处于效力不明状态。当然，在此情况下婚姻当事人可以请求法院确认其婚姻的效力。也就是说，以上两种立法模式各有利弊，从加强国家公权力对婚姻关系监督的角度来看，采取宣告制是可取的。

2. 对无效婚姻与可撤销婚姻的程序，立法的不同点：对可撤销婚姻的程序，内地实行由婚姻登记机关撤销或人民法院撤销的"双轨制"。中国香港地区无效婚姻的宣告程序，分为暂准判令与绝对判令两个阶段。暂准判令被作出后未满3个月不得被转为绝对判令，但如高等法院首席法官藉一般命令，或法院在任何个案中订定较短的期间，不在此限。3个月届满后的任何时间，可由呈请人申请转为绝对判令。在中国澳门地区，专门规定了可撤销婚姻的补正程序，即在撤销婚姻的判决在确定前，婚姻之可撤销的瑕疵可因法定事由的发生而被补正，该婚姻自结婚时起视为有效。[①] 笔者认为，内地实行由婚姻登记机关撤销或人民法院撤销的"双轨制"，符合内地实际，可以减轻法院的工作负担。中国香港地区无效婚姻的宣告程序，分为暂准判令与绝对判令两个阶段。这给当事人一个考虑期，由其决定是否申请转为绝对判令。这体现了对婚姻当事人意愿的尊重，有利于维护其权益。中国澳门地区对可撤销婚姻的由当事人确认给予补正规定，亦体现了对婚姻当事人意愿的尊重，有利于巩固婚姻关系和维护当事人的权益。这与可撤销婚姻制度将涉及当事人私益的可撤销婚姻之请求权赋予婚姻当事人本人的立法精神是一致的。

（五）无效婚姻与可撤销婚姻的法律后果之评析

1. 婚姻无效或被撤销的时间效力

关于婚姻无效或被撤销的时间效力，是指婚姻无效或被撤销的效力有无溯及力。对此，立法的共同点：内地（大陆）与港、台地区的无效婚姻都自始无效，具有溯及力。中国澳门地区的不成立的婚姻，自始不成立。立法的不同点：内地婚姻被撤销为自始无效，具有溯及力。而中国香港和台湾地区可撤销婚姻自被撤销之日起无效，不具有溯及力，该婚姻在被撤销之前有效。中国澳门地区可撤销婚姻的效力原则上是被撤销后无效，但被撤销之前的效力则取决于双方当事人是否善意。如果双方当事人是善意的，该婚姻在被撤销前对双方都有效；如果一方是善意的，该婚姻在被撤销前只对善意方有效。可见，婚姻无效或不成立或被撤销在时间上有无溯及力，香港、澳门和台湾地区均作出了不同的规定，只有内地（大陆）没有作出不同的规定。笔者认为，内地关于婚姻无效或被撤销一律自始无效的规定，与民事法律行为的无效与可撤销的原理相悖，不利于保护当事人及其利害关系人的权益。因此，中国香港和台湾地区之无效婚姻自始无效，可撤销的婚姻被撤销后无效的立法，值得内地（大陆）借鉴；中国澳门地区可撤销婚姻的效力被撤销后无效，被撤销之前的效力取决于双方当事人是否善意的立法，有利于保护善意当事人和制

---

① 中国澳门地区对可撤销婚姻，确认补正的法定事由包括：一是未到结婚年龄而结婚的，未成年人在成年后已确认该婚姻；二是因精神失常的禁治产人或准禁治产人，在禁治产或准禁治产终止后已确认以前缔结的婚姻；属明显精神错乱之人，在法院证实其处于精神健康之状况后，其已确认以前所缔结的婚姻；三是重婚人之前婚已被撤销；四是结婚欠缺证人在场系由可予考虑的情况导致，且法官承认该情况者和结婚的行为属于无可置疑。

裁恶意当事人，对内地亦具有借鉴意义。

### 2. 对当事人的后果

关于婚姻无效或被撤销对当事人的后果，立法的共同点是，婚姻无效或被撤销生效后，在人身关系方面，双方当事人不具有夫妻身份关系，在财产关系方面，双方当事人不具有夫妻的财产权利和财产义务。立法的不同点是婚姻无效或被撤销生效后，在内地，同居期间所得的财产，由当事人协议处理，协议不成时，由人民法院根据照顾无过错方的原则判决。在中国香港地区，法庭可以要求婚姻一方为另一方提供经济给养，并作出财产转让、授产安排或更改授产安排的命令。在中国澳门地区，如果双方为善意当事人，该婚姻被撤销前双方具有夫妻权利义务关系，如果一方为善意当事人，该婚姻被撤销前仅该方享有夫妻权利并可对抗第三人。在中国台湾地区，当事人之一方因结婚无效或被撤销而受有损害者，得向他方请求赔偿。但他方无过失者，不在此限。并且婚姻无效或被撤销后，关于夫妻离婚时赡养费的给付及财产上的补偿规定，适用于该无效或被撤销的婚姻当事人。笔者认为，在现实生活中，有的人故意隐瞒自己有配偶与第三人登记结婚而形成重婚，还有的人隐瞒自己患有禁止结婚的疾病与第三人登记结婚而形成疾病婚姻等。婚姻无效或被撤销后，可能会造成无过错方的物质损害和精神损害，而内地未规定对无过错方由此受到的物质和精神损害的赔偿，也未规定对该无过错方在婚姻无效或被撤销时的经济困难提供帮助，这对无过错方的保护是不利的。台湾地区在此方面的规定具有合理性，值得大陆借鉴。

### 3. 对子女的后果

关于婚姻无效或被撤销对子女的后果，立法的共同点是婚姻无效或被撤销生效后，子女无论被视为婚生子女或非婚生子女，均享有同等的权利，并受到法律同等的保护。立法的不同点是在内地，因婚姻无效或被撤销后自始无效，子女均为非婚生子女。但非婚生子女和婚生子女享有同等的权利，任何人不得加以危害和歧视。婚姻无效或被撤销时，对子女的抚养等安排适用离婚时父母子女的规定。在中国香港地区规定的无效婚姻中，如果双方或一方系善意的，所生子女为婚生子女，否则为非婚生子女。可撤销婚姻所生子女为婚生子女。在中国澳门地区，无效或可撤销婚姻的子女的父母身份的推定、亲权的行使等都与有效婚姻相同。在中国台湾地区，无效或可撤销婚姻所生的子女，适用离婚时父母对未成年子女的安排的规定。可见，内地和中国香港地区依据父母的婚姻效力情况，对子女在称谓区分为婚生子女和非婚生子女，而中国澳门和台湾地区对此没有区分，统一使用"子女"的称谓。笔者认为，在现实生活中，"非婚生子女"的称谓显示着该子女是违法婚姻或无婚姻的同居父母所生的子女，往往会给其造成一定的心理压力，也可能造成其在社会上受到歧视，不利于保护其合法权益。因此，应当基于"儿童最大利益原则"，在法律上取消"非婚生子女"的称谓，对子女的称谓不作"婚生"与"非婚生"的区别。这样更能体现"现代法律对儿童尊重和保护的立法意旨。"①

---

① 陈苇：《中国婚姻家庭法立法研究》，群众出版社 2000 年版，第 315、356-357 页。

### 三、中国内地无效婚姻与可撤销婚姻制度之不足及其完善建议

以下，笔者首先从内地实际出发，考察和分析内地无效婚姻与可撤销婚姻立法之不足。

（一）中国内地无效婚姻与可撤销婚姻的立法不足

1. 可撤销婚姻的法定事由之不足

结婚须男女双方当事人自愿。自愿，是指当事人真实意思的表达。可撤销婚姻的法定事由，内地仅有胁迫这一种，而对于因欺诈、虚假、重大误解等意思表示不真实等非当事人自愿所缔结的婚姻，都没有作为可撤销婚姻的法定事由。这种立法的空白，会导致对实施欺诈或故意缔结虚假婚姻的当事人的违法行为的放任和纵容。

2. 结婚登记有瑕疵的婚姻处理呈空白

关于结婚登记有瑕疵的婚姻，从欠缺结婚要件的情况来看，其婚姻的瑕疵，有的仅是程序上的，如符合结婚实质要件的男女未能亲自办理结婚登记，而由他人代办结婚登记，又或者在签署申请结婚登记声明书时由对方代为签名的（通常是指双方在场且一方同意对方代签的情况）；有的则是实体上的，如未达法定婚龄时，可能冒用他人身份证或利用虚假身份进行结婚登记。[①] 上述情况在实际生活中时有发生，但内地《婚姻法》对结婚登记有瑕疵的婚姻却无相应的处理规定，此类案件当事人纠纷的解决没有救济途径，往往使此类纠纷的当事人陷入法院和婚姻登记机关都不管的艰难处境。

3. 可撤销婚的效力不合理

内地《婚姻法》将可撤销婚姻与无效婚姻不加区别，一律规定为自始无效的婚姻，抹杀了可撤销婚姻与无效婚姻违法程度轻重的差别，也与民事行为无效与可撤销的效力相背离。无效婚姻违反了结婚的公益要件，应当自始无效；而可撤销婚姻仅违反私益要件，对社会的危害程度较小，应当自被撤销之日起无效。

4. 对无过错的善意当事人保护不足

在法律后果上，内地现行《结婚法》在婚姻被宣告无效或被撤销时对无过错的善意当事人保护不足。例如，因被胁迫而缔结的婚姻，被胁迫方因此受到的损害；因一方婚前隐瞒其患禁婚疾病，对方基于信赖该方无结婚瑕疵而与之缔结婚姻，被欺骗方因此可能受有物质损害和精神痛苦，未为上述无过错方提供损害赔偿的救济途径，这是在婚姻无效或被撤销的法律后果立法之缺憾。此外，内地现行《结婚法》将子女仍区分为"婚生子女"与"非婚生子女"。而因婚姻被宣告无效和被撤销后自始无效，这导致当事人所生子女被贴上"非婚生子女"的标签，非婚生与婚生的名分划分与现代亲子法之"子女最大利益原则"以及彰显的子女地位平等的价值追求相悖。

（二）中国内地无效婚姻与可撤销婚姻制度的完善立法建议

笔者借鉴前述港、澳、台地区无效婚姻与可撤销婚姻制度立法的有益经验，从内地实

---

① 内地司法实务中出现的此类纠纷通常表现为上述列举的种类，如（2009）西行初字第 12 号、（2009）颍行初字第 2 号。

际出发，并借鉴前人的相关研究成果①，提出以下完善内地立法的建议。

1. 增加可撤销婚姻的法定情形

建议将因欺诈、胁迫或其他原因非自愿结婚的以及虚假婚姻、未到法定婚龄的婚姻②作为可撤销婚姻，即将现行《婚姻法》第 11 条修改、补充为"因欺诈、胁迫或其他原因非自愿结婚的，受欺诈、胁迫或其他原因非自愿结婚一方可以向婚姻登记机关或人民法院请求撤销该婚姻。该撤销婚姻的请求，应当自结婚登记之日起一年内提出……"并新增规定："对无意建立家庭的虚假婚姻、未到法定婚龄的婚姻，当事人可以向婚姻登记机关或人民法院请求撤销该婚姻。该撤销婚姻的请求，应当自结婚登记之日起一年内提出。如果当事人双方实际上已经开始家庭共同生活的，不能被认定为虚假婚姻。如果未达法定婚龄的婚姻双方当事人已经到达法定婚龄的，该婚姻不得被请求撤销。"

2. 结婚登记瑕疵的处理

建议对结婚登记瑕疵采取以下区别处理的方法：

第一，对结婚登记在程序上的瑕疵，采取申请登记补正的做法。经婚姻双方当事人向原登记机关提出申请，由原登记机关对婚姻登记中的瑕疵进行纠正，但不影响婚姻有效的性质认定。

第二，对结婚登记在实体上的瑕疵，采取与现行《婚姻法》有关无效婚姻的立法相一致的做法。对查明属于因未到法定婚龄或因已婚等原因而冒用他人身份证或使用虚假身份证进行结婚登记的，应当注销错误的结婚登记，收回结婚证。但如在申请注销结婚登记时，法定婚姻无效的情形已经消失的除外。

当事人冒名顶替、提供虚假证明而骗取婚姻登记的，经当事人提出撤销婚姻的申请，婚姻登记机关应当撤销结婚登记。但是，如果在结婚登记后，双方当事人事实上已经以夫妻身份共同生活的，不得撤销结婚登记。

3. 婚姻无效与被撤销的法律后果

（1）婚姻无效与被撤销的效力。建议区分婚姻无效与被撤销的效力，规定无效婚姻自始无效，可撤销的婚姻自被撤销时起无效。③

（2）当事人利益的保护。建议规定，婚姻被宣告无效或被撤销时，有过错方对于生活困难的无过错方，应当给予一定的经济帮助；并对其违法行为给无过错方造成的物质损害或精神损害，应当承担损害赔偿责任。

（3）对子女利益的保护。建议取消"非婚生子女"的称谓，无论是有效婚姻，无效婚姻或可撤销婚姻或者是未婚父母所生的子女，一律称为"子女"。婚姻被宣告无效或被

---

① 参见陈苇：《中国婚姻家庭法立法研究》，群众出版社 2000 年版，第 142-146 页；陈苇：《论我国婚姻无效与撤销制度的完善》，载《甘肃政法学院学报》2003 年第 4 期。徐国栋主编：《绿色民法典草案》，社会科学文献出版社 2004 年版，第 190 页；王利明教授主持起草的"民法典"第 409 条规定，受胁迫或欺诈结婚，受害人可请求撤销婚姻。参见王利明（项目主持人）：《中国民法典学者建议稿及立法理由（人格权编·婚姻家庭编·继承编）》，法律出版社 2005 年版，第 233 页；梁慧星教授主持起草的《中国民法典学者建议稿》第 1664 条也规定，因欺诈、胁迫而缔结的婚姻属可撤销婚姻。参见梁慧星（课题组负责人）：《中国民法典草案建议稿附理由（亲属编）》，法律出版社 2006 年版，第 40 页。

② 薛宁兰：《如何构建中国的婚姻无效制度——当代英美法的启示》，载夏吟兰、蒋月、薛宁兰：《21 世纪婚姻家庭关系新规制——新婚姻法解说与研究》，中国检察出版社 2001 年版，第 226 页。

③ 宋豫、陈苇主编：《中国大陆与港、澳、台婚姻家庭法比较研究》，重庆出版社 2002 年版，第 142 页。

撤销后，对子女的抚养等问题适用《婚姻法》有关离婚时父母子女关系的规定。

（4）过错方的损害赔偿责任。① 婚姻无效或被撤销时，如果由于一方的过错对无过错方造成损害的，过错方应当承担损害赔偿责任。②

① 杨大文：《无效婚姻》，载巫昌祯、杨大文主编：《走向 21 世纪的中国婚姻家庭》，吉林人民出版社 1995 年版，第 68 页。

② 例如，无效婚姻或可撤销婚姻的当事人中，一方故意隐瞒自己患有禁止结婚的传染性疾病，致使另一方受到传染需要治疗的，或一方以暴力干涉婚姻自由致使被干涉的他方的人身、精神受到伤害需要治疗或者财产受到损害的，均可责令加害人赔偿受害人的经济损失（包括医疗费用，因误工而减少的收入、被毁损的财产的实际价值等）。参见杨大文：《无效婚姻》，载巫昌祯、杨大文主编：《走向 21 世纪的中国婚姻家庭》，吉林人民出版社 1995 年版，第 68 页。

# 当代中国内地（大陆）与港、澳、台法定夫妻财产制比较研究①

陈　苇　胡苷用*

## 目　次

男女因结婚产生夫妻人身关系，并随之产生夫妻财产关系。法律为确保夫妻平等地位和婚姻生活的圆满，并保障夫妻与第三人交易安全，维护社会秩序，设立夫妻财产制，调整夫妻财产关系。近年随着我国内地（大陆）与港、澳、台地区的经济贸易往来的不断发展，内地（大陆）涉港、澳、台地区的婚姻亦不断增多，因此对四法域的法定夫妻财产制度进行比较研究，具有重要的理论意义和实践价值。

## 一、夫妻财产制的主要功能及立法价值取向

（一）夫妻财产关系法的主要功能

1. 巩固婚姻共同体、保障实现婚姻家庭扶养职能的功能

关于夫妻财产关系，不论实行何种婚姻财产制，对婚姻内部关系而言，夫妻是一个利益共同体，是利益共享、风险共担的合作关系，不同于外部社会的人。即使是实行分别财产制的夫妻，财产各自所有只是婚姻内部的财产分配规则和关系，对于外部社会来说，婚姻共同体的共性并不因此而改变。② 因此，就此意义上来说，无论实行什么样的夫妻财产制，都应坚持既要尊重保护夫妻个人的财产所有权，同时也应有利于婚姻家庭共同体的稳定和幸福。

---

①　本文系司法部"2009年度国家法治与法学理论研究项目"之专项任务项目："当代中国内地（大陆）与港、澳、台婚姻家庭法比较研究"（09SFB5019）的阶段性成果，载陈苇主编：《家事法研究》（2010年卷），群众出版社2011年版，第1—36页。
*　陈苇，女，西南政法大学外国家庭法及妇女理论研究中心主任，民商法学院教授、博士生导师；胡苷用，男，法学博士，西南政法大学外国婚姻家庭法及妇女理论研究中心副研究员。
②　蒋月：《婚姻家庭法前沿导论》，科学出版社2007年版，第97页。

婚姻是一个生活共同体，在夫妻双方自愿的前提下，夫妻可以双方协商，通过分工合作，由一方主要承担抚（扶）养照顾子女或老人的任务，另一方则主要从事职业工作，但是这种分工的前提是，婚姻期间任何一方的经济收益除法律另有规定外，都应属婚姻共同财产。"在一个繁荣的社会中，个人选择余地大，更易有秩序，因而更可能成为一个公正的社会。反之，在一个公正的社会中，机会开放、报酬公正、个人安全有保障，人们有更强的动机生产和积累财富，因而促进着繁荣。"① 因此，现代夫妻关系立法应力图贯彻婚姻共同生活的本质目的，为构建和谐、稳定的婚姻家庭关系提供物质基础。② 这样才能保障婚姻家庭扶养职能的实现。

2. 平衡婚姻期间夫妻所得财产利益的再分配功能

诚然，家庭内部的劳动分工提高了家庭的劳动效率，但同时也使家庭内部的财产分配问题变得日益复杂。从宏观上看，分配是社会经济的核心环节，连接着从生产到消费的社会再生产全过程，不仅在宏观上影响着国民经济的总体运行，而且在微观上也决定着各个家庭的利益。理想的分配内含公平和效率两个价值目标：既要使收入与社会成员的贡献相当，使之得其所应得，又要使分配符合经济规律，从而有效促进资源的优化配置。理想的分配目标就是要通过公平来促进效率，以效率来拓展公平。③ 婚姻关系类似于合伙关系，婚姻家庭是一个相对独立的生活共同体，它不仅是一个消费单位，而且也是一个生产单位，因此，如何将婚姻期间夫妻一方或双方取得的财产及收益在婚姻家庭内部公平分配，是夫妻财产制的一项重要的功能。马克思曾经深刻地指出："利益就其本性说是盲目的、无止境的、片面的。一句话，它具有不法的本能。"④ 法的本质在于对利益的调整，法的目的就是对"利益的平衡"。如何实现夫妻在婚姻期间所得的公平分配，是夫妻财产制理应承担的一项重要的功能。

3. 维护第三人利益和保障交易安全的功能

保护夫妻合法财产权益与维护第三人利益相兼顾原则，是现代婚姻家庭法兼顾个人利益与社会利益的立法宗旨之必然要求。夫妻财产制一方面必须具体地规定夫妻双方的权利和义务，才能依法保护夫妻的合法财产权益。另一方面，由于与夫妻交易的第三人，有时往往可能处于不利的地位，为防止夫妻损害第三人的利益，夫妻财产法对第三人的利益亦应给予相应的保障。为此，夫妻财产制必须规定维护第三人利益的具体措施，如夫妻约定财产制的法定公示方式、夫妻财产分割不得损害债权人的利益等条款，以保障第三人的利益，维护交易安全。尤其值得注意的是，有些国家的立法还规定了夫妻对债权人承担有限连带责任。例如，《德国民法典》和《法国民法典》均明确规定，如夫妻共同财产已经分割，在所分割的共同财产范围内，夫妻双方对债权人承担有限连带清偿责任。《意大利民法典》则明文规定，在无法以夫妻共同财产清偿全部债务的情况下，夫妻以个人财产承担有限补充清偿责任。这些规定充分体现了保护夫妻合法财产权益与维护第三人利益相兼顾原则的精神。⑤

---

① ［美］巴里·克拉克：《政治经济学——比较的视点》，王询译，经济科学出版社 2001 年版，第 4 页。
② 余延满：《亲属法原论》，法律出版社 2007 年版，第 260 页。
③ 王利霞：《分配机制互动与法律功能组合》，载《河北法学》2008 年第 8 期。
④ 《马克思恩格斯全集》（第 1 卷），人民出版社 1972 年版，第 179 页。
⑤ 陈苇：《中国婚姻家庭法立法研究》，群众出版社 2000 年版，第 173 页。

（二）夫妻财产制的立法价值取向

法的价值，是指法律作为客体对满足主体的需要所具有的功用。在当代中国的法律制度和立法体制中，平等、自由、人权与安全、公平与效率以及社会功利，是共同的、基本的价值取向。这些基本价值在立法中总体上是并重的、平衡的；它们不能孤立地排他地作为法律的理想价值目标，而是相互依存、相互补充和结合的。在构造一个成熟的法律体系时，这些基本价值都必须加以考虑，各得其所。但由于它们之间也在一定情况下存在矛盾，因而在不同的具体立法中，其主从、轻重顺序，也各有倾斜。①

1. 平等价值

所谓平等，即人与人之间的同等对待关系。"平等指导着法对权利、义务的公正分配。"② 就是指人或事物的地位完全处于同一标准与水平，都应同样对待。具体而言，社会主体在社会关系、社会生活中处于同等的地位，具有相同的发展机会，享有同等的权利。男女平等原则是我国现行《婚姻法》的一项基本原则，坚持贯彻这一原则，对于保护妇女合法权益，有着十分重要的意义。夫妻不仅是社会的主体，而且也是家庭关系中的主体，他们理应在法律上得到同等的地位。例如，夫妻彼此间在人身关系方面，具有平等的法律地位，双方享有平等的姓名权、人身自由权、婚姻居所选择权等；在财产关系方面，夫妻享有平等的相互扶养权、继承权，对夫妻共同财产享有平等的管理权和分享权。

2. 安全价值

安全价值的内涵要求弱者与强者，内部成员与外部成员各自的利益都能得到法律的保障。其实，夫妻财产关系实质上就是一种利益关系，一方面，对内部关系而言，法律应当有效地保障婚姻家庭中处于弱势地位的成员的利益，与处于强势地位的成员的利益一样，都得到切实的保障。并且，为实现平等，法律应当采取措施特别保障弱者的利益。另一方面，对外部关系而言，法律应当保障与夫妻交易的第三人的利益与夫妻的利益一样都得到切实保障，安全价值应该是夫妻财产关系立法的重要立法价值取向。夫妻财产关系法中的社会安全价值主要体现在交易安全上。夫妻财产制坚持保护夫妻合法财产权益与维护第三人利益相兼顾原则，是现代婚姻家庭法兼顾个人利益与社会利益的立法宗旨之必然要求。夫妻财产制一方面必须具体地规定夫妻双方的权利和义务，才能依法保护夫妻的合法财产权益。另一方面，由于与夫妻交易的第三人，有时往往可能处于不利的地位，为防止夫妻通谋损害第三人的利益，夫妻财产法对第三人的利益亦应给予相应的保障。为此，夫妻财产制必须具体规定维护第三人利益的措施，如夫妻约定财产制的法定公示方式、夫妻财产分割不得损害债权人利益等条款，以保障第三人利益，维护交易安全。③

3. 公平价值

公平原则要求用利益均衡作为价值判断的标准以调整民事主体之间的物质利益关系，以便更好地确定民事主体的民事权利和民事责任。④ 以家庭为基础的贡献和以市场为基础的贡献两者都应被视为有利于婚姻的共同福祉。在婚姻关系存续期间，夫妻双方的时间、精力等，对于实行婚后共同财产制的夫妻而言，是处于"共享状态"。这里所称的贡献，

① 郭道晖：《中国立法的价值取向》，载《法制现代化研究》，第 145 页。（该资料来源于中国知网）。
② 卓泽渊：《法的价值论》，法律出版社 1999 年版，第 438 页。
③ 陈苇：《中国婚姻家庭法立法研究》，群众出版社 2000 年版，第 173 页。
④ 徐国栋：《民法基本原则解释——成文法局限性之克服》，中国政法大学出版社 1992 年版，第 65 页。

形式多样，既可以是直接贡献，如帮助对方配偶推销其智力产品；也可以是间接贡献，如帮助对方提升名誉、扩大其社会影响等。① 正确认识夫妻各方为婚姻家庭所作的贡献，保障各方的人身和财产利益不受侵害，是夫妻关系立法的公平价值取向之所在。

4. 效率价值

效率是市场经济的重要矢量。效率的本质要求就是以最小的付出及时获得最大的收益。从效益的角度，对财产权利的保护可以为财产所有人创造一种良好的法律环境，以便他们无顾虑地、尽其可能地并高效益地利用资源，发展自己的财富。② 在夫妻财产制度中，基于交易的效率与安全价值，对于与夫妻一方实施的财产交易的善意第三人的利益应当予以保护。③

由于家庭的人口再生产是通过扶养实现的，故对家庭成员的扶养是婚姻家庭的最重要的职能。并且，由于婚姻关系具有伦理性，因此，在婚姻家庭领域，应当以公平优先兼顾效率，才能保障家庭扶养职能的实现，尽量使每个家庭成员得到全面的发展。总之，夫妻财产关系法的立法价值应考虑平等价值、安全价值、公平价值与效率价值。夫妻财产关系法的立法应当是为了实现公平而分配权利、义务和利益。立法者在设计、考虑不同权利、义务和利益的倾斜或平衡时，必须符合平等、安全、公平和效率的价值要求。

### 二、当代中国内地（大陆）与港、澳、台法定夫妻财产制之立法概况

（一）中国内地法定夫妻财产制之立法概况

在内地，2001 年修正后的《婚姻法》仍沿用 1980 年《婚姻法》规定的夫妻财产制，并在此基础上作了必要的修改和补充，《婚姻法解释（二）》对共同财产的范围作了进一步的界定。其立法的基本精神仍然是坚持夫妻在家庭中地位平等，保护夫妻双方的合法财产权益，并根据新形势的需要，注意保护第三人的利益和维护交易安全。根据内地现行《婚姻法》第 17、18、19 条的规定，法定财产制仍然是婚后所得共同制。该法定财产制的主要内容有：夫妻婚前婚后所得财产的归属，夫妻共同财产和夫妻个人财产的范围，夫妻对共同财产和个人财产的权利义务，以及夫妻共同财产制的终止以及财产的清算等。

1. 夫妻共同财产的范围

夫妻共同财产，是指夫妻双方或一方在婚姻关系存续期间所得的财产，但法律另有规定或当事人另有约定的除外。关于夫妻共同财产的范围，内地现行《婚姻法》第 17 条规定："夫妻在婚姻关系存续期间所得的下列财产，归夫妻共同所有：（一）工资、奖金；（二）生产、经营的收益；（三）知识产权的收益；（四）继承或赠与所得的财产，但本法第十八条第三项规定的除外；（五）其他应当归共同所有的财产。夫妻对共同所有的财产，有平等的处理权。"

---

① 蒋月：《婚姻家庭法前沿导论》，科学出版社 2007 年版，第 195 页。

② 张文显：《二十世纪西方法哲学思潮研究》，法律出版社 2006 年版，第 508 页。

③ 例如，内地《最高人民法院关于适用〈中华人民共和国婚姻法〉若干问题的解释（二）》［以下简称内地《婚姻法解释（二）》］第 23、24 条规定，债权人就一方婚前所负个人债务向债务人的配偶主张权利的，人民法院不予支持。但债权人能够证明所负债务用于婚后家庭共同生活的除外。债权人就婚姻关系存续期间夫妻一方以个人名义所负债务主张权利的，应当按夫妻共同债务处理。但夫妻一方能够证明债权人与债务人明确约定为个人债务，或者能够证明属于婚姻法第 19 条第 3 款规定情形的除外。

　　根据内地《婚姻法解释（二）》第 11、19 条规定，婚姻关系存续期间，下列财产属于《婚姻法》第 17 条规定的"其他应当归共同所有的财产"：（一）一方以个人财产投资取得的收益；（二）男女双方实际取得或者应当取得的住房补贴、住房公积金；（三）男女双方实际取得或者应当取得的养老保险金、破产安置补偿费。并且，由一方婚前承租、婚后用共同财产购买的房屋，房屋权属证书登记在一方名下的，应当认定为夫妻共同财产。

　　此外，夫妻分居两地分别管理、使用的婚后所得财产，应认定为夫妻共同财产。婚后夫妻双方对一方婚前财产上的"添附"，应认定为夫妻共同财产。婚后夫妻双方对婚前一方所有的房屋进行过修缮、装修、原拆原建的，其增值部分或扩建部分，应认定为夫妻共有财产。此外，对是个人财产还是夫妻共同财产难以确定的，主张权利的一方有责任举证。当事人举不出有力证据，人民法院又无法查实的，按夫妻共同财产处理。①

　　2. 夫妻个人财产的范围

　　夫妻特有财产，又称保留财产，是相对于共同财产而言的，指夫妻婚后在实行共同财产制时，依法律规定或依夫妻约定，夫妻各自保留的一定范围的个人所有财产，即特有财产依发生的依据不同可分为法定的特有财产与约定的特有财产。夫妻依法律规定各自保留的个人财产是法定的特有财产，夫妻依约定各自保留的个人财产是约定的个人财产。内地《婚姻法》和司法解释，虽然未使用夫妻特有财产的概念，但允许夫妻在婚后实行共同财产制的同时，按双方约定或依法规定保留一定范围的个人所有财产。这些财产独立于夫妻共同财产之外，实际上就是夫妻特有财产。关于夫妻个人财产的范围，内地现行《婚姻法》第 18 条规定："有下列情形之一的，为夫妻一方的财产：（一）一方的婚前财产；（二）一方因身体受到伤害获得的医疗费、残疾人生活补助费等费用；（三）遗嘱或赠与合同中确定只归夫或妻一方的财产；（四）一方专用的生活用品；（五）其他应当归一方的财产。"

　　关于"其他应当归一方的财产"，《婚姻法解释（二）》第 13、22 条规定："军人的伤亡保险金、伤残补助金、医药生活补助费属于个人财产。""当事人结婚前，父母为双方购置房屋出资的，该出资应当认定为对自己子女的个人赠与，但父母明确表示赠与双方的除外。"

　　3. 夫妻共同财产和夫妻个人财产的权利义务

　　夫妻对共同财产的权利和义务是平等的。夫妻对共同财产享有平等的所有权。夫妻共同财产的性质是共同共有。夫妻对全部共同财产，不分份额平等地享受权利和承担义务。因此，不能根据夫妻双方收入的有无或高低，来确定其享有共有财产所有权的有无或多少。夫妻双方对于共同财产享有平等的占有、使用、收益和处分的权利。在内地，现行《婚姻法》第 17 条规定："夫妻对共同财产有平等的处理权。"《最高人民法院关于适用〈中华人民共和国婚姻法〉若干问题的解释（一）》[以下简称内地《婚姻法解释（一）》]第 17 条规定，《婚姻法》第 17 条关于"夫或妻对夫妻共同所有的财产，有平等的处理权"的规定，应当理解为：（一）夫或妻在处理夫妻共同财产上的权利是平等

----

　　① 参见内地 1993 年 11 月《最高人民法院关于人民法院审理离婚案件处理财产分割问题的若干具体意见》（以下简称《离婚财产分割意见》）第 4、7、12 条。

的。因日常生活需要而处理夫妻共同财产的，任何一方均有权决定（此即夫妻家事代理权）。（二）夫或妻非因日常生活需要对夫妻共同财产做重要处理决定，夫妻双方应当平等协商，取得一致意见。他人有理由相信其为夫妻双方共同意思表示的，另一方不得以不同意或不知道为由对抗善意第三人。夫妻对共同财产的处分，应当经过协商，取得一致意见后进行。尤其是重大财产问题，未经双方同意，任何一方不得擅自处分。否则，夫妻他方有权否认该处分的法律效力。但不得对抗善意第三人。由此给他方配偶造成的损失，应由擅自处分的配偶一方予以赔偿。

夫妻对共同财产平等地享有权利，同时平等地承担义务。家庭共同生活费用，应以夫妻共同财产负担，若共同财产不足负担时，由夫妻双方以个人财产分担。内地《婚姻法解释（二）》第23、24条规定，债权人就一方婚前所负个人债务向债务人的配偶主张权利的，人民法院不予支持。但债权人能够证明所负债务用于婚后家庭共同生活的除外。债权人就婚姻关系存续期间夫妻一方以个人名义所负债务主张权利的，应当按夫妻共同债务处理。但夫妻一方能够证明债权人与债务人明确约定为个人债务，或者能够证明属于《婚姻法》第19条第3款规定情形的除外。在内地，对于夫妻共同债务的认定要同时考虑两个因素：一是时间因素，二是用途因素。也就是说，其一，只要是夫妻在婚姻关系存续期间所负的债务，不论是一方所借还是双方共同所借，一般应被认定为夫妻共同债务，但该债务非因家庭共同生活所欠的除外。其二，即使债务是一方婚前所负，但该债务用于婚后家庭共同生活的亦可认定为夫妻共同债务，否则该债务为夫妻个人债务。内地《离婚财产分割意见》第17条规定，"夫妻为共同生活或为履行抚养、赡养义务等所负债务，应认定为夫妻共同债务"。并且，内地司法解释规定，夫妻双方对共同债务承担连带责任。夫或妻一方死亡的，生存一方应当对婚姻关系存续期间的共同债务承担连带清偿责任。[①]

夫妻对个人财产的权利义务。夫妻对其个人财产可依自己的意愿独立行使占有、使用、收益和处分的权利，不须征得对方同意。同时，对婚姻关系存续期间夫妻一方所负的个人债务及其个人特有财产所生债务等，应由夫妻个人财产承担清偿责任。

4. 夫妻共同财产制的终止及夫妻财产清算

夫妻共同财产制的终止，可因夫妻一方死亡而终止，也可因离婚或其他原因，如改用其他夫妻财产制，或依共同财产制撤销之诉等终止。夫妻共同财产制终止，意味着夫妻共同财产关系消灭，从而发生夫妻财产的清算。

因一方死亡而终止夫妻共同财产制时，夫妻共同财产的分割，按内地《继承法》第26条规定，"夫妻在婚姻关系存续期间所得的共同所有的财产，除有约定的以外，如果分割遗产，应当先将共同所有的财产的一半分出为配偶所有，其余的为被继承人的遗产"。

因离婚而终止夫妻共同财产制时，应当依法进行夫妻财产的清算，其主要包括夫妻共同财产的分割和夫妻共同债务的清偿两个方面。

（1）离婚时夫妻共同财产的分割。

内地现行《婚姻法》第39条规定，"离婚时，夫妻的共同财产由双方协议处理；协议不成时，由人民法院根据财产的具体情况，照顾子女和女方权益的原则判决"。据此，

---

① 内地《婚姻法解释（二）》第26条。

分割夫妻共同财产有以下两种方法。

第一，协议分割。内地《婚姻法解释（二）》第8条规定："离婚协议中关于财产分割的条款或者当事人因离婚就财产分割达成的协议，对男女双方具有法律约束力。当事人因履行上述财产分割协议发生纠纷提起诉讼的，人民法院应当受理。"

第二，判决分割。离婚时，当事人双方对夫妻共同财产不愿协议分割或协商不成时，应由人民法院判决分割。根据内地现行《婚姻法》第39条和1993年《离婚财产分割意见》的规定，人民法院判决分割夫妻共同财产"应当坚持男女平等，保护妇女儿童合法权益，照顾无过错方，尊重当事人意愿，有利于生产，方便生活的原则"。

此外，关于特殊财产的分割，内地《婚姻法解释（二）》作出了以下规定：

一是夫妻以一方名义投资设立独资企业的分割。"夫妻以一方名义投资设立独资企业的，人民法院分割夫妻在该独资企业中的共同财产时，应当按照以下情形分别处理：（一）一方主张经营该企业的，对企业资产进行评估后，由取得企业一方给予另一方相应的补偿；（二）双方均主张经营该企业的，在双方竞价基础上，由取得企业的一方给予另一方相应的补偿；（三）双方均不愿意经营该企业的，按照《中华人民共和国个人独资企业法》等有关规定办理。"[1]

二是股票等有价证券的分割。"夫妻双方分割共同财产中的股票、债券、投资基金份额等有价证券以及未上市股份有限公司股份时，协商不成或者按市价分配有困难的，人民法院可以根据数量按比例分配。"[2]

三是有限责任公司中夫妻共同财产份额的分割。"人民法院审理离婚案件，涉及分割夫妻共同财产中以一方名义在有限责任公司的出资额，另一方不是该公司股东的，按以下情形分别处理：（一）夫妻双方协商一致将出资额部分或者全部转让给该股东的配偶，过半数股东同意、其他股东明确表示放弃优先购买权的，该股东的配偶可以成为该公司股东；（二）夫妻双方就出资额转让份额和转让价格等事项协商一致后，过半数股东不同意转让，但愿意以同等价格购买该出资额的，人民法院可以对转让出资所得财产进行分割。过半数股东不同意转让，也不愿意以同等价格购买该出资额的，视为其同意转让，该股东的配偶可以成为该公司股东。用于证明前款规定的过半数股东同意的证据，可以是股东会决议，也可以是当事人通过其他合法途径取得的股东的书面声明材料。"[3]

四是合伙企业中夫妻共同财产份额的分割。"人民法院审理离婚案件，涉及分割夫妻共同财产中以一方名义在合伙企业中的出资，另一方不是该企业合伙人的，当夫妻双方协商一致，将其合伙企业中的财产份额全部或者部分转让给对方时，按以下情形分别处理：（一）其他合伙人一致同意的，该配偶依法取得合伙人地位；（二）其他合伙人不同意转让，在同等条件下行使优先受让权的，可以对转让所得的财产进行分割；（三）其他合伙人不同意转让，也不行使优先受让权，但同意该合伙人退伙或者退还部分财产份额的，可以对退还的财产进行分割；（四）其他合伙人既不同意转让，也不行使优先受让权，又不同意该合伙人退伙或者退还部分财产份额的，视为全体合伙人同意转让，该配偶依法取得

---

① 内地《婚姻法解释（二）》第18条。
② 内地《婚姻法解释（二）》第15条。
③ 内地《婚姻法解释（二）》第16条。

合伙人地位。"①

五是房屋的分割。内地《婚姻法解释（二）》第20、21条规定："双方对夫妻共同财产中的房屋价值及归属无法达成协议时，人民法院按以下情形分别处理：（一）双方均主张房屋所有权并且同意竞价取得的，应当准许；（二）一方主张房屋所有权的，由评估机构按市场价格对房屋作出评估，取得房屋所有权的一方应当给予另一方相应的补偿；（三）双方均不主张房屋所有权的，根据当事人的申请拍卖房屋，就所得价款进行分割。""离婚时双方对尚未取得所有权或者尚未取得完全所有权的房屋有争议且协商不成的，人民法院不宜判决房屋所有权的归属，应当根据实际情况判决由当事人使用。当事人就前款规定的房屋取得完全所有权后，有争议的，可以另行向人民法院提起诉讼。"

此外，内地最高人民法院1996年发布了《关于审理离婚案件中公房使用、承租若干问题的解答》其就公房②的分割问题进行了相关规定。

（2）离婚时夫妻共同债务的清偿。

内地现行《婚姻法》第41条规定："离婚时，原为夫妻共同生活所负的债务，应当共同偿还。共同财产不足清偿的，或财产归各自所有的，由双方协议清偿；协议不成时，由人民法院判决。"内地《婚姻法解释（二）》第23、24、25条分别规定："债权人就一方婚前所负个人债务向债务人的配偶主张权利的，人民法院不予支持。但债权人能够证明所负债务用于婚后家庭共同生活的除外。""债权人就婚姻关系存续期间夫妻一方以个人名义所负债务主张权利的，应当按夫妻共同债务处理。但夫妻一方能够证明债权人与债务人明确约定为个人债务，或者能够证明属于婚姻法第十九条第三款规定③情形的除外。""当事人的离婚协议或者人民法院的判决书、裁定书、调解书已经对夫妻财产分割问题作出处理的，债权人仍有权就夫妻共同债务向男女双方主张权利。一方就共同债务承担连带清偿责任后，基于离婚协议或者人民法院的法律文书向另一方主张追偿的，人民法院应当支持。"

（二）中国香港地区法定夫妻财产制之立法概况

在中国香港地区，因沿袭英国法，其法定夫妻财产制为分别财产制，即夫妻婚前财产、婚后各自取得的财产，均归各自所有的制度。根据中国香港地区《已婚者地位条例》和《分居令及赡养令条例》等法律规定，中国香港地区的夫妻分别财产制的主要内容如下。

1. 夫妻的财产权利和财产义务

根据中国香港地区《已婚者地位条例》第1条规定的精神，夫妻结婚后，各自享有独立的财产权利，并独立承担财产义务。针对历史上不承认女性享有独立的财产权，该法作出以下具体规定：

（1）已婚女性有独立的财产权利和财产义务。该条例第3条明确规定，除本条例另

---

① 内地《婚姻法解释（二）》第17条。

② 公房，是指属于国家或集体所有的房屋，夫妻共同使用、承租的公房，双方无所有权，只有使用权。离婚时，当事人经单位和房屋部门调解达不成协议的，人民法院也在处理离婚案件中一并裁决。参见陈苇主编：《婚姻家庭继承法学》，群众出版社2005年版，第256页。

③ 内地《婚姻法》第19条第3款规定：夫妻对婚姻关系存续期间所得的财产约定归各自所有的，夫或妻一方对外所负的债务，第三人知道该约定的，以夫或妻一方所有的财产清偿。

有规定外，已婚女性犹如未婚时一样，"有取得、持有及处置财产的能力"；"就侵权行为、契约、债务或义务而言，有自我承担责任及被委以责任的能力"；"在侵权行为、契约或者其他方面，有起诉及被起诉的能力"；及"受有关破产的法律及受判决与命令的执行所规限。"并"在各方面均可担任受托人或遗产代理人。"该条例第14、15、16条还规定，已婚女性有立遗嘱权、委托代理权、已婚未成年人有发收据权。

中国香港地区法律明确规定已婚女性财产的范围，凡对已婚女性财产权的不平等限制无效。中国香港地区《已婚者地位条例》第4条第1款规定，除该条例另有规定外，"1936年3月20日前，属已婚女性的个人财产或者根据衡平法代其持有作其专用的财产，或该日以后结婚的女性在结婚时已拥有或正在拥有的财产、已经取得或者正在取得的财产、已经转移或者正在转移该已婚女性的财产，"须完全归该女性本人所有，并有权自行处置。该条例第4条第2款规定，不论在本条例生效日期之前或之后，女性在享有财产方面的预先使用权或者让与权如受到限制，而该等限制不可能加诸男性对该财产的享有者，则该限制一概无效。

（2）夫妻婚后各自独立承担财产责任。中国香港地区《已婚者地位条例》第10条规定，除该条例另有规定外，夫无须纯粹因夫之身份，对妻婚前或婚后所为侵权行为、契约、所负之债务或义务，或妻就前述义务被起诉而承担责任，即免除丈夫对妻子婚前或婚后所为侵权行为等的责任，夫妻婚后各自独立承担财产责任。

2. 夫妻在财产纠纷的诉讼中享有平等的诉讼权利

中国香港地区《已婚者地位条例》第5条第1款规定："除本条另有规定外，婚姻双方任何一方均有就侵权行为向对方提出诉讼的相同权利"。该条例第6条第1款还规定："夫妻间因财产所有权或管有权发生的问题，丈夫或妻子可用传票或循简易程序向法官提出申请，要求裁决。"

3. 夫妻一方以自己的财产改善他方财产状况所发生的增值应予分享

根据中国香港地区《已婚者地位条例》第9条规定，配偶一方以本人的金钱或有价物分担改善配偶他方的财产状况的，除另有相反的协议外，须被视为因此而取得该增值财产的一部分或大部分权益。其份额可相当于当时由双方协议决定的数额。如双方对此无协议，对夫或妻的收益是否存在或份额多少发生争议的，法庭应基于公平原则裁决分配。

4. 夫妻间为欺诈债权人而作的赠与或其他投资无效

中国香港地区《已婚者地位条例》第12条规定，夫妻间为欺诈债权人而互为赠与，但受赠后的财产实际上仍然继续掌握在赠与人手中的；或夫妻相互以对方名义存款或其他投资，借以欺诈债权人的，均属于无效。

（三）中国澳门地区法定夫妻财产制之立法概况

在中国澳门地区，根据中国澳门地区《民法典》的规定，法定财产制包括通常法定财产制（取得财产分享制）和非常法定财产制（法院裁判分产）。通常法定财产制是在通常情况下，夫妻对财产制无约定或约定无效时，依法律的规定直接适用的夫妻财产制。

1. 通常法定财产制

中国澳门地区《民法典》第1579条规定："夫妻在无婚前协定或该协定失效，非有效或不产生效力之情况下缔结之婚姻，视为采用取得财产分享制。"也就是说，在中国澳门地区，当夫妻对财产制无约定或约定无效时，依法律规定直接适用的通常法定财产制为取得财产分享制。该法典第 1582、1583 条规定："一、采用取得财产分享制时，夫妻各自对结婚前或选用该财产制前属其所有之财产及其后基于任何原因而取得之财产具有拥有权及收益权，并得自由处分之，但属法律规定之例外情况则不可自由处分。二、停止采用取得财产分享制时，为着使夫妻各自在该制度之有效期内所增加之财产相等，财产增加数额较少之一方有权从财产所增加数额与其本人财产所增加数额之中取得一半，此权利为因取得分享制所生之债权。三、为着确定上款所指之夫妻各自增加之财产，仅计算按以下各条规定被视为供分享财产范围之财产及有价物。四、夫妻就更改第二款所指比例所作之任何约定，均属无效。五、夫妻各自拥有之财产，不论是否构成供分享之财产，均视为其个人财产。""夫或妻之供分享财产为：a）在取得财产分享制存续期间内以其劳动取得之收入；b）由其在取得财产分享制存续期内而不为以下各条规定或特别法所排除之财产。"

关于夫妻个人财产的范围，中国澳门地区《民法典》第 1584、1586 条分别规定："一、夫或妻在取得财产分享制存续期间取得之下列财产或有价物，均不属供分享范围：a）因继承或赠与而取得之财产，但法律规定之例外情况除外；b）因结婚前或选用取得财产分享制前之个人权利而取得之财产；c）因拥有不属供分享范围之个人财产而取得之不可视为该等财产之孳息之财产；d）因针对其人身或针对其不属供分享范围之财产之事实而透过应收之赔偿而取得之财产；e）因其本人之人身保险或其不属供分享范围之财产保险而有权取得之财产。二、下列物品亦不属供分享范围：a）夫或妻之个人专用之衣物及其他用品，并包括其证书及信函；b）属夫或妻之本身家庭之低经济价值纪念物……""一、如将经营不属供分享范围之商业企业所得之收益再投资在企业中，则有关收益仍不属供分享的范围，但须作出应有之补偿。二、如投资系为维持企业之收益能力所必需，则无须作出任何补偿。"

2. 非常法定财产制

在特殊情况下，夫妻之一方依法定事由请求法院裁判实行分产，从而使原通常共同财产制转为分别财产制。中国澳门地区《民法典》第 1624 条规定："一、夫妻任一方均可因他方对财产管理不善以致有受到相当损害之虞，而声请法院裁判分产。二、夫妻之一方失踪且下落不明逾三年者，他方亦可声请法院裁判分产。"

（四）中国台湾地区法定夫妻财产制之立法概况

在中国台湾地区，法定财产制包括通常法定财产制与非常法定财产制。前者适用于一般情况下，夫妻对财产制无约定且法律无另有规定时，后者适用于特殊情况下，基于法律规定或当事人请求实行分别财产制之法定事由出现时。

1. 通常法定财产制

中国台湾地区的通常法定财产制为剩余共同财产制。依中国台湾地区"民法亲属编"规定，"夫或妻之财产分为婚前财产与婚后财产，由夫妻各自所有。不能证明为婚前或婚后财产者，推定为婚后财产；不能证明为夫或妻所有之财产，推定为夫妻共有。夫或妻婚前财产，于婚姻关系存续中所生之孳息，视为婚后财产。夫妻以契约订立夫妻财产制后，于婚姻关系存续中改用法定财产制者，其改用前之财产视为婚前财产。""法定财产制关系消灭时，夫或妻现存之婚后财产，扣除婚姻关系存续中所负债务后，如有剩余，其双方剩余财产之差额，应平均分配……"① "该法"在第二章第四节夫妻财产制通则中规定，特有财产依产生之依据不同，分为法定的特有财产和约定的特有财产。法定的特有财产包括因继承或其他无偿取得之财产、慰抚金。②

（1）分别财产的管理、使用、收益、处分权。中国台湾地区"民法亲属编"第1018、1018-1条规定："夫或妻各自管理、使用、收益及处分其财产。" "夫妻于家庭生活费用外，得协议一定数额之金钱，供夫或妻自由处分。"夫或妻于婚姻关系存续中就其婚后财产所为之无偿行为，有害及法定财产制关系消灭后他方之剩余财产分配请求权者，他方得声请法院撤销之。但为履行道德上义务所为之相当赠与，不在此限。夫或妻于婚姻关系存续中就其婚后财产所为之有偿行为，于行为时明知有损于法定财产制关系消灭后他方之剩余财产分配请求权者，以受益人受益时亦知其情事者为限，他方得声请法院撤销之。③ 台湾"民法亲属编"第1020-2条规定："前条撤销权，自夫或妻之一方知有撤销原因时起，六个月间不行使，或自行为时起经过一年而消灭。"

（2）财产状况报告义务。夫妻就其婚后财产，互负报告之义务。④

（3）债务清偿责任。夫妻各自对其债务负清偿之责。夫妻之一方以自己财产清偿他方之债务时，虽于婚姻关系存续中，亦得请求偿还。夫或妻之一方以其婚后财产清偿其婚前所负债务，或以其婚前财产清偿婚姻关系存续中所负债务，除已补偿者外，于法定财产制关系消灭时，应分别纳入现存之婚后财产或婚姻关系存续中所负债务计算。夫或妻之一方以因继承或其他无偿取得之财产以及慰抚金，清偿婚姻关系存续中其所负债务者，适用前项之规定。⑤

（4）关于剩余共同财产制终止时的财产清算。中国台湾地区"民法亲属编"第1030-1条修正规定，"法定财产制关系消灭时，夫或妻现存之婚后财产，扣除婚姻关系存续所负债务后，如有剩余，其双方剩余财产之差额，应平均分配。但下列财产不在此限：一、因继承或其他无偿取得之财产；二、慰抚金。依前项规定，平均分配显失公平者，法院得调整或免除其分配额。第一项剩余财产差额之分配请求权，自请求权人知有剩余财产之差额时起，二年间不行使而消灭。自法定财产制关系消灭时起，逾五年者，亦同"。此外，夫妻现存之婚后财产，其价值计算以法定财产制关系消灭时为准。但夫妻因判决而离婚者，以起诉时为准。依前条应追加计算之婚后财产，其价值计算以处分时为准。⑥

2. 非常法定财产制

在中国台湾地区，依该法第1009、1010条规定，非常法定财产制分为当然的非常财产制与宣告的非常财产制。

（1）当然的非常财产制。依该法第1009条规定，夫妻之一方受破产宣告时，其夫妻财产制，当然成为分别财产制。

（2）宣告的非常财产制。依该法第1010条规定，有下列情形之一时，法院因夫妻一

---

① "台湾民法"第1017、1030-1条。

② "台湾民法"第1030-1条。

③ "台湾民法"第1020-1条。

④ "台湾民法"第1022条。

⑤ "台湾民法"第1023、第1030-2条、第1030-2条第二项。

⑥ "台湾民法"第1030-4条。

方之请求，得宣告改用分别财产制：夫妻之一方有下列各款情形之一时，法院因他方之请求，得宣告改用分别财产制：依法应给付家庭生活费用而不给付时；夫或妻之财产不足清偿其债务时；依法应得他方同意所为之财产处分，他方无正当理由拒绝同意时；有管理权之一方对于共同财产之管理显有不当，经他方请求改善而不改善时；因不当减少其婚后财产，而对他方剩余财产分配请求权有侵害之虞时；有其他重大事由时。

此外，债权人对于夫妻一方之财产已为扣押，而未得受清偿时，法院因债权人之声请，得宣告改用分别财产制（第 1011 条）。

### 三、当代中国内地（大陆）与港、澳、台法定夫妻财产制之比较评析

首先，从立法理念看，夫妻双方的财产权利和财产义务平等，这是中国内地（大陆）与香港、澳门、台湾四法域（以下简称四法域）法定夫妻财产制立法的共同精神。内地立法明确规定，夫妻在家庭中地位平等。澳门地区立法亦明确规定，婚姻以夫妻双方具有平等之权利义务为基础。香港、台湾地区的立法也贯穿了夫妻的财产权利和财产义务平等的精神。例如，在中国台湾地区，1985 年修正"民法亲属编"的要点之一，就是"修正夫妻财产制，使其兼顾夫妻平等，婚姻共同生活本质及交易安全"。[①] 为此，删除和增加相关规定，改善联合财产制的结构，以使夫妻对联合财产享有平等的权益，妻得依约定而管理、使用、收益联合财产。[②] 此后，于 2002 年再次对"民法亲属编"的夫妻财产制进行全面修正，以彰显夫妻的财产权利和财产义务完全平等的立法理念。[③] 其次，从立法结构看，四法域的立法，在立法结构上，有统一的法律或法典与分散的条例之不同（前者如内地（大陆）、澳门、台湾地区之立法，因源于大陆法系而采取统一的法律或法典之立法体例；后者如香港，因源于英美法系而采取分散的条例之立法体例）。最后，从立法内容看，四法域法定夫妻财产制立法的内容主要有以下异同。

1. 关于夫妻财产关系的通则性规定

夫妻财产制度中的通则性规定，主要就夫妻财产制可能涉及的一般问题进行规定，如夫妻财产的类型，夫妻财产制度的选择等。澳门[④]和台湾[⑤]地区就夫妻财产制度作出了通则性规定，其相当于夫妻财产法中的小总则。内地（大陆）宜借鉴台湾、澳门地区两地的立法经验，在夫妻财产制中增设通则性规定。

---

① 高凤仙：《亲属法——理论与实务》（增订第 5 版），五南图书出版有限公司 2005 年版，第 3 页。

② 宋豫、陈苇主编：《中国大陆与港、澳、台婚姻家庭法比较研究》，重庆出版社 2002 年版，第 29 页。

③ 例如，2002 年修正后的"台湾民法"第 1018、1032 条分别规定，"夫或妻各自管理、使用、收益及处分其财产。""共同财产，由夫妻共同管理。但约定由一方管理者，从其约定。共同财产之管理费用，由共同财产负担。"

④ 如中国澳门地区《民法典》第 1759、1750 条分别规定："在无婚前协定，或该协定失效、非有效或不产生效力之情况下缔结之婚姻，视为采用取得财产分享制。""不得以单纯概括援引澳门以外之法律、已废止之法律规定或地方风俗习惯之方式，定出全部或部分之婚姻财产制之内容。"

⑤ 中国台湾地区"民法"第 1004、1005 条规定："夫妻得于结婚前或结婚后，以契约就本法所定之约定财产制中，选择其一，为其夫妻财产制。""夫妻未以契约订立夫妻财产制者，除本法另有规定外，以法定财产制，为其夫妻财产制。"此外，第 1007、1008-1 条规定："夫妻财产制契约之订立、变更或废止，应以书面为之。夫妻财产制契约之订立、变更或废止，应以书面为之。夫妻财产制契约之订立、变更或废止，非经登记，不得以之对抗第三人。前项夫妻财产制契约之登记，不影响依其他法律所为财产权登记之效力。第一项之登记，另以法律定之。夫妻财产制契约之订立、变更或废止，非经登记，不得以之对抗第三人。前项登记，另以法律定之。"

2. 关于法定财产制的种类

内地的法定夫妻共同财产制实行婚后所得共同制；香港地区沿袭英国法，其法定财产制采取分别财产制；澳门地区与台湾地区的法定财产制均有通常法定财产制和非常法定财产制，澳门地区的通常法定财产制为取得分享制，台湾地区则为剩余共同财产制。立法的共同点是，均注重保护夫妻双方的财产权益。例如，内地的婚后所得共同财产制注意保护婚姻共同体的利益；香港地区虽实行分别财产制，但离婚时财产分割亦注意平衡婚姻期间夫妻取得的财产利益；而澳门、台湾两地区的取得分享制与剩余共同制，均属于分别财产制中引入了共同财产制的因素，即在婚姻期间夫妻各自所得财产归各自所有，独立地管理、使用和收益。但离婚时夫妻各方的婚后所得财产在清偿各自债务后如有剩余，其双方剩余财产之差额应双方平均分配。此外，台湾、澳门两地区还设有非常法定财产制，以适应特殊情况下夫妻变更财产关系的需要，此立法值得内地（大陆）借鉴。

3. 关于夫妻财产的范围

关于夫妻财产的范围，主要是对于夫妻共同财产范围的界定。从立法体例来看，对于夫妻共同财产的范围，香港与台湾两地区采取"概括式"规定的立法模式；内地与澳门地区则均采取列举加概括的"例示式"立法模式，因此后者具有一定可比性。内地与澳门地区在夫妻共同财产的范围上既有共同点，也有不同点。两地的共同点主要表现在：第一，两地都规定在法定财产制存续期间，劳动收入属于夫妻共同财产或供夫妻分享的财产；第二，在立法模式上，两者都采用例外排除法，即除法律特别规定外，在法定的财产制存续期间取得的财产为夫妻共同财产。

两地的不同之处主要在法定的夫妻个人财产范围界定上：第一，澳门地区规定，因继承或赠与而取得的财产为个人财产，法律另有规定的除外，而内地则规定，继承或赠与所得的财产为夫妻共同财产，遗嘱或赠与合同中确定只归夫或妻一方的财产除外；第二，澳门地区对于婚姻期间个人财产的孳息的归属作出了明确的规定，其不属于供夫妻分享的财产范围。[①] 而在内地，法律对此并无规定，学术界对此也有不同的观点。[②] 笔者认为，婚姻期间个人财产孳息的归属，应当通过立法就具体情况作出具体的规定。第三，澳门地区

---

① 中国澳门地区《民法典》第1584条规定："夫或妻在取得财产分享制存续期间取得之下列财产或有价物，均不属供分享范围：……因拥有不属供分享范围之个人财产而取得之不可视为该等财产之孳息之财产……"

② 2010年5月21日，最高人民法院民事审判第一庭在北京召开《最高人民法院关于适用〈中华人民共和国婚姻法〉若干问题的解释（三）》（征求意见稿）专家论证会。会上，我国内地著名婚姻法专家杨大文教授建议：增加夫妻一方婚前财产在婚姻期间所生孳息的规定，并主张依据婚姻法之婚后所得共同制的精神，此孳息应当归属夫妻双方共同所有。但内地有学者认为，从国外立法看，夫妻一方婚前财产在婚后所得孳息的所有权之归属，在采取婚后所得共同制的一些国家，主要有以下三种不同的立法例：一是一律属于夫妻共同财产，如《意大利民法典》第177条之规定（费安玲等译：《意大利民法典》，中国政法大学出版社2004年版，第153页）；二是一律属于夫妻个人财产，如《俄罗斯联邦家庭法典》（1995年）第36条之规定（鄢一美译：《俄罗斯联邦家庭法典》，载中国法学会婚姻法学研究会编：《外国婚姻家庭法汇编》，群众出版社2000年版，第476-477页）；三是部分归夫妻共有、部分归个人所有，如《法国民法典》第1401、1406条之规定（罗结珍译：《法国民法典》，法律出版社2005年版，第1131-1133、1137页）。笔者认为，法国的立法例值得我国借鉴，即对夫妻婚前个人财产在婚后所得孳息应当区别对待，除与有价证券相关的法定孳息归属于夫妻个人财产外，其余的归属于夫妻共同财产，这是较为合理的。这既有利于保障婚姻家庭生活的圆满幸福，也能兼顾保护夫妻个人财产所有权。参见陈苇主编：《婚姻家庭继承学》，法律出版社2002年版，第197-198页；以及陈苇：《亲属法与继承法专论》，法律出版社2009年版，第44-45页。

对于文凭、执照等证书的归属作出了明确的规定。[①] 内地对于此尚停留在理论研究上[②]，法律并没有就证书之归属作出规定。笔者认为，内地宜借鉴澳门地区立法，就婚姻期间夫妻一方取得的文凭、执照等证书的归属予以明确规定。第四，澳门将个人财产投资取得的收益界定为个人财产，但离婚时取得收益的一方应当给予另一方补偿。[③] 而内地则规定，婚姻关系存续期间，一方以个人财产投资取得的收益属于共同财产[④]。两地立法有殊途同归之效果。

4. 关于夫妻财产的权利和义务

在内地，《婚姻法》及相关司法解释规定了夫妻的家事代理权、夫妻对共同财产享有平等的处理权，夫妻对共同债务承担连带清偿责任，以及夫妻共同财产制（因离婚）终止时财产的分割和清算等。在中国香港地区，《已婚者地位条例》规定，夫妻婚后各有独立的财产权利和财产义务（各自独立承担财产责任）；夫妻在财产纠纷的诉讼中享有平等的诉讼权利；夫妻一方以自己的财产改善他方财产状况所发生的增值应予分享。香港法还规定，夫妻双方对某项财产也可拥有共有权。在中国澳门地区，取得分享财产制规定，夫妻对婚前婚后所得财产享有占有、收益、处分权；增值财产的分享权（债权）；供分享财产和非供分享财产的范围；供分享财产和非供分享财产之间的补偿请求权；归入供分享财产之赠与财产或遗嘱处分财产；供分享财产和非供分享财产之间的清算、财产估价；供分享财产请求权的放弃；供分享财产的清算；对在停止取得分享财产制前做出削弱债权等行为的提起争议权；债权人配偶的补充清偿责任。非常法定财产制内容包括请求法院裁判分产的依据、请求权人、分产之效力等。在中国台湾地区，剩余共同制规定，夫妻对各自的分别财产享有管理权、使用权、收益权和有限权的处分权，并且双方均有承担支付家庭生活费的义务及财产状况相互报告义务。从上述有关夫妻财产的权利义务之规定看，澳门、台湾两地区的立法更为详细具体，值得内地（大陆）借鉴。

5. 关于夫妻债务清偿

关于夫妻债务清偿，四法域立法的共同点是个人债务应由夫妻个人承担清偿责任。立法之不同在于，内地由于法定财产制是婚后所得共同财产制，因此，将用于婚后共同生活所欠的债务界定为夫妻共同债务，为了进一步界定夫妻共同债务的范围，内地还以司法解

---

[①] 中国澳门地区《民法典》第1584条规定："……二、下列物品亦不属供分享范围：a）夫或妻之个人专用之衣物及其他用品，并包括其证书及信函……"

[②] 在内地，有学者认为，文凭、执业资格、驾驶执照等作为无形财产，应当纳入夫妻共同财产的范围。参见蒋月：《婚姻家庭法前沿导论》，科学出版社2007年版，第198页；有学者对此则持相反的观点，认为"学历文凭及职业资格证书"具有"非财产性和不可分割性"，对家务劳动价值的补偿不能采取对受助方在婚姻期间取得的学历文凭及职业资格证书本身视为"财产"并予以分割来实现，而应当采取公平合理地评估婚姻期间贡献方家务劳动的价值，然后由获得"人力资本"的受助方给予其相应的补偿。参见陈苇、曹贤信：《论婚内夫妻一方家务劳动的价值及职业机会利益损失的补偿之道——与学历文凭及职业资格证书之"无形财产说"商榷》，载陈苇：《中国婚姻家庭法立法研究》（第二版），群众出版社2010年版，第276—287页。

[③] 中国澳门地区《民法典》第1586条规定："一、如将经营不属供分享范围之商业企业所得之收益再投资在企业中，则有关收益仍不属供分离范围，但须作出应有之补偿。二、如投资系为维持企业之收益能力所必需，则无须作出任何补偿。"

[④] 内地《婚姻法解释（二）》第11条规定："婚姻关系存续期间，下列财产属于婚姻法第十七条规定的'其他应当归共同所有的财产'：（一）一方以个人财产投资取得的收益……"

释为补充进行了具体的规定。① 澳门地区由于法定财产制是取得分享制，夫妻对其婚后所得财产除法定限制外各自独立行使管理、收益、处分等权利，因此不论夫或妻均可独立设定债务，无须对方同意，该债务被认为是夫妻的个人债务。夫妻各自对其债务负清偿之责。在中国台湾地区，夫妻之一方以自己财产清偿他方之债务时，虽于婚姻关系存续中，亦得请求偿还。夫或妻之一方以其婚后财产清偿其婚前所负债务，或以其婚前财产清偿婚姻关系存续中所负债务，除已补偿者外，于法定财产制关系消灭时，应分别纳入现存之婚后财产或婚姻关系存续中所负债务计算。夫或妻之一方以因继承或其他无偿取得之财产以及慰抚金，清偿婚姻关系存续中其所负债务者，适用前项之规定。

综上，内地（大陆）对于夫妻共同债务的界定规定比较详细，而港、澳、台地区对夫妻共同债务没有作出明确规定，不管是婚前的还是婚姻期间，以个人名义所负的债务均应以个人财产清偿，但如果该债务系为婚姻共同生活所欠，即使以一方个人财产清偿该债务的，也可以要求对方给予补偿（如中国台湾地区）。从外部关系上看，内地亦注意对善意第三人的保护，以保护交易的安全性和稳定性，但是内地的立法对于夫妻共同债务的认定标准还存在争议，如《婚姻法解释（二）》第24条规定"夫妻一方能够证明债权人与债务人明确约定为个人债务"，这未免太苛求非举债方配偶。而港、澳、台地区只要是以个人名义所负的债务就应以其个人财产清偿，而不考虑举债之用途目的。笔者认为，在此问题上，四法域立法可以相互借鉴，以达到兼顾保障夫妻双方利益与善意第三人利益之目的。

6. 关于法定夫妻财产制之终止

关于法定财产制的终止，四法域的立法既有共同之处，也有不同之处。四法域法定夫妻财产制终止的共同原因有，如婚姻终止，约定改用其他夫妻财产制。内地（大陆）与澳、台地区在法定夫妻财产制终止后的效力方面也有同有异。例如，中国澳门地区《民法典》第1555条规定，夫妻间之财产关系，因婚姻解销或结婚被撤销而终止，但不影响本法典中有关扶养规定之适用，即中国澳门地区明定夫妻间的扶养义务不因财产制的变更而免除。而内地现行《婚姻法》第42条有关离婚经济帮助的规定，与中国澳门地区的立法精神是一致的。② 在法定夫妻财产制终止后的财产清算上，中国台湾地区"民法亲属编"第1030-1条修正规定："法定财产制关系消灭时，夫或妻现存之婚后财产，扣除婚姻关系存续所负债务后，如有剩余，其双方剩余财产之差额，应平均分配……"而内地亦规定在离婚时必须先清偿债务。③ 此立法对债权人利益的保护具有积极的意义。此外，尤其值得注意的是，澳门、台湾两地区都规定了非常法定财产制，以便在特定情形下，更好地保护婚姻当事人的财产权益。此立法值得内地借鉴。

---

① 内地《婚姻法解释（二）》第23、24条规定："债权人就一方婚前所负个人债务向债务人的配偶主张权利的，人民法院不予支持。但债权人能够证明所负债务用于婚后家庭共同生活的除外。""债权人就婚姻关系存续期间夫妻一方以个人名义所负债务主张权利的，应当按夫妻共同债务处理。但夫妻一方能够证明债权人与债务人明确约定为个人债务，或者能够证明属于婚姻法第十九条第三款规定情形的除外。"

② 内地《婚姻法》第42条规定："离婚时，如一方生活困难，另一方应从其住房等个人财产中给予适当帮助。具体办法由双方协议；协议不成时，由人民法院判决。"

③ 内地《婚姻法》第41条规定："离婚时，原为夫妻共同生活所负的债务，应当共同偿还。共同财产不足清偿的，或财产归各自所有的，由双方协议清偿；协议不成时，由人民法院判决。"

### 四、当代中国四法域法定夫妻财产制的立法趋势及完善内地立法的建议

（一）当代中国四法域法定夫妻财产制的立法趋势

近半个世纪以来，随着社会的发展，民众的财产观念在更新，夫妻财产关系亦变得日趋复杂。四法域由于众所周知的历史原因，在社会制度、文化理念等方面存在一定的差异，但从四法域的立法看，法定夫妻财产制的立法体现出了以下几个方面的共同发展趋势。

1. 更加注重夫妻财产关系在法律上的实质平等

当事人法律地位平等，这是民法调整的人身关系和财产关系所具有的基本特点，现代婚姻家庭法调整的夫妻关系也不例外。夫妻双方人身关系和财产关系平等，是男女平等原则的要求和体现。在现代社会的婚姻家庭中，"男主外，女主内"的家庭分工还在一定程度上存在，对夫妻一方从事家务劳动价值的承认，可以避免夫妻一方对另一方的"系统性剥夺"。例如，内地 2001 年修正后的《婚姻法》新增第 40 条规定的"离婚经济补偿制度"，就体现了法律对夫妻一方从事家务劳动价值的承认。[①] 又如，在中国台湾地区，1985 年修正"民法亲属编"，删除了原联合财产制中夫妻财产权利不平等的规定，修改、补充了夫妻对联合财产享有平等的管理、使用和收益等权利的新规定。到 2002 年中国台湾地区再次修正后的"台湾民法亲属编"，对法定财产制，改联合财产制为剩余共同财产制，进一步体现了夫妻财产权益平等的立法趋势。

当然，夫妻财产关系立法不应仅停留在法律条文表述形式上的平等，还应注重夫妻财产关系的实质平等。为此，有赖于对夫妻财产范围的合理界定，对婚姻期间所得的财产夫妻应当享有平等的管理、使用、收益等权利且离婚时应当公平分割。从夫妻财产关系立法的平等，到最终实现夫妻财产关系的实质平等，是夫妻关系法所追求的一项重要的立法目标。

2. 更加尊重夫妻双方的意思自治

当事人意志自由，是民法调整的财产关系所具有的一个特点。它体现了民法是私法的根本属性。就夫妻财产关系而言，夫妻间意思自治主要体现在夫妻财产关系的约定上。因为夫妻财产契约具有修正机能、缓和地方法冲突机能、缓冲机能和借用机能。[②] 例如，在中国台湾地区，1985 年修正"民法亲属编"，修改了原联合财产制中夫妻对联合财产管理权利的不平等规定，增加规定"妻得依约定管理、使用、收益联合财产"。又如，在大陆，2001 年修正后的《婚姻法》，新增补充了夫妻约定财产制的相关内容。[③] 此外，随着社会的发展，人们的思想观念也在不断更新，夫妻财产关系中的意思自治原则正在以新的方式出现。比如，在大陆，近年发生的"夫妻忠诚协议"案和"夫妻空床协议"案都在

---

① 内地《婚姻法》第 40 条规定："夫妻书面约定婚姻关系存续期间所得的财产归各自所有，一方因抚育子女、照料老人、协助另一方工作等付出较多义务的，离婚时有权向另一方请求补偿，另一方应当予以补偿。"

② 林秀雄：《家庭法论集》（二），辅仁大学法学业书编辑委员会编辑 1988 年版，第 196—200 页。

③ 内地《婚姻法》第 19 条规定：夫妻可以约定婚姻关系存续期间所得的财产以及婚前财产归各自所有、共同所有或部分各自所有、部分共同所有。约定应当采用书面形式。没有约定或约定不明确的，适用本法第十七条、第十八条的规定。夫妻对婚姻关系存续期间所得的财产以及婚前财产的约定，对双方具有约束力。夫妻对婚姻关系存续期间所得的财产约定归各自所有的，夫或妻一方对外所负的债务，第三人知道该约定的，以夫或妻一方所有的财产清偿。

一定程度上反映了夫妻双方约定财产赔偿责任的意思自由。① 笔者认为，"夫妻忠诚协议"及"空床费协议"其实质都是夫妻之间为保证同居义务履行的约定，无正当理由的违约方应当按夫妻双方自愿的约定承担相应的财产赔偿责任。因为根据民法的意思自治原则，只要签订的协议是夫妻双方真实的意思表示，且不违反法律的规定和社会公序良俗，就应承认其效力。

3. 更加注重兼顾公平与效率

法律公平地承认夫妻各方为婚姻家庭所作的经济贡献与非经济贡献，夫妻公正地分配在婚姻期间所得财产利益，将是夫妻关系立法的一大趋势。例如，2001 年修正后的《婚姻法》新增的离婚经济补偿制度②以及继续沿用原离婚经济帮助制度③，这些离婚救济制度都体现了公平地承认家务劳动价值以及救济，婚姻共同体中的弱者利益的立法理念。又如，2002 年台湾地区"民法亲属编"第 1030-1 条修正规定："法定财产制关系消灭时，夫或妻现存之婚后财产，扣除婚姻关系存续所负债务后，如有剩余，其双方剩余财产之差额，应平均分配……"此立法体现了婚姻共同体的要求，是夫妻双方对婚姻期间所得财产利益平等共享，公平分配的具体体现。夫妻共同财产的公平分割，能有效保证另一方对婚姻投资利益或期待利益的实现。同时，关于夫妻财产的效率，婚姻家庭法确立夫妻财产关系的具体规范，引导夫妻依法处理双方的财产权利义务关系，可以减少纠纷，促进夫妻分工合作，提高夫妻财产的效率。例如，对夫妻共同财产的管理，为了提高管理的效率，根据财产的具体类型和性质，夫妻可约定其财产管理模式或法律可以规定不同的夫妻财产的管理模式供夫妻选择。又如，对于管理夫妻共同财产时，2001 年《婚姻法解释（一）》第 17 条④就规定了有关夫妻日常家事代理权。夫妻之间的日常家事代理，在一定意义上也就是有利于婚姻生活效率的提高。总之，调整夫妻财产关系的立法，应当坚持公平地分配夫妻在婚姻期间所得财产利益并救济弱者，⑤ 兼顾提高夫妻财产的效率。更加注重兼顾公平与效率，这是夫妻财产制发展的又一重要的立法趋势。

（二）完善内地立法的建议

内地 2001 年修正后的《婚姻法》对夫妻财产制作了修改和补充，其与 1980 年《婚姻法》相比确实有很大的进步。但现行夫妻财产制的规定仍主要存在三个方面的不足，

---

① 在内地，2002 年上海闵行区人民法院受理的首例夫妻忠诚协议纠纷案，一审法院支持了夫妻忠诚协议的效力，判令违反协议的男方支付 30 万元的违约金。但 2005 年南京溧水县人民法院受理的夫妻忠诚协议纠纷案，一审法院认为忠诚协议无效，驳回了原告要求被告赔偿 10 万元违约金的诉讼请求，二审法院维持原判。2004 年重庆市九龙坡区法院和重庆市第一中级人民法院先后审理了我国首例夫妻"空床费"诉讼案，而将其诉讼请求作为精神损害赔偿范畴；二审判决则明确单独支持女方"空床费"赔偿的诉讼请求，男方支付女方"空床费"4000 元。

② 内地《婚姻法》第 40 条规定："夫妻书面约定婚姻关系存续期间所得的财产归各自所有，一方因抚育子女、照料老人、协助另一方工作等付出较多义务的，离婚时有权向另一方请求补偿，另一方应当予以补偿。"

③ 内地《婚姻法》第 42 条规定："离婚时，如一方生活困难，另一方应从其住房等个人财产中给予适当帮助。具体办法由双方协议；协议不成时，由人民法院判决。"

④ 内地《婚姻法解释（一）》第 17 条规定：婚姻法第十七条关于"夫或妻对夫妻共同所有的财产，有平等的处理权"的规定，应当理解为：（一）夫或妻在处理夫妻共同财产上的权利是平等的。因日常生活需要而处理夫妻共同财产的，任何一方均有权决定。（二）夫或妻非因日常生活需要对夫妻共同财产做重要处理决定，夫妻双方应当平等协商，取得一致意见。他人有理由相信其为夫妻双方共同意思表示的，另一方不得以不同意或不知道为由对抗善意第三人。

⑤ 陈苇：《中国婚姻家庭法立法研究》（第 2 版），群众出版社 2010 年版，第 273 页。

特提出相关完善立法的建议。

1. 建议增补夫妻财产关系通则性规定

在内地，夫妻财产制缺乏通则性夫妻财产关系的一般规定，使夫妻处理财产关系无基本的行为准则。这既不利于保护婚姻家庭和夫妻双方的合法财产权益，也不利于维护第三人的利益和交易安全，尤其是在社会主义市场经济新形势下，由于未规定对夫妻的债权人的保护条款，当现实生活中出现夫妻双方恶意通谋以夫妻财产约定或假离婚等为手段，侵害债权人利益的情况时，往往得不到适当的处理；由于未规定夫妻享有对夫妻共同财产的知情权和制定夫妻财产清单，夫妻财产的性质不易查证，不利于减少夫妻财产纠纷和维护第三人的利益及交易安全，加大了人民法院审理离婚案件的难度。笔者认为，不能以特殊性规定取代一般性规定。在夫妻财产制中对夫妻财产关系作出原则性一般规定，有利于指导夫妻依法行使财产权利和承担财产义务，并基于法定原因依法解除夫妻财产制，进行夫妻财产清算和分割，有利于减少夫妻财产纠纷，维护夫妻双方及第三人的利益和交易安全，从而提高夫妻财产的效率。如前所述，我国澳门、台湾两地区有关夫妻财产关系通则性规定的立法值得借鉴。

特建议今后内地立法机关修改立法时，设专节规定"夫妻财产制通则"，其主要内容包括如下几款：

（1）夫妻财产制的适用。夫妻双方可以在结婚前或结婚后，约定选择适用本法所列的夫妻财产制之一；无约定的，适用本法规定的法定财产制。但本法另有规定的除外。

（2）夫妻有维持家庭的责任。夫妻以共同财产承担维持家庭的经济责任，或双方协商根据各自的经济能力以个人财产分担维持家庭的经济责任；或一方通过照料子女、协助对方从事的工作承担维持家庭的责任。

（3）对重大夫妻共同财产的处分。对夫妻共有的房屋或涉及家庭重大利益的共同财产进行处分须取得双方的书面同意。否则，由擅自进行处分的夫妻一方个人承担财产责任。如果夫妻一方无正当理由不同意的，夫妻他方可以向人民法院起诉，请求进行裁决。

（4）对债权人的保护。夫妻进行财产关系约定或夫妻财产分割，不得损害第三人的利益。如果夫妻共同财产已经转移给夫妻一方，该方应在转移财产的实际价值范围内负责清偿夫妻共同财产的债务。如果夫妻共同财产不足清偿该债务的，不足清偿部分，由夫妻协议以个人财产分担清偿责任，并承担连带责任。

（5）委托管理夫妻他方的财产。夫妻一方委托夫妻他方代为管理其财产时，适用法律有关委托代理的规定。

（6）夫妻共同财产的告知义务以及制作财产清单。夫妻一方负有向夫妻他方告知有关夫妻共同财产的收入、管理、债务等情况的义务。夫妻可在取得财产后的一年内，双方共同制作夫妻共同财产清单或夫妻个人财产清单，并经夫妻双方签名后生效。

2. 法定财产制的补充

在内地，2001年修正后的《婚姻法》其法定财产制的规定，存在的不足主要有两个方面，建议从以下方面完善：

（1）完善法定财产制的结构。内地2001年修正后的《婚姻法》对法定财产制仅规定有通常法定财产制即婚后所得共同制，而未规定非常法定财产制，存在立法漏洞。如前所述，我国澳门、台湾地区立法均设定有非常法定财产制。从我国现实生活中看，在市场经济条件下，夫妻的财产权利意识已大大增强。在婚姻关系存续期间，因夫妻分居、夫妻一方个人财产或夫妻共同财产资不抵债、夫妻一方不履行扶养家庭的义务、夫妻一方滥用管理共同财产的权利、夫妻一方无正当理由而拒绝他方对共同财产的处分、夫妻间侵权赔偿及夫妻一方受无民事行为能力之宣告等原因，夫妻他方为保护自己的合法财产权益，要求实行分别财产制。但如果夫妻双方对此不能协商一致达成协议时，亟须请求人民法院宣告实行分别财产制。由于内地现行《婚姻法》未设有非常法定财产制，往往不能满足新形势下调整夫妻财产关系新情况的需要。特建议在今后修正《婚姻法》时在第 18 条之后增加规定非常法定财产制。其具体内容如下：

在婚姻期间有下列情形之一的，撤销原夫妻共同财产制，改设分别财产制。

①夫妻一方受破产宣告时，其原夫妻共同财产制当然改设为分别财产制。

②有下列情形之一时，经夫妻一方请求，人民法院应宣告撤销原夫妻共同财产制，改设分别财产制：

a. 夫妻因感情不和，分居已满一年以上的；

b. 夫妻一方无正当理由不履行扶养义务，不依法给付家庭生活费用的；

c. 夫妻一方无能力管理共同财产或滥用管理共同财产权利的；

d. 夫妻一方的财产，不足清偿其个人债务，或夫妻共同财产，不足清偿夫妻共同债务的；

e. 夫妻一方无正当理由拒绝对共同财产的通常管理予以应有的协作，或无正当理由拒绝夫妻他方对夫妻共同财产进行处分的；

f. 有其他重大事由的。

③改用分别财产制时，应夫妻一方的申请，法官可判决确定夫妻他方对维持家庭应给付夫妻一方的家庭生活扶养费数额及给付方式。

④因上列法定事由而当然实行或宣告实行夫妻分别财产制的，对于知道此情形的第三人具有对抗效力。

⑤如果改用分别财产制的法定事由已经消除，经夫妻一方申请，人民法院应当宣告恢复原夫妻共同财产制。①

（2）补充法定财产制的内容。内地 2001 年修正后的《婚姻法》仍沿用 1980 年《婚姻法》的规定，在第 17 条第 2 款规定："夫妻对共同所有的财产，有平等的处理权。"但对于夫妻财产的权利义务、财产管理权限及责任、家庭生活费用的负担和夫妻财产制的解除原因及夫妻财产清算、分割等内容，却未在法定财产制的内容中作出原则性一般规定，存在立法漏洞。而我国澳门、台湾地区立法均对夫妻财产的清算有具体的规定。并且，2001 年修正后的《婚姻法》与 1980 年《婚姻法》一样将夫妻财产清算、分割等内容仅仅规定于离婚制度之中，在法定财产制中却无一般性规定。这些都是不妥当、不科学的。

关于夫妻共同财产的范围。内地立法对夫妻共同财产的范围及处分等问题规定还有立法漏洞，建议今后立法补充规定以下几个方面：

第一，增补有关夫妻特殊共同财产分割的特殊原则，将《婚姻法解释（二）》有关特殊财产归属的规定纳入《婚姻法》之中。

---

① 陈苇：《完善我国夫妻财产制的立法构想》，载《中国法学》2000 年第 1 期。

第二，建立夫妻婚前个人财产适当补偿制度。

第三，增补婚姻期间夫妻一方所得知识的收益之期待经济利益之归属。

第四，增补夫妻一方个人使用的生活用品归属个人所有的价值限制。

第五，增补规定夫妻个人财产婚姻期间所得孳息的归属；[①] 如果个人财产的孳息没有凝聚婚姻共同体的劳动，则该孳息应该归属夫妻一方个人所有。如果凝聚了婚姻共同体的共同劳动时，应当根据该婚姻共同体的劳动是否已经获得相应的补偿，区别处理。如果已经获得了夫妻一方个人财产相应的补偿，则该孳息应该属于夫妻一方；反之，如果没有获得相应的补偿，则该孳息应该属于夫妻双方的共同财产。

第六，区分不同情形明确规定夫妻一方以个人名义"按揭"购买的房产（包括其他类型的不动产）的归属，即对于商品"按揭房问题"不能搞"一刀切"，应当区分三种不同的情况分别处理：

其一，如果婚前首付"按揭"款后所购的房屋系用于婚姻共同生活的（婚姻住宅），在婚姻期间以"月供"形式还购房款 10 年以上的，则不管其房屋产权证是在婚前取得还是婚后取得，该婚姻住宅一律认定为夫妻的共同财产，这样有利于维持婚姻共同生活。[②] 对于一方婚前支付的婚姻住宅首期付款可以视为对婚姻合伙的出资，该方有权请求补偿此首期支付款包括银行同期存款利息。[③]

其二，如果婚前首付"按揭"款后所购的房屋系用于婚姻共同生活的（婚姻住宅），但在婚姻期间以"月供"形式还购房款 10 年以下的，则不管其房屋产权证是在婚前取得还是婚后取得，该婚姻住宅一律认定为夫妻的个人财产，对用于偿还"按揭"贷款的夫妻共同财产及其利息应当予以补偿。

其三，如果婚前以"按揭"形式所购的房屋不是用于婚姻共同生活的[④]，根据《婚姻法解释（二）》第 23 条的规定，此类房屋"按揭"贷款所欠债务属于夫妻的个人债务，即使以夫妻共同财产偿还"按揭"贷款，该房屋也不属于夫妻共同财产。因此，对用于偿还按"揭贷"款的夫妻共同财产及其利息应当予以补偿。

此外，笔者认为，在以上第二、三种情况下，基于内地《婚姻法》规定的婚后所得共同制的精神和公平原则，该"按揭"贷款购买的房屋在婚姻期间的增值价值应当属于夫妻共同财产，由夫妻双方公平分割。

第七，明确规定婚姻期间取得的文凭、执照等证书不属于夫妻共同财产，但不论夫妻双方是实行共同财产制还是分别财产制，取得文凭、执照的一方应给予作出贡献的对方相应的财产补偿。

关于夫妻共同财产的权利和义务，建议今后在修正《婚姻法》时在第 17 条的法定财产制内容中，删除第 2 款："夫妻对共同所有的财产，有平等的处理权。"增补法定财产

---

① 陈苇：《论我国夫妻财产制的新发展及其立法完善》，载夏吟兰、龙翼飞主编：《和谐社会中婚姻家庭关系的法律重构——纪念〈婚姻法〉修订五周年》，中国政法大学出版社 2007 年版，第 166 页。

② 参见罗杰：《最高人民法院关于适用〈中华人民共和国婚姻法〉若干问题的解释（三）（征求意见稿）》专家论证会纪要，夏吟兰教授在发言中指出，对于此类房屋的产权归属之确定，应当考虑夫妻结婚后共同归还贷款时间的长短，载 http：//202.202.80.1/mweb/wgjtf/content.asp？did=&cid=821305199&id=959379247，访问日期：2010 年 8 月 24 日。

③ 胡苷用：《婚姻合伙视野下的夫妻共同财产制度研究》，西南政法大学 2009 年博士学位论文。

④ 我国现在越来越多高收入家庭拥有多套住房。其中有很大一部分是将购买住房作为一种理财的方式。

制的内容如下：

第 17 条第 2 款：夫妻对共同财产和个人财产的权利义务。

（一）夫妻对共同财产享有平等地占有、使用、管理、收益及处分的权利。为重大共同财产的处分时，须经夫妻双方协商书面同意。夫妻一方擅自处分重大共同财产的，他方有权主张无效。但不得对抗善意第三人。

（二）夫妻共同财产经夫妻双方协商，可以由夫妻双方或一方管理并承担相应的财产责任。

（三）依夫妻协议行使夫妻共同财产管理权的夫妻一方，如丧失行为能力或无能力管理，或有诈欺行为，可经夫妻他方提出，协议停止其行使管理权；如协议不成，可请求人民法院判决，经公告程序宣告剥夺其管理权。

如果被剥夺共同财产管理权的夫妻一方，上述法定事由已经消除或经夫妻双方协议同意恢复其管理权的，可由夫妻一方请求人民法院撤销原判决，经公告程序恢复其管理权。

（四）夫妻个人财产由其本人享有占有、管理、使用、收益及处分的权利。但本法另有规定或夫妻另有约定的除外。

第 17 条第 3 款：夫妻债务清偿责任。

（一）债权人就婚姻关系存续期间夫妻一方以个人名义所负债务主张权利的，应按夫妻共同债务处理。但举债的夫妻一方有承担证明该债务系为维持婚姻家庭共同生活所欠的责任。

（二）夫妻共同财产负担给付家庭生活费用和清偿夫妻共同债务的责任。如共同财产不足负担家庭生活费用的，由夫妻协商以个人财产分担给付责任。如共同财产不足清偿共同债务的，由夫妻协议以个人财产分担清偿责任，并承担连带责任。

（三）夫妻个人财产负担清偿夫妻个人债务的责任。

第 17 条第 4 款：夫妻个人财产与夫妻共同财产之间的补偿请求权。

对应由夫妻共同财产负担的给付或清偿义务，夫妻一方以个人财产承担该义务的，有权请求以夫妻共同财产予以补偿。对夫妻个人债务，用夫妻共同财产清偿的，夫或妻均有权请求以负债夫妻一方的个人财产予以补偿。但法律另有规定的，不在此限。

第 17 条第 5 款：夫妻共同财产制的终止及其效力。

（一）有下列情形之一，夫妻共同财产制终止：

夫妻一方死亡；

离婚；

因法定事由解除共同财产制；

夫妻协议改用其他财产制。

（二）夫妻共同财产制终止时，夫妻共同财产由双方协议分割，如不能达成协议的，由人民法院依法判决。人民法院应根据财产的具体情况，按照顾未成年子女权益和女方的原则判决。

（三）夫妻共同财产制终止时，夫妻共同债务由共同财产清偿；共同财产不足清偿的由夫妻协议以个人财产清偿；协议不成时，由人民法院根据双方的具体情况判决。

夫妻对共同债务的清偿承担连带责任。

# 第六部分
# 家事审判改革研究

# 论我国家事纠纷人民调解的新机制

## ——以澳大利亚"家庭关系中心"之家事纠纷调解为视角①

陈　苇　来文彬*

### 目　次

家庭成员，特别是处于家庭关系核心的夫妻在共同生活中，常因思想感情、性格、生理、社会等方面的原因产生矛盾和纠纷，从而导致婚姻家庭关系失调。家庭是社会的细胞，家庭的和谐是社会和谐的基础，我国"平安家庭"的创建关系着家庭的稳定平安和社会的和谐发展。因此，研究家事纠纷的妥善解决途径具有十分重要的意义。

在我国，大量的家事纠纷不是通过诉讼途径解决的，而是通过民间调解，尤其是通过群众性自治组织——人民调解委员会及其工作人员耐心的调解加以解决的。虽然家事纠纷的解决可以借助于双方当事人自行和解、人民调解、司法调解以及司法判决等众多的纠纷解决机制，但是由于其涉及家庭成员的隐私、情感以及子女的利益等诸多敏感的因素，为及时化解家事纠纷，避免婚姻家庭解体，维护婚姻家庭的团结与和睦，在实际生活中，社会各界都是"宁拆十座庙，不毁一家亲"，尽可能通过调解妥善地化解纠纷，改善夫妻之间和其他家庭成员之间的关系。而人民调解制度以其独特的作用发挥了"化干戈为玉帛"的功能，成为"活血化瘀、消肿止血、消炎抗菌"的具有中国特色的家事纠纷"家庭良药"。

在我国，人民调解制度在解决家事纠纷，防止矛盾激化，促进社会和谐，保障人民安居乐业等方面作出了十分突出的贡献，被世界誉为有中国特色的"东方经验"。据有关部门统计，我国目前有84万多个人民调解组织、498万多人从事人民调解工作，他们通过

①　本文载《学术交流》2009年第7期。

*　陈苇，女，西南政法大学外国家庭法及妇女理论研究中心主任，民商法学院教授、博士生导师；来文彬，男，西南政法大学民商法博士研究生。

调解帮助化解各种家事纠纷，维护社会稳定和促进社会和谐。① 2007 年，全国调解婚姻家庭类纠纷共计 180 万件，调解成功率达 96%。②

在 21 世纪，我国政府正着力于构建和谐社会并更加注重"以民为本"的新形势下，研究家事纠纷解决机制中的人民调解制度，对进一步发挥其化解婚姻家庭纠纷的积极的独特作用，具有十分重要的实际意义。笔者拟针对新形势下我国人民调解制度在家事纠纷解决机制存在的立法不完善、专门机构缺失、专业人员缺位以及调解机制不够健全等不足，通过分析澳大利亚"家庭关系中心"的相关做法与经验，建议在我国现有资源的基础上，借鉴国外有益的立法和司法经验，建立专门的"家事纠纷调解中心"、采取培训专门的调解人员等措施，以构建我国家事纠纷的人民调解新机制，更及时、妥善地解决家事纠纷，促进我国和谐社会的构建。③

**一、我国家事纠纷的人民调解机制之不足**

在 21 世纪，随着我国改革开放的日益深化和社会主义市场经济的不断发展，近年我国的婚姻家庭越来越受到各种利益、观念的冲击和影响，各种新型的利益冲突和摩擦不断出现，家事纠纷日趋复杂。我国人民调解制度在家事纠纷解决中发挥了重要的作用，但仍在某些方面存在不能适应现实需要之处。由于其相关制度的缺陷、功能的"缩水"致使人民调解受到某些质疑。如有的学者认为，在相当长的时间里，国家有关人民调解的制度内容脱节于现实存在，人民调解组织的调解与其他机构的调解区别不清，人民调解活动缺乏程序性保障，人民调解员的"裁量权"过于灵活等机制性问题。④ 笔者认为，诚然，自中华人民共和国成立以来，我国的人民调解对家事纠纷的及时解决，功不可没。但在 21 世纪的新形势下，就家事纠纷解决的机制而言，我国的人民调解制度主要存在以下四个方面的不足。

（一）专门立法的空白

在我国，各级人民调解委员会是婚姻家庭纠纷人民调解的主要力量。目前我国有关人民调解的立法有《宪法》第 111 条的规定、《民事诉讼法》⑤ 第 16 条的规定、《人民调解委员会组织条例》、1990 年司法部发布实施《民间纠纷处理办法》以及 2002 年《最高人民法院关于审理涉及人民调解协议的民事案件的若干规定》和 2002 年司法部《人民调解

---

① 《我国近五百万人民调解员帮助化解婚姻家庭等矛盾》，载中央政府网，http：//www.gov.cn/jrzg/2007-07/06/content_ 675501.htm，访问日期：2008 年 8 月 20 日。

② 《去年全国婚姻家庭类纠纷调解成功率达到 96%》，载人民法院网，http：//www.chinacourt.org/html/article/200803/08/290791.shtml，访问日期：2008 年 9 月 8 日。

③ 人民调解的含义有广狭义之分：广义的人民调解，又称"大调解"，其包括民间调解、行政调解、法院调解和仲裁调解等；狭义的人民调解，仅指民间调解，其包括各种人民群众自治组织团体的调解。由于篇幅所限，本文所指人民调解，仅限于民间调解，如村（居）民委会的调解、妇联的调解，即诉讼外调解。

④ 林险峰、李明哲：《当前人民调解工作的困境与出路》，载《中国司法》2004 年第 11 期。

⑤ 《中华人民共和国民事诉讼法》2007 年 10 月 28 日修正，2008 年 4 月 1 日起施行。

工作若干规定》等。① 我国《婚姻法》第32条明确规定，男女一方要求离婚的，可由有关部门进行调解。这其中就包括诉讼外的调解。由于目前我国有关家事纠纷调解的立法，是被分散在各部门法中作出相关规定，还没有制定专门的针对家事纠纷调解的较为全面系统的法律规范。这使如何针对家事纠纷的调解，组建专门的调解机构，培训专门的调解人员，由其专职进行家事纠纷的调解，均无法律依据。②

（二）组织机构的缺陷

1. 专门调解家事纠纷民间机构的缺乏

目前我国对于家事纠纷的民间调解，没有设立专门的机构。在实际生活中，妇联、人民调解委员会、村委会、居委员等机构都在从事这方面的调解工作。但是，众多机构的调解往往可能因缺乏专业性而致使效果不尽如人意。

2. 现有调解机构功能的不足

在1949年中华人民共和国成立以后至1978年改革开放初期，我国对于家事纠纷的调解建立了严密的体系。在家有"家族调解"（由该居住地该姓氏中德高望重的长辈或亲友组织的调解），居住地有村民委员会或居民委员会的调解委员会之"人民调解"，所在单位有"单位调解"（通常由负责职工生活的相关部门进行）。这些调解适应了当时的社会实际，发挥了十分重要的作用，及时、有效地解决了众多家事纠纷，确保了一方平安。但是，随着改革开放的深入，社会的变革发展，农村和城镇的机构组织都发生了很大的变化，并且随着我国计划生育政策的实施，我国家庭人口的数量和结构发生了变化，家庭的人口日益减少，以一对夫妻及其未成年子女组成的"核心家庭"日益增多。人们的家族意识逐渐淡化，法律意识日益增强，家族调解逐渐退出了历史舞台。单位的功能也由原来的"社会综合治理"（管工作、调家事、负责思想教育、协调社会治理等诸多功能）逐渐变为单一的工作场所，"家事与工作两分"的理念与做法渐成常态，人们日益重视家庭私人事务的隐私权而不愿意请求单位调解，单位调解由此多名存实亡。而随着社会的变革，当前我国不少基层地区，尤其是在一些农村地区，不仅无专门的人民调解机构、且不少地区的调解人员多为一些"干部"挂职、兼职。面对新时期家事纠纷的复杂性，使人民调解面临新的挑战。我国人民调解组织机构的某些不完备，致使其调解家事纠纷的功能在一

---

① 我国《民事诉讼法》（2007年修正）第16条规定，"人民调解委员会是在基层人民政府和基层人民法院指导下，调解民间纠纷的群众性组织。人民调解委员会依照法律规定，根据自愿原则进行调解"。《人民调解委员会组织条例》第2条规定，"人民调解委员会是村民委员会和居民委员会下设的调解民间纠纷的群众性组织，在基层人民政府和基层人民法院指导下进行工作"。《人民调解工作若干规定》第2、3条规定，人民调解委员会是调解民间纠纷的群众性组织，其主要任务包括调解民间纠纷等。根据2002年《人民调解工作若干规定》第10条的规定，人民调解委员会可以采用下列形式设立：（一）农村村民委员会、城市（社区）居民委员会设立的人民调解委员会；（二）乡镇、街道设立的人民调解委员会；（三）企业事业单位根据需要设立的人民调解委员会；（四）根据需要设立的区域性、行业性的人民调解委员会。

② 尽管我国已经制定婚姻家庭咨询师的培训与考试机制，但婚姻家庭咨询师的工作与人民调解员的工作还是有一定区别的，前者则重于心理问题的咨询和解答；后者则重于现实纠纷的调解。

定程度上发挥不足。①

（三）人员配置的不专

根据 2002 年我国司法部《人民调解工作若干规定》的规定，乡镇、街道人民调解委员会委员由下列人员担任：（一）本乡镇、街道辖区内设立的村民委员会、居民委员会、企业事业单位的人民调解委员会主任；（二）本乡镇、街道的司法助理员；（三）在本乡镇、街道辖区内居住的懂法律、有专长、热心人民调解工作的社会志愿人员。担任人民调解员的条件是：为人公正，联系群众，热心人民调解工作，具有一定法律、政策水平和文化水平。乡镇、街道人民调解委员会委员应当具备高中以上文化程度。人民调解员除由村民委员会成员、居民委员会成员或者企业事业单位有关负责人兼任的以外，一般由本村民区、居民区或者企业事业单位的群众选举产生，也可以由村民委员会、居民委员会或者企业事业单位聘任。乡镇、街道人民调解委员会委员由乡镇、街道司法所（科）聘任。区域性、行业性的人民调解委员会委员，由设立该人民调解委员会的组织聘任。

由于家事纠纷不同于其他一般的民事纠纷，其具有血缘、身份、伦理、情感等方面的独特性，关系着家庭的稳定及社会的和谐，所以家事纠纷的调解需要相关领域的专业知识和调解工作的技巧。但在实践中，人民调解员队伍的建设存在如下问题：

第一，缺少专门从事家事纠纷调解的经验人士，如通晓婚姻家庭常情，能提供心理咨询、沟通交流技巧或法律事务咨询等方面服务的"专家"；

第二，有些调解人员的素质有待提高。例如，有些地方的人民调解员存在年龄偏大、文化程度偏低、工作方法欠灵活、法律知识欠缺等问题。有些基层的人民调解员大多没有受过正规的法律专业教育，难以熟练运用相关的法律、法规调解家事纠纷。这有可能偏离法治轨道，损害调解的公正性和合法性，不利于保护当事人的合法权益。并且有些基层的人民调解员指导调解的观念陈旧，加上工作方法欠灵活，这使当事人对调解人员往往难以信服而影响其调解的效果。

第三，缺乏有计划的、专门的人员培训机制。现行机制的调解人员缺乏有计划的、专门的处理家事纠纷相关专业知识的培训。而婚姻家庭关系涉及当事人之间情感、财产以及子女的抚养、教育和监护等诸多问题。许多当事人非常需要相关的心理咨询、情感沟通表达指导以及相关的法律服务等。而且，无论是村委会、居委会的成员、基层社区的人民调解员，还是妇联的干部，其大多未接受家事纠纷调解方面的专业知识培训，这在一定程度上往往影响调解工作的效果。

（四）调解机制的不足

第一，缺乏咨询机制。按照《民事诉讼法》和《人民调解工作若干规定》的规定，

---

① 随着我国社会的发展，人们的法律意识逐步增强，婚姻家庭领域出现的诸多新情况、新问题，已远非以前仅凭干部身份作调解就能够予以解决的。有些干部虽有经验、有声望，但不一定理解当代婚姻家庭当事人的需求，特别是青年人的爱情、婚姻、家庭观念及行为；有些干部懂政策、有权威，但不一定具有较好的婚姻家庭纠纷调解的经验，其在婚姻家庭问题的心理咨询以及相关法律服务方面的能力也许不尽如人意。而且，在广大农村地区，村调委会的成员大多由村委会干部兼任，特别是近些年随着村委会队伍的缩编，不少村委会只有村支书、村主任和妇女主任 3 个成员，村调委会的实际工作状况令人担忧。例如，笔者就我国湖北省东部和西部一些乡镇的初步调查表明，大多村调委会成员由村委会成员组成，而且调委会工作也没有专门的经费，对此有关部门的解释为该经费已被包括在村委会每个成员每月的工资 300 元里。

人民调解工作以当事人自愿调解为基本原则，当事人不愿调解的，不得强迫其进行调解或以此否决其进行诉讼的权利。此规定以当事人意愿的尊重及其权益的保护为宗旨自是合理的。但婚姻家庭对当事人、对家庭、对社会都是一种责任。家事纠纷不仅对当事人、子女产生影响，也会对社会产生影响。因此，即使当事人不愿调解的，我们也应为纠纷当事人提供较为全面、专业的咨询服务，以促使当事人更加理性地认识和处理其婚姻家庭纠纷。例如，目前，我国离婚率逐年上升是一个不争的社会现实。据调查，有些离婚当事人甚至有些地方高达70%的离婚当事人曾对自己的离婚有后悔之意。以重庆市为例，据统计，2006年重庆市当年离婚人数与结婚人数之比（离婚率）高达39%，而其中一半以上的离婚属于冲动型离婚。[①] 笔者认为，与其事后后悔，不如事前设置相应的矛盾缓冲带。虽然调解人员不能强迫当事人进行调解，但可为当事人提供相应的咨询服务，以指导当事人冷静对待、理性认识、妥善处理家事纠纷。而不能简单地对其采取"或调或审，不调即审"，否则可能有悖于以家事纠纷当事人的利益为中心的初衷。

第二，调解效力的缺失。笔者认为，从家事纠纷机制中的人民调解的效力来看，存在某些缺陷。例如，由于人民调解达成的协议不具有法律效力，当事人不能请求强制执行并可以随时反悔，这导致过分依赖司法调解。[②] 笔者认为，既然经过人民调解，双方当事人通过自愿协商，对家事纠纷达成了调解协议，该协议就应当对有关当事人具有约束力。这样才有利于定分止争，减少家事纠纷的"讼累"。

第三，对调解的安排当事人的意思自治不足。各个调解机构在从事家事纠纷的调解时，通常都是自行指定、安排人员进行调解，即使是设置"首席调解专家"[③]，也是保证了调解人员的素质能力，却忽略了对家事纠纷当事人意愿的尊重。笔者认为，对涉及隐私、身份、财产等特殊因素的婚姻家庭关系，究竟由谁来调解须以当事人为出发点和考虑中心。显然，这一层面的工作还有待弥补。

综上所述，我国现行家事纠纷的人民调解机制在专门立法、组织建设、人员配置以及机制运行等环节都或存在某些空白、缺陷或不足，这在一定程度上会影响人民调解作用的发挥，因此，适应新形势的需要，构建专门的家事纠纷人民调解新机制十分必要。

## 二、澳大利亚家事纠纷诉讼外调解机制之简要分析

（一）澳大利亚家事纠纷诉讼外调解机制概况

在国外，就现代家事纠纷的处理而言，澳大利亚的家事纠纷处理机制（相关立法与

---

① 《重庆市首条婚姻情感热线正式开通》，载新华网，http://www.cq.xinhuanet.com/news/2008-05/04/content_13152256.html，访问日期：2008年9月13日。

② 按照我国法律规定，凡是涉及婚姻家庭纠纷的诉讼案件，只要能进行调解的，人民法院都必须进行调解（司法调解）。而司法调解的功效已受到有些学者的质疑，由于"调、审"无法明确划分，法官既是服务员又是裁判员，多重身份很难避免彼此的影响。如审前调解，当事人的态度、意思表示可能让法官在审理时判决夹杂感情好恶和道德判断，而判决之前的调解，对审判阶段的事实认定、证据使用的情况容易使法官先入为主。即使法院实行调、审职能分离、人员分流，由于还是"一家人"，而且调解与审判遵从不同理念的标准。相比较"以事实为依据，以法律为准绳"的诉讼纠纷解决机制，婚姻家庭纠纷的调解等则需要情、理、法的有机统一，而不能仅仅着眼于是否可以强制执行，否则就是与"纠纷处理结果与社会效果有机统一"的司法理念背道而驰的。

③ 据报道，上海、北京等地区推行首席调解员制度，通过选择一些德高望重、法律知识丰富、调解技巧高超、群众公认的优秀调解员作为首席调解员，由其主持调解并负主要责任的方式调解纠纷，收到很好效果。参见王公义：《人民调解制度是解决社会纠纷的重要法律制度》，载《中国司法》2005年第8期。

实践操作）具有一定的示范意义。家事纠纷调解是该机制中一个重要方面，其与仲裁、咨询等制度一起构成澳大利亚家事纠纷解决的主要方式。当前，澳大利亚的家事纠纷诉前调解机制，大致包括如下两个方面的内容：一是专门的社区或社会调解组织提供的家事调解。其不仅在该社区或地区内进行家事调解知识的宣传教育，而且按照法律的规定提供家事纠纷诉讼外调解服务。在澳大利亚，许多家事纠纷案件在诉请家事法院裁决前，通常会先由其管辖范围内某一负有调解职责的社区组织予以调处。二是法院登记处提供的诉讼外家事调解。近年来，随着澳大利亚离婚率的上，离婚双方当事人因监护权、探视、财产等问题的争议也随之增多，为及时解决纠纷，降低离婚过程中夫妻双方以及子女所受的伤害，家事法院因此赋予登记处负责在立案前对一部分家事纠纷进行调解或促进当事人和解的权力。若当事人达成调解协议，家事纠纷一般就不必再提交法院审理。①

（二）澳大利亚"家庭关系中心"概况及对我国的启示

澳大利亚的诉讼外家事调解不同于我国家事纠纷人民调解，笔者无法完全对比分析。但就该国为针对性处理家事纠纷而特别在全国设立"家庭关系中心"这一重要举措，我们可以看出其通过特别组织提供诉讼外调解等服务解决家事纠纷的思路、举措，并总结可供我国家事纠纷之人民调解予以学习、借鉴的经验。

1. "家庭关系中心"概况②

设立"家庭关系中心"（Family Relationship Centers）是澳大利亚政府近年来关于家庭法改革而采取的重要举措。为妥善处理家事纠纷，帮助建立、维护良好的家庭关系，特别是失和夫妻减少婚姻破裂、维持家庭稳定，澳大利亚政府计划财政拨款 3.97 亿美元在全国成立 65 个专门提供家庭关系服务的中心。截至 2008 年 9 月，其已在全国建立了 64 个"家庭关系服务中心"，最后一个中心计划将在 2008 年 10 月于西澳大利亚成立。

2. "家庭关系中心"的主要功能

"家庭关系中心"雇用经验丰富并具有专门资质的工作人员，为家庭成员，特别是已分居、离婚或者正处于纠纷中的夫妻提供各种服务，以协助家庭走出危机，挽救婚姻，至少让难以挽回的离婚双方当事人不用诉诸司法诉讼而好聚好散，以期避免双方互相敌视以及由此给子女带来的更多伤害。其主要服务有：③

（1）对分居的夫妻进行教育培训。其举办的讲座内容主要包括人们如何处理分居时的情感问题；如何将夫妻之间的冲突和儿童的问题分别开来；父母对子女的照顾权行使方案的价值如何；采取什么方式帮助未成年子女度过父母的分居期或离婚开始期；在不同时期应怎样考虑父母对儿童的照顾权行使安排符合儿童的需求；如何选择夫妻分居后对子女的照顾权行使安排的方式；父母对子女的照顾权如何共享；在什么情况下，父母一方可以变更对子女照顾权的书面协议；子女参与制定父母对子女的照顾权行使安排有何重要意义；寻求如何解决家庭暴力的途径和儿童保护问题，以及处理有关儿童照顾纠纷的调解和诉讼两种方式有何区别等。

（2）提供基本的咨询和建议。分居夫妻在"家庭关系中心"除可获得咨询和建议外，

---

① 吴志刚：《家事调解制度研究》，南京师范大学硕士学位论文。

② 澳大利亚"家庭关系中心"的相关资料，参见该中心网站内容，http://www.familyrelationships.gov.au。

③ 陈苇、胡苒苒：《离婚诉讼前处理子女抚养纠纷的一种新机制——澳大利亚"家庭关系中心"评介及其启示》，载《吉林大学社会科学学报》2007 年第 4 期。

还可与专家进行个人访谈，获得处理因分居引起的各种问题的基本建议和信息。个人访谈的主要目的是，帮助人们找到他们所需要的服务机构和代理机构，这种针对个人的服务具有重要的意义。"家庭关系中心"信息服务点为人们提供免费的小册子或者将人们经常询问的相关问题以"常见问题问答"的形式公布在网站上，这是一种相对简捷方便而又实惠的方式。①

（3）帮助协商制订父母对子女照顾权行使的方案等。"家庭关系中心"将为夫妻制订父母对儿童的照顾权行使的方案提供基本的帮助。在澳大利亚，夫妻就子女照顾权行使发生纠纷时，可以在"家庭关系中心"接受3个小时的免费调解，这不包括调解人最初与夫妻各方商谈调解的合适性及有关程序的讨论所花费的时间。3个小时并不长，但这可以让夫妻双方达成一个双方都可对儿童照顾权行使的短期方案，可为今后制订长期方案打下基础。另一种方式是，当夫妻双方冲突已相当激烈时，可以根据他们的具体情况为他们提供示范方案，并建议他们数周或数月与儿童接触一次，同时又继续协商制订长期方案。

（4）协助解决父母对子女照顾权协议的纠纷。"家庭关系中心"在最初的分居后父母对子女的照顾权行使协议生效后，其还将承担处理协议生效后的各种纠纷。父母对子女照顾权行使之方案和法院令反映了特定家庭特定时期的情况。随着父母或子女情况的变化，则原来适用的协议也须相应地被变更。当事人可以任意在两年内有权接受最长达3个小时的免费调解。但是如果该中心认为上述调解仍无法解决问题时，将会提供更进一步的帮助。

3. 家事调解员等服务人员的资格要求以及登记

"家庭关系中心"的家事服务提供者，如家事调解员等，必须符合相应的从业条件，经过相关的培训、考核而取得资格，并经登记后方可从业。提供家事服务的主体广泛，既可以是社区、政府资助或私有的组织，也可以是个人。

4. "家庭关系中心"服务的自愿与强制

是否接受"家庭关系中心"的服务，取决于当事人自愿。但是，依2008年7月9日修正的《1975年澳大利亚家庭法》（Family Law Act 1975）第60I条之规定，从2008年7月1日起，处于分居期间的夫妻就子女养育事项向法院提起诉讼的，除涉嫌家庭暴力与子女虐待外，其应在诉讼之前先尽最大努力利用家事纠纷诉讼外解决机制（调解、咨询、商谈等），妥善地处理他们之间的纠纷。②

5. "家庭关系中心"服务的费用

一般而言，"家庭关系中心"的服务大多是免费的。例如，其不仅为家事纠纷当事人个体免费提供建议，还为双方免费提供3个小时的纠纷解决商谈服务（如调解等）。如超过3个小时，当事人需要另行支付费用，但是其金额也不大，主要根据当事人的支付能力相应收取，如当事人支付困难，还可免交。

结合以上简要分析，笔者认为，澳大利亚关于家事纠纷诉讼外解决机制的有关做法对我国家事纠纷诉讼外解决的新机制（主要是人民调解机制）的构建，具有如下几点启示：

---

① See：Patrick Parkinson. *Keeping in Contact*：*the Role of Family Relationship Centers in Australia* ［J］. Child and Family Law Quarterly, Vol. 19, 2006, （2）.

② ［澳］ 1975 年家庭法第 601 条之内容。参见 http：//www. austlii. edu. au/au/legis/cth/consol _ act/ fla1975114. html。

（1）家事纠纷的特殊性，需要建立专门的家事纠纷调解机制，妥善地处理家事纠纷，有利于维护家庭和谐，有利于促进和谐社会的构建。

（2）现代家庭关系的建设、家事纠纷的解决，需要建立专门的诉讼外家事纠纷解决机构，如类似澳大利亚"家庭关系中心"的"家事纠纷调解中心"。以基层社区为单位，构建一个遍及全国的"家事纠纷调解中心"网络化的诉讼外调解系统。

（3）家事纠纷诉讼外解决机制需要完备的法治保障，如就调解机制而言，调解机构建设、调解规则与程序、调解人员的资格要求等都需要相应的具体规则。例如，澳大利亚"家庭关系中心"的成立及运行，既有家庭法的相应规定（如家事调解程序等），还制定了具体的配套规则。建立健全相关的调解规则、内容以及程序，实现多层次、全方位的家事纠纷诉讼外解决机制，以及时调解处理家事纠纷，促进和谐社会的构建。

### 三、建立我国家事纠纷人民调解新机制之构想

根据以上对我国现有家事纠纷之人民调解机制的不足之分析，借鉴澳大利亚家事纠纷诉讼外解决机制方面的有关经验，结合我国实际，笔者建议从以下几个方面构建我国家事纠纷的人民调解新机制。

1. 增补专门的立法

建议在现有的《人民调解工作若干规定》中增补专章规定"家事纠纷的调解"或制定专门的《家事纠纷调解条例》，立法明确规定，为及时地调解家事纠纷，为当事人提供咨询服务，设立专门的"家事纠纷调解中心"，并具体规定该调解中心机构人员的设置、选拔、培训、考核和监督；工作职责；经费来源；及其不履行职责的法律责任等。

2. 设立专门的、管理规范的调解机构

建议成立专门机构，在基层乡镇（街道）的人民调解委员会中，设立专门的"家事纠纷调解中心"，该调解中心设专职的家事纠纷调解员，由政府财政给予工作经费。各区、县民政部门设立"家事纠纷调解中心"指导办公室，对所属家事纠纷调解中心的工作进行指导、规范、培训、考核与监督。各区、县民政部门经公开考试后选拔家事纠纷调解员，对其经专门知识培训后上岗，专门负责家事纠纷的调解工作，并接受各区、县民政部门对其工作的指导、培训、考核与监督。

3. 实现调解人员专业化、职业化

为实现调解人员专业化，要建立、健全调解人员的准入制度。家事纠纷调解中心的从业人员应符合以下条件：一是专业能力要求（婚姻家庭咨询师、心理咨询师、法律从业者、妇联工作人员）；二是要有相关从业经验（有相关阅历、从业经验）。并且，要实现调解人员职业化。家事纠纷调解工作作为一项专门的职业，其从业人员须经培训、考核、登记备案方可从事业务，其应当接受管理部门的日常监督和执业年检，并定期进行有计划的业务能力培训。

4. 尊重当事人的意愿，合理安排调解程序

法院受理的所有婚姻家庭案件除不能进行调解的（如婚姻无效案件等）外，均应指定当事人必须到"家事纠纷调解中心"进行有关咨询，并在双方自愿的前提下进行调解。即使在法院审理过程中，如法官确实认为某案件可以通过调解解决的，也可不再进行审理，将该案件转到"家事纠纷调解中心"进行调解。"家事纠纷调解中心"在为当事人提

供服务时，应当充分尊重纠纷当事人的意愿，由其自行选择调解员为其服务。

5. 确认人民调解协议的法律效力

既然人民调解与司法调解都属于家事纠纷的解决机制，基于民法的"意思自治原则"和"自己责任原则"，应当尊重双方当事人在"家事纠纷调解中心"自愿达成的调解协议。正如法律确认当事人双方自愿签订的合同具有法律效力一样，应当确认经"家事纠纷调解中心"之诉讼外调解，当事人自愿达成的协议对双方当事人具有法律上的约束力。

6. 建立多机构合作的调解机制

由于家事纠纷的复杂性，有时单纯依靠单个人民调解组织做工作难以奏效。在发生严重的家事纠纷时，可由"家事纠纷调解中心"牵头，必要时邀请相关部门协商，共同探讨纠纷解决途径和处理办法，如"家事纠纷调解中心"的调解员可与社区基层组织、妇联等部门协商进行联合调解，从而构成一个解决家事纠纷的社会调解网络。其能最大限度地发挥基层调解组织的快速反应能力，对争议和纠纷给予及时、妥善的处理。①

**结语**

正如有学者所言："现代社会为其成员提供多元化的纠纷解决机制，以此来满足社会成员的多层次的法律需求和多元化的价值追求。但是，机制的建立本身只是手段，通过自身的制度完善和政策、法律的疏导来实现机制的顺畅运作并最终实现纠纷的合理分流和有效解决才是建立起多元化解纠纷机制的最终目的。"② 关于"家事纠纷调解中心"的设想，或许还不够成熟，但笔者认为，在21世纪我国政府大力构建和谐社会和倡导"以民为本"的社会背景下，适应新形势的需要，构建家事纠纷的人民调解新机制具有十分重要的意义。由于目前我国对家事纠纷的人民调解在专门机构、专业人员以及调解机制等方面存在不足，有必要建立专门的"家事纠纷调解中心"，以专职的家事纠纷调解员从事家事纠纷的调解工作，对家事纠纷当事人提供咨询服务以及协调、沟通，促使纠纷当事人理性、妥善、合理合法地处理婚姻家庭纠纷，创建"平安家庭"，以促进实现家庭和社会的和谐、稳定、平安。

① 刘江江：《完善人民调解制度的思考与建议》，载《上海市政法管理干部学院学报》2001年第1期。
② 徐万鹏、刘芳、喻玫：《试论我国法院调解制度的重构》，载《河北法学》2006年第1期。

# 澳大利亚"子女接触令"实施的改进建议对我国之启示①

陈 苇 赵 燕*

## 目 次

在我国,近年随着离婚率的上升,离婚父母双方对子女的探望权纠纷日益增多,妥善地解决这些纠纷,有利于保障未成年子女的健康成长,有利于和谐家庭与和谐社会的构建。我国 2001 年修正后的《婚姻法》第 36、38 条规定:"父母与子女间的关系,不因父母离婚而消除。离婚后,子女无论由父或母直接抚养,仍是父母双方的子女。""离婚后,不直接抚养子女的父或母,有探望子女的权利,另一方有协助的义务。"在我国,父母离婚后,双方对无行为能力和限制行为能力的子女的监护关系不发生变化,只是需要确定何方直接抚养子女。② 而不直接抚养子女的一方有探望子女的权利,另一方有协助的义务。但在现实生活中,父母分居或离婚后,有些直接抚养子女的父母一方,阻挠不直接抚养子女的父母另一方探望子女,这既不利于未成年子女的健康成长,也往往使父母双方的关系继续恶化。

在国外,早在 20 世纪 60 年代,联合国制定的 1959 年《儿童权利宣言》中就倡导提出,儿童应当受到特别保护……在制定法律时,应以儿童的最大利益为首要考虑。③ 到 20 世纪 90 年代,联合国制定的 1989 年《儿童权利公约》中再次重申:涉及儿童的一切行为,必须首先考虑儿童的最大利益。④ 自 20 世纪 90 年代以来,"儿童最大利益原则"在

---

① 本文载《法治研究》2010 年第 9 期。本文系 2008 年度重庆市教委人文社科研究重点项目:"2007 年新《澳大利亚家庭法》——以构建和谐社会为目标"(08jwsk001)的研究成果之一。

* 陈苇,女,西南政法大学外国家庭法及妇女理论研究中心主任,民商法学院教授、博士生导师;赵燕,女,西南政法大学民商法硕士研究生。

② 杨大文主编:《亲属法》(第 4 版),法律出版社 2004 年版,第 201 页。

③ 1959 年《儿童权利宣言》,载 http://baike.baidu.com/view/1175099.htm,访问日期:2008 年 10 月 1 日。

④ 1989 年《儿童权利公约》,载 http://baike.baidu.com/view/102405.htm#8,访问日期:2008 年 10 月 1 日。

许多国家的家庭法中已经被确立。[①] 在澳大利亚，为保障父母对子女"接触令"的执行，1998 年家庭法立法会：《子女接触令——执行和处罚》（The Family Law Council：Child Contact Orders：Enforcement And Penalties in 1998，Australia）[②] 的报告（以下简称《执行和处罚》报告），依据"儿童最大利益原则"，提出了改进的建议。本文拟简介澳大利亚子女"接触令"（以下简称"接触令"）的立法背景和主要内容，考察"接触令"的执行情况，研究和评析《执行和处罚》报告的改进建议，以期吸取其有益的经验，从我国实际出发，修改、补充我国的探望权[③]制度，以期保障父母与子女之间探望权的行使，维护子女的最大利益。

### 一、澳大利亚子女"接触令"之立法背景及主要内容

（一）"接触令"之立法背景

在澳大利亚，1995 年《家庭法改革法案》（Family Law Reform Act 1995）确立了"儿童最大利益原则"。据此原则，澳大利亚《1975 年家庭法》（以下简称《家庭法》）第七章被作了根本修改，"采取了以儿童权利和父母责任为基础的立法新模式"。《家庭法》第64B 条规定了涉及离婚父母对子女抚养、监护等责任的居住令、接触令、特定事项令及抚养令等命令。[④] 子女"接触令"，是针对子女和他人（父母、祖父母或其他人）的接触而制作的。此接触可以采取相互亲自见面（直接接触）或通过电话和书面通信（间接接触）而实现。[⑤] 并且，依据《家庭法》第 65DAA 条规定，法院应考虑在一定情形下让子女花相同的时间或实质性重要时间与父母各方在一起。[⑥]

（二）"接触令"之主要内容

1. "接触令"的申请人及义务主体

根据《家庭法》第 65C 条的规定，可以申请养育令（含"接触令"）的主体，包括子女的父母一方或双方；子女；子女的祖父母、外祖父母；与子女的照管、福利或成长有关的其他人。[⑦] "接触令"是法院作出的命令，依该命令，享有接触权的人有权依规定的时间、方式与子女相互接触，与子女居住的父母一方应当配合此接触。因此，"接触令"的义务主体是与子女共同居住的父母一方。

2. "接触令"的内容

根据《家庭法》第 65N、65NA 条规定，任何人不得妨碍或阻止某人与子女依据命令

---

① 陈苇、谢京杰：《论"儿童最大利益优先原则"在我国的确立——兼论〈婚姻法〉等相关法律的不足及其完善》，载《法商研究》2005 年第 5 期。

② The Family Law Council：Child Contact Orders：Enforcement And Penalties in 1998，Australian，载澳大利亚政府网，http：//www. ag. gov. au/www/agd/agd. nsf/Page/FamilyLawCouncil_ Publications_ ReportstotheAttorney－General_ ChildContactOrders-EnforcementsandPenalties，访问日期：2010 年 7 月 1 日。

③ 关于探望权，不同国家和地区的立法对其称谓不一。除澳大利亚法律称为父母与子女的"接触权"外，在《德国民法典》中被称为父母与子女的"个人交往权"，在美国《统一结婚离婚法》和我国香港地区《未成年人监护条例》中被称为父母与子女的"探视权"，在我国台湾地区"民法"中被称为父母与子女的"会面交往权"。参见陈苇：《离婚后父母对未成年子女监护权问题研究》，载《中国法学》1998 年第 3 期。

④ 陈苇主编：《外国婚姻家庭法比较研究》，群众出版社 2006 年版，第 573-574、577 页。

⑤ 陈苇主编：《外国婚姻家庭法比较研究》，群众出版社 2006 年版，第 583 页。

⑥ 陈苇（项目负责人）主持翻译：《澳大利亚家庭法》（2008 年修正），群众出版社 2009 年版，第 145-147 页。

⑦ 陈苇（项目负责人）主持翻译：《澳大利亚家庭法》（2008 年修正），群众出版社 2009 年版，第 144 页。

相聚或干涉某人与子女依据命令相聚。任何人不得妨碍或阻止某人依据命令与子女交流或干涉子女及某人依据命令彼此进行交流。[①]

3. 违反"接触令"的法律后果

根据《家庭法》第65Q、65S条的规定，基于子女与某人相聚，或者子女与某人交流的"接触令"规定的有关当事人的申请，法院有合理理由确信某人（"被指控的嫌疑人"）违反了该命令所设定的义务，法院可以签发命令，授权逮捕被指控的嫌疑人。被逮捕的嫌疑人应在临时拘留期间（24—48小时内）出庭受审。法院应依据该法第13A章有关不遵守命令的相关制裁规定，给予处罚。[②]

## 二、澳大利亚子女"接触令"的执行情况及其改进的建议

1998年6月，澳大利亚家庭法立法会（以下简称立法会）通过征询各方的意见书，对"接触令"的执行和处罚情况进行了调查，撰写了《子女接触令——执行和处罚》的报告，针对"接触令"实施中的现实问题，提出了改进的建议。

（一）《子女接触令——执行和处罚》情况调查的原因

1996—1997年，该立法会对家事法院案件的裁判结果进行了调查。该调查的结果表明，有关执行和处罚违反家事法院命令的大多数问题，都与分居的或离婚的父母接触子女的命令有关。然而，该立法会的中期报告，关注的焦点主要集中在与"接触令"的执行有关的问题，因此有必要对处罚违反"接触令"的行为制定进一步的建议措施。此外，该立法会还审阅了943份向联合专责委员会提交的意见书。这些意见书来自社会各界的团体或个人。这些意见书为立法会撰写该报告提供了某些启发。因此，该立法会指出，《子女接触令——执行和处罚》的报告应当与它的中期报告：《执行和处罚》（1998年3月），一起阅读。在该中期报告中，立法会列出了一项历时两年多的调查的结果，该调查当中涉及600宗该期间提交给家事法院的案件。这些被调查的案件提供的数据包括：申请执行"接触令"的人的特征，申请所涵盖的事项类型，法律代理，咨询的使用，法院的判决和处理申请花费的时间。另外，中期报告还讨论了一些立法会已经确定的可行的解决问题的方法。例如，是否需要为管理执行申请设立一个新的制度，为了执行"接触令"而使用令状，为了对违反"接触令"的强制执行而委任执法人员等。正是随着中期报告的公布，通过公众咨询的程序，立法会获得了相关信息和意见的帮助，进而完善和发展了它改进的建议。

（二）"接触令"的执行和处罚中存在的问题

1. 子女拒绝接触

在澳大利亚法律委员会的意见书中指出，需要从子女的角度来看待一些复杂的因素：因为子女的作用是至关重要的。不少子女有可能抵制参加接触。他们抵制的理由可能极为复杂。随着子女的成长，他们的独立性得到发展，他们其中的不少人并不想花费很多时间与父母任何一方在一起，特别是在这些时间占用了他们社交、运动、受教育的时间的情况下。如果接触地点远离子女的居住环境，情况可能会更加严重。如果子女拒绝与父母一方

---

① 陈苇（项目负责人）主持翻译：《澳大利亚家庭法》（2008年修正），群众出版社2009年版，第153页。
② 陈苇（项目负责人）主持翻译：《澳大利亚家庭法》（2008年修正），群众出版社2009年版，第154-156页。

接触，这使与子女同住的父母一方也毫无办法。

2. 父母双方常见的问题

有一些意见书指出，父母双方都能因为不遵守协议而违反"接触令"。例如，"接触令"赋予父母双方在接走和送回子女方面负有相同的责任。一个有接触权父母在接触子女后不送回子女而违反命令的概率，就如居住父母不提供子女进行接触而违反命令的概率一样多。经常有这样的情况，与子女居住的父母一方准备好子女并等待着另一方，而另一方却没有来，迟到或是在最后一分钟打电话来取消了该接触，此时，与子女同住的父母一方可能会作出决定，他们的子女正经历着不必要的和可以避免的失望，而最好的方式就是完全拒绝接触，此后，他们便会采取违反命令的行为。总的来说，当子女接触出现问题时，一些居住父母并不是没有过错，有时候父母双方都促成发生了他们所经历的问题。

3. 家庭暴力

有时，"接触令"被一个暴力分子用来继续骚扰和虐待他的前配偶，这样的案例很多，甚至当暴力羁留命令已经作出，这样的情况也偶尔会发生。

4. 现有的处理子女接触纠纷的制度存在问题

该立法会在中期报告中提出的案例，很好地解释了这一点，即法庭程序能够被某方当事人利用。例如，它们能够被一些父母用来惩罚他们的前配偶或者用来夺取他们之间持续的争执的胜利，这与《家庭法》为鼓励父母双方为子女的最大利益而合作所专门设计的第七章之立法理念，是背道而驰的。

(三)《子女接触令——执行和处罚》报告的建议措施

限于本文的论题，笔者以下仅对该《执行和处罚》报告中有关探望权的建议进行阐述。该报告共提出 15 项建议，其中对我国探望权制度的完善有重要启示的建议如下：

1. 建议实施公众教育计划

该报告提出，应当建立一个有关子女接触的公众教育计划。该计划应当关注普通的公众、法律界和其他相关人士，并应当包括子女接触、"接触令"和"接触令"的执行及其他有关事项。尽管此建议最初会带来相关费用的增多，但对当前制度运作的任何改进都将带来远期费用的减少。该公众教育计划的目标应当是强化子女的权利，即保证子女定期与父母双方以及其他对子女进行照料、与子女的幸福和发展有关的人进行接触。普通公众应当理解，夫妻分居后，与子女同住的父母一方并不能为另一方父母，或其他因为该婚姻关系而可以接触该子女的祖父母和亲戚设置条件。

2. 建议主要采取诉讼外的纠纷解决方法

该报告建议，凡属维持与子女接触有困难的父母，应有此选择权，即可以委任一名法律顾问或调解员，在任何可能和适当的情况下，开始和推进补救性行动。① 并且，在适当的案件中，在有关法律顾问或调解员被委任之后，就立即采取行动，查明"接触令"被违反的原因，并帮助父母们协商解决的办法。

3. 建议给予审理接触执行申请的法官必要的援助

该报告强调，需要采取多种措施来确保法官有权接受专门的和全面的培训，并给予他

---

① 在该立法会收到的意见书中，曾有很大一部分就是提出，在子女接触纠纷案件中争议的问题，或许通过法律顾问或调解员能够得到最好的解决，而不是通过司法诉讼程序。

们所需要的设施和支持。审理"接触令"执行申请的法官应当获得以下援助：获得全面的和专门的培训计划；供给足够的信息和资源材料，包括最新的法律和手册；提供一个二十四小时的咨询帮助热线，使他们能够寻求来自家事法院的紧急建议；通过咨询、调解和家庭报告服务而有助于法庭审理等。

4. 建议使用标准的"接触令"并在命令中使用警告

该报告认为，如果使用标准的"接触令"（格式化的"接触令"），将有助于消除或减少命令中含糊的用词对执行造成的影响。该报告建议，家事法院通过咨询司法官员、法律顾问、调解员，以及当事人和其他为法庭命令进行工作准备的人员，从而使标准的"接触令"被获得使用。并且，其认为，在命令上应当有批注，以适当的语言作出警告，指出违反"接触令"的严重后果，并解释有关"接触令"的信息，告知当事人有违反"接触令"的行为时将产生何种法律后果。

5. 建议采用三个层次的方法来处理违反"接触令"的行为

该立法会的中期报告中指出，在处理与子女接触的纠纷中，一个单独的处罚方法有严重的局限性。因此其建议，需要采用三个层次的方法来处理违反"接触令"的行为：一是预防性措施。其包括通过法律顾问或调解员，指导离婚或分居父母之间的交流，以及法官在作出命令时告知父母各自对子女的责任。另外，公众教育计划也应当被包含在预防性措施中。二是补救性措施。其包括当父或母照顾子女有问题时，参加一个养育子女的技能课程；在某些案件中强制父母参加咨询；当一方当事人反复违反命令时，责令违反者支付另一方当事人为联系接触子女而支出的费用；设立有关子女需要的教育讲习班，以帮助一些经历子女接触问题的夫妻。三是惩罚性措施。目前违反接触命令的处罚主要是依旧的刑事处罚。该立法会认为，在某些时候增加处罚措施是必要的，包括赋予法庭对有违法行为的与子女同居父母一方向法院交付一定款项的权力，或发出交付子女给另一方父母的返还令，以及要求违反命令者向法庭提交保证金。

6. 建议在家庭法中纳入有关子女接触的专门规定

该报告指出，子女接触问题是独特的，制作"接触令"与违反"接触令"，都需要适用特别的规定。因此，专门的独立于其他法院命令的规定，应当被纳入家庭法中，以便规定妥善地解决这些问题的事项。

（四）对《子女接触令——执行和处罚》报告的建议措施之评析

1. 实施公众教育计划，有利于预防和减少违反"接触令"行为的发生

通过公众教育计划，能够明确这样的后果：违反法庭命令将会受到严肃的处罚，故意地漠视法庭命令将会被给予相当、适当的处理。然而，仅有法律的规定是不够的，还应有一种尊重探望权，并为探望权的行使提供各种方便的社会条件。[①] 实施公众教育计划，能够使分居或离婚的父母们懂得，分居或离婚后，不与子女居住的父母同样有探望子女的权利，不应当为他们探望权的实现设置障碍。这样有利于预防和减少违反"接触令"行为的发生。

2. 采取诉讼外的纠纷解决方法，有利于化解父母双方的矛盾和维护子女利益

如果对"接触令"执行纠纷，主要采取诉讼外的纠纷解决方法，通过法律顾问或调

---

① 王丽萍：《婚姻家庭法律制度研究》，山东人民出版社 2004 年版，第 159 页。

解员的介入服务，就能帮助父母解决某些阻碍他们合作的问题，并在此基础上促成双方对"接触令"的行使达成共识。除了达成有关子女接触的协议外，法律顾问或调解员还可以依据当事人个人的具体情况，给父母双方提供需要的信息，如在任何一方当事人违反命令时，可采取何种救济，并强调违反法庭命令的严重性。在发生与"接触令"的执行有关的问题时，法律顾问或调解员还能够帮助当事人。这些都有利于化解父母双方的矛盾和维护子女利益。

3. 给予法官必要的援助，有助于法官作出更加合理的裁判

法官不是万能的，尽管法官精通法律，但他们不一定对案件的全貌有细致的了解，尤其是在棘手的案件中，引入法律顾问协助法官，能够使法官获取更多的信息和了解更多的细节，这将减少子女接触案对法律援助的需求；供给法官们足够的信息、资源和二十四小时咨询帮助热线，以及对他们进行专业培训，可以使法官们在遇到问题时及时获得帮助，有助于其及时作出正确的裁判。

4. 标准的"接触令"和包含警告的"接触令"，有利于当事人对命令的理解和执行。

对"接触令"的制定，如采用格式化的标准命令，能够减少或消除法庭命令的含糊和漏洞，可使得双方当事人能够清楚地了解各自的权利义务，避免纠纷的发生。并且，在命令中明列违反该命令的后果，这会使当事人意识到其违法行为将会有何后果。"接触令"中包含的警告，既可以警示接触子女的父母一方严肃地对待命令，如果违反，则有可能导致"接触令"被暂停或撤销；也可以让与子女居住的父母一方知道，如果其违反该命令，可能导致居住令被暂停、撤销甚至转换。这有利于双方当事人对命令的理解和执行。

5. 采用三个层次的方法预防和处理违反"接触令"的行为，有利于子女与父母相互接触权的实现。

由于采取单独的处罚方法可能有局限性，在考虑一个特殊的处罚是否适当时，考虑子女的利益是非常关键的，而施加一个处罚可能会产生相反的效果。例如，如果接触的父母一方导致与子女同居的父母一方受到处罚，就可能强化与子女同居的父母一方不让子女拜访他方父母的意愿。所以，对于违反"接触令"的行为，应当采用三个层次的方法来预防和处理。首先，采取"预防性措施"。通过法律顾问或调解员的服务，促使父母双方交流沟通；法院在命令中告知父母对子女的责任；通过公众教育计划提高民众的法律意识等措施，都体现了"预防为主""教育为主"的精神。其次，采取补救性措施。例如，当子女处于父亲或母亲的照顾下，父母一方有欠缺适当照顾子女的能力问题时，让其参加一个养育子女的技能课程，可以帮助父母培养抚育子女的能力，有利于子女的健康成长。又如，设立有关子女需要的教育讲习班，可以帮助一些经历子女接触问题的夫妻。这些都体现了"儿童最大利益原则"的要求和"以人为本"的立法理念。最后，采取惩罚性措施。法院的惩罚性措施，不仅包括采用传统的刑事处罚，还包括或命令与子女接触的父母一方或与子女同居的父母一方如有违法行为时向法庭交付一定款项（保证金）。如果在一个指定的时期内，该父母一方遵守命令，则可以将这些钱原额退还；或在适当的案件中，发出交付子女给另一方父母的子女返还令。惩罚措施的多样性，使不同层次的违反"接触令"的行为受到不同的区别处理，这使法院的命令更容易被当事人心悦诚服地接受，有利于子女与父母相互接触权的实现。

6. 在家庭法中纳入有关子女接触的专门规定，有利于知法、守法、执法

父母与子女的接触问题是独特的，独特的问题需要独立的专门条文进行规制。在家庭法中设立专节对父母与子女的接触问题具体地规定，这既有利于当事人知法、守法，父母双方协商后妥善地处理相关问题，以预防违反"接触令"行为的发生；又能让法官在处理子女接触纠纷案件时，有法可依、违法必究。

### 三、我国探望权的立法现状及不足

前述澳大利亚的子女"接触令"，是针对父母离婚或分居后，不与子女生活的父母一方或其他亲属对子女行使接触权包括会面交往、探望等权利的规定。在我国，2001 年修正后的《婚姻法》中也有对探望权的规定。

（一）我国法律对探望权的规定

我国 2001 年修正后的《婚姻法》第 38 条规定，"离婚后，不直接抚养子女的父或母，有探望子女的权利，另一方有协助的义务。行使探望权的方式、时间由当事人协议；协议不成时，由人民法院判决"。探望既包括直接见面或短期一起共同生活，也包括交往，如互通书信或电话、互送礼物或照片等。[①]

关于探望权的中止，该法第 38 条第 3 款规定为："父或母探望子女，不利于子女身心健康的，由人民法院依法中止探望的权利；中止的事由消失后，应当恢复探望的权利。"

关于探望权的强制执行，《最高人民法院关于适用〈中华人民共和国婚姻法〉若干问题的解释（一）》[以下简称《婚姻法的解释（一）》] 第 32 条规定，"对拒不执行有关探望子女等判决和裁定的，由人民法院依法强制执行的规定，是指对拒不履行协助另一方行使探望权的有关个人和单位采取拘留、罚款等强制措施，不能对子女的人身、探望行为进行强制执行"。

（二）我国法律对探望权规定之不足

父母对子女的探望权，是我国 2001 年修正后的《婚姻法》新增规定的内容。探望权的设立，为未与子女共同生活的离婚父母一方与子女保持正常联系与交往提供了明确的法律依据。然而，我国现有的探望权规定仍存在以下不足。

1. 探望权之权利主体的范围过窄

我国《婚姻法》仅将探望权赋予已离婚的夫妻。然而，现实生活中我国有一些虽未离婚但因感情不和而事实上分居的夫妻。夫妻分居时，受抚养的子女不能同时与父母双方共同生活，而只能与一方父母同居生活。这就涉及未与子女共同生活的父母一方与子女的交往和探望问题。有些分居的夫妻在双方矛盾激化时，子女有可能成为一方报复另一方的工具，与子女同住的父母一方不让另一方探望子女，这对于缓和夫妻矛盾、保护子女利益都是不利的。因此，我国有学者早在 20 世纪 90 年代就提出探视权人应当包括因夫妻分居而未与子女共同生活的父母一方。[②] 并且，笔者认为，从子女的角度来看，子女作为与父母相互交往、探望的一方，也应当是探望权的权利主体。

此外，关于祖父母、外祖父母是否有探望权？目前我国专家学者对此的看法不一。有

---

① 马忆南：《婚姻家庭法新论》，北京大学出版社 2002 年版，第 298 页。
② 陈苇：《离婚后父母对未成年子女监护权问题研究》，载《中国法学》1998 年第 3 期。

学者认为，祖父母、外祖父母不享有探望权，"无限扩大探望权主体的范围在立法上是不可取的"。① 有学者却指出，尤其是在祖父母或外祖父母的子女不在身边或已去世的情况下，祖父母或外祖父母却不能探望孙子女或外孙子女，这是很不人道的。② 还有学者亦认为，在父母离婚后，只要能够证明探视有利于未成年孙子女、外孙子女的最佳利益，应当允许祖父母、外祖父母与孙子女、外孙子女继续正常交往。③ 笔者认为，应当基于"儿童最大利益原则"，处理父母及其近亲属对儿童的探望问题，即是否允许父母或某近亲属的探望，应当首先考虑是否有利于儿童的健康成长。正如澳大利亚《执行和处罚》报告中指出的"与子女同住的父母一方并不能为父母另一方，或其他因为该婚姻关系而可以接触该子女的祖父母和亲戚设置条件"。因此，无论孙子女、外孙子女是否由祖父母、外祖父母直接抚养，无论祖父母或外祖父母的子女是否在其身边或是否已经去世，基于家庭的亲情和伦理关系，祖父母、外祖父母应当是探望权的权利主体之一。当然，如果祖父母、外祖父母不当行使探望权，导致不利于儿童健康成长的，则应当依法中止其探望权的行使。

2. 探望权的立法较为分散

我国有关探望权的立法，如前所述，散见于现行《婚姻法》第 38 条及《婚姻法解释（一）》第 32 条之中，现行《婚姻法》尚未设专节对探望权进行规定。笔者认为，有关探望权的内容，我国现行法已经规定了探望权的主体（权利主体和义务主体）、探望权的行使、探望权的中止与恢复、探望权的强制执行。但由于立法被分散在《婚姻法》与司法解释中，不便于公众知晓，从而难以达到让广大民众知法、守法的目的。

3. 对拒不履行探望权协助义务的行为之处罚措施单一

我国司法解释规定，对拒不履行协助另一方行使探望权的有关个人和单位采取拘留、罚款等强制措施。诚然，单纯的强制措施可以让违法者受到处罚，但并不一定有利于立法目标的实现。对拒不履行协助义务的一方当事人，仅仅对其采取强制措施，往往会使当事人产生抵触心理，其可能更不愿让另一方探望子女，而且还有可能因为受罚而虐待子女。而前述澳大利亚立法，对探望权行使中的违法行为采取三个层次的不同处理方法，从预防、补救和惩罚三个方面着手，具有合理性。

**四、澳大利亚子女"接触令"的改进建议措施对我国之启示**

笔者认为，前述澳大利亚立法会的《执行和处罚》报告对"接触令"提出的改进建议措施，对于我国探望权制度的完善具有重要的参考价值。以下，笔者针对我国现行探望权制度之不足，结合我国实际，借鉴澳大利亚的立法和司法经验，提出以下修改、补充我国探望权制度的建议。

（一）补充立法，适当增加探望权的权利主体

如前所述，澳大利亚的"接触令"的权利主体包括子女的父母一方或双方；子女；子女的祖父母、外祖父母；与子女的照管、福利或成长有关的其他人。这体现了"儿童

---

① 杨大文主编：《亲属法》（第 4 版），法律出版社 2004 年版，第 203 页。
② 杨遂全、陈红莹、赵小平、张晓远：《婚姻家庭法新论》，法律出版社 2003 年版，第 273 页。
③ 王丽萍：《亲子法研究》，法律出版社 2004 年版，第 237 页。

最大利益原则"的要求，有利于儿童的身心健康成长。笔者认为，从我国实际出发，应当适当扩大探望权之权利主体的范围，建议对现行《婚姻法》第 38 条第 1 款修改、补充规定如下：

分居后不与子女共同生活的父或母一方与子女、离婚后不直接抚养子女的父或母一方与子女，有相互探望的权利。

祖父母与孙子女、外祖父母与外孙子女，有相互探望的权利。

（二）结合"普法"宣传教育，制订并开展公众教育计划，预防和减少探望权的纠纷

建议结合我国多年"普法"宣传教育工作的实际，开展有关探望权行使的群众教育计划，可以社区为单位，以居委会、村委会为主导，并聘请有经验的律师、婚姻家庭咨询员，针对分居的或离婚的夫妻之不同需要，对分居后或离婚后的父母进行有关子女的抚养、探望等权利义务的法治宣传教育，其内容包括父母一方应当如何正确行使探望权、父母他方如何协助行使探望权以及在行使探望权时应当如何尊重、维护子女的权益等。

（三）设立专门的家事纠纷调解员，指导当事人解决探望权纠纷

改进我国的人民调解制度，针对家事纠纷具有伦理性、亲情性、隐私性等特点，建立专门的家事纠纷调解新机制，设立专门的"家事纠纷调解中心"。[①] 在探望权等家事纠纷在起诉前，经夫妻双方申请，在家事纠纷调解员的指导下，依据"子女最大利益原则"，夫妻能够依法协商解决子女的抚养、探望等问题。这既有利于及时化解父母双方的矛盾，可以避免或减少对子女的身心健康造成伤害，又可以减少讼累，减轻法院的工作负担，节省司法资源。至于"家事纠纷调解中心"的设立，可以参照澳大利亚"家庭关系中心"的形式，为当事人双方提供一种"前站式"的服务，以帮助父母就子女的探望及抚养等问题达成协议。[②]

（四）给予法官更多的司法资源，以助其公正、高效地处理探望权纠纷

对某些复杂的探望权纠纷案件，可借鉴澳大利亚的经验，设置专门代理子女利益的律师担任法律顾问。为法官提供其已为当事人咨询及调解的相关信息，协助法官了解案情，使法官能够掌握更多的案情细节。此外，还可结合我国实际，设立法律咨询热线，使法官在遇到疑难问题时能够及时获得法律资源的帮助，并且对法官应定期开展业务培训，提高其业务技能，提高司法效率。如果法官对案情有准确的掌握，而且又经法律知识的强化培训或相关专业知识的咨询，就能够依据"儿童最大利益原则"，依法适当地行使自由裁量权，根据夫妻双方的具体情况和子女的利益，及时作出公正的探望权判决。

（五）对行使探望权的违法行为，制定不同层次的处理措施

我国司法解释虽已规定，对拒不履行协助另一方行使探望权的有关个人可采取拘留、罚款等强制措施，但仍有不足。笔者建议，从我国实际出发，借鉴澳大利亚采取的三个层次的不同措施，预防和处理探望权行使中的违法行为。

---

① 陈苇、来文彬：《论我国家事纠纷人民调解新机制——以澳大利亚"家庭关系中心"之家事纠纷调解为视角》，载《学术交流》2009 年第 7 期。

② 澳大利亚"家庭关系中心"的设立，是澳大利亚政府家庭纠纷解决机制改革的一项新举措。该中心的主要功能是：在夫妻分居或离婚后或提起离婚诉讼前，应夫妻的请求，向他们提供基本的信息、建议和帮助，从而指导夫妻及时妥善地处理子女抚养、教育和监护等问题。参见陈苇、胡苷用：《离婚诉讼前处理子女抚养纠纷的一种新机制——澳大利亚"家庭关系中心"评介及其启示》，载《吉林大学社会科学学报》2007 年第 4 期。

　　一是预防性措施。其包括律师或婚姻家庭咨询员对离婚的或分居的父母提供咨询服务，指导双方当事人协商解决家事纠纷；法院在判决时告知父母各自对子女的权利和义务；开展"普法"宣传教育，包括指导处理父母与子女相互探望关系的公众教育计划等。

　　二是补救性措施。其包括在一方当事人照顾子女有困难时，经当事人的申请，婚姻家庭咨询员可指导其参加有关养育子女的家政技能课程；"家事纠纷调解中心"设立有关子女需要的教育讲习班，让父母知道子女的成长规律，承担自己应尽的父母责任；在某些案件的诉讼中，法院可根据具体情况的需要，指示父母参加家庭咨询。在一方当事人无正当理由不履行探望权的判决时，法院可责令该违法行为人支付另一方当事人多次联系行使探望权及起诉等支出的费用。

　　三是惩罚性措施。除保留我国现行法对拒不履行协助探望的义务者可采取拘留、罚款等强制措施以及对行使探望权不利于子女健康成长的可中止行使探望权等规定外，增补如下规定：

　　如果直接抚养子女一方阻挠行使探望权的，经当事人提出申请，人民法院应视其情节轻重，可以变更子女的直接抚养人，或责令直接抚养子女一方向行使探望权的另一方交纳一定数额的协助执行保证金。

　　在阻挠行使探望权的违法行为已停止后，经交纳保证金一方提出申请，人民法院经审查其确实已经改正的，收取保证金的一方应当对其退还保证金。

　　（六）设置标准的格式化探望权判决书，明定不履行协助义务，应承担的法律后果

　　建议我国设置标准的格式化的探望权判决书，其内容包括明确规定一方行使探望权的时间、方式及他方的协助义务，并明确警示性规定如一方不履行协助义务，其应承担的法律后果。

　　该警告性规定的内容为：一方如无正当理由，阻挠他方行使探望权的，此属于不履行协助义务，侵犯了他方的法定探望权利。权利人对此可向人民法院提出侵权诉讼，要求侵权方承担赔偿责任。侵权一方应当赔偿他方因探望不能而导致的物质损害和精神损害。

# 澳大利亚家事纠纷解决机制的
# 新发展及其启示①

陈 苇 曹贤信

## 目 次

在我国，目前正在进行司法改革，重视诉讼前纠纷解决机制的创新。在国外，自2005 年以来，澳大利亚基于构建和谐家庭的总目标，根据联合国有关国际文献倡导的人权保护理念和 "儿童最大利益原则"，先后多次修改立法，澳大利亚《1975 年家庭法》（以下简称《家庭法》）已经被多次修改和补充，增加了许多新规定。② 其中，新增的家事纠纷解决机制（Family Dispute Resolution Mechanisms，以下简称 FDR 新机制）是澳大利亚《家庭法》近年最新发展且最具特色的内容之一。本文拟考察澳大利亚家事纠纷解决机制新发展的背景，在对其立法内容简介和评析之基础上，揭示其启示意义，进而结合我国实际，借鉴澳大利亚家事纠纷解决新机制的有益经验，提出完善我国家事纠纷解决机制的建议，以期及时化解婚姻家庭纠纷，促进我国和谐家庭与和谐社会的构建。

### 一、澳大利亚家事纠纷解决机制新发展的背景

在澳大利亚，近年来，立法机关每年都以法令的形式对《家庭法》进行修正。尤其值得注意的是，澳大利亚国会在 2006 年 5 月 22 日通过的《2006 年家庭法修正（共同承担抚养责任）法》（2006 年第 46 号法令，以下简称 2006 年法令）。当时的《家庭法》经该法令修正后，其最重要的变化就是增加了 "FDR 新机制"，更加注重对家事纠纷的非诉讼的多元化解决途径。

---

① 本文载《法治研究》2010 年第 9 期。本文系 2008 年度重庆市教委人文社科研究重点项目："2007 年新《澳大利亚家庭法》——以构建和谐社会为目标"（08jwsk001）的研究成果之一。

② 陈苇，女，西南政法大学外国家庭法及妇女理论研究中心主任，民商法学院教授、博士生导师；曹贤信，男，西南政法大学民商法博士研究生。

陈苇主持翻译：《澳大利亚家庭法》（2008 年修正），群众出版社 2009 年版，译者序第 4 页。

（一）澳大利亚 FDR 新机制的演变概况

在澳大利亚《家庭法》被 2006 年法令修正之前后，其家事纠纷解决机制是有明显区别的。该法在 2006 年被修正之前，原本是"主要纠纷解决机制"（Primary Dispute Resolution Mechanisms，PDR），其被规定在该法的原第二、三章中。[①] 而该法在 2006 年被修正之后，原 PDR 机制（咨询、调解、仲裁等制度）的具体内容在被修改的基础上，增加了非诉讼家庭服务制度和诉讼家庭服务制度及相关程序要求，并改称为"家事纠纷解决机制"，即以"FDR"统称这种机制的新变化。原《家庭法》的结构和内容主要有如下修改：2006 年法令在废止原《家庭法》第二、三章的基础上，代之为第二章（非诉讼家庭服务）、第三章（家庭顾问）、第三 A 章（有关非诉讼家庭服务及法院程序、服务的告知义务）和第三 B 章（法院在诉讼和非诉讼家庭服务中的权力）。此外，还新增了第四 A 章（法院的管理）的第一 A 节（法院对家庭服务的管理）、第七章第一节的 E 小节（家事纠纷调解）。[②] 总的来说，澳大利亚修改原 PDR 机制而代以 FDR 新机制，它是由非诉讼家庭服务制度、诉讼家庭服务制度以及相关程序构成的一个有机整体。并且该 FDR 新机制先后在 2007、2008 年又历经了多次修改和补充（详见后述）。

（二）澳大利亚 FDR 新机制的立法理念及主要功能

澳大利亚的 FDR 新机制，体现了"以人为本"、尊重当事人意愿、节约司法成本、及时化解家事纠纷的立法理念。FDR 新机制，鼓励当事人利用非诉讼的家庭服务和诉讼中的家庭服务，解决过去通过法院采取判决方式解决的家事纠纷。其立法的主要功能如下：（1）通过家庭咨询方式，帮助正考虑分居或离婚的已婚夫妇达成和解。（2）当事人有权在适当情形下且遵循正当程序，利用家庭纠纷调解方式解决纠纷，特别是与子女抚养有关的纠纷。法院采取措施，鼓励当事人在判决之前，对家事纠纷尽可能通过调解方式解决。（3）当事人有权在适当的情形下，利用仲裁方式解决纠纷并为仲裁提供便利。（4）法院被赋予权力，可以要求诉讼当事人选择适合于其需要的诉讼家庭服务或非诉讼家庭服务。

## 二、澳大利亚家事纠纷解决新机制的主要内容

如前所述，澳大利亚《家庭法》修改后的 FDR 新机制与原 PDR 机制相比，不仅其机制的名称有所改变，而且其内容变化较大。该 FDR 新机制的主要内容被体现在新的实体规范和程序规范上。

（一）FDR 新机制的实体新规范

1. 非诉讼家庭服务制度

修改之前的 PDR 机制原本就包括家庭咨询、家事纠纷调解、家事纠纷仲裁等制度。但在修改后的 PDR 新机制内，这些制度已被"非诉讼家庭服务"制度加以概括，并作为 FDR 新机制的内容之一，以强调非诉讼方式解决家事纠纷的作用，进而形成 FDR 新机制

---

① 原第二章为"咨询组织和调解组织"，其规定的主要是对咨询组织和调解组织的批准、财政支持，咨询组织和调解组织的业务报告等内容；原第三章为"主要纠纷解决机制"，其规定的主要是包括咨询、调解和仲裁在内的庭外解决纠纷的要求和程序。

② 有关家事纠纷解决新机制的具体的法条内容，请参见陈苇主持翻译：《澳大利亚家庭法》（2008 年修正），群众出版社 2009 年版，第 53-72、92-93、124-129 页。本文以下引用的澳大利亚《家庭法》相关条文，均来自此书，特此说明。

的鲜明特色。

（1）家庭咨询服务。近年澳大利亚政府通过"家庭关系服务计划"资助了一批社区组织，以便这些组织及其工作人员能够更好地为当事人提供家庭关系的咨询服务。例如，通过家庭咨询员的服务，可以帮助不希望重归于好的夫妻达成离婚协议，可以帮助争议双方解决财产分割中的异议，也可以帮助人们维持分居后的正常家庭关系。家庭咨询服务的功能在于通过家庭咨询员的帮助，协调家庭关系紧张的家庭成员之间的关系，帮助他们处理在正常婚姻期间、分居期间、离婚期间或离婚后所涉及的子女和家庭事务等问题（如受伤害的情感、家庭成员关系、新的生活安排、子女照管、财产归属等问题，以下统称"家事纠纷"）。

家庭咨询服务质量的高低，取决于家庭咨询员的素质。为此，《家庭法》规定了家庭咨询员的任职资格制度和履行职务时的法定义务。首先，关于家庭咨询员的任职资格制度，该法作了两种规定：一是行政委任制。[①] 对家庭咨询员实行委任制是为了确保服务质量并提高其服务的专业性。2007 年 12 月 24 日，教育培训与青年事务部长理事会已经通过了由社区服务与职业技能委员会（CSHISC）新制定的"家庭服务资格"。根据该规定，家庭咨询员从事家庭关系咨询业务时应当具有相应职业的学历文凭。在实践中，家庭咨询员主要来自司法部批准的具有从事家庭咨询资质的组织，如"家庭关系中心"等。二是法院授权制。法院的首席执行官可以授权法院官员或工作人员担任家庭咨询员，也可聘请法院外的其他人为当事人提供家庭服务。[②] 其次，家庭咨询员的履职义务包括：（1）向考虑离婚的夫妻介绍并提供帮助和解的服务，除非当事人关系没有和好的可能；（2）向已分居且有子女的当事人建议拟订抚养计划和参加其他家庭服务；（3）以特殊技巧向参与咨询的受分居或离婚影响的子女提供服务；（4）对咨询内容负有保密义务，但某些情况例外，如防止对某人生命造成严重威胁、防止犯罪行为发生或涉及家庭暴力、虐待儿童等。[③]

虽然《家庭法》规定当事人个人、夫妻可以在结婚前、婚姻存续期间、同居期间、分居时、分居后、离婚时、离婚后或再婚时参加家庭咨询服务，但特别强调以非诉讼方式解决子女抚养纠纷，以避免对簿公堂。即使以诉讼方式解决子女抚养纠纷，当事人仍应根据法院的指示参与咨询，以便讨论与尝试解决子女抚养、子女权益及发展问题上的分歧。例如，在抚养令诉讼中，如果当事人要求法院就子女抚养纠纷作出裁定，法院可建议或要求当事人去参加制订离婚后抚养计划。[④] 在通常情况下，除非当事人已会见了家庭咨询员，否则法院不得签发子女抚养令（紧急情况除外）。法院还可要求父母双方接受"子女

---

① 澳大利亚《家庭法》第 10A、10C 条。
② 澳大利亚《家庭法》第 38BD、38R 条（1A）款。
③ 澳大利亚《家庭法》第 44、10B、12B、10D 条。
④ 离婚的家庭有时无法就探视子女达成协议，即使法院已签发抚养令，父母也无法执行。此时要求父母参加抚养计划，通过与家庭咨询员交谈、参加资讯讲座、与有类似经历的父母一起参加活动小组等服务方式后制订抚养计划，能帮助他们理解家庭内发生的变故并较好地及时解决子女抚养问题。与抚养令不同的是，子女抚养计划不具有强制执行力。制订子女抚养计划的父母可以请求法院按该计划的条款作出"同意令"。同意令一旦作出，子女抚养计划就具有了法律约束力。

探视服务"（Children's Contact Service），参加监督下的交接或探视。①

（2）家事纠纷调解服务。家事纠纷调解是一种调解分居、离婚时的财产归属、子女抚养等家事纠纷的非诉讼服务方式。它与家庭咨询不同，家事纠纷调解服务并不解决感情问题，而只是调解解决具体的家事纠纷。家事纠纷调解服务的提供者，包括受政府财政支持并经注册的组织和个人，如"家庭关系中心"、社区组织、法律援助委员会等组织和律师、社区工作人员、心理学专家等个人。

对当事人而言，对于参加家事纠纷调解服务，《家庭法》第60I条有特别的要求。当事人如果没有通过调解服务解决子女抚养纠纷的，则必须向法院提交由家事纠纷调解员出具的已参加调解服务的证明，但有特殊情况无须参加调解服务的除外。在必须进行家事纠纷调解的情况下，如果当事人在调解中未诚心解决争议或根本不参加调解的，法院可以考虑让不配合者承担全部诉讼费用或命令双方再次参加家事纠纷调解。凡涉及抚养令的纠纷，必须经过家事纠纷组织或个人的调解服务，才能起诉。②

对家事纠纷调解员而言，对其在提供调解服务时应尽的义务，现行澳大利亚《1984年家庭法条例》（以下简称《家庭法条例》）第64条作了如下规定：家事纠纷调解员，在提供调解服务之前，应当对当事人的纠纷和调解服务的适宜性作出评估，还应当对各方当事人说明调解服务的注意事项，否则不得启动调解服务程序；应当确保调解程序符合当事人的需求（如调解场所的室内布置、调解安排的时间）；在当事人要求终止服务或调解服务不再适合于当事人时，应当终止调解；如果其不是执业律师时，不得出具法律意见；不得利用获得的信息谋取私利或损害他人利益；在与当事人有利害关系时，应当回避。

（3）家事纠纷仲裁服务。《家庭法》第10L条规定的仲裁，仅指诉讼前的有关财产争议的仲裁，具体包括婚前、婚内财产协议，财产权益的宣告、变更、撤销等。但是，凡涉及子女抚养的协议以及经法院批准的夫妻扶养协议，均不得仲裁。在开始仲裁前，各方当事人可事先达成提供仲裁的书面协议。如果当事人事先未达成书面协议的，仲裁员应在启动仲裁之前给予各方当事人以书面的仲裁通知。此外，在诉讼中，经全体诉讼当事人同意后，法院也可以命令将相关财产诉讼或其一部分的争议事项，提交仲裁员仲裁。

关于家事纠纷仲裁员的任职资格，《家庭法条例》第67B条作出了明确规定：（a）本人是执业律师；（b）经州、地区法律专业机构的家庭法专家授权，或者作为律师至少执业5年且独立处理的家事案件数不少于该执业期间案件总数的25%；（c）完成高等院校或仲裁职业协会的仲裁培训专业课程；（d）从事仲裁业务之前，应当在澳大利亚法律理事会或其授权的机构处备案。

关于家事纠纷仲裁员的权力，根据《家庭法》③和《家庭法条例》④的规定，在仲裁时，家事纠纷仲裁员有要求当事人出示证据、认可书面证据、修改证据规则、作出临时裁决、促进和解、提交法律问题给法院裁定等权力。并且，经法院登记的仲裁裁决具有强制

①　参见澳大利亚司法部官方网站公布的英文宣传册："Children's Contact Services：supervised changeovers and visits"，载　http://www.ag.gov.au/www/agd/rwpattach.nsf/VAP/（CFD7369FCAE9B8F32F341DBE097801FF）- 44Childrens+Contact+Services+screen.pdf/$file/44Childrens+Contact+Services+screen.pdf，访问日期：2010年6月20日。

②　参见陈苇主持翻译：《澳大利亚家庭法》（2008年修正），群众出版社2009年版，第124-127页。

③　澳大利亚《家庭法》第10L、13G、67ZA、111CV、123条。

④　澳大利亚《家庭法条例》第67G、67I、67N、67O条。

执行力。

### 2. 诉讼家庭服务制度

诉讼家庭服务制度，即家庭顾问制度，是 FDR 新机制中新增的与非诉讼家庭服务并列的一种制度。根据《家庭法》①的规定，家庭顾问是指由家事法院或联邦治安法院的首席执行官②根据工作需要配备并任命的法院官员、工作人员，或聘请的专业从事儿童及家庭事务的心理学家或社区工作人员。家庭顾问的职责主要是提供诉讼中的家庭咨询服务和家事纠纷调解服务。就服务对象而言，家庭顾问的职责可以分为以下两类：

（1）为当事人提供建议和帮助。根据《家庭法》③的规定，法院可以依职权或依独立代理子女利益的律师的申请，指令当事人向家庭顾问咨询。在向其咨询的当事人未能遵守法院作出的咨询指令或顾问作出的指示时，家庭顾问应当将此情况报告给法院，以便法院作出其认为适当的进一步的指令。

（2）为法院提供咨询服务。根据《家庭法》④的规定，家庭顾问可以向法院提供帮助、建议以及提供涉及诉讼的证据；可以就诉讼中的未成年子女的照管、福利或成长等事项向法院提交报告；可以向法院建议可指示诉讼当事人参加家庭咨询、家事纠纷调解、课程、计划以及其他服务；可以告知法院有关政府、社区或其他机构为家庭所提供的服务情况；法院在指令或建议当事人参加家庭咨询、家庭纠纷调解、课程、计划或其他服务之前，应当就适当满足当事人需要的服务和这些服务的最适当提供者向家庭顾问征询意见，并在行使职权之前考虑采纳家庭顾问的意见。

### 3. 非诉讼家庭服务制度与诉讼家庭服务制度的区别

与诉讼家庭服务制度相比较，非诉讼家庭服务制度的不同之处主要表现在以下两个方面：

（1）证据效力的否定性。家庭咨询员、家事纠纷调解员在非诉讼家庭服务中所掌握的证据及当事人的陈述，不能被法院采信。而家庭顾问在诉讼家庭服务中所掌握的证据及当事人的陈述，可以被法院作为证据采信，但家庭顾问在诉讼服务前未告知此法律效力的除外。但无论是诉讼家庭服务还是非诉讼家庭服务，凡涉及未成年子女受虐待或有受虐待危险的自认、披露等都可以被法院采信，除非法院认为有其他途径可获得更为充足的承认或披露；当事人与仲裁员的会见、讨论等内容不具有保密性，日后可以被用作诉讼证据。

（2）告知义务的法定性。《家庭法》对非诉讼家庭服务的告知义务实行统一要求。《家庭法》第 12E、12F、12G 条规定了家庭咨询员、家事纠纷调解员和仲裁员在提供服务时负有告知三类信息的义务。这些信息主要是指以下几类：一是应当向当事人提供关于非诉讼家庭服务和法院诉讼程序、服务的信息，包括即将进行的诉讼所产生的法律效果及可能的社会影响（包括对子女的照管、福利或成长的影响），分居或离婚时如何获得仲裁服务等信息；二是家庭咨询服务文件和家事纠纷调解文件中，应包括获得旨在帮助婚姻当事

---

① 澳大利亚《家庭法》第 11B、38BA、38BB 条。

② 家事法院和联邦治安法院的首席执行官拥有家庭顾问的权限，并可指示家庭顾问履行职责。本文所指的诉讼家庭服务不包括如何寻找传译员、该填哪些表格、案件如何审理等有关纯粹诉讼程序方面的服务，这些是家事法院工作人员为当事人做的事情，而非家庭顾问。

③ 澳大利亚《家庭法》第 11A、11F、11G、65F、65G、69ZS、123 条。

④ 澳大利亚《家庭法》第 11A、11E、13C、13D、55A、62G、63DA 条。

人达成和解的信息；三是在家庭服务特别是咨询服务的文件中，应包括帮助婚姻当事人及其子女积极面对诉讼后果的信息。此外，在向婚姻关系破裂的父母提供建议时，应当告知他们应依据子女最大利益为原则，签订子女养育计划并完善其内容。因此，对告知义务的总的要求是：确保正考虑分居或离婚的夫妻被告知获得旨在帮助他们达成和解的服务；使受到或可能受到分居或离婚影响的他人被告知获得旨在帮助他们适应分居或离婚有关的服务，并被告知除依法申请命令之外还有其他解决纠纷的办法。

（二）FDR 新机制的程序新要求

1. FDR 新机制中的调解前置主义

在诉讼程序上，《家庭法》及相关条例要求尽可能将家事纠纷解决于诉前程序。诉前程序旨在鼓励家事纠纷当事人及早全面交流、交换信息文件，通过家庭咨询、调解或仲裁等纠纷解决服务，帮助当事人迅速公正地解决争议，以尽可能避免诉诸法院。

一般而言，家事法院审理家事案件的程序有：诉前程序①、向法院提出申请、初步审理或听证、当庭和解、准备终审或听证、终审或听证。通过诉前程序，当事人往往可能在诉前已达成协议，再由法院颁发同意令以确认争议的解决。若无法达成协议，诉前程序有助鉴别存在争议的真实事由，并鼓励各方基于证据，申请合理的法院命令。这有助于节约法院审理的时间和成本。根据《家庭法条例》第 63 条的规定，各方当事人在诉前程序中必须参加家事纠纷调解，若无法成功解决争议，应致信给他方以拟定其提议，并探讨解决办法，且在可行的情况下尽量披露所有有关该争议的重大事实、文件和其他资料。

尤其值得注意是，《家庭法》第 60I、60J 条对于家事纠纷诉讼中的程序作了特别要求，即采取调解前置主义。其主要体现在以下两个方面：

（1）当事人若有意向家事法院申请财产令，就必须在申请前参加家事纠纷调解（除涉及家庭暴力、欺诈或紧急情况外）。如未参加家事纠纷调解而向法院提出申请时，法院得命令参加家事纠纷调解。

（2）当事人如要申请抚养令，《家庭法》亦明确规定双方应当首先参加家事纠纷调解，其要求分三个阶段。第一阶段为 2006 年 7 月 1 日至 2007 年 6 月 30 日，此期间有意申请抚养令的各方必须遵循诉前程序，包括申请参加家事纠纷调解（某些情况下除外，如涉及家庭暴力、虐待儿童或紧急情况）。第二阶段为 2007 年 7 月 1 日至 2008 年 6 月 30 日，此期间在一般情况下（除涉及家庭暴力或虐待儿童等情况外），有意申请抚养令的各方必须在向法院申请前参加家事纠纷调解并应真诚地尽力解决争议，随后若向法院提出申请，则应向法院呈上一份由家庭纠纷调解员出具的证明，证实已参加家事纠纷调解。第三阶段为自 2008 年 7 月 1 日起，所有有意申请抚养令的当事人（包括新的及已有的申请）均必须参加家事纠纷调解，程序与前一时间段的规定相同，但凡涉及家庭暴力或虐待儿童

---

① 诉前程序一般包括五个步骤：第一步，要求另一方或多方参加 FDR；第二步，与其他方就纠纷解决服务达成一致意见，若达成协议，应签署协议或向法院申请同意令（consent orders）；第三步，若在第二步未能达成协议（或另一方拒绝参加或未能参加 FDR），一方应发函（notice of claim，即申索通知）给另一方，列出有关主张和事实，包括拟申请的法院命令；第四步，另一方或多方在规定时间内回函，声明其接受要约，若不接受，则列出有关主张和事实；第五步，若通过信件来往采取合理措施也无法达成协议，则可采取其他适当措施，包括向法院提交命令申请。参见澳大利亚家事法院官方网站公布的翻译文本《婚姻、家庭和分居》，载 http://www.familylawcourts.gov.au/wps/wcm/connect/FLC/Home/Publications/Translated+information/Simplified+Chinese+Information，访问日期：2010 年 6 月 20 日。

的情况除外。此外，对于不遵守抚养令的行为，当事人也必须寻求家事纠纷调解，但有家庭暴力或虐待儿童前科的，或所指控的违反行为表明严重无视过去 12 个月内签发的命令的，则不适于参加家事纠纷调解。

2. 家事法院指令当事人参加家庭咨询等 FDR 新机制的权力

在婚姻财产诉讼、子女抚养令诉讼或离婚诉讼中，法院如果认为当事人之间有达成和解的较大可能性时，应中止审理，给当事人机会以考虑和解。为此，《家庭法》新增的第三 B 章和第四 A 章第一 A 节赋予法院享有与非诉讼和诉讼家庭服务有关的权力，即法院可依职权或基于诉讼当事人一方、子女的独立代理律师的申请，有指示当事人参加家庭咨询、家事纠纷调解、仲裁和其他家庭服务（如课程、计划或其他服务）的权力。若一方当事人未遵守法院所作出的此类指示，家庭咨询员、家事纠纷调解员以及课程、计划或其他服务的提供者应当将情况报告给法院，以便法院作出其认为适当的进一步的命令。

### 三、澳大利亚家事纠纷解决新机制之评析

澳大利亚家事纠纷解决机制从 PDR 转变为 FDR，最根本的原因就是为贯彻"子女最大利益原则"和"以人为本"的家庭服务之立法理念。目前，FDR 新机制的运行良好，这归功于澳大利亚已经形成了立体化的家庭服务网络。FDR 这一新机制为家事纠纷当事人提供了理性沟通的平台，体现了家事纠纷有效解决的经济理性。

#### （一）立法理念转型——子女最大利益原则的贯彻

在澳大利亚，自 1975 年设立专门审理婚姻家庭案件的家事法院以来，一直致力于探索解决因离婚导致的子女抚养和财产纠纷的方式。这些纠纷的有效解决，对家事法院是一个巨大的挑战。因为即使以"子女最大利益"为原则作出有关抚养纠纷的判决，也会存在某些空白地带。例如，该国一些女权主义学者曾对分居后财产分配、配偶扶养、子女抚养的原则提出质疑，特别是关注离婚后子女的探视和居住问题。[①] 法律的重要目的和作用，在于确认权利并使之成为法权关系而得到法律强制力的保护。因此，为维护当事人及其子女的合法权益，寻求多元化的纠纷解决机制，势在必行。

替代性纠纷解决机制（Alternative Dispute Resolution，ADR）的蓬勃兴起一向被视为是现代司法改革的重要内容，对其的考察与反思是各国司法改革的重点之一。[②] 澳大利亚于 1995 年设立了国家替代性纠纷解决机制咨询委员会（The National Alternative Dispute Resolution Advisory Council，NADRAC），旨在促进非讼纠纷解决的发展，在将 ADR 具体落实到《家庭法》时，已由 ADR 变为"主要纠纷解决机制"（Primary Dispute Resolution Mechanisms，PDR），以突出诉讼外解决家事纠纷的重要性。PDR 机制包括咨询、调解、仲裁等制度。对于大部分当事人而言，PDR 是首选的，通常也是最终的纠纷解决方式，这使得原本具有替代性、补充性含义的 ADR 一词在家事纠纷解决领域显得有点不合时宜。

自 2006 年 7 月 1 日起，澳大利亚《家庭法》的体系因 2006 年法令的颁行而出现了结构性的变化，此次变革已远非"抚养责任"本身，还包括术语、制度、程序等方面的规

---

① Moloney, L. (2006). "Our children come first": The heart and soul of the new family law system. *Relationships Quarterly No. 1*, available at http：//www.aifs.gov.au/afrc/pubs/newsletter/newsletter1.html.

② 辜恩臻：《澳大利亚 ADR 的发展与启示》（上），载《仲裁研究》2007 年第 2 期。

定。一是出现一种巩固家庭关系的新服务体系（以由 65 个"家庭关系中心"组成的服务网络为中心①）；二是子女抚养制度的新举措；三是 FDR 新机制的形成。

必须说明，澳大利亚具有一个良好的立法传统，那就是以一个法令一揽子地解决相关问题，包括相关法律的修改。2006 年法令修正《家庭法》的主要目标是以"子女最大利益原则"为立法宗旨，新增了父母共同承担抚养责任的推定、子女抚养协议、子女抚养令、养育计划、养育令履行机制、处理抚养责任分配的诉讼、子女的独立代理律师、家庭暴力禁止令等方面的规定。在与此相配套的纠纷解决机制上，确立了 FDR 新机制的"家庭服务"新理念。如前所述，虽然 PDR 和 FDR 都含有咨询、调解、仲裁，但不同的是这些具体制度的内容有所变化，而且 FDR 还对诉讼家庭服务和非诉讼家庭服务予以区分，因此，新增的 FDR 新机制的立法理念用《家庭法》中新增的"家庭服务"（family services）一词加以概括，较为合适。从"PDR"到"FDR"，正是这种称呼的改变，充分地体现了澳大利亚在贯彻"子女最大利益原则"的基础上，基于"以人为本"的立法理念，对家事纠纷解决机制进行了新的发展。

（二）服务主体多元——FDR 新机制立体化服务网络的构建

1. 严格 FDR 从业组织及其人员的业务准入条件

根据现行《家庭法条例》第 57 条的规定，家庭咨询员、家事纠纷调解员应当具备相应学历、学位或其他职业资格条件，如学习法学、心理学、社会学、危机管理等课程至少三年，或者拥有法学、与家事纠纷解决有关的社会学、危机管理、调解、纠纷解决等专业本科以上学历学位。该法条例第 58-61C 条特别规定了家事纠纷调解组织和个人的申请、批准、登记和撤销等事宜。根据此规定，所有提供家事纠纷调解服务的组织和个人都应当向司法部秘书长提出申请并登记于其主管的家事纠纷调解登记簿之中，提供调解服务的个人还应符合 2009 年 7 月 1 日启用的新标准所要求的条件，如学历教育、培训和经验等资质。只有经过注册的家事纠纷调解组织和个人才能从事家事纠纷调解服务。由此可见，为提高家庭服务的质量，澳大利亚相关法律专门规定了家事纠纷调解员任职资格条件。

2. 形成 FDR 新机制的家庭服务网络

FDR 新机制的服务网络，是在家庭法体系内由相互协作的专业工作团队组成的体系。在澳大利亚，全国目前有 22 个 FDR 新机制的服务网络。网络成员之间经常保持联系，掌握每项家庭服务最新发展情况，如服务方式的变化。网络成员来自不同的家庭服务机构，如家庭辅助处（Family Assistance Office）②、儿童支持署（Child Support Agency）③、社区

---

① 参见陈苇、胡苷用：《离婚诉讼前处理子女抚养纠纷的一种新机制——澳大利亚"家庭关系中心"评介及其启示》，载《吉林大学社会科学学报》2007 年第 4 期。

② 其服务职能为为家庭提供经济帮助、托儿费用、寻找工作等。

③ 负责管理澳大利亚政府的儿童支持方案（Child Support Scheme）并帮助父母承担起分居后为子女提供经济帮助的责任。

法律中心①、家庭暴力危机专线②、"家庭关系中心"③、法律援助委员会（Legal Aid Commissions）④、澳大利亚关系协会（Relationships Australia）⑤、律师事务所和律师协会等。应当说，澳大利亚高效合作的家庭服务网络是 FDR 新机制得以有效运行的前提。

（三）协商性司法——私法自治理念的实现

在 21 世纪，就世界范围的司法改革而言，支撑改革的司法理念之一就是争议解决方式由单一到多元的转变，以往占主导地位的对抗型的争议解决方式已逐渐让位给合意型的争议解决方式。⑥ 协商性司法的理念，目前已被体现在澳大利亚有立法之中。依该《家庭法》规定，家事纠纷调解为诉讼前置程序。这使家事纠纷案件的处理已经不再以诉讼为中心。即使家事纠纷案件已经进入了诉讼程序，FDR 新机制也能使这些案件分流至咨询、调解、或仲裁，以促进家事纠纷当事人和解。这就给当事人实现意思自治，通过一种理性对话、沟通的非诉讼方式解决家事纠纷提供了平台。在此平台上，在咨询员、调解员、家庭顾问提供的家庭服务中，当事人通过对家事纠纷解决的方式、措施进行充分协商，有可能达成共识或和解。从这个意义上说，FDR 新机制有助于私法自治理念的实现。

（四）经济理性——家事纠纷解决成本的降低

设立法律制度的目的不只是要揭露真相，而是更好地试图解决问题。在纠纷解决方式上，当事人一般会将低成本、非对抗的纠纷解决机制作为首选。FDR 新机制就是这样一种低成本、非对抗性的解决程序，其可以使解决纠纷的社会成本最小化。由于政府对 FDR 家庭服务的财政支持力度很大，家事纠纷当事人接受 FDR 的家庭服务，原则上不缴纳任何费用。家事纠纷当事人首先通过 FDR 新机制直接达成协议而不诉诸法院，这具有很多优点。例如，当事人双方协商自愿作出决定，可以降低法院诉讼程序带来的经济成本和情感负担，有孩子的父母则可以更好地继续履行身为父母的责任等。从功能上看，FDR 新机制为当事人提供了一个信息交流的平台，可以消除双方之间在纠纷认识方面业已存在的不对称性，防止产生新的误会或者偏见，可以减少某些以暴力解决纠纷带来的新的仇恨

---

① 独立的非营利性组织，免费提供建议和协助。这类组织主要有：全国社区法律中心协会、澳大利亚首都领地社区服务中心、联合社区法律中心集团（新州）、达尔文社区法律服务处、昆士兰州独立社区法律服务协会、中央社区法律服务处、维州社区法律中心联合会、社区法律中心联合会等。参见澳大利亚家事法院官方网站公布的中文译本《主要联系资料》，载 http://www.familylawcourts.gov.au/wps/wcm/connect/FLC/Home/Publications/Translated + information/Simplified+Chinese+Information，访问日期：2010 年 6 月 20 日。

② 为在家庭关系中遭受虐待的人士提供危机支持、咨询服务，并将其转移至安全住宿场所（庇护所）。

③ 澳大利亚政府在全澳境内设立 65 个"家庭关系中心"。"家庭关系中心"为家庭提供咨询，帮助家庭获得其他服务，为分居家庭提供保密协助（如家事纠纷调解）。"家庭关系中心"的服务宗旨是"帮助家庭重建和睦关系"，其专业网站"家庭关系在线"（Family Relationship Online）是一项由澳洲政府提供的旨在使所有家庭（包括离异家庭）能轻松地以在线方式查询家庭服务提供者具体信息并下载与家庭服务有关资料的服务。例如，当事人需亲自到就近的"家庭关系中心"接受其提供的包括 FDR 新机制服务在内的各种服务，可通过家庭关系建议专线（Family Relationship Advice Line）预约会见中心工作人员。家庭关系建议专线是一项全澳洲性电话服务，旨在提供能加强家庭关系、度过关系困难或妥善处理离异事宜的资料和建议。家庭关系建议专线提供的服务将子女放在第一位，不主张通过法院来解决有关子女安排的纠纷。参见澳大利亚家庭关系在线官方网站公布的中文译本《家庭关系中心》《建议专线》《家庭关系在线》，载 http://www.familyrelationships.gov.au/www/agd/familyrelonline.nsf/Page/RWP6F67EE6D015BC2A2CA257219007F06A4，访问日期：2010 年 6 月 20 日。

④ 为弱势群体提供免费法律援助。

⑤ 该非营利性组织为维持家庭关系提供专业服务。

⑥ 齐树洁主编：《民事司法改革》，厦门大学出版社 2006 年版，第 57-58 页。

以及纠纷解决成本的社会损失等。总之，FDR 新机制为当事人提供了一个低成本、高效解决家事纠纷的渠道，减轻了法院的负担，节约了司法资源，是一种符合经济理性的纠纷解决模式。

### 四、澳大利亚家事纠纷解决新机制之启示

当前，我国政府根据科学发展观，大力倡导"以人为本"的理念，全国上下正在着力构建和谐社会，而和谐家庭的建设是构建和谐社会的重要基础。"以人为本"这一理念对新时期的婚姻家庭制度提出了新要求。当前，人们对生活质量、幸福指数的要求在不断提升。但是，面对婚姻动荡、离婚率攀升、家庭暴力、青少年成长危机等现象，许多人产生了困惑，出现了种种忧虑。不少遇到婚姻家庭问题困扰的当事人却求助无门，甚至为此酿成个人生活悲剧。这些问题如不及时解决，必将危及个人成长、家庭幸福，进而影响社会安定。如前所述，澳大利亚 FDR 新机制具有及时帮助当事人解决家事纠纷、节约司法资源等优点，值得我国学习并根据实际国情选择借鉴。在我国，目前的家事纠纷解决机制是一个以诉讼解决机制为中心，诉讼外解决机制为补充的框架体系。与澳大利亚的 FDR 新机制相比，我国既尚未确立诉讼外和诉讼中的"家庭服务"理念，也未体现除法院判决以外其他解决措施的多元化。[①] 综合前文对澳大利亚 FDR 新机制的介绍和评析，笔者认为，我国家事纠纷诉讼外解决机制的立法和实践可以从以下几个方面进行完善：

1. 增补家事纠纷诉讼外解决机制的综合性立法

在澳大利亚，《家庭法》是一部关于结婚、离婚、婚姻诉讼、父母的抚养责任以及其他相关事宜的法律，其特点是实体法和程序法兼备。FDR 新机制是该法典的内容之一，涵盖了实体性规范和程序性规范。就我国而言，目前尚无类似于澳大利亚 FDR 新机制的家事纠纷诉讼外解决机制的综合性立法。我国现行《婚姻法》第 32 条第 1 款规定："男女一方要求离婚的，可由有关部门进行调解或直接向人民法院提出离婚诉讼。"从该款规定来看，这种调解是诉讼外调解，并且此诉讼外调解只适用于离婚纠纷，不包括其他家事纠纷。在我国实践中，家事纠纷调解适用人民调解制度的相关规定。然而，目前我国人民调解制度本身存在某些不完善之处，实际运行中还存在某些问题。除调解制度的适用范围有限之外，我国立法也没有澳大利亚《家庭法》所规定的家庭咨询、家庭顾问等机制。作为一个完整的家事纠纷解决机制，理应包括多元化的解决方式，并且应以法律规范的形式确立。

因此，建议我国增补包括离婚纠纷调解在内的家事纠纷诉讼外解决机制的综合性立法。笔者认为，其可能的立法模式有三：一是在现行《婚姻法》的基础上，设专章或专门条款规定家事纠纷的咨询服务、调解方式以及程序等；二是在《民事诉讼法》中增加专章规定独立的家事程序法；三是在人民调解制度的立法中专门规定家事纠纷的咨询服

---

[①] 应当指出的是，澳大利亚 FDR 新机制是指除法院判决之外的各种解决家事纠纷方式的总称，FDR 新机制中"家庭顾问"在诉讼中提供咨询、调解服务是以法院中止审理为前提的。如果以我国学者定义的家事纠纷诉讼解决和诉讼外解决的分类来界定"家庭顾问"的作用，其应当属于我国学者定义的家事纠纷诉讼外解决机制，但又不能完全涵盖。笔者认为，澳大利亚 FDR 新机制中的"家庭顾问"制度，在我国未来的司法改革中，如实行调审分离，可考虑予以借鉴。此外，仲裁虽为澳大利亚解决家事纠纷争议的方式之一，但由于婚姻家庭的伦理性和我国的立法传统，笔者认为仲裁不适用于我国家事纠纷的解决。

务、调解方式以及程序等。从我国现有的法律资源出发，笔者倾向于采取第三种立法模式。

2. 大力发展婚姻家庭咨询服务行业

在 2007 年之前，由于我国没有专业认证的婚姻家庭咨询师，婚姻家庭咨询工作是由人民调解组织、妇联、工会、共青团组织等非专业机构和其他社会工作者来承担；部分律师事务所负责离婚官司的律师、一些职业心理咨询师也在开展婚姻家庭方面的咨询业务。然而，婚姻家庭咨询涉及婚姻家庭基本理论、法律及心理学等多学科知识，上述各类人员都未经过专门的婚姻家庭咨询业务的规范化培训，缺乏统一的从业标准和服务规范，咨询服务的效果往往难以得到保证。在此背景下，国家人力资源和社会保障部于 2007 年 4 月批准了"婚姻家庭咨询师"成为一种国家认可的新职业。① 婚姻家庭咨询师这一新职业的设立，对于提高从业人员的素质，建立健全行业规范，提高婚姻家庭咨询服务水平，促进和谐家庭的建设，具有十分重要的意义。

针对我国婚姻家庭咨询师发展现状，笔者认为，今后应从以下两个方面着手发展该行业：第一，建立、健全婚姻家庭咨询师资格培训和认证体系，尽早启动一级、二级婚姻家庭咨询师的职业资格考试，严格执行职业准入条件。截至 2009 年 9 月，国内婚姻家庭咨询师只有三级咨询师资格启动了培训和职业资格考试。还需尽快建立、健全完整的婚姻家庭咨询师资格培训和认证体系。第二，设立由民政部门指导和管理的婚姻家庭咨询师事务所为主的组织机构体系。目前，我国的各级妇联、工会、计生、教育部门的相关机构，以及律师事务所、婚姻介绍所、婚庆服务机构、社区服务中心、家政服务机构、家庭保健服务机构、青少年活动中心、心理咨询中心等组织机构都在不同程度上开展婚姻家庭咨询业务，然而这些机构属于不同行业，要求其从事咨询业务的职员都拥有婚姻家庭咨询师资格，不太现实，也不易进行业务管理。由于提供咨询服务人员的专业素质参差不齐，往往会导致婚姻家庭咨询的效果不尽如人意，不利于为当事人解决家事纠纷提供及时、有效的服务。虽然我国自 2007 年起有些地方出现了婚姻家庭咨询有限公司，但是该类公司尚无业务主管部门。鉴于该行业的公益性，同时借鉴律师事务所的运行模式，笔者认为，应当将该类公司转为事务所，由各级民政部门进行业务管理并像澳大利亚一样由国家设立专项资金提供适当的财政支持。

3. 设立专门的"家事纠纷调解中心"

我国的调解制度除诉讼调解外，还有行政调解、人民调解。根据我国《婚姻法》第 32 条的规定，男女一方要求离婚的，可由有关部门进行调解。该条所规定的"有关部门"的调解主其中包括婚姻登记机关（民政部门）对离婚纠纷的行政调解，但自 2003 年 10 月 1 日实施《婚姻登记条例》以来，婚姻登记机关的离婚纠纷调解职能已被实际取消，至于将其他类型的家事纠纷纳入其调解工作的范围则无法律依据。我国的人民调解制度虽

---

① 实践中存在的婚姻家庭指导师、婚姻分析师等均不是国家职业目录中的正式名称，其正式名称为"婚姻家庭咨询师"。婚姻家庭咨询师，是指为在恋爱、婚姻、家庭生活中遇到各种问题的求助者提供咨询服务的人员。婚姻家庭咨询师的从业门槛为必须取得由劳动部门颁发相应等级的"婚姻家庭咨询师"国家职业资格证书，其主要工作内容为：对未婚与已婚者进行情感咨询；对未婚男女进行婚前咨询与辅导；提供夫妻关系调适的咨询与辅导；提供家庭人际关系调适的咨询与辅导；帮助当事人排解各种婚姻、家庭危机；提供父母自我教育及亲子教育咨询与辅导；对离婚与再婚者提供咨询与辅导；提供家庭健康、安全方面的咨询与辅导。

与澳大利亚 FDR 新机制中的"家事纠纷调解"有异曲同工之效，但现行制度也有某些缺陷，如"在专门立法、组织建设、人员配置以及机制运行等环节都存在某些空白、缺陷或不足，这在一定程度上会影响人民调解作用的发挥"。① 因此，笔者认为有必要重新整合行政调解和人民调解这两种调解制度，设计一种新机制，既保留行政调解的官方性和权威性，又坚持人民调解的便利性和自治性。

笔者建议，在乡镇、街道的人民调解委员会中设立专门的"家事纠纷调解中心"，②"家事纠纷调解中心"的日常指导和管理工作，仍由乡镇、街道司法所（科）负责，"家事纠纷调解中心"的工作人员③须具有法学、心理学、社会学等相关专业本科以上学历并由县级以上司法行政部门公开招聘，"家事纠纷调解中心"采取事业单位编制，其经费由县级财政安排，"家事纠纷调解中心"不得向当事人收取费用。同时，"家事纠纷调解中心"调解员将调解协议提交法院审查并登记后，可以产生法律上的强制力。

4. 将家事纠纷诉讼外调解作为强制性诉讼前置程序

我国《婚姻法》第 32 条规定，"男女一方要求离婚的，可由有关部门进行调解或直接向人民法院提出离婚诉讼。人民法院审理离婚案件，应当进行调解；如感情确已破裂，调解无效，应准予离婚"。可见，诉讼外调解不是强制的必经程序。而诉讼中调解仅限于离婚案件，且为强制性必经程序。根据 2003 年《最高人民法院关于适用简易程序审理民事案件的若干规定》第 14 条的规定，婚姻家庭纠纷案件在开庭审理时应当先行调解，这种调解仅适用于简易程序的"开庭审理时"，不是指开庭前。因此，目前我国尚无强制性的家事纠纷调解的诉讼前置程序。如前所述，澳大利亚设有家事纠纷调解的强制性诉前程序，对必须诉前调解和不得诉前调解的家事纠纷各自都进行了具体规定，这使当事人对家事纠纷的解决方式有明确的法律依据。笔者建议，借鉴澳大利亚 FDR 新机制的立法经验，结合我国实际，确立我国强制性的家事纠纷调解之诉讼前置程序，并同时规定法定除外情形，即家庭暴力、虐待、遗弃家庭成员或有其他严重情形不适合调解的除外。

---

① 陈苇、来文彬：《论我国家事纠纷人民调解的新机制》，载《学术交流》2009 年第 7 期。
② 陈苇、来文彬：《论我国家事纠纷人民调解的新机制》，载《学术交流》2009 年第 7 期。
③ 待条件成熟时，可将家事纠纷调解员列为一种新职业，并实行资格考试的职业准入制度。

# 家事审判改革视野下祖国大陆家事审判程序立法完善研究

## ——兼以我国台湾地区"家事事件法"为学术视点①

陈 苇 董思远*

---

**目　次**

---

党的十八届四中全会提出了依法治国的宏伟方略。2016 年 4 月，最高人民法院发布《关于开展家事审判方式和工作机制改革试点工作的意见》（以下简称《家事审判改革试点意见》）。该意见明确：在各省、自治区、直辖市高级人民法院推荐的基础上，在我国确定 100 个左右基层人民法院和中级人民法院开展家事审判方式和工作机制改革试点工作。目前，家事审判改革正在各试点法院进行。本文拟对我国台湾地区"家事事件法"的主要内容进行评析，进而考察祖国大陆家事审判程序法的相关内容与司法实践情况，结合祖国大陆的实际，提出完善祖国大陆家事审判程序的立法构想，以期为祖国大陆家事审判改革提供有益的参考。

## 一、台湾"家事事件法"主要内容之考察与评析

关于我国台湾颁行"家事事件法"的社会背景基本如下：首先，在我国台湾地区，近十年间家事案件急增，这导致"基层法院"面临较大压力，要求改革家事审判程序。其次，在我国台湾地区"家事事件法"出台前，处理家事事件的规则被分散规定在"民事诉讼法""非讼事件法"等规定中，缺少统一处理家事事件的规定。这些规定的分散造成了民众寻法的困难，增加了法官用法的成本，不符合程序经济的要求，为此颁行台湾"家事事件法"，以推行家事审判改革。

---

① 本文载《西南政法大学学报》2018 年第 1 期。
* 陈苇，女，西南政法大学外国家庭法及妇女理论研究中心主任，民商法学院教授、博士生导师；董思远，男，西南政法大学民商法学院博士研究生。

该"家事事件法"共六编，总计 200 条。其各编的主要内容如下：第一编总则，主要规定"家事事件法"的"立法目的"、家事事件的分类、不公开审理原则、社工陪同制度、程序监理人、家事调查官等；第二编调解程序，主要规定适合调解的家事案件种类、家事调解委员的选任原则等；第三编家事诉讼程序，包括婚姻诉讼程序、亲子诉讼程序和继承诉讼程序等；第四编家事非讼程序，包含婚姻非讼事件、亲子非讼事件、宣告死亡事件、监护宣告事件等家事非讼程序；第五编履行之确保及执行，包含扶养费及其他费用之执行、交付子女与子女会面交往之执行等；第六编附则，主要规定"家事事件法"的时间效力、溯及力等。

笔者以下拟从我国台湾地区"家事事件法"的"立法目的"及基本原则、家事事件的范围及分类、调解程序、诉讼模式、保障弱者权益制度五个方面考察和评析其主要内容。

（一）"立法目的"及基本原则的考察与评析

1. "立法目的"的考察与评析

依据"家事事件法"第 1 条的规定，其"立法目的"有三：一是"妥适、迅速、统合处理家事事件"，此为争取做到"案结事了人和"，尽早恢复和谐的家庭关系，以追求"法的公正、效率价值"。[①] 二是"维护人格尊严、保障性别地位平等、谋求未成年子女最佳利益"，此为尊重人权理念、促进男女家庭成员地位的平等、保障作为弱势群体的未成年子女的合法权益，以追求"法的平等和公正价值"。在该规定中，保障儿童权益为最重要的原则。[②] 三是"健全社会共同生活"。家庭是社会的细胞，通过适当的方式妥善解决家庭的纠纷，可以修复家庭成员间的关系，促进和谐家庭的构建，并可以积极引导其他家庭，让人们更慎重地对待婚姻，善待家人。

2. 基本原则的考察与评析

我国台湾地区"家事事件法"的基本原则包括专业处理原则、统合处理原则、程序不公开原则、调解前置原则、强制调解原则与职权探知主义原则，以下分别对这些原则进行考察与评析：[③]

专业处理原则，是指由专门的规定、程序、法院与专业的法官处理家事案件。[④] 日本学者我妻荣先生认为，家事纠纷的基础是身份关系，其背后潜藏着复杂的人际关系，在财产分割、精神安慰费、养育费等支付金钱的请求下，暗含着夫妻间、亲族间情感的纠葛。[⑤] 由于家事审判的目的不仅在于"定分止争"，还在于妥善安置未成年子女，消除当事人关系的对立，维护家庭关系的和谐，这就要求处理家事案件需要一套特殊的纠纷解决机制，侧重说服、着力沟通，而非一味地强调权利义务的划分。[⑥] 因此，一方面，由专业的法官在专门的法院处理家事案件，可以提高审理家事案件的效率，以呼应妥适、迅速处

---

① 刘敏：《21 世纪家事诉讼立法的发展趋势与中国家事诉讼法的基本架构》，载《第四届中国婚姻家事法实务论坛会议资料集》，中国法学会婚姻法学研究会 2017 内部印刷，第 5 页。

② 陈苇、谢京杰：《论"儿童最大利益优先原则"在我国的确立——兼论〈婚姻法〉等相关法律的不足及其完善》，载《法商研究》2005 年第 5 期。

③ 为避免重复论述，"职权探知主义"放置于后文"诉讼模式"处进行考察与评析。

④ 参见我国台湾地区"家事事件法"第 2、8 条。

⑤ 李青：《中日家事调停制度的比较研究》，载《比较法研究》2003 年第 1 期。

⑥ 齐树洁、邹郁卓：《我国家事诉讼特别程序的构建》，《厦门大学学报》（哲学社会科学版）2014 年第 2 期。

理家事案件的"立法目的";另一方面,家事案件掺杂的亲属关系以及人伦情感,决定法院审理的目的之一在于重塑和谐完满的家庭关系,而调解有利于实现这一目的。所以该规定对大部分家事案件适用不同于普通民事案件的"调解前置原则"与"强制调解原则",要求家事案件在进入裁判程序之前必须经过法院的调解程序,尽可能通过调解的方式予以妥善处理。[①]

统合处理原则,是指对于数件基础事实相牵连的家事事件,当事人应当向对其中一件家事事件有管辖权的"少年及家事法院"合并请求。[②] 对数件牵连的家事案件统合处理既可避免在数件关联的家事纠纷中就同一事实重复说明及举证的诉累,节省司法资源,提升家事案件审判的速度;又可保证数件关联的家事纠纷处理结果的统一,以避免各判决或裁定间的冲突而造成执行困难。

程序不公开原则,是指除非存在例外的情形,家事事件之处理程序在不公开的法庭进行;[③] 家庭,作为私生活领域承载着人与人之间最为亲密的关系和最为私密的行为,当事人往往将其视为隐私,不愿为外人所知。例如,公开审理家事案件可能暴露这些关系和行为,导致当事人隐私权受侵犯。并且,对家事案件不公开审理,可以降低当事人全面陈述内心真实意思的思想顾虑,往往更容易让当事人对相关隐私事实进行充分的举证、质证,从而使法官能够全面了解当事人的真实想法,同时也有利于减轻参加庭审的未成年人的心理压力,保障其身心健康。[④]

调解前置原则,是指调解程序前置于当事人申请法院裁判前。强制调解原则,是指案件于法院裁判前必须经过调解程序。该法要求对于甲、乙、丙与戊类家事案件,当事人申请法院裁判前必须经过调解程序,[⑤] 这体现了调解前置原则与强制调解原则,是"公权力"对家事案件的积极干预。其意义在于:既可使一些纠纷无须经过诉讼程序就得以化解,有利于节约司法资源,又能使法官或家事调解员在第一时间作为第三方介入纠纷当中,通过中立的斡旋,其化解纠纷的概率相较于经过长时间的答辩程序、举证期后的诉讼调解明显更高。[⑥]

（二）家事事件的范围及分类的考察与评析

该规定第3条规定了家事事件的范围,并根据案件讼争性的大小、当事人或利害关系人对诉讼标的是否享有处分权等因素将家事事件分为甲、乙、丙、丁、戊五大类:甲类事件具有讼争性,并且当事人对于诉讼标的无处分权;乙类事件具有讼争性,且当事人对诉

---

① 其他一些大陆法系国家或地区也制定了专门的法律、建立了专门的法院处理家事案件,如德国于2008年9月修正的《家庭与非讼事件程序法》、日本于2011年5月制定的《家事事件手续法》等。在英美法系国家,如澳大利亚也设立了专门的法院处理家事案件。参见冷罗生:《日本现代审判制度》,中国政法大学出版社2003年版,第70~72页;帕瑞克·帕金森:《澳大利亚法律的传统与发展》(第三版),陈苇等译,中国政法大学出版社2011年版,第188页。

② 参见我国台湾地区"家事事件法"第41、79条。

③ 参见我国台湾地区"家事事件法"第9条。

④ 程新文、张颖新、沈丹丹:《关于构建中国特色家事诉讼程序若干问题的思考》,杜万华主编:《民事审判指导与参考》(第2辑),人民法院出版社2016年版,载 http://www.360doc.com/content/16/1218/08/31530813_615653516.shtml,访问日期:2017年5月12日。

⑤ 参见我国台湾地区"家事事件法"第23条。

⑥ 王继荣、李益松:《论调解程序前置的多维价值及其实现路径——一种渐近式的制度安排》,任伊珊、张卫主编:《中国调解制度与最佳调解事例》,法律出版社2015年版,第28~29页。

讼标的具有一定程度的处分权；丙类事件是与家事事件密切相关的财产型事件，其具有讼争性，并且当事人对于诉讼标的有处分权；丁类事件的讼争性较低，且当事人或利害关系人对诉讼标的无处分权；戊类事件具有一定的讼争性，且当事人或利害关系人对诉讼标的具有一定程度的处分权。①

该规定以分类列举的方式规定了家事事件的范围，家事事件共分为五大类，在这些分类中包括的家事案件多达 40 种，可谓详细。除此之外，还在五类家事事件外设置了"其他家事事件"的兜底条款，为列举遗漏的家事案件或将来可能出现的新型家事案件预留了空间。该规定对家事事件进行分类的意义在于：第一，不同类型的家事案件应当适用不同的诉讼规则与程序。例如，在适用家事诉讼程序还是家事非讼程序方面，甲、乙、丙类事件属于家事诉讼事件，应当适用家事诉讼程序；丁、戊类事件属于家事非讼事件，应当适用家事非讼程序。第二，根据案件诉争性大小以及是否有相对人的标准，将家事案件进一步归类为适用强制调解的案件与不适用强制调解的案件，即对于有诉争性或有一定程度讼争性的甲、乙、丙、戊类事件，采取强制调解原则；而丁类事件通常因无相对人，讼争性较低，采取自愿调解原则。可见，对家事案件进行分类有利于满足不同类型家事案件对诉讼程序的不同要求，有利于保证家事案件处理程序的正当性，实现家事案件裁判的妥当、公正。

（三）家事事件调解程序的考察与评析

该规定规定对甲、乙、丙及戊类事件采取"调解前置主义"与"强制调解主义"，即对于这四类家事事件，在当事人申请法院裁判前，应当先进行法院的强制调解程序。在调解失败、裁判程序开始后，若法官认为调解成功概率提高，还可以依职权移付调解，此时裁判程序转为调解程序。② 对于丁类事件，只有当事人在请求法院裁判前主动申请才进行调解。③ 涉及家庭暴力的家事事件，一般不得进行调解。④ 调解家事案件的主体是"家事法官"，但可以聘请家事调解员陪同调解。由"司法院"规定家事调解员的选拔资格、聘任、报酬、训练及考核等事项，其选择的家事调解委员必须尊重多元文化、具备性别平权意识。⑤

家事案件的调解，可分为法院调解与法院外调解。法院外调解包括人民调解和行政调解等，其与法院调解的共性在于：都是纠纷解决的方式之一，都在中立的第三方主持下进行，调解的方法和技巧存在相似性等。⑥ 我国台湾地区"家事事件法"规定的调解属于法

---

① 参见我国台湾地区"家事事件法"第 3 条。甲类事件包括：确认收养关系、亲子关系存在与否、确认婚姻无效、婚姻关系存在与否等事件、确定女方再婚后所生子女生父事件。乙类事件包括：撤销收养事件、认领、否认子女事件、离婚事件、撤销婚姻事件。丙类事件包括：因夫妻财产关系所生请求事件、因监护所生损害赔偿事件、返还婚约赠与物等事件。丁类事件包括：失踪人财产管理事件、监护或辅助宣告事件、民事保护令事件、宣告死亡等事件。戊类事件包括：夫妻同居事件、宣告停止亲权或监护权事件、监护人报酬、报告财产状况事件、行使对未成年子女的权利、承担对未成年子女的义务等事件。

② 参见我国台湾地区"家事事件法"第 29 条。

③ 我国台湾地区"家事事件法"第 23 条规定，除丁类事件外，家事事件于请求法院裁判前，应经法院调解。除非另有规定，当事人也可以就丁类事件，在请求法院裁判前申请法院调解。

④ 参见我国台湾地区"家庭暴力防治法"第 47 条。

⑤ 参见我国台湾地区"家事事件法"第 27、32 条和我国台湾地区"家事事件审理细则"第 45 条。

⑥ 陈寒非、牟乃东：《"大调解"机制中法院的角色定位》，载《西南政法大学学报》2009 第 6 期。

院调解，对于家事纠纷的解决，法院调解的优点在于：第一，家事事件具有情感性，而调解的"非对抗性"纠纷解决模式契合了家事事件的这一特性，在调解过程中，当事人可以基于自愿处分自己的民事权利，以避免亲人间在"对抗—裁判"的审判模式下对簿公堂，激化矛盾。第二，若家事案件调解成功，双方当事人达成了调解协议并制作了调解书，调解书因基于双方的合意而更易被执行。第三，相较裁判的纠纷解决模式，调解对于当事人更加节约诉讼费用。① 正因为法院调解的上述优点，该规定设立了"调解前置"与"强制调解"的程序，以防止当事人因对家庭关系可修复性存在错误的认识而拒绝调解，从而失去了妥适、圆满解决家事纠纷的机会。由于家事案件可能涉及当事人不同的价值观念与生活方式，其伦理性、道德性较强，因此要求家事调解员应当具备多元、包容的价值观，不歧视与己不同的生活方式，唯有此才能去除偏见，中立地进行调解。

（四）家事事件诉讼模式的考察与评析

1. 对职权探知主义诉讼模式的考察与评析

根据该规定，对于离婚、终止收养关系、分割遗产或其他当事人可以处分的案件之外的家事案件，法院判决可基于当事人未提出的事实，并依职权调查取证。对于撤销婚姻、确认婚姻无效或有效、确认婚姻存在与不存在的原因与事实，即使当事人自认的，另一方当事人仍对此事实负举证责任，这体现了职权探知主义。② 法院不仅具有对纠纷进行居中裁判的职能，也具有保护当事人相关权益的责任。③ 该规定对涉及公益和弱者权益保障的家事事件采取了不同于处理普通民事案件的职权探知主义诉讼模式。④ 这体现了法院对裁判所依据的真实事实的追求，以保证裁判的公平、正义及妥当性，体现了对家事案件的干预，有利于实现当事人间实质的公平，维护诉讼中弱势群体的利益。

2. 对辩论主义诉讼模式的考察与评析

对于离婚、终止收养关系、分割遗产或其他当事人可以处分的案件，除非存在家庭暴力或可能危害未成年子女的利益等情形，否则法院判决不可基于当事人未提出的事实，且法院依职权调查取证的权力受到限制，这体现了辩论主义。⑤ 辩论主义，是指法院形成判断的诉讼资料由作为私人的当事人向法院提供，并经法庭辩论质证后才能作为判断资料加以使用。⑥ 当家事案件公益性较弱或不涉及弱势群体权益时，除法定特殊情形之外，法院不主动干预，而是应当严格在当事人主张范围内认定作为判决基础的事实，同时法院认定事实受当事人自认的拘束并且其依职权调查收集证据的权力受到限制。辩论主义是规制法院权力与当事人权利义务关系的基本原则。日本学者谷口安平指出，以什么样的事实作为请求的根据，又以什么样的证据证明所主张的事实存在与否，都属于当事人意思自治的领

---

① 我国台湾地区"家事事件法"第30条规定，调解成立的，当事人可以向法院申请退还已缴裁判费的三分之二。

② 参见我国台湾地区"家事事件法"第17条、我国台湾地区"家事事件审理细则"第58条的规定。诉讼上自认之效力规定，参见我国台湾地区"民事诉讼法"第279条。

③ 陈莉：《以法官职权探知主义为原则的家事审判》，载《人民司法·应用》2017年第1期。

④ 姜世明：《家事事件法论》，元照出版有限公司2013年版，第270页。

⑤ 参见我国台湾地区"家事事件法"第10条和我国台湾地区"家事事件审理细则"第15条。

⑥ 唐力：《辩论主义的嬗变与协同主义的兴起》，载《现代法学》2005年第6期。

域，应当充分尊重当事人在这一领域的自由而不加以干涉，这就是辩论主义最根本的含义。① 可见，辩论主义体现了"私法自治"的理念，防止法官对当事人任何一方的倾斜，以保障当事人间的形式公平。

综上所述，该规定基于家事案件涉及公益性与弱势群体权益保障的不同，法官对家事纠纷进行不同程度的干预，设定不同的证据搜集和自由心证的规则，这有利于对不同类型家事案件的处理，以追求当事人间的实质公平或形式公平。

（五）家事事件中保障弱者权益制度的考察与评析

该规定中体现弱者权益保障的制度主要包括社工陪同制度、程序监理人制度、强制亲子关系鉴定制度与通译传译制度，以下分别考察与评析。

1. 社工陪同制度的考察与评析

社工陪同制度，是指法院在必要时应通知社会工作人员或其他适当人员陪同未成年人、受监护或辅助宣告之人参加诉讼并帮助其陈述意见的制度。② 在诉讼的过程中，当事人双方分庭抗礼、审理气氛剑拔弩张，这可能给心智不健全的未成年子女、受监护或辅助宣告的人造成较大的心理压力，而当法院需要征询达到一定年龄的未成年子女、尚有意思能力的受监护或辅助宣告的人的意见时，其可能因紧张而无法准确表达自己的真实意愿，而其真实意愿的缺失可能影响法院作出公正的裁决。社工陪同制度有利于降低未成年子女等弱者的心理压力，有助于其表达对案件具体事项的真实想法与意愿，体现了对弱者意思的重视与尊重。

2. 程序监理人制度的考察与评析

程序监理人制度，是指在家事案件审理中，当无程序能力人与其法定代理人的利益冲突等情形出现时，法院为无程序能力人选任程序监理人，代替法定代理人行使权利、承担义务的制度。③ 我国台湾地区规定的程序能力类似于祖国大陆的诉讼能力，是指当事人得有效自为或自受诉讼或非讼程序行为之资格。无程序能力人不能独立行使法律行为，承担法律义务。④ 当其利益与其法定代理人的利益冲突时，其法定代理人可能为了追求对自己有利的裁判而无暇顾及无程序能力人的利益，这可能导致无程序能力人的利益受到忽视甚至损害。为此设置程序监理人，用以保护无程序能力人的实体与程序利益，协助法院迅速、妥适处理家事事件。

---

① 谷扣安平：《程序的正义与诉讼》（增补本），王亚新、刘荣军译，中国政法大学出版社 2002 年版，第 139 页。

② 参见我国台湾地区"家事事件法"第 11 条。

③ 参见我国台湾地区"家事事件法"第 15、16、109 条。

④ 参见我国台湾地区"家事事件法"第 14 条：能独立以法律行为负义务者，有程序能力。满七岁以上之未成年人，除另有规定外，就关其身份及人身自由之事件，有程序能力。不能独立以法律行为负义务，而能证明其有意思能力者，除另有规定外，就关其身份及人身自由之事件，亦有程序能力。可见，在家事案件中，有程序能力的人可以分为三类：（一）有行为能力人有程序能力。例如，成年人（根据我国台湾地区"民法"第 12 条规定，满二十岁为成年）、已结婚之未成年人、受辅助宣告人；（二）限制行为能力人就关其身份及人身自由事件有程序能力，如七岁以上未成年人。（三）有意思能力之无行为能力人就关其身份及人身自由事件有程序能力，如未满七岁之人和受监护宣告之人。参见高凤仙：《亲属法理论与实务》，五南图书出版股份有限公司 2016 年版，第 192 页。

3. 强制亲子关系鉴定制度的考察与评析

强制亲子关系鉴定制度，是指法院命当事人或关系人限期接受脱氧核糖核酸（DNA）等医学上的检验，以验证当事人间亲子关系存在与否的制度。① 亲子关系的存在与否关系到未成年子女的抚养、监护、继承等问题以及感情维系、行孝尽孝等道德问题，其可能影响未成年子女的一生，对其成长与人生轨迹的走向至关重要。查明和认定当事人或关系人间的身份关系，这为确立当事人对未成年子女应享有的权利、承担的义务奠定了身份的基础，也为法院裁判落实"未成年子女最大利益原则"提供了事实的依据与前提。

4. 通译传译制度的考察与评析

通译传译制度，是指法院为聋、哑或者语言不通的当事人或关系人通译传译，并以文字询问或陈述的制度。② 通译传译制度充分考虑到聋、哑人或言语不通者参与庭审的困难，照顾了其身体的障碍或语言能力的不足，充满人文关怀，是对于弱者权益的保障。帮助聋、哑或者语言不通的当事人或关系人在庭审时进行正常表达与辩论，既可以保障其诉讼参与权，也有利于法官从这些言语不通或沟通有障碍的人处获取其真实意思，以便公正、妥当地处理家事案件。

**二、祖国大陆家事审判程序的立法与实践之现状与评析**

据相关部门统计，2014—2016 年全国法院每年审结的一审婚姻、家庭与继承纠纷案件均在 150 万件以上，且呈逐年增长的趋势，③ 2015 年已达到 173.3 万件，约占全国民事案件的三成半左右。④ 祖国大陆家事案件逐年增多，案件类型日益呈现出复杂性、多样性等特点，并且家事案件审理的目的不仅在于"案结"，更在于"事了"。这对家事审判程序提出了新的要求。为了回应社会的需求，我国最高人民法院于 2016 年 4 月发布《家事审判改革试点意见》，在全国部分试点法院进行家事审判改革试点工作。

在祖国大陆，目前尚无一部专门处理家事案件的程序法，审理家事案件程序的法律规范被分散规定在 2001 年修正后的《中华人民共和国婚姻法》、⑤ 2010 年 4 月发布的《最高人民法院关于民事诉讼证据的若干规定》、⑥ 2012 年修正的《中华人民共和国民事诉讼法》及最高人民法院 2015 年颁布的《最高人民法院关于适用〈中华人民共和国民事诉讼法〉的解释》等法律及其司法解释中。⑦ 它们共同构成了我国家事审判程序法律体系，以下笔者简要考察立法内容的现状：

---

① 参见我国台湾地区"家事事件法"第 68 条。
② 参见我国台湾地区"家事事件法"第 19 条。
③ 王春霞：《家事审判改革为相关立法提供实践依据——专访最高人民法院审判委员会专职委员杜万华》，载《中国妇女报》2016 年 3 月 3 日。
④ 参见《第十二届全国人民代表大会第四次会议关于最高人民法院工作报告的决议》，载 http://gongbao. court. gov. cn/Details/6ce239a82c31348f8856a986e9eb45. html，访问日期：2017 年 5 月 1 日。
⑤ 以下简称《婚姻法》。
⑥ 以下简称《民事诉讼证据的规定》。
⑦ 以下简称《民事诉讼法》和《民诉法司法解释》。

（一）家事审判程序法的立法目的及基本原则的现状与评析

1. 立法目的的现状与评析

我国《民事诉讼法》第 2 条规定了该法的立法目的。[①] 这既为民事诉讼相关规则的制定指明了方向，也可在法院审理一般民事案件而相关规则缺失时发挥指导作用。由于我国《民事诉讼法》属于普通民事程序法，并非专门处理家事纠纷的程序法，因此，一些特别针对解决家事纠纷的立法目的尚未被规定于我国《民事诉讼法》之中。

2. 基本原则的现状与评析

我国《民事诉讼法》的基本原则，包括专门处理原则、合并审理原则、不公开审理原则、先行调解原则、强行调解原则与职权探知主义原则。以下略作评析。

第一，专门处理原则。专门处理原则，要求由专门的法律、法院、程序与专业的法官处理家事案件。

首先，在专门的法律方面，如前所述，在祖国大陆，处理家事纠纷程序的法律规范被分散规定在《婚姻法》《民事诉讼法》等法律及其司法解释中。它们是我国解决家事纠纷的法律依据，为修复婚姻家庭关系、促进家庭和睦发挥了积极作用，能在一定程度上满足我国社会对家事审判程序法的需求。但分散的立法可能不利于民众知法、守法、用法，也增加法官判案寻法的成本，这与我国家事审判改革的目标还存在一定差距。

其次，在专门的人民法院方面，在当前各地家事审判改革中，一些人民法院已经进行了将少年审判庭改革为少年及家事案件审判庭或设立专门的家事案件审判庭的尝试。自 2016 年 4 月最高人民法院确定在 100 个左右的基层人民法院和中级人民法院开展家事审判方式和工作机制改革试点工作以来，试点的两级人民法院吸收和借鉴了少年审判庭多年探索的经验和成果，有的采用少年审判与家事审判机构合并的单轨制，有的采用各自独立的双轨制，并且它们都对家事案件采取了区别于普通民事案件的特殊审判机构模式，即在法庭的设置上实现了对家事案件的专业化处理，这值得肯定。虽然目前我国还没有设立专门的人民法院处理家事案件，但如果少年审判与家事审判合并或分头试点的司法实践被证明可以满足家事案件审判的专业化需求，那么可以将这些专门性法庭设置的有益经验推广至全国，而不一定要耗费更多的时间与财力设置专门处理家事纠纷的法院。

再次，在专门的程序方面，祖国大陆对离婚案件的审理和适用简易程序审理的婚姻家庭继承类纠纷均依法首先进行调解，即适用先行调解或强制调解程序。[②] 并且，人民法院对于涉及身份关系的案件与涉及夫妻债务的案件适用职权探知主义诉讼模式。[③] 可见，人民法院对于占家事案件总数 80% 以上的离婚案件及其他一些家事案件在审理程序上已经实现了专门处理，这符合家事案件特殊性的要求。但除对上述家事案件适用专门的程序审

---

① 《民事诉讼法》第 2 条规定，中华人民共和国民事诉讼法的任务，是保护当事人行使诉讼权利，保证人民法院查明事实，分清是非，正确适用法律，及时审理民事案件，确认民事权利义务关系，制裁民事违法行为，保护当事人的合法权益，教育公民自觉遵守法律，维护社会秩序、经济秩序，保障社会主义建设事业顺利进行。

② 参见我国现行《婚姻法》第 32 条与 2003 年《最高人民法院关于适用简易程序审理民事案件的若干规定》（以下简称《适用简易程序审理民事案件的规定》）第 14 条。

③ 参见我国《民事诉讼证据的规定》第 8 条和 2017 年 2 月《最高人民法院关于依法妥善审理涉及夫妻债务案件有关问题的通知》（以下简称《审理夫妻债务案件有关问题的通知》）第 2 条。

理外，其他可能适合适用专门的程序审理的家事案件却未予规定，存在遗漏。① 而采用系统的分类方法划分适用专门程序审理的家事案件与适用普通程序审理的家事案件，② 这有利于实现不同家事案件审理的程序正当性需求。

最后，在专业的法官方面，部分试点人民法院已经设置了专业的法官处理家事案件，实现了家事法官的"专业化"。但现行法律并未对家事法官应当具备的价值观念作出明确要求，并且司法实践中有些负责处理家事案件的法官专业素质参差不齐③，这不利于对家事纠纷进行妥当的处理。笔者认为，应遴选具有性别平权意识、尊重多元文化的法官，以期使其客观、中立地处理家事案件，这有利于实现法律公平、正义的价值追求。

第二，合并审理原则与不公开审理原则。我国《民事诉讼法》第52、140条规定了共同诉讼和诉的合并情形下案件合并审理的规则。④ 该法第134条规定了不公开审理的案件。⑤ 这有利于明确家事审判程序的特殊性，指导具体规则的制定。

第三，先行调解原则、强行调解原则与职权探知主义原则。在祖国大陆，离婚案件与适用简易程序审理婚姻家庭案件适用先行调解和强制调解程序；⑥ 对于所有涉及身份关系的案件和以夫妻一方名义举债的案件均实行职权探知主义。⑦ 可见，祖国大陆有关家事审判程序的法律及司法解释的具体规则都体现了先行调解原则、强制调解原则与职权探知主义原则的精神，但未直接将它们确立为基本原则。例如，把它们提升为基本原则，将有利于明确家事审判程序的特殊性，指导具体规则的制定。

（二）家事案件范围及分类的现状与评析

关于家事案件的范围及分类，2016年《家事审判改革试点意见》将家事案件定义为：确定身份关系的案件及基于身份关系而产生的家庭纠纷。列举了家事案件的主要类型，包括：（1）婚姻案件及其附带案件，包括离婚、婚姻无效、婚姻撤销等，附带案件包括监护权、子女抚养费、离婚后财产分割；（2）抚养、扶养及赡养纠纷案件；（3）亲子关系案件，包括确认亲子关系、否认亲子关系；（4）收养关系纠纷案件；（5）同居关系纠纷案件，包括同居期间的财产分割、非婚生子女抚养等；（6）继承和分家析产纠纷案件等。⑧

① 比如，未适用简易程序审理的因监护所生损害赔偿事件，因其存在争议性并且有诉讼相对人，所以，笔者认为其也应当适用调解前置与强制调解程序。

② 如我国台湾地区"家事事件法"对于甲、乙、丙、戊类事件适用强制调解程序，而丁类事件则适用自愿调解程序；对于涉及公益或弱势群体权益保障的家事案件适用职权探知主义诉讼模式，而对于公益性较弱且不涉及弱势群体权益保障的案件适用辩论主义诉讼模式。

③ 据调查，在司法实践中，有些法官对家事案件存在偏见，认为家事纠纷只是百姓间的家长里短，审理难度低，体现不出法官的水平与成绩。为此，部分生活经验丰富、专业技术过硬的资深、年长的法官不愿意审理家事案件，更不愿意花时间思考如何提高家事审判与调解技术。而某些家事审判第一线的法官，往往是一些生活经验少、生活阅历较浅的年轻法官或审判专业水平较低的法官，这不利于家事案件审判质量与效率的提高。（参见广西壮族自治区高级人民法院民事审判第一庭：《家事审判理论与实践》，法律出版社2016年版，第15页。）

④ 参见我国《民事诉讼法》第52、140条。

⑤ 参见我国《民事诉讼法》第134条。

⑥ 参见我国现行《婚姻法》第32条与《适用简易程序审理民事案件的规定》第14条。

⑦ 参见我国《民事诉讼证据的规定》第8、74条与《审理夫妻债务案件有关问题的通知》第2条规定。

⑧ 目前，在司法实践中，人民法院一般将家事案件的案由分为婚姻家庭纠纷与继承纠纷，共计二十类。（参见景汉朝：《民事案件案由新释新解与适用指南》，人民法院出版社2013年版，第1页。）

笔者认为，《家事审判改革试点意见》根据案件的性质对家事案件进行分类可以避免因列举过细而造成列举不完全、同类案件被遗漏的问题，可以使案件的分类更为明晰，可操作性更强。同时，根据案件的性质对家事案件进行分类也可以在进一步分类的基础上，分别适用诉讼程序或非讼程序、适用强制调解原则或自愿调解原则。例如，根据我国现行《婚姻法》第32条的规定，人民法院审理离婚案件应当进行调解。可见，对于离婚案件就是根据案件的性质被选择适用先行调解原则和强制调解原则的。所以，根据案件的性质进行分类，可对其进一步归类为适用先行调解原则和强制调解原则的案件、适用诉讼程序的案件与适用非讼程序的案件。①

（三）家事案件法院调解的现状与评析

在祖国大陆，家事案件的人民法院调解以调解主体为标准可以分为两类：诉讼调解与委托调解。② 法律及相关司法解释关于家事案件法院调解有以下规定：第一，离婚案件的调解适用先行调解和强制调解原则；第二，适用简易程序审理婚姻家庭纠纷的调解适用先行调解和强制调解程序。③ 可见，除离婚案件与适用简易程序的婚姻家庭案件外，其他家事案件与普通民事案件的调解一样，适用自愿调解原则，调解依当事人的申请而启动。

关于先行调解原则与强制调解原则，如前所述，祖国大陆实行先行调解原则与强制调解原则进行调解的家事案件，包括每年占家事案件总数80%以上的离婚案件与适用简易程序审理的婚姻家庭案件。可见，祖国大陆大部分家事案件都是实行先行调解原则与强制调解原则的。但从家事案件的种类上看，仅有离婚案件与适用简易程序审理的婚姻家庭案件适用这两个原则，除此之外的家事案件则适用自愿调解原则，而其他家事案件在进入裁判程序前也可考虑首先经过调解程序。

关于人民法院调解的人员，可以分为以下两类情形：第一，在诉讼调解中，调解由合议庭的法官主持，必要时可以邀请有关单位和个人协助。④ 第二，在委托调解中，立案后主持委托调解的是特邀调解组织、特邀调解员或人民法院的专职调解员。⑤ 并且，《多元化纠纷解决机制改革的意见》第17、18条规定了这些委托调解人员的来源，这从来源上保证了家事调解员的调解能力和调解组织的专业性。但不足在于，无论是诉讼调解还是委托调解，都没有明确规定家事调解员应具备的价值取向。

（四）家事案件诉讼模式的现状与评析

关于家事案件的诉讼模式，在祖国大陆，涉及身份关系的案件中，一方当事人对另一方当事人陈述的案件事实明确表示承认的，另一方当事人仍负举证责任。⑥ 夫妻以一方名

---

① 在祖国大陆，根据案件的性质划分，适用非讼程序的案件有：选民资格案件、宣告公民失踪、宣告公民死亡案件、认定公民无民事行为能力、限制民事行为能力案件、认定财产无主案件、确认调解协议案件、实现担保物权案件。（参见田平安：《民事诉讼法学》，法律出版社2013年版，第306页。）

② 诉讼调解是人民法院在开庭审理案件的庭审过程中对案件进行的调解活动。委托调解，是指家事纠纷等适合调解的案件在立案之后或在审理过程中，经当事人同意，法院将纠纷委托给特邀调解组织、特邀调解员或者由人民法院专职调解员所进行调解，此种调解属于多元化纠纷解决方式。委托调解见2016年《最高人民法院关于人民法院进一步深化多元化纠纷解决机制改革的若干意见》（以下简称《多元化纠纷解决机制改革的意见》）第27、28条规定。

③ 参见我国现行《婚姻法》第32条、《适用简易程序审理民事案件的规定》第14条。

④ 参见我国《民事诉讼法》第94、95条。

⑤ 参见《多元化纠纷解决机制改革的意见》第17、18条。

⑥ 参见《民事诉讼证据的规定》第8、74条。

义举债，人民法院应当根据不能提供证据的未具名举债一方申请而调查取证。<sup>①</sup> 应当注意的是，当事人申请调查取证是人民法院为保障当事人调查取证权实现而予以的协助，人民法院在这种情况下实施的行为是当事人调查取证权的延伸，人民法院依当事人申请调取的证据产生的法律后果由当事人承担。<sup>②</sup> 以上规定都体现了职权探知主义。在涉及身份关系的案件及夫妻债务的案件中适用职权探知主义诉讼模式，这体现了国家公权力对家事案件的干预，有利于实现当事人间实质的公平，维护案件中弱势方当事人的利益。但家事案件诉讼模式的规定仍存在以下问题：第一，未规定系统的适用于家事案件处理的诉讼模式。因尚无专门处理家事案件的程序法，所以，除涉及身份关系的案件与夫妻债务的案件外，其余家事案件适用的诉讼模式与普通民事案件无异，即以"辩论主义为主，职权探知主义为辅"，这不利于人民法院发掘案件的真实事实，若弱势一方当事人的举证能力相对较弱的，有可能导致判决结果出现偏差。第二，家事案件诉讼模式分类标准存在缺失。如前所述，对于所有涉及身份关系的案件和以夫妻一方名义举债的案件均实行职权探知主义。然而，并非所有的此类家事案件都涉及公益性或弱势群体权益保障，对于公益性较弱且不涉及弱势群体权益保障的家事案件，适用职权探知主义有可能损害一般民事案件审理应当遵循的当事人意思自治理念。可以"家事事件是否涉及公益性或弱势群体权益的保障"为标准，将家事案件区分为适用职权探知主义与辩论主义的两类，系统地对适用不同类型诉讼模式的家事案件进行归类，可以满足各类家事案件的程序正当性要求。

（五）保障家事案件中弱者权益的制度与实践的现状与评析

在祖国大陆，保障家事案件中弱者权益的制度及实践，主要应当考察包括2001年修正的《婚姻法》及其司法解释中的相关规定；2005年修正的《妇女权益保障法》；2012年修正的《未成年人保护法》；2015年修正的《老年人权益保障法》；2011年《最高人民法院关于适用〈中华人民共和国婚姻法〉若干问题的解释三》（以下简称《婚姻法解释三》）第2条的规定。<sup>③</sup> 现行《宪法》第134条与2012年修正的《民事诉讼法》第11条的规定；<sup>④</sup> 2012年修正的《刑事诉讼法》第119条<sup>⑤</sup>等法律和司法解释及其实践情况。

在司法实践中，部分试点人民法院设立有"社会观护制度"，聘请社会观护员开展社会调查，进行实地走访，并在庭审现场出庭宣读《观护报告》，这是在保护子女参与诉讼并帮助其陈述意见的职能。从有利于更全面地保护未成年人的权益的角度，可扩大观护员的职责。

关于诉讼代表人制度，从涉及未成年人的家事案件看，我国家事案件审理中欠缺儿童的程序监理人制度，此在澳大利亚《家庭法》中被称为儿童的诉讼代表未成年人合法权

---

① 《审理夫妻债务案件有关问题的通知》第2条规定："……在审理以夫妻一方名义举债的案件中……未具名举债一方不能提供证据，但能够提供证据线索的，人民法院应当根据当事人的申请进行调查取证……"

② 毋爱斌：《当事人申请调查取证制度运行的异化与回归——基于S法院民商事司法实践的实证分析》，载《西南政法大学学报》2014第4期。

③ 参见《婚姻法解释三》第2条。

④ 在我国，现行《宪法》第134条规定，"各民族公民都有用本民族语言文字进行诉讼的权利。人民法院和人民检察院对于不通晓当地通用的语言文字的诉讼参与人，应当为他们翻译"。2012年修正的《民事诉讼法》第11条第3款的规定："人民法院应当对不通晓当地民族通用的语言、文字的诉讼参与人提供翻译。"

⑤ 根据2012年修正的《刑事诉讼法》第119条之规定，讯问聋、哑的犯罪嫌疑人，应当有通晓聋、哑手势的人参加，并且将这种情况记明笔录。

益方面取得了一定成效。① 但社会观护员的职责并无陪同未成年人制度。② 在人民法院审理的有些离婚案件中，子女抚养、监护问题往往处于离婚问题的从属地位，父母既是离婚诉讼的当事人，又是该案中子女的代理人。有的离婚当事人为了尽快从"已死亡的婚姻"中解脱出来以便另筑爱巢，在经历了"财产争夺大战"之后想尽快结束婚姻，有的离婚当事人就可能对子女抚养等问题随意处理。在此情况下，如果法官被动地接受父母对子女的抚养、监护、探视等问题的安排，可能无法体现儿童最大利益原则。③ 因此，可以借鉴澳大利亚《家庭法》的儿童诉讼代表人制度以更好地保障未成年人的各项权益。

关于亲子关系的推定制度，根据《婚姻法解释三》的相关规定，当就亲子关系是否存在发生争议时，由没有相反证据并拒绝做亲子鉴定的一方承担不利判决的后果。④ 这一亲子关系鉴定的规定较为人性化、具有合理性和可操作性。

关于聋、哑当事人的翻译制度。在我国民事诉讼中，人民法院有为言语不通的诉讼参与人翻译的义务；在刑事诉讼中，法院讯问聋、哑的犯罪嫌疑人时，应当有通晓聋、哑手势的人参加。但法律及司法解释皆未规定在民事诉讼程序中，若有聋、哑的当事人或关系人，应当有通晓聋、哑手势的人参加，这不利于实现作为弱者的聋、哑人的诉讼参与权。因此，在民事诉讼中，人民法院提供翻译的对象不仅包括言语不通的人，还应包括聋、哑残障人员。

### 三、祖国大陆家事审判程序立法之完善构想

通过对我国台湾地区"家事事件法"的考察与评析，在研究祖国大陆家事审判程序的立法与司法实践现状的基础上，笔者从祖国大陆实际出发，对祖国大陆家事审判程序的立法完善提出以下构想。

（一）制定一部专门处理家事案件的程序法

基于家事案件的特殊性，建议在现行的《婚姻法》《民事诉讼法》等相关法律与《民事诉讼证据的规定》等司法解释的基础上，构建独立的家事案件审判程序，制定一部专门处理家事案件的程序法。该法的主要内容包括立法目的与基本原则、法院组织机构、家事法官、社会观护员与家事调解员、家事案件的类型、调解程序、诉讼模式、弱者权益保护措施等。

（二）立法目的、基本原则与组织机构及审判人员

基于家事审判程序目标的特殊要求，建议从实际出发，根据现行《宪法》第 33 条第

---

① 例如，2015 年，浙江省宁波市海曙区人民法院与海曙区关工委下的"银发护苗工作室"和宁波大学签订了合作协议，协议中明确：人民法院在确定需要观护的案件后，将委托函给予"银发护苗工作室"并联系宁波大学法学院联络人，每一个案件"银发护苗工作室"需指派两名观护员，宁波大学法学院指派两名学生（志愿者），由上述 4 人组成的观护团在指定时间内完成社会调查和《观护报告》的制作，并在开庭前将《观护报告》提交人民法院，再由人民法院将《观护报告》发给双方当事人，在开庭时观护员需要出庭宣读《观护报告》并接受当事人质询。李志强：宁波海曙区：《"家事调查官"在行动》，载《浙江法制报》2016 年 4 月 28 日，http://www.zjs.org.cn/fz/20160428/0428149849.html，访问日期：2017 年 3 月 30 日。

② 参见陈苇等译：《澳大利亚家庭法》第 68L-68M 条，群众出版社 2009 年版，第 188-190 页。

③ 陈苇：《中国婚姻家庭法立法研究》（第 2 版），群众出版社 2010 年版，第 445 页。

④ 参见《婚姻法解释三》第 2 条。

3款和现行《婚姻法》第2条第1款的规定，① 将立法目的规定为：根据《宪法》《婚姻法》《民事诉讼法》等相关法律的规定，制定本法。以尊重和保障人权、实现男女平等、保护未成年人最大利益，妥善、快速处理家事案件，促进家庭和睦、构建和谐社会为立法目的。

关于家事审判程序法的基本原则，建议将专门处理原则作为基本原则之一，在立法、审理程序、法庭的设置与法官的遴选方面均要求体现家事案件处理的专业性，将现有的法律及司法解释中涉及合并审理、不公开审理、先行调解、强制调解与职权探知主义的具体规则，上升为家事案件审理的基本原则。

关于审理家事案件的组织机构，设立审理家事案件的专门法庭，在当前我国家事审判改革中，少年审判与家事审判合并或分头试点的司法实践已被证明可以提高家事案件审判的专业化程度，建议将此有益经验上升为立法，以便推广至全国。对于审理家事案件的法官，规定应当选任具有男女平等意识、能包容多元的文化及生活方式并有相关学识、经验和热忱者担任家事案件的法官，以保证家事案件审判的中立、客观和专业。

（三）家事案件的范围及类型

关于家事案件的范围及分类，建议将《家事审判改革试点意见》中关于家事案件范围及分类的规定与目前司法实践中的案由整合，根据案件的性质对家事案件进行分类，家事案件包括：（1）婚姻案件及其附带案件，包括离婚、婚姻无效、婚姻撤销、夫妻财产约定纠纷、婚约财产纠纷等，附带案件包括监护权、探望权、子女抚养费、离婚后财产分割、离婚后损害责任纠纷；（2）抚养、扶养及赡养纠纷案件；（3）亲子关系案件，包括确认亲子关系、否认亲子关系；（4）收养关系纠纷案件；（5）同居关系纠纷案件，包括同居期间的财产分割、非婚生子女抚养等；（6）继承和分家析产纠纷案件等。

（四）家事案件的人民法院调解

关于家事案件的人民法院调解，建议适当扩大先行调解原则与强制调解原则的适用范围。将《多元化纠纷解决机制改革的意见》中的委托调解制度上升到法律层面，同时，建立诉讼调解与委托调解程序的有效衔接。具体来说，人民法院立案后，除涉及民事保护令事件、家庭暴力、虐待遗弃家庭成员等不适合调解的案件外，人民法院审理家事案件应当进行调解。人民法院调解可以由承办案件的法官进行，也可以由人民法院委托特邀调解组织、特邀调解员或者专职调解员进行。

关于家事调解员，不仅要规定家事调解员的调解能力和调解组织的专业性，还应规定在对调解员的培训中，加强《宪法》有关国家尊重和保障人权，《婚姻法》的男女平等原则、保护妇女儿童老人合法权益原则等法律知识的培训，以使其具备男女平等、包容多元文化的价值观念。

（五）家事案件的诉讼模式

关于家事案件的诉讼模式，建议对于涉及公益性或弱势群体权益的家事事件，如未成年人监护、离婚救济案件（包括离婚经济帮助、离婚经济补偿和离婚损害赔偿案件）、老年人赡养等大部分家事案件，人民法院应当采用职权探知主义，法官判决所依据的事实不

---

① 《宪法》第33条第3款规定：国家尊重和保障人权。《婚姻法》第2条第1款的规定：实行婚姻自由、一夫一妻、男女平等的婚姻制度。

受当事人主张范围及自认的限制，人民法院可以依职权调查取证。而对于离婚、终止收养关系、分割遗产或其他当事人可以处分的案件，当其不涉及家庭暴力等危害弱势群体权益或公益性较弱的情形时，应当采用辩论主义，人民法院依职权收集证据的权力受到约束，人民法院判决不仅受到当事人自认的拘束，也受当事人主张范围的限制。

（六）家事案件中保障弱者权益的制度

关于社会观护制度，建议从实际出发，对现有的社会观护员职责加以扩展，增加陪同未成年人、被监护人参加民事诉讼的职责。

关于诉讼代表人制度，建议借鉴澳大利亚的立法经验，建立未成年人的诉讼代表人制度，将未成年人的诉讼代表人纳入我国司法援助制度的内容。在涉及未成年人需要特殊保护的家事案件中，由人民法院通知未成年人的诉讼代表人出庭，以维护未成年人的合法权益。

关于亲子关系的推定制度，建议将《婚姻法解释三》的相关规定上升到法律规范层面。

关于聋、哑当事人的翻译制度，建议参照《民事诉讼法》第11条与《刑事诉讼法》第119条的规定，规定聋、哑残疾人或言语不通者参加诉讼时，法院应当依申请或依职权为聋、哑残疾人或言语不通者提供翻译，或者让其用书面的方式陈述，法官用书面的方式审理。

# 第七部分
# 教育教学方法改革研究

# 指导学生进行社会调查之方法探讨
## ——以婚姻家庭法学课实践教学环节为例①

陈　苇　胡苷用*

### 目　次

社会调查是社会科学领域研究问题时经常运用的研究方法。婚姻家庭法学是一门重要的社会科学学科，也是法学专业本科生的一门重要的专业课程，社会调查在本门课程的教学实践环节中具有重要的意义。由于本科生刚脱离高中的应试教育，没有相关的社会调查经验，而社会调查又需要较强的理论知识的支撑和较强的社会实践能力，在缺乏相关指导的情况下，学生很容易感到迷茫和挫败感，甚至中途放弃进行社会调查。教师通过指导学生进行社会调查，不仅能够指导学生获得理论知识、实践技能、人文素质的培养和提高，同时，师生间的彼此交往和交流对教师本身各方面的能力也是一种提高和促进。社会调查为实现师生间、学生间良性的多边互动提供了良好平台，达到教学相长的效果。② 笔者在婚姻家庭法学课程的教学中，通过组织学生参加社会调查这一实践教学活动，培养了学生认识、分析、解决社会实际问题的能力和创新能力，促进了教学质量的提高。

### 一、社会调查对强化实践教学环节的意义

婚姻家庭关系涉及男女老少、千家万户的切身利益。婚姻家庭法是调整婚姻家庭关系的法律规范的总和。婚姻家庭法学课程是一门实践性很强的课程，组织本科生开展社会调查，可以强化实践教学环节，提高教学质量。在婚姻家庭法学课程的实践教学环节中，教师对本科生参加婚姻家庭新情况、新问题的社会调查进行专业性指导，包括调查对象的选取、调查问卷的设计以及调查单位、时间、地点的确定，再到调查问卷的收集整理、统计

---

① 本文载《净月学刊》2015 年第 1 期，在被编入本书时对个别文字进行了适当的修改。
* 陈苇，女，西南政法大学外国家庭法及妇女理论研究中心主任，民商法学院教授、博士生导师；胡苷用，男，西南政法大学民商法学院副教授、硕士生导师。
② 王克：《以社会调查为依托开展思想政治理论课实践教学》，载《思想教育研究》2011 年第 3 期。

与分析，进而到调查报告的撰写，可以培养大学生观察、认识、思维、分析和解决社会实际问题的能力。社会调查的过程，就是大学生参加一种社会活动的过程，可以锻炼大学生的社会实践工作能力。并且，社会调查还可以增强大学生的专业知识水平。通过社会调查，可以使学生在实践体验中获得直接经验，主动发现和获取知识，并使自身的综合素质不断提高，进而增强专业的实践性，有助于大学生发展、深化专业知识水平。在对实践经验总结的基础上，学生可以对课本上的知识有更深的体会和不同的理解，可以结合课堂学到的知识和社会调查获得的经验构建合理的知识结构，促进课程内容的创新，有利于培养学生的研究能力和创新能力。例如，2014 年 1 月我们组织学生开展"我国离婚妇女婚姻家庭权益法律保障之司法实践情况调查"。① 鉴于我国 2001 年修正后的《婚姻法》（以下简称新《婚姻法》） 第 46 条增设了离婚损害赔偿制度。为了解该制度的实施情况，我们重点考察当事人提出的离婚理由与请求离婚损害赔偿的情况，其具体统计数据如下：第一，当事人起诉离婚的理由情况。在被抽取的 360 件离婚案件中，以新《婚姻法》第 46 条列举的四项法定离婚过错事由诉请离婚的有 101 件，占 28.1%；以感情不和、感情不和分居满两年等其他理由诉请离婚的有 259 件，占 71.9%。第二，当事人请求离婚损害赔偿的情况。在前述 101 件以四项法定过错事由起诉离婚的案件中，是否提出离婚损害赔偿请求的情况为：提出的有 8 件，占 7.9%，未提出的有 93 件，占 92.1%。第三，提出请求的当事人实际获得赔偿的情况。在前述 8 件提出离婚损害赔偿请求的案件中，实际获得赔偿的有 5 件，占 62.5%，其中获得赔偿的法定理由：重婚的 1 件，有配偶与他人同居的 3 件，实施家庭暴力的 1 件。法院判决不予支持的有 3 件，占 37.5%。第四，法院不予支持赔偿的理由分析。对于 3 件法院判决不予支持的案件，通过查阅这些离婚案件的卷宗信息显示，法院不予支持的理由均是未在法定举证期限内提交证据证明其主张，故法院不予支持。对此，有学生在调查报告中分析指出："举证难"是影响我国离婚损害赔偿司法适用的主要障碍。可见，通过对社会调查资料的统计分析，学生们了解到我国离婚损害赔偿制度的司法实践现状。并且通过对其司法实践现状之原因分析，启发了学生们进一步思考如何改进、完善我国离婚损害赔偿制度，如何从我国实际出发提出改进司法实践的建议。例如，有学生提出建议：基于最高人民法院司法解释确立的民事诉讼"优势证据规则"的规定，在离婚损害赔偿案件的事实认定中，法院应当从离婚案件的具体情况出发，适用优势证据规则，以盖然性法律事实的证成支持受害当事人的请求，保护其合法权益，以发挥离婚损害赔偿制度之功能。这对法院司法工作的改进具有一定参考价值。

由此可见，学生们通过社会调查，学习到了许多书本上没有的知识和实践经验，培养和提高了他们认识问题、分析问题、解决问题的能力和创新能力。因此，组织本科生参加社会调查，可以强化婚姻家庭法学课程的实践教学环节，这是提高本门课程教学质量的一个重要的工作方面。

## 二、指导学生开展社会调查的方法

我们在婚姻家庭法学课程的实践教学环节中，对于指导本科生开展社会调查，主要从

---

① 此次调查以某县基层人民法院近三年审结的离婚案件为抽样调查对象，在该法院调取 2011—2013 年审结的离婚案件，以每年度抽取 120 件，三年共计抽取 360 件为调查样本进行统计分析。

以下几个方面开展工作。

（一）社会调查知识的培训

由于大学的本科生过去接受的主要是理论知识的教育，缺乏开展社会调查的相关知识，因此教师应当充分发挥作为一个引导者的作用，首先组织学生开展社会调查知识培训。社会调查知识培训，主要目的是向学生普及有关社会调查的知识。社会调查的要素主要包括明确的社会调查目的、调查对象、调查方法、统计分析等。社会调查由于其本身局限性难免会有误差，但我们可以通过选择调查对象来尽量控制误差的扩大。例如，调查婚姻生活中夫妻感情的和谐程度，不应当将单身的人作为调查对象；科学的调查方法，在社会调查过程中是非常重要的，如在对婚姻家庭问题的调查中不应侵犯被调查对象的隐私和人格尊严等。

教师组织学生开展社会调查知识培训，可以通过开设专题讲座的方式进行，在讲授时可采用制作课件，向学生传授社会调查的基本知识。教师在讲授社会调查理论知识的基础上，可以指导学生制订一个较为详细的具有可操作性的调查方案，一般包括调查目的、调查意义、调查时间、调查地点、调查对象、调查方法等内容。教师可以把调查方案作为检查、督促学生开展社会调查的依据。

（二）社会调查选题的确定

首先，在我们的教学实践环节中，教师指导本科生进行婚姻家庭法领域问题的社会调查选题，教师应指导学生根据自身的具体情况（如认知基础和人力、物力、财力条件等）选择研究课题。婚姻家庭法学是以调整婚姻家庭成员间的人身关系和财产关系为研究对象的。因此教师在指导进行婚姻家庭法学相关内容的社会调查时，社会调查的选题应该紧密围绕其研究对象。例如，婚姻自由原则的实践现状，妇女的人身、财产权益的法律保护，家庭暴力的法律规制等社会普遍关注的热点难点问题。

其次，社会调查选题应当具体明确，不能模糊抽象，尽可能地"小题大做"。因为如果题目选得太大，势必要求研究者掌握大量的研究材料，而且在结构编排、遣词造句方面要复杂得多，如果驾驭不好，就容易显得肤浅，甚至会出现漏洞。而小题目由于"入口"小，中心容易集中，容易找到最佳的写作角度，也就容易写得深入透彻。所以，社会调查选题讲究"小而精""窄而深"，以小事情反映大主题，以小题目写出大文章。[①] 这样的选题方式建立在学生兴趣的基础上，有利于激发学生们的主观积极性和创造性，学生对课题有了浓厚的兴趣，就会主动去求知、去探索、去实践，并在求知、探索、实践中产生愉快的情绪和体验，在社会调查遇到困难或条件艰苦时也不会轻易放弃。并且指导教师在自己多年教学经验和对相关领域了解的基础上对选题作出初步的选择或调整，有利于提高社会调查的质量，使社会调查具有创新性、实用性，充分发挥社会调查的积极作用。

（三）社会调查问卷的设计与制作

选定调查研究课题后，教师可以首先指导学生编写调查提纲。在这一环节中可以采取"头脑风暴法"等发散思维的方法引导学生畅所欲言，激发学生灵感、博采众长、发挥大家智慧，编写出有针对性的调查提纲，明确每组成员具体的调查任务。[②] 然后，教师教导

---

① 许贻斌：《调查报告写作技巧谈》，载《哈尔滨职业技术学院学报》2011年第3期。
② 王云江：《论调查报告写作教学中的"三六四"模式》，载《现代语文》（教学研究版）2007年第8期。

学生围绕调查提纲设计调查问卷，指导学生根据调查的目的起草调查计划并制订调查问卷。问卷的设计要求学生将抽象的法律概念具象地换成可以被一般人理解的问题，问题设计得科学与否直接决定该次调查问卷的效果。问卷中应当包括被调查人的年龄、身份等以达到了解不同人群的不同需求或想法的目的。调查问卷时语气要温和、礼貌，不要编制带有引导性、强迫性或智力测试的问题，每份问卷的问题不宜过多，并应按由易到难的顺序排列。学生们拟定完成调查问卷的设计制作后，教师对其进行审阅检查，确保问卷的科学合理后，即可准备社会调查的开展。①

（四）社会调查方法的采用

社会调查的方法多种多样，包括问卷调查法、访问调查法、观察调查法、测试调查法等，在进行社会调查时可以单独采用某种调查方法，也可以采用几种调查方法并用的方式。调查数量越大，可信度和有效性就越高。问卷调查法由于其节省时间、经费和人力，调查结果易于量化、便于统计处理和分析，调查范围大等优点被广泛采用。婚姻家庭法学领域问题的社会调查，由于涉及人身关系、财产关系等问题比较复杂，所以在实践中应当尽量采用问卷调查法。

（五）社会调查的组织开展

社会调查是面对现实的，立足于解决现实问题。它要求学生进行实地考察，对预先提出的法律问题在真实的社会现实中进行求索或者验证，因此其具有现实性，要求学生掌握第一手的资料。② 笔者组织学生进行婚姻家庭法学领域问题的社会调查活动，主要采取以下方式进行。

第一，教师指导学生分别开展社会调查。教师在对学生进行社会调查知识培训后，可以指导学生按照自己的兴趣爱好有针对性地根据自己的调查目的选择社会调查的时间、地点、方式、方法等。教师可以指导学生通过随机抽样调查法和配额抽样调查法选取调查样

---

① 例如，由笔者所主持的关于我国农村留守儿童生存情况调查问卷设计的问题中，就包括五个方面的内容：第一，儿童本人和家庭的基本情况；第二，儿童家庭生活与教育情况；第三，儿童的学校学习情况；第四，与父母的关系等方面；第五，权益保障方面。其中，儿童本人和家庭的基本情况，包括个人基本情况、父亲的基本情况、母亲的基本状况、家庭的其他情况；儿童家庭生活与教育情况，包括共同生活照顾人的情况，儿童家庭生活教育情况的问题有：你认为共同生活照顾人对你的态度；你的共同生活照顾人与学校老师联系情况；你的共同生活照顾人辅导督促学习情况；你的共同生活照顾人参加家长会的情况；你生活上遇到困难时向谁求助；你在家里帮助干活的情况；你在家里干活的主要内容是；周末及节假日你的活动情况；如你与你的共同生活照顾人产生矛盾，你的处理方式。关于儿童的学校学习情况问题包括：你目前就读的学校是；你是住读还是走读？如果你是走读你去学校需要的时间是；你去上学和回家的方式；你上学的费用来源；目前你各科平均学习成绩；你对上学的希望是；你的学习主要依靠；你的课外书籍主要来源是；你学习上的烦恼是；你长大后想当；你在学习上的希望是；你在学习、生活上遇到困难你会；你希望学校采取什么措施关爱儿童。关于与父母的关系等方面的问题包括：你父母之间的关系是；你过日收到父母亲友礼物的情况；父母与你联系的频率；父母对你的教育主要是；学校开家长会时，你希望是；你觉得父母外出打工的原因是；你对父母外出打工的态度是；你对父母在外工作情况的了解；父母不在身边，你觉得自己性格是；你想过到父母打工的地方读书吗？关于权益保障方面的问题包括：你知道《未成年人保护法》吗；你知道《义务教育法》吗？如果你受到他人的欺负伤害，你会如何处理？你最担心的事情是？如果你是父母外出打工的留守儿童，你是否获得有关组织和政府的帮助？你现在希望得到的帮助是什么？同时，最后我们还附有调查访问儿童的共同生活照顾人或父母（询问提纲），内容包括：你认为目前照顾儿童有什么困难需要他人帮助？目前村镇政府采取了什么措施关爱儿童？你觉得政府现有的帮助措施是否对你能起到帮助作用，你目前对儿童主要关心的问题有哪些？你希望农村基层组织采取什么措施解决儿童问题是什么？

② 郭庆珠、黄国富：《社会调查在法学实践教学中的应用研究》，载《净月学刊》2013年第2期。

本库。例如，开展当代青少年婚姻爱情观调查，可以选择调查 200 名学生的婚姻爱情观，男女各 100 名，其中大学生 100 名，高中生 60 名，初中生 40 名，这就是配额抽样调查法选取调查样本库，它比随机抽样调查法更加准确。教师应当在对学生进行社会调查知识培训的过程中多方了解学生，针对他们不一样的个性对其提出积极的期望要求，并在教学过程中给学生创造成功的机会。从学生的实际出发，实施赏识性评价。[①] 这样的方式可以最大限度地发挥学生的自主性，锻炼学生独立进行社会调查的能力。

第二，教师指导学生组成小组开展社会调查。随着社会竞争的日益激烈和社会关系的日趋复杂化，在调整社会矛盾的过程中，合作交际和协调交流能力是现代复合型法律人才必备的基本素质。社会调查的对象较为广泛，需要与多层面的机关、社会团体以及个人等打交道；社会调查小组内部也需要进行合作与分工，这可以使学生学习到人际交流的技巧和方法，锻炼学生的组织能力、交际能力。例如，我们进行婚姻家庭法学领域问题的社会调查，教师在社会调查知识培训中对学生有了一定的了解，从中选出几位小组长，小组长组织同学们成立社会调查小组，以团队协作的方式来进行社会调查。组成调查小组进行社会调查的优势在于，同学们互相协作使得调查范围可以扩大，调查对象也更具有广泛性，可以减少社会调查的随机性给调查结果带来的误差，使结果更加准确。

（六）社会调查报告的撰写

调查报告是社会调查的最后成果形式，它往往以物化的形式来检验之前的假设是否正确，有的还会在调查报告的基础上提出一种新的看法。调查报告应当建立在调查数据的统计分析基础上，对相关的问题进行爬梳，结合相关的理论知识作出的总结。因此，社会调查报告需要教师指导学生整理分析调查数据，厘清汇报思路、编制汇报提纲、撰写汇报标题、引言、主体和结尾，最终以调查报告的形式完成整个社会调查研究的工作。我们指导同学们经过实地调查对婚姻家庭法学领域的问题收集大量材料，在教师的指导下，对这些材料归纳综合，加工提炼，去粗取精，揭示出规律性的东西，写出有事实根据、有评论分析、说服力强的调查报告。由于社会调查并不是兼收并蓄地网罗材料，而是整理和分析材料，找出解决问题的方案和实施办法。所以通过社会调查，学生在教师的指导下在实际应用中可以理解、消化、巩固和丰富在课堂上已学的知识，加强理论知识与社会生活的联系，同时，所学知识获得全面的检阅，培养了发现问题和分析问题的能力。例如，2014年4月，我们组织学生开展了"我国老年人养老状况调查"，根据调查获得的统计数据，教师指导学生分别撰写了"城镇社区老年人养老经济状况调查及其对策建议""农村老年人医疗保障调查及制度完善的建议"等调查报告。

### 三、组织学生参与社会调查的效果

我们指导学生参加社会调查的教学实践结果表明，学生们通过对婚姻家庭法学领域部分社会问题的调查研究，撰写相关社会调查报告，培养了发现问题、分析问题和解决问题的能力，并且培养了写作能力和一定的创新能力，提高了婚姻家庭法学课程的教学质量。

最后，必须说明，我们在指导学生参加社会调查的整个过程中，教师只给出若干需要调研的问题和调查技术的指导，具体如何实施由学生自己决定。这样的社会调查实践，根

---

① 易山：《让学生在体验成功中学习》，载《赤子》2013 年第 11 期。

据本课程学习目的和要求，由学生本人对某问题的研究兴趣进行选题，以更好地发挥学生对学习的主观能动性、积极性和创造性为目标。正如学者所说，这样可以转变单纯的刺激——反应的教学模式，尤其注重培养学生学习和探索方面的能力，教会学习方法，将自觉思维和创新的理念灌输给学生①，从而收到良好效果。

---

① 周爱萍：《〈社会调查方法〉课程实训的设计与实践》，载《福建江夏学院学报》2012 年第 6 期。

# 师生互动式教学法探讨[①]

陈 苇 曹贤余[*]

---

## 目 次

---

高等教育的根本任务是培养人才。自进入 21 世纪以来，我国社会经济、政治和文化的发展，对高校人才培养的质量提出了新的要求。根据党的十七大关于"优先发展教育，建设人力资源强国"的战略部署，2010 年国务院发布了"国家中长期教育改革和发展规划纲要（2010—2020 年）"，针对高等院校提高人才培养质量工作，提出了明确的要求。2011 年教育部、财政部关于"十二五"期间实施"高等学校本科教学质量与教学改革工程"的意见中明确规定，提高教学质量是高等教育发展的核心任务。提高人才培养水平，必须始终坚持育人为本，全面深化教学改革。其中要求进行教学方式的改革，促进学生实践能力和创新能力的培养。正如学者们所言，我国高教改革的核心理念，是应以培养具有独立思考能力的人才为核心目标。[②] 针对传统的由教师通篇讲授的"填鸭式"教学方式之缺陷，推进现行教学方法的改革，势在必行。[③] 学生对所学基础理论知识体系掌握的牢固程度，与教师的教学方法密切相关。兴趣是学生学习的最好老师，婚姻家庭法的调整对象，包括婚姻关系和家庭关系，涉及婚姻当事人、父母子女及相关第三人的切身利益，其实务性很强。在婚姻家庭法学课的课堂理论讲授中，教师尤其需要注重理论与实践相结合。因此，我们对婚姻家庭法学课程的课堂教学方法，探索采用师生互动式教学方法，即教师在课堂上讲授基本理论知识的同时，组织学生进行课堂案例讨论，使教师的理论讲授与学生的案例讨论相结合，激发学生的学习兴趣，培养学生认识、分析、解决实际问题的能力和创新能力，提高教师的教学质量和学生的学习效果，从而达到提高人才培养质量之目的。

---

① 本文载《辽宁公安司法管理干部学院学报》2015 年第 1 期。

* 陈苇，女，西南政法大学外国家庭法及妇女理论研究中心主任，民商法学院教授、博士生导师；曹贤余，女，西南政法大学民商法博士生，西南政法大学民商法学院讲师。

② 参见孙克竞、郭晓兰：《论科教融合对我国高校教学改革的启示》，载《东北财经大学学报》2013 年第 3 期。

③ 参见姚利民、段文彧：《高校教学方法改革探讨》，载《中国大学教学》2013 年第 8 期。

## 一、传统的"填鸭式"教学方法之缺陷

### （一）教师满堂灌

传统的高等学校的教学模式是"填鸭式"教学，由教师一人主导整个课堂，课堂教学以教师讲授为主。[①] 诚然，教师对基本理论的讲授，对于学生的学习是必不可少的，但如果教师仅仅通过满堂灌的教学方法，其教学效果往往就会并不尽如人意。这种"填鸭式"教学方法反映的是传统的教学观念——"以教师为中心"，它是忽略学生的主体地位的一种教学方式。[②] 这种传统的教学模式，往往会导致学生的积极性与主动性退化，从而丧失了一种求索的过程。[③] 其结果导致学生在学习中缺少主观能动性，不利于培养创新型、思考型教育人才，其弊端十分明显。

### （二）学生只管记

由于教师采用满堂灌的教学模式，学生在学习上只管记笔记，这往往导致学生缺乏思考的时间，即使对某个问题有疑问，但因忙于记笔记，疑惑不解之处可能随着课程的进展而趋于忘记。学生的学习积极性也会因为师生之间的互动少，而难以调动起来，这会降低学生的学习效果。

### （三）学生对知识不会实际运用

上述传统的"填鸭式"教学方法，导致教与学双方的脱节，往往会让有的学生怠于听课，有的学生处于精力不集中状态，从而影响到教学效果。就我们讲授的婚姻家庭法学课程而言，如果教师没有运用案例讨论的教学方法，启发学生运用所学理论去分析和解决实际问题，导致学生在课堂上参与度低，处于被动学习的状态中，这种理论与实践脱节的教学方法，可能导致学生不会运用已学的理论知识去分析解决社会实际问题，难以提高教学质量和学生的学习效果。

因此，我们针对本门课程实务性很强的特点，探索采用师生互动式教学方法，教师在课堂进行理论讲授的同时，组织学生进行课堂案例讨论，激发、调动学生的学习热情，使理论与实际相结合，促进教师与学生的互动交流，从而提高教师的教学质量和学生的学习效果。

## 二、师生互动教学法的主要内容

有学者提出，高等院校的教学目的不能仅仅停留在传授了学生多少知识点，尤为重要的是通过课堂手段是否培养了学生思考问题的能力，以及让学生进行批判性的自我反思能力。[④] 为此，我们探索采用师生互动式教学方法，主要分为以下三个步骤：一是教师课堂基本理论讲授；二是学生课堂案例讨论；三是教师分析问题和总结。

### （一）教师课堂基本理论讲授

婚姻家庭法学课程的教学内容，涉及基本概念、基本原则及基本制度等内容的理论知

---

[①] 高永红：《试论现代教育技术条件下的高校教学改革》，载《金融教学与研究》2005 年第 5 期。

[②] 参见廖金龙：《当前高校教学方式改革研究现状的分析与思考》，载《太原大学教育学院学报》2007 年第 3 期。

[③] 参见张晓云、杨俊：《法学人才培养与教学方法改革探讨》，载《安徽科技学院学报》2013 年第 1 期。

[④] 欧小军：《地方高校教学改革创新须科学处理的重要关系》，载《重庆高教研究》2013 年第 4 期。

识，学生只有在理解和掌握了这些基础理论知识之后，才能对所学知识进行实际运用。例如，在婚姻的效力制度中，涉及夫妻共同财产这个重点内容，学生首先必须学习和掌握夫妻财产制的内容；法官在审理离婚案中，最容易出现纠纷的也是夫妻共同财产的认定和分割问题；这就要求学生必须学会如何运用现行《婚姻法》及最高人民法院关于适用《婚姻法》的三个司法解释的内容。在课堂教学中，教师首先应讲授夫妻财产制的基本理论，让学生认识和把握夫妻财产的认定和分割的法律规则，明确夫妻在婚姻存续期间取得的财产，哪些属于夫妻双方的共同财产，哪些属于夫妻个人一方的财产，在离婚或夫妻一方死亡而婚姻终止时，如何分割夫妻共同财产，这样可以为下一步组织学生进行课堂案例讨论打下良好的专业理论基础。

（二）学生课堂案例讨论

为培养学生运用理论知识分析、解决问题的能力，教师在课堂进行理论基础知识讲授后，组织学生开展课堂案例讨论。案例讨论时，既可采取课堂个人发言的方式，也可将学生分成若干小组，各小组先进行分组讨论，然后各小组派学生代表在课堂进行小组发言汇报，阐明自己的观点和理由。最后，教师结合现行法和司法解释进行分析，总结提出参考结论。这种师生互动式教学方法，可以增强学生对基本理论的理解，有利于培养学生分析问题、解决问题的能力和创新能力。例如，针对目前我国社会生活中最常见的夫妻按揭买房情况，教师组织学生进行课堂案例讨论。主要案情如下：2000 年，张某（男）与女友李某登记结婚。婚后，张某按揭贷款购买了一套住房，由其父母支付首付款 10 万元，其余购房款 40 万元的按揭贷款，由张某从其工资中每月偿还，于 2010 年还清，该房屋的房产证上只登记了张某一人的名字。自 2009 年以来，张某与婚外异性王某关系密切，时常夜不归宿，导致夫妻关系日益恶化。2013 年 3 月，李某向法院起诉离婚，夫妻双方对婚后按揭贷款购买的住房之归属产生分歧。最后该案例讨论提出的问题是：请分析该房屋产权的归属及增值部分的处理及理由。学生们分组进行讨论后，形成了以下两种观点：第一种观点认为，按现行《婚姻法》第 17 条和第 18 条的规定，夫妻在婚姻关系存续期间"继承或赠与所得的财产"应当归夫妻共同所有，但"遗嘱或赠与合同中确定只归夫或妻一方的财产"除外。也就是说，婚后，父母为夫妻双方购置房屋出资的，应认定为是对夫妻双方的赠与，张某在婚后用工资还贷，实际上是用的夫妻共同财产清偿，因此，应认定该房屋为夫妻共同财产，分割时可双方协商归一方所有，另一方享有受相应经济补偿的权利。第二种观点认为，应直接采用《婚姻法司法解释（三）》第 7 条的规定：婚后由一方父母出资为子女购买的不动产，产权登记在出资人子女名下的，可按照婚姻法第 18 条第（三）项的规定，视为只对自己子女一方的赠与，该不动产应认定为夫妻一方的个人财产。在本案例中，婚后张某按揭贷款购买了一套住房，由其父母支付首付款 10 万元，该房屋的产权登记人只有张某一人，故应当视为张某的个人房产，李某不享有该房屋的产权。但张某以其个人工资偿还的部分房屋份额应为两人共有，离婚时应予以分割。对于该房屋增值部分的处理，同学们讨论的结果也有分歧，持第一种观点的同学认为，既然房屋应归夫妻共同所有，那么房屋的增值也应当归夫妻共有。持第二种观点的同学认为，房屋增值应按出资的比例分配。对张某以工资出资偿还的部分房屋份额之增值比例，李某应享有分割权。还有同学认为，按原物与孳息的原理，个人所有的房屋，其自然增值部分也应当归房屋所有权人。同学们相互之间讨论得非常激烈，都觉得自己有相关的法律条文作支撑，各持己见，大家都希望教师能对这些问题进行分析和总结。

（三）教师分析和总结

在同学们案例讨论的基础上，教师进行以下分析和总结。首先，依据现行《婚姻法》第17、18条的规定，夫妻在婚姻关系存续期间"继承或赠与所得的财产"，归夫妻双方共同所有。但"遗嘱或赠与合同中确定只归夫或妻一方的财产"除外。并且根据《婚姻法司法解释（二）》第22条第2款的规定，当事人结婚后，父母为双方购房出资的，该出资应当认定为对夫妻双方的赠与。因此，本案例的房屋应当被视为夫妻共同财产。其次，从现实生活中看，对于婚后购房，一般可以推测当时夫妻双方包括双方的父母都对此房屋应归属于夫妻双方有一种默契和共识。虽然男方的父母资助支付了该购房的首付款，而大部分购房款是婚姻期间由男方的工资偿还的。承认该房屋归属于夫妻共同所有，有利于夫妻两人同心协力、投入人力和物力来经营双方的幸福婚姻。然而，依据《婚姻法司法解释（三）》第7条的规定，婚后由一方父母出资为子女购买的不动产，产权登记在出资人子女名下的，视为只对自己子女一方的赠与，应认定为一方财产，就改变了前述《婚姻法》和《婚姻法司法解释（二）》规定的此类房屋产权的界定规则，即《婚姻法司法解释（三）》根据物权法的登记主义原则，将依据《婚姻法》和《婚姻法司法解释（二）》应当归属夫妻双方的共有财产，改变为登记一方的夫妻个人财产。也就是说，《婚姻法司法解释（三）》将产权登记在出资人子女名下，直接推定为一方父母对自己子女一方的赠与。这与前述《婚姻法》的"婚后所得归夫妻共有"的原则和《婚姻法司法解释（二）》的规定是相矛盾的。诚然，最高人民法院出台《婚姻法司法解释（三）》第7条的目的，是为避免因小夫妻离婚而导致父母出资购买的房屋被分割而遭受到利益损失。但是，这样会导致对婚姻伦理的巨大冲击，可能妨碍构建和睦的婚姻家庭关系。并且从现实生活中看，一方父母为子女结婚出资购房的情况多样，既有全款支付也有只支付首付款的，并且夫妻婚姻存续的时间长短也各有不同，如果都用同一标准来认定房屋的产权归属，极有可能造成事实上的不公平。

其次，按中国婚姻传统，一般采用以男方父母购买结婚用房，女方购置嫁妆的传统模式。而2011年出版的《最高人民法院婚姻法司法解释（三）理解与适用》一书中明确说明，该解释第7条第1款中父母出资为子女购房可包括全款出资和部分出资两大类。虽然在现实生活中，以父母为子女购房部分出资的居多，但基层法官在审理案件时多是按照书中对第7条规定的理解，对父母为子女婚后购房部分出资且产权登记在出资父母子女一方名下的，作出房屋归该方个人所有的处理，这显然不利于保护共同还贷配偶一方的合法权益。

最后，教师总结指出，已经有法官主张，《婚姻法司法解释（三）》第7条针对父母婚后给子女买房的规定，应该是指父母支付全款给子女购买房屋并且产权登记在出资方子女名下的情形。如果父母只是在子女结婚后支付首付款，夫妻共同还贷，产权被登记在出资方子女名下的，首付款可以认定为只赠与出资父母的子女，离婚时该房屋应认定为夫妻共同财产，对首付款部分应认定为出资人子女的个人财产。[①] 还有专家认为，《婚姻法司

---

① 参见杜万华：《最高人民法院〈关于适用婚姻法若干问题的解释（三）〉的理解与适用》，载《人民司法》2011年第17期。

法解释（三）》第7条应仅限于婚后父母为子女全款出资购买不动产的情形，对于父母部分出资的，则应当按照《婚姻法司法解释（二）》第22条的规定处理，即将父母出资部分认定为赠与夫妻双方。但在分割该夫妻共同财产时，将诉争房屋的性质认定为双方共有，并非机械地进行对半分割。对一方父母部分出资为子女购房的，离婚分割时可对出资父母的子女方予以适当多分，至于"多分"的数额如何掌握，应由法官根据案件的具体情况包括婚姻存续期间的长短等因素，作出公平合理的裁判。① 至于房屋的增值部分，可按法院确认的出资比例的多少来加以分配。

### 三、师生互动式教学法取得的成效

（一）加深了基本理论的理解

教师通过对此案例的分析和总结，学生们认识到《婚姻法》与《婚姻法司法解释（三）》两者有相矛盾的规定，了解到产生该矛盾的原因，并思考《婚姻法司法解释（三）》第7条将应当如何修改完善，可以建议增加规定仅适用于父母全款出资的情形。同学们加深了对法律和司法解释的理解，对理论知识的认识更为深刻、把握更加全面，加强了基本理论的学习效果。

（二）促进了理论与实际相结合

学习的目的全在于运用，理论只有与实践相结合，才能更深刻地理解和合理地运用。在课堂案例讨论及教师的指导下，学生们掌握了如何运用所学法学理论知识与分析、解决社会现实问题相结合。对于婚后一方父母支付购房款的房屋产权之认定规则有了更进一步的了解，认识到对于法律条文的运用必须与社会现实情况相结合，需要具体分析父母为子女购房出资的不同情况，是全款出资或是部分出资，此外，婚姻存续期间的长短等因素都应当加以考虑。并且，学生们积极思考今后我国的立法应当如何修改和完善。可见，通过师生互动式教学法，课堂案例讨论促进了学生们在学习中理论与实践的结合。

（三）培养和提高了学生分析问题和解决问题的能力，提高了教学质量

教师根据本课程实务性强的特点，采用师生互动式教学法，通过课堂案例讨论，使学生的学习从被动变为主动，激发了学习热情，引导学生分析社会现实问题，培养和提高了学生运用法律知识，分析、解决社会实际问题的能力和创新能力，提高了教学质量。例如，在本案例的课堂讨论中，学生学会了分析及解决问题的方法，首先寻找相关的法律法条，与案情分析相结合，根据相关的法律条款，认定该房屋产权的归属，并能够对问题加以拓展思考，如女方对该房屋进行装修，此类费用是否对房屋的价格有增值，应当如何分割等问题的思考，使学生能够举一反三，触类旁通，增加了学习效果。

综上所述，我们探索采用师生互动式课堂教学方法，激发了学生的学习兴趣，培养了学生认识、分析、解决实际问题的能力和创新能力，提高了教师的教学质量和学生的学习效果，从而达到提高人才培养质量之目的。

---

① 参见本刊研究组：《一方父母部分出资给婚后子女购房的如何认定》，载《人民司法》2013年第13期。

# 法学专业硕士生双导师制培养模式
# 改革探索与总结[①]

陈苇 李俊[*]

## 目　次

党的十八大四中全会明确地提出建设法治国家的宏伟目标。在国家和学校对法科学生培养的要求中，强化法学教育之实践环节是一项重点内容，而"高校—实务部门联合培养"研究生，协同探索创新人才培养机制是"卓越法律人才"培养的重要环节。目前，我国法科研究生的培养中理论教学与实务教学结合不够紧密，不能充分满足社会对应用型法律人才的需要。因此，必须探索专职导师与实务导师协同培养研究生的人才培养新模式，以期提高研究生人才的培养质量。我们于 2013 年至 2015 年的三年期间，组织实施重庆市研究生教学改革研究项目《研究生"双导师制"的实施及实效评测》（以下简称研究生"双导师制"），探索研究生人才培养的新模式。

### 一、研究生"双导师制"项目的特点

本项目实施的主要目的在于，探索一套可以持续运行的校内外导师协同工作、联合培养研究生的新机制，创立学校专职导师与实际部门兼职导师（又称实务导师）协同培养研究生的新模式。研究生在学校专职导师和实务导师的合作指导下，在强化培养其法律实务工作能力的同时，加强理论与实际相结合，培养学生分析问题、解决问题的能力和写作能力，提升其学位论文的写作水平，促进应用型法律人才的培养，从而达到提高法律人才培养质量的目的。

该项目的实施，是针对研究生人才培养模式进行的创新性探索，首先需要选择与学校

① 本文载《大理大学学报》2016 年第 9 期。基金项目：本文为重庆市教委研究生教学改革研究项目"研究生'双导师制'的实施及实效评测"（项目编号：yjg123008）的阶段性成果。

* 陈苇，女，西南政法大学外国家庭法及妇女理论研究中心主任，民商法学院教授、博士生导师；李俊，男，西南政法大学民商法学院副教授、硕士生导师。

专职导师协同合作培养研究生的实务导师。我们选择了三家基层人民法院协同进行研究生"双导师制"培养的试点工作。研究生"双导师制"培养的内容，主要包括法院实习指导和学位论文指导两个方面，并且以法院实习指导为主。研究生"双导师制"的法院实习指导，与以往由学校统一安排的法院实习相比，具有以下三个方面显著的特点。

第一，实习期间各方人员的职责和工作内容的制度化，有利于提高研究生实习的效果。研究生"双导师制"下的实习，与以往由学校统一安排的法院实习主要不同点之一，就是实习各方人员的职责包括法院实务导师的职责、学校带队导师的职责和实习研究生的职责都有制度性的明确规定。这样，为法院推荐实务导师、学校聘任实务导师和法院安排研究生实习工作的内容都提供了制度性的依据，同时，研究生的法院实习内容和要求也有明确规定，这些都有利于提高研究生之法院实习的效果。

第二，实习期间学校专职导师与法院实务导师的指导双重化，有利于促进理论与实际相结合。研究生"双导师制"的法院实习，与以往由学校统一安排的法院实习的主要不同点之二，就是对研究生的法院实习有学校专职导师和法院实务导师的双重指导。我们根据研究生法院实习指导的需要，专门聘请了一批具有较高理论水平和丰富实践经验的法官担任研究生的实务导师。同时，学校还指定部分研究生导师担任实习带队导师，他们负责研究生法院实习的法学理论指导工作。在法院实务导师和学校专职导师的双重指导下，既有利于培养研究生的法律实务技能，也有利于促进理论与实际相结合，培养研究生分析、解决问题的能力，从而提高人才培养的质量。

第三，在实习期间实习带队导师、实习学生与法院实务导师三方意见沟通的经常化，有利于不断提高研究生法院实习的效果。研究生"双导师制"的法院实习，与以往由学校统一安排的法院实习的主要不同点之三，就是在研究生"双导师制"的法院实习期间，学校的实习带队导师与法院的实务导师、实习学生之间，三方建立了经常化的信息反馈机制，尤其是在法院实务导师和实习学生之间搭建了畅通的意见传输平台。在整个实习过程中，一方面，学校的实习带队导师通过不定期的实习检查，经常与法院的实务老师、实习学生之间进行沟通交流，并且通过定期的"实习中期检查"充分听取各方意见，从而改进法院实习的指导工作。另一方面，在每年度的法院实习工作结束后，专门召开研究生法院实习总结和表彰会，进一步听取"双导师制"试点项目各方参与人员的意见，以期发扬成绩，改进不足。这有利于不断提高研究生法院实习的效果，保证研究生"双导师制"项目提高人才培养质量目标的实现。

## 二、研究生"双导师制"项目的实施情况

笔者开展的研究生"双导师制"法院实习的试点工作，主要分为以下五个阶段：一是制定研究生"双导师制"的具体实施制度；二是研究生"双导师制"实施的前期准备工作与启动会；三是研究生"双导师制"实施的中期检查；四是研究生"双导师制"实习的总结与表彰；五是研究生"双导师制"的学位论文指导。

（一）制定研究生"双导师制"的具体实施制度

针对研究生"双导师制"项目的目标，分别制定以下四项制度：一是研究生"双导师制"的实务导师制度，明确规定法院实务导师的遴选条件，指导实习工作，担任评委，参加研究生学位论文的评阅和答辩工作的职责；二是研究生"双导师制"实习学校导师

制度，明确规定学校实习带队导师的遴选条件、指导实习工作职责；三是研究生"双导师制"实习学生的职责制度，明确规定研究生的实习职责；四是研究生"双导师制"实习经费配套措施制度，明确规定实习期间，法院实务导师的工作报酬、学校导师的工作报酬以及法院实习研究生的交通经费补贴。

（二）研究生"双导师制"实施的前期准备工作与启动会

研究生"双导师制"法院实习的开展，首先需要联系确定实习单位。学校的实习带队导师通过与实习单位联系后，即可确定研究生的实习法院。由实习法院负责推荐指导研究生实习工作的实务老师①，由学校聘任其担任研究生兼职导师（又称研究生实务导师）。然后，确定研究生实习的学生人数②和实习带队的学校专职导师，由实习带队导师组织召开专门的"研究生'双导师制'法院实习启动会"。在会上，带队导师特别需要对参与实习的学生介绍"双导师制"法院实习工作的时间、具体内容、工作职责和其他要求，保证学生对项目参与具有足够的认知度，自觉努力完成相应的实习工作。

（三）研究生"双导师制"实施的中期检查

研究生"双导师制"实习期间为三个月，安排在每年3月上旬起至6月上旬止③。为了解实习学生的实习工作情况，考察"双导师制"项目的实施效果，除学校的实习带队导师需要经常与实习单位的实务导师及实习学生保持联系外，在实习工作开展后的一个半月左右，项目负责人将带领学校的部分研究生导师到研究生"双导师制"试点的实习法院进行实习中期检查。实习中期检查主要采取召开实习座谈会形式，由法院的实务导师、学校部分研究生导师、实习带队导师和全体实习学生一起参加，一方面听取实务导师对学生实习情况的评价和对"双导师制"项目的相关意见建议，另一方面也了解同学们的实习感受，并征求改进的建议。在实习中期检查时，为了解研究生"双导师制"项目的实施效果，项目组研究人员还通过发放调查问卷的方式进行评测，对研究生和学校导师填写的调查问卷分别进行数据统计，然后针对相关的问题进行原因分析，进而对今后推进研究生"双导师制"项目试点工作提出改进建议。

（四）研究生"双导师制"法院实习的总结与表彰

在每一年度3月初至6月初，为期3个月的研究生"双导师制"法院实习结束之后，笔者都组织召开专门的"研究生双导师制实习总结与表彰会"。在会上，学院领导、实务导师代表、实习学生代表和校内导师代表分别发言，对项目实际运行的效果从不同角度进行总结，以期为下一步更好地实施研究生"双导师制"实习工作，打下良好的基础。然后，学院领导和法院实务导师代表共同向评选的优秀实习生颁发"优秀实习生"奖状。

---

① 本项目自2013年实施以来，一共聘任了22名实务导师，其中重庆市渝北区人民法院8人，重庆市江北区人民法院10人，重庆市沙坪坝区人民法院4人。

② 本项目自2013年实施以来，一共有40名硕士研究生参加，其中2011级硕士研究生17名、2012级硕士研究生16名、2013级硕士研究生7名。

③ 2013年法院实习分别从3月6日、11日开始，共计17名同学参加，其中重庆市渝北区人民法院8人，重庆市江北区人民法院5人，重庆市沙坪坝区人民法院4人；2014年法院实习时间分别从3月6日、12日开始，共计16名同学参加，其中重庆市渝北区人民法院8人，重庆市江北区人民法院4人，重庆市沙坪坝区人民法院4人；2015年法院实习时间从3月6日开始，共计7名同学参加，全部在重庆市江北区人民法院实习，其中一名同学在民事审判二庭，其他同学在民事审判一庭。

（五）研究生"双导师制"的学位论文指导

按照研究生"双导师制"项目计划，参与"双导师制"试点法院实习生的硕士毕业论文指导工作，将由其学校专职导师和法院实务导师共同完成。因此，实习研究生的硕士论文的初稿完成后，由学校专职导师进行首次指导修改。实习生修改完成的学位论文第二稿，则送交其法院实务导师修改。同时，为促进理论界与实务界协同培养研究生，有部分法院实务导师还被聘请担任答辩委员，参加实习研究生学位论文的评阅和答辩工作。

在本项目实施过程中，笔者发现，2013 年度在对研究生学位论文第二稿的修改指导中，绝大部分法院实务导师由于本职工作繁忙，根本没有时间指导修改实习生的学位论文。因此，自 2014 年度起，笔者修改了法院实务导师的工作职责，不再要求法院实务导师修改实习生的学位论文第二稿，而改为其只负责对实习生的学位论文选题和开题报告提出参考意见。同时，为继续加强理论界与实务界协同合作培养人才，在 2014 年度、2015 年度笔者继续聘请部分法院实务导师担任答辩委员，参加实习研究生的学位论文评阅和答辩工作。

### 三、"双导师制"项目实施取得的成效与存在的问题

（一）研究生"双导师制"项目实施取得的成效

1. 创设了研究生"双导师制"的四项制度

为推动本项目的顺利实施，并保证各项具体活动的开展能够切实促进研究生的培养，如前所述，笔者分别从法院实务导师、学校带队老师和实习学生三个主要的参与主体入手，设立有具体制度，明确其各自的责权利，并结合每年实习中所反映出来的具体问题来加以修订，逐步探索建立了一套根据研究生人才培养目标与实习单位工作特点相结合的有效运行机制。本项目组通过 2013 年、2014 年、2015 年为期三年的项目实施试点工作，从制定制度的初稿到第二稿、第三稿，最终创设了实施研究生"双导师制"的四项制度：(1)《研究生"双导师制"实务导师管理暂行办法》；(2)《研究生"双导师制"实习学校导师的职责》；(3)《研究生"双导师制"实习学生的职责》；(4)《研究生"双导师制"实习经费配套措施》。其中，前三种制度较为系统全面地分别规定了法院实务导师、学校专职导师和实习学生各自的职责，为今后继续开展和推广实施研究生"双导师制"奠定了良好的基础，而实习经费配套措施制度则可以为推进研究生"双导师制"的实施提供物质保障。

2. 建立了学校专职导师与法院实务导师联合指导研究生的法院实习新模式

通过本次项目活动的开展，笔者逐步摸索并建立了学校专职导师与法院实务导师联合指导研究生的新模式。一方面，在实务导师的安排上避免了学校统一安排实习时的随意性，笔者通过制度化的设计，保证了在实务导师选择上的科学性，从而可以让具有较高理论水平和丰富实践经验的法官来充任这一角色。另一方面，在实习过程中，笔者也非常注意实务导师和专职导师之间的沟通与交流，通过中期检查、召开实习会议等方式，不仅保障了实习活动的开展也促进了院校间的合作。

3. 研究生"双导师制"显著地提高了实习研究生的法律实务工作能力

研究生"双导师制"的法院实习，在法院实务导师的精心指导、学校导师的督促检查和研究生本人的认真工作下，成效显著。通过参与本项目，实习学生对于法院相关案件

的办案流程有了全面深入的了解，对书记员工作的各方面内容都有实际的参与，也初步掌握了法律文书的制作方法，包括整理案卷卷宗、做庭审记录、草拟调解书、判决书初稿等。尤其是实习研究生通过列席参加法院定期召开的"疑难案例讨论会"，促进了理论与实际相结合，促进了实习生对法学专业理论的探索与法律实务工作中的运用，提高了实习生发现问题、分析问题和解决问题的能力，也提高了其法律实务工作的能力。

4. 研究生"双导师制"获得法院兼职导师和实习生的肯定性评价并产生了良好的社会效果

法院的兼职导师和指导实习的法官们普遍认为，与一般的实习学生相比，"双导师制"的实习研究生具有以下优点：第一，工作态度认真；第二，工作纪律性强；第三，工作主动性强；第四，专业理论基础扎实，勤于思考；第五，善于协调处理人际关系。参加"双导师制"法院实习的同学们反映，他们主要有以下收获：第一，对法官职业有了更为深入的认识，对法官的办案思维有了一定程度的把握；第二，对法院工作的认识更全面、客观；第三，在实践中理论知识得以提升；第四，法律实务工作能力得到实际锻炼；第五，学位论文选题，从法律实务中获得启发。参加"双导师制"法院实习的研究生，在双导师的指导下，其论文选题和写作取得了一定成效，产生了良好的社会效果。例如，2013年第一批实习生何某某、张某某的学位论文被评为"2014年西南政法大学优秀硕士学位论文"；2014年第二批实习生孙某某、侯某某的学位论文被评为"2015年西南政法大学优秀硕士学位论文"。

（二）研究生"双导师制"项目实施中存在的问题

1. 法院实习的时间是否较短的问题

对于研究生"双导师制"的法院实习，只安排了3个月的时间。对此，有部分实务导师认为，3个月的实习时间太短，建议延长研究生法院实习的时间为半年。但参加实习的部分学生则认为，实习时间定为3个月是合理的。如果延长实习时间，会影响其学位论文的资料查阅和收集、论文的选题和进行开题报告等工作。可见，对此问题，不同的主体，基于不同的理由，有着不同的认识。

2. 部分实务导师对实习生的直接指导不足问题

由于符合我校实务导师聘任条件的部分实务导师，他们担任着法院的领导职务，因此其工作繁忙，无法对实习生进行直接指导。而有部分实际参加指导的法官，由于没有给予指导经费（实习指导工作经费，目前只发给聘任的实务导师），这在一定程度上影响到其指导实习工作的积极性。

3. 部分法院对实习学生的实习工作补贴经费数额较低问题

目前，部分法院对实习学生的实习工作补贴经费数额较低。而部分实习生因实习单位离学校的路程很远，需要在外租房居住并且在外就餐（不能吃食堂），增加了日常的基本生活开支。他们提出希望法院适当增加实习期间的补贴经费。

4. 部分实习生的实习岗位专业性对口不足问题

由于实习学生被分散安排在民事各庭、立案庭、执行局等，这样虽有利于其更全面地了解各种法律知识的运用，但对于民商法专业的研究生而言，实习的专业性对口不足，这在一定程度上影响到实习生对所学专业知识的实际运用。

5. 个别实务导师的指导效果较差问题

法院实务导师的个人指导方法以及对学生实习目的的理解，对学生的实习内容影响较大，从某个角度来看，学生自我的实习目标如果同其法官的指导风格不相适应，则会影响该生的实习效果。

### 四、研究生"双导师制"项目的推广实施建议

1. 研究生实习时间确定的建议

针对有部分法院实务导师建议延长研究生法院实习的时间为半年，笔者认为，目前我校对研究生的实习期限，一律规定为三个月。因此，对于研究生在法院实习的时间安排，笔者建议维持现有实习时间不变，以避免与学校现有的实习制度发生冲突。而对研究生到法院实习的具体时间安排，笔者建议安排在每年的3月初开始至5月底结束。这样，既有利于学生在实习期间培养法律实务技能，也有利于学生在实习结束后有一定的时间查阅参考文献和准备硕士学位论文的开题报告，为将在6月中旬左右举行的学位论文开题创造有利条件。

2. 适当修改实务导师聘任资格条件的建议

针对部分实务导师因法院领导工作任务繁忙而无法直接指导研究生实习的问题，在本项目实施试点期间，根据实习指导工作的实际需要，对法院实务导师的聘任条件，作出了一定的变通规定，即对实务导师的工作职责进行了缩减，如删除了原定的实务导师指导修改实习生的学位论文的职责，并且对于实务导师参加硕士学位论文的评阅和答辩工作，也不是强行性要求，必须预先征求法院实务老师的同意并在答辩时间上对他们进行适当安排。同时，在本项目实施的最后一年（2015年）中，笔者注重从工作第一线的法官中选聘实务导师，这样使实习生获得了直接的实习指导，有利于提高学生的实务工作能力，实习效果获得实习生的好评。为今后继续推广研究生"双导师制"，笔者建议学校适当降低实务导师资格的遴选条件，以从事法律实务工作须达一定年限（如须从事法律实务工作5年以上）和有较丰富的审判工作经验为条件，而不以必须具有研究生学历或较高职称作为一项基本条件，以保证第一线的办案法官能够担任研究生的实务导师。

3. 建立研究生"双导师制"实习配套经费制度的建议

如前所述，研究生"双导师制"的法院实习不同于一般的实习，它具有三大特点：一是实习期间各方人员的职责和工作内容的制度化；二是实习期间校内专职导师与法院实务导师的指导双重化；三是实习期间实习带队导师、实习生与法院实务导师三方意见沟通的经常化。这就意味着，无论是法院实务导师、学校带队导师还是实习同学，三方人员都需要投入更多的精力和时间来确保各自职责的履行，因此，需要建立研究生"双导师制"的专项实习配套经费制度，以调动各方参与人员的积极性，保障此研究生人才培养新模式的实习工作之顺利开展。

4. 优化研究生法院实习工作安排的建议

针对本次研究生"双导师制"试点的法院实习中，第一、二年度（2013、2014年度）的实习生所到的业务庭过于分散，少部分实习法院对实习生的待遇不一的问题。笔者在本项目实施的最后一年（2015年），一方面对于实习法院的确定，选择最有利于同学们实习活动开展的法院，使实习生的上班路途车费、生活待遇的补贴比较合理；另一方面

根据实习研究生的专业方向，把实习生集中安排在民事审判庭实习，这样既有利于培养实习生的专业技能，又能对法院民庭的审判工作给予专门化的助力。因此，从项目推广的角度而言，笔者建议，一方面需要在对实习单位的选择上，必须选择切实认可研究生"双导师制"工作内容的单位作为实习点，便于学校专职导师与法院实务导师双方联合指导研究生的实习工作。另一方面应当根据学生的专业需求，来确认具体的实务部门和实务导师，从而保证其学有所长、学有所用，从而更利于培养和提高其法律实务工作能力。

5. 改进实务导师指导效果的建议

针对法院实务导师个人指导风格及实习指导效果上的差异，笔者建议采取两个方面的应对措施：一是应当注意收集、掌握学生实习反馈的实际效果，尽量聘任有利于实习生培养目标实现的法官担任实务导师；二是应当注意就研究生实习工作的具体内容与法院领导提前进行协商，由法院制定实习指导工作的具体规范来引导实务导师开展实习指导工作。当然，由于法院工作本身的特殊性，研究生在法院实习的内容安排，必须与法院的工作需要相适应，实习生应当服从法院对实习工作的安排，主动积极地投入实习工作，勤学好问，虚心学习，勇于实践，才能取得良好的效果。

# 婚姻家庭法学课"翻转式"教学方法探索
## ——以利用"课程中心"网络教学资源为例[①]

陈 苇 曹贤余[*]

## 目 次

## 一、试行"翻转式"教学方法的背景

"翻转式"教学方法或"翻转式"教学模式,又被称为"反转课堂式教学模式",简称"翻转课堂"或"反转课堂"。而所谓"翻转课堂",是指教师借助教学视频等网络教学资源,让学生在家里利用网络提前学习新课程,辅以在线作业、在线检测、网上社区研讨等帮助学生发现学习问题,然后在课堂中师生共同研究学习问题,达到对教材内容深入掌握的一种混合式教学模式。[②] "翻转式课堂"是在互联网和计算机技术快速发展情况下应运而生的,是一种以学生为主体的教学模式,是对传统的以教师为主体的教学模式的创新。"翻转课堂",从注重教师的"教"向注重学生的"学"转变,是一种"自助餐"式的学习,被比尔·盖茨称为"预见了教育的未来"。[③] 有学者认为,我国高等院校学生的学习目的明确、自学能力强、具有较强的表达能力和较强的发现问题能力、具有创新精神和意识,一般学生都具有观看视频的设备,这些条件能很好地契合"翻转课堂"教学模

① 基金项目:本文为2014年度西南政法大学校级教育教学研究项目《精品课程资源共享平台下家事法教学新模式研究》(2014C13)的阶段性成果,载《辽宁公安司法管理干部学院学报》2017年第3期。本次课程调查问卷的统计工作,由硕士生李说、郭辉二位同学利用寒假期间分别统计完成,我们在此向他们的辛勤工作表示衷心的感谢!

* 陈苇,女,西南政法大学外国家庭法及妇女理论研究中心主任,民商法学院教授、博士生导师;曹贤余,女,法学博士,西南政法大学民商法学院讲师,硕士生导师。

② 孙峰、龙宝新:《翻转课堂的理性反思与本土化建构》,载《电化教育研究》2015年第9期。
③ 吴文静:《简评翻转式教学模式》,载《湖北函授大学学报》2015年第4期。

式所要求的学生的学习特点，是对传统教学模式的创新。[①]

对于努力办好人民满意的教育事业，党的十八大报告中已经提出明确的要求，就是要把提升人才培养质量作为推动高等教育内涵发展的首要任务，着力培养大学生勇于探索求真的创新精神、善于解决问题的实践能力。在此时代背景下，西南政法大学为培养学生的自学能力、创新能力和实践能力，于2015年9月实施新的本科生人才培养方案，对大部分课程的原有教学时数进行了大幅度的削减，以推动课堂教学模式改革，促进采用"翻转式"教学方法，以期给予学生更多的课后自主学习和思考时间，培养学生的创新精神和分析、解决问题的能力，以进一步提高教学质量。

婚姻家庭法是调整婚姻家庭关系的法律规范的总和。它是人民法院审理婚姻家庭案件的法律依据。据报道，近三年，全国各级人民法院每年审结的民事案件总数中婚姻家庭案件约占三分之一。[②] 婚姻家庭法学课程是法学专业本科生的一门重要专业课程。我校婚姻家庭继承法教研室教师主讲的法学专业本科生"婚姻家庭法学"课程，于2006年被评为"西南政法大学校级精品课程"、于2007年被评为"重庆市市级精品课程"、于2012年被评为"重庆市市级精品资源共享课程"，同年本课程的教学团队被评为"重庆市市级教学团队"。近二年，笔者对法学专业本科生的"婚姻家庭法学"课程，以利用我校课程中心的本门"重庆市市级精品资源共享课程"的网络资源为手段，试行采用"翻转式"教学方法。此新的教学方法，是否适合高等院校法学专业本科生的"婚姻家庭法学"课程教育？对于本课程的教学资源和拓展资源，学生们在教师的引导下自学和实际掌握的效果如何？这些都需要我们进行认真的调查和分析研究。

**二、"翻转式"教学方法的运用概况**

婚姻家庭法学课的主要内容，包括婚姻家庭法的基本概念、基本原则和基本制度，它通过婚姻家庭法的理论教学和案例讨论的实践教学，要求学生掌握结婚、夫妻关系、父母子女关系、离婚等具体制度以及相关法律的具体适用。2014年12月我校修订本科人才培养方案时，对本课程的教学时数，由原来的45学时缩减为32学时，即削减了近三分之一的课时。为适应此教学时数少、教学内容多的新情况，2015年9月至2015年12月、2016年9月至2016年12月，笔者试行采用"翻转式"教学方法，主要分为以下四个步骤进行：

第一，建设"课程中心"的网络教学资源，为学生自学提供学习资源。2014年年初，在课程负责人的带领下，以原已建成的"重庆市市级精品资源共享课程"的网络资源为基础，全体教师共同努力，继续补充建设网络教学资源。至2014年12月底，我们已上网的网络教学资源包括教学资源和拓展资源两个部分，教学资源包括课程简介、教学团队、教学大纲、教学日历、教学录像、教学课件、重点难点辅导、思考题；拓展资源包括阅读参考文献、教学电影、案例解析、配套习题、在线自测试题、《今日说法》案例，以及新

---

[①] 彩丽、马颖莹：《翻转课堂教学模式在我国高等院校应用的可行性分析》，载《软件导刊》2013年第7期。

[②] 参见最高人民法院审判委员会专职委员杜万华接受《法制日报》记者采访的谈话："据统计，近3年来，全国法院每年审结的一审婚姻家庭继承纠纷案件均在150万件以上，且呈逐年增长趋势，去年已超过170多万件，约占全国民事案件的三分之一。"载《最高法推进家事审判改革 今年百家法院试点》，载法制网，http://finance.sina.com.cn/sf/news/2016-03-04/093822685.html，访问日期：2016年11月13日。

书简介、学术前沿、学术讲座综述等。

第二，修订制作专门的教学大纲和教学日历，为学生自学提供指引。笔者于 2014 年 12 月修订了本课程的教学大纲和教学日历，写明网络教学资源的网址和各章自学的网络资源内容，指导学生课后访问"课程中心"网，自学结婚制度、婚姻的效力和离婚制度的教学录像等网络资源。

第三，试行"翻转式"新的教学方法，将教师的课堂讲授与学生自学网络资源相结合。教师根据新修订的教学大纲和教学日历开展教学活动，将课堂讲授与引导学生自学"精品资源共享课"的网络资源相结合。学生根据教学日历，在课前课后上网访问"课程中心"，自学本课程的前述网络资源。① 然后在课堂上，教师对学生预习和复习的情况进行反馈和检测，一方面采用提问和答疑的方式，反馈学生的自学情况；另一方面通过组织课堂案例讨论和平时作业的方式，对学生的知识把握程度进行检测，从而巩固和深化学生对基本概念、基本原则和基本制度的理解和运用，培养学生的创新精神，提高学生发现问题、分析问题和解决问题的能力。本课程的成绩，由平时成绩加期末考试成绩构成，其中平时成绩占 40%，由三次课堂平时作业加课堂提问的情况构成；期末考试占 60%，以此检验学生的学习效果。

第四，反馈实施效果、获取学生的评价信息，为实施"翻转式"教学新方法的改进提供依据。本课程结束后，采用发放和回收调查问卷的方式，了解学生对教材使用、教学课时、教学内容、教学方法的评价和对网络资源的访问学习情况，获取学生对采取"翻转式"新的教学方法的教学实效评价，以期对该教学模式进行改进和完善。

### 三、试行"翻转式"教学方法实践情况调查的统计分析

我国有学者指出，"翻转式"教学方法效果的评价体系，应当是全方位、多维度的，除了总结性评价之外，学生日常学习表现的形成性评价也很重要。② 笔者为了解近二年试行"翻转式"教学方法的实际效果，于 2016 年 12 月在本课程结束前发放"婚姻家庭法学课程调查问卷"，在我校六个法学院中，向选修本课程的学生共计发放和回收问卷 1305 份，其中有 1232 份问卷填写了全部选项的内容，占 94%。（必须说明，由于只有 1232 份问卷填写了全部选项的内容，所以有的选项只能以 1232 份为基数进行百分比的统计。）以下根据本次调查问卷设定问题的学生选项情况，对本课程试行"翻转式"教学法的实际效果进行数据统计与研究分析。

（一）上课的教材使用情况

教材是法学专业本科生学习一门课程的最基本的学习资源。正如一位战士上战场需要带枪，这是最基本的要求一样。目前，我校对于所有的任选课，一律不统一购买教材，而由选修课程的学生自行购买。针对本门课程上课有无教材的情况，笔者主要调研了以下问题：

---

① 本课程的网址：http://cc.swupl.edu.cn/G2S/site/preview#/rich/v/126071? currenttoc＝246。
② 李赞、林祝亮：《高等教育翻转课堂教学效果分析与思考》，载《电化教育研究》2016 年第 2 期。

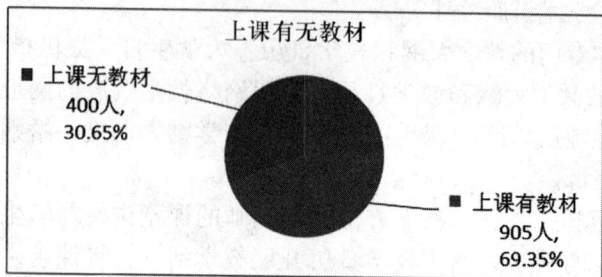

图 1-1　教材使用情况表

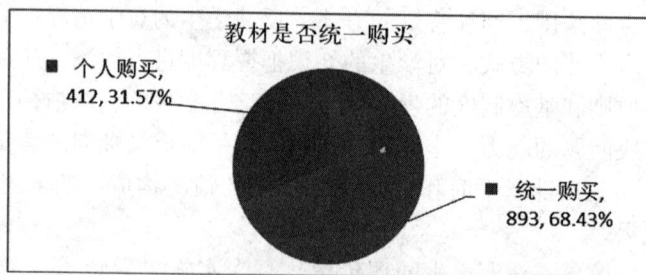

图 1-2　教材购买意愿情况表

从图 1-1 和图 1-2 中可知，在被调查者中，上课有教材的占近七成，而上课无教材的占三成。对"教材是否由学校统一购买"的选项，选择"统一购买"的占近七成，其主要理由为这样可以使购买的教材版本统一，内容一致，有利于上课，方便做笔记及复习，统一购买的价格更便宜，而个人购买太麻烦等。但选择"个人购买"的占三成，其主要理由有应尊重个人意愿，个人需求不同，自己下载打印的选择多，购买二手书更便宜，节约成本，购买教材经济有困难，上课有课件即可，且喜欢自己做笔记等。

综上，由于本课程为任选课，学校没有组织统一购买教材，这导致有占三成的学生上课没有使用教材。此外，在上课时笔者发现，在学生自购教材中还存在某些问题，如有的学生购买的是 2005 年版过时的旧版本教材（其中有些法条的内容已经被修改而过时），这导致其学习的知识有错误。针对无教材的同学而言，仅靠教师上课时讲授的内容，可能无法系统地理解和掌握需要学习的全部内容，可能会影响其学习的效果。

（二）教学内容情况

关于教学内容，对于是以讲授基本知识为主，还是讲授案例为主，受访学生们的选择如下：

教学内容以讲授基本知识为主还是讲授案例为主

■讲授案例为主,
811,62.24%

■讲授基本知识
为主,492,
37.76%

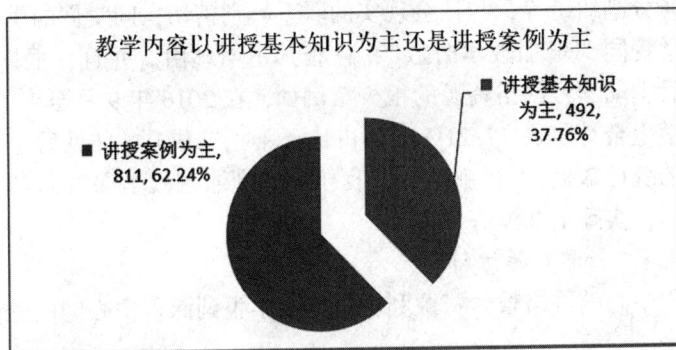

图 2-1 教学内容需求情况表

针对本课程教学时数,原教学时数为 45 学时,现学时为 32 学时,是否需要增加教学时数?受访学生们的选择如下:

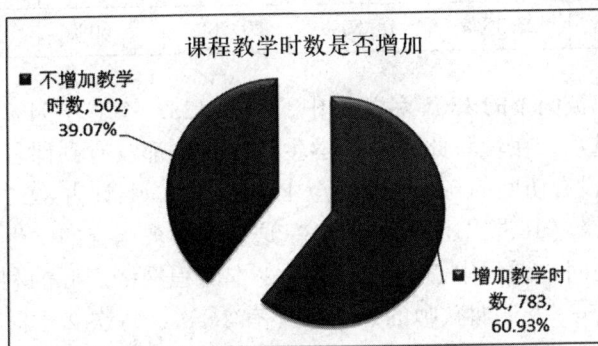

课程教学时数是否增加

■不增加教学
时数,502,
39.07%

增加教学时
数,783,
60.93%

图 2-2 本课程教学时数需求情况表

根据图 2-1 和图 2-2 的统计数据可知,选择"讲授基本知识为主"的同学占近四成(37.76%),其理由主要有:基本知识是最基本的,很重要,对理论学习有帮助,不能舍本逐末,只有先学基本知识才能理解案例,理论根基打好后才能被很好地运用到实践中去,可以为参加考试作准备。而选择"讲授案例为主"的同学占六成(62.24%),其理由主要有:理论是为实践服务的,实践出真知,案例可补充基本知识,更能直接呈现法律在现实中的应用,案例更生动易懂、更有利于接受、更轻松实用,书本知识可自学、能打好基础、效率高、基本知识太过枯燥。可见,有六成的同学赞同以案例为引导来讲解理论知识,因为此教学方式更能吸引学生的注意力,激发学习热情。

针对本课程现有的 32 学时,有占六成(60.93%)的同学选择"增加教学时数",其理由主要有:婚姻家庭法学在现实的司法实务中用处很大、课程很重要,课时充足才能学得更扎实,上课有利于掌握知识、培养本科生的学习兴趣。而目前本课程的教学时间过短、学习太紧张、课程的内容多,需要大量的自学时间,学习会很粗略,增加学时可丰富教学内容等。但有近四成(39.07%)的同学选择"不需要增加教学时数",其理由主要有:教师应引导学生自学为主、多讲解案例、注重教学难点,其他课程已经很多了,希望参加模拟或真实庭审,需要更多课下时间消化理解,学习要靠自觉而不能靠课时增加等。

由于婚姻家庭关系涉及每个人的切身利益,本课程的内容涉及结婚、离婚、子女抚养、夫妻共同财产分割纠纷等，与社会现实的联系特别密切，同学们的学习兴趣较高，因此有六成多的同学赞同"增加教学时数"，且有其正当理由。并且，根据本次调查数据，受访学生中在课后主动学习网络资源的很少。例如，在 2016 年 9 月至 12 月的一个学期内访问 5 次以上的学生合计仅占 17.21%（其占比还不到二成）（详见后述：本课程网络教学资源访问情况的统计数据）。也就是说，我校大幅度缩减教学课时，以使学生有更多时间课后自学的目的，实际上并没有实现。

（三）本课程网络教学资源访问情况

关于我校课程中心的网络教学资源利用情况，学生到课程中心网站的访问次数及原因的选项如下：

表 3-1　本学期到课程中心网站访问网络教学资源的次数及原因

|  | 0 次 | 1 次 | 2 次 | 3 次 | 4 次 | 5 次以上 | 合计 |
|---|---|---|---|---|---|---|---|
| 人数 | 220 | 285 | 191 | 255 | 69 | 212 | 1232 |
| 占比 | 17.86% | 23.13% | 15.50% | 20.70% | 5.60% | 17.21% | 100% |

从上表可知，在被调查的 1305 名学生中，只有 1232 名（占 94%）填写了"到课程中心网站访问"的选项。在填写此选项的学生中，一次都没有到课程中心网站访问的竟然占 17.86%，且将没有访问的与访问 1 次至 4 次的相加，共计占 82.79%；而访问 5 次以上的合计仅占 17.21%（其占比还不到二成）。这说明，被调查的学生中有八成以上在课余时间都没有经常访问"课程中心"进行自学，本课程网络资源的利用率很低。本课程教学时数为 32 学时，一个学期教师的课堂教学有 16 次，每次 2 学时，即教师授课 3 次（6 学时），少部分学生访问网络资源 1 次，而大部分学生却没有访问网络资源 1 次，这反映出学生们的课余自学严重不足。但此次调查还发现，有两位教师授课的三个班级共 399 名学生，因主讲教师在"课程中心"网上布置了平时作业，学生们登录上网完成平时作业率达到了 100%。

对于上述情况的原因，同学们回答的主要理由有：一是自学网上课程资源，需要获取教学课件，进行课前预习和复习，但因其他必修课程太多无法兼顾。二是因网站访问网速太慢，浏览页面烦琐，如果访问长时间进不去就自己放弃了。三是认为课堂学习更重要，网络上的内容应当被主要用来复习，且对不懂的内容直接上网查补充资料更方便。但受访者中有不到二成的少部分同学则认为，自己喜欢通过网络资料学习，这可以锻炼自学能。四是在已访问网页的学生中，有部分人回答，其是因为教师在网上布置了作业，被强制性要求才去上网的，并认为图书馆更适合学习，内容很丰富。

从此项调查的数据可见，"翻转式"教学方法，要求学生们积极自主学习。但对于本门任选课，由于在一个学期中一名学生同时学习的课程较多，其中的必修课都有强制性的平时课后作业需要完成，因此对于任选课的课后自学时间安排有限，大多数学生实际上都不能够做到课前预习和课后复习。所以，本课程试行"翻转式"教学方法的实施效果，确实是不尽如人意的。

阅读内容占百分比

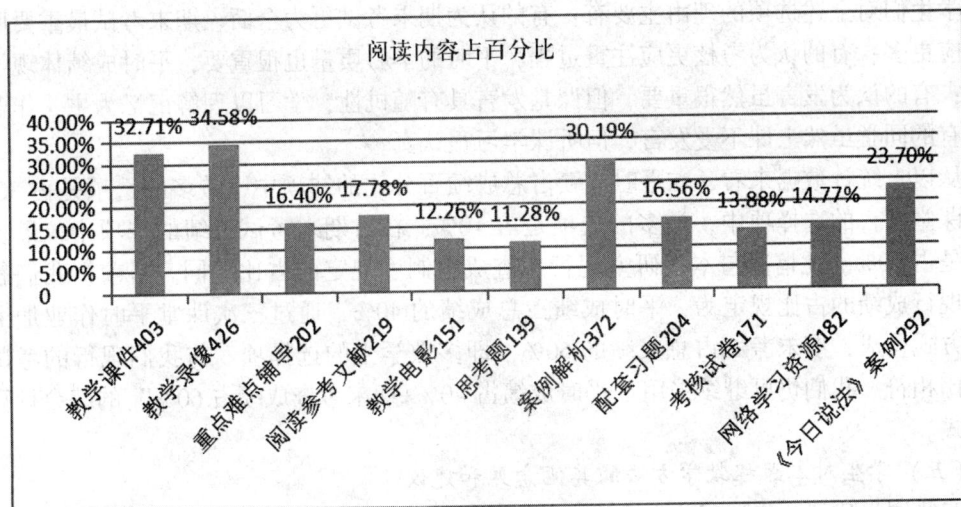

图 3-1 已访问课程中心的同学，阅读的内容各自所占的人次
和比例（其中有的选项被多次访问的，所以总占比合计超过 100%）

图 3-2 是根据本次调查中填写了"已经访问课程中心"的 1232 位同学们填写选项的统计数据。可见，其中被访问内容相对较多的有教学录像、教学课件、案例解析、《今日说法》案例等。诚然，教学录像是在教师要求课前预习的情况下才得以领先，但其仍只占 34.58%。即使对于基本资源的教学录像，也只有约三成半的学生自学过，而有七成的学生没有自学过。从此项调查结果可见，由于大幅度缩减课堂教学课时，试行"翻转式"教学方法，要求学生课后自学网络教学资源，但实际上并没有达到让学生有更加充分的时间自主学习的预期目的。

（四）学生对本课程的成绩评定规则的意见和建议

表 4-1 平时成绩占总成绩百分比

| 总成绩占比 | 10% | 20% | 30% | 40% | 50% |
|---|---|---|---|---|---|
| 选择人数 | 55 | 333 | 454 | 276 | 134 |
| 选择占比 | 4.21% | 25.52% | 34.79% | 21.15% | 10.27% |

表 4-2 课堂发言占总成绩百分比

| 总成绩占比 | 10% | 20% | 30%以上 |
|---|---|---|---|
| 选择人数 | 747 | 346 | 113 |
| 选择占比 | 57.24% | 26.51% | 8.66% |

表 4-3 期末考试占总成绩百分比

| 总成绩占比 | 30% | 40% | 50% | 60% | 70% | 80% |
|---|---|---|---|---|---|---|
| 选择人数 | 79 | 116 | 359 | 530 | 141 | 40 |
| 选择占比 | 6.05% | 8.89% | 27.51% | 40.61% | 10.80% | 3.07% |

学生们对上述选项的理由主要有：有的认为期末考试更为全面、期末考试最重要所以占比应更多；有的认为考核更应注重过程，平时的学习质量也很重要，平时成绩体现学习态度；有的认为发言虽然很重要，但课堂发言具有随机性，学习以理解记忆为主，作业为辅，有的同学虽然上课不爱发言，但听课学习很认真。

从以上统计数据来看，在平时成绩占总成绩百分比的选项中，最多的选项是占 30%；在对课堂发言的选择项中，最多的选项是占 10%；在对期末考试成绩的选项中，最多的选项是占 60%。此情况与本教研室现行考查成绩制度规定的占比相同。目前，我们教研室对现行成绩的占比规定为，平时成绩占总成绩的 40%，通过三次课堂平时作业加上课提问方式构成；期末考试占总成绩的 60%，即多数学生的选择项，与我们现行的考试成绩占比相符。我们仍可继续采用"平时成绩占 40%+期末考查成绩占 60%"的综合计算成绩方式。

（五）学生对本课程教学方法的其他意见和建议

有些同学建议，本课程应上升为必修课，以讲授基础知识为主，再讲一点案例，理论与实践应当相结合，讲课与视频实践相结合，尽量拓展理论，多组织课堂辩论之类的活动，给学生发散思维的机会，增加课堂讨论，学生进行小组讨论后由教师点评。也有些同学希望，教师应当采取措施处罚没来上课的学生。还有些同学建议，在期末开卷考试时，播放与课程内容有关的视频等。

从上述建议来看，目前教师上课时根据教材内容，就是采取以案例为引导来讲解基础知识的。但由于本课程的课时少，课堂讨论时间受到限制。本课程的期末考试一直就是采用的开卷考试方式，为考查学生灵活利用所学法律知识解决具体问题的能力，允许考生自带教材和参考书籍，但没有播放与课程有关的视频。因为一方面试题的内容是全面覆盖、多题型的；另一方面可能每个考生面临的疑难问题不同，如播放与课程有关的视频，可能会干扰某些同学的思考和答题。

## 四、试行"翻转式"教学方法的成效与不足

通过本次调查问卷以上统计数据的研究分析，笔者总结出近两年本课程采用"翻转式"教学方法试点实施中的成效与不足，其具有以下积极作用和消极作用。

（一）"翻转式"教学方法的积极作用

1. "翻转课堂"的学习具有自主性

大学学习不同于中小学教育，学生的课外学习更多地要靠学生自觉自主地积极学习。"翻转课堂"要求学生提前学习教材内容，上课时师生针对相关问题进行发言互动，课后学生对不清楚的问题还可反复观看课程中心的网络教学资源，因此可以自动调整学习进度，有助于学生对相关理论知识的精准掌握和疑难问题的彻底解决。

2. "翻转课堂"的学习具有针对性

在本课程的教学内容中，基本理论的重点难点是教师讲授的重点内容，而学生对于教学重点难点问题的掌握，加强自学非常重要。"翻转课堂"的网络资源中，设有重点难点辅导、思考题、案例解析及在线自测题等，供学生学习和检验自己的学习情况。学生可通过网上做题发现自己学习上的薄弱环节，以强化学习效果。前文提到的教师通过网上完成平时作业，可督促学生上网学习，也可起到加深学生对重点难点问题的理解，增强学习效

果的作用。

### 3. "翻转课堂"的学习具有灵活性

"翻转式"教学方法，是一种以学生为主体的学习模式。学生在学习上具有灵活性。"翻转课堂"的学习不受上课时间、空间的限制，学生可以自由选择在网上学习的时间与方式，还可根据自己的兴趣爱好合理安排，突出重点，结合课程录像、案例，理论与实践综合运用。因此，凡是能够主动灵活利用网络教学资源的这部分学生，其学习的效果都很好。

### (二) "翻转式"教学方法的消极作用

#### 1. "翻转式"教学方法，限制部分学生对本课程的选修

在我校，由于婚姻家庭法学课是任选课，学生在课程选择上具有随机性。由于每学期学生有多门必修课，并且它们所占的学分较重，学生的精力有限，就会有选择性地选择任选课。由于本课程的平时作业与网络学习的内容要求较多，如强制学生在网上提交平时成绩等，可能会导致有部分同学具有畏难情绪而不愿选择采用"翻转式"教学方法的本课程。目前，本课程的选课人数在我校有些学院已呈现逐年递减现象，如在我校民商法学院就是如此。尽管我们派出的教师都是专业基础扎实且具有多年教学经验的教师。

#### 2. "翻转式"教学方法，重点章节采取学生课前预习，教师上课提问的方式，其实施效果不理想

根据本课程的教学大纲，结婚制度、夫妻关系、离婚制度这些重点章节，按照教学进度要求学生提前预习教学录像，然后教师在课堂上进行提问，以了解反馈学生们的学习情况，以便有针对性地答疑解惑。但现实情况是，教师在课堂上针对某个问题，接连抽问好几位同学发言，他们几乎都回答不出来。询问其原因，他们的回答是自己没有预习。在此情形下，教师只能又把基础理论讲授一遍，问题才得以解决。也就是说，缩减课堂讲授课时的目的并未达到。

#### 3. "翻转式"教学方法，对大班上课不能达到预期的效果

大学教育不同于中小学教育的小班教学，在我校100人左右的大班授课是常见的。在本门课程的课堂讲授学时相对较少的情形下，教师对学生的提问人数是有限的；而采用小组讨论、推选代表上台发言的方式，也只有小组组长有上台发言的机会，其他同学没有上台发言的时间。但针对小组集体的讨论结果打分，对某些学生个人而言，可能会有不公平的情况发生，反而影响了同学们学习的积极性。

### 五、"翻转式"教学方法在本课程教学中实施的改进建议

我国有教学法的研究者认为，数字化革命必将给教育教学带来巨大变化，教师的角色从单纯传授知识转向引导学生更好地将知识进行消化吸收并成为自己的东西。但教师永远不会被视频所替代，"翻转式"教学其实是把课堂教学推向了更高层次。[1] 还有学者指出，目前国内高校"翻转课堂"的教学研究还需将其本土化、深入化。唯有这样，高校"翻转课堂"教学研究的目标和理念才会更加明确，教学内容才会更加科学具体，教学方法

---

[1] 周航：《"翻转式教学"把课堂推向更高境界》，载《中国教育报》2013年9月18日第10版。

才会更多彩实用。① 笔者认为，通过笔者近二年试行"翻转式"教学方法的实践情况总结，"翻转式"教学方法符合大学生自主灵活学习的需要，在网络时代也是教学改革发展的未来趋势。但在它的具体运用上，针对不同的学科应当有不同的特点。因此，针对本门课程，笔者并不能完全照搬现有的"翻转课堂"的教学模式。笔者针对近二年试行"翻转式"教学方法的成效与不足，结合婚姻家庭法学课程的特点，提出以下改进建议：

第一，从本课程的目标要求学生掌握基本理论出发，建议教学内容以"引导案例+基础理论"，教学方法以教师课堂讲授为主，辅以学生课后自学网络资源。针对本课程学生课后自学网络资源不到二成的现状，结合本课程的内容贴近社会现实生活的特点，即使在课前要求学生预习，但教师在授课时，仍应对基础理论进行系统的、简明扼要的阐述，再结合引导案例向学生提问。如前所述，约有六成的同学选择应当"以案例教学为主"，因此课程中心的教学录像等网络资源可作为辅助教学资源供学生学习，以加深理解。

第二，从本课程的性质是民事法律的基础课程出发，建议改为必修课恢复并原有的学时。从本课程的教学内容看，婚姻家庭关系涉及男女老少、千家万户的切身利益。婚姻家庭法是人民法院审理婚姻家庭案件的基本依据。目前"中国民法典"正在制定之中，"婚姻家庭编"是民法典的重要组成部分。由于本课程是民事法律的基础课程之一，建议将本课程由任选课改为必修课：《民法四·婚姻家庭法》。这既能够实行小班教学，学生可有更多的发言机会；也能使学生认识到本课程的重要性，积极主动地学习网络教学资源。此外，鉴于本次调查数据反映，有60.93%的同学赞同"增加教学时数"，故建议我校对本课程从现在的32学时恢复为原来的45学时。如果教师课堂讲授的时间相对充裕，讲授的案例内容丰富，可以激发学生的自学热情，更能吸引学生课后自主学习探索。

第三，从推广"翻转式"教学方法出发，建议对全校的所有任选课的平时成绩，统一采取"观看教学录像+讨论+书面作业"的综合评分制度。为继续实施和推广"翻转式"教学方法，一方面需要减轻学生学习负担，笔者已从2017年春季的本学期起，把书面作业从以前的三次减少为两次；另一方面需要全校统一采取"观看教学录像+讨论+书面作业"的综合评分制度，并将自学网络资源、课堂发言和讨论等情况纳入平时成绩的考量因素，以尽量客观反映学生平时的学习状况。从本次调查的反馈信息看，学生也认为平时成绩应反映出学生的学习态度，相对公平的学习机制更能激发学生的学习热情。

---

① 蔡隽：《国内高校翻转课堂教学研究述评》，载《长春教育学院学报》2016年第2期。

附 录

# 西南政法大学外国家庭法及妇女理论研究中心简介
## （中英文对照）

**学术顾问**（以姓氏笔画为序）：万相兰、王建华、李春茹、陈 彬、谢晓曦
**主 任**：陈 苇
**副 主 任**：张华贵、朱 凡
**秘 书 长**：石 婷

　　2003 年 12 月至 2004 年 12 月，西南政法大学民商法学院博士生导师陈苇教授受国家留学基金资助，由国家教育部公派出国留学，作为访问学者到澳大利亚悉尼大学法学院进修家庭法一年。她回国后于 2005 年 1 月向学校提出了建立"西南政法大学外国家庭法及妇女理论研究中心"的书面申请。2005 年 4 月 1 日，西南政法大学校长办公会议批准同意该研究中心成立。

　　本"研究中心"的工作宗旨是：通过整合本校婚姻家庭法及妇女理论方面的科研与教学资源，联合校内外其他单位与部门的相关人员，以西南政法大学为依托，开展中外学术交流，着力研究现阶段中外婚姻家庭继承法及妇女领域的重大理论和实践课题，为我国婚姻家庭继承法的完善及妇女理论的发展提供有益的借鉴经验，为我国立法机关提出相关建议，为司法部门提供法律咨询服务，争取多出科研成果，出精品科研成果，为创建国内一流、国际知名的西南政法大学而努力。

　　本"研究中心"的主要任务包括：1. 开展中外学术交流；2. 提供专业咨询服务；3. 进行学术前沿理论和司法实务问题研究；4. 培养婚姻家庭继承法及妇女理论的学术人才；5. 组织开展学术讲座等，以期造就一批在本学科领域有一定影响的学术骨干和后备学术带头人。

　　本"研究中心"的学术研究平台，为促进学术研究和学术交流，研究中心主任陈苇教授自 2005 年起先后创办、主编出版《家事法研究》学术论文集刊和《家事法研究学术文库》丛书，到 2018 年年底为止的 14 年期间，已出版《家事法研究》（2005 年卷至2010 年卷）学术论文集刊 6 卷和《家事法研究学术文库》丛书著作 19 部。这些论文集和著作，着力研究婚姻家庭继承法领域的前沿理论和司法实务的热点难点问题，在我国学术界和实务界已产生了良好的社会影响。需要说明的是，为进一步扩大《家事法研究》的学术影响，在 2009 年中国婚姻家庭法学研究会常务理事会上，经陈苇教授提出申请，该研究会常务理事一致同意，夏吟兰会长宣布自 2010 年起《家事法研究》改由学会主办。但由于 2010 年该学会将出版"2009 年中国婚姻家庭法学研究会年会论文集"，故夏会长委托陈苇教授继续主编出版《家事法研究》（2010 年卷），即从 2011 年起《家事法研究》改由中国婚姻家庭法学研究会主办，它成为该学会的会刊。为继续推进婚姻家庭继承法领域前沿理论和司法实务问题的研究，本"研究中心"决定打造新的学术研究和交流的平台，自 2012 年起陈苇教授担任主编，负责遴选出版《家事法研究学术文库》丛书，每年

计划出版2—3本，由国家级出版社出版。同时，本"研究中心"继续与杨晓林律师组建的家事法律师团队合作，在"西南政法大学外国家庭法及妇女理论研究中心"网页——学习园地之"学术前沿"栏，发表婚姻家庭继承法领域的前沿理论和司法实务热点难点问题的最新研究成果，以期实现学术研究与立法、司法的良性互动，促进中外学术研究和学术交流。

　　本"研究中心"的团队成员，以西南政法大学民商法学院婚姻家庭继承法和妇女理论研究所的人员为主，并聘请校内外的专家、学者担任学术顾问和特约研究员。

# Appendix:

## Introduction of the Research Center on
## Foreign Family Law and Women's Theory of
## Southwest University of Political Science and Law, China

**Academic Consultants**: WAN Xianglan, WANG Jianhua, LI Chunru, CHEN Bin, XIE Xiaoxi
**Director**: CHEN Wei
**Deputy Director**: ZHANG Huagui, ZHU Fan
**Academic Secretary**: SHI Ting

### Introduction

**Professor CHEN Wei**, the doctor tutor of the Civil and Business Law School of Southwest University of Political Science and Law, China [hereinafter refers to SWUPL], studied family law in the Law School of Sydney University, Australia from Dec. 2003 to Dec. 2004 with the sustentation of "STATE SCHOLARSHIP FUND AWARD". In Jan. 2005, some days after came back to China, she presented the application for establishing "Research Center on Foreign Family Law and Women's Theory of SWUPL, China". On Apr. 1st 2005, the President's Working Office of SWUPL approved her application.

**The aim of the Research Center** is to develop academic exchange between China and foreign countries, put emphasis on grand important theory and practice problems of family law and women's theory by associating the researching and teaching resources of SWUPL with relevant personnel of other units and departments. All of that we have done and will do have some important meaning: first of all, we may provide the valuable experiences for the perfection of the laws of family and succession in China and the development of women's theory; the second, we may provide relevant suggestions to Chinese legislature, and may provide legal advices to judicial practice departments. We hope that SWUPL will be top ranking internally and famous internationally with our efforts.

**The assignments of the Research Center including**: (1) developing academic exchange between China and foreign countries in relevant fields; (2) providing professional consultation service; (3) strengthen academic research; (4) training some academic adepts of family law and women's theory; (5) giving academic lectures. We hope that some adepts and reserve academic leaders with certain influence in family law field would be brought up.

**The academic research platforms of the Research Center**: In order to promote the academic research and exchanges, Professor CHEN Wei, director of the Research Center, has founded and edited the publication of the Periodical of Research on Family Law and the Works of Researches on Family Law early or late since 2005. By the end of 2018, 6 volumes of the Periodical of Research on Family Law (Volumes 2005 to 2010) and 19 Works of Researches on Family Law have been published during the fourteen years. These papers and books, focusing on the frontier theory research on Marriage, Family and Inheritance Law and the judicial practice issues, have had good social affluence in the academic circle and practice circle of China. It is noteworthy that, in order to further expand the academic influence of the Periodical, in the Executive Council of Society of Marriage and Family Law of China (SMFLC) in 2009, upon Professor CHEN Wei's proposal, the Executive Council agreed and President XIA Yinlan announced that the Periodical of Research on Family Law was edited by SMFLC after 2010. As SMFLC would publish the papers submitted to the Annual Meeting of SMFLC in 2009, President XIA Yinlan authorized Professor CHEN Wei to edit the publication of the Periodical of Research on Family Law (Volume 2010) in 2010. The Periodical was edited by SMFLC and became its Society Journal from 2011. In order to continue to advance the theoretical research and judicial practice in the field of Marriage, Family and Inheritance Law, the "Research Center" decided to build a new platform for academic research. 2-3 of the Works of Researches on Family Law which will be selected and edited by Professor CHEN Wei for publication each year by the national publishing press since 2012. At the same time, the "Research Center" continues to cooperate with the Family Law Lawyer Team built by Lawyer YANG Xiaolin. On the webpage of "Foreign Family Law and Women's Theory Research Center of SWUPL"——"Academic Frontier" of Study Column, the latest research achievements on the frontier theory of Marriage, Family and Inheritance Law and judicial practice issues are published to realize the benign interaction between academic research, legislation and justice and promote the academic research and exchanges between China and foreign countries.

**The personnel of the Research Center** is mainly composed of scholars from the Marriage, Family and Succession Law and Women's Theory Research Institute of the Civil and Business Law School of SWUPL, China. We also invite some famous experts and scholars around the whole country to be the consultants and special research fellows. They are the members of the Research Center too.

## 西南政法大学外国家庭法及妇女理论研究中心
## 已出版书目（2006—2012 年）

《外国婚姻家庭法比较研究》（2006 年出版）

《中国大陆与港、澳、台继承法比较研究》（2007 年出版）

《当代中国民众继承习惯调查实证研究》（2008 年出版）

《改革开放三十年（1978—2008）中国婚姻家庭继承法研究之回顾与展望》（2010 年出版）

《中国婚姻家庭法立法研究（第二版）》（2010 年出版）

《外国继承法比较与中国民法典继承编制定研究》（2011 年出版）

《当代中国内地与港、澳、台婚姻家庭法比较研究》（2012 年出版）

《加拿大家庭法汇编》（2006 年出版）

《澳大利亚家庭法（2008 年修正）》（2009 年出版）

《美国家庭法精要（第五版）》（2010 年出版）

《澳大利亚法律的传统与发展（第三版）》（2011 年出版）

《家事法研究》2005 年卷（2006 年出版）

《家事法研究》2006 年卷（2007 年出版）

《家事法研究》2007 年卷（2008 年出版）

《家事法研究》2008 年卷（2009 年出版）

《家事法研究》2009 年卷（2010 年出版）

《家事法研究》2010 年卷（2011 年出版）

**图书在版编目（CIP）数据**

中国婚姻家庭法理论与实践研究/陈苇等著．—北京：中国人民公安大学出版社，2019.9

（家事法研究学术文库）

ISBN 978-7-5653-3592-1

Ⅰ．①中…　Ⅱ．①陈…　Ⅲ．①婚姻法—研究—中国　Ⅳ．①D923.904

中国版本图书馆 CIP 数据核字（2019）第 062488 号

## 中国婚姻家庭法理论与实践研究

陈　苇　等著

出版发行：中国人民公安大学出版社
地　　址：北京市西城区木樨地南里
邮政编码：100038
经　　销：新华书店
印　　刷：北京市泰锐印刷有限责任公司

版　　次：2019 年 9 月第 1 版
印　　次：2019 年 9 月第 1 次
印　　张：38.25
开　　本：787 毫米×1092 毫米　1/16
字　　数：955 千字

书　　号：ISBN 978-7-5653-3592-1
定　　价：120.00 元

网　　址：www.cppsup.com.cn　www.porclub.com.cn
电子邮箱：zbs@cppsup.com　zbs@cppsu.edu.cn

营销中心电话：010-83903254
读者服务部电话（门市）：010-83903257
警官读者俱乐部电话（网购、邮购）：010-83903253
法律分社电话：010-83905745